天一閣藏

明代科舉錄選刊

登科錄（點校本·中）

新聞出版改革發展項目庫（項目號：00201121580）
財政部文化產業發展專項資金重點資助項目
天一閣藏古籍珍本數字出版工程

龔延明 主編
邱進春 點校

寧波出版社

《天一閣藏明代科舉録選刊》編委會

編委會：龔延明　馬玉娟　吴　波
　　　　沈建國　錢昇昇　張愛妮
　　　　王曉君
主　編：龔延明
點校者：方　芳　邱進春　毛曉陽　闫真真

出版説明

天一閣藏古籍，多爲海内外孤本，爲了方便學者進行研究，寧波出版社在天一閣藏古籍珍本特殊資源的基礎上，按照古籍整理出版的規律，運用數字技術將天一閣藏古籍珍本轉換成圖片和文本數據，并通過主題詞編輯技術建立了古籍資源數據庫。具體包括《登科録》《會試録》《鄉試録》，其中《登科録》45種（原爲56種，因影印版的《萬曆十四年丙戌科進士履歷便覽》《萬曆十七年己丑科進士履歷便覽》等11種漫漶不清，故暫不録入，讀者如有需要，可查詢寧波出版社2006年、2007年、2010年影印出版的《天一閣藏明代科舉録選刊》），《會試録》38種，《鄉試録》277種，共計360種。

該數據庫具備全文檢索、主題詞檢索等檢索功能，同時在閱讀中可自由地進行影像和全文的單、多界面的切換與翻頁、跳轉，以及在此基礎上的批注、點校等功能，方便用户更好地使用和研究。

本書是在天一閣藏明代科舉録選刊數字資源數據庫基礎上對文本進行點校后的横排繁體本，是數據庫工程的重要成果之一，是國家古籍整理出版資助項目的後續項目，是寧波出版社"天一閣藏古籍珍本數字出版工程"内容之一。該項目列入國家新聞出版改革發展項目庫，獲財政部專項資助。

凡 例

一、出版目的：《天一閣藏明代科舉録選刊·登科録》點校本爲繁體横排版，旨在爲科研單位和廣大讀者提供完整、準確、便於閲讀的版本，爲研究明代科舉歷史和文化提供第一手文獻資料。

二、底本選擇：以《天一閣藏明代科舉録選刊·登科録》影印本（寧波出版社 2006 年版）爲底本，以下簡稱"底本"。

三、目録序次：《天一閣藏明代科舉録選刊·登科録》點校本一套三册，將底本 45 種根據科舉時間順序依次分類編序，分爲上、中、下册。

四、分段標準：爲更好地保留底本面貌，在排版時對底本内容的各板塊做了劃分，包括"玉音""恩榮次第""進士家狀""皇帝制策""進士對策"五部分，每一部分的段落根據文意分段。遇到與帝王有關的名詞或避諱字時，爲了遵循現代閲讀習慣，本書并不保留底本中的框内提行。

五、校勘原則：通過對校底本并參校相關文獻，對底本的明顯訛誤進行改正。對底本漫漶不清的個别文字，經查資料，無法還原的，用"□"表示，可以還原的，則在脚注中注"當爲……"等字樣，或點校者根據文意判斷予以補齊，并在脚注中注"或爲……"等字樣；對底本中存在的殘頁、缺頁、缺行，經查資料無法還原的，本書在脚注中注"漫漶不清""殘頁""缺頁""缺行"等字樣，經查資料，可以補齊的則在脚注中補齊，或點校者根據文意判斷予以補齊。

六、文字處理：本書遵循《現代漢語詞典》（商務印書館 2012 年 6 月第 6 版）的繁簡規定，除人名、地名保留部分異體字外，全部采用規範繁體字，如人名中的"歐陽脩"，保留異體字"脩"；對因爲避諱而缺少某個部首或筆畫的文字，予以還原處理，否則保持原樣，如底本中"權"爲避諱通常寫成"㩲"，本書依據文意予以還原。

《天一閣藏明代科舉録選刊》總序

——以《登科録》《會試録》《鄉試録》爲中心

龔延明

亘古至今，中國歷史上没有一種人事制度，延續時間之漫長、在國内外影響之巨大，能與科舉制度相比。科舉取士制度，起源于隋[1]，自隋唐至明清，行用了一千三百年之久，承擔起爲中國官僚政府源源不斷輸送管理人才的使命與責任。皇帝與士大夫"共治天下"[2]，是科舉制持續推行的動力；"無情如造化，至公如權衡"[3]，是科舉制能成爲中國古代社會唯一不可取代的銓選制度的根本；科舉制以儒家"斯文"作爲取士標準，應舉者慨然以從政、治國、平天下爲己任。中國科舉制具有塑造中國古代知識分子立身治國形象、打造中國大一統和合文化形態、構建東亞儒家文化圈與催生現代西方文官制度産生的價值。

唯其如此，唐代後期社會動蕩、戰亂不止，科舉試没有中止。五代軍閥争鬥不息，政權更迭如走馬燈，科舉試没有間斷。兩宋三百年間，宋遼、宋金、宋蒙戰争，未曾打斷三年一舉的科舉考試，南宋高宗在自家性命難保的險境下，寧可下放到地方進行類省試，也未曾中斷三年一次的科舉考試。度宗咸淳十年，南宋臨近滅亡，還進行了最後一次科舉考試。遼、金、西夏、元朝，少數民族所建政權，無不實行過科舉制度。清末，1900年，八國聯軍攻進北京，慈禧太后與光緒皇帝

---

[1] 祖慧、龔延明：《科舉制定義再商榷》，《歷史研究》2003年第6期，第31—44頁。
[2] 鄧廣銘點校：《陳亮集》（增訂本）附録《建康軍判官陳亮誥》，《鄧廣銘全集》第五卷，河北教育出版社2005年版，第418頁。
[3]〔宋〕歐陽脩：《歐陽脩全集》第四册，卷一一二《奏議》十七《論逐路取人劄子》，中華書局2001年版，第1716頁。

出逃，次年仍下令補考鄉試和會試。科舉與國運相聯，成爲中國封建社會皇帝權力的象征之一，是國家機器正常運行的重要標志，是調節國家政策的杠杆，是士大夫夢想所寄，是凝聚民心的紐帶。科舉對中國古代社會政治、軍事、教育、文化、經濟、風俗、人心之影響，無與倫比，至今在海内外猶不絕餘響。宋、明、清三朝，科舉制三年一次定期舉行，進士每次錄取數百人以上。其參與科舉考試的基數，如從參與童子試、發解試（鄉試）算起，動輒在數十萬、上百萬左右，牽動着從南到北、從繁華城市至窮鄉僻壤的整個中國，此三朝860多年的中國社會，可以説是科舉社會。科舉出身的精英人物，曾經是唐宋以下中國社會各個領域活動的主角。研究中國古代社會，離不開科舉研究，否則絶不可能完整認識中國古代社會的政治與文化。

中國科舉不僅在中國。中國科舉又是世界文明的一個輻射源。日本最先仿行中國科舉考試制度，時間在公元7—8世紀。《日本詩紀》中載有《賀諸進士及第》，其中《賀野達》詩云："登科二字值千金，孝養何愁無鬥儲？"[1]可見日本科舉及第即授官，所得俸禄可供養父母。朝鮮是海外實行科舉制時間最長的國家。從公元958年起至1894年止，實行了936年。[2]其制既學習唐宋，又有自己的創造。奉使到過高麗國的宋使者徐兢在其名著《宣和奉使高麗圖經》中説："若夫其國取士之制，雖規範本朝，而承聞循舊，不能無小异。"[3]科舉制在朝鮮影響之大，仿佛中國，至視爲"我國公道，唯在科舉"[4]。越南推行科舉制長達844年（1075—1919）之久，僅次于朝鮮，然其廢罷科舉時間比中國還要晚14年。科舉取士，在越南具有權威性和實用性，視其爲"科舉掄才，實關盛典"[5]。科舉制在東亞的傳播，爲構建東亞儒學文化圈發揮了巨大的作用，厥功至偉。

中國科舉考試的先進文化，也爲西方歐美國家所學習、所效仿。

---

[1] 蕭瑞峰：《日本有没有實行過科舉制度？》，《文史知識》1995年第7期。

[2] 劉海峰：《中國科舉文化》之《四、科舉文化的影響》，《朝鮮科舉的模仿與創造》，遼寧教育出版社2010年版，第368頁。

[3] 虞雲國、孫旭整理：《全宋筆記》第三編，第八册，〔宋〕徐兢：《宣和奉使高麗圖經》卷四十《同文·儒學》，大象出版社2008年版，第153頁。

[4] ［韓］《增補文獻備考》卷一八七《選舉考·科制》。

[5] ［越］《大南實錄正編》第二紀，卷一八九，明命十九年二月。

西方人把中國科舉考試與中國四大發明相比。英國人羅伯特·英格爾斯評論英國東印度公司采用了中國科舉考試的競爭原則時說："這種中國人的發明創造在印度的充分發展，預示着或許將來有一天，它會像火藥、印刷術一樣，在國家制度甚至是歐洲的國家制度中，引起另一次偉大變革。"事實正是如此：英格爾斯當時的預言並没有錯，東印度公司實行的文官考選制度爲英國文官制度的建立積累了經驗、開辟了道路，考試選才機制像一桶火藥轟開了政黨分肥制的大門，科舉制最終通過英國對世界各國的文官制度產生了重大而深遠的影響。[1] 當代美國學者顧立雅明確肯定了中國科舉考試制度在建立現代世界文官制度中的重要作用，指出"這是中國對世界的最大貢獻"[2]。因此，劉海峰教授順理成章地提出：科舉制是中國的"第五大發明"。科舉制成爲一個推動世界文明發展的重要動力。

科舉選拔人才，通過科目考試實現。唐代科目衆多，常選科目有秀才、明經、進士、孝廉、明法、明算、三史、開元禮等；制舉科目名目更多，如賢良方正能直言極諫科、博學宏詞科、志烈秋霜科、軍謀宏達材任邊將科等等，達六十三科。[3] 北宋初沿唐制文武分舉，設常科、制科，科目種類有所減少。至神宗朝熙寧四年（1071），王安石改革科舉制，廢試詩、賦、帖經，罷明經、諸科，改試"經義"取進士，舉子占治《易經》《詩經》《尚書》《周禮》《禮記》五經中一經，兼試《論語》《孟子》，常選科目僅保留進士科。[4] 宋代是科舉制完善期，也是高峰期，兩宋共舉行118榜，錄取登科人11萬之衆，是歷朝錄取人數最多的一朝。其後，元、明、清三朝，進士科成爲科舉考試唯一科目（臨時開科除外）。元代科舉考試行廢頗爲曲折，元朝開國三十六年後，才于元仁宗延祐二年（1315）開進士科科目考試，中間又停開六年，至

---

[1] 劉海峰：《中國科舉文化》之《四、科舉文化的影響》，《科舉制——中國的"第五大發明"》，遼寧教育出版社2010年版，第409頁。

[2] H.G.Greel,*The Beginning of Bureaucracy in China：The Origin of the hsien*,Journal of Asian Studies,Vol.23,Feb,1964,p.183.

[3] 傅璇琮：《唐代科舉與文學》第六章《制舉》，陝西人民出版社1986年版，第138頁。

[4] 龔延明：《宋代科舉總論》第一章，《宋代科舉科目》第一節，《宋代常科科目》，見龔延明、祖慧《宋代登科總錄》第14册，廣西師範大學出版社2014年版，第7633頁；第四章，《宋代科舉考試內容與試卷格式》第一節《常科考試內容》，第7668頁。

元惠宗至正二十六年（1366）最後一次廷試，前後共舉行會試十六次，共錄取進士1139名，[1]是歷朝錄取人數最少的朝代之一。中國科舉制在明代得到復振，并進入成熟、健全、鼎盛時期，可以說繼宋之後，科舉考試出現第二個高峰期。

明代于洪武四年（1371）首開進士科科舉考試，其後罷輟十三年，至洪武十八年（1385）重開，繼而三年一大比，沒有中止，共舉行了89榜科舉考試（崇禎十三年賜特用榜不計在內），每榜進士人數平均在270人上下，共錄取進士24594人。[2]爲明王朝培養了大批治國安邦的人才。

明代科舉考試在承繼宋、元三級考試，以經義取士基礎上，有很大創新，其一，是建立縣、州、府、衛所儒學、鹽運司儒學、土官學等學校入學考試制度，[3]選拔入校學生，凡童生經縣考、府考與提督學政主持的歲考，三級考試合格者稱生員，尊稱秀才，許着青衫，頭戴方巾。宋代三年定期舉行一次的科舉考試，爲明代所繼承，明代稱三年一大比。大比之年以前，明代生員要參加提學官主持的科考，科考爲鄉試預備考試，也就是參加鄉試的資格考試。科考成績列入一、二等的生員，就獲取了參加鄉試的資格。[4]在郡縣學之上中央有國學（太學），入國學者爲國子生，國子生又細分爲：府、州、縣學生員貢入國學者，稱監生，舉人入國學者，稱舉監，品官之弟入國學者，稱蔭監，捐貲入國學者，稱例監。國子生，其待遇比郡縣學生員要高，凡入國學者，可以入官，也可直接參加鄉試或會試。明代進士國子生比例較高。如《成化二年進士登科錄》載：第一甲第一名羅倫、第二甲第一名李琮、第三甲第一名劉烜，全是國子生出身。可見，"明制，科目爲盛，卿相皆由此出，學校則儲才以應科舉"，明代學校與科舉考試緊密相銜接[5]，是對唐宋科舉考無資格試，許士子"投牒自應"的一大革

---

[1] 蕭啓慶：《元代進士輯考》之《導論：元代的科舉制度及文獻》，"中央研究院"歷史語言研究所2012年版，第19、20頁。
[2] 龔延明、邱進春：《明代登科進士總數考》，刊《浙江大學學報（人文社會科學版）》2006年第3期，第69—78頁，人大報刊復印資料《明清史》2006年第8期，第35—43頁。
[3] 郭培貴：《明史選舉制考論·總論》，中華書局2006年版，第9頁。
[4]《明史》卷六九《選舉志》，第1676—1677頁；《郡縣之學》，第1687頁。
[5]《明史》卷六九《選舉志》，第1675頁。

新。[1]其二，欽定朱熹注四書五經爲學校教材，形成了科考必由學校始，學校必從讀經始的科舉培養儒學人才的路徑。其三，考試形式的創新，以八股文命題取士，這是科舉考試文體的創新，此種文體，以"載道"爲基本追求，有起、承、轉、合規定程式的約束，用代聖人立言的口氣議論時政，有助於熏陶與樹立舉子儒家學說的治國理念和立身處世的倫理道德規範，適應當朝統治者鞏固王朝的需要；同時便於閱卷官有統一的評判試策優劣高下的標準。[2]

明代科舉考試制度的創新，使明代科舉具有承前啓後的樣板性，明代的科舉制度爲清代全盤繼承。然而，"20世紀的科舉研究，總體上看，'兩頭'即隋唐與清代科舉研究多，中間研究少。其實明代科舉的研究更有意義：一則明代是中國科舉的成熟期，有典型性與樣板性。二則歷朝留下的科舉名錄不多，唯獨明代留下大批的科舉名錄。這也就是說，選擇明代科舉爲考察中心，既有學術視野上的典範性，又能建立在踏實的基礎上，全面推進科舉制度的研究。"[3]

的確，"歷朝留下的科舉名錄不多，唯獨明代留下大批的科舉名錄"。縱觀中國一千三百年科舉史，自唐以下，曾經產生過多少《登科錄》！可惜，這些能提供歷代登科進士最原始、最基本、最重要的檔案資料，出於主觀上不重視、客觀上因戰亂破壞等原因，保存下來的很少。唐代沒有留下一榜，宋代憑藉朱熹、文天祥兩大名人得以留下《紹興十八年進士登科錄》《寶祐四年登科錄》兩種；元代16榜祇留下《元統元年進士錄》一榜；清代離現在最近了吧，也祇留下《順治六年進士登科錄》《康熙五十一年進士登科錄》《雍正八年進士登科錄》等數種，而明代所保存至今的明代《登科錄》數量爲最多。據統計，海內外現存於寧波天一閣、國家圖書館、上海圖書館、臺北"中央圖書館"、臺北"中央研究院"史語所、美國國會圖書館等館藏明代《登科錄》，

---

[1]《全唐文》卷三三一，楊綰《條奏貢舉疏》稱"投牒自應"，第3357頁上欄；《新唐書》卷四四，《選舉志》上引禮部侍郎楊綰上疏，稱"投牒自舉"。

[2]龔延明、高明揚：《清代科舉八股文的衡文標準》，刊《中國社會科學》2005年第四期，第180頁；龔篤清：《明代科舉圖鑒》第八章，《八股文的功過是非評說》，岳麓書社2007年版，第736頁。

[3]錢茂偉：《國家、科舉與社會》之《導論》，北京圖書館出版社2004年版，第9頁。

總數爲58種[1]，而天一閣獨家所藏明代《登科錄》就有41種！海內外其餘館藏爲天一閣所無之明代《登科錄》總數才17種，連天一閣所藏一半還不到。這得益于明代寧波天一閣主人範欽，他在官場任職期間，就特別重視收藏明代科舉文獻資料，他在世時已收藏51種明代《登科錄》，後因被盜賣等客觀原因，從天一閣流散于上海、南京等地10種。天一閣現存明代科舉名錄370種，除《登科錄》（包括《崇禎十三年庚辰科進士履歷》《國朝河南進士名錄》《皇明進士登科錄》）56種之外，庋藏《會試錄》38種、《鄉試錄》277種，《武舉錄》11種，《武鄉試錄》8種。[2]這是十分可觀的珍貴科舉文獻遺產。

明代科舉名錄文獻，是明代科舉鄉試、會試、殿試三級考試的產物。宋代無鄉試之名，初級科舉試稱發解試。元代始有行省考試，後改稱鄉試。[3]明代鄉試，凡直隸舉子，于京府考試；各省于省城承宣布政司考試。鄉試之年，稱爲大比之年。按照洪武十七年"科舉成式"，鄉試的考試時間爲子、午、卯、酉年的八月[4]。農歷八月是秋天，鄉試別稱"秋闈""秋榜""鄉闈"。鄉試共三場，考試時間常制：第一場爲八月初九日，試四書義三道，每道200字以上；五經（《易經》《尚書》《詩經》《春秋》《禮記》）經義四道，每道300字以上。第二場爲十二日，試論一道，300字以上，判語五道，詔、誥、表內科一道。第三場爲十五日，試經、史、時務策五道，未能答者可減兩道，俱300字以上。應舉人自備試卷紙、筆、墨、硯，每場草稿與正卷各十二張；試卷首書姓名、年甲、籍貫、三代、所治本經。布政司印卷。[5]晚末納卷，給燭三支。試卷彌封，考試者用墨書寫，謂之墨卷；謄錄試卷用砆（紅色），謂之砆卷。考試場所稱貢院，

---

[1] 陳長文：《明代科舉文獻研究》上編，《明代進士登科錄研究》之《明代進士登科錄的流通與庋藏》，附現存明代進士《登科錄》（含《會試錄》《進士同年錄》《進士履歷便覽》）版本及庋藏情況一覽表，山東大學出版社2008年版，第38—47頁。
[2] 駱兆平：《天一閣叢談》，中華書局1993年版，第106頁。
[3] 方齡貴校注：《通制條格校注》卷五，《學令·科舉》："一、鄉試中選者，各給公據，錄連取中科文，行省所轄去處，移咨都省送禮部。"中華書局2001年版，第220頁。
[4] 〔明〕《太祖實錄》卷一六〇，洪武十七年三月戊戌朔條，"中央研究院"歷史語言研究所校印《明實錄附校勘記》第一册，中華書局2015年版，第2467頁。
[5] 〔明〕申時行等修：萬曆朝重修本《明會典》卷七七，《科舉通例·洪武十七年定制》，中華書局1989年版，第448頁上欄。

諸生考試所處席舍稱號房。每一考生，派一軍人看守稱號軍，以防作弊。[1] 鄉試中式者爲"舉人"，鄉試第一名稱"解元"，此"解"爲發解之義，沿襲宋代發解試第一名稱解元之例。官府給舉人以公據，于次年赴禮部會試。明代鄉試錄取比例平均爲4％左右，即100個應舉鄉試諸生，約錄取4人。[2] 中舉，是明代士人舉業成功的一個標志，有了舉人科名，就獲得了相應社會地位，進而赴會試，再博進士功名；即使會試落第，也取得了入仕做官的資格。《儒林外史》第三回："捷報貴府老爺範諱進高中廣東鄉試第七名亞元。"範進見捷報因喜極昏倒，此"範進中舉"的故事深入人心，這也是明代士人渴望中舉以通達仕途的生動寫照。[3]

明代鄉試制度與鄉試科名檔案，集中在《鄉試錄》中。天一閣藏明代《鄉試錄》，數量衆多，居海內外所藏明代《鄉試錄》之首位，具有重大科舉史料和明代歷史文化價值。其內容，茲以《永樂十二年（1414）福建鄉試錄》爲例：

一、永樂十二年鄉闈小錄序（考試官左經撰）

序中提及赴鄉試諸生爲450餘人，而通過鄉試三場試，中式舉人爲129人。

二、鄉試考官與執事官

提調官1人、監試官7人、考試官2人、同考試官3人、收掌試卷官1人、受卷官2人、彌封官2人、謄錄官2人、對讀官4人、印卷官1人、供給官4人、巡邏搜檢懷挾官7人、掌行科舉文字4人、謄錄文字60人（儒學生員充）。

三、鄉試三場試

（一）第一場

四書義三道（題目從略）、五經義各四道：

《易》（題目從略）

《書》（題目從略）

《詩》（題目從略）

---

[1]《明史》卷七十，《選舉志》二《科目》，第1694頁。
[2] 李國鈞、王炳照：《中國教育制度通史》（第四卷），山東教育出版社2000年版，第477頁。
[3]〔清〕吳敬梓：《儒林外史》第三回，《周學道校士拔真才　胡屠户行凶鬧捷報》，作家出版社1954年版，第31頁。

《春秋》（題目從略）

《禮記》（題目從略）

（二）第二場

論一道：天下文明。

詔、誥、表內科一道：詔擬：漢章帝詔二千石勸勉農桑；誥擬：唐太宗以戴冑爲大理少卿；表擬：唐孔穎達進《五經正義》表。

判語五條：擅差職官、空引偷軍、攬納稅糧、囑托公事、造作不如法。

（三）第三場

策五道：

一問：伏讀《大誥》五十八章而知鄉飲酒禮之制……然賓主獻酬之頃，果何以見王道之易易乎？幸明陳之。

二問：伏讀《大誥續編·明孝篇》，所列孝子事親之節凡十六條……孝廉之科由是以興，其即先王之要道歟？……

三問：《大學》言心不言性，《中庸》言性不言心……各有微旨，諸君子於聖賢之心性必存養之有素，願陳毋隱。

四問：經史之用世尚矣，說者謂經以載道、史以紀事，然道與事果可岐而二之歟？……

五問：學校之設其來尚矣，古者天子立四學，四學之中習者何業？所講者何道歟？……

四、中式舉人（129名）

第一名　何瓊　　懷安縣學生　《詩》

第二名　朱顯宗　興化府學生　《書》

第三名　洪英　　福州府學生　《禮記》

第四名　唐泰　　長泰縣學生　《易》

第五名　鄭瑩　　閩縣學生　　《春秋》

（以下從略）

五、永樂十二年鄉闈中式程文

（一）第一場

"四書、五經"中式程文：

第四名　唐泰：夫子之得邦家者所謂立之斯立道之斯行綏之斯來動之斯和　（龔按：四書義）

第三名　朱顯宗（龔按：疑爲洪英之誤）：人之所不學而能者其良能也所不慮而知者其良知也（龔按：四書義）

第一名　何瓊：玄王桓撥受小國是達受大國是達率履不越遂視既發相土烈烈海外有截（龔按：《詩經》義）

第二名　朱顯宗：九州攸同四隩既宅九山刊旅九川滌源九澤既陂四海會同（龔按：《尚書》義）

第三名　洪英：樂正崇四術立四教順先王詩書禮樂以造士春秋教以禮樂冬夏教以詩書（龔按：《禮記》義）

第八名　伍寧：泰小往大來吉亨則是天地交而萬物通也上下交而其志同也（龔按：《易》義）

第九名　陳景著：楚屈完來盟于師盟于召陵齊侯使國佐如師己酉及國佐于袁婁（龔按：《春秋》義）

（二）第二場

"論"中式程文：

第五名鄭鶯：天下文明。（程文全文從略）

考官左經批：覽筆勢之翩翩，實場中之杰作也！

"詔、誥、表"中式程文：

表　第二名朱顯宗：擬唐孔穎達進《五經正義》表。（程文全文從略）

考官左經批：文詞典雅，可勝諸作。

誥　第五十七名陳僖：擬唐太宗以戴胄爲大理少卿。

考官朱批：深得誥體。左批：誥簡古。

（三）第三場

"策五道"中式程文：

第一問　第十一名謝復進：答"鄉飲之禮"。（程文從略）

第二問　（付闕）

第三問　第二名洪英：答"心性之理而分言"。（程文從略）

第四問　第一名何瓊：答"經史之用"。（程文從略）

第五問　（付闕）

六、鄉闈小錄後序（序文從略）

從上引一份《鄉試錄》可窺見明代某省鄉試的總貌與舉人檔案及

其相關考獻，鄉試具體而微，如能通覽數百種鄉試，我們也許才能對明代鄉試制度的演變、解額分配與錄取比例的變化及程文形式與內容所折射的明代士子的知識趨向等等問題，獲得一個較客觀、較全面的認識。

鄉試中式舉人，于次年赴京師禮部貢院會試。因會試時間是農曆二月，在春天，因此別稱"春闈""春榜"，會試由禮部主持，又稱"禮闈"。會試中式舉人稱"貢士"。明仁宗洪熙元年（1425），會試取士，始分南卷、北卷，南卷取十之六、北卷取十之四，其後又設中卷，由南、北卷名額中各退出五卷名額。"自洪熙元年起，會試實行南北取士制度，這是明代會試與鄉試區別最大之處。"[1] 南、北、中分卷取士，其目的是為了限制南方諸省舉人錄取比例太高，防止科舉取士區域失衡。宣德、正統間，南、北、中分卷地區劃分如下：

南卷（十之六）：浙江、江西、福建、湖廣、廣東、應天府、直隸松江府、蘇州府、常州府、鎮江府、徽州府、寧國府、池州府、太平府、淮安府、揚州府、廣德州十六省府、一州。

北卷（十之四）：山東、山西、河南、陝西、順天府、直隸保定府、真定府、河間府、順德府、大名府、永平府、廣平府省府，延慶州、保安州十二省府、二州；遼東、大寧、萬全三都司。

中卷（南、北各退五名）：四川、廣西、雲南、貴州、廬州府、鳳陽府、安慶府七省府；徐州、滁州、和州三州。[2]

需要注意的是，南、北各退五名，是以錄取一百人為基數。如南卷佔六十人，即退出五名，南卷實取五十五名；北卷四十人，退出五名，即北卷實取三十五名；中卷可取十名貢士。若一榜取三百名，那麼，中卷可取三十名，南卷取一百六十五名，北卷取一百零五名。天一閣藏《成化二十三年會試錄》中韓林學士尹直所寫"會試錄序"謂：

---

[1] 劉海峰、李兵：《中國科舉史》第五章，《科舉制度的鼎盛》，東方出版中心2004年版，第290頁。

[2]《明史》卷七〇，《選舉志》二，《科目》，第1697頁。〔明〕申時行等修：萬曆朝重修本《明會典》卷七七，《會試》，中華書局1989年版，第450頁下欄。

> 惟聖祖起自南服，士得於漸涵者最先且盛。迨宣德丁未（二年，1427），大學士楊士奇乃議會試取士，卷分南北，南十六，北十四。既而，以百乘除，又各退五爲中數。[1]

明太祖洪武三年（1370），詔禮部會試舉人名額不過百人。仁宗此與實際情況并不相符。《洪武四年登科錄》顯示，殿試錄取120人。然依明制，殿試不黜落，會試人數與殿試所取進士數是一致的。經查對，果然，《洪武四年登科錄》所載第二甲十七名中最後一名趙旅，浙江鄉試第八名、會試第一百二十名。會試第一名、浙江鄉試第四名俞友仁，殿試後進士排名爲第三甲一百名中的第二十六名。[2] 仁宗洪熙元年（1425），定會試取士臨時請旨不過百人。其後數榜大體遵依，如《宣德五年進士登科錄》"玉音"載：

> 宣德五年二月十九日，早，行在禮部尚書臣胡濙等官於奉天門奏爲科舉事：會試天下舉人，選中一百名。

此榜取進士確爲一百名。
《宣德八年進士登科錄》"玉音"載：

> 宣德八年二月十九日，早，行在禮部尚書臣胡濙等官於奉天門奏爲科舉事：會試天下舉人，選中九十九名。

此二榜中，一榜選中式舉人一百名，一榜九十九名。略有不同而已。
明英宗正統五年（1440）始定會試取士增至150名，《正統七年進士登科錄》顯示：

> 正統七年三月初五日，早，禮部尚書臣胡濙等官於奉天門奏爲科舉事：會試天下舉人，選中一百五十名。本年三月十五日，殿試……
> 第一甲三名　賜進士及第（名單從略）
> 第二甲五十名　賜進士出身（名單從略）

---

[1]《天一閣藏明代科舉錄選刊·會試錄》之《成化二十三年會試錄》"序"，寧波出版社2007年影印版。
[2]《天一閣藏明代科舉錄選刊·登科錄》之《洪武四年進士登科錄》，寧波出版社2006年影印版。

第三甲九十六名　賜同進士出身（名單從略）

會試録取人數是一百五十名。其第三甲九十六名最後一名邵進，正好是會試第一百五十名。[1]然而，殿試録取人數爲一百四十九名，少一名，疑有中式舉人因故未能赴殿試。

正統十三年（1448）又一變，取士名額不拘。故《明會典》稱"會試中試無定額"：

> 大約國初，以百名爲率，間有增損。多者，如洪武十八年、永樂三年，俱四百七十二名。永樂十三年，三百五十名。少者，如洪武二十四年，三十一名；三十五年，五十二名。成化而後，以三百名爲率。多者，如正德九年、嘉靖二年、三十二年、四十四年、隆慶二年、五年，俱四百名；少者，如成化五年、八年，俱二百五十名。各科三百名之外，或增二十名，或五十名，俱臨時欽定。[2]

會試中式者稱"貢士"，是準進士，第一名稱"會元"。凡會試中式者，取得赴殿試的資格。由于殿試不黜落，會試中式者，已經踏進進士龍門。

會試考試時間，洪武十七年定制，二月初九日、十二日、十五日舉行三場考試，其考試內容與試卷準備、書寫、彌封、謄録要求等等，與鄉試所規定相同。[3]且以天一閣藏《成化二十年會試録》所載爲例：

第一場

試四書義三道：

一、人能弘道，非道弘人。

二、是故君子戒慎乎其所不睹，恐懼乎其所不聞。

---

[1]《天一閣藏明代科舉録選刊·登科録》之《正統七年進士登科録》，寧波出版社2006年影印版。

[2]〔明〕申時行等修：萬曆朝重修本《明會典》卷七七，《會試》，中華書局1989年版，第451頁下欄。

[3]〔明〕申時行等修：萬曆朝重修本《明會典》卷七七，《科舉通例·洪武十七年定制》："十七年定：一、三年一大比……一、舉人試卷及筆、墨、硯自備，每場草卷、正卷各十二幅；首書姓名、年甲、籍貫、三代、本经。會試、殿試并同。"中華書局1989年版，第448頁上欄。

三、物皆然，心爲甚。

每道三百字以上。

試五經義：

一、《易》

（一）直方大，不習無不利，則不疑其所行也。

（二）聖人亨，以享上帝，而大亨以養聖賢。

（三）富有之謂大業，日新之謂盛德。

（四）仰則觀象於天，俯則觀法於地，觀鳥獸之文與地之宜，近取諸身，遠取諸物，於是始作八卦。

二、《書》

（一）帝乃誕敷文德，舞干羽于兩階，七旬有苗格。

（二）各守爾典，以承天休。爾有善，朕弗敢蔽。

（三）其作大邑其自時配皇天毖祀於上下，其自時中乂。

（四）昔在文武，聰明齊聖，小大之臣，咸懷忠良。

三、《詩》

（一）王在在鎬，有那其居。

（二）受天之祜，四方來賀。於萬斯年，不遐有佐。

（三）夙興夜寐，灑掃廷内，維民之章。修爾車馬，弓矢戎兵，用戒戎作，用遏蠻方。

（四）敬之敬之，天維顯思，命不易哉！

四、《春秋》

（一）齊人伐山戎。（莊公三十年）遂伐楚，次于陘。楚屈完來盟于師，盟于召陵。（僖公四年）

（二）楚人、陳侯、蔡侯、鄭伯、許男圍宋。公會諸侯，盟于宋。（俱僖公二十七年）晉侯侵曹。晉侯伐衛。楚人救衛。（俱僖公二十八年）

（三）齊國夏衛石曼姑帥師圍戚。（哀公三年）

（四）公會晉侯及吳子于黃池。（哀公十三年）

五、《禮記》

（一）故人者，天地之心也，五行之端也。

（二）重社稷，故愛百姓。

（三）大學之教也時，教必有正業，退息必有居學。不學操縵，不能安弦。不學博依，不能安詩；不學雜服，不能安禮；不興其藝，不能樂學。故君子之於學也，藏焉修焉，息焉游焉。

（四）和，故百物皆化；序，故群物皆別。

第二場

試論一道，三百字以上；試判語五道，詔、誥、表内科一道：

一、論：文以載道。

二、表（是榜，試判語科表一道）：……擬詔修闕裏宣聖廟襲封衍聖公謝表。

第三場

試經、史、時務策五道：

一、第一問 （策題從略）

二、第二問 （策題從略）

三、第三問 （策題從略）

四、第四問 （策題從略）

五、第五問 （策題從略）[1]

進士最後一級考試，皇帝親策于廷，稱廷試，亦稱殿試。殿試比鄉試、會試要簡，不需考三場，僅一場試時務策一道，限一千字以上。殿試實際是對會試的覆試，定三甲名次。皇帝欽點一甲三名：第一名狀元、第二名榜眼、第三名探花。洪武四年（1371），首次科考，殿試時間定爲二月十九日，"御奉天殿策試貢士。二十日，午門外唱名"[2]。明英宗正統七年（1442）改爲三月十五日。

關于殿試的程序、考試内容、考官、唱名張榜及新進士慶祝活動等明代殿試制度、進士檔案，最基本、最重要的史料集中在《登科錄》中。明代《登科錄》，最完善，這也是科舉史發展的必然結果。這裏有必要追溯其產生的沿革，有助于我們對明代《登科錄》學術價值的全面認識。據唐代史籍記載，唐中宗神龍時（705—707）就已出現《進士登科記》，那是好事者逐年記載登進士第的姓名，比較簡單，屬私家記錄。[3] 其後

---

[1]《天一閣藏明代科舉錄選刊·會試錄》之《成化二十年會試錄》，寧波出版社 2007 年影印版。

[2]〔明〕申時行等修：萬曆重修本《明會典》卷七七，《貢舉·殿試》，中華書局 1989 年版，第 452 頁。

[3]〔唐〕封演撰、趙貞信校注：《封氏聞見記校注》卷三，《貢舉》，中華書局 2006 年版，第 17 頁。

私家編《登科記》漸多，在唐穆宗以前已有《崔氏顯慶登科記》五卷、姚康《科第錄》十六卷、李奕《唐登科記》二卷等十數種之多。[1] 直至好尚文學的唐宣宗，于大中十年（856）索要《登科記》，下敕："自今放榜後，仰寫及第姓名，及所試詩賦題目進入內，仍付所司，逐年編次。"[2] 遂有知貢舉官鄭顥選禮部員外郎趙璘編《諸家科目記》十三卷，搜羅自唐初武德至宣宗大中十年（618—856）238年逐年進士登科名錄。此後即由官府出面編撰《登科記》。遺憾的是，唐代所編唐《登科記》已蕩然無存。宋人曾編過若干唐代《登科記》，也已難覓踪影。唯清代學者徐松編《登科記考》，留存至今，成爲今人研究唐五代科舉的基本文獻，傅璇琮先生對該書予高度評價，認爲："可以慶幸的是，在一百多年以前，也就是清朝道光年間，有一位學問面很廣的學者徐松，編撰了一部唐代科舉史的專著，給這門學科填補了空白，也給後人提供了不少進一步研究的綫索。"他由此及彼，鑒于高度發達的宋代科舉，118科舉試僅留下兩榜《登科錄》，建議學界"效徐松之書的體例，編撰一部《宋登科記考》"。[3] 可見，科舉名錄之于科舉制、科舉史及與之相關社會研究的重要性。

　　唐代是科舉制開創、興起時期，每榜錄取人數不多，一二十人左右，制度不完善。宋代是科舉制興盛時期，宋太宗太平興國以後，每榜錄取在數百人以上，非唐代可比擬。科舉制度逐步完善、健全。南渡後科舉三級考試，"概以子、午、卯、酉年，鄉貢士；以辰、戌、丑、未年試禮部奏名進士。而寅、申、巳、亥年則修明禋或舉郊祀，其試鄉貢舊無定日，故奔競者或有·人而試數郡。紹興中，懲其弊，令諸郡同以八月十五日引試，當是年，則二月一日頒詔旨示以取士

---

[1]〔宋〕王應麟：《玉海》卷一一五，《選舉·科舉》二，《唐進士舉·科目記·科第錄》，江蘇古籍出版社、上海書店1987年版，第2126頁。

[2]〔宋〕王溥：《唐會要》卷七十六，《貢舉》之《緣舉雜錄》，上海古籍出版社1991年版，第1640頁。

[3] 傅璇琮：《唐代科舉與文學》第一章，《材料叙說：唐登科記考索》，第1、19頁。龔按：傅先生編撰《宋登科記考》的願景已經實現，傅璇琮主編、龔延明、祖慧撰的《宋登科記考》（上、下兩冊，411.7萬字），已於2009年由江蘇教育出版社出版。在此基礎上，龔延明主編，龔延明、祖慧撰編的《宋代登科總錄》（14冊，1000萬字），2014年由廣西師範大學出版社出版。

之意,而戒飭之,凡遇此歲,通謂之'詔歲'。"[1] 明代鄉試年定爲子、午、卯、酉年,沿襲南宋鄉貢發解試之制。宋科舉取士數量衆多,在唐代《登科記》基礎上,宋代科名記提升爲《登科錄》,其所載進士,不只姓名而已,具載家狀,已成爲個人小傳檔案,并保存了該榜的相關科舉詔令、知舉官、考試官、策題、對策卷等。以《紹興十八年登科錄》、《寶祐四年登科錄》爲例,其《登科錄》內容包括:

一、玉音　御筆手詔(科詔·紹興十七年二月一日)

門下：……可令有司搜取茂异,咸與計偕。朕將試之春官,親策于廷（下略）。

二、御試策一道（紹興十八年四月初三日）

（前文略）今子大夫通達國體,咸造于廷,願聞今日之治道,何興補可以起晋、唐之陵夷？何馳驟可以接東漢之軌迹？（下略）

三、鎖院（紹興十八年二月十二日禮部試考官鎖院）

敕差：知貢舉官1人,同知貢舉官2人,參詳官8人,點檢試卷官20人。

四、省試（禮部試）考試日期

二月十八日、十九日、二十日,三天引試詩、賦、論策三場;二月二十二日、二十三日、二十四日,三天引試經義、論策三場。

省試別試　二月二十三日引試：考試官1人,點檢試卷官4人。

五、御試（紹興十八年四月初三日）

敕差：初考官3人,覆考官3人,詳定官3人,編排官2人,初考覆考點檢試卷官1人,對讀官6人。

六、恩榮次第

紹興十八年四月十七日,皇帝御集英殿,唱名賜第,賜狀元王佐以下進士及第、進士出身、同進士出身共三百三十餘人。

四月十八日,新進士赴期集所活動,撰編《題名小錄》。

四月二十六日,依令賜期集所1700貫。

四月二十九日,新進士朝謝。

五月初二日,就法慧寺拜黃甲,餘同年。

---

[1]〔元〕劉壎：《隱居通議》卷三十一,《前朝科詔》,文淵閣《四庫全書》本。

五月初五日,赴國子監謁謝先聖、先師、鄒國公。

五月□□日,立題名石刻于禮部貢院。賜狀元王佐等進士聞喜宴于禮部貢院。

七、進士五甲名錄(以《寶祐四年登科錄》爲例)

第一甲　文天祥等二十一人。

第二甲　謝枋得等四十人。

第三甲　鄭必復等七十九人。

第四甲　楊奇遇等二百四十八人。

第五甲　喻用國等二百一十三人。

每一名錄之下,具姓名、字、小名、小字、婚姻、祖宗三代與兄弟姓名、仕履或出身、籍貫、户籍等家狀,《寶祐四年登科錄》增加所治主科(治某經或治詩賦等)。

八、狀元對策

《寶祐四年登科錄》錄狀元文天祥對策,理宗賜進士御制詩及文天祥謝御賜詩、謝賜進士及第。(《紹興十八年登科錄》之狀元對策已佚)。[1]

宋代《登科錄》格式體例,比較完整、詳贍,爲明代所繼承,而略有變化,明代《登科錄》壓縮恩榮次第的活動內容,增加户籍種類,茲以天一閣藏《成化二十三年進士登科錄》爲例:

一、玉音

成化二十三年三月十二日,由提調官等于奉天門奏:是榜會試取中 351 名,三月十五日殿試,聘請讀卷官、執事官 53 名,以及欽定進士出身等第、資格:第一甲例取三名,第一名六品,第二、三名正七品,賜進士及第;第二甲從七品,賜進士出身;第三甲正八品,賜同進士出身。

繼而,列殿試考官以及執事官 53 員,其配備如下:

讀卷官 12 人,其中萬安與劉吉爲內閣大學士;

提調官 3 人,由禮部尚書、禮部左右侍郎擔任;

監試官 2 人,由監察御史擔任;

受卷官 4 人,皆進士擔任;

---

[1] 全國圖書館文獻縮微複製中心編:《中國科舉錄彙編》(一),《紹興十八年進士登科錄》《寶祐四年進士登科錄》,全國圖書館文獻縮微複製中心 2010 年出版。

彌封官 10 人，京朝官擔任，有非進士出身者；

掌卷官 4 人，皆進士出身京朝官充；

巡綽官 8 人，皆錦衣衛、金吾衛武官充；

印卷官 4 人，皆進士出身京朝官擔任；

供給官 6 人，由光祿寺與禮部司務官充，其中五人進士出身，一人貢士出身。[1]

二、恩榮次第

成化二十三年三月十五日，早，諸貢士赴內府殿試，上御奉天殿，親賜策問。

三月十七日，早，文武百官朝服侍班。是日，錦衣衛鹵簿于丹陛丹墀內，上御奉天殿，鴻臚寺官傳制唱名，禮部官捧黃榜，鼓樂導引，出長安左門外，張挂畢，順天府官用傘蓋儀從送狀元歸第。

三月十八日，賜宴於禮部，宴畢，（新進士）赴鴻臚寺習儀。

三月十九日，賜狀元朝服、冠帶及進士寶鈔。

三月二十日，狀元率進士上表謝恩。

三月二十一日，狀元率進士詣先師孔子廟，行釋菜禮。禮部奏請命工部於國子監立石題名。[2]

三、登科名錄（依三甲名次排列 353 名進士之姓名及其家狀）

第一甲三名　費宏　劉春　涂瑞　賜進士及第

第二甲一百一十名　賜進士出身（名單從略）

第三甲二百三十八名　賜同進士出身（名單從略）

四、皇帝策問一道

皇帝制曰：自昔帝王創造丕圖，必有貽謀，以爲長治久安之計。夏、商、周之迹見於經，漢、唐、宋之事具于史。朕欲聞其紀綱統體、制度得失之詳……爾諸生皆學古通經，有志于用世者，其各直述以對，毋有所隱，朕將親覽焉。

　　　　　　　　　　　　　　　　　　成化二十三年三月十五日

---

[1]《天一閣藏明代科舉錄選刊·登科錄》之《成化二十三年進士登科錄》"玉音"，寧波出版社 2006 年影印版。

[2]《天一閣藏明代科舉錄選刊·登科錄》之《成化二十三年進士登科錄》"恩榮次第"，寧波出版社 2006 年影印版。

五、一甲三名臣費宏、劉春、涂瑞對策（對策全文從略）[1]

明《登科錄》格式體例與宋相比，大同小异，明顯的是恩榮次第的親進士活動項目壓縮，進士家狀内容，也有所變化，現特將《登科錄》核心内容進士名錄，宋、明進行對比。

宋以《寶祐四年登科錄》爲例：

  第一甲　第一人　文天祥
  字宋瑞，小名雲孫，小字從龍。第千一。偏侍下。年二十，五月二日生。外氏曾。治賦，一舉。弟璧，同奏名于天麟。曾祖安世。祖時用。父儀。本貫吉州廬陵縣。父爲户。

明以《成化二年進士登科錄》爲例：

  第一甲三名　賜進士及第
  羅倫　貫江西吉安府永豐縣，民籍。國子生。治《書經》。字應魁，行三，年三十六，正月十一日生。曾祖叔彦。祖永仁。父脩大。母李氏，繼母嚴氏。永感下。兄侃、倍。弟儼、傑。娶梁氏。江西鄉試第六十八名，會試第三名。

兩者相比較，家狀相同的信息爲：姓名，進士名次，字，排行，治某經（宋除治某經外，尚有治詞賦之目），籍貫，年齡，出生月日，父、祖、曾祖三代姓名（有無科名仕宦），父母、祖父母存亡情況。宋、明《登科錄》家狀中親屬存亡的表述均有特殊稱謂：

重慶下（祖父母、父母俱在）；
具慶下（父母俱在）；
嚴侍下（母亡故、父在）；
慈侍下（父亡故、母在）；
偏侍下（繼母在）；
永感下（祖父母、父母俱亡故）等。[2]

---

[1]《天一閣藏明代科舉錄選刊·登科錄》之《成化二十三年進士登科錄》，寧波出版社2006年影印版。
[2]〔明〕陸容撰、佚之點校：《菽園雜記》卷一，中華書局1985年版，第2頁。龔按：原爲"祖父母父母"，點校者斷句有誤。

如宋代狀元文天祥家狀"偏侍下",指繼母尚健在,而父親(稱嚴侍)以上三代親屬皆已故;明代狀元羅倫"永感下",指父母以上親屬皆已故。

繼父母三代之後,列兄弟姓名(有無科名仕宦)。娶妻否,妻姓氏。

宋、明《登科錄》家狀不同之處:明代《登科錄》增加:1.應舉前出身是何種學生,如國子生或府學生、府學增廣生、州學生、州學增廣生、縣學生、縣學增廣生、衛學軍生、醫生之類等;2.鄉試和會試名次。3.何種户籍,明代户籍劃分較細、較嚴,有民籍、軍籍、官籍、匠籍、富户籍、醫籍、太醫院籍、南京欽天監籍、竈籍、鹽籍等。

此外,宋《登科錄》家狀記載進士登第歷經舉數,如文天祥二十歲一舉中第,十分了得!同榜一甲第三名楊起莘,"治《春秋》三舉",第七名周焱"治詩賦四舉"等,科場并不順利。明代删去了進士登第經歷的舉數。

比較之下,明代家狀信息量增加了:從何種學校出身與鄉試、會試名次,反映了明代科舉與學校的緊密結合,以及對進士三級考試成績的重視。削去舉數不提,這説明在明代進士登第更爲艱難,舉數多,在家狀中列出,沒有積極意義。

更可貴的是,明代出現會試錄、鄉試錄,這構成明代科名錄一大特色,此爲唐宋科舉時代所無。本書收錄天一閣藏明代《會試錄》38 種、明代《鄉試錄》277 種。

然而,如何能讓稀世珍藏的明代殿試登科錄、會試錄、鄉試錄,通過修復、整理,面向社會,流動起來,爲廣大讀者服務,最大限度地實現其寶貴的學術價值,這是學術界的呼聲和期待,也是文物圖書館業界的使命與擔當。

首先是,臺北于 1969 年影印了臺北"中央圖書館"藏本登科錄、會試錄、鄉試錄 66 種明刊本,以"明代登科錄彙編"爲名,由臺灣學生書局出版,給研究明代科舉和明史帶來極大方便。繼其後,寧波天一閣博物館將業經修復一新的明代登科錄 56 種影印,以"天一閣藏明代科舉錄選刊·登科錄"爲名,2006 年由寧波出版社出版。2007 年,又影印出版了《天一閣藏明代科舉錄選刊·會試錄》38 種。《天一閣藏明代科舉錄選刊·鄉試錄》277 種亦影印出版。2010 年,全國圖書館文獻縮微復制中心出版了《中國科舉錄彙編》《中國科舉錄續編》,收錄了宋、元、明、清《登科錄》《會試錄》《鄉試錄》112 種。

以上科名録彙編出版，是中國圖書館界的一大業績，打開了珍貴的科舉史資源向社會開放的大門。這裏有一個名稱的問題值得商榷。即所謂"科舉録"的命名，似嫌對象太廣、太泛，科舉範圍何其大！科目、考試機構、科舉詔令、科舉制度、科舉文獻、登科名録等等，都可列入科舉録範疇，然《登科録》《會試録》《鄉試録》均屬于各級登科名録，是一種特殊的專門科舉文獻，完全可以獨立自主用專稱"科名録"，以總括《登科録》《會試録》《鄉試録》。爲此，凡《登科録》（包括《同年録》《同年序齒履歷便覽》）《會試録》《鄉試録》之彙編，宜命名爲"科名録彙編"。

《登科録》《會試録》《鄉試録》是研究科舉制度最原始、最基本、最權威的文獻。這三類名録，相應于明代科舉三級考試鄉試、會試、殿試。此次，寧波出版社繼影印《天一閣藏明代科舉録選刊》之《登科録》《會試録》與《鄉試録》之後，又新推出點校本 56 種明代《登科録》（附《崇禎十三年庚辰科進士履歷》《國朝河南進士名録》《皇明進士登科録》）和 38 種明代《會試録》，同時，首次整理出版 277 種《鄉試録》，并推出網絡版與光盤檢索版，這大大便利了讀者利用天一閣藏三種科名録的使用，這是一件功德無量的文化盛事。如久旱逢甘霖，塵封多年的明代三種科舉名録，在海内外學界期盼下，終於配套齊全、全部向社會開放，成爲學術界可以享用的公共學術資源，此壯舉，必得到學術界歡迎和歡呼。

2015 年 12 月 17 日
于浙江大學古籍研究所
暨浙大宋學研究中心

目 録

《天一閣藏明代科舉録選刊》總序
——以《登科録》《會試録》《鄉試録》爲中心 ………… 1

弘治三年進士登科録 ………………………………………… 1
弘治六年進士登科録 ………………………………………… 52
弘治十五年進士登科録 ……………………………………… 104
弘治十八年進士登科録 ……………………………………… 154
正德六年進士登科録 ………………………………………… 208
正德十二年進士登科録 ……………………………………… 267
嘉靖二年進士登科録 ………………………………………… 327
嘉靖八年進士登科録 ………………………………………… 399
嘉靖十一年進士登科録 ……………………………………… 466
嘉靖十一年進士同年序齒録 ………………………………… 522
嘉靖十四年進士登科録 ……………………………………… 579
嘉靖十七年進士登科録 ……………………………………… 668
嘉靖二十年進士登科録 ……………………………………… 722
嘉靖二十三年進士登科録 …………………………………… 777

弘治三年進士登科錄

玉音

　　弘治三年三月十二日，禮部尚書臣耿裕等於奉天門奏爲科舉事：會試天下舉人，取中三百名。本年三月十五日，殿試，合請讀卷官及執事等官少傅兼太子太師、吏部尚書、謹身殿大學士劉吉等五十三員。其進士出身等第，恭依太祖高皇帝欽定資格：第一甲例取三名，第一名從六品，第二、第三名正七品，賜進士及第；第二甲從七品，賜進士出身；第三甲正八品，賜同進士出身。奉聖旨："是。欽此。"

讀卷官

　　光禄大夫、柱國、少傅兼太子太師、吏部尚書、謹身殿大學士劉吉，戊辰進士。
　　榮禄大夫、太子太保、吏部尚書王恕，戊辰進士。
　　資善大夫、禮部尚書兼文淵閣大學士徐溥，甲戌進士。
　　資善大夫、户部尚書李敏，甲戌進士。
　　資善大夫、詹事府掌府事禮部尚書丘濬，甲戌進士。
　　資政大夫、兵部尚書馬文升，辛未進士。
　　資善大夫、刑部尚書何喬新，甲戌進士。
　　資善大夫、工部尚書賈俊，庚午進士。
　　資政大夫、都察院右都御史屠瀧，丙戌進士。
　　嘉議大夫、禮部右侍郎兼翰林院學士劉健，庚辰進士。
　　正議大夫、資治尹、通政使司掌司事工部右侍郎謝宇，監生。
　　通議大夫、大理寺卿馮貫，甲申進士。
　　奉議大夫、左春坊左庶子兼翰林院侍講學士李東陽，甲申進士。

提調官

　　資政大夫、禮部尚書耿裕，甲戌進士。

嘉議大夫、禮部左侍郎倪岳，甲申進士。
嘉議大夫、禮部右侍郎周經，庚辰進士。

監試官
山西道監察御史徐同愛，乙未進士。
福建道監察御史李興，乙未進士。

受卷官
翰林院侍講謝鐸，甲申進士。
翰林院檢討楊時暢，戊戌進士。
承事郎吏科都給事中宋琮，戊戌進士。
從事郎戶科給事中祝俓，甲辰進士。

彌封官
通議大夫、鴻臚寺掌寺事、禮部左侍郎賈斌，監生。
正議大夫、資治尹、太常寺卿林章，儒士。
中大夫、光祿寺卿胡恭，癸酉貢士。
奉政大夫、修政庶尹、尚寶司卿李璋，儒士。
翰林院修撰武衛，戊戌進士。
翰林院編修黃珣，辛丑進士。
徵仕郎、禮科左給事中韓鼎，辛丑進士。
承事郎、兵科都給事中劉聰，戊戌進士。

掌卷官
翰林院侍講劉戩，乙未進士。
翰林院侍講楊傑，戊戌進士。
翰林院編修江瀾，戊戌進士。
徵仕郎、刑科左給事中趙竑，甲辰進士。
從事郎、工科給事中柴昇，丁未進士。

巡綽官
驃騎將軍、錦衣衛掌衛事都指揮使朱驥。
昭勇將軍、錦衣衛指揮使季成。
昭勇將軍、錦衣衛指揮使錢通。
懷遠將軍、錦衣衛指揮同知劉綱。
懷遠將軍、錦衣衛指揮同知孫瓚。
懷遠將軍、錦衣衛指揮同知劉良。

懷遠將軍、金吾前衛指揮同知翟通。
懷遠將軍、金吾後衛指揮同知徐能。

印卷官

奉訓大夫、禮部儀制清吏司署郎中事員外郎徐説，戊戌進士。
承德郎、禮部儀制清吏司署員外郎事主事胡玉，辛丑進士。
承直郎、禮部儀制清吏司主事王爵，甲辰進士。
承直郎、禮部儀制清吏司主事祁仁，甲辰進士。

供給官

奉政大夫、光祿寺少卿賀思聰，乙未進士。
奉議大夫、光祿寺少卿陳瑞，戊戌進士。
登仕郎、禮部司務郝本，乙酉貢士。
禮部精膳清吏司郎中金福，戊戌進士。
承德郎、禮部精膳清吏司署員外郎事主事程愈，辛丑進士。
承直郎、禮部精膳清吏司主事陳鎬，丁未進士。

恩榮次第

弘治三年三月十五日，早，諸貢士赴內府殿試，上御奉天殿，親賜策問。

三月十八日，早，文武百官朝服侍班。是日，錦衣衛設鹵簿于丹陛丹墀內，上御奉天殿，鴻臚寺官傳制唱名。禮部官捧黃榜，鼓樂導引出長安左門外，張挂畢，順天府官用傘蓋儀從送狀元歸第。

三月十九日，賜宴於禮部，宴畢，赴鴻臚寺習儀。

三月二十日，賜狀元朝服、冠帶及進士寶鈔。

三月二十一日，狀元率諸進士上表謝恩。

二月二十二日，狀元率諸進士詣先師孔子廟，行釋菜禮。禮部奏請，命工部於國子監立石題名。

第一甲三名　賜進士及第

錢福　貫直隸松江府華亭縣，匠籍。國子生。治《書經》。字與謙，行二,年三十,三月二十七日生。曾祖復。祖昌。父中,州同知。母陸氏。具慶下。兄塘。弟祚。娶顧氏。應天府鄉試第九名,會試第一名。

　　劉存業　貫廣東廣州府東莞縣,竈籍。國子生。治《禮記》。字可大,行一,年三十一,閏十一月初十日生。曾祖勢孫。祖源。父閏。母李氏。慈侍下。娶衛氏。廣東鄉試第二名,會試第一百六十六名。

　　靳貴　貫直隸鎮江府丹徒縣,民籍。縣學生。治《易經》。字充道,行一,年二十七,十二月二十日生。曾祖誠。祖榮。父瑜,府經歷。母范氏。慈侍下。娶王氏。應天府鄉試第一名,會試第二名。

第二甲九十名　賜進士出身

　　楊旦　貫福建建寧府建安縣,民籍。國子生。治《易經》。字晉叔,行二,年三十一,八月初七日生。曾祖榮,少師、工部尚書兼謹身殿大學士,贈太師,諡文敏。祖錫。父仕儀。母周氏。慈侍下。娶朱氏。福建鄉試第四十六名,會試第六十七名。

　　徐紘　貫直隸常州府武進縣,軍籍。府學生。治《書經》。字朝文,行一,年三十五,六月二十五日生。曾祖宗可。祖鎬。父璟。母陳氏。慈侍下。弟繹、徽、純、綢。娶臧氏。應天府鄉試第十五名,會試第九十二名。

　　汪澤　貫浙江紹興府餘姚縣,軍籍。縣學增廣生。治《禮記》。字公溥,行一,年三十七,正月十九日生。曾祖文慶。祖叔昂,知縣。父鑑。前母沈氏,母宋氏。慈侍下。娶許氏,繼娶高氏。浙江鄉試第五十二名,會試第三十三名。

　　彭杰　貫江西吉安府吉水縣,民籍。府學生。治《易經》。字景俊,行二,年三十三,正月初十日生。曾祖不同。祖汝弼,教諭,封翰林院修撰。父占。前母曠氏,母林氏,繼母李氏。具慶下。兄極。弟桓,同科進士;棐;戀;采;桙;來。娶袁氏。江西鄉試第二十二名,會試第二百四十四名。

　　唐貴　貫直隸常州府武進縣,民籍。府學生。治《詩經》。字用思,行一,年四十三,五月十六日生。曾祖汝文。祖伯誠,贈大理寺左寺副。父衍。前母左氏,母徐氏。慈侍下。弟世顯、世美、世寧。娶周氏。應天府鄉試第三十四名,會試第三名。

張天爵　貫直隸松江府華亭縣,民籍。府學生。治《詩經》。字良貴,行二,年三十四,十二月初十日生。曾祖真。祖雍。父佐。母徐氏。嚴侍下。兄天錫。娶王氏。應天府鄉試第五十六名,會試第四十四名。

李昆　貫山東萊州府膠州高密縣,軍籍。縣學增廣生。治《禮記》。字承裕,行一,年二十,四月十八日生。曾祖遜,布政司理問。祖傑,教授,贈都察院左僉都御史。父介,都察院左僉都御史。母杜氏,封宜人。重慶下。兄杲;昂,醫官;昱;昊。弟曷、□、冕、昇、昪。娶昝氏。山東鄉試第五十八名,會試第一百三十二名。

宵舉　貫直隸保定府新城縣,民籍。國子生。治《書經》。字惟臣,行一,年三十二,七月初五日生。曾祖友。祖允賢。父鑑。母楊氏。慈侍下。娶張氏,繼娶薛氏。順天府鄉試第三十四名,會試第十五名。

吳世忠　貫江西撫州府金谿縣,民籍。縣學生。治《易經》。字懋貞,行三十八,年三十,六月二十七日生。曾祖季斌。祖若清。父正夫。母王氏,繼母陳氏。具慶下。兄璿、璣、珩、瓛。弟璨、世英。娶全氏。江西鄉試第三名,會試第六名。

王瑩　貫直隸淮安府山陽縣,民籍。國子生。治《禮記》。字汝潔,行一,年四十,九月十九日生。曾祖文。祖浩,知縣。父穡。母張氏。具慶下。弟琰、□、璙。娶周氏。應天府鄉試第一百二十五名,會試第二百五十九名。

周統　貫江西吉安府廬陵縣,民籍。國子生。治《詩經》。字伯承,行一,年三十六,六月二十九日生。曾祖子遜。祖詢,教諭,贈主事。父孟中,按察司副使。母劉氏,封安人。具慶下。弟仲敬。娶陳氏。江西鄉試第八十二名,會試第二百五十八名。

丁珮　貫直隸六安衛,軍籍,蘇州府長洲縣人。國子生。治《書經》。字大用,行二,年四十,四月二十二日生。曾祖一公。祖興。父文。母楊氏,繼母馮氏。嚴侍下。娶余氏。應天府鄉試第八十六名,會試第二百四十二名。

周序　貫江西廣信府永豐縣,民籍。縣學生。治《書經》。字仲禮,行二十六,年三十五,五月初八日生。曾祖德榮。祖敏讓。父直。母楊氏。嚴侍下。兄泰;頤,布政司都事;庠,貢士。弟學、校。娶俞氏。江西鄉試第四十八名,會試第二百七十三名。

黃暐　貫直隸蘇州衛,官籍,河南汝寧府人。國子生。治《書經》。

字日升,行三,年四十五,六月初六日生。曾祖斌,百户。祖信,贈衛鎮撫。父景暉,衛鎮撫。母張氏,封太宜人。永感下。兄曜,千户;明,千户。娶湯氏。應天府鄉試第六十四名,會試第二十九名。

金冕　貫雲南雲南中衛,軍籍,直隸崑山縣人。國子生。治《詩經》。字文用,行二,年四十,八月二十一日生。曾祖永昌。祖通。父錁。母丁氏。嚴侍下。兄章,監察御史。弟暠、昆。娶吳氏。雲南鄉試第十七名,會試第五十七名。

黃繡　貫旗手衛,力士籍,江西清江縣人。國子生。治《詩經》。字文卿,行二,年二十九,八月二十日生。曾祖季衡。祖東毅。父能。母楊氏。具慶下。兄縉。娶溫氏,繼娶李氏。順天府鄉試第一百十七名,會試第一百五十五名。

李承祖　貫山東兗州府濟寧州,民籍。國子生。治《禮記》。字繼宗,行一,年三十六,七月三十日生。曾祖慶夫,封光祿寺署丞。祖睿,按察司副使。父耕,宣聖廟司樂。母楊氏。具慶下。娶孔氏。山東鄉試第四名,會試第九十五名。

陳綬　貫廣東廣州府順德縣,軍籍。國子生。治《易經》。字學之,行一,年四十,十月初六日生。曾祖子明。祖訥,府經歷。父瑾,縣丞。母游氏。慈侍下。弟英,貢士;綱。娶何氏。廣東鄉試第三十八名,會試第二百九十三名。

相樞　貫山東青州府博興縣,軍籍。國子生。治《詩經》。字拱之,行二,年三十九,十一月二十一日生。曾祖君顯。祖贊。父克詳。母王氏。嚴侍下。兄極。娶劉氏。山東鄉試第五十一名,會試第五十四名。

羅榮　貫福建福州府古田縣,民籍。縣學生。治《易經》。字志仁,行一,年二十四,十一月初一日生。曾祖恩,知縣。祖祺。父宗蔭。母林氏。重慶下。弟謙。娶林氏。福建鄉試第八十一名,會試第二百九十八名。

崔儀　貫福建興化府莆田縣,軍籍。儒士。治《詩經》。字虞鳳,行五,年三十三,八月初七日生。曾祖建。祖永泰。父邦爵。母陳氏,繼母陳氏、翁氏。重慶下。兄鷟、順。弟麒、麟、仁、篦、敔、命、佑。娶陳氏。福建鄉試第二名,會試第十六名。

吳綱　貫福建邵武府建寧縣,民籍。國子生。治《詩經》。字宏舉,行五,年四十一,六月十一日生。曾祖必昌。祖文通。父孟禎。母袁氏,繼母徐氏。具慶下。兄自學、自昇、自輝、自覺。弟自興、自重。娶朱氏。

福建鄉試第十二名，會試第二百四十九名。

仲本　貫太醫院，醫籍，直隸寶應縣人。醫生。治《易經》。字與立，行四，年二十七，十一月十四日生。曾祖恭。祖旺，贈尚寶司少卿。父蘭，太醫院院使。母楊氏，封宜人。重慶下。兄森；楷，監生；檳。弟桼；某，禮部主事；相；桂；機；模；采；柯。娶趙氏。順天府鄉試第一百十四名，會試第二百七十二名。

時中　貫順天府大興縣，匠籍，直隸常熟縣人。府學生。治《易經》。字大本，行二，年二十六，三月初二日生。曾祖名遠。祖錠。父洪。母鄔氏。具慶下。兄正。娶萬氏。順天府鄉試第十二名，會試第二百五十名。

張安甫　貫直隸蘇州府崑山縣，民籍。國子生。治《書經》。字汝勉，行二，年三十七，十一月初七日生。曾祖文裕。祖用禮，贈刑部郎中。父積。嫡母趙氏，生母金氏。慈侍下。兄寅甫，教諭。弟申甫、平甫。娶徐氏。應天府鄉試第十三名，會試第八名。

龍燮　貫江西袁州府宜春縣，民籍。國子生。治《禮記》。字舜卿，行一，年四十一，五月初八日生。曾祖清。祖瑛，提舉司典史，封禮部員外郎。父遷，太常寺少卿。母張氏，贈恭人；繼母王氏。具慶下。弟奭、夏、愛、爕、俊。娶范氏。江西鄉試第六十二名，會試第一百二十一名。

童瑞　貫四川嘉定州犍為縣，軍籍。州學生。治《易經》。字世奇，行一，年三十六，八月十八日生。曾祖志高。祖昱。父永福。母易氏。具慶下。弟璋。娶韓氏。四川鄉試第六十二名，會試第一百六十三名。

胡易　貫江西贛州府寧都縣，民籍。國子生。治《易經》。字光貞，行五，年三十八，八月二十九日生。曾祖源廣。祖伯厚。父大忠。母李氏，繼母葉氏。具慶下。兄光啓、光泰、光榮、光顯。弟光序、禺、夼、晏。娶劉氏。江西鄉試第九十四名，會試第二十八名。

方良永　貫福建興化府莆田縣，民籍。縣學增廣生。治《書經》。字壽卿，行一，年三十，九月十五日生。曾祖孟章。祖象輝。父朝深。母陳氏。重慶下。弟良節，同科進士；良盛；良材。娶陳氏。福建鄉試第四十六名，會試第一百二十三名。

劉紳　貫河南汝寧府汝陽縣，民籍。國子生。治《禮記》。字大用，行二，年四十三，四月初七日生。曾祖信。祖原，遇例冠帶。父瑛，布政司照磨。母翟氏。永感下。兄紀，驛丞。弟鎧、紋。娶趙氏，繼娶吳氏。河南鄉試第一名，會試第二百四十八名。

胡儀　貫浙江紹興府山陰縣，民籍。國子生。治《春秋》。字士望，行五十，年二十七，十二月初六日生。曾祖尚廉。祖珙。父錫，義官。母張氏，繼母莫氏。具慶下。兄儉、倜、伉、佣、佶。娶宋氏。浙江鄉試第十一名，會試第二百名。

徐達　貫湖廣儀衛司，官籍，直隸山陽縣人。國子生。治《詩經》。字大亨，行一，年二十九，十月初二日生。曾祖希賢。祖昂。父鎬，義官。母菅氏。具慶下。兄達。弟迪、道、暹、遠、遵。娶王氏。湖廣鄉試第二十一名，會試第三十八名。

張約　貫直隸蘇州府長洲縣，軍籍。國子生。治《詩經》。字守之，行一，年三十五，三月二十一日生。曾祖文淵。祖樞，贈南京刑部郎中。父鸞，雲南按察使。母吳氏，封宜人。重慶下。弟蒙貞。娶浦氏，繼娶錢氏。應天府鄉試第一百四名，會試第一百二十二名。

張定　貫錦衣衛，官籍，福建同安縣人。國子生。治《書經》。字子靜，行一，年二十五，八月初六日生。曾祖益初，贈南京通政使。祖太常，贈錦衣衛中所正千戶。父苗，南京通政使。母楊氏，封淑人。重慶下。弟宜、寧。娶田氏。順天府鄉試第六十二名，會試第七十五名。

韓智　貫山東兖州府滋陽縣，民籍。國子生。治《書經》。字愚夫，行一，年三十四，四月二十八日生。曾祖景華。祖晟。父惠，錄事。母程氏。具慶下。弟普，知縣；曆。娶許氏。山東鄉試第十八名，會試第一百三名。

胡拱　貫南京府軍左衛，官籍。國子生。治《書經》。字惟辰，行一，年二十六，三月二十九日生。曾祖灝，指揮僉事。祖寬，都指揮僉事。父英。母陳氏。具慶下。娶朱氏。應天府鄉試第七十七名，會試第五十一名。

徐木　貫河南開封府杞縣，民籍。國子生。治《易經》。字惟喬，行三，年三十一，二月十五日生。曾祖景昇，右布政使。祖政，文思院副使封主事。父紳，知府。母李氏，封安人。永感下。兄本、朱。弟材。娶李氏。河南鄉試第二名，會試第一百九十七名。

晁必登　貫四川馬湖府平夷長官司，民籍，宜賓縣人。國子生。治《易經》。字汝吉，行二，年二十九，三月十九日生。曾祖琰。祖有問，贈戶部員外郎。父常，布政司右參政。母劉氏，封宜人。慈侍下。兄必豐。弟必第。娶田氏。四川鄉試第十五名，會試第一百一名。

何宗理　貫陝西平涼府涇州，民籍。州學增廣生。治《詩經》。字邦治，行一，年三十一，十月二十日生。曾祖寧，贈知府。祖源，知府。父正，知縣。母劉氏，繼母劉氏、薛氏。具慶下。弟宗性、宗本、宗先、宗儒。娶韓氏。陝西鄉試第六名，會試第二百三十二名。

馮燮　貫直隸常州府無錫縣，儒籍。縣學增廣生。治《書經》。字廷伯，行一，年二十七，十一月十六日生。曾祖景春。祖善，教諭。父泰，教諭。嫡母秦氏，生母李氏。具慶下。娶王氏。應天府鄉試第三十三名，會試第二十四名。

查焕　貫浙江杭州府海寧縣，民籍。國子生。治《易經》。字文顯，行二，年三十六，十月二十日生。曾祖叔智。祖宗漢。父桓。母李氏。具慶下。兄泰。弟煜。娶許氏。浙江鄉試第十八名，會試第一百二十四名。

彭桓　貫江西吉安府吉水縣，民籍。國子生。治《易經》。字景武，行五，年三十一，正月十三日生。曾祖不同。祖汝弼，教諭，封翰林院修撰。父道，教諭。母劉氏，繼母胡氏。具慶下。兄極；杰，同科進士。弟棐、懋、采、梯、来。娶張氏。江西鄉試第十七名，會試第一百八十名。

朱稷　貫直隸蘇州府常熟縣，民籍。國子生。治《詩經》。字相之，行三，年四十，十一月二十二日生。曾祖文貴。祖子亮。父用節。前母陳氏，母鄒氏。永感下。兄秩、穊。娶劉氏。應天府鄉試第三十七名，會試第二十三名。

王惠　貫浙江寧波府慈谿縣，民籍。國子生。治《詩經》。字吉甫，行四，年二十七，正月十二日生。曾祖頤。祖璡。父東溪，義官。母陳氏。具慶下。兄鎰、鈍、鎮、泰、恩。弟憲。娶翁氏。浙江鄉試第三十六名，會試第一百五十二名。

鄭淶　貫浙江杭州府臨安縣，軍籍。國子生。治《書經》。字子水，行十七，年二十八，二月十五日生。曾祖鑑。祖賢，京縣主簿。父紓。母高氏，繼母邵氏。重慶下。弟沛。娶童氏。浙江鄉試第七十八名，會試第八十二名。

彭澤　貫陝西蘭州衛，官籍，湖廣長沙縣人。國子生。治《易經》。字濟物，行一，年三十二，七月二十八日生。曾祖斌。祖瑄。父錠。前母趙氏，母唐氏。嚴侍下。弟沖。娶吳氏。陝西鄉試第九名，會試第十名。

李宗商　貫直隸永平府灤州樂亭縣，民籍。縣學生。治《詩經》。字尚質，行二，年三十四，七月初二日生。曾祖伯通。祖昇，贈知縣。父霖，府通判。前母王氏；母田氏，封孺人；繼母徐氏。具慶下。兄宗夏。

弟宗周、宗儒。娶張氏。順天府鄉試第四十五名，會試第四十六名。

海鯉　貫湖廣武昌府江夏縣，軍籍。國子生。治《書經》。字躍之，行一，年三十，十二月二十日生。曾祖朝宗，監課司大使。祖永清。父琦。母李氏，繼母徐氏。慈侍下。弟鯨，貢士；鰲；鯤；鮫；鰡。娶徐氏。湖廣鄉試第四十二名，會試第八十五名。

邵蕢　貫浙江紹興府餘姚縣，民籍。國子生。治《易經》。字文實，行十一，年三十一，七月二十七日生。曾祖叔芳，封監察御史。祖宏譽，按察司副使。父驎。母汪氏。重慶下。兄英；蘭；蕃，知縣；茝；芝；蘷；蕙。弟莊、箺、薰。娶嚴氏。浙江鄉試第六十八名，會試第二百十名。

尹灝　貫江西吉安府安福縣，民籍。國子生。治《易經》。字淳甫，行二，年二十九，三月二十七日生。曾祖子志。祖和，巡檢，封監察御史。父仁，前按察司僉事。母李氏，封孺人。嚴侍下。兄瀰。娶劉氏。江西鄉試第四十六名，會試第四十五名。

黃顯　貫福建興化府莆田縣，民籍。府學增廣生。治《書經》。字伯望，行三，年二十八，十月初四日生。曾祖孟珍。祖誩，教諭。父綱。前母林氏，母方氏。具慶下。兄昂、堂。弟卷、文揚、文章、文雄、文榮、文峰。娶鄭氏。福建鄉試第二十一名，會試第一百四十二名。

方良節　貫福建興化府莆田縣，民籍。府學增廣生。治《書經》。字介卿，行二，年二十七，九月初二日生。曾祖孟章。祖象輝。父朝深。母陳氏。重慶下。兄良永，同科進士。弟良盛、良材。娶黃氏。福建鄉試第三名，會試第十二名。

周洪　貫浙江衢州府西安縣，民籍。國子生。治《易經》。字大猷，行一，年四十二，十二月初七日生。曾祖世濂。祖道清。父斌。母鄭氏。永感下。弟浩。娶呂氏，繼娶夏氏。浙江鄉試第二十一名，會試第一百三十六名。

鄭軔　貫江西廣信府永豐縣，民籍。國子生。治《書經》。字行之，行六，年三十七，十月二十四日生。曾祖大德。祖應麟。父賢，義官。母明氏。具慶下。兄轅；軾，監察御史；輻。弟軫、軸。娶呂氏。江西鄉試第二十二名，會試第二百二名。

童琥　貫浙江金華府蘭谿縣，民籍。國子生。治《易經》。字廷瑞，行二十二，年四十五，五月十七日生。曾祖常。祖度。父光。母徐氏。永感下。兄瑝。弟琳。娶鄭氏。浙江鄉試第八十九名，會試第一百四十一名。

沈衡　貫浙江嘉興府海鹽縣，匠籍。國子生。治《書經》。字平甫，行一，年三十六，五月初五日生。曾祖伯英。祖孟賢。父文郁。母陳氏，繼母胡氏、張氏。嚴侍下。娶黃氏。浙江鄉試第四十六名，會試第二百十三名。

張謐　貫四川眉州，竈籍。州學生。治《書經》。字廷佐，行二，年三十一，閏十一月二十一日生。曾祖真。祖朝用，府通判。父翩，監生。母歐氏。重慶下。兄諫。娶程氏。四川鄉試第八名，會試第一百六十二名。

楊樸　貫四川敘州府南溪縣，民籍。國子生。治《禮記》。字克淳，行四，年三十五，十月二十二日生。曾祖永安。祖朝祖。父道明。母韓氏。慈侍下。兄學、藻、嵩。娶彭氏。四川鄉試第五名，會試第二百七名。

曹詢　貫四川成都府崇慶州，民籍。州學生。治《易經》。字汝庸，行二，年二十六，八月十一日生。曾祖文德。祖仲原，封大理寺評事。父奇，按察司副使。前母劉氏，封孺人；母歐氏。慈侍下。兄謐。弟諭。娶鄧氏。四川鄉試第五十八名，會試第七十三名。

張琮　貫應天府江寧縣，官籍，直隸吳縣人。國子生。治《易經》。字廷獻，行五，年二十八，七月初二日生。曾祖豫，贈中書舍人。祖晉。父翱。前母高氏，母李氏。具慶下。兄璸、琇、弼、珍。弟琛、玘、璉、琪、璘。娶倪氏。應天府鄉試第十六名，會試第一百四十九名。

官賢　貫山東萊州府平度州，軍籍。國子生。治《書經》。字汝俊，行四，年三十七，十二月初六日生。曾祖明德。祖友才。父爵，贈戶部員外郎。母韓氏，贈宜人；繼母趙氏，封宜人。慈侍下。兄守，義官；廉，戶部郎中；毅，醫學典科。弟貞。娶李氏。山東鄉試第十二名，會試第二百十六名。

宗佑　貫浙江寧波府鄞縣，民籍。國子生。治《易經》。字元吉，行一，年三十一，閏十一月十五日生。曾祖仲賢。祖士英，封知縣。父顯，都察院經歷。前母任氏，贈孺人；母史氏。具慶下。弟信、偉、价、倬、佶。娶張氏。浙江鄉試第七十二名，會試第一百二十九名。

林善　貫廣東潮州府揭陽縣，軍籍。國子生。治《易經》。字體元，行一，年四十四，十月初七日生。曾祖維清。祖添。父政。母吳氏，繼母黃氏。具慶下。娶賴氏。湖廣鄉試第三名，會試第一百八十四名。

沙立　貫直隸徐州，軍籍。國子生。治《詩經》。字道中，行二，年三十六,十月初六日生。曾祖旺。祖貴。父傑,教授。母周氏。慈侍下。兄性亨。弟永成;京,監生。娶王氏,繼娶向氏。應天府鄉試第七十三名,會試第三十二名。

吴晟　貫江西廣信府弋陽縣,民籍。國子生。治《禮記》。字克明,行十八,年四十一,二月二十九日生。曾祖豹文。祖添祥,義民。父弘敬。母丘氏。嚴侍下。弟炅、春。娶方氏。江西鄉試第三十八名,會試第一百七十七名。

廖雲騰　貫福建福州府□□,民籍。縣學生。治《易經》。字□□,[1]生。曾祖元善。祖□□。父□□,□□。母□氏。具慶下。弟雲翔。娶官氏。福建鄉試第七名,會試第二百五十四名。

周炯　貫直隸蘇州府常熟縣,民籍。縣學增廣生。治《詩經》。字光宇,行一,年二十二,十月初七日生。曾祖以敬。祖時望,封行人司司副。父木,吏部郎中。母陳氏,封孺人。重慶下。弟炤、勳、烈、炫。娶陸氏。應天府鄉試第四十名,會試第二百四十一名。

張䋫　貫陝西鞏昌府安定縣,軍籍。縣學生。治《書經》。字尚質,行一,年二十七,二月十八日生。曾祖惟孝,贈主事。祖勵,户部郎中。父謨,監生。母穆氏,繼母馬氏。具慶下。弟綱、繒、綱。娶楊氏。陝西鄉試第四十五名,會試第五十九名。

趙瑮　貫福建泉州府晉江縣,軍籍。國子生。治《春秋》。字惟德,行四,年三十五,九月初十日生。曾祖均寧。祖永傳。父森。母葉氏。具慶下。兄乾、瑢、瓛。弟瑞、璘。娶蔡氏,繼娶林氏。福建鄉試第七十名,會試第一百六十名。

王彦奇　貫四川夔州府雲陽縣,民籍。國子生。治《書經》。字庭簡,行一,年三十七,九月初四日生。曾祖才傑。祖文秀。父景先。母向氏。永感下。弟彦音、彦章。娶李氏。四川鄉試第四十四名,會試第一百三十九名。

周珮　貫直隸松江府華亭縣,軍籍。國子生。治《詩經》。字鳴玉,行一,年四十四,十一月二十九日生。曾祖士瞻,知縣。祖季臨,封編修。父興,翰林院編修。母朱氏。慈侍下。弟璠。娶吳氏,繼娶張氏。應天府鄉試第十四名,會試第二百七十九名。

---

[1]底本漫漶不清。

陳珂　貫浙江杭州前衛，軍籍，紹興府嵊縣人。國子生。治《易經》。字希白，行五，年三十五，正月初九日生。曾祖德甫。祖斌。父昱。母朱氏。慈侍下。兄瑄，義官；瓛；珉；璟，國子生，學正。娶潘氏。浙江鄉試第七十三名，會試第二百十八名。

呂濟　貫陝西鳳翔府鳳翔縣，軍籍。國子生。治《易經》。字安世，行二，年四十五，正月初七日生。曾祖秀實。祖磻，知縣。父貞。嫡母張氏，母高氏。永感下。兄經，監生。娶霍氏。陝西鄉試第十八名，會試第二百六名。

俞穩　貫浙江台州府寧海縣，民籍。國子生。治《詩經》。字宅仁，行一，年四十一，九月初一日生。曾祖德清。祖文林。父仲玉，義官。母葉氏。具慶下。弟稷、杭、程、稜、胃。娶王氏。浙江鄉試第四名，會試第四十一名。

項亨明　貫浙江台州府黃巖縣，民籍。國子生。治《書經》。字崇哲，行二，年四十四，十月二十九日生。曾祖彥成。祖志道。父仕晫。前母周氏，母周氏。慈侍下。兄亨齊。娶林氏，繼娶林氏。浙江鄉試第四十九名，會試第一百七十一名。

周載　貫四川敘州府富順縣，民籍。縣學增廣生。治《詩經》。字子坤，行二，年三十三，六月初十日生。曾祖舍琦。祖復先。父寧。嫡母謝氏，繼母劉氏、雷氏、鄭氏，生母劉氏。具慶下。兄健。弟儀、儼、价。娶金氏。四川鄉試第二十九名，會試第八十七名。

唐臣　貫四川順慶府營山縣，軍籍。國子生。治《書經》。字堯佐，行一，年三十八，五月初一日生。曾祖友直。祖禮。父應奎。母任氏。慈侍下。弟相。娶康氏。四川鄉試第十三名，會試第一百十八名。

趙璜　貫江西吉安府安福縣，軍籍。國子生。治《春秋》。字庭實，行十一，年二十八，四月二十二日生。曾祖順茂。祖敏，知縣。父常，前教諭。母鄧氏，繼母陳氏。具慶下。兄瑄，監生；瓛。弟璋、璉。娶劉氏。江西鄉試第十一名，會試第十一名。

劉鑑　貫河南開封府蘭陽縣，民籍。國子生。治《書經》。字孔昭，行一，年四十二，八月十七日生。曾祖琛。祖溶，運監使司同知。父綺，縣丞。母楊氏。慈侍下。弟欽、鈇、銓。娶溫氏。河南鄉試第十三名，會試第一百四十七名。

林燮　貫福建興化府莆田縣，民籍。國子生。治《書經》。字元佐，行二，年二十六，正月初三日生。曾祖勤，教諭。祖信。父大猷，國子監監丞。母周氏。具慶下。弟普。娶吳氏。福建鄉試第八名，會試第十九名。

陶懌　貫浙江紹興府會稽縣，民籍。國子生。治《春秋》。字習之，行六，年四十二，二月十一日生。曾祖仲濂。祖士成。父瑀。母張氏。具慶下。兄性，貢士；恑。弟忱、愐、慥、憶、惇，惲。娶潘氏。浙江鄉試第五十五名，會試第二百三十六名。

羅柔　貫直隸常州府無錫縣，民籍。國子生。治《詩經》。字文徵，行二，年三十五，三月二十四日生。曾祖常。祖名。父森。母戈氏。嚴侍下。兄剛。弟紳。娶朱氏，繼娶許氏。應天府鄉試第五十一名，會試第七十九名。

呂傑　貫錦衣衛，軍籍，揚州府泰州人。國子生。治《春秋》。字廷臣，行一，年三十七，八月初六日生。曾祖法真。祖清。父洪，鴻臚寺序班。母張氏。慈侍下。弟儌、傅。娶陳氏。順天府鄉試第十一名，會試第一百七十二名。

趙履祥　貫直隸寧國府涇縣，民籍。國子生。治《詩經》。字旋夫，行三，年三十，九月初一日生。曾祖功俊。祖敏忠。父智，訓導。母左氏。慈侍下。兄福祥、廷祥。弟考祥。娶張氏。應天府鄉試第七十二名，會試第二百九十一名。

王宸　貫神武右衛，官籍，河南郟縣人。真定府學生。治《詩經》。字具瞻，行一，年三十八，五月二十二日生。曾祖成。祖能，贈百戶。父霖，百戶。母李氏，贈安人；繼母任氏，封安人；史氏。具慶下。弟官。娶張氏。順天府鄉試第一百四名，會試第一百五十名。

劉挺　貫江西吉安府萬安縣，儒籍。國子生。治《易經》。字咸卓，行一，年三十三，五月十七日生。曾祖俊英，贈刑部尚書。祖廣華。父述勳。母彭氏。慈侍下。弟持、搏。娶蕭氏。江西鄉試第三十六名，會試第九十三名。

吾仕偉　貫浙江處州府宣平縣，民籍。國子生。治《詩經》。字世美，行一，年三十四，六月二十九日生。曾祖均浦。祖子聽。父則，主簿。嫡母鄭氏、戴氏，生母任氏。慈侍下。弟仕佐、仕佑、仕倣。娶梁氏。浙江鄉試第三十九名，會試第一百八十四名。

李禄　貫河南彰德府湯陰縣，軍籍。國子生。治《詩經》。字宗學，行三,年三十三,三月初六日生。曾祖欽。祖晟。父傑。母石氏。具慶下。兄禎、祚。弟祐。娶趙氏。河南鄉試第三十三名,會試第二百七十四名。

廖紀　貫直隸河間府東光縣,民籍。國子生。治《詩經》。字廷陳,行一,年三十六,正月二十八日生。曾祖召興。祖有能。父瑄。前母陳氏,母王氏。具慶下。弟純。娶郭氏,繼娶李氏。順天府鄉試第七十五名,會試第二百八十九名。

劉績　貫湖廣武昌府江夏縣,軍籍。府學生。治《詩經》。字用熙,行三,年二十三,十一月初六日生。曾祖源。祖英。父興福,訓導。母余氏。慈侍下。兄綸；綬,貢士。弟爾、紀。聘奚氏。湖廣鄉試第十一名,會試第三十名。

第三甲二百五名　賜同進士出身

祝祥　貫直隸河間府滄州,民籍。國子生。治《禮記》。字廷瑞,行一,年四十四,十二月二十二日生。曾祖成,典史。祖讚,教諭。父茂,知縣。母趙氏。慈侍下。娶張氏。順天府鄉試第三十一名,會試第二百三十九名。

李承芳　貫湖廣武昌府嘉魚縣,民籍。國子生。治《詩經》。字茂卿,行五,年四十一,七月十六日生。曾祖英,巡檢,贈右副都御史。祖善,教諭,贈右副都御史。父皁。母鄧氏。慈侍下。兄承業、承亨。弟承箕,貢士；承訓；承仕。娶古氏。湖廣鄉試第二十四名,會試第七名。

石祿　貫直隸滁州,軍籍。國子生。治《易經》。字允升,行二,年二十七,十一月二十七日生。曾祖玉。祖銓,封右少卿。父澄,鴻臚寺右少卿。母王氏,封宜人。慈侍下。兄柱。弟林。娶劉氏。應天府鄉試第八十四名,會試第二百十四名。

王經　貫浙江紹興府山陰縣,民籍。國子生。治《詩經》。字文濟,行五,年三十八,五月初七日生。曾祖志一。祖可旺。父理,知縣。母徐氏。嚴侍下。兄維、綵、縱、樂。弟緯。娶陸氏。浙江鄉試第八十八名,會試第二百八名。

尹洪　貫錦衣衛籍,浙江上虞縣人。國子生。治《禮記》。字德容,行六,年四十二,五月初四日生。曾祖克順,前刑部主事。祖孟璞。父岐。母羅氏。永感下。兄淳、湘、溥。弟河、瀟。娶胡氏。順天府鄉試第十七名,會試第二百八十六名。

王奎　貫江西吉安府安福縣，民籍。縣學增廣生。治《春秋》。字國文，行三，年三十二，十月初九日生。曾祖仲超。祖思惠，遇例冠帶。父乾溥。母黃氏。重慶下。弟壁、婁、井、軫。娶彭氏。江西鄉試第九名，會試第二百十一名。

王錦　貫陝西西安府乾州醴泉縣，民籍。國子生。治《易經》。字在中，行二，年三十二，六月二十日生。曾祖友道。祖倫。父通。母董氏，繼母高氏。具慶下。兄鉉。弟鐦、鏞、銳、鋼。娶魏氏。陝西鄉試第六名，會試第一百二十名。

方憲　貫福建興化府莆田縣，竈籍。國子生。治《詩經》。字宜弼，行五，年三十六，十二月二十四日生。曾祖積善。祖夢周。父休徵，贈員外郎。母王氏，贈宜人；繼母黃氏。慈侍下。兄宗；俸，楚府教授；誌；守，參政；彬，前工部主事。弟宏。娶柯氏，繼娶李氏。福建鄉試第二名，會試第一百六十一名。

陸坦　貫直隸蘇州府吳縣，匠籍。國子生。治《詩經》。字子由，行四，年三十七，四月十四日生。曾祖誠。祖凱。父澂。母沈氏。具慶下。兄巽，訓導；垕；濟。弟垣、坊、坤。娶沈氏。應天府鄉試第一百三十五名，會試第二十名。

曹玉　貫山東兗州府嘉祥縣，民籍。國子生。治《詩經》。字廷珮，行三，年四十一，十一月初六日生。曾祖彥貞。祖敏。父通。母周氏。永感下。兄福、貴。弟玩；琛，貢士；琳。娶李氏。山東鄉試第七十五名，會試第二百四名。

羅列　貫廣東廣州府南海縣，民籍。府學生。治《詩經》。字天爵，行一，年三十，九月十一日生。曾祖祖昌。祖勝宗。父廣成。母招氏。具慶下。弟剛、釗。娶潘氏。廣東鄉試第二十六名，會試第一百十九名。

崔侃　貫山西太原府陽曲縣，民籍。國子生。治《詩經》。字廷直，行六，年二十五，十月初一日生。曾祖敏。祖忠，贈戶部郎中。父能，□□運使。前母卜氏，贈宜人；母高氏，封宜人。慈侍下。兄儀；儼；俊，御史；傑；伸。弟仁。娶王氏。山西鄉試第六十五名，會試第二百八十五名。

陳珩　貫廣西桂林府全州，民籍。國子生。治《詩經》。字君錫，行五，年三十五，九月二十九日生。曾祖得善。祖啓。父潮，知縣。母梅氏。慈侍下。兄珙、璲、璉。弟瑀；珺，貢士；珊；瑞；珍。娶蔣氏。

廣西鄉試第十八名，會試第一百十三名。

　　來天球　貫浙江紹興府蕭山縣，竈籍。國子生。治《書經》。字伯韶，行七，年三十三，八月二十八日生。曾祖名。祖宗表。父雄。嫡母王氏，生母孔氏。慈侍下。兄珪；瓚，義官；瑚；璉；璠；璵。弟璘。娶戴氏。浙江鄉試第七十四名，會試第二百九名。

　　金山　貫河南開封府歸德州夏邑縣，民籍。縣學生。治《易經》。字仲仁，行二，年二十七，四月初六日生。曾祖熙。祖禮，教諭，贈員外郎。父醖，參政。母朱氏，封宜人。重慶下。兄巽，義官。弟磐、江。娶李氏。河南鄉試第二名，會試第五十六名。

　　許翱　貫四川成都後衛籍，福建莆田縣人。國子生。治《春秋》。字鵬舉，行一，年四十一，六月十六日生。曾祖以進。祖復祖。父賢。母黃氏。永感下。娶鄭氏。四川鄉試第五十六名，會試第三十七名。

　　尹琜　貫陝西秦州，衛籍，盩厔縣人。國子生。治《詩經》。字廷璽，行三，年四十，五月二十三日生。曾祖成。祖政。父文慶。母宋氏。永感下。兄玉，貢士；瓛。娶趙氏。陝西鄉試第十六名，會試第二百七十一名。

　　洪鐘　貫江西撫州府崇仁縣，軍籍。翰林院秀才。治《詩經》。字肇和，行七，年十八，二月初四日生。曾祖子庸。祖孟莊。父朝宗，左長史。母吳氏。具慶下。兄本、彝、卣、罍、鼎。娶吳氏。順天府鄉試第六名，會試第一百九十五名。

　　朱華　貫四川重慶府長壽縣，民籍。麻城縣學訓導。治《禮記》。字素卿，行二，年三十五，十月二十一日生。曾祖廷恕。祖得先。父璉。母劉氏。具慶下。兄萬。娶劉氏。四川鄉試第三十二名，會試第六十八名。

　　王統　貫江西撫州府臨川縣，儒籍。國子生。治《書經》。字必元，行二十，年四十，九月二十三日生。曾祖思敬。祖汝為，教授。父大綸。母馮氏。慈侍下。兄顯，知州；昌，知縣；盛，通判；亨；泰。弟瑞、謹、相、賓、節。娶饒氏，繼娶倪氏。江西鄉試第三名，會試第二百九十二名。

　　鍾永　貫順天府大興縣，民匠籍，直隸吳縣人。府學生。治《詩經》。字世昌，行一，年三十一，三月三十日生。曾祖徐保。祖文。父振。母張氏。慈侍下。弟瑀、舉。娶富氏。順天府鄉試第二十二名，會試第二百八十三名。

　　李琳　貫山西太原府平定州，民籍。州學生。治《書經》。字廷貢，行三，年二十八，七月二十三日生。曾祖思，訓導。祖恭。父倫。母趙氏，繼母張氏。具慶下。兄璇，訓導；玹。娶袁氏。山西鄉試第八名，會試第一百七十九名。

汪淵　貫直隸徽州府歙縣，民籍。國子生。治《春秋》。字仲深，行一，年三十二，三月十一日生。曾祖子益。祖用本。父中，貢士。母徐氏。具慶下。弟漢、濟、清、淑、澄、澂。娶鄭氏。應天府鄉試第一百十四名，會試第七十二名。

沈冬魁　貫直隸河間府阜城縣，民籍。國子生。治《書經》。字伯貞，行一，年二十七，十月初一日生。曾祖爾卿。祖景先。父泉。母陸氏。慈侍下。弟夏元。娶李氏。順天府鄉試第二十一名，會試第二百五十一名。

馬繼祖　貫直隸揚州府泰州如皋縣，民籍。縣學生。治《禮記》。字崇功，行一，年四十一，十二月初七日生。曾祖通。祖定，贈衛經歷。父俊，衛經歷。嫡母范氏，封孺人；生母傅氏。慈侍下。弟繼宗。娶田氏。應天府鄉試第三十名，會試第一百六名。

包溥　貫浙江寧波府鄞縣，民籍。國子生。治《詩經》。字民敬，行十四，年三十五，二月初三日生。曾祖文助。祖甸。父鑑。前母何氏，母胡氏。慈侍下。兄澄；澤，貢士；濟；浩。弟瀚；渙；滋；沂，監生；治；潭。娶汪氏。浙江鄉試第三十一名，會試第一百四十八名。

吳潛　貫江西撫州府臨川縣，民籍。國子生。治《詩經》。字顯之，行一，年三十三，十二月初一日生。曾祖仕彰，義官。祖天常，封刑部主事。父南立，義官。母張氏。重慶下。弟滔、浩、瀹、源、濬、洙、泗。娶李氏。江西鄉試第十名，會試第九十七名。

胡江　貫江西南昌府進賢縣，民籍。縣學生。治《書經》。字東會，行一，年三十四，正月初一日生。曾祖子玉。祖顯祥。父士端。母鄧氏，繼母陳氏、吳氏。慈侍下。娶涂氏。江西鄉試第七名，會試第六十五名。

喬恕　貫河南開封府歸德州寧陵縣，民籍。國子生。治《詩經》。字希仁，行一，年三十一，二月初六日生。曾祖和。祖諒。父敏。母王氏。重慶下。弟憙、憲、愈、惎。娶陳氏。河南鄉試第七十名，會試第七十一名。

楊文　貫直隸常州府無錫縣，民籍。縣學生。治《詩經》。字宗周，行三，年四十五，正月初十日生。曾祖德敏。祖季成。父公實。母華氏。永感下。兄仁、韶。娶蔡氏。應天府鄉試第二名，會試第一百五名。

譚昇　貫營州中屯，衛籍，江西贛縣人。國子生。治《易經》。字時晋，行一，年三十九，二月初九日生。曾祖景輝。祖子和。父倫。母孫氏。具慶下。弟昶。娶王氏。順天府鄉試第二名，會試第一百八十六名。

俞諫　貫浙江嚴州府桐廬縣，民籍。縣學生。治《書經》。字良佐，行二十五，年三十六，正月三十日生。曾祖仲彬。祖宗正。父藎，知府。母張氏。慈侍下。兄丙。弟暉，義官。娶柴氏，繼娶邵氏。浙江鄉試第二十九名，會試第三十九名。

聶賢　貫四川重慶府長壽縣，匠籍。縣學生。治《詩經》。字承之，行一，年三十，七月初五日生。曾祖成。祖子信。父濂，州判官。母徐氏。嚴侍下。弟春。娶周氏。四川鄉試第六十六名，會試第七十六名。

郭桂　貫陝西西安府咸寧縣，軍籍。國子生。治《詩經》。字時芳，行一，年三十三，五月三十日生。曾祖恒，元知縣。祖琮。父鏜。母楊氏。具慶下。弟槐、梁、梅。娶于氏。陝西鄉試第十六名，會試第一百八十九名。

宋鳳　貫直隸真定府趙州，民籍。國子生。治《書經》。字應韶，行四，年三十七，七月二十五日生。曾祖文德。祖徵，蕃育署署丞。父安。母董氏。慈侍下。兄麒，監生；麟；鷥。弟鵬、鸚、鵡。娶王氏。順天府鄉試第一百二十名，會試第二百六十二名。

賴先　貫福建汀州府永定縣，民籍。縣學生。治《書經》。字伯啓，行一，年四十一，十二月十三日生。曾祖祖隆，監生。祖宗信。父恒。前母黃氏、劉氏，母李氏，繼母藍氏。具慶下。弟纘先、榮先。娶闕氏。福建鄉試第十三名，會試第一百八十二名。

楊鉞　貫應天府句容縣，民籍。縣學生。治《易經》。字威之，行五，年三十三，八月十六日生。曾祖本成。祖敬。父淮。母張氏。具慶下。兄銳、銘、鈺、銓。弟鉉、鋐、欽。娶余氏。應天府鄉試第八十六名，會試第二百六十名。

叢蘭　貫山東登州府寧海州文登縣，軍匠籍。國子生。治《書經》。字廷秀，行一，年三十五，十二月二十五日生。曾祖俊忠。祖實榮。父春。母劉氏。具慶下。弟芝、葵。娶邢氏。山東鄉試第六十六名，會試第七十名。

尹頌　貫江西吉安府泰和縣，儒籍。國子生。治《書經》。字慶成，行二，年四十，二月二十七日生。曾祖傳道。祖英，教諭。父綸，右長史。母王氏，繼母陳氏。具慶下。兄項。弟顗、頓、頌、題。娶王氏。

順天府鄉試第三名,會試第五十五名。

陸淞　貫浙江嘉興府平湖縣,竈籍。縣學增廣生。治《書經》。字文東,行七,年二十五,十二月十七日生。曾祖宗秀,義民。祖珪,義官。父鋠,監生。母曹氏。重慶下。兄溥,監生;淵;濟;淳;洪;濰。弟沂、淮、浩、瀚。娶王氏。浙江鄉試第一名,會試第一百名。

鄧明　貫四川成都府資縣,軍籍。縣學生。治《易經》。字惟遠,行二,年三十二,五月初三日生。曾祖讓。祖本山。父林,教諭。嫡母包氏,生母陳氏。具慶下。兄昌。弟景。娶王氏。四川鄉試第十八名,會試第一百二十三名。

黃傅　貫浙江金華府蘭谿縣,民籍。縣學生。治《易經》。字夢弼,行六,年三十,七月二十二日生。曾祖綽。祖爽,遇例冠帶。父祉。母唐氏。重慶下。兄佐、佑、輔、偉、佳。弟育、儒。娶程氏。浙江鄉試第四十九名,會試第二十二名。

車梁　貫山西太原府石州,民籍。國子生。治《易經》。字茂賢,行一,年三十六,正月十七日生。曾祖軒,典術。祖克昭,贈刑部主事。父雷,典術。母吳氏。慈侍下。弟桓,監生;棠,監生;相,甲辰進士;檠;槩。娶張氏,繼娶張氏。陝西鄉試第三十三名,會試第一百六十九名。

袁經　貫湖廣長沙府寧鄉縣,軍籍。國子生。治《詩經》。字大倫,行一,年三十五,六月二十八日生。曾祖繼福。祖祖達。父勝良。母黃氏。慈侍下。弟寧、本。娶李氏。湖廣鄉試第四十七名,會試第九十四名。

董鑰　貫浙江寧波府鄞縣,民籍。國子生。治《易經》。字啟之,行十五,年三十一,七月十五日生。曾祖伯莊。祖文信,封御史。父琳,按察司僉事。母汪氏,封孺人。慈侍下。兄鋏、鏜、鎧、鏵。弟鋆、鑾、鍊、銳、鏓、鑿、鈿、鏻、鍾。娶孫氏。浙江鄉試第五十五名,會試第七十八名。

王冠　貫陝西鳳翔府鳳翔縣,民籍。國子生。治《易經》。字廷望,行一,年三十九,七月初五日生。曾祖鐸。祖儉。父璽,知縣。母劉氏。具慶下。弟袞。娶李氏。陝西鄉試第二十七名,會試第四十名。

石琰　貫錦衣衛,軍匠籍,浙江嘉興縣人。國子生。治《詩經》。字德和,行三,年三十九,十二月十二日生。曾祖顯一。祖仲玉。父佑。母盛氏,繼母張氏。具慶下。弟瑢、城。娶王氏。順天府鄉試第二十六名,會試第一百七十三名。

王凱　貫直隸保定府蠡縣,民籍。國子生。治《詩經》。字文相,行二，年三十一，正月二十九日生。曾祖弘。祖忠。父舉，監生。母劉氏。永感下。兄元。弟傑、定、寧。娶張氏。順天府鄉試第八十五名，會試第一百二十八名。

徐銳　貫直隸廣平府永年縣，軍籍。國子生。治《春秋》。字鈍之，行三，年四十二，正月初八日生。曾祖仲良。祖友諒。父寧，聽選官。前母白氏、程氏，繼母張氏。慈侍下。兄鈨、錡。娶李氏，繼娶李氏。順天府鄉試第七十二名，會試第二百九十九名。

孫武卿　貫浙江杭州府海寧縣，民籍。國子生。治《詩經》。字仲勳，行二，年三十八，正月二十一日生。曾祖子華，贈右參議。祖子良，右參政。父暲，右參政。母方氏，封恭人。嚴侍下。兄文卿。弟忠卿，陰陽訓術；正卿。娶夏氏，繼娶王氏。浙江鄉試第五十九名，會試第九名。

段敏　貫直隸鎮江府金壇縣，醫籍。縣學增廣生。治《書經》。字惟勤，行三，年三十一，二月二十日生。曾祖觀，醫學訓科。祖瑞。父錦。母黃氏。慈侍下。兄湘、文。弟啟、昭、敦、徵。娶馮氏。應天府鄉試第一百二十六名，會試第一百九十名。

劉璲　貫湖廣黃州府麻城縣，民籍。國子生。治《春秋》。字士約，行一，年三十二，七月初六日生。曾祖從憲，贈御史。祖訓，右參政。父仲輈，知縣。母董氏。永感下。弟玗。娶秦氏。湖廣鄉試第六十五名，會試第四名。

張景明　貫浙江紹興府山陰縣，民籍。國子生。治《詩經》。字廷光，行十四，年三十六，十二月十一日生。曾祖弼。祖蘊輝，封兵科給事中。父以憲。母袁氏。具慶下。兄景夔。弟景璲、景參。娶沈氏。浙江鄉試第七十名，會試第一百八十一名。

趙欽　貫應天府句容縣，民籍。國子生。治《書經》。字思敬，行二，年三十八，八月初七日生。曾祖齡。祖德成。父瑜。母王氏。慈侍下。兄鑑。弟鈸、錦。娶吳氏。應天府鄉試第十九名，會試第一百七名。

李廷儀　貫福建福州府閩縣，民籍。國子生。治《禮記》。字鳴鳳，行四，年三十八，十月十九日生。曾祖天一。祖岳。父陞，封主事。母鄧氏，封安人。永感下。兄廷韶，教諭；廷美，知府。弟廷芳，義官。娶黃氏。福建鄉試第五名，會試第七十七名。

袁宗皋　貫湖廣荊州府石首縣，官籍。國子生。治《書經》。字仲德，行一，年三十六，正月十四日生。曾祖壽先。祖思明，封御史。父愷，廣東左布政使。母汪氏,封孺人。嚴侍下。弟宗夔,貢士;宗稷;宗契;宗尹;宗望;宗龍。娶黃氏。湖廣鄉試第六十四名,會試第二百三十五名。

劉堯　貫陝西鞏昌府安定縣,軍籍。國子生。治《書經》。字象謙,行一,年三十一,八月初七日生。曾祖林,判官。祖武,贈主事。父晟,戶部主事。母張氏,封安人。慈侍下。弟戀,監生;芳,監生;巄。娶楊氏。陝西鄉試第三十一名,會試第一百二十七名。

李鯨　貫四川敘州府長寧縣,民籍。縣學生。治《詩經》。字騰海,行二,年四十二,四月十六日生。曾祖貴。祖仲真,贈編修。父永宗。母周氏。慈侍下。兄鰲。弟麟,貢士;鯤,貢士;英;顒,訓科;良;方;鱏。娶朱氏。四川鄉試第五十一名,會試第二百十二名。

李應和　貫四川順慶府廣安州大竹縣,民籍。國子生。治《詩經》。字純元,行二,年三十七,三月二十一日生。曾祖進德。祖斌。父思智。母鄧氏。慈侍下。兄應傑。弟應端、應實。娶陶氏。四川鄉試第六名,會試第一百五十八名。

鄭協　貫浙江衢州府常山縣,民籍。國子生。治《易經》。字用中,行十四,年四十四,六月初一日生。曾祖善同,義官。祖傑。父侍。母毛氏。永感下。兄愉。弟懌、惺。娶姜氏,繼娶嚴氏。浙江鄉試第六十二名,會試第二百五十七名。

王欽　貫順天府固安縣,軍籍。國子生。治《詩經》。字曰恭,行一,年四十,十月二十八日生。曾祖友信。祖貴。父端。母楊氏。慈侍下。娶呂氏,繼娶祖氏。順天府鄉試第一百九名,會試第六十六名。

趙繼宗　貫浙江寧波府慈谿縣,民籍。國子生。治《詩經》。字叔敬,行二,年三十三,八月初八日生。曾祖五和。祖睦九。父岳。永感下。娶杜氏。浙江鄉試第二十一名,會試第二百十五名。

王綸　貫直隸大名府開州,軍籍。國子生。治《書經》。字大經,行三,年三十五,三月十七日生。曾祖浩。祖佑,縣丞。父琮。母李氏,繼母蘇氏。具慶下。兄鐸、銘。弟緯。娶侯氏。順天府鄉試第三十八名,會試第九十六名。

徐珤[1]　貫應天府江寧縣,民籍,直隸吳縣人。國子生。治《易經》。字信之,行一,年四十一,八月二十五日生。曾祖朴。祖宗源。

---

[1]"珤",爲"寶"的异體字。

父溥。母陶氏。慈侍下。弟珍、九疇、九功。娶樊氏。應天府鄉試第一百二十八名，會試第二百八十名。

　　王時中　貫山東登州府黃縣，軍籍。國子生。治《春秋》。字道夫，行三，年二十五，十一月十九日生。曾祖昇。祖璉，知縣。父鑽，衛經歷。母秦氏。重慶下。兄倫、佳。弟時雍、儒、時正、价。娶閻氏。山東鄉試第二十九名，會試第一百二十六名。

　　徐鉞　貫湖廣武昌府興國州，軍籍。國子生。治《書經》。字用寧，行二，年三十八，九月二十九日生。曾祖宗一。祖友貴。父政，贈御史。母從氏，封太孺人。慈侍下。兄鏞，知府。弟欽；鈜，貢士；鈺，同科進士；鏜；鎧；鎰；鍊。娶馮氏。湖廣鄉試第五十五名，會試第二百五名。

　　鄭士忠　貫廣東廣州府東莞縣，竈籍。國子生。治《易經》。字廷獻，行二，年三十一，八月十八日生。曾祖克初。祖耿彰。父誠。母麥氏。具慶下。兄士敬。娶方氏。廣東鄉試第十四名，會試第一百九十一名。

　　范瑢　貫浙江嘉興府秀水縣，民籍。國子生。治《書經》。字朝珍，行四，年四十四，十一月二十八日生。曾祖仲文。祖廷昌。父麟，遇例冠帶。母王氏。具慶下。兄徵；瑄；瓊，縣丞。弟瑊；璋，貢士；慶安。娶吳氏。浙江鄉試第十四名，會試第一百三十名。

　　熊伯通　貫湖廣武昌府興國州通山縣，軍籍。國子生。治《易經》。字本睿，行一，年三十四，正月初一日生。曾祖可宣。祖福興。父朝璋。母周氏。具慶下。弟伯遑、伯奇、伯智、伯明、伯逵。娶謝氏。湖廣鄉試第十一名，會試第二百三名。

　　符觀　貫江西臨江府新喻縣，民籍。府學生。治《禮記》。字衍觀，行六，年四十七，八月十八日生。曾祖志讓。祖丕訓。父巡嶽。母羅氏，繼母敖氏。嚴侍下。弟衍蒙。娶張氏。江西鄉試第十一名，會試第五名。

　　翁文魁　貫浙江金華府蘭谿縣，民籍。國子生。治《易經》。字希曾，行八，年四十一，十二月初五日生。曾祖伯晉。祖堅遠。父良仁。母戴氏。具慶下。弟文博、文林。娶童氏。浙江鄉試第十九名，會試第二十五名。

　　郤虞　貫浙江杭州府，前衛籍，江西新淦縣人。國子生。治《易經》。字天祥，行一，年四十一，九月十三日生。曾祖必富。祖孟魁。父貴，遇例冠帶。母姚氏。嚴侍下。娶陸氏。浙江鄉試第四十七名，會試第六十一名。

王璟　貫雲南臨安府建水州，民籍。國子生。治《詩經》。字明仲，行二，年三十五，閏六月十四日生。曾祖山集。祖政。父英。母洪氏。慈侍下。兄瑪。弟瑄。娶朱氏，繼娶陳氏。雲南鄉試第三十九名，會試第一百四十三名。

彭誠　貫江西饒州府鄱陽縣，民籍。縣學生。治《詩經》。字君寶，行二，年四十三，七月初九日生。曾祖元達。祖程遠。父坤，鹽場大使。母劉氏。慈侍下。兄維新，監生；維冲；維壽。娶徐氏。江西鄉試第七十五名，會試第一百七十八名。

莫英　貫湖廣永州府道州，民籍。國子生。治《易經》。字中美，行二，年四十三，閏四月十三日生。曾祖志隆。祖盛，貢士。父俊。母朱氏，繼母楊氏。慈侍下。兄芳。娶何氏。湖廣鄉試第四十名，會試第二百三十三名。

孫廓　貫直隸鳳陽府定遠縣，民籍。國子生。治《書經》。字翰之，行二，年二十八，七月初七日生。曾祖愷。祖傑。父紀。母馬氏，繼母梅氏。具慶下。兄鄧。娶陳氏。應天府鄉試第二十九名，會試第四十二名。

蔡鍊　貫浙江紹興府餘姚縣，民籍。國子生。治《禮記》。字懋成，行三，年三十一，三月初四日生。曾祖伯顏。祖叔孟。父斌。母戚氏。具慶下。兄欽，南京刑部主事；鑑。弟鐩、錦、鐮。娶蔣氏。浙江鄉試第九名，會試第八十六名。

丘經　貫錦衣衛籍，浙江安吉縣人。國子生。治《易經》。字正夫，行一，年三十一，六月二十六日生。曾祖信。祖偉。父英。母顧氏。具慶下。弟綸。娶李氏。順天府鄉試第二十八名，會試第五十名。

董宣　貫山東兗州府曹州，民籍。國子生。治《詩經》。字朝用，行一，年四十六，四月初一日生。曾祖成。祖原善。父瑛，義官。嫡母劉氏，生母張氏。慈侍下。娶吳氏。山東鄉試第十二名，會試第九十九名。

况璟　貫江西瑞州府高安縣，民籍。國子生。治《詩經》。字汝明，行五，年二十四，十二月十七日生。曾祖彥琳。祖大禄。父萬謀。母鄒氏。具慶下。娶吳氏。江西鄉試第五十九名，會試第二百四十六名。

原秉衷　貫陝西西安府華州蒲城縣，軍籍。國子生。治《書經》。字天叙，行一，年三十七，十二月十九日生。曾祖立。祖林，巡檢。父鐸，監生。母王氏。永感下。弟秉彝。娶王氏。陝西鄉試第二名，會試第一百七十四名。

劉鳳儀　貫山西潞州襄垣縣，軍籍。國子生。治《禮記》。字天瑞，行一，年三十四，六月二十二日生。曾祖徵。祖端，教諭，贈御史。父潔，按察司副使。母李氏，封孺人。慈侍下。弟鳳鳴。娶張氏。山西鄉試第四名，會試第一百五十四名。

王俸　貫直隸蘇州府吳縣，民籍。府學生。治《易經》。字應爵，行三，年三十二，十一月十九日生。曾祖德成。祖廷吉。父叔紀。母顧氏。具慶下。兄鵬、鶴。娶顧氏。應天府鄉試第五十名，會試第一百九名。

茹鑾　貫直隸常州府無錫縣，民籍。國子生。治《書經》。字世和，行一，年三十七，十一月二十日生。曾祖洪，縣丞。祖式。父玉，知縣。母金氏。具慶下。弟鋆、鑒、鎮、鎰。娶顧氏。應天府鄉試第九十一名，會試第一百八十五名。

徐有　貫河南汝寧府信陽州羅山縣，匠籍。縣學生。治《春秋》。字若無，行一，年三十三，六月二十七日生。曾祖才四。祖通。父文昌，教授。母石氏。慈侍下。弟實。娶尹氏。河南鄉試第二十二名，會試第一百十六名。

孫霆　貫山東濟南府青城縣，民籍。國子生。治《書經》。字國信，行三，年三十一，六月初六日生。曾祖士賢。祖景文。父勤。母丁氏。具慶下。兄寵、惠。弟珝、璧。娶賈氏。山東鄉試第五十四名，會試第一百五十一名。

曹敬　貫直隸真定府藁城縣，民籍。國子生。治《詩經》。字德輿，行三，年三十一，十月初六日生。曾祖文中。祖彬。父志剛。母姚氏。嚴侍下。兄能；玉，聽選官。娶樊氏。順天府鄉試第八十七名，會試第一百十一名。

張鋼　貫直隸蘇州，衛籍，江西新淦縣人。國子生。治《詩經》。字廷節，行一，年四十一，閏正月初四日生。曾祖敬。祖源。父聰。母陳氏。慈侍下。弟欽、釗、鏜。娶蘇氏，繼娶華氏。應天府鄉試第一百二十五名，會試第一百三十四名。

徐楷　貫浙江寧波府慈谿縣，民籍。縣學增廣生。治《詩經》。字宗範，行一，年四十三，正月十一日生。曾祖祖平。祖愷。父璟。母周氏。永感下。弟林、模、棋、檜、棠、棣。娶章氏。浙江鄉試第七十三名，會試第六十四名。

王鉞　貫浙江台州府臨海縣，民籍。國子生。治《詩經》。字懋揚，行七，年四十二，二月十四日生。曾祖祚。祖召南。父克厚。母趙氏。永感下。兄錧，訓導；鍇；鏸；鈇；鎦。娶徐氏，繼娶孟氏。浙江鄉試第八名，會試第一百六十七名。

戴乾　貫浙江台州府臨海縣，民籍。國子生。治《詩經》。字元之，行二，年二十七，四月二十八日生。曾祖孟淵。祖廷祥。父仲仁。母金氏。慈侍下。兄聰。弟巽。娶侯氏。浙江鄉試第五十七名，會試第九十一名。

王憲　貫山東兗州府東平州，軍籍。州學生。治《詩經》。字維綱，行一，年二十四，十一月十三日生。曾祖敬祖。祖海。父智。母胡氏。具慶下。弟志、忞、思。娶劉氏。山東鄉試第十一名，會試第二百五十三名。

趙維藩　貫直隸真定府元氏縣，民籍。縣學生。治《詩經》。字价夫，行一，年二十九，七月二十六日生。曾祖鑑。祖福貴，巡檢。父彝，監生。母魏氏，繼母劉氏。慈侍下。弟維垣、維屏、維寧、維有。娶王氏。順天府鄉試第一百二十六名，會試第十八名。

陶煦　貫浙江嘉興府秀水縣，軍籍。縣學生。治《詩經》。字時和，行四，年二十五，九月初六日生。曾祖鉦，義民。祖濟民。父松。母張氏。重慶下。兄勳、熙、燁。弟照，同科進士；燦；儒；儼；倞；烈；煒；煉。娶唐氏。浙江鄉試第七十七名，會試第一百三十一名。

彭惟方　貫江西吉安府安福縣，民籍。國子生。治《春秋》。字重義，行六，年三十八，十一月二十二日生。曾祖原脩。祖翔高，義官。父箴省。母周氏。慈侍下。兄惟中、惟正。弟惟直。娶賀氏。江西鄉試第六十八名，會試第一百三十八名。

趙士元　貫陝西河州衛，軍籍。衛學生。治《春秋》。字君聘，行一，年三十，七月十六日生。曾祖貴。祖景。父英。母李氏。具慶下。娶張氏。陝西鄉試第十名，會試第六十三名。

周澤　貫浙江嘉興府嘉善縣，民籍，海鹽縣人。國子生。治《書經》。字天雨，行一，年四十三，十二月二十八日生。曾祖文華。祖瓛。父傑。母周氏。慈侍下。弟淮。娶丘氏。浙江鄉試第一名，會試第三十五名。

吳玭　貫福建漳州府龍溪縣，軍籍。國子生。治《易經》。字子懷，行一，年三十六，十一月初五日生。曾祖敏雍。祖仲，知縣。父玉文。母蔡氏。永感下。弟項、弼。娶郭氏。福建鄉試第四十二名，會試第一百五十六名。

唐夔　貫廣西桂林府全州，民籍。國子生。治《書經》。字宗韶，行一，年二十九，六月初五日生。曾祖志廷。祖銘，縣丞。父璽。母王氏，繼母蔣氏。具慶下。弟儒、傅、龍、佐、俶、伊、僑、億、僕。娶趙氏。廣西鄉試第十一名，會試第三十一名。

路麟　貫江西吉安府安福縣，儒籍。國子生。治《春秋》。字肇治，行二，年三十七，十一月二十二日生。曾祖世清，贈左參政。祖斐澳，遇例冠帶。父元。母周氏。具慶下。兄重。弟焕、嵩、燁、孝、承、隆、建、銘、邵、鶴。娶周氏，繼娶孫氏。江西鄉試第四名，會試第一百十二名。

黎民牧　貫湖廣岳州府華容縣，軍籍。國子生。治《書經》。字本恕，行五，年三十六，正月十二日生。曾祖仕禎，贈吏部右侍郎。祖斌，縣丞，贈吏部右侍郎。父淳，南京禮部尚書。母金氏，封淑人。嚴侍下。兄民獻，貢士。弟民表，進士；民衷；民安；民俊；民信。娶張氏。湖廣鄉試第八十一名，會試第一百三十五名。

周冕　貫直隸池州府貴池縣，民籍。府學生。治《詩經》。字尚文，行二，年三十二，三月二十二日生。曾祖璿。祖鑑。父崑，訓導。母吳氏。具慶下。兄宿。弟宇、𡨴。娶吳氏。應天府鄉試第八十九名，會試第八十九名。

郭濬　貫直隸真定府平山縣，軍籍。國子生。治《詩經》。字舜德，行一，年四十，九月初七日生。曾祖祖。祖清。父敦，縣丞。母賈氏。慈侍下。弟濠。娶吳氏，繼娶彭氏。順天府鄉試第六十五名，會試第二百十七名。

蕭巨源　貫江西吉安府廬陵縣，民籍。國子生。治《詩經》。字用溥，行四，年三十，八月三十日生。曾祖斌。祖思才。父振倫，義官。母楊氏。永感下。兄濟、漢、淳。娶李氏。江西鄉試第四十七名，會試第二百三十名。

徐欽　貫湖廣黃州府蘄州黃梅縣，軍籍。縣學生。治《詩經》。字敬之，行一，年二十四，三月二十五日生。曾祖法通。祖伯淵。父用，監生。母伏氏。重慶下。弟鉞、錀、鎧、□。娶吳氏。湖廣鄉試第三十九名，會試第一百六十四名。

宋珖　貫河南汝寧府光州，民籍。國子生。治《易經》。字廷璧，行二，年三十三，八月初四日生。曾祖瑄。祖敏。父志道，兵馬司指揮。母馬氏。具慶下。兄琦。娶張氏。河南鄉試第二十一名，會試第二百四十七名。

常元慶　貫陝西西安府乾州，民籍。國子生。治《詩經》。字宗善，行一，年三十六，五月二十三日生。曾祖允中。祖伯通。父𩛿，教諭。母閻氏，繼母朱氏。慈侍下。弟元良、元吉、元佐。娶鄧氏。陝西鄉試第七名，會試第五十二名。
　　董紞　貫湖廣黄州府麻城縣，軍籍。國子生。治《春秋》。字嗣紳，行七，年三十二，正月十七日生。曾祖南壽。祖潮，檢校。父應軫，按察司僉事。嫡母徐氏，繼母王氏，生母趙氏。慈侍下。兄緒，通判；紹；紱，知縣；縳；絵，巡檢；綎，貢士。弟紌。娶陳氏，繼娶周氏。湖廣鄉試第四名，會試第九十名。
　　蕭淵　貫山東東昌府堂邑縣，軍籍。國子生。治《春秋》。字文静，行二，年三十六，三月初九日生。曾祖敬。祖貞，州同知。父瑛，通判。母劉氏。永感下。兄漢，義官。娶趙氏。山東鄉試第十五名，會試第一百九十四名。
　　王哲　貫直隸蘇州府吴江縣，軍籍。縣學生。治《易經》。字思德，行二，年三十四，五月二十五日生。曾祖湜。祖恭。父宗吉。前母于氏，母沈氏。具慶下。兄賢，義官。弟明，監生；敏。娶申氏。應天府鄉試第二十四名，會試第九十八名。
　　羅賢　貫山西太原府清源縣，民籍。國子生。治《詩經》。字大用，行一，年三十七，十二月初十日生。曾祖景思。祖滿。父公海。母徐氏，繼母曹氏。具慶下。弟良、方、智。娶陳氏。山西鄉試第四十二名，會試第八十四名。
　　陳威　貫江西撫州府臨川縣，民籍。國子生。治《詩經》。字民望，行七，年三十，二月十四日生。曾祖孔立。祖彦持，封主事。父勉，知府。母梁氏，封安人。重慶下。弟嬰、嫻。娶甘氏。江西鄉試第三十四名，會試第二百四十三名。
　　陳大經　貫浙江紹興府上虞縣，匠籍。縣學生。治《詩經》。字正之，行二，年三十八，二月初八日生。曾祖倞。祖敬輿。父世英。母史氏。重慶下。弟大紀、大緒、大純、大績、大紳、大綬。娶張氏。浙江鄉試第八十五名，會試第二百二十三名。
　　周偉　貫湖廣岳州府澧州，軍籍。州學生。治《書經》。字士元，行二，年二十八，十一月初五日生。曾祖宗禮。祖楫。父祺。母于氏。具慶下。兄伸。弟仁、儀。娶李氏。湖廣鄉試第三名，會試第二百二十四名。

于庭春　貫江西南昌府都昌縣,軍籍。國子生。治《詩經》。字元之,行二,年三十五,十二月十三日生。曾祖伯捷。祖子瑄,驛丞。父九州。母周氏。永感下。兄庭節。娶黃氏。江西鄉試第十六名,會試第六十名。

陳文輔　貫廣東廣州府番禺縣,民籍。府學增廣生。治《詩經》。字以道,行二,年二十四,五月十四日生。曾祖景昌。祖俊。父桐。母朱氏。重慶下。兄文英。弟文佐。聘梁氏。廣東鄉試第二名,會試第一百十七名。

常濟　貫山東兗州府濟寧州,民籍。國子生。治《書經》。字惠夫,行二,年四十二,十一月初六日生。曾祖全。祖敬。父瓚,州吏目。母張氏。永感下。兄清,教諭。弟源、準、深。娶王氏。山東鄉試第十六名,會試第一百五十三名。

李瓚　貫山西太原府代州崞縣,軍籍。國子生。治《詩經》。字重器,行一,年四十,六月初五日生。曾祖戀。祖瑄。父約,倉大使。母聶氏。具慶下。娶蕭氏。山西鄉試第三十八名,會試第一百三十七名。

陳謨　貫山東濟南府歷城縣,民籍。府學生。治《易經》。字汝嘉,行四,年三十二,正月十九日生。曾祖仲信。祖良貴。父孜。母楊氏。慈侍下。兄昉;隆,義官;言。娶王氏。山東鄉試第二十名,會試第二百三十一名。

張瀚　貫山東東昌府博平縣,民籍。縣學生。治《詩經》。字克容,行一,年二十九,八月初七日生。曾祖名友。祖志剛。父斌,典史。母孫氏。具慶下。弟潮。娶李氏。山東鄉試第六十三名,會試第二百一名。

周爵　貫河南汝寧府光州固始縣,民籍。國子生。治《春秋》。字天爵,行一,年三十五,七月初一日生。曾祖文彬。祖子銘。父完。母張氏。慈侍下。弟臣。娶段氏。河南鄉試第五十五名,會試第二百七十五名。

席書　貫四川潼川州遂寧縣,民籍。縣學增廣生。治《春秋》。字文同,行一,年三十,四月初五日生。曾祖思恭。祖瑄。父祖憲。母吳氏。具慶下。弟詩、記、春、彖。娶張氏。四川鄉試第二名,會試第二百五十二名。

陳禄　貫廣西梧州府懷集縣,民籍。國子生。治《易經》。字天錫,行一,年三十三,九月初三日生。曾祖佛佐。祖聰。父繼學,大使。母郭氏。具慶下。弟俸、儀。娶梁氏。廣西鄉試第十八名,會試第三十四名。

劉文寵　貫武驤左衛,軍籍,順天府薊州玉田縣人。府學生。治《詩經》。字元錫,行二,年二十八,正月十一日生。曾祖福川。祖海。父春。

母張氏。具慶下。娶彭氏。順天府鄉試第六十五名，會試第二十六名。

劉棠　貫山東濟南府章丘縣，民籍。國子生。治《詩經》。字思召，行二，年四十，十一月十三日生。曾祖仲英。祖誠，知縣。父灝。母黄氏，繼母趙氏。嚴侍下。兄榆。弟棟。娶賈氏。山東鄉試第五十五名，會試第一百二名。

胡雍　貫寬河衛，官籍，山西臨縣人。國子生。治《春秋》。字伯雍，行一，年三十三，七月初九日生。曾祖斌，正千户。祖全，指揮僉事。父安，指揮僉事。母趙氏，封恭人。嚴侍下。娶吕氏，繼娶申氏。順天府鄉試第四十名，會試第二百八十七名。

郭綸　貫陝西西安府華州，民籍。州學生。治《詩經》。字大綸，行三，年四十二，十月初二日生。曾祖謙。祖整。父信。母曹氏，繼母潘氏。慈侍下。兄仁、淳。弟紀，監生；細。娶董氏。陝西鄉試第四十一名，會試第一百七十名。

盧翊　貫直隸蘇州府常熟縣，匠籍。國子生。治《詩經》。字鳳翀，行三，年三十五，四月初四日生。曾祖彬。祖弘。父琮，知縣。母顧氏。慈侍下。兄復、翰。弟壽。娶衛氏。應天府鄉試第三十五名，會試第一百四十六名。

高崇熙　貫山西太原府石州，民籍。國子生。治《詩經》。字文明，行二，年三十二，十一月二十六日生。曾祖仕珍。祖整。父岱，知縣。母李氏。慈侍下。兄崇輝，義官。弟重省，貢士；崇慶；崇明，監生。娶霍氏。山西鄉試第十二名，會試第二百二十五名。

葉永秀　貫廣東廣州府東莞縣，民籍。國子生。治《春秋》。字汝實，行一，年二十九，六月十一日生。曾祖祖全。祖景芳。父青，訓導。母朱氏。慈侍下。娶李氏。廣東鄉試第十八名，會試第一百八十三名。

張鼐　貫府軍衛，官籍，河南信陽州人。國子生。治《書經》。字宗獻，行三，年三十六，七月初四日生。曾祖道，贈指揮同知。祖林，贈指揮同知。父賢，指揮同知。母枚氏，封太淑人。永感下。兄鼎，知府；鼐，冠帶小旗。娶丁氏，繼娶范氏。順天府鄉試第四十八名，會試第二百七十名。

杜楷　貫富峪，衛籍，江西吉水縣人。國子生。治《書經》。字公式，行二，年三十八，五月二十六日生。曾祖玄德。祖大鵬。父邦，訓導，贈主事。母韋氏，贈安人。永感下。兄桓，禮部員外郎。娶王氏。

順天府鄉試第二十五名，會試第二十一名。

貫璇　貫山西汾州，軍籍。國子生。治《書經》。字天器，行三，年四十一，四月初一日生。曾祖文質。祖昱。父輔，義官。前母劉氏，母任氏。具慶下。兄璽、原。弟璣。娶韓氏。山西鄉試第十六名，會試第二百六十八名。

顏頤壽　貫湖廣岳州府巴陵縣，軍籍。國子生。治《詩經》。字天和，行三，年二十九，四月二十四日生。曾祖以文。祖禮，縣丞。父公輔，知縣。母邵氏。具慶下。兄禄壽，通判；期壽。弟喬壽、崧壽。娶柳氏，繼娶何氏。湖廣鄉試第七十七名，會試第六十九名。

姜寔　貫陝西西安府華州蒲城縣，軍籍。國子生。治《禮記》。字若虛，行三，年二十七，九月初二日生。曾祖能。祖凱。父武。母王氏。具慶下。兄山、崑。弟容、騫、定、寰、完。娶原氏。陝西鄉試第五十一名，會試第十三名。

呂鏜　貫直隸真定府晉州，民籍。州學生。治《書經》。字廷韶，行一，年三十七，九月二十三日生。曾祖成。祖傑，倉大使，贈主事。父正，左參政。前母劉氏，贈宜人；母劉氏。永感下。弟錡，醫學典科；鉉，監生；鎧。娶王氏，繼娶劉氏。順天府鄉試第一百十一名，會試第二百四十名。

茅光著　貫浙江寧波府慈谿縣，軍籍。儒士。治《詩經》。字日升，行四，年四十三，五月初九日生。曾祖天麒。祖惟揚，按察使。父蓁，理問。母桂氏。永感下。兄光霱。弟光大。娶桂氏。浙江鄉試第十二名，會試第二百六十三名。

余敬　貫廣東廣州府新會縣，民籍。國子生。治《書經》。字行簡，行四，年三十六，三月十八日生。曾祖妙成。祖琳，遇例冠帶。父肄，教諭。母謝氏。具慶下。兄讓，訓導；紹夔，通判；士龍。弟章、正、義。娶周氏。廣東鄉試第四名，會試第六十二名。

饒榶　貫江西南昌府進賢縣，民籍。府學生。治《詩經》。字文中，行四，年三十一，十二月二十六日生。曾祖崇本。祖孟穎，訓導，贈主事。父泗，兵部員外郎。母袁氏，封安人。具慶下。兄述。弟樅。娶夏氏。江西鄉試第四十名，會試第二百五十五名。

蒙惠　貫廣西梧州府蒼梧縣，民籍。國子生。治《書經》。字允濟，行二，年三十，五月十六日生。曾祖壽遠。祖保。父全。母杜氏。慈侍下。

兄恩。娶歐陽氏。廣西鄉試第十二名，會試第二百八十一名。

謝璽　貫山西振武衛籍，直隸壽州人。國子生。治《詩經》。字宗玉，行一，年四十，正月初三日生。曾祖忠。祖貴。父鐸，推官。母王氏。具慶下。弟廷璧、廷璀、廷珂、廷珮。娶馮氏。山西鄉試第四十三名，會試第八十一名。

杜宏　貫河南開封府許州臨潁縣，民籍。縣學生。治《書經》。字淵之，行二，年三十六，十二月二十二日生。曾祖興。祖賢。父瑄。母宋氏。具慶下。兄林。弟宗、章。娶介氏。河南鄉試第十八名，會試第二百九十六名。

孫傑　貫山西太原府平定州，軍籍。國子生。治《書經》。字朝用，行一，年三十六，八月二十五日生。曾祖玉。祖靖，右府都事。父善，陰陽典術。母閻氏。具慶下。弟倪，貢士。娶朱氏。山西鄉試第四十九名，會試第二十七名。

范璋　貫浙江紹興府餘姚縣，民籍。國子生。治《禮記》。字邦獻，行三，年四十一，三月二十日生。曾祖景昭。祖皓。父端，義官。母吳氏。具慶下。兄廷輝，聽選官；廷采，義官。娶吳氏。浙江鄉試第三十六名，會試第五十三名。

吳瓚　貫浙江杭州府仁和縣，竈籍。國子生。治《易經》。字美中，行三，年四十，十二月初五日生。曾祖清之。祖定遠。父讓。母湯氏。具慶下。兄璋、琬。弟玠。娶趙氏。浙江鄉試第五名，會試第二百六十五名。

陸徵　貫應天府溧陽縣，軍籍。國子生。治《書經》。字時休，行一，年三十五，十一月初四日生。曾祖箕。祖師鎮。父昂。嫡母郝氏，生母陶氏。具慶下。弟諭、徽、徹、微。娶呂氏。應天府鄉試第八十名，會試第一百五十九名。

臧鳳　貫山東兗州府曲阜縣，民籍。縣學生。治《詩經》。字瑞周，行三，年三十五，十月十三日生。曾祖彥實。祖貞。父紀，訓導，贈主事。母李氏，封太安人。慈侍下。兄麒；麟，工部主事。弟鸞。娶張氏，繼娶孔氏。山東鄉試第一名，會試第二百二十一名。

張表　貫陝西漢中府襃城縣，民籍。國子生。治《書經》。字人傑，行五，年三十七，八月初八日生。曾祖普清。祖福隆。父弘。母萬氏。永感下。兄龍海、龍準、龍珍、龍淵。娶鄧氏。陝西鄉試第二十九名，會試第二百二十名。

胡希顏　貫陝西西安府乾州，軍籍。國子生。治《詩經》。字宗哲，行一，年二十九，四月二十三日生。曾祖二。祖順。父彬。母劉氏。具慶下。弟希曾、希思、希孟、希閔、希冉。娶开氏。陝西鄉試第四十八名，會試第二百六十一名。

鄧文質　貫江西饒州府鄱陽縣，民籍。府學增廣生。治《書經》。字汝中，行三，年二十九，八月初十日生。曾祖輝。祖玉。父鉅。母王氏。具慶下。兄文傑、文淵。弟文善、文繡、文顯、文明。娶張氏。江西鄉試第三十二名，會試第一百六十八名。

王㐜[1]　貫陝西西安府同州朝邑縣，軍籍。國子生。治《易經》。字汝器，行三，年四十四，正月二十二日生。曾祖佐。祖聚，稅課局大使。父斌，典史。母孔氏。慈侍下。兄節、原。娶上氏。陝西鄉試第二十一名，會試第二百七十八名。

石存禮　貫山東青州府益都縣，民籍。府學增廣生。治《詩經》。字敬夫，行二，年二十，九月十三日生。曾祖景文。祖瑛，吏目。父銘，府通判。母王氏。具慶下。兄存仁。娶姜氏。山東鄉試第七十三名，會試第二百六十六名。

左然　貫直隸寧國府涇縣，民籍。國子生。治《易經》。字允之，行一，年四十，三月二十九日生。曾祖處中，訓科。祖有昂，贈監察御史。父孟暹。母王氏。慈侍下。弟韶、輔、新。娶趙氏。應天府鄉試第二十名，會試第二百九十名。

陳曦　貫錦衣衛籍，直隸江都縣人。國子生。治《易經》。字景和，行一，年三十五，十一月十二日生。曾祖泰。祖震。父忠。母王氏。永感下。弟暄、暲。娶張氏，繼娶張氏。順天府鄉試第一百四名，會試第二百六十九名。

林廷㽵　貫廣東高州府化州吳川縣，軍籍。國子生。治《易經》。字公器，行二，年三十七，六月十三日生。曾祖崇。祖囗。父煥。母陳氏。慈侍下。兄廷玉，監生。弟廷佑。娶李氏。廣東鄉試第六十名，會試第二百三十七名。

萬璇　貫湖廣常德府武陵縣，軍籍。國子生。治《禮記》。字廷器，

---

[1] "㐜"，爲"㐜"的异體字。

行四，年三十六，六月二十九日生。曾祖輔弼，行人。祖鑑。父殊，教諭。母章氏。永感下。兄珣；琳；璽，知州。弟瑛、瓏、琥、琦。娶孫氏。湖廣鄉試第四十七名，會試第三百名。

伍希齊　貫江西吉安府安福縣，民籍。國子生。治《春秋》。字孟倫，行十二，年三十四，五月二十日生。曾祖述經。祖冕，知縣，贈御史。父體祥，封員外郎。前母劉氏，贈宜人；母劉氏，封宜人。具慶下。兄希淵，布政司左參政；希旦；希魚；希閔，按察司僉事；希冉；希憲。娶劉氏。江西鄉試第十八名，會試第四十八名。

楊滋　貫直隸保定府定興縣，軍籍。府學生。治《詩經》。字天澤，行一，年三十五，九月二十九日生。曾祖增。祖謙。父斌，宣慰司經歷。母申氏，繼母孔氏。嚴侍下。弟洵、潤。娶水氏。順天府鄉試第四十三名，會試第二百七十七名。

劉綱　貫直隸河間府任丘縣，民籍。國子生。治《詩經》。字克立，行五，年三十五，三月十三日生。曾祖奉。祖玉。父珍，布政司照磨。母王氏，繼母李氏。具慶下。兄經，監生；綸；縉，義官；紳，義官。弟紀。娶徐氏。順天府鄉試第二十名，會試第二百三十八名。

何勝　貫直隸徽州府歙縣，民籍。國子生。治《春秋》。字斯復，行四，年四十八，六月十六日生。曾祖仲耕。祖以忠。父士諡。母江氏，節婦。慈侍下。兄鎮安、克安、兌安。娶楊氏。應天府鄉試第七十二名，會試第二百六十四名。

李聰　貫福建泉州府晉江縣，民籍。國子生。治《易經》。字敏德，行一，年三十九，十月二十二日生。曾祖靜。祖澤。父訓。母紀氏。具慶下。弟明、智。娶陳氏。福建鄉試第十七名，會試第一百四名。

孫璉　貫浙江寧波府慈谿縣，民籍。縣學生。治《詩經》。字宗器，行四，年二十九，正月初八日生。曾祖服膺。祖忱，知縣。父禧。母徐氏。具慶下。兄璋。弟瑝、瓚、珏、環、珍、望。娶陳氏。浙江鄉試第十九名，會試第二百三十四名。

秦銳　貫浙江紹興府會稽縣，民籍。國子生。治《春秋》。字克進，行八，年三十五，二月初六日生。曾祖浩。祖珪。父澂。母沈氏。慈侍下。兄鑑，監生；鍔。弟鑾、鑼、鉅、銑。娶趙氏。浙江鄉試第三十八名，會試第五十八名。

陳熙　貫浙江寧波府慈谿縣，民籍。國子生。治《詩經》。字士勛，行一,年三十九,九月二十七日生。曾祖信。祖塾,訓導。父鋠。母錢氏。慈侍下。娶錢氏。浙江鄉試第二十六名,會試第二百九十五名。

景佐　貫山西平陽府蒲州,軍籍。國子生。治《書經》。字良弼,行四,年三十六,十月二十四日生。曾祖敏淑。祖聚。父章,義官。母馮氏。具慶下。兄傑、侃、信。娶雷氏。山西鄉試第十一名,會試第四十七名。

楊璋　貫湖廣德安府孝感縣,民籍。府學生。治《易經》。字廷宜,行三,年二十五,十月十八日生。曾祖昱晟。祖昭,義官。父敏,判官。母周氏。具慶下。兄璡、珪。弟瓚。娶黎氏。湖廣鄉試第十二名,會試第二百八十八名。

余止　貫四川敘州府富順縣,民籍。國子生。治《禮記》。字景山,行一,年三十,十月十三日生。曾祖興泰。祖志軒,封主事。父璨。母劉氏。重慶下。弟塗、并、亞。娶金氏。四川鄉試第十名,會試第四十三名。

陳玉　貫河南衛輝府輝縣,民籍。府學生。治《書經》。字德輝,行一,年二十四,十月初八日生。曾祖貴。祖英。父俊。母校氏。具慶下。弟珏。娶徐氏。河南鄉試第八名,會試第一百九十九名。

彭鳳來　貫湖廣黃州府黃陂縣,軍籍。縣學生。治《詩經》。字泰和,行三,年三十二,十一月二十二日生。曾祖彥昭。祖萬鎰。父昌,通判。母嚴氏。慈侍下。兄鳳儀,聽選官;鳳曆。娶周氏。湖廣鄉試第二十四名,會試第三十六名。

鄭瑾　貫浙江金華府蘭谿縣,民籍。閩縣學訓導。治《易經》。字溫卿,行十七,年三十八,十月十八日生。曾祖訓誠。祖迪,長史。父錡,知縣。母王氏。具慶下。兄璠。弟珇、瑓。娶徐氏。浙江鄉試第四十名,會試第八十三名。

許慶　貫直隸常州府武進縣,民籍。國子生。治《詩經》。字應禎,行一,年四十三,八月二十七日生。曾祖公義。祖文禮。父頤。母黃氏,繼母秦氏、俞氏。慈侍下。弟愷、悅、忻、忱。娶殷氏。應天府鄉試第一百七名,會試第一百八名。

王瓚　貫山東登州府蓬萊縣,軍籍。國子生。治《書經》。字宗用,行一,年四十五,十月十六日生。曾祖伯忠。祖思榮。父真。母劉氏。具慶下。弟珵、環。娶曲氏。山東鄉試第十二名,會試第一百九十六名。

汪金恩　貫浙江衢州府開化縣,民籍。國子生。治《易經》。字天錫,行八,年三十五,十一月十七日生。曾祖以敬。祖永壽。父餘慶。母翁氏。

具慶下。兄淵、金、芳、川、定、契、順、釗。娶魯氏。浙江鄉試第十三名，會試第二百二十二名。

黄聚　貫廣西梧州府藤縣，民籍。國子生。治《詩經》。字朝會，行一，年四十，三月十五日生。曾祖榮顯。祖輝。父嗣。母張氏。永感下。娶陳氏，繼娶李氏。廣西鄉試第二名，會試第一百八十七名。

左璋　貫江西撫州府臨川縣，匠籍。國子生。治《詩經》。字廷貴，行五，年三十一，九月十六日生。曾祖允明。祖碧溪。父信厚。母胡氏。重慶下。弟瓊、玠、瑶。娶彭氏。江西鄉試第十三名，會試第二百九十七名。

徐鈺　貫湖廣武昌府興國州，軍籍。府學生。治《書經》。字用礪，行五，年二十五，正月初七日生。曾祖宗一。祖友貴。父斅。母朱氏，繼母黄氏。具慶下。兄鏞，知府；鉞，同科進士；欽；鈜，貢士。弟鐺、鎧、鎰、錬。娶李氏。湖廣鄉試第十三名，會試第二百二十六名。

李傑　貫陝西西安府韓城縣，匠籍。國子生。治《書經》。字人英，行二，年四十一，三月十八日生。曾祖彦真。祖勉。父讓。母劉氏，繼母高氏。具慶下。兄俊。弟仁。娶王氏。陝西鄉試第七名，會試第二百六十七名。

公勉仁　貫山東青州府蒙陰縣，軍籍。縣學生。治《詩經》。字尚德，行三，年二十九，四月初三日生。曾祖炵，縣丞。祖評。父恕，縣丞。母許氏。具慶下。兄增仁、行仁。弟景仁、里仁、居仁。娶闞氏。山東鄉試第七十五名，會試第一百四十名。

李師儒　貫直隸保定府安州高陽縣，民籍。國子生。治《易經》。字宗正，行九，年三十二，十一月初四日生。曾祖進。祖甫榮，贈主事。父儼，南京户部郎中。母郭氏，封安人。具慶下。兄俊、聰、敏、師、孔、睿。娶于氏。順天府鄉試第十九名，會試第八十八名。

王鼎　貫直隸順德府鉅鹿縣，民籍。國子生。治《詩經》。字重器，行一，年三十三，五月十五日生。曾祖得名。祖文貴，主簿。父惟。母李氏。永感下。兄鏞，訓導。弟羋、鎮。娶喬氏。順天府鄉試第三十九名，會試第一百二十五名。

張輝　貫直隸池州府石埭[1]縣，民籍。國子生。治《書經》。字藴之，

---

[1] "埭"，爲"埭"的异體字。

行一,年三十四,七月十三日生。曾祖德邵。祖昇。父望,監生。母邵氏。具慶下。弟燦。娶舒氏。應天府鄉試第五十三名,會試第一百十四名。

夏昇　貫廣東海南,衛籍,直隸定遠縣人。國子生。治《易經》。字景熙,行二,年二十七,二月二十四日生。曾祖均驛。祖禮。父瑄。嫡母鍾氏,生母孫氏。慈侍下。兄時;旼,訓導;暶;暉。娶路氏。廣東鄉試第四十八名,會試第二百六十七名。

何洽　貫浙江杭州府富陽縣,民籍。國子生。治《詩經》。字允仁,行十八,年三十八,三月初六日生。曾祖以賢。祖士璋。父鋐。母湯氏。具慶下。兄濟、沂、洙、滂。弟湝、濠、瀛、湯、游。娶孫氏。浙江鄉試第二十一名,會試第一百七十六名。

陳輔　貫四川敘州府宜賓縣,民籍。府學生。治《易經》。字汝德,行一,年三十,正月十九日生。曾祖原。祖志遠。父綱。母陶氏。重慶下。弟弼、卿、相。娶張氏。四川鄉試第二十二名,會試第十七名。

高友璣　貫浙江溫州府樂清縣,軍籍。縣學生。治《詩經》。字肅政,行一,年三十,正月初四日生。曾祖官,知縣。祖譜。父沔。母陳氏。重慶下。弟友質。娶黃氏。浙江鄉試第五十五名,會試第二百九十四名。

楊鐸　貫福建興化府莆田縣,軍籍。縣學增廣生。治《詩經》。字朝魯,行六,年四十,正月二十四日生。曾祖億六。祖大四。父體敬。母朱氏,繼母林氏。永感下。兄琳;瑛;琅,按察司僉事;珏;項。弟銳。娶戴氏。福建鄉試第八十一名,會試第一百九十八名。

張金　貫直隸廣德州,民籍。國子生。治《禮記》。字質夫,行五,年三十五,七月初六日生。曾祖天祥。祖思政。父和。母沈氏。永感下。兄雍、昂、昱、富。弟周、漢。娶曹氏。應天府鄉試第七十九名,會試第一百四十四名。

劉溥　貫直隸安慶府懷寧縣,軍籍。國子生。治《詩經》。字公濟,行 ,年四十,九月十五日生。曾祖汝霖。祖永,醫官。父鈺,通判。母張氏。具慶下。弟清。娶張氏。應天府鄉試第七十八名,會試第二百二十八名。

劉瑜　貫山東登州府寧海州文登縣,匠籍。縣學增廣生。治《易經》。字美之,行一,年三十一,三月十四日生。曾祖士能。祖顯名。父慶。母王氏。嚴侍下。弟瑄。娶王氏。山東鄉試第十三名,會試第八十名。

房瑄　貫直隸河間府任丘縣,民籍。國子生。治《易經》。字廷獻,行二，年三十九，閏九月二十五日生。曾祖午。祖禮。父欽。母党氏。慈侍下。兄瑢。弟琮、瓚。娶劉氏。順天府鄉試第一百十名，會試第二百二十七名。

　　陳澍　貫山西太原左衛，官籍，直隸高郵州人。國子生。治《易經》。字天澤，行二，年三十，十月二十五日生。曾祖志皋。祖敬，百户。父璧，監察御史。母閻氏，封孺人。具慶下。兄漢，貢士。弟澼，百户；洪；況。娶江氏，繼娶朱氏。山西鄉試第六十三名，會試第一百四十五名。

　　李敷　貫湖廣永州府道州寧遠縣，軍籍。國子生。治《書經》。字春敷，行二，年四十，十月初八日生。曾祖彥文。祖俊常。父元質，義官。前母奉氏，母何氏。永感下。兄昶。弟袞、軻、武、愛、訓、遜、諭、軒。娶劉氏，繼娶何氏。湖廣鄉試第六名，會試第一百五十七名。

　　丘俊　貫直隸真定府冀州新河縣，匠籍。縣學生。治《詩經》。字邦彥，行二，年二十八，八月初五日生。曾祖智。祖信。父嵩。母安氏。重慶下。兄仁。弟傑、佐、佑。娶李氏。順天府鄉試第九十八名，會試第一百十五名。

　　陸廣　貫直隸常州府無錫縣，民籍。國子生。治《書經》。字士弘，行二，年三十七，七月十六日生。曾祖孟謙。祖安，縣丞。父民表。母趙氏。慈侍下。兄序。弟廉。娶周氏，繼娶侯氏。應天府鄉試第一百三名，會試第一百九十三名。

　　翟敬　貫山西平陽府猗氏縣，民籍。國子生。治《書經》。字行簡，行二，年三十七，十一月二十一日生。曾祖從善。祖庸。父通。母解氏。永感下。兄宣。娶荊氏，繼娶陳氏。山西鄉試第三十一名，會試第一百六十五名。

　　劉芳　貫順天府通州武清縣，民籍。國子生。治《書經》。字德馨，行一，年二十八，八月二十一日生。曾祖德全。祖榮。父忠。母張氏，繼母王氏。具慶下。娶郝氏。順天府鄉試第四十名，會試第二百五十六名。

　　徐浤　貫江西廣信府貴溪縣，軍籍。國子生。治《禮記》。字本深，行八十七，年三十一，六月初五日生。曾祖用中。祖思文。父孔壽。母汪氏。慈侍下。兄洪、洛。娶丘氏。江西鄉試第五十三名，會試第一百八十八名。

　　楊璲　貫河南開封府原武縣，民籍。國子生。治《禮記》。字廷珮，行六，年三十九，七月十一日生。曾祖旺。祖智，封僉事。父鐸，左參政。前母梁氏，贈宜人；趙氏。母孫氏，封宜人。繼母白氏。具慶下。

兄珪，醫學訓科；琦；瓚，貢士；瑄；璉。娶王氏。河南鄉試第十八名，會試第二百十九名。

譚溥　貫四川重慶府合州銅梁縣，民籍。儒士。治《詩經》。字德周，行一，年三十，四月初六日生。曾祖福祖。祖貴。父錦，教諭。母熊氏。重慶下。弟博、淵。娶童氏。四川鄉試第四十一名，會試第十四名。

吕賢　貫直隸真定府真定縣，軍籍。國子生。治《詩經》。字邦佑，行一，年三十五，正月初二日生。曾祖二。祖忠。父諒，聽選官。母張氏。具慶下。弟能、傑。娶李氏。順天府鄉試第一百二十七名，會試第一百九十二名。

劉愷　貫直隸保定府安州新安縣，軍籍。縣學生。治《書經》。字承華，行三，年二十一，十二月十五日生。曾祖原。祖滄，巡檢，贈主事。父昭，刑部員外郎。母李氏，封安人。慈侍下。兄鉽、釪。娶李氏。順天府鄉試第五十名，會試第一百十名。

陶照　貫浙江嘉興府秀水縣，軍籍。縣學生。治《詩經》。字時明，行五，年二十三，八月二十一日生。曾祖鉦，義民。祖濟民。父松。母張氏。重慶下。兄勳；熙；燁；煦，同科進士。弟燦、儒、儼、俸、俐、煒、煉。娶梅氏。浙江鄉試第五十二名，會試第四十九名。

張鸞　貫山東青州府安丘縣，民籍。國子生。治《易經》。字應治，行三，年二十六，七月十八日生。曾祖彦明。祖增，義官。父璉，義官。母王氏。重慶下。兄鵬，陰陽訓術。弟鳳、鶚、鵾、鴻。娶王氏。山東鄉試第八名，會試第一百七十五名。

賈瓘　貫陝西慶陽府寧州，民籍。州學生。治《書經》。字伯玉，行五，年三十二，九月二十八日生。曾祖周。祖德。父讓，遞運所大使。母穆氏。具慶下。兄琮，聽選官；璁，義官；榮，聽選官；璜。弟禎，監生。娶朱氏。陝西鄉試第三名，會試第二百二十九名。

王序　貫直隸真定府平山縣，軍籍。縣學生。治《詩經》。字天秩，行一，年三十五，十二月十四日生。曾祖仁美。祖讓。父章，鴻臚寺署丞。母張氏。永感下。弟慶，貢士。娶曹氏。順天府鄉試第六十九名，會試第二百八十二名。

皇帝制曰：朕惟天子，父天母地而爲之子，凡天下之民，皆同胞一氣，靡所不統。故又曰："大君者，吾父母宗子。"宗子繼承父母，君主天下，其責甚大。必養之有道，教之有方，舉天下之民，無一不得其所，責斯盡焉。古之君天下者，莫盛於唐堯、虞舜、夏禹、商湯、周武，皆克盡宗子之責，號稱至治。其後若漢、若唐、若宋，英君誼辟，宗子之責或盡或否，而治亦有稱，其迹具載經史，可考而論之歟？夫自唐虞而下，諸君宗子之責，無不同；當時制度之立，政令之行，又無不同。而要其治效之所至，乃有不能同者。此固世道之漸降，然夷考其實，亦尚有可言歟？前賢論儒者之道，每以位天地、育萬物、參天地、贊化育爲極至，於是宗子之責有相關歟？

朕膺天命，嗣守祖宗鴻基，宵旰孳孳，思盡宗子之責，比隆古之聖帝明王，其行之之序，自何而始歟？子諸生飽經飫史以待問，必有灼然之見，其詳著于篇，朕將親覽焉。

弘治三年三月十五日

臣錢福

臣對：

臣聞人君盡代天之責，以成配天之治者，皆一心之用也。蓋心者，天之所以與我者也；天下者，天之所責我者也。天不能自養乎民，而責我以養；天不能自教乎民，而責我以教。所以與我者與人同，而所以責乎我者獨備。故凡所以教養乎天下者，必反而求之乎心。天下雖大，一心運之而有餘矣。苟不求之天之所以與我之心，而徒務乎責我者之事，則爲之而不得其本，施之而不得其序。養民雖勤，而終非仁心實惠之寓；教民雖悉，而終非躬行心得之推。欲天下民物之各得其所，亦難矣。天下之有一不得其所，則天之所以責我者不能盡。是天地自天地，民物自民物，而吾身自吾身，尚得爲天地之宗子乎哉？天如此其高，地如此其厚，而吾之治如此其小，尚得爲配天之治乎哉？《書》曰："天佑下民，作之君，作之師，惟其克相上帝，寵綏四方。"《易》曰："后以財成天地之道，輔相天地之宜，以左右民。"皆言人君受天與之全，任天責之重，必當盡是責，以成是治也。然要其所以爲之者，豈出於一心之外哉！即是而觀，則唐堯、虞舜、夏禹、商湯、周武之厎於盛治，漢、唐、宋之僅爲小康，與今日之欲比隆前古者，蓋必有說矣。

洪惟皇帝陛下鍾天地之粹氣，稟天地之全德，以撫有普天率土之人民。臨御以來，勵精圖治，凡可以當天心慰人望者，無所不用其極。誠可謂大有爲之君，可謂善繼述之宗子矣。然乃不自滿足，首進臣等於廷，詢之以父母宗子之責，且謂"儒者之道，以位天地、育萬物、參天地、贊化育爲極至"，而求行之之序所自始焉。臣有以見陛下之心，真知儒道之至重，深圖君責之惟艱，直欲無一念之愧乎天，無一事之愧乎古，無一制度無一政令之不得其宜，無一民一物之不被其澤而後已。顧臣愚昧，何足以知之？然於乾坤之間，得與胞之列，廁名爲儒，久荷教育，竊有志乎聖賢之學。其於參贊之功，家相之事，雖不敢與聞，而所得於天以生之理爲心之所固有者，固不容諉於不知矣。敢不援經摘史，爲陛下陳之。

臣惟"天子父天母地而爲之子"云者，此漢儒班固之言也。"大君者吾父母宗子"云者，此宋儒張載之言也。蓋天下之理，未嘗不一；而天下之分，未嘗不殊。故自天地而言，則君爲天之子；對民物而言，則君又爲天地之宗子。獨不觀諸家乎？一家之中，凡繼其祖者均得稱爲宗，凡繼其禰者均得稱爲子。惟宗子則上承宗祧，下合宗族，而獨得謂之宗子。故冠婚必告之而莫敢專，祭祀必主之而莫敢僭，富貴必孫之而莫敢加，豈故以是而尊宗子哉！誠以父母所遺之體，賴宗子以養；父母所遺之業，賴宗子以教。宗子所在，即父母之所在，自不得不以父母尊之也。天下之衆，凡稟氣於天者，均得父稱乎天；凡賦形於地者，均得母稱乎地。惟大君則繼承天地，統理民物，而獨得爲天地之宗子。故謂其所居之位曰天位，謂其所享之禄曰天禄，謂其所都之邑曰天邑，亦豈故以是而尊大君哉！誠以大地所與之形，賴大君以養；天地所與之性，賴大君以教。大君之所在，即天地之所在，自不得不以天地尊之也。向使爲家之宗子者，不能教養乎家，而家之人有不得其所，則一家得以尤之，而宗子何以逃其責於父母哉！爲天地之宗子者，不能教養乎天下，而天下之人有不得其所，則天下得以望之，而天子亦何以辭其責於天地哉？

試以唐虞、三代之君天下者言之：其養民，則敬授人時，播時百穀，六府孔脩，輯寧邦家，大賚四海也。其教民，則協和萬邦，慎徽五典，文命四敷，克綏厥猷，重民五教也。其爲治效，則或贊其如天，或美其風動，或稱其天迪，或以爲格于皇天，或以爲配天其澤也。其於代天之功，皆能大有所爲，而宗子之責，無不盡也。

以漢、唐、宋之君天下者言之：其養民，則有籍田代田之詔，有口分世業之法，民籍以定，經界以均；其教民，則石渠、白虎之講説，弘文、廣文之招延，博學宏詞之有試，看詳學制之有議；其爲治效，則或雜伯，或雜夷，或偏安不振。不盡民力者不能免向隅之泣，與民休息者不能免徭役之勞，寬厚待民者不能免閭里之怨嘆。尊師重傅，而徒事乎章句訓詁之文；大召名儒，而無以變風雲月露之態；崇尚理學，而無以革詞賦浮靡之習。其於代天之功雖或有所爲，而宗子之責則不能以皆盡也。

夫其爲宗子之責本同，爲治之制度政令亦略同，而治效所至乃若是懸絕者，豈世道之降端使然哉？臣嘗求其故矣，曰欽明文思，曰濬哲文明，曰克勤克儉，曰克寬克仁，曰執競維烈。此其心純乎天，天地民物皆其度内，所以立制度、行政令，而教養乎天下者，皆心之所爲用也。或恭儉是尚，學宗黄老；或儒術是尚，而性多褊察。欲行仁義者，大倫或已虧；仁厚有餘者，剛斷或不足。則其心爲私欲所雜，而不知民胞物與之義。雖有制度之立、政令之行，不過虛文美觀，以爲教養之具，惡能盡其心之用哉！若夫"位天地、育萬物、參天地、贊化育"云者，此則子思之言，而亦張載之意也。蓋人之一身，與天地并立而爲三分，雖有高下大小之不同，而理氣之貫通者，未嘗有間。吾之心正，則天地之心亦正，而天地位；吾之氣順，則天地之氣亦順，而萬物育。吾能位天地、育萬物，則化育之大，吾得而贊之；天地之高厚，吾得而參之。儒者之道，必極於此，而後可以爲人；尤必極於此，而後可以爲君，可以爲宗子也。唐虞、三代，能盡宗子之責者，此也。漢、唐、宋有宗子之責而未盡者，則未極於此也。然此豈可以矯僞爲？亦豈可以旦夕致哉！必自戒懼而約之，以至於至靜之中，無少偏倚，而其守不失，則有以致吾心之中，而天地之所由以位也。自慎獨而精之，以至於應物之際，無少差謬，而無適不然，則有以致吾心之和，而萬物之所由以育也。張載亦曰"存心養性爲匪懈"，即戒懼之事也；曰"不愧屋漏爲無忝"，即慎獨之事也。此欲盡宗子之責者所當知，而今日行之之序所自始焉者也。

臣草茅疏賤，未嘗入侍帷幄，親奉旒扆，以仰窺所謂戒懼慎獨之功。然讀憫災儆變之論，知陛下有畏天命之心；觀守成由舊之政，知陛下有畏祖宗之心。至於人材之進退，奏疏之可否，又有以知陛下有畏公議之心。畏之一言，戒懼慎獨之明驗也。而臣猶諄諄言之不置者，誠以矜持於天下耳目所共及者易爲力，存省於一己耳目所不及者難爲功。伏願陛下於萬幾方暇之際，一念未萌之時，雖不必明堂聽政也，而正衣冠，尊瞻視，儼乎如百官之臨；雖不必宣室致齋也，而定思慮，絶嗜欲，凜乎如上帝之對。使本源澄澈，如明鏡止水，照之而無不見；使方寸軒豁，如空谷虛室，納之而無不容。及夫卒然之頃，一念之萌，又必察其果出於天理之公，而天下民物所同欲乎？則毅然行之，惟恐其不力；果出於人欲之私，而天下民物所共惡乎？則斷然去之，惟恐其不至。愛憎之動，則察其所愛而欲近之，與所憎而欲遠之者，何人？喜懼之發，則察其所喜而樂爲，與所懼而不敢爲者，何事？毋曰九重之邃，一念之差，人不得而知也。天下之視聽，於是乎在焉。毋曰五位之尊，一事之失，人不得而非也。神明之昭鑒，於是乎存焉。斯可謂之戒懼慎獨，而天之所以與我者爲無慊矣。由是推之以立制度，則制度之立，此心也。推之以行政令，則政令之行，此心也。推是心以養民，自有以著保惠賙恤之實。推是心以教民，自有以爲轉移感動之機。至於一法之廢興，則曰吾爲天守法，非吾所得而輕變也；一錢之出納，則曰吾爲天惜財，非吾所得而妄費也；一官之命，則曰此天之所以命有德者，吾不得而專也；一刑之用，則曰此天之所以討有罪者，吾不得而私也。凡吾祖宗之所貽謀者，期之於必行；凡古帝王之所垂法者，期之於必可行。斯可謂之善教善養，而天之所以責我者，爲無負矣。如是而稱爲天地之宗子，真所謂踐形惟肖者矣，真所謂聖其合德者矣。代天之功，烏有不盡；配天之治，烏有不成；儒者之道，烏有不極其至哉！然臣又聞之，周公之告成王曰："若生子，罔不在厥初生，自貽哲命。"言始之不可不謹也。伊尹之告太甲曰："終始惟一，時乃日新。"言終之不可不謹也。

凡臣之所以爲陛下謀始者，皆陛下之所當自貽者也。日新之功，獨不當加之意乎？夫難操而易舍者，心也；難成而易弛者，治也。陛下於今日之所言，試以質諸他日之所言者，果有異乎？今日之所爲，試以質諸他日之所爲者，果有異乎？保守於盈成之間，而儆戒於宴安之後。持循於奮迅之餘，而馴致乎久大之盛。則所以代乎天者，有自強不息之功；所以配乎天者，有純亦不已之妙。天下之所戴以爲大君，所賴以爲宗子者，真足以比隆唐虞、三代而不愧矣。臣請以是爲終篇獻。臣不勝懇切忠愛之至。

臣謹對。

臣劉存業

臣對：

臣聞上天生民，全付斯道於一人；人君代天，全體斯道於一身。夫道之大，原出於天，具於人，而所以主張綱維之者，則在乎君也。苟渙然各付品彙之衆，而不渾然全責之一人之身，則散亂而無統，汗漫而無歸。天地之大，化育何自而成？人物之衆，生理何自而遂？此上天所以立君之意也。人君膺代天之任，當斯道之責，而不能彌綸造化，統理人物，天下之大，有一不遂其生而若其性，則亦何以稱上天所付之重哉！然以一人之身任莫大之責，將事事而爲之，物物而理之，其爲力愈勤，其爲心愈勞，而其去道愈遠矣。此唐虞、三代聖帝明王所以必加體道之功，以全其本然之天，以極其功用之大。若木之本大而末自茂，水之源深而流自長。所操者約而所該者博，所守者近而所及者遠。不出乎一身之間，而成功與天地民物相終始焉。所謂易簡而天下之理得，天下之理得而成位乎其中者也。後世若漢、唐、宋之君，非無法度之立，政令之行，而莫知所以反求諸身，其於斯道之責何如哉！

洪惟皇帝陛下稟睿知之資，撫休明之運。奉天以敬，恪勤父事之心；養物以慈，摩育子來之俗。慶流有衍，德合無疆。普天率土，莫不謳歌忭躍，復睹鳳儀獸舞之治於今日也。茲者萬幾之暇，特進臣等于廷，降賜清問，首詢人君繼承天地宗主民物之道，中考唐虞、三代以及漢、唐、宋治否之由，末復究其行之之序。顧臣愚譾，曷足以上揆淵衷。然以一介草茅，得與子大夫之列，獻言于黼扆之下，敢不吐露肝膽，以陳一得之愚哉！

臣竊惟大哉乾元，萬物資始，父之道也；至哉坤元，萬物資生，母之道也。人之有生，混然中處。天地之塞，吾其體；天地之帥，吾其性。性也者，道之全體也。然則有生之類，孰非天地之子，抑孰不具斯道於身乎？然天地之於其子，但能予之以道，而不能使之皆由之也，於是而立之大君焉。大君者，其衆子中之宗子歟？既曰天地之宗子，則豈徒貴之以九重之位，富之以四海之祿而已哉！蓋必厚之以清明之資，重以純粹之質，使之出乎其類，拔乎其萃，以爲天地民物之主，而斯道之責，全寄於一人之身矣。是故典曰天叙，而惇之者君。禮曰天秩，而庸之者君。賞曰天命，刑曰天討，而予奪之者君。民生未遂，賴之以養也；民性未復，賴之以教也。天地之所以範圍，萬物之所以曲成，悉於此乎寄。宗子之責，不亦大乎？爲宗子者，繼承父母，君主天下，則視天下之民皆吾同胞一氣，而凡疲癃殘疾惸獨鰥寡，皆吾兄弟之顛連無告者也。痒痾疾痛，何者不切於吾身乎？故必思養之有道以遂其生，教之有方以復其性，使天下爲一家，中國爲一人，然後斯道之責無不盡，而宗子之稱可以無愧也。不然，則求爲天地惟肖之子且不可得，況曰天地之宗子，以主張綱維乎斯道也哉！

臣嘗質諸經，訂諸史，而考諸往古矣。大哉帝堯，存心於天下，加志於窮民。君哉帝舜，有憯怛之愛，有忠利之教。其養民也，命稷播百穀，而烝民乃粒。其教民也，命契敷五教，而五品克遜。宗子之責可謂盡矣。故當時萬邦協和，四方風動，百世之下稱至治者，必歸焉。至於三代養民之政，夏后氏五十而貢，殷人七十而助，周人百畝而徹，制雖或異，其取之以什一則不異。教民之政，夏之學曰東序、西序，殷之學曰左學、右學，周之學曰東膠、虞庠，名雖不同，其所以明人倫則同。宗子之責，亦可謂盡矣。故有夏之東漸西被，有商之式于九圍，成周之四海永清，良有以也。自時厥後，漢有蠲租之詔，有代田之制；唐有口分世業，有租庸調法；宋有經界之令，有均田之議。其見於制度政令之間者，亦不可謂無意於養民也。漢有登用文學之典，有宗戚受學之美。唐有弘文館、大學之類，以處王屬貴冑；有廣文館、書學之類，以處臣民俊秀。宋有大學、宗學、武學，以分其流；有外舍、內舍、上舍，以進其等。其見於制度政令之間者，亦不可謂無意於教民也。然其治效之著，雖至於海內富庶，路不拾遺，戶口繁庶，求如古之出作入息，耕田鑿井，而但知順帝之則，則未也。雖至於黎民醇厚，縱囚來歸，道學可稱，求如古人人君子，比屋可封，而不知帝力之何有，則未也。是其於宗子之責，猶不能無歉焉。

夫自唐虞而下，至於漢、唐、宋諸君，均一乾父坤母，而爲天之子也。其制度之立、政令之行，均一代天而理物也。然其治效之不同如此，何哉？是非世道升降爾殊也，存乎其君體道之功何如耳。且夫道也者，原於天命之性，具於人心之微，而散見於日用事爲之際。要其極至，可以位天地，可以育萬物，可以參天地，可以贊化育，是吾儒之所謂道，而非异端虚無寂滅之謂也。蓋嘗求諸吾心而驗之矣。思慮未發，一真自如，道之體也；虛靈知覺，感而遂通，道之用也。惟其存於中者，常肅然而不亂，炯然而不昏，則静而道之體無不全，動而道之用無不行矣。若夫不能不囿於氣，而又不能不動於欲，則將爲氣所昏，爲欲所蔽，而道之體用，亦隨之而昏且亂焉。是雖一身一家，且將無如之何，烏有所謂位育參贊之功哉！古之人君，惟唐堯、虞舜，生而知之，安而行之，故能全體是道而無愧。觀其執中精一之傳，概可見矣。若夫夏禹、商湯、周武，其聰明之質固已不能如堯舜之至，惟能學而知之，利而行之，故亦有以復其德性聰明之本然，而體是道之全，以造乎堯舜之域。觀禹之安止，湯之建中，武之建極，亦可見矣。孔子所謂及其成功一也。漢、唐、宋以下，非無願治之主，而莫克有志於斯，是以隨時遷就，而終不得以與夫帝王之盛。其或恥爲庸主，而思用力於此道，又不免蔽於老子浮屠之説。静則以虛無寂滅爲樂，而不知有所謂實理之原；動則以應緣無礙爲達，而不知有所謂善惡之幾。若漢之文帝、唐之太宗、宋之仁宗，亦可謂一代之賢君也，而皆不免乎此。賢者如此，他可知矣。是以日用之間，内外乖離，不相爲用。區區制度政令之末，亦何益於治哉！陛下聰明而仁恕，剛毅而中正，口代天言，心代天意，手代天工，身代天事，於帝王致治之道，上天付托之重，固已身體而力行之矣。制策惓惓，思盡宗子之責，比隆古之聖帝明王，而又欲得其行之之序。臣恭仰聖德巍巍蕩蕩，不可以有加矣，夫復何言？竊意聖人之心無窮，道已至矣，而猶以爲未至，此臣所以望於陛下者，亦有加而無已也。所謂行之之序，無他，亦培養其本原而已矣。夫道之體用，本然全具。人惟静而不知所以養之，則大本有所不立，而無以爲酬酢萬變之主；動而不知所以察之，則達道有所不行，而無以爲應事接物之用。

臣伏願陛下自不睹不聞之前，而致其戒慎恐懼者，愈嚴愈敬，以至無一毫之偏倚，而守之常不失焉。尤於隱微幽獨之際，而謹其善惡之幾者，愈精愈密，以至無一毫之差繆，而行之每不違焉。夫至静之中無所偏倚，則有以致其中，而大本以立。應物之處無少乖戾，則有以致其和，而達道以行。有中以爲之本，則存於心者無妄思。有和以爲之用，則施之事者無妄動。以之養民也，莫非精神心術之寓；以之教民也，莫非躬行心得之餘。推之於中國，則中國爲一人；推之於天下，則天下爲一家。無一夫不遂其飽食暖衣之願，無一人不入於漸仁摩義之區。由是陰陽動靜，各止其所，而天地於此乎位；充塞無間，歡欣交通，而萬物於此乎育。是則天位乎上，地位乎下，聖人成位乎中，而可以與天地并立爲三矣。《易》曰："后以財成天地之道，輔相天地之宜，以左右民。"《書》曰："惟其克相上帝。"《禮》曰："天子者與天地參。"此之謂也。此萬化之本原，一心之妙用，聖神之能事，學問治極功。臣前所謂所操者約而所該者博，所守者近而所及者遠，上天立君之意畢於此，人君繼天之事盡於此矣。陛下宜留意焉。

臣又聞之《易》曰："天行健，君子以自强不息。"陛下日御經筵，講求至理，紬繹六經之文，探索儒先之藴，於戒懼慎獨之說，固已習聞之矣。然進銳退速，亦人情之常，而古先聖王之所深戒者也。設若敬畏未幾而慢忽繼之，檢束未幾而侈泰隨之，勤惰之靡常，暴寒之不一，則豈所謂自强不息之誠，而何以極體道之功哉？伊尹告太甲曰："嗣王祇厥身，念哉！"周公告成王曰："嚴恭寅畏，天命自度。"召公之誥曰："嗚呼！奈何弗敬。"伊、周、召公，皆古之聖賢，而所以啓迪其君，欲其無時無處而不用力於戒慎者，如出一口。此臣所以懇懇爲終篇獻也。伏願陛下法剛健之德，致不息之誠。一日二日，而此心之戒慎，不以一日二日而殊；微言細行，而此心之戒慎，不以微言細行而异。若堯之兢兢，若舜之業業，若禹之克勤，若湯之日新，若武之肅將，若元氣之運行，而四時之流通，則始終此心，始終此治矣。

伏惟陛下留神采納，則天下幸甚。臣干瀆天威，不勝戰栗。

臣謹對。

臣靳貴

臣對：

臣聞人君受天地之命，以盡安民之責，惟在於體仁而已矣。蓋仁者，天地生物之心，而人所得以生者也。貴四德，統萬善，至大而無外，至公而無私，至正而不頗者也。人君能體乎仁，則天理周流，物我無間，以萬物爲一體，視中國猶一人，視天下猶一家，而所以盡安民之責者，豈外乎是哉？是以養民而各遂其生，教民而各復其性，天地自此而位，萬物自此而育。凡天地責於我者，舉無所負，而可以與天地參矣，豈不克盡宗子之責也哉！然惟古昔帝王能與於此，而漢、唐、宋之君所不能逮焉者也。

　　欽惟皇帝陛下憲天聰明，法天剛健，日新又新之德一，天行之不息；無偏無黨之化一，天覆之無私。曩在青宮，天命已凝於主鬯；比登紫極，天道大布於寰區。蠲租稅，罷貢獻，萬民莫不涵泳者，猶天之雨露。抑僥幸，斥异端，萬邦莫不皷舞者，猶天之雷霆。誠德肖天地，而首出庶物者也。茲猶廷集多士，俯賜綸音，首引西銘之言，謂人君爲天地宗子，其責至大；次舉歷代帝王之事，以考其得失之原；末復欲聞行之之序自何而始。臣伏而讀之，又有以見陛下於仁道之大，信能真知而無疑矣。尊其所聞，行其所知，則比隆古之聖帝明王，以無愧於宗子之責者，特易易耳。臣復何言。雖然，受言之君不世出，得言之時不易逢。臣幸際得言之時，而遇受言之君，安得不罄其愚直，以對揚休命乎？

　　臣竊惟天地之於萬物，雖高下异體，然同此一理，同此一氣耳。萬物則天地之所付與，天地則萬物之所自出，故天地之於萬物，有父母之義焉。然萬物均爲天地之子，而大君獨爲宗子者，則以天地生物厚於人，而尤厚於大君。其縱之以德也，曰天德。其寵之以位也，曰天位；其厚之以玉食之養也，曰天禄；其寄之以政教之事也，曰天職。蓋雖同生乎萬物之中，而實特出乎萬物之表，乃托之繼承天地、統理民物者。故張載論乾父坤母，而以大君歸之宗子焉。夫宗子云者，父母之嫡嗣，衆子之所宗也。一家之中，癃痾疾痛，何者不切於身？喜怒舒慘，何者不關於意？視其飢寒，則惕然思所以衣食之；視其昏愚，則惻然思所以教育之。凡可以周其生，導其善者，惟恐弗至。必其盡安衆子，而後可以塞其責也。大君之責，何以异此？故必養之有道，使凡身天地之氣以成形者，無一不安其生；教之有方，使凡心天地之理以爲性者，無一不歸於善。而宗子之責，斯無負矣，然此豈徒恃制度政教者所能及哉？臣故曰：受天地之命，以盡安民之責，惟在於體仁而已。蓋臣之所謂仁者，非煦煦姑息之謂也，天下之正理，本心之全德也。在《書》則謂之"中"，《易》則謂之"性"與"天道"，《大學》則謂之"明德"，《中庸》則謂之"天命之性"，《孟子》則謂之"仁義之心"。不特宗子有之，而凡爲天地之子者，無不有之也。臣所謂體仁者，亦非比而效之之謂也。仁爲我之性情，我爲仁之楨幹也，即《書》之"允執厥中"，《易》之"盡性以至於命"，《大學》之"克明明德"，《中庸》之"致中和"，《孟子》之"充其仁義之心"。凡爲天地之子者，皆所當然。而大君任宗子之責，則尤不容以不然者也。請以歷代之君證之。

古者洪水爲災，民生未遂也，堯舜獨以爲憂，命禹以平水土，稷以教稼穡，不厎於萬國咸寧不已焉；逸居無教，民性未復也，堯舜又以爲憂，命契以爲司徒，命夔以教胄子，不厎於比屋可封不已焉；其教養乎民者如此。若乃三代之制，夏五十而貢，殷七十而助，及周而其法加詳。鄉遂用貢法，十夫有溝；都鄙用助法，八家同井。耕則通力而作，收則計畝而分。則當時固無無田之民，亦無過取之政也。夏之學曰東序西序，殷之學曰左學右學，及周而其法浸備。家有塾，黨有庠，術有序，國有學。八歲入小學，十五入大學。則當時固無不學之人，亦無無學之地也。其教養乎民者又如此。則唐虞、三代之時，無一民不得其所矣，豈非能盡宗子之責者哉？自是而後，若漢之七制，唐之三宗，宋之真宗、仁宗，皆表表可稱者。然考其制度之立，政令之行，或二十而稅一，或減租以勸農；或口分世業，而節費以裕民；或遺官度田，而課民以種植。雖未嘗無意於養也，然井田不復，而民之兼并自如；經界不正，而國之賦斂無藝。則所以養民者，豈能使民生之盡遂乎？或尊師重傅，而臨雍拜老；或大召名儒，而增廣生員。或六學之有領，或三舍之有生。雖未嘗無意於教也，然躬行未至，而學校之設不周；文辭是尚，而教育之方未至。則所以教民者，豈能使民性之盡復乎？漢、唐、宋教養乎民者，僅能如此，欲無一民之不得其所，難矣。其於宗子之責，能無負哉？夫唐虞、三代與夫漢唐宋之君，同此宗子之責，同此制度政令之施，而治效若是其不同者，是豈無其自耶？堯則其仁如天，舜則其德好生，禹則不距朕行，湯則克寬克仁，武王則大賚四海，而皆能體天地之仁也。其心既仁，故其視天下之飢寒猶一家之飢寒，視天下之昏愚猶一家之昏愚，必欲斯民盡安而後已。其治效之盛，宜矣。漢之君雜於霸，霸則其心不能無偽；唐之君雜於夷，夷則其心不能無邪；宋之君虛文是尚，則其心亦不免於理欲之雜糅，而於天地之仁，固皆不能體也。其心既有未仁，則一膜之外，將爲胡越。制度雖詳，不過維持治安之具；政令雖設，不過粉飾太平之規。而於民之不能盡安，不甚恤矣。治不古若，豈可歸諸世道之降哉！夫爲天地之子，而不能體天地之仁，則性分之理終有未盡，而吾儒之道終有所歉也。是以子思論君子致中和之效，必至於位天地、育萬物而後爲至。蓋萬物一原，而位育之效，乃君子之所必至者。使天地有一之未位，萬物有一之未育，則我之所得於天者，能盡充乎？論至誠盡性之事，必至於參天地、贊化育而後爲全，蓋三才一理，而參贊之事，亦性分之所固有者。使人物之性有所未盡，參贊之功未臻其極，則天之責於我者，能無負乎？得於天者不能盡充，而責於我者不能無負，不可以言克肖之子也，而況任宗子之責者乎？此唐虞、三代之君所以無愧於宗子之責，而非漢、唐、宋之君所能及也。然極教養之周，而臻位育參贊之效，仁之功用無以逾於是矣。是豈一蹴所能及哉！

蓋自然而然者，性之者也；勉然而然者，身之者也。欽明文思，溫恭允塞，此堯舜之所以爲性之也。祗台德先，聖敬日躋，敬勝怠吉，此禹、湯、武之所以爲身之也。是雖有性之身之之异，而其所以體乎仁者，則皆不外乎敬也。然則今日行之之所自始者，又豈外此而他求哉？伏觀陛下嗣登天位，三載於茲，所以養民者，既惟成憲是守，而猶親耕籍田以勸農；所以教民者，既惟舊章是遵，而猶親幸大學以勸士。仁之形於政者如此，則陛下有得於持敬之功宜亦多矣。然敬之一言，聖學成始成終之要，而仁之功用，必底於極而後無歉於宗子之責。日新之功，豈可忽焉而不加之意乎？伏願陛下因其已操者，而操之益勤；因其已行者，而行之益固。未與物接，則敬以存養之。耳雖未有聞也，洞洞屬屬，猶神明之對越。目雖未有睹也，戰戰兢兢，猶上帝之監臨。以至至靜之中，亦無不然。則天理之公，不得以放失於外，而仁即此靜時而在矣。一與物接，則敬以省察之，細微之事易忽也，必致其謹，有若十手之所指；幽暗之中易忽也，必致其謹，有若十目之所視。以至應物之際，亦無不然。則人欲之私，不得以滋長於中，而仁即此動時而在矣。動靜交養，內外不違，會萬理於一原，散一理於萬事，由利而安，由勉而熟，由身之而至於性之之地，則陛下之仁，真能體天地之仁也。將見一心之中，包含萬類，即天地之至大；周遍九有，即天地之至公；經緯萬化，即天地之至正。不獨中國在所親也，戎夷蠻狄之人，孰非一體之親？不獨吾人在所愛也，鳥獸草木之彙，孰非一氣之愛？流通於禮樂刑政之間者，自有以浹人之肌膚；敷布於制勑誥詔之表者，自有以淪人之骨髓。家給人足之樂，雖深山窮谷而不殊；讓畔讓路之俗，雖遐陬僻壤而不异。雨暘時若，海岳效靈，麒麟鳳凰之呈祥，醴泉芝草之貢瑞，而位育參贊之效，并臻其極。則陛下之得於天者，無一不充；天之責於陛下者，無一不盡。信足以比隆於帝王矣，尚何宗子之責之有愧哉！然此亦充乎固有之性，盡其當然之責，初未嘗有所增益。而不如此，則不足以謂之體仁，不足以謂之宗子。雖孳孳圖治，必不能大有所爲也。申生有言：爲治不在多言，顧力行何如耳。蓋言之非，難行之惟難。言而不能行之，則亦徒言而無益於治矣。

臣謹以力行一言爲陛下獻。瀆冒天威，不勝恐懼戰栗之至。

臣謹對。

弘治六年進士登科錄

玉音

　　弘治六年三月十二日，禮部尚書臣耿裕等於奉天門奏爲科舉事：會試天下舉人，取中三百名。本年三月十五日，殿試，合請讀卷官及執事等官太子太傅、户部尚書兼武英殿大學士徐溥等五十二員。其進士出身等第，恭依太祖高皇帝欽定資格：第一甲例取三名，第一名從六品，第二、第三名正七品，賜進士及第；第二甲從七品，賜進士出身；第三甲正八品，賜同進士出身。奉聖旨："是。欽此。"

讀卷官

榮禄大夫、太子太傅、户部尚書兼武英殿大學士徐溥，甲戌進士。
榮禄大夫、太子太保、禮部尚書兼文淵閣大學士丘濬，甲戌進士。
資善大夫、禮部尚書兼文淵閣大學士劉健，庚辰進士。
資善大夫、户部尚書葉淇，甲戌進士。
資德大夫、正治上卿、太子少保、兵部尚書馬文升，辛未進士。
資善大夫、刑部尚書彭韶，丁丑進士。
資政大夫、太子少保、工部尚書賈俊，庚午貢士。
通議大夫、吏部左侍郎張悦，庚辰進士。
嘉議大夫、都察院右副都御史翟瑄，甲申進士。
正議大夫、資治尹、掌通政使司事、工部右侍郎謝宇，監生。
中順大夫、大理寺左少卿屠勳，己丑進士。
中順大夫、太常寺少卿兼翰林院侍講學士董越，己丑進士。
中順大夫、詹事府少詹事兼翰林院侍講學士吴寬，壬辰進士。

提調官

資德大夫、正治上卿、禮部尚書耿裕，甲戌進士。
正議大夫、資治尹、禮部左侍郎倪岳，甲申進士。

嘉議大夫、禮部右侍郎費闓，己丑進士。
監試官
湖廣道監察御史俞深，乙未進士。
廣東道監察御史呂璋，戊戌進士。
受卷官
翰林院侍講劉忠，戊戌進士。
翰林院編修馬廷用，戊戌進士。
承事郎、吏科都給事中王質，甲辰進士。
承事郎、戶科都給事中孫珪，戊戌進士。
彌封官
正議大夫、資治尹太常寺卿林章，儒士。
中大夫、光祿寺卿胡恭，癸酉貢士。
中順大夫、鴻臚寺卿張俊，監生。
中順大夫、太常寺少卿馬紹榮，壬午貢士。
中順大夫、太僕寺少卿姜立綱，秀才。
奉政大夫、尚寶司卿胡恭，儒士。
翰林院侍講張芮，戊戌進士。
翰林院編修劉存業，庚戌進士。
承事郎、禮科都給事中林元甫，乙未進士。
承事郎、兵科都給事中蘭琦，辛丑進士。
掌卷官
翰林院修撰劉春，丁未進士。
翰林院編修蔣冕，丁未進士。
翰林院編修吳儼，丁未進士。
承事郎、刑科都給事中趙竑，甲辰進士。
承事郎、工科都給事中王敞，辛丑進士。
巡綽官
昭勇將軍、錦衣衛掌衛事都指揮僉事季成。
昭勇將軍、錦衣衛指揮使錢通。
懷遠將軍、錦衣衛指揮同知劉良。
明威將軍、金吾前衛指揮僉事高璽。
昭勇將軍、金吾後衛指揮使宋鑑。

印卷官

奉政大夫、禮部儀制清吏司郎中徐説，戊戌進士。

奉訓大夫、禮部儀制清吏司員外郎胡玉，辛丑進士。

承德郎、禮部儀制清吏司主事王綸，甲辰進士。

承直郎、禮部儀制清吏司主事龍夔，庚戌進士。

供給官

奉政大夫、光禄寺少卿賀思聰，乙未進士。

奉議大夫、光禄寺少卿李棨，戊戌進士。

登仕郎、禮部司務戴儼，乙酉貢士。

奉政大夫、禮部精膳清吏司郎中金福，戊戌進士。

奉訓大夫、禮部精膳清吏司員外郎程愈，辛丑進士。

承直郎、禮部精膳清吏司主事彭桓，庚戌進士。

恩榮次第

弘治六年三月十五日，早，諸貢士赴内府殿試。上御奉天殿，親賜策問。

三月十八日早，文武百官朝服侍班。是日，錦衣衛設鹵簿于丹陛丹墀内，上御奉天殿，鴻臚寺官傳制唱名。禮部官捧黄榜，鼓樂導引出長安左門外，張挂畢，順天府官用傘蓋儀從送狀元歸第。

三月十九日，賜宴於禮部，宴畢，赴鴻臚寺習儀。

三月二十日，賜狀元朝服、冠帶及進士寶鈔。

三月二十一日，狀元率諸進士上表謝恩。

三月二十二日，狀元率諸進士詣先師孔子廟，行釋菜禮。禮部奏請，命工部於國子監立石題名。

第一甲三名　賜進士及第

毛澄　貫直隸蘇州府崑山縣，匠籍。國子生。治《易經》。字憲清，行三，年三十四，八月二十二日生。曾祖伯振。祖弼，遇例冠帶。父昇。母范氏。重慶下。兄洪、浩。弟津、淵。娶徐氏。應天府鄉試第四十二名，會試第二十五名。

徐穆　貫江西吉安府吉水縣，民籍。國子生。治《易經》。字舜和，行九，年二十六，正月初九日生。曾祖彝倫。祖少安。父廷亮。母曾氏。重慶下。兄順載、順美。娶趙氏。江西鄉試第二名，會試第三十四名。

羅欽順　貫江西吉安府泰和縣，軍籍。儒士。治《書經》。字允升，行一，年二十九，十二月初八日生。曾祖存謙。祖鐸，訓導。父用俊，南京國子監學正。母曾氏。具慶下。弟欽德、欽忠。娶曾氏。江西鄉試第一名，會試第七名。

第二甲九十名　賜進士出身

顧清　貫直隸松江府華亭縣，民籍。縣學生。治《詩經》。字士廉，行一，年三十四，正月二十三日生。曾祖文理。祖文顯。父瓊。母陸氏。具慶下。弟慎、勤、山、崧、巖。娶張氏。應天府鄉試第一名，會試第二名。

謝朝宣　貫陝西西安左衛籍，直隸臨淮縣人。國子生。治《易經》。字汝爲，行一，年三十，四月十一日生。曾祖海。祖德。父恩，洛陽縣學教諭。母馬氏。具慶下。弟朝寵、朝政、朝紳、朝輔。娶陳氏。陝西鄉試第三名，會試第八十名。

陳嬰　貫江西撫州府臨川縣，民籍。府學生。治《詩經》。字民懷，行九，年三十，八月二十七日生。曾祖孔立。祖彥持，封工部主事。父勉，福州知府。母梁氏，封安人。具慶下。兄威，行人。弟嫺。娶胡氏。江西鄉試第三名，會試第二十三名。

鄭岳　貫福建興化府莆田縣，軍籍。府學軍生。治《書經》。字汝華，行二，年二十六，二月初四日生。曾祖益謙。祖廷讓。父宗伯。母林氏。慈侍下。兄汝厚。娶葉氏。福建鄉試第四十一名，會試第二百七名。

劉煥　貫直隸真定府藁城縣，民籍。縣學增廣生。治《詩經》。字堯章，行二，年二十六，七月十七日生。曾祖聰，大寧縣丞。祖清。父繼，淅川知縣。母侯氏。慈侍下。兄煒。弟炅、炅。娶張氏。順天府鄉試第七名，會試第七十一名。

宋愷　貫直隸松江府華亭縣，民籍。儒士。治《詩經》。字舜臣，行一，年三十三，九月十九日生。曾祖仁。祖璿。父偉，聽選官。母陳氏，繼母周氏。重慶下。弟悌、憤、惇、博、性、懌、恂、忱、桓、樞。娶夏氏。應天府鄉試第二十九名，會試第七十四名。

方璘　貫福建興化府莆田縣，軍籍。國子生。治《書經》。字文玉，行一，年三十六，九月十五日生。曾祖師授。祖仲。父寬，教授。母洪氏。慈侍下。弟玠。娶鄭氏。福建鄉試第八十九名，會試第二百二十七名。

吳綜　貫浙江湖州府長興縣，民籍。國子生。治《詩經》。字時冕，行二，年三十六，正月十五日生。曾祖遺夫。祖孝衍。父瓊。母徐氏。嚴侍下。兄綱。娶張氏。浙江鄉試第三十三名，會試第一百五十一名。

陸相　貫浙江紹興府餘姚縣，民籍。國子生。治《禮記》。字良弼，行十九，年二十八，十二月二十七日生。曾祖可恒。祖友智，封監察御史。父淵，按察司副使。母應氏，封孺人。重慶下。弟棟、材、榮、槃、櫐。娶潘氏。浙江鄉試第七十名，會試第三十三名。

高江　貫福建興化府仙遊縣，民籍。縣學生。治《書經》。字一龍，行一，年二十四，九月初十日生。曾祖孟顯。祖邵中。父昂，六安知州。母翁氏，繼母丁氏。重慶下。弟潮、淮、漸、沐、泮、瀛。娶陳氏。福建鄉試第六名，會試第二百七十八名。

汪獲麟　貫騰驤左衛，官籍，浙江山陰縣人。國子生。治《易經》。字仁甫，行一，年三十二，十一月初一日生。曾祖貴，試百戶。祖友，實授百戶。父海，百戶。母胡氏，封安人。嚴侍下。弟鳴鳳。娶孟氏。順天府鄉試第八十三名，會試第二百十名。

趙永禎　貫四川成都左護衛籍，陝西醴泉縣人。國子生。治《詩經》。字終吉，行一，年三十七，三月初三日生。曾祖奉先。祖素。父瑛。母周氏。具慶下。弟永貴、永祥、永厚。娶革氏。四川鄉試第二名，會試第五十七名。

趙士賢　貫湖廣荊州府石首縣，民籍。國子生。治《書經》。字孟希，行五，年三十四，正月初九日生。曾祖葵，達縣縣丞。祖遂，巡檢。父敬，蓬州訓導。母劉氏。具慶下。弟士能、士俊、士偉。娶曾氏。湖廣鄉試第三十五名，會試第二十九名。

蕭柯　貫江西吉安府萬安縣，民籍。國子生。治《書經》。字升榮，行二，年三十七，十二月二十四日生。曾祖桂存。祖用器。父時舉。母曾氏。具慶下。兄升文。弟升廷。娶王氏。江西鄉試第二十二名，會試第一百七名。

趙松　貫直隸松江府上海縣，民籍。縣學生。治《書經》。字天挺，行七，年三十，十一月初三日生。曾祖伯達。祖昂。父博。母張氏。具慶下。兄相；榛；桓；楠，義官；榆；樟。弟桂、槐、梓、棟、梁、桐。娶潘氏。應天府鄉試第九十三名，會試第一百五十七名。

沈燾　貫直隸蘇州府長洲縣，民籍。國子生。治《易經》。字良德，行二，年四十一，十二月三十日生。曾祖日彰。祖以潛，太醫院御醫。父宙，封歸德州知州。母楊氏，封宜人。具慶下。兄杰，右軍都督府經歷。弟然、譙。娶蔣氏，繼娶夏氏。應天府鄉試第四十九名，會試第二百四十四名。

李夢陽　貫陝西慶陽衛籍，河南扶溝縣人。府學增廣生。治《詩經》。字天賜，行三，年二十二，十二月初七日生。曾祖恩。祖忠。父正，教授。母高氏。具慶下。兄孟和，義官；孟春。弟孟章。娶左氏。陝西鄉試第一名，會試第二百七十四名。

張文　貫江西臨江府新喻縣，民籍。國子生。治《春秋》。字經載，行十三，年三十五，七月初二日生。曾祖均海，兵部主事。祖明高，遇例冠帶。父繼本。母李氏。慈侍下。弟用載、大載、利載。娶施氏，繼娶鍾氏。江西鄉試第十八名，會試第一百八十六名。

曹瓊　貫浙江嘉興府平湖縣，竈籍。國子生。治《書經》。字玉夫，行二，年三十二，二月初三日生。曾祖宗顯。祖仁。父項。母陶氏。具慶下。兄璵。弟璞、瑤、璧、珊。娶黃氏。浙江鄉試第七十名，會試第十名。

錢啟宏　貫直隸松江府華亭縣，官籍。國子生。治《春秋》。字以仁，行一，年三十六，六月初三日生。曾祖惟慶，贈南京吏部尚書。祖溥，南京吏部尚書，贈太子少保，謚文通。父岡，義官。母袁氏。重慶下。弟啟寅，監生；啟賓；啟春；啟賢；啟明。娶馬氏。應天府鄉試第一百七名，會試第一百十二名。

馮蘭　貫直隸保定府蠡縣，軍籍。國子生。治《書經》。字子佩，行一，年三十二，正月十二日生。曾祖吉，封監察御史，贈大理寺卿。祖懂，義官。父經，監生。母李氏，繼母張氏。重慶下。弟蓮、蕖、芝、苓、葵。娶解氏。順天府鄉試第四十六名，會試第四十二名。

何孟春　貫湖廣郴州，民籍。州學生。治《易經》。字子元，行一，年十九，正月初十日生。曾祖義堅，州同知。祖俊，按察司僉事。父說，刑部郎中。母李氏，封安人。重慶下。弟孟旦。娶歐氏。湖廣鄉試第二名，會試第二十八名。

王承裕　貫陝西西安府三原縣，官籍。國子生。治《詩經》。字天宇，行八，年二十九，三月初五日生。曾祖惟真，贈太子太保、吏部尚書。祖仲智，贈太子太保、吏部尚書。父恕，太子太保、吏部尚書。嫡母蓋氏，贈一品夫人。繼母張氏，贈一品夫人；文氏。生母張氏。具慶下。兄承祚，義官；承祜，南京都府經歷；承祺；承祿，義官；承祥，貢士；承禮，義官；承禕。弟承襪。娶張氏。陝西鄉試第十一名，會試第二十六名。

尚繻　貫河南睢陽衛籍，浙江嘉興縣人。國子生。治《禮記》。字美信，行四，年三十二，三月二十五日生。曾祖雲。祖興。父禧。母高氏，繼母梁氏。具慶下。兄絅，布政司左參議；縉，臨江知府；紳。弟繩、繡。娶張氏。河南鄉試第三十四名，會試第二百十九名。

周季鳳　貫江西南昌府寧縣，民籍。國子生。治《春秋》。字公儀，行四，年三十，正月初一日生。曾祖瑾，金場大使。祖銘。父叔襄，贈兵部員外郎。母陳氏，封太宜人。慈侍下。兄季麟，浙江布政司左參政；季聰；季鸞；季鵬；季虎；季邦，貢士。娶方氏，繼娶艾氏。江西鄉試第三十九名，會試第十四名。

劉景寅　貫四川敘州府南溪縣，民籍。國子生。治《易經》。字生之，行一，年二十八，七月初九日生。曾祖琬。祖恂，教授，贈員外郎。父忠，戶部郎中。母鄧氏，封宜人。具慶下。弟景寧、景寓。娶郭氏。四川鄉試第四十名，會試第七十三名。

吳一鵬　貫直隸蘇州府長洲縣，民籍。國子生。治《易經》。字南夫，行一，年三十四，十一月二十九日生。曾祖敬。祖琮。父行。母司氏，繼母趙氏。具慶下。娶宣氏，繼娶姚氏、薛氏。應天府鄉試第二十三名，會試第二十二名。

張良弼　貫山東濟南府歷城縣，民籍。國子生。治《詩經》。字夢徵，行一，年三十二，十一月二十四日生。曾祖士謙。祖禮。父進，爍州判官。母董氏。具慶下。弟良臣。娶王氏。山東鄉試第二十一名，會試第二百七十七名。

刑珣　貫直隸太平府當塗縣，軍籍。縣學生。治《詩經》。字子用，行五，年三十二，七月十七日生。曾祖震。祖純。父愚。母夏氏。具慶下。兄珏、珦、珂、玠。弟珵、璐、珖。娶楊氏。應天府鄉試第六十五名，會試第一百三十二名。

白金　貫直隸常州府武進縣，民籍。府學生。治《易經》。字士琛，行一，年二十七，十月二十七日生。曾祖守中。祖希原，贈户部員外郎。父玢，南京尚寶司卿。母高氏，封宜人。慈侍下。娶鄒氏。應天府鄉試第三十八名，會試第六十一名。

錢榮　貫直隸常州府無錫縣，軍籍。縣學生。治《詩經》。字世恩，行七，年三十七，十二月十八日生。曾祖公達。祖惟義。父孟溥。前母華氏，母王氏。慈侍下。兄樞；桴；楷，序班；校；檄。弟槩；楤；檷；格，指揮僉事；植；栻。娶鄒氏。應天府鄉試第二十四名，會試第二百名。

秦金　貫直隸常州府無錫縣，民籍。國子生。治《書經》。字國聲，行一，年二十七，九月十一日生。曾祖物初。祖景薰。父霖。前母余氏，母王氏。嚴侍下。弟銘。娶鈕氏。應天府鄉試第六十二名，會試第一百四十四名。

陳元　貫浙江紹興府會稽縣，民籍。國子生。治《詩經》。字虞佐，行四，年二十九，八月十二日生。曾祖益。祖皋。父端。母鄭氏。慈侍下。兄愷，聽選官；浩；澤。娶錢氏。浙江鄉試第五名，會試第二百九十八名。

鄒文盛　貫湖廣荊州府公安縣，軍籍。國子生。治《書經》。字時鳴，行三，年三十五，六月二十一日生。曾祖仕旻。祖渙。父廉。母易氏。具慶下。兄文傑、文紀。弟文獻。娶馬氏。湖廣鄉試第十六名，會試第五十五名。

李麟　貫浙江寧波府鄞縣，民籍。國子生。治《易經》。字仁仲，行九，年三十六，三月初三日生。曾祖泰亨。祖伯儒。父鼐。前母高氏，母王氏。慈侍下。兄益、傑、麒。弟堂，工部主事；常。娶袁氏。浙江鄉試第十三名，會試第三名。

夏從壽　貫直隸常州府江陰縣，民籍。府學生。治《詩經》。字如山，行一，年三十一，閏七月十五日生。曾祖景昭。祖廷珪。父時訓。母包氏。具慶下。弟從聖。娶周氏。應天府鄉試第二十六名，會試第六名。

徐廷用　貫湖廣長沙府醴陵縣，軍籍。國子生。治《易經》。字良佐，行三，年三十一，六月十三日生。曾祖仲仁。祖朝貴。父鼎，安福縣丞。母吳氏。具慶下。兄廷魁、廷環。弟廷祥、廷瑞、廷試。娶劉氏。湖廣鄉試第十一名，會試第二百八十五名。

高濟　貫直隸揚州府江都縣，軍籍。國子生。治《易經》。字楫之，行二，年三十六，二月初七日生。曾祖直。祖亨，封左評事。父欽。母劉氏，繼母張氏。慈侍下。兄漢。弟淮，醫學正科；潔；清；瀛；涇；滄；淇；

湘；涝；漳；汴；潛。娶任氏。應天府鄉試第二名，會試第一百四名。

楊昇　貫直隸蘇州府吳縣，民籍。國子生。治《易經》。字起同，行二，年三十七，九月二十六日生。曾祖宗證。祖文富。父信。母周氏。具慶下。兄昂。娶陳氏。應天府鄉試第六十六名，會試第十一名。

李寬　貫江西廣信府玉山縣，民籍。國子生。治《書經》。字敬敷，行九十三，年三十八，五月十一日生。曾祖敬仁。祖希哲。父尹亨。母尤氏。慈侍下。兄亮，廣州通判；文志；文意；文德；文匡；文明。娶方氏。江西鄉試第二十一名，會試第二百一十四名。

曹鍱　貫直隸蘇州府吳江縣，民籍。國子生。治《易經》。字良金，行一，年三十三，六月初五日生。曾祖瑾。祖瓛。父珵。母李氏。具慶下。弟鎔、鉞。娶董氏。應天府鄉試第一百二十二名，會試第四十五名。

汪俊　貫江西廣信府弋陽縣，民籍。國子生。治《書經》。字抑之，行四，年二十六，八月初三日生。曾祖志福，教授。祖仲端，贈刑部郎中。父鳳，知府。母祝氏，封宜人。具慶下。兄僎，工部員外郎；佑。弟偉，貢士；佃；代；俌。娶江氏。江西鄉試第一名，會試第一名。

杭濟　貫直隸常州府宜興縣，民籍。縣學生。治《詩經》。字世卿，行二，年四十二，正月初八日生。曾祖敏。祖徵。父倫。母王氏。嚴侍下。兄溥。弟淵、淮、瀾、濂、洵、溎。娶王氏。應天府鄉試第一百三十二名，會試第二百三十二名。

何珊　貫湖廣荊州府公安縣，軍籍。縣學生。治《書經》。字廷佩，行四，年二十四，正月十三日生。曾祖安壽。祖潤。父皞，睢寧知縣。母陳氏。永感下。兄璽；璁；瑢，貢士。娶牟氏。湖廣鄉試第七名，會試第一百名。

徐守誠　貫浙江紹興府餘姚縣，民籍。國子生。治《禮記》。字成之，行一，年三十八，九月十九日生。曾祖祖行。祖有美。父克誼。母洪氏。具慶下。弟守約、守禮、守信、守資、守德、守廉。娶陸氏。浙江鄉試第二十名，會試第八十六名。

鍾渤　貫廣東廣州府東莞縣，軍籍。國子生。治《春秋》。字元溥，行二，年三十七，四月初七日生。曾祖定安。祖玘。父鐸。母陳氏。具慶下。兄濂。弟渭、沂。娶袁氏。廣東鄉試第五十二名，會試第九十名。

鄭允宣　貫應天府上元縣，民籍。國子生。治《禮記》。字嘉言，行一，年三十六，五月初一日生。曾祖元善。祖敏。父賢。前母施氏，繼母段氏。

具慶下。弟允寧、允寬。娶何氏，繼娶周氏。應天府鄉試第九十一名，會試第一百六名。

徐沂　貫浙江金華府永康縣，民籍。縣學生。治《書經》。字希曾，行三，年三十二，九月二十一日生。曾祖伯厚。祖叔質。父仕家。母樓氏。慈侍下。兄源、溢。弟濼、淮、溟、漆。娶應氏。浙江鄉試第十八名，會試第一百七十四名。

郝海　貫直隸保定府祁州，民籍。國子生。治《春秋》。字汝容，行三，年三十六，十二月十四日生。曾祖大初。祖淵。父文清，遇例冠帶。母崔氏。慈侍下。兄強、廷玉。弟林。娶鄭氏。順天府鄉試第四名，會試第二百六十四名。

孔琦　貫陝西西安府長安縣，民籍。國子生。治《詩經》。字景韓，行二，年二十八，正月二十二日生。曾祖壽。祖振。父鎰。母許氏。慈侍下。兄璣。娶王氏。陝西鄉試第三十六名，會試第八名。

范祺　貫應天府溧水縣，軍籍。國子生。治《書經》。字應禎，行四，年四十四，七月十五日生。曾祖秀之。祖彥忠。父景新。嫡母鍾氏，生母章氏。永感下。兄應榮、應寬、應灝。弟應祥。娶顧氏，繼娶張氏。應天府鄉試第六十一名，會試第五十一名。

劉昭　貫江西吉安府廬陵縣，民籍。縣學生。治《詩經》。字仲賢，行巽二，年三十三，十二月十九日生。曾祖求禮。祖孝則。父來徵。母王氏。具慶下。兄信、戴。弟拳、申、制。娶胡氏。江西鄉試第七十五名，會試第九十一名。

劉介　貫陝西延安府綏德州清澗縣，軍籍。國子生。治《易經》。字師惠，行三，年二十八，十一月初一日生。曾祖仁，義官。祖尚絅，封錦衣衛百戶。父鏞，長沙知府。母張氏，封安人。重慶下。兄鸞、廷瓚。弟廷琰、鳳、廷玘。娶楊氏。陝西鄉試第十七名，會試第五十名。

張綽　貫福建漳州府龍溪縣，民籍。國子生。治《書經》。字本寬，行二，年四十三，十一月初四日生。曾祖琮。祖裕季。父拱。母方氏。具慶下。兄衍。弟威、弓、綱、樂。娶鄭氏。福建鄉試第四十九名，會試第二百六十五名。

張宜　貫直隸保定府完縣，軍籍。國子生。治《詩經》。字惟臣，行二，年三十三，九月十三日生。曾祖敬祖。祖喜，遇例冠帶。父彬，教授封知州。前母趙氏，贈宜人。母高氏，贈宜人；繼母李氏。具慶下。兄官，知府。

娶劉氏。順天府鄉試第三十七名，會試第一百五十三名。

羅中　貫廣東廣州府東莞縣，軍籍。國子生。治《易經》。字道原，行一，年三十二，九月十六日生。曾祖永光。祖晟富。父元信。母翟氏。具慶下。弟善、勤。娶黃氏。廣東鄉試第十七名，會試第二百五十六名。

冒鷟　貫直隸揚州府泰州如皋縣，軍籍。國子生。治《禮記》。字廷和，行一，年二十九，五月二十一日生。曾祖基。祖釗。父瑞，監生。母闞氏。具慶下。弟鳳、鵬。娶陳氏。應天府鄉試第七十八名，會試第一百四十五名。

陳策　貫直隸常州府無錫縣，民籍。國子生。治《書經》。字嘉言，行二，年三十六，六月二十三日生。曾祖壽益。祖友文。父璲。母王氏。慈侍下。兄榮。弟富、貴、表。娶范氏。應天府鄉試第三十九名，會試第二百八十三名。

陳時憲　貫福建福州府長樂縣，民籍。國子生。治《詩經》。字孔章，行三，年三十七，八月初十日生。曾祖斌。祖詵。父則安，京衛武學教授。母潘氏，繼母林氏。具慶下。兄時舉。弟時昇、時遷。娶鄭氏。福建鄉試第六十三名，會試第一百九十四名。

吳英　貫浙江杭州府臨安縣，民籍。國子生。治《詩經》。字世傑，行二，年三十五，八月初二日生。曾祖員。祖真。父鏐。母孟氏。重慶下。兄梅。弟權、越。娶錢氏。浙江鄉試第八名，會試第二百八十四名。

陶廷威　貫直隸常州府江陰縣，民籍。國子生。治《詩經》。字以重，行一，年四十三，七月十八日生。曾祖伯成。祖文。父叔祺。母錢氏，繼母吳氏。嚴侍下。弟霖、唐民、賢珊。娶張氏，繼娶周氏。應天府鄉試第一百一十八名，會試第一百五十六名。

王大用　貫直隸松江府上海縣，民籍。國子生。治《書經》。字世顯，行四，年三十三，九月二十日生。曾祖允中。祖彥明。父衡。母沈氏。慈侍下。兄大本、大忠、大信。弟大啓、大猷。娶沈氏。順天府鄉試第九十三名，會試第一百三十六名。

黃明　貫直隸松江府華亭縣，民籍。縣學增廣生。治《詩經》。字天章，行二，年三十二，四月初七日生。曾祖信。祖雍，遇例冠帶。父奎。母陳氏。重慶下。兄昭。娶馬氏，繼娶沈氏。應天府鄉試第一百九名，會試第二百十六名。

婁宿　貫浙江杭州府仁和縣，軍籍。國子生。治《書經》。字拱辰，行一,年三十六,九月十二日生。曾祖興業。祖忠。父達。母周氏。具慶下。娶何氏。浙江鄉試第十七名,會試第一百七十七名。

曾鎰　貫廣東瓊州府萬州,軍籍,保昌縣人。國子生。治《書經》。字時重,行一,年三十八,七月二十七日生。曾祖趙保。祖勝。父瑄,永嘉知縣。母佘氏。具慶下。弟鏞、鐸。娶萬氏。廣東鄉試第二十七名,會試第一百三十一名。

夏易　貫直隸揚州府江都縣,軍籍。國子生。治《詩經》。字連山,行二,年三十七,七月初九日生。曾祖珪。祖文質。父禮。前母宋氏,母陳氏。永感下。兄銘。弟銳。娶朱氏。應天府鄉試第十四名,會試第九十四名。

潘子秀　貫湖廣荆州府江陵縣,民籍。國子生。治《易經》。字人傑,行二,年三十一,十一月二十三日生。曾祖太忠。祖伯勝。父志澄,泰和主簿。母李氏。具慶下。兄子茂。弟子高、子英、子常、子昂。娶張氏。湖廣鄉試第二十三名,會試第二百五十九名。

梁辰　貫廣東廣州府南海縣,民籍。國子生。治《書經》。字應樞,行一,年三十二,六月二十五日生。曾祖祖佑。祖景庫。父用。母何氏。具慶下。弟時、更、春、宵、秋。娶陳氏。廣東鄉試第十九名,會試第一百二十名。

胡澧　貫廣東韶州府英德縣,民籍,南海縣人。國子生。治《書經》。字百鍾,行五,年三十五,六月十七日生。曾祖稅寶。祖顯。父山。母褐氏。永感下。兄清、澳、澈、匯。娶陳氏。廣東鄉試第七名,會試第一百九十三名。

馬馭　貫山西平陽府解州夏縣,民籍。國子生。治《書經》。字世維,行一,年三十二,八月初二日生。曾祖弘毅。祖彬。父忱,武定州判官。母杜氏。具慶下。弟驛,貢士。娶李氏。山西鄉試第四十九名,會試第五十九名。

林亨　貫福建福州中衛籍,閩縣人。國子生。治《易經》。字貞甫,行四,年三十八,九月初三日生。曾祖寶。祖興。父俊。母張氏。永感下。兄坦、琪。娶王氏、傅氏。繼娶王氏。福建鄉試第八十六名,會試第二百七十六名。

曾介　貫湖廣郴州永興縣,軍籍。國子生。治《詩經》。字執初,行二,年三十七,十一月初十日生。曾祖如栢。祖克謙,贈刑部主事。父轍,紹興知府。母楚氏,封安人。具慶下。兄仝。弟全,主事;僉;念,貢士。娶張氏。湖廣鄉試第二十九名,會試第三十六名。

董俊　貫湖廣辰州衛,官籍,浙江鄞縣人。國子生。治《書經》。字虞臣,行一,年三十四,五月初四日生。曾祖仲亨。祖良。父昱,百戶。母劉氏。嚴侍下。弟傑。娶芮氏。湖廣鄉試第三十五名,會試第一百六十八名。

楊壽　貫順天府涿州,民籍。國子生。治《禮記》。字德邵,行五,年二十八,六月二十二日生。曾祖永富。祖淵,贈吏部員外郎。父景,江西左參議。母郗氏,封宜人。永感下。兄祐,義官;祺;禧;祼。娶王氏。順天府鄉試第一百二十八名,會試第二百六十八名。

楊泮　貫江西廣信府貴溪縣,軍籍。國子生。治《書經》。字文淵,行十四,年三十一,七月十四日生。曾祖雅文,義官。祖繼英。父春。母吳氏。具慶下。兄漢。弟溥。娶熊氏。江西鄉試第三十三名,會試第九十二名。

姚鏌　貫浙江寧波府慈谿縣,軍籍。國子生。治《詩經》。字英之,行六十一,年二十九,二月二十一日生。曾祖士經。祖悌。父塈。母胡氏。具慶下。娶張氏。浙江鄉試第二十一名,會試第十六名。

黃銘　貫福建泉州府晉江縣,軍籍。國子生。治《易經》。字于鼎,行一,年三十七,十二月十六日生。曾祖顯祖。祖景燦。父齊。母蔡氏,繼母董氏。具慶下。弟鏻;鑠,同科進士;鋷;銓。娶劉氏。福建鄉試第二十九名,會試第二百三十七名。

王舜夫　貫四川成都府新都縣,民籍。國子生。治《易經》。字從仁,行一,年四十二,七月二十三日生。曾祖鍾。祖清,知縣。父昂。母張氏。永感下。弟禹夫、湯夫。娶韓氏。四川鄉試第六十六名,會試第二百八十一名。

徐蕃　貫直隸揚州府泰州,軍籍。州學生。治《詩經》。字宣之,行一,年三十,二月初一日生。曾祖子玉。祖演。父逵,鄞縣縣丞。母張氏,生母王氏。具慶下。娶張氏。應天府鄉試第四十一名,會試第二十名。

劉弼　貫河南彰德府安陽縣,軍籍。國子生。治《詩經》。字直之,行二,年三十六,正月初六日生。曾祖銓,贈右副都御史。祖朗,贈右副都御史。父潯,右副都御史致仕。母李氏,封淑人。具慶下。兄輔,貢士。娶田氏。河南鄉試第三十八名,會試第二百九十六名。

周玉　貫浙江台州府臨海縣，民籍。國子生。治《禮記》。字朝振，行二，年四十三，十月初一日生。曾祖惠。祖顯，贈長史。父昌，長史。母謝氏，封宜人。永感下。兄瓚。弟文珂，教授；球。娶楊氏，繼娶陳氏。浙江鄉試第四十三名，會試第五名。

陸俌　貫浙江寧波府鄞縣，軍籍。府學生。治《易經》。字君美，行五，年三十七，十二月初二日生。曾祖應祥。祖琦。父垸。母錢氏。永感下。兄偕、儀、僎、倚。娶楊氏。浙江鄉試第二十名，會試第二百六十六名。

王悦　貫直隸常州府無錫縣，軍籍。國子生。治《詩經》。字師誠，行四，年四十二，八月十三日生。曾祖德華，府經歷。祖忠吉。父晟，遞運所大使。母黃氏。慈侍下。兄愉、愷、悌。弟怡。娶唐氏，繼娶吳氏。應府鄉試第三十名，會試第四十九名。

盧儀　貫四川重慶府合州，民籍。國子生。治《詩經》。字正夫，行六，年三十九，八月二十三日生。曾祖仲成。祖倫。父汝恭，義官。母蔣氏。具慶下。兄玘、顯、印、冠、雍。弟俸、俊、仁、佶。娶魏氏。四川鄉試第十四名，會試第一百十三名。

王翀　貫四川潼川州遂寧縣，民籍。國子生。治《禮記》。字廷鳳，行一，年三十七，十二月二十日生。曾祖應貞。祖翼。父大韶。母荀氏。具慶下。弟孤、僉。娶馮氏。四川鄉試第二十八名，會試第二百九十五名。

黃澤　貫廣東廣州府順德縣，民籍。府學生。治《易經》。字若雨，行一，年四十二，閏九月二十二日生。曾祖文仲。祖祖養。父子存。前母梁氏。母何氏。慈侍下。弟汶、宏、潛。娶吳氏，繼娶莫氏。廣東鄉試第一名，會試第一百三十七名。

褚圻　貫直隸蘇州府常熟縣，民籍。國子生。治《詩經》。字弘望，行二，年三十五，十二月二十六日生。曾祖思恭。祖公儀。父瑛，南京國子監博士。前母陳氏，母龔氏。具慶下。兄垠，貢士。弟坦。娶謝氏。應天府鄉試第七十九名，會試第一百三十名。

周魯　貫江西吉安府吉水縣，民籍。國子生。治《詩經》。字醇夫，行五，年三十九，三月初四日生。曾祖仲良。祖勝。父志澄，壽昌縣學訓導。母鄒氏。慈侍下。兄瀋、流。弟漢。娶龍氏。江西鄉試第九十五名，會試第三十二名。

黃瀾　貫福建興化府莆田縣，軍籍。國子生。治《書經》。字源續，行一，年四十，三月初五日生。曾祖伯騰。祖立敬。父玉英。母鄭氏。

慈侍下。娶吴氏。福建鄉試第五十八名，會試第六十五名。

周憲　貫湖廣安陸州，民籍。國子生。治《詩經》。字時敏，行二，年三十四，閏十一月十一日生。曾祖復祖。祖貴，封滁州知州。父正，大同知府。母朱氏，封宜人。嚴侍下。兄奇。弟寅、賓、官。娶宋氏。湖廣鄉試第二十九名，會試第二百三十四名。

第三甲二百五名　賜同進士出身

陳璘　貫山西太原府陽曲縣，民籍。國子生。治《書經》。字邦瑞，行二，年二十七，八月十八日生。曾祖福聚。祖榮。父智，涇州知州。母商氏。具慶下。兄琪。弟珪。娶閻氏。山西鄉試第二名，會試第一百十四名。

王純　貫浙江寧波府慈谿縣，民籍。國子生。治《詩經》。字希文，行二十六，年三十，十一月初四日生。曾祖祖昌，工部主事。祖潛。父瑄。母方氏。具慶下。兄繼。弟績、綺。娶李氏。浙江鄉試第六十七名，會試第一百八十四名。

曹廉　貫陝西鞏昌府安定縣，匠籍。縣學生。治《書經》。字惟清，行三，年三十八，十二月二十九日生。曾祖顯。祖克贇。父政。母程氏。永感下。兄仲禮、仲義。娶張氏。陝西鄉試第三十六名，會試第一百九十五名。

楊二和　貫江西南昌府進賢縣，民籍。縣學增廣生。治《詩經》。字恭甫，行十八，年二十一，五月初十日生。曾祖仲文。祖敬善，封監察御史。父峻，浙江左布政使。前母饒氏，贈孺人；母吳氏，封孺人。重慶下。兄一和。娶徐氏。江西鄉試第十名，會試第九十七名。

陳諫　貫山東青州府蒙陰縣，軍籍。國子生。治《詩經》。字汝弼，行二，年三十四，六月初六日生。曾祖俸。祖宗泰。父琰，伴讀。母李氏。具慶下。兄訓。弟誨、訥、讓。娶李氏。山東鄉試第八名，會試第四十六名。

李實　貫四川保寧府巴縣，軍籍。國子生。治《易經》。字若虛，行二，年四十五，十二月十六日生。曾祖世安。祖海，羅次縣知縣。父敬，遇例冠帶。母徐氏。永感下。兄貞。娶王氏。四川鄉試第四十六名，會試第二百九十九名。

于瑁　貫順天府霸州，軍籍。國子生。治《書經》。字朝瑞，行一，年三十二，二月十七日生。曾祖效賢。祖興。父愷，義官。母陳氏。具慶下。弟璿、瑭。娶孟氏。順天府鄉試第七十名，會試第二百四十六名。

王應奎　貫雲南大理府太和縣，民籍。縣學生。治《易經》。字文瑞，行一，年三十四，六月初五日生。曾祖護。祖璋。父珏，芒部府通判。母穆氏。永感下。弟應榮、應華。娶李氏。雲南鄉試第一名，會試第二百九十一名。

李元　貫直隸真定府真定縣，民籍。國子生。治《書經》。字德元，行一，年三十三，十一月十二日生。曾祖綱，贈府同知。祖時，知府。父賢，知縣。母丁氏，繼母張氏。具慶下。弟仁、冕、冠。娶呂氏，繼娶張氏。順天府鄉試第一百十三名，會試第一百二十八名。

杜旻　貫錦衣衛官籍，直隸山陽縣人。儒士。治《詩經》。字德仁，行六，年二十三，十二月初二日生。曾祖保，千戶。祖方，贈千戶。父春，副千戶。前母陳氏、楊氏，母江氏。具慶下。兄亨、義、昱、昇、禮。弟昶。娶陳氏。順天府鄉試第十一名，會試第一百十五名。

余濂　貫江西南康府都昌縣，民籍。縣學生。治《書經》。字宗周，行二，年三十，十月二十五日生。曾祖仲慶。祖伯誠。父嵩，推官。母翁氏，繼母白氏。慈侍下。兄瀾。娶高氏。江西鄉試第二十四名，會試第八十二名。

夏璲　貫直隸揚州府高郵州，軍籍。國子生。治《詩經》。字廷贊，行五，年四十，六月二十日生。曾祖雷甫，元萬戶。祖時用。父以明，義官。嫡母張氏，繼母景氏，主母陳氏。慈侍下。兄琮；瓛，府同知；玘；璧。弟璜。娶賈氏。應天府鄉試第八十八名，會試第一百十七名。

趙繼爵　貫陝西西安府同州，軍籍。國子生。治《書經》。字世忠，行三，年二十九，正月十四日生。曾祖仁義。祖玉。父琰，鹽課司大使。母張氏。重慶下。兄繼祖、繼宗。弟繼祿。娶劉氏。陝西鄉試第六十四名，會試第一百八十三名。

姜閎　貫山東登州府黃縣，軍籍。國子生。治《春秋》。字道淵，行二，年三十三，正月二十日生。曾祖業。祖浩。父文，教授。母陳氏。具慶下。兄瓊。弟闊。娶王氏。山東鄉試第十五名，會試第六十三名。

彭縉　貫湖廣襄陽府襄陽縣，匠籍。國子生。治《詩經》。字文卿，行一，年三十五，十二月十五日生。曾祖仁。祖英，贈大理寺評事。父銓，大理寺右寺正。母李氏，封孺人。慈侍下。弟綱、紀、紳、經、綸、繡、緒。娶艾氏。湖廣鄉試第二十七名，會試第二百三十六名。

徐翊　貫順天府大興縣，民籍。國子生。治《易經》。字中行，行二，年三十五，六月初十日生。曾祖國祥。祖彥禮。父廷玉。母陳氏。永感下。兄輔。娶周氏。順天府鄉試第一百二名，會試第一百七十六名。

馬陟　貫錦衣衛官籍，直隸合肥縣人。國子生。治《詩經》。字文明，行二，年三十五，六月初二日生。曾祖福，贈錦衣衛指揮同知。祖順，錦衣衛指揮同知。父升，錦衣衛千戶致仕。嫡母紀氏，封宜人；生母許氏。具慶下。兄隆，錦衣衛正千戶。娶周氏，繼娶延氏、朱氏。順天府鄉試第九名，會試第二百十八名。

胡燵　貫直隸太平府蕪湖縣，民籍。縣學生。治《易經》。字仲光，行三，年四十二，十二月初八日生。曾祖泰。祖潛。父杲。母侯氏，繼母范氏。永感下。兄煜、烜。弟炳、薰、熹、照、爌。娶洪氏。應天府鄉試第十四名，會試第一百一名。

常賜　貫山西澤州沁水縣，民籍。國子生。治《禮記》。字承恩，行四，年二十六，三月二十三日生。曾祖謙。祖瑜，贈大理寺評事。父曇。母賈氏。永感下。兄賨、賢、質。弟貢、貫、勛。娶張氏。山西鄉試第一名，會試第二百四十九名。

東思恭　貫陝西西安府華州，民籍。國子生。治《書經》。字進賢，行四，年四十，七月十三日生。曾祖良惠，元知州。祖驥。父昇，縣丞，贈郎中。前母郭氏，贈宜人；母郭氏，封太宜人。慈侍下。兄奉先；思忠，四川按察副使；思誠，吏部員外郎。娶薛氏，繼娶姜氏。陝西鄉試第二十八名，會試第二百九十四名。

鄺璠　貫直隸河間府任丘縣，民籍。縣學生。治《書經》。字廷瑞，行三，年三十六，八月二十七日生。曾祖可端。祖福。父觀政，縣丞。母尹氏。具慶下。兄珣、瑀。弟珩、琚、琮。娶徐氏。順天府鄉試第三名，會試第二十七名。

馮清　貫順天府宛平縣，匠籍。國子生。治《詩經》。字汝揚，行二，年三十五，十月初六日生。曾祖安道。祖翼。父賢。前母巴氏，母陳氏，繼母曹氏。永感下。兄澄。弟浩、濂、淵、瀚。娶嚴氏，繼娶謝氏。順天府鄉試第五十四名，會試第一百六十二名。

盧瀚　貫直隸揚州府江都縣，民籍。國子生。治《易經》。字文淵，行一，年二十六，六月二十八日生。曾祖勝。祖錦，遞運所大使。父壆。母劉氏，繼母俞氏。慈侍下。弟潮、淞。娶張氏。應天府鄉試第七十七名，會試第六十七名。

王縝　貫廣東廣州府東莞縣，軍籍。國子生。治《詩經》。字文哲，行三，年二十九，二月十四日生。曾祖純禮。祖琛。父恪，寶慶知府。母陳氏。具慶下。兄組經、組緯。娶周氏。廣東鄉試第四十四名，會試第二百七十名。

徐瑤　貫浙江衢州府常山縣，民籍。縣學生。治《易經》。字粹卿，行三十一，年二十九，三月初七日生。曾祖彥溫。祖永熙，贈監察御史。父同愛，監察御史。母程氏，封孺人。具慶下。兄璩、璺。弟璧、玠。娶江氏，繼娶王氏。浙江鄉試第六十一名，會試第九十八名。

鄭端　貫山東臨清衛籍，直隸鹽城縣人。臨清州學生。治《詩經》。字司直，行四，年三十，八月三十日生。曾祖旺。祖友。父俊。母湯氏，繼母馮氏。具慶下。兄鏜、鏓、銘。娶胡氏，繼娶李氏。山東鄉試第三十三名，會試第十八名。

何歆　貫廣東惠州府博羅縣，民籍。縣學生。治《詩經》。字子敬，行二，年三十二，九月初三日生。曾祖志傑。祖正源。父滄。前母王氏，母陳氏，繼母余氏。慈侍下。兄文進。弟文隆、文廣、文盛、文尚。娶郭氏。廣東鄉試第五十七名，會試第一百七十五名。

胡世寧　貫浙江杭州府昌化縣民籍，仁和縣人。昌化縣學生。治《書經》。字永清，行二，年二十六，九月二十六日生。曾祖祺。祖昂。父瑢。母馮氏。具慶下。兄世康。弟世賢、世良。娶李氏。浙江鄉試第二名，會試第一百八十一名。

徐瀾　貫順天府通州武清縣，軍籍。國子生。治《書經》。字文淵，行一，年三十，四月二十七日生。曾祖斌。祖思孝，東阿知縣。父璟，稷山知縣。母劉氏。具慶下。兄溥、淳。弟演、沂、洼、潔、治。娶蘇氏。順天府鄉試第九十名，會試第二百三十八名。

辛文淵　貫山西太原府石州，軍籍。國子生。治《易經》。字道深，行三，年三十九，二月二十五日生。曾祖智。祖守中。父憲。母李氏。慈侍下。兄文景，義官；文清。弟文潔、文澤。娶吳氏。山西鄉試第二十四名，會試第一百六十九名。

鄭錫文　貫福建福州府長樂縣，民籍。國子生。治《詩經》。字禹範，行四,年三十二,二月初十日生。曾祖樞。祖烜。父坦。母陳氏,繼母林氏、黃氏。慈侍下。弟錫武。娶高氏。福建鄉試第四十八名,會試第一百八名。

吳鵬　貫福建興化府莆田縣,匠籍。直隸容城縣學教諭。治《書經》。字孔騰,行四,年三十六,十二月二十日生。曾祖志寧。祖敬和。父善元。母林氏,繼母高氏、陳氏。嚴侍下。兄喬齡、長齡、唐齡。弟德齡。娶陳氏。福建鄉試第八十八名,會試第一百八十八名。

張環　貫山西平陽府絳州縣,軍籍。國子生。治《易經》。字瑤夫,行四,年三十四,十二月初八日生。曾祖益。祖政,府檢校。父諝。母郭氏。慈侍下。兄琮、瑀、珎。弟璉,貢士。娶李氏。山西鄉試第二十一名,會試第二百六十九名。

高達　貫河南開封府扶溝縣,匠籍。國子生。治《詩經》。字上達,行二,年四十,正月二十日生。曾祖昇。祖貴。父鵬,監生。母樊氏。永感下。兄逵、連。弟迪、遠、睿。娶楊氏,繼娶任氏。河南鄉試第二十七名,會試第二百五十三名。

劉瑜　貫四川成都左護衛籍,仁壽縣人。縣學生。治《書經》。字廷璧,行二,年三十,十二月十五日生。曾祖秉賢,主簿。祖瑁,封主事。父元,貴州左布政使。母李氏,封安人。具慶下。兄璞。弟瓚、琭、璠。娶方氏。四川鄉試第三十二名,會試第一百四十一名。

陳繗　貫廣東瓊州府瓊山縣,民籍。國子生。治《易經》。字克紹,行七,年四十五,十一月初六日生。曾祖以忠。祖才尚。父經,武緣縣學訓導。母王氏。慈侍下。兄紀、繩、綱、縷、緣、絢。弟紳、豪、縉。娶何氏,繼娶張氏。廣東鄉試第三十四名,會試第二百三名。

院賓　貫府軍前衛籍,山西振武衛人。順天府學生。治《易經》。字君聘,行一,年二十九,九月十二日生。曾祖諒。祖貴。父達。母黎氏。具慶下。娶李氏。順天府鄉試第九十三名,會試第五十六名。

李允　貫四川重慶府忠州人,匠籍。國子生。治《詩經》。字信之,行二,年四十二,四月二十一日生。曾祖仁海。祖銘,夏華知縣。父繼康。母孟氏。永感下。兄曆。娶郭氏,繼娶呂氏。四川鄉試第七名,會試第一百五十八名。

李鏊　貫陝西鞏昌府通渭縣,民籍。國子生。治《書經》。字時濟,行一,年三十一,四月初九日生。曾祖景文,遇例冠帶。祖絃。父良玉,監生。母王氏。具慶下。弟鎧、錡。娶郭氏。陝西鄉試第二十九名,會試第一百六十一名。

張顯　貫山東兗州府濟寧州，民籍。州學生。治《詩經》。字晦夫，行一，年四十二，二月初六日生。曾祖義。祖溥。父昇。母馬氏。具慶下。弟頖、頨、頵、頎。娶魏氏，繼娶齊氏。山東鄉試第六名，會試第一百九十二名。

雷顯　貫四川瀘州，民籍。州學生。治《書經》。字敬之，行四，年三十七，正月二十四日生。曾祖仲德。祖震。父克良。前母秦氏，母高氏。具慶下。兄顯、通、寬。娶聞氏，繼娶劉氏。四川鄉試第二十三名，會試第二百二十名。

武皋　貫直隸和州，民籍。國子生。治《詩經》。字舜弼，行二，年三十六，正月十五日生。曾祖原信。祖斌。父廣。母徐氏。具慶下。兄琇。弟琳、智。娶許氏。應天府鄉試第六十六名，會試第二百二十一名。

龐瑰　貫武功左衛，官籍，山東恩縣人。順天府附學生。治《書經》。字潤夫，行二，年三十一，十月初二日生。曾祖友直，百戶。祖貴，百戶。父福，百戶。母金氏，封安人。具慶下。兄理。弟瓚、玉。娶童氏。順天府鄉試第一百三名，會試第一百十一名。

楊公榮　貫福建福州府連江縣，民籍。國子生。治《易經》。字仲仁，行一，年四十六，十一月二十三日生。曾祖興。祖育。父珙。母陳氏。嚴侍下。弟公澤、公浦。娶林氏，繼娶林氏。福建鄉試第六名，會試第二百三十五名。

夏時　貫錦衣衛，校籍，直隸冀州人。國子生。治《書經》。字寅正，行一，年三十二，正月初一日生。曾祖顯。祖斌。父廣。母易氏。具慶下。兄誠。弟景、昌。娶湯氏。順天府鄉試第七十二名，會試第二百三十一名。

程忠顯　貫直隸徽州府歙縣，民籍。府學生。治《春秋》。字良輔，行四，年二十五，十月二十一日生。曾祖子銘。祖文斌，義官。父仕寬，義官。母方氏。具慶下。兄忠順、忠善、忠憲。弟忠奉、忠倫、忠弼、忠炳、忠振。娶張氏。應天府鄉試第五十八名，會試第一百六十六名。

范希淹　貫江西廣信府弋陽縣，軍籍。縣學生。治《禮記》。字景賢，行六十，年二十六，四月初三日生。曾祖起淵。祖瑛，遇例冠帶。父舜夫。母丘氏。重慶下。兄祐、禧、禄。弟祜、禋、衫。娶舒氏，繼聘徐氏。江西鄉試第四名，會試第一百二十四名。

王選　貫江西吉安府安福縣，民籍。國子生。治《易經》。字慎簡，行一，年四十二，二月初八日生。曾祖學韶。祖克和。父稷時。母劉氏。永感下。弟慎興、慎思、慎獨、慎德、慎終。娶劉氏，繼娶周氏。江西鄉試第九十三名，會試第一百二十六名。

范鏞　貫陝西鞏昌衛籍，直隸華亭縣人。新鄉縣學教諭。治《禮記》。字鳴遠，行一，年三十五，十月初五日生。曾祖勝。祖文真，遇例冠帶。父浦。母沈氏。具慶下。弟金、鑰。娶夏氏。陝西鄉試第五名，會試第十三名。

侯溪　貫浙江台州府臨海縣，民籍。直隸武進縣學教諭。治《詩經》。字守止，行三十八，年四十，十二月十八日生。曾祖伯淵，贈參議。祖仲寬。父簡，教諭。母黃氏。永感下。弟泓、汾、守新、守行、錦。娶沈氏。浙江鄉試第五十一名，會試第六十名。

王時　貫廣西桂林，中衛籍。國子生。治《書經》。字時中，行一，年三十七，七月十九日生。曾祖成存。祖瑄。父銘。母金氏。永感下。弟暉。娶李氏，繼娶劉氏。廣西鄉試第二名，會試第二百九十七名。

蔚春　貫直隸廬州府合肥縣，醫籍。國子生。治《書經》。字景元，行一，年三十六，二月十六日生。曾祖觀。祖珍。父清。母楊氏。重慶下。弟昊、時、曉、昂、智。娶樊氏。應天府鄉試第八十二名，會試第三十一名。

劉演　貫浙江嘉興府海鹽縣，民籍。國子生。治《書經》。字文敷，行一，年三十七，六月初十日生。曾祖景儀，贈監察御史。祖孟榮，贈監察御史。父玨。母沈氏，繼母孫氏。具慶下。弟瀾、滂、湅、澩、汴、灤、潮、渠、灌、港。娶葉氏。浙江鄉試第八十二名，會試第一百六十五名。

劉蘭　貫陝西延安府綏德州清澗縣，軍籍。國子生。治《詩經》。字廷馥，行二，年三十六，十月十三日生。曾祖傑，本縣訓導。祖文道，贈知府。父邁，順慶府經歷。母李氏。具慶下。兄蕙。弟艾。娶張氏。陝西鄉試第六十五名，會試第八十四名。

郭瑀　貫和陽衛，官籍，直隸濼州人。京衛武學生。治《詩經》。字佩之，行二，年四十，十月二十七日生。曾祖道童，贈昭勇將軍、指揮使。祖玉，指揮使。父亨，指揮使。母鄭氏，封淑人；繼母王氏。永感下。兄瑛，本衛指揮使。娶党氏。順天府鄉試第一百三十五名，會試第七十五名。

史載德　貫河南開封府鈞州新鄭縣，民籍。國子生。治《書經》。

字公著，行一，年三十一，十二月初八日生。曾祖泰。祖敬。父黽，府同知。母張氏。具慶下。弟載孝、載廉、載義、載仁。娶馮氏。河南鄉試第三十名，會試第二百一名。

胡瓚　貫直隸廣平府永年縣，民籍。縣學生。治《禮記》。字伯珩，行二，年二十三，十一月十六日生。曾祖忠。祖貴。父文舉。母武氏。重慶下。兄琮。弟璋、璉、璿。娶李氏。順天府鄉試第五十名，會試第一百三十三名。

宋愷　貫山東青州府蒙陰縣，民籍。國子生。治《詩經》。字良佐，行三，年四十二，十一月初十日生。曾祖可成。祖士賢。父綱，霍丘知縣。前母楊氏，母趙氏。永感下。兄廣，義官；崇。娶楊氏。山東鄉試第七十名，會試第二百二十六名。

楊遜　貫湖廣襄陽府均州，民籍。國子生。治《詩經》。字宗讓，行四，年三十八，八月初二日生。曾祖景雲。祖友才，贈州同知。父忠，東平州知州。母靳氏，封安人。永感下。兄恭；敬，遇例冠帶；謙。弟恪。娶王氏，繼娶陸氏。湖廣鄉試第七十三名，會試第六十四名。

任良弼　貫山西汾州平遙縣，民籍。國子生。治《易經》。字廷贊，行二，年三十二，六月二十日生。曾祖晶。祖義，鞏縣知縣。父惠。前母張氏，母范氏，繼母冀氏。重慶下。兄良才，江陰知縣。弟良佐、良卿、良金、良玉、良璽、良翰、良耜。娶雷氏。山西鄉試第三名，會試第八十八名。

方矩　貫雲南後衛，官籍，直隸定遠縣人。國子生。治《詩經》。字大器，行四，年三十四，六月十六日生。曾祖成，指揮僉事。祖霽，指揮使。父玘，贈都指揮僉事。母曹氏，贈淑人。永感下。兄政；敬，都指揮僉事；敏。娶李氏。雲南鄉試第十七名，會試第二百八十二名。

王綬　貫山東濟南府濱州，軍籍。州學生。治《書經》。字朝儀，行二，年二十五，二月初七日生。曾祖思誠。祖英。父信，封禮科給事中。母史氏，封孺人。具慶下。兄綸，禮科給事中。弟績、緒、紳。娶楊氏。山東鄉試第十四名，會試第一百三十九名。

李情　貫河南河南府陝州靈寶縣，軍籍。國子生。治《詩經》。字宗善，行二，年三十四，八月初四日生。曾祖珪。祖馥。父時，監生。母邵氏，繼母張氏。具慶下。兄性。弟惰、惐、愷、惇、恪。娶孟氏。河南鄉試第五十六名，會試第二百四十八名。

李舉　貫山西振武衛，官籍，太原府河曲縣人。國子生。治《易經》。字大聘，行五，年三十六，三月三十日生。曾祖興。祖榮。父景昌。前母沈氏，母許氏。慈侍下。兄堂、基、堅、壆。娶施氏。山西鄉試第十六名，會試第一百八十五名。

盛應期　貫直隸蘇州府吳江縣，軍籍。府學生。治《易經》。字斯徵，行一，年二十，八月二十一日生。曾祖佖。祖昕。父瓘。母胡氏。重慶下。弟應望。聘沈氏。應天府鄉試第二十九名，會試第二百六十一名。

田佑　貫府軍前衛，官籍，直隸贛榆縣人。順天府學增廣生。治《詩經》。字廷相，行六，年二十三，五月十八日生。曾祖子才，贈指揮使。祖貴，都指揮同知充左參將。父通，指揮使。前母門氏，封淑人；丁氏。母王氏，封淑人。具慶下。兄英，錦衣衛百户；㴍；輔；佐，指揮使；芳。弟弼、源。聘張氏。順天府鄉試第二名，會試第五十二名。

杜馴　貫山西太原府徐溝縣，軍籍。縣學生。治《詩經》。字克善，行三，年二十七，十二月十七日生。曾祖簡。祖威。父芳，河泊所官。母王氏。具慶下。兄騏、驥。娶董氏。山西鄉試第五十三名，會試第一百八十七名。

曹瓊　貫四川敘州府富順縣，民籍。國子生。治《書經》。字廷玉，行四，年三十四，九月初二日生。曾祖覺廣。祖先。父添壽。嫡母朱氏，生母朱氏。慈侍下。兄明、相、俸。娶詹氏。四川鄉試第六十名，會試第一百十八名。

高謙　貫直隸永平府灤州，民籍。州學生。治《詩經》。字天益，行一，年三十二，十一月十六日生。曾祖顯。祖昇，巡檢。父璁，臨邑知縣。母謝氏。慈侍下。弟詳、識、誼。娶吳氏。順天府鄉試第七十名，會試第一百九十六名。

王紹　貫山東兗州府曹州，民籍。國子生。治《書經》。字繼宗，行一，年三十八，四月十五日生。曾祖昭。祖恕。父亨，鹽課司大使。前母常氏，母李氏。永感下。弟緯。娶成氏，繼娶李氏。山東鄉試第四十九名，會試第十二名。

仰儒　貫浙江杭州府餘杭縣，民籍。國子生。治《詩經》。字世用，行二，年四十二，十一月初八日生。曾祖景名。祖璬。父賢。母方氏。慈侍下。兄仁。弟僖、傅。娶沈氏。浙江鄉試第三十一名，會試第一百四十六名。

吴舜　貫浙江紹興府山陰縣，匠籍。國子生。治《詩經》。字子華，行八，年二十六，十二月初九日生。曾祖淵，義民。祖暉。父琢。母司馬氏。重慶下。兄源、灝、瀠、洪。弟湟、皋、禹、卿、夔、龍。娶沈氏。浙江鄉試第七十三名，會試第三十八名。

楊儀　貫陝西西安府永壽縣，陰陽籍。國子生。治《詩經》。字宗德，行四，年三十一，二月一十一日生。曾祖庸，陰陽訓術。祖名。父振，陰陽訓術。前母姚氏，母曹氏，繼母陳氏。具慶下。兄慶;壽;威，監生。娶唐氏，繼娶宇文氏。陝西鄉試第三十三名，會試第一百七十名。

鄭宣　貫浙江處州府麗水縣，民籍。府學生。治《書經》。字士達，行二，年三十二，六月初十日生。曾祖仲玉。祖景惇。父伯浩，義官。母王氏。具慶下。兄宏。娶孫氏，繼娶張氏。浙江鄉試第十一名，會試第二百八十八名。

裘塽　貫浙江寧波府慈谿縣，軍籍。國子生。治《詩經》。字本厚，行一，年三十五，十二月二十七日生。曾祖汶妃。祖謙。父鍔。母梁氏。具慶下。弟埒、垣、墅。娶趙氏。浙江鄉試第六十五名，會試第一百六十七名。

王慶　貫直隸真定府平山縣，軍籍。國子生。治《詩經》。字天德，行二，年三十五，九月十七日生。曾祖仁美。祖讓。父璋，鴻臚寺署丞。母張氏。永感下。兄序，進士。娶朱氏，繼娶汪氏。順天府鄉試第三十一名，會試第六十六名。

王廷　貫直隸永平府遷安縣，軍籍。國子生。治《詩經》。字惟極，行一，年三十五，九月二十四日生。曾祖俊。祖璽。父倫。母申氏，繼母霍氏。具慶下。弟臣、璋。娶盧氏。順天府鄉試第五十五名，會試第二百六十一名。

柯拱北　貫四川成都後衛，官籍，福建莆田縣人。國子生。治《詩經》。字斗南，行三，年三十六，四月二十五日生。曾祖原方。祖本耕。父俊。母陳氏。具慶下。兄拱辰、拱宗。弟拱寰、拱憲。娶陳氏。四川鄉試第二十四名，會試第八十七名。

林璋　貫福建福州府閩縣，民籍。國子生。治《禮記》。字用玉，行九，年三十二，正月初八日生。曾祖智。祖渭，海豐知縣。父槐。母陳氏。慈侍下。娶楊氏。福建鄉試第五十名，會試第六十八名。

王雄　貫順天府永清縣，軍籍。國子生。治《詩經》。字世傑，行二，年四十二,四月十三日生。曾祖四。祖文質。父海。母高氏。永感下。兄宣。弟琪。娶楊氏,繼娶勇氏。順天府鄉試第四十七名,會試第一百二十七名。

王弘　貫南京廣洋衛籍應天府六合縣人。國子生。治《禮記》。字叔毅,行二,年三十六,正月初八日生。曾祖秀翁。祖舍宗。父清。母陳氏。具慶下。兄泰。娶時氏。應天府鄉試第四名,會試第七十六名。

熊希古　貫四川夔州府新寧縣,軍籍。國子生。治《春秋》。字尚友,行二,年三十四,十一月初七日生。曾祖志。祖震。父侃,監生。母趙氏。具慶下。兄希尚。弟希獻、希一、希大。娶傅氏。四川鄉試第十名,會試第二百五十二名。

翁茂南　貫福建興化府莆田縣,軍籍。國子生。治《詩經》。字朝梁,行三,年三十,十二月初十日生。曾祖仕勤。祖伯明。父師夷,義官。母陳氏,繼母吳氏、郭氏。慈侍下。兄溢,貢士;景齡,驛丞;茂樟;泗,監生。弟茂杞。娶楊氏。福建鄉試第五十五名,會試第一百六十名。

馮經　貫直隸鎮江府金壇縣,軍籍。國子生。治《詩經》。字時濟,行一,年四十二,四月二十四日生。曾祖讓,丹徒縣丞。祖宣,遇例冠帶。父瓚。母黃氏。慈侍下。弟績、綬。娶黃氏,繼娶史氏。應天府鄉試第五十四名,會試第七十四名。

李承勛　貫湖廣武昌府嘉魚縣站籍。儒士。治《詩經》。字立卿,行九,年二十三,四月初八日生。曾祖免,巡檢,贈右副都御史。祖善,教諭,贈右副都御史。父田,右副都御史。母畢氏,封淑人。慈侍下。兄承業;承芳,大理寺評事;承箕,貢士;承恩,員外郎;承顏。弟承新、承階。娶龔氏。湖廣鄉試第十一名,會試第二百六名。

劉廷策　貫江西吉安府安福縣,民籍。府學增廣生。治《詩經》。字以揚,行一,年二十八,三月初四日生。曾祖復謙。祖混洋。父循庸。母王氏,繼母鄺氏。重慶下。弟廷筦、廷簡、廷籌。娶鄺氏。江西鄉試第八十七名,會試第六十九名。

李璣　貫四川保寧府南部縣,竈籍。國子生。治《易經》。字舜在,行七,年三十六,十二月初三日生。曾祖延昌,大名知府。祖毅。父徹。前母文氏,母段氏。永感下。兄瓚;璪,羅田縣丞;珏,陰陽訓術;瑄;璇。弟琍、玠、瑢、珂、珮。娶田氏。四川鄉試第三十四名,會試第二百二十三名。

劉武臣　貫四川叙州府宜賓縣,軍籍。國子生。治《詩經》。字希召,行四，年三十九，十月二十九日生。曾祖仕華。祖瀚，監察御史。父山，陰陽正術。母李氏。嚴侍下。兄堯臣、舜臣、文臣。弟良臣；世臣，陰陽正術；近臣。娶周氏。四川鄉試第十一名，會試第三十名。

王子成　貫湖廣武昌府咸寧縣，軍籍。國子生。治《詩經》。字公大，行一，年三十四，十月三十日生。曾祖本，無為州吏目。祖禎。父紹，義官。母戴氏。具慶下。弟子俊、子英、子卿。娶韓氏。湖廣鄉試第十九名，會試第二百二名。

郭浹　貫湖廣武昌府興國州，軍籍。國子生。治《詩經》。字從仁，行四，年二十八，十二月二十一日生。曾祖志輔。祖銓，倉副使。父琮，進賢縣丞。母田氏。具慶下。兄濬、洧、泗。弟泮。娶佘氏。湖廣鄉試第五十名，會試第一百十九名。

孫徽　貫湖廣襄陽護衛籍直隸虹縣人。國子生。治《詩經》。字德夫，行二，年三十四，二月十八日生。曾祖旺。祖耕。父義。母高氏，繼母李氏。重慶下。兄通。弟裕、繡、嶽、嶠。娶陳氏。湖廣鄉試第五十六名，會試第一百九十八名。

劉賢　貫四川潼川州射洪縣，民籍。國子生。治《詩經》。字世資，行二，年三十三，十月初十日生。曾祖景鴻。祖長器。父持漢。母高氏。具慶下。兄芳。弟傑。娶楊氏。四川鄉試第三十八名，會試第二百五十七名。

林垒　貫福建福州府閩縣，民籍。國子生。治《詩經》。字世集，行六，年三十九，十月初五日生。曾祖必芳。祖果。父汝白。母陳氏。永感下。兄鏊；璧，湖廣參政；埤；壓，禮部郎中。弟墍；坴，貢士。娶陳氏。福建鄉試第七十八名，會試第二百二十四名。

王昊　貫湖廣衡州府衡陽縣，馬船夫籍。國子生。治《詩經》。字汝欽，行四，年三十八，七月二十四日生。曾祖思誠。祖添勝。父貴。母李氏。慈侍下。兄洪、湖、潮。弟潤、澗。娶許氏。湖廣鄉試第六十三名，會試第二百八名。

鍾文俊　貫福建汀州府長汀縣，民籍。國子生。治《詩經》。字舜臣，行二，年三十三，八月初四日生。曾祖和生。祖清，典史。父正，教諭。母賴氏。具慶下。兄騏。弟文傑，貢士；文倬；文會。娶廖氏。福建鄉試第二名，會試第二百六十名。

李雍　貫福建泉州府晉江縣，民籍。國子生。治《易經》。字欽讓，行六，年四十二，十月十五日生。曾祖碧玉。祖思敬。父忠亨。母曾氏。慈侍下。兄琮、琳、玭。娶徐氏。福建鄉試第三十七名，會試第二百十五名。

韓大章　貫湖廣襄陽府襄陽縣，民籍，浙江會稽縣人。國子生。治《詩經》。字本中，行六，年三十三，十月初八日生。曾祖彥達。祖良可，贈左長史。父弼，左長史。前母璩氏，贈宜人；母王氏，封宜人。具慶下。兄邦問，右布政使；質問；博，典儀；善問；明問，義官。娶張氏。湖廣鄉試第十四名，會試第二百二十八名。

徐淮　貫山東東昌府高唐州武城縣，民籍。縣學生。治《易經》。字必東，行一，年二十七，二月十二日生。曾祖武。祖青，巡檢。父銓。母張氏。具慶下。弟濟、海、沂、瀛。娶王氏。山東鄉試第三十二名，會試第二百四十名。

胡濂　貫廣東瓊州府定安縣，民籍。國子生。治《詩經》。字宗周，行二，年三十一，二月二十五日生。曾祖興祖。祖欽，判官。父瑛，醫學訓科。嫡母陳氏，生母廖氏。具慶下。兄厚。弟深、洛。娶吳氏。廣東鄉試第六十一名，會試第二百五十一名。

王獻臣　貫錦衣衛鎮撫司，匠籍，直隸吳縣人。儒士。治《書經》。字敬止，行一，年二十五，二月初六日生。曾祖文榮。祖成。父瑾。母宋氏。具慶下。弟獻民、獻夫。娶陳氏。順天府鄉試第四十名，會試第二百九名。

李儀　貫應天府上元縣，民籍。府學增廣生。治《易經》。字公著，行三，年三十四，正月十二日生。曾祖福。祖惟善。父暹。母金氏，繼母朱氏。具慶下。兄傑；倫，欽天監陰陽生。娶王氏。應天府鄉試第六十一名，會試第二百七十一名。

韓紘　貫山西太原府陽曲縣，民籍。國子生。治《詩經》。字繼遠，行二，年三十四，三月二十日生。曾祖從周。祖英。父彰，池州府推官。前母張氏，母李氏。慈侍下。兄紹。娶張氏。山西鄉試第七名，會試第八十一名。

高遷　貫浙江紹興府餘姚縣，民籍。國子生。治《禮記》。字大用，行三，年四十，九月二十日生。曾祖瀚。祖子明。父孟通。母王氏。永感下。兄儒、遂、壽。弟選。娶俞氏。浙江鄉試第八十四名，會試第二百五名。

許天錫　貫福建福州府閩縣，民籍。國子生。治《易經》。字啟衷，行五，年三十三，正月十五日生。曾祖仲美。祖定安。父瑄。嫡母王氏，生母林氏。具慶下。弟天澤、天祐、天瑞。娶王氏。福建鄉試第七十三名，會試第二百五十四名。

吳天祐　貫浙江紹興府餘姚縣，民籍。縣學生。治《易經》。字吉甫，行五，年二十九，十二月初十日生。曾祖茂仁。祖雍。父一誠，深州知州。母魏氏。具慶下。兄天性、天理。弟天祚、天麒。娶華氏。浙江鄉試第十六名，會試第七十八名。

高選　貫陝西西安府高陵縣，軍籍。國子生。治《詩經》。字朝用，行二，年三十七，三月二十五日生。曾祖志才。祖榮。父恕。母商氏。慈侍下。兄遠。弟遂。娶邸氏，繼娶任氏。陝西鄉試第六十五名，會試第一百二名。

奚自　貫順天府宛平縣，匠籍。儒士。治《易經》。字從之，行二，年三十三，十二月二十六日生。曾祖澄。祖伯通，贈監察御史。父銘，監察御史。母周氏，封孺人。具慶下。兄冠。弟先、有、取。娶蔡氏，繼娶許氏。順天府鄉試第八名，會試第十五名。

李夢龍　貫山東青州府蒙陰縣，民籍。國子生。治《春秋》。字應靈，行一，年四十二，七月二十九日生。曾祖昇，監察御史。祖奈，陝西參議。父炯然，戶部郎中。母郭氏，贈宜人；繼母安氏，封宜人。慈侍下。弟夢騏，貢士；夢麟，貢士；夢熊；夢鵬。娶徐氏，繼娶孔氏。山東鄉試第八名，會試第一百五十四名。

楊簡　貫浙江紹興府餘姚縣，軍籍。國子生。治《書經》。字居敬，行一，年三十四，三月初七日生。曾祖自新。祖宜振，贈工部主事。父芸，貢士。母薛氏。慈侍下。弟節；箎；策；筌，監生；篾。娶姜氏。浙江鄉試第十七名，會試第三十五名。

閭潔　貫陝西平涼府涇州，軍籍。國子生。治《禮記》。字汝清，行一，年二十八，九月初五日生。曾祖久敬。祖瑛，贈戶部主事。父鐸，義官。母史氏，繼母孟氏。重慶下。弟洵、淮、濟、瀾、漳、潼。娶萬氏。陝西鄉試第十名，會試第九十五名。

胡鰲　貫山東濟南府濱州，軍籍。國子生。治《書經》。字鎮之，行二，年三十五，五月二十五日生。曾祖伯皋。祖銘，蕭縣主簿。父春。母李氏。嚴侍下。兄鯨。弟鯤。娶王氏。山東鄉試第五名，會試第九十六名。

周昶　貫直隸松江府華亭縣，軍籍。國子生。治《詩經》。字啓明，行一，年四十，五月初二日生。曾祖觀。祖璧。父訓。母梁氏，繼母陳氏。

重慶下。弟昺。娶葉氏。應天府鄉試第九十六名，會試第一百二十三名。

許莊　貫直隸永平府灤州，民籍。國子生。治《春秋》。字德徵，行二，年三十六，正月初八日生。曾祖道隆。祖孟清。父晉，布政司理問。母張氏。慈侍下。兄臨。弟相，聽選官。娶周氏。順天府鄉試第一百二十三名，會試第二百八十六名。

吳雲　貫浙江杭州府餘杭縣，民籍。國子生。治《春秋》。字從龍，行一，年三十一，閏七月初九日生。曾祖居敬。祖綱。父晉民，麻城縣丞。前母鄒氏，母雲氏。具慶下。弟應魁。娶任氏，繼聘高氏。浙江鄉試第四名，會試第二百七十五名。

龍越　貫江西吉安府廬陵縣，民籍。國子生。治《詩經》。字德宣，行二，年二十九，九月三十日生。曾祖伯瓊。祖汝孚。父和，臨淮縣學訓導。母李氏。具慶下。兄超。弟起。娶劉氏，繼娶蕭氏。江西鄉試第八十四名，會試第二百九十三名。

胡暘　貫直隸河間府任丘縣，民籍。縣學生。治《易經》。字景和，行一，年二十六，十二月初七日生。曾祖智。祖福。父欽，義官。母徐氏。慈侍下。娶崔氏。順天府鄉試第一百二十五名，會試第二百八十九名。

薛格　貫直隸常州府江陰縣，民籍。國子生。治《書經》。字平甫，行二，年三十四，正月二十四日生。曾祖源。祖藝。父墀。前母徐氏、繆氏，母顧氏。具慶下。兄會，清流主簿；戀；㑂；栻。弟樞、昂、機。娶王氏。應天府鄉試第三十一名，會試第一百四名。

施震　貫浙江嘉興府平湖縣，民籍。國子生。治《書經》。字亨甫，行三，年四十三，十月初五日生。曾祖瓛。祖俊。父澤。母嚴氏。永感下。兄霽。弟雨、雷、雲。娶儲氏。浙江鄉試第八十七名，會試第八十五名。

李瑾　貫浙江處州衛籍，紹興府山陰縣人。麗水縣學生。治《易經》。字德美，行四，年三十六，四月十二日生。曾祖方。祖谷成。父宗傑。母車氏。永感下。兄璣、珪、琦。弟瑜。娶謝氏。浙江鄉試第八十七名，會試第一百六十三名。

曾大有　貫湖廣黃州府麻城縣，軍籍。國子生。治《禮記》。字世亨，行三，年二十八，十二月十一日生。曾祖思恭。祖應通。父啓，唐縣教諭。前母楊氏，母楊氏。慈侍下。兄賢，穎州學正；大賓。弟大顯。娶劉氏。湖廣鄉試第一名，會試第五十三名。

王德　貫直隸常州府無錫縣，民籍。縣學增廣生。治《書經》。字汝昭，行三，年三十五，五月二十三日生。曾祖銘。祖宏。父昌，義官。母張氏，繼母唐氏。具慶下。兄汝賢、汝良、汝能、汝明。弟汝端。娶周氏。應天府鄉試第四十八名，會試第六十二名。

潘輔　貫遼東廣寧左衛籍，浙江建德縣人。國子生。治《禮記》。字良佐，行一，年三十八，六月十五日生。曾祖養正。祖宗凱，同知。父明。母周氏。慈侍下。弟弼、忠。娶張氏。山東鄉試第四十二名，會試第四十三名。

陳玉　貫直隸沂州衛，官籍，揚州府高郵州人。國子生。治《詩經》。字德卿，行一，年三十九，十月初二日生。曾祖景輝。祖茹，指揮同知。父鎬，指揮同知。母奚氏，封淑人。慈侍下。弟璸、瑜。娶孔氏。應天府鄉試第十七名，會試第四十四名。

李欽　貫龍驤衛，官籍，山東濱州人。國子生。治《書經》。字元肅，行一，年二十九，七月二十日生。曾祖福，百戶。祖敏，百戶。父慧，百戶。母石氏。慈侍下。弟銳、鑑、釴、鉉、鎧、棨、樟。娶張氏。順天府鄉試第五十八名，會試第一百七十一名。

鄭興　貫河南汝寧府上蔡縣，民籍。縣學生。治《詩經》。字世隆，行一，年四十，十月初五日生。曾祖思孝。祖中。父禮。母王氏。永感下。弟旺、賢、廣、資。娶王氏。河南鄉試第六十九名，會試第一百四十八名。

侯啟忠　貫四川敘州府長寧縣竈籍。縣學增廣生。治《詩經》。字汝弼，行一，年十八，正月初六日生。曾祖璟。祖旺，知縣。父舜臣。母李氏，繼母蔣氏。重慶下。聘劉氏。四川鄉試第三十四名，會試第七十七名。

楊奎　貫直隸真定府冀州武邑縣，民籍。國子生。治《詩經》。字天章，行一，年三十，九月十八日生。曾祖讓。祖茂。父昭，聽選官。前母曹氏，母王氏。具慶下。弟奇。娶李氏。順天府鄉試第一百三十一名，會試第二百五十五名。

潘衍　貫金吾左衛，官籍，直隸興化縣人。國子生。治《詩經》。字世昌，行一，年三十五，十二月初八日生。曾祖諒，指揮使。祖輔。父浩，冠帶舍人。母郭氏。重慶下。弟衢。娶顏氏。順天府鄉試第十三名，會試第九十九名。

陳陽　貫江西臨江府新淦縣，民籍。國子生。治《書經》。字健夫，行八，年三十八，四月二十日生。曾祖與清。祖孟浩，進士。父就紀。母黄氏。具慶下。弟謙怡。娶李氏。江西鄉試第十二名，會試第二百四十二名。

董鋭　貫直隸興州左屯衛籍，山東昌邑縣人。順天府玉田縣學增廣生。治《詩經》。字抑之，行二，年二十四，三月二十日生。曾祖儀。祖勝。父雄。母戴氏。具慶下。兄鎬。弟鏈、鑄。娶李氏。順天府鄉試第一百二十六名，會試第一百七十三名。

冉繼志　貫直隸保定府蠡縣，民籍。國子生。治《詩經》。字孝隆，行一，年三十五，十月三十日生。曾祖春，贈經歷。祖藝，州同知。父誠，義官。母郭氏。具慶下。弟續宗。娶繩氏。順天府鄉試第四十七名，會試第二百八十名。

李金　貫直隸永平府遷安縣，民籍。國子生。治《易經》。字宗乾，行二，年三十三，十一月初二日生。曾祖斌。祖林。父友，海州衛學訓導。母王氏，繼母鄭氏。重慶下。兄鋭。弟錦、錢、鈺、銀、鏐。娶徐氏。順天府鄉試第五名，會試第一百八十九名。

李天賦　貫山西太原府交城縣，軍籍。國子生。治《書經》。字凝道，行一，年三十四，九月二十六日生。曾祖威。祖德勝。父景，南京刑部郎中。母高氏。重慶下。弟天畀、天錫。娶覃氏。山西鄉試第六名，會試第一百五十二名。

胡昉　貫浙江紹興府蕭山縣，匠籍。國子生。治《書經》。字啓暘，行八，年三十六，正月十九日生。曾祖子良。祖仕能。父永芳。母湯氏。慈侍下。兄昴、昶。弟晨。娶屠氏。浙江鄉試第四十八名，會試第一百五十九名。

顧守元　貫直隸蘇州府常熟縣，民籍。國子生。治《詩經》。字明善，行一，年三十四，八月二十七日生。曾祖有終，義官。祖岑，義官。父鉞。母俞氏。慈侍下。娶龔氏。應天府鄉試第八十三名，會試第二百十三名。

黄鎙　貫福建泉州府晉江縣，軍籍。府學生。治《易經》。字于宣，行三，年三十二，四月十二日生。曾祖顯祖。祖景燦。父齊。母蔡氏，繼母董氏。具慶下。兄銘，同科進士；鏻。弟銂、銓。娶楊氏。福建鄉試第二十六名，會試第一百五十五名。

王良臣　貫河南開封府陳州，軍籍。國子生。治《書經》。字汝鄰，行一，年三十八，十二月二十六日生。曾祖弘義。祖哲。父璋。母高氏，繼母徐氏、戚氏。重慶下。弟良相、良弼、良士。娶盧氏。河南鄉試第二十八名，會試第二十一名。

曹恕　貫順天府霸州，軍籍。州學增廣生。治《書經》。字本忠，行一，年二十六，八月二十七日生。曾祖顯，監察御史。祖珽。父紀，白水主簿。前母高氏，母楊氏，繼母王氏。具慶下。弟態、悅、恩、憲。娶于氏。順天府鄉試第一百八名，會試第一百五十名。

黎堯卿　貫四川忠州守禦千戶所籍，本州人。國子生。治《詩經》。字廷表，行四，年三十六，十月二十二日生。曾祖從義。祖茂清，贈經歷。父瑄，南京錦衣衛經歷。母李氏，贈孺人；繼母龍氏，封孺人。具慶下。兄堯佐。弟堯吉、堯官、堯士。娶牟氏。四川鄉試第六十一名，會試第三百名。

姚昊　貫福建福州府福清縣，軍籍，閩縣人。閩縣學增廣生。治《易經》。字文大，行三，年三十七，四月十二日生。曾祖禮。祖桂。父賢。母劉氏。慈侍下。兄昇。娶陳氏。福建鄉試第六十一名，會試第二百七十三名。

劉璉　貫江西饒州府鄱陽縣，醫籍。國子生。治《易經》。字廷美，行四，年三十五，六月二十五日生。曾祖彥清，醫學正科。祖孟啓，太醫院醫士。父甫田。前母莊氏，母繆氏。永感下。兄琪、玉、璋。娶姚氏，繼娶范氏。江西鄉試第八十五名，會試第二百二十九名。

黃信　貫留守中衛籍，福建晉江縣人。順天府學增廣生。治《詩經》。字君實，行一，年二十六，七月初六日生。曾祖端。祖全。父忠。母曹氏。嚴侍下。娶楊氏。順天府鄉試第五十一名，會試第五十四名。

王崇文　貫山東兗州府曹州曹縣，民籍。國子生。治《書經》。字叔武，行三，年二十六，十二月初六日生。曾祖導。祖蘭，巡檢，贈知府。父珣，河南右參政。母李氏，贈恭人；繼母孔氏；黃氏，封恭人。具慶下。兄崇儒、崇高、崇仁。弟崇獻、崇讓、崇禮、崇有、崇儉、崇素。娶劉氏。山東鄉試第十二名，會試第一百四十七名。

胡恩　貫浙江紹興府會稽縣，軍籍。國子生。治《易經》。字允承，行八，年三十七，六月十六日生。曾祖祥，封監察御史。祖智，廣西布政使。父謙。母方氏。慈侍下。兄福，監生；性；懂。弟愷；怡，貢士；愁，貢士；戀；意，進士；慶。娶章氏。浙江鄉試第六十五名，會試第二百五十名。

董紝　貫湖廣黃州府麻城縣，軍籍。國子生。治《春秋》。字嗣文，行六,年四十二,六月初五日生。曾祖南壽。祖潮,檢校。父應軫,僉事。前母徐氏,母王氏。永感下。兄緒,通判;紹,主事;紱,知縣;繡;絵,巡檢。弟緄,行人;統。娶陳氏。湖廣鄉試第七十九名,會試第二百三十三名。

譚玉瑞　貫湖廣長沙府茶陵州,軍籍。國子生。治《易經》。字雅祥,行三,年三十六,正月十四日生。曾祖子文。祖世烈。父錫,遇例冠帶。母劉氏。具慶下。兄雅音、雅韶。弟雅淵、雅祺。娶彭氏,繼娶王氏。湖廣鄉試第六十名,會試第九十三名。

馬慶　貫直隸蘇州府崑山縣,匠籍。國子生。治《詩經》。字善徵,行三,年三十五,九月初二日生。曾祖德。祖克章。父顒。母楊氏。具慶下。兄恩、惠。娶張氏。應天府鄉試第一百四名,會試第四十一名。

蘇信　貫福建延平府永安縣,民籍。國子生。治《詩經》。字中孚,行六,年三十九,八月十四日生。曾祖勝三。祖子恭。父積實。母林氏。具慶下。兄文茂。弟文全。娶吳氏。福建鄉試第七名,會試第一百三十五名。

李希顏　貫直隸松江府華亭縣,軍籍。國子生。治《春秋》。字原復,行五,年三十,四月十四日生。曾祖寬,貢士。祖萱,貢士。父寅,新昌教諭。前母蔣氏,母王氏。嚴侍下。兄希泰,義官;希賢;希憲;希文。弟希曾。娶俞氏。應天府鄉試第七十一名,會試第四名。

江師古　貫湖廣武昌府蒲圻縣,民籍。國子生。治《詩經》。字克永,行一,年三十六,十月二十四日生。曾祖朝宗,通判。祖瀾。父旭。母李氏。慈侍下。弟述古、學古、蘊古、信古。娶唐氏,繼娶李氏。湖廣鄉試第八十一名,會試第一百四十三名。

陳熺　貫福建福州府閩縣,軍籍。國子生。治《易經》。字師晦,行四,年三十,九月初十日生。曾祖環。祖浩。父樂。母黃氏,繼母張氏。嚴侍下。兄煒。娶余氏。福建鄉試第五十八名,會試第一百九名。

桂詔　貫浙江寧波府慈谿縣,民籍。國子生。治《詩經》。字世欽,行四十三,年三十四,十一月十三日生。曾祖宗儒,修撰。祖承學。父京。母趙氏。慈侍下。兄讚,盱眙縣學訓導。弟諧。娶葉氏,繼娶胡氏。浙江鄉試第四十二名,會試第七十九名。

朱塗　貫廣西桂林府陽朔縣,民籍。國子生。治《書經》。字孔貴,行一,年二十九,十月二十一日生。曾祖懷吉。祖龍光。父聲,惠州府經歷。

前母李氏，母謝氏。具慶下。弟璧、璽。娶周氏。廣西鄉試第五十名，會試第二百六十三名。

王縉　貫陝西西安後衛，官籍。國子生。治《詩經》。字維卿，行一，年三十，五月初三日生。曾祖禎，右都督。祖英，鎮撫，贈指揮使。父旻，縣丞。母吳氏，繼母徐氏。具慶下。弟經。娶郭氏。陝西鄉試第七名，會試第二百三十九名。

尹雄　貫直隸大名府濬縣，民籍。國子生。治《詩經》。字文英，行一，年三十三，四月十四日生。曾祖仕賢。祖榮。父賓。母盧氏。慈侍下。弟傑、仁。娶張氏。順天府鄉試第七十一名，會試第二百四十三名。

鮑瓛　貫山東青州府壽光縣，竈籍。國子生。治《春秋》。字重器，行一，年三十八，八月二十八日生。曾祖友直。祖祥。父通。嫡母柳氏，生母范氏。慈侍下。弟璘、琨、瑜、斑、瓚、全。娶丁氏。山東鄉試第四名，會試第一百三十四名。

何垕　貫江西建昌府新城縣，民籍。縣學生。治《易經》。字朝舉，行三，年四十，三月初一日生。曾祖澄，禮科給事中。祖瀚，左長史。父燮，貢士。母涂氏。永感下。兄璽、塄。娶江氏。江西鄉試第七十四名，會試第一百十六名。

秦文　貫浙江台州府臨海縣，軍籍。府學生。治《詩經》。字從簡，行十，年二十九，十月十六日生。曾祖良玉。祖宗傳。父彥彬。母董氏，繼母吳氏。具慶下。兄章、裕。弟禮、祺、祠、武。娶陶氏。浙江鄉試第一名，會試第一百八十名。

焦澤　貫直隸廣平府永年縣，民籍。國子生。治《詩經》。字克濟，行二，年三十，十一月二十三日生。曾祖欽，知縣。祖迪，太原府經歷。父祺，貢士。母鄭氏。慈侍下。兄溥。弟淵、濬。娶李氏。順天府鄉試第一百二名，會試第一百三十八名。

房瀛　貫山東兗州府沂州費縣，民籍。縣學生。治《書經》。字登之，行一，年二十三，二月二十七日生。曾祖政，海寧典史。祖安。父鑑。母彭氏。重慶下。聘宋氏。山東鄉試第六十四名，會試第一百九十名。

陳霖　貫浙江湖州府長興縣，民籍。國子生。治《詩經》。字時雨，行一，年四十二，七月初三日生。曾祖宗顯。祖孟忠。父希道，下邳驛丞。母葉氏。慈侍下。弟靄、雲、霓。娶孫氏，繼娶楊氏、姚氏。浙江鄉試第三十三名，會試第二百四十一名。

張瓊　貫江西臨江府新淦縣，軍籍。國子生。治《易經》。字國用，行一，年四十三，六月十九日生。曾祖仲顯。祖紹良。父叔讓。母傅氏。具慶下。娶趙氏。江西鄉試第七十六名，會試第八十三名。

鄭汝美　貫福建福州府閩縣，民籍。國子生。治《春秋》。字希大，行一，年三十，十一月三十日生。曾祖鐸。祖城。父天與。母周氏，繼母林氏。具慶下。娶林氏。福建鄉試第四名，會試第四十八名。

趙俊　貫四川成都府內江縣，民籍。府學生。治《詩經》。字克用，行四，年二十七，五月初六日生。曾祖源。祖士奇。父達。母王氏。具慶下。兄仁、佐、价。弟儼、侃。娶徐氏。四川鄉試第二名，會試第二百七十二名。

劉汝靖　貫陝西西安府華州渭南縣，軍籍。國子生。治《書經》。字安之，行二，年三十七，二月二十日生。曾祖儀，閬中縣主簿。祖鎬。父隆，濟寧州知州。母任氏，繼母史氏。具慶下。兄汝寧。娶王氏。陝西鄉試第六十二名，會試第七十名。

李嶽　貫直隸鳳陽府五河縣，民籍。國子生。治《禮記》。字維嵩，行二，年四十，正月十九日生。曾祖興。祖通。父志。前母朱氏，母王氏。具慶下。兄山。弟崙，醫學典術。娶梁氏。應天府鄉試第一百二十名，會試第二百五十八名。

姚鼎　貫陝西西安府咸寧縣匠籍。國子生。治《書經》。字重器，行一，年三十八，正月初二日生。曾祖從禮。祖永。父賨。母周氏，繼母蕭氏。慈侍下。弟鼐。娶劉氏。陝西鄉試第三十九名，會試第一百三名。

歐陽介　貫江西吉安府安福縣，軍籍。國子生。治《春秋》。字勗辨，行十二，年三十五，四月初二日生。曾祖孟武。祖脩己。父寧，含山知縣。前母劉氏，母顏氏。永感下。兄勗重、勗遠、勗堅。弟淑、定、宋。娶王氏。江西鄉試第二十四名，會試第五十八名。

李濬　貫直隸鳳陽府鳳陽縣，軍籍。國子生。治《書經》。字文淵，行一，年四十，二月十二日生。曾祖通。祖誠。父瑋，鹿邑縣學教諭。母陳氏。慈侍下。弟溥、澍。娶張氏。應天府鄉試第九十八名，會試第二十四名。

袁仕　貫湖廣襄陽府棗陽縣，軍籍。國子生。治《易經》。字良輔，行二，年二十九，八月十八日生。曾祖真。祖顒，贈同知。父盛，黎平知府。母馮氏，封宜人。具慶下。兄傅，貢士。弟俌，義官；偉；儒；

伯。娶施氏。湖廣鄉試第十八名，會試第一百四十九名。

居達　貫順天府大興縣，匠籍。府學生。治《易經》。字德亨，行二，年三十，九月二十日生。曾祖禮。祖子誠。父福。母黃氏。慈侍下。兄勝。弟榮。娶燕氏。順天府鄉試第一百十名，會試第一百三十名。

陳珀　貫福建興化府莆田縣，民籍。山東堂邑縣學教諭。治《書經》。字琛之，行一，年三十二，十二月十二日生。曾祖乾初。祖孟敬。父順元。母黃氏。嚴侍下。弟瑚、璵、瑠。娶郭氏。福建鄉試第五十五名，會試第二百二十二名。

任文獻　貫山東兗州府沂州郯城縣，軍籍。縣學生。治《易經》。字國光，行一，年三十八，十一月十二日生。曾祖仲禮。祖貴。父福，聽選官。母王氏，繼母田氏。慈侍下。弟文會、文明、文質、文德、文思、聰、章。娶咸氏。山東鄉試第八名，會試第二百四十七名。

湯佐　貫四川潼川州安岳縣，民籍。國子生。治《禮記》。字時衡，行四，年二十八，十一月十八日生。曾祖希韶。祖瑀。父煥新。母程氏。重慶下。兄誥、輅、孜、相。弟輈。娶胡氏。四川鄉試第九名，會試第一百九十一名。

李祚　貫江西廣信府貴溪縣，民籍。國子生。治《書經》。字光世，行三十八，年四十五，七月十三日生。曾祖獻誠，贈主事。祖應庚，知府，贈中議大夫贊治尹。父直，保寧知府。母徐氏，封安人。永感下。兄福，貢士；祿；禎；祥，訓術；祈；礽；祼，義官；機。娶夏氏。江西鄉試第三名，會試第三十九名。

孫瑞　貫順天府東安縣，軍籍。國子生。治《詩經》。字季禎，行一，年三十二，二月二十二日生。曾祖彥禮。祖昇，府倉大使。父進，義官。母徐氏，繼母吳氏。具慶下。兄琳，聽選官；珍；璁。弟瑾、璋、玥、玠、珂。娶胡氏。順天府鄉試第八十一名，會試第一百七十八名。

廖漢　貫湖廣武昌府蒲圻縣，軍籍。國子生。治《詩經》。字天章，行一，年四十一，六月十三日生。曾祖從信，景東衛經歷。祖淵。父俊，漢州學正。母黃氏。具慶下。兄滋，聽選官；海，義官。弟瀅、洪、應、辰、溫、滂、濂、瀚。娶江氏。湖廣鄉試第十四名，會試第八十九名。

徐永　貫河南開封府鈞州，軍籍。國子生。治《詩經》。字昌齡，行一，年二十八，七月十二日生。曾祖原貴。祖明善，知州。父中孚，義官。母婁氏，繼母張氏。具慶下。弟亨。娶王氏。河南鄉試第五十二名，會試第二百八十七名。

姚學禮　貫府軍前衛籍，四川巴縣人。儒士。治《易經》。字以立，行一，年三十四，閏十一月三十日生。曾祖文。祖常。父伯高。母舒氏。具慶下。娶萬氏。順天府鄉試第一名，會試第一百二十一名。

劉袠　貫江西吉安永新縣，民籍。國子生。治《易經》。字廷延，行三，年三十，六月初四日生。曾祖晏成，贈右都御史。祖道麟，贈右都御史。父敷，都察院右都御史致仕。母周氏，贈夫人；生母彭氏。具慶下。兄廷命，百户；哀，監生。弟戾、襃、表。娶吳氏。江西鄉試第十八名，會試第一百九十七名。

曹璽　貫山西太原府岢嵐州嵐縣，軍籍。國子生。治《詩經》。字廷玉，行一，年四十，十月十二日生。曾祖友賢。祖志。父琛。母陳氏。具慶下。娶劉氏。山西鄉試第二十八名，會試第一百十名。

張彧　貫直隸真定府元氏縣，民籍。國子生。治《春秋》。字文翰，行三，年三十，正月二十二日生。曾祖思義。祖欽。父紳。母何氏。慈侍下。兄通、彪。娶李氏。順天府鄉試第七十二名，會試第一百二十二名。

黄清　貫武功中衛，匠籍，直隸崑山縣人。國子生。治《詩經》。字源潔，行二，年三十五，七月二十九日生。曾祖用中。祖思聰。父琮。母胡氏。具慶下。兄澄。弟溥、流。娶岳氏。順天府鄉試第一百二十八名，會試第二百六十七名。

鄭懷德　貫四川成都府崇慶州新津縣，軍籍。國子生。治《易經》。字端本，行一，年三十四，四月二十九日生。曾祖琦。祖子塤。父暘。母顧氏。具慶下。弟懷厚、懷仁、懷義。娶祝氏。四川鄉試第十八名，會試第十七名。

楊志學　貫彭城衛籍，湖廣長沙縣人。儒士。治《易經》。字遜夫，行一，年二十七，十一月二十三日生。曾祖受。祖福勝。父春。前母劉氏、羅氏，母王氏。具慶下。娶王氏。順天府鄉試第十二名，會試第四十名。

吕佑　貫山東濟南府德州德平縣，民籍。國子生。治《書經》。字國弼，行三，年三十八，十月二十七日生。曾祖整。祖輅。父韶。嫡母丁氏，生母王氏。慈侍下。兄安；佐，監生。弟偉、何、脩、佾、佩、伋。娶康氏。山東鄉試第四十名，會試第二百十七名。

孫燧　貫浙江紹興府餘姚縣，民籍。縣學生。治《易經》。字德成，行八，年二十九，十一月初二日生。曾祖遜益，封監察御史。祖孟宏，遇例冠帶。父新存，遞運所大使。母李氏。具慶下。兄恩、勳、炤、煌、煓。弟明、煒。娶楊氏。浙江鄉試第三名，會試第一百八十二名。

　　高文達　貫福建福州府閩縣匠籍。國子生。治《春秋》。字思德，行四，年三十九，正月二十九日生。曾祖才。祖磊。父升，貢士。母鄭氏。嚴侍下。兄翔、翀、翊。弟文明。娶葉氏。福建鄉試第三十五名，會試第二百一十一名。

　　程果　貫直隸徽州府祁門縣，軍籍。縣學增廣生。治《春秋》。字時昭，行三，年三十三，十月初七日生。曾祖景華。祖顯，左長史。父泰，河南左布政使。前母汪氏，贈宜人；母胡氏，封宜人；繼母項氏。永感下。兄昂，醫學訓導；旦。弟昌。娶汪氏。應天府鄉試第三十六名，會試第一百九十九名。

　　吳焕　貫直隸淮安府山陽縣，民籍。真定府平山縣學教諭。治《禮記》。字文明，行一，年四十九，七月二十六日生。曾祖夢麟。祖惟德。父本大。母張氏。慈侍下。弟文昭。娶黃氏，繼娶畢氏。應天府鄉試第一百三十四名，會試第一百七十二名。

　　王用才　貫四川眉州彭山縣，民籍。國子生。治《詩經》。字經濟，行一，年三十四，十一月十六日生。曾祖仕通。祖子秀。父輪。母趙氏。慈侍下。弟用中。娶湯氏。四川鄉試第四名，會試第二百十二名。

　　石確　貫直隸真定府藁城縣，民籍。國子生。治《易經》。字德堅，行一，年三十九，十月二十九日生。曾祖友忠。祖鼎。父瑛。母鄧氏。慈侍下。娶高氏。順天府鄉試第六十名，會試第一百四十二名。

　　高臺　貫浙江紹興府山陰縣竈籍。縣學生。治《書經》。字居賢，行十二，年三十六，四月十九日生。曾祖本中，桂林府同知。祖宗浙，義官。父貴瑰。前母黃氏。母沈氏。慈侍下。兄堂、室。弟窒、塞。娶莫氏。浙江鄉試第六名，會試第一百二十五名。

　　徐潭　貫浙江杭州府錢唐縣，匠籍。縣學生。治《詩經》。字汝容，行二，年三十五，三月初十日生。曾祖德潤。祖文智，贈工部員外郎。父敏，廣南府知府。母盧氏，封宜人。慈侍下。兄浩。弟洪，義官；河，義官。娶陳氏，繼娶陳氏。浙江鄉試第八十九名，會試第二百四十五名。

　　惠隆　貫武驤右衛籍，浙江仁和縣人。儒士。治《易經》。字從道，行一，年二十五，正月十九日生。曾祖宗茂。祖謙。父達，百戶。母陳氏,繼母吳氏。慈侍下。弟鶯。聘江氏。順天府鄉試第一百二十一名,會試第九名。

黃清　貫江西建昌府南城縣,民籍。國子生。治《書經》。字汝寅,行十,年二十九,三月十五日生。曾祖伯仲。祖集洪。父壽,貢士。母廖氏。具慶下。弟濟。娶梅氏,繼娶勞氏。江西鄉試第三十五名,會試第十九名。

李哲　貫江西撫州府臨川縣,匠籍。國子生。治《詩經》。字希先,行十一,年三十八,九月初十日生。曾祖榮卿。祖文壽。父伯昇,義官。前母杜氏,母艾氏。永感下。兄永剛、有剛、立剛。娶危氏。江西鄉試第六十九名,會試第一百五名。

田崑　貫福建泉州府晉江縣,軍籍。國子生。治《易經》。字景瞻,行二,年三十三,五月初四日生。曾祖惟冀。祖畯。父隆。母董氏。重慶下。兄巒。弟崑、嵩。娶吳氏。福建鄉試第三十二名,會試第一百七十九名。

陳腆　貫福建泉州府晉江縣,民籍。府學生。治《春秋》。字洪載,行一,年三十七,十二月初六日生。曾祖忠進。祖聚。父復陽。母莊氏。慈侍下。弟脈、腋。娶吳氏。福建鄉試第十四名,會試第七十二名。

劉浙　貫山西遼州,軍籍。國子生。治《春秋》。字宗岱,行二,年二十九,十月二十九日生。曾祖深。祖綱。父謙,知縣。母范氏。具慶下。兄淮。弟演、淦。娶趙氏。山西鄉試第五名,會試第一百九十二名。

鄒韶　貫直隸蘇州府常熟縣,軍籍。縣學生。治《詩經》。字性之,行一,年二十九,八月十四日生。曾祖以新。祖廷玉。父蘭。母錢氏。具慶下。弟武。娶錢氏。應天府鄉試第三十名,會試第一百二十九名。

王汝清　貫河南開封府中牟縣,軍籍。國子生。治《書經》。字廉甫,行一,年三十四,十一月二十二日生。曾祖罱。祖翰,瑞安知縣。父璿,義官。母張氏。永感下。弟汝洪。娶張氏。河南鄉試第三十名,會試第二百二十五名。

李世亨　貫直隸保定府容城縣,民籍。國子生。治《書經》。字時雍,行一,年三十九,八月二十九日生。曾祖素。祖敬,贈衛經歷。父騰,遇例冠帶。母陳氏,繼母趙氏。具慶下。弟世卿、世相、世登、世顯。娶王氏,繼娶張氏。順天府鄉試第五十四名,會試第四十七名。

王震　貫直隸順德府邢臺縣,民籍。國子生。治《詩經》。字威遠,行四,年三十四,六月初四日生。曾祖景賢。祖壘,平度州同知。父整。前母吳氏,母張氏。具慶下。兄文、章、滿。弟霓、霆。娶郝氏。順天府鄉試第二十七名，會試第二百九十名。

張敔　貫雲南大理衛籍，浙江嘉興縣人。國子生。治《春秋》。字時學，行二，年二十七，七月初五日生。曾祖景福。祖億，贈郎中。父正，建寧知府。母呂氏，封安人。具慶下。兄敏，貢士。弟徹。娶陸氏。雲南鄉試第四名，會試第三十七名。

皇帝制曰：朕惟三代而下，論守成之君，必以漢文帝爲首。史稱其時海內殷富，興於禮義，斷獄數百，幾致刑措。朕嘗慕之，不知文帝何修而能得此？考之當時，或賜民田租之半，或盡除之，殷富之效蓋出於此。然貢助徹之法，雖三代亦所常行，而況於漢乎？使除田租，則當時宗廟之祭祀，百官之俸給，四夷之征伐，皆不可已者，將何以給用度乎？仰惟皇祖肇造區夏，罔不臣服，百二十餘年以來，生齒益繁，疆域益廣，非前代所及。今歲郡縣上版籍于戶部，其數具存，可謂庶矣。休養生息之餘，宜其富而可教也。然聞閭巷田野之間，不免凍餒無聊之嘆。且頃因水旱河決之患，尤多流移失業之人，安在其爲富也？是以勸諭雖切，而循理者尚少，赦宥雖頻，而犯法者愈甚，又安在其爲可教也？夫衣食不足，則禮義不興，而民輕犯乎刑辟，亦勢之所必至者，其將何以處之？蓋古之御天下者，既庶，必有富之之術；既富，必有教之之方，特患不能舉行之耳。

朕承祖宗鴻業，圖惟治道，每有志於隆古帝王之盛，不但文帝而已。

爾諸生抱道而來，將見於用，其於庶富教三者先後本末，凡古人之成效，今日之急務，悉心以陳，朕將親覽焉。

弘治六年三月十五日

臣毛澄

臣對：

臣聞有天下者，思有以安天下，必思所以率天下。蓋天下之民，固人君之所當安，而民之所以安，非人君以一身爲天下先不可也。故必在我者無所厲乎民，乃可以富民於既庶之餘；又必在我者有足法於民，乃可以教民於既富之後。庶且富焉，則立之者固，而民無不獲其所；富且教焉，則道之者至，而民罔或干於正。此古之帝王所以躋一世於阜成，作百王之模範，而三代以下，若漢之文帝，其亦可謂庶幾乎此焉者矣。

欽惟皇帝陛下撫盈成之運，當鼎盛之年，聰睿有臨，得之天縱，日月所照，悉歸版圖，所謂能致之資，必致之勢，蓋兼而有之矣。如臣等一介草茅，未諳治體，迂疏之論，豈足以仰禆德業之隆。而明命下臨，天章煥爛，詢及乎庶、富、教之事，真誠懇惻，曾無一毫自大自滿之心。臣伏而讀之，有以見陛下克讓如唐堯，好生若虞舜，足以荷天眷之休，足以承祖業之重，足以爲億兆之君師而無慊也。三復敬嘆之餘，敢不竭其愚衷，而對揚萬一乎！

臣惟天生斯民，立之司牧，而寄以三事，曰庶曰富曰教而已。庶而不富，則無以厚民生；富而不教，則無以正民德。斯誠治道之不可闕者。君人者於此有失得，而治效之隆替隨之。故自昔守成之君，夏有啓，商有高宗，周有成康，降是而下，則僅有漢文帝，誠如聖策之所云者。然較諸古之帝王，則其德之醇疵、治之大小，不能無所分辨，而聖心嘗慕之者。所謂聞一善言，見一善行，沛然若決江河，而況善之在文帝，其可取者尤非止於一端也。觀其席高祖新造之基，啓西京近古之治，家無不給，人無不足，而殷富之效臻。吏安其官，民樂其業，而醇厚之風作。兵革庶乎不試，刑辟幾於弗用。所以然者，蓋不惟其時爲守令於郡縣者，尚寬平而崇德化，亦以其修於身而後施諸天下，凡治本之所存，治具之所出，咸概得之。故其宮室苑囿，車騎服御，稍有不便，輒弛以利民。欲作露臺，召匠計直，一聞百金之費，則惜而不爲。衣則弋綈也，履則革舄也，集囊爲帷也，編蒲爲席也，所幸夫人衣不曳地也，治霸陵皆瓦器，不得以金銀銅鐵爲飾也。欲厚風俗，則止嗇夫之拜，除誹謗之法。欲恤民隱，則今年議振貸，明年減田租。詔舉賢良，而求直言之士；躬耕籍田，以先務本之民。時有獻千里馬者，輒下詔却而不受。陳武建征伐之議，則曰念不到此也。賈生陳改正朔、易服色、定官名之請，則曰未遑也。即此類而推之，則其時宗廟非無祭祀之禮也，百官非無俸給之需也，四夷非無征伐之費也。上有節儉之君，下無侈靡之習。儲蓄於公私者，取之不窮；應辦夫緩急者，度其可繼。田租雖除，用度自給，無可疑者。不然，何貢助徹之法，雖三代亦所常行，而漢乃有蠲賦之年哉！

我太祖高皇帝備自古帝王之德，膺上天曆數之歸，汎掃胡元，輯寧中夏，尺地莫非其有，一民莫非其臣。列聖相承，仁恩四洽，百二十餘年，生齒之繁，疆域之廣，益加于前。漢唐方亨之際，晉宋未遷之先，莫盛於今日者。仰惟陛下莅阼之初，廣離照之明，奮乾綱之斷，威福作于惟辟，政事修以及時，刑獄不頗而法吏無私，名器不濫而士風以正，罷無名之征斂，停不急之造作，革奢僭之陋習，放淫哇之邪聲，利無不興，弊無不去。蓋於聖祖之良法，遵用之也無遺；而於聖祖之美意，奉承之也無間。是以萬方之大，兆民之眾，衣食足而懽然於仰事俯育之天，禮義興而勃然於改過遷善之地。四序調於上，萬物和於下，雋賢熙職，戎夷嚮風，此豈無自而然哉！良由陛下之所以富教斯民者，不徒崇富教之具，而又端一身以爲富教之本故也。然天下之大，人君不能以獨治，必有分其任者。邇年以來，爲陛下分富民之任者，非無其人也，而求其催科弗急，加意於民情之休戚者，其人鮮矣。爲陛下分教民之任者，非無其人也，而求其化導不倦究心乎民俗之淳漓者，其人亦鮮矣。夫爲陛下富民者既非其人，則雖無水旱河決之患，而民之流移失業者猶或有之，況復罹此患邪？然則何怪乎閭巷之間，不能無凍餒；田野之內，未免於無聊哉！夫爲陛下教民者既非其人，則雖無凍餒無聊之困，而民之作奸犯科者猶或有之，況復值茲困邪？然則何怪乎勸諭切而循理者少，赦宥頻而犯法者甚哉！蓋饑寒切身，則行甘禽獸；利欲汨志，則命同螻蟻。凡民之情，大[1]見於聖策之所先及者。

　　臣既述其事、論其理如此，竊窺聖策，至終篇，見陛下遠想古之帝王富天下有術，而教天下有方，思舉行之以繼其治功之盛，且於庶富教之三事，責臣等悉心以陳其詳。臣之所欲言者，上之所陳已露悃愊，敢復申其說於清閒之下，陛下幸無厭焉。蓋古之御天下者，既庶，必思所以富之，而制田里，薄賦斂，則富之之術也。既富，必思所以教之，而設學校，明禮義，則其教之之方也。富之之術，教之之方，布在方策，而後世之所以治不古若，豈獨富之者無術，而教之者無方之過哉！顧爲治不能無法，而用法不可無人。苟非有文武之君、文武之臣，決不能舉文武之政。臣故僭言，今日之患，凡於陛下承富教之托者，宜任其咎，而又不量淺深，妄勸陛下以其責臣下者，反之以自責也。至若庶矣而富，富矣而教，此孔子所以告冉有者，見於《論語》，其說甚

---

[1] 此處底本缺兩面。

明。而孟軻勸齊梁之君行王者之政，亦不過欲其乘地辟民聚之勢，而養以農桑，繼以庠序，初無異於孔氏之説。然得道者多助，而政刑之效，終不若德禮之深；德教之行，必始於巨室之慕，亦孔孟之遺論也。故以先後言之，則庶先乎富，富先乎教，而君身尤其所先。以本末言之，則教本於富，富本於庶，而君身爲本之大。身也者，萬事之根柢，萬化之權輿。古之聖賢，出處異時，窮達異地，未嘗不慎重於斯，而治之汲汲也。故庶人微矣，爲庶人者且不可以不修身，而況履帝位之尊。一家近矣，正一家者，且不可以不修身，而況治天下之大。苟所求於人者重，而所以自任者輕，則君子病之。陛下以至儉崇養德之基，以至仁立修道之本，動靜存誠，夙夜居敬，其於正身以爲天下倡者，蓋不可以有加矣。而臣所以效忠陛下者，於此猶諄諄焉，此固臣子望君無已之心也。臣不敢臆説，請舉已然之迹徵之。

粵稽諸古，教民稼穡則稷爲之，敬敷五教則契爲之，夏之籲俊尊帝，商之敷求哲人，文王用五人而有夏修和，武王臣十人而萬姓悅服。帝王之富教天下，不獨恃乎己，而必資乎人，蓋如此。然堯則俊德之克明，舜則重華之協帝，禹絕旨酒而拜昌言，湯躋聖敬以懋厥德。闡丕顯之謨者，柔恭保民；著丕承之烈者，聰明作后。帝王之富教天下，不獨資乎人，而必本諸身，又如此。

我太祖高皇帝肇造鴻業，久享天位，所以立法貽謀，爲億萬載無疆之休者，其盡善盡美，不異古帝王所以富教天下之道，而周密過之。陛下嗣守丕圖，于茲六載，憂民肫切，降詔丁寧，治之所期，必欲追隆古帝王之盛，而不滿乎漢文帝之爲。大哉皇言！偉哉聖志！臣知陛下必能踐斯言於無負，酬此志於不違，而有以弘莫大之業也。然不致力於本之所當先，而徒盡心於末之所可後，亦何由滿陛下之願哉！故今日之務，固多不可已者，而在陛下所安，則自修身之外，皆可緩議而徐圖之。必也精擇善利，勇決取舍，超然遠覽，深惟至計。信違拂之爲恭，思儆戒之可樂。兢兢如堯，業業如舜，克艱如禹，待旦如湯，亦臨亦保如文，不泄不忘如武。屏玩好而親經史，遠邪佞而邇端直。畏天之命，悉下之情；審時之宜，定國之是。凡聖祖之所以作于前而傳於後者，講求其意之宏深，推致□利之廣博。志焉思繼，事焉思述。率由舊章之詩，不忘乎心；鑒于成憲之書，常在乎目。操持把握，不一時而少縱，不一事而少差。如陛下苍阼之初，而愈益勤勵，愈益儉約，愈益謙恭，則一念慮無非正心，一云爲無非善道。將見推無不準，動無不化。公卿勵其職於朝，守令勵其職於郡縣。四海之內，如風行草偃，莫不順從。凡陛下之所憂於天下者，不治而自治矣。

古人有言："遵先王之法而過者，未之有也。"臣既以古人之成效，可以爲法於後世者，略陳於前。又言："堯舜之知而不遍物，急先務也。"臣又以今日之急務，在於陛下之一身者，懇陳于後。惓惓愚衷，不外乎此，惟在陛下俯聽而用之耳。

蓋人主開求言之路，必將有聽言之實，人臣遇得言之秋，不可無獻言之誠。昔之愛君者，其言若此，臣嘗誦之以自警，今幸遇其秋於用言之朝，而不獻其誠於聽言之主，是負所志於平日也。故雖言無可采，不敢不盡。然睿覽之下，倘以其得千慮之一，而不忍棄焉，則豈特愚臣之慶幸哉！臣干冒天威，無任戰栗殞越之至。

臣謹對。

臣徐穆
臣對：

臣聞帝王之御天下，有爲政之大要，有爲政之大本。蓋庶也、富也、教也，爲政之大要也；心也者，爲政之大本也。富民而不本諸心，則無以著其賙恤保愛之實；教民而不本諸心，則無以妙其轉移感動之機。是爲政不可不務大要，務大要不可不端大本。大本既端則推之以富民，而民生以遂，不待家賜人益，自然田野相安，而無凍餒無聊之嘆，比閭相保，而無流移失業之人。推之以教民，而民性以復，不待耳提面命，自然遵義遵路，而皇極之是歸，興仁興讓，而澆風之不作。孰謂存心於富民而不臻其實效，存心於教民而不收其成功也哉！是知爲政之大要，不出於庶富教三者之外，而爲政之大本，端在於人君一心無疑矣。此心此政之克盡，隆古之治所以極於全盛；此心此政之未純，漢文之治所以僅爲小康。然則今日欲追隆古帝王之盛，而陋漢文帝於不居者，庸有出於此心此政之外哉！

恭惟皇帝陛下膺天眷之隆，荷天責之重。巍巍蕩蕩，邁唐堯之峻德；戰戰栗栗，過周文之小心。誕育多方，于今六載。即位以來，躬耕籍田以勸農，已有志於富百姓矣；親臨大學以勸士，已有志於教百姓矣。是以農桑遍野，而衣食自足於民間；弦誦成風，而禮樂大行於天下。

然猶體道謙冲，游心高遠，民已富而猶以爲未富，民已化而猶以爲未化。乃於萬幾之暇，特進臣等于廷，降賜清問，首詢以漢文帝守成殷富之效，中及方今天下未盡富未可教之弊，末復欲究庶富教三者先後本末之序，且欲求古人之成效，今日之急務。臣有以知陛下是心，即文王視民如傷、望道未見之盛心也。臣雖愚陋，敢不拜手稽首，以對揚休命於萬一乎！

臣聞惟天惠民，惟辟奉天。天不能自養乎民，必賴君以養；天不能自教乎民，必賴君以教。有君人之責者，皆當以教養爲心也。庶矣而不富，富矣而不教，則於爲政之大要有所虧，而爲政之大本亦有所不能盡矣。君人之責，固如是乎？臣請徵諸古，爲陛下陳之。唐虞、三代之世，風氣既開，人物漸繁。堯、舜、禹、湯、文、武數聖人者，任君師之責於上，施教養之政於下，播時百穀，六府孔脩，五十而貢，七十而助，百畝而徹。故當時耕田鑿井，含哺鼓腹，烝民乃粒，兆民允殖，其富之之效，可想見矣。慎徽五典，敬敷五教，夏學曰校，商學曰序，周學曰庠。故當時百姓昭明，治隆俗美，比屋可封，歸其有極，其教之之效，可概舉矣。自是而後，鮮有可稱，漢之文帝，庶幾乎此。躬修玄默，清静無爲，移風易俗，與民休息，以故海内殷富，家給人足，戶口滋殖，財貨充溢。民既富矣，由是禮義之盛興，風俗之丕變。自重犯法，渾乎平明之治；恥言人過，藹然仁厚之風，亦庶乎其可教也。然究其所以，則以節儉教化爲之本耳。觀其敦樸是尚，浮靡不事。露臺惜百金之費，端表於己者，一節儉也。帷帳無文綉之飾，作則於家者，一節儉也。鰥寡困窮之民，則議所以振之；水旱疾疫之灾，則思所以佐之。吳王不朝，賜以几杖；張武受賂，更加賞賜。文帝所以致殷富而興禮義者，豈無所自哉？若以分田爲定制，則夏貢商助周徹之法，古今所常行也，寧獨漢乎？若以除租爲實惠，則宗廟百官四夷之費，用度有常經也，豈能免乎？向使文帝外施教養之政，内無教養之心，雖求索極於錙銖，而無常之賜用如泥沙，征斂至於毛髮，而不急之需弃若土芥。化導雖明，而冥頑者自若；懷柔雖切，而武斷者益驕。如武帝之海内虛耗，戶口減半，法網嚴密，盜賊繁興者，所必至矣，尚何殷富刑措之足言乎？此臣愚斷斷然以爲，文帝殷富之效，禮義之興，蓋根本於節儉教化之所致也。

洪惟我太祖高皇帝，天縱聖神，肇造區夏，薄海内外，罔不臣服。其富民也，畫田連夫阡陌，而兼并有刑，游惰有禁；其教民也，設學遍於郡縣，而立教有條，司教有官。列聖相承，益隆繼述，是以天下之大，農力於耕，而無不富之慮，士力於學，而無難化之憂。迄今百二十餘年，生齒益繁，疆域益廣，通都大邑，市井相望，遐陬窮裔，雞犬相聞，隆古全盛之世，生民之庶，未有過於今日者也。然法久則人漸玩，世久則俗漸降，驕奢豪僭，相效成風。而我祖宗已富之民，日以殘瘁，放僻邪侈，無所不至；而我祖宗已化之民，日以澆漓。際此極盛之時，固當不宜有此，是以不能不廑陛下慕漢文之守成也。

然臣嘗聞之，冉有曰："既庶矣，又何加焉？"孔子曰："富之。"方今天下之人，力本者少，逐末者多，勤身者少，游手者多。平居暇日，不浮費於道佛之奉，則虛縻於衣食之資。小夫寠人，所入不足以供其所出；富家巨室，所積不足以補其所需。是以頃因水旱，輒流移以他徙；繼遭河決，復轉盼而別居。閭閻之內，人不聊生；田野之間，坐而待斃。民之不富，誠有如聖問之所慮者。爲今之計，莫若弘儉約之風，擇撫字之職，嚴上下之分，定僭逾之罪。異端足以蠹民財者，則斥絕之；淫巧足以耗民財者，則痛革之。如是，則有財者不得以濫用，無財者不得以強用，庶乎民有餘財而可富也。富民之政雖出於上，然非有仁心以爲之本，則亦徒爲文具，而非真心實惠之形矣。

臣願陛下欲加意於民，先躬行於己。一財之出納，則曰恐無實而妄費；一物之賜予，則曰恐無功而濫賞。欲興土木之功，恐有以傷民財，我則息之；欲信禱祠之事，恐有以竭民財，我則止之。將見富足之道，行於朝廷，達於天下。表正則影自直，源潔則流自清。斯民既庶，不期富而自富矣。臣又聞之，冉有曰："既富矣，又何加焉？"孔子曰："教之。"方今天下之人，有知者少，無知者多，從化者少，梗化者多。群居終日，不每逾夫大閑，則好行夫小慧。庶民小子，而行矣不著，習矣不察；經生學士，而擇之不精，守之不固。是以勸諭雖曰諄切，而冥然罔覺；赦宥雖曰頻數，而恬然無忌。漏法網者，生而幸免；干天憲者，死而無悔。民之不可教，誠有如聖問之所慮者。爲今之計，莫若敦教化之原，重化導之職，用樸茂之士，抑浮薄之徒。積弊足以隳士氣者，則振起之；污俗足以壞士風者，則更張之。如是，則無善者視法而有所勸，有善者感激而益加勉，庶乎民皆向善而可教也。教民之政雖出於上，然非有仁心以爲之本，則亦徒爲美觀，而非躬行心得之推矣。臣願陛下欲鼓舞於民，先整飭於己。一人之進用，則曰此於公議得有所協乎？一人之廢黜，則曰此於人材得有所妨乎？正人端士，國家之利器也，我則親之；小夫憸人，生民之巨蠹也，我則遠之。將見教導之宜，行於朝廷，達於天下。杯圓則水亦圓，盂方則水亦方，斯民既富，不強化而自化矣。

　　夫耕桑不務，則衣食不足；衣食不足，則禮義不興；禮義不興，則教化不行；教化不行，則刑辟易犯。此相因之勢，亦自然之理也。夫弊之生也，起於相因，則處之之道，亦必有相因者存焉。故欲民之不犯夫刑辟，必敦夫教化；欲敦夫教化，必尚夫禮義；欲尚夫禮義；必足夫衣食；欲足夫衣食，必務夫耕桑。誠如是，則無不可處之道，無不可救之弊，無不可富、無不可教之民矣，尚何足以勞聖慮哉！抑是相因之道，理易知，事易行，推原其本，特在聖心一運用間耳。臣請復徵諸古，以畢其説。唐虞、三代之君，存心於天下，加志於窮民。民之饑寒，則曰我饑寒之；民之有罪，則曰我陷之也。一饋而身至於十起，一沐而髮至於三握。德及禽獸，化行蠻貊。堯、舜、禹、湯、文、武教養之心，何如哉！向使既庶而不繼以富之之術，既富而不繼以教之之方，則阻饑者誰教以耕耨？艱食者誰教以佃漁？而富民之仁心，不於是而泯沒邪？日用不知者誰與開先？逸居無教者誰與警悟？而教民之仁心，不於是而淪喪邪？唐虞、三代之君，存心於富民而民遂其生，存心於教民而民復其性。其於爲政之大要，烏有不舉？而大本烏有不盡乎？成規定制，昭然具在，舉而措之，則唐虞、三代之治復見於今日，區區漢文，曾何足云！

　　仰惟陛下嗣守祖宗鴻業，圖惟治道，欲追隆古帝王之盛。臣愚以爲，欲追帝王之盛，不可不求帝王之政；欲求帝王之政，不可不求帝王之心。若夫漢文於爲政之大要雖舉，而但安於小成；爲政之大本雖盡，而未極其大用。又何必屑屑然以爲陛下告哉！至於庶富教三者先後本末之序，臣愚以爲：既庶然後可富，不庶則居民鮮少，而財貨有不能生；既富然後可教，不富則救死不贍，而禮義有不暇治。由是觀之，則先後之次自不可紊，本末之序自不可亂，而其大本，又在陛下之一心而已。一心既存，則古人之成效可考而知，今日之急務亦可次第而推行之矣。所謂急務，不過如臣所謂富民之計是已。不然，則財有限而用無窮，一人耕之，十人聚而食之，十日積之；一日糜而廢之，欲民之富足也難矣。《易》曰："節以制度，不傷財，不害民。"此之謂也。亦不過如臣所謂教民之計是已。不然，則面雖從而心未革，一齊傅之，衆楚從而呴之；一日暴之，十日從而寒之。欲民之率教也難矣。《語》曰："君子之德風，小人之德草，草上之風必偃。"此之謂也。今日之急務，孰有大於此者乎？

臣於聖問已略陳如彼，而於篇終復有獻焉。夫心者難操而易舍，政者難舉而易息。此心存，則大本以立，洞然八荒皆在我闥，四海萬物皆吾度內，而天下之政，無一不可為者。此心不存，則大本以失，方寸之中私為町畦，一膜之外便為胡越，而天下之政，無一可為者。是心也者，萬事之本，萬化之原，所當操存省察，而不可須臾離者也。然出入無時，莫知其鄉。斂於一腔，人不得而知也，唯己獨知之。游於千里，人不得而知也，唯己獨知之。伏願陛下，加察於不睹不聞之處，致謹於內外賓主之辯。大廷此心，而深宮亦此心；大政此心，而細事亦此心。對近習，無異於百辟環侍之時；待嬪御，無異於萬民仰觀之頃。矜持有加，不進銳而退速；勵精無已，不天飛而淵淪。誠如是，則操而不舍，收而不放。苑囿游觀，不足以荒此心；沉湎逸欲，不足以蕩此心；神仙禱祠，不足以惑此心；土木戰爭，不足以戕此心。而天下之大本，可謂端矣。由是以務天下之大要，則近而郊畿，遠而郡國，極而至於遐方僻壤，無一人不遂其生，然後可以慰吾富民之心。不然，不但已也。賢而上智，庸而凡民，甚而至於下愚不肖，無一人不復其性，然後可以慰吾教民之心。不然，不但已也。以之求古人之成效，則成效以著；以之求今日之急務，則急務以得。將見天地以之而位，萬物以之而育，隆古帝王以之而匹休，祖宗列聖以之而增光。聖心所在，其大效有如是邪？此臣所以不為新奇可喜之論以獻陛下者，誠以天下之大本在此也。伏惟陛下少留意焉，則有是心，有是政矣。臣干冒天威，無任惶汗殞越之至。

臣謹對。

臣羅欽順
臣對：

臣聞人君所以致天下之大治，而成天下之大化者，亦惟全天德以行乎王道而已。萬邦咸寧，天下之大治也；黎民於變，天下之大化也。心正身修，德之純乎天也；用賢立政，道之純乎王也。致治成化而非道，則綱維不張而精神徒弊；行道而非德，則奮迅未幾而委靡已形。故有志於帝王之治，不可不求其道；有志於帝王之道，不可不求其德。誠使方寸之天不雜，本原之地惟清。必能立經陳紀，用固丕基；翕受敷施，爰熙庶績。以之富民，自有以遂其飽暖之願；以之教民，自有以興其禮義之風。治化浹於敷天，而聲聞流於率土矣。二帝三王之所以卓冠百王者，以其全盡乎此也；漢文帝之所以幾致刑措者，以其僅得乎此也。然則今日所以追隆古之盛，而陋文帝於不爲者，道豈遠乎哉！亦曰致乎天德之全，極乎王道之備耳。

洪惟我太祖高皇帝受天明命，奄有四海，修德行仁，以養以教，聖謨丕顯，萬世足徵。承以五宗，益隆繼述，生齒之繁，疆域之廣，過前代遠矣。欽惟皇帝陛下，以至聖之德，嗣大寶之位，恭勤不息，仁厚有加，治化之成，蓋已駸駸乎其日盛矣。然猶不自滿假，乃於萬幾之暇，登進臣等于廷，咨以庶富教之道，俾陳其本末先後，與夫古人之成效、今日之急務。臣伏而讀之，有以知陛下之養民，直欲如隆古之咸寧；教民，直欲如隆古之於變而後已。此天下之幸，宗社之福也。臣雖愚陋，敢不罄所聞知以對揚清問之萬一乎？

臣聞天生斯民，立之司牧，而寄以三事，曰庶、曰富、曰教是已。庶而不富，則民無以遂其生；富而不教，則民無以復其性。是以受天命以君天下者，必富之於既庶之餘，教之於既富之後，使民生咸遂，民性咸復，然後天人之望允塞，而君師之責無慚。制田里，薄税斂，所以富之也；立學校，明禮義，所以教之也。旁招俊乂，布列庶位，所以分任教養之責也。然人君一心，實萬化之原；一身，實天下之本。惟夫心得其正，而私欲無所容；身得其修，而偏僻無所累。則善政之立，得以究其功；賢人之用，得以行其志。苟無其本，不免於內外之背馳，首尾之乖剌，而欲治化之成也，豈不難哉！故曰："徒善不足以爲政，徒法不能以自行。"此之謂也。

陛下欲考成效於古人，臣請徵諸唐虞、三代以對，若漢文帝之事功，則非臣之所敢望於陛下者。彼其萬邦咸寧、六府孔修，兆民允殖，四方和恒，唐虞、三代之治何如也？黎民於變，四方風動，厥師用爽，四海永清，唐虞、三代之化何如也？夫治不徒致，化不徒成。其富民也，則有井田之制，有貢、助、徹之法。而任其責者，又有若后稷以播百穀，有若伯益以奏艱食，思艱圖易，責之於君牙。是富之有其道矣。其教民也，則有學校之設，有詩書禮樂之教。而任其責者，又有若契以爲司徒，有若禹以化讒説，敬典在德，責之於君陳。是教之有其道矣。然而俊德之克明，厥身之慎修，則王道之行於堯舜者，夫豈無其本乎？厥中之允執，大德之懋昭，明德之克慎，則王道之行於禹湯文武者，夫豈無其本乎？本於內者極其純，行於外者極其至，故養民而民遂其生，教民而民復其性。耕田鑿井於不識不知之天，遵義遵道於蕩蕩平平之域，此唐虞、三代之治化，所以非後世之所能及也歟！自時厥後，鮮有可稱。所以富民者，雖有代田限田之制，有口分世業之法，然求其效如古之咸寧，不可得矣；所以教民者，雖有臨雍拜老之儀，有增廣生員之舉，然求其效如古之於變，不可得矣。所以然者，得非王道有所未備，天德有所未全乎？求其庶幾焉者，僅漢之文帝一人而已。故觀班史之所載，曰海內殷富，則庶幾乎富民之效；曰興於禮義，則庶幾乎教民之效。所以斷獄四百，幾致刑措，而守成之美，彷彿成康。要其所以得此者，豈有他哉！蓋躬行節儉，則有得乎天德之一端；減除田租，則有得乎王道之一節。故其治化之成就，亦有得乎唐虞、三代之彷彿也。使其獲聞大學之道，而致乎天德之全；能求大賢之用，而極乎王道之備。抑豪強之兼并，興禮樂於久淪，則其所至，豈止於此而已哉！此臣於文帝之事，所以不欲屑屑爲陛下道也。而陛下且疑其田租既除，則用度何給，臣又不敢不推其所以焉。蓋當文帝之時，無冗濫之官，無坐食之卒，加以節用，固應沛然。況田租雖暫除，而園林山澤之賦固在，費出有經，何憂其不給乎？

夫古人之成效，臣既畢陳於前矣，若夫今日之急務，臣雖不克詳究，而聖問所及，亦不敢不少效其愚。陛下受六聖撫摩之民，當十紀亨嘉之運，銳情教養，動法祖宗，致今版籍所登，遠過漢唐盛際。飽暖之願遂矣，禮義之風興矣。聖策下詢，且猶慮其凍餒之不免而流移之漸多，循理之尚少而犯法之愈甚。推其必至之勢，咨以善處之方。此固陛下視民如傷，深自抑畏之盛心也。然天下至大，生民至衆，萬有一焉，或有如陛下之所慮者。陛下必欲普遂群生，茂隆丕業，則所以處乎此者，誠不可不加之意焉。

臣愚竊以爲斯民之輕犯刑辟，陛下既知其由於衣食之不足、禮義之不治矣。足其衣食，驅之禮義，刑其有不措哉！然則欲求所以處乎此者，亦惟盡心於富教焉耳。臣請以富民之道言之。國家田里之制已有定矣，輕稅斂，減徭役，則今日富民之所當急也。然欲稅斂之輕，在於罷不急之務，杜無功之賞，汰罷惰之卒，裁溢額之官，省無名之費；欲徭役之減，在於息土木之工，却遠方之貢，嚴驛傳之給，謹泛使之差，重私役之罰。稅斂輕而民財不匱，徭役減而民力不窮，始可以言富民矣。臣請以教民之道言之。國家學校之設已有定矣，明倫理，重廉節，則今日教民之所當急也。然欲倫理之明，在於修三物之教，表孝弟之人，嚴尊卑之分，謹男女之別；欲廉節之重，在於獎恬退之士，抑奔競之徒，厚忠直之賞，嚴貪污之罰。倫理明而百姓以親，廉節重而士風以美，始可以言教民矣。然立政用賢，王道所不可偏廢者，政事雖善，而用非其人，亦終於無成。故富民又在於慎擇守令，教民又在於慎擇師儒。使爲守令者，皆如黃霸、卓茂其人，則稅斂不患不輕，徭役不患不減；爲師儒者皆如陽城、胡瑗其人，則倫理不患不明，廉節不患不重。而又擇監司以察守令師儒之臧否，擇宰相以權監司之黜陟。則王道之行也，有以極其至；而治化之盛也，將無以异於古矣。

雖然，善政之所以立，賢才之所以用，非陛下心正身修，其何以爲之本哉！蓋表必端，其影斯直；源必潔，其流斯清。苟心有萬一之不正，而身有萬一之未修，則政事雖善，而一有以妨吾之欲，雖善未必行；賢才雖用，而一有以拂吾之私，雖用未必久。此臣之論致治成化，所以斷然以全天德爲之本也。仰惟陛下日御經筵，緝熙聖學，其於正心修身之說，聞之熟矣。顧所以實用其功者，則臣來自疏遠，有所不能與知。陛下必欲舉行王道，富教斯民，舍此無以用其力矣。臣愚伏願陛下，親君子，遠小人，以爲正心修身之助；崇敬畏，戒逸欲，謹言行，正威儀，以實用正心修身之功。不有其助，則心身固無正修之理。苟非實用數者之功，又何以爲正修也哉！臣於數者請得而條陳之，以爲終篇獻。

臣聞之賈誼曰："習與正人居之，不能無正，猶生長於齊，不能不齊言也；習與不正人居之，不能無不正，猶生長於楚之地，不能不楚言也。"夫所謂正人者，言依仁義，動由規矩，有忠愛之實，有匡救之誠。所謂不正人者，制行奸回，宅心頗僻，逢迎以爲說，阿徇以爲容。陛下試以臣之所言驗之，平日之所與居者，果正人乎？果非正人乎？驗其果正人也，則引而親之，與之謀謨治道，講論經史，使之因時啓沃，隨物箴規。如其非正，必斥而遠之，使彼之邪媚無所投，而吾之聰明無所惑。如是則可以涵養氣質，薰陶德性，進善之機難遏，肆情之事不形，心可得而正，身可得而修矣。若夫敬畏之存，則當操持於不睹不聞之時，而省察於己所獨知之地。逸欲之戒，則當思夫伐性喪生之可懼，而念夫持盈守成之惟艱。言行之謹，則當使加乎民者靡尤，而見乎遠者無悔。威儀之正，則當肅肅於視朝之頃，雍雍於燕閑之時。夫如是，則內外交養，動靜不違，極中正和樂之全，無偏倚駁雜之弊，心無不正，而身無不修矣。陛下心誠正，身誠修，則天德純全，本源澄澈。由是所行者無非善政，不以其妨吾之欲而不行；所用者無非賢人，不以其拂吾之私而不用。政事以經之，賢才以紀之。將見九功惟敘，而禮義聿興；五典克從，而刑辟斯措。大治以致，大化以成。由是功光祖宗，由是業垂後裔，足以繼帝王之盛於隆古，足以陋文帝之小於下風。萬世而下，稱守成令主，豈能舍陛下而他適哉！蓋全天德以行王道者，本之所當先；致治化以紹隆古者，末之所宜後。伏惟陛下，毋急其末而緩其本，毋重其所宜後而輕其所當先。深惟至計，永福蒼生，天下幸甚！

臣不勝惓惓效忠之誠，亦知愚陋無所裨益，然芻蕘之言，聖人擇焉。伏惟萬幾之暇，少垂睿覽，苟有可采，俯賜施行。臣不勝大願，不勝大幸。干冒天威，伏增惶悚。

臣謹對。

弘治十五年進士登科錄

玉音

　　弘治十五年三月初八日，禮部尚書臣張昇等於奉天門奏爲科舉事：會試天下舉人，取中三百名。本年三月十五日，殿試，合請讀卷官及執事等官少傅兼太子太傅、户部尚書、謹身殿大學士劉健等五十六員。其進士出身等第，恭依太祖高皇帝欽定資格：第一甲例取三名，第一名從六品，第二、第三名正七品，賜進士及第；第二甲從七品，賜進士出身；第三甲正八品，賜同進士出身。奉聖旨："是。欽此。"

讀卷官

　　光禄大夫、柱國、少傅兼太子太傅、户部尚書、謹身殿大學士劉健，庚辰進士。
　　光禄大夫、柱國、少傅兼太子太傅、吏部尚書馬文升，辛未進士。
　　榮禄大夫、太子太保、刑部尚書閔珪，甲申進士。
　　資政大夫、太子少保、禮部尚書兼文淵閣大學士李東陽，甲申進士。
　　資政大夫、太子少保、兵部尚書兼東閣大學士謝遷，乙未進士。
　　資政大夫、户部尚書倪鐘，丙戌進士。
　　資善大夫、工部尚書曾鑑，甲申進士。
　　資政大夫、都察院左都御史戴珊，甲申進士。
　　資善大夫、都察院右都御史史琳，丙戌進士。
　　通議大夫、兵部左侍郎熊翀，己丑進士。
　　通議大夫、通政使司通政使沈禄，戊子貢士。
　　通議大夫、大理寺卿楊守隨，丙戌進士。
　　翰林院侍講學士、奉訓大夫武衛，戊戌進士。
　　翰林院侍講學士、奉訓大夫張芮，戊戌進士。

提調官

　　資善大夫、禮部尚書張昇，己丑進士。

通議大夫、禮部左侍郎焦芳，甲申進士。

監試官

文林郎、河南道監察御史曾禄，辛丑進士。

文林郎、福建道監察御史鄧璋，丁未進士。

受卷官

左春坊左諭德劉春，丁未進士。

翰林院編修徐穆，癸丑進士。

承事郎、吏科都給事中王洧，丁未進士。

承事郎、戶科都給事中童瑞，庚戌進士。

彌封官

亞中大夫、光禄寺卿王珩，乙未進士。

奉直大夫、鴻臚寺左少卿岳鎮，監生。

奉政大夫、尚寶司卿盧亨，丁未進士。

右春坊右贊善楊時暢，戊戌進士。

翰林院編修沈燾，癸丑進士。

奉議大夫、吏部郎中兼司經局正字劉榮，秀才。

奉直大夫、禮部員外郎兼司經局正字周文通，秀才。

承事郎、禮科都給事中吳仕偉，庚戌進士。

徵仕郎、兵科給事中艾洪，丙辰進士。

掌卷官

翰林院編修、文林郎顧清，癸丑進士。

翰林院檢討、徵仕郎石珤，丁未進士。

翰林院檢討、徵仕郎王九思，丙辰進士。

承事郎、刑科都給事中于瑠，癸丑進士。

承事郎、工科都給事中馬子聰，丁未進士。

巡綽官

昭勇將軍、錦衣衛指揮使趙鑑。

昭勇將軍、錦衣衛指揮使韋順。

昭勇將軍、錦衣衛指揮使楊玉。

昭勇將軍、錦衣衛指揮使葉廣。

明威將軍、錦衣衛指揮僉事郭良。

明威將軍、錦衣衛指揮僉事劉斌。

明威將軍、錦衣衛指揮僉事余寘。

明威將軍、錦衣衛指揮僉事周賢。

明威將軍、金吾前衛指揮僉事吕焕。

昭勇將軍、金吾後衛指揮使宋鑑。

印卷官

奉議大夫、禮部儀制清吏司郎中黎民表，甲辰進士。

奉直大夫、禮部儀制清吏司員外郎張琮，庚戌進士。

承直郎、禮部儀制清吏司主事劉台，丙辰進士。

承德郎、禮部儀制清吏司主事唐禎，丁未進士。

供給官

奉議大夫、光禄寺少卿楊潭，丁未進士。

承德郎、光禄寺寺丞趙松，癸丑進士。

登仕佐郎、禮部司務王恩，甲午貢士。

奉政大夫、禮部精膳清吏司郎中翁健之，丁未進士。

奉直大夫、禮部精膳清吏司員外郎戴恩，丁未進士。

承德郎、禮部精膳清吏司主事董忱，丙辰進士。

恩榮次第

弘治十五年三月十五日，早，諸貢士赴内府殿試。上御奉天殿，親賜策問。

三月十八日，早，文武百官朝服侍班。是日，錦衣衛設鹵簿于丹陛丹墀内。上御奉天殿，鴻臚寺官傳制唱名。禮部官捧黄榜，鼓樂導引出長安左門外，張挂畢，順天府官用傘蓋依從送狀元歸第。

三月十九日，賜宴於禮部，宴畢，赴鴻臚寺習儀。

三月二十一日，賜狀元朝服、冠帶及進士寶鈔。

三月二十二日，狀元率諸進士上表謝恩。

三月二十三日，狀元率諸進士詣先師孔子廟，行釋菜禮。禮部奏請，命工部於國子監立石題名。

第一甲三名　賜進士及第

康海　貫陝西西安府乾州武功縣，民籍。國子生。治《詩經》。字德涵，行五，年二十八，六月二十日生。曾祖爵，南京太常寺少卿。祖健，通政司知事。父鏞，府知事。母張氏。慈侍下。兄阜；淮；浤；澤，醫學訓科。弟潤、浩、瀚、淳、洋、瀛。娶尚氏。陝西鄉試第七名，會試第一百七十九名。

孫清　貫直隸武清衛籍，浙江餘姚縣人。國子生。治《書經》。字直卿，行二，年二十三，四月初十日生。曾祖栖。祖弜。父鈇，□□□。母陳氏，繼母徐氏。具慶下。兄澄。弟堪、埕。娶陳氏。順天府鄉試第一名，會試第二十六名。

李廷相　貫錦衣衛籍，山東濮州人。順天府學附學生。治《詩經》。字夢弼，行一，年二十二，五月二十二日生。曾祖俊。祖賢，義官，封刑部主事。父瓚，刑部員外郎。母趙氏，封安人。重慶下。娶侶氏，繼娶夏氏。順天府鄉試第六名，會試第三十二名。

第二甲九十五名　賜進士出身

胡煜　貫直隸徽州府歙縣，民籍。國子生。治《春秋》。字廷和，行四，年三十四，十月十九日生。曾祖伯亮。祖敏中。父世昂。母張氏。具慶下。兄迪、遷、耀。弟琰、璨。娶方氏。應天府鄉試第四十四名，會試第三十名。

魯鐸　貫湖廣沔陽州景陵縣，民籍。國子生。治《書經》。字振之，行三，年四十二，三月初八日生。曾祖勝祖。祖源。父仕賢。母朱氏。嚴侍下。兄鎮、銓。娶向氏。湖廣鄉試第九名，會試第一名。

薛金　貫直隸常州府江陰縣，民籍。國子生。治《詩經》。字子純，行二，年三十五，六月十三日生。曾祖鵬。祖佺。父雲，聽選官。母陳氏，繼母徐氏。慈侍下。兄鏞，遇例冠帶；鑲，典史；鐄；鋒；鍴。弟鏊、鏵、鋐。娶黃氏。應天府鄉試第四十九名，會試第七十八名。

蘇乾　貫直隸隆慶州，民籍，順天府昌平縣人。州學生。治《詩經》。字體健，行一，年二十五，七月十六日生。曾祖義。祖榮，經歷。父明，貢士。母丁氏，繼母張氏。重慶下。弟翰、軫、輯、軒。娶郭氏，繼聘李氏。順天府鄉試第四十六名，會試第二百七十六名。

李璋　貫錦衣衛,官籍,浙江景寧縣人。國子生。治《易經》。字德方,行四,年三十六,九月二十二日生。曾祖恭。祖信,贈忠顯校尉、錦衣衛百戶。父貴,授昭信校尉、錦衣衛百戶。前母張氏,贈安人;母咼氏,封安人。慈侍下。兄琛,授昭信校尉、錦衣衛百戶;琮,通奉大夫、左布政使;瑞,恩例冠帶。娶齊氏,繼娶趙氏。順天府鄉試第二十五名,會試第七十九名。

王尚絅　貫河南汝州郟縣,軍籍。國子生。治《禮記》。字錦夫,行四,年二十五,十月二十五日生。曾祖斌。祖宗。父璇,孝□。母聶氏。重慶下。兄尚忠、尚文、尚志。弟尚明、尚簡。娶周氏。河南鄉試第五十五名,會試第十二名。

楊節　貫錦衣衛,官籍,直隸合肥縣人。國子生。治《書經》。字本中,行二,年二十六,五月初七日生。曾祖遇。祖順,贈明威將軍。父昇,錦衣衛指揮僉事。嫡母馬氏,生母劉氏。具慶下。兄謙,錦衣衛指揮僉事。娶莊氏。順天府鄉試第一百二十七名,會試第七十一名。

曹崑　貫錦衣衛鎮撫司,官籍,應天府句容縣人。國子生。治《春秋》。字來鳳,行二,年三十三,二月二十八日生。曾祖安善。祖政,錦衣衛百戶。父宏,按察司副使。母何氏,封孺人。永感下。兄岐,同科進士。弟岫,錦衣衛所鎮撫;岷。娶劉氏。順天府鄉試第五名,會試第二百四名。

林魁　貫福建漳州府龍溪縣,民籍。府學生。治《易經》。字廷元,行一,年二十七,十月十二日生。曾祖瑞瞿。祖經畫。父理中。母施氏。具慶下。弟□、蟄。娶張氏,繼聘王氏。福建鄉試第十四名,會試第二百三名。

溫仁和　貫四川成都府華陽縣,民籍。國子生。治《禮記》。字民懷,行四,年二十八,十二月十八日生。曾祖良,奉祠。祖彥中,良醫,封監察御史,贈戶部郎中。父璽,布政司右參議。母羅氏,封安人,贈宜人;繼母張氏,封宜人。具慶下。兄時和,奉祀所典樂;景和;陽和。弟天和、雍和、清和、壽和。娶何氏。四川鄉試第十名,會試第八名。

李時　貫直隸河間府任丘縣,民籍。國子生。治《易經》。字宗易,行一,年三十二,三月十一日生。曾祖榮。祖溥,教授,贈光祿寺寺丞。父桀,知府,前光祿寺少卿。母邊氏,封安人。具慶下。娶張氏。順天府鄉試第三十四名,會試第七名。

季敩　貫浙江溫州府瑞安縣,民籍。國子生。治《易經》。字彥文,行一，年四十二，四月初一日生。曾祖坦。祖琛，巡檢。父佾。母項氏。永感下。弟韜。娶金氏，繼娶陳氏。浙江鄉試第八十七名，會試第二百名。

汪舉　貫順天府香河縣，官籍，浙江仁和縣人。國子生。治《易經》。字用之，行二，年三十二，九月初十日生。曾祖仲仁。祖士淵，贈翰林院編修。父諧，禮部右侍郎□□□大學士，贈禮部尚書。前母章氏，贈孺人；母唐氏，封孺人。慈侍下。兄登，中書舍人。弟賜。娶何氏。順天府鄉試第二十一名，會試第一百九名。

滕霄　貫濟陽衛，軍籍，福建建安縣人。國子生。治《易經》。字子冲，行一，年二十九，九月十八日生。曾祖文壽。祖鉞。父琮，聽選官。母陳氏。重慶下。弟雲、漢、霽。娶閻氏。順天府鄉試第十六名，會試第十七名。

汪獻　貫浙江杭州府錢塘縣，軍籍。縣學生。治《易經》。字維賢，行一，年三十八，正月十一日生。曾祖祥。祖珉。父璽。母謝氏。慈侍下。弟叡。娶俞氏，繼娶夏氏。浙江鄉試第十一名，會試第五十名。

徐天澤　貫順天府昌平縣，校尉籍，浙江餘姚縣人。順天府學附學生。治《禮記》。字惠民，行七，年二十一，五月初八日生。曾祖伯昂。祖祿。父雲，聽選官。母闕氏。具慶下。兄義。弟天衡。娶潘氏。順天府鄉試第十六名，會試第八十三名。

儲南　貫直隸常州府宜興縣，民籍。國子生。治《詩經》。字光遠，行二，年三十八，十月十一日生。曾祖伯璣。祖著。父勳。母尹氏。具慶下。兄南溟。弟南雲、南金、南陽。娶蔣氏。應天府鄉試第一百三十三名，會試第二百三十八名。

方天雨　貫浙江嚴州府淳安縣，官籍。國子生。治《春秋》。字濟甫，行一，年三十九，十二月初五日生。曾祖原仁。祖文傑，封監察御史。父中，按察司副使。母何氏，封孺人。永感下。弟天叙、天民、天陟。娶周氏。浙江鄉試第三十二名，會試第二百九十九名。

呂㦂　貫江西廣信府永豐縣，民籍。國子生。治《書經》。字祖邦，行七，年三十一，十一月二十日生。曾祖子榮，封奉議大夫、南京刑部郎中。祖晟，知府，旌表孝子。父祥，貢士。母俞氏，繼母姜氏。具慶下。弟龍、夷、益、皋。娶婁氏。江西鄉試第三十八名，會試第九名。

吉時　貫陝西西安府長安縣，軍籍。國子生。治《詩經》。字惟可，行五，年二十七，十月初七日生。曾祖元善。祖祓，贈府同知。父慶，太僕寺卿。前母蕭氏，贈宜人；母胡氏。慈侍下。兄臣，大使；人，前中書舍人；士，義官；占，貢士。弟卜。娶楊氏，繼娶袁氏。陝西鄉試第一名，會試第二百五十三名。

劉吉　貫江西吉安府吉水縣，民籍。國子生。治《易經》。字循理，行七，年三十七，十一月十三日生。曾祖子泳。祖泰謙。父世琮。母陳氏。永感下。兄循、坦。娶曾氏。江西鄉試第二十名，會試第三十四名。

朱亥　貫營州左屯衛，軍籍，浙江上虞縣人。國子生。治《詩經》。字朝章，行四，年二十三，三月初九日生。曾祖俊璋。祖顥，贈衛經歷。父蕙，衛經歷。母鍾氏，贈孺人；繼母柴氏，封孺人。具慶下。弟袍。娶鄭氏。順天府鄉試第一百三十名，會試第九十七名。

董灌　貫福建泉州府晉江縣，軍籍。府學生。治《易經》。字存誠，行一，年二十九，七月初八日生。曾祖端靖。祖瑄。父鳳儀。前母徐氏，母岳氏。具慶下。弟澄。娶何氏。福建鄉試第十八名，會試第八十六名。

歐陽誥　貫江西吉安府泰和縣，民籍。湖廣應城縣學教諭。治《易經》。字賜之，行五，年三十七，九月初六日生。曾祖永仁。祖廣浚，恩例冠帶。父寧，紀義。母王氏。具慶下。兄質；實；讓，知縣；訓。娶羅氏。江西鄉試第三十一名，會試第一百三名。

章寓之　貫四川嘉定州，軍籍。國子生。治《書經》。字道充，行一，年三十四，五月初三日生。曾祖潮。祖立宗。父端。母劉氏。具慶下。弟完之、寬之。娶辛氏。四川鄉試第六十五名，會試第九十二名。

胡軒　貫浙江紹興府餘姚縣，軍籍。儒士。治《禮記》。字士榮，行一，年三十三，十二月初一日生。曾祖達。祖禮。父楷。母孫氏。慈侍下。弟轅、範、輔。娶王氏。浙江鄉試第三十九名，會試第一百三十五名。

李津　貫廣東肇慶府四會縣，民籍。國子生。治《易經》。字濟之，行一，年四十，十一月三十日生。曾祖宗林，知縣。祖充。父金，前典史。前母梁氏、陳氏，母羅氏。具慶下。弟注、洋。娶廖氏。廣東鄉試第三十三名，會試第二百七十四名。

趙永　貫長陵衛，官籍，直隸臨淮縣人。國子生。治《書經》。字爾錫，行一，年三十四，十二月十五日生。曾祖仲良，贈懷遠將軍、指揮同知。祖雲。父貴。母胡氏。慈侍下。弟昶。娶李氏，繼娶王氏。順天府鄉試第一百三名，會試第十五名。

馮志　貫浙江寧波府慈谿縣，民籍。國子生。治《詩經》。字行甫，行八，年三十，十月十二日生。曾祖道庸。祖景旭。父琨。母邵氏。具慶下。

兄龍。娶李氏。浙江鄉試第七十五名，會試第一百二十三名。

楊一鈞　貫四川順慶府廣安州鄰水縣，民籍。國子生。治《詩經》。字秉衡，行五，年二十七，五月初十日生。曾祖思聰。祖輔，贈監察御史。父純，按察司副使。嫡母湯氏，封孺人；生母劉氏。慈侍下。兄萬鈞，義官；千鈞，義官；百鈞，義官；十鈞。娶周氏。四川鄉試第二十九名，會試第八十一名。

施訓　貫四川重慶府巴縣，民籍。府學生。治《書經》。字庭芳，行一，年三十五，三月初五日生。曾祖彥政。祖禮。父恩。母張氏，繼母陳氏。具慶下。弟諫、訥。娶李氏。四川鄉試第六十八名，會試第二百六十五名。

蘇時秀　貫廣西奉議衛，軍籍，潯州府貴縣人。國子生。治《春秋》。字汝實，行二，年二十四，正月初八日生。曾祖成。祖慧。父濱，訓導。母仵氏。具慶下。兄時舉。弟時民、時稼。娶黃氏。廣西鄉試第四名，會試第一百十二名。

徐僑　貫武功中衛籍，江西新淦縣人。國子生。治《易經》。字允升，行二，年三十五，十二月初九日生。曾祖萬斌。祖旺。父通。母田氏。慈侍下。兄仁。娶劉氏。順天府鄉試第五十九名，會試第十三名。

劉悅　貫湖廣荊州府江陵縣，民籍。國子生。治《易經》。字以貞，行一，年三十五，六月十六日生。曾祖永。祖濬，贈刑科給事中。父戀，按察司僉事。母李氏，封孺人。慈侍下。弟業、光、遺美。娶伍氏。湖廣鄉試第四十六名，會試第一百二十六名。

梁錦　貫河南開封府許州臨潁縣，民籍。國子生。治《詩經》。字美中，行二，年四十一，八月十三日生。曾祖仲興。祖景。父禮，登仕佐郎。母趙氏。慈侍下。兄銘。弟欽。娶趙氏。河南鄉試第二名，會試第二百四十六名。

徐麟　貫錦衣衛，軍籍，浙江龍遊縣人。儒士。治《書經》。字仁伯，行一，年三十二，五月初十日生。曾祖添志。祖文和。父舜。前母李氏，母楊氏，繼母李氏。具慶下。弟鸑。娶胡氏。順天府鄉試第八十七名，會試第一百七十二名。

李貫　貫福建泉州府晉江縣，民籍。國子生。治《易經》。字志道，行五，年二十七，二月二十一日生。曾祖肆。祖璠。父杲，義官。母莊氏。重慶下。兄珏、瑛、習、翱。娶武氏，繼娶賈氏。福建鄉試第四十名，會試第二百五十六名。

陸健　貫浙江寧波府鄞縣，軍籍。國子生。治《易經》。字文順，行三十九，年三十八，三月初三日生。曾祖應祥。祖瑀。父垈。母蔣氏。永感下。兄儒。娶祝氏。浙江鄉試第三十二名，會試第二百三十一名。

韓士奇　貫山西平陽府洪洞縣，軍籍。國子生。治《易經》。字秀夫，行二，年三十六，八月二十六日生。曾祖淵，贈通議大夫、戶部右侍郎。祖肅，訓科，封工科給事中，贈通議大夫、戶部右侍郎。父文，正議大夫、資治尹、吏部左侍郎。母張氏，封淑人。嚴侍下。兄士聰，貢士。弟士賢，貢士；士明，醫學訓科；士昂；士勤。娶南氏，繼娶李氏。山西鄉試第四十三名，會試第二百六十四名。

黃閎古　貫廣東廣州府東莞縣，民籍。國子生。治《春秋》。字時準，行三，年三十八，六月二十一日生。曾祖勳，訓導。祖受益，貢士。父結，長史。嫡母黎氏，生母鄭氏。慈侍下。兄稽古、式古。娶袁氏。廣東鄉試第六十一名，會試第二百三十二名。

唐胄　貫廣東瓊州府瓊山縣，民籍。國子生。治《禮記》。字平侯，行三，年三十二，十月十二日生。曾祖誼芳，訓導。祖乾昪，監生。父正。母陳氏。具慶下。兄冕、旒。娶鍾氏。廣東鄉試第二名，會試第五名。

畢濟川　貫江西廣信府貴溪縣，軍籍。國子生。治《春秋》。字汝舟，行六十九，年三十四，正月二十五日生。曾祖德興。祖淵，國子生，贈工部主事。父瑜，按察司提學僉事。母方氏，封安人。慈侍下。弟濟時，貢士；濟民。娶江氏。江西鄉試第二名，會試第四名。

歐陽恂　貫江西吉安府安福縣，民籍。國子生。治《春秋》。字誠之，行三，年三十六，三月二十六日生。曾祖持溫。祖時樂。父尚正。母郭氏，生母王氏。具慶下。兄恪、性。弟愷、愽、情。娶彭氏。江西鄉試第八十六名，會試第二百四十七名。

沈應經　貫浙江紹興府餘姚縣，民籍。國子生。治《易經》。字德徵，行十四，年三十二，十月二十六日生。曾祖思智。祖仲謙。父昂。母姜氏。具慶下。兄晧、暉、璨、璠、應肆。弟應麒。娶楊氏。浙江鄉試第七十九名，會試第二百五十四名。

王昶　貫直隸松江府華亭縣，軍籍。國子生。治《詩經》。字景昭，行二，年三十五，正月二十日生。曾祖介。祖敬。父輔，通判。母張氏。具慶下。兄昇。娶徐氏。應天府鄉試第一名，會試第一百二名。

王濟　貫湖廣黃州府黃岡縣，軍籍。國子生。治《禮記》。字體民，行四，年三十一，二月十五日生。曾祖仲斌。祖思旻，州同知。父文奎。母樊氏。具慶下。兄麟，知縣；鳳；璉。娶汪氏。湖廣鄉試第二十二名。會試第二百四十名。

王納誨　貫陝西西安府長安縣，匠籍。國子生。治《詩經》。字獻可，行一，年三十三，四月十二日生。曾祖奉先，元主簿。祖鐸。父琼，教授。母許氏。具慶下。娶張氏。陝西鄉試第六十五名，會試第七十三名。

何瑭　貫河南懷慶衛籍，直隸如皋縣人。河南縣學生。治《詩經》。字粹夫，行一，年二十九，十月二十九日生。曾祖貴。祖濱。父森。母劉氏。具慶下。弟璋。娶周氏。河南鄉試第一名，會試第十六名。

談倫　貫四川順慶府廣安州鄰水縣，民籍。國子生。治《易經》。字敬仲，行二，年四十二，十一月初十日生。曾祖必聰。祖廣。父文理，主簿。母陶氏。永感下。兄儀。弟仁、伋、儼、僑、優。娶章氏，繼娶何氏、李氏。四川鄉試第十八名，會試第二百四十九名。

戴敔　貫福建福州府閩縣，民籍。廣東新會縣學教諭。治《禮記》。字廷韶，行一，年三十七，正月十六日生。曾祖文週。祖弘昭。父昂，教授。母陳氏。永感下。兄孜、政、敦。弟牧、廣、畋。娶林氏。福建鄉試第三十二名，會試第一百一名。

毛思義　貫山東濟南府武定州陽信縣，民籍。縣學生。治《詩經》。字繼賢，行一，年二十八，七月十七日生。曾祖士榮。祖倫。父鳳。母殷氏。重慶下。弟思璞、思玠、思遂、思寶。娶劉氏。山東鄉試第六名，會試第二百八十四名。

謝廷瑞　貫福建福州府長樂縣，軍籍。國子生。治《詩經》。字邦應，行八，年四十，正月初五日生。曾祖琬。祖孟安，封知府。父十穆。前母陳氏，母潘氏，繼母梁氏。具慶下。兄廷秀，貢士；廷柱，大理寺右評事。弟廷正、廷棐、廷最、廷衮、廷豐。娶林氏。福建鄉試第三名，會試第一百二十八名。

歐陽祿　貫湖廣永州府道州永明縣，民籍。國子生。治《易經》。字萬鍾，行十一，年三十四，七月二十六日生。曾祖均美。祖棠，監生。父奎，知縣。母毛氏。慈侍下。兄祚、禕、祜、裕。娶蔣氏。湖廣鄉試第四十九名，會試第二十五名。

程雲鵬　貫四川順慶府南充縣，民籍。國子生。治《詩經》。字汝南，行一，年二十六，四月二十九日生。曾祖天佑。祖賢，縣丞。父宗傑。

母杜氏。重慶下。弟雲鳳、雲鵰、雲鷗、雲龍。娶文氏。四川鄉試第三十九名，會試第一百十名。

　　王金　貫河南開封府許州臨潁縣，民籍。縣學生。治《詩經》。字曰良，行一，年三十二，九月二十七日生。曾祖睿，知州。祖璽，判官。父相。母邢氏，繼母潘氏。具慶下。弟玉、迹、業、休。娶李氏。河南鄉試第六十六名，會試第二百四十一名。

　　馬文　貫湖廣郴州永興縣，軍籍。國子生。治《詩經》。字質夫，行二，年三十六，四月二十九日生。曾祖惟亮。祖添榮。父敬，通判。嫡母曹氏，母李氏。慈侍下。兄元。弟亢，義官。娶劉氏。湖廣鄉試第二十一名，會試第四十五名。

　　惲巍　貫直隸常州府武進縣，民籍。國子生。治《詩經》。字功甫，行六，年三十三，十一月初一日生。曾祖克讓。祖昶，旌表義民。父肇，遇例冠帶。前母蔣氏，母謝氏，繼母陳氏。永感下。兄嵒；峯；瑞；顥，義官；龍。弟豈。娶蕭氏。應天府鄉試第五十名，會試第三十五名。

　　汪鋐　貫直隸徽州府婺源縣，民籍。國子生。治《春秋》。字宣之，行四，年三十七，九月十八日生。曾祖濟川。祖希文。父儼，前教諭。母李氏。重慶下。兄銑。弟鉉、鋆、錠。娶程氏。應天府鄉試第九十六名，會試第九十三名。

　　盛鍾　貫直隸蘇州府崑山縣，軍籍，長洲縣人。崑山縣學增廣生。治《易經》。字秀甫，行三，年二十九，六月初五日生。曾祖彥敬。祖景昌。父箴，訓導。前母董氏、朱氏，母穆氏。慈侍下。兄經、緯。娶金氏。應天府鄉試第四十一名，會試第一百七十八名。

　　葉鳳靈　貫浙江台州府太平縣，軍籍。江西新城縣學教諭。治《書經》。字昌韶，行八，年四十二，九月初八日生。曾祖彥時。祖志遠。父哲。嫡母陳氏，生母何氏。慈侍下。兄龍、鯤、鰲、鰐、麟、章、翔。弟鱣、岐、輝、儀、躍。娶陳氏。浙江鄉試第六十名，會試第一百八名。

　　葉釗　貫江西南昌府豐城縣，民籍。縣學生。治《易經》。字時勉，行三，年三十五，十二月十四日生。曾祖本華。祖清。父瑋。母熊氏，繼母朱氏。重慶下。弟銘、鏃。娶熊氏。江西鄉試第二名，會試第五十名。

　　汪彬　貫直隸徽州府祁門縣，民籍。縣學生。治《詩經》。字學之，行二，年三十六，正月初四日生。曾祖仕政。祖興。父傑。母葉氏。慈侍下。兄桓。弟杲。娶程氏，繼娶胡氏。應天府鄉試第一百二十七名，會試第一百四十八名。

劉天麒　貫廣西桂林右衛，官籍。國子生。治《易經》。字仁徵，行二，年三十三，九月二十二日生。曾祖達。祖淙。父俸。母邢氏。慈侍下。兄天相。弟天彝；天錫，訓導；天和；天球；天麟。娶梁氏。廣西鄉試第一名，會試第七十四名。

王顯道　貫直隸河間府滄州鹽山縣，民籍。國子生。治《詩經》。字微之，行四，年四十五，十月二十四日生。曾祖原魯。祖聰，布政司右參議。父文。母劉氏。永感下。兄弘道，監生；宗道；友道。弟凝道，倉副使；志道；立道。娶周氏。順天府鄉試第九十七名，會試第一百五名。

鍾文傑　貫福建汀州府長汀縣，民籍。國子生。治《詩經》。字邦臣，行三，年二十四，六月十二日生。曾祖和生。祖清，典史。父正，教諭，贈戶部主事。母賴氏，封太安人。慈侍下。兄騏；文俊，吏部員外郎。弟文倬、文會。娶許氏。福建鄉試第十名，會試第四十七名。

王宗　貫騰驤左衛，勇士籍，山西猗氏縣人。國子生。治《春秋》。字惟本，行五，年三十八，十二月十七日生。曾祖思禮。祖榮。父臣。母何氏。慈侍下。兄錫；寧，府照磨；宏；宇。娶劉氏，繼娶范氏。順天府鄉試第一百十七名，會試第一百四十二名。

張秉清　貫直隸永平衛，軍籍。國子生。治《易經》。字元量，行一，年三十六，正月初二日生。曾祖傑。祖徵。父廷綱，行人。母徐氏，繼母周氏。具慶下。弟秉忠。娶蕭氏，繼娶劉氏。順天府鄉試第二十八名，會試第二百四十四名。

林烒　貫福建福州府閩縣，民籍。國子生。治《易經》。字廷光，行四，年二十八，五月二十四日生。曾祖琰，贈戶部主事。祖滔。父機，監生。母沈氏。具慶下。弟烜、熺、烓、焌。娶陳氏。福建鄉試第十三名，會試第六十三名。

廖俊　貫錦衣衛，校尉籍，江西新淦縣人。國子生。治《書經》。字德章，行一，年二十七，正月初九日生。曾祖真。祖信。父忠。母寇氏。重慶下。弟伸。娶王氏，繼娶吳氏。順天府鄉試第三十二名，會試第二百六十二名。

鄭信　貫山東兗州府東平州，軍籍。國子生。治《詩經》。字德孚，行三，年三十四，七月二十二日生。曾祖三舍。祖貴。父觀，布政司副理問。母袁氏。慈侍下。兄仁、倫。弟儀。娶李氏。山東鄉試第十六名，會試第二百八十七名。

楊瑋　貫廣東潮州府揭陽縣，民籍。國子生。治《書經》。字景奇，行四，年三十七，九月初七日生。曾祖蔭。祖崇義。父廷廣。母黃氏。慈侍下。兄琠，貢士。娶余氏，繼娶陳氏。廣東鄉試第七十一名，會試第二百三十四名。

徐暹　貫山東濟南府歷城縣，民籍。國子生。治《易經》。字進甫，行二，年三十三，十一月二十五日生。曾祖仲實。祖子忠。父貴，大使。前母史氏，母孫氏。具慶下。兄昇。弟旻。娶王氏。山東鄉試第六十六名，會試第二百三十五名。

周犖　貫山東兗州府沂州郯城縣，民籍。國子生。治《書經》。字尚賓，行一，年三十八，十二月二十二日生。曾祖成。祖鐸。父衡。母許氏。永感下。弟文。娶劉氏。山東鄉試第五十名，會試第一百六十五名。

趙祐　貫直隸大名府開州長垣縣，民籍。縣學增廣生。治《易經》。字汝承，行三，年二十四，十月十九日生。曾祖榮。祖讓。父銘，義官。母李氏。具慶下。兄祿、禎。娶王氏。順天府鄉試第三名，會試第一百三十三名。

楊欽　貫直隸廬州府合肥縣，軍籍。府學生。治《書經》。字敬之，行三，年三十四，十二月二十五日生。曾祖敏。祖傑。父昶。母劉氏。具慶下。兄銳、鐸。弟鋼。娶汪氏。應天府鄉試第四十三名，會試第二百十七名。

梁喬　貫福建汀州府上杭縣，民籍。國子生。治《易經》。字遷之，行三，年三十八，二月二十九日生。曾祖至善。祖朗。父時衡。母曾氏。慈侍下。兄承祖、新。娶鄭氏。福建鄉試第八十五名，會試第一百四十一名。

張鉞　貫山西平陽府夏縣，民籍。國子生。治《詩經》。字朝肅，行三，年三十八，七月二十三日生。曾祖金。祖幹。父秀，大使。前母馬氏，母關氏。具慶下。兄鐸、銘。娶馮氏。山西鄉試第四十一名，會試第二百十九名。

黃巽　貫浙江寧波府鄞縣，民籍。直隸宿松縣學教諭。治《易經》。字啓亨，行五，年三十四，十一月十七日生。曾祖潤玉，前按察司僉事。祖隆，按察司副使。父毅。母丘氏。慈侍下。兄兌、需、震。弟益、萃、咸。娶毛氏。浙江鄉試第五十名，會試第四十四名。

張騰霄　貫四川重慶府合州銅梁縣，軍籍。國子生。治《書經》。字鳳騫，行七，年四十二，二月十四日生。曾祖必舉。祖敬。父友林。前母鄭氏、李氏，母何氏，永感下。兄珣，遇例冠帶；理，遇例冠帶；魁；鵬；翱；愛。娶段氏。四川鄉試第四十二名，會試第一百五十七名。

張瀾　貫河南河南府洛陽縣，匠籍。國子生。治《詩經》。字道夫，行三，年三十二，閏九月二十九日生。曾祖源。祖從政。父琮，縣丞。前母胡氏，母王氏。慈侍下。兄溥；澄，貢士。娶侯氏。河南鄉試第五十七名，會試第八十九名。

黃體行　貫福建興化府莆田縣，民籍。縣學增廣生。治《詩經》。字于道，行七，年三十八，九月初十日生。曾祖祥。祖維器。父原謹。前母陳氏，母李氏。慈侍下。兄體勤，教授；體□；芳，知縣。娶歐氏。福建鄉試第八十五名，會試第九十五名。

楊果　貫直隸揚州府高郵州興化縣，竈籍。國子生。治《易經》。字實夫，行五，年三十，七月三十日生。曾祖楚材。祖鋼。父縉。母周氏。具慶下。弟槳。娶趙氏。應天府鄉試第十四名，會試第二名。

唐懽　貫直隸松江府上海縣，竈籍。府學增廣生。治《詩經》。字季和，行三，年三十，十一月初六日生。曾祖文彬。祖顯宗。父德華。嫡母趙氏，繼母顧氏，生母胡氏。永感下。兄怡、懌。弟恒。娶夏氏。應天府鄉試第一百十四名，會試第一百三十四名。

許元奎　貫浙江杭州府海寧縣，軍籍。縣學生。治《易經》。字文華，行一，年三十二，四月十五日生。曾祖性，刑部郎中。祖英。父天澤。母郭氏。具慶下。弟元璧。聘勞氏。浙江鄉試第七名，會試第二十三名。

呂浩　貫浙江嘉興府嘉興縣，民籍。國子生。治《書經》。字文瀚，行三，年四十，八月初七日生。曾祖添諟。祖瑛。父鑑，遇例冠帶。前母計氏，母劉氏，繼母沈氏。永感下。兄淳；溥，訓導。娶沈氏。浙江鄉試第五十一名，會試第二百四十五名。

盧學書　貫江西臨江府清江縣，民籍。府學生。治《書經》。字用中，行十，年三十四，七月初十日生。曾祖彥德。祖俌，教授。父遜，知縣。母熊氏。永感下。兄學思。弟學詩。娶熊氏，繼娶譚氏。江西鄉試第七十八名，會試第一百七十七名。

陳九疇　貫山東兗州府曹州，民籍。州學生。治《詩經》。字禹學，行一，年三十二，七月初六日生。曾祖忠，知州。祖珪，典史。父綱。母孫氏。慈侍下。弟九思。娶董氏。山東鄉試第六十九名，會試第二百三十六名。

王雲　貫山東青州府諸城縣，軍籍。國子生。治《禮記》。字天章，行一，年三十八，十一月十六日生。曾祖希魯。祖順。父通。母杜氏。具慶下。弟霓、霽。娶竇氏。山東鄉試第九名，會試第二百八十一名。

陳炫　貫廣東廣州府南海縣，軍籍。國子生。治《易經》。字文光，行一，年四十一，三月二十二日生。曾祖宗源。祖獎。父肄。母林氏。具慶下。弟炤。娶吳氏。廣東鄉試第六十二名，會試第八十二名。

祁敏　貫廣東廣州府東莞縣，軍籍。國子生。治《春秋》。字惟學，行一，年三十四，五月二十六日生。曾祖振宗。祖秉剛，贈員外郎。父順，左布政使。嫡母鍾氏，贈宜人；繼母廖氏；生母梁氏。慈侍下。弟敫、孜、政、敕、敦。娶黎氏。廣東鄉試第三十六名，會試第二百九十二名。

丁沂　貫應天府溧水縣，軍籍。縣學生。治《書經》。字宗魯，行一，年三十，十一月初五日生。曾祖恕。祖庸。父義。母端氏。重慶下。弟漢、泗、濬、泮。娶袁氏。應天府鄉試第八名，會試第三十一名。

宋冕　貫浙江紹興府餘姚縣，竈籍。國子生。治《易經》。字孔瞻，行二，年三十五，三月十六日生。曾祖宗澄。祖廷芳。父璿。母黃氏。重慶下。兄冠。弟袞、冔、弁。娶項氏，繼娶徐氏。浙江鄉試第八十九名，會試第二百八十三名。

殷鏊　貫南京羽林左衛，軍籍，直隸丹陽縣人。國子生。治《詩經》。字文濟，行一，年三十六，十一月二十八日生。曾祖賢。祖盛。父順。母郭氏。具慶下。弟鑾、鑒。娶王氏。應天府鄉試第一百三十五名，會試第二百六十六名。

張檜　貫順天府薊州平谷縣，軍籍。國子生。治《書經》。字汝吉，行二，年三十五，十二月二十三日生。曾祖弼。祖雲，知府。父鑄，府同知。母李氏，繼母吳氏、王氏。嚴侍下。兄祐。弟檜，戶部主事；祚；祉；祫。娶胡氏。順天府鄉試第一名，會試第四十九名。

吳便　貫浙江紹興府山陰縣，匠籍。國子生。治《詩經》。字廷言，行一，年三十一，十二月二十四日生。曾祖暉。祖璇。父源。母章氏，繼母俞氏。具慶下。弟楠、桓、模。娶茹氏，繼娶杜氏。浙江鄉試第五十九名，會試第二百十六名。

第三甲一百九十九名　賜同進士出身

　　卞思敏　貫直隸常州府江陰縣，民籍。國子生。治《詩經》。字行甫，行一，年四十四，八月十二日生。曾祖叔玘。祖紀。父子賢。母沈氏。具慶下。弟思學、思文。娶孫氏。應天府鄉試第二十七名，會試第二百七十三名。

　　項匡　貫浙江台州府臨海縣，民籍。順天府順義縣學教諭。治《詩經》。字直卿，行六，年三十七，十二月初一日生。曾祖德中。祖彥遠。父文達。母李氏，繼母張氏。具慶下。兄滂、麒、轍、源、澄。弟麟、浩。娶周氏。浙江鄉試第五十五名，會試第二百六十三名。

　　康紀　貫江西吉安府泰和縣，民籍。國子生。治《易經》。字在脩，行三，年三十五，二月二十六日生。曾祖宜順，贈監察御史。祖弘敬，按察司僉事。父文秀。母歐陽氏，繼母羅氏。重慶下。兄純、綬。弟紳、綽、緩、編、綍。娶王氏。江西鄉試第三十九名，會試第一百七十一名。

　　蔡銓　貫河南開封府祥符縣，民籍。國子生。治《詩經》。字選之，行七，年二十六，十一月初六日生。曾祖文善，監察御史。祖用宜。父珣。母杜氏。具慶下。兄鐸，進士；欽；銘；鑰；鏞。娶馬氏。河南鄉試第七十六名，會試第二百八十九名。

　　吳鉞　貫江西撫州府崇仁縣，民籍。國子生。治《書經》。字宿威，行九，年三十，四月二十四日生。曾祖日昇，贈順天府治中。祖衡，布政司參議。父孜，前翰林院典籍。嫡母諶氏，生母趙氏。重慶下。弟鎬、錫。娶劉氏，繼娶甘氏。江西鄉試第八名，會試第一百四十七名。

　　張龍　貫直隸松江府上海縣，醫籍。國子生。治《書經》。字汝言，行二，年三十三，七月二十三日生。曾祖逢吉，御醫，贈中書舍人。祖翌，尚寶司卿。父慶，光祿寺丞。前母潘氏，嫡母曾氏，生母顧氏。具慶下。兄夔。弟稷、契、皋、岳。娶何氏。順天府鄉試第六十一名，會試第五十六名。

　　林茂達　貫福建興化府莆田縣，民籍。國子生。治《書經》。字孚可，行三，年四十一，九月二十二日生。曾祖應鳳。祖珪，訓導贈知州。父思承，府同知。母黃氏，封宜人；繼母鄭氏。慈侍下。兄茂榮；茂春，義官。娶柯氏。福建鄉試第十七名，會試第四十八名。

　　宇文鍾　貫陝西西安府乾州，軍籍。山西榆次縣學教諭。治《詩經》。

字伯秀，行一，年三十三，正月十六日生。曾祖犟。祖亨。父靖，推官。母周氏，繼母郭氏。具慶下。弟鏞，貢士。娶許氏，繼娶薛氏。陝西鄉試第十一名，會試第二百八十名。

陳察　貫直隸蘇州府常熟縣，民籍。縣學生。治《詩經》。字原習，行十八，年三十二，閏九月二十五日生。曾祖繼芳。祖璇。父稷。母譚氏。慈侍下。兄宣；宇，寶，義官；寓，義官。弟寰。娶王氏，繼娶張氏。應天府鄉試第七名，會試第十八名。

陸鰲　貫錦衣衛籍，直隸吳江縣人。國子生。治《詩經》。字鎮卿，行一，年三十，五月二十八日生。曾祖雙孫。祖進。父祥。母龐氏。慈侍下。娶畢氏。順天府鄉試第三十九名，會試第二十四名。

尹綸　貫神策衛，軍籍，直隸深州人。國子生。治《詩經》。字大經，行一，年三十三，十二月十二日生。曾祖成。祖敬。父祥。母賈氏。永感下。弟縉、紘、紹。娶李氏。順天府鄉試第十九名，會試第四十一名。

段豸　貫錦衣衛，軍籍，山西澤州人。儒士。治《易經》。字世高，行一，年三十一，六月初九日生。曾祖奉先。祖善，封監察御史，贈知府。父正，大中大夫、布政司左參政。母周氏，封恭人。慈侍下。娶焦氏。順天府鄉試第十五名，會試第二百七名。

何義　貫直隸涿鹿左衛，軍籍。國子生。治《詩經》。字時宜，行四，年三十八，十二月二十日生。曾祖福六。祖仲仁。父海。前母顧氏，嫡母陳氏，繼母韓氏，生母王氏。永感下。兄金、祥、信。娶翟氏。順天府鄉試第三十三名，會試第一百五十六名。

劉琛　貫陝西西安前衛，軍籍，延安府宜川縣人。國子生。治《易經》。字廷獻，行四，年三十六，六月二十九日生。曾祖景先。祖源。父俊。前母趙氏，母吳氏，繼母周氏。具慶下。兄琰，知縣；瑾；璽，貢士。弟玫，義官。娶金氏，繼娶郭氏。陝西鄉試第六十三名，會試第二百七十名。

魯鐸　貫直隸永平府撫寧縣，軍籍。國子生。治《書經》。字文振，行一，年三十四，正月二十日生。曾祖資。祖敬，稅課司大使。父海。母邢氏。具慶下。弟鈞。娶喬氏，繼娶張氏。順天府鄉試第八十六名，會試第四十名。

李元吉　貫山東東昌府堂邑縣，軍籍。縣學生。治《易經》。字守正，行二，年三十二，四月十五日生。曾祖廣。祖福。父雄，通判。母陳氏慈侍下。兄元亨，義官。娶胡氏。山東鄉試第三名，會試第五十八名。

童鉞　貫陝西西安府長安縣，軍籍。國子生。治《詩經》。字秉虔，行四，年四十，十一月初十日生。曾祖喜賢。祖斌。父俊。母馬氏。具慶下。兄祥、英、榮，弟釗。娶王氏，繼娶駱氏、党氏。陝西鄉試第一名，會試第五十七名。

霍恩　貫大寧都司茂山衛，官籍。直隸易州學官生。治《詩經》。字天錫，行一，年三十三，六月二十九日生。曾祖旺，正千戶。祖敬，正千戶。父賮，正千戶。母李氏，繼母趙氏。重慶下。弟恕、天爵。娶藺氏，繼娶崔氏，繼聘劉氏。順天府鄉試第九十五名，會試第二百二十五名。

劉弼　貫南京錦衣衛，官籍，陝西華陰縣人。儒士。治《書經》。字邦直，行三，年二十七，十月初二日生。曾祖移柱，百戶。祖政。父祥。母梅氏。具慶下。兄勇，百戶；輔。娶貝氏。應天府鄉試第七十七名，會試第一百三十二名。

周禎　貫浙江紹興府山陰縣，民籍。國子生。治《書經》。字天兆，行九，年三十五，十二月十一日生。曾祖達。祖永才。父廷澤，義官。母王氏。具慶下。弟祥；礽，貢士；祚；襗。娶秦氏。浙江鄉試第二十七名。會試第八十八名。

虞夔　貫直隸鎮江府金壇縣，民籍。國子生。治《書經》。字汝諧，行二，年三十六，正月二十五日生。曾祖禎。祖瓛。父韶，承事郎。母王氏。慈侍下。兄芮，義民。弟蕃、苴、藻。娶芮氏。應天府鄉試第四十三名，會試第六十四名。

馮憲　貫山西太原府文水縣，民籍。國子生。治《易經》。字遵古，行一，年三十，十月十七日生。曾祖景明。祖楫。父鐸。母張氏。具慶下。弟賢。娶劉氏。山西鄉試第六十名，會試第二百七十九名。

劉經　貫山東東昌府高唐州恩縣，民籍。國子生。治《易經》。字貞甫，行一，年三十九，六月二十一日生。曾祖定。祖逸，主簿。父瑛。前母程氏，母徐氏。嚴侍下。弟紳。娶雷氏。山東鄉試第二十八名，會試第一百五十八名。

成文　貫山西山陰千戶所，軍籍，太原府文水縣人。國子生。治《春秋》。字質夫，行二，年三十一，十一月初二日生。曾祖郁。祖敬。父本。母李氏。具慶下。兄繡。弟紀、緇。娶王氏，繼娶王氏、王氏。山西鄉試第四十二名，會試第二百十八名。

武思明　貫山西澤州陵川縣，民籍。國子生。治《書經》。字克誠，行一，年二十九，六月初二日生。曾祖鸞。祖鶴，旌表義民。父寧，義官。前母李氏、姬氏，母傅氏。永感下。兄思賢，義官。弟思恭、思孝、思敬、思義。娶姬氏。山西鄉試第十一名，會試第一百九十四名。

白思誠　貫山西太原府平定州，軍籍。國子生。治《書經》。字實之，行四，年三十，九月二十六日生。曾祖勳，審理。祖琦，封監察御史。父儀，七品散官。前母孫氏，母申氏。具慶下。兄思明，太僕少卿；思義，知州；思溫，判官。弟思德。娶延氏。山西鄉試第四十三名，會試第一百四十四名。

鄭選　貫河南汝寧府光州，民籍。州學生。治《易經》。字于裳，行一，年三十二，十月十三日生。曾祖憲，縣丞。祖宏。父瓚，貢士。母但氏，繼母龔氏。重慶下。弟遷。娶藍氏。河南鄉試第三名，會試第四十六名。

陳祥　貫江西瑞州府高安縣，民籍。國子生。治《詩經》。字應和，行一，年二十九，八月初八日生。曾祖啓信。祖方興。父用，教授。母謝氏。重慶下。弟禎；禧，貢士；祉；祓；袍；袞；裘。娶楊氏。江西鄉試第五十三名，會試第二百八名。

方進　貫直隸徽州府婺源縣，軍籍。縣學生。治《書經》。字以禮，行三，年四十七，二月二十四日生。曾祖壽，聽選官。祖贇同。父福慶。母張氏，繼母李氏。永感下。兄才、奎。娶戴氏，繼娶王氏。應天府鄉試第三十二名，會試第七十六名。

沈欽　貫浙江紹興府山陰縣，軍籍。國子生。治《書經》。字敬之，行七，年三十七，三月初一日生。曾祖旭。祖世玗。父昺。母翁氏。永感下。弟銀，義官；鈇；鐄。娶章氏。浙江鄉試第三十六名，會試第一百六十一名。

王廷相　貫河南開封府儀封縣，軍籍，山西潞州人。國子生。治《詩經》。字秉衡，行一，年二十九，十月二十五日生。曾祖思義。祖實一。父增。母田氏。具慶下。弟廷梧。娶劉氏。河南鄉試第七十八名，會試第一百三十七名。

危行　貫福建邵武府邵武縣，匠籍。國子生。治《書經》。字世隆，行二，年三十九，二月二十一日生。曾祖原宗。祖仲達。父伯實。母官氏。永感下。兄泰。弟璧、讓。娶蘇氏。福建鄉試第六十四名，會試第一百二十四名。

　　李學曾　貫廣東高州府茂名縣，民籍。國子生。治《易經》。字宗魯，行一，年二十九，閏六月初十日生。曾祖福壽，教諭。祖克由，貢士。父才。母陳氏。具慶下。弟學孟、學堯、學申、學濂、學朱、學思。娶王氏。廣東鄉試第六名，會試第一百六十六名。

　　姚鵬　貫浙江嘉興府崇德縣，民籍。縣學生。治《詩經》。字鳴南，行八，年二十九，二月十二日生。曾祖孟謙。祖璣，恩□官。父潾。母俞氏。重慶下。兄楷；鳳，貢士；鷟。弟鵾、□、鸜。娶沈氏。浙江鄉試第六十五名，會試第八十七名。

　　江淙　貫江西南昌府豐城縣，軍籍。國子生。治《詩經》。字朝會，行十，年四十，十一月二十八日生。曾祖永崇。祖序洞。父益德。母席氏。具慶下。弟湍。娶劉氏。江西鄉試第二名，會試第十四名。

　　張雲　貫河南信陽衛，官籍。國子生。治《禮記》。字季升，行二，年三十六，五月二十五日生。曾祖得春，千戶。祖翔，千戶。父和。母李氏。具慶下。兄震。娶劉氏，繼娶徐氏。河南鄉試第七十名，會試第一百九十八名。

　　訾綬　貫山西大同府朔州，軍籍，陝西神木縣人。國子生。治《禮記》。字文甫，行一，年三十一，十月初七日生。曾祖興。祖榮。父玉，教諭。母楊氏。具慶下。弟綨、綸、緇。娶楊氏。山西鄉試第二名，會試第一百七十四名。

　　徐問　貫直隸常州府武進縣，軍籍。縣學附學生。治《詩經》。字用中，行二，年二十三，三月十四日生。曾祖士能。祖毅。父玉。母陶氏。具慶下。兄學。弟思、辨。聘褚氏。應天府鄉試第一百六名，會試第二百三十三名。

　　王材　貫直隸安慶府望江縣，醫籍。國子生。治《詩經》。字天成，行四，年四十二，三月十四日生。曾祖震隆。祖旻。父瓊。母李氏。慈侍下。兄杞，義官；松，義官。弟檁；楷；桓；樾；榦，訓科；椿；桐，義官；櫟；楠；樂。娶陳氏。應天府鄉試第二十七名，會試第一百九十九名。

　　羅緝　貫浙江寧波府慈谿縣，民籍。國子生。治《詩經》。字薦卿，行七，年四十，正月十六日生。曾祖禮達。祖智能。父信佳，南京兵部主事。母劉氏。永感下。兄經、綸、繪。弟紳。娶劉氏。浙江鄉試第五十八名，會試第二百二名。

上官崇　貫江西吉安府吉水縣，民籍。國子生。治《詩經》。字達卿，行七，年三十六，六月十三日生。曾祖止誠。祖用魯。父行憲。母羅氏，繼母李氏。具慶下。弟嵩、巍。娶李氏。江西鄉試第六十一名，會試第二百九十八名。

石邦柱　貫廣西梧州府蒼梧縣，民籍。國子生。治《易經》。字安國，行一，年三十六，八月二十六日生。曾祖良禮。祖用廣。父珍。前母黃氏，母甘氏。具慶下。娶阮氏，繼娶李氏。廣西鄉試第七名，會試第二百九十一名。

何士麟　貫廣西梧州府蒼梧縣，民籍。國子生。治《易經》。字肇周，行一，年二十九，十月十八日生。曾祖友泉。祖通海，壽官。父繼宗，知縣。母張氏。重慶下。弟士鳳，貢士；士龍，貢士；士鰲；士熊。娶李氏。廣西鄉試第十七名，會試第一百六十三名。

姜榮　貫浙江紹興府餘姚縣，民籍。國子生。治《禮記》。字仁甫，行十九，年三十五，正月十三日生。曾祖文舉。祖惟善。父達，義官。母董氏。具慶下。兄柱、森。弟楷、校、堂、槐、權、柄、本。娶倪氏。浙江鄉試第十名，會試第二百十名。

鄭溶　貫福建福州府閩縣，民籍。國子生。治《禮記》。字克明，行二，年三十四，十一月二十七日生。曾祖景順。祖文鑑。父鋉。母黃氏，繼母趙氏。具慶下。娶楊氏。福建鄉試第六十七名，會試第一百六十名。

黃河清　貫福建泉州府南安縣，民籍。國子生。治《詩經》。字應期，行一，年二十五，七月初十日生。曾祖乾麟。祖博。父天錫。母傅氏。具慶下。弟流清、澄清、瀚清、淑清。娶趙氏。福建鄉試第三十九名，會試第一百八十五名。

曹敕　貫四川重慶府巴縣，民籍。國子生。治《禮記》。字嘉正，行七，年三十三，十月十三日生。曾祖啓勝。祖天華，贈經歷。父文德。母陳氏。具慶下。兄勛，訓導；儉。弟勤、勁。娶羅氏。四川鄉試第四名，會試第一百十九名。

張元春　貫江西南昌府新建縣，醫籍。國子生。治《春秋》。字幼仁，行一，年三十五，正月初一日生。曾祖燦，良醫。祖升，良醫，進階修職郎。父瑞，義官。母梅氏，繼母高氏。重慶下。弟元教、元相、元勳、元弼、元美。娶吳氏，繼娶江氏。江西鄉試第七十九名，會試第一百六十八名。

顧燁　貫浙江嘉興府嘉興縣，民籍。國子生。治《書經》。字耀卿，行一，年二十五，正月初一日生。曾祖晟。祖政，遇例冠帶。父岳。母潘氏。重慶下。弟炳。娶梅氏。浙江鄉試第二名，會試第八十名。

　　洪範　貫江西撫州府金谿縣，民籍。國子生。治《詩經》。字邦正，行一，年三十二，九月初六日生。曾祖世文。祖惠。父濤。母周氏，繼母池氏。具慶下。弟猷。娶賈氏。江西鄉試第六十一名，會試第二十九名。

　　蔣瓊　貫武驤右衛，勇士籍，浙江長興縣人。順天府學增廣生。治《詩經》。字尚德，行二，年三十，十月初三日生。曾祖希文。祖宗道。父富，聽選官。母韋氏。慈侍下。兄璠。弟瑗。娶王氏。順天府鄉試第四十九名，會試第六十五名。

　　曹岐　貫錦衣衛鎮撫司，官籍，應天府句容縣人。國子生。治《詩經》。字鳴鳳，行一，年三十八，七月初五日生。曾祖安善。祖政，錦衣衛百戶。父宏，按察司副使。母何氏，封孺人。永感下。弟崐，同科進士；岫，錦衣衛所鎮撫；岷。娶周氏。順天府鄉試第四十一名，會試第八十四名。

　　王注　貫直隸河間府獻縣，軍籍。國子生。治《書經》。字禹成，行四，年三十九，七月初七日生。曾祖九寧。祖諒，壽官。父琮，知州。母楊氏。永感下。兄淇，義官。淮，主簿。澤，驛丞。娶魯氏。順天府鄉試第八十二名，會試第二百一名。

　　張廷槐　貫福建興化府莆田縣，軍籍。浙江永康縣學訓導。治《書經》。字文相，行一，年三十五，九月三十日生。曾祖仲乾。祖聰，經歷。父宏用，義官。母陳氏。具慶下。娶翁氏。福建鄉試第八名，會試第九十六名。

　　梅珂　貫直隸太平府蕪湖縣，民籍。縣學生。治《易經》。字邦振，行三，年三十，八月二十八日生。曾祖郁。祖隨。父愷。母李氏。具慶下。兄珠、瑞。娶張氏。應天府鄉試第九十五名，會試第二百二十七名。

　　祝溽　貫江西廣信府玉山縣，民籍。國子生。治《書經》。字仲源，行十一，年二十八，七月十六日生。曾祖環。祖啓先，壽官。父鎬。母姜氏，繼母趙氏。嚴侍下。兄瀘。娶劉氏。江西鄉試第五十二名，會試第二百八十五名。

　　劉布　貫直隸蘇州府長洲縣，軍籍。府學生。治《詩經》。字時服，行二，年三十，八月二十一日生。曾祖玨，僉事。祖正。父傳。母錢氏。具慶下。兄粟。弟度、衡。娶黃氏。應天府鄉試第十九名，會試第七十五名。

　　錢如京　貫直隸安慶府桐城縣，民籍。國子生。治《詩經》。字公溥，行六，年二十五，四月初八日生。曾祖惠。祖純。父鸑，府經歷。母方氏。具慶下。兄山。弟如幾。娶王氏。應天府鄉試第五十名，會試第二百七十一名。

　　董鑄　貫直隸保定府安肅縣，軍籍。國子生。治《書經》。字克成，行五，年三十八，二月二十三日生。曾祖義辛。祖仲拳。父喜。母閻氏。慈侍下。兄智、浩、敬、鏜。娶劉氏。順天府鄉試第五十二名，會試第二百三十七名。

　　張潤　貫山西平陽府臨汾縣，民籍。國子生。治《詩經》。字汝霖，行二，年三十三，十月十一日生。曾祖仲實。祖祥。父鏞，典史。母韓氏。具慶下。兄滋。弟灌。娶喬氏。山西鄉試第一名，會試第二百六十九名。

　　朱絃　貫直隸常州府無錫縣，民籍。縣學附學生。治《詩經》。字廷和，行九，年三十三，二月十六日生。曾祖仲南。祖輮。父撂。母王氏。具慶下。兄烏、珮、瑪、美、璟、袞、瓛、錦。弟欽、紘、紳。娶嚴氏。應天府鄉試第七十四名，會試第二百五十五名。

　　范嵩　貫福建建寧府甌寧縣，民籍。國子生。治《易經》。字邦秀，行二，年三十二，十月初一日生。曾祖直。祖保。父澄，監生。母吳氏。具慶下。兄山。弟嶽、崑、巖、岌。娶唐氏。福建鄉試第六十九名，會試第一百十四名。

　　曾直　貫江西吉安府吉水縣，民籍。國子生。治《詩經》。字叔溫，行三，年三十六，八月二十九日生。曾祖學忠，贈監察御史。祖昌元。父光熙。母周氏。慈侍下。兄柔。弟簡。娶彭氏，繼娶許氏。江西鄉試第六十五名，會試第一百四十三名。

　　朱儼　貫福建興化府莆田縣，軍籍。縣學增廣生。治《詩經》。字居正，行三，年三十五，八月二十五日生。曾祖本初。祖祿，遇例冠帶。父穹。母陳氏。慈侍下。娶張氏。福建鄉試第九十名，會試第一百五十九名。

　　王鍇　貫遼東定遼中衛，官籍，順天府宛平縣人。國子生。治《書經》。字叔金，行一，年三十五，八月二十九日生。曾祖綱。祖忠，百戶。父紀，百戶。母黃氏，繼母銀氏、趙氏。具慶下。弟輪、鐄、鈘、鑠、鑌。娶周氏。山東鄉試第六十八名，會試第一百二十九名。

　　鄺約　貫廣東廣州府南海縣，民籍。縣學增廣生。治《詩經》。字文博，行一，年三十五，七月二十七日生。曾祖康祐。祖智雄。父珵。母許氏。慈侍下。弟綺。娶何氏。廣東鄉試第十二名，會試第一百七十三名。

鍾紹　貫廣東廣州府東莞縣，軍籍。縣學增廣生。治《春秋》。字大韶，行一，年三十三，六月二十九日生。曾祖廣昇。祖鐸，驛丞。父琪，教授。母謝氏。重慶下。弟絢、縫。娶庾氏，繼娶陳氏。廣東鄉試第二十二名，會試第六十一名。

高壇　貫浙江紹興府山陰縣，軍竈籍。國子生。治《書經》。字用明，行五，年三十六，十月初二日生。曾祖尚□。祖繼。父蕚。母李氏。具慶下。兄垙、壓、坡。弟挺、圮、埤。娶王氏。浙江鄉試第四十五名，會試第一百六十九名。

陳璣　貫山東臨清衛，官籍，浙江餘姚縣人。國子生。治《詩經》。字天儀，行一，年三十七，十一月二十二日生。曾祖斌，百戶。祖鼎，副千戶。父憲，副千戶。母丘氏。具慶下。弟琰。娶張氏，繼娶張氏。山東鄉試第二十一名，會試第一百五十一名。

楊恭　貫武驤左衛，官籍，順天府永清縣人。國子生。治《詩經》。字秉虔，行二，年三十七，六月初七日生。曾祖朗，百戶。祖友，百戶。父信。前母張氏，母周氏。永感下。兄玘。弟敬、泰。娶孫氏，繼娶郭氏、郭氏。順天府鄉試第三十七名，會試第二百五名。

劉諶　貫江西吉安府吉水縣，民籍。國子生。治《詩經》。字承芳，行三，年三十八，九月二十六日生。曾祖希先。祖惟脩。父源深。母周氏。慈侍下。兄訥。娶蕭氏。江西鄉試第七十九名，會試第二百七十八名。

仇惠　貫直隸保定府安州新安縣，民籍。國子生。治《詩經》。字澤民，行五，年四十，六月初三日生。曾祖富。祖貴。父志，訓導。母徐氏。永感下。兄恭、寬、信、敏。弟忠、恕。娶韓氏。順天府鄉試第七十七名，會試第二百五十名。

劉儒　貫山東東昌府高唐州恩縣，軍籍。國子生。治《書經》。字寄道，行一，年三十二，十月十六日生。曾祖仲和。祖貴。父淮。前母陳氏。母賈氏。永感下。娶趙氏。山東鄉試第四十八名，會試第八十五名。

何淳　貫廣東廣州府順德縣，軍籍。府學生。治《易經》。字宗厚，行一，年二十八，七月二十三日生。曾祖淮。祖榮，遇例冠帶。父璋，知州。母林氏。重慶下。兄沾，同科進士。弟澡、沖、灈、派、溉、潞、淘、涴。娶李氏。廣東鄉試第十一名，會試第一百九十名。

熊紀　貫河南南陽府南陽縣，民籍。國子生。治《書經》。字時振，行四，年四十二，八月十一日生。曾祖普一。祖秀可。父琛。母張氏。永感下。兄懷、林、綱。弟理。娶王氏，繼娶李氏。河南鄉試第五十五名，會試第二百七十二名。

舒晟　貫江西饒州府安仁縣，軍籍。國子生。治《詩經》。字孔暘，行三，年二十九，九月十六日生。曾祖文錫。祖勝。父朝傑。母吳氏。重慶下。兄旺。弟杲、冕。娶梁氏。江西鄉試第七十九名，會試第一百七十六名。

張柱　四川重慶府涪州，軍籍。陝西同官縣學教諭。治《易經》。字汝賢，行一，年四十九，三月二十一日生。曾祖德昱。祖玄，教授，封兵科給事中。父善吉，兵科都給事中。母馮氏，封孺人。具慶下。弟格，義官；楫；模；檀；榜；桂；柯；槊。娶陳氏。四川鄉試第二十七名，會試第二十八名。

王俸　貫順天府通州三河縣，民籍。國子生。治《書經》。字天爵，行一，年三十六，二月初七日生。曾祖敬，知縣。祖祥，贈員外郎。父文琮，郎中。前母蔡氏、張氏，母宋氏。慈侍下。弟俊、僅、儒、倫。娶李氏，繼娶李氏。順天府鄉試第一百三十一名，會試第二百九名。

張萱　貫直隸松江府上海縣，民籍。國子生。治《詩經》。字德暉，行四，年四十四，六月二十八日生。曾祖志恒。祖述。父僖。母潘氏。慈侍下。兄地，府同知；堂；塾。弟城；墀；垠，義官；燈；坊；壽；隆。娶陸氏。應天府鄉試第一百十名，會試第一百九十三名。

潘珍　貫直隸徽州府婺源縣，民籍。國子生。治《書經》。字玉卿，行五，年二十六，五月二十六日生。曾祖琥。祖思文。父坦。母張氏。具慶下。弟理、珙、瑾。娶張氏。應天府鄉試第八十七名，會試第一百三十九名。

嚴紘　貫應天府江浦縣，民籍。國子生。治《詩經》。字仲周，行二，年三十七，十二月二十八日生。曾祖福一。祖真。父良，紀善。母湯氏。慈侍下。兄維。弟繡、統。娶陳氏，繼娶蔣氏。應天府鄉試第一百十二名，會試第六十七名。

戴書　貫湖廣武昌府崇陽縣，軍籍。國子生。治《詩經》。字天錫，行二，年三十六，十二月二十四日生。曾祖乾震。祖東津。父清，巡檢。前母曾氏，母金氏。慈侍下。兄璁。弟瑀。娶蒙氏。湖廣鄉試第三十三名，會試第一百六十四名。

　　黃宏　貫南京京衛籍,浙江鄞縣人。應天府六合縣學生。治《詩經》。字德裕,行二,年三十三,六月十一日生。曾祖子良。祖福緣。父永慶。母張氏。具慶下。兄寶。娶林氏。應天府鄉試第一百十名,會試第一百十三名。

　　賀洪　貫旗手衛籍,浙江慈谿縣人。儒士。治《詩經》。字禹疇,行一,年三十二,十一月初四日生。曾祖勛。祖師言。父欽。母陳氏。嚴侍下。弟浚、源、淇。娶蘇氏。順天府鄉試第二十八名,會試第二百十四名。

　　藍郁　貫直隸淮安府鹽城縣,民籍,廣東茂名縣人。國子生。治《詩經》。字國馨,行一,年四十三,十月初八日生。曾祖文袍。祖盛。父春,主簿。母蘇氏。永感下。弟都。娶汪氏。應天府鄉試第一百三十名,會試第六十二名。

　　吳祺　貫江西南昌府豐城縣,民籍。直隸灤州學學正。治《詩經》。字貴德,行八,年四十,十一月二十五日生。曾祖子恒,縣丞。祖繼能。父嗣正。母涂氏。具慶下。弟袞、裔。娶鄒氏,繼娶徐氏。江西鄉試第八十八名,會試第二百四十三名。

　　張諧　貫福建福州府閩縣,軍籍。國子生。治《易經》。字汝諧,行九,年三十五,二月十一日生。曾祖聰,知縣,贈主事。祖瑜,貢士。父純,知縣。母王氏。永感下。兄彬,學正;模。弟經,助教;相;槩,貢士;柱。娶吳氏。福建鄉試第三名,會試第二百十五名。

　　安佑　貫四川嘉定州,民籍。國子生。治《易經》。字于吉,行一,年四十一,六月二十八日生。曾祖義。祖浩,遇例冠帶。父尚民。母李氏,繼母錢氏。重慶下。弟祜、禎、祚。娶陳氏,繼娶鄭氏。四川鄉試第一名,會試第二百十二名。

　　原軒　貫山西澤州陽城縣,民籍。國子生。治《書經》。字公載,行一,年三十,十月二十六日生。曾祖瑢,前知縣。祖宗善,左長史。父應奎,監生。母李氏,繼母石氏。重慶下。弟軾、軿、轂。娶梁氏。山西鄉試第三十九名,會試第二百二十九名。

　　何亮　貫山東登州衛,官籍,直隸當塗縣人。國子生。治《易經》。字文明,行三,年三十八,十一月二十五日生。曾祖泰,正千戶。祖源。父瑞。母郟氏。永感下。兄寬、宏。弟紀。娶梁氏。山東鄉試第二十八名,會試第九十四名。

李鑑　貫直隸永平府灤州，軍籍。國子生。治《書經》。字孔昭，行一，年三十六，二月二十五日生。曾祖貳。祖貴。父聚。母王氏。永感下。弟鐣、鎮。娶吳氏。順天府鄉試第一百十五名，會試第二百七十七名。

潘希曾　貫浙江金華府金華縣，民籍。府學生。治《書經》。字仲魯，行五，年二十七，三月十三日生。曾祖文華，贈監察御史。祖洪，按察司僉事，加贈奉政大夫、修正庶尹。父璋，按察司提學副使。母姜氏，封安人。慈侍下。兄希；奭，義官；榮，訓導；希顏。弟植。娶葉氏。浙江鄉試第十八名，會試第三十三名。

何棐　貫直隸揚州府泰興縣，民籍。縣學生。治《詩經》。字輔之，行十七，年三十九，三月初四日生。曾祖濟，旌表義民。祖顒。父岱，兵馬指揮。母許氏，繼母陳氏。慈侍下。兄槼；樺，應天府推官；林；槐；榆。弟棠，貢士；桐；榛；栗。娶趙氏。應天府鄉試第二十一名，會試第十名。

孫沔　貫山東兗州府魚臺縣，民籍。縣學生。治《易經》。字伯清，行三，年二十四，閏十月二十九日生。曾祖仲憲。祖瑛。父昶。前母王氏，母管氏。具慶下。兄漢、潮。娶陳氏。山東鄉試第六十一名，會試第一百四十六名。

陳霆　貫浙江湖州府德清縣，匠籍。縣學生。治《書經》。字聲伯，行四，年二十七，十月初九日生。曾祖良。祖安。父和。母孫氏。具慶下。兄雲、雷、震。弟霽。娶胡氏。浙江鄉試第六名，會試第一百二十名。

侯自明　貫陝西西安府同州白水縣，官籍。國子生。治《詩經》。字景德，行一，年三十，十二月二十三日生。曾祖文禮。祖復，教諭，贈右僉都御史。父恂，左僉都御史。前母秦氏，贈恭人；母劉氏，封恭人。具慶下。弟自新；自勉，義官；自同。娶井氏。陝西鄉試第二十六名。會試第一百八十二名。

凌雲翰　貫應天府上元縣，匠籍。國子生。治《易經》。字伯遠，行二，年四十一，八月十三日生。曾祖珍。祖子才，贈南京戶部郎中。父文，布政司左參議。前母趙氏，贈宜人；李氏。母韓氏，封宜人。永感下。兄雲翔。弟雲翱、雲翃、雲翀。娶王氏，繼娶邵氏。應天府鄉試第六名，會試第六十六名。

朱嘉會　貫直隸揚州府高郵州寶應縣，民籍。國子生。治《書經》。字亨之，行一，年二十三，五月初十日生。曾祖溥，州同知。祖昱，布政司司獄。父孔華，監生。母鄭氏。重慶下。弟嘉祥、嘉賓、嘉議、嘉愛、嘉慶。娶衡氏。應天府鄉試第七十一名，會試第一百十一名。

陳寧　貫福建泉州府晉江縣，軍籍。縣學生。治《易經》。字仕泰，行二，年三十一，七月初八日生。曾祖彭壽。祖正玄。父成聰。母潘氏。永感下。兄福。娶黃氏。福建鄉試第五十六名，會試第五十五名。

吳儀　貫河南衛輝千戶所，軍籍。國子生。治《禮記》。字德隅。行二，年三十六，二月十三日生。曾祖誠。祖敬。父諒。前母劉氏，母趙氏。慈侍下。兄俊，義官。弟俸。娶曹氏，繼娶崔氏。河南鄉試第十三名。會試第二百六十八名。

丘世喬　貫廣東潮州府海陽縣，軍籍。國子生。治《書經》。字民望，行七，年四十一，五月初五日生。曾祖述。祖統。父尚，通判。母蘇氏。慈侍下。兄允璿；世達，義官。弟世昂、世惠。娶鄭氏。廣東鄉試第二十三名，會試第二百二十六名。

鄧翰　貫四川成都府內江縣，民籍。國子生。治《詩經》。字希召，行一，年四十二，十月十四日生。曾祖志忠。祖琭。父九經，衛經歷。母黃氏，繼母黃氏。具慶下。弟翽。娶吳氏。四川鄉試第四十三名，會試第一百四十名。

李淳　貫直隸安慶府太湖縣，軍籍。國子生。治《易經》。字原朴，行一，年四十二，十一月初八日生。曾祖友敬。祖德富。父璋，陰陽正術。母秦氏。具慶下。弟溶、濂。娶丁氏。應天府鄉試第二十八名，會試第一百二十二名。

何湮　貫浙江嚴州府建德縣，民籍。國子生。治《易經》。字承恩，行十五，年三十二，閏九月初七日生。曾祖道崇。祖永敬。父增。母沈氏。永感下。兄淵、潽、瀠、沐、澧、淑。弟滌。娶童氏。浙江鄉試第四十七名，會試第一百三十名。

盛端明　貫廣東潮州府饒平縣，軍籍。國子生。治《詩經》。字希道，行一，年三十三，九月初七日生。曾祖孚。祖夔，主簿。父鳳儀，教諭。前母陳氏、毛氏，母伍氏。具慶下。弟端勉、端膺。娶許氏。廣東鄉試第一名，會試第一百二十一名。

張岐　貫江西饒州府鄱陽縣，民籍。國子生。治《詩經》。字宗周，行二十二，年四十一，四月二十四日生。曾祖穀政。祖驥，教諭。父武安。母許氏。永感下。兄泰、華。弟蒙、珍、丹。娶劉氏。江西鄉試第二十名，會試第五十九名。

萬斛　貫四川成都府崇慶州，民籍。國子生。治《書經》。字以虛，行一，年四十六，六月十二日生。曾祖文斌。祖昱，贈知州。父弼，教諭。母朱氏。具慶下。弟石、幾。娶王氏。四川鄉試第二十三名，會試第五十三名。

吳閲　貫直隸揚州府泰興縣，民籍。國子生。治《詩經》。字廷簡，行二，年三十六，四月初六日生。曾祖彥真。祖英，遇例冠帶。父宗。母周氏。慈侍下。兄閩。弟閔、聞、閎。娶陳氏。應天府鄉試第七十六名，會試第一百十八名。

張賢　貫河南開封府睢州，民籍。國子生。治《春秋》。字守愚，行一，年三十六，九月初五日生。曾祖敬先。祖淳。父寧。母陸氏，繼母吳氏。嚴侍下。弟賫、贊。娶李氏，繼娶周氏。河南鄉試第七十二名，會試第七十七名。

何紹正　貫浙江嚴州府淳安縣，民籍。國子生。治《春秋》。字繼宗，行二，年三十九，九月初一日生。曾祖憲文。祖廷烈，封吏部主事。父禮，兵部郎中。母宋氏，封安人。慈侍下。兄紹明。弟紹大。娶洪氏。浙江鄉試第四名，會試第一百八十名。

雷宗　貫直隸隆慶衛，軍籍，直隸桐城縣人。國子生。治《書經》。字希曾，行二，年四十一，七月初七日生。曾祖忠。祖昶。父信。母陳氏。永感下。兄宣，義官。娶陳氏。順天府鄉試第九十名，會試第一百五十二名。

區王　貫廣東廣州府番禺縣，民籍。國子生。治《易經》。字廷璋，行一，年三十八，正月初五日生。曾祖文璧。祖道。父愉。母衛氏，繼母趙氏。具慶下。娶屈氏。廣東鄉試第三十四名，會試第一百十七名。

王鉉　貫山東登州府黃縣，民籍，遼東定遼左衛人。國子生。治《詩經》。字伯舉，行二，年三十五，八月初四日生。曾祖伯成。祖海。父寧，監生。母邢氏，繼母邊氏。慈侍下。兄錡，義官。弟鏄、鉦。娶蔡氏。山東鄉試第十一名，會試第一百十五名。

俞泰　貫直隸常州府無錫縣，民籍。縣學附學生。治《書經》。字國昌，行一，年三十一，三月十六日生。曾祖宗海。祖思恭。父謙。母侯氏，繼母吳氏。具慶下。弟復、蒙、震、孚。娶金氏。應天府鄉試第八十四名。會試第六十名。

張天錫　貫順天府霸州，軍籍。國子生。治《書經》。字惟範，行二,年三十五,四月二十日生。曾祖復初。祖顯,大使。父瓘。嫡母彭氏,生母王氏。慈侍下。兄天祐。弟天福、天祿、天叙。娶賈氏。順天府鄉試第十八名,會試第一百三十六名。

　　吳允禎　貫廣東廣州府南海縣,民籍。國子生。治《易經》。字天祐,行一,年三十四,閏二月初四日生。曾祖甲遜。祖信。父璉,知縣。母何氏。重慶下。弟允禮、允祿、允裕、允祉。娶陳氏。廣東鄉試第二十七名,會試第一百六名。

　　田中　貫錦衣衛,校籍,直隸新城縣人。國子生。治《書經》。字立夫,行一,年三十,七月初七日生。曾祖世能。祖禎。父順。母張氏。具慶下。弟和。娶金氏。順天府鄉試第一百三十一名,會試第一百八十九名。

　　東野　貫陝西西安府華州,民籍。州學增廣生。治《書經》。字希孟,行五,年二十一,九月十五日生。曾祖驥。祖昇,縣丞,贈刑部郎中。父思忠,按察司副使。母薛氏,封宜人。慈侍下。兄周,義官;魯,貢士;漢,貢士;郊。弟實。娶王氏。陝西鄉試第四十八名,會試第一百八十一名。

　　查約　貫浙江杭州府海寧縣,民籍。國子生。治《詩經》。字原博,行二,年三十一,九月初八日生。曾祖宗浩。祖實。父益。嫡母曹氏,繼母王氏,生母孫氏。具慶下。兄祚、禮、繪。弟縉、繼、綖、紳、綵、旦。娶鄥氏。浙江鄉試第四十名,會試第一百三十一名。

　　顧英　貫浙江寧波府慈谿縣,軍籍。國子生。治《詩經》。字順中,行十五,年三十七,十二月十七日生。曾祖山童。祖蒙,貢士。父諒。嫡母趙氏,生母徐氏。慈侍下。兄銘,義官。弟俊,義官;傑;仁;華;翹。娶桂氏,繼娶周氏。浙江鄉試第八名,會試第一百九十六名。

　　陸節　貫直隸常州府武進縣,軍籍。國子生。治《詩經》。字宮甫,行二,年四十六,八月初三日生。曾祖朝宗。祖淵,教諭,贈戶部郎中。父愷,戶部郎中。母徐氏,贈宜人;繼母蕭氏,封宜人。慈侍下。兄簡,詹事兼翰林院侍讀學士,贈禮部右侍郎。弟筌,貢士;策;箎;範。娶徐氏。應天府鄉試第十九名,會試第六名。

　　李春芳　貫廣東潮州府海陽縣,民籍。國子生。治《春秋》。字資元,行一,年二十七,二月二十八日生。曾祖珈。祖孔雍。父大受。母孫氏。具慶下。弟春白、春暢、春蕃、春魁、春實、春衍。娶蘇氏。廣東鄉試第四名,會試第一百五十三名。

　　李仲　貫陝西西安後衛,軍籍,平凉縣人。三原縣學增廣生。治《詩經》。字道甫,行八,年三十一,七月十五日生。曾祖忠。祖英,義官。父明,監生。母薛氏。具慶下。兄仁、佐、儒、倫、傅、信、俊。弟傑、偉、价、偕。娶張氏。陝西鄉試第二十六名,會試第九十一名。

　　章拯　貫浙江金華府蘭谿縣,民籍。縣學生。治《易經》。字以道,行四十,年二十四,十月初七日生。曾祖邦和。祖申甫,封南京大理寺左評事。父憨。母方氏。嚴侍下。兄擴、捷、拱、擯、擇。娶嚴氏。浙江鄉試第八十四名,會試第二百九十四名。

　　葉信　貫浙江紹興府上虞縣,軍籍。國子生。治《易經》。字中孚,行四,年三十二,十月十九日生。曾祖如賢。祖廉。父珊。母傅氏。具慶下。兄傅。弟仲、俛、偕。娶陳氏。浙江鄉試第二十名,會試第二百三十九名。

　　陳璧　貫山西太原府太谷縣,民籍。國子生。治《詩經》。字德如,行一,年三十九,八月初五日生。曾祖本。祖公海。父通。母田氏,繼母梁氏。具慶下。弟瑩。娶楊氏,繼娶趙氏。山西鄉試第十五名,會試第二百六十名。

　　于聰　貫江西饒州府安仁縣,民籍。國子生。治《詩經》。字士達,行十九,年三十六,十二月初二日生。曾祖澄。祖禎。父甫。母何氏。重慶下。弟聘。娶何氏。江西鄉試第二十六名,會試第一百八十八名。

　　萬英　貫順天府順義縣,民籍,福建邵武縣人。國子生。治《詩經》。字子俊,行一,年三十八,四月二十七日生。曾祖光祖,衛經歷。祖諒。父洪。前母蕭氏,母王氏,繼母劉氏。具慶下。弟宣、芳。娶趙氏。順天府鄉試第九十八名,會試第一百九十一名。

　　許瀚　貫福建興化府莆田縣,軍籍。縣學生。治《書經》。字彥卿,行三,年三十八,五月初六日生。曾祖子義。祖永斌。父評,訓導。嫡母林氏,生母陳氏。永感下。兄仁,左長史;彥充;彥器。娶陳氏,繼娶郭氏。福建鄉試第五十六名,會試第六十八名。

　　徐琪　貫浙江金華府東陽縣,民籍。國子生。治《詩經》。字庭實,行十五,年三十一,二月十五日生。曾祖遠。祖鳳。父志。母任氏,繼母陳氏。慈侍下。兄璩、珂。弟瑾、碧。娶王氏。浙江鄉試第六十三名,會試第二百十一名。

　　吾翯　貫浙江衢州府開化縣,民籍。順天府文安縣學教諭。治《書經》。字廷介,行十九,年四十二,十月初九日生。曾祖江。祖體,將仕佐郎,前訓導。父昪,教諭。母方氏。具慶下。兄翀。弟禽,教諭;

翺；璽。娶方氏。浙江鄉試第二十三名，會試第一百八十四名。

胡訓　貫江西南昌府南昌縣，匠籍。府學生。治《詩經》。字誨之，行一，年二十九，十一月初九日生。曾祖彥良。祖崇信。父仲倫，遇例冠帶。前母朱氏、徐氏、鄢氏，母余氏。具慶下。弟詔、詰。娶魏氏。江西鄉試第十六名，會試第二十七名。

喬岱　貫山東濟南府章丘縣，民籍。縣學生。治《禮記》。字希申，行二，年二十五，九月初四日生。曾祖明德。祖木，長史。父奉先，長史。母楚氏。具慶下。兄嶽。弟岩。娶戴氏。山東鄉試第五名，會試第二百二十四名。

胡節　貫湖廣永州府零陵縣，民籍。國子生。治《禮記》。字國信，行一，年三十八，四月初七日生。曾祖元亨。祖忠。父瑛。母雷氏。具慶下。娶劉氏。湖廣鄉試第四十九名，會試第一百四十九名。

郗夔　貫山西太原府平定州，民籍。國子生。治《書經》。字舜臣，行一，年三十八，三月初五日生。曾祖寬。祖信，府照磨。父珙，知州。母郝氏。慈侍下。娶王氏。山西鄉試第四十四名，會試第二百二十一名。

胡鎮　貫江西瑞州府高安縣，民籍。國子生。治《易經》。字斯靖，行一，年三十九，八月二十四日生。曾祖克忠。祖源會。父瑞。母陳氏。重慶下。兄欽。娶鄒氏。江西鄉試第七十一名，會試第七十二名。

田絨　貫湖廣荊州府松滋縣，軍籍。國子生。治《詩經》。字大章，行四，年三十六，三月二十日生。曾祖文忠。祖誠。父瓊，府學教授。嫡母彭氏，繼母王氏，生母趙氏。慈侍下。兄經；綸，訓導；緯。弟繪、緒、維、繼、紹。娶仲氏。湖廣鄉試第三十四名，會試第一百四十五名。

姚隆　貫南京留守後衛，軍籍，直隸嘉定縣人。國子生。治《詩經》。字原學，行二，年三十一，三月初三日生。曾祖文榮。祖敬。父海。母華氏，繼母范氏。具慶下。兄陞。弟陭、鄴、際。娶周氏。應天府鄉試第十七名，會試第一百六十七名。

陳鼎　貫直隸永平府遷安縣，民籍，江西新淦縣人。國子生。治《易經》。字汝和，行一，年三十，正月二十七日生。曾祖子倫。祖詰。父瑛。母王氏。重慶下。弟鼐。娶楊氏。順天府鄉試第一百三十二名，會試第一百九十五名。

李奎昭　貫江西臨江府新喻縣，民籍。國子生。治《詩經》。字文振，行十一，年三十九，九月初四日生。曾祖廷宇。祖德建。父三陽。母彭氏。慈侍下。兄文雅、文典。弟文粹。娶楊氏。江西鄉試第三十九名，會試第九十九名。

張嘉謨　貫陝西寧夏衛，軍籍，直隸淶水縣人。衛學生。治《書經》。字舜卿，行一，年三十，八月二十六日生。曾祖才甫，知州。祖恕。父翼，知縣。嫡母徐氏，生母李氏。具慶下。娶耿氏。陝西鄉試第七名，會試第十一名。

朱昂　貫直隸松江府華亭縣，民籍。縣學生。治《詩經》。字文宿，行三，年三十五，五月二十七日生。曾祖信，工部郎中。祖迪哲，縣丞。父寬，監生。母秦氏。慈侍下。兄旻、旦。娶倪氏。應天府鄉試第九十四名，會試第七十名。

王㷊　貫浙江台州府黃巖縣，匠籍。國子生。治《詩經》。字存約，行二十五，年三十一，二月二十日生。曾祖伯永。祖宗。父玭。母蔣氏。具慶下。兄燁、烈。弟炫。娶葛氏。浙江鄉試第十九名，會試第三十八名。

徐元稔　貫福建興化府莆田縣，民籍。江西安仁縣學教諭。治《書經》。字明嘉，行八，年三十一，七月十六日生。曾祖士逢。祖于光。父可玉。母蕭氏。慈侍下。弟元程。娶楊氏，繼娶鄭氏。福建鄉試第七名，會試第四十三名。

陳猷　貫四川重慶府永川縣，軍籍。國子生。治《書經》。字汝嘉，行二，年三十七，九月初三日生。曾祖勝璽，縣丞。祖子恒。父金，教授。母王氏。具慶下。兄謨。娶張氏。四川鄉試第五十名，會試第二百五十一名。

張芹　貫江西臨江府新淦縣，民籍。國子生。治《書經》。字文林，行四，年三十七，十二月十一日生。曾祖季轍。祖洪本。父鑑，訓導。母毛氏，繼母陳氏、廖氏。具慶下。兄秀林。弟上林、茂林、華林。娶胡氏。江西鄉試第六十四名，會試第二十一名。

宵溥　貫直隸淮安府山陽縣醫籍。國子生。治《易經》。字公父，行一，年二十九，二月十七日生。曾祖有禎。祖瑛，御醫。父昱。母侯氏。慈侍下。弟濂。娶魯氏。順天府鄉試第八十八名，會試第二百二十三名。

卞諶　貫浙江嘉興府嘉善縣，民籍。國子生。治《書經》。字信卿，行七，年三十三，五月十七日生。曾祖綸。祖徵。父翻。母李氏，繼母陸氏。具慶下。兄壽、訓、淵、諫、諤、浩。弟浦、謨。娶王氏。浙江鄉試第二十四名，會試第二百十三名。

謝表　貫四川重慶府忠州,民籍。國子生。治《詩經》。字正邦,行五,年三十四,正月初一日生。曾祖宗。祖暹。父永禎。母汪氏,繼母張氏。具慶下。兄瓊、珠、璧、瑞。弟璉。娶陳氏。四川鄉試第十九名,會試第二十名。

周鏞　貫廣東潮州府海陽縣,民籍。國子生。治《春秋》。字希準,行三,年二十九,八月十六日生。曾祖三甫。祖悌。父成,教諭。母陳氏。具慶下。兄釴,貢士。弟鏷、寧。娶陳氏。廣東鄉試第二名,會試第一百二十七名。

葉相　貫直隸揚州府江都縣,民籍。國子生。治《詩經》。字良臣,行二,年二十八,八月十四日生。曾祖坦,國子監典籍。祖永年,贈光祿寺署丞。父瀾,光祿寺署正。前母趙氏,贈孺人；母葛氏,封孺人。慈侍下。兄椅。弟森、棐。娶王氏。應天府鄉試第八十九名,會試第五十四名。

蕭杲　貫直隸鎮江府丹徒縣,民籍。府學生。治《詩經》。字彥明,行十五,年四十一,二月二十八日生。曾祖富一。祖永誠。父鉉。母孔氏。慈侍下。兄暹、智。娶王氏。應天府鄉試第一百二十九名,會試第一百五十四名。

葉良　貫浙江處州府麗水縣,民籍。國子生。治《易經》。字漢傑,行一,年三十八,十月初二日生。曾祖仲環。祖宗仁,遇例冠帶。父曰光。嫡母謝氏,繼母周氏,生母陳氏。慈侍下。弟遜、遒、迂、遇。娶陳氏。浙江鄉試第十四名,會試第九十名。

周用　貫直隸蘇州府吳江縣,民籍。縣學附學生。治《書經》。字行之,行一,年二十七,九月二十二日生。曾祖盛。祖宣。父昂。母計氏。具慶下。弟同。娶施氏。應天府鄉試第三名,會試第一百名。

薛价　貫山西平陽府蒲州,軍籍。國子生。治《易經》。字藩卿,行二,年三十六,八月十八日生。曾祖文勉。祖宏,縣丞。父璟,通判。母張氏。具慶下。兄侃。弟繼賢,儀賓。娶楊氏。山西鄉試第九名,會試第二百五十九名。

高嶼　貫錦衣衛籍,直隸崑山縣人。順天府學生。治《詩經》。字子洲,行三,年三十一,三月十六日生。曾祖著。祖顯。父恔,光祿寺署丞。母許氏。永感下。兄巒,譯字官；岫,冠帶通事。弟岑。娶康氏。順天府鄉試第三十二名,會試第一百六十二名。

李錫　貫順天府東安縣，軍籍。縣學生。治《詩經》。字天爵，行三，年三十三，十一月十四日生。曾祖義。祖文振。父實。母曹氏。慈侍下。兄錦、鈺。娶張氏。順天府鄉試第二名，會試第二百八十六名。

　　陳義　貫廣東潮州府饒平縣，民籍。縣學增廣生。治《書經》。字宜之，行二，年三十五，正月十九日生。曾祖宗。祖希成。父廣。母黃氏。慈侍下。兄剛。弟致用、致恩、致元、致芳。娶曾氏。廣東鄉試第三十四名，會試第一百九十七名。

　　金賢　貫應天府江寧縣，民籍。府學生。治《易經》。字士希，行一，年四十，正月二十五日生。曾祖洵。祖遜甫，鴻臚寺署丞。父玉。母馬氏。嚴侍下。弟能、明、秀、蘭。娶馬氏。應天府鄉試第六十六名，會試第一百五十五名。

　　孫偉　貫江西臨江府清江縣，民籍。縣學生。治《詩經》。字朝望，行一，年三十，八月初二日生。曾祖正夫。祖寧，學正。父瑞。母李氏。具慶下。弟佐，貢士；价；伏。娶龔氏。江西鄉試第九十五名，會試第二百九十七名。

　　屈銓　貫陝西西安府華州蒲城縣，軍籍。國子生。治《詩經》。字秉衡，行一，年三十，五月二十日生。曾祖斌。祖深。父寧。母孫氏。具慶下。弟釴、鉞、銳。娶單氏。陝西鄉試第四十名，會試第二百九十三名。

　　塗文祥　貫江西南昌府靖安縣，民籍。國子生。治《書經》。字舜徵，行十四，年二十七，正月初十日生。曾祖鳳韶，封承德郎、工部主事。祖淮，知府。父個，義官。母黃氏。重慶下。兄麒祥、儀祥。弟慶祥、獻祥。娶戴氏。江西鄉試第二十一名，會試第三十六名。

　　李深　貫金吾右衛，軍籍。順天府學附學生。治《易經》。字淵之，行一，年三十三，十二月初五日生。曾祖三公。祖英。父讓，知縣。母孫氏。永感下。娶蕭氏。順天府鄉試第八十名，會試第二百五十二名。

　　盧英　貫四川成都府崇慶州，民籍。國子生。治《易經》。字文華，行一，年四十四，正月二十一日生。曾祖庸。祖元亨。父紀綱。母周氏。慈侍下。弟雄。娶劉氏。四川鄉試第三十六名，會試第二百八十八名。

　　姚欽　貫武功左衛，匠籍，直隸吳縣人。順天府學生。治《春秋》。字敬夫，行一，年三十五，九月二十七日生。曾祖思善。祖忠。父福通。母皮氏。慈侍下。弟銳、錦、鎮。娶陳氏，繼娶韓氏。順天府鄉試第一百七名。會試第一百九十二名。

盧綸　貫廣東廣州府增城縣，軍籍。國子生。治《禮記》。字朝言，行二，年三十，六月二十四日生。曾祖熊。祖璲。父廷燦，訓導。母蕭氏。重慶下。兄經、逵。弟綱。娶吳氏。廣東鄉試第五十四名，會試第二十二名。

　　喻文璧　貫四川眉州，民籍。國子生。治《詩經》。字德卿，行一，年四十一，二月初六日生。曾祖彥章。祖鑑，推官。父用中，驛丞。母彭氏。慈侍下。弟文耀、文輝。娶鄧氏。四川鄉試第五十一名，會試第二百三十名。

　　朱衮　貫湖廣永州衛籍，直隸長洲縣人。國子生。治《禮記》。字子文，行三，年三十二，十月二十六日生。曾祖偉。祖瓊。父鑛，貢士。前母劉氏，母劉氏。慈侍下。兄衰，貢士；裳。弟表。娶張氏。湖廣鄉試第二名，會試第五十二名。

　　洪聰　貫福建泉州府晉江縣，軍鹽籍。國子生。治《易經》。字謀甫，行一，年四十，十二月二十七日生。曾祖宗與。祖輝。父孔續。母顏氏。慈侍下。弟明、睿。娶黃氏。福建鄉試第三名，會試第一百五十名。

　　王萱　貫江西撫州府金谿縣，民籍。縣學增廣生。治《易經》。字時芳，行一，年二十一，八月十一日生。曾祖忠，巡檢，贈大理寺右評事。祖吉。父序，學正。母曾氏。具慶下。弟蕢、芹。聘胡氏。江西鄉試第八名，會試第三十七名。

　　許鳳　貫山東濟南府章丘縣，民籍。國子生。治《詩經》。字天祥，行二，年三十八，八月十五日生。曾祖士端。祖拳。父宗。母翟氏。慈侍下。兄鷟。弟鴻、鴿。娶于氏，繼娶姜氏。山東鄉試第六十五名，會試第二百九十五名。

　　王奎　貫直隸常州府武進縣，民籍。府學生。治《詩經》。字文明，行一，年四十，十一月初四日生。曾祖鎬。祖珪。父公甫。母臧氏。慈侍下。弟亞、坤。娶楊氏，繼娶湯氏。應天府鄉試第三十八名，會試第八十七名。

　　何景明　貫河南汝寧府信陽州，民籍。國子生。治《書經》。字仲默，行四，年十七，八月初六日生。曾祖海。祖鑑，陰陽典術。父信，驛丞。前母盧氏，母李氏。具慶下。兄景韶，知縣；景暘，貢士；景暉。聘張氏。河南鄉試第三名，會試第一百十六名。

　　顧正　貫浙江嘉興府海鹽縣，竈籍。國子生。治《書經》。字尚誠，行三，年四十八，正月二十四日生。曾祖應全。祖訥，恩例冠帶。父暲。母林氏。具慶下。兄平、中。弟直、賢、良、方、善、能。娶劉氏，繼娶陳氏。浙江鄉試第十二名，會試第二百六名。

張雲鵬　貫雲南大理府太和縣，民籍。國子生。治《詩經》。字天翼，行二，年三十六，二月十三日生。曾祖山。祖寧。父浩，驛丞。母李氏。慈侍下。兄謙，巡檢。弟雲鶚。娶李氏。雲貴鄉試第四十一名，會試第一百七十名。

李際可　貫直隸河間府景州故城縣，軍籍。國子生。治《易經》。字公遇，行十，年二十一，五月十七日生。曾祖顯清。祖榮，贈知縣。父咨，監察御史。母吳氏，封孺人。具慶下。兄轍；獻可，貢士。弟郢。娶韓氏。順天府鄉試第九十三名，會試第一百七十五名。

鄭裕　貫四川成都府內江縣，民籍。國子生。治《詩經》。字有容，行四，年三十六，十二月十七日生。曾祖榮。祖志和。父玄琮。前母龔氏。母石氏。具慶下。兄祥；儒；詔，聽選官。弟翰、祿、講、祜。娶明氏。四川鄉試第三十九名，會試第五十一名。

林塾　貫福建興化府莆田縣，軍籍。府學生。治《書經》。字從學，行三，年三十七，七月十一日生。曾祖洪，州同知。祖潛夫。父彌宣，訓導。母洪氏，繼母游氏。具慶下。兄堪，太僕寺丞；垠。娶方氏。福建鄉試第十七名，會試第二百四十八名。

蘇仲　貫廣東廣州府順德縣，民籍。縣學生。治《易經》。字亞夫，行二，年四十七，三月十五日生。曾祖銘彥。祖道保。父福潤。前母陳氏，母邵氏。永感下。兄瑾。娶區氏，繼娶鄧氏。廣東鄉試第七名，會試第二百二十名。

陳實　貫廣東瓊州府瓊山縣，民籍。縣學生。治《詩經》。字秀卿，行一，年二十八，十一月十七日生。曾祖士聰。祖蔭。父昭。母黃氏。具慶下。弟容、寅。娶朱氏。廣東鄉試第十六名，會試第二百二十二名。

鍾湘　貫湖廣武昌府興國州，軍籍。國子生。治《詩經》。字用秀，行三，年三十三，十月初六日生。曾祖友直。祖□□。父鉞，主簿。母吳氏。慈侍下。兄□、□、清。娶明氏。繼娶田氏。湖廣鄉試第十九名，會試第二百五十七名。

何沾　貫廣東廣州府順德縣，軍籍。國子生。治《易經》。字宗澤，行一，年三十九，八月十七日生。曾祖源澄。祖景隆。父瑀。母羅氏。具慶下。弟潛；淳，同科進士；湯；澁；澍；法。娶蔡氏，繼娶盧氏。

廣東鄉試第十二名，會試第九十八名。

劉時望　貫江西吉安府安福縣，民籍。國子生。治《春秋》。字傅霖，行六，年三十四，正月初五日生。曾祖容莊。祖節忠。父蕚。母王氏。嚴侍下。兄鍾，教諭；伕；時贍；時表。弟時可。娶謝氏。江西鄉試第八十七名，會試第二百七十五名。

劉安　貫山西大同府大同縣，民籍。國子生。治《易經》。字以靜，行三，年三十八，二月初七日生。曾祖文卿。祖整，贈吏部郎中。父文，右通政。前母許氏，封宜人；母周氏。慈侍下。兄天祿，前錦衣衛千戶；天爵，義官。弟寧。娶張氏。山西鄉試第四十四名，會試第二百九十六名。

張顗　貫福建泉州府晉江縣，民籍。儒士。治《易經》。字子孚，行四，年三十三，四月初四日生。曾祖元寶。祖昭胖。父晟。母陳氏。永感下。弟頵。娶龔氏。福建鄉試第六十七名，會試第四十二名。

師夔　貫陝西西安府長安縣，民籍。國子生。治《易經》。字汝和，行二，年二十六，十一月十三日生。曾祖榮。祖珍。父禮，知縣。母田氏。具慶下。兄皋，貢士。弟龍。娶田氏。陝西鄉試第三十二名，會試第一百八十三名。

曾大顯　貫湖廣黃州府麻城縣，軍籍。府學增廣生。治《禮記》。字世榮，行四，年三十三，九月十七日生。曾祖思恭。祖應通。父啓，教諭贈知縣。嫡母楊氏，贈孺人；生母楊氏，封太孺人。慈侍下。兄賢，學正；大賓；大有，監察御史。娶李氏，繼娶張氏。湖廣鄉試第三名，會試第一百八十六名。

張璉　貫陝西西安府耀州，民籍。國子生。治《春秋》。字汝器，行一，年三十二，二月初五日生。曾祖從政。祖清，封推官。父鈞，推官。母劉氏，封孺人。永感下。弟璣、珩、瑤、珍。娶任氏。陝西鄉試第五名，會試第十九名。

符樂　貫江西臨江府新喻縣，民籍。國子生。治《禮記》。字同和，行八，年四十二，三月初九日生。曾祖幼戀。祖唐。父信，訓導。母鄒氏。永感下。弟珍、裕、琢、禧。娶蕭氏。江西鄉試第二十四名，會試第六十九名。

郁侃　貫直隸松江府上海縣，民籍。縣學生。治《詩經》。字希正，行四，年三十五，十月二十六日生。曾祖愷。祖蒙。父瓊。母周氏。慈侍下。兄倫、儒、僑。娶王氏，繼娶董氏。應天府鄉試第十七名，會試第三名。

涂敬　貫江西南昌府豐城縣，民籍。儒士。治《書經》。字寅之，行八，年二十八，七月初九日生。曾祖自彰。祖彬文。父瑄，教諭。母鄢氏。重慶下。兄蔓、芳。弟黃、蘊、薇、蘅、莨、茂。娶黃氏。江西鄉試第二十三名，會試第二百五十八名。

李鐸　貫山東登州府萊陽縣，軍籍。縣學生。治《詩經》。字孔教，行四，年二十五，十一月初十日生。曾祖琰。祖凱。父旻，縣丞。母董氏。具慶下。兄鈺；鏜，貢士；鋒，醫官；錫；欽。娶趙氏。山東鄉試第三十二名，會試第三百名。

沈炤　貫直隸蘇州府嘉定縣，民籍。國子生。治《詩經》。字文明，行一，年三十三，十月二十三日生。曾祖篤，遇例冠帶。祖輔，旌表孝子。父梁。母龔氏。重慶下。弟耀；灼，貢士；熜；勳；煦；爟；烋；烈；烌；燾。娶闔氏。應天府鄉試第三十五名，會試第一百七名。

吳玉榮　貫山西太原左衛，軍籍，直隸潛山縣人。國子生。治《詩經》。字貴卿，行一，年二十九，五月二十八日生。曾祖永旭。祖希瑗。父子儐。母趙氏。具慶下。弟玉顯。娶姚氏。山西鄉試第六十四名，會試第二百二十八名。

王鑾　貫河南開封府許州襄城縣，民籍。國子生。治《詩經》。字拱之，行二，年四十一，三月十三日生。曾祖藝，布政司參議。祖昇，贈戶部郎中。父瓘，戶部郎中，進階朝列大夫。母盛氏，封宜人。永感下。兄錦，按察司副使。娶許氏。河南鄉試第四十九名，會試第二百九十名。

林富　貫福建興化府莆田縣，軍籍。國子生。治《書經》。字守仁，行一，年二十八，十月二十五日生。曾祖潛夫。祖彌宣，訓導。父垠。前母鄭氏，母方氏。重慶下。弟見、聞。娶張氏。福建鄉試第三十名，會試第二百四十二名。

孫昂　貫陝西西安府高陵縣，軍籍。國子生。治《書經》。字廷舉，行二，年三十六，□□□□□生。曾祖六。祖亮。父禄，巡檢。母高氏。□□□氏。具慶下。兄晟。娶□氏。陝西鄉試第五十四名，會試第一百□名。

李陽春　貫四川順慶府廣安州渠縣，民籍。國子生。治《春秋》。字宗元，行七，年三十七，二月十六日生。曾祖朝輔。祖允中。父芳，知縣。母王氏。永感下。兄仁春、郁春、節春、智春、信春、彥春。娶吳氏。四川鄉試第三十二名，會試第二百六十一名。

陸經　貫雲南大理衛，軍籍，直隸常熟縣人。國子生。治《禮記》。字載道，行三，年四十，正月十七日生。曾祖大用。祖貴。父珵。母李氏。具慶下。兄綱、紀。娶蔣氏。雲南鄉試第四十一名，會試第三十九名。

　　皇帝制曰：朕膺天命，承祖宗列聖之統，以臨天下，于茲十有五年。夙夜兢兢，思弘化理，非法諸古而不可。然嘗考之前代，繼統之君，守成稱賢，莫盛於夏之啓，商之中宗、高宗，周之成康。之數君者，治績之美，具在方策，果何道以致之？近世儒者之論，謂聖王以求任輔相爲先；又謂君之聖者，以辨君子與小人。數君之致治也，其亦有待於是邪？且輔相之賢否，君子小人之情狀，未易知也。茲欲簡賢爲輔，用君子，不惑於小人，將安所據邪？天下之務，固非一端，以今日之所急者言之，若禮樂，若教化，若選才課績，征賦之法，兵刑之令，皆斟酌于古。然行之既久，不能無弊焉。祛其弊而救之，欲化行政舉，如祖宗創制之初，比隆前代，何施何爲而得其道邪？

　　子諸生績學明經，通於古今之宜，其具實以對，毋隱言，毋泛論，朕將采而行之。

　　　　　　　　　　　　　　　弘治十五年三月十五日

臣康海
臣對：
　　臣聞天下有不可易之道，而常獲於人主有不敢易之心。蓋天下之事，未有舍道而能集者，而道固不可易也。心之所向，道之弘否所關，一有所易，則所以修乎身者必不能實用其力。而道之在我，知之不明，守之不固，甫遷於此，或轉於彼，雖欲勤勵以求治，而弛張予奪，一無所據，窺伺媒孽之輩共起而乘之。雖有賢人君子立於其朝，漫不相信，甚者或斥譴罷去，不爲之所，天下之治，將焉所賴而成乎？惟有以真知道之不可易，其心常憂勤惕厲，而不敢以一毫苟且輕率之意雜之於中，擇之必精，執之必固，使用人取善，各有定則，賢否莫吾亂，而君子小人不相尤。既得，其人而任之以事，則政無不舉而法無不振，天下之治，宜無有不成者矣。古之人君，未有不達於是，而能致其治者也；亦未有徒達於是，其心終有易焉而能以無弊者也。洪惟皇帝陛下，以至聖之德，撫盈成之運，十五年來，民安物阜。雖堯、舜、禹、湯、文、武之業，亦不過此。而策士之詔，乃猶惓惓焉以化之不弘、治之不洽爲念。陛下豈誠有未達於是，而猶待於問哉！臣有以仰窺聖心之於道，固有不自易焉者也。臣嘗謂古今豪杰之士不得所遇，雖子思、孟軻之流，亦且徒爾。而臣之庸昧，乃際遇若此，臣敢有所諱而不言哉！

臣惟天下之深患，在於久安極治，而機括所不見者，莫爲之虞。陛下夙夜兢兢思弘化理，此固宜也，然用於己不若資於人，求諸今莫若法乎古。古之君心純乎道，未嘗敢以爲易，故其用人行政，有非後世之所能及。如啓當禪授之後，繼禹之業，守之以敬，而伯益之用，終始無間，故道之得於禹者，無廢墜不舉者矣。中宗、高宗一切信任陟扈傅說之屬，而又本以嚴恭寅畏、恭默思道之心，成商之治，夫豈無所據邪？殷之頑民，雜於管蔡、武庚之手，武王之澤未洽也，使非悔悟於周公，篤信於君奭，借有成康繼序不忘之思、旄別淑慝之意，而禮樂之化，豈能如《詩》《書》所道哉！程頤曰："聖王以求任輔相爲先。"歐陽脩曰："君之聖者，以辨君子與小人。"蓋政以人而舉，人既存，則政自無偏弊不舉之患，而治之在天下者可成也。陛下欲求數君致治之績，獨可舍此而他務邪？亦惟有不敢易之心而已。天下之政，孰有出於人主之心者？況用人之際，又其本原所自之地哉！聖制所謂"簡賢爲輔，用君子，不惑於小人"，誠灼見其必然，而憂勤之心有不能自已者也。蓋大君爲天地之宗子，必有大臣以爲宗子之家相。相之職，所以輔養君德而贊成政化，天子不可一日無者。豈惟夏、商、周爲然，皋、夔、稷、契之流，雖堯舜之世亦不可無也。若其賢與否，則必辨之於先，而後可任之於後。苟辨之不明，用之不當，則天下之禍，反有不可言者矣。何者？以匹夫之賤，而上與天子共事，其所爲操縱予奪者，無一不爲天下之所禀受，使心術或不正，而學識或不醇，則其所壞，非如有司之一節一端而已。故必先有不敢易之心，然後修之身者，無往不實。修之身者既實，則出乎我者無乎不正。而人之邪正，自無所匿，於是擇其賢者而用之，則輔相得矣。

臣於今日豈以不得爲憂哉，特恐所以待之者不至爾。臣在草野，間聞朝廷用一大臣，必極聳動，以爲諮謀親信，將必有出於恒品之外。今上於京師，乃或有未然者。臣願陛下爲之禮下，務得其心，而使盡其職。凡遠猷大略，不爲群議所詘，一政一令，必與之深言極論而後布，則小人雖欲肆其無所忌憚之私，以惑吾聽，而其情已先覺矣。蓋小人之情，不過趨利避害，去其所惡而求其所喜者而已，然亦必掩之而不甚露。故利之來，或遜且謝之；害之至，或以為所分且蹈之。夫辭之不力，則得之不固；受之不力，則去之不決。及利害至於必不可已，則亟去與取之恐後也。方其有所勉而為之也，其卒不可掩者，已躍然於甘言悅色之間。即此試之，小人之情可復遁乎？既得其情，則宜亟去之。去之不亟，則或為他巧所中，而猶未免於有惑。隨有即覺，隨覺即去，如是而已。如是，則君子小人不相尤。君子小人不相尤，則動無所妨，而天下之務，自無凝滯不舉之患矣。

　　臣請以聖制所及數者言之。禮樂不可以一日無，此萬古不易之論。然其興也，雖專重其實，而亦未嘗遂弃其文。臣竊見近之所為禮者，疏簡縱逸，雖所謂儀文之末，亦未之有；所為樂者，殘缺廢壞，雖所謂聲容之細，亦未之備。蓋不得其本，而安於苟且將就之習，固如是也。苟學校之教有以振作而興起之，則人心自無不止之欲，而其情自無不和之發。凡見之宗廟、朝廷、鄉黨之際，自有以去其疏簡縱逸之習，而補其殘缺廢壞之弊，將不俟於進退升降而節，鐘鼓、羽籥而和矣。禮樂有不興者乎？至夫教化之所在，其機係於人主之心，而其應屬之天下之廣萃英俊之士，使之群游於學，讀書窮理，且或莫為之變。而欲驅天下之愚民，使悉歸於禮讓和樂之域，固已難矣。莫若先以恭儉忠厚躬行於上，不為聲色土木貨利玩好之所移易，而後徐以示於天下。天下方以前日之侈縱相安，而一旦之所聞見乃如此，其心亦必悚然以思，泠然以省。苟一二大家巨族頓悟而倡改之，則人之樂從者眾矣。選課之法，則臣於此有所深惜。祖宗之於士，養之以道義，而信之以賞罰。其用也不為之拘，而其課之也，幽明殿最，各為之等，故人皆勉於其官而優於其事。比者稍有兵荒，而納粟買官之人，已滿吏部之簿矣。雖有才德，滯於所用之期，用未及而顛毛已號種種，能以壯節自勵者，曾幾人哉！又況黜陟之施，一惟流品是視，苟不本於科甲之選，高官重秩，未肯輕予。則彼無所慕於中者，又安有所忌於外哉！臣願嚴其僥幸覬覦之禁，使冗惰不職之徒一一謝去。選惟其才，而不盡拘流品，試之以官而課之以實，如蘇洵所謂："某人廉吏也，有某事以知其廉；某人能吏也，有某事以知其能。"然後因其最否，以加賞罰。天下之人，望以其才自見者，亦將知所變矣。征賦之病，大抵冗耗過多，而司會莫爲之省。非司會之不省，勢不得也。自京師言之，食之仰於江南，歲數百萬，而權執所蓄無藉之輩，不爲國家分寸之益者，乃至百千。借其空名以耗實費，至有水旱饑饉之變，則又加倍以取於江南之民。臣聞土日窘，則陷繼之。江南之民貧甚，則江北可晏然以不顧乎？況今邊境之擾未甚妥帖，前日榆林、大同之役，馬死食匱，所費不知幾千萬。而無用之兵，又坐食於邊。山陝之民，丁運之法，無不備舉，老幼婦子，流離移析。外患未除而內地已困，寧不爲可懼邪？臣欲去冗耗無用之費，而革權門招集之弊。息江南之民，以固根本。邊境之擾，但以付之良將。不用統制之屬，帶挾僥幸之徒，以耗軍食；而又復屯田之實，省丁運之苦，用固無不足者也。兵則先於生養安息之間爲之深計，使不受役於私門，而得給其俯仰奮迅矯烈之氣，又必常振勵之，使之無所沮喪。今有一級之勞，而大家右族訶譴奪去，不敢仰視，將何所養以自奮乎？況夫新舊逃流之兵，方以官法逼之復伍，釜糵之用，俱無可充；又其居無親戚往來之接，其心之欲去已甚矣。衛所之官又以嚴刑深計鈎取其有，彼方有欲去之心，而此又逐之使去，遂矣而不去，豈人情哉！欲兵之強，而二者特不之詳，臣所以深慮也。用刑之際，洞照物情而不爲所詆，明者皆足爲之。而法之輕重，則有一定之制。既得其情，必爲之斷，使貴賤無異施，豪右寡弱無異決，則令之所出即無不從，天下之奸當必隨禁而革。蓋天下皆天子之民，刑期於必戮，賞期於必得，不待命而後知者也。豪右之徒有所倚仗，得以自脫，而寡弱之人駢首就死。人之情，孰不畏死而不求所以自脫哉！此尤陛下之所宜置念者也。

　　夫數者之務，酌之於古而行之於今，宜有不可易者，而其弊猶若此。聖制所謂"祛其弊而救之，欲化行政舉，如祖宗創業之初，比隆前代"者，豈有他哉，亦取諸人而已。孔子曰："爲政在人。"啓以下數君，不過中才之主，一得其人且足以爲治，而況陛下神聖天縱，出於尋常萬萬者哉！然臣於此，竊有說焉。蓋政雖舉於有人，而身則所以取人之本，故孔子又曰："取人以身。"欲得人而不先修乎身，是其心之所存，輕忽率易，不能不累於愛憎之私，而用所不當用，舍所不當舍者，有矣。臣願陛下急於修身，以端取人之則。然所以修身者，又非勉強矯拂之所能致。必自君臣父子夫婦昆弟之間，以至於動靜語默一事一爲之際，常加儆畏，內省于中，果當於理而不悖乎？果非其當然之則而狃於外誘乎？使天理純明，私欲净盡，則身無有不修，而道無有不盡。酌酢斟酌，自不謬於天下之是非。苟用乎人，其用必當；苟發於政，其發必精。治功之隆，必能追配祖宗，卓越古昔，而有《詩》《書》之所不及載者矣。彼漢、唐、宋，區區小補之治，又惡足論哉！然臣又聞，治不患於始之不得，而難於終之有繼。伏惟陛下常存不敢易之心，以守此不可易之道，則國家天下之幸，非獨臣之幸也。臣無任惓惓忠愛之至。

臣謹對。

矣[1]。嗣大歷服十又五年，萬幾有一日二日之勤，群臣有三德六德之俊。固已度越古今，增光祖宗矣。顧乃不鄙韋布，進之于廷，詢以古人致治之由、一時救弊之術。臣有以仰窺聖心之萬一矣。且臣，天下之民也；陛下所欲聞，天下之事也。與天下之民計天下之事，此所謂舍己而從人、樂善而忘勢者。臣雖至愚，安敢不盡？况黎獻帝臣之願，方齒于萬國之舉；布衣當世之心，或冀於一言之獻哉！

陛下之所問者，人與法也；臣之所欲言者，本與幾也。臣嘗思之：天生一世之人，自足以周一世之事；天眷一代之君，亦必付以一代之賢。事待人而後行，人得君而後用，是蓋有幾與本存乎其間。故唐虞無自致之運，而當時有可致之人；禹益非易擇之人，而當時有能擇之主。此幾説也，亦本之説也。舍是而論治，非臣之愚所能臆度也，請稽古證之。前代繼統之君，賢而可稱者，若夏之啓，商之中宗、高宗，周之成康是已。若禹道之承，有扈之伐，夏啓之治也。自度於天命，祗懼於治民，中宗之治也。習養於舊勞，建事於學古，高宗之治也。無敢昏逾，嗣文武之大訓，成王所以追配於前人。奉答光命，保弘濟之艱難，康王所以端命於上帝。夫其致如是之治，亦誠足以為一代之君矣。求其當時任事之臣，則有非後世之所能及者。且官已倍於惟百，事必位於惟能，而輔相之臣，又皆極一時之選。其在夏啓，則有若伯益之施澤。其在中宗，則有若巫咸之乂王，伊陟、臣扈之格帝。其在高宗，則有若甘盤之舊學，傅説、祖已之直言。成王之時，則周公為之師，召公為之保也。康王之世，則召公之敬保，畢公之率下也。宿德元老，

---

[1] "矣"前底本缺一面。

授天下之大柄；豐功偉烈，揚不世之洪休。唐虞以降，不可及已。雖然，輔相不容以易得，責任每病其不專。是以啓立而益爲佐命之首，中宗起而巫咸受每事之咨。高宗諒陰，而傅說有代言之托；成王襁褓，周公負扆以朝諸侯；康王皮冕，召公秉册以定嗣續。

然明良固難於會合，而邪正亦易於混淆。苟求之不切，則樂道者不能改畎畝之心；擇之不精，則治水者或至於汨陳之患。宋程頤曰："聖君以求任輔相爲先。"而歐陽脩亦有"辨君子小人情狀"之説。人君立天下之本，以操天下之幾，亦期於如此而已。然輔相之職，必得君子居之，而後可以進天下之君子；必不使小人間之，而後可以退天下之小人。不然，則邪正之辨不明，賢否之迹終混，而天下之勢卒墮於不可支持。其本既失，其幾亦亡，以至於此，可不爲太息耶？是則任相之重可知也，而其本則在於君身。陛下天縱聰明，不待勉强；聖德純固，無假修爲。修身之道，固已無待於愚臣之言矣。輔相之臣，取自簡在，固無待於所謂"擇"，臣亦無所容其説也。然而清問所及，乃若不足焉。蓋敕命之歌，交廣於無虞之時；如傷之視，加意於丕冒之國。至治之君，大抵然也。竊惟天下之大本，視操舍爲存亡；天下之大幾，以得失爲治亂。況立天下之事易，成天下之事難；用天下之人易，擇天下之人難。謂天下之事易成也，以文王之德，必百年而後洽。謂天下之人易擇也，以帝堯之聖，且四凶之未除。文王、帝堯猶至於此，則非文王與帝堯者，可不知所謹耶？且世道有升降之宜，治道有倚伏之勢。凡其始也，與治同道，故擇人精而立法亦精。其久也，以漸而弛，故擇人懈而守法亦懈。然天下之事，不患其廢弛，恃吾有以振之；天下之人，不患其混淆，恃吾有以擇之爾。

今日之事，法久弊生，天下之大，萬事之繁，固未易舉。而急務所在，則若禮樂，若教化，若選才課績，若征賦兵刑，凡聖制之所及者是矣。和序未協於□明禮讓□□於上下。科目求人，而或有遺□□□□□任，而或有失職之譏。征賦方□□□□□兵刑一舉，而百姓稱煩。夫法者，祖宗共天下而立者也。斟酌于古今之宜，權度于時俗之變，貽謀燕翼，至于今日，太平之盛，百有餘年。豈惟百年，萬世守之，萬世之盛也。而使其弊至于此，則奉行者何所辭其責哉！夫天下之所以治者，有紀綱而已矣。綱舉而目張，紀約而條貫，輔相固天下之紀綱也。會萃束縛之間，有轉動丰采之异；舒徐談笑之頃，有磐石泰山之安。相重於朝廷，法行於天下，澤被於生民，固也。故端本以擇相，用相以操幾。范祖禹有言："天子之職在擇一相，一相擇十使。"蘇軾告其君，亦以爲任時不如任法，任法不如任人。相得其人，則諸司百執事皆得其人，而天下之治成矣。且天下之治，未有出於禮樂者，禮序而樂和，天下之大治也。使君聖於上，相賢於下，相得而甚歡，和序之大節也。由是而有教化，則四方風動，而禮樂行也。由是而選才，則多士克生，而教化洽也。由是而課績，則百工惟時，而才能效也。用是才以任征賦，則簿計充實者，不至於妨民，撫字心勞者，不傷於奉公也。用是才以御兵刑，則六師之張皇，可以爲邦之翰；五刑之明允，可以全民之衷也。故君相和而禮樂興，禮樂興而教化作，教化作而才能著，才能著而庶績熙。是相也者，佐其君以操天下之幾，救天下之弊，以成天下之治者，擇之誠不可不精，而任之誠不可不專也。

臣願陛下格致以窮理，使天下之事無不知；存省以居敬，使外物之誘不能奪。視聽言動，一遵乎禮；好惡用舍，不違乎天。則爲治之道，備具於一身；而取人之則，足示乎天下。今之大臣，固陛下之所簡知者也，然相知雖深，而相信或不足。則展布之體，不足以償畏避之私；核實之情，且有以貽疑間之迹。臣雖至愚，亦知其不可也。臣願陛下勿爲形迹之可疑，必使意氣之相得。如文王之罔知，如成王之勿誤。嘉謨入告，有聽受而無難；宣力四方，惟所施而不問。禮樂教化，惟期於成天下之俗；選才課績，惟期於得天下之賢；征賦兵刑，惟期於畢天下之務。穆清之上，高拱無爲；覆載之間，旁達無間。若是而法有未行，治有未成者，臣未之信也。

聖制之所及者，臣既略露其悃愊矣，然惓惓之心，竊有不能自已者焉。夫治功難保，人情易盈，是以行恒畏於不矜，聖或暫於罔念。虞舜之聖，伯益且戒其無荒；成王之賢，周公必戒其無逸。今陛下之德將以爲舜也，將以卓越成王也，臣敢不致其愛耶？惟願陛下益加懋德，正其本而不移；益廣求賢，操其幾而不失。防微杜漸，常若我祖宗創業之初；持盈守成，遠追古帝王致治之盛。久大之業，自是而可以無疆；熙皞之休，自是而可以不替。此則愚臣區區之誠，而亦陛下所欲聞之實也。陛下倘不以臣言爲不可用，豈特愚臣之幸哉！臣干冒天威，不勝隕越之至。

臣謹對。

臣李廷相
臣對：

臣聞圖天下之大治者，必急天下之大務；急天下之大務者，必端天下之大本。大務者何？任相是已。大本者何？修身是已。相不任，則事幾叢脞而不能以獨理；身不修，則賢否混淆而不能以周知。是故爲人君者，不患天下之難治，而患不能任相；不患輔相之非人，而患不能修身。身既修矣，而賢相之不得，治功之不成者，未之有也。

欽惟皇帝陛下□□天挺，聖德日新，臨御以來，恢弘化理，以圖天下之治者，既無不至；網羅俊乂，以弼天下之治者，又無或遺。然猶體道謙冲，不自滿假，進臣等于廷，降賜清問，俯詢治道，首言三代守成之賢君，末復究以今日之時弊。臣一介草茅，何足以知之，然天下之事，亦嘗展轉于胸中久矣。有君如此，其忍負之？用是掇拾所聞，以對揚萬一。

在昔三代之時，創業之君，如禹如湯如文、武，兢兢業業，至艱至危，歷數十年而後大業始就。賢聖相承，如啓，如中宗、高宗，如成王、康王，世守弗墜。作史者以爲美談，論治者以爲稱首，固無容議矣。洪惟我朝太祖高皇帝，汛掃胡元，肇造區宇。太宗文皇帝載靖內難，奄奠兩京，盛德大業，較之禹湯文武，真異世而同符矣。則夫今日保而守之，以□于夏啓、中宗、高宗、成王、康王之盛，得非□□所望於陛下者乎？抑豈非陛下之所以策臣者乎？然陛下之所以策臣者，欲任相也；臣之所望於陛下者，欲修身也。昔者黃帝之朝，舉六相，誅蚩尤，而天地治，神明至。虞舜之朝，相元愷，除四凶，而異物致，鳳凰儀。然論者不稱帝之能任相，而稱其能修德；不稱舜之能任相，而稱其能執中。是何也？蓋以治功之成敗，固係於輔相；而輔相之賢否，又本於君身。孔子曰："爲政在人，取人以身。"其謂是歟？夫以古之聖帝明王，猶不能外此以爲治，則凡守成之君，豈可舍此而他求哉！臣請以三代守成之賢君言之。啓之敬承禹道，奮發有爲。即鈞臺以享諸侯，仿佛乎塗山之會；征有扈以誓六師，庶幾乎防風之戮。謳歌畢歸，訟獄咸至。是雖天命之有屬，而敬以修身，誠以任益之功不可少也。商之中宗、高宗，反災爲祥，回天命於將墜之餘；嘉靖殷邦，合人心於已離之後。中興之功，赫然入耳。考其所以，一則嚴恭寅畏，天命自度，而保乂王家，格于上帝者，有若伊陟巫咸。一則恭默思道，不敢荒寧，而舊學于外，爰立作相者，有若甘盤傅説。二君之能修身以任相如此，則商家六百餘年之天下，謂不本於是耶？周之成王、康王，民興禮義而海內晏然，刑措不用而囹圄空虛，治迹之美，昭然史冊。揆厥所由，一則作德日休，基命宥密，而爲周室輔茲迪彝教者，有若周公召公；一則率循大卞，敬忌天威，而保釐東郊克和厥中者，有若畢公君陳。二君之能修身以任相如此，則周家八百餘年之天下，謂不基於此耶？由是觀之，則欲圖治者，固不可不任相；而欲任相者，又不可不修身也。故程頤曰："聖王以求任輔相爲先。"而歐陽脩亦曰："君之聖者，以辨君子與小人。"二儒之論，可謂深知治體者矣。治天下者，舍此獨何據哉！

今聖明統治於上，宰執輔治於下，臣復何言？然天下之患，每成於因循；而人主之志，常戒乎怠忽。故古之聖王，非徒以禍患爲可憂，而尤以燕安爲可畏。安不常安，而危之機已伏；治不常治，而亂之階已漸。瑕纇生於釁隙之餘，弊端起於承平之後，此固自然之理，而亦必然之勢也。臣觀國家近日之事，誠有如聖策所云者，臣敢昧死爲陛下言之。今夫禮樂，所以陶鎔天下者也。大禮制而與天地同其節，大樂作而與天地同其和。祖宗之時，禮樂固已興矣，今果能如此否乎？臣見夫遜讓之俗已頹，而傾奪之風未殄；和平之音寡倡，而淫哇之習方興。宗伯鴻臚之所陳，祇循諸故事；太常教坊之所奏，徒尚夫新聲。況復如古之安上下、和神人者乎？教化，所以維持天下者也。置天下於道德仁義，洽德澤於鳥獸草木。祖宗之時，教化固已行矣，今果能如此否乎？臣見夫饕餮之行日生，而廉恥之維未振；奔競之門方啓，而禮義之澤浸微。雖有掌教之職，而弦誦之聲鮮聞；雖有董學之事，而榎楚之威亦廢。況復如古之一道德、同風俗者乎？成周有鄉舉里選三年一大比之法，是選才已肇自古矣。

我祖宗因其法而行之，未始不善。邇年以來，民僞日滋，畫一日壞，敢於爲私以相欺，公然爲黨以相蔽。遂使勤勞王事者不一二，而坐耗廩祿者常千百。選才之弊，有不可言者矣。虞舜有三載考績、三考黜陟幽明之法，是課績亦肇自古矣。我祖宗因其法而行之，未始不善。比年以來，采名不采實，誅文不誅意，是非徒取於風聞，黜陟祇憑其毀譽。遂使賢勞者被黜，而闒茸者獲陞。課績之弊，有不可既者矣。至於征賦之法，所以足國用而給百官也。國初賦不加倍而用度自充，況蠲租之詔屢頒甚或全賜天下。今非其時矣，而反不逮焉，何哉？臣竊聞之，勸農之榜委於牆壁，催租之吏害及雞豚，財已竭而斂不休，民就窮而賦愈急，殆有不勝其可痛者。兵刑之令，所以禁奸宄而遏暴亂也。國初治方粗創，而人心自齊，況勝國之習未除，甚或專用兵刑。今非其時矣，而反不及焉，何哉？臣又聞之，行伍之卒甘於逃亡，比擬之文恣爲輕重，將恃閥閲以爲高，吏弄新巧以爲威，殆有不勝其可慨者。是則禮樂也，教化也，選才也，課績也，征賦也，兵刑也，皆我祖宗究歷代之制，參百王之宜，而啓億萬年無疆之休者也。聖子神孫，重熙累洽之時，惟在持循保守之而已耳。今其弊乃如此，是果奉行之者不肯爲陛下盡心耶？抑陛下所以任用之者有未至耶？臣愚以爲，回天下之勢者，在機而不在力；運天下之機者，在上而不在下。陛下誠能修身以爲任相之本，任相以爲輔治之資，則祖宗之時何患其不可復，而前代之隆何患其不可及哉！且今陛下於平居之日，朝夕而親信之者，何人？賜譴而震怒之者，何人？定計決策，誠以任用之者，何人？越次躐等，召而訊問之者，何人？臣皆未之聞焉。此臣惓惓之忠，所以必欲陛下勤於任相也。

然輔相之賢否，君子小人之情狀，誠未易知。苟無道以照之，安知其不以賢爲不肖，以不肖爲賢，以君子爲小人，以小人爲君子乎？故臣以修身之説爲陛下獻焉。夫身固任相之本，而心又一身之本。故堯舜之授受，必曰人心道心；而湯武之作聖，必曰宅心制心。良以心既正則身無不修，而輔相之賢亦無不得矣。伏願陛下察理欲危微之幾，而敬畏之是崇；戀精一執中之學，而帝王之是憲。盤樂怠傲，此心之鴆毒也，陛下必居之以勤；奇技淫巧，此心之蟊賊也，陛下必守之以儉。忠鯁之言，陛下勿以逆意而罪之，欲其擴此心也；諂諛之説，陛下勿以遜志而從之，恐其移此心也。至于禁密之地，若可少怠矣，必惕然而思曰：吾心得無有失乎？得無異於坐朝之時乎？細微之事，若可少肆矣，必惕然而思曰：吾心得無有失乎？得無間於臨政之際乎？夫然，則聖心洞然，中外融徹，而身烏有不修者哉！由是而任相，則某也爲賢，某也爲否，某也爲君子，某也爲小人。舉錯一出於至公，是非不謬於偏聽。一相得而百職自舉，百職舉而萬化自行。將見禮樂惟其人，而天下以陶以鎔；兵刑惟其人，而天下以威以肅。語教化則修明，語征賦則充實。司薦舉者，不敢以桃李爲私恩，而所選皆真才矣；典銓衡者不敢以催科爲上最,而所課皆實績矣。

由是言之,則圖治必本於任相,而任相必本於修身也明矣。陛下誠能采而用之,則陛下之心即祖宗之心,全體妙用,質之前聞而無忝;陛下之治即祖宗之治,豐功偉烈,建諸天地而不悖。皇圖自此而益隆,世道于焉而復古。夏商周之賢君,固不得專美於昔;而重華丕承之盛,將復見於今矣。

臣學不足以博古,知不足以通今,一得之愚,上塵天聽,詞雖涉於粗鄙,情實發於忠誠。儻陛下寬其斧鉞之誅,略其狂妄之罪,勿以爲迂遠而必見之行,勿以爲常談而必施之治,則愚臣幸甚!天下幸甚!臣干冒宸嚴,不勝戰栗隕越之至。

臣謹對。

弘治十八年進士登科錄

玉音

　　弘治十八年三月初八日，禮部尚書臣張昇等於奉天門奏爲科舉事：會試天下舉人，取中三百名。本年三月十五日，殿試，合請讀卷官及執事等官少師兼太子太師、吏部尚書、華蓋殿大學士劉健等五十四員。其進士出身等第，恭依太祖高皇帝欽定資格：第一甲例取三名，第一名從六品，第二、第三名正七品，賜進士及第；第二甲從七品，賜進士出身；第三甲正八品，賜同進士出身。奉聖旨："是。欽此。"

讀卷官

　　特進光禄大夫、柱國、少師兼太子太師、吏部尚書、華蓋殿大學士劉健，庚辰進士。
　　光禄大夫、柱國、少師兼太子太師、吏部尚書馬文升，辛未進士。
　　榮禄大夫、太子太保、户部尚書兼謹身殿大學士李□陽，甲申進士。
　　榮禄大夫、太子太保、禮部尚書兼武英殿大學士謝遷，乙未進士。
　　光禄大夫、柱國、太子太保刑部尚書閔珪，甲申進士。
　　資善大夫、户部尚書韓文，丙戌進士。
　　資政大夫、兵部尚書劉大夏，甲申進士。
　　資政大夫、工部尚書曾鑑，甲申進士。
　　資德大夫、正治上卿、都察院左都御史戴珊，甲申進士。
　　資政大夫、都察院右都御史史琳，丙戌進士。
　　通議大夫、通政使司通政使田景賢，乙未進士。
　　正議大夫、資治尹、大理寺卿楊守隨，丙戌進士。
　　翰林院學士、奉議大夫劉機，戊戌進士。
　　翰林院侍講學士、奉訓大夫楊時暢，戊戌進士。

提調官

　　資政大夫、禮部尚書張昇，乙丑進士。

通議大夫、禮部左侍郎李傑，丙戌進士。

嘉議大夫、禮部右侍郎王華，辛丑進士。

監試官

文林郎、貴州道監察御史藍章，甲辰進士。

文林郎、福建道監察御史王冠，庚戌進士。

受卷官

奉訓大夫、右春坊右諭德兼翰林院修撰毛澄，癸丑進士。

翰林院侍講、承德郎張溙，戊戌進士。

徵仕郎、吏科左給事中周璽，丙辰進士。

徵仕郎、戶科左給事中艾洪，丙辰進士。

彌封官

亞中大夫、光祿寺卿艾璞，辛丑進士。

中順大夫、順天府府丞兼司經局正字周文通，秀才。

朝列大夫、尚寶司卿兼司經局正字劉榮，秀才。

奉議大夫、尚寶司卿李玶，監生。

奉訓大夫、鴻臚寺左少卿劉愷，庚戌進士。

翰林院修撰、儒林郎倫文叙，己未進士。

翰林院編修、文林郎羅玘，丁未進士。

徵仕郎、禮科給事中張維新，己未進士。

從仕郎、兵科給事中潘鐸，己未進士。

掌卷官

翰林院編修、文林郎王瓚，丙辰進士。

翰林院編修、文林郎汪俊，癸丑進士。

翰林院編修、文林郎葉德，丙辰進士。

承事郎、刑科都給事中于瑁，癸丑進士。

承事郎、工科都給事中王縝，癸丑進士。

巡綽官

鎮國將軍、錦衣衛掌衛事、都指揮同知趙鑑。

鎮國將軍、錦衣衛管衛事、都指揮同知葉廣。

昭勇將軍、錦衣衛指揮使韋順。

昭勇將軍、錦衣衛指揮使趙良。

明威將軍、錦衣衛指揮僉事余寅。

明威將軍、金吾前衛指揮僉事林文。

懷遠將軍、金吾後衛指揮同知徐璋。

印卷官

奉議大夫、禮部儀制清吏司郎中張琮，庚戌進士。

禮部儀制清吏司員外郎董忱，丙辰進士。

承德郎、禮部儀制清吏司主事唐禎，丁未進士。

承德郎、禮部儀制清吏司主事陸淞，庚戌進士。

供給官

奉議大夫、光祿寺少卿張綸，甲辰進士。

承德郎、光祿寺寺丞趙松，癸丑進士。

禮部司務程鶚，丙午貢士。

奉政大夫、修正庶尹、禮部精膳清吏司郎中翁健之，丁未進士。

禮部精膳清吏司員外郎皇甫錄，丙辰進士。

承直郎、禮部精膳清吏司主事羅欽忠，己未進士。

恩榮次第

弘治十八年三月十五日，早，諸貢士赴內府殿試。上御奉天殿，親賜策問。

三月十八日，早，文武百官朝服侍班。是日，錦衣衛設鹵簿于丹陛丹墀內，上御奉天殿，鴻臚寺官傳制唱名，禮部官捧黃榜，鼓樂導引出長安左門外，張挂畢，順天府官用傘蓋儀從送狀元歸第。

三月十九日，賜宴於禮部，宴畢，赴鴻臚寺習儀。

三月二十一日，賜狀元朝服、冠帶及進士寶鈔。

三月二十二日，狀元率諸進士上表謝恩。

三月二十三日，狀元率諸進士詣先師孔子廟，行釋菜禮。禮部奏請，命工部於國子監立石題名。

第一甲三名　賜進士及第

顧鼎臣　貫直隸蘇州府崑山縣，民籍。國子生。治《易經》。字九和，行三，年三十三，二月二十五日生。曾祖大本。祖良。父恂，遇例壽官。嫡母吴氏，生母楊氏。具慶下。兄式，府經歷；宜之，封監察御史。娶朱氏。應天府鄉試第八十六名，會試第五十五名。

董玘　貫浙江紹興府會稽縣，軍籍。國子生。治《易經》。字文玉，行十六，年二十三，八月十七日生。曾祖孚言。祖敬，贈監察御史。父復，知府。前母章氏，贈孺人。母婁氏，封孺人。具慶下。兄冕、旒。弟軏、龍。聘潘氏。浙江鄉試第二名，會試第一名。

謝丕　貫浙江紹興府餘姚縣，民籍。國子生。治《禮記》。字以中，行三，年二十四，四月十八日生。曾祖瑩，布政司都事，贈太子少保、兵部尚書兼東閣大學士。祖恩，封右諭德，贈太子少保、兵部尚書兼東閣大學士。父選。母陸氏，旌表節婦。慈侍下。兄正。弟豆、亘。娶毛氏。順天府鄉試第一名，會試第四名。

第二甲九十五名　賜進士出身

崔銑　貫河南彰德府安陽縣，軍籍。國子生。治《詩經》。字仲鳧，行六，年二十八，十二月二十二日生。曾祖彦和。祖剛，庫大使，封主事，贈知府。父陞，右参政。母李氏，封恭人。具慶下。弟鉉、釴。娶李氏。河南鄉試第九名，會試第三名。

嚴嵩　貫江西袁州府分宜縣，匠籍。國子生。治《詩經》。字維中，行三，年二十六，正月二十二日生。曾祖璉。祖廷獻。父淮。母晏氏。重慶下。弟嶽。娶歐陽氏。江西鄉試第十六名，會試第三十八名。

湛若水　貫廣東廣州府增城縣，民籍。國子生。治《書經》。字元明，行一，年四十，十月十三日生。曾祖汪。祖江。父瑛。母陳氏。慈侍下。兄禎祥、孟新、昇、仲良、釗裕、子成、祖冕。弟公成、欽。娶袁氏。廣東鄉試第四名，會試第二名。

王秉良　貫四川順慶府西充縣，民籍。國子生。治《易經》。字伯存，行七，年三十三，十月二十日生。曾祖繼先。祖清。父俊，監生。母何氏。具慶下。兄秉彝、秉能、秉誠。弟秉恭、秉儉。娶何氏。四川鄉試第二十三名，會試第二百六十一名。

朱琉　貫四川瀘州，軍籍。國子生。治《禮記》。字德嘉，行九，年三十三，七月十六日生。曾祖景純。祖麟，□□□□。父兆明。母劉氏。具慶下。兄□、璨、璋、珪、玐。弟璣。娶辜氏。四川鄉試第三十三名，會試第一百八名。

倪宗正　貫浙江紹興府餘姚縣，民籍。國子生。治《易經》。字本端，行二，年三十五，七月初七日生。曾祖尹忠。祖守禮。父元質。母汪氏。具慶下。兄宗太。弟宗中、宗悌、宗祥。娶呂氏。浙江鄉試第三十二名，會試第三十四名。

胡璉　貫直隸淮安府沭陽縣，民籍。國子生。治《禮記》。字重器，行三，年三十七，十二月初一日生。曾祖輔。祖友良。父綱，遇例冠帶。母趙氏。具慶下。兄瑄、珣。娶屠氏。應天府鄉試第一百十三名，會試第五十二名。

陸深　貫直隸松江府上海縣，民籍。國子生。治《詩經》。字子淵，行二，年二十九，八月初十日生。曾祖德衡。祖璿，義官。父平，義官。前母瞿氏，母吳氏。具慶下。兄涵、瀾、沔、淮、浙、瀹、沂。弟溶、漢、渭、河、溥、博、洲。娶梅氏。應天府鄉試第一名，會試第九名。

魏校　貫直隸蘇州府崑山縣，民籍。縣學增廣生。治《書經》。字子才，行二，年二十三，九月二十五日生。曾祖琳。祖□。父□。母張氏。重慶下。兄晏。弟□。娶王氏。應天府鄉試第二名，會試第七名。

翟鑾　貫錦衣衛籍，山東青州府諸城縣人。國子生。治《詩經》。字□□，行二，年二十九，正月二十六日生。曾祖吉勝。祖順。父瑄。嫡母郭氏，生母黃氏。慈侍下。兄鏞。弟鏷。娶蔡氏。順天府鄉試第二十六名，會試第一百七十三名。

王綖　貫直隸大名府開州，民籍。國子生。治《書經》。字邃伯，行二，年二十九，四月初六日生。曾祖福榮，倉副使。祖貴。父溥，縣丞。母牛氏。具慶下。兄約，義官。娶吳氏。順天府鄉試第一百十三名，
會試第三百七十六名。

崔傑　貫錦衣衛，匠籍，直隸蘇州府吳縣人。國子生。治《易經》。字世興，行二，年三十八，十一月十三日生。曾祖仲祥。祖士源。父忠，工部文思院大使。母許氏。永感下。兄俊。娶彭氏，繼娶李氏。順天府鄉試第四十三名，會試第五十八名。

邵天和　貫直隸□州府宜興縣，軍籍。國子生。治《詩經》。字□□，行□，年三十七，二月二十四日生。曾祖文穆。祖□，□□□□□□。父□，□□。母龔氏，封宜人。永感下。□□□、□□、□□、□□、□□。娶陸氏。應天府鄉試第□□□□名，會試

第一百二十一名。

　　李汛　貫□□□□□□□□□籍。國子生。治□□。字□□，年□□，四月初四日生。曾祖宗榮。祖□□。父□，義官。母方氏。永感下。兄□。□澤。娶汪氏。應天府鄉試第四名，會試第二百三十一名。

　　宋景　貫江西南昌府奉新縣，民籍。國子生。治《詩經》。字以賢，行十四，年二十九，十月初五日生。曾祖惟寧。祖宇昂。父迪嘉。母塗氏。慈侍下。兄時。弟旦、暉。娶張氏。江西鄉試第四十名，會試第二百十七名。

　　徐縉　貫留守後衛，軍籍，直隸蘇州府吳縣人。國子生。治《易經》。字子容，行一，年二十七，九月十一日生。曾祖儀。祖□，遇例冠帶。父潮，七品散官。嫡母沈氏，生母王氏。慈侍下。弟紳。娶王氏。順天府鄉試第十五名，會試第二百三名。

　　郭璋　貫□□□□□□□□□縣人。國子生。治□□。字□□，行□□，年□□，五月二十六日生。曾祖重。祖□。父□□。嫡母張氏，生母李氏。具慶下。□□、□、□。娶王氏。順天府鄉試第□□□□名，會試第一百九十一名。

　　許諫　貫河南□□□□□□昌縣人。國子生。治□□。字□□，行□□，年□□，七月二十七日生。曾祖均□。祖□。父□，□□□□。嫡母劉氏，母劉氏。慈侍下。兄□。□□、謨。娶楊氏。河南鄉試第四十九名，會試第一百二十五名。

　　張鷗　貫直隸松江府上海縣，民籍。國子生。治《詩經》。字九苞，行三，年二十九，六月十五日生。曾祖益。祖綸。父鰲。母唐氏。嚴侍下。兄鷥、鶯。弟鷗、鶴、鵬、鵠、鶼、鶵。娶吳氏。應天府鄉試第四十四名，會試第一百九十六名。

　　秦偉　貫陝西西安府三原縣，軍籍。國子生。治《易經》。字世觀，行二，年四十，七月初八日生。曾祖忠。祖海。父敏，倉副使。母王氏，繼母楊氏。具慶下。兄仁。弟佩、侶、侍、僎、修。娶賈氏。陝西鄉試第六十五名，會試第一百五十八名。

　　金毅　貫錦衣衛，□□□□□崑山縣人。順天府學附學生。治《易經》。字弘□，行□，年□十九，五月初六日生。曾祖文賓。祖□□。父□，□□□。母吳氏。具慶下。□□。娶洪氏。順天府鄉試第□□□□名，會試第一百四十六名。

張文麟　貫□□□□□□□□籍。縣學生。治□□。字□□,行□,年□□四,正月初十日生。曾祖粹中。祖□□。父□□。母盧氏。重慶下。兄□□、□□、□□。娶王氏。應天府鄉試第五名,會試第六十九名。

牛魯　貫順天府通州寶坻縣,民籍。國子生。治《春秋》。字道宗,行四,年二十六,十月初十日生。曾祖敬。祖富,義官。父鴻,義官。母呂氏。具慶下。兄奐；召,義官；曾。弟逸、詹、象、勉、夐、魚。娶芮氏。順天府鄉試第五十二名,會試第十九名。

李寅　貫浙江處州府縉雲縣,民籍。國子生。治《易經》。字敬之,行三十四,年三十七,十二月初四日生。曾祖襲,贈刑部右侍郎。祖榮,義官。父曠,遇例冠帶。母陶氏。重慶下。弟賓、寬、密、宙、完。娶周氏。浙江鄉試第五十七名,會試第一百八十七名。

張承仁　貫直隸揚州府□州,竈籍。國子生。治《詩經》。字□□,行□,年□十三,七月初四日生。曾祖原善。祖□□。父□,□□。母徐氏。具慶下。□□□。□□□,繼娶周氏。應天府鄉試第□□□名,會試第五十九名。

宋以方　貫□□□□□□□□□陽縣人。國子生。治《詩經》。字□□,行□,年□□,□月初七日生。曾祖文□。祖□。父□。母周氏。具慶下。□□中。□□。娶馮氏。湖廣鄉試第六十四名,會試第一百二十八名。

魏廷楫　貫湖廣岳州府華容縣,軍籍。國子生。治《書經》。字秉濟,行二,年三十五,閏九月初三日生。曾祖瓊。祖俊。父克皞,教授。母魯氏。慈侍下。兄廷□,知州。娶陳氏。湖廣鄉試第五十二名,會試第九十六名。

安全　貫直隸揚州府江都縣,軍籍,山西陽曲縣人。國子生。治《易經》。字汝礪,行二,年三十五,八月十四日生。曾祖賜。祖貴。父敬,承事郎。母李氏,繼母施氏。慈侍下。兄玉,承事郎。娶郝氏,繼娶路氏、項氏。應天府鄉試第十七名,會試第二百二十名。

沈環　貫應天府□□□□□□□府長洲縣人。儒士。治《書經》。字□□,行□□,年□十一,四月二十二日生。曾祖讓。祖□,□□□□。父□,□□□。母賀氏。具慶下。□□、□、□□。娶景氏。應天府鄉試第八□□名,會試第□□□十名。

江玨　貫□□□□□□□□□□□籍。國子生。治□□。字

□□，行□□，年□七，三月初一日生。曾祖栢舟。祖□□。父□□，□□。母彭氏。慈侍下。□□，□□□；□□□。娶黃氏。江西鄉試第八□□名，會試第二百八十名。

沈暭　貫浙江□□府□和縣，民籍。國子生。治《書經》。字景明，行十三，年四十，十一月二十五日生。曾祖□。祖□。父□。母梁氏。永感下。兄□。弟晦。娶金氏。浙江鄉試第八十二名，會試第六十四名。

宵河　貫直隸定邊衛，軍籍，山西稷山縣人。順天府通州學生。治《詩經》。字伯東，行一，年三十七，十月初十日生。曾祖實嗣。祖剛，壽官。父賢，知縣。母朱氏。慈侍下。娶張氏。順天府鄉試第三十六名，會試第二百十四名。

王進賢　貫河南南陽府鄧州，軍籍。國子生。治《詩經》。字□□，行一，年四十，五月二十一日生。曾祖寬。祖鑑。父□，□□。母周氏，繼母夏氏。具慶下。弟□。娶□氏，繼娶趙氏。河南鄉試第十六名，會試第□百六十二名。

陳銑　貫福建福州□□□，民籍。國子生。治《易經》。字□□，行□，年三十一，□□月初九日生。曾祖慶。祖□。父□。□母鄭氏，母林氏。具慶下。兄□。□□。娶王氏。福建鄉試第六十五名，會試第二百六十五名。

柴義　貫錦衣衛，官籍，浙江杭州府仁和縣人。京衛武學生。治《易經》。字時中，行二，年三十三，二月二十九日生。曾祖秀春，贈錦衣衛百戶。祖清，贈錦衣衛百戶。父潤，錦衣衛百戶。母黃氏，封安人。具慶下。兄仁。弟禮，義官。娶孫氏。順天府鄉試第八十五名，會試第二白九十三名。

孫脩　貫錦衣衛，旗籍，直隸廣平府邯鄲縣人。國子生。治《詩經》。字用吉，行四，年二十八，五月二十六日生。曾祖世安。祖貴，贈指揮同知。父顯，指揮同知。前嫡母王氏，生母孫氏。慈侍下。兄俊，指揮同知；傑；儒，小旗。娶顧氏。順天府鄉試第十九名，會試第六十五名。

陸芸　貫雲南金齒司，軍籍，直隸吳縣人。國子生。治《詩經》。字時達，行六，年三十一，閏六月十八日生。曾祖琦。祖□。父□。母康氏。具慶下。兄□、□、□、□、□、芮。娶陳氏。雲南鄉試第二十八名，會試第一百十名。

張九叙　貫山東濟南府武定州商河縣□□籍。國子生。治《書經》。字禹功，行四，年□□□，□□月初五日生。曾祖宗岩。祖□，□□□□□□。□□□。□□氏，封恭人；母趙氏，封恭人。具慶下。兄九成；□□；□□；九澤；九□；九□，貢士。娶劉氏。山東鄉試第七名，會試第二百八十九名。

陳策　貫山東兗州府單縣，民籍。國子生。治《書經》。字萬言，行一，年三十四，六月二十五日生。曾祖英。祖堉，贈通政使司左通政。父勛，通政使司左通政。母單氏，封宜人。具慶下。娶趙氏，繼娶劉氏。山東鄉試第五十四名，會試第一百十六名。

姚繼巖　貫直隸揚州府通州，民籍。州學生。治《禮記》。字元肖，行二，年二十四，九月二十八日生。曾祖景璠。祖敬。父□，教諭。前母胡氏，母趙氏。嚴侍下。兄繼崇。弟崧、崞、嶷、巃。娶黃氏。應天府鄉試第四十九名，會試第二百十三名。

詹源　貫福建泉州府安溪縣，民籍。國子生。治《易經》。字□□，行□，年二十七，七月二十九日生。曾祖乾清。祖□，□□□□。父□。母林氏。慈侍下。兄□、□、□、□。娶武氏。福建鄉試第□□名，會試□□□□名。

劉節　貫江西南安府大庾縣□。國子生。治《詩經》。字□□，行□，年□□，二月二十六日生。曾祖文遠。祖□。父□□。母歐氏。慈侍下。兄□。□□。娶周氏。江西鄉試第二名，會試第六名。

潘旦　貫直隸徽州府婺源縣，軍籍。府學生。治《書經》。字希周，行一，年三十，十二月二十三日生。曾祖澤生。祖貴廉。父傅賢。母戴氏。具慶下。弟照、昉、晙。娶程氏。應天府鄉試第二十四名，會試第三十三名。

王良翰　貫直隸蘇州府常熟縣，匠籍。國子生。治《詩經》。字仲申，行二，年四十四，四月初四日生。曾祖迪。祖玄，義官。父乾。母蔣氏。永感下。兄良輔。娶呂氏。應天府鄉試第二十九名，會試第一百四十三名。

陳錫　貫廣東廣州府南海縣，民籍。國子生。治《易經》。字□□，行一，年四十二，正月二十二日生。曾祖□。祖□□。父洪，訓導。母林氏。永感下。兄□、□、□。娶伍氏。廣東鄉試第□□名，會試第一百三名。

張錦　貫□□□□府□□□□。訓導。治《禮記》。字□□，行一，年三十九，十月十八日生。曾祖□。祖□。父□，□□。母孫氏。慈侍下。

弟□。娶柳氏。河南鄉試第二□□名，會試第十二名。

　　曹琥　貫直隸廬州府無爲州巢縣，軍籍。國子生。治《春秋》。字瑞卿，行二，年二十八，五月初六日生。曾祖儀。祖亨，知縣。父廣，教諭。前母陳氏，母高氏，繼母汪氏。具慶下。兄環，貢士。娶張氏。應天府鄉試第一百三名，會試第一百十二名。

　　廖紀　貫直隸九江衛，官籍，湖廣黃梅縣人。國子生。治《詩經》。字惟脩，行二，年三十二，四月二十六日生。曾祖榮貴。祖暹。父震，百戶。母潘氏。具慶下。兄綱，百戶。弟綸、綉、繼、綬、維。娶馮氏。江西鄉試第七十五名，會試第二百十一名。

　　聞淵　貫浙江寧波府鄞縣，民籍。府學增廣生。治《易經》。字□□，行一，年二十六，七月十二日生。曾祖可信。祖□。父□□。母何氏。慈侍下。□□□□□□□□□□。娶曾氏。浙江鄉試第六十□名，會試第二百八名。

　　蔡潮　貫浙江台州府□□□籍。國子生。治《春秋》。字巨□，行二，年三十□，六月二十八日生。曾祖明善。祖廷□。父□□，□□。母杜氏。永感下。兄□、□、□、□、□、□、□、□。娶陳氏。繼娶洪氏。浙江鄉試第五名，會試第十一名。

　　方學　貫直隸常州府無錫縣，軍籍。國子生。治《詩經》。字日升，行四，年四十，十一月十五日生。曾祖敏道。祖鑑。父碣。母王氏。具慶下。兄庠、序、塾。弟綱。娶鄒氏。應天府鄉試第十五名，會試第一百四十八名。

　　張繼孟　貫錦衣衛籍，浙江仁和縣人。順天府學生。治《書經》。字子醇，行一，年二十九，八月二十六日生。曾祖彥和。祖全。父泰。母劉氏。具慶下。娶郎氏。順天府鄉試第四十三名，會試第十六名。

　　周墨　貫直隸蘇州府太倉州，民籍。國子生。治《詩經》。字文卿，行二，年三十七，九月十四日生。曾祖以舟，□事□。祖□。父□。母徐氏，繼母凌氏。具慶下。兄坤，□□。弟□、□、坦。娶奚氏。應天府鄉試第□□名，會試第二百二十六名。

　　劉鵬　貫神策衛，軍籍，山西太原府石州人。國子生。治《詩經》。字□□，行□，年二十八，七月十一日生。曾祖福源。祖聚。父□□。母王氏。具慶下。娶王氏，繼娶羅氏。順天府鄉試第四十名，會試第一百三十七名。

向文璽　貫湖廣荊州府夷陵州宜都縣，民籍。州學生。治《易經》。字國信，行六，年二十六，八月初五日生。曾祖中庸。祖庭蕙。父冕。前母吳氏，母吳氏。具慶下。兄文琳、文琇、文珪、文瑞。弟文璧、文琮。娶陳氏。湖廣鄉試第二十三名，會試第二百五名。

盛儀　貫直隸揚州衛，軍籍，江都縣人。國子生。治《易經》。字德章，行三，年二十九，正月二十二日生。曾祖彬。祖安。父弘。母董氏。具慶下。兄儒、健。弟俊、傑、佐、佑。娶姜氏。慶天府鄉試第六名，會試第二百十二名。

李志剛　貫四川成都左護衛，軍籍，陝西涇陽縣人。國子生。治《詩經》。字□□，行二，年三十八，三月初八日生。曾祖仕□。祖元。父□。母張氏。永感下。□□□。娶党氏。四川鄉試第五十八名，會試第二百五十七名。

顧可學　貫直隸常州府□□□□籍。縣學生。治《書經》。字□□，行一，年二十四，四月初二日生。曾祖壽。祖□。父□，□□□□。母馬氏。具慶下。弟可適、可□、可□。可□、可□、□□、□□、可宗。娶馬氏。應天府鄉試第九十九名，會試第一百三十九名。

閔槐　貫直隸河間府任丘縣，民籍。國子生。治《詩經》。字公甫，行一，年二十九，九月初五日生。曾祖彝，貢士。祖琦。父定，聽選官。母卞氏。具慶下。弟楷，同科進士。娶顏氏。順天府鄉試第十四名，會試第四十一名。

孫泰　貫浙江湖州府歸安縣，民籍。國子生。治《書經》。字時寅，行三，年二十九，十月二十五日生。曾祖永昌。祖元瑞。父賓。母費氏。具慶下。兄豫、復。弟益、萃。娶楊氏。浙江鄉試第七十六名，會試第一百六十九名。

方位　貫江西廣信府□□縣，民籍。國子生。治《書經》。字惟立，行七十六，年三十九，九月十七日生。曾祖伯□。祖□□。父□，□□。母張氏。永感下。兄□、□、□、□、便、伯、□。娶□氏，繼娶李氏。江西鄉試第二十二名，會試第二百七十二名。

李緋　貫河南汝寧府光州固始縣，軍籍。國子生。治《詩經》。字廷章，行□，年三十四，六月十六日生。曾祖子實。祖瓆。父灝，□□。母陳氏。具慶下。兄碧、翠。弟綠、紺。娶張氏。河南鄉試第六名，會試第二百七名。

徐子熙　貫浙江紹興府上虞縣，軍籍。縣學生。治《禮記》。字世昭，行一，年五十，十月初三日生。曾祖彥誠。祖清。父杰，主簿。母王氏，繼母齊氏。慈侍下。弟子然、子魚、子謙、子奇。娶陳氏。浙江鄉試第三名，會試第一百一名。

張綬　貫錦衣衛籍，直隸河間府滄州鹽山縣人。國子生。治《易經》。字朝用，行二，年三十四，正月初二日生。曾祖宗演。祖瑄。父鑑。前母胡氏，母劉氏。具慶下。兄紳。娶馬氏。順天府鄉試第三十四名，會試第一百七十一名。

馮友端　貫陝西□□□□□□□籍，西安府涇陽縣人。國子生。治《書經》。字德□，行六，年四十二，九月初十日生。曾祖良輔。祖□□，□□。父時，□□□□。母劉氏，封孺人。永感下。兄□春、友才、友□。弟友英，義官；友方。娶袁氏。陝西鄉試第五十五名，會試第一百四十九名。

陳卿　貫四川叙州府宜賓縣，民籍。府學生。治《易經》。字汝忠，行三，年二十六，十二月二十二日生。曾祖原。祖志遠。父記。母向氏。具慶下。兄□；□□□□□；□。□□。娶戴氏。四川鄉試第三十六名，會試第一百二十二名。

林文纘　貫福建福州府□□縣，民籍。國子生。治《易經》。字德緒，行九，年三十六，五月初十日生。曾祖信任。祖秀，贈南京刑部主事。父玠，貢士。母王氏，旌表貞節。慈侍下。兄文祿。娶吳氏。福建鄉試第八十一名，會試第二百九十五名。

林文迪　貫福建福寧州寧德縣，民籍。國子生。治《書經》。字廷吉，行五，年四十，六月二十四日生。曾祖觀，訓導，贈都察院右都御史。祖季誠。父著，知縣。母鄭氏。慈侍下。弟文通、文遷。娶黃氏。福建鄉試第一名，會試第四十八名。

張伯相　貫四川重慶府□□□□□□□□縣，民籍。國子生。治《書經》。字□□，行一，年四十，十月初七日生。曾祖文□。祖□。父有慶。母朱氏。嚴侍下。弟伯□。娶余氏。四川鄉試第六十三名，會試第二百八十四名。

陳簧　貫福建興化府莆田縣，軍籍。縣學生。治《詩經》。字鳴韶，行一，年三十，四月初二日生。曾祖子□。祖廉寧。父宜□。母許氏。具慶下。弟箎。娶姚氏。福建鄉試第五十三名，會試第一百七名。

鄭銘　貫廣東廣州府新會縣，軍籍。國子生。治《詩經》。字克新，行一，年四十一，十月十八日生。曾祖觀生。祖崇文。父琦。母譚氏，繼母麥氏。具慶下。弟鑑、鏊、金、銑。娶李氏。廣東鄉試第五十三名，會試第一百六十七名。

胡東皐　貫浙江紹興府餘姚縣，軍籍。國子生。治《書經》。字汝登，行四，年三十四，十二月十二日生。曾祖安。祖禮。父暉。母柴氏。重慶下。兄東山、東溪、東陽。弟東淵、東浦、東源、東津、東瀾、東湘。娶孫氏。浙江鄉試第四十二名，會試第二百二十五名。

劉滂　貫浙江寧波府慈谿縣，民籍。縣學生。治《詩經》。字伯雨，行四十二，年二十五，四月初九日生。曾祖燧。祖塏。父鍊。母王氏。永感下。兄海、漳、澄、汶、淳、洪。娶錢氏。浙江鄉試第七十名，會試第九十五名。

李源　貫福建泉州府晉江縣，民籍。國子生。治《易經》。字士達，行二，年三十七，八月初四日生。曾祖弦。祖應禎。父世亮。母陳氏。具慶下。兄富。弟洞。娶莊氏。福建鄉試第七十五名，會試第六十三名。

郭灌　貫江西吉安府廬陵縣，民籍。國子生。治《易經》。字達誠，行三十一，年三十二，三月初三日生。曾祖允堅。祖安頤。父欽。母蕭氏。具慶下。兄淮，學正；瀚。弟泗。娶王氏，繼娶李氏。江西鄉試第七十八名，會試第六十六名。

蔡需　貫金吾右衛，官籍，順天府寶坻縣人。國子生。治《易經》。字時用，行三，年二十八，十月二十九日生。曾祖貴，都指揮僉事。祖祥，都指揮僉事。父英，都指揮僉事，充左參將。前母趙氏，封淑人；母尚氏。慈侍下。兄霖，見任指揮使；雯。弟霆、露、霈、霍。娶魏氏。順天府鄉試第七十七名，會試第四十六名。

諸絇　貫浙江紹興府餘姚縣，匠籍。國子生。治《禮記》。字用海，行十五，年三十六，二月初八日生。曾祖勝□。祖□。父諫，教諭。母周氏，繼母毛氏。具慶下。兄□、□□□；縝；紘；績；絃，巡檢；紋；綹。弟約、絡、經、緝、維。娶張氏。浙江鄉試第二十二名，會試第二百六十七名。

熊遇　貫河南儀衛司，校籍，江西□□縣人。汝寧府學生。治《詩經》。字道夫，行一，年二十八，五月初四日生。曾祖貴。祖□。父□，義官。母劉氏。具慶下。弟進、逵、選。娶白氏。河南鄉試第三名，會試第五十七名。

向一陽　貫四川成都府雙流縣，民籍，湖廣巴陵縣人。國子生。治《易經》。字汝葵，行二，年三十六，十二月二十三日生。曾祖文貴。祖洪。父明。嫡母黃氏，生母方氏。慈侍下。兄南陽。弟昇陽、輝陽、得陽。娶高氏，繼娶姜氏。四川鄉試第五十八名，會試第七十四名。

王忠　貫四川瀘州，民籍。國子生。治《書經》。字顯之，行六，年三十五，十月二十九日生。曾祖文諒。祖質。父廷賓，學正。嫡母劉氏，生母劉氏。慈侍下。兄愛、憲、慶、惠、恩。弟寧、意、愈。娶魏氏。四川鄉試第四十六名，會試第二百九十六名。

安邦　貫四川重慶府巴縣，民籍。國子生。治《書經》。字彥臣，行五，年三十六，五月十四日生。曾祖常泰。祖忠。父本高。母魏氏，繼母莊氏。具慶下。兄仁、禮、詳、俊。弟傑、□、份、□、和。娶蘇氏。四川鄉試第七名，會試第二百五十一名。

余洪恩　貫湖廣黃州府黃岡縣，軍籍。國子生。治《春秋》。字子承，行五，年二十三，十月二十五日生。曾祖必文。祖凱。父□□，貢士。母宋氏。具慶下。兄□、□、□、□。弟洪□、洪範、洪德。娶姜氏。湖廣鄉試第二十七名，會試第一百五十三名。

舒表　貫四川重慶府合州銅梁縣，竈籍。國子生。治《詩經》。字民望，行二，年三十七，正月二十三日生。曾祖志高。祖全。父道興。母高氏。慈侍下。兄簡。娶楊氏。四川鄉試第四十二名，會試第八十一名。

楊圅　貫直隸蘇州府嘉定縣，民籍。縣學增廣生。治《詩經》。字厚甫，行三，年三十一，八月二十三日生。曾祖畦。祖蓁。父琛。前母周氏，母陳氏。永感下。兄臣、䎛。弟圕、嵒、山。娶孫氏。應天府鄉試第六十一名，會試第三十五名。

詹奎　貫四川重慶府巴縣，軍籍。國子生。治《禮記》。字□□，行一，年二十八，二月十三日生。曾祖信。祖□昌。父榮祿。母楊氏。重慶下。弟□、□、□、□、□。娶劉氏。四川鄉試第□名，會試第三十九名。

馬陳圖　貫浙江□□□□□□□□縣人。國子生。治《易經》。□□□□，年三十六，十月十七日生。曾祖景昌。祖□。父□。□□氏，母殷氏。慈侍下。兄文□、□□。娶葛氏。應天府鄉試第九名，會試第四十四名。

袁擯　貫山東濟南府德州，民籍。國子生。治《春秋》。字接之，行一，年三十四，十二月二十五日生。曾祖清。祖福。父通，貢士。母鍾氏。慈侍下。弟相、□。娶陳氏。山東鄉試第五名，會試第一百四十二名。

張麒　貫錦衣衛，官籍，陝西澄城縣人。國子生。治《易經》。字子仁，行一，年二十九，九月初八日生。曾祖昇。祖智。父真，錦衣衛大漢將軍百戶。母盧氏。具慶下。弟麟。娶蔣氏。順天府鄉試第七十六名，會試第二百三十五名。

郭樟　貫浙江嘉興府□□□□□，杭州府海寧縣人。國子生。治《詩經》。字□□，行一，年三十七，六月初七日生。曾祖子京。祖□□，□□。父□。母謝氏。具慶下。弟□、□、□。娶陳氏。浙江鄉試第十九名，會試第二百五十三名。

張瓚　貫府軍左□□籍，直隸河間府府□州人。國子生。治《易經》。字廷獻，行一，年三十三，九月二十五日生。曾祖聚，□□□□□□。□□。□□。母王氏，繼母崔氏。具慶下。娶王氏，繼娶楊氏。順天府鄉試第八十名，會試第一百九名。

謝訥　貫湖廣衡州府耒陽縣，軍籍。國子生。治《詩經》。字尚敏，行三，年四十一，正月十四日生。曾祖永昌。祖必賢，知州。父文祥，縣丞，前監察御史。母李氏。慈侍下。兄諮，府通判；誼，貢士。弟諤、誨、言、訪。娶張氏。湖廣鄉試第三名，會試第八十四名。

陳定之　貫浙江溫州府永嘉縣，民籍。縣學生。治《詩經》。字準卿，行二，年二十七，九月二十二日生。曾祖武韶。祖琪。父魁。母湯氏。具慶下。兄行之，遇例冠帶。娶林氏。浙江鄉試第二十七名，會試第一百五十四名。

徐禎卿　貫直隸蘇州府太倉州，軍籍。國子生。治《詩經》。字昌國，行一，年二十七，閏十月初十日生。曾祖良。祖□。父昱，遇例冠帶。前母張氏，母居氏，繼母施氏。具慶下。弟祥卿。娶高氏。應天府鄉試第七十二名，會試第七十名。

張簡　貫直隸常州府江陰縣，軍籍，浙江臨安縣人。縣學生。治《書經》。字□□，行三，年四十□，□月二十日生。曾祖平□。祖大□。父□。母沈氏。具慶下。兄□、□。娶湯氏。應天府鄉試第一百□□，會試第三十六名。

萬鏜　貫江西南昌府進賢縣，民籍。縣學增廣生。治《禮記》。字仕鳴，行十八，年二十一，十月二十七日生。曾祖德銓。祖原和，教授，贈通判。父福，南京刑部郎中。母饒氏，封宜人。重慶下。兄仕勝；仕魯；鎰，貢士；欽；銳；鑛；鏺。弟鎬。娶楊氏。江西鄉試第二名，會試第一百八十六名。

第三甲二百五名　賜同進士出身

段炅　貫陝西臨□□□□州□□□，山西陽曲縣人。國子生。治《易經》。□□□，年三十二，二月初四日生。曾祖鳴鶴。祖□□。父□□。母□氏，封孺人；生母楊氏。慈侍下。兄□、□。弟易、□、□、昊。娶石氏。陝西鄉試第二十一名，會試第十七名。

王良佐　貫□□□州府□□□州，民籍。國子生。治《□□》。□□□行二，年三十二，七月初十日生。曾祖文選，□□□□□。祖□□。父□□。母劉氏，封孺人，□封宜人。具慶下。兄良臣，□□；□□；□□；□□；□□；□□；□□；良啓。娶伍氏，繼娶□氏。湖廣鄉試第三十四名，會試第二百八十一名。

田瀾　貫陝西西安府長安縣，民籍。國子生。治《詩經》。字汝觀，行三，年二十八，正月二十八日生。曾祖景春。祖戀，通判。父耕，教授。前母馬氏、王氏，母李氏。慈侍下。兄溥、灌。弟潦。娶張氏。陝西鄉試第三十八名，會試第三十二名。

周明粥　貫直隸蘇州府吳縣，民籍。國子生。治《書經》。字夢良，行一，年三十八，二月二十八日生。曾祖用潛。祖宗和。父祥，訓導。前母王氏，母黃氏。慈侍下。兄□。弟明佑、明俊。娶趙氏。應天府鄉試第十六名，會試第一百四十七名。

蔡天祐　貫河南開封府睢州，軍籍。國子生。治《易經》。字成之，行一，年三十，六月初一日生。曾祖青。祖敬，□□□□□。父晟，知府，□□□。嫡母胡氏，封宜人；生母劉氏。慈侍下。弟天祚、天祥。娶韓氏。河南鄉試第四十七名，會試第二百五十四名。

黃賢　貫山東東昌府□州□縣，□籍。國子生。治《禮記》。字文之，行二，年三十一，六月初七日生。曾祖叔昭，知縣。祖□。父儼。前母王氏，母劉氏。具慶下。兄貫。弟賓。娶宋氏。山東鄉試第四十二名，會試第二百二十八名。

劉澄亮　貫江西臨江府新喻縣，匠籍。國子生。治《詩經》。字彥明，行四,年四十八,十二月二十五日生。曾祖仲經。祖閏節。父定,聽選官。母胡氏。嚴侍下。弟澄燦、澄霽、澄濂、澄暉。娶傅氏。江西鄉試第六十名,會試第二百六十名。

江文敏　貫直隸寧國府旌德縣,民籍。縣學生。治《詩經》。字克學,行五,年二十五,十月二十五日生。曾祖義興。祖尚智,贈戶部主事。父漢,知府。前母芮氏,贈安人;母劉氏,封安人。慈侍下。兄吉、輔、文、欽。弟暢。娶郭氏,繼娶劉氏。應天府鄉試第一百十八名,會試第一百八十八名。

區越　貫廣東廣州府新會縣,軍籍。國子生。治《易經》。字□□,行一,年二十八,十月二十八日生。曾祖子全。祖觀春。父□。母梁氏,繼母唐氏。具慶下。弟超、起、□、□。娶黎氏。廣東鄉試第七名,會試第八十六名。

王儼　貫直隸揚州府江都縣,軍籍。國子生。治《易經》。字□□,行二,年三十九,十月十八日生。曾祖福興。祖□。父成,州判官。母薛氏,繼母朱氏。具慶下。兄□。弟偉,貢士;侃。娶杜氏。應天府鄉試第一百九名,會試第二百七十八名。

陳墀　貫福建福州府閩縣,民籍。國子生。治《春秋》。字德階,行二,年三十八,正月初七日生。曾祖週,封監察御史。祖叔剛,翰林院侍讀。父爝。母葉氏。永感下。弟璽;里;墇;達,同科進士。娶黃氏。福建鄉試第十九名,會試第六十一名。

鄭行　貫福建福州府閩縣,民籍。懷安縣學生。治《春秋》。字世濟,行六,年三十三,九月二十四日生。曾祖塾,主事。祖文韶。父明。前母張氏,母陳氏,繼母陳氏。具慶下。兄時佐,同知;時簡;時雨;時若。弟時澤。娶陳氏,繼娶陳氏。福建鄉試第十二名,會試第九十三名。

胡鐸　貫浙江紹興府餘姚縣,民籍。國子生。治《□□》。字□□,行三十□,年三十五,十二月十八日生。曾祖仲達。祖□□。父□和。母黃氏。慈侍下。兄□、□、□。弟□、□、鈞。娶周氏。浙江鄉試第一名,會試第三十七名。

葉溥　貫浙江處州府□泉縣,民籍。國子生。治《□□》。字□□,行一,年三十五,二月十九日生。曾祖崇茂。祖義昌。父□□。母陳氏。具慶下。娶□氏,繼娶□氏。浙江鄉試第五十四名,會試第一百六十八名。

劉恒　貫江西吉安府吉水縣,民籍。國子生。治《易經》。字以貞,行五，年四十三，十二月初六日生。曾祖仕瞻，主簿。祖庸定。父寧，教諭。嫡母羅氏、謝氏，生母何氏。永感下。兄厥彝、厥中。弟厥厚。娶宋氏。江西鄉試第三十一名，會試第一百二十六名。

王鏗　貫大寧都司營州中屯衛，官籍，直隸徐州人。國子生。治《詩經》。字彥聲，行五，年三十五，七月二十八日生。曾祖春。祖瑁。父林。母李氏。具慶下。兄雄，百戶；銳；鑑；英。娶許氏。順天府鄉試第七十六名，會試第二百二十九名。

陳達　貫福建福州府閩縣，民籍。縣學增廣生。治《□□》。字□□，行□□，年二十四，八月二十四日生。曾祖週，封□□御史。祖□□。父□□。母葉氏。具慶下。□□、□、□、□、□、遑。娶王氏。福建鄉試第□十□，會試第□百二十七名。

黃著　貫□□□□□□□，軍籍。國子生。治《□□》。□□□□□□□三十八，二月初七日生。曾祖祐廣。祖□□。父□□。母尹氏，繼母馮氏。具慶下。兄□。弟□、暄、旦。娶譚氏。廣東鄉試第九名，會試第一百十九名。

胡遠　貫江西臨江府新喻縣，民籍。國子生。治《詩經》。字子明，行十八，年三十九，正月十五日生。曾祖子浩。祖方紀。父象巽。母廖氏。具慶下。弟淵澮、淵濬、淵充。娶袁氏。江西鄉試第五十七名，會試第一百六十四名。

王堯封　貫直隸保定府定興縣，民籍。縣學生。治《書經》。字伯圻，行二，年二十八，七月十六日生。曾祖興。祖得辛。父諒。母韋氏。具慶下。兄堯卿。弟堯咨。娶宋氏。順天府鄉試第七十九名，會試第一百六十五名。

鄧鑒　貫浙江杭州府仁和縣，竈籍。國子生。治《易經》。字鳴仲，行一，年三十六，正月初十日生。曾祖子正。祖福。父戀。前母俞氏，母馬氏。慈侍下。弟□。娶朱氏。浙江鄉試第九十名，會試第二百九十一名。

易謨　貫河南汝寧府光州固始縣，民籍。縣學增廣生。治《詩經》。字嘉言，行一，年三十四，十月十三日生。曾祖緯，判官。祖奉。父□，監生。母鄧氏。具慶下。弟詔、訪、訓、誨、謹、詠、試、誥。娶余氏。河南鄉試第五十三名，會試第二百四十四名。

劉藍　貫江西吉安府安福縣，軍籍。國子生。治《春秋》。字子青，行六，年四十，十二月十八日生。曾祖貴良。祖拱政，封員外郎。父稇。

母顏氏。具慶下。兄孟，布政司參政；盇；盉。弟子明，貢士；子厲，監察御史。娶李氏。江西鄉試第九名，會試第二百四十六名。

朱舘　貫湖廣永州府道州，民籍。州學增廣生。治《易經》。字以獻，行二，年二十三，四月初四日生。曾祖□，壽官。祖紹統。父文淵。母何氏。重慶下。兄鐃。聘廖氏。湖廣鄉試第六名，會試第一百十七名。

劉紘　貫江西吉安府安福縣，民籍。縣學增廣生。治《春秋》。字景增，行三十三，年二十八，二月十三日生。曾祖伯文，贈禮部主事。祖□。父□。母王氏。永感下。兄□、□、□。弟絳。娶謝氏。江西鄉試第四十□名，會試第一百八十一名。

顧綸　貫直隸蘇州府嘉定縣，民籍。國子生。治《詩經》。字朝□，行一，年三十八，正月初一日生。曾祖孟理。祖澄。父玪。母葛氏，繼母丁氏、姚氏。永感下。娶唐氏。應天府鄉試第五十四名，會試第一百三十一名。

鄭一初　貫廣東潮州府揭陽縣，民籍。縣學生。治《書經》。字朝朔，行一，年三十，二月初一日生。曾祖克章。祖宜思。父世安。母黃氏。重慶下。弟昭、挺、琮、模、璧、瑤、鼎、玠、一韓。娶陳氏。廣東鄉試第四名，會試第二十一名。

吳華　貫江西撫州府臨川縣，軍籍。府學生。治《詩經》。字德輝，行六，年三十八，七月初一日生。曾祖武。祖肇。父甫。母黃氏。具慶下。弟蘭、英。娶揭氏，繼娶黃氏。江西鄉試第十六名，會試第一百九十八名。

張叔安　貫四川成都府內江縣，民籍。國子生。治《書經》。字岳卿，行二，年二十八，八月初六日生。曾祖彥理，陰陽官，贈戶部主事。祖介，知府。父作表。母李氏。重慶下。兄叔定。弟叔寬、叔宣、叔冠、叔守、叔宗、叔宜、叔寶、叔向、叔宥、叔寔、叔回、叔寰、叔宇。娶劉氏。四川鄉試第十五名，會試第一百八十五名。

李珏　貫直隸大名府開州，民籍。州學生。治《書經》。字廷重，行一，年二十五，三月初十日生。曾祖寬。祖敬。父成。前母吳氏，母孫氏，繼母張氏。慈侍下。娶秦氏。順天府鄉試第五十九名，會試第四十名。

王坊　貫浙江台州府黃巖縣，匠籍。縣學生。治《詩經》。字崇賢，行三，年三十一，八月初四日生。曾祖宗民。祖秿，州判官，封刑部主事。父弼，知府。母丁氏，封安人。重慶下。兄培、增。弟埠、璽、坰、臺。娶孫氏。浙江鄉試第六名，會試第二百九名。

馬思聰　貫福建興化府莆田縣，軍籍。府學生。治《詩經》。字懋聞，行三，年三十六，二月二十七日生。曾祖貴孫。祖亹。父純二。母方氏。慈侍下。弟思溫、思忠。娶鄭氏。福建鄉試第六十五名，會試第一百三十四名。

高公韶　貫四川成都府內江縣，民籍。國子生。治《書經》。字大和，行十一，年二十六，七月二十二日生。曾祖明。祖友恭，知縣。父齊南，府通判。前母李氏，母李氏。慈侍下。兄公庭，主簿；公堂，義官；公冕；公元；公宇，大使；公甲，知縣。弟公夏、公護、公武、公勺。娶冉氏。四川鄉試第六十八名，會試第一百五十七名。

曾璃　貫湖廣衡州府桂陽州，匠籍。州學生。治《禮記》。字朝儀，行三，年三十七，八月十一日生。曾祖義通。祖諒，典史。父俙。母劉氏。具慶下。兄琪、琳。弟琰、玠。娶蕭氏。湖廣鄉試第四十五名，會試第一百三十五名。

邵廷瓚　貫湖廣襄陽衛，軍籍，福建福州府懷安縣人。襄陽府學生。治《詩經》。字可愛，行四，年二十二，三月十七日生。曾祖義。祖謙。父濟，府同知。嫡母張氏，生母王氏。重慶下。兄廷璧、廷瓚、廷璀。娶趙氏。湖廣鄉試第四十三名，會試第九十九名。

區衎　貫廣東廣州府順德縣，軍籍。國子生。治《詩經》。字中行，行六，年三十六，正月二十七日生。曾祖顯。祖銘善。父珷。嫡母黃氏，生母盧氏。慈侍下。兄良、文與、文瀋、文會、文源。娶羅氏。廣東鄉試第二十六名，會試第一百八十二名。

鮮冕　貫四川重慶府巴縣，民籍。國子生。治《詩經》。字文卿，行三，年二十八，正月十六日生。曾祖宗。祖永華。父俊，府同知。母李氏。具慶下。兄鰲、衮。弟瑚。娶陳氏。四川鄉試第二十八名，會試第二百九十四名。

黃瑗　貫福建泉州府晉江縣，民籍。國子生。治《易經》。字純玉，行七，年三十四，十一月初四日生。曾祖仲章。祖大光。父勝。母江氏，繼母吳氏。具慶下。兄寬，貢士。弟訥、確、烈。娶蘇氏。福建鄉試第五十七名，會試第二十三名。

王一麟　貫四川眉州青神縣，民籍。國子生。治《詩經》。字明瑞，行六，年三十三，十月初七日生。曾祖真。祖必高。父坤。前母孫氏，母謝氏。具慶下。兄伯昌、伯清、伯瀛、伯萬、伯政。弟伯海、伯溟。

娶楊氏。四川鄉試第三十七名，會試第五十一名。

張鎔　貫府軍左衛，軍籍，直隸大名府東明縣人。國子生。治《易經》。字從範，行二，年三十三，十二月初八日生。曾祖本。祖林。父資。前母李氏，母米氏。具慶下。兄鈺。弟釗。娶劉氏。順天府鄉試第十五名，會試第二百九十八名。

吳昂　貫浙江嘉興府海鹽縣，民籍。縣學生。治《書經》。字德翼，行二，年三十六，正月初七日生。曾祖繼。祖顯，遇例冠帶。父寬。前母馬氏，母鄭氏。重慶下。兄昇。弟冕、昱、曇。娶陳氏。浙江鄉試第十四名，會試第一百三十二名。

孫樂　貫山東登州府福山縣，軍籍。縣學生。治《禮記》。字夔卿，行五，年三十二，七月十五日生。曾祖彥斌，贈知府。祖遇，左布政使，贈正奉大夫、正治卿。父琰，尚寶司少卿。母李氏，封孺人。慈侍下。兄榮，監生；槃；檠，同科進士；㮣。弟桀、棠、杲、棐、采、栗、臬。娶李氏，繼娶謝氏。山東鄉試第七十二名，會試第八十三名。

林潮　貫福建泉州府晉江縣，民籍。府學生。治《易經》。字君信，行一，年三十六，七月初四日生。曾祖克玉。祖資允。父凱。母楊氏，繼母黃氏。嚴侍下。弟瀠、沂、濬、澄。娶蔡氏。福建鄉試第十一名，會試第二百四十一名。

董琦　貫山東濟南府武定州陽信縣，民籍。縣學生。治《詩經》。字天粹，行一，年三十四，十一月初一日生。曾祖禮。祖子友。父彝，巡檢。母吳氏。具慶下。弟珏、瑚、璉。娶王氏。山東鄉試第七名，會試第一百十五名。

楊鏓　貫錦衣衛籍，順天府涿州房山縣人。國子生。治《書經》。字克平，行一，年二十九，閏二月十一日生。曾祖得春。祖清。父禮，錦衣衛百戶。母田氏。具慶下。弟銳，貢士；□。娶王氏，繼娶王氏、劉氏。順天府鄉試第一百十九名，會試第一百二十九名。

高濤　貫直隸揚州府江都縣，軍籍。國子生。治《易經》。字穎之，行十二，年三十六，十一月初一日生。曾祖直，贈通議大夫、右副都御史。祖亨，封左□□，贈通議大夫、右副都御史。父銓，正議大夫、資治尹、南京工部右侍郎。母許氏，封□人。具慶下。兄漢；濟，工部員外郎；淮，醫學正科；□，七品散官；清；瀛；涇；滄；淇，七品散官；湘。弟漳、□、濬、渝、注。娶楊氏。應天府鄉試第一百三十名，會試第五十名。

馬卿　貫河南彰德府林縣，民籍。國子生。治《詩經》。字敬臣，行一，年二十七，十二月十二日生。曾祖顯，通判。祖麟。父圖，知縣。母申氏。具慶下。弟御。娶王氏。河南鄉試第十三名，會試第八十九名。

劉寓生　貫湖廣荊州府石首縣，軍籍。國子生。治《書經》。字奇進，行七，年二十三，八月初五日生。曾祖誠。祖敦，縣丞。父偉。母鄭氏。具慶下。兄寓春。弟寓昌。娶姚氏。湖廣鄉試第四名，會試第一百七十二名。

程文　貫直隸徽州府婺源縣，民籍。國子生。治《書經》。字煥章，行一，年五十三，九月十七日生。曾祖繼善。祖望安。父廣，南京户部主事。母汪氏。慈侍下。弟顯、大。娶余氏，繼娶張氏。應天府鄉試第七十七名，會試第一百名。

郭濂　貫山東濟南府濟陽縣，軍籍，山西榆次縣人。國子生。治《書經》。字希周，行一，年三十七，八月初三日生。曾祖彧，訓導。祖肅。父鋼，縣丞。母朱氏，繼母吳氏。具慶下。弟淇、洙。娶王氏。山東鄉試第三十八名，會試第五十六名。

陳言　貫福建福州府長樂縣，民籍。國子生。治《詩經》。字獻可，行七，年三十，五月十一日生。曾祖子英。祖德成。父公祜。母詹氏。具慶下。弟伯潭。娶翁氏。福建鄉試第二十五名，會試第二百四十名。

朱表　貫直隸蘇州府太倉州，民籍。國子生。治《詩經》。字民望，行一，年四十四，十月二十五日生。曾祖明。祖賢，推官。父琪。母張氏。永感下。弟正、□。娶劉氏。應天府鄉試第七十二名，會試第五十四名。

李茂元　貫河南開封府□□□，民籍。國子生。治《□□》。字□□，行一，年三十一，十　月初八日生。曾祖□□。祖□。父□。母高氏。具慶下。兄茂□、茂□、茂□。娶丘氏。河南鄉試第二□□名，會試第二百八十二名。

錢玹　貫浙江紹興府蕭山縣，民籍。國子生。治《□□》。字□□，行三，年三十五，六月初六日生。曾祖灵。祖□□，□□。父□。母陳氏。嚴侍下。兄□、□。弟□、□、□。娶□氏，繼娶戴氏。浙江鄉試第四十二名，會試第三十一名。

夏厯　貫直隸揚州府高郵州，軍籍。國子生。治《詩經》。字國正，行五，年三十四，十月二十八日生。曾祖時用。祖以明，義官。父□，府同知。母李氏。慈侍下。娶吳氏。應天府鄉試第一百一名，會試第四十七名。

袁經　貫直隸河間府青縣，軍籍。縣學生。治《書經》。字載道，行一，年三十，二月二十一日生。曾祖通。祖琮。父亨。母范氏。具慶下。娶胡氏。順天府鄉試第十四名，會試第一百八十九名。

安磐　貫四川□定州，民籍。國子生。治《春秋》。字鴻□，行一，年三十七，四月初十日生。曾祖浩，遇例管帶。祖尚民。父□，□□。母□氏，繼母鄭氏。重慶下。弟碩、礦、□。娶程氏。四川鄉試第二名，會試第五名。

許完　貫直隸□江府□□縣，民籍。國子生。治《易經》。字補之，行三，年□□□，六月初七日生。曾祖景德。祖廷□。父□。母蔣氏。具慶下。兄富、宣。弟□、□、□、□、□、守、察。娶袁氏。應天府鄉試第五十五名，會試第四十二名。

王栻　貫直隸鎮江府金壇縣，軍籍。國子生。治《書經》。字景張，行七，年三十七，三月二十日生。曾祖馭。祖衷。父完，教諭。前母胡氏，母于氏，繼母潘氏。具慶下。兄楠、椿、相、梁、渠、材。弟棠、杉、標。娶楊氏。應天府鄉試第五十四名，會試第七十六名。

穆孔暉　貫山東東昌府堂邑縣，軍籍。縣學生。治《易經》。字伯潛，行一，年二十七，正月十六日生。曾祖弘，訓導。祖彪。父清。母任氏，繼母黃氏。重慶下。弟孔曜、孔時、孔照、孔暘、孔昉、孔暄、孔曙。娶張氏。山東鄉試第一名，會試第九十四名。

謝瑞　貫直隸真定府□州，民籍。國子生。治《詩經》。字應麟，行□□，年□十□，一月三十日生。曾祖甫□。祖宗本，贈知縣。父縝，知□。前母□氏，□□□；母崔氏，封孺人。慈侍下。兄□；□瑀，□□。弟珩[1]，娶李氏，繼娶傅氏。順天府鄉試第二十一名，會試第一百五十一名。

李堅　貫福建汀州府□□□□，軍籍。國子生。治《易經》。字魚夫，行[2]五月初二日生。曾祖[3]。祖琚，□□□。父□□。母張氏。慈侍下。兄坤、堂。弟坦、□、□、□、□。娶伊氏。福建鄉試第九名，會試

---

[1] 底本漫漶不清。

[2] 底本漫漶不清。

[3] 底本漫漶不清。

第九十八名。

陳溥　貫河南開封府□陵縣,匠籍。縣學增廣生。治《詩經》。字一卿,行一,年二十二,八月二十日生。曾祖翊。祖永清。父銓。母程氏。重慶下。弟滂。聘趙氏。河南鄉試第四十一名,會試第一百九十名。

陶驥　貫直隸松江府華亭縣,軍籍。國子生。治《詩經》。字良伯,行二,年二十三,八月二十九日生。曾祖羽。祖蒙,遇例冠帶。父永淳,同知,進階朝列大夫。前母王氏,母李氏。具慶下。兄麟,□校。娶張氏。應天府鄉試第二十五名,會試第二百五十九名。

閻鐸　貫山西太原府□□縣,民籍。府學生。治《書經》。字道鳴,行二,年三十,二月十二日生。曾祖□□,□□。祖瑾,壽官。父□□。母高氏。具慶下。□□。娶張氏。山西鄉試第十五名,會試第二百二十七名。

劉瓚　貫四川行都司會川衛□□□□□□縣人。國子生。治《書經》。字朝重,行三,年□□□,六月十六日生。曾祖□□。祖昌宗。父□□。母艾氏。永感下。兄瑀,縣丞;□。弟□。娶陳氏。四川鄉試第七十名,會試第十五名。

王昂　貫四川順慶府廣□州,民籍。國子生。治《易經》。字仲顒,行三,年三十一,九月二十四日生。曾祖文貴。祖明。父紀綱。母李氏。慈侍下。兄翱、敦。娶張氏。四川鄉試第二十六名,會試第二百二十四名。

李暘　貫直隸真定府冀州棗強縣,民籍。國子生。治《易經》。字乂脩,行五,年三十一,二月二十七日生。曾祖士忠。祖大亮。父方。前母黎氏、郝氏,母魯氏。慈侍下。兄焞、燨、爛、煥。弟灼、炫。娶呂氏。順天府鄉試第一百名,會試第一百七十四名。

滕遠　貫濟陽衛,軍籍,福建建寧府建安縣人。儒士。治《易經》。字士毅,行二,年二十九,三月初一日生。曾祖景義。祖文壽。父鉞。前母袁氏、汪氏,母常氏。具慶下。兄琮,聽選官。弟□。娶林氏,繼娶婁氏。順天府鄉試第一百八名,會試第一百九十九名。

劉竑　貫廣東肇慶府陽江縣,民籍。縣學生。治《書經》。字伯庭,行一,年二十九,八月二十九日生。曾祖濟。祖□,贈□事。父芳,□□。母徐氏,封安人。具慶下。弟靖、翊。娶許氏,繼娶林氏。廣東鄉試第七十四名,會試第二百三十四名。

陳綱　貫浙江金華府金華縣,匠籍。國子生。治《詩經》。字正之,行十二，年三十五，三月二十一日生。曾祖文達，初贈監察御史，加贈按察司副使。祖相，按察司按察使。父詔。母諸氏。永感下。弟紀、經、綸、緝、繡、純、維、綰。娶李氏。浙江鄉試第三十九名，會試第二百一名。

王教　貫四川敘州府宜賓縣，民籍。國子生。治《詩經》。字誕敷，行一，年二十五，二月初七日生。曾祖允恭。祖綱，知縣。父言，審理正。嫡母廖氏、田氏，生母黃氏。慈侍下。弟叙。娶李氏。四川鄉試第十四名，會試第□百四十名。

蕭世賢　貫直隸安慶府桐城縣，民籍，江西泰和縣人。桐城縣學附學生。治《書經》。字□□，行一，年二十六，十一月初一日生。曾祖旭衡。祖經初。父俊彥。母劉氏。具慶下。弟世□、世鳳、世槩、世器、世立。娶劉氏。應天府鄉試第七名，會試第九十二名。

黃翬　貫福建興化府莆田縣，鹽籍。國子生。治《詩經》。字伯□，行一，年二十六，十一月初一日生。曾祖師憲。祖文嘉。父德珍。前母陳氏，母鄭氏。慈侍下。弟□、□。娶林氏。福建鄉試第七名，會試第一百十三名。

雷啓東　貫河南開封府儀封縣，民籍。縣學增廣生。治《詩經》。字震之，行一，年三十一，十二月初四日生。曾祖遇春。祖昇。父文，教諭。母楊氏。具慶下。娶杜氏。河南鄉試第七十二名，會試第九十一名。

王億　貫陝西鳳翔府鳳翔縣，軍籍。山西平樂縣學訓導。治《詩經》。字天與，行一，年三十九，二月二十三日生。曾祖福，陰陽正術。祖瑛，州判官。父澤。母李氏。具慶下。娶李氏。陝西鄉試第十四名，會試第二百六十六名。

張翰　貫騰驤右衛，軍籍，遼東廣寧後屯衛人。國子生。治《詩經》。字汝禎，行一，年二十九，九月初三日生。曾祖福山。祖□。父雲。母劉氏。重慶下。弟□、鞏、禽。娶程氏。順天府鄉試第八十五名，會試第二百四名。

馮時雍　貫直隸河間府交河縣，軍籍。國子生。治《詩經》。字子□，行二，年三十三，十一月初七日生。曾祖友諒。祖剛。父讓，□□□。前母王氏，母楊氏。具慶下。兄瓚。娶羅氏。順天府鄉試第八十八名，會試第一百六十二名。

張思齊　貫湖廣黃州府蘄州，軍籍。國子生。治《書經》。字希賢，行二，年三十五，八月二十日生。曾祖珍。祖通，知縣。父文，通判。

母陳氏，封孺人。永感下。兄濯。弟堯、思舜、思皋、思夔。娶宋氏。湖廣鄉試第四名，會試第二百九十二名。

周廣　貫直隸蘇州府太倉州，民籍。國子生。治《易經》。字充之，行二，年三十二，正月十三日生。曾祖子祥。祖海。父文。母陸氏。慈侍下。兄溥。弟博。娶張氏，繼娶夏氏。應天府鄉試第五十二名，會試第八名。

李艾　貫江西廣信府上饒縣，民籍。國子生。治《書經》。字子芳，行十八，年四十，二月初四日生。曾祖存吾。祖信春。父岳。前母汪氏，母吳氏。慈侍下。兄茹。弟英。娶韓氏，繼娶胡氏。江西鄉試第四十六名，會試第一百七十六名。

顧應祥　貫浙江湖州府長興縣，民籍，直隸長洲縣人。縣學增廣生。治《詩經》。字惟賢，行二，年二十三，九月二十五日生。曾祖懷德。祖達，□□□。父昶。母楊氏。具慶下。兄應禎。弟應奎、應元。娶張氏。浙江鄉試第七十二名，會試第一百十八名。

留志淑　貫福建泉州府晉江縣，民籍。國子生。治《易經》。字克全，行一，年二十五，七月十九日生。曾祖允恭。祖昆。父芳，通判。前母鄭氏，母黃氏，繼母胡氏。重慶下。弟志及、志業、志憲。娶李氏。福建鄉試第八十四名，會試第一百八十七名。

蘇明　貫直隸隆慶州，民籍，順天府昌平縣人。國子生。治《詩經》。字視遠，行一，年四十三，七月十二日生。曾祖德。祖義。父榮，經歷。母楊氏。慈侍下。弟昭、暲。娶丁氏，繼娶張氏。順天府鄉試第一百十三名，會試第二百五十名。

王民質　貫山西大同府□州，民籍。國子生。治《詩經》。字□實，行六，年二十九，九月二十七日生。曾祖顯。祖□，□□。父□，□□。母鄭氏。具慶下。[1] 娶張氏。山西鄉試第□□□名，會試第二百三十五名。

王韋　貫[2]籍，[3]人。儒士。治《□□》。字□□，行□□，年三十□，

---

[1] 底本漫漶不清。
[2] 底本漫漶不清。
[3] 底本漫漶不清。

□二月初六日生。曾祖嗣宗。祖[1]。父[2]。氏,生母吳氏。具慶下。兄□。弟[3]。娶張氏。應天府鄉試第三名,會試第七十二名。

張璞　貫湖廣武昌府江夏縣,軍籍。國子生。治《詩經》。字中美,行四,年三十一,二月初六日生。曾祖彥斌。祖華。父景賢。前母孫氏,母羅氏,繼母陳氏。永感下。兄璽、璧。娶廖氏。湖廣鄉試第五十名,會試第六十二名。

孫勝　貫浙江寧波府奉化縣,軍籍。縣學生。治《易經》。字敏中,行三,年三十四,十二月初五日生。曾祖惟堯。祖志忠。父惠茂。母程氏。慈侍下。兄玉、忭。弟倫。娶阮氏。浙江鄉試第六十二名,會試第二百四十八名。

李培齡　貫□□□,軍籍。國子生。治《易經》。字□□,行一,年二十九,七月初二日生。曾祖英。祖真[4],父[5]。母杜氏,封孺人。重慶下。娶翟氏。順天府鄉試第□□□名,會試第七十九名。

劉皋　貫□□□府□□,民籍。國子生。治□□。字□□,行一,年四十二,六月十三日生。曾祖仕□。祖□。父□。前母江氏,母王氏。永感下。弟□□。娶魏氏,繼娶張氏。順天府鄉試第六十八名,會試第一百四十六名。

王希孟　貫河南衛輝府獲嘉縣,民籍。國子生。治《書經》。字宗哲,行一,年三十一,八月十一日生。曾祖十二。祖敬。父安。前母袁氏,母李氏。永感下。娶徐氏。河南鄉試第七十五名,會試第一百五十二名。

張羽　貫陝西漢中府南鄭縣,軍匠籍。國子生。治《書經》。字伯翔,行一,年三十六,七月二十七日生。曾祖威。祖寧。父廣,知縣。母鄧氏,繼母楊氏。具慶下。弟翥、翀、翰、□、珝、翩、翃、翓。娶呂氏。陝西鄉試第三十二名,會試第一百九十七名。

顧標　貫福建[6]籍。縣學生。治《書經》。[7]月十三日生。曾祖□中。

---

[1] 底本漫漶不清。
[2] 底本漫漶不清。
[3] 底本漫漶不清。
[4] 底本漫漶不清。
[5] 底本漫漶不清。
[6] 底本漫漶不清。
[7] 底本漫漶不清。

祖□□。父□。母蘇氏。具慶下。□□。娶□氏。福建鄉試[1]，會試第一百二十四名。

張鵬　貫四川[2]。國子生。治《詩經》。字[3]二月初六日生。曾祖信。祖□□。父□□。母趙氏。具慶下。弟鶚、□、□。娶詹氏。四川鄉試第四名，會試第二十名。

趙中道　貫湖廣荊州府石首縣，民籍。國子生。治《書經》。字從之，行二，年二十八，九月初二日生。曾祖遂，巡檢。祖敬，訓導，封戶科給事中。父士賢，禮科右給事中。母曾氏，封孺人。重慶下。弟中孚、中弘、中有、中錫、中涵。娶黃氏。湖廣鄉試第五十七名，會試第六十名。

顧棠　貫直隸蘇州府吳縣，民籍。國子生。治《易經》。字良愛，行二，年三十八，三月二十四日生。曾祖文昌。祖瓊，遇例冠帶。父顥，遇例冠帶。母朱氏。慈侍下。兄梁。弟榮、柔、栗。娶陸氏。應天府鄉試第九十名，會試第一百三十八名。

黃如金　貫福建興化府莆田縣，民籍。國子生。治《詩經》。字希武，行一，年三十三，四月二十五日生。曾祖子嘉，□□□□。祖琛，監察御史。父[4]。母林氏。永感下。弟希英，同科進士；希韶；希雍；希□，貢士；如□。娶陳氏。福建鄉試第□□名，會試第八十七名。

劉伯秀　貫江西南昌府南昌縣，民籍。國子生。治《詩經》。[5]六，年三十五，三月十七日生。曾祖□□。祖□□。父□□。母周氏。具慶下。弟伯勝、伯□。娶周氏。江西鄉試第□□□□名，會試第一百二十三名。

余用　貫河南□□□府信陽州羅山縣，民籍。國子生。治《春秋》。字明卿，行一，年三十六，四月十五日生。曾祖紹宗。祖斌。父吉輝。母黃氏。慈侍下。弟同、周。娶萬氏。河南鄉試第七十一名，會試第二百二十二名。

李淳　貫順天府密雲縣，匠籍。國子生。治《易經》。字德厚，行四，年三十七，八月初九日生。曾祖忠。祖鑑，封光祿寺典簿。父琚，義官。母朱氏。具慶下。弟澤；澍；滄，貢士。娶王氏。順天府鄉試第

---

[1] 底本漫漶不清。
[2] 底本漫漶不清。
[3] 底本漫漶不清。
[4] 底本漫漶不清。
[5] 底本漫漶不清。

一百二十四名,會試第一百三十三名。

　　毛玉　貫雲南[1]石衛[2]縣人。國子生。治《易經》。字□成,行□,年□十六,三月二十日生。曾祖義。祖[3]。父□。母谷氏,繼母袁氏。具慶下。兄□。弟鎧、□、鉉。娶施氏。雲南鄉試第□□□名,會試第二十八名。

　　陳璋　貫浙江溫州府□清縣,民籍。國子生。治《書經》。[4]三十六,正月二十八日生。曾祖□,[5]祖□。父□。母卓氏。慈侍下。[6]娶鄭氏。浙江鄉試第四□□名,會試第一百六十一名。

　　金瑜　貫江西吉安府□□縣,民籍。國子生。治《易經》。字琢之,行二,年三十七,正月十四日生。曾祖文鐸,贈員外郎。祖章,刑部員外郎。父固。母鄒氏。具慶下。兄璠。弟淮、法、□、瑧。娶陳氏。江西鄉試第六十二名,會試第一百六十六名。

　　王子謨　貫浙江嚴州府淳安縣,民籍。國子生。治《春秋》。字如皋,行三,年三十九,十月二十一日生。曾祖本宗,義官。祖志善,封監察御史。父賓,知府。母張氏,誥封恭人。具慶下。兄子言,員外郎。弟子訓、子謹。娶胡氏,繼娶周氏。浙江鄉試第二十六名,會試第二百七十名。

　　胡冲霄　貫河南汝寧府光州,民籍。國子生。治《詩經》。字□□,行一,年三十六,七月二十九日生。曾祖□。祖□□。父能。母邢氏。具慶下。弟□□、冲雲。娶陸氏,繼娶董氏。河南鄉試第□□□名,會試第二百二十三名。

　　閔楷　貫直隸順天府任丘縣,民籍。國子生。治《詩經》。[7]一,年二十六,二月二十五日生。曾祖[8]。祖□□。父定[9]。母卞氏。具慶下。[10]娶朱氏。順天府鄉試第五十□名,會試第九十七名。

---

[1] 底本漫漶不清。
[2] 底本漫漶不清。
[3] 底本漫漶不清。
[4] 底本漫漶不清。
[5] 底本漫漶不清。
[6] 底本漫漶不清。
[7] 底本漫漶不清。
[8] 底本漫漶不清。
[9] 底本漫漶不清。
[10] 底本漫漶不清。

彭滋　貫河南□寧府□□□商城縣，民籍。國子生。治《詩經》。字益之，行七，年三十九，十月二十九日生。曾祖俊傑。祖友麟。父鉞，義官。母佘氏。永感下。兄永壽、永昌、濟、江、洋。弟澍、瀛。娶佘氏。河南鄉試第十五名，會試第一百八十四名。

魏棨　貫江西南昌府新建縣，民籍。國子生。治《詩經》。字喬儀，行一，年三十七，八月初十日生。曾祖子輿，知縣。祖重宏。父默，知縣。母熊氏。慈侍下。弟槩、槃、棐。娶熊氏。江西鄉試第六十□名，會試第□百七十七名。

傅元　貫江西□□府□新喻縣，民籍。國子生。治《詩經》。字□卿，行一，年四十七，七月十一日生。曾祖汝□，贈通議大夫、□□□。祖[1]。父[2]。母□氏，贈淑人；繼母胡氏，封淑人。慈侍下。[3]元[4]。娶易氏。順天府鄉試第□□□名，會試第二百二十一名。

陳鼎　貫山東□□軍[5]縣人。登州府學生。治《禮記》。字□□，行三，年二十□，九月初九日生。曾祖□明。祖□，□□。父□，□□。□母□氏，生母初氏。具慶下。兄昂、□、□。弟□、□、□。娶王氏，繼娶王氏。山東鄉試第三名，會試第七十三名。

周宣　貫福建興化府莆田縣，軍籍。府學生。治《詩經》。字彥通，行一，年二十八，十月初十日生。曾祖勃。祖輂，訓導。父俅，訓導。母王氏。重慶下。弟宗。娶陳氏。福建鄉試第三十名，會試第二百三十二名。

謝國表　貫振武衛，軍籍，山西代州人。國子生。治《詩經》。字民瞻，行一，年三十五，正月二十六日生。曾祖貴。祖鐸，府推官。父璽，府同知。母馮氏。具慶下。弟國詔，貢士；國徵；國聘。娶吳氏。山西鄉試第二十九名，會試第二百七十五名。

張克溫　貫山西平陽府臨汾縣，匠籍。國子生。治《禮記》。字□□，行一，年四十二，六月初七日生。曾祖□。祖□，□□□。父□。母李氏。慈侍下。□□□。娶杜氏，繼娶何氏。山西鄉試第六□名，

---

[1] 底本漫漶不清。
[2] 底本漫漶不清。
[3] 底本漫漶不清。
[4] 底本漫漶不清。
[5] 底本漫漶不清。

會試第□百四十九名。

師皋　貫陝西□□府□□縣，民籍。國子生。治《詩經》。字□□，行一。年□十一，九月二十三日生。曾祖榮。祖□。父□，□□。母田氏。具慶下。弟[1]。娶趙氏。陝西鄉試第二十二名，會試第二百四十二名。

殷雲霄　貫山東兗州府東平州壽張縣，民籍。國子生。治《春秋》。字近夫，行一，年二十六，五月初四日生。曾祖勝。祖鐸，遇例冠帶。父玘，知縣。嫡母張氏，繼母任氏，生母李氏。慈侍下。弟雲霓。娶岳氏。山東鄉試第四名，會試第七十七名。

葉鶤　貫江西廣信府上饒縣，民籍。縣學生。治《詩經》。字時舉，行四十，年三十，正月初七日生。曾祖清。祖志顯。父瓊。母丁氏。具慶下。兄鵬、鶚、鷥。弟麒、麟、鳳、鶴、凰。娶毛氏。繼娶程氏。江西鄉試第十四名，會試第二百八十七名。

馬文　貫雲南□□司，軍籍。本司儒學增廣生。治《書經》。字□□，行□，年二十六，十二月二十一日生。曾祖玉。祖□。父□。母朱氏，繼母崔氏。慈侍下。[2]娶張氏。雲南鄉試第□□□名，會試第五十三名。

孫紹先　貫山西□□□，軍籍，太原府代州人。代州學生。治《易經》。字□一，年二十三，九月二十三日生。曾祖才。祖勝。父□，□□。母張氏。慈侍下。弟紹□、紹文、紹魁、紹□、紹□、紹忠、紹烈、紹賢、紹哲。娶田氏。山西鄉試第一名，會試第十名。

劉守達　貫直隸大名府開州，民籍。州學增廣生。治《書經》。字應徵，行二，年二十六，十月十七日生。曾祖順。祖和。父錫。母傅氏。慈侍下。兄守窮。弟守節。娶陳氏。順天府鄉試第七十五名，會試第二百九十九名。

孫槃　貫山東登州府福山縣，軍籍。國子生。治《禮記》。字明卿，行三，年三十六，六月二十四日生。曾祖彥斌，贈知府。祖遇，左布政使，贈正奉大夫、正治卿。父珂，前大理寺左寺丞。嫡母張氏，封孺人；生母樊氏。慈侍下。兄榮，監生；□。弟槩；□，同科進士；□；棠；杲；棐；采；栗；梟。娶王氏，繼娶于氏。山東鄉試第四十二名，會試第二百名。

楊鎰　貫順天府涿州，軍籍。國子生。治《書經》。□□，行[3]一月

---

[1] 底本漫漶不清。

[2] 底本漫漶不清。

[3] 底本漫漶不清。

初十日生。曾祖□。祖□,□□。父□□。母張氏,繼母梁氏。具慶下。[1]娶樊氏。順天府鄉試第□□□名,會試第七十一名。

陳槐　貫浙江寧波府鄞縣人,□□□籍。國子生。治《書經》。[2]二十六,十一月三十日生。曾祖道,□□。祖□。父□。母林氏。永感下。兄□、□。娶范氏。浙江鄉試第□□名,會試第四十三名。

胥文相　貫湖廣岳州府巴陵縣,軍籍。國子生。治《詩經》。字士衡,行一,年三十四,十二月初一日生。曾祖圮。祖鑑。父瀚。前母蔣氏,母盧氏。具慶下。弟文奎。娶何氏。湖廣鄉試第十五名,會試第一百七十五名。

常在　貫山西遼州榆社縣,民籍。國子生。治《春秋》。字守德,行一,年三十四,四月初六日生。曾祖恒,封給事中,贈知府。祖顯,左布政使。父經,知縣。母喬氏,繼母申氏、郭氏。慈侍下。弟至、城、塾、增。娶李氏,繼娶李氏。山西鄉試第四名,會試第二百五十九名。

杜泰　貫山東濟南府長清縣,軍籍。縣學生。治《詩經》。字□□,行一,年二十四,二月初三日生。曾祖克名。祖資。父□。母馮氏。具慶下。弟華、恒、霍、寧。娶郝氏。山東鄉試第九名,會試第二百七十三名。

樂護　貫江西撫州府臨川縣,民籍。國子生。治《詩經》。字□□,行十一,年三十一,五月初四日生。曾祖仕衡。祖履清。父□成。前母劉氏,母徐氏。具慶下。兄□,□□;□。娶詹氏。江西鄉試第四十九名,會試第二百八十二名。

董建中　貫山東兗州府東平州壽張縣,軍籍。縣學生。治《書經》。字商民,行三,年三十一,五月初九日生。曾祖格。祖泉。父聰,監生。母楊氏,繼母王氏。具慶下。兄時中、道中。弟大中、用中、執中。娶呂氏。山東鄉試第二十九名,會試第一百三十六名。

陳軾　貫湖廣德安府應城縣,軍籍。國子生。治《易經》。字子敬,行一,年三十六,六月二十二日生。曾祖剛。祖詳。父大中,訓導。母周氏。具慶下。娶許氏。湖廣鄉試第五十五名,會試第二百三十三名。

張衍瑞　貫河南衛輝府汲縣,民籍。國子生。治《詩經》。字元承,行一,年三十,七月二十日生。曾祖鐸。祖傑,監察御史。父繼,大理

---

[1] 底本漫漶不清。
[2] 底本漫漶不清。

寺右評事。母段氏，封孺人。重慶下。弟衍慶，貢士；衍祚。娶郭氏，繼娶崔氏。河南鄉試第六十二名，會試第一百二十五名。

李仕清　貫四川叙州府長寧縣，民籍。國子生。治《詩經》。字希獻，行一，年三十六，五月十五日生。曾祖遇春。祖桂業。父辰。母羅氏。具慶下。弟仕嚴。娶趙氏。四川鄉試第四十二名，會試第二百八十五名。

申綸　貫直隸廣平府永年縣，民籍。國子生。治《詩經》。字廷言，行二，年三十六，十二月十七日生。曾祖達，知府。祖寧，賢良方正。父廣，主簿。前母王氏，母岳氏。具慶下。兄紀。弟緒、縉。娶王氏。順天府鄉試第一百十六名，會試第二百三十六名。

郁浩　貫湖廣永州衛，軍籍，直隸長洲縣人。國子生。治《禮記》。字子淵，行一，年三十七，四月二十一日生。曾祖官。祖清。父敬。母劉氏。具慶下。娶閭丘氏。湖廣鄉試第五十八名，會試第二百三十八名。

倪璋　貫順天府宛平縣，匠籍，直隸吳縣人。國子生。治《易經》。字獻□，行三，年三十八，九月初一日生。曾祖本益。祖公□。父鏡。前母包氏，母方氏。永感下。兄□；□；□；珣；□，禮部給事中。娶陳氏。順天府鄉試第□□□名，會試第二百四十五名。

陳九章　貫直隸蘇州府吳江縣，民籍。縣學生。治《易經》。字□一，行一，年三十六，十月初一日生。曾祖士能。祖□。父愷元。母陸氏。慈侍下。弟九儀。娶吳氏。應天府鄉試第六十六名，會試第一百五十名。

周用　貫廣東潮州府饒平縣，竈籍。國子生。治《春秋》。字舜中，行三，年四十一，九月二十二日生。曾祖尚文。祖邦寧。父元玉。嫡母沈氏，生母鄭氏。慈侍下。弟咸行、玄頡。娶陳氏。廣東鄉試第二名，會試第三十名。

張經　貫遼東瀋陽中衛，軍籍，山東濟南府武定州陽信縣人。國子生。治《書經》。字天叙，行一，年三十二，二月二十六日生。曾祖端。祖昇，遇例冠帶。父傑。母俞氏，繼母郭氏。具慶下。弟繡。娶陳氏。山東鄉試第十名，會試第二百六十三名。

石宗太　貫直隸保定府清苑縣，民籍。縣學生。治《書經》。字樂山，行一，年五十，十月十九日生。曾祖增。祖□，主簿。父瓚。母宋氏，繼母李氏。慈侍下。弟宗魯。娶李氏。順天府鄉試第六十七名，會試第八十五名。

鄧文璧　貫湖廣郴州桂陽縣，民籍。國子生。治《詩經》。字□□，行一，年三十九，八月初九日生。曾祖思謙，知縣。祖珂，判官。父□□。母何氏。永感下。兄文璧。弟文瑩、文珏、文□、文□。娶歐氏，繼娶葛氏。湖廣鄉試第四十二名，會試第七十八名。

于範　貫山東兗州府濟寧州鄆城縣，民籍。縣學生。治《書經》。字覺甫，行一，年二十九，十一月十三日生。曾祖勝。祖聰，義官。父龍，監生。母樊氏。慈侍下。弟軾、軫。娶侯氏。山東鄉試第三十四名，會試第四十九名。

潘棠　貫湖廣辰州衛，軍籍，直隸寧國府太平縣人。國子生。治《詩經》。字希召，行二，年三十三，十二月二十四日生。曾祖九成。祖鏞。父汰，正七品散官。母傅氏。具慶下。兄材。弟林、桂、槐、梅、相。娶張氏。湖廣鄉試第五十一名，會試第四十五名。

汪和　貫浙江紹興府餘姚縣，民籍。縣學增廣生。治《書經》。字惟節，行十，年三十，十月初十日生。曾祖彥端，縣丞。祖勉，貢士。父洋。前母蘇氏，母嚴氏，繼母楊氏。重慶下。兄榮；□，□□；□；槃；棐。弟□、□、梟、櫃。娶董氏。浙江鄉試第四十二名，會試第一百十一名。

胡汝楫　貫陝西寧夏□衛，軍籍，應天府溧陽縣人。國子生。治《易經》。字□□，行二，年三十八，正月二十二日生。曾祖士真。祖雄。父璉，贈□部□□郎中。母陳氏，封宜人。慈侍下。兄汝礪，知府。弟汝霖；汝明，義官；汝翼。娶茅氏。陝西鄉試第二十五名，會試第一百八十三名。

劉田　貫山東兗州府東平州東阿縣，民籍。國子生。治《詩經》。字伯耕，行一，年二十五，正月二十七日生。曾祖璉，教諭。祖觀，承事郎，贈吏部郎中。父約，參政。母徐氏，封宜人。具慶下。弟谷、隅、階、牧、垣。娶蘇氏。山東鄉試第五十七名，會試第二百十九名。

賀寬　貫江西吉安府永新縣，民籍。縣學生。治《易經》。字懋教，行二，年三十一，七月二十七日生。曾祖本寧。祖循道。父挺，義官。母周氏。重慶下。兄宏。弟宷、寵、審、察、寓、宁、宋、密。娶尹氏。江西鄉試第四十一名，會試第二百三十七名。

吳盈　貫江西饒州府鄱陽縣，民籍。國子生。治《書經》。字子持，行五十八，年三十八，六月十一日生。曾祖德隆。祖道元。父博施。嫡母徐氏，生母王氏。永感下。兄霖，知縣；機；樓；桓，主簿。弟榮、梓。娶操氏。江西鄉試第八十五名，會試第二百十八名。

丁儀　貫福建泉州府晉江縣，鹽籍。國子生。治《易經》。字□□，行一,年三十三,二月十三日生。曾祖世孚。祖□學。父朝億。母陳氏。具慶下。弟□、佑。娶李氏。福建鄉試第三十五名,會試第一百十四名。

索承學　貫直隸淮安府邳州,軍籍。國子生。治《書經》。字遜夫,行一,年三十六,八月初六日生。曾祖堅。祖靖,教諭。父逵。母魏氏。慈侍下。弟勤學、好學。娶胡氏。應天府鄉試第四十五名,會試第一百九十三名。

蘇民　貫陝西儀衛司,校籍,浙江處州府遂昌縣人。國子生。治《詩經》。字天秀,行一,年三十,三月十四日生。曾祖良。祖仁貴。父文通。母趙氏。慈侍下。娶王氏。陝西鄉試第三十七名,會試第一百七十名。

陳鉞　貫直隸鳳陽府鳳陽縣,軍籍。國子生。治《禮記》。字德威,行一,年四十一,八月十八日生。曾祖禮。祖敬。父璋。母王氏。永感下。弟銓、鋼、鎧、釗、欽、鎮、鏜、鑄。娶劉氏。應天府鄉試第二十六名,會試第二百五十六名。

黃琮　貫應天府上元縣,匠籍,江西樂安縣人。應天府學生。治《詩經》。字元質,行三,年三十六,十二月十九日生。曾祖仲敏。祖伯夷。父度浩。母柳氏。慈侍下。兄公憲、瓊、瑛。娶燕氏。應天府鄉試第十名,會試第六十七名。

易舒誥　貫湖廣長沙府攸縣,站籍。國子生。治《易經》。字欽之,行六,年三十一,九月二十日生。曾祖耀。祖顒。父萬福,遇例冠帶。母劉氏。具慶下。兄舒翰。娶蕭氏。湖廣鄉試第四十七名,會試第八十二名。

馬馴　貫山東青州府益都縣,民籍。國子生。治《易經》。字德夫,行一,年三十二,六月初二日生。曾祖璘。祖聰。父能,縣丞。母王氏。慈侍下。弟通。娶劉氏。順天府鄉試第一百二十五名,會試第二百七十四名。

江良貴　貫江西廣信府貴溪縣,民籍。國子生。治《禮記》。字汝思,行十一,年三十四,四月十一日生。曾祖雲從。祖常,知縣。父玉。前母李氏,母鄧氏。永感下。兄良舟,監生;良本,義官;滄,訓導;海;良俊,義官。弟良材,貢士;良楫。娶詹氏。江西鄉試第三十名,會試第一百六十名。

周任　貫浙江衢州府江山縣,民籍。國子生。治《易經》。字以仁,行七,年三十七,七月初六日生。曾祖真,監生。祖敬昌。父亮。母毛氏。

永感下。弟本、積、嵩、岳。娶徐氏，繼娶徐氏。浙江鄉試第八十四名，會試第一百九十四名。

陳良翰　貫四川成都府綿州羅江縣，軍籍。縣學生。治《易經》。字景申，行九，年三十三，正月初五日生。曾祖伏祖。祖應輔。父昂，主簿。前母黃氏，母王氏。永感下。兄良富、良貴、良德、良壽、良佐、良相、良忠、良旭。娶程氏。四川鄉試第二十三名，會試第二百五十二名。

方獻科　貫廣東廣州府南海縣，民籍。府學增廣生。治《易經》。字叔賢，行三，年二十一，三月二十日生。曾祖勢宏。祖用中。父遂，學正。母黃氏。慈侍下。兄貴科、茂科。聘鄒氏。廣東鄉試第二名，會試第一百三十名。

李玠　貫浙江處州府縉雲縣，民籍。縣學生。治《易經》。字朝信，行十九，年二十二，四月十一日生。曾祖棠，刑部侍郎。祖□，□□。父晉。母應氏。嚴侍下。兄玻，貢士。弟瑗、璐、璈、珂。娶陳氏。浙江鄉試第一名，會試第二十五名。

程定　貫直隸□州府績溪縣，民籍。國子生。治《書經》。字□□，行二，年二十二，九月初七日生。曾祖彥昭。祖文□。父□□。母朱氏。慈侍下。兄宏。弟□、□、寅。娶胡氏。應天府鄉試第六十八名，會試第六十八名。

陳進　貫浙江台州府太平縣，民籍。縣學生。治《詩經》。字崇志，行十一，年二十八，十一月初一日生。曾祖仁訓。祖弘鞏。父茂揚。母趙氏。永感下。兄曉、策。娶夏氏。浙江鄉試第二十三名，會試第二十七名。

張翀　貫直隸揚州府泰興縣，軍籍。國子生。治《詩經》。字鵬舉，行二，年三十七，二月十八日生。曾祖忠，知府。祖琳。父黼，縣丞。母蔡氏。慈侍下。兄羽，知縣。弟翡、翹、翱、翊、詡、翽、翔、翰、翦、翃、翛、習、翓。娶成氏。應天府鄉試第一百二十名，會試第一百二名。

毛棠　貫湖廣□州府澧州，軍籍。國子生。治《書經》。字□□，行一，年□十一，七月二十七日生。曾祖顥。祖□。父□。母甘氏。具慶下。弟□、□、□、□。娶黃氏。湖廣鄉試第四十八名，會試第八十名。

馮應奎　貫浙江寧波府鄞縣，軍籍。國子生。治《易經》。字景祥，行六，年三十六，九月初六日生。曾祖宗偉。祖常。父琦，知縣。母何氏，繼母陳氏。具慶下。兄福。弟應參、應翼、應軫、應胃。娶陸氏。浙江鄉試第八十七名，會試第一百三十八名。

張士隆　貫河南彰德府安陽縣，軍籍。國子生。治《詩經》。字仲脩，行一，年三十一，五月初九日生。曾祖本。祖通，監生。父魯。母朱氏。慈侍下。弟士陛、士陞。娶石氏。河南鄉試第十八名，會試第一百五十六名。

屠垚　貫浙江嘉興府平湖縣，軍籍。國子生。治《書經》。字文治，行七，年三十一，六月二十七日生。曾祖湘，贈刑部右侍郎。祖禎，贈推官。父熙，府同知。母陸氏，封孺人。具慶下。兄奎，工部主事；㠯；堃；圭；㞾。弟□；堂；應；塤，監生；壁。娶沈氏，繼娶倪氏。浙江鄉試第五十四名，會試第八十八名。

李時　貫順天府□州，□籍。國子生。治□□。[1]一，年三十，二月初五日生。曾祖奉。祖□。父□。母劉氏。具慶下。[2]娶史氏。順天府鄉試第□□□名，會試第□□八十六名。

張惠　貫山東登州府寧海□□，民籍。州學生。治《書經》。字天澤，行一，年三十三，十一月十五日生。曾祖□□。祖全。父通。母馬氏。具慶下。娶宋氏。山東鄉試第□□名，會試第二百十五名。

常道　貫直隸□州□□□籍，河南陳留縣人。來安縣學生。治《易經》。字文載，行二，年三十，九月二十一日生。曾祖全。祖智。父泰，監生。母郝氏。永感下。兄經。弟教。娶蘇氏。應天府鄉試第二十八名，會試第一百五十五名。

李楫　貫直隸安慶府懷寧縣，民籍。府學生。治《易經》。字濟之，行二，年二十八，四月初二日生。曾祖良，良醫正。祖昇，醫學正和，贈太僕寺寺丞。父璡，前知府。前母徐氏，贈安人；母耿氏，封安人。慈侍下。兄榦，義官。弟槃、棠、棐、棟。娶祖氏。應天府鄉試第六十九名，會試第一百六十三名。

孫孟舉　貫山東濟南府武定州商河縣，民籍。國子生。治《詩經》。字用之，行三，年三十三，九月十四日生。曾祖興，贈□政。祖□，贈□□。父□□，知□。前母□氏，贈宜人；母張氏，封宜人。具慶下。兄[3]貢士。娶張氏。山東鄉試第□□□名，會試第一百七十九名。

---

[1] 底本漫漶不清。
[2] 底本漫漶不清。
[3] 底本漫漶不清。

陳琛　貫福建□□漳浦縣，民籍。國子生。治《易經》。[1]十四，十二月初七日生。曾祖溫義。祖□。父□□。母歐氏。慈侍下。兄□。弟□。娶林氏。福建鄉試第三十三名，會試第一百六名。

熊泰　貫湖廣□昌府武昌縣，軍籍。國子生。治《詩經》。字元□，行二，年三十六，二月十八日生。曾祖悌。祖敬。父英。母方氏。永感下。兄春。娶周氏，繼娶朱氏。湖廣鄉試第十七名，會試第二百七十一名。

田汝耔　貫河南開封府祥符縣，匠籍。國子生。治《詩經》。字勤甫，行三，年二十八，十二月二十二日生。曾祖登。祖茂。父安，縣丞。前母楊氏，母魏氏。具慶下。兄汝耕、汝耘。弟汝耜、汝耨、汝秾。娶陶氏。河南鄉試第六十七名，會試第二十四名。

張寬　貫直隸蘇州府太倉州，軍籍。國子生。治《詩經》。字德□，行二，年三十二，正月初九日生。曾祖能，□□。祖□，□□。父□□。母陳氏。重慶下。兄□。娶周氏。應天府鄉試第□十三名，會試第二百六十四名。

劉孝　貫山東□□高唐州，民籍。國子生。治《春秋》。字□□，行一，年三十七，正月三十日生。曾祖景文。祖□□，□□□。父□，□□監察御史。母張氏，封孺人。慈侍下。弟㚖。娶齊氏，繼娶周氏。山東鄉試第二十九名，會試第一百九十五名。

滕紀　貫留守前衛，旗籍，山東萊陽縣人。國子生。治《詩經》。字子振，行二，年三十五，十月初六日生。曾祖周。祖昇。父俊。母楊氏。永感下。兄綱。娶蘇氏，繼娶江氏。順天府鄉試第二十六名，會試第二百六十八名。

顧瑄　貫錦衣衛，旗籍，浙江平湖縣人。國子生。治《春秋》。字玉卿，行一，年三十六，七月二十四日生。曾祖祥。祖敬，總旗。父榮，總旗。母余氏，繼母牛氏。永感下。弟璋，總旗；瓚；瓛；瑭。娶高氏。順天府鄉試第五十五名，會試第二百八十八名。

陶金　貫直隸鳳陽府泗州天長縣，官籍。國子生。治《詩經》。字□□，行二，年三十八，正月二十九日生。曾祖興。祖□。父□，府□□。母張氏。具慶下。兄□。娶陳氏。應天府鄉試第九十四名，會試第一百九十二名。

---

[1] 底本漫漶不清。

吴哲　貫直隸松江府華亭縣，民籍。縣學生。治《詩經》。字子□，行□，年三十三，三月初七日生。曾祖宗轍，□□□□□。祖□。父□。嫡母楊氏，生母周氏。具慶下。兄啓；□；唐；周，貢士。弟吉、詔、誥、言、冏、問。娶山氏。應天府鄉試第三十三名，會試第二百四十七名。

曹雷　貫山西太原府平定州，軍籍，直隸泰州人。州學生。治《書經》。字□東，行三，年四十二，二月二十九日生。曾祖二。祖輝，壽官。父恕。母葛氏。具慶下。兄霖，義官；霽。弟震、雲。娶郭氏。山西鄉試第三十五名，會試第一百四十四名。

潘選　貫直隸徽州府婺源縣，民籍。縣學附學生。治《書經》。字玉選，行二，年三十，八月初九日生。曾祖日昇。祖斯馨。父傑，監生。母齊氏。具慶下。兄遇。娶胡氏。應天府鄉試第十六名，會試第一百二十名。

楊輔　貫直隸淮安府邳州，民籍。國子生。治《書經》。字介卿，行一，年三十一，四月十三日生。曾祖清。祖□，□□。父寶。母蕭氏，繼母劉氏。重慶下。弟□、□、翰、蕃、衛。娶陳氏。應天府鄉試第一百三十一名，會試第二百五十八名。

鄭善夫　貫福建□□府閩縣，民籍。候官縣學增廣生。治《春秋》。字□之，行□，年二十一，十一月二十日生。曾祖鏗。祖□。父□禮。母趙氏。具慶下。兄逢□。弟逢泰、逢□、逢東、逢南。娶袁氏。福建鄉試第四十二名，會試第二百六名。

張邦奇　貫浙江寧波府鄞縣，民籍。國子生。治《易經》。字常甫，行二，年二十二，五月二十四日生。曾祖純。祖忱。父時敏，義官。母沈氏。具慶下。兄邦彥。弟邦言、邦直、邦俊、邦翊、邦傑、邦亨、邦竑、邦永。娶王氏。浙江鄉試第十四名，會試第一百四十一名。

曾念　貫湖廣郴州永興縣，軍籍。國子生。治《易經》。字聖初，行七，年四十，九月初四日生。曾祖如栢。祖克謙，贈刑部主事。父轂，知府。母楚氏，封安人。具慶下。兄仝，義官；介，知州；全，前戶部主事；僉，義官。娶鄧氏。湖廣鄉試第十三名，會試第九十名。

田登　貫陝西西安府長安縣，民籍。縣學生。治《詩經》。字有年，行二，年二十七，正月三十日生。曾祖文通。祖榮。父禧，□□□□。前母衛氏，母党氏。永感下。兄園。娶范氏。陝西鄉試第七名，會試第十三名。

顧達　貫直隸蘇州府常熟縣，軍籍。國子生。治《詩經》。[1]九月十三日生。曾祖景純。祖□□。父宗□。母后氏。永感下。兄[2]。娶王氏，繼娶潘氏。應天府鄉試第七十一名，會試第一百七十七名。

陳淵　貫直隸涿鹿左衛，官籍。國子生。治《書經》。字德深，行三，年三十三，二月二十三日生。曾祖肅，昭勇將軍，指揮使。祖玉，昭勇將軍、指揮使。父廣。母厥氏。具慶下。兄灝，昭勇將軍，指揮使；潤。弟溥、濡、瀚、潭、滋、澤。娶郭氏。順天府鄉試第三十一名，會試第一百四名。

戴德孺　貫浙江台州府臨海縣，民籍。縣學生。治《詩經》。字子良，行十，年三十五，十二月十六日生。曾祖鈍夫。祖胤。父守心。母高氏，繼母許氏。具慶下。弟德□、德岳、德鳳。娶彭氏。浙江鄉試第十五名，會試第一百七十九名。

張茂蘭　貫山東濟南府章丘縣，軍籍。國子生。治《詩經》。字德□，行一，年三十五，十一月二十五日生。曾祖述善。祖□，□□□□。父□，前陰陽訓術。母翟氏。具慶下。娶馬氏。山東鄉試第□□□□名，會試第二百八十三名。

黃希英　貫福建興化府莆田縣，民籍。國子生。治《詩經》。字如英，行二，年□□，十月二十六日生。曾祖子嘉，□□□□□。祖琛，監察御史。父乾剛。母方氏。重慶下。兄如金，同科進士。弟□韶；希雍；希護，貢士；如阜。娶林氏。福建鄉試第四十九名，會試第二十九名。

俞敬　貫浙江金華府永康縣，民籍。府學生。治《書經》。字一中，行三十二，年三十六，五月十七日生。曾祖克用。祖德高。父文治。母楊氏。永感下。兄璞。弟玠、珽、瓚、玘。娶楊氏。浙江鄉試第六十三名，會試第二百二名。

黃堂　貫山東東昌府臨清州，民籍。國子生。治《易經》。字允升，行一，年三十六，二月初三日生。曾祖忠。祖讓。父輪。母吳氏、繼母王氏。慈侍下。弟室、寶。娶賀氏。山東鄉試第十七名，會試第二百十六名。

徐讚　貫浙江金華府永康縣，民籍。國子生。治《書經》。字朝儀，行二十六，年三十四，十二月初四日生。曾祖用彬。祖永明。父憲。母程氏。慈侍下。弟誼、諤、訪。娶黃氏。浙江鄉試第三十六名，會試

---

[1]底本漫漶不清。
[2]底本漫漶不清。

第二百四十三名。

張仲賢　貫山西太原府陽曲縣,民籍。直隸□□□教諭。治《易經》。字尚□,行一,年三十七,十二月二十二日生。曾祖孝先。祖本。父通。母湯氏,繼母賈氏。具慶下。弟仲良。娶唐氏。山西鄉試第十八名,會試第一百七十八名。

師存智　貫河南開封府太康縣,民籍。國子生。治《詩經》。字汝愚,行二,年三十六,十一月十七日生。曾祖貞。祖璣。父恩。母魯氏。具慶下。兄存禮。娶趙氏,繼聘孔氏。河南鄉試第六十五名,會試第三百名。

徐慶亨　貫浙江台州府黃巖縣,匠籍。國子生。治《易經》。字世嘉,行五,年三十,正月初一日生。曾祖從輔。祖啟直。父濟英,訓導。母顧氏。具慶下。弟慶宸、慶紹、慶良、慶國。娶江氏,繼娶李氏。浙江鄉試第二十三名,會試第二百三十名。

王光佐　貫江西瑞州府新昌縣,匠籍。國子生。治《詩經》。字□□,行一,年四十二,八月二十一日生。曾祖彥常。祖□□,遇例冠帶。父京畿。母張氏。具慶下。[1]光仕、光儒。娶陳氏。江西鄉試第七十□名,會試第七十五名。

孟洋　貫河南信陽□,官籍。國子生。治《書經》。字□之,行十,年二十三,五月二十三日生。曾祖元,千戶。祖□,□□□。父山。前母袁氏,母孫氏。具慶下。兄澴、□、[2]□、□、湖、□。弟江、沂、澤、沛。娶何氏。河南鄉試第二十三名,會試第二十六名。

曹倣　貫直隸鎮江衛,軍籍。丹徒縣學生。治《易經》。字汝學,行一,年二十八,十二月初六日生。曾祖周。祖榮。父綬。母昌氏。慈侍下。弟儌、儒。娶余氏。應天府鄉試第二十六名,會試第一百八十名。

劉宓　貫順天府昌平縣,民籍,山西大同府懷仁縣人。國子生。治《詩經》。字德義,行五,年二十七,正月初四日生。曾祖清,鴻臚寺寺丞。祖晟,進士,封戶部郎中。父道,左布政使。母韓氏,封宜人。慈侍下。兄宇;守;德,錦衣衛冠帶小旗;寰。娶曹氏,繼娶楊氏。順天府鄉試第二十一名,會試第二百九十名。

王偉　貫山東萊州府膠州即墨縣,軍籍。縣學生。治《詩經》。字士元,

---

[1] 底本漫漶不清。
[2] 底本漫漶不清。

行二，年三十八，九月二十日生。曾祖志嚴。祖榮，縣丞。父璣，貢士。母邵氏。慈侍下。兄仁。弟伸、仕、儒。娶劉氏。山東鄉試第十七名，會試第二百九十七名。

徐盈　貫江西廣信府貴溪縣，軍籍。國子生。治《禮記》。字子謙，行一百八，年二十七，十一月十三日生。曾祖思文，旌表義民。祖孔壽。父洛。母于氏。具慶下。兄植、梧、枳。弟椰、櫟。娶汪氏。江西鄉試第四名，會試第二十二名。

韓貴　貫廣東廣州府番禺縣，民籍。國子生。治《易經》。字道充，行二，年三十五，十二月二十二日生。曾祖彥才。祖英茂。父斌。前母李氏，母高氏，繼母曾氏。具慶下。兄榮。弟賢，貢士；能；順；寬。娶李氏。廣東鄉試第四十八名，會試第二百六十九名。

王瑤　貫順天府大興縣，民籍。國子生。治《詩經》。字佩之，行一，年三十一，十二月十六日生。曾祖庸。祖文，府照磨。父紀，教授。母朱氏。慈侍下。弟璉。娶許氏，繼娶荀氏、蔡氏。順天府鄉試第五十三名，會試第一百五名。

章嵩　貫直隸寧國府涇縣，軍籍。國子生。治《詩經》。字士瞻，行二，年四十一，十一月三十日生。曾祖伯陽。祖善良。父仲華。母董氏。具慶下。兄茂。弟春、瑞、欽、榜、晃。娶文氏。應天府鄉試第二十三名，會試第十八名。

皇帝制曰：朕惟自古帝王之致治，其端固多，而其大不過曰道、曰法而已。是二端者，名義之攸在，其有別乎？行之之序，亦有相須而不可偏廢者乎？夫帝之聖，莫過於堯、舜；王之聖，莫過於禹、湯、文、武。致治之盛，萬世如見。其爲道爲法之迹具載諸經，可考而證之乎？自是而降，若漢、若唐、若宋，賢明之君所以創業於前而守成於後，是道、是法，亦未嘗有外焉，何治效之終不能古若乎？我聖祖高皇帝定天下之初，建極垂憲，列聖相承，益隆繼述，爲道爲法，蓋與古帝王之聖先後一揆矣。

朕自莅祚以來，夙夜兢兢，圖光先烈，于茲有年，然而治效未臻其極，豈於是道有未行，是法有未守乎？抑雖行之守之，而尚未盡若古乎？

子諸生明經積學，究心當世之務，必有定見，其直述以對，毋徒騁浮辭而不切實用，朕將采而行之。

弘治十八年三月十五日

臣顧鼎臣

臣對：

臣聞帝王有治天下之大體，有治天下之大用。體者何？道是也。用者何？法是也。道根於心，法之所由立也；法施於政，道之所由行也。法而非道，則所以主張之者無其本；道而非法，則所以經綸之者無其具，皆非所以治天下也。然有是道，則其法可立，未有善立是法而不本於道者也；有是法，則其道可行，未有能行其道而不知守乎法者也。道行而無弊，法立而能守，則推之無不準，動之無不化，外無不攘，內無不安，遠無不至，邇無不服。端拱於九重之上，而操縱翕張，所向如意；運用於四海之間，而渾融貫徹，所在歸極。尚何治之不古若哉！帝之所以帝，王之所以王，我皇祖之所以創造，列聖之所以繼述，皆不外此。彼漢、唐、宋者，道非其道，法非其法，又何怪乎治效之不能比隆於唐虞、三代也哉。

欽惟皇帝陛下，天啓聖神，日新德學，大化神明，洽于遠邇，至治馨香，徹于上下，所謂學于古訓而有獲，監于成憲而無愆者，蓋卓卓乎足以光前而裕後矣。茲者開賢科，擢多士，御大廷，降明詔，猶謂"治效未臻其極"，而拳拳以行道守法爲問。臣雖至陋，寧不鼓舞感動，思罄愚衷以對揚休命乎？

竊惟天生萬物，不能自理，而命之聖人，故曰："天佑下民，作之君，作之師，惟其克相上帝，寵綏四方。"夫以一人之身加于兆民之上，而付之以君師治教之責，亦大且難矣。求盡是責，以無負乎天之所命，舍道與法二者，其奚以哉？是故修身齊家治國平天下，治之道也。道者，治之體也。建立紀綱，分正百職，順天揆事，創制立度，以盡天下之務，治之法也。法者，道之用也。嘗考朱熹之訓曰："道，猶路也；法，法度也。"董仲舒亦曰："道者，所由適於治之路也。"謂之路，則可見其爲人之所共由；謂之度，則可見其爲人之所當守。是二者，理與事有精粗之異，而本與末亦若二致焉，豈可以無別乎？聖策所謂"名義之攸在"者，蓋如此。然孟子曰："徒善不足以爲政，徒法不能以自行。"

程顥曰："必有《關雎》《麟趾》之意，然後可以行周官之法度。"胡宏又曰："道德者，法制之隱；法制者，道德之顯。有道德以結民，而無法制者爲無用，無用者亡；有法制以繫民，而無道德者爲無體，無體者滅。"是其本末雖有先後之殊，而顯微則無彼此之間也，豈可以偏廢乎？聖策所謂"序之相須"者，蓋如此。

　　古者聖人迭興，皆天所命。帝莫過於堯、舜，王莫過於禹、湯、文、武，其道與法，垂之古今，如日中天而昭示無極，如水行地而澤潤不窮，功化之美，又孰有加於是乎？聖策首詢乎此，臣有以知陛下嘉堯舜禹湯文武之治而能自得師矣。臣請稽諸經傳而陳其大，可乎？堯之明峻德以至於和萬邦，舜之徽五典以至於叙百揆，禹之敷命率常，湯之綏猷修紀，文、武之迪彝教、建皇極，至若精一執中之授受，典禮損益之因革，此帝王之道也。是道也，大公而至正，盡善而盡美，不狃於功利之好，不牽於詐力之私。小自於一身，而冒於六合之大；近自於日用，而放乎四海之遠。造端於愚夫婦之所能，而極于天地化育之所不能盡，寔行之萬世而無弊者也。堯之曆象授時，垂衣制器；舜之封山濬川，頒瑞考績；禹之慎財賦，詒典則；湯之懋功賞，制官刑；文、武之奠麗陳教，列爵分土，至若封建井田之制，學校征伐之典，此帝王之法也。是法也，詳爲之慮，曲爲之防，本諸身，徵諸庶民，法乎天時，因乎地利，合於人情，宜於土俗，當百世守之而勿失者也。道以立其體，而法以善其用，致治之盛，萬世如見，有由然矣。

　　自是以降，若漢、唐、宋賢明之君，創業於前，守成於後，其道與法固皆出於帝王，然徒竊夫糠秕之似而無其實，得夫糟粕之淺而失其真，雖有事功，不過小補，其孰能與於古哉！聖策繼及乎此，臣有以知陛下陋漢、唐、宋於下風而有所不爲矣。臣請摭諸史冊而陳其概，可乎？漢高祖之豁達大度，孝文之清净玄默，唐太宗之聰明英武，玄宗之好賢樂善，宋藝祖之嚴重孝友，仁宗之温恭節儉，於道似有得矣，然而雜霸術，尚黄老，大綱不正，閨門慚德，仁厚有餘，剛明不足，非帝王之所謂道也。漢之著律令，定稅賦；唐之租庸調，府衛兵；宋之序資格，嚴科禁，其法似亦善矣，然而不事《詩》《書》，禮文多闕，騁矜大之心，極奢侈之欲，聲容盛而武備衰，議論多而成功少，非帝王之所謂法也。蓋斯道既微，法亦隨變，治效之成，終不古若，何足疑乎？

恭惟我太祖高皇帝，誕膺天命，掃除胡元，立帝王自立之中國，傳帝王相傳之正統，建極垂憲，詒謀萬世。臣沐浴膏澤，嘗竊窺一二，敢拜手稽首爲陛下陳之。敬天勤民，防非窒欲，身之修也。宮房無私愛，左右無偏恩，家之齊也。君臣同游之盛，朝野畫一之政，國之治也。武功以戡禍亂，文德以興太平，天下之平也。我祖宗之道，非即帝王之道乎？六卿分治，庶僚承服，百職舉矣。臺諫以糾正於內，憲司以廉察於外，紀綱肅矣。車旗服物之有章，宮室器用之有等，制度一矣。學校選舉之有條，兵刑財賦之有制，庶事康矣。我祖宗之法，非即帝王之法乎？自是以來，聖子神孫善繼善述，不愆不忘，治化之成，蓋遠過於漢、唐、宋矣。而聖策復以"治效未臻其極，夙夜兢兢，圖光先烈"爲言者，此陛下聖不自聖，務欲福躋皇極，化協泰和，超千古而特出，跨百王而獨盛也。臣愚，何足以知之？

臣竊以爲，欲師帝王，先師祖宗。能行祖宗之道，則帝王之道在是矣，能守祖宗之法，則帝王之法在是矣。陛下大孝格天，至仁育物，謙恭逮下，明智燭微，日御經筵，講求治理，數召大臣，咨詢時政，所以行祖宗之道，而守祖宗之法，蓋無可訾議者。但近歲以來，災異迭見，水旱相仍，而時雍風動之休未洽；黎民阻饑，赤子弄兵，而鼓腹擊壤之謠未聞。夷虜跳梁，而軍政未可謂修；府庫告竭，而蓄積未可謂富。內外臣工，率多因循苟且，取辦簿書，廉靖之節日隳，華競之風日長，而文武未可謂盡得其人。則聖策所謂"行道守法未盡若古"者，臣不敢謂其不然也。

臣愚以爲，陛下之德如是，學如是，虛懷望治之誠如是，以陛下而慮此，宜無足爲者，但恐不加之意耳。夫道雖不一，其要在於修身。身有不修，而妄意於躐等之爲，謂之能行道，不可也。法雖至繁，其要在於紀綱。紀綱有不振，而疲神於不急之務，謂之能守法，不可也。然修身不外於威儀言動，而紀綱不外於舉措刑賞。陛下誠能左之右之，周旋乎規矩準繩之中；一言一動，從容乎仁義禮樂之蘊，則道成於上，而身修矣。身既修，則家可齊，國可治，而天下可平，尚何祖宗之道有不行乎？舉直措枉，必協乎天下之公論；賞善刑惡，不徇乎褻近之私情。法行自近，紀綱振矣。紀綱既振，則百職可舉，制度可一，天下之事可興，尚何祖宗之法有不守乎？如是則俊良登崇而讒邪遠，出入有度而財用足，武備修而蠻夷慴服，刑罰威而奸宄銷亡，灾异息，靈瑞臻，而百姓安寧，萬物順遂，治效之隆，豈不足以□□□唐虞、三代也哉！

雖然，此就陛下所以策臣者而言之爾，猶未要其極而舉其全也。臣請究極本原，探索精微，以爲終篇獻焉。蓋心之主宰一身，無事不體；而天之主宰萬物，亦無往不在。天者，理之所從以出者，天之心與吾心之天，一也。是以帝王之道，雖要於修身，而欲修其身，必先於正心。帝王之法，雖要於紀綱，而欲振紀綱，惟在於順天。不正其心，不順乎天，則雖宵旰憂勤，思以行道守法，亦苟焉而已爾。何謂正心？致知以明此心，誠意以實此心。聲色貨利之欲，此心之鴆毒，則遠之；車馬宮室之樂，此心之斧斤，則禁之；諂諛邪佞，足以移此心，則斥之；便嬖近幸，足以撓此心，則絕之。凡吾威儀言動之發，莫非自然，必使吾心泰而百體從令也，吾心大而萬物咸備也。是之謂正心。何謂順天？無貳無虞，曰上帝臨女也；有嚴有翼，曰鬼神在旁也。匹夫匹婦，勿謂可下，曰此天民也；一命一秩，勿謂可忽，曰此天職也。創制立度，恐其悖天；揆事成務，恐其違天。凡吾舉措刑賞之施，不敢自專，曰天命有德也，天討有罪也。是之謂順天。能順天，則天與吾心爲一，而吾心自無不正；能正心，則吾心與天無間，而於天自無不順。以是行祖宗之道，則道焉無弊，而足以主張乎法；以是守祖宗之法，則法焉弗失，而足以經綸乎道。體無不立，用無不行，所謂光先烈而臻至治者，惟陛下所欲，而致之無難矣。如是則君師治教之責以盡，上天寵綏之命以凝，而磐石之宗，苞桑之業，豈不可以永保于億萬年而無虞也哉！

臣竊伏海濱，荷生成作養之德有年矣，平居所學，固不出乎道法之間。每念异日幸望清光，奉大對，期有所論列敷啓，以盡責難之恭，而今也實其時也。顧草茅迂疏，不知忌諱，敢直述所見聞者如此。伏願陛下留神澄省，果切於萬分有一之用，俯賜采行，不勝幸甚！臣干冒天威，無任隕越之至。

臣謹對。

臣董玘

臣對：

臣聞聖人之御天下也，有致治之本，有輔治之具。蓋道者，治之本也，而輔之必有其具；法者，治之具也，而出之必有其本。二者可相有而不可相無者也。創業者必兼得之，而後可以裕後昆；守成者必克全之，而後可以光前業。然是二端，又皆原於心焉。心存，則自身而推者皆爲道，因事而制者皆爲法，而二者兼盡矣；心不存，則道有未純，法有未備，而二者胥失矣。道法兼盡，此唐虞、三代之盛治所以不可及也。得其一而有未純未備焉，此漢、唐、宋之治所以不古若也。然則今日欲治效之臻其極，固不出乎道、法二者之間，又可不先存其心以爲之主哉！

欽惟皇帝陛下，以聖人之德，居聖人之位，仁育義正而道成於上，綱舉目張而法布於下，治化之盛，固已不愧於古矣。茲復廷集多士，以道與法爲問。顧臣愚陋，何足以仰副淵衷。雖然，陛下之設此舉，蓋將采而行之，非虛循故事而已也。蘇軾有言："君以名求之，臣以實應之。"矧今陛下以實求之，臣敢無辭以對乎？

臣惟古昔帝王，膺天命之重，御天下之廣，以成己成物之責萃於一身，而不可虛居也，故必盡道，以端天下之表，以立斯人之極。道既成矣，猶慮事無定則，人無定守，而斯道之行無以遍天下及後世也，故又立法，以盡天下之事，以防天下之情。人君爲治之大端，惟此二者而已。何謂道？治身齊家以至治國平天下，皆是也。何謂法？建立紀綱，分正百職，順天揆事，至於創制立度，盡天下之務，皆是也。道者法之體，所謂致治之本也；法者道之用，所謂輔治之具也。其名義之攸在，固有別矣，而行之之序，則有相須而不可偏廢者。蓋道必先定，然後法有所措而可立；法必大備，則其道有所輔而可久。苟惟致詳於法，而無道以爲之本，則其具徒張，而無益於天下之治。然或徒恃其道，而無法以爲之具，則其本雖立，亦何以成極治之功哉！孟軻曰："堯舜之道，不以仁政不能平治天下。"言道之不可無法也。程顥曰："必有《關雎》《麟趾》之意，然後可以行《周官》之法度。"言法之不可無道也。臣請證古人之迹。夫帝之聖者，莫過於堯舜；王之聖者，莫過於禹、湯、文、武。其爲道爲法，各極其至。以其道言之，如克明峻德，慎徽五典，肇修人紀，建其有極，道之行於身也；敦叙九族，克諧以孝，時庸展親，刑於寡妻，道之施於家也；平章百姓，庶明勵翼，德降國人，化行江漢，道之形於國也；協和萬邦，教訖四海，克綏厥猷，丕單稱德，道之及於天下也。以其法言之，如曆象授時，璿璣齊政，頒朔授民，順時行令，此順天之法也；百揆四岳，統理於內，州牧侯伯，分列於外，此命官之法也；六府孔脩，庶土交正，鄉遂用貢，都鄙用助，此養民之法也；家有塾，黨有庠，術有序，國有學，此教民之法也。當是之時，黎民敏德，萬國咸寧，人人有君子之行，比屋有可封之俗，五刑措而不用，兵革櫜而不試，山川鬼神莫不寧，鳥獸魚鼈罔不若。其治效之隆如此，豈無自哉！蓋其所以爲治者，皆本於心。觀夫《詩》《書》之所稱，曰"欽明"，曰"精一"，曰"祗德"，曰"懋敬"，曰"敬止"，曰"執競"。是其心之所存，純乎天理，而絕乎人僞。故道由此行，法由此立，二者兼盡，而治化自隆也。自是而降，享國久長者，莫如漢、唐、宋。然其爲治也，皆不能兼乎道法之全。以漢言之，創業如高光，守成如文景明章，皆賢君也。觀其發義帝之喪，戮丁公之叛，尊禮太公，孝養薄后，大封同姓，痛泣同氣，其大綱之正，亦庶乎治之道矣。然庶事草創，禮文多失，語井田則未復，語官名則未定，而於先王爲治之法，皆闕乎其未之講。況其所謂道者，又多出於駁雜，其能如王道之純乎？以唐言之，創業如太宗，守成如玄宗、憲宗，皆賢君也。觀其以尊本任衆，以職事任官，以府衛任兵，以租庸調任民，考課有四善、二十七最之詳，致刑有三覆五覆之奏，其萬目之舉，亦庶乎治之法矣。然脅父起兵，戕兄攘位，麀聚瀆倫，牝晨司禍，而於先王爲治之道，則概乎其未之聞。況其所謂法者，又多益以己意，其能如王制之備乎？以宋言之，如太祖、太宗之創業，真宗、仁宗之守成，皆賢君也。觀其分灸艾之痛，守金匱之盟，忠厚以立國，而刑不加於士夫，嚴肅以治內，而事不委於戚畹，其爲道亦有可稱者。然制度之立，頗因五代之舊。官名屢易，而違六官分治之典。審官有院，而無三考黜陟之嚴。兵雖有三衙、四廂之制，而失寓兵於農之意。刑雖有折杖覆訊之法，而失宥過刑故之規。其能如先王經制之善乎？故其致治之效，止於海內殷富，黎民醇厚，而禮義則未興。僅致斗米三錢、外戶不閉，而風俗則未美，雖有聲明文物之盛，而國勢常削弱不振。是豈先王之治卒不可復哉？蓋自漢以來，心學失傳，或不事《詩》《書》，或學尚黃老，或性多褊察。欲行仁義者，或漸不克終。仁厚有餘者，或剛斷不足。是皆任其資以爲治，隨其世以就功，而於先王之道法，或得其一而遺其二，或得其似而失其真。治化不能復古，無足怪也。

　　洪惟我太祖高皇帝，定天下之初，正己以建極，稽古以垂憲，致治之道，輔治之法，真可謂一洗漢、唐、宋之陋，而上繼乎唐虞、三代之盛矣。臣請舉一二爲陛下陳之。《御製大誥》申明五常之義,《資世通訓》弘敷禮義之教。《祖訓》所載,無非修身齊家之方;《孝慈》有錄,一皆天理人倫之正。我聖祖之道,即帝王之道也。《大明日曆》,具載一代之法程;《洪武政記》,動契千古之典則。諸司有職掌,得虞廷任官之意,禮儀有定□,同《周禮》防備之嚴。我聖祖之法,即帝王之法也。列聖相承,□修厥□□聖祖之道,行之不無□□□烈,而聖祖之法,守之無弊。

陛下苍阼以來,昧爽丕顯,惟道是由;甲夜視事,惟法是踐。經筵所講,諄諄乎仁義之言;《會典》之修,鑿鑿乎典章之實。是以上有道揆,下有法守,朝廷清明,四方無虞。治平之效,誠有非漢、唐、宋之所能及者。陛下猶謂"治效未臻其極",而疑"道有未行、法有未守,抑行之守之而未盡若古",此固陛下惟日不足之心也。雖然,臣嘗竊伏草茅,念天下之事,有概於心久矣,今幸承明詔,言及之而不言,是負所學,是負吾君也。臣請言未行未守之端,而後及行之守之之説。夫京師諸夏之本,密邇道化,是宜遵道遵法而有時雍之休也。今臣應試而來,竊見風□偷簿,習尚浮靡,人民嚚頑,抵冒殊捍。德色詈語,尚形於父母;剽簾剽金,每肆於白晝,或有如賈誼之所慮者。京師且然,況四方之遠乎？我祖宗卻异味,服浣衣,允迪厥德,以先天下。當此之時,五典克從,百姓相親,俗尚純樸,無敢自蹈于非彝者。校之今日,大有不同。然則祖宗之道未能盡行者,亦容或有之矣。內外職司,大小之事,具有成法,以臣觀之,其名固如舊也,而其實則或已亡矣。如徵斂有則,定差有等,此賦役之法也,今或脫丁以逃役,詭籍以避征。軍必服伍,將必擇才,此兵衛之法也,今或離行伍而受役於私門,竊首級而列職於邊閫。銓選之法,不拘流品,惟功與賢,今亦有無功而進,非賢而授者矣。斷獄之法,必罪與律協,今亦有無辜而戮,有罪而貰者矣。然則祖宗之法,臣亦未敢謂其能盡守也。即此推之,則治效之未臻其極,有由然矣。陛下欲天下之極治,亦豈必他務哉？惟行祖宗之道,守祖宗之法而已。然世之進言於陛下者,不過曰:道之未行,教訓之未至也,亦申嚴之而已矣;法之或弊,有司之不能守也,亦戒飭之而已矣。臣竊以爲,此皆其末也。欲行祖宗之道,守祖宗之法,惟在陛下之身焉。蓋道成於己,而後及乎人。教訓雖嚴,而身無以率之,則所令反其好,而民不從矣。故董仲舒推《春秋》,謂"一"爲"元"之意,以爲視大始而欲正本也。《春秋》深探其本，而反自貴者始。

臣願陛下章志以示民，貞教以率下。言行，道之發也，必謹之而不苟；威儀，道之顯也，必正之而不忒。宮壼，道之所自始也，必敦刑家之化；朝廷，道之所自出也，必謹守正之規。由是正百官以正萬民，正萬民以正四方，舉而措之，無弗順者，夫何患道之有未行乎？法行於上而後遵於下，若徒戒飭所司，而身之所行乃或有自撓其法者，則臣下將師師無度矣。故傅說之告高宗曰，"監于先王成憲，其永無愆"，而後繼之以"惟說式克欽承"。臣願陛下毋忘敬忌之□□以篤□之圖。出一大號也，則曰：於舊法得無□變乎？行一細事也，則曰：於舊法得無有戾乎？喜有賞，怒有刑，苟違於法，則遏之而不行；言有逆耳，事有忤旨，苟當於法，則從之而不撓。由是內而百司，外而庶府，罔不翕然承德，而無或敢亂其法者，又何患法之有未守乎？夫能行祖宗之道，則不必別求古帝王之道，而所以為致治之本者立矣；能守祖宗之法，則不必遠慕古帝王之法，而所以為輔治之具者備矣。而何一不由於陛下之身邪？且心也者，一身之主宰，萬事之本根也。陛下欲行道而守法，則古帝王與祖宗之心學，其可以不之講乎？蓋道者，心之蘊也；法者，心之著也。存心之功一有所間，則雖欲行道，而□或得以勝理，雖欲守法，而欲或至於敗□□何以成天下之治哉？

臣嘗竊聞，我聖祖之諭侍臣，有□□□□□□甚難，朕覺此心如兩敵，然□□□□尚未能也，則平日存心之功，無一息之間，蓋可見矣。至如親註《周書》之《洪範》，□□聖學之心法，皆所以求正心之方□□□□事於壁間，書《大學衍義》於兩廡，□所以為存心之助。蓋帝王相傳之心學，至我祖宗而復續，誠聖子神孫之所當取則也。陛下深處法宮，所以用力於心學者，臣固不得而知。然竊見行道守法之間，尚有可議者，意或於理欲危微之辨尚有未精，操舍出入之間尚有未定，而忠佞順逆之言尚不能無惑歟？臣願陛下於退朝無事之時，不以為可忽，而居之必敬；念慮方萌之際，不以為莫覯，而察之必嚴；紛華波動之頃，不為其所引，而操之必定。古訓聖謨，可以沃此心，必講明而力行之；正人端士，可以養此心，必親近而薰炙之；便辟之流，怪異之術，足以惑此心，必深惡而屏斥之。內外交致其力，顯微不間其功，使此心本然之體無時而不存，應用之機無發而不當。則運用於一身者，無非大道，而可以為致治之本，經緯於萬幾者，無非大法，而有以為輔治之具。將見百姓大和，四海永清，諸福之物，可致之祥，莫不畢至，而功可以光祖宗，業可以垂後裔，治可以配古帝王之盛矣！伏惟陛下采而行之，天下幸甚！臣干冒天威，無任戰栗之至。

臣謹對。

臣謝丕

臣對：

臣聞聖人有化成天下之本，而亦必有維持天下之具。夫天下之大治，不容以易致也，必有道以化成之。道不能以徒善也，必有法以維持之。道者，法之體，治之本也；法者，道之用，治之具也。道有未行，法固無自而立；法有未備，道亦何由而行哉！道不行，法不立，則其本既失，其具亦隳，能有所爲，不過聲音笑貌之末，因循苟且之圖，而無益於所爲治矣。人君一身，天下之所仰賴而取則焉者，道其可以不行，而□□可以不守哉？然道之與法，皆原於一心，□君之所以行道守法，亦惟其心之所存何如□。故孔子曰："苟不至德，至道不凝焉。"又曰："凡爲天下國家有九經。"所以行之者一也。吾心既存，則體用兼該，本末具舉，道行而不渝，法立而能守，德可久，業可大，而天下之治，有不難致者矣。古昔帝王與我祖宗之致盛治，而漢、唐、宋之不古若者，豈非以其所存之异，而道與法之不同哉？

恭惟皇帝陛下，禀聰明睿知之資，撫重熙累洽之運，其於化成之本、維持之具，固皆本於躬行心得之實，而行道守法之驗，又復見於上安下恬之餘，宜若可以無爲矣。今乃不自滿假，進臣等于廷，俯賜清問，以求行道守法之要。臣雖至愚，其敢無辭以對？

夫道原於天而備於人，乃不可易之理。自正身齊家，以至治國平天下者，皆道也。法立於前而垂於後，乃不可變之則。自建立綱紀，分正百官，□至順天揆事，創制立度，以盡天下之□者，皆法也。非道無以爲法之體，非法無以爲道之用。其名義固各有在，而相須之理、先後之序，亦自可見矣。臣嘗考之經傳，其論治道者有曰："允懷于茲，道積厥躬。"此修身之説也。曰："父父子子，夫夫婦婦，兄兄弟弟，而家道正。"此齊家之説也。曰："庶明勵翼，邇可遠，在兹。"此治國平天下之説也。以是爲治，則所以化成者有其本矣。其論治法者有曰："辨賢否以定上下，核功罪以公賞罰。"此振綱紀以正百官之説也。曰："王者所爲，宜求端於天[1]則所謂萬目舉者，亦皆竊取近似，而非稽古之實法，其所法非帝王之法也。故省寺冗官，不免政出二三之誚；乘怒用刑，徒申三覆五奏之條。儀用渾天，曆用麟德，似矣，或謂與天雖近而未密；庸調之設，府兵之制，似矣，或謂與古雖近而未詳。其紀綱果振，而百官果正乎？其揆事果當，而制度果無缺乎？垂統如此，後焉得終？雖有二宗之稱，不足言也。迨夫宋之創業，崇周后之禮，守金匱之盟，處將相而諭以相安之情，遣吳越而使知不留之意，道亦行矣，而修齊治平之學有未聞。嚴宮禁之限，儉室宇之飾，政事不假於外戚，乘輿不施於內庭，法亦立矣，而典謨訓誥之政有未盡。其後守成之君，或力行恭儉，或謙恭任賢，庶幾賢者，惜皆仁厚有餘，而剛斷不足，聲容雖盛，而武備則衰。其治之混於漢唐，而不能追配帝王也，固亦宜哉！夫道不自行，必本之心而後行；法不自立，必運之心而後立。心爲物欲所蔽，而無正大光明之美。故其道之行者，雜夷雜伯，而不足以爲化成之本；法之立者，或煩或簡，而不足以爲維持之具。治道日替如此，又烏足縷數其事以塵瀆天聽哉？雖然，道不自弊，人弊之也；法不自壞，人壞之也。然則行道立法，不有待於人乎？

仰惟我太祖高皇帝，建極垂憲，道法兼舉，所以化成維持乎天下者，不恃有可畏之勢，而惟恃有不可易之道；不恃有不拔之基，而惟恃有不可變之法。聰明天縱，若無事於修爲者矣，猶昧爽而起，日昃忘餐，延接儒生，講明經典，行絕乎邪靡，躬敦乎儉朴，其正身者至矣。至若孝隆於追崇，哀感於遣祭，治內有禮，而致逮下之化，睦族有恩，而廣同姓之封，柔遠能邇，則德化不限於南北，用夏變夷，則風俗痛革乎胡元。所以齊家，所以治平者，皆本於道。然又懼後世之或不能行也，故著之簡冊，若《洪範》之解，《大誥》之編，與夫《祖訓》《孝慈錄》之類，所以申明乎道而化成天下者，又渾然全備。其視帝王之道，果何忝乎？海宇維新，若無□於□治者矣，猶命諸臣更相論正，王朝禮儀之式，文武勳階之嚴，爵賞以酬功，刑罰以懲惡，其振紀綱以正百官者，詳矣。至於修事省愆，聞災致懼。曆用大統，而無隨時求合之勞；郊必歲舉，而革肆赦蔭補之濫。秩祀百神，則去帝王公侯之號；建立學校，則有郡國邑社之名。所以順天揆事，創立制度者，必善其法。

---

[1] "天"後底本缺兩面。

然又懼後世之或不能守也，故著之典憲，若洪武之禮儀、九奏之樂章，與凡《諸司職掌》《大明律令》之類，所以闡明其法而維持天下者，又燦然具備。其視帝王之法，果何愧乎？自是以來，列聖相承，重華繼照。作於前者，垂無疆之燕翼；繼於後者，衍莫既之鴻休。知祖宗之道即帝王之道，而必可行也。如曰："皇考垂訓，至要之道，朝廷守之，可以永安。"又曰："太祖之言，皆持身正家以至治平天下之道，每事遵守，豈不福祿永遠？"由是觀之，則道之見於守成者，可見矣。知祖宗之法即帝王之法，而必當守也。如曰："皇考肇造鴻基，垂法萬年，兹予繼承，恪守成憲。"又曰："守成之主，動法祖宗，斯鮮過舉。"由此觀之，則法之見於守成者，可見矣。

至於陛下益隆繼述，克篤前烈，所行者即祖宗之道，所守者即祖宗之法，而猶自以治效未臻其極爲慮。臣是以知陛下之心，蓋欲追配帝王，而不屑乎近代之陋也。夫所謂化成天下之道，陛下固已行之。不邇聲色，不狎嬖幸。恭儉出於至誠，孝友得之天性。憂國憂民之仁，又每形於軫念之際矣，而或者猶有天地之憾。貴戚之家，驕侈相尚；輦轂之下，寇盜肆行。凡后飾□屋之僭，并倨反脣之陋，自王畿以至海內，其俗猶未盡除，豈所以化成之者猶有未至乎？臣愚以爲，道不容於他求，惟純之而已矣。所謂維持天下之法，陛下固已守之。動遵成憲，無有愆忌。首除冗食之員，克謹敬天之訓。屯田武舉之類，又振起於幾墜之餘矣，而或者猶有文具之議。告令既頒，而民罔實惠；條例雖煩，而下無定守。凡廢格停滯之失，紛更紊亂之爲，自朝廷以至州縣，其弊亦難枚舉，豈所以維持之者猶有未至乎？臣愚以爲，法無容於他議，惟信之而已矣。蓋道與法，皆出於吾心，而所以行之守之者，亦惟此心之所爲也。苟心之所存於道也，或不能純，則其所行者，暫合暫離，得於此而或失於彼。於法也，或不能信，則其所守者，隨是隨非，執於前而或移於後。是其本已植而復搖，其具已張而復弛，夫何足以化成維持天下也哉？陛下日御經筵，講求至一之理，固知道之當純。不識今之所行者，果皆本於此心之純否乎？脫有未純，而欲以去其雜，古有其說矣，曰："一則純。"曰："君子以自強不息。"及其至也，純亦不已焉。夫人心之所以不能純者，以志不勝氣耳。陛下於經筵之餘，深帷默省。以聖人之訓爲當必從，以聖人之治爲必可法。懈惰爲戒，勤勵自強。務使動靜不違，而內外之如一；久暫不移，而终始之惟一。将见心不期纯，而自纯矣。以之修身，以之齐家，以之治国平天下，则化成之本立，而所以资於法者不益深乎？陛下曩修《会典》，萃成一代之制，固知法之当信。不识今之所守者，果皆由於此心之信否乎？脱有未信，而欲以去其疑，古亦有其说矣，曰："惟断乃成。"曰："必有见焉而後行，则权常在我；若无所见，终为人所惑。"夫人心之所以不能信者，以志不先定耳。陛下於《会典》之成，原始要终，以祖宗之训为当必遵，以祖宗之法为必可守。见之素定，期於必行。近习沮挠，断以惩之而不眩；淫辞蛊惑，断以绝之而不移。将见心不期信，而自信矣。以之正官，以之揆事，以之创立制度，则维持之具完。而所以辅於道者，不益至乎？抑臣闻之，修之於己，又当资之於人。故稽衆舍己者，尧也。取人为善者，舜也。闻善则拜者，禹也。用人惟己者，汤也。文王无能往来，蔑德降於国人。武王惟兹四人，尚迪有禄。我太祖之神武，有非臣下所能匡辅其万一者，犹曰："咨询谋谟。"又曰："尚懋修厥德，以辅我国家。"我太宗之雄达，亦非臣下所能匡辅其万一者，犹曰："君臣相与在推诚。"又曰："用人无间新旧，惟贤是用。"陛下欲法乎帝王，法乎祖宗，固在此心之纯之信，与推行之有序。然其所以资於人者，又当扩泰山沧海之量，绝让土择流之私。听政之暇，时召大臣，推诚付托，温颜访问。使义理之无穷者，日增月益，足以为协一之归；事变之沓来者，左酬右酢，足以为应万之用。则道已至而益至，法已善而益善，恭己南面而天下治矣。

臣学本无术，心切爱君，谨以帝王祖宗之事，恳恳陈之，亦惟欲□陛下求言图治之心，以佐陛下成帝王祖宗之治於天下而已。伏愿留神省览，宗社幸甚，苍生幸甚！臣干冒宸严，不胜悚惧之至。

臣谨对。

正德六年進士登科錄

玉音

正德六年三月初八日，禮部尚書臣費宏等於奉天門奏爲科舉事：會試天下舉人，取中三百五十名。本年三月十五日，殿試，合請讀卷官及執事等官少師兼太子太師、吏部尚書、華蓋殿大學士李東陽等五十九員。其進士出身等第，恭依太祖高皇帝欽定資格：第一甲例取三名，第一名從六品，第二、第三名正七品，賜進士及第；第二甲從七品，賜進士出身；第三甲正八品，賜同進士出身。奉聖旨："是。欽此。"

讀卷官

特進光禄大夫、左柱國、少師兼太子太師、吏部尚書、華蓋殿大學士李東陽，甲申進士。

光禄大夫、柱國、少傅兼太子太傅、吏部尚書、謹身殿大學士楊廷和，戊戌進士。

光禄大夫、柱國、少傅兼太子太傅、吏部尚書、武英殿大學士劉忠，戊戌進士。

光禄大夫、柱國、少保兼太子太保、吏部尚書、武英殿大學士梁儲，戊戌進士。

資政大夫、太子少保、吏部尚書楊一清，壬辰進士。

資善大夫、太子少保、兵部尚書王敞，辛丑進士。

資政大夫、刑部尚書何鑑，己丑進士。

資善大夫、工部尚書李鐩，壬辰進士。

掌詹事府事、通議大夫、吏部右侍郎兼翰林院學士靳貴，庚戌進士。

通議大夫、□□□□□□□郎陳勛，辛丑進士。

通議大夫、□□□□□□□御史王鼎，辛丑進士。

通□□□□□□□張綸，甲辰進士。

中憲大夫、□□□□□□□罗欽忠，己未進士。
翰林院□□□□□□□蔣冕，丁未進士。
翰林院侍□□□□□□□毛澄，癸丑進士。

提調官
資政大夫、□□□□□費宏，丁未進士。
通議大夫、禮部□□□□毛紀，丁未進士。
通議大夫、□□□□郎李遜學，丁未進士。

監試官
文林郎、河南道監察御史吳學，甲辰進士。
文林郎、湖廣道監察御史李廷梧，己未進士。

受卷官
翰林院修撰、承務郎滕霄，壬戌進士。
翰林院編修、文林郎陳霽，丙辰進士。
承事郎、吏科都給事中楊一渶，己未進士。
承事郎、戶科都給事中張潤壬戌進士。

彌封官
大中大夫、光禄寺卿楊潭，丁未進士。
中□□、光禄寺卿周文通，秀才。
中順大夫、鴻臚寺卿吳泰，儒士。
奉政大夫、尚□□□劉準，生員。
翰林院編修□□□□詠，丙辰進士。
翰林院檢討□□□□，乙丑進士。
承事郎、禮部□□□聰，壬戌進士。
承事郎、兵科□□□瓚，乙丑進士。
奉政大夫、吏部□□□□將恭，丁未進士。
奉直大夫、禮部精□□□□□喬宗，壬子貢士。

掌卷官
翰林院修撰何瑭，壬戌進士。
翰林院編修、文林郎景暘，戊辰進士。
翰林院檢討、徵仕郎張邦奇，乙丑進士。
承事郎、刑科都給事中王翔，己未進士。
工科都給事中謝訥，乙丑進士。

巡綽官

昭毅將軍、錦衣衛都指揮僉事劉璋。

昭毅將軍、錦衣衛都指揮僉事韋順。

昭毅將軍、錦衣衛都指揮僉事李旻。

昭勇將軍、錦衣衛指揮使錢璋。

昭勇將軍、錦衣衛指揮使朱□。

昭勇將軍、錦衣衛指揮使朱寧。

懷遠將軍、錦衣衛□□□□周賢。

懷遠將軍、錦衣衛□□□□端。

昭勇將軍、金吾□□□□□。

懷遠將軍、金吾□□□□□。

印卷官

承德郎、禮部儀制清吏司主事崔傑，乙丑進士。

承德郎、禮部儀制清吏司主事張繼孟，乙丑進士。

承德郎、禮部儀制清吏司主事杜寀，戊辰進士。

供給官

奉政大夫、光祿寺少卿馬陟，癸丑進士。

奉政大夫、光祿寺少卿陸淞，庚戌進士。

承德郎、光祿寺寺丞宋鐙，己未進士。

承德郎、光祿寺寺丞許庭光，己未進士。

恩榮次第

　　正德六年三月十五日，早，諸貢士赴內府殿試。上御奉天殿，親賜策問。

　　三月十八日早，文武百官朝服侍班。是日，錦衣衛設鹵簿于丹陛丹墀內，上御奉天殿，鴻臚寺官傳制唱名，禮部官捧黃榜，鼓樂導引出長安左門外，張挂畢，順天府官用傘蓋儀從送狀元歸第。

　　三月十九日，賜宴於禮部，宴畢，赴鴻臚寺習儀。

　　三月二十一日，賜狀元朝服、冠帶及進士寶鈔。

　　三月二十二日，狀元率諸進士上表謝恩。三月二十三日，狀元率諸進士詣先師孔子廟，行釋菜禮。禮部奏請，命工部於國子監立石題名。

第一甲三名　賜進士及第

　　楊慎　貫四川成都府新都縣，民籍。國子生。治《易經》。字用修，行一，年二十四，十一月初六日生。曾祖玟，州吏司，贈光禄大夫、柱國、少保兼太子太保、户部尚書、文淵閣大學士。祖春，按察司僉事，封光禄大夫、柱國、少保兼太子太保、户部尚書、文淵閣大學士。父廷和，光禄大夫、柱國、少傅兼太子太傅、吏部尚書、謹身殿大學士。母黄氏，贈一品夫人；繼母喻氏，封一品夫人。重慶下。弟惇，貢士；愷；恒，中書舍人；恂；忱；悌；□。娶王氏。四川鄉試第三名，會試第□□□名。

　　余本　貫浙江寧波府鄞縣，軍籍。府學生。治《易經》。字子華，行二十，年三十四，□月二十九日生。曾祖諲，府同知。祖暄。父謙德。母夏氏。嚴侍下。娶徐氏。浙江鄉試第□□□名，會試第一百九十一名。

　　鄒守益　貫江西吉安府安福縣，軍籍。儒士。治《春秋》。字謙之，行三，年二十一，二月初一日生。曾祖仕魯。祖思傑，封大理寺左評事。父賢，按察司僉事。母周氏，封孺人。嚴侍下。弟守明、守蒙。娶王氏。江西鄉試第四十六名，會試第一名。

第二甲一百十五名　賜進士出身

　　許成名　貫山東東昌府聊城縣，軍籍。國子生。治《詩經》。字思仁，行二，年二十□，十月十八日生。曾祖四。祖信。父茂。母賀氏，繼母賈氏。嚴侍下。兄成人。娶脩氏。山東鄉試第三十三名，會試第□□□名。

　　劉棟　貫浙江紹興府山陰縣，軍籍。國子生。治《易經》。字元隆，行一，年三十四，十一月二十七日生。曾祖玘。祖鐸。父澤。母田氏，繼母袁氏。具慶下。弟梁、柱、本、木、櫐、柟。娶韓氏。浙江鄉試第□□名，會試第□□□□名。

　　馬應龍　貫陝西臨洮府河州，民籍。國子生。治《書經》。字公濟，行五，年三十八，八月二十四日生。曾祖誌。祖祥。父文。母王氏。永感下。兄全、才、聰、惠。娶王氏。陝西鄉試第二名，會試第四十七名。

　　鄭玉　貫福建興化府莆田縣，軍籍。國子生。治《書經》。字于成，行一，年三十三，五月十四日生。曾祖啓學。祖源清。父邦禮。母李氏。永感下。弟珍、璁。娶黃氏，繼娶崔氏。福建鄉試第八名，會試第三十名。

　　朱鳴陽　貫福建興化府莆田縣，民籍。儒士。治《詩經》。字應周，行一，年三十，十一月十一日生。曾祖榮。祖崇□。父文興。母葉氏。具慶下。兄桐。娶徐氏。福建鄉試第三十四名，會試第□□□□名。

　　張璧　貫湖廣荊州府石首縣，官籍。國子生。治《書經》。字崇象，行二，年三十四，□月二十三日生。曾祖必順，贈刑部主事。祖子言，按察司僉事，加贈奉政大夫。父維，□□。母王氏，封宜人。具慶下。兄璽，驛丞；□；□，監生；瑞；瑤，監生；瑾；□；甕。娶黎氏。湖廣鄉試第十二名，會試第一百八名。

　　應良　貫浙江台州府僊居縣，民籍。國子生。治《詩經》。字原忠，行十七，年三十四，二月二十八日生。曾祖文正。祖宗儒。父昌，□□。前母徐氏，母許氏，繼母孫氏、包氏。具慶下。兄□、湘、河、滾。弟賓。娶張氏。浙江鄉試第四名，會試第五十四名。

　　屠應埈　貫浙江嘉興府平湖縣，軍籍。國子生。治《書經》。字文伯，行一，年二十三，八月初二日生。曾祖湘，贈資政大夫、刑部尚書。祖機，贈資政大夫、刑部尚書。父勳，刑部□□□□□□。嫡母陳氏，贈夫人；林氏，贈淑人；牛氏，封夫人；生母楊氏。具慶下。兄奎，布政司參議；㙅；塏；㞪；垚，推官；□；堂。弟壂；應□，貢士；應□；應□；應□；應坊；應埈；應埏。娶李氏。順天府鄉試第三十一名，會試第四十三名。

　　徐明　貫順天府大興縣，匠籍，直隷長洲縣人。國子生。治《詩經》。字文陟，行二，年三十□，十一月十七日生。曾祖孟雄。祖顯。父泉。母郁氏。慈侍下。兄聰。弟睿、忠泰、剛、健、中。娶劉氏，繼娶范氏。順天府鄉試第六十名，會試第□□九名。

　　黃臣　貫山東濟南府濟陽縣，民籍。國子生。治《詩經》。字伯鄰，行一，年三十四，十□月二十二日生。曾祖思禮。祖銘。父璉，府同知。母張氏。慈侍下。兄□，戶部主事。弟□、□。娶謝氏。山東鄉試第□□□□名，會試第三百三十七名。

　　尹襄　貫江西吉安府永新縣，民籍。國子生。治《易經》。字舜弼，行二，年二十七，八月二十一日生。曾祖溟南。祖時裕，壽官。父謨。母高氏。慈侍下。兄袞，知縣。娶史氏。江西鄉試第一名，會試第十九名。

　　劉樸　貫順天府昌平縣，軍籍。國子生。治《易經》。字華甫，行二，年二十八，十二月二十四日生。曾祖禮，布政司理問。祖泰，知縣。父嗣榮，右長史。母康氏。具慶下。兄相。弟模、植。娶王氏，繼娶陳氏。順天府鄉試第八十六名，會試第七十二名。

鄭元　貫湖廣荊州府夷陵州，軍籍，浙江仁和縣人。國子生。治《詩經》。字伯生，行一，年二十□，正月十六日生。曾祖赫資。祖旺。父文秀。前母王氏，母李氏。具慶下。娶李氏。湖廣鄉試第八名，會試第□□名。

黃鍾　貫直隸隆慶州，民籍，江西贛縣人。州學生。治《詩經》。字伯魁，行一，年三十六，□月初四日生。曾祖澂，知州。祖昶。父寧。前母田氏，母傅氏。慈侍下。弟鏜、銳。娶馮氏。順天府鄉試第□□六名，會試第三百四十九名。

董鏊　貫浙江寧波府鄞縣，民籍。國子生。治《易經》。字濟之，行二十二，年三十七，八月初四日生。曾祖伯莊。祖文信，封監察御史。父珍，義官。前母倪氏，母王氏。永感下。兄鎧；鏵；鑰，監察御史；鋻；鑾；錬；銳；鎗。弟鉫，陰陽訓術；鋒，貢士；鏻。娶丘氏。浙江鄉試第六名，會試第二百六十六名。

侯綸　貫山西太原左衛，官籍，直隸滑縣人。府學生。治《易經》。字廷言，行二，年二十七，六月二十日生。曾祖禮，副千戶。祖守賢，副千戶。父盛，副千戶。母張氏，封宜人。慈侍下。兄經，副千戶；統；紋。弟緯、純、紳、約、緒。娶余氏。山西鄉試第三十九名，會試第二百四十八名。

張鵬程　貫山西平陽府蒲州，軍籍。州學生。治《易經》。字萬里，行一，年二十□，五月二十四日生。曾祖迪。祖得林。父翱。母王氏。重慶下。弟鵬翼。娶牛氏。山西鄉試第六十　名，會試第一□□□五名。

李重　貫南京金吾後衛，軍籍，直隸江都縣人。國子生。治《詩經》。字元任，行一，年三十七，□□月二十二日生。曾祖信。祖敬。父全。母趙氏。永感下。弟約。娶鄧氏，繼娶張氏，聘張氏。應天府鄉試第八十名，會試第二十九名。

陳桓　貫錦衣衛，官籍，福建政和縣人。國子生。治《易經》。字德威，行五，年二十八，十月二十二日生。曾祖寶一。祖君用。父瓊。母劉氏。具慶下。兄郎，百戶；杲；秀，百戶；椿。弟興、調、文德。娶徐氏，繼娶徐氏。順天府鄉試第四十一名，會試第三百四十名。

胡堯元　貫湖廣武昌府蒲圻縣，民籍。縣學生。治《詩經》。字廷獻，行二，年二十九，十一月十四日生。曾祖友德。祖浩。父文，訓導。母石氏，繼母鄧氏。慈侍下。兄堯臣。弟堯凱、堯牧。娶黃氏。湖廣鄉試第六十八名，會試第一百六十四名。

劉城　貫山東濟南府新城縣，民籍，直隸□□縣人。國子生。治《詩經》。字維翰，行三，年三十一，十月二十四日生。曾祖義中。祖彬。父興。母穆氏。永感下。兄昇、名。娶岳氏。山東鄉試第四十九名，會試第□□名。

汪玄錫　貫直隸徽州府休寧縣，民籍，婺源縣人。國子生。治《春秋》。字天啓，行四，年三十五，□□月初六日生。曾祖植。祖熽。父璽，知縣。母胡氏。永感下。娶程氏。應天府鄉試第□□名，會試第五十七名。

張琳　貫四川潼川州，民籍。州學生。治《春秋》。字震之，行六，年二十四，五月十四日生。曾祖忠。祖文繡。父伯璣，訓導。母吳氏，繼母龔氏。具慶下。兄翥；玒；狥；翀，同科進士；璉。娶何氏。四川鄉試第四名，會試第三百二十九名。

柴奇　貫直隸蘇州府崑山縣，民籍。國子生。治《易經》。字德美，行三，年四十二，十月十九日生。曾祖碩。祖宗慶。父晟。母計氏。慈侍下。兄奎、盫。弟齋；太，同科進士。娶曹氏。應天府鄉試第六名，會試第一百七十四名。

王世文　貫江西吉安府安福縣，民籍。國子生。治《易經》。字質夫，行三，年二十□，九月十六日生。曾祖莊。祖天麟。父鯨。母萬氏。慈侍下。弟世武、世用、世□、世俊、世□。娶彭氏。江西鄉試第六十六名，會試第二□□一名。

湯繼文　貫直隸蘇州府常熟縣，軍籍。國子生。治《詩經》。字引之，行一，年三十二，十□月二十八日生。曾祖師德，贈刑部主事。祖琛，按察司僉事。父麟。母陳氏。重慶下。弟弘文、□□。娶王氏。應天府鄉試第一百十六名，會試第八十八名。

李獻可　貫直隸河間府景州故城縣，軍籍。國子生。治《易經》。字公從，行一，年三十三，十一月二十九日生。曾祖顯清。祖榮，贈知縣。父咨，監察御史。母吳氏，封孺人。永感下。弟際可[1]。娶張氏，繼娶戴氏。順天府鄉試第一百一十六名，會試第四十一名。

---

[1] 底本漫漶不清。

吴寅　貫山西振武衛，軍籍，湖廣湘陰縣人。國子生。治《書經》。字時正，行三，年三十五，十二月初五日生。曾祖暄。祖通。父勝。母邢氏。永感下。兄寶、憲。弟宸。娶楊氏。山西鄉試第四十五名，會試第三十五名。

許雲鵬　貫山東東昌府堂邑縣，軍籍。國子生。治《禮記》。字時亨，行一，年二十九，十二月二十四日生。曾祖全。祖昇，訓導。父廷用，府通判。母陳氏。重慶下。弟雲鳳、雲鸞、雲鶚。娶張氏。山東鄉試第十一名，會試第二□□九名。

張孟中　貫福建福州府閩縣，民籍。府學生。治《禮記》。字道宗，行二，年二十九，□月初三日生。曾祖宗孟。祖禔，贈大理寺□□。父澤，按察司僉事。母林氏，封孺人。慈侍下。兄樂。弟應敕。娶何氏。福建鄉試第四十五名，會試第二百八十一名。

全濂　貫大寧都司營州中屯衛，軍籍，直隸上海縣人。國子生。治《書經》。字濬之，行五，年三十八，二月二十二日生。曾祖廷玉。祖愷，封刑部郎中。父純，右布政使致仕，進階資德大夫。母敬氏，封宜人。具慶下。兄澄，貢士；清。弟漳，義官；澤，義官；淇；潤；滋；瀾。娶門氏，繼娶郭氏。順天府鄉試第二十六名，會試第二百四十八名。

陳應武　貫直隸揚州府高郵州，民籍。州學生。治《書經》。字光烈，行四，年三十八，十二月初十日生。曾祖讓，教諭。祖子易，教授。父策，壽官。母范氏，繼母湯氏、焦氏。具慶下。兄應疇、應文。弟應奎、應物、應期、應兆。娶韋氏。應天府鄉試第十六名，會試第一百九十七名。

蔣洽　貫直隸常州府武進縣，民籍。縣學生。治《易經》。字惟和，行二，年三十七，一月二十二日生。曾祖迪。祖恂。父耘。嫡母潘氏，生母賀氏。慈侍下。兄源。娶丁氏。應天府鄉試第八十九名，會試第三百四十二名。

朱亮　貫廣東潮州府揭陽縣，民籍。國子生。治《書經》。字廷相，行十，年四十一，十一月初七日生。曾祖珏。祖孔祥。父孟益。前母宋氏，母陳氏。永感下。兄盛。娶陳氏。廣東鄉試第五名，會試第三百三十六名。

梁億　貫廣東廣州府順德縣，軍籍。直隸太倉州學生。治《詩經》。字叔永，行六，年四十四，十二月初三日生。曾祖楚材，贈光祿大夫、柱國、少保兼太子太保、吏部尚書、武英殿大學士。祖直清，累贈光祿大夫、柱國、少保兼太子太保、吏部尚書、武英殿大學士。父祖順，封翰林院編修、累贈光祿大夫、柱國、少保兼太子太保、吏部尚書、武英殿大學士。母黃氏，封孺人，累贈一品夫人。永感下。兄任，貢士；備，聽選官；儲，光祿大夫、柱國、少保兼太子太保、吏部尚書、武英殿大學士；儆；佃，陰陽學訓術。娶陳氏。廣東鄉試第四十七名，會試第二百十一名。

宋應奎　貫江西廣信府貴溪縣，民籍。國子生。治《書經》。字文明，行六十二，年三十四，六月二十一日生。曾祖道昇。祖永權。父祐。母饒氏。具慶下。兄應璇、應璣、應□、應□、應寶、應□。娶譚氏。江西鄉試第七名，會試第一百三名。

王元凱　貫陝西西安府盩厔縣，民籍。國子生。治《書經》。字堯卿，行一，年□□□，□月初七日生。曾祖榮，贈知府。祖璽，知府，封右通政。父傅，太僕寺卿。母趙氏，封恭人。慈侍下。弟元正，同科進士；元亨，貢士。娶張氏。陝西鄉試第二十三名，會試第□□□□名。

李文華　貫江西廣信府貴溪縣，民籍。國子生。治《書經》。字惟順，行[1]月二十四日生。曾祖應庚，知府，贈中議大夫、贊治尹。祖義之。父□□。母江氏。慈侍下。兄文英。弟文潔，貢士；□□；□□。娶畢氏。江西鄉試第三十六名，會試第□百六十名。

張原明　貫河南開封府儀封縣，民籍。國子生。治《詩經》。字孟復，行[2]月二十日生。曾祖誠道。祖振，訓導。父綸，□□。前母□氏，母王氏。永感下。兄憲、□、□。□王氏。河南鄉試第七名，會試第一百四十七名。

畢濟時　貫江西廣信府貴溪縣，軍籍。國子生。治《易經》。字汝霖，行七十一，年四十二，三月初八日生。曾祖德興。祖淵，國子生，贈工部主事。父瑜，按察司僉事，進階資政大夫、修正庶尹。母方氏，封安人，加封太宜人。永感下。兄濟川，翰林院編修。弟濟民。娶丘氏。江西鄉試第六十六名，會試第三百名。

任忠　貫山東登州衛，軍籍，直隸崑山縣人。國子生。治《詩經》。字原孝，行一，年三十一，四月二十一日生。曾祖金。祖文富。父鐸，義官。母周氏。慈侍下。[3]娶曹氏。山東鄉試第十五名，會試第一百一名。

---

[1] 底本漫漶不清。
[2] 底本漫漶不清。
[3] 底本漫漶不清。

毛憲　貫直隸常州府武進縣，民籍。縣學生。治《禮記》。字式之，行二，年四十三，十月二十九日生。曾祖智。祖文明。父勳，巡檢。母卞氏。永感下。兄寶。娶陸氏。應天府鄉試第十二名，會試第二十四名。

柴太　貫直隸蘇州府崑山縣，民籍。縣學生。治《易經》。字德弘，行五，年三十一，八月二十七日生。曾祖碩。祖宗慶。父晟。母計氏。慈侍下。兄奎；奩；奇，同科進士；齋。娶張氏。應天府鄉試第十四名，會試第一百三十三名。

王念　貫直隸永平府遷安縣，民籍。國子生。治《詩經》。字廷璽，行一，年三十，十月十二日生。曾祖斌。祖政，巡檢，贈監察御史。父和，按察司副使。前母高氏，封孺人；母馬氏，封孺人。慈侍下。弟俞、侖。娶劉氏。順天府鄉試第□□□名，會試第三百十九名。

韓明　貫浙江紹興府會稽縣，民籍。國子生。治《易經》。字□□，行二，年三十四，十月十六日生。曾祖壽。祖□□。父讓，訓導。母勞氏。具慶下。[1]銀。娶陳氏。浙江鄉試第二十八名，會試第二百七十二名。

屠俓　貫浙江寧波府鄞縣，民籍。試中書舍人。治《詩經》。字直卿，行三，年二十九，十月十八日生。曾祖子真，贈□□□□□□。祖□，封□□□□□□□□。父湖[2]。嫡母薛氏，□□□；姜氏，封一品夫人。生母方氏。具慶下。兄[3]，前軍都督府都事；儀，義官。弟□、□、仕、僕。娶馮氏。浙江鄉試第五十五名，會試第二百二十一名。

劉翀　貫江西吉安府永豐縣，民籍。縣學生。治《詩經》。字士鳳，行七，年二十八，六月十二日生。曾祖秉儉。祖叙贊。父辠。母楊氏，繼母毛氏。具慶下。兄顏、頫。弟頤、頸、羽、習、翎、鬻、宸翁、翩。娶張氏。江西鄉試第十四名，會試第七名。

黎奭　貫湖廣安陸州京山縣，軍籍。國子生。治《易經》。字師召，行二，年四十四，九月十一日生。曾祖添壽。祖瓚，贈戶部員外郎。父永明，府同知。母楊氏，封宜人。永感下。兄奭。娶李氏。湖廣鄉試第六名，會試第一百九十八名。

曹恩　貫直隸德州衛，官籍，浙江烏程縣人。國子生。治《詩經》。

---

[1] 底本漫漶不清。
[2] 底本漫漶不清。
[3] 底本漫漶不清。

字汝錫，行三，年三十五，四月初五日生。曾祖俊。祖旺，百户。父誠，百户。母曾氏，封安人。慈侍下。兄忠，百户；恕。弟惠、志。娶宋氏。應天府鄉試第六十四名，會試第二百六十五名。

　　孫繼芳　貫湖廣岳州府華容縣，民籍，江西進賢縣人。國子生。治《書經》。字世其，行一，年二十九，三月初□日生。曾祖孟和。祖釗。父榮，府同知。母劉氏。重慶下。弟繼志、繼善、繼武。娶嚴氏。湖廣鄉試第六十七名，會試第一百六十八名。

　　張鵬　貫福建建寧府浦城縣，民籍。國子生。治《詩經》。字搏南，行五，年三十五，十月初八日生。曾祖永安。祖冕。父瓛，府同知。前母蘇氏，母彭氏。慈侍下。兄桂，義官；槐；鳳，貢士；鵾。弟鶴。娶翁氏。福建鄉試第三十名，會試第一百七十五名。

　　管楫　貫陝西西安府咸寧縣，軍籍。國子生。治《詩經》。字汝濟，行二，年三十四，四月二十九日生。曾祖裕。祖英。父鯨。母王氏。慈侍下。兄籥，學錄；相；栩。弟樟；朴，驛丞。娶李氏。陝西鄉試第五十名，會試第九十五名。

　　戴吉　貫直隸徽州府婺源縣，民籍。縣學生。治《書經》。字惟謙，行一，年二十四，九月初七日生。曾祖安義。祖文炳，封知州。父敏，知府。母張氏，封宜人；繼母詹氏。重慶下。□□。娶孫氏。應天府鄉試第一百二十八名，會試第三十二名。

　　汪惇　貫浙江紹興府餘姚縣，民籍。國子生。治《禮記》。字叔厚，行十八，年四十，八月十一日生。曾祖夢麟。祖彦昇。父瑚，義官。母黃氏。永感下。兄□，縣丞；憛；愡，倉副使。弟博，訓術；克章，刑部主事；克定；克相；克思。娶孫氏。浙江鄉試第七十二名，會試第五十四名。

　　徐咸　貫浙江海寧衛，軍籍，海鹽縣人。國子生。治《書經》。字子正，行四，年三十三，八月十六日生。曾祖勝宗。祖雄。父昂。母王氏。具慶下。兄復；泰，署教諭；節。弟臨。娶張氏。浙江鄉試第三十九名，會試第二百四十三名。

　　余寬　貫浙江台州府臨海縣，匠籍。國子生。治《詩經》。字仲栗，行一，年三十五，正月十六日生。曾祖彦信。祖允英。父銑。母楊氏，繼母陳氏。具慶下。弟宙、宰、浦、洲、沼、海。娶金氏。浙江鄉試第四十七名，會試第一百八十四名。

　　許復禮　貫順天府東安縣，軍籍。國子生。治《詩經》。字穉仁，行八，年三十四，四月十八日生。曾祖忠，署正。祖瑛，縣丞，贈刑部郎中。父輔，戶部主事。母王氏，封安人。慈侍下。兄顧倫、顧言、顧行、世臣。弟顧誼、汝章、汝清。娶王氏。順天府鄉試第九名，會試第二十名。

楊守禮　貫山西平陽府蒲州，民籍，直隸保安州人。州學增廣生。治《書經》。字秉節，行三，年二十八，七月初一日生。曾祖謙。祖瑾，縣丞。父通，通判。嫡母高氏，生母李氏。具慶下。兄守仁、守義、弟守智、守信、守廉、守潔。娶姚氏。山西鄉試第五十六名，會試第二百九十三名。

郭禔　貫浙江台州府臨海縣，軍籍。國子生。治《詩經》。字堯章，行二，年二十八，十二月二十五日生。曾祖士寧。祖瑛，贈監察御史。父紘，參政。母何氏，封孺人。具慶下。兄祜。弟祉。娶翟氏。浙江鄉試第六十九名，會試第二十三名。

戴恩　貫直隸松江府上海縣，民籍。府學生。治《詩經》。字子充，行二，年三十七，十一月二十二日生。曾祖廷奉，贈南京吏部郎中。祖春，南京吏部郎中。父偉，義官。母江氏。永感下。兄德。弟慈，貢士；恕；忠；戀；願；意。娶侯氏。應天府鄉試第七十二名，會試第二百十八名。

胡璉　貫江西臨江府新喻縣，民籍。國子生。治《詩經》。字重美，行一，年三十四，十一月二十五日生。曾祖周紀。祖象震。父仁量。母錢氏。嚴侍下。弟理、珊、珮、琳。娶宋氏。江西鄉試第一十六名，會試第三百二十五名。

黃景星　貫四川重慶府忠州酆都縣，民籍。國子生。治《詩經》。字德瑞，行一，年三十八，十月十一日生。曾祖文富。祖仕瑛。父曉，教諭。母文氏。慈侍下。娶楊氏，繼娶文氏。四川鄉試第五十六名，會試第一百四十名。

牛鳳　貫河南南陽府裕州葉縣，民籍。縣學生。治《易經》。字道徵，行三，年四十二，十一月十一日生。曾祖貴。祖麟。父鐸，巡檢。母鄒氏。永感下。兄宣、隆。娶任氏。河南鄉試第七十一名，會試第六名。

朱璠　貫四川重慶府合州，民籍。國子生。治《易經》。字廷輝，行三，年三十七，正月初八日生。曾祖文質。祖清。父宣。母陶氏，繼母姚氏。具慶下。兄衮，義官；衣。弟璵，義官；珂。娶張氏。四川鄉試第四十名，會試第一百二十一名。

費寀　貫江西廣信府鉛山縣，民籍。國子生。治《書經》。字子和，行二十六，年二十九，三月十四日生。曾祖榮祖。祖應麒，贈資政大夫、禮部尚書。父瑛。母張氏。慈侍下。兄□；宏，資政大夫、禮部尚書；寧；官；密；完；寓。弟憲、㝥。娶夒氏，繼聘吳氏。江西鄉試第四十一名，會試第十一名。

王道　貫山東東昌府武城縣，軍籍。國子生。治《書經》。字純甫，行一，年二十五，十月二十九日生。曾祖□禮。祖綸。父琮。母李氏，繼母劉氏、于氏。重慶下。弟選、遇、迥、邁、适。娶李氏。山東鄉試第四十七名，會試第一百二十六名。

杜杲　貫四川順慶府南充縣，民籍。國子生。治《易經》。字啓明，行六，年三十八，六月初二日生。曾祖森。祖思通。父容。前母楊氏，母李氏。具慶下。兄慶、昭、貫、鸚、禄。弟表、鴻、厚、立。娶王氏。四川鄉試第二十八名，會試第一百六十二名。

陸倬　貫直隸蘇州府吳縣，匠籍。國子生。治《易經》。字天爵，行一，年二十七，十月十二日生。曾祖和卿。祖庸。父□□。前母柳氏，母王氏。具慶下。弟倫、□、□、位。娶徐氏。應天府鄉試第一百二十□名，會試第三百一十八名。

張經　貫直隸興州左屯籍，河南鹿邑縣人。國子生。治《禮記》。字□□，行□□，年□十八，九月初六日生。曾祖鑑。祖□。父□□。母劉氏。具慶下。兄綦、綸、繡、繪、繢。弟紀。娶吳氏，繼娶施氏、吳氏。順天府鄉試第四十二名，會試第□十四名。

屠僑　貫浙江寧波府鄞縣，民籍。國子生。治《□經》。字安卿，行十二，年三十二，十一月初三日生。曾祖子真。祖□，教諭。父湖。母方氏。具慶下。兄□、保、佑、□。弟俓，同科進士；□；□；信。娶董氏，繼娶陳氏。浙江鄉試第七十一名，會試第一百六十六名。

盧雍　貫直隸蘇州府吳縣，民籍。府學附學生。治《易經》。字師邵，行一，年三十八，三月十二日生。曾祖□。祖□誠。父□□。母陳氏，繼母吳氏。具慶下。弟襄。娶□氏，繼娶張氏。應天府鄉試第一百二十一名，會試第五十八名。

于湛　貫直隸鎮江府金壇縣，軍籍。縣學生。治《書經》。字瑩中，行三，年三十，十月十二日生。曾祖恩五。祖盛。父鎰，知縣。母芮氏。具慶下。兄喬、溉。弟泗、浚。娶高氏。應天府鄉試第十一名，會試第一百九名。

施儒　貫浙江湖州府歸安縣，民籍。縣學生。治《書經》。字聘之，行七，年三十四，十月十五日生。曾祖新。祖冕。父惠。母程氏。慈侍下。兄儀；僑；佐，知州；佑，貢士。弟儼、佩。娶慎氏。浙江鄉試第五十六名，會試第五十三名。

張潮　貫四川成都府內江縣，民籍。縣學生。治《春秋》。字惟信，行二，年二十七，正月初九日生。曾祖亨。祖復祖。父大器，布政司照磨。前母余氏，母劉氏。慈侍下。兄潭；潤；起；渭；剪；泮；翀；惠；瓚；沂；厚，貢士；泚。娶馬氏。四川鄉試第十一名，會試第一百七十六名。

祝續　貫直隸蘇州府長洲縣，官籍。國子生。治《書經》。字遙緒，行一，年三十三，七月初三日生。曾祖顥，布政司右參政。祖瓛。父允明，貢士。母李氏。重慶下。娶沈氏。應天府鄉試第一百一十一名，會試第三百二十一名。

夏尚樸　貫江西廣信府永豐縣，民籍。國子生。治《書經》。字敦夫，行三十六，年四十六，十二月初三日生。曾祖孟成。祖原貴。父廣洪。母葉氏。慈侍下。兄尚安，省祭官。弟尚志。娶劉氏。江西鄉試第二十五名，會試第三百二十六名。

劉佐　貫陝西延安府中部縣，軍籍。國子生。治《詩經》。字以道，行一，年二十九，正月初六日生。曾祖準。祖景，贈知府。父聰，前都察院右僉都御史。母張氏，封恭人。重慶下。弟儼，監生；侃；偣；仁。娶寇氏。陝西鄉試第□□十一名，會試第二百七十三名。

王鑾　貫南京錦衣衛籍，直隸吳江縣人。國子生。治《易經》。字汝和，行二，年四十三，六月初三日生。曾祖文昭。祖信。父潤。母關氏，繼母楊氏、吳氏。具慶下。兄欽。弟金、鐸、錦。娶尹氏。應天府鄉試第三十九名，會試第九十四名。

裴繼芳　貫山西平陽府霍州靈石縣，民籍。國子生。治《詩經》。字世賢，行二，年四十八，十二月二十六日生。曾祖思孝。祖珪。父泰，知州。前母梁氏，母任氏。慈侍下。兄紹芳，知縣。弟繩芳。娶趙氏。山西鄉試第五十一名，會試第六十八名。

林有孚　貫福建興化府莆田縣，軍籍。府學生。治《書經》。字以吉，行十，年三十一，九月初八日生。曾祖宏泰，贈通議大夫、都察院右副都御史。祖良弼，封徵仕郎、工科給事中，贈通議大夫、都察院右副都御史。父元甫，通議大夫、都察院右副都御史。母陳氏，孺人，贈淑人；繼母孔氏，封淑人。慈侍下。兄有年，知縣；有恒，監生；有禄，府同知；有章，義官；有教。弟有容。娶黄氏。福建鄉試第六名，會試第六十四名。

姚爵　貫陝西平涼府静寧州，軍籍。國子生。治《春秋》。字汝修，行一，年三十二，九月十五日生。曾祖福。祖文義。父瑾，都司經歷。母劉氏。慈侍下。兄唐，監生；錫。弟壽。娶石氏。陝西鄉試第□□名，會試第□□一名。

宋廷佐　貫陝西西安府乾州，民籍。國子生。治《詩經》。字良弼，行二，年三十五，十月初六日生。曾祖端，贈通議大夫、南京大理寺卿。祖寧，贈通議大夫、南京大理寺卿。父欽，南京大理寺卿，加資政大夫致仕，進階榮禄大夫，贈刑部尚書。前母侯氏，贈淑人；母田氏，封淑人。慈侍下。兄廷輔。娶王氏。順天府鄉試第四十三名，會試第六十三名。

郭清　貫福建興化府莆田縣，軍籍。國子生。治《詩經》。字直夫，行二，年三十四，七月十二日生。曾祖師凱。祖宗訓。父伯玉。母吳氏。具慶下。兄湍，教諭。娶吳氏。福建鄉試第十名，會試第一百十四名。

姜清　貫江西廣信府弋陽縣，民籍。國子生。治《書經》。字源甫，行七十，年二十九，八月初八日生。曾祖度，訓導。祖璧。父縮，按察使。母周氏。慈侍下。兄承、恩。弟溥、汛、浙、泓。娶李氏。江西鄉試第十七名，會試第二百二十二名。

沈健　貫福建興化府莆田縣，民籍。國子生。治《詩經》。字若乾，行一，年三十三，六月二十六日生。曾祖永錫。祖居安。父資德。母黄氏。具慶下。弟佑。娶林氏。福建鄉試第□□名，會試第□□一十二名。

畢廷拱　貫廣東廣州府番禺縣，軍籍。國子生。治《詩經》。字敬夫，行三，年四十三，八月初十日生。曾祖伯仁。祖日雄。父愚。母吳氏。慈侍下。兄元，教諭；廷燦。弟廷翰、廷諫。娶鄧氏。廣東鄉試第二十二名，會試第二百四十四名。

梁穀　貫山東兖州府東平州，民籍。國子生。治《易經》。字仲用，行五，年二十九，八月十九日生。曾祖繼祖，贈户部郎中。祖安，知府，贈監察御史。父觀，按察司副使。前母李氏，母孔氏。慈侍下。兄□；穩，鴻臚寺署丞；橥，義官；丕。娶孔氏。山東鄉試第七名，會試第二百六十九名。

張愈嚴　貫四川眉州,民籍。陝西耀州學學生。治《詩經》。字濟寬,行一,年四十七,二月十八日生。曾祖思良。祖文廣。父溥中,聽選官。母湯氏。永感下。弟愈和、愈敬。娶黃氏,繼娶黃氏。四川鄉試第七名,會試第十二名。

王介　貫南京留守前衛,官籍,應天府句容縣人。國子生。治《易經》。字守之,行四,年四十,七月十二日生。曾祖禎,正千戶。祖敬,正千戶。父惟德,教諭。前母陸氏,母傅氏。永感下。兄輔、佐、儉。娶劉氏。應天府鄉試第二十八名,會試第一百八十名。

王思　貫江西吉安府泰和縣,民籍。國子生。治《詩經》。字宜學,行四,年三十一,十月二十九日生。曾祖直,少傅兼太子太師、吏部尚書,贈榮祿大夫,謚文端。祖積,封中書舍人,加贈都督府經歷。父俅,知府。前母楊氏,贈宜人;母任氏,封宜人。慈侍下。兄愈,貢士;恭;愚。弟悉。娶胡氏。江西鄉試第七十二名,會試第五十九名。

郭九臯　貫義勇前衛,匠籍,直隸江都縣人。國子生。治《易經》。字鳴世,行一,年二十七,四月二十二日生。曾祖源。祖燦。父祐,七品散官。母孟氏。具慶下。弟九成、九萬。娶張氏。應天府鄉試第二十一名,會試第六十二名。

李梓　貫四川成都中衛,官籍,浙江義烏縣人。國子生。治《詩經》。字大濟,行二,年三十九,正月十一日生。曾祖志廣,贈千戶。祖謙,副千戶。父時,布政司參議。嫡母王氏,封宜人;生母權氏。慈侍下。兄極,副千戶。弟樸、楷、桓、柱。娶楊氏,繼娶何氏。四川鄉試第四十四名,會試第二百八十五名。

何壁　貫直隸太倉衛,軍籍,浙江黃巖縣人。國子生。治《易經》。字文徵,行二,年三十八,五月二十九日生。曾祖思道。祖貴。父玘。前母韓氏,母郟氏。慈侍下。兄奎。娶滑氏,繼娶丘氏。應天府鄉試第□□名,會試第□□八十七名。

尹京　貫直隸大河衛,軍籍,江西安福縣人。國子生。治《詩經》。字兆之,行四,年四十二,七月二十日生。曾祖二公。祖政,封工部主事。父珍,知府。母相氏,封安人。永感下。兄文、章、高。弟奇、玄、立、襄。娶馬氏,繼娶□氏、朱氏。應天府鄉試第八十五名,會試第二百二十三名。

孫承恩　貫直隸松江府華亭縣,民籍。國子生。治《書經》。字貞甫,行二,年三十,十二月十三日生。曾祖士達。祖瓛,訓導,贈郎中。父衍,知府。嫡母姚氏,贈宜人;繼母王氏,封宜人;生母阮氏。慈侍下。兄雍、睦、承直。娶吳氏。應天府鄉試第七十三名,會試第八十九名。

廖慶　貫福建興化府莆田縣,民籍。縣學生。治《詩經》。字體善,行五,年三十一,四月初二日生。曾祖勝宗。祖文珪。父大訓。母陳氏。慈侍下。娶游氏。福建鄉試第八十六名,會試第一百三十一名。

徐之鷺　貫直隸安慶府桐城縣,軍匠籍。國子生。治《詩經》。字瑞卿,行一,年二十九,正月初八日生。曾祖琛。祖相,衛經歷。父瑩。母金氏。具慶下。弟之鳳、之龍。娶袁氏。應天府鄉試第三十三名,會試第十七名。

王蓂　貫江西撫州府金谿縣,民籍。國子生。治《易經》。字時禎,行二,年二十八,正月二十二日生。曾祖忠,巡檢,贈大理寺評事。祖吉。父序,學正,封刑科給事中。母曾氏,封孺人。具慶下。兄萱,刑科給事中。弟芹。娶傅氏。江西鄉試第二十七名,會試第二十五名。

伍箕　貫江西吉安府安福縣,民籍。縣學增廣生。治《春秋》。字朝輝,行十,年三十五,九月二十八日生。曾祖冕,知縣,贈監察御史。祖體祥,封刑部員外郎。父希魚。前母謝氏,母王氏。慈侍下。兄符,右布政使;範;篆;簏。弟簡、策、簻、虡。娶彭氏。江西鄉試第七十九名,會試第七十五名。

賀縉　貫江西吉安府永新縣,民籍。國子生。治《易經》。字朝卿,行三,年三十四,正月二十四日生。曾祖恒獲。祖溫,知縣。父儀。母蕭氏。慈侍下。兄紹、繪。弟綽、經、絢、紴、紈、徽。娶史氏。江西鄉試第九十一名,會試第三百二十名。

高鵬　貫湖廣岳州府澧州,醫籍。國子生。治《詩經》。字雲翼,行一,年二十七,十月十五日生。曾祖信。祖璉,監生。父鐘。母丁氏。具慶下。弟鶚、鶴。娶周氏。湖廣鄉試第六十五名,會試第二十七名。

張璿　貫浙江紹興府餘姚縣,官籍。國子生。治《禮記》。字舜用,行一,年三十七,四月十五日生。曾祖輯。祖皞。父偉。母葉氏。慈侍下。弟玉、珊、瑞、琦、翼。娶韓氏。浙江鄉試第二十二名,會試第三百三十四名。

汪必東　貫湖廣武昌府崇陽縣,軍籍。國子生。治《易經》。字希會,行四,年二十八,三月十五日生。曾祖志美。祖銘。父震龍。母李氏。具慶下。兄必浩、必登、必洋。弟必行、必亨、必廉。娶文氏,繼娶周氏。湖廣鄉試第三十二名,會試第五十五名。

汪珊　貫直隸池州府貴池縣，民籍。國子生。治《詩經》。字德聲，行三，年三十一，四月十一日生。曾祖蘭森。祖貞。父嵩。母吳氏。具慶下。兄瑛；璨，監生。弟琥、瑾、璣、珦、琦、玠。娶王氏。應天府鄉試第二十三名，會試第一百五十二名。

南大吉　貫陝西西安府華州渭南縣，軍籍。縣學增廣生。治《禮記》。字元善，行一，年二十五，十月初三日生。曾祖言。祖珪。父金，訓導。母焦氏。具慶下。弟逢吉。娶張氏。陝西鄉試第四名，會試第一百十九名。

翁洪　貫錦衣衛，官籍，福建莆田縣人。國子生。治《詩經》。字守洪，行五，年四十四，三月二十二日生。曾祖仕寧，歷贈工部尚書。祖瑛，翰林院檢討，贈戶部尚書。父世資，太子太保、戶部尚書，贈太子少傅。前母□氏，贈夫人；母龔氏，□□□，加夫人；繼母黃氏，封夫人。永感下。兄瀛，監生；湖，義官；澐，義官；湘；泗，光祿寺署丞。弟濟、澍、泳、濂。娶陳氏。順天府鄉試第四十名，會試第六十一名。

蔣淦　貫廣西桂林府全州，民籍。國子生。治《禮記》。字汝潔，行六，年二十五，十二月初八日生。曾祖仕寶。祖洪。父全，知縣。前母唐氏。母伍氏。具慶下。兄灌、滋、瀛、瀾、淮。弟澍、瀚、湖、淳、濱。娶唐氏。廣西鄉試第四名，會試第三百四十三名。

李杲　貫直隸常州府宜興縣，民籍。國子生。治《書經》。字孟寅，行二，年四十五，正月十八日生。曾祖迪。祖恪，贈兵部主事。父震，兵部主事。母吳氏，封安人。慈侍下。兄旦。弟昺。娶范氏，繼娶蔣氏、吳氏。應天府鄉試第八十五名，會試第一百三十二名。

劉泉　貫江西吉安府安福縣，民籍。縣學附學生。治《易經》。字應占，行　，年二十一，五月初八日生。曾祖毓秀。祖威，封大理寺左寺副。父潮，布政司左參議。母高氏，封孺人。具慶下。弟永。娶周氏。江西鄉試第□□名，會試第二十三名。

林文俊　貫福建興化府莆田縣，民籍。國子生。治《書經》。字汝英，行二，年二十五，□月二十八日生。曾祖子。祖侗。父廷諭。母張氏。具慶下。娶朱氏。福建鄉試第一名，會試第一百二十八名。

沈圻　貫浙江嘉興府平湖縣，竈籍。國子生。治《書經》。字子京，行三，年三十一，二月初九日生。曾祖渭，封主事。祖樾，贈主事。父煉，布政司右參議。母包氏，封安人。重慶下。兄堂、□。弟疆、坤、臺、田、堽、坡、坯、□、壕、堈、地。娶陸氏。浙江鄉試第十八名，會試第八名。

劉校　貫河南開封府許州鄢城縣,民籍。縣學生。治《易經》。字宗夏,行□□,年□□□,八月二十八日生。曾祖璣,運使,贈大中大夫。祖鐘,陰陽訓術。父□□。母胡氏。具慶下。弟栻、朴。娶張氏。河南鄉試第三十一名,會試第二百九十五名。

孫紹祖　貫山西振武衛,軍籍,代州人。國子生。治《易經》。字遠宗,行二,年二十七,十月二十七日生。曾祖材。祖勝。父璋,貢士,贈翰林院檢討。母張氏,封孺人。慈侍下。兄紹先,翰林院檢討。弟紹文、紹魁、紹卿、紹相、紹忠、紹烈、紹□、紹哲。娶劉氏。山西鄉試第□□名,會試第一百九十四名。

劉景宇　貫四川敘州府南溪縣,民籍。國子生。治《易經》。字參之,行十,年二十□,正月初一日生。曾祖琬。祖晦,教授,贈户部員外郎。父信,布政司右參議,贈嘉議大夫。母明氏,封孺人。慈侍下。兄景□,□官;景宜;景宣,義官;景寅,員外郎。弟景宗,□□。娶□氏,繼娶歐氏。四川鄉試第十四名,會試第□百一名。

劉成德　貫山西平陽府蒲州,民籍。州學生。治《易經》。字潤之,行三,年三十四,十二月二十八日生。曾祖伯敬。祖信。父溱,知縣。母溫氏,繼母張氏。慈侍下。兄錫;鐕;銳;鋼;鉞;鋼;金;成文,監生;成章,監生;鎮;□;錡;鐏。娶范氏。山西鄉試第二十八名,會試第二十八名。

第三甲二百三十一名　賜同進士出身

趙官　貫四川重慶府合州,民籍。國子生。治《詩經》。字惟賢,行六,年三十三,十月二十六日生。曾祖以仁。祖忠,知縣。父應舉,通判。前母宋氏,母秦氏。永感下。兄寧,縣丞;寬,義官;寓;宜。娶宋氏。四川鄉試第十一名,會試第一百十二名。

郝鳳升　貫福建汀州衛,軍籍。國子生。治《詩經》。字瑞卿,行一,年三十八,十月二十日生。曾祖文通,壽官。祖智。父永戀。母徐氏。具慶下。弟鳳翔、鳳韶。娶張氏。福建鄉試第七十九名,會試第三百三十九名。

張士鎬　貫直隸徽州府歙縣,民籍。國子生。治《易經》。字景周,行十,年二十八,十二月十四日生。曾祖繼祖。祖洪觀。父思佐。母程氏。

嚴侍下。兄銓、鎮、鉞。弟鐮、鏜、錫、錞。娶江氏。應天府鄉試第六十二名，會試第一百五十四名。

金鯉　貫山東東昌府臨清州，校籍。州學生。治《書經》。字時躍，行一，年三十七，六月初七日生。曾祖普元。祖聰。父璽，大使。母李氏。具慶下。弟鴻。娶徐氏。山東鄉試第十八名，會試第二百六十四名。

馬性魯　貫應天府溧陽縣，官籍。國子生。治《書經》。字進之，行三，年四十三，正月二十一日生。曾祖信□。祖公輔，贈徵仕郎。父□，□□□□。母王氏，封儒人。永感下。兄□□、□□。娶許氏。應天府鄉試第□□名，會試第五名。

王璽　貫山西平陽府蒲州猗氏縣，軍籍。國子生。治《詩經》。字荊玉，行一，年四十七，十月二十八日生。曾祖好文。祖貴。父達。母謝氏，繼母衛氏。重慶下。弟欽。娶韓氏，繼娶黃氏。山西鄉試第十四名，會試第二百十二名。

姚文清　貫山西太原府陽曲縣，民籍。縣學增廣生。治《易經》。字廉夫，行四，年二十□，□月二十一日生。曾祖琳，贈府同知。祖昱，布政司右參議。父綸，儀賓。前母□氏，盧□縣主；母鄭氏。具慶下。兄文沛、文溥、文浩。弟文藻。娶褚氏。山西鄉試第十一名，會試第三百二十四名。

戴顒　貫浙江台州府太平縣，軍竈籍。縣學增廣生。治《易經》。字師觀，行一，年二十八，四月初二日生。曾祖世周。祖尚真。父允載。母孫氏，繼母周氏。具慶下。弟穎、顥。娶余氏。浙江鄉試第一名，會試第三十七名。

宋鉞　貫武功中衛，旗籍，山東武定州人。國子生。治《詩經》。字德威，行二，年三十四，十一月二十二日生。曾祖仲輔。祖福，工部文思院副使。父澄，工部軍器局副使。母李氏。具慶下。兄鑑，貢士。弟銑；鐸，□□；鈺，總旗；鎧；鏜；□；□。娶徐氏。順天府鄉試第十一名，會試第□□十三名。

王江　貫直隸河間府任丘縣，民籍。國子生。治《詩經》。字宗峴，行三，年三十三，十月十四日生。曾祖仲德。祖遠。父釗。前母鞠氏，母李氏。慈侍下。兄□、漢。弟潛。娶李氏。順天府鄉試第一名，會試第四十二名。

張文明　貫山西太原府陽曲縣，軍籍。府學生。治《易經》。字應奎，行三，年四十三，三月初五日生。曾祖學。祖惟懿。父輅。母李氏，繼母聶氏。永感下。兄文□、文□。弟文鈺。娶羅氏。山西鄉試第二十四名，會試第一百七十七名。

何鉞　貫應天府江寧縣，民籍，直隸吳江縣人。國子生。治《詩經》。字勳伯，行四，年四十一，三月初二日生。曾祖文廣。祖澄，壽官。父瑄，壽官。母李氏。嚴侍下。兄鍾；鑑，天文生；鐸。弟欽。娶王氏。應天府鄉試第十五名，會試第二百十五名。

范輅　貫湖廣郴州桂陽縣，軍籍。國子生。治《詩經》。字以載，行十一，年三十八，九月十一日生。曾祖愈輝。祖志惠。父應義。母朱氏。慈侍下。兄俊、恕、益、誠、軥。弟軫、轆、轋。娶何氏。湖廣鄉試第□□名，會試第二百四名。

楊必進　貫江西吉安府吉水縣，軍籍。國子生。治《易經》。字抑之，行六，年三十二，正月二十五日生。曾祖汝學。祖韜，通判。父理。母曾氏，繼母胡氏、劉氏。慈侍下。弟必達、必述、必遠、必逢。娶周氏。江西鄉試第八十六名，會試第一百六名。

劉文瑞　貫廣東廣州府新會縣，民籍。國子生。治《詩經》。字廷麟，行四，年四十二，五月十二日生。曾祖真宗。祖寬。父頌，教授。母李氏。慈侍下。兄文禎，義官；鈞。弟文奎、文舉、文選、文星、文輔。娶鄺氏。廣東鄉試第六十七名，會試第一百五十七名。

張文澐　貫浙江紹興府上虞縣，民籍。國子生。治《易經》。字公素，行十五，年四十一，七月三十日生。曾祖輝。祖鉞。父璁，封工部主事。母黃氏，贈安人；繼母胡氏。慈侍下。兄文源；文淵，兵部主事。娶成氏。浙江鄉試第五十三名，會試第一百二十九名。

王璽　貫武驤左衛籍，江西安福縣人。國子生。治《春秋》。字卿寶，行四，年四十三，正月二十日生。曾祖率賓。祖其智。父卓越。母周氏。永感下。娶劉氏。順天府鄉試第二十七名，會試第二百七十八名。

馬朝卿　貫山東濟南府武定州陽信縣，民籍。國子生。治《詩經》。字忠夫，行一，年三十八，十一月十五日生。曾祖福海。祖昇。父聰。前母李氏，母紀氏，繼母李氏。慈侍下。弟朝佐。娶張氏，繼娶李氏。山東鄉試第二十六名，會試第一百二十名。

劉樂　貫山西太原府陽曲縣，民籍，雲南中屯千戶所人。府學生。治《春秋》。字汝喬，行二，年三十六，十月十一日生。曾祖福。祖璡。

父輔，王府教授。前母甘氏，母金氏。具慶下。兄鳳。弟樂。娶王氏。山西鄉試第五名，會試第二百十名。

樊繼祖　貫山東兗州府濟寧州鄆城縣，民籍。國子生。治《易經》。字孝甫，行一，年三十二，二月十四日生。曾祖敬，刑部左侍郎。祖玘，七品散官。父沂。母侯氏。慈侍下。弟繼宗。娶張氏。山東鄉試第二十九名，會試第十三名。

周震　貫直隸蘇州府崑山縣，民籍。縣學增廣生。治《詩經》。字世亨，行一，年三十八，四月二十五日生。曾祖顯。祖岐。父煖。母李氏。永感下。弟望、适。娶高氏。應天府鄉試第八十五名，會試第二百七十一名。

楊璨　貫直隸松江府華亭縣，匠籍。國子生。治《詩經》。字仲玉，行二，年四十，十二月二十八日生。曾祖景高。祖文信，義官。父雲，贈工部主事。母宋氏，封安人。慈侍下。兄瑋，南京工部郎中。弟琦；璉，貢士。娶周氏。應天府鄉試第二十三名，會試第一百八十八名。

王瑋　貫應天府江浦縣籍，直隸當塗縣人。國子生。治《書經》。字美中，行二，年三十六，七月十九日生。曾祖滿五。祖禎。父良，義官。母宋氏。具慶下。兄瑄，貢士。弟瑭。娶趙氏。應天府鄉試第十六名，會試第七十七名。

吳嘉聰　貫山西振武衛，軍籍，湖廣湘陰縣人。國子生。治《書經》。字惟德，行一，年三十五，十月十五日生。曾祖亨。祖安。父璉，太僕寺丞。母趙氏。具慶下。弟嘉明、嘉睿、嘉智、嘉謨。娶楊氏。山西鄉試第一十五名，會試第一百八十九名。

劉一中　貫山西平陽府蒲州，民籍。州學生。治《易經》。字貫道，行一，年三十二，九月二十五日生。曾祖信。祖溱，知縣。父成文，監生。母張氏。具慶下。弟一經、一和、一王、一鵬、一本、一元、一奎。娶張氏。山西鄉試第□□三名，會試第二百四十一名。

趙漢　貫浙江嘉興府平湖縣，軍籍。國子生。治《易經》。字鴻逵，行一，年三十四，六月初十日生。曾祖輔。祖端，壽官。父璧。母韓氏。具慶下。弟滋、浹、津、溥。娶陸氏。浙江鄉試第四十八名，會試第四十四名。

童綸　貫湖廣德安府孝感縣，軍籍。國子生。治《詩經》。字廷言，行二，年□十八，九月十三日生。曾祖震一。祖賢，府經歷。父榮，義官。母程氏。□□下。兄經，聽選官。娶徐氏。湖廣鄉試第五十名，會試第二百九十二名。

　　潘傲　貫河南河南府洛陽縣，民籍。縣學增廣生。治《詩經》。字景哲，行二，年二十八，五月初七日生。曾祖允中。祖智。父顒，訓導。母張氏。具慶下。兄儆，貢士。弟仁、伸、儼。娶劉氏。河南鄉試第八十六名，會試第一百七十三名。

　　李長　貫浙江處州府縉雲縣，民籍。國子生。治《易經》。字復之，行三十六，年三十八，十一月二十一日生。曾祖襲，贈刑部侍郎。祖檣。父顥，貢士。前母鄭氏，母朱氏。慈侍下。兄豐、師、懋、旅。弟□。娶鄭氏。浙江鄉試第□□□□名，會試第二百六十二名。

　　康世臣　貫神木千戶所，軍籍，順天府薊州人。國子生。治《書經》。字良佐，行二，年三十八，八月初六日生。曾祖友義。祖福，贈州同知。父定，通判。前母王氏，贈安人；許氏。母王氏，封安人。嚴侍下。兄九叙，義官。弟世麟；世鳳，序班。娶馮氏。順天府鄉試第一百十九名，會試第十四名。

　　汪文盛　貫湖廣武昌府崇陽縣，軍籍。儒士。治《詩經》。字希周，行二，年二十四，十一月二十四日生。曾祖德亨。祖璉，壽官。父藻。母夏氏。□□下。兄文明，署教諭□舉人。弟文正。娶彭氏。湖廣鄉試第十六名，會試第一百七十一名。

　　喻茂堅　貫四川重慶府榮昌縣，民籍。國子生。治《易經》。字汝礪，行三，年二十七，三月十三日生。曾祖宗智。祖志善。父洪□。母姚氏。具慶下。兄茂英、茂盛。弟茂高、茂崇。娶郝氏，繼娶吳氏。四川鄉試第十二名，會試第八十六名。

　　朱寅　貫直隸蘇州府常熟縣，民籍。國子生。治《詩經》。字時九，行四，年三十二，正月十五日生。曾祖□□。祖□□。父丙。母沈氏。慈侍下。弟宜，□□。娶鄒氏。應天府鄉試第□□□□名，會試第□□□□名。

　　周勳　貫福建汀州府上杭縣，軍籍。國子生。治《詩經》。字良弼，行一，年三十一，五月十六日生。曾祖弘，監察□□。祖璇。父廣潤。母梁氏。具慶下。弟□。娶梁氏。福建鄉試第三名，會試第二百七十五名。

　　杜盛　貫順天府寶坻縣，民籍。縣學增廣生。治《詩經》。字子實，行一，年二十五，五月十七日生。曾祖□□。祖華。父綱。母陳氏。□□下。弟□□。娶李氏，繼娶張氏。順天府鄉試第一百名，會試第二百二十五名。

高仁　貫福建興化府莆田縣，鹽籍。府學增廣生。治《書經》。字□暘，行一，年三十一，三月初四日生。曾祖永齡。祖體賢。父伯紹。母陳氏。重慶下。弟義、禮、□。娶吳氏。福建鄉試第四十二名，會試第一百四十八名。

汪本　貫江西饒州府浮梁縣，軍籍。國子生。治《易經》。字惟中，行一，年三十五，六月十二日生。曾祖志昂。祖文瑛。父浹。母張氏。具慶下。弟□、木。娶康氏。江西鄉試第□□□□名，會試第二百七十六名。

王溱　貫直隸大名府開州，民籍。國子生。治《書經》。字公濟，行一，年二十八，二月二十□日生。曾祖榮。祖宗，壽官。父端。母劉氏。具慶下。弟濰。娶張氏。順天府鄉試第一百十名，會試第二百七十四名。

金皋　貫四川成都府綿州，軍籍，直隸上海縣人。國子生。治《書經》。字□卿，行二，年三十一，十月二十九日生。曾祖祐，贈知府。祖爵，布政司左參政。父獻民，按察使。母文氏，封宜人。□□下。兄□。弟□、□、□、□、晶。娶王氏。四川鄉試第□□名，會試第一百四十二名。

高文豸　貫遼東定遼中衛，軍籍，山東黃縣人。國子生。治《詩經》。字廷直，行三，年三十五，二月十六日生。曾祖能。祖亮。父昇，□□。母趙氏。永感下。兄文麟、文鳳。弟文鵰。娶劉氏。山東鄉試第三十九名，會試第一百六十七名。

向信　貫四川順慶府廣安州岳池縣，軍籍。縣學增廣生。治《詩經》。字秉誠，行五，年二十八，十二月二十三日生。曾祖法清。祖全，贈□□□部郎中。父時，知府。母雷氏，封宜人；繼母王氏。具慶下。兄仁；□；□；義，義官；亨；貞。弟陽。娶劉氏。四川鄉試第□十七名，會試第三百□□二名。

王雄　貫錦衣衛，官籍，山東長山縣人。儒士。治《書經》。字文翀，行二，年三十七，九月二十日生。曾祖友才。祖興，□官。父綱。母李氏。慈侍下。兄央，百戶。弟俊、傑。娶李氏，繼娶俞氏。順天府鄉試第八十六名，會試第二百名。

翁素　貫浙江寧波府慈谿縣，民籍。儒士。治《詩經》。字誠夫，行六，年二十五，八月十九日生。曾祖汝播。祖暉。父通。母鄭氏。具慶下。兄繻、緒。弟紀、絡、綺。娶方氏。浙江鄉試第二十五名，會試第一百八十六名。

伍希儒　貫江西吉安府安福縣，軍籍。縣學增廣生。治《春秋》。

字汝貞，行七，年三十六，十一月二十日生。曾祖述斌。祖郁，壽官。父體吉。母顏氏。永感下。兄希胤、希榮。弟希昭、希□、希常。娶劉氏。江西鄉試第四名，會試第二百五十七名。

　　傅鑰　貫遼東廣寧左衛，旗籍。衛學生。治《書經》。字希準，行三，年三十，九月初五日生。曾祖旺。祖祥。父景。嫡母唐氏，生母孫氏。慈侍下。兄釗、鎭。娶宋氏。山東鄉試第□□名，會試第二百八名。

　　宋寅　貫四川叙州府富順縣，軍籍。國子生。治《書經》。字惟清，行一，年三十七，四月初二日生。曾祖永真。祖萬方。父公用。母羅氏。慈侍下。弟宣、寬。娶陳氏。四川鄉試第五十六名，會試第一百八十五名。

　　歐陽嵩　貫江西吉安府泰和縣，民籍。縣學增廣生。治《易經》。字汝中，行二，年三十七，八月初九日生。曾祖湯，刑部員外郎。祖憲，教授。父廷臣。母蕭氏。重慶下。兄相。弟檜；崑，同科進士。娶蕭氏。江西鄉試第九十名，會試第十六名。

　　王以旂　貫應天府江寧縣，匠籍，直隸吳縣人。府學生。治《書經》。字士招，行一，年二十六，九月二十四日生。曾祖民。祖艃，壽官。父綸。母紀氏，繼母劉氏。具慶下。娶劉氏。應天府鄉試第八十四名，會試第一百九十二名。

　　張濼　貫廣東廣州府順德縣，軍籍。縣學生。治《易經》。字景川，行一，年二十五，四月初五日生。曾祖秉壬。祖善昭，按察司僉事。父鉥，義官。母梁氏。重慶下。弟□；淮，貢士；漢；汴；淞；沛；泳；滂；浩；洄；潛。娶譚氏。廣東鄉試第四十三名，會試第六十六名。

　　屈釪　貫陝西西安府華州蒲城縣，軍籍。縣學生。治《詩經》。字秉鈞，行二，年二十六，二月初四日生。曾祖文質。祖深。父寧，封推官。母孫氏，封孺人。具慶下。兄銓，府通判。弟鈸、銳。娶竇氏。陝西鄉試第三十名，會試第一百十八名。

　　潘漢　貫浙江台州府天台縣，軍籍。國子生。治《詩經》。字朝宗，行二，年三十七，正月十六日生。曾祖尚隱。祖朋美。父永華。母孫氏。永感下。兄汪。弟洲、濚。娶魯氏。浙江鄉試第五十五名，會試第三百二十七名。

　　劉禔　貫江西吉安府安福縣，儒籍。國子生。治《春秋》。字持美，行十一，年四十一，三月十八日生。曾祖瑚。祖鈞。父紀，七品散官。母周氏。具慶下。兄禔；祥，知府。弟裒、襲、初、裳、祴。娶王氏。

江西鄉試第五名，會試第二百二十六名。

　　竇明　貫山西沁州武鄉縣，民籍。國子生。治《書經》。字惟遠，行一，年三十六，八月二十七日生。曾祖成。祖振。父子文，巡檢。前母房氏，母馬氏。慈侍下。兄雲廣、熊、彪。弟虎。娶吳氏，繼娶任氏。山西鄉試第八名，會試第三百十六名。

　　吳惠　貫浙江寧波府鄞縣，民籍。國子生。治《易經》。字仁甫，行三，年三十五，十月初五日生。曾祖子良。祖臻。父山。母朱氏。永感下。兄魁。弟淮、洪。娶徐氏。浙江鄉試第十一名，會試第十名。

　　孫懋　貫浙江寧波府慈谿縣，民籍。國子生。治《詩經》。字德夫，行十三，年四十三，五月初九日生。曾祖雷，工部主事。祖嵩。父文原，教諭。母陳氏。永感下。弟志。娶劉氏，繼娶傅氏。浙江鄉試第八十三名，會試第三百十七名。

　　羅方　貫四川順慶府南充縣，軍籍。國子生。治《詩經》。字循矩，行一，年三十二，九月二十五日生。曾祖銘。祖璟。父洪。母樊氏。重慶下。弟賢、霖、顯、孟、元。娶楊氏。四川鄉試第三十九名，會試第一百九十九名。

　　徐文溥　貫浙江衢州府開化縣，民籍。縣學生。治《春秋》。字可大，行三，年三十二，八月十八日生。曾祖用銛，醫官。祖綿，壽官。父琦。母詹氏。慈侍下。兄洪，監生。弟文瀚、文濟、澴、浤、潤、津、文涇。娶許氏。浙江鄉試第十一名，會試第一百□□三名。

　　貫啓　貫留守中衛，官籍，湖廣黃岡縣人。順天府學生。治《詩經》。字啓之，行七，年三十二，九月初七日生。曾祖鉉，指揮僉事。祖浩，指揮同知。父汝楫，府通判。母毛氏。永感下。兄鈍，指揮僉事；愚；魯；蒙；柔；太。娶丘氏。順天府鄉試第六名，會試第八十五名。

　　黃大源　貫福建興化府莆田縣，軍籍。府學增廣生。治《詩經》。字與潔，行一，年四十二，九月二十三日生。曾祖惟耕。祖學廣，□□。父燮，知縣。母丘氏。□侍下。弟文清、文瀚、文洙、文洗、文浴、文淬、文濡。娶林氏。福建鄉試第五十九名，會試第二百六十三名。

　　簡輔　貫廣西柳州府馬平縣，軍籍。國子生。治《詩經》。字汝欽，行一，年二十九，四月二十一日生。曾祖寬。祖淙，壽官。父文，布政司經歷。母郝氏。永感下。弟弼，貢士。娶鄭氏。廣西鄉試第二名，會試第七十三名。

史立誠　貫浙江寧波府鄞縣，民籍。國子生。治《易經》。字克明，行五，年三十七，七月初二日生。曾祖必初。祖仕珉。父本鈇。母□氏，繼母王氏。具慶下。弟立讓、立誌、立詳、立謙、立議、立諶、立訓、立誥、立論。娶范氏。浙江鄉試第四十四名，會試第二百二十名。

桂萼　貫江西饒州府安仁縣，民籍。縣學生。治《詩經》。字子實，行九，年三十四，九月二十四日生。曾祖珍，旌表義民。祖俊。父暐。母倪氏。慈侍下。兄華。娶吳氏。江西鄉試第十九名，會試第三百二十六名。

陳霑　貫直隸真定府冀州，民籍。州學生。治《詩經》。字汝霖，行五，年三十二，五月初七日生。曾祖剛。祖瑛。父謨，府知事。前母夏氏，母池氏。永感下。兄賢、貫、貢、霈。娶張氏，繼娶韓氏。順天府鄉試第三十四名，會試第一百五十五名。

陳良玉　貫四川敘州府富順縣，民籍。國子生。治《詩經》。字德夫，行一，年二十八，九月十一日生。曾祖以政。祖本釗。父忠。母黃氏。慈侍下。娶劉氏。四川鄉試第三十四名，會試第二百二十九名。

李時元　貫直隸真定府趙州，民籍。國子生。治《易經》。字伯生，行一，年三十，八月初八日生。曾祖福勝。祖順，贈評事。父旻，布政司右參政。母茅氏，封孺人；繼母陳氏。具慶下。弟時亨，百戶；時利。娶劉氏。順天府鄉試第一百十□名，會試第三百十五名。

鄒輗　貫直隸常州府武進縣，民籍。國子生。治《禮記》。字敏行，行八，年三十七，七月初九日生。曾祖貞一。祖平。父量。前母張氏，母楊氏。永感下。兄軾、轍。娶惲氏。應天府鄉試第四名，會試第一百六十三名。

張應祺　貫浙江杭州府仁和縣，民籍。府學生。治《易經》。字元吉，行三，年二十，五月十六日生。曾祖翱。祖鵬，義官。父繪，醫學正科。嫡母沈氏，繼母潘氏，生母陳氏。□□下。兄□□、□□。弟應祐、應祥、應禔、應祚、應禬、應禱。娶莫氏。浙江鄉試第三十四名，會試第三百十一名。

粟登　貫四川重慶府巴縣，軍籍。國子生。治《禮記》。字有年，行一，年三十四，二月二十一日生。曾祖茂。祖彥，□□。父千鍾。母衛氏。慈侍下。弟成、濟、奉。娶曹氏。四川鄉試第四名，會試第二百四十名。

鄭德崇　貫山東兗州府東平州汶上縣，民籍。國子生。治《易經》。

字道夫，行一，年三十八，三月初四日生。曾祖禮。祖林，壽官。父本，致仕長史。母郭氏。嚴侍下。弟德新。娶趙氏。山東鄉試第□□名，會試第一百四十九名。

李先芳　貫山西太原府代州，民籍。州學生。治《書經》。字孟春，行一，年三十四，六月十六日生。曾祖信。祖福源。父滋，義官。母韓氏，繼母王氏。具慶下。弟先華、先蕃、先榮、先茂、先郁。娶張氏。山西鄉試第八十八名，會試第一百二十二名。

曹蘭　貫陝西西安府咸寧縣，軍籍。直隸長垣縣學教諭。治《書經》。字德芳，行一，年三十六，十一月十四日生。曾祖□□。祖福。父恭。母趙氏。□□下。弟芷、芹、苓。娶王氏。陝西鄉試第六名，會試第八十七名。

金𨫼　貫雲南大理府趙州，民籍，大理衛人。國子生。治《書經》。字文薦，行五，年三十五，閏二月十九日生。曾祖成□。祖鏡。父琇，教諭。母程氏。慈侍下。兄□、鏄、□、鼐、鎧、泰。弟鰧、倉、𪔂、鉞。娶陳氏。雲南鄉試第九名，會試第二十七名。

劉𢙀　貫山西潞州襄垣縣，軍籍。縣學生。治《禮記》。字舜弼，行二，年二十四，九月二十三日生。曾祖端，□□□□□□。祖潔，□□□□使，加贈中議大夫、贊治尹。父鳳儀，刑部員外郎。母張氏，封孺人。□□下。兄龍，翰林院編修。弟元、愷、益。娶秦氏。山西鄉試第□□十名，會試第一百九十五名。

金符　貫武功中衛，軍匠籍，直隸吳江縣人。順天府學增廣生。治《書經》。字信臣，行一，年二十四，七月初八日生。曾祖成，贈工部主事。祖增，壽官。父宇。母成氏。具慶下。弟節。娶沈氏。順天府鄉試第六十七名，會試第二百四十七名。

沈光大　貫浙江寧波府慈谿縣，民籍。縣學增廣生。治《詩經》。字體行，行六，年三十八，十二月二十五日生。曾祖□□。祖彥宙。父禎，河治所官。母余氏。□□下。兄光霱，□民；光世。娶湯氏。浙江鄉試第十三名，會試第一百二十四名。

唐濂　貫直隸徽州府歙縣，軍籍。府學增廣生。治《春秋》。字景之，行四，年二十六，三月初五日生。曾祖□吉。祖邦仁。父傑，封知縣。母洪氏，封孺人。□□下。兄溥；澤，刑部郎中；漢。娶吳氏。應天府鄉試第三十七名，會試第三百十三名。

何棠　貫直隸揚州府泰興縣，民籍。國子生。治《詩經》。字愛之，行二十，年四十，十二月二十三日生。曾祖□□。祖顒。父岷，義官。母盧氏。□□下。兄□，推官；林；槐；柒，監察御史。弟榛、木、栗、果。娶張氏，繼娶蕭氏。應天府鄉試第一百三十三名，會試第三百五名。

尹元　貫直隸真定府靈壽縣，民籍。國子生。治《詩經》。字體仁，行一，年三十三，正月十六日生。曾祖□□。祖貴。父端。母田氏。□□下。弟凱、直、欽德。娶李氏。順天府鄉試第六十六名，會試第五十三名。

孫方　貫直隸鎮江府丹陽縣，軍籍。國子生。治《詩經》。字思行，行五，年三十八，六月初六日生。曾祖□□。祖璘。父統，將仕郎。母惲氏，繼母趙氏。□□下。兄□，將仕郎；旭；□；旦；弟育，監生。娶賀氏，繼娶胡氏。順天府鄉試第九十六名，會試第七十六名。

葉忠　貫浙江台州府臨海縣，軍籍。縣學生。治《詩經》。字一之，行一，年三十，閏八月初三日生。曾祖貴□。祖渭。父時賢，知縣。母應氏。重慶下。弟爵、祿、雲龍、恕、秩、咸。娶陳氏。浙江鄉試第二名，會試第三百三十五名。

張楷　貫直隸保定府清苑縣，軍籍。府學生。治《詩經》。字式甫，行二，年三十七，十月十七日生。曾祖□□。祖玉。父文政，縣丞。母趙氏。□□下。兄榛。弟棣。娶王氏。順天府鄉試第九名，會試第□百四十九名。

趙君琰　貫山西平陽府絳州垣曲縣，軍籍。國子生。治《易經》。字文載，行四，年三十，九月初五日生。曾祖□□，□□。祖信，大使。父鼎，□□□□。母□氏，繼母衛氏。□□下。兄君璋、君玉、君瑞。娶呂氏。山西鄉試第六十四名，會試第一百一十七名。

龔守愚　貫江西臨江府清江縣，匠籍。縣學生。治《春秋》。字師顏，行四，年二十□，十一月十八日生。曾祖□□。祖襄。父爵。前母張氏，母彭氏。□□□。弟守約。娶宗氏。江西鄉試第□□名，會試第二百三十八名。

郭維藩　貫河南開封府儀封縣，軍籍。國子生。治《詩經》。字价夫，行一，年三十七，八月二十八日生。曾祖巖，典史。祖慶，封戶部主事，贈刑部員外郎。父廷珪，府同知。母賈氏，封宜人。□慶下。弟維垣、維屏。娶胡氏。河南鄉試第十六名，會試第一百六十一名。

楊應奎　貫山東青州府益都縣，民籍。府學生。治《書經》。字文焕，行一，年二十五，三月初二日生。曾祖□□。祖瑄，壽官。父鸞。母趙氏。□□下。弟應璧、應期。娶喬氏。山東鄉試第七十六名，會試第□百四十四名。

余瓊　貫四川成都府內江縣，民籍。國子生。治《書經》。字德夫，行三，年三十六，十一月十四日生。曾祖□□。祖則善。父夔，知州。嫡母陰氏，生母丘氏。□□下。兄珹、卿。弟瓛、璐。娶田氏，繼娶曾氏。四川鄉試第五十四名，會試第三百五十名。

穆世傑　貫陝西西安府涇陽縣，民籍。國子生。治《春秋》。字文英，行一，年三十五，四月十六日生。曾祖景春。祖宗宏。父良玉，□□。母楊氏。□慶下。娶程氏。陝西鄉試第十四名，會試第三百四十五名。

游璉　貫福建福州府連江縣，民籍。縣學生。治《易經》。字世重，行五，年三十六，九月十六日生。曾祖益生。祖立。父寓。母趙氏。嚴侍下。兄珈、玹、珠。弟琮、瑁。娶楊氏。福建鄉試第六十七名，會試第二百五十二名。

田荆　貫陝西臨兆府蘭州，軍籍，直隸蠡縣人。國子生。治《易經》。字廷友，行二，年二十八，十二月三十日生。曾祖永寧。祖義。父垕。嫡母高氏，生母劉氏。慈侍下。兄萬。弟芹、藻。娶楊氏。陝西鄉試第四十八名，會試第二百二名。

李安之　貫四川嘉定州，民籍。州學生。治《書經》。字嘉靖，行一，年三十三，八月初八日生。曾祖仕昌。祖本宗。父官，知縣。母楊氏。永感下。弟永之。娶吳氏。四川鄉試第二十八名，會試第三百二名。

張翀　貫四川潼川州，民籍。國子生。治《易經》。字習之，行四，年三十四，三月二十一日生。曾祖忠。祖文繡。父伯璣，訓導。母吳氏，繼母龔氏。具慶下。兄翯、翧、翔。弟𦑣；猴，同科進士。娶杜氏。四川鄉試第八名。會試第四十九名。

聶珙　貫江西瑞州府上高縣，民籍。國子生。治《詩經》。字周贊，行四，年三十八，四月初一日生。曾祖義端。祖瑛，典史。父□。母黃氏。具慶下。兄瓊、璋。娶黃氏，繼娶毛氏。江西鄉試第六名，會試第二百八十九名。

余鑾　貫湖廣黃州府黃岡縣，軍籍。府學生。治《易經》。字廷儀，行三，年三十四，十月二十二日生。曾祖從道。祖善。父志高。母方氏。具慶下。兄項、鈺。弟鏊。娶姚氏。湖廣鄉試第六十六名，會試第二百二十四名。

鄭慕　貫福建福州府福清縣，鹽籍。縣學生。治《詩經》。字師舜，行九，年四十三，正月初十日生。曾祖竑。祖塏。父陸，教諭。嫡母曾氏，生母王氏。永感下。兄泰，訓導。娶韓氏。福建鄉試第四十四名，會試第二百九十七名。

李校　貫江西吉安府安福縣，軍籍。國子生。治《春秋》。字彥甫，行十二，年三十八，三月初十日生。曾祖志節。祖崇弁。父讓。母彭氏。永感下。兄樑；柯，義官；楒。弟材、橋、柶、梃、梗。娶賀氏。江西鄉試第四十二名，會試第一百五十六名。

戴馭　貫浙江台州府太平縣，軍籍。縣學增廣生。治《易經》。字允化，行六，年二十四，閏正月二十四日生。曾祖文衡。祖世寬。父尚本。母胡氏。具慶下。兄冀、殷、乾、參、勃。聘趙氏。浙江鄉試第七十七名，會試第二百三十七名。

楊秉中　貫陝西西安府乾州武功縣，民籍。國子生。治《禮記》。字用之，行一，年四十，正月初十日生。曾祖安。祖鑑。父舟，訓導。母張氏。具慶下。弟允中。娶喬氏。陝西鄉試第□□五名，會試第二百七十名。

沈霽　貫直隸松江府華亭縣，民籍。國子生。治《春秋》。字子公，行四，年四十一，正月二十四日生。曾祖洪，壽官。祖亮。父塤。前母孔氏，母鍾氏。永感下。兄雲；霖；霆，歲貢生。娶夏氏，繼娶陳氏。應天府鄉試第五十八名，會試第一百七名。

許翔鳳　貫山西平陽府洪洞縣，軍籍。國子生。治《詩經》。字國禎，行二，年三十八，七月二十一日生。曾祖時泰。祖班。父瑄，遞運所大使。前母李氏，母張氏。慈侍下。兄九皋。弟鳴鳳。娶郝氏。山西鄉試第十七名，會試第三百一名。

嚴時泰　貫湖廣武昌府江夏縣，匠籍，浙江□□縣人。國子生。治《禮記》。字應階，行七，年三十二，十二月十□日生。曾祖壽旻。祖傑。父毅，義官。母史氏。具慶下。兄時瞻；時□，儀賓；時雍。弟時英。娶徐氏。湖廣鄉試第三十五名，會試第一百八十二名。

蔣亨　貫直隸常州府武進縣，醫籍。國子生。治《詩經》。字原貞，行一，年三十八，九月十八日生。曾祖魯，贈左通政。祖宗武，禮部左侍郎。父黼。母蔡氏。慈侍下。弟京，義官。娶姜氏。應天府鄉試第□□名，會試第三十六名。

余瓚　貫福建興化府莆田縣，軍籍。山東濟寧州學正。治《詩經》。字君錫，行一，年三十七，十月二十四日生。曾祖德保。祖寅賓。父用和。母施氏。慈侍下。娶姚氏。福建鄉試第四十四名，會試第一百二十七名。

陶麟　貫直隸蘇州府吳縣，匠籍。國子生。治《易經》。字仁夫，行一，年三十九，十月二十八日生。曾祖永昌。祖玉。父繼。母湯氏。永感下。娶蔡氏。應天府鄉試第四十七名，會試第二百五名。

李潤　貫濟州衛，軍籍，山西蒲州人。國子生。治《易經》。字子雨，行二，年三十五，九月十二日生。曾祖忠。祖信。父賢。母楊氏。慈侍下。兄□。弟溣。娶何氏。順天府鄉試第三□七名，會試第七十四名。

徐乾　貫廣西桂林府臨桂縣，民籍。府學生。治《易經》。字健夫，行一，年二十八，九月二十二日生。曾祖亨。祖麟，縣丞。父敩，知縣。母劉氏，繼母朱氏。重慶下。弟觀、□、㫬、有。娶費氏。廣西鄉試第□□名，會試第二百三十四名。

胡佩　貫浙江金華府湯溪縣，民籍。國子生。治《詩經》。字時鳴，行四，年三十三，十二月初五日生。曾祖宗傑。祖彥信。父孟璁。母趙氏。慈侍下。兄僖、儉、儲。娶吳氏。浙江鄉試第八十三名，會試第二百五十一名。

謝珊　貫湖廣荊州府松滋縣，民籍。國子生。治《詩經》。字伯聲，行一，年二十二，正月十八日生。曾祖銑，府同知。祖榮。父茂，監生。母陶氏。繼母陳氏。□□下。弟□、瑚、珠、璣、璲。娶胡氏。湖廣鄉試第三名，會試第一百三十六名。

傅楒　貫福建泉州府南安縣，軍籍。國子生。治《易經》。字廷濟，行三，年二十，八月十九日生。曾祖振，贈戶部主事。祖凱，戶部郎中。父浚，工部員外郎。母莊氏，封安人。重慶下。兄桓、棟。弟柏、梀、櫹。娶趙氏。福建鄉試第七十五名，會試第九十八名。

鄭正義　貫直隸池州府建德縣，民籍。國子生。治《詩經》。字宜之，行一，年二十八，十月二十二日生。曾祖□□。祖崑。父文明。嫡母沈氏，生母馮氏。具慶下。弟正行、正中、正和。娶柯氏。應天府鄉試第□十九名，會試第二百六十八名。

熊蘭　貫江西南昌府南昌縣，民籍。國子生。治《詩經》。字天秀，行九，年三十五，七月十六日生。曾祖素敬。祖資直，贈刑部主事。父昭。

母余氏。具慶下。兄鍛，倉副使。弟□；葛，貢士；道；茂。娶揭氏。江西鄉試第三十五名，會試第二百三十九名。

董相　貫河南河南府嵩縣，民籍。縣學生。治《易經》。字應期，行一，年二十六，八月二十七日生。曾祖環。祖□□。父□□。母蔣氏。□慶下。娶王氏。河南鄉試第七十三名，會試第二百五十九名。

任舜臣　貫陝西西安府三原縣，軍籍。國子生。治《易經》。字承華，行二，年三十四，三月初九日生。曾祖永。祖敬。父珣。母段氏。慈侍下。兄堯臣。弟禹臣、湯臣、文臣、武臣、周臣。娶申氏。陝西鄉試第九名，會試第一百八十七名。

劉廷籃　貫富峪衛，軍籍，江西安福縣人。國子生。治《春秋》。字器重，行三，年四十，四月初十日生。曾祖士敏。祖希佐，壽官。父震豪。母習氏，繼母彭氏。永感下。兄廷策、廷籌。弟廷築。娶朱氏。順天府鄉試第一百□□名，會試第九十二名。

李鳳　貫山東萊州府平度州昌邑縣，民籍。國子生。治《詩經》。字仲鳴，行五，年三十三，十月二十五日生。曾祖復仁。祖志剛。父昇。前母王氏，母張氏。永感下。兄熊、豹、鶯、鷹。弟鴻。娶潘氏，繼娶宋氏。山東鄉試第八名，會試第五十六名。

沈俊　貫直隸廬州衛，官籍，泰州人。府學生。治《書經》。字人傑，行一，年三十九，五月十一日生。曾祖德，百戶。祖瑛，百戶。父紀，聽選監生。母楊氏。具慶下。娶劉氏。應天府鄉試第一百十九名，會試第二百十七名。

張鏜　貫萬全都司宣府右衛，官籍，臨清州人。國子生。治《詩經》。字廷進，行四，年二十七，九月十九日生。曾祖聚。祖旺。父□，義官。前母□氏，母徐氏。慈侍下。兄鋐；鉞；鑾，義官。娶□氏，繼娶王氏。順天府鄉試第四十四名，會試第七十九名。

韓鷟　貫直隸揚州府泰州，軍籍。州學生。治《詩經》。字應和，行二，年四十，六月十四日生。曾祖旺。祖綱。父琇。母王氏。慈侍下。兄鳳、鼐。弟麒、鵬、鷥。娶符氏。應天府鄉試第十五名，會試第一百九十六名。

王元正　貫陝西西安府盩厔縣，民籍。縣學生。治《書經》。字舜卿，行二，年二十九，正月初二日生。曾祖榮，贈知府。祖璽，知府，封右通政。父傅，太僕寺卿。母趙氏，封恭人。慈侍下。兄元凱，同科進士。弟元亨，貢士。娶楊氏。陝西鄉試第二名，會試第九十九名。

易瓚　貫直隸河間府肅寧縣,民籍,山西臨汾縣人。國子生。治《詩經》。字廷用,行六,年三十,四月初五日生。曾祖志泰。祖恕,主簿。父昂。母白氏。永感下。兄珣、珎、琦、瑾、瑱。娶王氏。順天府鄉試第一百三十五名,會試第二百二名。

曹珪　貫湖廣黃州府黃岡縣,民籍。國子生。治《禮記》。字廷獻,行二,年三十七,十二月十九日生。曾祖鎮。祖良輔。父儀。母巢氏,繼母邵氏。重慶下。兄珣。弟瑩;瓛;瑗;璲;璽,貢士;琮。娶舒氏。湖廣鄉試第十名,會試第二百九十六名。

龔進　貫錦衣衛,校籍,江西高安縣人。國子生。治《詩經》。字思忠,行二,年三十七,七月初八日生。曾祖立政。祖璋。父銓。母王氏。永感下。兄遙。弟遵、逵、遇。娶敖氏。順天府鄉試第□十五名,會試第二百九名。

任洛　貫河南開封府鈞州,民籍。州學生。治《禮記》。字仲伊,行十二,年二十七,二月十五日生。曾祖克讓。祖諒,義官。父昇,義官。前母程氏,母焦氏。慈侍下。兄顯;潛;頫;顒,監生;□;江;漢;溥;澳;淇;汴。娶劉氏。河南鄉試第四名,會試第三百四名。

余守覲　貫湖廣衡州府衡陽縣,官籍。國子生。治《詩經》。字尚賓,行三,年三十二,九月初九日生。曾祖潭龍。祖洪。父瓊。母王氏。具慶下。兄守明。弟守覲、守規。娶歐陽氏。湖廣鄉試第二十四名,會試第九十七名。

劉景沂　貫山東濟南府長清縣,軍籍。直隸定興縣學教諭。治《易經》。字同仁,行二,年四十三,十一月初二日生。曾祖大章。祖昇。父鈜,前長史。母楊氏。永感下。兄景浤。娶苗氏。山東鄉試第六十四名,會試第二百十二名。

陳寰　貫直隸蘇州府常熟縣,民籍。國子生。治《詩經》。字原大,行二,年三十五,十一月十八日生。曾祖繼芳。祖璇。父稷,贈監察御史。母譚氏,封太孺人。慈侍下。兄察,監察御史。娶顧氏,繼娶曾氏。應天府鄉試第三名,會試第九名。

李旦　貫福建漳州府漳浦縣,軍籍。國子生。治《詩經》。字周輔,行五,年三十四,三月十六日生。曾祖□□。祖祚。父和。母何氏。慈侍下。兄明、賜、曩、朝。弟昂、崿、哶、總。娶沈氏。福建鄉試第十五名,會試第一百五名。

吳棟　貫義勇後衛籍,順天府東安縣人。縣學生。治《詩經》。字子材,行一,年三十,十一月二十五日生。曾祖柒。祖□。父浩。母杜氏,繼母歐氏。具慶下。弟椿、松、檜、相、楷。娶李氏。順天府鄉試第六十四名,會試第三百七十九名。

　　任德　貫河南河南衛,軍籍。衛輝府學增廣生。治《詩經》。字主善,行四,年二十六,八月初五日生。曾祖原□。祖□。父□,□□。母姚氏。慈侍下。兄剛、佐、玘。弟□、□、□。娶黃氏。河南鄉試第六十八名,會試第一百二十八名。

　　劉濟　貫騰驤右衛籍,陝西藍田縣人。定州學生。治《易經》。字汝楫,行三,年二十五,十一月初四日生。曾祖得□。祖傑。父亨,教諭。母宗氏。慈侍下。兄淪、澍。弟汲、潛。娶張氏。順天府鄉試第三十三名,會試第二百二十八名。

　　吳閶　貫直隸常州府武進縣,民籍。府學增廣生。治《詩經》。字朝言,行一,年二十六,五月十二日生。曾祖□。祖綸。父宗孝。母曹氏。具慶下。弟□、謐、誌、諧。娶趙氏。應天府鄉試第六名,會試第一百五十九名。

　　楊朝鳳　貫陝西慶陽府安化縣,民籍。府學生。治《書經》。字應時,行四,年二十五,四月十四日生。曾祖勝,壽官。祖□,□□。父綸,都察院右副都御史。母王氏,封孺人。具慶下。兄□□;□□;儀鳳,□□□。弟時鳳;雲鳳;雛鳳;彩鳳,□□□;虞鳳。娶高氏。陝西鄉試第二名,會試第九十三名。

　　石金　貫湖廣黃州府蘄州黃梅縣,軍籍。國子生。治《詩經》。字南仲,行一,年二十六,十二月二十二日生。曾祖竭。祖順。父迪。母管氏。重慶下。弟鑾、鍊、銘、□。娶洪氏。湖廣鄉試第六十七名,會試第二百五十三名。

　　張衍慶　貫河南衛輝府汲縣,民籍。國子生。治《詩經》。字仲承,行二,年三十一,三月三十日生。曾祖鐸。祖傑,監察御史。父繼,按察司僉事。母段氏,封宜人。具慶下。兄衍端,吏部主事。弟衍祚。娶王氏。河南鄉試第三十一名,會試第□□八名。

　　歐珠　貫四川潼川州,站籍,直隸吳縣人。國子生。治《易經》。字明甫,行一,年二十九,八月二十九日生。曾祖仕傑。祖鳳。父大欽。母劉氏。具慶下。弟珂、瑢。娶譚氏。四川鄉試第五十九名,會試第二百九十一名。

　　周叙　貫湖廣九谿衛,官籍,河南息縣人。國子生。治《詩經》。

字子厚，行四，年三十一，八月二十六日生。曾祖鏞，正千户。祖禎，正千户。父璧，知縣。母張氏。永感下。兄天爵；天民；天禄，指揮僉事。弟天秩。娶陳氏。湖廣鄉試第五十五名，會試第三百十二名。

張欽　貫直隸通州右衛籍，河南固始縣人。順天府通州學生。治《易經》。字敬之，行一，年三十五，七月初九日生。曾祖義。祖□。父浩。母臧氏。具慶下。娶蘇氏。順天府鄉試第二十一名，會試第二百八十四名。

饒富　貫江西撫州府崇仁縣，民籍。國子生。治《書經》。字弘濟，行三，年三十六，三月十八日生。曾祖勛妍。祖弼辰。父元鼎。母楊氏。具慶下。兄實、安。弟宇、憲、察、寵。娶黃氏。江西鄉試第二十名，會試第三百九名。

詹軾　貫江西廣信府玉山縣，民籍。國子生。治《書經》。字敬之，行十七，年三十六，十月二十日生。曾祖紹顯。祖伯誠。父志溫。母李氏。嚴侍下。兄宸、崇、福。弟恂、驥、駿。娶陳氏。江西鄉試第十九名，會試第八十一名。

劉翀　貫山西平陽府平陸縣，軍籍。國子生。治《書經》。字文翔，行二，年三十六，十月三十日生。曾祖昇。祖宣。父惠。母王氏。具慶下。兄翰，監生。弟翆、翀、翩。娶王氏。山西鄉試第二十一名，會試第一百五十三名。

俞璋　貫直隸蘇州府太倉州，民籍。州學生。治《易經》。字朝相，行二，年二十七，五月初十日生。曾祖廷璧。祖祖山。父高。母陸氏。重慶下。兄瑛。弟琳、玭、璠、□、璞。娶方氏，繼娶黃氏。應天府鄉試第一百三十名，會試第二百五十名。

党承志　貫山西太原府忻州，軍籍。州學生。治《書經》。字汝孝，行一，年二十六，十月十二日生。曾祖庠，州同知。祖永齡，壽官。父茂，知縣。母漫氏。具慶下。弟承美、承恩、承賜、承先、承光、承學。娶廖氏。山西鄉試第六十名，會試第三百二十三名。

鍾善經　貫廣東廣州府順德縣，民籍。縣學增廣生。治《易經》。字理夫，行四，年二十五，五月初九日生。曾祖□穗。祖皥，□□。父恕。母梁氏。具慶下。兄善本，貢士；善顯；善□，貢士。弟善綸、善學、善統、善緒、善德。娶黎氏。廣東鄉試第二十八名，會試第八十二名。

周清　貫湖廣鄖陽府竹谿縣，民籍，江西豐城縣人。國子生。治《書經》。字鄖陽，行四，年二十四，正月二十日生。曾祖正，訓導。祖□。

父□□。母李氏。具慶下。兄治，□□；□；淳。娶席氏。湖廣鄉試第十五名，會試第九十六名。

王金　貫直隸涿鹿中衛，官籍。國子生。治《書經》。字汝礪，行一，年三十四，五月十四日生。曾祖彬，指揮同知。祖□勇。父□華，知縣。母丘氏，繼母楊氏。具慶下。兄欽；鎮；□，指揮□□。弟翁、會、介。娶沈氏。順天府鄉試第一百十名，會試第一百七十九名。

咸雄　貫浙江金華府金華縣，民籍。國子生。治《詩經》。字世英，行三，年三十四，七月初一日生。曾祖虎，教諭。祖天霖，□□□□。父昂，按察司副使。母徐氏，封孺人；繼母王氏。具慶下。兄熙，貢士；勳。弟豪、環。娶張氏。浙江鄉試第□□名，會試第二百六十一名。

祝弘舒　貫四川成都府溫江縣，軍籍。國子生。治《詩經》。字文安，行三，年四十，七月二十五日生。曾祖桂春。祖思濤。父□。母鄭氏，繼母郝氏。永感下。兄弘顯，監生；弘達，義官。弟弘展。娶敖氏。四川鄉試第二十四名，會試第一百六十九名。

貢珊　貫直隸寧國府宣城縣，儒籍。國子生。治《易經》。字廷甫，行四，年四十八，十一月十七日生。曾祖友進，兵部員外郎。祖斯□。父伯瓛。母徐氏，繼母陳氏。慈侍下。兄暎。弟暾、宣。娶魏氏。應天府鄉試第二十六名，會試第七十名。

冼尚文　貫廣東廣州府番禺縣，民籍。府學生。治《詩經》。字質夫，行一，年三十一，十二月二十八日生。曾祖忠。祖□，訓導。父魯，□□。母曾氏。永感下。弟尚義、尚禮、尚智、尚達。娶老氏，繼娶張氏。廣東鄉試第六十五名，會試第五十名。

李孟旭　貫山西大同府蔚州靈丘縣，民籍。國子生。治《詩經》。字天昕，行二，年三十六，六月二十五日生。曾祖惠。祖齊。父□，□□□。母趙氏，繼母范氏、劉氏。□慶下。兄孟□，□□。弟孟昂，□□。娶王氏。山西鄉試第六十三名，會試第一百九十名。

孫聰　貫直隸大名府開州，軍籍。國子生。治《書經》。字用晦，行二，年三十九，八月初三日生。曾祖禮。祖英。父□，□□。母郭氏。慈侍下。兄靈。弟愚。娶石氏。順天府鄉試第一百一十四名，會試第三百三十八名。

歐陽崑　貫江西吉安府泰和縣，民籍。國子生。治《易經》。字汝□，行四，年三十一，十一月初三日生。曾祖湯，刑部員外郎。祖憲，教授。父廷臣。母蕭氏。重慶下。兄相；嵩，同科進士；檜。娶郭氏。江西鄉試第十七名，會試第一百八十三名。

晏珠　貫四川成都府內江縣，校尉籍。國子生。治《詩經》。字廷光，行二，年三十八，五月初五日生。曾祖本玄。祖正祖。父孟昌。母楊氏。具慶下。兄金鰲。弟金□、金□。娶袁氏。四川鄉試第□十一名，會試第三百四十一名。

汪淵　貫江西廣信府上饒縣，軍籍。府學生。治《易經》。字景顏，行三十八，年四十一，正月十九日生。曾祖□□。祖□□。父□□。母詹氏，繼母胡氏。□□下。兄□、□、芳、□、□。娶姜氏。江西鄉試第□□名，會試第一百八十名。

劉文元　貫四川成都府彭縣，民籍。縣學生。治《書經》。字伯儒，行二，年[1]，正月初五日生。曾祖九成。祖祐，訓導。父諭。母李氏。慈侍下。□□。娶朱氏。四川鄉試第七十□名，會試第□□□□名。

盧瓊　貫江西饒州府浮梁縣，民籍。縣學增廣生。治《詩經》。字獻卿，行[2]，四月初十日生。曾祖淵。祖中。父□□。前母鄭氏、□氏、李氏，母□氏，繼母陳氏。具慶下。兄玗、珊、璬。弟玠。娶李氏。江西鄉試第六十九名，會試第一百五十一名。

余翱　貫直隸鳳陽府定遠縣，匠籍。國子生。治《書經》。字大振，行一，年三十六，六月初二日生。曾祖道通。祖敏。父□。母章氏。具慶下。弟翰、翃。娶陳氏。應天府鄉試第七名，會試第一百四名。

孟廷柯　貫湖廣武昌府武昌縣，軍籍。國子生。治《詩經》。字培之，行三，年三十，正月二十七日生。曾祖源。祖應祖。父芸。母馬氏。具慶下。兄廷槐、廷材。弟廷梅、廷模、廷極。娶周氏。湖廣鄉試第三十名，會試第一百七十八名。

王宗源　貫福建泉州府晉江縣，民籍。國子生。治《易經》。字志潔，行一，年三十一，八月二十八日生。曾祖彝。祖寬，壽官。父綱。母林氏。重慶下。弟寅清、宗瀋、宗澄、宗淮、宗河、宗漢。娶蔡氏。福建鄉試第四十五名，會試第一百十三名。

李鎮　貫江西南昌府進賢縣，民籍。直隸揚州府學訓導。治《詩經》。字安邦，行八，年四十二，六月二十七日生。曾祖孟斌，贈經歷。祖仕

---

[1] 底本漫漶不清。

[2] 底本漫漶不清。

庸。父式之。母舒氏。永感下。兄鐘，推官。弟鋼。娶車氏，繼娶徐氏。江西鄉試第十一名，會試第一百四十三名。

郭五常　貫河南汝寧府西平縣，民籍。縣學生。治《詩經》。字大經，行五，年三十五，五月二十日生。曾祖子中。祖□□，兵馬指揮。父□□，兵馬指揮。前母王氏，贈孺人；母劉氏，封孺人。慈侍下。兄□、璐、瑤、□。弟六藝，監生；七書；八紘。娶毛氏。河南鄉試第□十一名，會試第三百三十名。

蕭淮　貫廣西桂林中衛，軍籍。國子生。治《書經》。字東之，行一，年二十七，五月十四日生。曾祖銘。祖瑛。父經。母柳氏。重慶下。弟沂、漢、泗。娶蔣氏。廣西鄉試第四十二名，會試第六十七名。

陸時通　貫江西南昌府豐城縣，軍籍。國子生。治《易經》。字行之，行四，年三十六，十一月十二日生。曾祖季廣。祖備載。父德崇。母潘氏。慈侍下。兄時暘、時用。弟時遇。娶王氏，繼娶蔣氏。江西鄉試第五十五名，會試第一百四十五名。

侯位　貫湖廣平溪衛，官籍。國子生。治《易經》。字世卿，行五，年四十五，十月二十八日生。曾祖輔，正千戶。祖□，正千戶。父□，指揮使。前母毛氏，母夏氏。慈侍下。兄爵，指揮使；祿，監生。弟勳。娶許氏，繼娶李氏。湖廣鄉試第四十二名，會試第一百七十名。

趙德剛　貫福建福州府閩縣，民籍。府學生。治《禮記》。字崇節，行一，年二十八，五月十四日生。曾祖允，教諭。祖準。父重器。母林氏。重慶下。弟德裕、德孚、德彥。娶林氏。福建鄉試第三名，會試第一百三十五名。

謝源　貫福建福州府懷安縣，官籍。縣學增廣生。治《禮記》。字士潔，行四，年三十三，三月二十七日生。曾祖德安。祖銘，封兵科給事中。父琮，壽官。嫡母陳氏，生母商氏。□□下。兄洪、淳。弟瀚、涇。娶陳氏。福建鄉試第六十二名，會試第六十九名。

周廷用　貫湖廣岳州府華容縣，匠籍。縣學附學生。治《書經》。字子賢，行一，年三十，九月二十三日生。曾祖文誠。祖思晉。父均昂。母傅氏。具慶下。弟廷臣、廷表、廷楫、廷制、廷詔、廷誥、廷策。娶沈氏。湖廣鄉試第八名，會試第三百十八名。

陳烈　貫福建漳州府漳浦縣，民籍。縣學生。治《詩經》。字朝臣，行二，年三十八，十一月十六日生。曾祖則彝，贈吏部郎中。祖肅。父衡。

母楊氏，繼母鄭氏。慈侍下。兄勳。弟恕。娶戴氏。福建鄉試第四十七名，會試第三百八名。

龔大有　貫直隸常州府武進縣，軍籍。府學生。治《詩經》。字士謙，行一，年三十八，三月初七日生。曾祖禮洪。祖瑛。父詵，貢士。母殷氏。永感下。弟大順、大邦、大用、大倫、大振、大稔。娶張氏。應天府鄉試第八十一名，會試第二百四十六名。

李階　貫浙江溫州府永嘉縣，竈籍。國子生。治《詩經》。字升之，行五，年四十三，六月初五日生。曾祖明。祖王。父鈞。前母張氏，母林氏。□侍下。兄曾、豪、□、豐。弟塤。娶邵氏，繼娶陳氏。浙江鄉試第□□名，會試第一百三十四名。

申理　貫陝西平涼府鎮原縣，民籍。國子生。治《易經》。字伯溫，行一，年三十八，七月二十二日生。曾祖達，訓導。祖翔。父銓。母朱氏。重慶下。弟琳、瑾、璋、珏、現、瓛、瓚。娶張氏。陝西鄉試第四十五名，會試第三百七名。

邊憲　貫直隸河間府任丘縣，官籍。國子生。治《書經》。字汝明，行四，年三十八，四月二十六日生。曾祖復初，贈都察院左副都御史。祖永，戶部郎中，贈都察院左副都御史。父鏞，南京刑部右侍郎。前母王氏，贈淑人；母徐氏，封淑人。慈侍下。兄宗，監生；寅，主簿，封主事；憲，都察院右副都御史。弟寧，貢士；宓，監生；守。娶鄭氏。順天府鄉試第四十四名，會試第一百六十五名。

萬玘　貫歸德衛，軍籍，河南歸德州人。國子生。治《詩經》。字宗玉，行三，年四十一，八月初九日生。曾祖成。祖貴。父海，壽官。母吳氏。具慶下。兄珊，訓導；□。弟□，□□。娶孟氏。河南鄉試第四十名，會試第二百□十八名。

羅玉　貫四川順慶府南充縣，民籍。國子生。治《詩經》。字汝成，行一，年三十三，六月二十八日生。曾祖□□，□□。祖清，□□。父□資，義官。母楊氏。□慶下。弟□，義官；□、□、□、□、□。娶楊氏。四川鄉試第□□名，會試第□百四十七名。

徐晋　貫□□□縣，軍籍，浙江鄞縣人。府學生。治《易經》。字□□，行四，年□十九，□月初五日生。曾祖□□。祖清，壽官。父□。母丘氏。具慶下。兄昂、時、曉。弟春、恒、□、辰。娶□氏，繼娶孫氏。應天府鄉試第一百十一名，會試第二百十四名。

馮世昌　貫寧山衛，軍籍，河南獲嘉縣人。國子生。治[1]十六，八月二十三日生。曾祖禮。祖□。父□□，□□。母王氏。慈侍下。兄世安、世寧。弟世□、世清、世榮。娶徐氏。河南鄉試第十二名，會試第二百三十名。

潘錡　貫直隸徽州府婺源縣，民籍。儒士。治《書經》。字希和，行三，年三十一，七月初十日生。曾祖勤成。祖炯資，□□。父瑛。母胡氏。永感下。兄□、鏡。娶胡氏。應天府鄉試第一百十□名，會試第二百二十六名。

鄭雲翔　貫湖廣黃州府麻城縣，軍籍。縣學生。治《春秋》。字士鳳，行三，年三十七，正月初七日生。曾祖□信。祖道明。父班。嫡母蔡氏，生母余氏。□□下。弟雲翀。娶楊氏。湖廣鄉試第四十□名，會試第□□□□名。

常倫　貫山西澤州沁水縣，民籍。縣學生。治《禮記》。字明卿，行四，年二十，五月二十一日生。曾祖□□，贈□□□。祖曇，贈監察御史。父賜，按察司副使。母張氏，封孺人。具慶下。兄偉、儒、□。弟俊、儀、□。娶滕氏。山西鄉試第二名，會試第四十名。

熊允懋　貫四川成都府資陽縣，軍籍。國子生。治《詩經》。字士勉，行七，年三十八，二月初十日生。曾祖得真。祖志翰。父崧。母秦氏。具慶下。兄永秀、永仁、永敦。弟永英、永愨、永隆。娶周氏。四川鄉試第四十六名，會試第二百五十六名。

王紀　貫直隸揚州府泰州，軍匠籍。州學生。治《詩經》。字理卿，行五，年三十六，十二月十八日生。曾祖秀三。祖□。父瓚。母黃氏。具慶下。兄□、□、沂。弟統。娶范氏。應天府鄉試第□□名，會試第三十四名。

彭昉　貫直隸蘇州衛，軍籍，江西清江縣人。吳縣學生。治《易經》。字□甫，行二，年四十二，正月初三日生。曾祖□□。祖□□。父淳。母劉氏。永感下。兄□。弟暲。娶胡氏。應天府鄉試第□□名，會試第七十八名。

頓銳　貫直隸涿鹿左衛，官籍。涿州學生。治《□□》。字叔養，行二，年二十三，六月十一日生。曾祖□□。祖□□。父□□。母梁氏。具慶下。

---

[1] 底本漫漶不清。

兄□。弟□、□、□。娶徐氏。順天府鄉試第七名，會試第□八名。

于桂　貫府軍右衛，官籍，山東昌邑縣人。國子生。治《詩經》。字□□，行[1]月十九日生。曾祖子中。祖清。父□。母李氏。具慶下。兄松。娶劉氏。順天府鄉試第七十四名，會試第二百三十五名。

樂選　貫順天府宛平縣，民籍，浙江仁和縣人。府學生。治《易經》。字舜舉，行二，年二十八，二月十八日生。曾祖阿善。祖純。父□灝。母張氏。嚴侍下。兄通。弟逵。娶劉氏。順天府鄉試第□□名，會試第五十二名。

陳洸　貫廣東潮州府潮陽縣，民籍。府學生。治《書經》。字世傑，行十四，年三十三，正月十二日生。曾祖□□。祖永胤。父昌言，監生。母莊氏。□慶下。兄希大；汪；江，貢士；溱。弟洧、澤。娶□氏，繼娶鄭氏。廣東鄉試第十四名，會試第□百三十一名。

鄭淛　貫江西廣信府永豐縣，民籍。國子生。治《書經》。字□川，行二十六，年四十二，十月初二日生。曾祖□□，□□。祖□，□□□□□□。父□，按察司副使，進階亞中大夫。母胡氏，贈□人；繼母□氏，封孺人。具慶下。兄浩。弟汜，醫學訓術；瀾。娶俞氏。江西鄉試第□十一名，會試第二百六十七名。

王完　貫四川潼川州，民籍，遂寧縣人。國子生。治《□□》。字仲修，行一，年三十一，正月初三日生。曾祖□選。祖郁文，壽官。父紹紀，七品散官。母程氏。慈侍下。兄公正；宜；宓；賓，貢士；寔。弟宏；寀；寧，同科進士；宰；宇；宸；寓。娶何氏。四川鄉試第六十名，會試第一百名。

俞集　貫浙江紹興府新昌縣，民籍。國子生。治《書經》。字汝成，行二，年三十三，十月十六日生。曾祖叔晦，封南京刑部主事。祖鐸，布政司□□，進階正議大夫、□□右卿。父溥。母呂氏。具慶下。兄□。弟□、□、衍、□、柔。娶呂氏。浙江鄉試第八十七名，會試第一百八十六名。

詹崇　貫江西撫州府樂安縣，民籍。國子生。治《詩經》。字東魯，行九，年三十七，八月十二日生。曾祖□善。祖啓泰。父遵訓。母游氏，繼母朱氏。永感下。兄旭、昶。娶潘氏。江西鄉試第九十名，會試第三百三十二名。

---

[1]底本漫漶不清。

楊濂　貫江西廣信府貴溪縣，民籍。國子生。治《書經》。字景周，行三十一，年三十一，十一月十八日生。曾祖禎安。祖宇彰。父振瑚。母章氏。具慶下。兄湞。弟洛。娶徐氏，繼聘汪氏。江西鄉試第□十二名，會試第一百三十名。

臧相　貫浙江海門衛健跳所，官籍，海寧縣人。國子生。治《易經》。字伯良，行七，年三十二，十二月二十日生。曾祖倉蓋，指揮僉事。祖勝，副千戶。父海。母李氏。具慶下。兄森；倫；柯；玉，千戶；桂；橞。弟樘、彬、楠、楷、榆、槐、橋。娶虞氏。浙江鄉試第四十九名，會試第二十二名。

東郊　貫陝西西安府華州，民籍。州學生。治《書經》。字希宋，行四，年三十二，四月十五日生。曾祖驥。祖昇，縣丞，贈刑部郎中。父思忠，按察司副使。母薛氏，封宜人。慈侍下。兄周，義官；魯，推官；□；□，貢士。弟野，刑部主事；實。娶張氏，繼娶甯氏。陝西鄉試第□□四名，會試第一百一十五名。

劉夢熊　貫山東兗州府東平州汶上縣，民籍。國子生。治《詩經》。字伯祥，行一，年三十四，八月二十七日生。曾祖□□。祖禧，義官。父益，知縣。母王氏。□□下。弟仲祥，陰陽訓術；夢□，監生。娶胡氏，繼娶王氏。山東鄉試第□□名，會試第一百八十一名。

黃國泰　貫山東東昌府臨清州，民籍。國子生。治《書經》。字尚賢，行一，年三十九，十二月初三日生。曾祖□□。祖英。父榮。母莊氏。具慶下。弟國光。娶王氏。山東鄉試第八名，會試第三百六名。

鄭懋德　貫福建興化府莆田縣，民籍。國子生。治《書經》。字成昭，行三，年三十，閏八月初二日生。曾祖道，知縣。祖孔用。父灼，省祭官。母王氏，繼母許氏。具慶下。兄懋昂、懋賢。弟懋勳、懋和。娶陳氏。福建鄉試第三十四名，會試第一百七十二名。

張漢卿　貫河南開封府儀封縣，民籍。國子生。治《詩經》。字元傑，行一，年三十，閏八月初七日生。曾祖進。祖端，巡檢。父瑛，知縣。母李氏。慈侍下。娶吳氏。河南鄉試第四十八名，會試第三百十名。

金選　貫湖廣荊州府荊門州，民籍，江西豐城縣人。國子生。治《書經》。字惟賢，行三，年四十，九月初五日生。曾祖□真。祖德厚。父章。母胡氏，繼母陳氏。□□下。兄蘭、石。弟貢、山、淵、鐸。娶陳氏，繼娶李氏。湖廣鄉試第十六名，會試第二百九十八名。

孫漳　貫浙江寧波府鄞縣，民籍。直隸南陵縣學教諭。治《書經》。字希學，行二十，年三十九，七月二十一日生。曾祖□生。祖尚琮。父鍔。母張氏。嚴侍下。弟涇、渭。娶周氏。浙江鄉試第七名，會試第五十一名。

程鵬　貫山西平陽府解州，民籍。國子生。治《書經》。字萬里，行一，年三十五，三月二十七日生。曾祖興。祖景。父綱。母譚氏。具慶下。弟鶴。娶暢氏。山西鄉試第五十二名，會試第二百八十三名。

張居仁　貫直隸河間府景州，民籍。國子生。治《易經》。字公甫，行一，年三十七，十月十七日生。曾祖鐸。祖友信。父和，壽官。母王氏。具慶下。弟由義、襟禮、□善、□智、成性、□德。娶顧氏。順天府鄉試第八十名，會試第一百五十八名。

胡瓊　貫福建延平府南平縣，民籍。府學生。治《詩經》。字國華，行一，年二十九，二月十一日生。曾祖□□。祖壯。父勝□。嫡母石氏，生母張氏。□□下。弟琪、瑄。娶金氏。福建鄉試第□十名，會試第四十五名。

章綸　貫錦衣衛，匠籍，浙江嘉興縣人。國子生。治《易經》。字□之，行一，年三十，五月初七日生。曾祖□□。祖濬。父□□。母李氏，繼母□氏、陳氏。永感下。娶李氏，繼娶吳氏。順天府鄉試第一百十□名，會試第九十名。

毛震　貫直隸蘇州府崑山縣，民籍。國子生。治《易經》。字畏之，行一，年四十四，十一月初六日生。曾祖文顯。祖□□。父□□。母李氏，繼母金氏。慈侍下。娶嚴氏。應天府鄉試第一百二十一名，會試第二百四十五名。

張鰲山　貫江西吉安府安福縣，民籍。縣學生。治《春秋》。字汝立，行二，年二十九，十月二十日生。曾祖洪，監察御史，贈南京都察院右都御史。祖敷華，都察院左都御史。父偉，義官。母劉氏。具慶下。兄吳山。弟南山、九山、楚山、舜山、春山、晴山。娶歐陽氏。江西鄉試第五十名，會試第二百九十名。

宋臣　貫直隸松江府華亭縣，軍籍。國子生。治《詩經》。字以忠，行一，年四十二，三月二十五日生。曾祖□。祖傑。父瑾。母楊氏。□□下。弟相。娶張氏。應天府鄉試第二十八名，會試第八十名。

王寧　貫四川潼川州，民籍，遂寧縣人。國子生。治《春秋》。字仲一，行一，年二十九，九月十二日生。曾祖□選。祖郁文，壽官。父紹紀，七品散官。前母方氏，母陳氏。慈侍下。兄公；正；宜；宓；賓，貢士；寔；完，同科進士；宏；寀。弟宰、宇、宸、寓。娶楊氏。四川鄉試第二名，會試第三十八名。

許鎧　貫湖廣永州府道州，民籍。國子生。治《易經》。字子完，行八，年三十六，三月初四日生。曾祖敬。祖孔宣。父文浩。母文氏。永感下。兄銳、銘、銓。弟釗。娶李氏。湖廣鄉試第五十四名，會試第二百三十一名。

何邦憲　貫雲南大理府太和縣，民籍。府學增廣生。治《易經》。字宗尹，行一，年三十六，四月二十四日生。曾祖山。祖遟。父珎。母楊氏。慈侍下。弟邦贊、邦鑑、邦秀、邦俊、邦直、邦藩、邦儒。娶趙氏，繼娶蘇氏。雲貴鄉試第二十六名，會試第三百四十六名。

戴祥　貫直隸徽州府績溪縣，民籍。縣學生。治《書經》。字應和，行一，年四十七，七月十八日生。曾祖□祖。祖子成。父驃，知縣。母葛氏。□□下。弟瑞。娶胡氏。應天府鄉試第□□名，會試第二百五十五名。

劉㮰　貫湖廣安陸衛，軍籍。國子生。治《詩經》。字平甫，行二，年三十八，閏六月三十日生。曾祖□□，贈南京都察院右都御史。祖琮，封右僉都御史，贈南京都察院右都御史。父洪，南京都察院右都御史。母唐氏，封□人。具慶下。兄采。弟槩，貢士；渠；臬，貢士。娶商氏。湖廣鄉試第六名，會試第一百一十六名。

彭應軫　貫直隸河間府獻縣，民籍。國子生。治《禮記》。字□徵，行二，年三十三，十月初一日生。曾祖仕敬。祖昭，監察御史。父□，知縣。母王氏。具慶下。兄應奎。弟應參、應昂。娶陳氏，繼娶劉氏。順天府鄉試第八十九名，會試第一百五十名。

萬潮　貫江西南昌府進賢縣，民籍。國子生。治《禮記》。字汝信，行十，年二十四，十月二十五日生。曾祖原和，教授，贈運副。祖福，知府。父鎰，知縣。母吳氏，繼母胡氏。重慶下。兄津。弟瀾、溥、溱、洧。娶徐氏。江西鄉試第八十九名，會試第四名。

俞敦　貫直隸揚州衛，官籍。江都縣學生。治《詩經》。字崇禮，行九，年三十，六月初一日生。曾祖□友。祖永貴，百戶。父俊，按察司副使。前母崔氏，封孺人；母成氏。永感下。兄慶，□□；敏，□□；敖，義官；□；敷，義官；敵；玫，監生；敦，監生。弟牧，義官；敬。娶張氏。應天府鄉試第一百十六名，會試第二百八十二名。

李際元　貫山東兗州府東平州陽穀縣，民籍。縣學增廣生。治《詩經》。字通甫，行五，年二十二，四月十六日生。曾祖□□。祖瑄，前大使。父子章。母申氏。具慶下。兄膚元。弟復元、繼元、宗元。娶陳氏。山東鄉試第□十名，會試第二百九十四名。

簡佐　貫江西臨江府新喻縣，民籍。國子生。治《詩經》。字臣心，行七，年四十□，六月十七日生。曾祖迪簡。祖震子。父庠賓。母錢氏。永感下。娶傅氏，繼娶劉氏。應天府鄉試第九十四名，會試第二百七十七名。

何炊　貫湖廣武昌府江夏縣，匠籍。國子生。治《書經》。字明世，行二，年三十二，十二月初六日生。曾祖原善。祖容舟。父大一。嫡母李氏，生母馬氏。慈侍下。兄□。弟□。娶潘氏，繼娶許氏。湖廣鄉試第十四名，會試第二百三十三名。

鄭傑　貫湖廣襄陽衛，軍籍，廣濟縣人。國子生。治《詩經》。字伯興，行四，年四十三，九月初三日生。曾祖□，□□□。祖達，□□。父宜。前母馬氏，母楊氏，繼母楊氏。永感下。兄紀、綸、□。娶朱氏。湖廣鄉試第三名，會試第六十五名。

施德禎　貫浙江杭州府餘杭縣，民籍。國子生。治《禮記》。字天瑞，行一，年四十一，七月十一日生。曾祖□□。祖倫。父□□。母吳氏。慈侍下。弟德福、德祐、德裕、德祉、德袍、德裼。娶吳氏。浙江鄉試第□十四名，會試第二百六名。

路直　貫河南河南府洛陽縣，醫籍。國子生。治《易經》。字敬天，行一，年四十三，十月初一日生。曾祖宗懋。祖通，縣主簿。父□，府知事。母吳氏，繼母李氏。具慶下。弟方，監生；平，監生。娶孫氏。河南鄉試第八名，會試第一百三十七名。

張琥　貫江西饒州府安仁縣，民籍。國子生。治《詩經》。字宗器，行十六，年四十三，十二月初八日生。曾祖體仁。祖世□。父□義。母王氏，繼母李氏。永感下。兄□、璽。娶徐氏。江西鄉試第七十九名，會試第三百十四名。

周懋文　貫直隸蘇州府崑山縣，民籍。縣學生。治《書經》。字存質，行一，年三十三，閏十月十五日生。曾祖□□。祖□。父傑。母項氏。重慶下。弟尚文。娶沈氏。應天府鄉試第一百□□名，會試第一百十一名。

方坤　貫浙江杭州府餘杭縣，軍籍。國子生。治《易經》。字萬成，行十,年三十八,二月十六日生。曾祖□。祖讓。父祥。母郎氏。慈侍下。兄□、□、昇、杲、昕、南、康、印、乾。弟翼。娶沈氏,繼娶沈氏。順天府鄉試第□□百三十名,會試第四十六名。

陳憲　貫江西饒州府餘干縣,軍籍。國子生。治《書經》。字伯度,行十二,年四十四,二月二十六日生。曾祖希宏。祖益泰。父用寬。母許氏。永感下。兄元亨、元立。娶吳氏。江西鄉試第十三名,會試第一百四十六名。

蔣益　貫直隸常州府武進縣,軍籍。縣學生。治《禮記》。字守謙,行四,年二十九,十一月二十六日生。曾祖繼祖。祖能。父容,知州。前母吳氏、單氏,母吉氏。具慶下。兄盤,陰陽正術;盂,義官;簠;盈。弟□、監、□、珀、珊、□、□、纓。娶毛氏。應天府鄉試第一百九□□名,會試第二百五十四名。

張學禮　貫直隸順德府平鄉縣,民籍。國子生。治《春秋》。字以立,行一,年二十四,閏正月初六日生。曾祖□善。祖德林。父欽。母蘭氏,繼母郭氏。□□下。兄學□。娶焦氏。順天府鄉試第四名,會試第一百三十九名。

劉黼　貫山西汾州平遙縣,軍籍。國子生。治《易經》。字廷章,行二,年四十三,十二月二十二日生。曾祖□□。祖守道。父□。母李氏,繼母侯氏。具慶下。兄宣。弟黻。娶王氏,繼娶李氏、張氏。山西鄉試第六十四名,會試第三百三十三名。

康浩　貫陝西西安府乾州武功縣,民籍。國子生。治《詩經》。字德充,行七,年三十三,五月十九日生。曾祖爵,太常寺卿。祖健,通政司知事。父鑾,義官。母高氏,繼母高氏。慈侍下。兄皐;淮;浤;澤,醫學訓科;海、□□;潤。弟瀚、淳、洋、河、濂。娶魏氏。陝西鄉試第十三名,會試第三十九名。

張錄　貫山東兗州府城武縣,民籍。縣學生。治《詩經》。字宗制,行三,年三十二,正月二十五日生。曾祖嚴。祖敬。父聰。嫡母祝氏,生母劉氏。具慶下。兄錫、銓。弟鎬、鏓。娶郭氏。山東鄉試第三十八名,會試第三百四十四名。

儲洵　貫直隸揚州府泰州,民籍。國子生。治《詩經》。字平甫,行一,年二十八,十月二十一日生。曾祖□□,贈戶部右侍郎。祖信,封戶部右侍郎。父嵐。母范氏。重慶下。弟洊、滋、汶。娶王氏。繼娶王氏。

應天府鄉試第七十四名，會試第八十三名。

李節義　貫山東東昌府茌平縣，民籍。國子生。治《詩經》。字德周，行一，年三十四，七月三十日生。曾祖□□。祖宣。父成，知縣。母劉氏。具慶下。弟節用。娶薛氏。山東鄉試第一名，會試第三十一名。

王遵　貫直隸寧國府宣城縣，民籍。府學生。治《書經》。字舜典，行六，年三十七，六月十九日生。曾祖允中，中書舍人。祖昌裔，知縣。父度，通判。母丁氏。永感下。兄益；遂；蓋，戶科給事中；羲；義。弟善、前、摯、菜、芳、芝。娶吳氏。應天府鄉試第七名，會試第二百八十八名。

皇帝制曰：創業以武，守成以文，昔人有是說也。然兵、農一致，文、武同方，其用果有異乎？文、武之分，始於何時？兵、民之判，起於何代？嘗質諸古矣，《書》稱堯曰"乃武乃文"，於舜稱"文明"，禹稱"文命"而不及武，於湯稱"聖武"而不及文，周之"謨烈"，各專其一。且三代迭尚而不言武，周列四民而兵不與焉，何也？漢、唐、宋之英君令主，或創業而兼乎文，或守成而兼乎武，或有未備亦足以善治。論者又謂："天下安，注意相。"又謂："天下雖安，忘戰則危。"是治兵之道，果與治民者同邪？異耶？

我太祖高皇帝以聖神文武統一天下，建官分籍各有定制。列聖相承，率循是道，百五十年，治定功成，實由於此。然承平既久，玩愒乘之。學校之法具存，而士或失業；蠲貸之詔屢下，而人多告飢。流徙之餘，化為寇賊，以遺朕宵旰之憂。今賦稅餽運，民力竭矣，而軍食尚未給；調發戰禦，兵之力亦勞矣，而民患尚未除。或者官非其人乎？而選舉之制，黜陟之典，賞罰之令，亦未始不加之意也。茲欲盡修攘之實，謹恬嬉之戒，文治舉而武功成，天下兵民，相衛相養於無事之天，以保我國家久安長治之業，宜何如而可？

子大夫志於世用，方策試之日，不暇以微辭隱義為問，姑舉其切於時者，其為朕陳之。

正德六年三月十五日

臣楊慎

臣對：

臣聞帝王之御天下也，有出治之全德，有保治之全功。文、武并用，出治之全德也；兵、農相資，保治之全功也。於并用而見其同方，則天下之政出於一，而德爲全德，如日月之在天，凡所以照臨者，皆天之德也；於相資而見其一致，則天下之治出於一，而功爲全功，如手足之在人，凡所以持行者，皆人之功也。由是聯屬天下以成其身，綱維其道以適於治。體統相承，而無偏墜不舉之患；本末具備，而無罅隙可議之疵。放之四海而皆準，傳之萬世而無弊。帝王爲治之要，孰有加於此哉？臣自少讀帝王之書，講帝王之道，竊有志於當世之事。然學焉而不敢言，言焉而不得達。今幸近咫尺之威，立方寸之地，制策所及者，皆是道與是事也。臣敢不罄一得之愚，以爲萬分之助乎？

伏睹聖問，首曰"創業以武，守成以文"，而又曰"文、武同方，兵、農一致，果有异乎。"臣惟三代而上，同一道也，戡亂則曰武，守成則曰文。同一民也，無事則爲農，有事則爲兵。初未始异也，在《易》"明兩作離"，文明之象也，"上九：王用出征，有嘉"，釋之者曰："剛明及遠，威震而刑不濫。"斯不亦可見文武之同方乎？"地中有水，師。"師旅之象也，而釋之者曰："伏至險於大順，藏不測於至静。"蓋寓兵於農之意。斯不亦可見兵農之一致乎？是故一張一弛，號爲善道，剛克柔克，協于皇極。周公冢宰，實兼東征；畢公爲公，亦總司馬。武夫堪腹心之寄，吉甫有文武之稱。以《天保》治內而未嘗無武，以《采薇》治外而未嘗無文。文、武固未分也。自秦不師古，專以武勇立國，語《詩》《書》者有刑，斬首級者進爵。民勇於戰，皆忘生好利之人；士賤以拘，廢干戈羽籥之習。

至漢襲秦制，立丞相、將軍，而將相之職异；唐宋以來，置中書、元帥、樞密，而軍國之權偏。此文、武之分，出於三代之後也。成周之制，以田賦出兵，一同之田，出戎馬四百匹，兵車百乘；一封之田，出戎馬四千匹，兵車千乘。畿方千里，提封萬井，出戎馬四萬匹，兵車萬乘。自五人爲伍，積而爲兩、爲卒；自五卒爲旅，積而爲師、爲軍。天子之六卿六軍，諸侯之大國三軍，次國二軍，小國一軍，而降殺有等焉。一方有事，則命將出師。迨功成獻俘，將歸于朝，即守職之吏，兵散于野，即緣畝之農。兵農固未判也。至管仲相齊，欲速圖霸業，乃壞周兵於內政。分政分國中以四鄉，使國中之民爲兵，鄙野之民爲農，兵不服耒耜之勤，民不識干戈之具，以至勾吳之□□、秦昭之銳士，成周之制□易盡矣。此兵、農之制，出於三代之衰也。載質之《詩》《書》所稱，古之帝王，未有不兼文、武之德均兵、農之功者。稱帝堯者曰"乃武乃文"，四表之被即所謂文，丹水之戰則所謂武也。舜之誅四凶，禹之格有苗，固可以武功名，而亦文明文命之餘事也。布昭聖武，是于《伊訓》，然聖謨嘉言，謂非文武之全歟？文謨武烈，稱於《君陳》，然整旅伐崇，下車訪道，二者正未始偏廢也。三代迭尚，曰忠、曰質、曰文，而不及武者，蓋言忠、質、文，則武固在其中。必以武言，則是秦之所尚，而非三代之治矣。周列四民，曰士、農、工、商，而兵不與者，即臣前所陳寓兵於農之說。專以兵言，是爲後世之制，而非成周之舊矣。

漢、唐、宋之君，如光武之投戈講藝，太宗之身兼將相，庶幾創業而兼乎文。其未備者，如漢高之不事《詩》《書》，而規模宏遠，蓋其寬仁大度暗合乎道，況能善陸賈"文武并用"之事乎？孝武之封狼居胥，憲宗之平淮西、西蜀，庶幾守成而兼乎武。其未備者，如仁宗之時，西夏猖獗，而致四十二年之太平，蓋其深仁厚澤，培植國本，況能用韓、范儒者之將乎？陸賈之言曰："天下安，注意相。"則在承平時，不可不修文德，故曰"人君以論相爲職"，又曰"將特大有司耳，非比也。"《司馬法》曰："天下雖安，忘戰必危。"則在承平時，不可不飾武備，故曰"君子以除戎器戒不虞"，又曰"聖人貴未然之防"。是知兵以衛民，民以給兵，治兵乃所以鎮兵，講武即所以偃武。治兵之與治民，亦異而同也。漢之軍制，以南北分：南軍主環衛王宮，北軍主巡緝京城。有騎士，有材官，與夫西北之車騎，東南之樓船，臨淄之駑手，荊楚之劍客，皆仰給於縣官，而不編於齊民。識者惜其去古未遠而不能復。此漢之治民與治兵，異也。唐府兵之立，其制最善。兵散於府，將歸於朝，所以弭禍亂之原。二十爲兵，六十而免，而民無久役之勞；三時耕稼，一時講武，而兵無常聚之患。器甲出於民，衣糧出於民，而國無養兵之費。治民與治兵同，而論者許其爲近古，良有以也。宋之制，有三衙、四廂、諸司總管、鈐轄、諸將，然終宋之世，國威不振者，殆兵權失之輕，而兵民分之過也。由是言之，文、武者，其名也；兵、農者，其實也。三代而上，兵出於農，而文、武不得不合；三代而下，兵判於農，而文、武不得不分。夫苟知文、武之所以同，則所以治民與兵者，不容以异矣。

洪惟我太祖高皇帝，獨禀全智，首出庶民，掃開□所未有之污，復帝王所自立之地，武功之盛，無以加矣。整人倫於用夏變夷之餘，興文教於撥亂反正之始，文德之盛，又何如哉！當時之建官也，科目則有文舉、武舉，官聯則有文班、武班，部屬則有文選、武選。當時之定籍也，常産則有屯田、民田，户籍則有軍籍、民籍，官署則有州縣、衛所。然乾剛獨斷，無威柄下移之失；犬牙相制，無尾大不掉之患。有事則共與機密之謀，無事則各掌兵民之寄。在京有司馬以提督軍營，在外有憲臣以總制邊務。臬司有兵備之權，縣吏專巡捕之職。名若分而實相屬，職若判而任相維。保治之法，蓋與三代而同符也。至若太宗表章經史，而外清朔漠之塵；宣宗崇重儒臣，而出平漢邸之變。列聖相繼，益戀益敦。百五十年來，國皆以文致治，而廟算無遺，神武不殺，偉烈宏功，照耀簡册。壽國脉於箕翼，斯世斯民，蓋有由之而不知者。

恭惟皇帝陛下，保富有之業，思日新之圖，閲歷熟而見理明，涵養深而持志定。垂衣拱手，而天下嚮風；動顔變色，而海内震恐。疆埸之虞，撲之於方熾；蕭墙之梗，消之於未形。君子洗心以承休德，小人延頸以望太平。而皇心謙冲，謂"承平既久，玩愒隨之"。臣伏讀至此，有以知陛下出治之全德、保治之全功，可因此一念而舉矣。臣竊以爲，陛下求治之心甚至，而奉行者容有所未至焉。夫學校者，風俗之首也。程頤謂："治天下以正風俗、得賢才爲本。"使主學校者皆得其人，教之之法，悉如陽城之在國學，胡瑗之在湖學，一道德以明禮義，尊經術以定習尚，不荒於嬉而毁於隨，則淳厚之風可臻，而士之失業者非所憂矣。民者，國本所係。邵雍謂："寬一分，則民受一分之賜。"所以寬之者在朝廷，而近民者莫切於守令。爲守令者皆得其□□□□□悉如黄霸之在潁川、張詠之在益州，遵奉詔條，宣布德意，不以繭絲先保障，不以撫字後催科，則殷阜之俗可期，而民之告飢者非所憂矣。流徙之餘聚爲盜賊，亦由教之無法、養之無素故也。以人情言之。盜賊亦人耳。人莫不愛其筋力肌膚也，莫不愛其父母妻子也，莫不愛其田廬貲産也。在上者不以無益之工役苦其筋力，不以不中之刑罰殘其肌膚，不以流離病其父母妻子，不以誅求損其田廬貲産，則彼之所愛者，皆爲所有矣。不幸而死，猶不捨其所愛，況捨所愛以蹈必死之地哉！今潢池弄兵、綠林稱號者，在在有之。賦稅之過，春支秋限；饋運之弊，十室九空。農事在所當重也。邇者出內帑銀二十萬兩，以濟西蜀之軍儲，愛民可謂深矣。臣愚以爲，本土之蓄積宜自足用。昔人有言："兵務精不務多。"今爲將者，兵每務多，而財饋每患其寡。兵既多，則財饋不得不多；財饋既多，則民力不容以不屈。是民以養兵，而亦不可反爲兵困也。調發之伍，動以千百；戰禦之功，十無二三。兵政尤所當急也。邇者發京營兵三千騎，以平山東之反側，禦患可謂切矣。臣愚以爲，本土之壯士，宜自可用。昔漢擊匈奴，用六郡良家子，蓋其熟知險易，力衛桑梓，比之他方所調發，一可當百。況京兵一出，既有行賚居餉之勞，亦有居重馭輕之戒。固可權其宜於一時，而非可繼於旬月。是兵以衛民，而亦不可過爲民驅也。

聖問又謂："或者官非其人？"臣愚以爲，一代之才，自足以周一代之用，特患用之不得其道耳。用之誠得其道，則貪可使也，詐可使也，況蘊德行而志功名者乎！選舉之制公矣，寧無腐儒而當事□，經濟而投散地者乎？黜陟之典當矣，寧無冗食備員之輩，隱賢遺才之嘆乎？賞罰之令明矣，寧無濫竽而受賞，戴盆而免罰者乎？誠使官各得其人，才各盡其用，人人有忘私之公，事事有愛國之誠。徹桑土於未陰之時，徙積薪於未火之日。一郡有警，則旁郡切震鄰之憂；一時有警，則先時思噬臍之悔。敵至不懼，敵去不侮。不因人成事而老吾之師，不曠日持久而匱吾之財。內修外攘之實，必盡於條教之外；文恬武嬉之弊，必作起於玩習之餘。則文德之敷，雲行雨施；武功之建，雷厲風行。遠可以復帝王之善治，上可以光祖宗之謨烈。國家億萬年之曆，可以配天地於無窮矣。

臣願陛下益崇此德，益保此功，存無怠無荒之心，爲可久可大之道。惟萬幾之暇，少留意焉，則凡所以策臣者，可次第而舉矣，何假於多言爲哉！臣干冒大威，不勝戰栗之至。

臣謹對。

臣余本

臣對：

臣聞天下無一定之勢，故治天下不可有一偏之用。文、武者，治天下之用也。文以致太平，武以定禍亂，二者之爲用，其功一也。然機之來也無常，而勢之變也靡定，意外之虞，恒在於太平之世。時其太平也，溺於文而無武事之備，則患將起而無所資，固爲一偏之用。知武可以除患矣，不求其致患之由起於文教之敝，則用武□□□□□爲用之全，而可以成治哉。故論治□□□□□者，不知機者也；守文而不兼乎武□□□□□□者，不善治者也。治忽有相倚之機，□□□兼資之用，是固唐虞、三代之所以成治，漢、唐、宋之所以小康，我太祖高皇帝之所以并駕於唐虞、三代，而陋漢、唐、宋於下風者也。

洪惟皇帝陛下，以鼎盛之年撫盈成之運，六年於兹，除奸去憝，赫然大作，文事武備，兼舉不遺，使遂奮其聰明神武之資，豈不足以成古帝王大和之治哉？乃不自滿假，而策士之詔，猶拳拳焉以文武兼用爲問，且當太平之盛，深切意外之憂，而思有□弭之。臣固□以仰窺陛下之心，憂之之切，必將作之之勇，信哉！□大有爲之君也！臣居草野間，竊嘗念天下之事，奮欲一言而不可得。今既遇陛下之將大有爲，且進臣等而啓之言，使臣於此而復不言，不有負於心哉？臣請悉其生平之所欲言者，爲□□□[1]

臣惟天下之患，不在於變故之已形，而□□□□□□□實文□之大，誠以治亂之勢相循□□□□□君□相之善憂其治者，不有在於□□□□哉。是故天地相遇，姤已有大哉之戒；明動相資，豐必致日中之憂。武事之備，固不可不兼舉於文盛之時也。臣嘗稽古帝王之爲治也，既尚文以致太平之盛，必兼用乎武以備意外之虞。然武豈出於文之外哉？井田之制一立，搜狩之典即寓。故其建邦而圖之，以屬民於大司徒也，則五家爲比，五比爲閭，四閭爲族，五族爲黨，五黨爲州，五州爲鄉。及其會民而發之，以屬於大司馬也，則又五人爲伍，五伍爲兩，四兩爲卒，五卒爲旅，五旅爲軍，五軍爲師，□□□旅軍師之衆，即比閭族黨州鄉之民；鷹揚蹈厲之將，又豈外於都俞揖讓之鄉哉？兵農一□，故農聚而兵即存；文武同方，故文敷而武亦振。是其用固無異，而治則不偏也。是以《車攻》《吉日》，有啓《大雅》之廢；《六月》《□□》，遂成獮狝之功。惜哉齊急功利，於是乎内政之法立，而兵農有角立之幾。然軍政曰寓，則古意雖壞，而兵農之勢尚未盡分，□□□内增七校，

---

[1] 底本漫漶不清。

外置樓船，以定長從列屯□□□□分□農矣。秦尚武功，於是乎武功□□□□武有相形之兆。然一相以統，則兵□□□□武之柄尚未盡判也。至宋，民屬宰相，兵任樞密，以定兩府分掌之規，而武始判於文矣。兵分於農，此其所以有養兵之費，農困而兵亦不振；武判於文，此其所以有輕武之議，武敝而文亦無功。由是言之，合兵、農而文、武兼用者，古之善法也；兵、農分而文、武之用偏者，後世之弊政也。唐太宗之諭其臣，曰"創業以武，守成以文"者，要亦於武成之後，將興文教之治，故舉其所重者言之耳。

臣請以聖制所及唐虞、三代質之。益之稱堯曰："乃武乃文。"是固文武之兼用矣。然舜稱"文明"，禹稱"文命"，文□顯謨而不及武者，豈謂三聖偏主於文而不兼用乎武哉？顧以三聖之所以守成者重於文，文教舉而武自不廢也。不然，則有苗分北，防風受戮，戡黎而伐崇者，果何為哉？於湯稱"聖武"，於武稱"承烈"，而不及文者，又豈謂二聖偏主於武而不兼用乎文哉？顧以二聖之所以定亂者重於武，武□□而文自大敷也。不然，則纘禹舊服，政□□□□□何為哉？二代异忠質文之尚，不言□□□□於內，則其忠質文之所尚，已有武□□□□農工賈之名，兵不與矣。然兵寓於農，則其農之所畜即為兵也。是則唐虞、三代之所以用其文武，其有偏舉而能成治者哉？

臣請更以聖制所及漢、唐、宋之英君令主質之。漢之光武，唐之太宗，宋之藝祖，以武而創業者也。然投戈講藝，息馬論道，增館舍而大召名儒，視大學□親題聖贊，其不兼乎文哉？此所以粗有太平之象焉。漢之文帝，唐之憲宗，宋之太宗，以文而守成者也。然躬御戎馬，削平藩鎮，討契丹而中□增氣，志恢復而名分稍正，其不兼乎武哉？此所以亦無危亂之虞焉。不然，則牽制文義，漢業□衰；窮黷兵革，唐室大亂。文、武不備而求欲善治，寧有是哉？陸賈之吉陳平曰："天下安，注意相。"是固以太平右文為說。然《司馬法》曰："天下雖安，忘戰必危。"則又以太平不可兼武為言。意各有指，言固□行而不相悖也。治兵之道，豈有異於治民者□□□□□患以除，患既除而民即安矣。是則□□□□□無用文、武之道，故能成太和之治□□□□□□令主雖於分判兵、農之後，不失□□□武之意，故亦收小康之功也。

恭惟我太祖高皇帝，以聖神文、武之德，成華夷一統之功。文、武建官，而府衛無偏舉之弊；兵、農分籍，而彼此定稽察之公。執干戈以任殺伐，是固兵矣，而參機務者必以憲臣主之，制總統者必以兵部主之。文、武雖判，其有偏廢邪？出賦稅以給公上，是固農矣，而分衛所者亦有屯田之規，制田畝者又有寄莊之令。兵、農雖分，其復有偏用邪？聖聖相承，率循是道，百五十年，治定功成，實由於此。雖然，亦由其先有文以爲之本耳。方今承平既久，釁櫱或萌。是以潢池盜賊，有弄兵之虞，將欲治之，固不可不求之武事之備。然求其所由起，又豈徒武事不振之弊哉？備武事於文教大敷之際，則先有文教以爲之本，故武事備而患無由興。使徒用武事於盜賊既起之後，則已無文。文以懷其心，武將不戢，而患愈大。故《易》曰："豶豕之牙，吉。"祭公謀父亦曰："先王耀德，不觀兵。"蓋必□□□□□其本，夫然後可振武事，以張□□□□法具存，而士或失業；蠲貸之詔屢下，而□□□飢流徙之餘，化爲盜賊。夫以盜賊起於流徙，則其所以致之之由，固不徒在於武事之弛矣。且盜賊以梟獍之性，自速危亡之禍，豈其情獨惡生全而樂危亡哉？飢寒切身，而禮義無以養其心，治之者又以峻法虐政奪其資，而迫之使無所容。彼思均□死耳，死於盜賊，或可以緩旦夕之命，是以遂迫於禍而發□呼。欲弭盜賊之患，其可以徒咎夫武事之弛而不反其本哉？必也，下寬恩之詔，明逆順之歸。事循先王之舊典，絕無後世之陋規。興學校以養其廉恥，深德澤以濟其飢寒。苛刑不以迫之也，橫斂不以奪之也。□然後選良吏以任守令，使□者有復蘇之望；建良將以任兵權，使叛者有反正之依。如此，則盜賊動心，而首惡渠魁自將無所藉口以誘其衆。由是練兵厲武，大振九代之感以繼之，則威因惠立，武以文奮。彼山澤嘯聚者，即渙然離散，而無以□□□□□除軍食自不必運而無不給矣。於□□□□□教之治，兼資武事之修，庶天下兵□□□□□而相衛養於無事之天，此誠久□□□□也。不然，則官雖間得其人，彼知所以懷其心者甚少，而我之所以爲之病者甚多，患且日深，恐有猝未能弭者。是惡可不深探其本，先敷文教以爲用武之資，而徒諉曰武事之不修哉？以是而言，古之不偏用夫文者，蓋兼武事於敷文之後也。臣之願不偏用夫武者，謂有所懲於文敝之餘也。然臣猶有獻焉。天下之治，雖在於尚文而振武，而其本尤在於陛下之一心。心一正，則大本立而萬事定，農由是而有養，兵由是而可教，文德由是而可修，武功由是而可振，祖宗之烈由是而有光，唐虞、三代之治由是而可復矣。正心之說，蓋自古帝王治天下之要道。

臣一得之愚，素所熟於講誦者，不過如此。今敢以爲聖明獻，惟陛下少賜省覽焉，則國家幸甚！生民幸甚！臣干冒天威，不勝戰栗之至。

臣謹對。

臣鄒守益
臣對：

臣聞帝王之御世也，有安定天下之大功，有化成天下之大德。安定之功在乎武，化成之德在乎文。敷文教而擇人以治民，則民安而文德洽；修武備而擇人以治兵，則兵強而武功立。惟文、武并用，故功德兼隆。此唐虞、三代與我朝之所以久安長治，而非漢、唐、宋以下之所能逮及者也。恭惟皇帝陛下年當鼎盛，運撫盈成，科貢慎選，蠲貸屢下，武舉設科，僭亂授首，文德既敷，武功亦振。是其□□□□□。茲進臣等於廷，降賜清問，首舉創業守成之文武異同爲言，次及於二帝、三王與漢、唐、宋諸君之得失，末復及於聖祖之定制與今日守成玩愒之弊，而欲求所以保長久之業，是即堯舜禹湯文武之用心也，即我祖宗列聖之用心也。臣敢不披瀝肝膽，以對揚休命於萬一？

臣聞帝王治天下之道，大要有二，曰文與武而已。仁以育天下，故凡獎崇儒彥、懷保黔黎，于以經緯天地而爲化成之德，皆文之屬也；義以正天下，故凡選擇將帥、振勵卒徒，于以消折奸宄而爲安定之功，皆武之屬也。有武而無文以濟之，則過於義而傷於剛，無以存渾厚之治體；有文而無武以濟之，則過於仁而流於柔，無以立精明之治功。故是二者，猶天之二氣，不可相勝；猶車之二輪，不可缺一。陸賈所謂長久之術，正在是也。若所謂創業以武、守成以文，是蓋各就其重者言之耳。如使創業者而無事乎文，則肇修人紀、重民五教者非邪？如使守成者而無事乎武，則克詰戎兵、張皇六師者非邪？慨自封建裂而文、武分，井田壞而兵、農判，文事簿書，武事弓矢，而各職其職矣；兵執干戈，民執耒耜，而各事其事矣。噫！兵農一致，文武同方，古之法豈不可復於今邪？蓋嘗質諸古矣，欽明文思、濬哲文明、文命之四敷、人紀之肇修、五教之克重，堯、舜、禹、湯文武之文德也；四凶之誅、三苗之征、防風之戮、升陑之師、牧野之戰，堯、舜、禹、湯文武之武功也。彼稱堯之德曰"乃武乃文"，蓋舉其全而言之。舜禹稱"文明""文命"而不及武，湯稱"聖武"而不及文，周之"謨烈"，各專其一，蓋就其偏而言之爾。論者徒見三代迭尚而不言武，而不知尚忠、尚質、尚文之中，武備素具矣，豈輕於武乎？徒見周列四民而兵不與，而不知井邑邱甸同成之中，兵政默寓矣，豈忽於兵乎？

自是而後，則有可慨者矣。誅秦興漢，武功已著，而過魯一祀，庶知尚文矣，終不足以蓋輕儒之失；除隋肇唐，武略已振，而弘文一館，庶知尚文矣，終不足以掩慚德之譏。掃五代而致建隆之治，武威亦云肅矣，夜分觀書，文教是崇，而終不足以復帝王之舊。創業若是，而遽可許其兼乎文邪？宣室召賢，務德化民，而殿庭習射，終莫刷匈奴之恥；延英論道，文風丕振，而淮蔡甫平，遂以肇驕恣之禍。求遺書而致太平之治，政教亦休明矣，河東既平，兩浙納土，而終不能復中國之舊。守成若是，而遽可許其兼乎武邪？夫囊鞬是事而文教不純，則除亂之功不足以比湯武；詞章是尚而武功不競，則致治之美又豈能如成康乎？論者又謂："天下安，注意相。"夫任相以治民，道也。然任相而忽將，則緩急何所倚邪？又謂："天下雖安，忘戰則危。"夫講武以治兵，道也。使恃治而忘亂，則安全可常保邪？大抵文德敷而後民生遂，武功立而後兵力強，缺一則偏，缺二則亡，御天下之常道也。帝王與後世異者，其幾正決於此。

洪惟我太祖高皇帝，以武功定天下，以文德致太平。自今觀，文取自科貢而銓於吏部，武取自閥閱而銓於兵部，其建官有定制矣。兵隸於尺五以供戎行，民編於版圖以輸租賦，其分籍有定制矣。而機務參贊司於外，兵曹維督府於中，則文、武有相維之勢。無事率軍士以屯田，有警僉民壯以禦守，則民兵有相通之用。良法美意，超越近代；神功盛德，遠追帝王。史臣贊曰"獨稟全智、功高千古"，豈溢美哉？列聖相承，率遵是道。督文臣以安民，而德化愈洽；督武臣以強兵，而功業愈盛。但承平久而玩愒生，亦勢之所必至者，故學校之法具存，而士或失業，無經濟之實，而有奔競之風。蠲貸之詔屢下，人多告飢，無擊壤之樂，而有弄兵之虞，則所謂文以治民者可慮矣。列屯而坐，老弱待哺，徒費饋運之勞，而未見禦侮之效；應檄而行，郡縣坐食，徒見調發之擾，而未聞平盜之功。則所謂武以治兵者可慮矣。是安得不上廑宵旰之憂也哉！

夫文、武之道，有不可偏之用，故當求所以并用之法。及其久也，無不弊之法，則必當求所以救弊之人。爲今之計，亦惟求其人以行其法爾。彼文德之未覃敷者，豈不以司文治之不得其人乎？必也慎師儒之選以正士風，重守令之職以司民治。其始進也，精科貢之途以求之；其既仕也，稱職者有賞，不職者有罰。俟其既久，然後公黜陟之典以考之，務使董庠序者如胡瑗、如孫復，牧郡邑者如龔遂、如卓茂。則必能明禮義而士得所教，盡循良而民得所養。菁莪棫樸之化，鳧鷖行葦之俗，庶乎可復見矣。武功之未丕宣者，豈不以司武備者之不得其人乎？必也廣將帥之選以通豪俊，謹襲蔭之格以革疲冗。其始進也，嚴舉薦之法以求之，其既仕也，賞其勝任者，罰其不勝任者，俟其既久，然後公黜陟之典以考之，務使應募舉者如韓信、如郭子儀，出閥閱者如謝玄、如曹瑋。則必能汰冗卒而民利以省，剿寇盜而民害以除。兔罝著干城之美、在泮成獻馘之功，庶乎可復見矣。由是而修攘之實盡，恬嬉之戒謹，文德敷于九有，武功耀於四方。兵堅於捍衛，而蠻夷猾夏者自熄矣；民樂於輸賦，而奸宄肆行者自化矣。陛下之治，可以追帝王，陋漢、唐、宋，成長久之業，而復宗祖之舊矣。

至於終篇，陛下復策臣曰："子大夫志於用世，策試之日，不暇以微辭隱義爲問，姑舉其切於時者，其爲朕陳之。"臣荷教養之恩，幸膺科目之薦，用世之志，固愚臣之夙懷；而切時之務，又明主之欲聞。凡策問所及者，謹條陳于前矣。臣之愚意，尚亦有切於時者，敢爲陛下畢盡其說。臣聞：惟學，可以養天德；惟勤，可以興王道；惟親近君子，可以維持此學；惟總核群臣，可以勵翼此學。四者克盡，而天下之事，可次第而舉。伏爲陛下別白而重言之。

夫人主者，天下之主也；一心者，人主之主也。本心之善，其體甚微，而利欲之攻，不遙遠其衆。非有以辨別之，則理欲混淆，而天下之大本無以正矣。是故莫先于講學。而所謂學者，非涉獵記誦，以雜博相高也；非割裂裝綴，以華靡相勝也。要必讀經師意，觀史師跡，味聖賢之言以求義理之當，察古今之變以驗得失之幾。如高宗之終始典學，成王之學有輯熙，則庶乎此心之理可明，而天德全矣。天下之于君，合四海以富之，萃五位以貴之，豈予以可安之地而娛之乎？一身之系甚重，而萬幾之責甚繁，非有以宰制之，則正務叢挫，而天下之大治無以成矣。是故莫要於勤政。而所謂勤者，非衡石程書，以煩瑣自勞也；非衛士傳湌，以強明自任也。要必朝以聽政，暮以訪問，操威福之柄而絕逸遊之樂，察民物之情而存祗懼之心，如商湯昧爽丕顯，周文之日昃不遑，庶乎此身之責可紓，而王道興矣。講學於己，而不資于人以輔之，則暴寒不一，而學或廢矣。是必資道教訓者以明睿智之道，資傅德義者以防聞見之非，資保身體者以適起居之宜。左右皆資老成，陪侍悉資彥俊，而邪昵之私無所容焉。則朝夕延見之益，足以爲維持此學之助矣。程頤所謂"輔養主德，要使跬步不離正人，乃可以涵養熏陶"，正此意也。勤政於己，而不責于人以分之，則勞逸殊勢，而勤或弛矣。是必責司銓衡者以用賢才，責司錢谷者以足同用，責司刑罰者以平獄訟，諫官責以直言得失，將帥責以禦侮敵愾，而牽制之私無所擾焉。則夙夜匪懈之益，足以勵翼此勤之助矣。歐陽脩所謂"善用人者，必使有才者竭其力，有識者竭其謀"，正此意也。然此者皇祖貽燕已行之效，特在陛下丕承之耳。

　　臣觀皇祖之論侍臣，有曰："吾每于宮中無事時，輒取孔子之言觀之，如'節用而愛人，使民以時'，真治國之良規。"又嘗命書《大學衍義》于兩廡壁間，曰"以備朝夕觀覽"，則其講學之功可考矣。有曰："朕念創業之艱難，日不暇食，夜不安寢。"又曰："朕即位有言，嘗以勤勵自勉，未旦即臨朝，晡時而後還宮。"則勤政之跡可考矣。又嘗退禦白虎殿，召劉三吾論治道，則其親近君子之效可考矣。嘗諭中書省臣曰："陰陽乖戾，卿等宜輔朕修省，其盡心力以匡不逮。"吏部命官，則曰"宜公平以別賢否"；通政命官，則以"公情直亮以處厥心，庶不負任使"。則其總核群臣之實可考矣。李絳告憲宗曰："正身勵己，尊道德，遠奸佞，進忠直，以與祖宗合德。"呂大防疏事親、事長、治內、待外戚、尚儉、寬仁、尚禮、勤身八法，以告哲宗曰："盡行家法，足以為天下。"況我皇祖之法又超軼唐宋者耶！

　　陛下欲聞其切時之務，不以微詞隱義難臣。而愚臣欲攄其用世之志，豈敢以謏聞諂說瀆陛下？伏惟留神省覽，深信而力行之，則立德立功初無難事，用文用武自有餘力。宗社之福，生民之望也，豈特愚臣之幸哉！干冒天威，不勝戰栗之至。

　　臣謹對。

正德十二年進士登科錄

玉音

　　正德十二年三月初九日，禮部尚臣李遜學等於奉天門奏爲科舉事：會試天下舉人，取中三百五十名。本年三月十五日，殿試，合請讀卷官及執事等官少師兼太子太師、吏部尚書、華蓋殿大學士梁儲等六十二員。其進士出身等第，恭依太祖高皇帝欽定資格：第一甲例取三名，第一名從六品，第二、第三名正七品，賜進士及第；第二甲從七品，賜進士出身；第三甲正八品，賜同進士出身。奉聖旨："是。欽此。"

讀卷官

　　光祿大夫、柱國、少師兼太子太師、吏部尚書、華蓋殿大學士梁儲，戊戌進士。

　　榮祿大夫、少保兼太子太保、兵部尚書王瓊，甲辰進士。

　　光祿大夫、柱國、太子太保、户部尚書兼武英殿大學士靳貴，庚戌進士。

　　光祿大夫、柱國、太子太保、吏部尚書陸完，丁未進士。

　　光祿大夫、柱國、太子太保、工部尚書李鐩，壬辰進士。

　　資政大夫、禮部尚書兼文淵閣大學士蔣冕，丁未進士。

　　資政大夫、太子少保、户部尚書石玠，丁未進士。

　　資政大夫、掌詹事府事、禮部尚書兼翰林院學士毛紀，丁未進士。

　　資善大夫、掌通政使司事、禮部尚書李浩，甲辰進士。

　　資政大夫、太子少保、刑部尚書張子麟，甲辰進士。

　　資善大夫、都察院右都御史王璟，壬辰進士。

　　嘉議大夫、大理寺卿陳恪，丁未進士。

　　翰林院侍讀學士、奉訓大夫朱希周，丙辰進士。

　　翰林院侍講學士、奉訓大夫劉龍，己未進士。

提調官

資善大夫、禮部尚書李遜學，丁未進士。

通議大夫、禮部左侍郎石珤，丁未進士。

嘉議大夫、禮部右侍郎王瓚，丙辰進士。

監試官

文林郎、浙江道監察御史張士隆，乙丑進士。

文林郎、江西道監察御史許完，乙丑進士。

受卷官

奉訓大夫、右春坊右諭德兼翰林院侍講趙永，壬戌進士。

奉訓大夫、右春坊右諭德兼翰林院侍講李時，壬戌進士。

承事郎、吏科都給事中黃鍾，辛未進士。

承事郎、户科都給事中俞泰，壬戌進士。

彌封官

嘉議大夫、掌鴻臚寺事、禮部右侍郎吳泰，儒士。

亞中大夫、光禄寺卿馮蘭，癸丑進士。

中議大夫、贊治尹、太常寺少卿劉榮，秀才。

奉政大夫、尚寶司卿朱宏，儒士。

翰林院侍讀、承直郎徐縉，乙丑進士。

翰林院侍讀、承直郎翟鑾，乙丑進士。

承事郎、禮科都給事中朱鳴陽，辛未進士。

承事郎、兵科都給事中汪玄錫，辛未進士。

儒林郎、大理寺左寺左寺副方英，丙午貢士。

徵仕郎、中書舍人周令，秀才。

掌卷官

翰林院修撰、儒林郎楊慎，辛未進士。

翰林院編修、文林郎余本，辛未進士。

翰林院編修、文林郎孫紹祖，辛未進士。

承事郎、刑科都給事中王爌，壬戌進士。

承事郎、工科都給事中石天柱，戊辰進士。

巡綽官

特進榮禄大夫、柱國、掌錦衣衛事、後軍都督府左都督朱寧。

特進榮禄大夫、柱國、管錦衣衛事、後軍都督府右都督朱安。

驃騎將軍、錦衣衛都指揮使陸宣。
鎮國將軍、錦衣衛都指揮同知李旻。
鎮國將軍、錦衣衛都指揮同知錢璋。
昭毅將軍、錦衣衛都指揮僉事何偉。
昭毅將軍、錦衣衛都指揮僉事高榮。
昭勇將軍、錦衣衛指揮使韓端。
昭勇將軍、錦衣衛指揮使薛璽。
懷遠將軍、錦衣衛指揮同知周傳。
昭勇將軍、金吾前衛指揮使李淳。
昭勇將軍、金吾後衛指揮使陳勝。

印卷官

奉政大夫、禮部儀制清吏司郎中劉滂，乙丑進士。
禮部儀制清吏司署員外郎事主事姜龍，戊辰進士。
承直郎、禮部儀制清吏司主事薛瑞，戊辰進士。
承直郎、禮部儀制清吏司主事孫存，甲戌進士。

供給官

奉議大夫、光祿寺少卿宋鐩，己未進士。
奉議大夫光祿寺少卿楊欽，壬戌進士。
承務郎、光祿寺寺丞張楠，戊辰進士。
承務郎、光祿寺寺丞茹鳴鳳，戊辰進士。
將仕佐郎、禮部司務陳濟，壬子貢士。
禮部精膳清吏司署員郎中事主事侯綸，辛未進士。
禮部精膳清吏司署員外郎事主事何棠，辛未進士。
承直郎、禮部精膳清吏司主事林炫，甲戌進士。

恩榮次第

　　正德十二年三月十五日，早，諸貢士赴內府殿試。上御奉天殿，親賜策問。

　　三月十八日早，文武百官朝服侍班。是日，錦衣衛設鹵簿于丹陛丹墀內，上御奉天殿，鴻臚寺官傳制唱名，禮部官捧黃榜，鼓樂導引出長安左門外，張挂畢，順天府官用傘蓋儀從送狀元歸第。

三月十九日，賜宴於禮部，宴畢，赴鴻臚寺習儀。

三月二十一日，賜狀元朝服、冠帶及進士寶鈔。

三月二十二日，狀元率諸進士上表謝恩。

三月二十三日，狀元率諸進士詣先師孔子廟，行釋菜禮。禮部奏請，命工部於國子監立石題名。

第一甲三名　賜進士及第

舒芬　貫江西南昌府進賢縣，民籍。國子生。治《詩經》。字國裳，行六，年三十四，三月十二日生。曾祖溥震。祖庭式。父法。母聶氏。具慶下。娶齊氏。江西鄉試第二十三名，會試第十一名。

倫以訓　貫廣東廣州府南海縣，民籍。儒士。治《易經》。字彥式，行三，年二十，閏十一月二十九日生。曾祖敬。祖明，封翰林院修撰。父文叙，右春坊右諭德兼翰林院侍講。母區氏，封安人。慈侍下。兄以諒，貢士。弟以詵、以譔、以謨、以諶、以謙、以諤、以謱、以訒。聘羅氏。廣東鄉試第六名，會試第一名。

崔桐　貫直隸揚州府通州海門縣，軍籍。國子生。治《詩經》。字來鳳，行一，年三十九，三月初三日生。曾祖鐩，贈布政司都事。祖潤，州同知。父崑，縣丞。母盛氏。重慶下。弟林、枝、格。娶李氏。應天府鄉試第一名，會試第十六名。

第二甲一百十五名　賜進士出身

汪佃　貫江西廣信府弋陽縣，民籍。國子生。治《易經》。字有之，行十一，年四十四，十月初七日生。曾祖志福，教授。祖仲端，贈南京刑部郎中。父鳳，布政司左參政。母祝氏，封宜人。永感下。兄僎，工部郎中；佑；俊，翰林院侍讀學士；偉，南京國子監司業。弟代、伀。娶詹氏。江西鄉試第三十四名，會試第二十六名。

余承勛　貫四川眉州青神縣，軍籍。縣學生。治《詩經》。字懋昭，行三，年二十四，二月十七日生。曾祖祥，戶部郎中，贈都察院右都御史。祖子偉，文林郎，贈戶部主事。父寰，戶部員外郎。母程氏，封安人。

重慶下。兄承芳，監生；承恩，監生。弟承禮、承業。娶楊氏。四川鄉試第三十九名，會試第二百九十七名。

李士元　貫山東兗州府曹州，民籍。州學生。治《詩經》。字伯大，行一，年三十，十二月二十二日生。曾祖貴。祖賢。父鳳，貢士。母黃氏。重慶下。弟士亨、士和、士貞。娶陳氏。山東鄉試第十九名，會試第一百十三名。

陳良珍　貫福建福州府長樂縣，民籍。縣學增廣生。治《詩經》。字聘之，行三，年三十三，正月二十五日生。曾祖珏。祖寅。父球。母鄭氏。慈侍下。兄暄、偉、侃。娶丁氏。福建鄉試第二十七名，會試第一百五十三名。

葉珩　貫福建興化府莆田縣，民籍。國子生。治《書經》。字鳴玉，行二，年三十一，十月二十五日生。曾祖懷敬。祖體儀。父忠。母雍氏。慈侍下。兄琛。弟瓊、悌。娶陳氏。福建鄉試第七十七名，會試第十二名。

陳璧　貫浙江寧波府鄞縣，匠籍。府學生。治《易經》。字天瑞，行二，年三十七，四月二十三日生。曾祖子初。祖勛華。父容，倉大使。母吳氏，繼母丁氏。慈侍下。兄瓚、理。弟珏、玭、瑤、珮、珣。娶王氏。浙江鄉試第六十七名，會試第二十二名。

宋欽　貫直隸大名府開州，民籍。州學生。治《書經》。字敬夫，行一，年二十九，四月十二日生。曾祖郁。祖恕。父寶。母張氏。具慶下。弟銓。娶王氏。順天府鄉試第八十名，會試第三百十八名。

文明　貫錦衣衛，旗籍，江西萍鄉縣人。國子生。治《易經》。字用晦，行一，年三十七，八月二十三日生。曾祖覺。祖信。父政。前母吳氏，母沈氏。永感下。娶吳氏，繼娶李氏。順天府鄉試第十二名，會試第一百九名。

王綸　貫直隸真定府藁城縣，民籍。江西永豐縣人。國子生。治《詩經》。字廷言，行一，年三十三，六月初十日生。曾祖賢佐。祖拱仁。父衛道。母秦氏，繼母宋氏。具慶下。娶張氏。順天府鄉試第六十名，會試第一百八十四名。

李瑜　貫浙江處州府縉雲縣，民籍。國子生。治《易經》。字良卿，行二十二，年三十四，七月二十九日生。曾祖樞。祖瀍。父中孚。母陶氏。具慶下。弟珪、珒、瑻。娶周氏。浙江鄉試第三名，會試第二百二十名。

黃易　貫江西廣信府弋陽縣，民籍。國子生。治《書經》。字伯貞，行六十四，年三十，九月初四日生。曾祖敬方，承事郎。祖澄源，知州。父珏，縣丞。母徐氏。重慶下。兄喚。弟旼、暄、曾、旨、著、昕、百、炅、晊、亘、昷。娶汪氏。江西鄉試第二名，會試第一百四十八名。

　　王舜漁　貫直隸蘇州府常熟縣，匠籍。國子生。治《詩經》。字于澤，行二，年二十九，六月初九日生。曾祖孟德。祖廷美。父原吉，義官。母宗氏。具慶下。兄舜耕，同科進士。娶錢氏。應天府鄉試第三十五名。會試第一百六名。

　　江暉　貫浙江杭州府仁和縣，民籍。府學生。治《春秋》。字景孚，行八，年二十三，六月十三日生。曾祖通，封禮科給事中。祖玭，布政司右參政，贈大中大夫、資治少尹。父瀾，南京禮部尚書，贈太子少保。母王氏，封太夫人。慈侍下。兄曙；時；曉，兵部郎中；昕，監生。弟曜，中書舍人，習字秀才；昉；曄。娶來氏。浙江鄉試第二十名，會試第四名。

　　高尚賢　貫河南開封府鈞州新鄭縣，軍籍。國子生。治《詩經》。字大賓，行二，年三十四，三月十四日生。曾祖亮。祖旺，贈工部主事。父魁，工部郎中。母李氏，封孺人。具慶下。兄尚信。娶沈氏。河南鄉試第一名，會試第八十四名。

　　顏木　貫湖廣德安府隨州應山縣馬船籍。國子生。治《詩經》。字惟喬，行三，年三十四，六月初六日生。曾祖恭，州判官。祖春。父彥隆。母方氏。慈侍下。兄學、金。娶張氏。湖廣鄉試第十八名，會試第二百七十二名。

　　王廷陳　貫湖廣黃州府黃岡縣，軍籍。國子生。治《禮記》。字稚欽，行十，年二十五，八月二十二日生。曾祖思旻，州同知。祖文奎，封戶部主事。父濟，吏部郎中。母汪氏，封安人。重慶下。兄廷錄，貢士；廷楣；廷梅，貢士；廷詔；廷讚；廷儒，貢士；廷器。弟廷槐。娶謝氏。湖廣鄉試第五名，會試第五名。

　　王梟　貫直隸鎮江府金壇縣，民籍。國子生。治《書經》。字汝陳，行五，年四十一，十月初九日生。曾祖政，義官。祖鎮，承事郎。父瀚，義官。母馮氏。具慶下。兄杲，監生。弟楷；柬，監生；槩；樂；欒。娶于氏。應天府鄉試第二十名，會試第十七名。

　　汪應軫　貫浙江紹興府山陰縣，軍籍。府學生。治《詩經》。字子宿，行三，年二十八，閏九月初一日生。曾祖徽，贈兵部郎中。祖鎡，兵部郎中，進階朝列大夫。父似穀。母董氏。重慶下。兄應璧。弟應房、應翼、應張、應室、應星、應斗。娶章氏。浙江鄉試第十六名，會試第二名。

張懷　貫浙江紹興府餘姚縣，軍，竈籍。儒士。治《易經》。字德珍，行五，年三十二，十二月初四日生。曾祖慎。祖琳。父貴。母王氏。重慶下。兄怡、悅。弟愷、悌。娶蔡氏。浙江鄉試第一名，會試第十五名。

張拱辰　貫廣東廣州府順德縣，軍籍。縣學生。治《詩經》。字仰德，行十二，年三十七，七月初五日生。曾祖觀惠。祖德政，壽官。父真。母馮氏。永感下。兄和；安；壽；錚，義官；鉏，義官；銳，義官；純；統；鏢，貢士；鑾；錀。弟佐、贊。娶馬氏。廣東鄉試第三十二名，會試第三百二名。

熊宇　貫吉府儀衛司，校尉籍。國子生。治《詩經》。字元性，行五，年二十四，正月十五日生。曾祖敏信。祖璟。父英，義官。前母孫氏，母郝氏。慈侍下。兄寬，義官；寧；憲；宸。娶唐氏。湖廣鄉試第二十六名，會試第一百九十一名。

劉世盛　貫直隸真定府趙州，民籍。國子生。治《易經》。字子謙，行二，年二十九，十月二十六日生。曾祖政，承事郎。祖鶚，知縣。父琮。母薛氏。具慶下。兄世隆。弟世賢、世良。娶周氏。順天府鄉試第二十四名，會試第四十八名。

黃待顯　貫福建興化府莆田縣，民籍。湖廣華容縣學教諭。治《書經》。字君俊，行二，年三十七，八月二十三日生。曾祖祂，戶部主事。祖緄，教授。父堂。母林氏。慈侍下。兄待遂，聽選官。娶曾氏，繼娶李氏、宋氏。福建鄉試第八十名，會試第二十七名。

何鰲　貫浙江紹興府山陰縣，民籍。國子生。治《詩經》。字巨卿，行九，年二十五，正月初四日生。曾祖政。祖昶，封工部主事。父詔，知府。母唐氏，封安人。具慶下。兄鉗、鐩、鎬。弟銓。娶沈氏。浙江鄉試第七十七名，會試第二百三十五名。

曹懷　貫直隸常州府無錫縣，民籍。國子生。治《書經》。字于德，行二，年二十六，十二月二十六日生。曾祖文禮。祖福昌。父英，教諭。母王氏。具慶下。兄愉。弟惇、性、情、惊。娶徐氏。應天府鄉試第一百十名，會試第三百三十八名。

林遷喬　貫福建興化府莆田縣，民籍。縣學附學生。治《書經》。字遷于，行一，年三十二，正月二十八日生。曾祖叔文。祖裕。父謐。

母鄭氏。具慶下。弟遷高、舉、奇、遷義。娶宋氏。福建鄉試第三十九名，會試第一百六十二名。

陸金　貫直隸蘇州府吳江縣，軍籍。縣學生。治《詩經》。字德如，行二，年三十八，九月十二日生。曾祖雲。祖珪，驛丞。父政。母吕氏。嚴侍下。兄鏞。弟鑾、鰲、鈇。娶馬氏。應天府鄉試第一百二十五名，會試第三百三十名。

蕭廷傑　貫四川瀘州，民籍。州學生。治《書經》。字元功，行二，年三十三，十一月二十五日生。曾祖應。祖彦洪。父鷗。前母饒氏，母孫氏。具慶下。兄廷俊。弟廷爵、廷禄、廷宣。娶羅氏，繼娶陳氏。四川鄉試第四名，會試第二百九十名。

藍渠　貫福建興化衛，軍籍。國子生。治《書經》。字志張，行三，年四十一，十月初七日生。曾祖淑真。祖弘韶，贈户部員外郎。父應，前户部郎中。母洪氏，封宜人。慈侍下。兄濂。弟染、梁、瀛、淳。娶林氏。福建鄉試第十七名，會試第二百五十三名。

儲昱　貫直隸松江府上海縣，民籍。國子生。治《易經》。字麗中，行三，年四十四，二月十二日生。曾祖德富。祖敬。父璇，壽官。母趙氏，繼母孫氏。永感下。兄昌；晟，承事郎。娶徐氏。順天府鄉試第九十九名，會試第一百五十名。

鄭憲　貫福建福州府長樂縣，民籍。縣學生。治《詩經》。字有度，行七，年二十六，九月二十一日生。曾祖永昭。祖伯容。父孔信。母卓氏。具慶下。兄文靜；賓；慶，貢士；寅。娶陳氏。福建鄉試第十九名，會試第八十四名。

毛紹元　貫浙江紹興府餘姚縣，民籍。國子生。治《易經》。字仲仁，行一，年三十四，三月二十八日生。曾祖傑，進士，贈刑部主事。祖憲，按察司副使。父純。母李氏。重慶下。弟茂元、景元、宗元、卿元。娶胡氏。浙江鄉試第四十名，會試第二百五十七名。

陳琛　貫福建泉州府晉江縣，民籍。國子生。治《易經》。字思獻，行三，年四十一，十月十六日生。曾祖保。祖敬。父體成。母吳氏。慈侍下。兄璧。娶王氏。福建鄉試第七十七名，會試第八名。

南壽　貫直隸保定府滿城縣，民籍。國子生。治《詩經》。字仁夫，行三，年三十一，十月初一日生。曾祖秉彝，贈工部主事。祖秀，縣主簿。父淮，知縣。母張氏。具慶下。兄剛，監生；強。弟智。娶趙氏。

順天府鄉試第六十八名，會試第一百四十二名。

王漸逵　貫廣東廣州府番禺縣，民籍。縣學增廣生。治《易經》。字用儀，行一，年二十，二月二十八日生。曾祖熒。祖琉。父傅，州學正。母梁氏。慈侍下。兄适、迪。弟遲、遠、達、途、漸造、漸逑、漸適。未聘。廣東鄉試第十九名，會試第三百三十一名。

葉桂章　貫四川雅州名山縣，民籍，江西貴溪縣人。國子生。治《書經》。字叔晦，行二，年三十三，五月三十日生。曾祖信孫。祖茂。父芳，知縣。前母高氏，母吳氏。永感下。兄天錫。娶彭氏。四川鄉試第一名，會試第九十四名。

葉式　貫浙江溫州府永嘉縣，民籍。縣學生。治《書經》。字成規，行六，年三十七，二月初一日生。曾祖希周。祖挺。父聰，監生。母劉氏。慈侍下。兄寬、芳、裕、勛、程。弟準、芘、萊。娶諸氏。浙江鄉試第六十三名，會試第三名。

華湘　貫直隸揚州府泰州，民籍。國子生。治《詩經》。字源楚，行九，年四十六，正月初一日生。曾祖士能。祖通。父錦。母王氏，繼母李氏。慈侍下。兄澂，府知事；沂；涇。弟瀾。娶王氏。應天府鄉試第一百二名，會試第二百八十七名。

馬汝驥　貫陝西延安府綏德州，軍籍。國子生。治《易經》。字仲房，行二，年二十五，九月十九日生。曾祖震。祖永盛，壽官。父驄，教諭。嫡母党氏，生母王氏。具慶下。兄汝駿。弟汝驊、汝騻。娶劉氏。陝西鄉試第十五名，會試第一百五十五名。

陳則清　貫福建福州府閩縣，民籍。懷安縣人。國子生。治《春秋》。字君揚，行四，年三十三，六月十八日生。曾祖玒，壽官。祖叔旦，壽官。父鈺，伴讀。母朱氏。具慶下。兄則大、時濟。弟則鴻、則仁、則盛。娶張氏。福建鄉試第三名，會試第一百十七名。

詹瀚　貫江西廣信府玉山縣，民籍。國子生。治《書經》。字汝約，行八十二，年三十，十二月初二日生。曾祖道同。祖紹顯。父伯壽。前母□氏。母喻氏。具慶下。兄志溫、志良、志泰、志□、溶。弟□、□。娶陳氏，繼娶胡氏。江西鄉試第十二名，會試第七十四名。

仵瑜　貫湖廣武昌府蒲圻縣，民籍。國子生。治《禮記》。字忠甫，行一，年四十一，九月十八日生。曾祖清，監生。祖佑，訓導，贈戶部主事。父紳，戶部主事。母盧氏，封安人。永感下。弟瑞、琳。娶龔氏。

湖廣鄉試第一名。會試第三百十九名。

葉觀　貫直隸揚州府江都縣，民籍。浙江義烏縣人。縣學生。治《易經》。字國光，行五，年二十九，五月十八日生。曾祖思銘，都轉運鹽使司同知。祖賢，副千戶。父萬，義官。母高氏。具慶下。兄開、發、啓。弟靚、奇、覯、現、鮮、元。娶蕭氏。應天府鄉試第一百三十四名，會試第四十二名。

胡侍　貫陝西西安府咸寧縣，民籍，應天府溧陽縣人。國子生。治《書經》。字承之，行二，年二十六，十一月初六日生。曾祖雄，贈兵部左侍郎。祖璉，贈兵部左侍郎。父汝礪，兵部尚書。母王氏，封淑人。慈侍下。兄佶。弟傅、佑、伸、儹、值、僑、傳、俸、何。娶杜氏。陝西鄉試第二十四名，會試第一百六十名。

趙儒　貫陝西西安府華州華陰縣，軍籍。縣學生。治《易經》。字廷文，行一，年四十，九月十六日生。曾祖麟。祖恭，巡檢。父龍，知縣。母仇氏。慈侍下。弟保。娶張氏，繼娶陳氏。陝西鄉試第十七名，會試第三百十一名。

汪思　貫直隸徽州府婺源縣，民籍。國子生。治《春秋》。字得之，行三十，年三十五，九月十三日生。曾祖桐。祖魁，封按察司僉事。父生民。母俞氏，繼母曹氏。慈侍下。娶程氏。應天府鄉試第五名，會試第二百十一名。

王三錫　貫山東兗州府曹州，民籍。國子生。治《詩經》。字承恩，行一，年三十，四月二十四日生。曾祖斌。祖杲，壽官。父瑞。前母楊氏，母宋氏。重慶下。弟三槐、三鑑、三俊。娶穆氏。山東鄉試第二名，會試第一百二十七名。

林文沛　貫福建福州府長樂縣，民籍。國子生。治《詩經》。字維德，行十，年三十七，六月十一日生。曾祖政。祖塾。父昌朝。母鄭氏。嚴侍下。娶謝氏。福建鄉試第七十九名，會試第一百五十八名。

廖世昭　貫福建福州府懷安縣，匠籍。縣學生。治《易經》。字師賢，行三，年二十七，十一月十二日生。曾祖宗亮。祖誠，教諭，贈刑部員外郎。父雲騰，刑部郎中。母官氏，封宜人。永感下。娶林氏。福建鄉試第二名，會試第二百十名。

劉景寅　貫直隸武清衛，軍籍。浙江臨安縣人。國子生。治《書經》。字仲賓，行二，年三十四，八月十三日生。曾祖公遠。祖佑。父淮。母袁氏，繼母仲氏。具慶下。兄景晨。弟景星、景宏。娶錢氏。順天府鄉試第十名，會試第一百三十四名。

胡廷禄　貫雲南雲南左衛，軍籍，直隸鳳陽縣人。府學附學生。治《春秋》。字原學，行二，年二十四，四月二十六日生。曾祖得廣。祖璉，知縣。父山，教諭。母黎氏。重慶下。兄廷爵。弟廷秩、廷策、廷靖、廷階、廷立。娶張氏。雲貴鄉試第四十八名，會試第二百八十五名。

許仁　貫直隸河間府交河縣，民籍。國子生。治《易經》。字子居，行三，年四十，九月二十六日生。曾祖仲和。祖春。父聰。母張氏。具慶下。兄佑；佐，聽選官。弟佶。娶劉氏。順天府鄉試第三名，會試第四十名。

史于光　貫福建泉州府晉江縣，民籍。府學生。治《易經》。字中裕，行一，年三十八，八月初八日生。曾祖德謙。祖柔。父鑑。母蔡氏。永感下。弟于榮、于清。娶姚氏，繼娶易氏。福建鄉試第三十六名，會試第一百七十九名。

黃縉　貫河南汝寧府光州息縣，民籍。縣學增廣生。治《春秋》。字公綬，行二，年二十四，二月二十六日生。曾祖榮。祖玥。父元吉，縣丞。前母張氏，母張氏。永感下。兄經。弟紳。娶郝氏。河南鄉試第三十名。會試第二百五十五名。

劉昌　貫江西吉安府安福縣，軍籍。國子生。治《易經》。字惟德，行一，年三十四，十一月初二日生。曾祖魁碧。祖欽。父深浩。母王氏。具慶下。弟最、昇、鼎、旦、冕、遑。娶伍氏。江西鄉試第九十五名，會試第二百四十五名。

張琪　貫浙江嘉興府崇德縣，民籍。國子生。治《詩經》。字叔美，行二，年四十五，十月初二日生。曾祖俊，伴讀。祖正。父崙，教諭。母邵氏。慈侍下。兄璠。娶俞氏，繼娶丘氏。浙江鄉試第六十二名，會試第一百六十八名。

陳沂　貫南京太醫院醫籍。浙江鄞縣人。國子生。治《詩經》。字魯南，行五，年四十五，七月初二日生。曾祖珤。祖愷，贈知縣。父鋼，通判。前母周氏，贈孺人。母金氏，封孺人。永感下。兄淮、濟、清、溥、涑。弟漢、浚、淳、潮。娶楊氏，繼娶馬氏。應天府鄉試第四十八名，會試第二百三十八名。

彭本用　貫江西吉安府安福縣，民籍。國子生。治《春秋》。字汝玉，行一，年五十一，正月十二日生。曾祖翔高，義官。祖箴省。父惟正。

母周氏。永感下。弟本厚、本亮。娶潘氏。江西鄉試第十名，會試第一百八十名。

胡沕　貫浙江嘉興府秀水縣，民籍，新昌縣人。國子生。治《書經》。字舜居，行一，年四十二，十二月初四日生。曾祖子億。祖端祺，縣丞。父鏞，通判。母常氏。具慶下。弟濱。娶朱氏。浙江鄉試第二十一名，會試第三百二十六名。

林應驄　貫福建興化府莆田縣，軍籍。縣學增廣生。治《書經》。字汝桓，行四，年三十，閏正月十九日生。曾祖潛夫。祖彌實，封太僕寺寺丞。父堪，知府。母朱氏，贈安人。重慶下。兄富，知府；貴；寅。弟虞；應濟；宓；應武，義官；騰；玉；球。娶黃氏。福建鄉試第三名，會試第二百十六名。

儲良材　貫廣西柳州府馬平縣，民籍。國子生。治《詩經》。字邦掄，行一，年三十，正月初十日生。曾祖英。祖貫，封審理正。父玉，左長史。母陳氏，封孺人。具慶下。娶蕭氏。廣西鄉試第十名，會試第一百八十九名。

張鯤　貫徽府儀衛司，官籍，河南太康縣人。鈞州學增廣生。治《書經》。字子魚，行二，年二十六，二月二十五日生。曾祖榮，百戶。祖海，百戶。父祥，典仗。母劉氏。具慶下。兄鵬，典仗。弟鷥。娶劉氏，繼娶劉氏。河南鄉試第五十五名，會試第一百九十三名。

鄭源溰　貫福建福州府長樂縣，民籍。縣學生。治《詩經》。字與聚，行七，年三十，十一月二十八日生。曾祖烜。祖坦，贈知縣。父錫文，布政司左參議。母高氏，封孺人；繼母徐氏。具慶下。兄源瀋、源浙、源江、源滇。娶謝氏。福建鄉試第七十五名，會試第一百三十九名。

劉雍　貫山東青州府昌樂縣，軍籍。國子生。治《詩經》。字堯臣，行一，年三十三，正月十三日生。曾祖鐸。祖章，知縣。父鈇，知縣。母張氏。具慶下。弟熙、康。娶臧氏。山東鄉試第四十九名，會試第一百七十一名。

張子衷　貫騰驤左衛，軍籍，山西渾源州人。通州學生。治《易經》。字和甫，行三，年三十二，十月二十日生。曾祖本清。祖九成，稅課局大使。父天鉞。母楊氏，繼母劉氏。具慶下。兄定、睿。弟寰、寶、富、子政。娶蔣氏。順天府鄉試第七十五名，會試第二百七名。

廖梯　貫福建興化衛，官籍。江西德興縣學教諭。治《書經》。字雲卿，行一，年三十七，八月二十三日生。曾祖祥，副千戶。祖傑。父熊。母洪氏。慈侍下。兄江，副千戶。弟楨、樟、杓、機。娶周氏，繼娶林氏。福建鄉試第七十四名，會試第三十二名。

沈弘道　貫浙江紹興府會稽縣，民籍。國子生。治《書經》。字伯充，行一，年三十一，九月二十一日生。曾祖鞠。祖淮。父炳，訓導。母丁氏。慈侍下。弟弘德、弘恭。娶徐氏。浙江鄉試第四十五名，會試第十四名。

葉應驄　貫浙江寧波府鄞縣，民籍。國子生。治《春秋》。字肅卿，行三，年二十八，四月二十一日生。曾祖彥。祖郁。父明。母馬氏。具慶下。兄應騏、應驥。弟應駿、應驎。娶魏氏。浙江鄉試第四名，會試第三十一名。

陳煥　貫浙江紹興府餘姚縣，民籍。國子生。治《禮記》。字子文，行十一，年三十九，九月十一日生。曾祖玉成，贈吏部郎中。祖雷，封府同知。父廷敬，州判官。母于氏。慈侍下。兄炳，典膳；煜，驛丞；用；朋，聽選官；榮；爚，引禮舍人；燁；焞，所吏目；輝，倉大使。弟煒、熺、炤、燦。娶胡氏。浙江鄉試第五名，會試第十八名。

楊淮　貫直隸常州府無錫縣，民籍。國子生。治《書經》。字東川，行一，年三十一，十一月二十八日生。曾祖汝潤。祖日初，義官。父楷，義官。母殷氏，繼母王氏。具慶下。弟汴。娶高氏。應天府鄉試第一百二十三名，會試第一百名。

歐陽必進　貫江西吉安府安福縣，民籍。國子生。治《春秋》。字任夫，行九，年二十七，十二月十三日生。曾祖汝爲。祖麟，知縣。父應和。嫡母劉氏，生母劉氏。具慶下。兄必迴。弟必遂、必遠、必造、必述。娶李氏。江西鄉試第八十名，會試第二十名。

趙錦　貫順天府良鄉縣，民籍。國子生。治《詩經》。字文卿，行一，年三十，十二月初三日生。曾祖永寧。祖通。父宣。母任氏。慈侍下。弟銳、鍔、金、鉞、銖。娶陳氏。順天府鄉試第一百十八名，會試第二百四十七名。

劉世綸　貫陝西岷州衛，軍籍。山西懷仁縣人。國子生。治《書經》。字伯序，行二，年三十二，正月初八日生。曾祖寄三。祖浩。父景春，知縣。母曾氏，繼母杜氏。嚴侍下。兄世經。弟世緝、世紳、世續。娶李氏。陝西鄉試第七名，會試第二百二十九名。

柴經　貫浙江寧波府鄞縣，民籍。國子生。治《書經》。字季常，行一，年四十一,六月三十日生。曾祖壅。祖傑,知縣。父忠。母陳氏。具慶下。弟綬、紀、純、綵、纓、繡。娶李氏。浙江鄉試第三名,會試第一百七十四名。

　　姜絅　貫浙江金華府蘭谿縣,民籍。府學生。治《詩經》。字幼章,行四十二,年三十二,十一月十九日生。曾祖仕毅,府經歷,贈知州。祖璽,義官。父芳,大理寺司務。母朱氏。永感下。兄綽、純。娶陸氏。浙江鄉試第六十二名,會試第二十一名。

　　王至善　貫山東濟南府歷城縣,民籍。湖廣襄陽衛人。縣學生。治《詩經》。字遠吉,行六,年三十四,四月二十九日生。曾祖文貴,贈都指揮同知。祖忠,正千戶,贈都指揮同知。父信,後軍都督府都督同知。嫡母白氏,贈夫人;應氏,封夫人;生母信氏。慈侍下。兄爲善;從善,貢士;繼善,指揮使;復善;明善。弟巨善。娶黃氏。山東鄉試第五十四名,會試第二百九十三名。

　　高淪　貫直隸揚州府江都縣,匠籍。府學生。治《易經》。字新之,行十八,年二十九,正月二十九日生。曾祖直,贈都察院右副都御史。祖亨,封大理寺左評事,贈都察院右副都御史。父銓,南京戶部尚書,贈太子少保。嫡母許氏,封淑人,贈夫人;生母杜氏。慈侍下。兄漢;濟,工部員外郎;淮,正科;潔;清;瀛;涇;滄;淇,指揮僉事;湘,訓科;涝,南京光祿寺少卿;漳;汴;濬。弟注。娶張氏。應天府鄉試第七名,會試第二百四十八名。

　　張淮　貫義勇前衛,匠籍,順天府密雲縣人。國子生。治《書經》。字本豫,行一,年三十九,二月初九日生。曾祖貴。祖福海。父永。前母吳氏,母何氏。慈侍下。弟沂。娶高氏,繼娶田氏,聘劉氏。順天府鄉試第三十九名,會試第二百八十二名。

　　葛木　貫浙江紹興府上虞縣,民籍。國子生。治《易經》。字仁甫,行二,年三十二,四月十四日生。曾祖文玉。祖用聲,封知府。父浩,知府。母俞氏,封恭人。重慶下。兄模,義官。弟本、棟、杲。娶董氏,繼娶潘氏。浙江鄉試第二十二名,會試第一百二十二名。

　　謝顯　貫江西吉安府安福縣,民籍。國子生。治《易經》。字宗文,行二十八,年四十四,十一月初三日生。曾祖尚哲,封知縣。祖謙搗。父禮。母李氏。永感下。兄卓檄、曜、隱。娶劉氏。江西鄉試第六名,會試第一百五十九名。

邊仲　貫直隸河間府任丘縣，官籍。國子生。治《書經》。字中父，行二，年二十五，十月初五日生。曾祖永，戶部郎中，贈都察院左副都御史。祖鏞，南京刑部郎中，右侍郎。父憲，翰林院檢討。母鄭氏，封孺人。重慶下。兄億，布政司左參政；備；僑，貢士；偕。弟俌，監生；佃；佽。娶劉氏。順天府鄉試第一百五名，會試第四十七名。

顧遂　貫浙江紹興府餘姚縣，民籍。縣學附學生。治《禮記》。字德伸，行二，年三十，閏正月初六日生。曾祖敏義。祖駿。父蘭，貢士。母周氏。重慶下。兄達。弟遷、迪、遑、述、選、遠、遴、逵。娶嚴氏。浙江鄉試第十五名，會試第二十九名。

丘其仁　貫福建興化府莆田縣，軍籍。府學附學生。治《詩經》。字主靜，行五，年二十八，二月十四日生。曾祖宗容。祖寧。父諧。母林氏。具慶下。弟其恕。娶余氏。福建鄉試第四十九名，會試第五十六名。

戴鱉　貫浙江寧波府鄞縣，軍籍。府學生。治《易經》。字時重，行七，年二十八，八月十八日生。曾祖鍾。封通判。祖浩，知府，進階亞中大夫。父櫃，教諭，封南京刑部員外郎。母杜氏，封宜人。具慶下。兄鰲，知府；鯊；鯨，貢士。弟鷙。娶葉氏。浙江鄉試第十一名，會試第二百八十一名。

胡宗明　貫直隸徽州府績溪縣，民籍。縣學增廣生。治《春秋》。字汝誠，行三，年二十四，三月初九日生。曾祖本立。祖以德，壽官。父耀。母許氏。具慶下。兄宗哲；宗華，貢士。弟宗周、宗南。娶朱氏。應天府鄉試第七十四名，會試第五十五名。

李蘭　貫陝西西安府華州，軍匠籍。國子生。治《詩經》。字秀夫，行一，年三十七，九月初八日生。曾祖政。祖玘。父奈。母張氏，繼母劉氏。具慶下。弟芳、苣。娶高氏。陝西鄉試第十七名，會試第七十三名。

鄺灝　貫直隸河間府任丘縣，民籍，廣東高要縣人。國子生。治《書經》。字子元，行七，年三十，九月十六日生。曾祖福。祖觀政，縣丞。父琚，監生。母刁氏。具慶下。兄深、濤，貢士；溶；淳；沂；潛。弟澡、沱、汴、津、漢。娶王氏，繼娶王氏。順天府鄉試第七名，會試第三十五名。

史道　貫順天府涿州，民籍。州學生。治《書經》。字克弘，行六，年三十二，八月初一日生。曾祖成。祖仲善，典史，贈戶部主事。父俊，按察司僉事。嫡母寶氏，封安人；生母王氏。慈侍下。兄遷、遠、還、逵、通、經、端、達。弟遂、遜、遷、迪。娶安氏。順天府鄉試第一名，會試第三十三名。

陳應之　貫福建興化府莆田縣，匠籍。國子生。治《書經》。字君咸，行一，年三十三，七月初九日生。曾祖珪，教諭，贈南京兵部尚書。祖儀。父允迪，義官。母林氏。具慶下。弟昂之。娶楊氏。福建鄉試第六十八名，會試第一百二十一名。

卓居傅　貫福建興化府莆田縣，民籍。直隸淮安府學訓導。治《書經》。字起巖，行一，年四十三，十二月十八日生。曾祖璣。祖允。父大琬。母陳氏。重慶下。弟居渭、居莘。娶曾氏。福建鄉試第四十六名，會試第五十七名。

梅鵷　貫直隸寧國府旌德縣，民籍。國子生。治《詩經》。字幼和，行一，年四十，九月十四日生。曾祖德恭。祖傑。父永賢。母姚氏。具慶下。弟鵬；鷟，貢士。娶方氏。應天府鄉試第六名，會試第六十一名。

何岩　貫河南開封府扶溝縣，民籍。國子生。治《禮記》。字邦鎮，行一，年三十九，十月初三日生。曾祖義。祖泰。父洪。母韓氏。重慶下。弟凱、嶽、崑、嶷。娶張氏。河南鄉試第十一名，會試第四十五名。

金廷瑞　貫浙江杭州府錢塘縣，民籍。國子生。治《易經》。字信夫，行二，年四十一，四月二十八日生。曾祖賢。祖鏞。父廣。母孔氏。慈侍下。兄廷珮。娶莫氏，繼娶方氏。浙江鄉試第五十名，會試第一百三十五名。

陳毓賢　貫福建福州府長樂縣，民籍。國子生。治《詩經》。字則英，行八，年三十八，八月十四日生。曾祖瀛。祖孟止。父元吉。前母林氏，母丁氏。慈侍下。兄象賢、尊賢。弟招賢。娶林氏。福建鄉試第五十五名。會試第二百四十四名。

陳焕　貫江西廣信府貴溪縣，民籍。縣學生。治《書經》。字德章，行十五，年三十一，三月初一日生。曾祖福成。祖尚英。父奇。母方氏。永感下。兄禎、壽、烘、煌、煒。弟輝、燁、焯、鑒。娶姚氏。江西鄉試第十九名，會試第一百四十一名。

王鳳靈　貫福建興化府莆田縣，竈籍。府學附學生。治《詩經》。字應時，行十七，年二十一，六月二十七日生。曾祖文傑。祖止敬，贈太常寺博士。父玉和。嫡母林氏，生母戴氏。慈侍下。兄鳳翔；鳳澤；鳳儀，貢士；佐；伍；儼。娶翁氏。福建鄉試第八十四名，會試第五十一名。

郭叙　貫江西袁州府宜春縣，軍籍。國子生。治《詩經》。字天倫，行一，年四十一，十一月初九日生。曾祖子高，贈行太僕寺卿。祖和，贈行太僕寺卿。父紳，南京刑部右侍郎。母李氏，贈淑人；繼母李氏、曹氏，封淑人。永感下。弟淑。娶蘇氏。江西鄉試第十名，會試第三百六名。

彭澤　貫廣東廣州府南海縣，軍籍。國子生。治《易經》。字仁卿，行四，年二十九，九月初六日生。曾祖遇。祖煒。父金，前典史。前母張氏，母吳氏。嚴侍下。兄華；昂；一舉，貢士。娶李氏。廣東鄉試第十二名，會試第一百三十名。

李珣　貫山東東昌府清平縣，軍籍。國子生。治《書經》。字五瑞，行一，年二十九，十一月十一日生。曾祖榮。祖江。父紳。母陳氏，繼母宗氏。具慶下。弟環、珮、瓊、瑤。娶王氏，繼娶于氏。山東鄉試第三十七名，會試第八十五名。

王鎔　貫浙江寧波府慈谿縣，民籍。儒士。治《詩經》。字時化，行三十，年二十，五月十八日生。曾祖潛。祖珺，封南京大理寺右評事。父純，都察院左僉都御史。母李氏，封孺人。重慶下。兄鐸。弟鎰。聘姚氏。浙江鄉試第二十九名，會試第二百六名。

孔廕　貫南京應天衛旗籍，直隸臨淮縣人。國子生。治《書經》。字德貽，行一，年三十四，五月初九日生。曾祖鑑。祖清。父昇。母何氏。重慶下。弟文、庠、序、庭。娶孫氏。應天府鄉試第三十三名，會試第一百十二名。

徐一鳴　貫湖廣長沙府醴陵縣，軍籍。縣學生。治《易經》。字伯和，行十二，年二十一，十月十四日生。曾祖朝貴。祖鼎，縣丞，贈戶部員外郎。父廷用，戶部郎中。母劉氏，封宜人。慈侍下。兄一麒、一龍、一鶴。弟一豸、一驄、一舉、一獅、一翀。娶施氏。湖廣鄉試第五十八名，會試第二百二名。

莊惟春　貫福建福州府長樂縣，民籍。縣學增廣生。治《詩經》。字元卿，行八，年二十六，二月初八日生。曾祖順。祖禮，教諭。父文玄，教授。母高氏。重慶下。弟惟桐、惟楨。娶陳氏。福建鄉試第八十六名，會試第一百一名。

朱可宗　貫河南南陽府南陽縣，民籍，福建莆田縣人。縣學生。治《書經》。字端夫，行七，年二十九，八月初五日生。曾祖尚明，監生。祖從周。父瑾，右長史。嫡母林氏，生母周氏。具慶下。兄泰，右長史；鶚；潮；淵；洪，貢士；可傳。弟可學、鵠、可復。娶吳氏。河南鄉試第四十名，會試第一百五名。

江珊　貫錦衣衛，官籍，直隸望江縣人。順天府學生。治《易經》。字國珍，行三，年三十六，五月二十五日生。曾祖保。祖通。父傑。嫡母蕭氏，生母王氏。永感下。兄璽，指揮僉事；璁，百户。弟瓚，義官。娶沈氏，繼娶裘氏、汪氏、段氏、田氏。順天府鄉試第七名，會試第八十三名。

車純　貫浙江紹興府上虞縣，軍籍。縣學生。治《易經》。字秉文，行十四，年三十八，七月二十八日生。曾祖勿，縣丞。祖克高。父庭器。母任氏。具慶下。娶傅氏。浙江鄉試第六十九名，會試第十三名。

楊儀　貫四川潼川州射洪縣，民籍。國子生。治《詩經》。字仲立，行二，年三十五，九月二十九日生。曾祖紹廣，贈大理寺左寺丞。祖本。父濬，監生。母文氏，繼母徐氏。永感下。兄休。娶王氏，繼娶黃氏。四川鄉試第三十六名，會試第二百四十名。

婁志德　貫河南開封府陳州項城縣，匠籍。國子生。治《詩經》。字存仁，行一，年三十九，十一月二十六日生。曾祖敬。祖春。父信。母戴氏。永感下。娶張氏。河南鄉試第七十六名，會試第三百四十七名。

龍大有　貫湖廣長沙府茶陵州，軍籍。國子生。治《易經》。字道亨，行五，年三十九，四月十八日生。曾祖均清。祖瑜。父晟，教授。前母陳氏，母李氏。嚴侍下。兄振澧、振瀾、振澗、振澍。弟振沅。娶劉氏。湖廣鄉試第五十五名，會試第三百四十四名。

祁敕　貫廣東廣州府東莞縣，軍籍。國子生。治《春秋》。字惟允，行五，年三十七，十一月二十一日生。曾祖振宗。祖秉剛，贈户部員外郎。父順，布政司左布政使。前母鍾氏，贈宜人；母廖氏。慈侍下。兄敏，户部郎中；敦；孜，貢士；政，貢士。弟敦。娶黎氏。廣東鄉試第三名，會試第七十二名。

陳鈇　貫直隸池州府貴池縣，民籍。國子生。治《詩經》。字功錫，行二，年三十五，五月初三日生。曾祖仕昭，監察御史。祖忠，國子監學正。父綸。嫡母柯氏，生母孫氏。慈侍下。兄鉞。娶郎氏。應天府鄉試第一百十四名，會試第四十一名。

許相卿　貫浙江杭州府海寧縣，竈籍。國子生。治《詩經》。字台仲，行二，年三十九，九月十六日生。曾祖禎。祖紃。父滋。母俞氏，繼母居氏。具慶下。弟杙卿、檣卿、槐卿、材卿、榦卿、桐卿。娶沈氏，繼娶李氏。

浙江鄉試第四十一名，會試第二百六十七名。

　　王尚志　貫河南南陽府鄧州淅川縣，軍籍。國子生。治《春秋》。字承尹，行三，年四十一，二月二十八日生。曾祖志高。祖讓。父浩，知縣。母李氏。慈侍下。兄尚忠，監生；譽。娶李氏，繼娶陳氏。河南鄉試第八名，會試第三百三十六名。

　　劉士奇　貫廣東廣州府順德縣，軍籍。國子生。治《禮記》。字邦正，行二，年四十一，五月二十六日生。曾祖孔成。祖諒。父璟。母陳氏，繼母何氏。永感下。兄士紀。弟士績、士英、士緇、士倫、士紳、士純。娶馮氏，繼娶鄧氏。廣東鄉試第十名，會試第二百六十名。

　　徐子俊　貫浙江紹興府上虞縣，民籍。縣學增廣生。治《易經》。字世庸，行十六，年二十，六月二十四日生。曾祖霖。祖重。父綬。母俞氏。具慶下。兄子山、子瞻、子經、子嵩、子瑾。弟子信。聘陳氏。浙江鄉試第二十七名，會試第六十二名。

第三甲二百三十一名　賜同進士出身

　　柯維熊　貫福建興化府莆田縣，民籍。國子生。治《詩經》。字奇徵，行一，年三十一，十月初六日生。曾祖浚，壽官。祖□，贈大理寺右評事。父英，前知府。母蔣氏，封孺人。具慶下。弟維□；維□；維騏，貢士；維藩。娶周氏。福建鄉試第六十六名，會試第二百九十五名。

　　王時柯　貫江西吉安府萬安縣，民籍。國子生。治《書經》。字□英，行二，年三十，正月初四日生。曾祖添成。祖文應。父淵。母周氏。具慶下。兄時□。弟時□、時楷。娶康氏。江西鄉試第五十七名，會試第二百名。

　　夏言　貫江西廣信府貴溪縣，軍籍。國子生。治《詩經》。字公謹，行三，年三十六，六月二十九日生。曾祖自新。祖尹恭，巡檢。父鼎，知府。前母吳氏，母匡氏。慈侍下。兄南安、奇。弟行，監生。娶徐氏，繼娶詹氏。江西鄉試第六名，會試第一百四十九名。

　　李紹賢　貫直隸泗州衛，軍籍，巢縣人。國子生。治《書經》。字崇德，行五，年三十七，十一月初七日生。曾祖宣。祖華。父本。母黎氏，繼母曹氏。具慶下。兄紹經、紹善、紹美。弟紹信、紹科、紹光、紹魁。娶章氏。應天府鄉試第二十四名，會試第十名。

顧濟　貫直隸蘇州府太倉州，民籍，崑山縣人。州學生。治《詩經》。字舟卿，行一，年三十六，八月二十三日生。曾祖暹，壽官。祖珩。父鑑。母王氏。具慶下。兄源；溱，同科會試中式舉人；沽。弟津、淡、沂、灌、淳、準、淵、潮、瀚、濡、演。娶陸氏。應天府鄉試第九名，會試第二百六十三名。

高節　貫河南開封府睢州，民籍。國子生。治《禮記》。字大節，行一，年四十六，三月十三日生。曾祖貴。祖能，封監察御史。父安，監察御史。母王氏，贈孺人；繼母楚氏，封孺人。永感下。兄雄。弟林、相。娶黃氏。河南鄉試第三十六名，會試第二百七十七名。

王世祿　貫直隸廣德州，軍籍。國子生。治《禮記》。字子延，行五，年三十四，十二月十八日生。曾祖永寧。祖裕瑾。父崇本。母盛氏。具慶下。娶張氏。應天府鄉試第一百三十一名，會試第一百五十四名。

劉穆　貫山西平陽府臨汾縣，民籍。國子生。治《詩經》。字敬之，行二，年四十七，五月十三日生。曾祖淵。祖懋。父璇，知縣。母錢氏。永感下。兄和，通判。娶孔氏，繼娶張氏。山西鄉試第三十四名，會試第二十五名。

高璧　貫錦衣衛，匠籍，浙江秀水縣人。國子生。治《易經》。字德卿，行二，年三十四，十月十三日生。曾祖官。祖昱。父亮。母朱氏。慈侍下。兄璽。娶曾氏。順天府鄉試第一百三十四名，會試第三十四名。

賈璘　貫山東濟南府武定州陽信縣，民籍。縣學生。治《易經》。字文璧，行一，年四十一，十二月十二日生。曾祖子義。祖范。父誠。母陳氏。具慶下。弟璨、瑋。娶谷氏。山東鄉試第四十八名，會試第九十九名。

曾棠　貫四川嘉定州，民籍。國子生。治《禮記》。字方召，行二，年三十五，正月二十七日生。曾祖孟舉。祖友良。父賢。母蕭氏。具慶下。兄棋。弟樂。娶鄭氏。四川鄉試第五十九名，會試第二百十八名。

陳華　貫福建泉州府晉江縣，鹽籍。府學增廣生。治《易經》。字朝譽，行一，年三十九，八月二十一日生。曾祖垕。祖淵。父臨。母蘇氏。具慶下。兄清。弟富、健、煒、儀、絢。娶蘇氏。福建鄉試第四十九名，會試第一百九十二名。

蔡宗兗　貫浙江紹興府山陰縣，民籍。國子生。治《詩經》。字希淵，行二十二，年四十四，八月初一日生。曾祖國華。祖睦。父集。母張氏，繼母趙氏。慈侍下。兄宗興，驛丞；宗盛；宗英；宗顯；宗哲；宗元；宗克。弟宗冕、宗寬。娶龐氏，繼娶周氏。浙江鄉試第十名，會試第二百十二名。

裴紹宗　貫陝西西安府華州渭南縣，民籍。國子生。治《詩經》。字伯修，行一，年四十四，八月二十二日生。曾祖珩，教授，贈監察御史。祖斐，按察司僉事。父寧。母盧氏。慈侍下。弟紹芳、紹祖。娶薛氏。陝西鄉試第六十三名，會試第六十九名。

楊士雲　貫雲南大理府太和縣，民籍。國子生。治《詩經》。字從龍，行一，年四十一，六月初十日生。曾祖茂春。祖森。父玹。母陽氏。具慶下。弟士霖、士震、士雷、士霓。娶陽氏。雲貴鄉試第一名，會試第一百八名。

朱豹　貫直隸松江府上海縣，軍籍。國子生。治《詩經》。字子文，行二，年三十七，十一月十九日生。曾祖元振。祖佑，府同知。父曜，歲貢生。母張氏。具慶下。兄鯉。弟龍、蟾、鹿、獬、犀、驥。娶沈氏，繼娶蔡氏。應天府鄉試第一百十一名，會試第二百九十一名。

曹鏺　貫直隸常州府武進縣，軍籍，句容縣人。國子生。治《書經》。字時用，行四，年四十一，六月十九日生。曾祖育。祖伯恭。父遠，壽官。前母何氏，母董氏。永感下。兄鈞、銛、鍾。弟銓。娶張氏。應天府鄉試第十一名，會試第十名。

楊翱　貫應天府江寧縣，民籍。國子生。治《易經》。字雲鳳，行一，年三十八，六月二十四日生。曾祖德芳。祖春。父正，教諭。嫡母陳氏、周氏，生母張氏。永感下。弟翔。娶王氏。應天府鄉試第十二名，會試第二百七十三名。

夏宗仁　貫直隸廣德州建平縣，民籍。國子生。治《禮記》。字以元，行一，年四十二，十月初五日生。曾祖懷德。祖瑛。父曇。母韓氏，繼母楊氏。重慶下。弟宗義、宗禮、宗智、宗知、宗美。娶劉氏。應天府鄉試第一百十三名，會試第一百二十三名。

王鼎　貫河南汝州，軍籍。國子生。治《禮記》。字汝調，行一，年三十四，九月初十日生。曾祖振。祖文。父欽。母帥氏。重慶下。弟鼐、鼏。娶周氏，繼娶周氏。河南鄉試第九名，會試第一百三十八名。

林若周　貫福建興化府莆田縣，民籍。國子生。治《書經》。字吾從，行三，年二十八，五月初一日生。曾祖珪，戶部員外郎，進階奉議大夫。祖時讓，布政司左參議。父伯麒，義官。嫡母方氏、陳氏，生母劉氏。

具慶下。兄子謹、若韓。弟若曾。娶方氏。福建鄉試第五十四名，會試第一百三十一名。

李惠　貫河南開封府祥符縣，匠籍。國子生。治《詩經》。字德卿，行二，年三十，三月二十六日生。曾祖通。祖興，封監察御史。父鉞，都察院右僉都御史。母林氏，封孺人。具慶下。兄忠，引禮舍人。弟恕，貢士；憑；戀；志；悊；忞；憲。娶魏氏。河南鄉試第四十二名，會試第二百三十三名。

馬紀　貫河南開封府鈞州，民籍。國子生。治《詩經》。字直卿，行五，年三十六，九月初十日生。曾祖榮，贈太子太保、兵部尚書。祖文麟，知縣。父安。母趙氏。具慶下。弟績。娶連氏。河南鄉試第五十二名，會試第二百六十五名。

涂相　貫江西南昌府南昌縣，民籍。國子生。治《易經》。字夢卜，行五，年三十二，十二月二十四日生。曾祖良益。祖丘山。父鳳占。嫡母楊氏，生母宗氏。具慶下。弟楫、朴。娶諶氏。江西鄉試第七十四名，會試第一百九十八名。

胡效才　貫直隸淮安府沭陽縣，民籍。府學生。治《禮記》。字汝愚，行二，年二十五，六月二十一日生。曾祖友良。祖綱，壽官，封南京刑部主事。父璉，按察司僉事。母屠氏，封安人。重慶下。兄效元。弟效德、效方、效忠、效敏、效思。娶牛氏。應天府鄉試第一百二十八名，會試第六十名。

梁朝宗　貫江西吉安府龍泉縣，民籍。縣學生。治《詩經》。字東之，行二，年三十二，十一月十一日生。曾祖用琦。祖元闓。父莊。母章氏。具慶下。兄朝稱。弟朝重、暹、進。娶郭氏。江西鄉試第八十七名，會試第六十六名。

白玥　貫陝西鳳翔府寶雞縣，民籍。國子生。治《禮記》。字德潤，行一，年三十八，六月十四日生。曾祖昇。祖信，封監察御史。父鸞，監察御史。母賈氏，贈孺人；繼母王氏，封孺人。慈侍下。弟瑜、瑾、瑚、璉。娶王氏，繼娶張氏。陝西鄉試第十二名，會試第二百四十六名。

王暐　貫應天府句容縣，民籍。縣學生。治《詩經》。字克明，行二，年三十三，四月初九日生。曾祖庸。祖升，壽官。父槐。母張氏。慈侍下。兄晌。弟曄、昕、曦、曉、昻。娶陳氏。應天府鄉試第四十六名，會試第七十一名。

楊珮　貫順天府涿州，民籍，直隸崇明縣人。國子生。治《禮記》。字文珮，行一，年四十一，八月三十日生。曾祖道衡。祖晨。父密觀。母龔氏。慈侍下。弟□、□。娶沈氏。順天府鄉試第一百三十一名，會試第二百四名。

張邦教　貫山西平陽府蒲州，民籍。州學附學生。治《書經》。字以寬，行二，年二十二，十二月初十日生。曾祖昇。祖霦。父凝，訓導。母王氏。慈侍下。兄文、邦政。弟養志、養民、邦禮、邦赦、邦土。娶衛氏。山西鄉試第十三名，會試第二百十三名。

汪溱　貫直隸徽州府祁門縣，民籍。國子生。治《書經》。字汝梁，行七，年二十五，十一月二十五日生。曾祖振宗。祖彥清，贈南京刑部郎中。父標，知府。母胡氏，封宜人。具慶下。兄瀾、濟、溉、深、渡、洧。弟浚、滋、淀。娶章氏。應天府鄉試第五十一名，會試第四十三名。

劉一正　貫山西平陽府蒲州，民籍。州學增廣生。治《易經》。字體道，行五，年二十六，十一月初八日生。曾祖信。祖淳，義官。父鋼。母郭氏，繼母張氏。具慶下。弟一直、一寧。娶李氏。山西鄉試第二十五名，會試第三百三十五名。

蔡乾　貫湖廣武昌府崇陽縣，軍籍。國子生。治《詩經》。字汝健，行三，年三十，六月初三日生。曾祖敏。祖英。父貫，訓導。母孫氏。具慶下。兄朝、翰。弟幹。娶王氏。湖廣鄉試第二十二名，會試第二百三十名。

張希尹　貫山東臨清衛，軍籍，山西萬泉縣人。國子生。治《詩經》。字子修，行一，年三十九，七月二十二日生。曾祖仲賢。祖真。父廣，壽官。母李氏。永感下。娶劉氏。山東鄉試第十四名，會試第三百三十四名。

王官　貫陝西寧夏左屯衛，軍籍。國子生。治《書經》。字惟人，行一，年二十六，三月初七日生。曾祖誠。祖清，義官。父文進。母林氏。重慶下。弟寀、賓。娶丁氏。陝西鄉試第三十二名，會試第一百三十七名。

劉訒　貫河南開封府鄢陵縣，民籍。國子生。治《詩經》。字思存，行五，年三十五，十一月二十六日生。曾祖義，贈太子少保、刑部尚書。祖海，封知府，贈太子少保、刑部尚書。父璟，太子少保、刑部尚書。前母翟氏，贈夫人；母王氏，封夫人。具慶下。兄訑，典膳；訴，監生；誥，義官。弟詡，義官。娶程氏。河南鄉試第四十六名，會試第三百二十五名。

徐岱　貫四川嘉定州威遠縣，竈籍。國子生。治《詩經》。字世瞻，行三,年三十五,五月十一日生。曾祖以禮。祖恭。父尚廉,壽官。母余氏。具慶下。兄行、健。弟律。娶梁氏。四川鄉試第二十一名,會試第一百九十九名。

李文　貫河南河南府宜陽縣,民籍。國子生。治《詩經》。字載道,行一,年四十七,二月十三日生。曾祖崇。祖璵,知縣。父憲,訓導。母胡氏。具慶下。弟玄、序、交。娶韋氏。河南鄉試第三十六名,會試第二百六十九名。

陳相　貫河南河南府洛陽縣,民籍。府學增廣生。治《易經》。字君輔,行一,年二十九,八月二十九日生。曾祖倫,知縣。祖忠。父文英,訓導。母呂氏。慈侍下。弟弼。娶楊氏,繼娶楊氏。河南鄉試第三十八名,會試第二百五十二名。

陳嘉謨　貫福建福州府長樂縣,民籍。縣學生。治《詩經》。字仲詢,行八,年四十二,二月初三日生。曾祖銘,大理寺右評事。祖京,知縣。父莆。前母鄭氏,母葉氏。永感下。兄嘉謨、嘉言。娶戴氏。福建鄉試第四十六名,會試第二百五十八名。

王可學　貫順天府固安縣,民籍。府學增廣生。治《書經》。字時敏,行一,年二十七,十一月二十九日生。曾祖陸恭。祖海。父鑑。母潘氏,繼母孫氏。嚴侍下。兄魁、賢、周、智、勉。弟美。娶孫氏。順天府鄉試第一百五名,會試第三百三十二名。

侯秩　貫直隸大名府開州長垣縣,民籍。縣學增廣生。治《易經》。字季常,行三,年三十二,四月初九日生。曾祖三。祖俊。父宣,義官。前母唐氏,母張氏。慈侍下。兄隆、福。娶陳氏。順天府鄉試第二十一名。會試第三百二十九名。

伍餘福　貫直隸蘇州府吳縣,民籍。府學生。治《易經》。字疇中,行四,年三十八,正月十六日生。曾祖宗理,壽官。祖瓊,義官。父鋹。母李氏。重慶下。兄欽;鑑,義官;餘慶。娶顧氏,繼娶金氏。應天府鄉試第二十一名,會試第五十二名。

徐子龍　貫浙江紹興府餘姚縣,民籍。縣學附學生。治《禮記》。字中夫,行四,年三十一,十二月二十一日生。曾祖瑆。祖端,贈大理寺右評事。父諫,州同知。母張氏,封孺人。永感下。兄子元、子承、子豪。弟子貞,貢士。娶謝氏。浙江鄉試第六十六名,會試第九十二名。

謝旻　貫直隸順德府任縣,民籍。國子生。治《詩經》。字仁夫,行一,年三十八，十一月二十四日生。曾祖全。祖謙，典寶□。父汝輔，驛丞。母李氏。重慶下。弟昊，監生；昂，義官；朝用。娶辛氏。順天府鄉試第四十二名，會試第一百五十一名。

柯相　貫直隸池州府貴池縣，軍籍。國子生。治《詩經》。字元卿，行二，年三十七，七月二十八日生。曾祖玫裕。祖蓉。父本郁。前母馬氏，母楊氏。具慶下。兄桂。弟槺、棣。娶吳氏。應天府鄉試第三十六名，會試第一百十一名。

王崑　貫直隸鳳陽府宿州靈璧縣，民籍。國子生。治《易經》。字希申，行二，年四十，三月十一日生。曾祖致遠。祖景信。父澤，紀善。前母方氏，母汪氏。慈侍下。兄嶽，前監察御史。弟崙、嶧。娶俞氏。應天府鄉試第四十七名，會試第一百八十八名。

吳英　貫湖廣瞿塘衛，軍籍，攸縣人。國子生。治《詩經》。字文傑，行一，年四十三，五月初七日生。曾祖溥。祖立。父□，義官。母王氏。慈侍下。弟蘭、范。娶張氏。四川鄉試第五十五名，會試第一百十八名。

張星　貫廣西桂林中衛，軍籍。國子生。治《春秋》。字子陽，行三，年二十八，四月初七日生。曾祖仲和。祖□通。父□□。母雷氏。慈侍下。兄□、□。娶倪氏。廣西鄉試第三十八名，會試第一百四十七名。

金樸　貫浙江寧波府鄞縣，民籍。國子生。治《書經》。字文習，行二十一，年三十二，三月十七日生。曾祖暹，兵部郎中。祖亮，兵部郎中。父□，知縣。嫡母俞氏，封孺人；生母趙氏。具慶下。弟栢，監生；楨，監生；槤；枋。娶丘氏。浙江鄉試第四十六名，會試第九十五名。

廖哗　貫廣西南寧衛，民籍，臨桂縣人。直隸東流縣學教諭。治《易經》。字儀仲，行一，年三十四，七月二十八日生。曾祖信。祖寓，儀賓。父晟。母龍氏。慈侍下。兄鎧、鉞。娶趙氏。廣西鄉試第十七名，會試第一百四十三名。

宋銳　貫山東濟南府新城縣，軍籍。國子生。治《易經》。字進之，行一，年三十九，十一月二十三日生。曾祖居里。祖全。父雄，縣主簿。母單氏。慈侍下。弟鎧。娶于氏。山東鄉試第五十二名，會試第三百四十二名。

范鏓　貫遼東瀋陽國衛，軍籍，江西樂平縣人。衛學生。治《書經》。字平甫，行四，年三十一，十一月十四日生。曾祖孝文。祖傑。父禎。前母王氏，母熊氏。嚴侍下。兄鉞；鎮；錦；鏆；銳；鐸，義官。弟鎬、鐮、金、鉉。娶趙氏。山東鄉試第七十名，會試第二百五十名。

鄧繼曾　貫四川成都府資縣，軍籍。縣學生。治《書經》。字士魯，行一，年二十七，三月二十三日生。曾祖本芳。祖暘。父國鼎。母黃氏，繼母談氏、周氏。重慶下。弟繼善、繼忠。娶鄭氏。四川鄉試第十二名，會試第一百二十八名。

熊榮　貫河南汝寧府光州光山縣，軍籍。國子生。治《詩經》。字以仁，行五，年三十四，正月初五日生。曾祖暉。祖孟翹，壽官。父寧。前母周氏，母吳氏。慈侍下。兄櫽、欒、森、杲。娶高氏。河南鄉試第十八名，會試第二百四名。

范紳　貫錦衣衛，官籍，直隸盱眙縣人。國子生。治《書經》。字縉卿，行一，年三十二，五月二十四日生。曾祖以玄。祖敬，贈錦衣衛百戶。父宏，錦衣衛百戶。嫡母邢氏，封安人；生母王氏。具慶下。弟綱。娶紀氏，繼娶楊氏。順天府鄉試第三十一名，會試第一百十名。

季本　貫浙江紹興府會稽縣，民籍。國子生。治《春秋》。字明德，行三，年三十三，九月十三日生。曾祖良佐，封監察御史。祖駿，按察司僉事。父翔。母劉氏。永感下。兄木，貢士；來。弟禾、柬，引禮舍人。娶余氏。浙江鄉試第三名，會試第七十八名。

王納言　貫山東濟南府淄川縣，民籍。國子生。治《詩經》。字允忠，行一，年三十七，七月二十四日生。曾祖守敬。祖瑜。父隆，監生。母賈氏。重慶下。弟納誨、納陳、納訓。娶李氏。山東鄉試第七十五名，會試第一百七十五名。

劉㝡　貫江西撫州府崇仁縣，民籍。國子生。治《詩經》。字振廷，行十，年三十六，七月十六日生。曾祖子繹。祖璲，通判。父崇，教諭。前母熊氏、盧氏。母楊氏。慈侍下。弟寓，知縣；案；宴。娶陳氏。江西鄉試第六十九名，會試第一百七十八名。

馬冕　貫直隸河間府肅寧縣，民籍。國子生。治《詩經》。字文中，行五，年三十七，六月二十九日生。曾祖麟，戶部郎中。祖繼。父雲。母張氏。永感下。兄昂、顯、杲、旻。娶劉氏。順天府鄉試第一百十一名，會試第二百七十四名。

桑仟　貫陝西安東中護衛籍，浙江麗水縣人。國子生。治《詩經》。字宗之，行五，年四十，三月二十五日生。曾祖顯一。祖斌，贈通判。父權，義官。母魏氏。永感下。兄仁；伫，知縣；儼；伸。弟价，貢士；儒；

值；俊；僖；信；俉，典膳；侃，典膳。娶張氏。陝西鄉試第五十三名，會試第二百五十一名。

王正宗　貫錦衣衛，官籍，順天府固安縣人。國子生。治《詩經》。字適夫，行二，年三十五，十一月十六日生。曾祖從義。祖智，贈百户。父澍，百户。母齊氏。永感下。兄繼宗，百户。娶羊氏，繼娶牛氏。順天府鄉試第二十三名，會試第九名。

吴琦　貫山西潞州衛，軍籍，武鄉縣人。國子生。治《詩經》。字汝器，行二，年三十六，三月十三日生。曾祖孝恭。祖景通。父海。前母陳氏，母康氏。慈侍下。兄瑄。弟琳、琨、璋。娶沈氏。山西鄉試第六十二名，會試第二百五十六名。

蔡經　貫福建福州府候官縣，民籍。縣學生。治《易經》。字廷彝，行二，年二十六，六月初四日生。曾祖珠。祖鍾。父海。前母林氏，母鄭氏，繼母劉氏。重慶下。弟綸、綱。娶李氏。福建鄉試第十九名，會試第三百七名。

李柬　貫陝西西安府藍田縣，民籍。國子生。治《春秋》。字震卿，行一，年三十七，十月初五日生。曾祖璠，壽官。祖俊。父廷實，訓導。母劉氏。永感下。弟采。娶吳氏。陝西鄉試第四十名，會試第二百二十八名。

戴繼先　貫營州前屯衛，軍籍，浙江海鹽縣人。國子生。治《易經》。字承緒，行二，年三十九，六月十七日生。曾祖子賢。祖旺。父安。前母楊氏，母楊氏，繼母張氏。永感下。兄繼宗。弟繼玄。娶李氏。順天府鄉試第十九名，會試第三百四十六名。

朱洸　貫直隸蘇州府太倉州，民籍，常熟縣人。國子生。治《詩經》。字大武，行一，年三十七，七月初一日生。曾祖子亮。祖用節。父稷，工部主事。母劉氏。慈侍下。弟淵，監生。娶郁氏。應天府鄉試第六十七名，會試第一百二十九名。

秦武　貫浙江台州府臨海縣，軍籍。府學生。治《春秋》。字從熙，行二十九，年三十五，七月二十四日生。曾祖良玉。祖宗傅。父彥彬，封南京行人司左司副，贈刑部郎中。前母董氏，贈宜人；母吳氏。永感下。兄章；裕；文，按察司副使；禮，南京刑部員外郎；祺；裪。娶林氏。浙江鄉試第五十八名，會試第二百九十名。

龐淳　貫順天府寶坻縣，軍籍。國子生。治《詩經》。字宗厚，行一，年四十九，八月二十九日生。曾祖俊。祖聰，縣丞。父錦，義官。母張氏。永感下。弟濟、濂。娶呂氏。順天府鄉試第一百名，會試第三百十名。

鄧鉞　貫四川成都後衛，軍籍，山西襄陵縣人。國子生。治《詩經》。字邦靖，行二，年四十三，十一月十四日生。曾祖大懷。祖寓。父玘。母任氏。慈侍下。兄欽。弟鎡。娶陳氏。四川鄉試第三十一名，會試第一百六十六名。

詹珪　貫江西饒州府鄱陽縣，軍籍。國子生。治《易經》。字朝章，行六，年四十五，十一月十一日生。曾祖仕冕。祖璧宿。父鑑。母徐氏。永感下。兄璿、珹。弟玠。娶張氏。江西鄉試第十五名，會試第三百四十名。

陳大道　貫四川順慶府南充縣，民籍。國子生。治《禮記》。字敬之，行四，年三十九，二月初四日生。曾祖紀。祖衡，訓導。父信，監生。母蒲氏。永感下。兄大理、福生、大義。弟大策、大學、用章、大猷。娶何氏。四川鄉試第二十四名，會試第七十六名。

葛蘭　貫河南信陽衛，軍籍。國子生。治《易經》。字時秀，行二，年四十一，八月十二日生。曾祖福。祖興。父隆。母魏氏。永感下。兄芳。娶吳氏。河南鄉試第三十七名，會試第二百五名。

吳仲　貫直隸常州府武進縣，民籍。國子生。治《詩經》。字亞甫，行二，年三十六，十一月二十日生。曾祖適，知縣。祖俊。父山，左長史。前母左氏，母周氏。具慶下。兄孟，義官。弟季。娶陸氏。應天府鄉試第二十五名，會試第一百七十三名。

任佃　貫四川順慶府南充縣，軍籍。國子生。治《詩經》。字象虞，行十八，年二十，十二月初八日生。曾祖珤。祖禮，贈戶部主事。父弘，布政司左布政使。嫡母楊氏，封安人；生母王氏。慈侍下。兄儆；僑；傑；似，都轉運鹽使司副使；儀；偉；侃；侶，典膳；信。弟仿、僎、儼。娶張氏。四川鄉試第二十五名，會試第五十九名。

劉守愚　貫湖廣武昌府興國州，馬船籍。國子生。治《詩經》。字克明，行六，年三十四，七月二十日生。曾祖宗哲。祖錦，贈太僕寺寺丞。父珣，訓導。前母黃氏，母吳氏。慈侍下。兄守經，訓導；守約；守緒，知縣；守初；守績。弟守裕、守直、守祺、守文、守介、守教、守隨、守止、守禮。娶譚氏。湖廣鄉試第七十九名，會試第一百六十三名。

劉漳　貫陝西臨洮府蘭州，匠籍。湖廣黃岡縣人。州學生。治《書經》。

字允濟，行一，年二十七，十二月初一日生。曾祖福。祖景先。父雄。母吳氏，繼母王氏、陳氏。具慶下。弟涇。娶于氏。陝西鄉試第五十九名。會試第六十七名。

王胤賢　貫河南開封府中牟縣，軍籍。縣學生。治《詩經》。字紹先，行一，年二十六，十月初一日生。曾祖翰，知縣。祖璿，贈兵部主事。父汝清，兵部主事。嫡母張氏，封安人；生母馬氏。慈侍下。弟胤明、胤勤。娶蔡氏。河南鄉試第七十四名，會試第六十三名。

沈松　貫浙江湖州府德清縣，民籍。國子生。治《書經》。字如松，行一，年三十，九月初四日生。曾祖珍。祖俊。父洪，監生。母聞氏。重慶下。弟杞、檉。娶徐氏。浙江鄉試第五十二名，會試第六十四名。

林茂竹　貫福建興化府莆田縣，民籍。府學增廣生。治《詩經》。字仲修，行二，年二十九，十月初五日生。曾祖暘。祖恢。父涓。母丘氏。慈侍下。兄茂松。弟茂梅、茂梧。娶吳氏。福建鄉試第二十名，會試第二百十七名。

蔣珙　貫應天府溧陽縣，軍籍。國子生。治《詩經》。字國信，行二，年四十一，四月初十日生。曾祖文惠，壽官。祖觀。父立。嫡母任氏、湯氏，生母沈氏。永感下。兄瓚。弟珮；琦，貢士；玘；玠；珍，指揮使；璨；璟：瓏，典膳；瑤，監生；瑭；瑋。娶陸氏。應天府鄉試第七十六名，會試第二百二十六名。

趙焱　貫山東濟南府齊河縣，軍籍。國子生。治《詩經》。字光霽，行二，年三十六，八月十一日生。曾祖睿，訓導。祖瀛，訓導，贈戶部主事。父亮采，都轉運鹽使司運使，進階嘉議大夫。母張氏，贈宜人；繼母朱氏、吳氏、姜氏，封宜人。嚴侍下。兄燮，貢士。娶董氏，繼娶孫氏。山東鄉試第三十五名，會試第二百九名。

孫峻　貫直隸揚州府高郵州，軍籍。國子生。治《詩經》。字克明，行一，年三十，八月十二日生。曾祖德二。祖弘。父倫。母徐氏。具慶下。弟嶺、岐、嶠、峒、岭。娶陳氏。應天府鄉試第三十名，會試第一百八十二名。

高軒　貫武成中衛，官籍，直隸遷安縣人。國子生。治《書經》。字文載，行三，年三十二，九月二十一日生。曾祖謙，百戶。祖貴，都指揮同知。父瑛，都指揮僉事，充右參將。前母崔氏，母李氏。慈侍下。兄輔，指揮使；輊；輞。弟軻。娶萬氏。順天府鄉試第十名，會試第五十三名。

　　林公黼　貫福建福州府長樂縣，民籍。國子生。治《詩經》。字質夫，行二，年四十二，九月十五日生。曾祖福。祖惠。父節，伴讀。母陳氏。永感下。兄公璉、公頖。娶徐氏。福建鄉試第三十五名，會試第一百二十名。

　　楊鏊　貫廣西桂林中衛，軍籍，臨桂縣人。湖廣東安縣學教諭。治《書經》。字時濟，行二，年三十三，四月初十日生。曾祖廣。祖俊。父綱。母萬氏。永感下。兄鑾。弟鑒、鋆。娶傅氏。廣西鄉試第十八名，會試第三百八名。

　　潘銳　貫直隸廬州府六安州，軍籍。國子生。治《書經》。字宗魯，行二，年三十七，十一月十五日生。曾祖恪。祖岳，監察御史。父穜，義官。嫡母張氏、程氏，生母楊氏。慈侍下。兄鐪。弟鋹。娶仵氏。應天府鄉試第九十九名，會試第二十一名。

　　劉蔽　貫湖廣衡州府衡陽縣，軍籍。國子生。治《書經》。字伯繡，行二，年三十五，八月二十四日生。曾祖興榮。祖澄。父松，典史。母李氏，繼母汪氏。具慶下。兄冕。娶王氏。湖廣鄉試第二十三名，會試第二百六十六名。

　　楊秦　貫興州中屯衛，官籍，山西□城縣人。國子生。治《易經》。字濟之，行三，年三十六，七月初七日生。曾祖信。祖勇，縣主簿。父琮。母宗氏，繼母杜氏。永感下。兄泰；蓁，監生。弟春，監生；舉；譽。娶王氏。順天府鄉試第一百三名，會試第六十八名。

　　張岳　貫福建泉州府惠安縣，民籍。國子生。治《詩經》。字維喬，行一，年二十六，十月初四日生。曾祖茂，縣丞。祖綸，知縣。父慎，貢士。母鄭氏。重慶下。弟嵩、崑、崇、峯。娶陳氏。福建鄉試第一名，會試第三十名。

　　蕭與成　貫廣東潮州府潮陽縣，民籍。國子生。治《書經》。字宗樂，行一，年二十五，九月十二日生。曾祖鎰。祖崑。父廷國。母郭氏。具慶下。兄汝爲，貢士；陽春。弟與丁、與將、與疇、與新、與裴、與潔、與叙。娶鄭氏。廣東鄉試第一名，會試第五十名。

　　陳萬言　貫河南開封府鄭州汜水縣，民籍。國子生。治《詩經》。字子約，行一，年三十一，十二月十八日生。曾祖鈍，教授。祖浩，義官。父璟，貢士。母淡氏。重慶下。弟萬章、萬里、萬綱、萬選、萬卷、萬金、萬方、萬仞。娶王氏。河南鄉試第六名，會試第一百三名。

方瀾　貫福建興化府莆田縣，民籍。府學增廣生。治《書經》。字思源，行二，年三十六，六月初七日生。曾祖守初，贈南京戶部郎中。祖迪，南京戶部郎中，進階朝列大夫。父朝貴。前母許氏，母劉氏。永感下。兄浚。娶林氏，繼娶李氏。福建鄉試第七十二名，會試第二百二十五名。

傅南喬　貫浙江紹興府山陰縣，軍籍，上虞縣人。國子生。治《詩經》。字梁器，行二，年四十四，十一月初三日生。曾祖福潤，印鈔局副使。祖蘭芳。父昭，茶引所大使。母范氏。永感下。兄南珍。弟南璵。娶宋氏。浙江鄉試第十九名，會試第二百七十八名。

袁淮　貫直隸河間府任丘縣，民籍。縣學附學生。治《書經》。字伯昭，行三，年二十五，三月二十日生。曾祖斌。祖琮。父善。母蔣氏。具慶下。兄漢、海。弟濟、溥、江、汶、浚、洞。娶郭氏。順天府鄉試第六名。會試第二百六十二名。

林時　貫河南汝寧府汝陽縣，民籍。直隸休寧縣人。國子生。治《易經》。字戀易，行二，年二十七，十二月十一日生。曾祖浦。祖志賢。父雲。母沈氏。重慶下。兄昭。娶毛氏。河南鄉試第二名，會試第二百九十八名。

鄭自璧　貫順天府大興縣，匠籍，河南祥符縣人。國子生。治《易經》。字采東，行二，年二十五，五月二十六日生。曾祖春。祖玘，封戶部員外郎。父洪，都轉運鹽使司同知。母葉氏，封宜人；繼母張氏。重慶下。兄自奎。弟自冒、自星、自桂。娶趙氏。順天府鄉試第八十七名，會試第六名。

劉世揚　貫福建福州府閩縣，匠籍。縣學生。治《易經》。字實夫，行五，年二十九，九月初八日生。曾祖仲賢。祖文斌。父元興，壽官。前母林氏、梁氏，母陳氏。慈侍下。兄海，義官；江；澄。弟洪。娶陳氏。福建鄉試第三名，會試第十九名。

杜民表　貫錦衣衛，旗籍，浙江嵊縣人。順天府學生。治《書經》。字望之，行二，年三十六，五月初八日生。曾祖敏。祖真，贈知縣。父傑，知州。母包氏，封孺人。嚴侍下。兄民章，義官。娶胡氏，繼娶張氏。順天府鄉試第七十七名，會試第二十三名。

宋沂　貫直隸河間府靜海縣，匠籍。國子生。治《春秋》。字希曾，行二，年二十八，二月初六日生。曾祖寬。祖鳳，贈兵部主事。父鎧，光祿寺少卿。母岳氏，封安人。具慶下。兄泮。弟洙。娶王氏。順天府鄉試第四十七名，會試第六十五名。

馬津　貫直隸徐州，民籍，崑山縣人。州學生。治《詩經》。字宗孔，行八，年三十八，九月二十九日生。曾祖紀。祖蕙。教授贈知州。父曔，義官。母王氏。嚴侍下。兄湘，通判；沂，義官；汝，監生；江；汴，典科；汶；潞。弟瀰、淄、沄、溧、漁、沂、涇。娶王氏。應天府鄉試第六名，會試第二百十四名。

張淮　貫廣東廣州府順德縣，軍籍。國子生。治《詩經》。字景禹，行七，年二十九，十一月十六日生。曾祖秉諒。祖庸，壽官。父錚，義官。母李氏。具慶下。兄瀾；洌；濚，禮部主事；沂。弟溍、海、浹、淡、滌、潯、洙、沆、湘、洒。娶李氏。廣東鄉試第十六名，會試第二百四十九名。

陳良謨　貫浙江湖州府安吉州，民籍。國子生。治《易經》。字忠夫，行七，年三十六，二月二十九日生。曾祖桐。祖瓊。父滿。母都氏，旌表節婦。慈侍下。娶朱氏。浙江鄉試第四十六名，會試第一百六十五名。

王冕　貫河南河南府洛陽縣，軍籍。府學生。治《易經》。字服周，行一，年三十五，十月初一日生。曾祖鑑。祖珉，教諭。父佐。母李氏。慈侍下。娶陳氏，繼娶季氏。河南鄉試第七名，會試第一百六十七名。

朱鼐　貫直隸松江府華亭縣，民籍。府學生。治《書經》。字朝和，行一，年三十七，十月二十一日生。曾祖子信。祖敬。父仁。母顧氏，繼母奚氏。永感下。兄世祿。娶李氏，繼娶徐氏。應天府鄉試第七十四名，會試第三百十五名。

田秀　貫直隸鳳陽府壽州霍丘縣，民籍。國子生。治《詩經》。字子實，行三，年三十五，二月十二日生。曾祖均玉。祖榮，知縣。父瑀，州判官。母傅氏。慈侍下。兄仁、禮。娶趙氏。應天府鄉試第十九名，會試第七名。

程資　貫直隸徽州府婺源縣，民籍。縣學生。治《詩經》。字仲朴，行六，年三十三，八月十六日生。曾祖宗壎。祖思縱。父孟河。前母方氏，母俞氏。具慶下。兄仲桓、仲模、仲松。弟仲杞、仲杖、仲櫃、仲檩、仲格、仲栻、仲杉。娶葉氏。應天府鄉試第二十四名，會試第八十二名。

謝詰　貫山西平陽府解州安邑縣，民籍。國子生。治《禮記》。字朝制，行五，年三十四，七月十二日生。曾祖立。祖恩，壽官。父斌全。母呂氏。永感下。兄譽，知州；警；訥，監生；詔。娶李氏。山西鄉試第三十二名，會試第二百三名。

張淮　貫直隸太倉衛，官籍。州學生。治《易經》。字豫卿，行一，年三十，六月十四日生。曾祖瑄，衛鎮撫。祖衢。父鑑。母潘氏，繼母顏氏。

具慶下。兄翼，衛鎮撫；奎；參；亢。弟鰲、濟、溱、洧。灡。娶陳氏。應天府鄉試第一百二十二名，會試第一百九十五名。

吳世良　貫山東東昌府博平縣，軍籍。國子生。治《易經》。字邦貞，行一，年三十一，六月二十四日生。曾祖麟。祖安，縣主簿。父旻，監生。母張氏，旌表節婦。慈侍下。弟世美，監生。娶劉氏。山東鄉試第三名，會試第二百七十一名。

吾謹　貫浙江衢州府開化縣，民籍。儒士。治《書經》。字惟可，行八，年三十三，閏四月初十日生。曾祖體，訓導。祖㫶，教諭，贈中書舍人。父䛒，中書舍人。母方氏，贈孺人；繼母陳氏，封孺人。慈侍下。兄謹。弟誠、譽、詠、謇、誘、謳。娶施氏。浙江鄉試第三名，會試第一百十五名。

陳直　貫浙江杭州府仁和縣，民籍。縣學生。治《詩經》。字遂初，行一，年二十三，六月二十日生。曾祖敏政，知府，贈中議大夫、贊治尹。祖良器，應天府府尹。父宋。母施氏，繼母孫氏。重慶下。兄遷。弟克昌、方、勳、册、杰。娶□氏。浙江鄉試第二十三名，會試第二十八名。

張濂　貫萬全都司，官籍，順天府薊州人。國子生。治《詩經》。字景周，行四，年三十七，九月二十二日生。曾祖敬，副千戶。祖信，副千戶。父鑑，壽官。母吳氏。慈侍下。兄永，副千戶；瀚；浩。弟辛、文。娶葉氏，繼娶茹氏。順天府鄉試第一百十一名，會試第三百三十九名。

曹嘉　貫河南開封府扶溝縣，民籍，陝西寧州人。國子生。治《易經》。字仲禮，行二，年二十五，三月二十日生。曾祖慶。祖驥。父經。母李氏。具慶下。兄厚。弟慎。娶王氏。河南鄉試第四十五名，會試第一百二十六名。

李士允　貫河南開封府祥符縣，軍籍。國子生。治《詩經》。字子中，行二，年二十七，七月初一日生。曾祖實，壽官。祖安，壽官。父環，通判。母沈氏。重慶下。兄士光，儀賓。弟士先，監生；士完，儀賓；士凭；士寬。娶雷氏，繼娶尹氏。河南鄉試第十一名，會試第三十三名。

司迪　貫山西澤州，軍籍。國子生。治《易經》。字允吉，行三，年三十七，四月十六日生。曾祖憲，推官。祖齊，審理正。父文，訓導。母牛氏。永感下。兄道、遜。弟遠；進，貢士。娶張氏。山西鄉試第十二名，會試第二百十五名。

閻閎　貫山東東昌府臨清州，軍籍。國子生。治《書經》。字尚友，行一，年二十七，三月初十日生。曾祖昱。祖棠，義官。父鎬，訓導。母吳氏，繼母金氏。永感下。弟閏。娶李氏，繼娶崔氏。山東鄉試第三十四名，會試第三百一名。

姚汝皋　貫河南開封府襄城縣，民籍。縣學生。治《書經》。字舜卿，行三，年二十九，九月十九日生。曾祖禮。祖偉。父澤。母楊氏。慈侍下。兄汝霖，貢士；汝礦。弟汝秄。娶黃氏。河南鄉試第七十二名，會試第二百八十六名。

王懋　貫陝西西安府咸寧縣，軍籍。國子生。治《易經》。字昭大，行一，年四十一，十一月初四日生。曾祖仲義。祖福。父甕，壽官。前母許氏，母張氏。具慶下。娶張氏。陝西鄉試第六十三名，會試第二百八十四名。

畢張　貫河南南陽府裕州，民籍。國子生。治《易經》。字宿夫，行一，年三十五，七月二十九日生。曾祖先。祖能。父玉。母陶氏。具慶下。弟獻、洽、具、陳。娶羅氏。河南鄉試第四十三名，會試第一百九十名。

吳鼎　貫浙江杭州府錢塘縣，民籍。縣學附學生。治《書經》。字維新，行一，年二十五，七月二十五日生。曾祖祐。祖政。父宗裕。母陸氏，繼母戚氏。重慶下。娶顧氏。浙江鄉試第二十八名，會試第二百八名。

魯綸　貫遼東定遼右衛，官籍，湖廣黃岡縣人。都司學生。治《詩經》。字孔言，行四，年四十四，四月初七日生。曾祖良。祖高。父義，知縣。母王氏。慈侍下。兄環、瑛、經。娶王氏，繼娶蕭氏。山東鄉試第二十一名，會試第二百二十三名。

葉竦　貫江西撫州府臨川縣，民籍。國子生。治《詩經》。字喬新，行九，年四十三，二月初八日生。曾祖思禮。祖時發。父愈英。母李氏，繼母吳氏。具慶下。兄承、芳、紳、琢、德、華。娶劉氏。江西鄉試第九十二名，會試第九十一名。

丁瓚　貫直隸鎮江府丹徒縣，民籍。國子生。治《易經》。字敬夫，行二，年四十二，八月十二日生。曾祖思惠。祖寧，衛經歷。父元貞，壽官。母紀氏。慈侍下。兄璣，按察司副使。弟璧、瑋、瑾。娶沈氏。應天府鄉試第一百九名，會試第二百六十八名。

郭波　貫福建福州府閩縣，民籍。府學增廣生。治《易經》。字澄卿，行一，年二十四，十月二十一日生。曾祖嶽。祖珙，戶部主事。父軒，義官。母陳氏，繼母陳氏。具慶下。弟湖。娶余氏。福建鄉試第三十八名，會試第七十九名。

　　高夔　貫錦衣衛鎮撫司，匠籍，江西高安縣人。國子生。治《詩經》。字舜臣，行四，年三十四，三月二十五日生。曾祖育。祖明。父能。嫡母王氏，生母陳氏。慈侍下。兄昇；元，序班；愷，義官。娶王氏。順天府鄉試第八十八名，會試第九十三名。

　　年盛　貫湖廣武昌府江夏縣，軍籍。國子生。治《詩經》。字汝登，行一，年三十三，七月二十二日生。曾祖和。祖雲，義官。父萱，義官。母葉氏。具慶下。弟成、兆。娶嚴氏。湖廣鄉試第三十一名，會試第二百二十一名。

　　季芳　貫山西振武衛，旗籍，直隸高郵州人。國子生。治《易經》。字子坤，行一，年三十，四月十四日生。曾祖興。祖源，贈監察御史。父春，大理寺右少卿。母李氏，封孺人。具慶下。弟良、齊。娶弋氏。山西鄉試第六名，會試第二百九十二名。

　　陳大器　貫廣東潮州府潮陽縣，民籍。縣學生。治《詩經》。字國成，行一，年二十七，十月初九日生。曾祖維。祖壯。父天錫。母蕭氏。嚴侍下。弟大猷、大棐、大謨、大訓。娶趙氏。廣東鄉試第二名，會試第八十七名。

　　顧鐸　貫山東青州府博興縣，軍籍。縣學生。治《詩經》。字孔振，行一，年三十，十月初五日生。曾祖俊。祖玉，縣丞。父友。母王氏。慈侍下。弟瀾、鏜、存仁。娶安氏。山東鄉試第十名，會試第五十四名。

　　王泮　貫山西潞州衛磁州守禦千戶所，軍籍。州學生。治《詩經》。字文淵，行五，年三十，正月十四日生。曾祖春。祖憲。父鈺。母秦氏。具慶下。兄洵；瀾；潦，貢士；潘；紀。弟可學、瀛、河、法、汾。娶侯氏。河南鄉試第四十四名，會試第一百九十四名。

　　李秉仁　貫四川順慶府西充縣，軍籍。縣學生。治《易經》。字元夫，行一，年三十六，正月二十日生。曾祖馬繼。祖朝。父潔。母侯氏。重慶下。弟顯仁。娶趙氏。四川鄉試第二十三名，會試第三百四十九名。

　　王莘　貫直隸常州府江陰縣，民籍。國子生。治《詩經》。字元聘，行一，年四十二，二月十九日生。曾祖賢。祖倫。父格，南京工部司務。母徐氏。嚴侍下。弟芮，引禮舍人；藝。娶夏氏。應天府鄉試第五十三名，會試第一百三十三名。

　　尹嗣忠　貫神策衛，軍籍，直隸□州人。順天府學增廣生。治《詩經》。字子貞，行一，年二十六，十一月十一日生。曾祖敬。祖詳。父綸，監察御史。母李氏。慈侍下。弟嗣恕、嗣恩、嗣惠。娶張氏。順天府鄉試第一百三十名,會試第七十五名。

胡譽　貫江西臨江府新喻縣,匠籍。國子生。治《詩經》。字實乎,行二,年二十六,四月二十五日生。曾祖殷武。祖經顯。父潛溟。母謝氏。具慶下。娶楊氏。江西鄉試第七十三名,會試第三百二十一名。

王翰臣　貫四川順慶府廣安州渠縣,民籍。國子生。治《易經》。字文佐,行一,年五十四,九月初四日生。曾祖原。祖子明。父琛。母何氏,繼母王氏。具慶下。弟拱臣、親臣、守臣、幾臣、甸臣。娶李氏。四川鄉試第六十二名,會試第二百二十四名。

秦祐　貫山東東昌府臨清州,軍籍。州學生。治《書經》。字順甫,行二,年三十一,正月二十二日生。曾祖貴。祖禮,壽官。父銳。母鄭氏,繼母趙氏。重慶下。兄祥。娶劉氏。山東鄉試第七十四名,會試第一百五十二名。

王舜耕　貫直隸蘇州府常熟縣,匠籍。國子生。治《詩經》。字于田,行一,年三十四,四月初一日生。曾祖孟德。祖廷美。父原吉,義官。母宗氏。具慶下。弟舜漁,同科進士。娶張氏。應天府鄉試第二十七名,會試第九十六名。

郭夢麒　貫順天府涿州,民籍。國子生。治《書經》。字徵甫,行一,年三十九,八月初八日生。曾祖亨。祖禮,典史。父琮,縣丞。母殷氏。重慶下。弟夢麟、夢龍。娶鄧氏,繼娶丘氏。順天府鄉試第一百十四名,會試第三百二十四名。

湯惟學　貫江西饒州府安仁縣,民籍。國子生。治《禮記》。字時敏,行三十八,年二十六,十月十一日生。曾祖鳳奇。祖憲珪。父盤,訓導。前母江氏、周氏、蔡氏,母李氏。具慶下。兄惟德。弟惟允、惟善。娶倪氏。江西鄉試第九十四名,會試第一百八十六名。

李順孫　貫山東濟南府濱州利津縣,民籍。國子生。治《書經》。字繼先,行一,年二十五,十一月初八日生。曾祖仲賢。祖壽,衛經歷。父潔,訓導。母王氏。具慶下。弟孝孫。娶張氏。山東鄉試第二十九名,會試第三百二十二名。

周臣　貫雲南洱海衛,軍籍。直隸武進縣人。國子生。治《詩經》。字藎臣,行三,年四十三,十二月初九日生。曾祖順寧。祖敏。父海。母陳氏,繼母謝氏。永感下。兄官、幹。娶葉氏。雲貴鄉試第十一名,會試第三百十七名。

俞夔　貫浙江嚴州府建德縣，軍籍。縣學生。治《書經》。字舜臣，行一，年三十七，十月二十二日生。曾祖炫。祖灝。父廷貴，審理正。母魯氏。嚴侍下。弟龍、稷、貢、凱。娶張氏。浙江鄉試第五十七名，會試第二百五十九名。

顧昺　貫直隸蘇州府吳江縣，軍籍。國子生。治《易經》。字仲光，行一，年二十九，八月二十五日生。曾祖俞。祖程。父頊。母韓氏。重慶下。弟杲、晨、昆。娶張氏。應天府鄉試第七十九名，會試第二百九十六名。

張日韜　貫福建興化府莆田縣，軍籍。國子生。治《詩經》。字席珍，行七，年三十二，十一月十九日生。曾祖遵信。祖華玉。父宏盛，義官。母吳氏。慈侍下。兄良益、儼時、曰旦、曰霽。娶吳氏。福建鄉試第五十九名，會試第三百十三名。

倪鶚　貫直隸寧國府涇縣，民籍。國子生。治《詩經》。字子薦，行三，年三十六，八月二十五日生。曾祖金。祖肅。父繼，義官。母徐氏。具慶下。兄鷙。弟明、文、鉉、珊、弘、琚。娶余氏。應天府鄉試第八十一名，會試第一百九十七名。

江元輔　貫直隸徽州府婺源縣，軍籍。國子生。治《詩經》。字堯卿，行二十一，年三十八，四月十七日生。曾祖宗成。祖以和。父呈祥。母李氏。慈侍下。兄鑾、金、銓。娶俞氏。應天府鄉試第二十九名，會試第二百八十三名。

李煌　貫江西饒州府浮梁，民籍。國子生。治《詩經》。字德融，行十八，年四十二，五月初四日生。曾祖嗣昌。祖思文。父春，知縣。母余氏。慈侍下。兄燧。弟炫、煬。娶余氏。江西鄉試第五十七名，會試第三百二十七名。

麻漳　貫山西行都司，官籍，大同縣人。國子生。治《詩經》。字汝清，行二，年三十五，十二月十六日生。曾祖玉。祖貫。父瑄，義官。嫡母施氏，生母楊氏。慈侍下。兄浩；溥，指揮使；深，義官；江；洪。弟澄；潭，義官；濂；漢；瀠；澤；湧，中書舍人；濟；淳。娶海氏。山西鄉試第七名，會試第二百十九名。

張寶　貫山西太原府盂縣，民籍。國子生。治《詩經》。字君信，行一，年四十四，六月二十七日生。曾祖貴。祖原。父林。母劉氏，繼母高氏。嚴侍下。娶米氏。山西鄉試第十五名，會試第一百三十六名。

黎貫　貫廣東廣州府從化縣，軍籍。直隸建平縣學教諭。治《詩經》。字一卿，行一，年三十五，八月初十日生。曾祖仕珍。祖珪。父元昌。母李氏。具慶下。兄宗潤、德善。弟寬、厚、實、質、貞、貿。娶李氏。廣東鄉試第二十七名，會試第一百八十七名。

蕭一中　貫湖廣岳州府華容縣，軍籍。國子生。治《書經》。字執夫，行二，年三十四，正月十五日生。曾祖永澄。祖瓏。父鳳韶，副千戶。母袁氏。嚴侍下。弟一夔、一清、一行、一真、一言、一麟。娶孫氏。湖廣鄉試第十五名，會試第二百七十五名。

方紀達　貫直隸徽州府歙縣，民籍。國子生。治《書經》。字行可，行四，年三十四，七月十九日生。曾祖勉，布政司右參議，進階亞中大夫。祖旭。父思憲。嫡母許氏，生母李氏。具慶下。兄紀齡、紀通、紀迪。娶汪氏。應天府鄉試第一百三十二名，會試第二百二十二名。

諸偁　貫浙江嘉興府秀水縣，民籍。國子生。治《書經》。字揚伯，行二，年四十一，四月初七日生。曾祖士明，贈工部郎中。祖忠，知府。父敩。母周氏。具慶下。兄敏，教諭。娶俞氏。浙江鄉試第八十一名，會試第二百四十一名。

鄭洛書　貫福建興化府莆田縣，軍籍。府學增廣生。治《詩經》。字啟範，行一，年二十二。五月二十四日生。曾祖添。祖相。父祥，教諭。母林氏。重慶下。弟洛澔、洛都。娶葉氏。福建鄉試第十二名，會試第三十六名。

聶豹　貫江西吉安府永豐縣，民籍。縣學增廣生。治《易經》。字文蔚，行五，年三十一，正月十三日生。曾祖汝璉。祖日聰。父玉治。母鄒氏。具慶下。兄洪。娶宋氏。江西鄉試第五十八名，會試第一百十四名。

趙光　貫河南開封府許州臨潁縣，民籍。縣學生。治《禮記》。字仲熙，行二，年三十，九月十三日生。曾祖深。祖榮，壽官。父珍，教授。前母焦氏，母沈氏，繼母張氏。具慶下。兄陽。弟允。娶宋氏。河南鄉試第十五名，會試第一百七名。

白麒　貫直隸永平衛，軍籍，盧龍縣人。國子生。治《詩經》。字子仁，行一，年三十，九月十三日生。曾祖福聚。祖禮。父瑄。母趙氏。具慶下。弟麟、鳳。娶王氏。順天府鄉試第六十二名，會試第四十四名。

徐錦　貫浙江寧波府慈谿縣，民籍。國子生。治《詩經》。字章父，行三，年三十三，九月十八日生。曾祖珏。祖羔。父傑。母任氏，旌表節婦。慈侍下。兄鐸、鎬。弟銘。娶桂氏。浙江鄉試第二十六名，會試第三百四十三名。

陳迒　貫直隸蘇州府常熟縣，民籍。縣學生。治《詩經》。字良會，行二，年二十五，七月十八日生。曾祖謨。祖德容，監生。父播，教諭。母范氏。慈侍下。兄遇。娶雷氏。應天府鄉試第一百三十三名，會試第二百一名。

席春　貫四川潼川州遂寧縣，民籍。國子生。治《春秋》。字仁同，行四，年四十二，四月二十三日生。曾祖思恭。祖瑄。父祖憲，封知縣。母吳氏，封孺人。永感下。兄書，布政司右布政使；詩，義官；記。弟象，戶科給事中。娶黃氏，繼娶陳氏。四川鄉試第九名，會試第三百二十三名。

楊天祥　貫廣東惠州府歸善縣，民籍，博羅縣人。國子生。治《書經》。字休徵，行二，年三十五，五月初三日生。曾祖政。祖潤，贈衛經歷。父順，州同知。前母周氏，贈孺人；母呂氏，贈孺人。嚴侍下。兄天禎。弟天祚、天祉、天慶、天禩、天秩、天祐。娶胡氏，繼娶利氏。廣東鄉試第八名，會試第一百八十五名。

陳綬　貫直隸大名府元城縣，民籍。山西絳州學訓導。治《春秋》。字縉卿，行四，年三十二，六月二十一日生。曾祖塽。祖銘。父進。母吳氏。永感下。兄紳、爵、經。弟祿、繡、綪、繒。娶郭氏。順天府鄉試第四十七名，會試第三百十四名。

劉乾亨　貫河南河南府洛陽縣，民籍。國子生。治《易經》。字汝嘉，行一，年三十五，十月十三日生。曾祖寬。祖敬。父寰，典史。母張氏。慈侍下。弟謙亨，同科進士；蒙亨；復亨；咸亨；豐亨；隨亨；賁亨。娶侯氏。河南鄉試第九名，會試第二百六十名。

牟泰　貫四川重慶府巴縣，軍籍。國子生。治《書經》。字以貞，行一，年三十五，九月十五日生。曾祖永英，贈都察院左僉都御史。祖俸，前都察院右副都御史。父正大，知州。母楊氏。具慶下。弟春、蓁。娶高氏。四川鄉試第四十七名，會試第二百三十七名。

張全節　貫廣西桂林右衛，軍籍。國子生。治《易經》。字一中，行一，年三十四，正月初一日生。曾祖紀。祖做。父旻。母石氏。慈侍下。弟全箴。娶傅氏。廣西鄉試第三名，會試第一百七十二名。

湯華　貫陝西鞏昌府隴西縣，民籍。國子生。治《書經》。字子實，行二，年四十二，六月初六日生。曾祖和甫。祖茂，知縣。父祿，縣主簿。前母吕氏，母蒙氏。慈侍下。兄榮，監生；紹芳。弟美。娶王氏，繼娶齊氏。陝西鄉試第四十七名，會試第三百二十八名。

母德純　貫四川順慶府南充縣，民籍。國子生。治《詩經》。字惟一，行四，年三十二，六月十一日生。曾祖思貴。祖亨。父讚。母王氏，繼母馮氏。具慶下。兄德柔、德重、德静。弟德叡、德厚、德端、德莊、德信。娶范氏。四川鄉試第六十二名，會試第八十名。

王光濟　貫陝西西安府商州，民籍。國子生。治《書經》。字謙夫，行四，年二十七，十月十八日生。曾祖勛，助教，封南京户部員外郎。祖增，教諭。父鎬，通判。母程氏。具慶下。兄惠濟，監生；恭濟，監生。弟慶濟。娶林氏。陝西鄉試第十四名，會試第一百四十五名。

蘇信　貫廣東潮州府饒平縣，竈籍。縣學生。治《書經》。字宗玉，行三，年四十一，二月二十日生。曾祖啓。祖明振。父欽義。母陳氏。嚴侍下。兄理、参。弟俊、鸞、嵩、選、鳳、卿。娶陳氏。廣東鄉試第十七名，會試第一百六十九名。

薛侃　貫廣東潮州府揭陽縣，民籍。國子生。治《書經》。字尚謙，行三，年三十二，六月二十九日生。曾祖田。祖志安。父驥。母曾氏。慈侍下。兄俊，教諭；傑。弟僎、偉、僑。娶黄氏。廣東鄉試第十名，會試第七十名。

鍾雲瑞　貫廣東廣州府東莞縣，民籍。國子生。治《詩經》。字天慶，行三，年三十五，十二月十五日生。曾祖定。祖叙。父睿，教諭。母袁氏。慈侍下。兄雲錦、雲祥。弟雲衢、雲翰、雲澤。娶王氏。廣東鄉試第三名，會試第九十八名。

王天民　貫山東兖州府魚臺縣，民籍。國子生。治《詩經》。字子行，行一，年三十七，正月十一日生。曾祖友。祖英，巡檢。父鉉，監生。母胡氏。具慶下。弟俊民、秀民。娶楊氏。山東鄉試第十一名，會試第三十九名。

楊茂　貫福建建寧府松溪縣，匠籍。縣學生。治《易經》。字叔亨，行四，年二十六，二月十九日生。曾祖孟齡。祖昂。父浦。母陳氏，繼母潘氏。具慶下。兄蔣、蘇、萬。弟蕃、芳、萌、英。娶葉氏。福建鄉試第三十三名，會試第四十九名。

林仕鳳　貫福建興化府莆田縣，民籍。國子生。治《詩經》。字鳴盛，行六，年四十一，三月十九日生。曾祖宗起。祖汝良，壽官。父雍，壽官。母蘇氏。具慶下。兄仕文、仕明、仕傑、仕龍。娶朱氏，繼娶顧氏。福建鄉試第七十九名，會試第七十七名。

張瀚　貫江西吉安府吉水縣，民籍。國子生。治《書經》。字時涵，行三，年三十五，六月初一日生。曾祖安止，封監察御史。祖鸞，按察司副使。父敬，訓導。母龍氏。永感下。弟灝、澶、澴。娶伍氏。江西鄉試第四十四名，會試第一百五十七名。

林希元　貫福建泉州府同安縣，軍籍。儒士。治《易經》。字茂貞，行十五，年三十七，九月三十日生。曾祖乞奴。祖聰明。父應彬。母鄭氏。永感下。兄株。弟椿、焰。娶郭氏。福建鄉試第四十四名，會試第二百三十九名。

孫舟　貫直隸蘇州府常熟縣，民籍。縣學生。治《書經》。字取渙，行六，年四十三，六月初二日生。曾祖文敬，贈刑部員外郎。祖紀，刑部員外郎。父艾。母沈氏，繼母譚氏。具慶下。兄崑、巒、嵩、弟岸。弟時、唐、艇、來。娶盛氏，繼娶徐氏。應天府鄉試第四十七名，會試第二百九十四名。

劉淮　貫河南開封府睢州，軍籍。國子生。治《禮記》。字東注，行一，年四十七，四月二十七日生。曾祖儲。祖榮。父翱。母孟氏。永感下。弟瀾、津。娶陸氏。河南鄉試第三十八名，會試第一百七十名。

王瑄　貫四川潼川州遂寧縣，民籍。國子生。治《春秋》。字子成，行一，年三十六，十月二十一日生。曾祖清宇。祖同孝。父言。母黃氏。具慶下。弟璲、瑾、琪、環、璔、瑜、珣。娶苟氏。四川鄉試第二十一名，會試第二百四十二名。

李鶴鳴　貫浙江金華府義烏縣，民籍。國子生。治《書經》。字九臯，行二十四，年三十三，十一月初七日生。曾祖彪。祖成。父曇。母樓氏。慈侍下。兄鶴年。弟鶴翀。娶鮑氏。浙江鄉試第七十名，會試第八十八名。

周惠　貫四川叙州府宜賓縣，民籍。縣學生。治《易經》。字字民，行二，年二十八，閏九月二十五日生。曾祖朝宗。祖本。父孟清。母鄧氏，繼母盧氏。具慶下。兄愚。弟悉。娶任氏。四川鄉試第四十名，會試第二十四名。

謝元順　貫浙江紹興府會稽縣，民籍。國子生。治《易經》。字德和，行三，年四十四，三月二十三日生。曾祖澤，通政使司通政使。祖弁，禮部郎中。父三吾。母章氏。嚴侍下。兄元碩、元頤。弟元顥、元穎。

娶傅氏。浙江鄉試第六名,會試第三百三名。

姚鳴鳳　貫福建興化府莆田縣,民籍。縣學附學生。治《詩經》。字景陽,行三,年二十七,四月初六日生。曾祖紹秩。祖資德。父商。母余氏。具慶下。兄鳴鸞,貢士。娶林氏。福建鄉試第三十二名,會試第二百六十八名。

林春　貫福建泉州府晉江縣,民籍。府學生。治《易經》。字德元,行一,年四十,正月二十九日生。曾祖弦弼。祖崇濬。父璽。母吳氏,繼母吳氏。具慶下。弟夏、秋。娶黃氏。福建鄉試第三十九名,會試第二百六十四名。

王文　貫江西吉安府安福縣,民籍。縣學增廣生。治《春秋》。字純卿,行十六,年三十五,五月十九日生。曾祖邦美。祖藹,貢士。父朝用。母鄧氏。慈侍下。弟彥。娶劉氏,繼娶劉氏。江西鄉試第十名,會試第二百七十名。

張嵩　貫四川成都前衛,軍籍,河南南陽縣人。國子生。治《詩經》。字中望,行二,年三十七,十二月十四日生。曾祖海。祖銘。父騰,訓導。母劉氏。永感下。兄崇。弟峨,刑部主事。娶陸氏。四川鄉試第三十六名,會試第三百四十一名。

黎良　貫河南河南府洛陽縣,民籍。國子生。治《易經》。字性之,行三,年三十一,七月二十七日生。曾祖臣。祖驛,知縣。父明。母張氏。慈侍下。兄傑、凱。娶辛氏。河南鄉試第三十一名,會試第二百三十一名。

譚繢　貫四川潼川州蓬溪縣,民籍。國子生。治《易經》。字元孝,行十六,年三十三,十月二十三日生。曾祖必成。祖宣,知縣。父宗簡。母陳氏。具慶下。兄珪;儼;伻;冠,通判;采;魁,聽選官。弟純、維、繼。娶杜氏。四川鄉試第二十九名,會試第九十名。

王邦瑞　貫河南河南府宜陽縣,民籍。國子生。治《易經》。字惟賢,行一,年二十三,五月十九日生。曾祖璘,縣丞。祖臣,壽官。父謨。母屈氏。重慶下。弟邦琦。娶冀氏。河南鄉試第十九名,會試第一百八十三名。

陳大綱　貫陝西慶陽衛,官籍,直隸武進縣人。國子生。治《春秋》。字廷憲,行一,年三十九,八月初九日生。曾祖友,指揮同知。祖福,贈監察御史。父震,前兵部右侍郎。母余氏,贈孺人。繼母郭氏;郭氏,封孺人;徐氏。具慶下。弟大經、大綸、大緒。娶侯氏,繼娶郝氏、黃氏。

陝西鄉試第十一名，會試第三百八名。

劉祺　貫山東青州府壽光縣，軍籍。國子生。治《書經》。字吉甫，行三，年三十四，十一月初六日生。曾祖進。祖友勝。父清。母李氏。重慶下。兄祿、福。弟禮、裾、禋、祜。娶張氏。山東鄉試第四十七名，會試第一百八十一名。

黃相　貫直隸九江衛，官籍，江西清江縣人。國子生。治《詩經》。字國佐，行二，年三十，閏正月二十日生。曾祖景祥。祖懋。父斌。母楊氏。具慶下。兄金，副千戶；棋。娶房氏。江西鄉試第四十七名，會試第一百二十五名。

許宗魯　貫陝西西安府咸寧縣，民籍。國子生。治《春秋》。字伯誠，行一，年三十八，正月初四日生。曾祖瑛。祖傑。父鋐。母孫氏。慈侍下。弟宗召、宗伊。娶馬氏，繼娶趙氏。陝西鄉試第四名，會試第一百三十二名。

許中　貫陝西漢中府金州洵陽縣，民籍。國子生。治《詩經》。字伯時，行一，年三十四，十一月二十一日生。曾祖剛。祖善。父亮，典史。母田氏。永感下。弟庸。娶姜氏，繼娶周氏。陝西鄉試第三十五名，會試第一百五十六名。

章僑　貫浙江金華府蘭谿縣，民籍。縣學生。治《易經》。字處仁，行二，年三十，十月二十二日生。曾祖翼，縣丞。祖簡。父冕。母徐氏。具慶下。弟儀、儼、佐。娶江氏。浙江鄉試第六名，會試第一百七十六名。

榮察　貫陝西西安府藍田縣，軍籍。國子生。治《詩經》。字省夫，行一，年四十三，十二月初八日生。曾祖和。祖清，縣主簿，贈知縣。父華，監察御史。母工氏，封孺人。慈侍下。弟宇；憲；宷，監生。娶謝氏。陝西鄉試第十九名，會試第二百八十名。

鄭建　貫直隸徽州府祁門縣，民籍。縣學生。治《春秋》。字一中，行三，年四十，二月十二日生。曾祖德勳。祖孟熹。父叔瑜。母程氏。具慶下。兄英、美。弟肇。娶胡氏，繼娶李氏。應天府鄉試第十五名，會試第一百四名。

彭文　貫江西吉安府安福縣，民籍。國子生。治《春秋》。字相道，行十五，年四十一，正月二十一日生。曾祖賓興。祖春伯。父悅，義官。母王氏。永感下。兄弘、珍、端、符。娶李氏。江西鄉試第三十四名，會試第一百六十四名。

曹弘　貫直隸常州府江陰縣，民籍。縣學附學生。治《詩經》。字毅之，行一，年三十五，七月十五日生。曾祖安道。祖嵒，贈工部員外郎。父忠，工部郎中。母趙氏，封宜人。慈侍下。娶薛氏，繼聘盛氏。應天府鄉試第十八名，會試第二百五十四名。

浦鋐　貫山東登州衛，軍籍，直隸嘉定縣人。國子生。治《詩經》。字汝器，行三，年三十六，六月初九日生。曾祖達。祖安。父政，義官。母袁氏。慈侍下。兄鈺，典膳；錀。弟鍾，典膳；鑑，監生；鐩。娶任氏。山東鄉試第十二名，會試第八十九名。

曹輻　貫浙江紹興府上虞縣，匠籍。國子生。治《易經》。字子進，行五，年三十三，九月十一日生。曾祖宗泰。祖瑛。父信。前母周氏，母盧氏。具慶下。兄軒，知縣；軻；輅；輔。弟軓、輗、輊。娶丁氏。浙江鄉試第三十三名，會試第二百三十六名。

王朝塗　貫陝西西安府同州朝邑縣，軍籍。縣學生。治《易經》。字仲冕，行三，年三十六，三月二十三日生。曾祖聚，稅課局大使。祖斌，典史，贈戶部主事。父㙫，前戶部郎中。母上氏，封安人；繼母張氏。慈侍下。兄朝璽，監生；朝雍，貢士。弟朝明、朝弼、朝璋。娶東氏。陝西鄉試第五十三名，會試第三百九名。

戴玉成　貫福建福州府長樂縣，民籍。縣學附學生。治《詩經》。字孝章，行一，年三十七，十二月十二日生。曾祖維儼。祖樂英。父餘惠。母陳氏。永感下。弟玉潤、玉淵。娶張氏。福建鄉試第三十七名，會試第一百四十四名。

徐官　貫浙江紹興府蕭山縣，匠籍。國子生。治《書經》。字伯賢，行六，年三十九，八月二十七日生。曾祖原善。祖鼎寧，封刑部主事。父洪，刑部員外郎。母王氏，封安人。慈侍下。兄寅、寀、宇。弟守，貢士；宰，訓科。娶富氏。浙江鄉試第四十二名，會試第三百十二名。

周詔　貫四川敘州府富順縣，軍籍。國子生。治《易經》。字廷綸，行三，年三十四，七月十四日生。曾祖轍。祖秉儒，壽官。父萬斗。母范氏，繼母曾氏。慈侍下。兄子淑、子之。弟子香。娶彭氏，繼娶方氏。四川鄉試第四十八名，會試第三百三十三名。

高鵬　貫湖廣黃州府蘄州衛，官籍。州學生。治《書經》。字汝南，行四，年三十二，八月十六日生。曾祖武，百戶。祖英，百戶。父政，副千戶。母杜氏。永感下。兄鳳，百戶；鸞。娶劉氏。湖廣鄉試第三十二名，會試第八十一名。

蔣舜民　貫直隸常州府江陰縣，民籍。國子生。治《詩經》。字虞中，行二，年四十六，九月十九日生。曾祖國禎。祖渭。父萱。母王氏。具慶下。兄舜文。弟舜德、舜智、舜典、舜岳。娶陳氏。應天府鄉試第九十六名，會試第一百六名。

趙璵　貫山東濟南府歷城縣，軍籍。府學生。治《詩經》。字魯珍，行一，年三十二，十二月二十八日生。曾祖仲明。祖貴。父恕。前母樊氏，母鄭氏。具慶下。弟璜。娶孟氏。山東鄉試第七十一名，會試第三百四十五名。

劉燁然　貫順天府薊州遵化縣，軍籍。縣學生。治《詩經》。字文光，行三，年二十六，八月二十七日生。曾祖汶，訓導。祖清，州同知。父汝楫，義官。母王氏。具慶下。兄炯然、燦然。弟渙然、炳然。娶曹氏。順天府鄉試第七十八名，會試第四十九名。

劉謙亨　貫河南河南府洛陽縣，民籍。國子生。治《易經》。字汝撝，行二，年三十二，十二月初二日生。曾祖寬。祖敬。父寰，典史。母張氏。慈侍下。兄乾亨，同科進士。弟蒙亨、復亨、咸亨、豐亨、隨亨、賁亨。娶李氏。河南鄉試第十四名，會試第二百四十三名。

王祐　貫直隸廣德州建平縣，民籍。國子生。治《禮記》。字順卿，行二，年三十九，七月二十五日生。曾祖子讓。祖信。父璲。母錢氏。永感下。兄初。弟祿、禧、祚、禠、祉、禪、褚。娶戴氏。應天府鄉試第七十名，會試第二百三十二名。

楊瑞　貫四川順慶府岳池縣，民籍。國子生。治《易經》。字惟賢，行四，年三十五，三月初十日生。曾祖清。祖甫昇。父鍾和。母周氏。重慶下。兄景、柱、棟。弟柄、樞。娶李氏。四川鄉試第六十九名，會試第三百十六名。

李傑　貫應天府六合縣，民籍。國子生。治《書經》。字伯奇，行三，年四十，十月十五日生。曾祖成德。祖瑛。父廣，縣丞。母楊氏。永感下。兄仁、俊。娶達氏。應天府鄉試第三十六名，會試第三百名。

熊元　貫廣東廣州府南海縣，民籍。國子生。治《詩經》。字孟才，行一，年三十三，正月十五日生。曾祖祖福。祖麟。父應瑞。母梁氏。具慶下。弟凱。娶蘇氏。廣東鄉試第六十九名，會試第三百三十七名。

郭希愈　貫直隸真定衛，軍籍，山西壺關縣人。國子生。治《春秋》。

字遜卿,行二,年三十一,二月十二日生。曾祖忠。祖玘。父潔。母蘇氏。慈侍下。兄希魯。娶徐氏。順天府鄉試第六十九名,會試第三百四十八名。

白玶　貫直隸真定府冀州南宮縣,民籍。縣學生。治《詩經》。字良甫,行三,年三十六,八月十二日生。曾祖景祥。祖整。父聰。前母王氏,母池氏。具慶下。兄玉,府經歷;瑋,義官。娶張氏。順天府鄉試第九十八名,會試第一百六十一名。

王汝梅　貫四川成都府華陽縣,民籍。國子生。治《書經》。字濟元,行四,年三十八,十月初六日生。曾祖永忠。祖義,贈監察御史。父弼,按察司僉事。前母張氏,贈孺人;母李氏,封孺人;繼母劉氏。慈侍下。兄汝舟,監察御史;汝楫;汝監。娶陳氏。四川鄉試第十八名,會試第一百七十七名。

蘭益　貫陝西西安府長安縣,民籍。直隸邢臺縣學教諭。治《詩經》。字汝謙,行一,年三十九,五月十二日生。曾祖成。祖寬。父廣,壽官。母盧氏。慈侍下。娶龔氏。陝西鄉試第四十名,會試第三百五十名。

沈濴　貫直隸蘇州府吳縣,民籍。國子生。治《易經》。字子源,行一,年三十八,十一月二十九日生。曾祖斌。祖敏,知縣。父鉉。母楊氏。永感下。娶王氏。應天府鄉試第五十六名,會試第三百五名。

郭持平　貫江西吉安府萬安縣,軍籍。國子生。治《易經》。字守衡,行二,年三十五,十月十三日生。曾祖尚禹。祖希正。父古序。前母彭氏,母段氏。嚴侍下。兄持珍。弟持直、持敬。娶歐陽氏,繼娶張氏、吳氏。江西鄉試第九十三名,會試第二百七十九名。

楊永祜　貫山西遼州,軍籍。直隸山陽縣學訓導。治《春秋》。字元錫,行一,年三十六,正月初八日生。曾祖進。祖冕,縣丞。父訥,都轉運鹽使司經歷。母孟氏。具慶下。弟永祚、永禎、永福、永祿、永祺、永禧。娶劉氏。山西鄉試第十四名,會試第一百九十六名。

張芊　貫四川順慶府南充縣,民籍。國子生。治《書經》。字廷茂,行十四,年三十一,八月初七日生。曾祖琚,兵馬司副指揮,贈知府。祖永,布政司右布政使。父慎。母雍氏,繼母李氏。慈侍下。兄助,知縣;勉;勤;勛,貢士;爕,貢士;□,□□;蒙;以;莊,推官;蓋;蘭;勑;芳。弟芮,貢士;□,監生;兹;著;莘;英。娶王氏,繼聘譚氏。四川鄉試第四名,會試第三十八名。

翟璘　貫直隸大名府開州,長垣縣,軍籍。國子生。治《易經》。

字潤卿，行二，年四十二，四月二十六日生。曾祖恭讓。祖浩。父義。母張氏，繼母張氏。永感下。弟瑋。娶秦氏。順天府鄉試第五十名，會試第二百八十八名。

王謳　貫陝西西安右護衛，軍籍，白水縣人。國子生。治《易經》。字舜夫，行四，年二十七，三月十三日生。曾祖信。祖鑑。父珤，贈戶部主事。母劉氏，封太安人。慈侍下。兄諤，戶部主事；誥，七品散官；詔。娶焦氏。陝西鄉試第二十六名，會試第五十八名。

臧應奎　貫浙江湖州府長興縣，民籍。縣學增廣生。治《易經》。字賢徵，行一，年二十八，四月二十五日生。曾祖思聰，贈工科給事中。祖瓛。父維，副千戶。前母錢氏，母黃氏。重慶下。弟應璧。娶嚴氏。浙江鄉試第九名，會試第八十六名。

張文奎　貫陝西延安府鄜州洛川縣，民籍。縣學生。治《易經》。字應光，行二，年三十二，十一月十三日生。曾祖福。祖貴，贈兵馬司副指揮。父郁，通判。前母緱氏，贈孺人；母任氏，封孺人。具慶下。兄文翼。弟文璧、文獻、文衡。娶王氏。陝西鄉試第六十五名，會試第二百十九名。

朱臣　貫直隸蘇州府吳縣，民籍。國子生。治《易經》。字升伯，行三，年四十四，二月十七日生。曾祖茂。祖昂。父洪。母吳氏。永感下。兄瓊、瑶。弟䌷、縠。娶許氏。應天府鄉試第八十七名，會試第三百三十六名。

楊槩　貫山東濟南府德州，軍籍。國子生。治《書經》。字孔平，行二，年三十，九月初八日生。曾祖世安。祖玉。父溥。母張氏。具慶下。兄杲。弟渠。娶戴氏。山東鄉試第十名，會試第一百二十四名。

陸澄　貫浙江湖州府歸安縣，軍籍。國子生。治《易經》。字元靜，行二，年二十七，十一月十六日生。曾祖孟昌。祖義，承事郎。父瓛，承事郎。嫡母袁氏，生母倪氏。具慶下。兄津。弟瀾。娶吳氏。浙江鄉試第五十八名，會試第一百二名。

鄭漳　貫福建福州府閩縣，民籍。縣學生。治《禮記》。字世績，行五，年二十九，二月初六日生。曾祖亮，戶部主事。祖垍，壽官。父伯和，州學正。母邵氏。具慶下。兄澄。弟瀾。娶張氏，繼娶陳氏。福建鄉試第五名，會試第二百八十九名。

皇帝制曰：朕惟羲農以下之事見於經，秦漢以來之事見於史。見於經者，皆聖賢爲治之迹；見於史者，亦當時君臣相與隨時而成治者也。然儒先君子之論則曰：“帝王以道治天下，後世只以法把持之而已。”信斯言也，豈帝王之治，一以道而不以法；後世之治，一以法而不以道歟？自今觀之，如畫野分州，設官分職，明禮樂，興學校，正律曆，秩祭祀，均田賦，通泉貨，公選舉，嚴考課，立兵制，慎刑罰，則帝王之治天下，固未嘗不以法也。天性明達，寬仁長者，躬修玄默，以德化民，恢廓大度，同符高祖，事從寬厚，文以禮樂，畏義好賢，力於爲善，聰明果決，得於天性，寬仁多恕，心無邪曲，恭儉仁恕，忠厚惻怛，則後世賢君之治天下，亦未嘗不各有其道也。然則儒先之論，殆亦有不足盡信者歟？

洪惟我太祖高皇帝創業垂統，治定功成，聖子神孫，萬代如見，其治道之高明，治法之弘遠，直可以等帝王而上之矣。然而帝王廟祀立于京師，自昔忠良多與配享，雖以勝國之世祖，而亦獲秩祀焉，豈非以後世之英君誼辟，其政治亦猶有可取者歟？

朕膺天眷命，嗣守鴻業，臨政願治，蓋十有三年于兹矣。然遠師帝王之道，而望道猶有所未見；近守祖宗之法，而行法猶有所未逮，其故安在？

子大夫積學待問久矣，其爲朕據經史、兼本末，詳著于篇，朕將采而用之，而以資於治焉。

正德十二年三月十五日

臣舒芬

臣對：

臣聞天下無法外之治，帝王無道外之法。蓋道者出治之本，法之體也；法者爲治之具，道之用也。使道有未純，則所以立法者，義必不精，利必不盡，雖能行於一時，而不可以垂於萬世。法有未善，則所以爲治者，化必不洽，澤必不周，雖或致夫小康，而終不足以望雍熙泰和之盛。故論治而謂不以法，非知治者也；論法而謂不以道，非知法者也。古之帝王，全於躬行心得者，既有以建天下之極，見於典章制度者，又有以盡天下之情。故功業之盛，上下與天地同流，而非後世之所能及也。秦漢以來，非不有法也，類皆小補罅漏，而不知先王立法之原；亦非不有道也，乃其天資偶合，而不聞先王大道之要，尚何望其治效如古昔之隆也哉！然則治之不能外法，法之不能外道，蓋有確乎其不可易者矣。

　　恭惟皇帝陛下，篤於求道，審於行法，勤於制治。踐阼以來，嘗三親策多士矣。始之以法天法祖，蓋篤於求道之心也。繼之以文、武、兵、農，蓋審於行法之心也。又繼之以大學衍義之問，蓋勤於制治之心也。茲於萬幾之暇，復進臣等於廷，兼是三者之心，俯賜策問，惓惓焉若有所不足，而欲益臻其極者。臣雖愚陋，敢不對揚休命於萬一乎？

　　臣聞羲農，治之極也，堯舜，道之至也；三代，法之備也。言治極，則法之善可知；言法備，則道之純可知。故孔子繫《易》始於伏羲，則十三卦之制器，利用以法而存乎道也；序《書》斷自唐虞，則二典之所載，時雍風動以治而形乎法也。刪《詩》而備於文、武，則《天保》以上治內，《采薇》以下治外，是又以道而顯設之於法也。子思曰："仲尼祖述堯舜，憲章文、武。"朱熹釋之曰："祖述者，遠宗其道；憲章者，近守其法。"豈堯舜不足於法，而文、武猶有病於道邪？蓋舉道則法以著，舉法則道以存。故朱熹又曰："皆兼內外、該本末而言也。"由是言之，道與法非判然二物也明矣。聖制以為，儒先君子之論則曰："帝王以道治天下，後世只以法把持之而已。信斯言也，豈帝王之治，一以道而不以法，後世之治，一以法而不以道歟？"聖慮深遠，臣愚，何足以知之。然竊惟帝王之與後世，其為道不同，而其為法亦異。帝王道足以創法，法足以善治，故專謂之道，蓋道即法之所從出也。後世之於道，或偏而未全，或駁而未純，則其所恃以為治者，獨法而已，故專謂之法，蓋法始有不本於道者矣。請因聖制所及，以凡經史所載道與法者，敬詳陳之。聖人理天下，使物各得其所為極至，故其盡制曲防，莫非美意存焉，今舉其大者。若黃帝之畫野分州；舜肇十有二州；禹弼成五服，咸則三壤；商人肇域四海，以建諸侯；周人以九州之地，建三等之國，而分田以定賦者，或五十而貢，或七十而助，或百畝而徹，皆以什一為中正，則封建井田之法，於是乎立矣。伏羲以龍紀官，神農以火紀官，黃帝有天地四方之官，唐虞建官惟百，夏商官倍其數，周官三百六十，統於六卿，而敷奏明試，三考黜陟，與夫六計八職八柄之政，亦行乎其間，則建官考課之法，於是乎詳矣。親疏貴賤之有體，郊社禘嘗之有儀，咸英韶護之有制，璿璣玉衡之有具，塾庠序學、秀選俊造之有等，則禮樂律曆學校選舉之法，無一之不備也。九賦以爲斂，九式以爲節，五刑以爲討，八刑以爲糾，弧矢以示威，伍兩卒旅軍師以畜衆，則財貨兵戎刑罰之法，無一之或缺也。所以然者，羲農黃帝皆以神聖之德繼天而王，堯舜禹湯文武數聖人者，或克明俊德，或溫恭允塞，或肇修人紀，或緝熙敬止，或重民五教。道無不純，而法於是焉出。不然，亦安能心代天意，身代天事，妙化導之機，而極制作之善若是哉！故曰：「帝王以道治天下。」而臣謂道即法之所從出者，於是可見矣。

　　後世賢君，若漢高之天性明達、寬仁長者，以創漢家之業；文帝之躬修玄默、以德化民，而致後元之治。光武之恢廓大度，同符高祖，成中興之功；章帝之事從寬厚，文以禮樂，濟永平之政。唐太宗之畏義好賢，力於爲善，速致太平；憲宗之聰明果決，得於天性，卒平禍亂。宋藝祖之寬仁多恕，心無邪曲，而有以易五季干戈之亂；仁宗之恭儉仁恕，忠厚惻怛，而有以開元祐、炎興之運。誠如聖制所謂「亦未嘗不各有其道也」。但此之謂道，不過天資之近似耳。就而論之，則惡聞《詩》《書》，崇尚黃老，溺圖讖以蹈封禪之非，乏剛斷以啓戚門之釁，以至天倫慚德，异術荒心，任智謀以成功，聽讒幸以廢后。帝王純粹之道，果如是乎？道既未純，則法之所立，宜乎其不能盡善也。故漢初三章約，律令之次，章程之定，與夫侯國之封，所謂磐石之宗、犬牙相制者，規模亦宏遠矣。然不革秦習，不任周政，所以治雜於霸。其後禍難屢起，亦非法之所能防也。唐以《六典》建官，以租庸調取民，增置學舍生員以養士，與夫以府衛治兵，所謂居重馭輕、五大不在邊者，節目亦詳盡矣。然大綱不正，昏風相襲，所以治雜於夷。其後變故最多，法亦屢壞，而不可支也。宋人重儒術，愛民力，以文臣知州，以朝官知縣，以京朝官監臨財賦，與夫通判、縣尉之置，要皆以收方鎮之權，所謂混一天下，亦長慮而却顧矣。然武備頗衰，成功亦小，國勢日以積弱，莫能善其後也。故曰：「後世以法把持天下。」而臣謂法之不本於道者，夫豈不然邪？以是觀之，則道有純否，而法隨之；法有善否，而治因之。孰謂爲治可以無法，而立法可以不本於道哉？

　　洪惟我太祖高皇帝，膺天眷命，用夏變夷，一代經制之備，真足以匹休帝王，而開聖子神孫萬世之太平矣。觀夫京畿諸道之建置，宗藩列爵之世封。內則罷丞相而設府部，外則罷行省而設三司。有《大明官制》以定其員，有《諸司職掌》以定其守。命官議禮，則吉、凶、軍、賓、嘉之禮有其等矣，而又有《禮儀》《定式》諸書以示其品節制度焉。命官作樂，則郊社宗廟朝廷之樂有其章矣，而又有太常、神樂諸署以習其器數聲容焉。內設國子監，以教天下之英才；外設府州縣學，以育民間之俊秀。經義之制定，而士無詭異之談；科貢之制行，而士有彙征之望。以言乎律曆，則造曆有官，而閏餘歲差之有算；司天有臺，而休徵災異之并占。且謂至元辛巳之曆漸違天度，遂以洪武甲子之歲肇起曆元。律曆之正何如哉！以言乎秩祀：則大而郊廟儀物，典於太常；小而厲享品節，詳於祠部。正岳鎮海瀆之神號，革前世不經之淫名。帝王陵墓，三歲一降香。祀之先代賢臣，惟以當時官爵稱之。祀典之正何如哉！謂田賦不均，非所以遂民生也。國初丈量田畝以抑兼并，清理田糧以防奸偽，且視土地之肥墝以為稅科之輕重。是雖非井田也，不幾於什一之中正乎？謂泉貨不通，非所以資國用也。國初因桑穰之饒而鈔法甚嚴，置寶源之局而錢法再變，茶馬鹽課之利則以助軍需，商稅魚課之辦則以助國費。是雖非幣餘也，不幾於九府之圜法乎？禮部以科舉之式選士，必嚴貢舉非人之律；吏部以銓選之法選官，復有推陞保舉之例。其選舉之公，仿佛乎虞周明揚賓興之盛也。給由雖有常期，而所以為黜陟者，復稽其旌異之典、紀錄之冊焉；考核雖有通例，而所以校才能者，復稽其歷任之久暫、地方之繁簡焉。其考課之嚴，頡頏乎虞周三考六計之詳也。以兵制言之：既有親軍諸衛以衛宮禁，復有隸府諸衛以衛京城；既有都司、留守司以衛一方，復有各衛守禦所以衛郡邑。且府衛之所職掌，雖各有司存；而軍政之樞機，實由於兵部。蓋統重馭輕之中，寓防微杜漸之意。此我聖祖親歷戎行、灼知古今利病，而為是良法，昔人謂其軍政有統，真知言哉！以刑罰言之：《大明律》之綱有六，而其目止於四百六十；《大明令》之綱亦有六，而其目止於百四十有五焉。是雖因唐制而定五刑，其間別比類異，簡而易遵，明而易曉。蓋我聖祖斷自宸衷，務在直言其事，庶幾使人易知而難犯。昔人謂其有象刑欽恤之仁，真知言哉！夫一代經制之備如此，豈偶然而致之哉？蓋有本於其間矣。臣嘗莊誦聖祖之言有曰："朕求帝王之治，莫盛於堯舜，然觀其授受，在允執厥中。"又曰："人君一心，治道之本。存於中者無堯舜之心，而欲施於政者有堯舜之治，不可得也。"大哉王言！非真有得於帝王之道，能如是乎？宜其創制立法，盡善盡美，于以致雍熙泰和之治，直等帝王而上之矣。

聖制又謂：“帝王廟祀立於京師，自昔忠良多與配享，雖以勝國之世祖，而亦獲秩祀焉，豈非以後世英君誼辟，其政治亦有可取者歟？”蓋自洪武六年，定歷代帝王之祀，自伏羲以至元世祖凡十有六君，皆以其開基創業、大有功德於民耳。若周文王雖基周命，終守事商之節；唐高祖雖君天下，皆賴太宗之功，故不祀焉。伊尹之告其君曰："七世之廟，可以觀德。"聖祖秩祀帝王之意，不在茲乎？二十一年，定名臣從祀，自風后以至赤老溫凡三十有七臣，皆以其始終全節、與有功德於民耳。謂宋趙普雖曾有微勞，然實深負於藝祖，元安童雖信有勛德，然難并列於先臣，故不祀焉。盤庚之告其臣曰："茲予大享于先王，爾祖其從與享之。"聖祖秩祀名臣之意，不在茲乎？故程頤之論治，獨歸於帝王，而常不足於後世者，天下之公言也；聖祖之秩祀，并隆於帝王，而亦不遺於胡元者，王者之弘度也。且以前世功德，固有當崇；而後人鑒戒，亦有攸視。聖意抑何深遠哉？

聖制之終有曰："遠師帝王之道，而望道猶有所未見；近守祖宗之法，而行法猶有未逮，其故安在？"且欲臣等詳著于篇，將采而用之，以資於治。臣雖愚陋，敢無一言以對，而徒進諛詞，曰道則至矣盡矣，治則已臻皇極，法則無可議者矣？獨不有以來曲學之誚，而上負聖明待士求言之意哉？臣竊觀今日之天下：州野如舊，而民生之憔悴日甚；官職如舊，而事功之廢弛日甚。禮樂如舊，而奢僭漸形，和氣未洽也；學校如舊，而道術漸乖，士習未端也。律曆正矣，而能以災異當畏爲陛下陳之者，誰歟？祀典正矣，而能以异端當戒爲陛下闢之者，誰歟？田賦之均如舊也，而額外之征求無已；泉貨之通如舊也，而關市之稅課日增。選舉之法具存，而賢才之疏遠者未伸；考課之法具存，而庸劣之在位者未去。兵制雖不改乎舊也，然強壯役於私門、恩賞奪於有力，其能弭怨讟之叢積乎？刑罰雖不改乎舊也，然怙終之罪不加，羅織之風未已，安能止物議之沸騰乎？夫以天下之事每每如此，則是聖祖之法雖善，而今之所存者，蓋文具耳！孟子曰："徒法不能以自行。"意者陛下之望道，誠有所未見歟？

臣願終其所欲言，以副陛下之所欲聞，而無復有所隱也。竊惟帝王之道大矣，臣愚不能究極。今陛下以程頤之言爲問，臣亦敬以程頤之言爲獻。其言曰："爲政須要有綱紀文章。"此即臣所謂無法外之治是也。又曰："必有《關雎》《麟趾》之意，然後可以行《周官》之法度。"此即臣所謂無道外之法是也。陛下誠能重人倫之始，審王教之端，如文王之"雝雝在宮""無斁亦保"，則《關雎》之化其庶幾矣。圖國祚之綿洪，計宗祧之嗣托，如文王之"振振公子"、以永姬錄，則《麟趾》之化其庶幾矣。《關雎》《麟趾》之化成，則"至于兄弟，御于家邦"，而道無不純，有以匹休帝王，而增光祖宗之道矣。道既在我，則"不聞亦式，不諫亦入"，而法無不善，有以匹休帝王，而增光祖宗之法矣。夫道無不純，則風化鼓舞者有其機；法無不善，則轉移闔闢者有其具。致祖宗帝王之盛治，又何難哉？

是則陛下之所宜加意者，誠不在於多方也。伏願少垂天聽，克廣德心，不以臣所陳之言爲謬而聽之惟聰，不以臣所言之事爲易而行之惟力，矜持敬畏，不少間斷，清燕之優游，無異於大廷之臨莅，便嬖之使令，不忘乎儒紳之奏對。則道可純，法可善，治可久。宗社幸甚！天下幸甚！草野之人，不識避諱，冒干天威，無任隕越之至。

臣謹對。

臣倫以訓

臣對：

臣聞帝王有治天下之大道，有治天下之大法。道也者，以德行仁之謂也；法也者，立經陳紀之謂也。道以爲法之體，則著於外者非徒法；法以爲道之用，則蘊於中者非徒善矣。然道存乎一心，非掩襲所能得；法行乎天下，非假仁所能爲。故有純王之心，必有純王之政；有內聖之德，必有外王之業。古帝王之所以成盛治者，本於道而著於法也；後世之所以不古若者，詳於法而違於道也。

欽惟皇帝陛下，禀聰明睿知之資，具中正仁義之德，踐阼以來十有三載，道已至矣，而猶以爲未至，法已行矣，而猶以爲未行，特進臣等於廷，降賜清問。顧臣愚陋，何足以及此，請略陳其梗概以獻。

臣惟昔者聖帝明王，繼天立極，以道治天下。自伏羲、神農、黃帝，以至于堯、舜、禹、湯、文、武，率能致雍熙悠久之盛者，不越乎行道以致治也。然《書》稱"德惟善政，政在養民"，則所謂道者，豈徒然而已哉！於是乎有制度品節之詳，有禮樂刑政之布，有教化勸率之典，有理財正辭之義。于以裁成天地之道，輔相天地之宜，左右萬民，曲成萬物，蓋無一而非帝王之法，亦無一而非帝王之道。其體用固常相須，而道法本無二致也。後世則不然，君多假仁之累，臣無格心之學，蓋不足於道，而徒恃法以爲治。其大本既未能立，則徒法豈能自行？是以就其一二賢君論之，尚且政成於欲速，志滿於小康，而卒無以望古昔帝王治理之盛，而況於其他乎？臣嘗考諸經，參諸史，自羲農以至三代，其爲治之迹，見之經者爲詳；自秦漢以至唐宋，其所行之法，見諸史者爲詳。然而帝王之治，法不出乎道之外，而道自行乎法之中。後世之治，則道自道而不純，故法自法而不古若也。然則先儒程氏之所謂"帝王以道治天下，後世以法把持之"而已，夫豈不然也哉！雖然，程氏他日又嘗曰："治身、齊家以至平天下者，治之道也；建立紀綱，分正百職，順天揆事，創制立度，以盡天下之務，治之法也。法者，道之用也。"又曰："有《關雎》《麟趾》之意，而後可行周官之法度。"紀綱文章皆不可闕，然則程氏之意，豈謂帝王之治，惟一於道而無法之可守哉？臣嘗因是而稽古帝王之治。畫野分州，奠民居也，而物土布利，省方觀民之政具焉，設官分職，爲民極也，而出長入治，修政立事之法具焉。明禮樂，則自《三禮》以至《六典》，自《雲》《咸》以至《武》《勺》，興學校則自成均以至辟雍，自校教以至庠養。律曆則羲和保章，世有常識；四時三正，民有授時。祭祀則類禋柴望，徧于群神；郊社烝嘗，秩及無文。賦分九等，稅取什一，而又有日中之市、九府之法。選自州鄉，舉自公卿，而又有幽明之稽、殿最之課。不得已而用兵，則寓之於農，有調發之次焉，有簡閱之時焉；不得已而用刑，則先之以禮，有欽恤之典焉，有訊刺之規焉。古帝王之治，其詳如此。陛下所謂"未嘗不以法"者，此也。然帝王之法，何法哉？明德以至協和萬邦，執中以至敬修可願。祗德以爲先，義禮以爲制，緝熙之敬，世德之求，有以爲之本矣。故取人以身，則有官賢位能之美，躬行於上，則具禮樂教化之原。明於天之道，於是乎齊七政，秩群祀；察於民之故，於是乎居四民，時地利。用之選考，則克知有宅、灼見有俊也；用之兵刑，則威克濟、明克允也。二千年間，經制大備，教化大行，程氏所謂"以道治天下"者，信不誣矣。

　　臣又嘗稽之後世。漢高帝天性明達，寬大長者；文帝躬修玄默，以德化民，光武恢廓大度，同符高祖；章帝事從寬厚，文以禮樂。唐太宗畏義好賢，除亂致治；憲宗聰明果決，得於天性。宋太祖寬仁多恕，心無邪曲；仁宗恭儉仁恕，忠厚惻怛。是數君者，其爲治固亦各有其道也，然或規模宏遠而萬目未舉，德化深厚而禮樂未遑。稱大度者，局於吏事之深；事寬厚者，乘於外戚之寵。唐之二君，始雖治而漸不克終。宋之二君，資雖純而未至於道，有以為之累矣。故建都失中又之謀，而或封國無度；分職多偏重之弊，而或出政多門。禮樂無百年之德，而或紛更雜就；學校乏躬行之化，而或激黨爭名。五德相勝，何關於授時？淫名有加，何補於享帝？莫不均田通商也，而反自專大利；莫不公選嚴課也，而反自用私人。韓信申軍法，李泌論府兵，宋祁序兵錄，其優者僅足以方內政；蕭何次律令，房喬頒新律，竇儀進《刑統》，其得者僅足以望祥刑。千餘年間，治亂相仍，隆污相半，程氏所謂"以法把持"者，非過貶矣。

　　洪惟我太祖高皇帝，創業垂統，定治成功，道繼古先，法超後代。臣嘗讀《洪範》之解，法天以至作聖，建極以至錫福，聖祖明道之功可謂至矣。讀《聖政記》，則見諸誠意正心者，有精誠之錄，有觀心之亭。讀《祖訓錄》，則見諸修身齊家者，有持守之條，有內政之規。家而後國，國而後天下，聖祖行道之序，可謂得矣。道之所行，法無不備，人見其法之備，而不知其道之純也。自今觀之，讀《閱江樓記》以及《諸司職掌》之書，而後知州野職官之經畫也；讀《洪武禮制》《郊廟樂章》以及《國子學規》之書，而後知禮樂學校之制作也。天文嚴私習之禁，海岳革不經之號，而律曆祭祀之典明矣。以田地池定賦稅，以金錢鈔平物賈，而田賦泉布之利周矣。選舉重進士之科，而鄉試禮闈具有定式。考課嚴天官之責，而監司、部使各有司存。其制兵也，督府掌軍旅，而總之於司馬。其制刑也，司寇掌庶獄，而評之以大理。文、武并用，而紀綱相承；體要修明，而樞機周密。使非道以為之本，其能立法盡善而垂裕無窮也哉？嗣是而後，聖子神孫祖述憲章，重熙累洽，真可以比隆帝王之盛治，而陋漢、唐、宋於不居矣。然竊觀帝王廟祀，昉于國初，其君之列祀者，自伏羲以至元世祖，其臣之配享者，自風后以至伯顏。夫三代以上固無容言，三代以下，豈其君臣之間，道法之概，猶有可取者耶？臣嘗思之：王澤既熄，治亂相仍，生民之害多矣。漢唐以下諸君，迭起而拯之，出民塗炭之中，措之衽席之上，雖非五帝三王之儔，亦一時撥亂之主也。禦菑捍患之功，其忍不報乎？《周書文侯之命》列在篇中，見聖人之無棄物。漢後諸君之祀是也。《春秋》救鄭之師，稱楚公子，見王者之重絕人。元世祖之祀是也。聖祖之意蓋如此，夫豈以諸君皆為帝王之倫，而使將來取法於是哉？臣於是姑置勿論。

臣所深願於陛下者，二帝三王及我祖宗之道之法，外此無他也。望道而未見，行法而未至，陛下之所憂，臣亦竊憂之。切睹今天下事：州野之廣狹猶舊也，而國用恒不充；官職之繁簡猶舊也，而庶務恒不舉。聲容徒盛，而士習益卑；災沴迭告，而梵宇是崇。田賦不加，而無名之征百出；關譏太複，而有盡之利已虛。選舉號爲公矣，而賢才未必用；考課號爲嚴矣，而榮進自有途。江南或脫伍於河漕，邊寨或勤兵於禁旅。赤縣梗崔發之治，赭衣登鄭俠之圖。夫法之未善，道之累也。聖心兢業，未必盡如所慮，而亦安敢謂盡非然耶？

臣請再以聖祖已行之事，重爲陛下一陳之。蓋聖祖萬幾之暇，於六經諸史無所不讀，然尤留意於《大學衍義》之一書，常命近臣列書于殿廡，朝夕觀覽。蓋以道在經，法在史，皆人主所當常御者，然篇帙浩繁，難於遍覽。惟《衍義》之書，舉宏綱，揭要領，采諸經則有道德性命之言，采諸史則有治亂安危之迹。於是而求所謂道與法者，則用力少、成功多。而殿廡之地，又目所常接，心所常思也。列聖嗣守先猷，愈虔弗懈，熙洽之治，是書之助居多。臣願陛下因《衍義》之書，體聖祖之志，循《大學》之序，求治法之原。道術必明，人才必辨，則所以設官分職、任將治兵，與夫考課之嚴，皆得其法矣；所以崇儒道於學校，興賢才於選舉，亦得其法矣。敬畏必崇，則凡應天之實，將享之誠，與夫明慎用刑者，皆得其法矣。逸欲必戒，則儉約可以先天下，清簡可以休民力，而所以奠民居、豐財賦者，又得其法矣。夫如是，將見大綱既舉，萬目畢張，道揆立於一人，法守定於天下，大禮將可以與天地同其節，至樂將可以與天地同其和。凡所以匹休帝王，下視後世，增光我一祖六宗之鴻業，永造我四方萬民之厚福者，其皆在於是矣。然則聖策之所謂"遠宗帝王之道，而望道猶有所未見；近守祖宗之法，而行法猶有所未逮"者，臣亦何足爲陛下深憂而過慮，而陛下又何必如古人之謙讓未遑也哉？臣之所以獻芹，曝於終篇者，亦惟陛下於聖祖已行之事，重加之意而已。臣干冒宸嚴，無任悚懼隕越之至。

臣謹對。

臣崔桐

臣對：

臣聞帝王爲治，有內聖之體，有外王之用。體者何？道是已。用者何？法是已。有其道而無其法，是之謂徒善，徒善不足以爲政；有其法而無其道，是之謂徒法，徒法不能以自行。帝王之治，本於躬行心得之餘，施於日用彝倫之大，達乎天下國家之遠，盡夫法制品節之詳。蓋其爲道也，有立天下之大本；故其爲法也，有以成天下之大務。體用一源，顯微無間。以之爲己，則順而祥；以之爲人，則愛而公；以之爲天下國家，無所處而不當。其致治之隆，有由然也。後世人君非不聰明才辯也，非不慕古願治也，顧惟帝王之心法體驗之不素，擴充之不廣迹。其一時所爲，雖或因其資之所近而成功於一二，及其習安未幾，弊壞四出，守文之主，奉法之臣，朝夕救過而不暇，則所謂體之立，用之行者，尚何望焉？

　　恭惟皇帝陛下年當鼎盛，丕纘鴻圖，率循乎帝王修治之大道，憲章乎祖宗垂統之良法，蓋十有三年於茲矣。然而求道之誠、守法之念，每乾乾焉。茲復進臣等而特賜清問，臣之末學修於家，而願獻於天子之庭者久矣。請先以帝王之治道治法，爲陛下一言之。

　　粵自黃帝披山通道，畫野分州，得百里之國萬區，而萬國以和，嗣是而夏禹弼成五服，封建漸廣矣。自黃帝首立六相，因能任官，嗣是而唐虞有百揆九官、四岳、十二牧，夏商則官倍其數，周則肇設公孤矣。太昊始制嫁娶，儷皮爲禮，始造琴瑟，斲桐繩絲，於是有五禮之修、六樂之教矣。虞設米廩，夏設序，殷有瞽宗，周有頖宮，於是三德三行、六禮七教備矣。命伶倫截竹爲箎，以聽鳳凰之鳴，而十二律以別。命大撓探五行之情，占斗綱所建，而甲子以定。經土設井，而有五十、七十、百畝之田。什一取民，而有曰貢曰助曰徹之稅。郊祀則類於上帝，廟祀則受終文祖。太宰有所治，宗伯有所掌，而祀典重。制金刀以爲貨，設九棘以利用，五均以均市價，泉府以收滯貨，而泉貨通。三德爲大夫，六德爲諸侯，以德詔爵，以功詔祿，以能詔事，而有所謂選舉之制。敷奏以言，明試以功，三載考績，六年一朝，而有所謂考課之典。井田之中，卒伍具焉，鄉遂之制，車徒寓焉。籍於司徒，統以司馬，其兵制類如此。象以典刑，士師掌刑，大司寇掌三典，糾萬民有五刑，其慎刑類如此。然而臣嘗求其本矣。人君一身，萬化之原，必吾身有法度，然後可以立天下之法度。古帝王之御斯民，其所以創制立法、克成至治者，亦惟其道德隆盛焉耳。觀其曰德象曰月,而教化大洽;曰益修厥德,而民各得所;曰神靈敦敏,而民不習僞;曰允執厥中,而協和萬邦;曰允迪厥德,而四方風動;曰祗台德先,而地平天成;曰懋昭大德,而式于九圍;曰緝熙敬止,而咸和萬民;曰世德作求,而成王之孚。以是言之,則帝王之所以本諸身、徵諸民、達諸治,其道如此,是豈無諸己而求諸人者哉?

後世若漢唐宋之治,臣惑焉。西漢之君表表者,獨高祖、文帝耳。史嘗稱高祖"天性明達、寬仁長者",稱文帝"躬修玄默、以德化民"。臣則謂二君之可取者,一惟有規模耳,一惟能守成耳。戚姬溺愛,功臣菹醢,明達寬仁者固如是乎?謙讓禮樂,從事黃老,玄默化民者果何事乎?東漢之君可以匹乎西都者,有光武、章帝焉。史嘗以"恢廓大度、同符高祖"許光武,以"事從寬厚、文以禮樂"許章帝。臣謂光復大業,真可并乎高祖,若夫處郭后之忍、任三公之輕,恐非有容之度也。重儒視學,庶幾乎禮樂之一二,然而薄於儲嗣,縱乎戚畹,則非寬厚之體矣。唐太宗開弘文以招賢,假辭色以納誨,謂之曰"畏義好賢,力於爲善",似也,終出於假仁耳,卒之治效僅止於富庶。憲宗之不惑群議,削平藩鎮,謂之曰"聰明果斷",固也,惟其鮮克有終也,是以威令幾振而復墜。宋太祖泣覽捷奏,賑貸諸州,與夫禮臣恤民之政,稱曰"寬仁多恕"則有矣,然謂之"心無邪曲",果能純於理而不二乎?仁宗之財以不畜爲富,兵以不殺爲威,與夫節用愛民之政,信乎其"恭儉仁恕、忠厚惻怛"矣,惜乎紀綱之廢弛,則其治又不足多焉。故程子嘗曰:"帝王以道治天下,後世只以法把持天下。"真知言也。何也?蓋漢、唐、宋之君,既無其本以躬行於上,而一時臣鄰,又無其人以承式於下,其所立隨世之功而延數百年之祚者,亦惟密其法禁,嚴其號令,使民畏之而不敢犯,避之而不敢入耳。若夫積德深而教化洽,根本固而人心安,天下後世,畏其禮而不敢爲,思其仁而不忍爲者,復何望哉?由是而知帝王非無法也,以道而行法也。後世雖有法也,以法而行法也。且所謂以法而行法者,亦豈如古人之法哉?蓋古人之制公,而後世之制私;古人之意厚,而後世之意薄;古人之守一,而後世之守二。道既不古,而法并失之,可慨也矣。

天道循環,無往不復。欲求體用之兼該,道法之兩備,可以等帝王而陋後世者,其孰有盛於我聖祖高皇帝者哉?我聖祖獨禀全智,首出庶物,方且修身體道,無所不至。觀其論道而本乎執中,論治而主乎堯舜，孝先而有哀感之誠，遇災而有修德之諭，則其大本大原，養之有素。而一時名世之臣，先幾如劉基，學行如宋濂，又相與左右羽翼之，是以擴而充之，創制立法，無非實用。內而定鼎南圻，外設十三布政司，而遠近輕重之有章，則州野別矣。以六部紹虞之九官，以布政司紹虞之十二牧，而諸司咸損益焉，則官職定矣。命牛諒以制禮，命陶凱以定樂，則有以明禮樂矣。未即位而已建太學，二年而詔立府州縣學，則有以重學校矣。以言其曆，則欽天有監，而循乎守敬之良法。以言其祭，則郊廟有典，而復乎羣神之故號。正田賦，則資產丁身之兼主，布帛粟米之有時。通泉貨，則貢賦出納之有常，監茶錢鈔之有制。科貢之途重而選舉明，名實之核嚴而考課公。府衛重內外之勢，簡教立春秋之規，兵固未嘗無制也。令以教民於先，律以齊民於後，刑固未嘗不慎也。以純王之心行純王之政，宏綱懿範，炳若日星，不可尚矣。然猶好古崇義，隆禮前代，特建廟於雞鳴山之陽，祀三皇、五帝、三王、漢高光、唐太宗、宋太祖，而元世祖亦與焉。其臣自風后力牧以下三十七人，而木華黎、博爾朮、赤老溫、伯顏亦與焉。祭法曰："聖王之制祭祀，法施於民則祀之，以死勤事則祀之，以勞定國則祀之，能禦大菑則祀之，能捍大患則祀之。"三王以上無容議矣，而亦有取於漢唐以下君臣者，無乃諸君之治可與帝王若是班耶？蓋亦聖祖弃瑕取美之意，聊以示後人之勸戒云耳，豈真以是為足以示法于天下後世哉？

臣伏讀聖制，又曰："遠師帝王之道，而望道猶有所未見，近守祖宗之法，而行法猶有所未逮，其故安在？"若欲令臣等各陳其所以然者，臣雖至愚極陋，蓋亦有以仰窺陛下慕古圖治之盛心矣，敢不敬陳其梗概？竊惟古之帝王所以大過人者，雖曰道德之懿原於夙成，而學問之功亦未嘗忽。格致焉，以開廣其聰明；誠正焉，以純一其心志。且其侍御僕從，罔非正人；動息起居，莫不有養。師氏以居路門，保氏以守王闈。而內史之職，又以文史討論詔贊於其間，養之既有定，而發之亦不妄。朝而聽政，晝而訪問，夕而修令，莫不任道而不任情焉。是用道成而法美，體信而達順。箕子所謂"建其有極"者，在是。《大學》所謂"身修而家齊，家齊而國治，國治而天下平"者，在是。董子所謂"正心以正朝廷，正朝廷以正百官，正百官以正萬民"者，在是。我聖祖獨得其心法之傳，是以全體大用之妙，為法於當時，可傳於後世也。

今陛下具神聖之資，而鴻儒碩輔，非無一德之望，然而聖德神功，尚有不自滿者，豈帝王之道，果不可師，祖宗之法，果不可守哉？蓋天下無不可繼之道，而患無任道之人；天下無不弊之法，而患無救弊之術。任乎道而道果行，救乎弊而弊果去。其要存乎學，而其學存乎志之篤也。古人有云："使舜無其志，雖口辯而户說之，不能化一人。"故司馬光之告君，必以立志爲首稱；而程頤之論治，亦以定志爲要法。陛下一念之操存，果能以帝王之道爲必可師，祖宗之法爲必可守，而單厥心以爲之，如臣所陳，端本之功，立政之意，無不用其極焉。萬幾之暇，展轉而深惟，曰何道未至，何以體之，道不如古，弗措也，何法未行，何以復之，法不如古弗措也。不畏難而自阻，不樂逸以自怠，不壅隔夫聽納，不間斷於顯微，則道可以等帝王而兼其法，法可以追祖宗而繼其道。果何爲而不可哉？《易》曰："隨無故也，蠱則飭也。"夫隨以無故而自安，蠱則有事而修飭，不亦晚乎？蘇轍曰："古之聖人無事則深憂，有事則不懼矣。"夫無事而深憂，正所以爲有事之不懼也。

臣言至此，不勝惶懼之至。伏惟陛下采臣之言而見之行，非曰徒策臣而已，固宗社無疆之慶也。

臣謹對。

嘉靖二年進士登科錄

玉音

嘉靖二年三月初九日，禮部左侍郎臣賈詠等於奉天門奏爲科舉事：會試天下舉人，取中四百名。本年三月十五日，殿試，合請讀卷官及執事等官少師兼太子太師、吏部尚書、華蓋殿大學士楊廷和等五十七員。其進士出身等第，恭依太祖高皇帝欽定資格：第一甲例取三名，第一名從六品，第二、第三名正七品，賜進士及第；第二甲從七品，賜進士出身；第三甲正八品，賜同進士出身。奉聖旨："是。欽此。"

讀卷官

特進光祿大夫、左柱國、少師兼太子太師吏部尚書、華蓋殿大學士楊廷和，戊戌進士。

光祿大夫、柱國、少傅兼太子太傅、戶部尚書、謹身殿大學士蔣冕，丁未進士。

光祿大夫、柱國、少保兼太子太保、戶部尚書、武英殿大學士毛紀，丁未進士。

光祿大夫、柱國、少保兼太子太保、戶部尚書、武英殿大學士費宏，丁未進士。

光祿大夫、柱國、少保兼太子太保、吏部尚書喬宇，甲辰進士。

光祿大夫、柱國、太子太保、兵部尚書彭澤，庚戌進士。

資政大夫、掌詹事府事、吏部尚書兼翰林院學士石珤，丁未進士。

資政大夫、戶部尚書孫交，辛丑進士。

資政大夫、刑部尚書林俊，戊戌進士。

資善大夫、工部尚書趙璜，庚戌進士。

資政大夫、都察院左都御史金獻民，甲辰進士。

通議大夫、大理寺卿鄭岳，癸丑進士。

中順大夫、通政使司左通政張瓚，乙丑進士。

提調官

通議大夫、禮部左侍郎賈詠,丙辰進士。

通議大夫、禮部右侍郎吳一鵬,癸丑進士。

監試官

文林郎、河南道監察御史熊蘭,辛未進士。

文林郎、浙江道監察御史向信,辛未進士。

受卷官

翰林院編修、文林郎湛若水,乙丑進士。

翰林院檢討、從仕郎季方,丁丑進士。

從仕郎、吏科給事中張嵩,丁丑進士。

承事郎、戶科都給事中張漢卿,辛未進士。

彌封官

通議大夫、太常寺卿劉榮,秀才。

中大夫、光祿寺卿高友璣,庚戌進士。

中順大夫、鴻臚寺卿魏璟,戊辰進士。

奉政大夫、尚寶司卿劉乾,己未進士。

奉議大夫、尚寶司卿劉銳,儒士。

奉議大夫、尚寶司卿李兆蕃,監生。

奉直大夫、尚寶司少卿徐富,甲子貢士。

翰林院編修、文林郎鄺灝,丁丑進士。

翰林院檢討、徵仕郎席春,丁丑進士。

禮科都給事中張翀,辛未進士。

承事郎、兵科都給事中許復禮,辛未進士。

承務郎、大理寺右寺右寺副周令,秀才。

掌卷官

翰林院編修、文林郎崔桐,丁丑進士。

翰林院編修、文林郎費懋中,辛巳進士。

翰林院檢討、徵仕郎金皋,辛未進士。

承事郎、刑科都給事中劉濟,辛未進士。

承事郎、工科都給事中余瓚,辛未進士。

巡綽官

錦衣衛署都指揮使駱安。

錦衣衛署都指揮使王佐。

錦衣衛署指揮使王蘭。

錦衣衛指揮僉事劉宗武。

錦衣衛指揮僉事陳寅。

昭勇將軍、金吾前衛指揮使李淳。

懷遠將軍、金吾後衛指揮同知徐廷。

印卷官

奉政大夫、禮部儀制清吏司郎中余才，甲戌進士。

承德郎、禮部儀制清吏司署員外郎事、主事萬潮，辛未進士。

承德郎、禮部儀制清吏司主事張濚，辛未進士。

承德郎、禮部儀制清吏司主事張鏜，辛未進士。

供給官

奉政大夫、光禄寺少卿蔡亨，監生。

奉政大夫、光禄寺少卿蕭淮，辛未進士。

承務郎、光禄寺寺丞陳庠，監生。

光禄寺寺丞葉廷芳，辛酉貢士。

禮部司務范韶，辛酉貢士。

承德郎、禮部精膳清吏司署郎中事、主事張懷，丁丑進士。

承德郎、禮部精膳清吏司署員外郎事、主事鄭佐，甲戌進士。

承德郎、禮部精膳清吏司主事張□，甲戌進士。

恩榮次第

嘉靖二年三月十五日，早，諸貢士赴內府殿試。上御奉天殿親賜策問。

三月十八日，早，文武百官朝服侍班。是日，錦衣衛設鹵簿于丹陛丹墀內，上御奉天殿，鴻臚寺官傳制唱名，禮部官捧黃榜，鼓樂導引出長安左門外，張掛畢，順天府官用傘蓋儀從送狀元歸第。

三月十九日，賜宴於禮部，宴畢，赴鴻臚寺習儀。

三月二十一日，賜狀元朝服冠帶及進士寶鈔。

三月二十二日，狀元率諸進士上表謝恩。

三月二十三日，狀元率諸進士詣先師孔子廟行釋菜禮。禮部奏請命工部於國子監立石題名。

第一甲三名　賜進士及第

姚淶　貫浙江寧波府慈谿縣，軍籍。國子生。治《詩經》。字維東，行八十，年三十六，四月二十三日生。曾祖悌，贈右副都御史。祖墅，贈主事，加贈右副都御史。父鏌，工部右侍郎。母張氏，贈安人，加贈淑人；繼母汪氏，封安人，贈淑人。嚴侍下。弟汲、滾。娶王氏。浙江鄉試第七名，會試第二名。

王教　貫河南開封府祥符縣，民籍，順天府良鄉縣人。國子生。治《詩經》。字庸之，行二，年四十五，二月二十四日生。曾祖士賢。祖斌，前光祿寺署丞。父鶴。前母郭氏，母孟氏。永感下。兄玫、琇、瓚、瑄、玹、琚、珮、元福、天叙。弟化、天禄、天爵、天瑞。娶扈氏。河南鄉試第六名，會試第二十四名。

徐階　貫直隸松江府華亭縣，民籍。縣學生。治《詩經》。字子升，行二，年二十一，九月二十日生。曾祖賢。祖禮。父黼，縣丞。前母林氏、錢氏，母顧氏。具慶下。兄隆。弟陳、陟。聘沈氏。應天府鄉試第七名，會試第五十名。

第二甲一百四十二名　賜進士出身

李舜臣　貫山東青州府樂安縣，民籍。國子生。治《書經》。字懋欽，行二，年二十五，九月十七日生。曾祖瑾。祖超。父鉞，府司獄。前母曹氏，母蔡氏，繼母孟氏。具慶下。兄天賜。弟舜稼、舜俞、舜陶、舜咨。娶張氏。山東鄉試第六十七名，會試第一名。

華鑰　貫直隸常州府無錫縣，民籍。國子生。治《詩經》。字德啟，行一，年三十，六月二十六日生。曾祖守方。祖炯。父基。母趙氏。慈侍下。弟鍵。娶鄒氏。應天府鄉試第一名，會試第一百五十二名。

王召　貫直隸常州府無錫縣，民籍。國子生。治《書經》。字子行，行一，年三十，六月初十日生。曾祖經。祖宗，壽官。父澤。母錢氏。具慶下。弟問，貢士；咨。娶鄭氏。應天府鄉試第一百一名，會試第三百九十一名。

石英中　貫直隸松江府上海縣，民籍。縣學生。治《易經》。字子珎，行五，年二十六，五月二十七日生。曾祖銘。祖廷玉。父泉，典史。母張氏。重慶下。兄美中、潤中、韞中、彥中。弟懿中。娶喬氏。應天府鄉試第三十八名，會試第三十四名。

姚文炤　貫福建興化府莆田縣，鹽籍。府學增廣生。治《書經》。字在明，行八，年二十九，十二月二十三日生。曾祖綿，教諭。祖渠，贈太僕寺寺丞。父永，太僕寺寺丞。母佘氏，封安人。具慶下。兄文燁，貢士；文㷿；文焯。弟文燠、文熰、文烰。娶陳氏。福建鄉試第六名，會試第二百二十五名。

張綱　貫江西吉安府吉水縣，民籍。國子生。治《詩經》。字美中，行一，年三十九，九月十二日生。曾祖素裕，壽官。祖述成，贈衛經歷。父銓，衛經歷。母許氏，贈孺人；繼母易氏。具慶下。弟紃組。娶李氏，繼娶顧氏。江西鄉試第十四名，會試第十七名。

張京安　貫直隸蘇州府常熟縣，軍籍。國子生。治《書經》。字康甫，行二，年四十一，十一月十一日生。曾祖術。祖綵。父學，知縣。母沈氏。慈侍下。兄善徵、善禮。弟福成、明揚。娶陳氏。應天府鄉試第五十名，會試第二百九十四名。

孫繼魯　貫雲南雲南右衛，軍籍，浙江錢塘縣人。國子生。治《禮記》。字道甫，行八，年二十六，七月初一日生。曾祖珏。祖鐸。父禧。母李氏。具慶下。兄繼先、繼宗、繼遠、繼周、繼淑。弟繼志、繼鄒。聘馬氏。雲貴鄉試第十二名，會試第三百八十名。

張琛　貫大寧都司保定左衛，官籍，順天府順義縣人。都司學生。治《詩經》。字廷獻，行三，年二十四，十二月十七日生。曾祖旺，百戶。祖清，百戶。父宏，百戶。母王氏，封安人。具慶下。兄瑗，百戶；瑾。弟璉。娶孫氏。順天府鄉試第五十五名，會試第五十六名。

戴時弁　貫浙江台州府臨海縣，民籍。國子生。治《春秋》。字正甫，行三，年三十三，二月三十日生。曾祖廷祥。祖仲仁，贈監察御史。父聰。前母章氏，嫡母應氏，生母周氏。慈侍下。兄鉞。弟時熙、時泰、時京、時和、時昌、時明。娶秦氏。浙江鄉試第三十名，會試第五名。

歐陽德　貫江西吉安府泰和縣，軍籍。縣學增廣生。治《易經》。字崇一，行五，年二十八，五月初二日生。曾祖廣漈，壽官。祖時勉。

父庸。母蕭氏。具慶下。弟昱。娶康氏。江西鄉試第四十名，會試第二十三名。

吳昌齡　貫直隸廬州府六安州，軍籍。國子生。治《書經》。字德遠，行一，年四十二，四月十四日生。曾祖鑑。祖瑄，知縣。父嵩。母曹氏，繼母戴氏。具慶下。弟昌國。娶喬氏。應天府鄉試第二十一名，會試第三十五名。

鄭琬　貫廣西儀衛司，校籍，浙江青田縣人。國子生。治《禮記》。字德甫，行五，年三十一，三月初八日生。曾祖麒。祖榮。父諫。母趙氏。具慶下。兄琮、瑾、琚。弟瓊。娶劉氏。廣西鄉試第一名，會試第二百七十三名。

盧蕙　貫直隸淮安府山陽縣，民籍。府學生。治《詩經》。字子貞，行八，年三十一，八月二十二日生。曾祖清。祖錦，七品散官。父璋，義官。母錢氏。重慶下。兄昇，千戶；祥；昌，千戶；恩；恕；惠；意。弟懃；蕙；鼎，千戶；戀；肅，典膳；憼；思；冕；鼐；應；愚；聞；詩。娶江氏。應天府鄉試第十五名，會試第三十一名。

楊惇　貫四川成都府新都縣，民籍。國子生。治《易經》。字用叙，行二，年三十五，正月十二日生。曾祖玖，州吏目，累贈特進光祿大夫、左柱國、少師兼太子太師、吏部尚書、華蓋殿大學士。祖春，按察司僉事，累贈特進光祿大夫、左柱國、少師兼太子太師、吏部尚書、華蓋殿大學士。父廷和，特進光祿大夫、左柱國、少師兼太子太師、吏部尚書、華蓋殿大學士。嫡母黃氏，累贈一品夫人；喻氏，累封一品夫人。生母蔣氏，封孺人。具慶下。兄慎，翰林院修撰。弟愷，貢士；恒，中書舍人；恂，會試中式舉人；忱，貢士；悌；愷，國子生；悦；惟。娶歐氏。四川鄉試第二名，會試第七十七名。

程旦　貫直隸徽州府歙縣，民籍。國子生。治《禮記》。字孟明，行八，年三十七，十二月十七日生。曾祖文生。祖福仁，義官。父正春。母王氏。永感下。弟旭、暕、暚、曙。娶鄭氏。應天府鄉試第五名，會試第二百三十二名。

高叔嗣　貫河南開封府祥符縣，民籍。國子生。治《易經》。字子業，行三，年二十三，十二月十四日生。曾祖清。祖謹。父珣，知縣。母甄氏。具慶下。兄伯嗣、仲嗣。娶袁氏。河南鄉試第二十二名，會試第一百九十九名。

丘民範　貫江西廣信府貴溪縣，民籍。縣學生。治《書經》。字汝中，行二十六，年三十六，十一月二十二日生。曾祖祺，知府。祖珮。父鉅。母畢氏。慈侍下。兄文浩，聽選官；民望，監生；民仰，貢士。弟汝良，貢士；民樂；民節；民符。娶張氏。江西鄉試第四十三名，會試第七名。

林文華　貫福建興化府莆田縣，匠籍。府學生。治《詩經》。字質夫，行二，年三十五，正月初一日生。曾祖克真，壽官。祖朝弼。父舜中，壽官。前母羅氏，母羅氏。具慶下。兄文英。弟文腆。娶鄭氏。福建鄉試第四十一名，會試第三百二十三名。

宋圭　貫直隸保定府新城縣，民籍。國子生。治《易經》。字元錫，行二，年三十二，十二月二十日生。曾祖貴，旌表義民。祖文。父麟，知縣。母張氏。永感下。兄奎。娶許氏。順天府鄉試第八名，會試第一百十一名。

劉汝輗　貫江西吉安府安福縣，軍籍。國子生。治《春秋》。字以大，行二，年三十九，六月二十四日生。曾祖拱政，封刑部員外郎。祖稇，贈大理寺左評事。父盔，義官。母顏氏。具慶下。弟汝輪、汝轅、汝軒。娶彭氏。江西鄉試第七十九名，會試第三百名。

馮冠　貫直隸蘇州府常熟縣，軍籍。國子生。治《春秋》。字正伯，行一，年四十五，九月二十三日生。曾祖達。祖順，封監察御史。父玘，按察司副使，進階亞中大夫。母李氏，封孺人。具慶下。弟憲、冞。娶金氏。應天府鄉試第二百二十三名，會試第二百四十五名。

屠大山　貫浙江寧波府鄞縣，民籍。府學附學生。治《易經》。字國望，行二十三，年二十四，五月初一日生。曾祖瑜，封榮祿大夫、太子太保、吏部尚書。祖渭，義官。父偁。母王氏，繼母陳氏。慈侍下。弟大嶽、大年、大巖、大文、大受、大整、大美、大亮、大亨、大貞、大音。娶陸氏。浙江鄉試第四十一名，會試第二百五十六名。

潘恩　貫直隸松江府上海縣，民籍。縣學生。治《詩經》。字子仁，行一，年二十八，三月二十六日生。曾祖麟，所大使。祖慶。父奎，典史。前母趙氏，母錢氏。重慶下。弟惠、忠、恕。娶包氏，繼娶曹氏。應天府鄉試第九名，會試第七十六名。

方一蘭　貫福建興化府莆田縣，軍籍。府學附學生。治《詩經》。字世佩，行二，年二十四，七月初五日生。曾祖新，府同知，進階中順大夫。祖暻。父宜賢，知縣。母吳氏。具慶下。兄一桂，同科進士。弟一梧。娶陳氏。福建鄉試第八名，會試第二十二名。

陳儒　貫錦衣衛，官籍。國子生。治《詩經》。字汝宗，行四，年三十六，七月初五日生。曾祖仕，錦衣衛百戶，贈武略將軍。祖復宗，錦衣衛副千戶。父賢，紀善。前母黃氏、田氏，母田氏，繼母尹氏。慈侍下。兄俊，副千戶；偉，副千戶；傑。弟仁、佐、儀。娶侯氏，繼娶楊氏。順天府鄉試第二十一名，會試第六名。

阮朝東　貫湖廣黃州府麻城縣，民籍。國子生。治《春秋》。字子西，行二，年三十四，閏九月十二日生。曾祖剛，縣丞。祖大用。父圭。前母賀氏，母蔡氏。具慶下。兄朝陽，貢士。弟朝南；朝端；朝隨，貢士；朝士；朝策，貢士；朝儀。娶尹氏。湖廣鄉試第一名，會試第一百七十四名。

萬象　貫江西饒州府餘干縣，民籍。縣學生。治《春秋》。字拱辰，行十二，年四十四，正月初六日生。曾祖彥斌。祖福安。父璋。母張氏。永感下。兄冠、憲、蓋、寵、寀。弟守容。娶吳氏。江西鄉試第一百十一名，會試第二百七十五名。

鄭弼　貫福建興化府莆田縣，軍籍。國子生。治《書經》。字諧甫，行三，年三十二，二月十七日生。曾祖麒，巡檢。祖乾，訓導。父恢。母葉氏。具慶下。兄曾、珊。弟璵、俊、珹、寏、瞻、香、秀、禧、黍、奎。娶余氏。福建鄉試第三名，會試第一百六十名。

呂顒　貫陝西慶陽府寧州，民籍。州學生。治《易經》。字幼通，行一，年二十六，十月二十七日生。曾祖英，州判官。祖昇，贈徵仕郎、禮科給事中。父綸，義官。母楊氏，繼母行氏。重慶下。弟顯，貢士；頎。娶葛氏。陝西鄉試第一名，會試第二百九十三名。

豐坊　貫浙江寧波府鄞縣，民籍。府學生。治《春秋》。字存禮，行三，年三十，正月初五日生。曾祖慶，右布政使。祖耘，教授，加封奉直大夫、右春坊右諭德。父熙，奉直大夫、協正庶尹、右春坊右諭德。母史氏，加封宜人。重慶下。兄址、垣。弟墀。娶周氏。浙江鄉試第一名，會試第二百十五名。

盧襄　貫直隸蘇州府吳縣，民籍。國子生。治《易經》。字師陳，行二，年四十三，十一月十七日生。曾祖立。祖士誠。父綱，封監察御史。母陳氏，贈孺人；繼母吳氏。具慶下。兄雍，按察司提學副使。娶陳氏。應天府鄉試第十名，會試第二百九十五名。

黃杭　貫福建平海衛，軍籍，龍溪縣人。國子生。治《書經》。字伯州，行六，年三十，四月初十日生。曾祖宜敏。祖邦正，壽官。父慶，州判官。嫡母葉氏，生母劉氏。具慶下。兄葵晏，監生；清；遜。弟芹、栻。娶戴氏。福建鄉試第二十八名，會試第七十三名。

陸銓　貫浙江寧波府鄞縣，軍籍。國子生。治《易經》。字選之，行五十七，年三十二，十月二十七日生。曾祖琦。祖浣，贈監察御史。父偶，按察司副使，封中順大夫。母楊氏，封恭人。具慶下。兄鎬；鉞；登，監生；鈢；鋐；銅，南京兵部郎中；鐄。弟鈊，翰林院編修。娶陳氏。浙江鄉試第十四名，會試第三名。

陳九成　貫江西廣信府玉山縣，民籍。國子生。治《書經》。字大韶，行二十一，年四十二，正月十九日生。曾祖俊民。祖景榮。父龍，訓導。母汪氏。具慶下。兄端陽、白陽。弟三陽、旼、九經。娶王氏。江西鄉試第三十六名，會試第六十九名。

胡有恒　貫直隸淮安府山陽縣，民籍。國子生。治《禮記》。字貞甫，行一，年三十四，三月初一日生。曾祖銘。祖祐。父淮。母鄒氏。慈侍下。弟有容、有執、有爲。聘倪氏，娶張氏。應天府鄉試第九十五名，會試第二百十一名。

周祖堯　貫山東兗州府東平州，民籍。州學生。治《書經》。字宗道，行一，年三十，十二月二十一日生。曾祖監，府檢校。祖愷。父瑀。母李氏。具慶下。弟祖舜。娶張氏。山東鄉試第三名，會試第二百八十六名。

甘爲霖　貫四川叙州府富順縣，軍籍。國子生。治《詩經》。字公望，行二，年三十六，十一月二十一日生。曾祖雨，封布政司參議、資治少尹。祖敬修，亞中大夫、布政司左參政。父澤，訓科。母涂氏，繼母趙氏。慈侍下。兄汝霖。弟嘉霖、化霖、春霖、傅霖。娶周氏，繼娶徐氏。四川鄉試第四十六名，會試第十五名。

程煌　貫直隸徽州府婺源縣，民籍。國子生。治《書經》。字子明，行二十二，年三十六，正月二十日生。曾祖孟通。祖士英。父枋。母汪氏。永感下。弟燦。娶俞氏。應天府鄉試第八十一名，會試第一百八十一名。

趙廷松　貫浙江温州府樂清縣，民籍。縣學生。治《書經》。字子後，行九，年二十九，正月十九日生。曾祖守儉。祖賫。父愷。母曾氏。慈侍下。兄瑞松，監生；偃松；赤松；盛松。弟嘉松。娶余氏。浙江鄉試第六十九名，會試第二百五十四名。

董漢策　貫湖廣辰州衛，官籍，浙江鄞縣人。國子生。治《書經》。

字道夫，行一，年四十，七月二十三日生。曾祖良。祖昱，百户。父俊，兵部員外郎。母芮氏，封安人。慈侍下。弟漢醇；漢儒，副千户。娶蕭氏、彭氏、濮氏，繼娶龔氏。湖廣鄉試第四十三名，會試第八十九名。

劉炯　貫直隸蘇州府長洲縣，民籍。國子生。治《易經》。字文韜，行三，年三十九，九月初一日生。曾祖宗韶。祖淳，贈工部主事。父杲，都察院右副都御史。母張氏，封安人；繼母唐氏。慈侍下。兄恢、燦。弟庶，陰陽正術；塋，典膳。娶楊氏。應天府鄉試第一百三名，會試第一百二名。

鄭曉　貫浙江嘉興府海鹽縣，軍匠籍。縣學士。治《書經》。字窒甫，行五，年二十五，正月十二日生。曾祖讓。祖延，市舶提舉司副提舉。父儒泰，訓導。母費氏。具慶下。兄暲、昕、時、晹。弟曦、啓、疇、昱。娶劉氏。浙江鄉試第一名，會試第十四名。

陳文譽　貫浙江寧波府慈谿縣，民籍。國子生。治《詩經》。字德卿，行八十七，年三十八，二月十七日生。曾祖墾。祖銘，州判官。父瑾。母王氏，生母彭氏。具慶下。兄文講。娶馮氏。浙江鄉試第七名，會試第二百四十名。

胡偉　貫武功中衛，匠籍，山西五臺縣人。順天府學增廣生。治《詩經》。字士奇，行二，年二十五，十一月十七日生。曾祖玉，百户。祖瑾，鎮撫。父忠。母李氏。具慶下。兄俊。弟儒、僑。娶董氏，繼聘陳氏。順天府鄉試第七十六名，會試第二百六十名。

王庭　貫直隸蘇州府長洲縣，民籍。國子生。治《易經》。字直夫，行三，年三十六，閏正月二十一日生。曾祖可行。祖珉。父頤，訓導。前母薛氏，母俞氏。慈侍下。兄恩、禄、文。娶陳氏，繼娶郁氏。應天府鄉試第六名，會試第一百七十八名。

易鷺　貫江西袁州府分宜縣，民籍。縣學生。治《詩經》。字鳴和，行一，年三十二，五月二十三日生。曾祖慶。祖震。父居仁。母黃氏。具慶下。娶袁氏。江西鄉試第七十七名，會試第一百三十五名。

朱澍　貫福建興化府莆田縣，鹽籍。國子生。治《詩經》。字必東，行十五，年三十八，五月初四日生。曾祖愷。祖忠。父統。母吳氏。具慶下。弟辰、興。娶林氏。福建鄉試第一名，會試第一百二十九名。

彭黯　貫江西吉安府安福縣，民籍。國子生。治《易經》。字道顯，行五，年三十七，十一月初五日生。曾祖沂淵。祖鈺。父如相。母劉氏。

慈侍下。弟點。娶王氏。江西鄉試第十六名，會試第一百五十名。

章袞　貫江西撫州府臨川縣，匠籍。府學生。治《詩經》。字汝明，行六，年三十五，十月二十日生。曾祖貴彥。祖大楷。父效英。母舒氏。永感下。兄甫。弟荓。娶黃氏。江西鄉試第二名，會試第三百七十一名。

鍾汪　貫廣東廣州府南海縣，軍籍。江西武寧縣學教諭。治《易經》。字季深，行五，年四十三，六月十六日生。曾祖普養。祖玄齡。父鑾。母周氏。慈侍下。兄湜，教諭；演；湘。娶曾氏。廣東鄉試第二十四名，會試第一百二十八名。

顧夢圭　貫直隸蘇州府崑山縣，民籍。國子生。治《易經》。字武祥，行三，年二十四，七月二十七日生。曾祖恂，贈左春坊左諭德兼翰林院侍讀。祖宜之，封監察御史。父潛，知府前提學御史。母龔氏，封孺人；繼母楊氏。具慶下。兄文徵，監生。弟文同、夢川、夢熊、謙亨、夢羽、夢穀。娶皇甫氏。應天府鄉試第八十七名，會試第二百三十四名。

應廷育　貫浙江金華府永康縣，民籍。縣學生。治《詩經》。字仁卿，行八十二，年二十七，十月十三日生。曾祖思敬。祖尚志。父曙。母樓氏。重慶下。兄廷芝。娶池氏。浙江鄉試第三十六名，會試第六十六名。

夏謐　貫江西南昌府進賢縣，軍籍。國子生。治《書經》。字廷乂，行二十四，年三十八，二月初五日生。曾祖仲璣。祖啟寅，正七品散官。父明，府司獄。母文氏，繼母胡氏。嚴侍下。兄詔、檜、梁、楠、檠、誥、議、讓、梓。弟諒。娶薛氏。江西鄉試第四十一名，會試第三百八十四名。

馬坤　貫直隸揚州府通州，軍籍。國子生。治《詩經》。字順卿，行六，年三十，十一月十三日生。曾祖用裕。祖文駬，壽官。父慧。母胡氏。具慶下。兄健；循；節，貢士；徹；壯。娶王氏，繼娶李氏。應天府鄉試第十四名，會試第一百九十一名。

潘壯　貫浙江紹興府山陰縣，民籍。府學生。治《易經》。字直卿，行一，年三十三，六月初三日生。曾祖玉，壽官。祖鵬。父俊。母沈氏。重慶下。弟基、臺、望、垔、厓。娶王氏。浙江鄉試第二十二名，會試第二百十九名。

陳褒　貫福建福寧州寧德縣，軍籍。國子生。治《禮記》。字邦進，行六，年三十六，十月十二日生。曾祖畊。祖和，學正，贈刑部郎中。父宇。母鄭氏。具慶下。兄文；方；卞，典膳；褒，甲戌進士；雍，監生。弟袞、充、言。娶黃氏，繼娶方氏。福建鄉試第三十七名，會試第二十五名。

陳讚　貫福建福州府長樂縣，民籍。直隸嘉定縣學教諭。治《詩經》。字允揚，行二，年三十四，十二月初三日生。曾祖植。祖宏煒。父德隆，教諭，贈刑部主事。前母林氏，母丁氏，贈安人；繼母郭氏。慈侍下。兄讓，知縣；諤；謹，府同知；謨；談，知府；鑾，署教諭舉人。弟諧。娶卓氏。福建鄉試第十五名，會試第一百八十三名。

段績　貫陝西臨洮府蘭州，軍籍，山西陽曲縣人。國子生。治《書經》。字紹先，行一，年三十一，八月初五日生。曾祖椿。祖曠。父增。母于氏。慈侍下。弟繼、□。娶陳氏，繼娶陳氏。陝西鄉試第六十三名，會試第一百七十七名。

吳會期　貫廣東瓊州府瓊山縣，民籍。府學生。治《禮記》。字行可，行二，年三十一，二月初八日生。曾祖俊。祖康，壽官。父效。母劉氏。具慶下。兄景期。弟遠期、懋期。娶王氏。廣東鄉試第六十一名，會試第七十九名。

藍田　貫山東萊州府膠州即墨縣，軍籍。國子生。治《易經》。字玉甫，行一，年四十七，二月初六日生。曾祖福盛，贈通議大夫、南京刑部右侍郎。祖銅，贈通議大夫、南京刑部右侍郎。父章，南京刑部右侍郎兼都察院左僉都御史，進階資善大夫。母徐氏，封淑人。具慶下。弟困；因，官生。娶范氏，繼娶劉氏。山東鄉試第七十四名，會試第八名。

葉份　貫直隸徽州府婺源縣，民籍。府學附學生。治《禮記》。字原學，行四，年二十二，三月十八日生。曾祖觀武。祖兆允，封文林郎、知縣。父天球，知府。母汪氏，封安人。具慶下。兄俠。弟僑、仕、倬、倞、佐、任。娶詹氏。應天府鄉試第七十五名，會試第二百五十七名。

張時徹　貫浙江寧波府鄞縣，民籍。國子生。治《易經》。字惟靜，行二十六，年二十四，九月二十四日生。曾祖公瞱。祖緒。父忻。母孫氏。具慶下。弟時□、時檄。娶陳氏。浙江鄉試第四十七名，會試第七十一名。

余承業　貫四川眉州青神縣，軍籍。縣學生。治《詩經》。字懋賢，行六，年三十四，四月二十六日生。曾祖祥，戶部郎中，贈都察院右都御史。祖子偉，文林郎、贈戶部主事。父寰，戶部員外郎，進階奉直大夫。母程氏，封太宜人。慈侍下。兄承芳，監生；承恩，官生，南京錦衣衛指揮僉事；承勛，翰林院編修；承禮。娶趙氏。四川鄉試第七名，會試第三百四十八名。

茹鳴金　貫太醫院，醫籍，直隸無錫縣人。國子生。治《詩經》。

字聲父，行四，年三十四，十二月十八日生。曾祖文中，壽官。祖吉。父海，封南京户部主事。前母謝氏，母吴氏，贈安人。永感下。兄鳴玉，知州；鳴鶯；鳴鳳，知縣，前光禄寺寺丞。娶陳氏，繼娶徐氏。順天府鄉試第三名，會試第四十四名。

徐廷傑　貫浙江温州府永嘉縣，民籍。縣學生。治《詩經》。字獻忠，行三，年三十一，正月初七日生。曾祖承祖。祖端。父鋭，訓導。母王氏。具慶下。兄廷濬、廷宣。娶張氏。浙江鄉試第二十三名，會試第一百十三名。

崔允　貫山西太原府代州，民籍，大同府懷仁縣人。國子生。治《書經》。字懋言，行二，年三十八，四月初十日生。曾祖璟，贈京山侯。祖震，□□官，贈京山侯。父儒，兵馬副指揮，贈承事郎，加贈京山侯。母劉氏，封孺人，贈京山侯夫人。永感下。兄元，奉天衛指揮□□宣力武臣、特進榮禄大夫、柱國、駙馬都尉、京山侯。弟充，貢士；光；堯；兑；寬；克；亢；況；見；冕；覺。娶王氏，繼娶郭氏、侯氏。山西鄉試第七十五名，會試第六十二名。

張庭　貫四川嘉定州夾江縣，軍籍。國子生。治《春秋》。字子家，行三，年三十三，正月初九日生。曾祖文清，教諭。祖瀾，封户部主事。父鳳翥，州判官。前母姜氏，母李氏，繼母姜氏。嚴侍下。兄庶，陰陽訓術；廩，七品散官。弟庠、序、廉。聘李氏。娶羅氏。四川鄉試第四名，會試第三百四十五名。

馮承芳　貫廣西桂林中衛，官籍。儒士。治《詩經》。字世立，行二，年二十八，十月十三日生。曾祖興，指揮僉事。祖寧。父昇。母張氏，繼母李氏。具慶下。兄承蔭。娶謝氏。廣西鄉試第十四名，會試第一百四十六名。

沈韓　貫直隸蘇州府常熟縣，民籍。國子生。治《詩經》。字師德，行一，年四十二，七月初二日生。曾祖福。祖達，贈刑部主事。父海，知府，進階亞中大夫。嫡母朱氏，封安人；生母周氏。永感下。弟范，監生；虞，監生。娶錢氏，繼娶時氏。順天府鄉試第六十六名，會試第九十三名。

李鳳翔　貫四川成都府成都縣，民籍。國子生。治《春秋》。字伯瑞，行一，年三十四，八月十一日生。曾祖德勝，壽官。祖杲。父時新。母阮氏。重慶下。弟鳳陽。娶莫氏。四川鄉試第九名，會試第一百九十五名。

陸冕　貫直隸蘇州府崑山縣，民籍。國子生。治《易經》。字子端，行二，年三十六，正月十六日生。曾祖春。祖實。父士達，承事郎。母吳氏，繼母顧氏。永感下。兄冠。弟旒、弁。娶劉氏。應天府鄉試第一百二十一名，會試第六十三名。

屠應坤　貫浙江嘉興府平湖縣人，營州衛軍籍。國子生。治《書經》。字文厚，行二，年三十一，正月二十日生。曾祖湘，贈刑部尚書。祖機，贈刑部尚書。父勳，刑部尚書，贈太保，諡康僖。嫡母陳氏，贈夫人；林氏；牛氏，封夫人。生母楊氏。慈侍下。兄奎，布政司參議；垔；學垚，監察御史；垕；學堂；應塡，前禮部郎中。弟應埌、應垣、應圻、應坊、應埈、應挺。娶陸氏。順天府鄉試第二十四名，會試第一百七十六名。

曾存仁　貫江西吉安府吉水縣，民籍。縣學附學生。治《書經》。字懋遠，行一，年三十四，三月二十五日生。曾祖光偉。祖克紹。父伯崇。母周氏。具慶下。弟侃、价、傅。娶羅氏。江西鄉試第五十七名，會試第二百四十八名。

張文憲　貫武功右衛，軍籍，浙江崇德縣人。國子生。治《詩經》。字廷鑒，行五，年三十三，三月初九日生。曾祖如成。祖善，壽官。父溥。前母薛氏，母李氏。永感下。兄文英、文睿、文奇、文華。弟文奎。娶随氏，繼娶陳氏。順天府鄉試第四十二名，會試第一百十名。

喬祺　貫順天府涿州，民籍。國子生。治《禮記》。字景福，行十，年三十五，正月二十九日生。曾祖禮。祖興。父江。母趙氏。永感下。兄能，錦衣衛千戶；鸞；鳳；鵬；雲；大；川；深；德；甫；德；錄。弟祐。娶張氏。順天府鄉試第一百三十一名，會試第一百八十五名。

魏應召　貫直隸蘇州府吳縣，民籍。國子生。治《詩經》。字維翰，行四，年三十九，十二月十二日生。曾祖勤。祖文盛。父志寧，推官。母袁氏。慈侍下。兄應夔、應龍、應周。弟應琦、應曾。娶蔣氏。應天府鄉試第一百六名，會試第二百五十一名。

劉案　貫江西撫州府崇仁縣，民籍。縣學生。治《詩經》。字振文，行二，年三十六，九月二十六日生。曾祖子繹。祖璲，通判。父崇，教諭，贈禮科給事中。嫡母熊氏；盧氏；楊氏，封太孺人。生母陳氏。慈侍下。兄寂，禮科給事中；寓，南京刑部郎中。弟宴。娶王氏，繼娶陳氏。江西鄉試第三十八名，會試第八十七名。

晉憲　貫直隸蘇州府崑山縣，民籍。國子生。治《書經》。字邦彝，行三，年三十八，七月十六日生。曾祖茂，壽官。祖紳。父鷗，訓導。

母楊氏。嚴侍下。兄忠、恩。弟懃、慰。娶陳氏。應天府鄉試第五名，會試第二百三十一名。

陳冠　貫江西南昌府南昌縣，軍籍。國子生。治《詩經》。字端卿，行二，年三十六，五月二十二日生。曾祖銘。祖聰，縣主簿，贈監察御史。父奎，布政司左布政使。母彭氏，封孺人。具慶下。娶張氏。江西鄉試第三十二名，會試第二百四十七名。

紀鑢　貫江西饒州守禦千戶所，軍籍，直隸山陽縣人。國子生。治《詩經》。字鳴和，行二十五，年三十二，八月十六日生。曾祖信安。祖天爵。父鳳祥。母姜氏。重慶下。兄鏓、鉞、銓。弟鈁。娶李氏。江西鄉試第二十九名，會試第一百一名。

陸堂　貫直隸蘇州府常熟縣，民籍。縣學生。治《詩經》。字肯堂，行一，年三十二，三月二十六日生。曾祖昇。祖南。父昆。母魚氏。具慶下。弟播。娶張氏。應天府鄉試第八十三名，會試第二百十四名。

王閣　貫四川成都府新都縣，民籍。國子生。治《易經》。字士延，行一，年四十一，八月十一日生。曾祖清，知縣。祖經。父禹夫，義官。母周氏。永感下。弟闠。娶徐氏。四川鄉試第二名，會試第二百三十名。

司馬泰　貫南京錦衣衛，軍籍，陝西咸寧縣人。應天府學附學生。治《易經》。字魯瞻，行一，年三十二，十二月十七日生。曾祖勳。祖震。父隆。母張氏。慈侍下。弟恒、嵩、華。娶沈氏。應天府鄉試第八十七名，會試第三百三十七名。

李仁　貫直隸廣平府曲周縣，民籍。縣學生。治《詩經》。字士元，行二，年三十二，十月初七日生。曾祖智。祖彪。父梅，聽選官。前母張氏，母呂氏。具慶下。兄儀。弟倣、儌。娶方氏。順天府鄉試第一百十六名，會試第三百二十一名。

鄭宗古　貫湖廣荊州府石首縣，軍籍。縣學生。治《易經》。字本醇，行七，年三十二，五月初七日生。曾祖安恭。祖綸，訓導。父道齊。母王氏。具慶下。兄宗載，同知。弟宗是、宗正、宗惇、宗惠。娶曾氏。湖廣鄉試第九名，會試第二百八十七名。

陳良策　貫湖廣德安府隨州，軍籍。國子生。治《詩經》。字于廷，行一，年三十九，十月二十二日生。曾祖春。祖清。父金，壽官。母馬氏。具慶下。弟良範。娶張氏。湖廣鄉試第二名，會試第二十六名。

汪漢　貫直隸安慶府懷寧縣，民籍。縣學生。治《易經》。字淵之，行一，年四十一，二月十三日生。曾祖彥亨。祖小七。父容。前母錢氏，母詹氏。永感下。娶陳氏。應天府鄉試第二十六名，會試第十二名。

趙得祐　貫直隸永平府盧龍縣，民籍。縣學生。治《詩經》。字元吉，行二，年三十三，十二月二十三日生。曾祖忠，監察御史，進階中順大夫。祖定，知縣。父章。母胡氏，繼母徐氏。具慶下。兄經。弟綸、得福、得祿、得禎、得祥、得祜、得祺、得祚、得裕、得禧、得禋、得禮。娶俞氏。順天府鄉試第四十四名，會試第二百九十六名。

柯維騏　貫福建興化府莆田縣，民籍。國子生。治《春秋》。字奇純，行四，年二十七，二月初二日生。曾祖浚，壽官。祖暄，贈大理寺評事。父英，知府。母蔣氏，封孺人。慈侍下。兄維熊，行人司行人；維□，貢士；維魚。弟維藩、維翰。娶顧氏。福建鄉試第二十四名，會試第四十九名。

王億　貫直隸河間府獻縣，民籍。國子生。治《書經》。字萬成，行一，年三十四，六月十五日生。曾祖壽。祖玉。父明。母劉氏，繼母董氏。具慶下。弟仲。娶孫氏。順天府鄉試第四十八名，會試第二百六十三名。

吳允祿　貫廣東廣州府南海縣，民籍。國子生。治《易經》。字天申，行三，年三十二，四月二十六日生。曾祖甲遜。祖信。父璉，知縣，封戶部署員外郎，加四品服。母何氏，封安人。嚴侍下。兄允禎，知府；允禮。弟允裕，貢士；允祉。娶馬氏。廣東鄉試第七名，會試第二百四名。

吳淮　貫直隸鎮江府丹徒縣，軍籍。國子生。治《易經》。字宗海，行三，年三十四，十一月二十四日生。曾祖璟。祖義，義官。父鎮。母周氏。嚴侍下。兄瀾。弟沐、瀹、濂。娶楊氏，繼娶虞氏。應天府鄉試第二名，會試第二百五十九名。

陸幹　貫浙江紹興府餘姚縣，民籍。國子生。治《禮記》。字良輔，行三十九，年四十三，十一月十三日生。曾祖可恒。祖友智，封監察御史。父淵，布政司左參政，進階大中大夫。母應氏，封淑人。永感下。兄相，知府；棟，知府；松。弟槃，聽選官；槩。娶王氏。繼娶朱氏。浙江鄉試第五名，會試第一百三十九名。

鄭淮　貫應天府上元縣，民籍，福建懷安縣人。府學生。治《書經》。字惟東，行四，年二十九，十月十三日生。曾祖珙。祖思仁。父銘。前母顧氏，母俞氏。慈侍下。兄溥、洪、浩。弟淳、漣、濬、潮。娶倪氏。應天府鄉試第七十二名，會試第二百六名。

張大用　貫四川順慶府岳池縣，民籍。府學生。治《禮記》。字行之，行一，年二十四，四月初四日生。曾祖文林，義官。祖瑞，縣丞。父守仁。母馬氏。重慶下。弟大福。娶陳氏。四川鄉試第四十八名，會試第一百八十九名。

史臣　貫直隸蘇州府吳江縣，民籍。國子生。治《易經》。字邦直，行一，年五十，十月二十八日生。曾祖珩，義官。祖鑑。父永錫，監生。母吳氏。慈侍下。弟相，引禮舍人；逵。娶陶氏。應天府鄉試第二十八名，會試第二百六十七名。

張國維　貫直隸鳳陽府定遠縣，民籍，上海縣人。縣學生。治《書經》。字崇四，行二，年三十，五月十八日生。曾祖昱。祖謹，甲申進士。父永泰，戊辰進士。母袁氏。慈侍下。兄國紀，貢士。弟國正。娶錢氏。應天府鄉試第六十二名，會試第十名。

王度　貫浙江台州府臨海縣，民籍，寧海縣人。國子生。治《詩經》。字律生，行二，年三十三，十月二十三日生。曾祖宗，知府，贈中議大夫、贊治尹。祖文，布政司右參政。父愿。母陳氏，繼母樊氏。具慶下。兄鏞。弟鉄、鑾、鑰、金、銑、鎧。娶呂氏。浙江鄉試第二十六名，會試第六十一名。

李日章　貫直隸松江府華亭縣，民籍。縣學附學生。治《書經》。字尚絅，行四，年二十七，五月十二日生。曾祖晟。祖枰，壽官。父霆，訓導。母許氏。具慶下。兄諶，聽選官；訓；日宣。弟日就、日積、日進。娶董氏。應天府鄉試第九十二名，會試第一百九十四名。

王臣　貫江西南昌府南昌縣，民籍。縣學生。治《詩經》。字公弼，行四，年三十一，二月初二日生。曾祖仲宣。祖標。父大武。母張氏。重慶下。兄朝。娶魏氏。江西鄉試第一百七十一名，會試第一百四十二名。

周易　貫直隸太平府蕪湖縣，軍籍。國子生。治《易經》。字時伯，行一，年三十八，十一月初二日生。曾祖廉。祖文佐。父紀。母劉氏。具慶下。弟書禮。娶丁氏，繼娶秦氏。應天府鄉試第一百六名，會試第二百七十四名。

張珨　貫湖廣岳州府巴陵縣，軍籍。縣學生。治《書經》。字國信，行四，年三十一，閏五月初三日生。曾祖鎧。祖志禮，典史。父葵。母劉氏，繼母雷氏。具慶下。弟瑤、珀。娶李氏。湖廣鄉試第七名，會試第七十一名。

余洲　貫羽林前衛；匠籍，福建莆田縣人。順天府學增廣生。治《詩經》。字子居,行三,年二十五,二月十三日生。曾祖彥智。祖道堯,義官。父一正,知縣。前母林氏,母李氏。慈侍下。兄準、矩。弟汀。娶謝氏。順天府鄉試第十二名,會試第二百九十九名。

楊麗　貫四川順慶府南充縣,民籍。國子生。治《易經》。字益夫,行一,年三十四,十月初二日生。曾祖海,縣丞。祖立,知縣。父春。母余氏,繼母余氏。重慶下。弟麓、薦、度、序、廉、乾、亨、蒙、亨、晉、明、庚。娶王氏。四川鄉試第二十三名,會試第一百五十九名。

王廷梅　貫湖廣黃州府黃岡縣,軍籍。國子生。治《禮記》。字稚和,行四,年三十八,四月十九日生。曾祖思旻,州同知。祖文凱,封知縣。父麟,知縣。母胡氏,封孺人。慈侍下。兄廷錄,貢士;廷楫。弟廷詔;廷儒,貢士;廷陳,前知州;廷槐;廷梧;廷枏。娶周氏,繼娶何氏。湖廣鄉試第十六名,會試第二百二十三名。

傅炯　貫江西南昌府進賢縣,民籍。國子生。治《書經》。字朝晉,行十二,年三十一,八月十一日生。曾祖仕言。祖玉川。父松。母季氏。重慶下。兄燦,貢士。娶萬氏。江西鄉試第九十一名,會試第一百六名。

曹曙　貫山東兗州府濟寧州,民籍。國子生。治《詩經》。字明之,行四,年三十八,十一月初一日生。曾祖遵。祖信。父清,壽官。前母徐氏,母葉氏,繼母羅氏。具慶下。兄旺,七品散官;啓。弟曦、暕。娶劉氏。山東鄉試第十四名,會試第三百八十三名。

林應標　貫福建興化府莆田縣,民籍。府學附學生。治《書經》。字君表,行一,年二十五,正月二十六日生。曾祖叔孟,義官。祖與飾。父師頤。母俞氏,繼母余氏。具慶下。娶陳氏。福建鄉試第二十八名,會試第六十五名。

黃瓚　貫福建泉州府南安縣,民籍。國子生。治《易經》。字宗獻,行一,年三十四,八月初十日生。曾祖孟銘。祖復祖。父邦胤,義官。母何氏。慈侍下。弟瑀、綸、統。娶丘氏。福建鄉試第八十二名,會試第一百四十五名。

李騰霄　貫山西太原府盂縣,民籍。國子生。治《書經》。字子冲,行三,年三十三,九月三十日生。曾祖諫。祖璧,州判官。父軾。母郭氏。具慶下。兄騰雲、騰漢。弟騰霖。娶韓氏。山西鄉試第四十九名,會試第三百九十七名。

馬蓍　貫山西振武衛,官籍,直隸當塗縣人。國子生。治《易經》。

字毓卿,行四,年三十五,八月二十七日生。曾祖才,百户。祖翱,副千户。父銘,副千户。嫡母費氏,封宜人;繼母張氏,生母李氏。慈侍下。兄英,封千户;芹;艾。弟萬、蕃、茂。娶李氏。山西鄉試第二十名,會試第一百五十六名。

黃禎　貫山東青州府安丘縣,民籍。縣學生。治《春秋》。字德兆,行三,年三十四,正月二十四日生。曾祖英。祖泰,知縣。父錦。母高氏。重慶下。兄祐、祚。弟祥、禕、祿。娶周氏,繼娶周氏。山東鄉試第二名,會試第十八名。

駱顒　貫四川叙州府富順縣,民籍。國子生。治《詩經》。字君孚,行一,年二十八,二月十七日生。曾祖思全。祖本政,壽官。父清高。前母宋氏、戴氏,母羅氏。慈侍下。弟頌。娶王氏。四川鄉試第五十五名,會試第四十八名。

蕭璆　貫湖廣辰州衛,軍籍,江西廬陵縣人。國子生。治《詩經》。字子鳴,行七,年二十八,七月二十八日生。曾祖鏽。祖致中。父佐,府照磨。前母沈氏,母張氏。具慶下。兄瑞、琰、珏、璋、琨、珂。娶施氏,繼娶賈氏。湖廣鄉試第十九名,會試第二百三十七名。

劉珂　貫直隸大名府開州,民籍。國子生。治《詩經》。字伯瑢,行一,年四十二,正月初六日生。曾祖聚。祖整。父浩。母傅氏。慈侍下。弟玞、璐、瑁。娶孫氏,繼娶董氏。順天府鄉試第三名,會試第一百五十五名。

李清　貫湖廣常德府龍陽縣,軍籍。國子生。治《詩經》。字介卿,行一,年三十二,四月十四日生。曾祖仁玉。祖暐,壽官。父思文,教授。母高氏,繼母林氏。具慶下。弟淑。娶袁氏。湖廣鄉試第六十名,會試第三百九十名。

陳之良　貫湖廣德安府隨州,民籍,應山縣人。國子生。治《詩經》。字伯善,行一,年三十一,閏五月十七日生。曾祖闇。祖璣,壽官。父儼,訓導。母劉氏。永感下。弟之輔,貢士;之弼;之維;之佑。娶朱氏。湖廣鄉試第五十二名,會試第二百八十二名。

王松　貫順天府固安縣,民籍。國子生。治《書經》。字汝節,行十,年三十,十月初八日生。曾祖徽。祖毅,知縣。父鷟,主簿。前母辛氏,母董氏,繼母史氏。具慶下。兄槃;幹;棟,主簿;桂;楫,大使;栻;桒;桓,義官;機;枳。弟梯。娶曹氏,繼娶曹氏。順天府鄉試第一百二十七名,會試第九十六名。

胡文奎　貫湖廣衡州府耒陽縣，匠籍。國子生。治《書經》。字汝章，行六，年四十，六月二十六日生。曾祖子榮。祖政。父璉，贈戶部主事。母陳氏，封安人。永感下。兄文玉；文璧，按察使；文亶，義官。娶徐氏，繼娶李氏。湖廣鄉試第十五名，會試第二百九名。

戴靜夫　貫直隸徽州府休寧縣，民籍。國子生。治《春秋》。字應山，行十七，年四十五，四月初三日生。曾祖和。祖景琳。父慶春。母程氏。慈侍下。兄應昂、應軒、應川、應完、應望。娶吳氏。應天府鄉試第八十一名，會試第二百八十一名。

盧耿麒　貫直隸永平府灤州樂亭縣，軍籍。縣學生。治《書經》。字仁叔，行一，年二十四，十月二十七日生。曾祖斌，壽官。祖敬，司務。父梁。母王氏，繼母藺氏。具慶下。弟九畊、耿麟、耿鵬、耿鵾、耿□、耿鳳、耿光。娶郁氏。順天府鄉試第五十名，會試第三百三十三名。

王鈁　貫浙江寧波府奉化縣，民籍。縣學生。治《易經》。字子宣，行四，年三十二，正月十一日生。曾祖原咬。祖溥。父訓。母錢氏。具慶下。兄鎮、銓。弟欽、□、釗、□。娶張氏。浙江鄉試第六十四名，會試第一百四十八名。

吳鵬　貫浙江嘉興府秀水縣，民籍，海寧縣人。府學生。治《詩經》。字萬里，行一，年二十四，五月二十二日生。曾祖裔。祖昭，典史。父方。母黃氏。具慶下。弟鶴。娶戴氏。浙江鄉試第五十二名，會試第一百六十八名。

李喬　貫江西建昌府廣昌縣，民籍。國子生。治《書經》。字于遷，行二十二，年三十九，七月二十八日生。曾祖子玉。祖昇，縣丞。父慶。母傅氏。具慶下。兄時；新；祥；芳；順；桂；智，主簿；邦；樞；習。弟懋、壽、麟。娶何氏，繼娶曾氏。江西鄉試第二十二名，會試第三百七十三名。

呂璋　貫錦衣衛，官籍，湖廣荊門州人。國子生。治《詩經》。字尚德，行一，年三十九，四月初十日生。曾祖鑑。祖通，贈千戶。父海，正千戶。母孫氏，贈宜人；繼母張氏，封宜人。慈侍下。弟玠。娶王氏。順天府鄉試第十一名，會試第六十四名。

許繼　貫福建福州府閩縣，民籍。府學附學生。治《易經》。字士永，行五，年二十四，正月十七日生。曾祖惟初。祖景陽，贈戶部主事。父坦，知府。前母林氏，封安人；母陶氏。慈侍下。兄綸，遇例冠帶；繹，貢士；

綬，繹丞；纘。娶林氏。福建鄉試第七十名，會試第四十五名。

王評　貫直隸蘇州府常熟縣，民籍。國子生。治《詩經》。字審言，行一，年三十六，十月二十七日生。曾祖綖。祖錫。父囗彪。母姚氏。具慶下。兄槐，順天府治中；桂；松；留，貢士；詔；柳；訪。弟詮、諭、橋、謨、論、棟、桴、讚。娶李氏，繼娶劉氏。應天府鄉試第七十六名，會試第一百三十八名。

周鰲　貫直隸常州府江陰縣，民籍。國子生。治《書經》。字巨夫，行二，年三十六，八月初九日生。曾祖鑑。祖繹。父庭芝。嫡母楊氏，生母孫氏。慈侍下。兄鯨。弟鯤、鮪、鯢、鱸、魴、鯁、鯆。娶吳氏。應天府鄉試第二十四名，會試第二百六十一名。

屠倬　貫浙江寧波府鄞縣，民籍。國子生。治《易經》。字文卿，行三十二，年三十七，十二月二十四日生。曾祖子良。祖琛，教諭。父湖，贈監察御史。母方氏，贈孺人。永感下。兄偹；保；佑；佺；僑，監察御史。弟儼、佶。娶姚氏。浙江鄉試第二十五名，會試第二百六十四名。

李枝　貫河南開封府扶溝縣，軍籍。府學生。治《詩經》。字伯材，行三，年三十三，九月二十七日生。曾祖忠。祖正，贈戶部員外郎。父夢陽，提學副使。母左氏。嚴侍下。兄根，義官；木，貢士。弟友竹，驛丞；樹；楚；梁；柱。娶冀氏。河南鄉試第六十八名，會試第一百三十三名。

陳大珊　貫福建興化府莆田縣，軍籍。國子生。治《書經》。字若寶，行九，年二十六，三月二十八日生。曾祖洪。祖燿，壽官。父祥四。前母林氏，母朱氏。重慶下。兄大梁。弟大備、大紀。娶方氏。福建鄉試第十六名，會試第一百六十六名。

焦煜　貫直隸寧國府太平縣，民籍。國子生。治《詩經》。字伯升，行一，年三十二，十二月二十四日生。曾祖堯看。祖惠榮。父志剛。母陳氏。具慶下。弟然、爌、煒、熙、炯、烈、炬、燦、煌。娶劉氏。應天府鄉試第九十四名，會試第四十六名。

廖雲龍　貫福建興化府莆田縣，匠籍。國子生。治《書經》。字從之，行五，年二十九，十月初十日生。曾祖聳，封大理寺評事。祖麟。父誠夫。嫡母陳氏，生母龔氏。慈侍下。弟雲鯨、雲鴻、雲鵬、雲鶚。娶朱氏。福建鄉試第二名，會試第三百五十九名。

陳遷　貫四川成都府漢州什邡縣，軍籍。國子生。治《詩經》。字維喬，行七，年四十二，十二月二十七日生。曾祖宗顯。祖忠。父濟。前母廖氏、李氏，母鄧氏。慈侍下。兄運、選、遵、通、述、迪。娶周氏，繼娶王氏。四川鄉試第三十四名，會試第三百三十二名。

龔轅　貫直隸蘇州太倉州，民籍。州學生。治《易經》。字文甫，行十六，年三十八，九月二十二日生。曾祖謙。祖縉。父采。母胡氏，繼母錢氏。具慶下。兄輅；儀，貢士；軒；□；輦；轍。弟輗、輇、輶。娶姚氏。應天府鄉試第三十名，會試第八十六名。

盛應陽　貫直隸蘇州府吳江縣，軍籍，吳縣人。國子生。治《易經》。字斯顯，行六，年三十一，四月十八日生。曾祖儀，太醫院醫士。祖瞪，太醫院醫士。父坤，義官。母柳氏。重慶下。兄應期，都察院右副都御史；應壁，冠帶醫士；應登；應龍。弟應楨，冠帶醫士；應時；應陵；應賓。娶陸氏，繼娶陳氏。應天府鄉試第八十二名，會試第三百五十一名。

黃玠　貫直隸河間府任丘縣，民籍。國子生。治《詩經》。字國信，行三，年四十，九月初六日生。曾祖斌。祖節。父禮。母張氏。具慶下。兄珏、琇。弟瑤、珮、珩、珂、琮、瑞、宗文、宗武。娶李氏，繼娶段氏、潘氏。順天府鄉試第一百九名，會試第一百九十三名。

吳翀　貫四川儀衛司，校籍，成都府郫縣人。國子生。治《詩經》。字叔羽，行二，年三十二，十二月二十日生。曾祖鑑。祖灝。父仕英。母蔡氏，繼母彭氏。慈侍下。兄洪。弟昂。娶朱氏。四川鄉試第九名，會試第三百八十一名。

宋錦　貫直隸和州，民籍。國子生。治《詩經》。字質夫，行二，年四十，五月初五日生。曾祖伯源。祖祥。父縉。母王氏。永感下。兄鐸。娶張氏。應天府鄉試第六十六名，會試第二百六十九名。

王允修　貫直隸保定府容城縣，民籍。縣學增廣生。治《易經》。字克成，行四，年二十四，正月初九日生。曾祖能，贈工部右侍郎。祖志廣，封工部右侍郎。父寅，刑部右侍郎。前母李氏，贈淑人；母崔氏，封淑人。慈侍下。兄允中、允塞、允言。娶韓氏。順天府鄉試第一百十二名，會試第二百二十八名。

解冠　貫湖廣永州府道州，軍籍。國子生。治《易經》。字季玄，行九，年三十五，五月初二日生。曾祖興仲。祖晚成。父德良。母蔣氏。慈侍下。兄魁。弟勉。娶蔣氏。湖廣鄉試第八十四名，會試第一百五十三名。

第三甲二百六十五名　賜同進士出身

馮世雍　貫湖廣武昌府江夏縣，軍籍。國子生。治《詩經》。字子和，行三，年三十，正月二十七日生。曾祖鉞。祖潛，壽官。父棐，監生。母劉氏。具慶下。兄世俊、世寧。弟世熙、世美、世忠、世賢。娶李氏。湖廣鄉試第八名，會試第一百三十一名。

麥春芳　貫廣東廣州府南海縣，民籍，順德縣人。府學生。治《詩經》。字元實，行一，年二十五，正月二十四日生。曾祖讓。祖壅，義官。父俊。母鍾氏。具慶下。弟仲芳、承芳、廷芳。娶李氏。廣東鄉試第二名，會試第一百八名。

陳守愚　貫山東兗州府東平州壽張縣，民籍。縣學生。治《春秋》。字如愚，行一，年三十三，四月初十日生。曾祖昊。祖忠，縣丞。父璉。母任氏。慈侍下。兄子仁、義、信、雄、子強、恭、言、隆。娶周氏。山東鄉試第三十二名，會試第二百二十七名。

王琇　貫河南宣武衛，□□籍。開封府學生。治《詩經》。字元玉，行六，年三十，四月二十五日生。曾祖順。祖通。父振。母齊氏。慈侍下。兄環、珮、玠、瑜、琮。弟瑾、琨、琚。娶何氏，繼娶李氏。河南鄉試第六名，會試第二十九名。

吳彥　貫浙江紹興府山陰縣，匠籍。國子生。治《詩經》。字士美，行一，年三十三，十月初三日生。曾祖璇。祖源，封南京刑部主事、加四品服色。父便，按察司副使。母茹氏，贈安人；繼母杜氏，封安人。重慶下。弟音、意、奇、靖、翊、產、毅、新、仁、韶、護。娶金氏。浙江鄉試第二十九名，會試第七十二名。

石瑾　貫燕山左衛，軍籍，直隸威縣人。國子生。治《易經》。字廷陳，行三，年四十，三月十二日生。曾祖全。祖政。父洪。母唐氏。慈侍下。兄環、琮。娶倪氏，繼娶郄氏。順天府鄉試第一百三名，會試第一百六十七名。

周憲　貫浙江紹興府蕭山縣，竈籍。國子生。治《書經》。字紹吉，行一，年三十八，十月初十日生。曾祖斌。祖永慶。父簹。母俞氏。永感下。娶徐氏，繼娶施氏、史氏。浙江鄉試第五十一名，會試第二百三十九名。

俞振強　貫浙江紹興府新昌縣，民籍。國子生。治《書經》。字德強，行九，年四十一，十一月二十七日生。曾祖尚純，監生。祖用信，壽官。

父廷佐，壽官。母章氏，繼母鄭氏。具慶下。弟振洪、振懷、振臺、振豪。娶王氏。繼娶石氏。浙江鄉試第三名，會試第三百三十八名。

王選 貫河南開封府尉氏縣，軍籍。國子生。治《詩經》。字士魁，行一，年四十四，六月十八日生。曾祖昇。祖拳。父欽，經歷。母陸氏。具慶下。弟迥，知州。娶劉氏。河南鄉試第二十七名，會試第二百九十名。

張玠 貫直隸保定府安州，民籍。州學生。治《詩經》。字汝節，行五，年二十八，十二月初七日生。曾祖清。祖敏。父學。母郝氏。嚴侍下。兄琮、琛、瑜、玠。弟珎、瑤、琳、琚、玶、璠。娶馬氏。順天府鄉試第二名，會試第十一名。

陳篪 貫福建興化府莆田縣，軍籍。府學附學生。治《春秋》。字和韶，行二，年二十七，四月十八日生。曾祖子雲。祖謙寧。父宜泰，贈兵部主事。母許氏，封安人。慈侍下。兄簧，布政司參議。娶俞氏。福建鄉試第二十四名，會試第一百五十一名。

胡九功 貫河南開封府尉氏縣，民籍。國子生。治《詩經》。字允治，行一，年三十八，十一月二十四日生。曾祖顯，主簿。祖海。父璋。母于氏。慈侍下。弟九思。娶王氏。河南鄉試第二十三名，會試第二百二十四名。

崔應極 貫河南開封府通許縣，民籍。縣學生。治《詩經》。字建之，行二，年二十八，八月十九日生。曾祖浩。祖琜，知縣，贈文林郎。父敎，兵馬指揮，封文林郎。前母于氏，贈孺人；母張氏，封孺人。具慶下。兄應辰，典膳。弟應昌、應聘、應怡、應恪。娶張氏。河南鄉試第十六名，會試第一百六十一名。

喻希禮 貫湖廣黃州府麻城縣，軍籍。國子生。治《春秋》。字節之，行四，年三十一，二月二十四日生。曾祖哲，學正，贈員外郎。祖宗府，知府。父瀹，州判官。母江氏。具慶下。兄希仁；希義，貢士；希皋。弟希召、希智、希傅、希恭、希寬。娶萬氏。湖廣鄉試第二十七名，會試第二百三名。

朱觀 貫直隸蘇州府崑山縣，民籍。國子生。治《易經》。字顒伯，行五，年四十，六月十六日生。曾祖顯。祖珍。父苓，壽官。母馮氏，繼母陳氏。具慶下。兄韶、鼎、蕭、謙。弟頤、節、艮、蒙、益、震。娶周氏，繼娶楊氏。應天府鄉試第一百九名，會試第二百十一名。

張心 貫浙江紹興府餘姚縣，民籍。國子生。治《易經》。字存良，行七，年三十五，二月初九日生。曾祖燁，壽官。祖紹。父廷玘。母楊氏。

永感下。娶徐氏。浙江鄉試第八十三名，會試第二百八十三名。

　　季鎬　貫山西瀋陽中護衛，軍籍，浙江龍泉縣人。河南汲縣學教諭。治《禮記》。字興周，行一，年三十四，閏九月初四日生。曾祖彥德。祖敬宗。父政。嫡母関氏，生母陳氏。具慶下。娶包氏。山西鄉試第四名，會試第十六名。

　　李涵　貫直隸永平府遷安縣，民籍。府學生。治《易經》。字容之，行五，年二十六，三月二十六日生。曾祖林。祖友，教諭。父金，按察司副使。母徐氏，封宜人。慈侍下。兄洪、濡、霈、潤。弟泳、治、沐、淶、洲、澧。娶廖氏。順天府鄉試第八十五名，會試第一百七名。

　　高凌漢　貫山東兗州府東平州，軍匠籍。州學生。治《詩經》。字伯羽，行二，年三十六，十一月十八日生。曾祖昇。祖迪。父瓛。母劉氏。具慶下。兄凌霄。娶侯氏。山東鄉試第十四名，會試第二百二十九名。

　　劉欽順　貫湖廣荊州府石首縣，官籍。國子生。治《書經》。字體乾，行二，年四十，二月十七日生。曾祖東耕，封刑部主事。祖熙劭，刑部主事。父增哲。母魏氏，繼母張氏。具慶下。兄欽承。弟欽恩，貢士；欽蒙；欽受；欽善；欽忠；欽止；欽傳。娶周氏，繼娶黃氏。湖廣鄉試第二十四名，會試第二十一名。

　　紀純　貫河南彰德府磁州，民籍。國子生。治《詩經》。字一之，行一，年四十五，十月初四日生。曾祖麟。祖驂，贈監察御史。父傑，監察御史。母李氏，封孺人；繼母李氏。慈侍下。兄爵；相；鉞；宗；仁；隆。弟奎；資；綬，典膳；約；臣；讓。娶武氏，繼娶陳氏。河南鄉試第十名，會試第二百四十九名。

　　紀貢　貫直隸河間府任丘縣，民籍。國子生。治《易經》。字廷言，行一，年四十，七月十五日生。曾祖信。祖友。父論。母林氏，繼母李氏。具慶下。兄晉。弟賛、寅。娶邊氏。順天府鄉試第一百二十九名，會試第二百七十八名。

　　王儀　貫順天府霸州文安縣，民籍。國子生。治《詩經》。字克敬，行三，年四十，二月三十日生。曾祖表。祖能，主簿。父賢，義官。母封氏。永感下。兄价，義官；傑。弟相、倫、宗堯、宗舜，楫。娶邢氏，繼娶宋氏。順天府鄉試第九十八名，會試第一百十八名。

　　戴鯨　貫浙江寧波府鄞縣，軍籍。國子生。治《易經》。字時霖，行六，年三十八，九月二十日生。曾祖鍾，封承德郎、府通判。祖浩，知府，進階亞中大夫。父櫃，教諭，封奉直大夫、南京刑部員外郎，加四品服。母杜氏，封宜人。具慶下。兄鰲，知府；鼇，義官。弟鷩，刑部員外郎；□。娶王氏。浙江鄉試第五十一名，會試第二百四十一名。

　　李秉彝　貫山西太原府石州，民籍。國子生。治《易經》。字天常，行六，年三十二，五月二十四日生。曾祖榮。祖大諒。父敬。母王氏。具慶下。兄秉忠、秉孝、秉賢、秉良、秉信。娶任氏。山西鄉試第六名，會試第三百二十六名。

　　項錫　貫浙江嘉興府嘉興縣，官籍，嘉善縣人。國子生。治《春秋》。字秉仁，行三，年三十四，十一月二十八日生。曾祖衡，贈資政大夫、都察院左都御史。祖忠，兵部尚書，贈太子太保，諡襄毅。父經，布政司右參政，進階嘉議大夫。嫡母趙氏，贈孺人；田氏；王氏，生母王氏。具慶下。兄鏞，千戶；鏜，千戶；鎧，官生；鎮，監生。弟鏵、金。娶祝氏。順天府鄉試第一百七名，會試第一百十四名。

　　劉桂　貫湖廣黃州府黃岡縣，軍籍。府學生。治《禮記》。字子芳，行二，年三十七，十月初五日生。曾祖全。祖鉞，義官。父伯洲，壽官。母王氏，繼母蔡氏。慈侍下。兄棠。弟棟、朴、梁、橋、杏、材、果。娶汪氏。湖廣鄉試第五名，會試第六十一名。

　　蔡銳　貫永清右衛，官籍，直隸灤州人。國子生。治《書經》。字晉伯，行一，年三十二，十二月二十九日生。曾祖貴，贈指揮使。祖宣，指揮使。父通。母劉氏，繼母胡氏。具慶下。弟錡、錫、銘。娶張氏。順天府鄉試第三十五名，會試第一百四十七名。

　　汪珣　貫直隸徽州府婺源縣，民籍。國子生。治《春秋》。字諧甫，行十六，年四十六，六月十三日生。曾祖潯。祖棆。父炯。母江氏。慈侍下。娶詹氏，繼娶韓氏。應天府鄉試第三十七名，會試第三百十三名。

　　杜朝紳　貫四川成都府崇慶州，民籍。國子生。治《書經》。字叔縉，行二，年三十二，五月初八日生。曾祖啟初。祖泰和。父山，教諭。母鍾氏。慈侍下。兄朝東。弟朝憲、朝冕、朝儀。娶王氏。四川鄉試第二十二名，會試第二百三十六名。

　　方潤　貫直隸徽州府歙縣，民籍。國子生。治《禮記》。字時雨，行三十七，年三十九，六月二十七日生。曾祖以高。祖叔玉。父宗萬。前母張氏，母徐氏，繼母嚴氏。慈侍下。兄津。弟海。娶王氏。應天府鄉試第四十一名，會試第四名。

曾仲魁　貫福建泉州府晉江縣,民籍。國子生。治《易經》。字斯達,行二,年三十九,十二月二十七日生。曾祖揚文。祖德厚。父景瑞。母柯氏。慈侍下。兄元魁。娶蔡氏。福建鄉試第七十七名,會試第三百八十六名。

秦金　貫浙江寧波府慈谿縣,民籍。國子生。治《春秋》。字懋南,行十,年三十八,六月初七日生。曾祖棠。祖熙。父奎。母趙氏。重慶下。兄錦;鏊;鍈;鉞,監察御史;鋐,聽選官。弟鑾、鐈、銓、鎧、鈇、鈸、鑪。娶董氏。浙江鄉試第二十三名,會試第三百二十二名。

顧文隆　貫直隸松江府華亭縣,民籍。國子生。治《書經》。字質夫,行一,年三十八,四月二十日生。曾祖子良。祖鼎。父誾,義官。前母張氏,母馬氏。慈侍下。娶沈氏。應天府鄉試第一百十二名,會試第四十三名。

陳亹　貫浙江溫州府樂清縣,民籍。國子生。治《書經》。字宗實,行五,年三十三,三月十六日生。曾祖純,吏部郎中。祖復。父垣。母周氏。具慶下。兄璋,按察司副使;旭;晧;昉;□。弟習。娶張氏。浙江鄉試第八十名,會試第三百九十五名。

孔傳　貫湖廣德安府安陸縣,民籍,雲南永昌府人。縣學生。治《易經》。字彥和,行六,年四十五,正月二十八日生。曾祖智。祖詳。父鎧,紀善,加正五品俸。母王氏。永感下。兄傅。娶劉氏,繼娶杜氏。湖廣鄉試第八十一名,會試第三百五十七名。

李性　貫福建福州府長樂縣,民籍。縣學附學生。治《詩經》。字仲復,行九,年二十七,正月初九日生。曾祖伯達。祖叔器。父用豐。母林氏。嚴侍下。兄悌。弟恪、恒。娶陳氏。福建鄉試第七十五名,會試第一百六十五名。

楚書　貫陝西寧夏左衛,軍籍,直隸江都縣人。國子生。治《書經》。字國寶,行二,年三十三,二月初一日生。曾祖道亨。祖芳。父必敬,壽官。前母俞氏,母王氏。慈侍下。娶張氏。陝西鄉試第十名,會試第三百七十名。

蔡文魁　貫江西九江府德化縣,軍籍。國子生。治《詩經》。字國華,行一,年三十,十月二十九日生。曾祖德義,知縣。祖琮,縣丞。父銑。母柳氏。慈侍下。弟文化、文光。娶胡氏。江西鄉試第四十三名,會試第一百七十五名。

梁廷振　貫廣東廣州府南海縣,民籍。國子生。治《易經》。字伯綱,行二,年三十八,五月初七日生。曾祖康善。祖道森。父英,壽官。母周氏。

具慶下。兄健。弟廷掄。娶李氏。廣東鄉試第五十名，會試第三百二名。

盧紳　貫陝西西安府咸寧縣，民籍。縣學生。治《易經》。字汝佩，行三，年三十三，十二月十二日生。曾祖椿。祖興。父旺，壽官。母周氏，繼母王氏。具慶下。兄囗、經。娶林氏。陝西鄉試第二十九名，會試第一百四十一名。

方雲鶴　貫浙江杭州府餘杭縣，軍籍。國子生。治《易經》。字鳴皋，行四，年四十五，十月二十三日生。曾祖禎。祖琳。父傑，義官。母金氏，繼母楊氏。永感下。兄雲鴻、雲鵬、雲鳳。弟雲龍、雲鷟、新。娶金氏。應天府鄉試第二十六名，會試第二百十三名。

吳世澤　貫福建福州府連江縣，民籍。國子生。治《易經》。字宗仁，行一，年三十七，十一月初二日生。曾祖衡。祖寅，訓導。父瑲。母趙氏，繼母陳氏、宗氏。慈侍下。弟世治、世淵。娶陳氏。福建鄉試第四十名，會試第十三名。

姜梁　貫浙江衢州府江山縣，民籍。國子生。治《書經》。字子方，行二百三，年三十二，正月十八日生。曾祖達，贈南京禮部郎中。祖德璇。父潤。母毛氏。永感下。兄棟、椿。弟桂。娶詹氏。浙江鄉試第十九名，會試第二十八名。

李邦直　貫廣東高州府茂名縣，民籍。國子生。治《易經》。字汝司，行二，年二十八，四月初三日生。曾祖唐。祖瑺。父執中。母歐氏。慈侍下。兄邦柱。弟邦翰、邦光、邦基。娶楊氏。廣東鄉試第四十七名，會試第九十名。

劉錄　貫江西饒州府鄱陽縣，軍籍。國子生。治《詩經》。字世臣，行三十，年四十二，八月初五日生。曾祖經，贈監察御史。祖烈，左參政、贈太中大夫、資治少尹。父城，都察院右副都御史。嫡母董氏，封孺人；生母尤氏。永感下。兄鎮，義官；庸，貢士；釗；鏓，遇例千戶。弟鑄。娶趙氏。江西鄉試第八十四名，會試第三十六名。

郭寶　貫河南衛輝府獲嘉縣，民籍。府學生。治《詩經》。字惟善，行四，年二十七，十二月十五日生。曾祖讓，驛丞。祖邅，縣丞。父惠，縣丞。嫡母周氏，生母張氏。具慶下。兄完；富；定，訓科。弟寧。娶張氏。河南鄉試第九名，會試第三百六十五名。

李韐　貫廣東廣州府番禺縣，軍籍。國子生。治《詩經》。字文興，行四，年三十四，正月十一日生。曾祖效廉，壽官。祖璨。父潤，壽官。

母鄭氏。具慶下。兄輅、輂、軾。娶林氏。廣東鄉試第三十名，會試第四十名。

孫巨鯨　貫陝西鞏昌府徽州，民籍，朝邑縣人。國子生。治《春秋》。字子魚，行二，年三十，三月二十五日生。曾祖繡。祖堅。父珂。母趙氏。重慶下。兄巨鯤。弟巨鯉、巨鰲。娶鄧氏，繼娶閻氏。陝西鄉試第五名，會試第三百五十二名。

陳洪範　貫浙江紹興府餘姚縣，民籍。縣學附學生。治《書經》。字于周，行七，年三十，六月十三日生。曾祖紀。祖沔。父璧。母孫氏。具慶下。兄洪金。弟洪寶、洪謨、洪誥。娶范氏。浙江鄉試第八十七名，會試第三十二名。

方策　貫廣西桂林右衛，軍籍，臨桂縣人。國子生。治《易經》。字載道，行一，年三十，五月二十九日生。曾祖友政。祖洪。父玉。前母沈氏，母周氏。具慶下。弟憲。娶劉氏。廣西鄉試第三名，會試第一百九十七名。

祝繼皋　貫浙江杭州府海寧縣，匠籍。國子生。治《春秋》。字師謨，行三，年三十八，九月二十六日生。曾祖□。祖淇，封刑部主事。父萃，布政司左參政，進階嘉議大夫。母褚氏，封安人。慈侍下。兄繼賢，千戶；繼英，貢士；繼龍，貢士。弟繼華，監生；繼祖，監生；繼稷；繼夔，監生；繼善。娶劉氏。浙江鄉試第四名，會試第一百五十七名。

商大節　貫湖廣安陸州，軍籍。河南洛陽縣學教諭。治《春秋》。字孟堅，行二，年三十五，九月十二日生。曾祖義，貢士。祖□霖。父盈。母姜氏。具慶下。兄大全。弟大䜌。娶彭氏。湖廣鄉試第五十九名，會試第一百三十二名。

王欽　貫福建福州中衛前所，官籍。候官縣學附學生。治《易經》。字公寅，行六，年二十九，七月初五日生。曾祖智，贈通議大夫、都察院右副都御史。祖佐，教諭，封監察御史，累贈都察院右副都御史。父鼎。母李氏。嚴侍下。兄鍾、鐺。弟釴、鍵、鑰、鎮。娶林氏，繼娶林氏。福建鄉試第八十名，會試第二百七十六名。

袁載　貫浙江寧波府慈谿縣，民籍。縣學附學生。治《詩經》。字安道，行二十五，年三十六，九月初十日生。曾祖智。祖榶。父照。母王氏。慈侍下。兄吉、坤、圭、堇。弟基、圻、孝、穀。娶章氏。浙江鄉試第二十九名，會試第三百八十五名。

石簡　貫浙江台州府寧海縣，軍籍。國子生。治《詩經》。字廉伯，行十，年三十七，十月初七日生。曾祖京。祖瑤，教授。父彬，訓導。母潘氏。永感下。兄良。弟箕、箎、節、蕭、笪。娶呂氏。浙江鄉試第十五名，會試第三百五十三名。

俞稷　貫浙江嚴州府建德縣，軍籍。國子生。治《易經》。字舜牧，行三，年三十四，八月初十日生。曾祖炫。祖灝。父廷貴，審理正。母魯氏。嚴侍下。兄夔，知縣；龍。弟貢、凱。娶馬氏。浙江鄉試第八十三名，會試第一百七十三名。

薛宗鎧　貫廣東潮州府揭陽縣，民籍。府學生。治《書經》。字子脩，行一，年二十六，三月初一日生。曾祖志安。祖驥。父俊，國子監學正。母莊氏。重慶下。弟宗鑑、宗銓、宗鏗、宗鐺、宗鐸、宗鑰、宗釜、宗鎬。娶丁氏。廣東鄉試第四十九名，會試第二百十七名。

王庚　貫直隸永平府灤州，民籍。國子生。治《易經》。字文祥，行二，年三十九，十月十六日生。曾祖通。祖益。父得春，壽官。母衛氏。具慶下。兄奎。娶李氏。順天府鄉試第三十五名，會試第三百七十九名。

姜恩　貫四川順慶府廣安州，軍籍。州學生。治《易經》。字君錫，行二，年三十一，十一月初八日生。曾祖耀，縣丞。祖用和。父從簡，義官。母何氏，繼母何氏。具慶下。兄遷。娶李氏，繼娶鄧氏。四川鄉試第六十一名，會試第二百七十名。

劉模　貫江西吉安府安福縣，民籍。國子生。治《易經》。字以正，行二，年三十二，正月初四日生。曾祖厲溫。祖本會。父邦昭，歲貢生。母尹氏。慈侍下。兄棟。弟柱、柄、栻、權、相、杞、柏、檢、楫。娶王氏。江西鄉試第三十七名，會試第三百二十名。

李宗樞　貫陝西西安府耀州富平縣，軍籍。國子生。治《禮記》。字子西，行三，年二十七，十二月二十四日生。曾祖讓。祖文政，贈府同知。父恕，布政司左參議。母宋氏，封宜人。慈侍下。兄宗橋，義官；宗桂，醫學訓科。娶王氏。陝西鄉試第十五名，會試第三百四十九名。

龔治　貫羽林前衛，官籍，山東堂邑縣人。順天府學增廣生。治《春秋》。字汝登，行一，年二十八，十二月十一日生。曾祖俊，指揮使，贈昭勇將軍。祖順，都指揮僉事，封昭勇將軍。父鐸，指揮使，封昭勇將軍。母劉氏，封淑人。重慶下。弟潘、瀚。娶陳氏。順天府鄉試第九十五名，會試第三百六十六名。

周相　貫浙江寧波府鄞縣，軍籍。府學生。治《易經》。字大卿，行二，年二十七，四月二十八日生。曾祖瑪。祖性。父欽。母郁氏。具慶下。兄模。弟植、槐。娶臧氏。浙江鄉試第十五名，會試第六十七名。

左思忠　貫陝西西安府耀州，民籍。國子生。治《詩經》。字長臣，行一，年三十二，五月二十五日生。曾祖春。祖進，封大理寺右寺副。父經，按察司僉事。母宋氏，封安人。具慶下。弟思敬。娶王氏。繼娶忽氏。陝西鄉試第十六名，會試第七十四名。

方升　貫直隸徽州府婺源縣，民籍。國子生。治《書經》。字世獻，行七十，年四十六，八月二十二日生。曾祖士熹。祖思達。父文豹。母汪氏。永感下。兄勤，義官；建。娶程氏。應天府鄉試第六十四名，會試第二百七十九名。

尚志　貫金吾左衛，軍籍，山西高平縣人。國子生。治《書經》。字士先，行十二，年四十八，十月十一日生。曾祖整。祖鶴。父寬。母劉氏。永感下。兄壽、福、祿。娶王氏，繼娶蕭氏。順天府鄉試第六十七名，會試第一百六十九名。

陳謨　貫四川重慶府巴縣，民籍。府學生。治《書經》。字師禹，行三，年四十一，十二月十六日生。曾祖文惠。祖希。父仲實。母劉氏。慈侍下。兄恩、詔。弟舜。娶王氏。四川鄉試第四十二名，會試第一百二十六名。

陳府　貫應天府上元縣，民籍，浙江麗水縣人。國子生。治《詩經》。字孔修，行一，年四十二，四月十一日生。曾祖宗達。祖子實。父榮，知縣。母張氏。慈侍下。弟庭。娶李氏。應天府鄉試第六十二名，會試第一百三十六名。

徐淮　貫錦衣衛，旗籍，山東武定州人。國子生。治《詩經》。字仲川，行二，年四十，十一月二十六日生。曾祖文善。祖廣。父政。母方氏，繼母董氏。永感下。兄江。弟濟。娶谷氏，繼娶范氏。順天府鄉試第二十三名，會試第三百四十一名。

狄冲　貫應天府溧陽縣，軍籍。國子生。治《書經》。字仲虛，行九，年四十二，九月二十九日生。曾祖宗義。祖竭。父欽。母彭氏。永感下。兄湘、津、泮、洙。弟涵。娶楊氏。應天府鄉試第三十九名，會試第五十五名。

萬夔　貫江西南昌府新建縣，民籍。縣學附學生。治《詩經》。字大章，行六，年三十二，十二月十七日生。曾祖文清。祖明。父邦正。母涂氏。

慈侍下。兄鍾、鎰。弟鎡。娶吳氏。江西鄉試第一百二十二名，會試第一百二十二名。

王三省　貫陝西西安府同州朝邑縣，軍籍。國子生。治《春秋》。字誠甫，行一，年二十五，十一月十八日生。曾祖斌，典史，贈戶部主事。祖□，前戶部郎中。父朝雍，推官。母馬氏，繼母李氏。具慶下。弟三俊、三禮、三傑、三知、三策、三益、三宥。娶郝氏。陝西鄉試第五十四名，會試第三百二十九名。

鄭瑚　貫河南南陽中護衛，官籍。國子生。治《書經》。字汝器，行五，年三十六，正月二十六日生。曾祖旺。祖信，副千戶，封武略將軍。父昇，壽官。前母張氏，母熊氏，繼母陸氏。慈侍下。兄璉、玭、璿、璣。娶劉氏，繼娶龐氏。河南鄉試第五十七名，會試第三百七名。

楊宜　貫直隸真定府深州衡水縣，竈籍。縣學生。治《易經》。字伯時，行六，年二十九，九月十三日生。曾祖文理。祖青。父惠。前母劉氏，母張氏，繼母張氏。具慶下。兄寵、宇、宿。弟宦、寔、寀。娶張氏。順天府鄉試第四名，會試第八十八名。

賈應春　貫直隸真定府真定縣，軍籍。國子生。治《詩經》。字東陽，行一，年二十五，九月二十五日生。曾祖福，壽官。祖瑄。父隆。母李氏。重慶下。弟應奎、應璧、應翼、應軫。娶吳氏。順天府鄉試第一百名，會試第三百五十八名。

陳明　貫山東濟南府歷城縣，竈籍。國子生。治《易經》。字繼卿，行二，年四十，正月初六日生。曾祖翱。祖震。父謙，壽官。前母賈氏，母趙氏。嚴侍下。兄聰。弟惠。娶孟氏，繼娶任氏。山東鄉試第六十九名，會試第五十三名。

閻輔　貫山東兗州府曹州，軍籍。州學生。治《詩經》。字介卿，行三，年三十九，正月二十八日生。曾祖仲寬。祖義。父浩。母吳氏。慈侍下。兄輪。弟堂、溥、柰。娶陳氏。山東鄉試第十名，會試第二百三十五名。

毛衢　貫直隸蘇州府吳江縣，民籍。縣學生。治《易經》。字大亨，行三，年二十八，閏三月二十七日生。曾祖鳳一。祖友諒。父源。母陳氏。慈侍下。兄律、術。娶顧氏。應天府鄉試第五十八名，會試第一百三十四名。

吳榮　貫浙江處州府麗水縣，民籍。府學生。治《詩經》。字宗仁，行一，年四十四，十二月十八日生。曾祖鍾。祖養正。父和。母周氏。

慈侍下。弟栗、棠。娶項氏。浙江鄉試第六十五名，會試第五十四名。

夏國孝　貫四川重慶府涪州，民籍。州學生。治《易經》。字仁甫，行二，年三十五，十一月二十五日生。曾祖彥璧。祖邦本。父正。母易氏。具慶下。兄國忠。弟國賢、國賓、國柱。娶趙氏。四川鄉試第六十五名，會試第三百五十名。

尹尚賢　貫山東萊州府掖縣，匠籍。國子生。治《詩經》。字賓卿，行三，年三十三，三月初三日生。曾祖勝。祖英。父通，教諭。母王氏。慈侍下。兄文、衡、佐。娶徐氏。山東鄉試第十九名，會試第二百八十八名。

朱鵬　貫廣西桂林府陽朔縣，民籍。國子生。治《書經》。字騰霄，行二，年三十二，九月二十四日生。曾祖龍光。祖聲，府經歷，贈刑部員外郎。父鎏，按察司副使。母周氏，封宜人。慈侍下。兄鸞，貢士。弟鷃、鷗，鷟。娶張氏。廣西鄉試第七名，會試第三百六十二名。

楊一奇　貫山西太原府交城縣，匠籍。縣學生。治《易經》。字彥卿，行三，年三十，二月二十八日生。曾祖鳳。祖文素。父忠。母支氏。具慶下。兄子慶、子餘。娶姚氏。山西鄉試第三十四名，會試第二百七十二名。

孫宥　貫河南汝寧府新蔡縣，民籍。國子生。治《詩經》。字敬甫，行二，年三十九，正月二十六日生。曾祖榮。祖學。父璉，知縣。母曹氏，繼母張氏。重慶下。兄寵。弟寶、定。娶時氏。河南鄉試第七十六名，會試第三百十五名。

葉良佩　貫浙江台州府太平縣，軍籍。國子生。治《詩經》。字敬之，行一，年三十三，九月十四日生。曾祖旭。祖雍。父釗。母符氏。慈侍下。弟良偶、良儲。娶趙氏。浙江鄉試第三十一名，會試第三十三名。

劉宗仁　貫直隸大名府大名縣，民籍。縣學生。治《詩經》。字容甫，行一，年四十，八月二十四日生。曾祖四。祖福。父允。母来氏。慈侍下。弟宗禮、宗智、宗道、宗順、宗禹、宗湯、宗文、宗武。娶郭氏。順天府鄉試第一百二十名，會試第三百四名。

陽佐　貫四川重慶府長壽縣，民籍。國子生。治《春秋》。字以道，行三，年三十三，二月十六日生。曾祖昇，監生。祖定。父德修，訓導。母王氏。慈侍下。兄儒。弟佶。娶李氏，繼娶張氏。四川鄉試第七十五名，會試第三百九十三名。

范箕　貫順天府大興縣，匠籍，直隸吳江縣人。國子生。治《書經》。

字斗南，行三，年四十一，九月十三日生。曾祖世昌。祖進。父麟。前母蕭氏，母馮氏。永感下。兄文、章、奎、璧。弟翼。娶穆氏，繼娶董氏、張氏。順天府鄉試第一百十四名，會試第二百二十一名。

郭時敘　貫山東濟南府濟陽縣，軍籍。國子生。治《易經》。字虞揆，行一，年四十一，十一月初三日生。曾祖儉。祖泰。父鏞。母黃氏。慈侍下。弟時秩。娶栢氏，繼娶劉氏。山東鄉試第九名，會試第二百十名。

朱廷立　貫湖廣武昌府興國州通山縣，民籍。國子生。治《禮記》。字子禮，行三，年三十二，八月二十四日生。曾祖信，按察司檢校。祖原聰。父伯驥，推官。母吳氏。慈侍下。兄廷文、廷輔。娶韓氏。湖廣鄉試第六十四名，會試第一百六十四名。

陸時雍　貫浙江湖州府歸安縣，軍籍。縣學生。治《易經》。字幼淳，行三，年二十七，四月十九日生。曾祖義，承事郎。祖瑜。父濂。母沈氏。永感下。兄時中，貢士；時和。娶楊氏。浙江鄉試第四十七名，會試第三百四十七名。

胡道芳　貫直隸徽州府歙縣，軍籍。國子生。治《詩經》。字蔚中，行五，年三十八，九月二十三日生。曾祖武。祖貴。父玹。前母汪氏，母吳氏。具慶下。兄遂芳、達芳。弟運芳。娶吳氏。應天府鄉試第三十四名，會試第九名。

秦世顯　貫陝西西安府涇陽縣，匠籍。縣學附學生。治《詩經》。字子修，行三，年十八，二月初二日生。曾祖四。祖宥，壽官。父舉。母淡氏，繼母王氏。重慶下。兄世衡、世光。弟世美、世冠。聘王氏。陝西鄉試第三十一名，會試第九十一名。

秦鎬　貫陝西西安府三原縣，民籍。國子生。治《易經》。字子京，行二，年二十七，正月十九日生。曾祖克讓。祖秉。父仲學。母馬氏。永感下。兄鎮。娶晁氏。陝西鄉試第二十一名，會試第二百四十六名。

郭鉉　貫山西太原府代州，軍籍。國子生。治《詩經》。字汝節，行三，年四十四，七月二十日生。曾祖奉先。祖會。父廷弼。母李氏。慈侍下。兄欽、鐩。娶劉氏。山西鄉試第三十六名，會試第一百八十八名。

鄔紳　貫直隸鎮江府丹徒縣，軍籍。國子生。治《易經》。字佩之，行二，年三十七，八月二十五日生。曾祖銘。祖澗。父榮。母高氏。具慶下。弟綸。娶陳氏。應天府鄉試第五十五名，會試第五十九名。

李調元　貫河南汝寧府光州息縣，軍籍。國子生。治《春秋》。字化卿，行一，年三十二，二月二十二日生。曾祖仲良。祖洪，監生。父瑤，壽官。母强氏。具慶下。弟調羹、調護。娶時氏。河南鄉試第四十六名，會試第二百九十二名。

楊愷　貫廣東瓊州府瓊山縣，軍籍。國子生。治《詩經》。字虞亮，行一，年三十三，二月初二日生。曾祖自成。祖雄。父定。母張氏。具慶下。娶海氏。廣東鄉試第二十三名，會試第一百七十二名。

劉汝松　貫山東濟南府歷城縣，民籍。府學生。治《詩經》。字貞吾，行一，年三十二，十月十五日生。曾祖順。祖哲。父澄。母李氏。慈侍下。兄汝霖。弟汝燾。娶金氏。山東鄉試第六名，會試第三百六十一名。

夏玉麟　貫直隸蘇州府常熟縣，軍籍。國子生。治《詩經》。字國符，行一，年三十八，六月二十二日生。曾祖晟。祖囗。父劍。母徐氏，繼母錢氏。具慶下。弟鐵麟、郊麟、石麟。娶范氏。應天府鄉試第一百十一名，會試第三百十八名。

左季賢　貫山東東昌府臨清州丘縣，民籍。縣學生。治《禮記》。字晉卿，行三，年三十二，十二月初十日生。曾祖希庸。祖翼。父文舉，州判官。母吳氏。具慶下。兄孟賢、仲賢。弟相。娶劉氏。山東鄉試第五名，會試第三百三十九名。

汪居安　貫直隸安慶府桐城縣，軍籍。國子生。治《詩經》。字行可，行七，年三十五，十二月二十七日生。曾祖文達。祖冬。父潛。嫡母丁氏，生母胡氏。慈侍下。兄居仁、居正。娶李氏。應天府鄉試第一百六名，會試第二百三十八名。

盧應禎　貫山東濟南府肥城縣，民籍。縣學生。治《書經》。字瑞夫，行一，年三十，十二月初九日生。曾祖鎮。祖瑄，訓導。父瀾。母劉氏。慈侍下。弟應祺。娶翟氏。山東鄉試第五十一名，會試第三百五十六名。

趙玠　貫江西饒州府餘干縣，民籍。國子生。治《詩經》。字宗德，行二十五，年四十四，八月二十八日生。曾祖同祖。祖自牧，贈府同知。父哲，都轉運鹽使司同知，進階中順大夫。母羅氏，封宜人。永感下。兄玉，教諭；琥，教諭；璜，教授；瑾；珙；璲；珆。娶高氏。江西鄉試第二十七名，會試第一百二十名。

葉瑞　貫雲南臨安衛，官籍，直隸鳳陽縣人。國子生。治《易經》。字應期，行一，年三十五，七月十二日生。曾祖榮。祖澄。父聰，署學正事舉人。母馮氏。慈侍下。娶曾氏。雲貴鄉試第十八名，會試第二百八十五名。

羅普　貫廣東潮州府饒平縣，軍籍。國子生。治《書經》。字守約，行一，年三十七，六月十二日生。曾祖德。祖懂。父鷙。母林氏。慈侍下。弟山。娶許氏。廣東鄉試第十九名，會試第一百十九名。

方日乾　貫福建福州府福清縣，鹽籍。縣學生。治《詩經》。字體道，行八，年三十五，正月初七日生。曾祖胤。祖璣。父偉。母施氏。慈侍下。弟秉鉞、秉陽。娶施氏。福建鄉試第四十四名，會試第一百四十四名。

劉悌　貫遼東定遼右衛，官籍，湖廣枝江縣人。國子生。治《書經》。字重義，行一，年三十九，十二月初十日生。曾祖勝。祖寬。父洪。母郭氏，繼母黃氏。具慶下。兄鑑，百戶；愷。弟懂、性、懷、恪。娶姚氏。山東鄉試第二十二名，會試第二百四十三名。

何俊　貫廣東廣州府南海縣，民籍。國子生。治《詩經》。字宅卿，行一，年五十一，十月二十九日生。曾祖勝保。祖源。父能。嫡母廖氏，生母顏氏。永感下。弟仲。娶余氏。廣東鄉試第六十三名，會試第二百十二名。

王準　貫陝西儀衛司，旗籍，浙江青田縣人。國子生。治《禮記》。字子推，行六，年三十，六月初九日生。曾祖禮，儀衛正。祖玹，七品散官。父鑰。前母李氏，母喬氏，繼母張氏。慈侍下。兄溥，典仗；潤，冠帶總旗；治，署教諭舉人；沼；法。弟沐。娶朱氏。陝西鄉試第五名，會試第二百五名。

傅鳳翱　貫湖廣德安府隨州應山縣，民籍。國子生。治《詩經》。字德輝，行二，年三十七，四月十五日生。曾祖敬。祖憲淙。父楫，斷事。母劉氏。具慶下。兄鳳翔。弟鳳翊、鳳翀。娶王氏。湖廣鄉試第四十四名，會試第九十七名。

王潡　貫浙江溫州府永嘉縣，軍竈籍。國子生。治《詩經》。字子揚，行二，年四十八，十月初七日生。曾祖珙。祖封。父鉦。母張氏。具慶下。兄澈，貢士。弟沛。娶邵氏。浙江鄉試第二名，會試第二百六十二名。

潘穎　貫浙江台州府寧海縣，民籍。國子生。治《詩經》。字叔愚，行四，年四十一，八月初六日生。曾祖溥。祖慈。父俊。前母王氏，母楊氏。永感下。兄頊。娶葉氏。浙江鄉試第三十六名，會試第二百五十八名。

傅夢弼　貫河南彰德府湯陰縣，民籍。國子生。治《書經》。字起巖，行一，年三十六，三月二十七日生。曾祖亮。祖傑。父廷，驛丞。前母韓氏、范氏，母李氏。永感下。弟夢賢、夢相。娶陳氏。河南鄉試第十六名，會試第一百九名。

葉照　貫浙江寧波府慈谿縣，軍籍。國子生。治《詩經》。字景陽，行三，年二十八，二月初六日生。曾祖銘。祖綱。父林。母張氏。重慶下。弟煦、魚、熊、燾、點。娶華氏。浙江鄉試第八十二名，會試第三百九十四名。

沈大楠　貫直隸蘇州府崑山縣，民籍。國子生。治《易經》。字廷材，行三，年三十六，三月二十五日生。曾祖魯。祖存，知縣。父滇。母王氏。慈侍下。兄大椿、大桐。弟大棟、大樑、大川、大中、大杞、大宗。娶盛氏。應天府鄉試第一百十二名，會試第一百八十七名。

徐萬璧　貫四川順慶府廣安州大竹縣，民籍。國子生。治《易經》。字朝重，行一，年三十六，正月十一日生。曾祖友中。祖思高。父量，壽官。母卓氏。具慶下。弟萬瓊、萬璃、萬瑤、萬琇。娶藍氏。四川鄉試第十五名，會試第四十七名。

樊景麟　貫四川成都府新繁縣，軍籍。山西蒲州人。國子生。治《書經》。字季仁，行四，年三十九，十二月十五日生。曾祖恩。祖清。父伯琦。母李氏。具慶下。兄景鹿、景鳳。娶張氏。四川鄉試第六十八名，會試第二百六十八名。

李夢周　貫直隸揚州府通州海門縣，民籍。縣學生。治《易經》。字希道，行三，年三十六，二月初一日生。曾祖承祖，迪功佐郎。祖傑，聽選官。父軾，府通判。母孫氏，繼母張氏，生母朱氏。慈侍下。兄心松，訓導；夢守。弟夢陳。娶張氏，繼娶江氏。應天府鄉試第九十名，會試第一百十四名。

陳世輔　貫直隸鳳陽府定遠縣，軍籍，鳳陽中衛人。國子生。治《書經》。字汝鄰，行一，年三十七，九月初十日生。曾祖源。祖斐。父顯，義官。母柴氏。慈侍下。弟世弼、世聯、世舉、世芳、世賢。娶張氏。應天府鄉試第三十五名，會試第七十五名。

張弁　貫山西振武衛，軍籍，代州人。州學增廣生。治《詩經》。字尚儀，行二，年二十七，七月初一日生。曾祖賢。祖志弘。父政。母高氏。具慶下。兄京。娶于氏。山西鄉試第三十三名，會試第三百三十名。

周崑　貫浙江嘉興府崇德縣，民籍。國子生。治《易經》。字孟登，行二，年三十九，十二月初十日生。曾祖文忠，壽官。祖瑜。父塤，義官。母許氏。慈侍下。兄崀。娶吕氏。浙江鄉試第六十二名，會試第一百二十一名。

周原　貫順天府大興縣，民籍，浙江鄞縣人。儒士。治《易經》。字惟一，行五，年三十八，六月二十一日生。曾祖敦和。祖□。父說。母張氏。嚴侍下。兄夔。弟微，貢士；滿。娶管氏。順天府鄉試第三十七名，會試第一百三十名。

董鈜　貫直隸寧國府涇縣，軍籍。國子生。治《詩經》。字仲宣，行二十七，年四十一，十二月十四日生。曾祖元亮。祖志道，贈知府。父倬，義官。母陳氏。永感下。兄金；銳；鑽，俱義官；鍊，散官；銀，貢士。弟鑌、鑾、鎔、釴、鎡。娶文氏。應天府鄉試第一百十八名，會試第三百六十三名。

孫廷相　貫陜西平涼府平涼縣，民籍。國子生。治《易經》。字子忠，行一，年三十一，十月二十五日生。曾祖杲。祖全。父鑑，縣主簿。母靳氏，繼母張氏。具慶下。兄世輔。弟邦儒、廷棟、廷楫、廷楨、廷極、廷梅。娶胡氏，繼娶賈氏。陜西鄉試第三十四名，會試第三十名。

楊紹芳　貫湖廣德安府應城縣，官籍。縣學生。治《易經》。字伯傳，行一，年二十七，九月二十四日生。曾祖敏，府同知。祖玉。父瀾。母陳氏。慈侍下。弟繼芳。娶周氏，繼娶田氏。湖廣鄉試第四十六名，會試第二百九十八名。

楊銓　貫武功右衛，官籍，直隸邳州人。國子生。治《詩經》。字秉衡，行二，年三十四，七月二十日生。曾祖榮，正千户。祖瑛，正千户。父戀，正千户。前母王氏，母王氏，封宜人。具慶下。兄錦。弟鈞。娶任氏，繼娶王氏、李氏。順天府鄉試第七十八名，會試第二百六十六名。

王佑　貫錦衣衛，校籍，廣東萬州人。順天府學附學生。治《易經》。字廷獻，行二，年二十六，九月初八日生。曾祖顯政。祖智魁。父景和，文思院副使。母盛氏。慈侍下。兄佐，皮作局副使。娶彭氏，繼娶嚴氏。順天府鄉試第一百三名，會試第三百九十六名。

張好古　貫山西澤州陽城縣，民籍。國子生。治《易經》。字尚友，行一，年四十五，十一月十九日生。曾祖廣。祖車。父珩，贈户部主事。母暢氏，贈安人；繼母劉氏，封安人。慈侍下。弟好忍；好憝；好爵，户部郎中；好問；好察；好禮；好誨。娶王氏。繼娶李氏。山西鄉試第四十名，會試第三百二十四名。

喬遷　貫山東兖州府曹州定陶縣，民籍。國子生。治《易經》。字于木，行一，年三十六，四月初四日生。曾祖通。祖仲友，義官。父璽，監生。母王氏。具慶下。弟選。娶費氏。山東鄉試第三十六名，會試第三百九十九名。

甘勳　貫江西南昌府豐城縣，民籍。縣學生。治《易經》。字希周，行二，年三十一，九月十二日生。曾祖南榮。祖灝，省祭官。父傑，省祭官。母楊氏，繼母馮氏。具慶下。弟點。娶范氏。江西鄉試第一百九名，會試第三百四十名。

吳琢　貫江西廣信府貴溪縣，民籍。國子生。治《書經》。字成甫，行十八，年三十八，正月二十三日生。曾祖貴琛。祖世隆。父尚軫，壽官。母梁氏。永感下。兄瓛；皋；瑛；煥；烜；道；南，貢士；理。弟希祖、希宗。娶葉氏，繼娶姜氏、徐氏。江西鄉試第十五名，會試第一百四十九名。

胡統　貫直隸常州府武進縣，官籍。國子生。治《詩經》。字惟一，行一，年三十七，九月二十一日生。曾祖濚，特進光祿大夫、少傅兼太子太傅、禮部尚書，贈太保，諡忠安。祖祺，錦衣衛鎮撫。父謙，例授鎮江衛指揮。母段氏。具慶下。兄愷；恪，鎮撫。弟綸、紳、懷、徽、懌、恩、惠、綜、志。娶邵氏，繼娶嚴氏。聘卞氏。應天府鄉試第十三名，會試第六十八名。

李欽昊　貫順天府東安縣，民籍。國子生。治《詩經》。字子翼，行二，年三十八，四月初五日生。曾祖東，行人司司副，贈太僕寺少卿。祖侃，都察院右僉都御史。父德恢，布政司右參政，贈中大夫。母延氏，封恭人，贈淑人。永感下。兄暐。弟光霽，南京大理寺寺副；光霈。娶孟氏。順天府鄉試第八十六名，會試第三百四十三名。

張素　貫雲南安寧守禦千戶所，軍籍，福建浦城縣人。國子生。治《詩經》。字季文，行一，年三十五，正月二十九日生。曾祖鳳。祖鎂。父偉。母戴氏，繼母卞氏。具慶下。娶章氏，繼娶戴氏。雲貴鄉試第七名，會試第三百七十六名。

許琯　貫直隸太平府當塗縣，民籍，歙縣人。府學生。治《詩經》。字伯和，行二，年三十一，十月十五日生。曾祖子禎。祖永仁。父積慶。前母羅氏，母吳氏，繼母宋氏。重慶下。兄光。弟耀、城、金、瑋、圓、錢、富。娶程氏。應天府鄉試第十二名，會試第一百二十四名。

顏容端　貫廣東惠州府長樂縣，民籍。國子生。治《書經》。字體嚴，行一，年三十三，八月初八日生。曾祖璿。祖光，訓科。父珙。母鄒氏。具慶下。弟容正、容重。娶魏氏。廣東鄉試第四十九名，會試第三十九名。

王傅　貫河南河南衛，官籍，陝西高陵縣人。洛陽縣學生。治《易經》。字道宗，行二，年三十一，五月二十八日生。曾祖忠。祖從善，百户。父昭，百户。前母孫氏，母孫氏。慈侍下。兄俊，百户。弟佶。娶吳氏，繼娶孫氏。河南鄉試第五十名，會試第三百十四名。

阿其麟　貫山西振武衛，官籍，代州人。州學增廣生。治《詩經》。字仁夫，行一，年二十八，四月二十五日生。曾祖勝，副千户。祖顒，副千户。父衡。母李氏。慈侍下。娶張氏。山西鄉試第三十九名，會試第九十九名。

白鎰　貫山西太原府平定州，軍籍。州學生。治《書經》。字應衡，行一，年三十九，七月初四日生。曾祖琦，封監察御史。祖傑，封吏部員外郎。父思聰，七品散官。母吕氏。永感下。兄鏞，典科；鐘，府檢校；金，貢士。弟鎮，主簿；銓，貢士；鑑，監生；鈇，監生；錞。娶孫氏。山西鄉試第六十四名，會試第一百五十四名。

周世雍　貫廣東廣州府順德縣，民籍。縣學附學生。治《禮記》。字虞承，行一，年三十一，十二月初一日生。曾祖廣。祖璉。父志。母方氏。重慶下。弟世高、世明、世曉、世良、世循、世熙。娶黃氏。廣東鄉試第三十六名，會試第三百六十八名。

鍾英　貫武驤右衛，軍籍，山東滋陽縣人。國子生。治《詩經》。字汝積，行一，年三十，十一月十一日生。曾祖昇。祖剛。父瓚。母陳氏。具慶下。弟美。娶劉氏。順天府鄉試第三十四名，會試第三十八名。

王良卿　貫江西吉安府安福縣，民籍。縣學增廣生。治《易經》。字汝忠，行八，年二十九，九月十六日生。曾祖俊英。祖萬章，封主事。父爵，運使，進階嘉議大夫。前母鄧氏，贈安人。母謝氏，封安人。具慶下。兄鈺。娶李氏。江西鄉試第一百八十二名，會試第三百七十五名。

陳表　貫雲南前衛，軍籍，湖廣安鄉縣人。四川南溪縣學教諭。治《書經》。字獻忠，行二，年三十四，十一月十七日生。曾祖讓。祖德昇。父孔易。母謝氏。具慶下。兄襲。弟製、袰、衮。娶黃氏。雲貴鄉試第二十三名，會試第三百二十五名。

孫昺　貫直隸太平府當塗縣，軍籍。國子生。治《詩經》。字子晦，行一，年四十二，正月十四日生。曾祖銓。祖璥。父宸，壽官。母陳氏，繼母楊氏。嚴侍下。兄輔、麟、鳳、冕、裕、容、貴、昌、綱。弟紀、方、暹、綉、昶。娶朱氏。應天府鄉試第一百二十五名，會試第三百四十六名。

陸岡　貫江西撫州府臨川縣，儒籍。府學附學生。治《詩經》。字本坤，行九，年三十三，四月十三日生。曾祖懋窑。祖振啓，壽官。父元，知縣。母鄒氏，繼母徐氏。具慶下。兄釧，醫官；山；阜。弟陵、川。娶朱氏。江西鄉試第一百四名，會試第二百四十四名。

葉瑞　貫江西饒州府樂平縣，民籍。國子生。治《詩經》。字君輯，行六，年四十五，九月二十九日生。曾祖世春。祖日新。父純標。母鄭氏。永感下。兄珪、璧。弟璁、珮。娶王氏。江西鄉試第三十四名，會試第三百九十二名。

許廷桂　貫直隸鳳陽府壽州蒙城縣，官籍。國子生。治《詩經》。字世芳，行一，年四十一，十月初三日生。曾祖富。祖志，知縣。父譚。母段氏。具慶下。弟廷相。娶鄒氏。應天府鄉試第九十七名，會試第八十名。

龍欽　貫湖廣長沙府茶陵州，軍籍。國子生。治《易經》。字則敬，行二，年四十三，三月十六日生。曾祖瑜。祖濟高。父振澧。母曾氏。具慶下。兄則忠。弟則仁、則憲、錫、則恪、則宣、鏜。娶易氏，繼娶陳氏。湖廣鄉試第四十七名，會試第二百九十一名。

薛華　貫山西平陽府蒲州河津縣，民籍。國子生。治《書經》。字時暉，行二，年三十八，正月初二日生。曾祖溥，贈刑部員外郎。祖甚，刑部員外郎。父鸞。母陳氏。具慶下。兄芸。弟芝，貢士；葵，中書舍人；艾；菖；蘭；芥；茂；蔓；萊；蕚；蕃；芬。娶衛氏。山西鄉試第六十七名，會試第一百十五名。

胡節　貫山東萊州府濰縣，軍籍。縣學生。治《詩經》。字介夫，行一，年二十四，九月十七日生。曾祖英。祖宣。父洪。母郭氏。具慶下。弟忠。娶劉氏。山東鄉試第十二名，會試第三百十二名。

張景　貫河南汝寧府汝陽縣，民籍，順天府大興縣人。國子生。治《春秋》。字光啓，行一，年三十九，八月十一日生。曾祖斌。祖喜。父璽，義官。母杜氏。具慶下。弟昺、昱、星。娶強氏。河南鄉試第四名，會試第二百一名。

張集　貫直隸真定府晉州，民籍。國子生。治《書經》。字汝思，行二，年二十八，正月二十七日生。曾祖信。祖名矩，封監察御史，贈大理寺左寺丞。父璿，都察院右僉都御史。母邵氏，封宜人。具慶下。兄棐。弟渠、槳、築、梟、槃。娶王氏。順天府鄉試第四十八名，會試第三百七十七名。

周延　貫江西吉安府吉水縣，民籍。儒士。治《易經》。字南喬，行四，年二十五，十一月初二日生。曾祖適，教授。祖溫。父良福。母李氏。慈侍下。弟纓。娶熊氏。江西鄉試第四十名，會試第九十八名。

錢术　貫浙江嘉興府海鹽縣，民籍。縣學生。治《書經》。字汝冲，行四十二，年三十二，正月二十八日生。曾祖顯，贈監察御史。祖璠。父滂。母朱氏，繼母顧氏。具慶下。兄模，訓導；木。弟□、榦、楅、椂、栢、邨、柱、樹。娶鄭氏。浙江鄉試第十四名，會試第五十一名。

虞守愚　貫浙江金華府義烏縣，民籍。國子生。治《禮記》。字惟明，行一百六十四，年四十一，八月初五日生。曾祖潤。祖彝。父尚禮。母何氏。慈侍下。弟守魯、守蒙、守德、守道、守元、守亨。娶黃氏。浙江鄉試第八十五名，會試第三百五十五名。

陳仲　貫福建泉州府晉江縣，匠籍。縣學生。治《易經》。字時中，行二，年三十八，四月十六日生。曾祖賢生。祖瑤，遞運所大使。父福，義官。母李氏。具慶下。兄伯。弟伏、价、佐、佑。娶李氏。福建鄉試第七十六名，會試第一百九十二名。

謝應龍　貫直隸徽州府祁門縣，民籍。縣學生。治《春秋》。字雲卿，行十二，年三十七，十月二十五日生。曾祖□，壽官。祖恒。父宣。母汪氏。慈侍下。兄應春、應奎。弟應鳳、應麟、應鍾、應禎、應制、時、熊、鸞、軫、箕、斗、晁、壁、應鶚。娶汪氏，繼娶許氏。應天府鄉試第十三名，會試第三百六十名。

王道　貫直隸涿鹿衛，軍籍，浙江海寧縣人。涿州學生。治《詩經》。字弘濟，行一，年三十四，六月初九日生。曾祖勝。祖瑄。父慶。母紀氏，繼母田氏。具慶下。弟遷遜。娶李氏，繼娶顧氏。順天府鄉試第四十名，會試第八十七名。

楊銳　貫錦衣衛，官籍，順天府房山縣人。國子生。治《書經》。字克成，行二，年三十八，八月十九日生。曾祖得春。祖清，贈武略將軍、管軍副千戶。父禮，錦衣衛百戶，前副千戶，封武略將軍。母田氏，贈宜人。嚴侍下。兄鏓，戶部郎中。弟鎰，前錦衣衛百戶。娶陳氏。順天府鄉試第二十六名，會試第九十二名。

范安　貫河南懷慶府河內縣，匠籍。國子生。治《易經》。字子仁，行一，年三十二，二月十二日生。曾祖順。祖珙。父懷。母崔氏。具慶下。娶石氏。河南鄉試第五十二名，會試第三百三十一名。

黃直　貫江西撫州府金谿縣，軍籍。國子生。治《易經》。字以方，行十二，年三十五，四月初五日生。曾祖廷憲。祖銓。父琳。母徐氏。嚴侍下。兄僖。弟仰、儀、俸、胄、倬、价。娶徐氏，繼娶李氏。江西鄉試第七十七名，會試第三百六十四名。

金克厚　貫浙江台州府僊居縣，民籍。縣學生。治《詩經》。字弘載，行二，年四十，正月初七日生。曾祖存心，壽官。祖謨。父淳。母汪氏。具慶下。弟克恭、克訓、克昌、克勝。娶林氏，繼娶蔣氏。浙江鄉試第四十二名，會試第四十二名。

楊大章　貫浙江紹興府餘姚縣，軍籍。國子生。治《書經》。字章之，行一，年三十三，八月二十八日生。曾祖宜振，贈工部主事。祖榮，工部郎中。父策，訓導。母史氏。重慶下。弟大韶、大夏。娶張氏，繼聘汪氏。浙江鄉試第十九名，會試第一百四十名。

薛僑　貫廣東潮州府揭陽縣，民籍。府學生。治《書經》。字尚遷，行六，年二十四，七月初十日生。曾祖田。祖志安。父驥。母曾氏。慈侍下。兄俊，國子監學正；傑；侃，行人司行人；僎；偉。娶黃氏。廣東鄉試第六名，會試第六十名。

魏良弼　貫江西南昌府新建縣，民籍。國子生。治《詩經》。字師說，行三，年三十二，八月初七日生。曾祖重鉉。祖默，知縣。父槩。母夏氏。重慶下。弟良政、良器、良茂。娶甘氏。江西鄉試第三十二名，會試第一百九十六名。

方遠宜　貫直隸徽州府歙縣，民籍。國子生。治《詩經》。字伯時，行五，年四十，正月初一日生。曾祖道泰。祖植。父壽饒。母吳氏，繼母孫氏。永感下。兄遠守、遠宏。弟遠宣、遠富、遠寓、遠容。娶鮑氏。應天府鄉試第一百十名，會試第二十名。

曾烶　貫湖廣黃州府麻城縣，軍籍。縣學生。治《禮記》。字日宣，行六，年三十二，八月初十日生。曾祖應通。祖啓，教諭，贈知縣。父大顯，按察司僉事。母李氏，繼母張氏。具慶下。兄焕，推官；焞；熺；煌；

熄，監生。弟裕、燸、烺、炳。娶喻氏。湖廣鄉試第三十七名，會試第三百二十名。

余昇　貫大寧營州右屯衛，軍籍，浙江開化縣人。國子生。治《書經》。字德陽，行二，年三十六，十二月十八日生。曾祖谷祥。祖諒。父惠。母李氏。永感下。兄昂。弟昊。娶張氏，繼娶劉氏、潘氏。順天府鄉試第一百十九名，會試第八十五名。

胡淪　貫河南河南府洛陽縣，民籍。府學生。治《易經》。字新甫，行二，年三十七，八月初三日生。曾祖宏，知州。祖惟善。父遠，教諭。前母楊氏、劉氏，母焦氏。永感下。兄天錫。娶索氏。河南鄉試第十名，會試第一百六十三名。

龔輝　貫浙江紹興府餘姚縣，民籍。國子生。治《詩經》。字實卿，行一，年三十九，九月二十五日生。曾祖志顒。祖璋。父森，縣丞。母方氏。具慶下。弟晃、耀、蘭、易、京。娶周氏。浙江鄉試第二名，會試第八十四名。

張景獻　貫廣東廣州府順德縣，軍籍。國子生。治《詩經》。字廷哲，行三，年三十八，八月二十日生。曾祖克新。祖天成，壽官。父遠。母鄧氏。永感下。兄景良、景昭。弟景明、景旦、景昂、景用、景衛、景雲。娶陳氏。廣東鄉試第十六名，會試第二百十八名。

屠楷　貫廣西桂林府臨桂縣，軍籍。國子生。治《書經》。字良植，行二，年三十四，閏九月初六日生。曾祖侃。祖仲華。父謙，貢士。母王氏。慈侍下。兄格。弟梓、材、樑、杞、楠、槐。娶張氏。廣西鄉試第一名，會試第一百十二名。

康天爵　貫山西平陽府臨汾縣，軍籍。國子生。治《禮記》。字汝修，行二，年三十五，二月十六日生。曾祖勵。祖子厚。父鋐，監生。母羅氏。慈侍下。兄天璽。弟天濟、天澤、天壽。娶刁氏。山西鄉試第五名，會試第三百二十七名。

王從善　貫湖廣襄陽府襄陽縣，官籍，陝西南鄭縣人。國子生。治《詩經》。字承吉，行二，年五十二，四月十四日生。曾祖文貴，贈鎮國將軍、都指揮同知。祖忠，正千戶，贈鎮國將軍、都指揮同知。父信，後軍都督府都督同知、充漕運總兵官。前母白氏，贈夫人；母楊氏，繼母應氏，封夫人。永感下。兄爲善，義官。弟繼善，署都指揮僉事；復善；明善；至善，南京兵部郎中；巨善。娶曹氏。湖廣鄉試第二十九名，會試第二百二名。

陳璣　貫河南開封府許州鄢城縣,軍籍。縣學生。治《書經》。字天儀,行二,年三十三,五月十二日生。曾祖原。祖昭。父鸞。母于氏,繼母王氏。具慶下。兄珠。弟琉可,貢士；瑚。娶曹氏。河南鄉試第十二名,會試第一百九十名。

方一桂　貫福建興化府莆田縣,軍籍。國子生。治《詩經》。字世芬,行一,年三十一,二月十六日生。曾祖新,府同知,進階中順大夫。祖暻。父宜賢,知縣。母吳氏。具慶下。弟一蘭,同科進士；一梧。娶陳氏。福建鄉試第七十一名,會試第五十二名。

趙綸　貫直隸松江府上海縣,民籍。縣學增廣生。治《詩經》。字廷言,行二,年三十六,七月十四日生。曾祖圭。祖仁。父壽。母潘氏。嚴侍下。兄經、相、朴。弟紳。娶陸氏。應天府鄉試第一百十八名,會試第三百十名。

王獻　貫陝西西安府咸陽縣,軍籍。國子生。治《易經》。字惟臣,行三,年三十六,正月二十七日生。曾祖三。祖整。父才。母岳氏。具慶下。兄森、武。弟績、安、猷。娶馮氏。陝西鄉試第七名,會試第三十七名。

胡伯鰲　貫浙江杭州府臨安縣,民籍。國子生。治《易經》。字應元,行十,年四十,四月二十六日生。曾祖才。祖琬。父澤。前母洪氏,母錢氏,繼母俞氏。永感下。兄伯直、伯艮、伯瞻、伯參、伯麟。娶高氏。浙江鄉試第六十五名,會試第三百八名。

孫允中　貫魯府儀衛司,官籍,直隸合肥縣人。兗州府學生。治《詩經》。字信道,行三,年二十七,四月十二日生。曾祖毅,副千戶。祖永,副千戶。父胤,儀衛副。母孔氏,封宜人。慈侍下。兄執中,儀衛副；用中。弟守中、時中、一中、建中、惟中。娶梁氏。山東鄉試第十七名,會試第一百七十九名。

單鉞　貫武功中衛,匠籍,直隸嘉定縣人。國子生。治《書經》。字廷儀,行三,年三十六,八月初二日生。曾祖信。祖政。父紀。母姜氏。慈侍下。兄欽、鑑。弟錦、鐙、鎧、鎡、銳、錤、鐶、鑾、鋒、鈞。娶蘇氏。順天府鄉試第一百十四名,會試第八十一名。

白清　貫河南河南府陝州靈寶縣,軍籍。國子生。治《禮記》。字應乾,行二,年三十八,五月二十七日生。曾祖武。祖敬。父和。母郭氏。具慶下。兄廉。弟賢、寧、定。娶亢氏。河南鄉試第三十一名，會試第二百九十七名。

李高　貫廣西桂林右衛，軍籍，灌陽縣人。國子生。治《易經》。字仰之，行二，年三十四，閏九月十二日生。曾祖福。祖智清。父法森。前母周氏，母竇氏。慈侍下。兄通。弟山。娶鄧氏。廣西鄉試第八名，會試第三百五十四名。

王學古　貫陝西寧夏衛，軍籍，直隸金壇縣人。衛學生。治《禮記》。字克誠，行二，年三十一，十月初五日生。曾祖順。祖貴。父琇。母韓氏，繼母郭氏。具慶下。兄師古，貢士。弟稽古。娶呂氏，繼娶劉氏、陳氏。陝西鄉試第十一名，會試第二百五十二名。

朱佐　貫四川成都右衛左所，官籍，直隸定遠縣人。國子生。治《易經》。字道甫，行一，年四十，十二月三十日生。曾祖信。祖璿。父欽。前母任氏，母常氏。具慶下。弟仕，典膳；仲；依；化；傑；傅，典膳；偶。娶陳氏。四川鄉試第十九名，會試第一百十七名。

黃金　貫福建興化府莆田縣，匠籍。府學增廣生。治《詩經》。字廷聲，行七，年二十八，正月十九日生。曾祖孟遜。祖德裕。父如陵。母林氏。永感下。兄良、源、鍾。弟玉、瑚。娶陳氏，繼娶翁氏。福建鄉試第十八名，會試第一百八十六名。

李翰　貫四川敘州府宜賓縣，民籍。國子生。治《詩經》。字師召，行一，年四十一，十一月初一日生。曾祖忠，府知事。祖峻。父景和。母師氏。具慶下。娶張氏。四川鄉試第二十五名，會試第一百七十七名。

梁英　貫河南開封府祥符縣，民籍。國子生。治《詩經》。字邦彥，行一，年四十三，二月初一日生。曾祖聚。祖增。父美。母劉氏，繼母李氏。具慶下。弟雄。娶盧氏。河南鄉試第七十八名，會試第三百三十五名。

李文芝　貫山東兗州府東平州，民籍。國子生。治《詩經》。字元徵，行一，年三十四，三月初六日生。曾祖瑾。祖聰。父昂。母張氏，繼母王氏。具慶下。弟文蘭。娶劉氏。山東鄉試第七十一名，會試第一百七十名。

管嘉禎　貫山東萊州府高密縣，匠籍。縣學生。治《易經》。字吉甫，行一，年二十三，三月二十八日生。曾祖進。祖惠。父九雲，訓導。母王氏。重慶下。弟嘉祐、嘉福、嘉祉、嘉祥、嘉謨。娶李氏。山東鄉試第二十四名，會試第三百六名。

張讓　貫山東青州府諸城縣，軍校籍。國子生。治《書經》。字克讓,行三,年三十八,十月二十六日生。曾祖全。祖慶。父整。前母秦氏,母劉氏,繼母章氏。慈侍下。兄良、恭。娶蔣氏,繼娶丁氏。山東鄉試第五十三名,會試第一百三名。

郝守正　貫湖廣黃州府蘄州,民籍。州學生。治《詩經》。字中夫,行一,年三十七,九月十七日生。曾祖子敖。祖志安。父源。母徐氏。慈侍下。弟守道、守禄。娶陳氏。湖廣鄉試第三十六名,會試第二百二十二名。

曹祖儒　貫河南衛輝府獲嘉縣,民籍。府學生。治《詩經》。字以學,行一,年三十三,二月初一日生。曾祖祥,按察司副使。祖昂,教諭。父鳳儀,監生。母李氏,繼母吉氏。具慶下。弟祖武、祖仁、祖賢、祖彦。娶王氏。河南鄉試第二十八名,會試第四百名。

劉隅　貫山東兗州府東平州東阿縣,民籍。縣學增廣生。治《詩經》。字叔正,行三,年三十四,七月初十日生。曾祖璉,教諭。祖觀,贈吏部郎中。父約,布政司右參政。母徐氏,封淑人。永感下。兄田,戶部員外郎;谷;澤;沛。弟階、牧、垣、岡。娶翟氏。山東鄉試第八名,會試第十九名。

劉體元　貫廣東廣州府南海縣,民籍。儒士。治《易經》。字昊孚,行三,年二十七,三月十三日生。曾祖芳。祖廣成。父蔭。母曾氏。具慶下。兄孟元、仲元。弟恂、侃、怡。娶勞氏。廣東鄉試第三十四名,會試第三百十九名。

徐行健　貫中都長淮衛,官籍,江西南豐縣人。國子生。治《易經》。字乾甫,行二,年四十二,八月十九日生。曾祖景壬。祖景春,百戶,進階武略將軍。父繼,百戶。母高氏。永感下。兄九思,百戶。弟行恕、行義、行中、行已。娶周氏。應天府鄉試第一百十六名,會試第四十六名。

單文彪　貫山東兗州府單縣,民籍。縣學生。治《書經》。字道充,行三,年三十六,十二月二十二日生。曾祖愛。祖聰。父廷。母王氏。慈侍下。兄隆、玉。娶郭氏。山東鄉試第十五名,會試第一百三十六名。

王民　貫直隸河間府景州故城縣,軍籍。國子生。治《易經》。字敬夫,行一,年三十七,七月十九日生。曾祖舉政。祖英。父璀。母李氏。嚴侍下。娶馬氏。順天府鄉試第一百二十三名,會試第二百七十六名。

王禹　貫山東濟南府章丘縣,軍籍。國子生。治《詩經》。字承晦,行四,年三十三,二月十八日生。曾祖迪。祖儉。父項,壽官。母劉氏,繼母劉氏。具慶下。兄晟,監生;旦;昱。娶郭氏。山東鄉試第七十五名,會試第二百五十三名。

王焴　貫直隸蘇州府,民籍,崑山縣人。縣學生。治《易經》。字仲美,行一,年二十,十一月二十一日生。曾祖銘。祖棠。父潮。母李氏。重慶下。弟燦、炤。娶晉氏。應天府鄉試第一百九名,會試第四十一名。

沈澧　貫浙江紹興府山陰縣,軍籍。國子生。治《書經》。字文瀾,行五,年三十九,四月十四日生。曾祖珩。祖昺,贈都察院經歷司都事。父欽,按察司僉事,進階朝列大夫。母章氏,封孺人。具慶下。弟淞,引禮舍人。娶王氏,繼娶胡氏、張氏。浙江鄉試第八十名,會試第一百八十名。

林鍾　貫廣東肇慶府高要縣,民籍。縣學生。治《書經》。字大和,行二,年三十二,四月二十七日生。曾祖禘。祖道緣,府經歷。父高,照磨。前母蘇氏,母唐氏。慈侍下。兄宗善。弟鏳。娶鄧氏。廣東鄉試第十四名,會試第三百三名。

魏景星　貫直隸寧國府宣城縣,民籍。國子生。治《易經》。字文瑞,行五,年四十,十一月二十一日生。曾祖彥婉。祖芝民。父士奇,知縣。母謝氏。永感下。兄景奎、景陽、景全、景洪。娶趙氏。應天府鄉試第七十九名,會試第三百四十二名。

李鐸　貫順天府通州,官籍,浙江景寧縣人。府學附學生。治《易經》。字伯和,行一,年二十五,七月十六日生。曾祖信,贈百戶。祖貴,百戶。父璋,右布政使。前母齊氏,贈安人;母趙氏,封安人。具慶下。兄汝欽,貢士;鉉,義官;鈌;鏜;鎮。弟鉼。娶張氏。順天府鄉試第一百二十三名,會試第三百四十四名。

程緒　貫陝西鳳翔府寶雞縣,軍籍。府學生。治《詩經》。字正夫,行三,年三十七,九月二十五日生。曾祖榮。祖宣。父章,縣丞。母常氏,繼母高氏。具慶下。兄繼、綸。娶毛氏。陝西鄉試第二十二名,會試第三百一名。

趙繼勳　貫河南汝寧府汝陽縣,民籍。國子生。治《春秋》。字崇之,行三,年四十四,九月十八日生。曾祖寬,監察御史。祖通,進士。父晟。前母藺氏,母倪氏。永感下。兄繼哲;繼武,驛丞。弟繼箸。娶鐵氏,繼娶周氏。河南鄉試第七十九名,會試第三百五名。

董寅　貫湖廣漢陽府漢陽縣,民籍。國子生。治《詩經》。字玄亮,行一，年三十四，八月十八日生。曾祖仕高。祖悅，監生。父文獻，訓導。母周氏。重慶下。弟察。娶張氏。湖廣鄉試第六十五名，會試第二百二十六名。

郭弘化　貫江西吉安府安福縣，民籍。國子生。治《易經》。字子弼，行六，年四十三，正月二十日生。曾祖敬肅。祖濬川。父乾厲。母陳氏。慈侍下。兄弘善。弟弘富、弘倫。娶鄧氏，繼娶彭氏。江西鄉試第七十四名，會試第三百七十二名。

王邦裕　貫山東東昌府堂邑縣，民籍。國子生。治《易經》。字子修，行二，年三十五，四月十七日生。曾祖政。祖玉，監生，贈奉直大夫、後軍都督府經歷。父臣，戶部郎中。母張氏，封宜人。具慶下。兄邦聘。弟邦禎，監生；邦祉；邦祐；邦祺；邦祚。娶侯氏，繼娶張氏、張氏。山東鄉試第五十六名，會試第一百二十三名。

王聘　貫山東濟南府濱州利津縣，民籍。縣學生。治《書經》。字念覺，行□，年二十九，七月初五日生。曾祖思讓。祖弘，義官。父臣。母李氏。慈侍下。兄詔。弟徵、登、延。娶劉氏。山東鄉試第七十名，會試第一百四十三名。

韋商臣　貫浙江湖州府長興縣，民籍。國子生。治《易經》。字希尹，行四，年三十四，九月二十九日生。曾祖謙。祖齡，賜知縣。父厚，府同知。前母吳氏，贈孺人；母胡氏，封孺人。永感下。兄堯臣，歲貢生。弟唐臣、蜀臣。娶蔡氏。浙江鄉試第八十二名，會試第一百七十六名。

李新芳　貫山西潞州，民籍。國子生。治《書經》。字元德，行十一，年三十四，七月二十八日生。曾祖瑄。祖格。父清，倉副使。母王氏，繼母楊氏。具慶下。娶孫氏。山西鄉試第二名，會試第五十七名。

張文泰　貫陝西臨洮府渭源縣，軍籍。國子生。治《書經》。字用亨，行二，年三十七，正月初三日生。曾祖善，贈戶部員外郎。祖安，太僕寺少卿。父鶚，知縣。前母傅氏，母黃氏。具慶下。兄文通，義官。弟文顯。娶任氏，繼娶何氏。陝西鄉試第七十八名，會試第一百名。

張問之　貫直隸河間府滄州慶雲縣，民籍。縣學生。治《詩經》。字子審，行三，年二十九，八月十九日生。曾祖仲禮。祖榮。父琮，省祭官。母徐氏。慈侍下。兄相、學之。娶陳氏，繼娶馬氏。順天府鄉試第九十八名，會試第二百十六名。

邢恩　貫陝西漢中府南鄭縣，民籍。國子生。治《詩經》。字允承，行一，年四十六，七月初一日生。曾祖端，知縣。祖恕，醫官。父繼先，州同知。母崔氏，繼母熊氏。具慶下。弟澤、霖、雨、經、綸、綰、□、紳、縿、綺、紀。娶韓氏，繼娶沈氏。順天府鄉試第一百三十名，會試第三百九十八名。

孟居仁　貫山西遼州，民籍。國子生。治《春秋》。字體元，行一，年三十五，四月二十五日生。曾祖端，貢士。祖賢，壽官。父隆，通判。母張氏。慈侍下。弟思仁、存仁。娶原氏。山西鄉試第四十二名，會試第三百七十四名。

劉體觀　貫江西吉安府廬陵縣，民籍。縣學生。治《易經》。字行中，行四，年三十三，九月十七日生。曾祖丕謨。祖五倫。父經。母曾氏。具慶下。兄體震、體坎、體艮。娶彭氏。江西鄉試第四十九名，會試第三十七名。

李士翱　貫山東濟南府長山縣，民籍。國子生。治《詩經》。字如翰，行一，年三十六，五月二十三日生。曾祖文秀。祖廣。父宗明。母張氏。永感下。弟士羽、士翼。娶張氏，繼娶曲氏。山東鄉試第六十六名，會試第一百五十名。

董紹　貫直隸常州府武進縣，民籍。國子生。治《詩經》。字宗遠，行一，年四十一，八月二十一日生。曾祖志全。祖珍。父尚彬，七品散官。母何氏。永感下。弟約，監生。娶徐氏，繼娶陳氏。應天府鄉試第三十八名，會試第二百三十三名。

陳大用　貫福建福州府長樂縣，軍籍。縣學附學生。治《詩經》。字則可，行四，年三十一，八月十五日生。曾祖育。祖英。父坖。母高氏。慈侍下。兄大猷、大倫、大夏。弟大護，知縣；大全。娶林氏。福建鄉試第五十八名，會試第一百八十一名。

陳情　貫河南河南衛，官籍，直隸來安縣人。國子生。治《易經》。字子孝，行三，年四十，十二月二十一日生。曾祖鏞，指揮僉事。祖源。父樂。前母杜氏，母傅氏。慈侍下。兄言、力。弟詰、謨。娶王氏。河南鄉試第三十三名，會試第二百八十九名。

王誥　貫河南汝寧府西平縣，軍籍。國子生。治《詩經》。字公遇，行一，年二十六，八月二十日生。曾祖聰，贈衛經歷。祖清，衛經歷。父志德，教諭。母李氏。重慶下。弟訓、訥。娶李氏。河南鄉試第三十五名，會試第二百九名。

俞朝妥　貫浙江紹興府新昌縣,民籍。國子生。治《書經》。字寵之,行三十二,年三十六,九月二十五日生。曾祖用直。祖叔安,封監察御史。父振忠,陰陽訓術。母呂氏。慈侍下。弟朝孚。娶呂氏,繼娶張氏。浙江鄉試第六十三名,會試第三百八十二名。

陸夢麟　貫江西南昌府豐城縣,軍籍。府學增廣生。治《詩經》。字文瑞,行五,年二十九,十二月二十一日生。曾祖具載,旌表義官。祖德美。父時叙。母杜氏。具慶下。弟夢豹。娶熊氏,繼娶李氏。江西鄉試第三十五名,會試第二百七十七名。

謝朝輔　貫陝西西安左衛,軍籍,直隸臨淮縣人。咸寧縣學生。治《易經》。字汝載,行五,年三十四,七月二十四日生。曾祖海。祖德。父恩,教諭,封監察御史。母馬氏,封孺人。永感下。兄朝宣,按察使;朝寵;朝政;朝紳。娶查氏。陝西鄉試第六名,會試第二百七名。

錢學孔　貫浙江金華府金華縣,民籍。縣學生。治《詩經》。字以時,行一百二十一,年四十二,六月二十三日生。曾祖沚。祖昇。父隸,府同知,進階朝列大夫。母朱氏,繼母金氏。慈侍下。兄學徽、學祖。弟學師。娶王氏。浙江鄉試第七十七名,會試第二百五十八名。

張鵬　貫直隸涿鹿左衛,官籍。國子生。治《書經》。字伯化,行一,年二十六,五月二十七日生。曾祖禮。祖敬。父玉。母野氏。嚴侍下。娶李氏,繼娶王氏。順天府鄉試第一百三十三名,會試第一百六十二名。

應果　貫浙江處州府遂昌縣,民籍。國子生。治《詩經》。字子陽,行二,年三十五,十一月十八日生。曾祖存琳。祖世鎰。父湛。母潘氏。具慶下。兄楷。弟檣、榦。娶勞氏。浙江鄉試第八十三名,會試第二百五十五名。

朱道瀾　貫福建興化府莆田縣,鹽軍籍。縣學生。治《詩經》。字叔觀,行三,年三十八,七月十九日生。曾祖希哲。祖世望,義官。父邦鏞。母黃氏。慈侍下。兄道本、道明。弟道周、道宗、道洪、道通。娶吳氏。福建鄉試第六十九名,會試第八十二名。

余勉學　貫廣西柳州衛,官籍,湖廣孝感縣人。國子生。治《詩經》。字行甫,行一,年三十四,四月十九日生。曾祖茂。祖榦,貢士。父崇鳳,知州。母李氏。具慶下。娶羅氏。廣西鄉試第十名,會試第一百九十八名。

梁建辰　貫廣東廣州府番禺縣,軍籍。國子生。治《易經》。字茂陽,行一,年三十六,九月初五日生。曾祖德潤。祖安。父辰,壽官。母鄔氏。

重慶下。弟建宇、建宣、建宏。娶顏氏。廣東鄉試第十五名，會試第二百五十名。

張鎣　貫武功中衛，匠籍，浙江餘姚縣人。國子生。治《書經》。字德揚，行四，年三十四，三月初三日生。曾祖安。祖華。父遼，壽官。前母陳氏，母余氏。具慶下。兄鏡、鉞、銘。娶許氏。順天府鄉試第九十七名，會試第三百八十八名。

程嘉行　貫江西饒州府樂平縣，軍籍。國子生。治《詩經》。字公敏，行十七，年四十四，十一月十六日生。曾祖本立。祖麟，縣丞。父廷表。母范氏。重慶下。弟嘉禾、嘉顯、嘉善、嘉客、嘉式、嘉望。娶韓氏。江西鄉試第五十一名，會試第一百十六名。

劉耕　貫陝西臨洮府蘭州，官籍，福建寧化縣人。國子生。治《禮記》。字伯田，行一，年三十九，六月十八日生。曾祖榮。祖義，贈光祿寺署丞。父玉，州同知。前母韓氏，封孺人。母張氏。慈侍下。弟耘、耔。娶漢氏。陝西鄉試第五名，會試第一百八十四名。

楊行中　貫順天府通州，民籍。國子生。治《書經》。字惟慎，行一，年三十五，二月初十日生。曾祖秀。祖禮。父膞。母陸氏，繼母馬氏。具慶下。弟行直、時澤、行謹、時雍、行恭、時泰、行恕、時宜、行簡、行敬、行仁。娶賈氏。順天府鄉試第二十八名，會試第二百四十一名。

王學孔　貫江西吉安府安福縣，民籍。國子生。治《易經》。字魯卿，行二十九，年三十八，七月十二日生。曾祖循義，壽官。祖翀。父秩。母劉氏。慈侍下。兄學閔；學昌；學孟；學旦；學夔，吏部郎中。弟學舜；學益，貢士。娶劉氏。江西鄉試第三十一名，會試第一百三十七名。

萬義　貫直隸山海衛，軍籍，江西奉新縣人。衛學生。治《易經》。字質夫，行二，年三十五，十一月十六日生。曾祖能。祖全。父貴。嫡母馬氏，生母余氏。永感下。兄仁。娶張氏。順天府鄉試第四十五名，會試第三百二十八名。

李義壯　貫廣東廣州府南海縣，民籍。國子生。治《詩經》。字稚大，行三，年三十六，九月十八日生。曾祖政。祖俊。父春芳。母陳氏。永感下。兄東，知州；義震；義復。弟義泰。娶陳氏。廣東鄉試第二十名，會試第五十八名。

須瀾　貫直隸德州衛，軍籍，華亭縣人。國子生。治《易經》。字孟觀，行四，年三十六，六月初六日生。曾祖景賢。祖禮。父顯。前母杜氏，母高氏。慈侍下。兄洪、濟。弟潤。娶李氏。山東鄉試第七名,會試第一百四名。

雒昂　貫陝西西安府三原縣,軍籍。國子生。治《易經》。字仲俛,行一,年四十二,四月十五日生。曾祖寬。祖佑,壽官。父璟。母王氏。慈侍下。弟□□。娶張氏。陝西鄉試第五十二名,會試第三百三十四名。

沈南金　貫浙江杭州府錢塘縣,匠籍。江西萬載縣學教諭。治《易經》。字子輕,行一,年四十,十一月二十九日生。曾祖景陽。祖宗壽。父晙。前母朱氏,母魏氏。永感下。弟重金、鳴金、應金。娶陳氏,繼娶陳氏。浙江鄉試第十七名,會試第三百八十九名。

張元孝　貫河南汝寧府汝陽縣,民籍。府學生。治《春秋》。字仲立,行一,年二十二,三月十八日生。曾祖通。祖泰。父倫。前母陳氏,母游氏。具慶下。弟元忠、元慶、元復。娶趙氏。河南鄉試第二名,會試第二百六十五名。

邊彥駱　貫河南開封府杞縣,軍籍。國子生。治《詩經》。字國龍,行九,年三十八,十月二十八日生。曾祖和。祖通,封監察御史。父宥,義官。嫡母王氏,生母王氏。慈侍下。兄彥威,典史;彥騏;彥驄,監生;彥駿;彥驥,典膳;彥驤,聽選官;彥騮。弟彥騋,典膳;彥驪。娶楚氏。河南鄉試第十七名,會試第七十八名。

王鴻漸　貫河南南陽府南陽縣,軍籍。國子生。治《書經》。字懋德,行二,年四十九,五月初二日生。曾祖道十。祖覺成,贈通議大夫、吏部右侍郎。父本,贈通議大夫、吏部右侍郎。母司氏,贈淑人。永感下。兄鴻儒,南京戶部尚書,諡文莊。娶呂氏。河南鄉試第一名,會試第三百十六名。

黃澄　貫福建泉州府南安縣,軍籍。縣學生。治《詩經》。字廷肅,行二,年四十,十月初三日生。曾祖旻。祖彝。父德平。母莊氏。永感下。兄源。弟清、瀛。娶李氏。福建鄉試第四十三名,會試第二百名。

李循義　貫浙江寧波府鄞縣,民籍。國子生。治《易經》。字時行,行三,年三十七,十二月十三日生。曾祖□迪。祖端。父正華。母何氏。具慶下。兄循仁。弟循禮、循智、循信、循道。娶劉氏。浙江鄉試第七十三名,會試第九十四名。

張時亨　貫山西平陽府解州安邑縣,匠籍。國子生。治《詩經》。字嘉會,行二,年三十三,五月初六日生。曾祖溶。祖威。父雄。前母高氏、侯氏，母周氏，繼母孫氏。具慶下。兄良臣。弟時正、時泰、時薦。娶呂氏。山西鄉試第二十六名，會試第二百四十二名。

李翔　貫廣東廣州府新會縣，軍籍。國子生。治《易經》。字舉南，行四，年四十五，九月二十六日生。曾祖秋華。祖弗疑。父得祐，壽官。母盧氏。慈侍下。兄翰，學錄；翊；翹。娶陳氏。廣東鄉試第二十六名，會試第八十三名。

胡湘　貫河南南陽府鄧州內鄉縣，民籍。國子生。治《易經》。字濟之，行一，年三十八，九月二十二日生。曾祖驥。祖忠，封禮科給事中。父瑞，都察院右副都御史。母李氏，封孺人。慈侍下。兄鴻，醫學訓科。弟瀚，貢士；泮；洋。娶史氏，繼娶劉氏、時氏。河南鄉試第六名，會試第一百八十二名。

謝表　貫直隸蘇州府常熟縣，民籍。國子生。治《詩經》。字正子，行一，年四十三，十二月二十九日生。曾祖玘。祖用。父元祐，壽官。母許氏。嚴侍下。弟裒、衷。娶胡氏。應天府鄉試第一百二名，會試第二百二十名。

朱節　貫直隸蘇州府吳縣，民籍。國子生。治《詩經》。字全甫，行一，年三十三，三月三十日生。曾祖璐。祖浚。父仟。母陳氏。重慶下。兄鴻漸，進士。弟坤、恒漸、臨、隨、既濟。娶沈氏。應天府鄉試第十二名，會試第二百八名。

喬英　貫直隸保定府祁州束鹿縣，民籍。縣學生。治《詩經》。字伯藏，行五，年四十一，九月十二日生。曾祖士忠。祖青。父深，壽官。前母張氏，母賈氏。永感下。兄寬、檁、聚、全。弟俊。娶任氏，繼娶周氏。順天府鄉試第四十名，會試第七十名。

楊東　貫直隸太平府當塗縣，軍籍。府學生。治《詩經》。字啟明，行一，年三十一，九月初三日生。曾祖洪。祖冕。父巖。母龔氏。具慶下。弟策。娶劉氏。應天府鄉試第九十一名，會試第九十五名。

王旒　貫山東濟南府濟陽縣，軍籍。國子生。治《易經》。字成玉，行三，年四十二，十一月初一日生。曾祖才興。祖斌。父京。母莊氏，繼母李氏。慈侍下。兄樾、森。弟注、洧。娶劉氏，繼娶李氏。山東鄉試第四十四名，會試第三百十七名。

朱綬　貫陝西漢中府南鄭縣，民籍。國子生。治《書經》。字朝儀，行二，年四十三，四月二十四日生。曾祖友成，知縣。祖巽。父崇政，縣丞。

母張氏。永感下。兄璋，義官。弟璣。娶王氏。陝西鄉試第三十一名，會試第一百八十四名。

傅鶚　貫江西臨江府新喻縣，民籍。國子生。治《春秋》。字文瑞，行二，年三十，三月初二日生。曾祖訓子。祖介瑛。父禮周。前母廖氏，母劉氏。具慶下。兄紀瑞、朝瑞。弟鴻。娶阮氏，繼娶宗氏。江西鄉試第五十名，會試第三百三十六名。

吳玭　貫浙江杭州府錢塘縣，民籍。府學生。治《禮記》。字汝瑩，行十一，年四十六，正月初二日生。曾祖原敬，贈通議大夫、都察院右副都御史。祖士寧，贈通議大夫、都察院右副都御史。父謹，七品敬官。前母高氏、李氏，嫡母莫氏，生母周氏。慈侍下。兄璿，府同知；璽；瑞；琮；琳；瑋，義官；璠；璵；瑤，中書舍人；瓊。弟珂；瑠，貢士；珊。娶王氏。浙江鄉試第十七名，會試第一百二十三名。

何祉　貫江西南昌府進賢縣，民籍。縣學生。治《書經》。字德徵，行四，年三十二，二月十六日生。曾祖九江。祖玨。父機。母舒氏。慈侍下。娶趙氏。江西鄉試第六名，會試第二百七十一名。

鄭濂　貫應天府江寧縣，民籍，江西新建縣人。國子生。治《易經》。字師周，行一，年二十二，十二月二十五日生。曾祖思恭，贈通判。祖禮，知府。父珉，七品散官。母歐陽氏。具慶下。弟沂、河、漢、渠。娶趙氏，繼娶俞氏、宇氏。應天府鄉試第三十三名，會試第二百八十名。

王袞　貫四川順慶府廣安州，民籍。國子生。治《詩經》。字廷瞻，行四，年三十三，五月十五日生。曾祖瑄。祖吉，訓導。父伯相。母金氏。重慶下。兄臣，聽選官；冠；黻。弟鎰、欽、藻、華、蕡、葵。娶李氏。四川鄉試第五十三名，會試第一百二十七名。

李仁　貫山東兗州府東平州東阿縣，民籍。縣學生。治《詩經》。字元夫，行一，年三十五，四月初七日生。曾祖勝。祖祥。父瑄，典史。母胡氏。慈侍下。兄蘭；蓁，省祭官；莘。弟蕃。娶劉氏。山東鄉試第一名，會試第一百五名。

康河　貫陝西西安府乾州武功縣，民籍。縣學生。治《詩經》。字德清，行十一，年三十四，十月十八日生。曾祖爵，南京太常寺卿。祖健，通政司知事。父鑾，義官，贈戶部主事。前母高氏，贈安人；母高氏，贈安人。永感下。兄皋；淮；浤；澤，醫學訓科；海，前翰林院修撰；潤；浩，知州，前戶部郎中；瀚；淳；洋，義官。弟濂。娶段氏。陝西鄉試第十三名，會試第三百八十七名。

閻溥　貫陝西西安府興平縣，民籍。國子生。治《書經》。字公甫，行四，年三十九，七月十三日生。曾祖通，刑部司獄，贈順天府府尹。祖鐸，順天府府尹。父璘，鴻臚寺序班。母趙氏。永感下。兄江、瀚、滄、沐、浙。弟濟。娶王氏，繼娶王氏。陝西鄉試第四十六名，會試第三百六十七名。

皇帝制曰：朕惟自古帝王欲成天下之治，必順時揆事，創制立法，以盡天下之務。顧世有升降，而政之因革隨之。唐虞、三代，所以致雍熙泰和之盛、卓然可爲萬世法程者，具載諸經。姑舉其大者論之，如定禮樂，明律曆，疆理宇内，設立庶官，分田制賦，興學養士，與夫選舉考課之法、兵戎刑罰之制，其建立有本、推行有序，可歷指其實而言之歟？後之稱善治者，曰漢、曰唐、曰宋。其創業守成，亦多英君誼辟，而考其治功所就，終不及於古，何歟？豈致理之道，固不專恃於法制歟？嘗觀先儒之論有曰："善爲治者，必先有綱紀以持之於上，而後有風俗以驅之於下。"信斯言也，則君臣之間，轉移振舉，宜莫急於此者。三代而上無容議已，自漢以來，綱紀之張弛，風俗之醇雜，亦有可言者歟？抑斯二者相因而成，又豈無所自歟？

仰惟我太祖高皇帝，肇造區夏，創建宏規；太宗文皇帝，中靖家邦，纂述大統。列聖相承，監于成憲，益隆不替。百五十餘年，道洽政治，蓋庶幾古帝王之盛。朕嗣守祖宗鴻業，撫臨億兆，夙夜祗畏，圖新治理，而績效未臻，和氣未應，其故果安在歟？夫事必稽諸古，而後有以驗夫因革之宜；治必端其本，而後可以不紊夫先後之序。此固君天下者所當知也。茲朕欲勵精有爲，期于化行俗美，紹復我祖宗之舊，以上追隆古之治，如之何而可？

子諸生皆學古通今，明於王道，宜有以佐朕之不逮者，其各殫心以對，毋泛毋略，朕將采而行之。

嘉靖二年三月十五日

臣姚淶

臣對：

臣聞善治天下者，固在乎立大法以爲致治之具，尤貴乎端大本以爲出治之要。何謂大法？經綸政務之道、康濟民物之方是也。何謂大本？人主一心，所以宰政務而御民物者是也。無是法，則雖有願治之心，而因革常患於失宜；無是心，則雖有圖治之迹，而先後常病於無序。如是而欲綱紀之正、風俗之厚、治功之善，得乎？故心所以宰制乎法，而法所以推行其心。法者，治之具；而心者，治之要也。得其要者，固不可不求其具；得其具者，尤不可不先其要。古之善治天下者，無他焉，亦惟循用此道而已矣。後世之所以不古若者，豈非徒恃乎法制以爲治具，而未能先正其本原以爲治要歟？

　　欽惟皇帝陛下，以剛健純粹之資、高明光大之學，入紹大統，光濟前休，啓中興之令圖，開太平之昌曆，嘉靖天下，以綱紀風俗爲慮，進臣等於廷而賜之清問。所謂知出天下而聽於至愚，威加四海而屈於匹夫，可與爲堯舜，可與爲湯武者也。顧以臣之謭陋，不足以贊廟謨、裨國論，然而一得之愚，亦安敢不爲陛下效之乎？

　　臣惟人君膺天眷之隆，爲生民之主，固不能舍法以圖治，亦不專恃法以爲治。蓋四海至廣，兆民至衆，苟無法以維持之，則何以一其心志，而使之各循其理？何以息其爭奪，而使之各安其分？故自古帝王欲成天下之治，必順時揆事，創制立法，以盡天下之務，而定爲一代之規。如禮以正名分，樂以格神人，律以和聲，曆以授時。疆理宇內，以柔遠能邇；設立庶官，以代天任事。分田制賦，以足國裕民；興學養士，以惇化善俗。選舉以興賢能，考課以計吏治，兵戎以禦外侮，刑罰以詰奸慝。是皆治具之大，所當修舉焉者。雖世有升降，政有因革，未有舍此而能圖治者也。然禮樂教化，由心而發；典章文物，由心而著；家齊國治天下平，由心而推。人君一心，寔建立法制之本，而推行之序，必自此始焉。先儒朱熹嘗論："善爲治者，必先有綱紀以持之於上，而後有風俗以驅之於下。"又謂："綱紀不能以自立，必人主之心術公平正大，無偏黨反側之私，然後綱紀有所繫而立。蓋所謂綱紀者，必辨賢否以定上下之分，核功罪以公賞罰之施。所謂風俗者，必使人皆知善之可慕而必爲，皆知不善之可羞而必去也。君臣之間，苟知轉移振舉之機，莫急於此。宰執秉持而不敢失，臺諫補察而無所私。人主又以其大公至正之心，恭己於上而照臨之，則有所不爲，爲之而無不成；有所不革，革之而無不服。將見法制以綱紀之立，而無頹墮廢墜之虞；風俗以法制之行，而無偷薄頑獷之習。本末兼舉，上下相因，而天下之治於是乎成矣。顧其張弛醇雜，皆本於君心之能正與否，此則治要之大，尤當致意焉者，又豈專恃乎法制哉？

臣伏讀聖制，蓋已深察乎此。臣請以經之所載，為陛下陳之。夫禮樂之為用，大矣。在唐虞，則巡狩以修五禮，典樂以諧八音。在三代，則大宗伯掌五禮以防民偽，大司樂掌六樂以防民情。蓋建諸天地，而同節同和者也。律曆之所關，重矣。在唐虞，則在璣衡以齊七政，考聲律以察治忽。在三代，則五紀用序而時以定，七音始備而聲以和。蓋協於陰陽，而至精至密者也。封山濬川，而五服之遠近規畫甚詳；體國經野，而九州之險易界限不紊。此其疆理宇內，載諸禹貢職方者可述也。詢咨岳牧，而又分命九官，以時亮天工，訓迪公孤；而又分命六卿，以率屬倡牧。此其設立庶官，載諸舜典周官者可稽也。咸則三壤，成賦中邦，此唐虞之田賦也。夏貢殷助，周則參而用之。大學上庠，小學下庠，此唐虞之學校也。夏校殷序，周則兼而舉之。其選舉也，翕受敷施，九德咸事，在於唐虞者如此。而《夏官》所謂"以德詔爵，以功詔禄，以能詔事，以久奠食"者，亦三代之常制也。其考課也，三載考績，黜陟幽明，在於唐虞者如此。而《天官》所謂"宰夫受日考，小宰受月考，大宰受歲考，三歲則大計吏治而誅賞之"者，亦三代之盛典也。以言其兵，比閭族黨，即伍兩軍旅之師，蒐苗獮狩，皆征伐擊刺之術，茲非兵制之善者乎？以言乎刑，皋陶為士，能體夫欽恤之仁；《呂刑》有誥，猶存夫敬慎之意，又非刑罰之善者乎？斯蓋帝王之治法，真足以為萬世之法程者也。然而數聖人者，皆得夫建立之本，而不紊於推行之序。精一執中，堯舜禹蓋以心法而相授。是以任賢去邪，罔惑於疑貳；命德討罪，允協於明威。其綱紀在上者，無不張矣。當是之時，黎民於變而萬邦咸寧，臣庶協中而四方風動，其致雍熙泰和之盛，豈不宜哉？建中建極，商湯、周武蓋以心法而相傳。是以懋官懋賞，必論其功德，而私昵不得以苟容；三宅三俊，必任夫吉士，而憸人不得以相間。其綱紀在上者，無不張矣。當是之時，商邑用協而四方見德，時罔不變而允升大猷，其致雍熙泰和之盛，豈不宜哉？

三代而下，雖有願治之君，而於為治之法或未能畢舉；雖有為治之法，而於出治之本或未能深探。其治之不古若，有由然矣。在漢，則創業如高帝，中興如光武，恭儉如孝文，雄略如孝武，綜核如孝宣，明察如明，寬厚如章，皆一代之賢君也。用叔孫通之綿蕞，歌唐山之樂章。考落下閎之筭法，參司馬遷之律書。建立郡國，而統之以十三部；官分中外，而列之以十六等。輕徭薄賦，而賜民田租；臨雍拜老，而諸儒問難。興廉舉孝，則見於元朔之詔；考試功能，則總於丞相之課。郡國有材官之設，京師有南北之屯，而內外足以相制。次律令以示畫一，除肉刑以全民生，而仁恩足以勝殘。其法制亦云備矣。在唐，則文武兼資有如文皇，初政勵清有如玄宗，剛明果斷有如憲宗，皆一代之賢君也。新禮修於房玄齡，雅樂定於祖孝孫。清聲作於開元，曆法備於大衍。因山川之形便而分道立州，仿六卿之率屬而限官任才。口分世業，而井田之制尚存；大召名儒，而弘文之館肇立。選人之途有四，而主以三銓之法；考功之善有四，而差以九等之制。建府立衛，則似鄉遂之師；矜刑慎獄，則謹覆奏之令。其法制亦云備矣。在宋，則仁孝豁達有如藝祖，克篤前烈有如太宗，忠厚惻怛有如仁宗，皆一代之賢君也。有《禮圖纂義》諸書，有《平晉》《大安》諸樂。和峴論鍾律，而胡瑗、范鎮之說迭興；司天修曆法，而《觀天》《統元》之名繼作。建官始於乾德，而元豐則又新之；分路始於太宗，而神宗則又增之。履畝制稅，而限天下之田；興學育材，而崇蘇湖之教。踵唐規以銓試，而益以律令、經義之條；設磨勘以遞遷，而主以審官、考課之院。設禁兵以備宿衛，列廂兵以隸諸州，而軍制亦詳；須恤刑詔於天下，置審刑院於禁中，而刑獄不濫。其法制亦云備矣。

　　夫法制雖備，而世主無正心之學，不悅《詩》《書》，專尚黃老，習于刑名，惑于符讖，而七制之心術已荒；首復浮屠，行瀆人倫，耽于聲色，溺于佛骨，而三宗之心術已壞。陳橋啟祚，金匱渝盟，或矯誣不明，或剛斷不足，而宋世人主之心術，亦未有能自正者。是以當時之治，賞者未必有功，而罰者未必有罪，上者未必皆賢，而下者未必皆不肖。舉其大者言之，如：疏賈誼而親鄧通，外汲黯而內平津，王吉謝病而恭、顯用事，韓歆被譴而子密受封。漢之綱紀，豈能盡正哉？信不能保魏徵之直，而許敬宗得以列于朝；明不能燭林甫之奸，而張九齡無以安其位。李絳與吐突承璀而并進，裴度與皇甫鎛而兼收。唐之綱紀，豈能盡正哉？竇儼以宿儒受知，而盧多遜之憸邪則弗之覺；柴禹錫以上變見用，而王禹偁之抗言則弗之容。歐陽脩論朋黨而無補於去留，范仲淹抑僥倖而不勝其讒謗。宋之綱紀，又豈能盡正哉？夫上下之分不定，而賞罰之施未公，則法制何自而立，風俗何自而厚乎？

故西漢之風俗，雖曰以經術爲尚，然觀德色誶語之策，四方逆賊之奏，則所謂薄惡者亦有之矣。東漢之風俗，雖曰以節義爲尚，然觀朱穆崇厚之説，潛夫浮侈之篇，則所謂澆靡者亦有之矣。唐人尚詞章，此風俗之近浮者也。觀正俗之諷，與獨行之傳，而有以知唐世之多僻。宋人尚理學，此風俗之近古者也。觀明禁之文，與憫俗之論，而有以知宋俗之不淳。上無綱紀以持之，下無風俗以驅之，故漢之治效，蓄積歲增，户口蕃息，禁綱疏闊，刑罰大省，可以言治矣，而不免有雜霸之弊。唐之治效，斗米三錢，牛馬被野，民物阜繁，四夷降附，可以言治矣，而不免有雜夷之弊；宋之治效，刑以不殺爲威，財以不蓄爲富，兵以不用爲功，人材以不作聰明爲賢，可以言治矣，而不免有武略不競之弊。失其本原，而徒恃法制，果可以爲治哉？

　　仰惟我太祖高皇帝，肇造區夏，創建宏規；太宗文皇帝，中靖家邦，纂述大統。列聖相承，益隆不替，道配帝王而治超近古，豈無道以致之哉？臣嘗莊誦太祖高皇帝之《聖訓》矣，如曰：“人主一心，治化之本，存於中者無堯舜之心，欲施於政者有堯舜之治，決不可得也。”又曰：“法度縱弛，當在更張，使紀綱正而條目舉，其要在明禮義、正人心、厚風俗以爲之本。”大哉王言！一哉王心！而又持之以敬天愛民之誠，勵之以求賢勤政之志，究心於《洪範》之學，垂情於《衍義》之書。故能潤色鴻業，損益百王。如命牛諒制禮，命陶凱定樂，而中和之用著；正胡元之聲，頒大統之曆，而陰陽之候調。内設京畿，外列藩省，而疆理有方；首明職掌，次辨禮儀，而官規有叙。差土田之高下以定賦税，而酌輕重之宜；立府縣之學校以明彝倫，而廣絃誦之化。以經術取士而選舉精，以年資叙遷而考課實。以五府治軍而總於本兵，則兵政有統；以六律論刑而參以《大誥》，則吏治不苛。信所謂端其大本而立其大法矣，則其復古帝王之治，而陋漢、唐、宋於下風者，端有自哉。是以綱紀正而風俗厚，法制舉而治化隆，百五十餘年于兹。然成者易毁，盈者必溢，加以正德以來，權奸蠱惑，而法令滋章。陛下應期而興，適承其後，此正社稷安危之機，生民休戚之端，君子小人進退消長之際，天命人心去就離合之時。臣謂聖祖在天之靈，不能無望於陛下之大有爲也。昔者踐阼之初，改元一詔，萬化俱新。如徵耆舊以表名德，登才俊以興事功，容直諫以開言路，斥佞倖以敦士習，誅奸逆以昭邦憲，褒忠直以勵世風，蠲逋負以甦疲瘵，洗煩苛以釋冤滯，剔蠹弊以儲貨財,清冒濫以惜名器。滌瑕以德,消渗以和。改紀其政,而綱紀振于上;申訓其人,而風俗移于下。由是海隅蒼生,莫不翹首以望太平,傾心以觀至化。正如天地久否,忽泰則平;日月久晦,忽開則明;雷霆久蟄,忽震則驚;雲霧久鬱,忽廓則清。豈非臣民之一快哉!以陛下功烈之盛,化理之隆,雖商宗周宣,何以遠過?然邊陲戒嚴而盗賊竊發,乾象失度而灾異頻仍,績效未臻,和氣未應,信有如陛下所慮者。雖修省之詔屢下,而消弭之效未聞,陛下豈得晏然而已乎?臣愚以爲,事必稽古,所以立法也。所謂禮樂律曆之類,皆法之所寓也。

陛下誠能以稽古爲務,遠宗帝王,近法祖宗,則典章經制,因革邊宜,大法可立,而治具彰矣。治必端本,所以正心也。所謂綱紀風俗之施,皆心之所推也。陛下誠能以端本爲先,委政大臣,聽用臺諫,則綱紀風俗,先後有序,大本既端,而治要舉矣。夫如是,則大化神明,而鴻恩博洽,績效何患於弗臻?日月貞明,而雨暘時若,和氣何患於弗應?陛下求治之心,不至是而有慰者乎?

抑臣猶有説焉。蓋天下之治,統於人主之心,而人主之心,天下之所共賴者也。心存於正,則事無不正,而天下蒙其福;心蔽於邪,則事無不邪,而天下與其憂。陛下知所以正心矣,臣特慮夫操存之甚難,而察識之未至耳。何者?一心之微,攻之者衆。大官備玉食之奉,九御儼紫庭之列。繁聲或足以悦耳,采色或足以娱目。嬖倖或希意以逢迎,邪私或乘間而浸潤。寶一遠物,或以開貢獻之門;玩一細娱,或以肇盤游之端。一朝之晚起,或以貽宴安之漸;一言之輕信,或以來讒佞之媒。一事之乘快,命令之所由輕;一恩之濫施,僥倖之所由啓。凡此數者,皆足以害治者也。儻少惑焉,臣恐聖心虛明而靜 ,有不得如前日者矣。臣願陛下戒之慎之,深惟前事之鑒,永爲克終之圖,涵養善端,培植治本。幽獨得肆之地,而所以持之者必嚴;紛華波蕩之中,而所以鎮之者必固。愛憎易徇之情,而所以矯之者必力;甘美可説之言,而所以防之者必深。以聖人之訓爲當從,以先王之治爲可法。總天下之智以助聰明,而於視聽無所蔽;順天下之心以施號令,而於取舍無所私。朝夕夢寐,有四海蒼生之憂;宵旰經營,存萬年宗社之慮。如此,則本原之地日益澄澈,是以帝王之道而圖帝王之功,以祖宗之法而守祖宗之業。綱紀常張而不弛,風俗常惇而不薄,大法無不修,而大本無不端,績效無不臻,而和氣無不應。天下仰之,萬世誦之。陛下致此無難,而寔臣愚之所深願者也。

臣干冒天威，不勝戰栗之至。

臣謹對。

臣王教

臣對：

臣聞帝王致天下之治者，其大有三：大法也，大本也，大幾也。夫規制畫一，條約詳明，凡所以予奪而爲榮辱，黜陟而爲勸懲，皆法也。然惟關天下是非之同，繫人心可否之當，上不失先王之成憲，下可爲後世之永式，循之則治隆而俗美，違之則教弛而風漓，斯則謂之大法。感而遂通，觸焉即應，凡所以主張乎庶物，綱維乎衆事，皆本也。然惟至公足以絕天下之私，至正足以杜天下之邪，取之不窮，用之不竭，百慮一致而即此以生，一日萬幾而胥此以應，斯則謂之大本。理之將窮，損益以出，數之將終，因革以异，凡所以可趨而謂之時，可乘而謂之勢，皆幾也。然惟中其會則逸而有成，失其便則勞而無功，來不可禦於倏忽之間，去不可追於猶豫之後，繫國家之安危，關天下之理亂，斯則謂之大幾。夫法者，治之具也；本者，法之源也；幾者，事之會也。非大本之立、固無以致大法之行。若大幾有不能決，則必先其所後，後其所先，因其所革，革其所因，所謂機會一失，噬臍無及，將併其大法而掣肘難行矣。臣嘗稽諸往牒，惟二帝、三王爲能全盡於此，故其功德兼隆，巍乎與天地同符。兩漢、唐、宋諸君，率皆偏駁而不全，故不能一一以致其盛。欽惟皇帝陛下，秉天地之全德，撫盈成之景運，懋修新政，率由舊章，一予一奪，一黜一陟，罔不協于至公，合乎物議。是天下有休寧之基，而宗社有靈長之慶，可謂大法行矣。然又從善如轉丸，決策如應響，損益必中其會，因革必就其便，是轉危而足以就安，易亂而足以爲治，可謂大幾決矣。行是法也，決是幾也，皆睿見之炳於先物，乾剛之執於獨斷，浮議有不能惑，群邪有不能誘。純王之心，布而爲純王之政，大本有弗立耶？既聖而不自聖，已安而若未安，乃於萬幾之暇，進臣等於庭而策問之。伏念愚臣草茅賤士，章句腐儒，當龍飛取士之首科，濫鴻漸于逵之末選，自知迂疏之論，不足少裨於萬一，然而際遇若此，豈敢隱默而不言哉？

臣惟天下之患，嘗坐於委靡不振，而奮發有爲者，獨能收致治之成功，何哉？爲其振綱紀於上，美風俗於下也。綱紀不振，則政必玩，玩則弛，弛則至於不可收拾，而天下風俗隨之矣。故綱紀之振者，必有以致風俗之美，風俗之美，未嘗不本於綱紀之振。自古帝王之順時揆事，創制立法，一皆由斯道也。帝之聖者，莫如堯舜；王之聖者，莫如禹湯文武。其在當時，黎民敏德，萬國咸寧。人人有君子之行，比屋有可封之俗。五刑措而不用，兵革櫜而不試。山川鬼神，無乎不寧；鳥獸魚鱉，罔不咸若。其致雍熙泰和之盛，卓然爲萬世之法程，信如聖制之所諭也。要其大法之立，有禮以別上下，而冠婚喪祭、朝覲會同，以至射飲食饗之有節；有樂以和神人，而《大章》《大韶》《大夏》《大濩》，以至《大武》諸音之克和。則禮樂定矣。有律以求聲氣，而權衡輕重、斗斛多寡、丈尺長短以分；有曆以紀歲時，而日月出沒、寒暑往來、人事興作以具。則律曆明矣。體國經野，畫土分域，有以疆理宇內，而爲九州、十二州、千里百里、七十、五十里之制；經邦弘化，率屬分職，有以設立庶官，而爲百揆四岳、維百維倍、三百六十之員。分田以給野人，而制賦以養君子，有貢也、助也、徹也，以至圭田五十畝、餘夫二十五畝，其綜理之何其周；興學以明教，而養士以儲材，有校也、序也、庠也，以至左學右學、虞庠國學，其制度亦無不至。自里選鄉舉而至於王國，則有造士、進士，由宗伯司馬以達於王焉；自翕受敷施而官於王朝，則有三載考績、三考黜陟幽明焉。因井制兵，而寓兵於農，無事則執耒之夫，有事則荷戈之卒也，何有於不掉之患乎？刑故宥過而期於無刑，五刑之屬若嚴，五用之法則恕也，何有於禁綱之密乎？是即臣所謂"大法之立，而爲綱紀之振"如此。其致雍熙泰和之盛，而爲風俗之美也，宜哉！雖然，此特其致治之具耳。原其建立之本，堯則克明峻德也，舜則允迪厥德也，禹則祗台德先也，湯則懋昭大德、建中於民也，文武則緝熙敬止、建其有極也。孰有外於此身此心者乎？溯其推行之序，則自身以及於家，爲敦敘九族，克諧以孝，時庸展親，刑于寡妻也。自家以及於國，爲平章百姓，庶明勵翼，德降國人，化行江漢也。自國以及於天下，爲協和萬邦，教訖四海，克綏厥猷，四海永清也。孰有失於徒法、徒善者乎？篤近以爲舉遠之資，由內以爲著外之地。鼓舞作興之機，未嘗不寓於揆事宰物之中；斡旋轉移之妙，未嘗不始於躬行心得之餘。然又因時以致其宜，隨變而異其處，是以事與時合，情隨勢順。則其所以致雍熙泰和之盛，而爲萬世之法程，豈非大幾之能決，有如愚臣所迂論者乎？

降及後世，於漢則稱七制，於唐則稱三宗，於宋則稱四聖，固皆創守之賢君也。然而致治之效，不淪於雜伯，則墮於雜夷，不困於西人，則擾於北虜。小康粗治，雖時時若有可稱；而比迹帝王，則邈邈乎天壤异域矣。所以然者，蓋由其狙治功於馬上，而《詩》《書》有所不事；溺清净於黃老，而制度有所未遑。勵精圖治，似矣，而多褊察，其何以有成？躬行仁義，美矣，而不克終，其何以責效？仁厚有餘者，不足於剛武；議論繁多者，未聞其雄斷。任其資以為治，隨其世以就功。於聖制所謂"建立之本，推行之叙"，概乎其有未能。若前所謂"綱紀之振，而奮發以致治"者，何有哉？

宋儒朱熹有曰："善為治者，必先有綱紀以持之於上，而後有風俗以驅之於下。"綱紀者何？辨賢否以定上下之分，核功罪以公賞罰之施是也。風俗者何？使人皆知善之可為而必為，皆知不善之可羞而必去也。然綱紀之所以振，則以宰執秉持而不敢失，臺諫補察而無所私，人主又以大公至正之心，恭己於上而照臨之。賞則為予、為陟、為三錫，而總之為命有功；罰則為奪、為黜、為五刑，而總之為討有罪。人君勵世磨鈍以奔走乎天下之人，不越此二事而已。曰綱則其大者，紀則衆目之小焉。綱則貴於常張，紀則貴於常理。詩云："勉勉我王，綱紀四方。"惟勉勉，則所以為綱紀者至矣。世惟賢者弗任，而任之或不專；否者弗去，而去之或弗決，則上下之分不能定。有功者不錄，而所錄或非其功；有罪者不刑，而所刑或非其罪，則賞罰之施有弗公。夫用一人焉，賞一人焉，而天下以為慶，則天下之善有所勸；舍一人焉，罰一人焉，而天下以為威，則天下之惡有所懲。天下之善者勸，則天下皆知善之當為，而人人有向善之風，薰陶之久，漸摩之至，雖不厚禄高爵以賞之，自無一人不歸於善；天下之惡者懲，則天下皆知惡之不當為，而人人有耻惡之意，假以旬時，運以德樞，雖不嚴刑峻法以處之，自無一人不改其惡。夫如是，則風俗何有不醇？天下何有不治？三代而上，正以能此故爾。

言漢之綱紀，委任大臣，掃除煩苛，約法減租，綜核名實，律令則命蕭何，禮儀則命叔孫通，章程軍法則定於張蒼、韓信，若曰少振之矣，然多仍秦之舊，而衆目猶有未舉。言唐之綱紀，職事任官，世業任民，租庸調任賦，府衛彍騎任兵，三訊五覆奏任刑，禮制於房玄齡，樂制於祖孝孫，律令編於長孫無忌，若曰亦既張矣，然皆襲隋之餘，而大綱猶有未正。言宋，則刑不加於士夫，事不委於戚畹，兵有三衙、四廂之制，刑有折杖覆訊之法，禮制於劉溫叟，樂制於和峴，封樁則有庫，審官則有院。比之漢唐，雖若不同，然而六官無分治之典，三考無黜陟之嚴，亦惟因五代之陋習也。故其風俗之成，止於海內殷富，黎民醇厚，而禮義則有未興；斗米三錢，外戶不閉，而道揆則有未立。忠厚廉恥、聲名文物雖盛，而國勢常削弱不振，邊事常警報未寧也。是豈帝王之治，真不可復？蓋以賢否倒置，賞罰任情，致治之道既虧，法制之美奚補？無怪乎風俗之美，不如二帝三王也。

仰惟我太祖高皇帝，肇造區夏，創建宏規。用夏變夷，復綱常於淪斁之後；除殘去暴，拯生民於塗炭之餘。太宗文皇帝，中靖家邦，纂述大統。振兵威於四夷，而神武之布昭；明理學於萬方，而聖化之覃被。其所立之綱紀，一皆取法於帝王，求端於天地，合德於覆載之公，并明於日月之照。據今《聖政記》及聖製諸書，可以莊誦而考知也。故一時之賢者必上，否者必下。有功者必賞，有罪者必罰。以股肱任宰執，而政柄有歸；以耳目任臺諫，而公議有在。所以治隆俗美，醇而不雜，比之二帝、三王而致雍熙泰和之盛，蓋有異世而同歸者矣。列聖相承，監於成憲，益隆不替，歷年百五十餘。其道即所以爲治，其治即所以爲道；其教即所以爲政，其政即所以爲教。如古人所謂合一者是也。故能綱紀有張而不弛，風俗一定而不移，視之祖宗之朝，則亦無甚相遠。

陛下之心，即我祖宗列聖之心，即堯舜禹湯文武之心也。撫臨億兆，夙夜祗懼，圖惟治理，不越以是心布之綱紀而已。然猶惓惓焉以績效未臻、和氣未應爲憂，而策問臣等，使陳其故。臣知陛下此意，蓋欲遠追帝王之蹤，近光祖宗之烈，不安於漢、唐、宋之粗治小康，明矣。臣昔在岩穴時，嘗念有懷而不得申，今者接咫尺之威，立方寸之地，不爲披肝瀝膽以陳於前，可乎？

夫綱紀者，其先在於辨賢否。今之孰賢孰否，陛下豈不灼知？其要在於公賞罰，今之或賞或罰，陛下豈有私見？宰執則屬秉持，陛下肯使之不行其志乎？臺諫則屬補察，陛下肯使之不盡其言乎？所以績效未臻、和氣未應者，厥咎何由？臣竊以爲，新政美矣，或未能慎於終以承於始乎？舊臣用矣，或未能知之深而任之重乎？民瘼除矣，有司之剝剋者或未改乎？事弊革矣，小人之窺伺者或未去乎？奸惡誅矣，在柙之虎其志猶有思騁得乎？巧佞逐矣，亂苗之莠其根猶有尚存者乎？四目明矣，觀聽左右者或投夫嗜好之機乎？四聰達矣，浮薄競進者或亂夫清穆之道乎？文教所以綏太平，學校之政雖修，而道德之本實未至，或者不免於粉飾乎？武備所以戢禍亂，行伍之法雖具，而折衝之精采未聞，或者不免於單弱乎？凡此皆大法之所當急，而大幾之決，正此時焉。夫天下之幾，莫大於維新之日，何則？君子洗心以改德，小人傾耳以聽命也。於今之日，益又不同。原其時勢，則亂之後易以治，危之後易以安，此一幾之可為，所當速決者也。昔殷高宗承外叛內亂之餘，其時勢正類於此。惟高宗識其幾而決之，故能修德正事，以成嘉靖之休。原其理數，則否之極而泰來，剝之盡而復生，此一幾之先見，所當逆決者也。昔周宣王承人離天變之後，其理數正合於是。惟宣王因其幾而乘之，故能內修外攘，以致中興之盛。陛下以嘉靖紀元，中興勵志，失今不為，當於何時為耶？夫事必稽諸古，而後有以驗夫因革之宜；治必端其本，而後可以不紊夫先後之序，誠如陛下之所諭也。

　　古人之行，臣既略陳之矣，臣於此又有端本之說獻焉。端本無過於修身講學。身者，天下之本；而心者，又一身之本。身之修與不修，在心之正與不正；心之正與不正，在學之講與不講。講學之道，又在乎專於內而無雜於外。惟正心，則可以修此身；惟講學，則可以正此心；惟親君子遠小人，則可以專此學。學既專則理自明，理既明則事自不眩。由是而振綱紀以美風俗，賢否自合乎上下之宜，功罪自得夫賞罰之當。勸懲所在，遠近從風；榮辱所激，朝夕易俗。勵精有為，而期於化行俗美，舍此其焉圖之？臣願陛下；始終此心而不移，緝熙此學而無間。持之以悠久，戒之以荒嬉。弗溺於宴安，罔奪於玩好。精擇善利，勇決取舍。超然遠覽，深惟至計。信違拂之為忠，思儆戒之可樂。畏天之命，悉下之情。審時之宜，定國之是。去其不如帝王者，以勉夫堯、舜、禹、湯、文、武之行；檢其不遵成法者，以就夫祖宗列聖之訓。將見推無不準，動無不化，績效未有不臻，和氣未有不應，凡所憂於天下者，不治而自治矣。惟陛下俯賜采納，而見諸施行，天下幸甚！萬世幸甚！豈特愚臣之幸哉？

　　臣干冒天威，不勝戰懼隕越之至。

　　臣謹對。

臣徐階

臣對：

臣聞帝王之於天下，必稽古以爲致治之資，必端本以爲出治之地。至矣哉，古之法乎！酌之於時宜，而有以通天下之情，致治者之所資也。大矣哉，君之心乎！斂之於方寸，而有以基天下之化，出治者之所本也。使人君於此敢於自用，而不知古之當稽，則因革之宜必無以驗，而其所設施，於是有奸於時者矣。惑於他岐，而不知本之當端，則先後之序必無以識，而其所運用，於是有違於道者矣。夫以其奸於時也，民將駭之而弗從；違於道也，民將議之而弗服。其何以一人心、厚風俗，以成雍熙泰和之盛哉？是故治天下由於法制，而惟創於古者不可易也。善爲治者，必稽諸古昔，以爲維新之政，而不當別有所立，以爲奇。厚風俗由於紀綱，而惟存諸心者不可忽也。善出治者，必求諸此心，以爲萬化之本，而不當別有所事以爲工。古焉能稽，則因革之宜可以驗矣；本焉能端，則先後之序可以識矣。治功之成，不由是而可決乎？帝王治天下之道，或存乎此，而實陛下今日之所欲聞者也。

恭惟皇帝陛下，剛健中正，首出庶物，既已具聖人之德；誕膺景命，撫有方夏，又已得聖人之時。登極之初，渙汗大號，與民更始，仁澤下流，無遠弗屆，天下欣欣然有熙皞之樂。而公卿大臣、百司庶府，亦莫不喜際昌期，勉修職業，師師然有讓德之風。臣愚以爲，唐虞、三代祖宗之時，莫是過矣。虛懷謙冲，不自滿假，恒以績效未臻、和氣未應爲懼，爰進臣等于廷，詢之治道，是即望道未見之心、取人爲善之量也。昔宋儒程顥嘗上稽古之論，而朱熹亦每爲正心之言，臣愚誦法程朱久矣，敢不掇拾一二，以仰副清問之勤乎？

竊惟天下至大也，兆民至衆也，而天下之俗，又不能以皆醇也。人君以一人之身，尊臨乎其上，非有法制以齊之，則民將無所于守，而其渙者不可一；非有紀綱以持之，則民將莫知所向，而其薄者不可醇。古帝王知其然，是故順時揆事，創制立法，以盡天下之務，而莫或參之以己意之私。綱焉常張，紀焉常理，以善天下之俗，而尤致謹於本原之地。蓋其法制之行，必期於可久，故其於時宜也，自不容有所違；紀綱之立，必期於成化，故其於心術也，自不容有所忽。其所以率天下於王道之中，囿民生於帝則之內者，夫豈苟然之故哉？臣請自其法制言之。禮之定也，有吉凶軍賓嘉之异、而神人治焉。樂之定也，有《章》

《韶》《夏》《濩》《武》之异，而上下和焉。黄鍾、太簇、姑洗、蕤賓、夷則、無射以爲陽，太吕、夾鍾、仲吕、林鍾、南吕、應鍾以爲陰，則律明，而度量衡於此乎興。璿璣玉衡以齊七政，步推積分以立閏法，則曆明，而民時於是乎授。疆理宇内，則或肇之爲十二州，或合之爲九州，或第之爲五服，而疆界昭。設立庶官，則或稽古，建官惟百，或官倍，亦克用乂，或三百六十，統於六卿，而政教舉。咸則三壤，任土作貢，百里賦納總，二百里納銍，三百里納秸服，四百里粟，五百里米，以至貢、助、徹，各一其法，而所以分田制賦者爲甚周。春秋教以禮樂，冬夏教以《詩》《書》，小學在公宫南之左，大學在郊，天子曰辟廱，諸侯曰頖宫，以至庠、序、校，各一其名，而所以興學養士者爲甚備。敷奏以言，明試以功，三載考績，三考黜陟幽明，鄉舉里選之惟公，秀造俊進之有等，是皆所謂選舉考課之法也。司馬掌邦政，統六師，平邦國；司寇掌邦禁，詰奸慝，刑暴亂，是皆所謂兵戎刑罰之制也。建立有本，而近不出於人君之身；推行有序，而漸以達於天下之大。則固足以成治於一時，而凡後世之則，亦有不能外焉者矣。

夫何自秦以降，事不師古，雖其間號稱善治如漢、唐、宋者，英君誼辟，往往作於創業守成之時，而究其建立，終不能彷彿於帝王之盛？如漢之七制，非不有可稱也。然禮文雜就於秦儀之陋，律令捃摭乎秦法之遺，章程定而闊疏之弊猶存，軍法申而九伐之義亦昧。賢良舉矣，不知有學校之當先；民租減矣，不知有井田之當復。《芝房》《寶鼎》之歌，何取乎音樂之正？珠崖、大宛之戰，何取乎吊伐之師？户口僞增，以蒙上賞，既非考課之嚴；不任三公，事歸臺閣，尤非設官之意。則夫兩漢之治，所以病於雜霸、狃於小康，剛者蹈急迫之虞，柔者貽寬縱之失，有由然也。唐之三宗，非不有可稱也。然貞觀開元之禮，具其文而意不在，特所謂虚名者耳；黎園小部之樂，適足爲戒而不足考法，蓋所謂新聲者耳。曆之作，凡二十三家，而不免愈密愈差之議；官之建，凡七百三十，而不免員外置特置之繁。大徵天下名儒爲學官，似矣。顧學士能通一經以上，即得補官；屯營飛騎有能通經者，即得貢舉，而無復聖賢明德新民之學。生徒鄉貢制舉以取士，幾矣。顧爲進士者，皆誦當代之文，而不通經史；明經者，但記帖括，又投牒自舉，而非復哲王仄席待賢之道。口分世業以養民，而什一之規猶未備；設府立衛以聚兵，而藩鎮之防猶未密。善最之法廢，而其後也，至於限年躐級，無得逾越，才俊之士，無不怨嘆。律令之格式廢，而其末也，至於刑書繁雜，精明之士不能遍習，吏得上下以爲奸，則夫唐之爲治，所以病於假仁，流於雜夷，有盈成之業而不能守，有恢復之功而不克終，固其宜也。宋之太祖、太宗、仁宗，又非不有可稱也。然以開寶之通禮，而擬諸五禮，則其得失何如？以和峴之雅樂，而比諸六樂，則其優劣何如？胡瑗、房庶之律均，無以得聲氣之元；《崇天》《奉元》之曆舉，無以窺羲和之妙。輕節度之任，雖足以戢奸雄之□，而漸無以禦外敵之驕。賑諸州之粟，雖足以蘇饑饉之憂，而終不能易兩稅之弊。覆試嚴，而詩賦之習未改於前時；學校建，而蘇湖之教未洽於天下。其於考課，則司馬光以爲采名不采實，誅文不誅意，而吏多偷惰之風。其於兵戎，則范鎮以爲中書主民，樞密主兵，而事多杆格之患。知官之當審，而材任相違，職政廢弛；知刑之當恤，而冤結不理，奸暴不除。則宋之爲治，所以因循苟且、日入於弊，内無以清朝廷之奸，外無以杜邊場之釁，又何怪其然哉？

　　聖策以爲"致治之道不專恃於法制"，是則固然，而臣愚竊敢謂，漢、唐、宋殆併其法制而亡之者耳。至於紀綱風俗，則朱熹之論嘗曰："善爲治者，必先有紀綱以持之於上，而後有風俗以驅之於下。"何謂紀綱？核功罪以公賞罰之施，辨賢否以定上下之分是也。何謂風俗？使人曉然知善之可慕而必爲，不善之可羞而必去是也。夫以天下之治，本於紀綱，而成於風俗，則朝廷之上，所以轉移振舉，誠莫有急於此者。顧惟風俗不能以徒善，而必由於紀綱；紀綱不能以自立，而必由於人主之心術。唐虞、三代，其所以爲心術焉者，曰"允執厥中"，曰"惟精惟一"，曰"祇台德先"，曰"制事制心"，曰"緝熙敬止"，曰"建其有極"。方寸隱微之間，粹然無偏黨反側之累，而心術之正何如也？故其體之於身則爲德行，措之於政則爲紀綱。示民以所當務，而自不昧於所從；示民以所不爲，而自不迷於所適。以黎民則於變，以四方則風動，以聲教則四訖，以萬邦則惟懷，以萬民則咸和，以四海則永清。人人君子，比屋可封，而風俗之醇何如也？自漢以來，則紀綱之張弛，代有不同；而風俗之醇雜，亦遂因之以异，此豈紀綱之不可振、風俗之不可醇哉？亦由諸君之心術，或不事《詩》《書》，或喜談佛老，而未聞所以養之之方；或仁義外施，或德教不醇，而未嘗致其養之之實。才明勇略者，不能無溺於圖讖；功德兼隆者，不能無愧於躬行。勵精政事，而卒無以勝其侈泰之私；防非窒欲，而卒莫能進於誠正之域。仁恕恭儉，有帝王之略矣，而其所務，僅止於讀書之勤；寬仁慈愛，有帝王之量矣，而其所爲，不免於道教之蔽。此其心術，胡可齒於唐虞、三代，而欲紀綱風俗之無弊哉？是故漢以規模爲紀綱，唐以法度爲紀綱，宋以忠厚廉耻爲紀綱。雖若宋愈於漢，漢愈於唐，至其視五子之所歌、棫樸之所咏，則固邈乎其不逮矣。西漢尚經術，而習俗胥靡，以至貢符獻瑞，失之於詭隨。東漢尚節義，而互相標榜，以至捐身償事，失之於□激。唐則藩鎮阻兵，而君臣之倫缺；士卒逐帥，而上下之義垂。宋則慶曆以前，抑奔競，黜浮薄，而其俗每依於厚；慶曆以降，勵名節，敢言事，而其俗多主於剛。雖若宋類於漢，漢愈於唐，而其視康衢之所謠，典謨之所載，則均之莫能及矣。夫其上下相承之機，彼此感應之理，其微不可測，而其徵不可誣如此，是豈可不慎哉？善乎熹之言曰："紀綱所以振舉，在於宰執秉持而無所失，臺諫補察而無所私。"人主以大公至正之心，恭己照臨於上，則夫欲振天下之紀綱、以成天下之風俗者，宰執臺諫，雖當分任其職，而其本實在乎人君之一心。蓋非大公，無以絕天下之私；非至正，無以止天下之邪。私且邪焉，則刑賞舉措，不能以不違於道，而風俗因之。彼唐虞、三代漢、唐、宋所以異者，豈非職此之故哉？

　　仰惟我太祖高皇帝，肇造區夏，建立弘規。命牛諒以制禮，而一洗污染之習；命陶凱以制樂，而盡屏淫褻之音。曆因夫勝國之成，律采夫宋人之舊，以十三布政司分理天下，而山川刑便之各適，以諸司職掌統理庶官，而中外大小之相維。田賦有定額，而豪强不得以兼并；考課有成法，而賢否不得以混淆。干戈甫定，而學校之即設；科貢有途，而賢良之時舉。命尚書劉惟謙會衆律以協厥中，而革近代比例之非，諭行中書省臣立管領兵民萬戶府，而深明寓兵於農之意。監規須於太學，而爲士者知所守；兵權出於朝廷，而爲將者不得私。其詳審精密、無所愧於唐虞、三代，而於紀綱風俗，則又屢以爲言。如諭太史令劉基、起居注王禕，則曰："法度縱弛，當在更張。使紀綱振而條目舉，其要在明禮義、正人心、厚風俗以爲之本。"馳檄中原，則曰："立綱陳紀，救濟斯民。"選國子生分教北方，則曰："致治在於善俗。"而我聖祖圖治之心，致理之迹，蓋蔑以加矣。太宗文皇帝，中靖家邦，纂集大統；列聖相傳，監于成憲，益隆不替矣。是以百五十餘年，道洽政治，匹休於唐虞，超軼於三代，而漢、唐、宋有不足言者。

肆今陛下繼述之孝，表裏一心，德化之隆，遐邇率服，聖作當物睹之期，龍飛啓中興之運。而降賜清問，顧惟以不逮爲憂，欲勵精有爲，期於化行俗美，紹復祖宗之舊，以上追隆古之治，則或者以今日郡國水旱之灾未盡消息，潢池甲兵之警未盡底寧，四夷八蠻在要荒之外者未盡賓服，賢人君子在草茅之下者未盡登用，而有所不釋然於中耳。然臣以爲，此豈可以他求哉？昔嘗莊誦聖祖之言曰："日月之能久照，萬世不改其明；堯舜之道不息，萬世不改其行。"又曰："人君一心，治化之本，存諸中者無堯舜之心，欲施於政者有堯舜之治，不可得也。"大哉王言！其真得所謂"稽古端本"者乎！觀於此，而陛下之所當爲者可知矣。是故唐虞、三代之政，因革得其宜，而可以行於後者也。漢、唐、宋蓋嘗忽之，而我祖宗列聖則集其大成之妙矣。陛下誠能游心於千古之上，事必考諸已試，動皆求其可師，退然無一毫自是之念，則非徒法唐虞、三代，而實所以法我祖宗列聖也。將見聖心洞然，仰有以窺治平之故，俯有以探喪亂之原，真知夫離合之情，灼見夫損益之變，政可通於衆志，法可宜於土俗，而謂因革之宜，乃復有昧焉者乎？紀綱風俗之序，秩然不可紊，而實本於君心者也。唐虞、三代，具有成績，而我祖宗列聖，又得其心法之傳矣。陛下誠能斂此心於一腔之中，戒謹恐懼，以全天理之正，省察克治，以遏人欲之私。確然無一毫他岐之惑，則非徒學堯舜禹湯文武，而實所以學我祖宗列聖也。將見聖心湛然，皇極以建，儀則以端，躬行之所得，真可以顯設於朝廷，平章之所推，真可以弘敷於薄海，而謂先後之序，乃復有紊焉者乎？夫惟因革之宜既無所昧，則由是推無不準，動無不化，而民用以和，所謂庶績咸熙，百揆時叙，以至位天地、育萬物。而彼和氣之未應，固可以無勞宵旰之憂矣。先後之序既無所紊，則由是紀綱益振，風俗益醇，而民罔不中，所謂正心以正朝廷，正朝廷以正百官，百官正，四方遠近莫不一於正。而彼績效之未臻，亦可以無廑九重之慮矣。若乃舍乎古以爲不足法，舍其心以爲不足事，則監觀之資已疏，本原之地不立，固非陛下之所當爲，而愚臣亦豈敢以爲獻哉？

雖然，稽諸古以驗夫因革之宜，端其本以不紊先後之序，此亦陛下今日所已行者，特願有以保其終而已耳。保之何如？親賢臣以資啓沃之功，學古訓以長見聞之益。謹之於一念方萌之初，察之於一物未交之際。必使自身而家而國而天下，凡有所爲，輒與成憲會，而後足以言稽古之極。不然，不可以自棄也。必使由顯而微，由鉅而細，隨其所在，常與天理俱，而後足以言端本之極。不然，不可以自肆也。昧爽丕顯，如成湯之日新；始終典學，如高宗之時敏。則夫紹復祖宗之舊，以上追隆古之治，將必於是焉得之，而所謂勵精有爲，亦無要於此者矣。

臣愚不勝拳拳，干冒天威，無任惶懼隕越之至。

臣謹對。

嘉靖八年進士登科錄

玉音

嘉靖八年三月初十日，禮部尚書臣李時等於奉天門奏爲科舉事：會試天下舉人，取中三百二十名。本年三月十五日，殿試，合請讀卷官及執事等官少師兼太子太師、吏部尚書、華蓋殿大學士楊一清等五十七員。其進士出身等第，恭依太祖高皇帝欽定資格：第一甲例取三名，第一名從六品，第二、第三名正七品，賜進士及第；第二甲從七品，賜進士出身；第三甲正八品，賜同進士出身。奉聖旨："是。欽此。"

讀卷官

特進光祿大夫、左柱國、少師兼太子太師、吏部尚書、華蓋殿大學士楊一清，壬辰進士。

光祿大夫、柱國、少傅兼太子太傅、吏部尚書、謹身殿大學士張璁，辛巳進士。

光祿大夫、柱國、少保兼太子太傅、吏部尚書、武英殿大學士桂萼，辛未進士。

光祿大夫、柱國、太子太保、吏部尚書兼翰林院學士方獻夫，乙丑進士。

榮祿大夫、太子太保、兵部尚書李承勛，癸丑進士。

資政大夫、禮部尚書兼文淵閣大學士翟鑾，乙丑進士。

戶部尚書梁材，己未進士。

資善大夫、刑部尚書高友璣，庚戌進士。

資善大夫、工部尚書劉麟，丙辰進士。

都察院右都御史熊浹，甲戌進士。

通議大夫、詹事府詹事兼翰林院學士霍韜，甲戌進士。

通議大夫、詹事府詹事兼翰林院學士顧鼎臣，乙丑進士。

中憲大夫、通政使司左通政宋滄，戊辰進士。

奉政大夫、左春坊左庶子兼翰林院侍講學士穆孔暉，乙丑進士。

翰林院侍讀學士、奉直大夫許成名，辛未進士。

翰林院侍講學士、奉直大夫張潮，辛未進士。

翰林院侍講學士、奉直大夫許誥，己未進士。

翰林院侍講學士、奉訓大夫席春，丁丑進士。

提調官

禮部尚書李時，壬戌進士。

嘉議大夫、禮部右侍郎嚴嵩，乙丑進士。

監試官

文林郎、福建道監察御史馬紀，丁丑進士。

文林郎、雲南道監察御史趙兌，辛巳進士。

受卷官

奉議大夫、左春坊左庶子兼翰林院侍讀盛端明，壬戌進士。

翰林院編修、承事郎徐階，癸未進士。

吏科都給事中劉世揚，丁丑進士。

承事郎、戶科都給事中蔡經，丁丑進士。

彌封官

資善大夫、太常寺卿劉榮，秀才。

奉政大夫、修正庶尹、尚寶司卿劉臬，生員。

朝列大夫、尚寶司卿邵文恩，甲子貢士。

奉直大夫、鴻臚寺左少卿王道中，甲戌進士。

翰林院編修、承事郎歐陽德，癸未進士。

承事郎、禮科都給事中王汝梅，丁丑進士。

承事郎、兵科都給事中夏言，丁丑進士。

承德郎、尚寶司司丞張天保，秀才。

翰林院掌典籍事、中書舍人凌楫，儒士。

掌卷官

右春坊右庶子兼翰林院修撰方鵬，戊辰進士。

翰林院編修、承事郎歐陽衢，丙戌進士。

承事郎、刑科都給事中趙廷瑞，辛巳進士。

工科都給事中陳臯謨，辛巳進士。

巡綽官

鎮國將軍、錦衣衛掌衛事、署都指揮使駱安。

鎮國將軍、錦衣衛署都指揮使王佐。

昭勇將軍、錦衣衛指揮使張琦。

昭勇將軍、錦衣衛署指揮使王蘭。

明威將軍、錦衣衛指揮僉事劉宗武。

明威將軍、錦衣衛指揮僉事陳寅。

昭勇將軍、金吾前衛指揮使王茂。

懷遠將軍、金吾後衛指揮同知徐廷。

印卷官

承德郎、禮部儀制清吏司署郎中事、主事方一蘭，癸未進士。

承德郎、禮部儀制清吏司署員外郎事、主事陸堂，癸未進士。

承直郎、禮部儀制清吏司主事歐陽塾，丙戌進士。

供給官

奉議大夫、光祿寺少卿周文興，戊辰進士。

承德郎、光祿寺寺丞葉廷芳，辛酉貢士。

承德郎、光祿寺寺丞彭黯，癸未進士。

登仕佐郎、禮部司務王澈，癸酉貢士。

承德郎、禮部精膳清吏司署郎中事、主事丘其仁，丁丑進士。

登仕佐郎、禮部精膳清吏司署員外郎事、司務李文中，甲子貢士。

承直郎、禮部精膳清吏司主事王汝孝，丙戌進士。

恩榮次第

嘉靖八年三月十五日，早，諸貢士赴內府殿試。上御奉天殿親賜策問。

三月十九日，早，文武百官朝服侍班。是日，錦衣衛設鹵簿于丹陛丹墀內，上御奉天殿，鴻臚寺官傳制唱名，禮部官捧黃榜，鼓樂導引出長安左門外，張掛畢，順天府官用傘蓋儀從送狀元歸第。

三月二十日，賜宴於禮部，宴畢，赴鴻臚寺習儀。

三月二十二日，賜狀元朝服冠帶及進士寶鈔。

三月二十三日，狀元率諸進士上表謝恩。

三月二十四日，狀元率諸進士詣先師孔子廟行釋菜禮。禮部奏請命工部於國子監立石題名。

第一甲三名　賜進士及第

羅洪先　貫江西吉安府吉水縣，民籍。縣學附學生。治《書經》。字達夫，行五，年二十六，十月十四日生。曾祖良，衛經歷。祖玉，贈兵部員外郎。父循，按察司副使。母李氏，加封宜人。具慶下。弟壽光、居先。娶曾氏。江西鄉試第八十名，會試第二十六名。

程文德　貫浙江金華府永康縣，民籍。國子生。治《書經》。字舜敷，行八十四，年三十三，九月初三日生。曾祖永延。祖世剛，封南京大理寺右評事。父銈，按察司副使。母趙氏，封孺人。具慶下。兄文思。弟文謨、文訓。娶潘氏。浙江鄉試第八名，會試第十名。

楊名　貫四川潼川州遂寧縣，民籍。縣學生。治《春秋》。字實卿，行一，年二十五，六月十四日生。曾祖萬全，壽官。祖時景，壽官。父洪江。母杜氏。重慶下。弟台。娶劉氏。四川鄉試第一名，會試第六十九名。

第二甲九十五名　賜進士出身

唐順之　貫直隸常州府武進縣，民籍。府學增廣生。治《詩經》。字應德，行一，年二十三，十月初五日生。曾祖衍，贈戶科給事中。祖貴，戶科給事中。父珤，貢士。母任氏。具慶下。弟正之。娶莊氏。應天府鄉試第六名，會試第一名。

陳束　貫浙江寧波府鄞縣，民籍。府學生。治《易經》。字約之，行八，年二十二，四月十六日生。曾祖璩，巡檢。祖鑰。父濂卿。母戚氏。慈侍下。兄模柬。聘董氏。浙江鄉試第七十五名，會試第一百二十一名。

任瀚　貫四川順慶府南充縣，民籍。西充縣人。國子生。治《詩經》。字少海，行三，年二十九，十二月初八日生。曾祖政。祖拱榮，縣丞。父九鼎，縣主簿。母賈氏。嚴侍下。兄淞，監生；江；瀾；仰止。娶花氏。四川鄉試第十三名，會試第二百八十三名。

陳節之　貫福建福州府閩縣，軍籍。縣學附學生。治《易經》。字尹和，行四，年二十五，二月二十六日生。曾祖憼宗。祖煜。父坤。母廖氏。

具慶下。兄鏡、銑。娶梁氏。福建鄉試第二十七名，會試第二百六十四名。

胡經　貫江西吉安府廬陵縣，民籍。國子生。治《易經》。字用甫，行四，年四十二，正月十六日生。曾祖愃。祖珂，監生。父齊。母周氏。具慶下。兄子亞，府知事。弟紺、約、繢、絳。娶周氏，繼娶彭氏、蔣氏。江西鄉試第四十名，會試第十一名。

夏寶　貫湖廣長沙府益陽縣，馬船籍。縣學生。治《書經》。字楚善，行二，年三十一，十一月初二日生。曾祖孟昭。祖恭。父萬齡，義官。母蕭氏。具慶下。兄金。弟璧、玉。娶陳氏。湖廣鄉試第二十八名，會試第一百八十五名。

李聯芳　貫陝西漢中府洵陽縣，民籍，江西吉水縣人。國子生。治《詩經》。字伯實，行六，年二十五，四月初一日生。曾祖復有。祖爾定。父珩，監生。母羅氏。具慶下。兄聯輝。弟聯璧、聯治、先芳、聯寀。娶謝氏。陝西鄉試第五十五名，會試第六名。

何鰲　貫廣東廣州府順德縣，軍籍。國子生。治《禮記》。字子時，行五，年三十，九月初二日生。曾祖永安。祖昌，知縣。父一達，贈監察御史。前母陳氏，贈孺人；區氏。母趙氏，贈孺人。永感下。兄宏，知縣；恢；鰲，按察司副使；鱄。弟魴、鯉。娶佘氏。廣東鄉試第五名，會試第五名。

粟應麟　貫山西潞州，民籍。州學增廣生。治《易經》。字仁甫，行一，年三十一，三月十七日生。曾祖玄，封文林郎。祖鑌，典膳。父瑢，儀賓。母桂平縣主。具慶下。兄繼芳，監生；應韶。弟應□，貢士；應鵬；應奎；應豸；應科；應秋；應期。娶宋氏。山西鄉試第二十一名，會試第三名。

盧淮　貫直隸淮安衛，軍籍，浙江慈谿縣人。國子生。治《禮記》。字北紀，行一，年三十二，四月二十六日生。曾祖榮，義官。祖璡。父鎬，壽官。母桑氏。具慶下。兄清、源。弟洪、海、滋、洞。娶陳氏。應天府鄉試第十五名，會試第二百八十七名。

王學益　貫江西吉安府安福縣，民籍。國子生。治《春秋》。字虞卿，行四十七，年三十五，十二月十五日生。曾祖循紀，壽官。祖珉，壽官。父稼，封吏部員外郎。母顏氏，封宜人。嚴侍下。兄學夔，南京太僕寺少卿；學孔，推官；學龍；學舜，貢士；學吾，貢士。娶劉氏。江西鄉試第四十二名，會試第四名。

項喬　貫浙江溫州府永嘉縣，富戶籍。國子生。治《詩經》。字遷之，行一,年三十七,四月初三日生。曾祖昂。祖淵。父式。母婁氏。具慶下。弟格、材、梓。娶張氏。浙江鄉試第十八名,會試第一百十一名。

朱麟　貫江西吉安府萬安縣,民籍。國子生。治《易經》。字子仁,行四,年四十,十二月初六日生。曾祖元餙。祖祖貴,義官。父憲,訓導。母劉氏,繼母徐氏。具慶下。兄鸞,□□舍人;鶴,監生;鶚,陰陽正術。弟鷹。娶李氏,繼娶康氏。江西鄉試第十七名,會試第一百十九名。

鄭綱　貫福建興化府莆田縣,軍籍。府學附學生。治《書經》。字尚行,行五,年二十九,十月十六日生。曾祖商,壽官。祖崇。父瓚,戶部主事。母陳氏。永感下。兄大寶;大同,同科進士。弟約、大田、紹、大河、紱、緋。娶陳氏。福建鄉試第二十二名,會試第四十三名。

梁懷仁　貫福建泉州府晉江縣,軍籍。國子生。治《易經》。字宅之,行一,年二十,十二月二十一日生。曾祖隆。祖武榮。父黼。母莊氏。重慶下。弟懷義、懷禮、懷智。聘陳氏。福建鄉試第六十四名,會試第十四名。

諸邦憲　貫直隸蘇州府崑山縣,民籍。國子生。治《易經》。字貞伯,行一,年三十六,十二月初十日生。曾祖寬,知州。祖天叙。父玉,歲貢監生。母王氏。慈侍下。弟邦正,貢士。娶秦氏。應天府鄉試第十三名,會試第二百十名。

汪大受　貫直隸徽州府婺源縣,民籍。縣學生。治《書經》。字叔可,行三十八,年二十八,七月初二日生。曾祖敬,戶部主事。祖時偉。父文華。母程氏。慈侍下。兄大相。弟大贊。娶王氏。應天府鄉試第一百二十四名,會試第一百二十八名。

謝紘　貫浙江紹興府會稽縣,民籍。縣學生。治《春秋》。字天章,行十二,年二十六,七月二十八日生。曾祖旭,教諭。祖會,貢士。父殷,監生。母沈氏。具慶下。兄紞。弟綱。娶韓氏,繼娶沈氏。浙江鄉試第二名,會試第五十二名。

王三錫　貫直隸蘇州府太倉州,民籍。崑山縣人。州學附學生。治《易經》。字汝懷,行二,年二十五,四月十九日生。曾祖訓,壽官。祖恢,承事郎。父時暘,監生。母顧氏。重慶下。兄任用,貢士。弟三接、三顧、三聘、三宥。娶吳氏。應天府鄉試第一百二十六名,會試第一百七十六名。

郭宗皋　貫山東登州衛福山備禦所,軍籍,江西萬安縣人。福山縣學生。治《禮記》。字君弼,行一,年三十一,正月十三日生。曾祖榮,義官。祖亨，縣丞。父天錫，知州。母于氏。重慶下。弟宗伊、宗傅、宗周、宗夔、宗稷。娶孫氏。山東鄉試第十名，會試第十六名。

涂楷　貫江西南昌府豐城縣，匠籍。國子生。治《易經》。字良翰，行五，年四十二，八月二十五日生。曾祖永載，封監察御史。祖觀，知府。父昇，按察司副使。母鄔氏，贈孺人；繼母喻氏，封孺人；王氏。慈侍下。兄相；楫，監生；植，朴。弟柯、梆、楹。娶劉氏。江西鄉試第二十五名，會試第三十四名。

張旂　貫山東濟南府長清縣，軍籍。府學生。治《詩經》。字邦健，行七，年三十一，六月十八日生。曾祖樂。祖龍。父禎，訓導。前母王氏，母李氏。慈侍下。兄旂，府同知；旒，驛丞；旄，貢士；旖。弟旒、旌、旅、施。娶王氏。山東鄉試第十七名，會試第一百四十二名。

胡松　貫直隸滁州，民籍。州學生。治《易經》。字汝茂，行一，年二十七，十月十一日生。曾祖能。祖璉。父江。母倪氏。具慶下。弟檜、椿、楠。娶范氏。應天府鄉試第七十八名，會試第二百七十六名。

吳遠　貫江西臨江府新淦縣，民籍。國子生。治《易經》。字近光，行十二，年三十九，五月初六日生。曾祖咸濟。祖春阜。父昌，知縣。前母周氏，母曾氏。慈侍下。兄選、遷、迥、道。弟適。娶謝氏。江西鄉試第八十七名，會試第二百七十一名。

黃卷　貫錦衣衛，軍籍，湖廣麻城縣人。順天府學增廣生。治《詩經》。字景文，行二，年二十六，十月十六日生。曾祖文質。祖子華。父璲，義官。母胡氏。具慶下。兄春。弟甲。娶武氏。順天府鄉試第十四名，會試第一百九十一名。

戴銑　貫廣東廣州府東莞縣，軍籍。縣學附學生。治《春秋》。字了聲，行二，年三十一，五月二十一日生。曾祖安福，贈衛經歷。祖端，衛經歷。父盛。母袁氏。具慶下。兄釗。弟鎰。娶袁氏。廣東鄉試第九名，會試第二百二十八名。

鄭慶　貫福建福州府長樂縣，民籍。國子生。治《詩經》。字有章，行五，年四十三，四月初六日生。曾祖永昭。祖伯容。父孔信，封戶部主事。母卓氏，贈安人；繼母林氏。慈侍下。兄文靜，訓導；寅，訓導；寫。弟寅；憲，刑部主事。娶李氏。福建鄉試第十五名，會試第二百四十名。

黎晨　貫直隸河間府任丘縣，民籍，四川閬中縣人。縣學附學生。治《詩經》。字光啟，行四，年三十六，八月十九日生。曾祖真，教授。

祖愷，典史。父顥，知州。母張氏，繼母王氏。具慶下。兄璀、瑛、璋。弟瓊、昇、瓚、昺、琳、昶、杲、璜。娶房氏。順天府鄉試第三十一名，會試第一百四十九名。

　　孫雲　貫直隸蘇州府崑山縣，民籍。國子生。治《易經》。字從龍，行一，年三十四，九月初一日生。曾祖亮。祖俊，典史。父泰。母倪氏。慈侍下。弟霊。娶金氏，繼娶徐氏。應天府鄉試第一百七名，會試第三百二名。

　　蔡雲程　貫浙江台州府臨海縣，民籍。國子生。治《春秋》。字亨之，行一，年三十六，十二月初一日生。曾祖廷貴。祖永昇，大使，贈徵仕郎、兵科右給事中。父潮，布政司右布政使。母陳氏，贈孺人；繼母洪氏，封孺人。具慶下。弟雲翰、雲翔、雲瑞。娶秦氏。浙江鄉試第五十八名，會試第一百四十七名。

　　陳詞　貫直隸常州府江陰縣，民籍。國子生。治《書經》。字子達，行二，年三十，九月初六日生。曾祖昇遠。祖玘，義官。父鳳，貢士。母吳氏，繼母胡氏。重慶下。兄情，監生。弟編、力。娶吳氏。順天府鄉試第一百三十二名，會試第七十六名。

　　楊祐　貫浙江杭州府錢塘縣，民籍，建德縣人。國子生。治《易經》。字汝承，行二十三，年二十六，四月初六日生。曾祖永政，七品散官。祖大昇，迪功郎。父象。母郎氏。具慶下。娶許氏，繼娶許氏。浙江鄉試第四十四名，會試第四十六名。

　　鄭世威　貫福建福州府長樂縣，軍籍。縣學附學生。治《詩經》。字中孚，行七，年二十七，正月初五日生。曾祖叔高。祖紹。父汝慶。母鄒氏。具慶下。弟録、鈿、銑。娶李氏。福建鄉試第六名，會試第六十七名。

　　陳茂義　貫浙江寧波府慈谿縣，民籍。縣學附學生。治《詩經》。字時卿，行二，年二十五，九月十三日生。曾祖志。祖倫。父鳳，縣主簿。母魏氏。慈侍下。兄茂仁。弟茂禮。娶桂氏。浙江鄉試第三十九名，會試第二百七十四名。

　　洪富　貫福建泉州府晉江縣，民籍。國子生。治《易經》。字國昌，行一，年四十二，三月初九日生。曾祖廷厚。祖謙德。父賀。母吳氏，繼母吳氏。具慶下。弟饒、養素、養氣。娶昌氏。福建鄉試第五十七名，會試第一百五十五名。

潘徽　貫浙江金華府金華縣，儒籍。國子生。治《書經》。字叔慎，行十一，年三十五，八月初八日生。曾祖洪，按察司僉事，累贈中大夫、南京太僕寺卿。祖璋，按察司提學副使，累贈中大夫、南京太僕寺卿。父希曾，通議大夫、工部右侍郎兼都察院左僉都御史。母葉氏，封淑人。具慶下。兄燧、絧、縉、純、繼。弟焯、維、紹、綏、烍、燿、綽。娶戚氏。浙江鄉試第十七名，會試第三十三名。

郟鼎　貫直隸蘇州府太倉州，民籍，常熟縣人。國子生。治《詩經》。字薦和，行一，年三十八，九月二十六日生。曾祖璇，壽官。祖宗廣。父容。母唐氏。慈侍下。娶葉氏。應天府鄉試第二十九名，會試第二百六十七名。

周臣　貫順天府霸州，民籍，直隸吳縣人。府學生。治《書經》。字子忠，行一，年二十五，正月初二日生。曾祖信，義官。祖瑾，刑部員外郎。父縉，義官。母王氏。重慶下。弟士民、宜。娶杜氏。順天府鄉試第二十四名，會試第三十六名。

費淵　貫順天府大興縣，富戶籍，浙江慈谿縣人。國子生。治《詩經》。字汝進，行二，年四十二，十一月二十九日生。曾祖伯昂，贈知縣。祖璨，通判，贈大理寺左寺丞。父鎧，奉政大夫、大理寺左寺丞。母任氏，贈宜人；繼母李氏，封宜人。永感下。弟沐，通判；泗。娶李氏，繼娶句氏。順天府鄉試第九十名，會試第一百九十四名。

張意　貫直隸蘇州府崑山縣，匠籍。嘉定縣學附學生。治《詩經》。字誠之，行三，年二十六，二月初二日生。曾祖思明。祖繪。父禎。嫡母朱氏，生母丁氏。永感下。兄性；情，貢士。弟心。娶洪氏。應天府鄉試第一百二十八名，會試第一百三名。

高鷟　貫大寧前衛，官籍，直隸永年縣人。國子生。治《詩經》。字應治，行一，年二十九，閏七月初四日生。曾祖能，正千戶。祖舉，正千戶，贈武德將軍。父恕，正千戶，封武德將軍。母李氏，封宜人。具慶下。弟鷺。娶張氏。順天府鄉試第一百名，會試第七十五名。

汪文淵　貫湖廣黃州府黃岡縣，軍籍。府學生。治《禮記》。字養靜，行二，年二十六，三月十三日生。曾祖榮海。祖洪，縣主簿。父倬。母程氏。重慶下。兄文質。弟文相。娶江氏。湖廣鄉試第三十七名，會試第二百八十九名。

王表　貫直隸常州府無錫縣，軍籍。國子生。治《詩經》。字邦正，行一，年四十三，十一月初四日生。曾祖遜。祖子輝，壽官。父冕，義官。

母唐氏。具慶下。弟業。娶朱氏。應天府鄉試第一百十七名，會試第一百五十三名。

曹汴　貫四川重慶巴縣，民籍。國子生。治《易經》。字子東，行四，年三十一，正月初四日生。曾祖天華，贈徵仕郎。祖文德，贈刑部主事。父勑，刑部員外郎。母羅氏，封安人。具慶下。兄沔、瀹。娶鄧氏。四川鄉試第八名，會試第二百三十六名。

王穀祥　貫直隸蘇州府長洲縣，官籍。縣學生。治《易經》。字祿之，行二，年二十九，八月初四日生。曾祖寬。祖敏。父觀，醫官。前母范氏，母錢氏。慈侍下。兄穀禎，府經歷。娶胡氏。應天府鄉試第四十八名，會試第二百四十三名。

程烈　貫直隸徽州府歙縣，民籍。府學附學生。治《禮記》。字惟光，行六，年三十三，九月十九日生。曾祖瑞。祖祚，封監察御史。父楷。母宋氏。慈侍下。兄廉，貢士；點；默，貢士；然，貢士；勳。弟庶、煦、黔、熟。娶方氏，繼聘孫氏。應天府鄉試第三名，會試第二百十八名。

安永清　貫遼東廣寧衛，軍籍。衛學生。治《書經》。字汝澄，行一，年三十，十一月二十九日生。曾祖慶。祖順。父祿。母劉氏，繼母吉氏。重慶下。弟永潔、永康、永齡、永貞。娶龔氏。山東鄉試第二十二名，會試第三百八名。

熊過　貫四川敘州府富順縣，民籍。縣學附學生。治《書經》。字叔仁，行三，年二十四，二月二十六日生。曾祖鐸。祖仕廉。父載，知州。嫡母吳氏，繼母方氏、程氏，生母雷氏。具慶下。兄遲，前進士；速。弟造。娶黃氏。四川鄉試第九名，會試第一百十名。

安如山　貫直隸常州府無錫縣，民籍。國子生。治《書經》。字子靜，行三，年二十七，七月二十四日生。曾祖公俊。祖祚，義官。父國，義官。母周氏。具慶下。兄榮、梁。弟如磐，監生；如石；如京；如崗。娶郭氏。順天府鄉試第十七名，會試第八十八名。

蔡克廉　貫福建泉州府晉江縣，民籍。縣學附學生。治《易經》。字道卿，行三，年十九，三月二十九日生。曾祖紳，照磨。祖寬。父祐，教授。前母包氏，母包氏。具慶下。兄克敬、克誠。弟克熙。聘留氏。福建鄉試第三十七名，會試第五十八名。

方涯　貫直隸寧國府太平縣，軍籍。國子生。治《詩經》。字汝濟，行二，年三十九，二月十二日生。曾祖祺。祖必通，壽官。父玫。母胡氏。

具慶下。兄溥，監生。弟渭。娶曹氏。應天府鄉試第二十名，會試第十二名。

張文藻　貫直隸真定府深州，民籍。州學生。治《禮記》。字美中，行五，年三十四，十一月十五日生。曾祖榮。祖讓。父翰，縣丞。母鄭氏。慈侍下。兄文淵，知縣；文華；文萃；文溥；文學，監生；文博；文莘；文弼，貢士；文芊。弟文燦、文運。娶魏氏。順天府鄉試第二十八名，會試第一百八十六名。

薛甲　貫直隸常州府江陰縣，民籍。國子生。治《書經》。字應登，行五，年三十二，十月初十日生。曾祖密。祖琮，義官。父章憲。母徐氏。永感下。兄布、卓、午、平。娶邵氏。應天府鄉試第二十八名，會試第一百二十一名。

趙鑾　貫浙江金華府永康縣，民籍。縣學附學生。治《書經》。字鳴和，行一，年二十四，五月十二日生。曾祖伯凱。祖聰。父機。母孫氏。重慶下。弟鐈、銅。娶朱氏。浙江鄉試第二十八名，會試第一百三十七名。

李祿　貫湖廣郴州永興縣，民籍。國子生。治《詩經》。字仲謙，行六，年三十五，十月十九日生。曾祖思寬。祖秀實，知縣，封兵部主事。父永蕃，知縣。母馬氏。永感下。兄岑；木，監生；東；旦，署教諭、舉人；易，同科進士；初；秘；祝；禰；禠。弟機、補、祐。娶張氏。湖廣鄉試第六十九名，會試第六十二名。

李玘　貫江西建昌府南豐縣，匠籍。縣學生。治《詩經》。字文甫，行四，年三十，十月十五日生。曾祖孔顒。祖九息。父惟廣。母陳氏。嚴侍下。娶胡氏，繼娶劉氏。江西鄉試第六十二名，會試第二百二十三名。

楊本仁　貫河南開封府杞縣，民籍。國子生。治《詩經》。字次山，行一，年三十五，十月十二日生。曾祖賢。祖溥。父文秀。母馬氏，繼母李氏。具慶下。弟本義、本孝。娶劉氏，繼娶耿氏、尚氏。河南鄉試第五十四名，會試第二百六十五名。

常時平　貫直隸河間府交河縣，軍籍。國子生。治《易經》。字允升，行一，年三十三，十二月初九日生。曾祖增。祖安，壽官。父秀。母王氏。具慶下。弟時穩、時在、時新、時習。娶曹氏。順天府鄉試第二十八名，會試第七十九名。

錢世賢　貫雲南雲南左衛，軍籍，江西臨川縣人。國子生。治《易經》。字信夫，行二，年三十六，八月十九日生。曾祖永昱。祖琳，義官。父紞，州判官。母王氏，繼母程氏。具慶下。兄世資，知縣。弟世貴、世寶、世積、世質、世賁。娶劉氏，繼娶陳氏。雲貴鄉試第四十名，會試第一百四十六名。

　　王養正　貫四川順慶府南充縣，民籍。國子生。治《易經》。字伯純，行一，年三十五，九月十一日生。曾祖進。祖邑。父璠。母葉氏。重慶下。弟養賢；養浩，貢士；養素。娶彭氏。四川鄉試第六名，會試第二百九十四名。

　　劉采　貫湖廣黃州府麻城縣，民籍。國子生。治《春秋》。字與質，行三，年三十，五月十九日生。曾祖文聰，所吏目。祖紀。父漢，知縣。母萬氏。永感下。兄木，署訓導、舉人；术。弟禾。娶董氏。湖廣鄉試第三名，會試第十七名。

　　王希文　貫廣東廣州府東莞縣，民籍。縣學生。治《詩經》。字景純，行五，年三十八，九月二十六日生。曾祖里寶。祖惇信。父瑄。嫡母謝氏，生母周氏。永感下。兄希夷；世清；世昭；世彰；希齊；希顏，典膳。弟世熙、希孟。娶袁氏。廣東鄉試第一名，會試第九十三名。

　　沈愷　貫直隸松江府華亭縣，民籍。縣學生。治《詩經》。字舜臣，行三，年三十六，十二月十五日生。曾祖思明。祖文浩，壽官。父照。母陳氏。具慶下。兄泰；綬，監生。弟鳴、悌、懷、忱。娶陳氏。應天府鄉試第一百三十五名，會試第七十八名。

　　李易　貫湖廣郴州永興縣，民籍。國子生。治《詩經》。字仲占，行四，年四十三，七月初一日生。曾祖思素，旌表義民。祖如瑢，義官。父永森，壽官。母廖氏，繼母楚氏。嚴侍下。兄岑；木，監生；東；旦，署教諭、舉人；昇，省祭官；旻。弟初；昆；晁；禊，同科進士；是；曼；曇；杲；昶。娶曹氏。湖廣鄉試第七十七名，會試第一百二十九名。

　　周志偉　貫江西南康府安義縣，民籍。縣學生。治《詩經》。字士器，行十三，年二十八，七月十七日生。曾祖勉政。祖銘。父仲文。前母涂氏，母余氏，繼母張氏。永感下。兄志仁、志道、志安、志傑。娶舒氏。江西鄉試第八十九名，會試第一百三十六名。

　　郭春霆　貫江西吉安府萬安縣，民籍。儒士。治《禮記》。字以亨，行一，年二十七，十一月十一日生。曾祖公榮。祖仁傑，訓導。父廷瓚。母謝氏，繼母張氏。重慶下。弟春臨、春需、春萃。娶陳氏。江西鄉試第三十九名，會試第二百九十八名。

李開先　貫山東濟南府章丘縣，軍籍。縣學增廣生。治《詩經》。字伯華，行一，年二十八，八月二十八日生。曾祖子瞻。祖聰。父淳，貢士。母王氏。慈侍下。弟繼先。娶張氏。山東鄉試第七名，會試第二十名。

蔣芝　貫四川成都前衛，官籍，陝西咸寧縣人。成都府學附學生。治《春秋》。字世和，行七，年三十三，二月十五日生。曾祖文敬，千戶。祖鑑，贈奉直大夫。父弼，知府。前母俞氏，贈宜人；母白氏，封宜人。永感下。兄琬，千戶；英，通判；葵。弟芹，貢士；芷；芉。娶于氏，繼未聘。四川鄉試第三十一名，會試第一百八十名。

鍾卿　貫廣東廣州府東莞縣，民籍。縣學生。治《詩經》。字懋敬，行一，年二十六，九月十八日生。曾祖叙。祖睿，教諭，贈評事。父雲錦，義官。母錢氏，繼母陳氏。重慶下。弟箕、學、弘道、弘模、問。娶衛氏。廣東鄉試第十五名，會試第一百十八名。

鄭觀　貫河南汝寧府光州，民籍。國子生。治《易經》。字汝中，行三，年三十六，九月二十五日生。曾祖宏。祖瓚，貢士，贈戶部主事。父選，知府。母藍氏，封安人。具慶下。兄乾，監生；坤，知縣。弟節、復、萃。娶張氏。河南鄉試第十一名，會試第一百五十名。

任洧　貫山東青州府蒙陰縣，民籍。縣學生。治《詩經》。字清之，行二，年三十八，正月二十日生。曾祖復初。祖睿。父俊。母李氏。具慶下。兄溱。弟淵。娶陳氏。山東鄉試第二十三名，會試第九十六名。

陳之輔　貫湖廣德安府隨州應山縣，民籍。國子生。治《詩經》。字伯棐，行一，年三十五，正月十一日生。曾祖闇。祖璣，壽官。父偉，監生。母章氏。慈侍下。兄之良，刑部員外郎。弟之弼、之衡。娶張氏，繼娶王氏。湖廣鄉試第七十九名，會試第二十二名。

樊臣　貫江西南昌府進賢縣，民籍。府學生。治《詩經》。字以忠，行一，年四十二，正月初六日生。曾祖仕貫，贈禮部郎中。祖金，運使。父祚。母趙氏，繼母吳氏。慈侍下。弟匡、匯、巨。娶萬氏。江西鄉試第六十三名，會試第一百二十七名。

魯翀　貫直隸鳳陽府壽州霍丘縣，民籍，江西泰和縣人。國子生。治《詩經》。字習之，行十一，年四十，閏九月二十五日生。曾祖夔，訓導。祖塗。父瓊。母李氏。永感下。兄鶯、鳳、鵬、鶴、鴻、鵾、亮、安、徵、溥。弟洋。娶劉氏。應天府鄉試第十四名，會試第二百九十三名。

楊守謙　貫彭城衛，軍籍，湖廣長沙縣人。順天府學增廣生。治《易經》。字允亨，行二，年二十五，十月十六日生。曾祖福勝。祖春，封户部郎中，贈中憲大夫、都察院右僉都御史。父志學，都察院右副都御史。前母王氏，贈宜人；母陳氏，封宜人。嚴侍下。兄守愚。弟守約、守默、守魯、守讓、守樸、守初、守介。娶王氏。順天府鄉試第十三名，會試第三百十八名。

陳大壯　貫河南河南府洛陽縣，民籍。縣學生。治《易經》。字子晉，行二，年二十六，六月十五日生。曾祖善。祖智，衛知事。父龍，訓導。母張氏。具慶下。兄大有，貢士。娶劉氏。河南鄉試第一名，會試第一百九十二名。

王仲錦　貫錦衣衛，旗籍，江西吉水縣人。國子生。治《詩經》。字絅之，行一，年三十五，五月初八日生。曾祖永祺，壽官。祖時皋，封管軍百户。父先明，前副千户。母廖氏，封安人。具慶下。弟仲銓、仲鏞、仲鎡。娶龍氏。順天府鄉試第七十六名，會試第一百六十八名。

汪似　貫江西廣信府貴溪縣，軍籍。國子生。治《禮記》。字克有，行百十，年三十三，五月二十日生。曾祖景深。祖廷俊。父晏。母詹氏。具慶下。兄倬，知州；佩；俸，知縣；化，貢士；仟；何；俅，貢士；俏。娶陸氏。江西鄉試第十名，會試第六十一名。

黄福　貫直隸徽州府休寧縣，民籍。國子生。治《春秋》。字子謙，行三，年三十四，十一月初三日生。曾祖志昂。祖存耕。父以盛。母程氏。慈侍下。兄雷；全，引禮舍人。娶程氏。應天府鄉試第二十五名，會試第二百七十名。

蔣貫　貫直隸徽州府祁門縣，民籍。國子生。治《詩經》。字起中，行五，年三十八，六月二十二日生。曾祖治芳。祖虎。父清，壽官。前母仰氏、仰氏，生母程氏。永感下。兄寳、賫、寅、質。娶謝氏。應天府鄉試第一百二十四名，會試第二百四十二名。

張材　貫浙江湖州府歸安縣，民籍。國子生。治《書經》。字子成，行一，年三十六，三月初八日生。曾祖簡。祖鐸。父洪濟。母嚴氏。慈侍下。娶吳氏。浙江鄉試第十三名，會試第二百十三名。

王納言　貫河南信陽衛，軍籍，襄城縣人。國子生。治《詩經》。字惟允，行一，年三十六，四月初三日生。曾祖貴。祖輪。父汝楫，訓導。母李氏，繼母史氏、李氏。嚴侍下。弟納諫、納謨、納訓。娶黄氏。

河南鄉試第十一名,會試第一百三十七名。

劉伯躍　貫江西南昌府南昌縣,民籍。縣學增廣生。治《詩經》。字起之,行二,年二十七,八月初八日生。曾祖季彰。祖子朋。父傑達。母熊氏,繼母孫氏。重慶下。兄伯秀,按察司副使;伯欽。弟伯翔、伯昇。娶陳氏。江西鄉試第三名,會試第五十一名。

王正思　貫浙江紹興府餘姚縣,民籍。縣學附學生。治《禮記》。字仲行,行四,年三十,四月二十八日生。曾祖天叙,贈禮部右侍郎,追封特進光祿大夫、柱國、新建伯兼南京兵部尚書。祖袞。父守禮。母華氏。重慶下。兄正心。弟正志、正恩、正忠、正懋、正恕、正愈、正憲、正惠、正忞、正愚、正戇、正感。娶陳氏。浙江鄉試第七十三名,會試第一百七十名。

鮑象賢　貫直隸徽州府歙縣,民籍。國子生。治《春秋》。字復之,行三,年三十四,二月十六日生。曾祖萬善。祖邦燦。父光祖。母佘氏。具慶下。兄瑚、璲。娶汪氏。應天府鄉試第一百五名,會試第二百四十二名。

呂高　貫直隸鎮江府丹徒縣,民籍。府學生。治《易經》。字思抑,行四,年二十五,十二月十九日生。曾祖昂。祖經,義官。父宗美。母鄔氏。具慶下。兄谷、唐。娶錢氏。應天府鄉試第一百一名,會試第一百七十二名。

莊一俊　貫福建泉州府晉江縣,鹽籍。國子生。治《易經》。字君斐,行三,年二十九,正月初七日生。曾祖耘叟。祖軫,壽官。父旺。母陳氏。重慶下。兄一道、一佐。弟一隆;用賓,同科進士;一文;一復;一振。娶王氏。福建鄉試第十名,會試第四十二名。

趙文華　貫浙江寧波府慈谿縣,民籍。國子生。治《春秋》。字原實,行三,年二十七,六月十六日生。曾祖增。祖廣宗。父孟。母陳氏。具慶下。兄宋、文光。娶陳氏,繼娶項氏。浙江鄉試第四名,會試第二百十一名。

王紝　貫湖廣荊州府石首縣,民籍。國子生。治《書經》。字少儀,行二,年三十五,七月十四日生。曾祖廷錫。祖鉉,教授。父璞。母彭氏。具慶下。兄繩。弟統。娶萬氏。湖廣鄉試第六十五名,會試第一百四十八名。

胡萬里　貫陝西西安府咸寧縣,匠籍。府學生。治《詩經》。字伯明,行二,年二十七,八月十六日生。曾祖敏,壽官。祖信,縣丞。父貢珊。

母李氏，繼母趙氏。具慶下。兄萬安。弟萬方，貢士；萬春；萬邦；萬鎰；萬言；萬選；萬川；萬全；萬策。娶周氏。陝西鄉試第四十八名，會試第二十七名。

羅餘慶　貫江西吉安府吉水縣，民籍。國子生。治《易經》。字道承，行一，年三十三，十一月二十一日生。曾祖宗沕。祖其卓。父體昌。母周氏。具慶下。弟重慶、德慶。娶周氏。江西鄉試第一百六名，會試第二百八十四名。

盧輔　貫河南開封府許州，軍籍。國子生。治《春秋》。字仲立，行三，年四十，六月初二日生。曾祖文。祖智。父元，監生。母尚氏。慈侍下。兄卿、相。弟弼。娶趙氏，繼娶鄭氏。河南鄉試第十五名，會試第一百九十六名。

王培齡　貫山西平陽府鄉寧縣，民籍。縣學附學生。治《書經》。字延甫，行二，年二十四，二月初一日生。曾祖睿。祖文，封通判。父爵，知州。前母閻氏，贈安人；母李氏。重慶下。兄延齡。弟與齡，同科進士；永齡。娶崔氏。山西鄉試第六名，會試第二百三十七名。

孟雷　貫山西澤州，民籍。州學生。治《書經》。字孔敬，行二，年二十七，八月二十六日生。曾祖瑋。祖鎬，義官。父漢，義官。前母趙氏，母韓氏。具慶下。兄霓；霈，同科進士。弟霽、霏、需、霍。娶顏氏。山西鄉試第九名，會試第二百六十六名。

潘大賓　貫廣東湖州府海陽縣，民籍。國子生。治《詩經》。字欽之，行一，年三十四，七月十六日生。曾祖榮。祖義。父鼎。母蔡氏。重慶下。弟大俊、大宿、大安。娶戴氏。廣東鄉試第一名，會試第十五名。

第三甲二百二十五名　賜同進士出身

翟鏡　貫河南河南府洛陽縣，醫籍。國子生。治《易經》。字秉明，行二，年三十七，十一月十八日生。曾祖通，正科，贈監察御史。祖庭蕙，按察司副使。父璉，歲貢生。母孟氏。慈侍下。兄銑。弟鍊。娶邵氏。河南鄉試第十三名，會試第一百八十八名。

吳瑞　貫浙江杭州府錢塘縣，民籍。國子生。治《禮記》。字汝文，行十三，年四十一，二月初十日生。曾祖原敬，贈通議大夫、都察院右副都御史。祖士寧，贈通議大夫、都察院右副都御史。父誠，通議大夫、都察院右副都御史。前母王氏，贈淑人；嫡母凌氏，封淑人；生母張氏。永感下。兄璿，府同知；璽；瑞；琮；琳；瑋，義官；璠；璵；瑤，中書舍人；瓊；玭，行人司行人；珂。弟珊。娶陳氏。浙江鄉試第三十名，會試第二百四十六名。

董雍　貫四川成都府綿州，民籍。州學生。治《書經》。字肅卿，行三，年三十三，十一月初五日生。曾祖昭，學正。祖寅。父仲儒。母胡氏。永感下。兄庠，監生；序。弟翼，監生；爲。娶張氏。四川鄉試第十六名，會試第二百十六名。

孫應奎　貫浙江紹興府餘姚縣，民籍。縣學附學生。治《詩經》。字文卿，行三十三，年二十六，十一月十一日生。曾祖倫。祖鼎。父鑰。母童氏。重慶下。娶岑氏。浙江鄉試第八十七名，會試第四十五名。

鄭大同　貫福建興化府莆田縣，軍籍。府學附學生。治《書經》。字皆吾，行四，年三十一，六月十二日生。曾祖商，壽官。祖嵩。父瑄。母陳氏。重慶下。兄大寶。弟綱，同科進士；約；大田；紹；大河；絨；緋。娶沈氏。福建鄉試第三十三名，會試第九十七名。

楊爵　貫陝西西安府耀州富平縣，民籍。縣學生。治《書經》。字伯修，行二，年三十七，七月二十四日生。曾祖通。祖整。父攀。母李氏。慈侍下。兄靖。娶張氏。陝西鄉試第三名，會試第二百二十二名。

沈謐　貫浙江嘉興府秀水縣，竈籍。國子生。治《書經》。字靖夫，行一，年二十九，五月十一日生。曾祖淵，義官。祖度，義官。父復。母賀氏。具慶下。弟諫、訥。娶盛氏，繼娶盛氏。順天府鄉試第十一名，會試第一百六十二名。

周汝員　貫江西吉安府吉水縣，民籍。國子生。治《易經》。字文規，行一，年三十七，五月二十六日生。曾祖源，知府。祖槩。父仲，知縣。母胡氏。嚴侍下。弟汝方。娶羅氏。江西鄉試第五十二名，會試第二百五十七名。

柯喬　貫直隸池州青陽縣，軍籍。縣學生。治《詩經》。字遷之，行三，年三十三，六月十五日生。曾祖原民。祖志洪。父崧，教授。母羅氏。嚴侍下。弟南疇、南藩、南嘉、南正、南箕、南化、南凱。娶葉氏。應天府鄉試第十九名，會試第八十四名。

孫世祐　貫江西南昌府豐城縣，民籍。縣學附學生。治《詩經》。字元吉，行十，年二十五，四月十四日生。曾祖高節。祖大成。父伯輝。

母賴氏。具慶下。兄凱、顗、世祺。娶甘氏，繼娶戴氏。江西鄉試第八十名，會試第三百二十名。

李中孚　貫湖廣荊州府江陵縣，匠籍。國子生。治《書經》。字化卿，行一，年二十九，三月初五日生。曾祖灝，七品散官。祖愷，府同知。父麟，儀賓。嫡母隆中縣主，生母謝氏。具慶下。弟中立、中行。娶戴氏。湖廣鄉試第十四名，會試第一百五名。

李實　貫廣東惠州府海豐縣，軍籍。國子生。治《書經》。字希大，行二，年三十三，十月十七日生。曾祖昶。祖倫。父瓚。嫡母強氏，生母丘氏。具慶下。兄華。弟蕃、雲、喬、昂、郁、繡。娶湯氏。廣東鄉試第九名，會試第六十名。

莊用賓　貫福建泉州府晉江縣，民籍。縣學生。治《易經》。字君采，行三，年二十六，正月十九日生。曾祖儀晉。祖元璧。父岩。母蕭氏。重慶下。兄用虛；一俊，同科進士。弟用晦。娶李氏。福建鄉試第七名，會試第八名。

孫光輝　貫山東濟南府淄川縣，軍籍。縣學生。治《易經》。字華國，行一，年二十六，二月初三日生。曾祖海。祖山。父鑑。嫡母周氏，生母張氏。重慶下。弟光耀、光燦、光炳、光燁、光煇、光煒、光熺。娶張氏，繼娶周氏。山東鄉試第六名，會試第三十七名。

李良　貫山東濟南府長清縣，軍籍。國子生。治《詩經》。字遂甫，行一，年三十一，二月初一日生。曾祖斌。祖勝。父儀。母張氏，繼母許氏。具慶下。兄激，典史；淳；漳；淇；洋。弟金、恭、讓、杜。娶張氏。山東鄉試第六十四名，會試第九十一名。

李逢　貫江西南昌府豐城縣，軍籍。國子生。治《書經》。字邦吉，行五，年三十四，十月二十九日生。曾祖瓛，按察司副使。祖與鎬。父萬平。母劉氏。重慶下。兄選。弟遠；遂，行人司行人。娶丁氏。江西鄉試第三十三名，會試第六十八名。

魏煥　貫湖廣長沙衛，官籍。國子生。治《書經》。字原德，行一，年四十五，正月十二日生。曾祖祥，正千戶。祖瑄，正千戶。父棠，知縣。母王氏。具慶下。弟輝、煌、燔、烶、焜、焌、熞。娶馬氏。湖廣鄉試第三十四名，會試第五十三名。

王宗恒　貫直隸真定府冀州武邑縣，民籍。縣學生。治《詩經》。字季高，行三，年三十一，十一月二十四日生。曾祖旭。祖恕。父璠。

母安氏。具慶下。兄宗岱、左、宗華。娶張氏。順天府鄉試第一百十一名，會試第三百名。

曹世盛　貫福建福州府閩縣，軍籍。府學生。治《禮記》。字際卿，行九，年三十四，四月初六日生。曾祖建。祖克昌。父梅，知縣。母周氏。慈侍下。弟世華。娶何氏。福建鄉試第七十九名，會試第三十九名。

侯寧　貫山東兗州府東平州，軍籍。州學生。治《詩經》。字懷德，行四，年三十四，六月十二日生。曾祖信。祖森，典史。父禄。母王氏。具慶下。兄卿、相、寵。弟宦、諫。娶楊氏。山東鄉試第四十名，會試第三百十七名。

魏一恭　貫福建興化府莆田縣，匠籍。府學增廣生。治《書經》。字道莊，行二，年三十八，十一月二十四日生。曾祖基。祖寧。父彤。母鄭氏。永感下。兄一正。娶歐氏，繼娶蔡氏。福建鄉試第八十一名，會試第一百三十四名。

吳子孝　貫直隸蘇州府長洲縣，民籍。國子生。治《易經》。字純叔，行二，年三十四，正月十一日生。曾祖琮，贈通議大夫、南京太常寺卿。祖行，封翰林院編修，累贈資政大夫、太子少保、南京吏部尚書。父一鵬，資善大夫、太子少保、南京吏部尚書。前母宣氏，累贈淑人；姚氏；嫡母薛氏，累贈淑人；生母薛氏。嚴侍下。兄子忠。娶顧氏。應天府鄉試第九十七名，會試第十九名。

王滋　貫福建延平府南平縣，軍籍。府學生。治《詩經》。字思益，行二，年三十五，十月十五日生。曾祖永玉。祖仲榮。父鎮。母朱氏。重慶下。兄浩。弟泗、注。娶林氏。福建鄉試第八十四名，會試第二百四十七名。

葛守禮　貫山東濟南府德平縣，軍籍。縣學生。治《易經》。字與立，行一，年二十五，二月十二日生。曾祖友才。祖智，衛經歷。父環。母李氏。重慶下。弟守易、守讓、守貞。娶王氏。山東鄉試第一名，會試第二百二十四名。

危嶽　貫湖廣辰州府沅州黔陽縣，民籍。國子生。治《春秋》。字繼申，行一，年三十九，七月十九日生。曾祖思銘，監生。祖守信，教諭。父德，通判。母蔣氏。具慶下。弟崇、岕、崒。娶潘氏。應天府鄉試第二十五名，會試第三百六名。

錢煥　貫浙江寧波府慈谿縣，民籍。國子生。治《詩經》。字叔晦，行伯六，年四十一，十一月二十二日生。曾祖鏞。祖潤，知縣。父桂。母葉氏。慈侍下。兄炎、燦。弟㷼、燁、灼。娶應氏。浙江鄉試第五十四名，會試第一百八十七名。

貴準　貫陝西西安府咸寧縣，民籍。國子生。治《易經》。字惟一，行一，年三十五，十月十二日生。曾祖讓。祖林。父富。母郭氏。重慶下。弟潔、斗。娶田氏。陝西鄉試第五十七名，會試第二百七名。

杜彰　貫大寧前衛，軍籍，順天府東安縣人。國子生。治《詩經》。字德明，行二，年四十，十月二十九日生。曾祖榮。祖裕。父福。母紀氏。慈侍下。兄彬。弟彩。娶譚氏。順天府鄉試第七十六名，會試第一百八十二名。

陳釴　貫留守前衛，軍籍，直隸常熟縣人。國子生。治《詩經》。字惟鉉，行三，年三十九，四月初四日生。曾祖覺禮。祖俊，贈奉直大夫、南京刑部員外郎。父瑜，右長史，進階朝議大夫，前南京刑部郎中。母謝氏，贈宜人；繼母右氏，封宜人。慈侍下。兄銳、金。弟鎔、鏌、錠。娶徐氏。順天府鄉試第六名，會試第一百九十九名。

張朸　貫直隸保定府完縣，軍籍。國子生。治《詩經》。字汝欽，行一，年三十三，十一月十一日生。曾祖喜，壽官。祖彬，教授，封知州。父宦，行太僕寺卿。前母劉氏，贈孺人；母蔡氏，封孺人。慈侍下。弟勃、勗、勛、助、勉、勵。娶徐氏，繼娶孫氏。順天府鄉試第四十名，會試第二百十七名。

王鉅　貫直隸徽州府婺源縣，民籍。國子生。治《書經》。字德卿，行二，年四十，四月二十九日生。曾祖文亨。祖敬保。父齊玉。母黃氏。永感下。兄傑。娶程氏，繼娶張氏。應天府鄉試第四十一名，會試第二百二十五名。

曾銑　貫直隸揚州府江都縣，軍籍，浙江黃巖縣人。府學生。治《易經》。字子重，行四，年三十一，十二月十八日生。曾祖昶。祖宏。父輔。嫡母趙氏，生母張氏。具慶下。兄錦、銓。娶陳氏。應天府鄉試第五十三名，會試第二百二十七名。

胡思忠　貫直隸淮安府桃源縣，軍籍。國子生。治《易經》。字進之，行一，年四十，十一月十七日生。曾祖禮。祖瑛，縣主簿。父鎰。母祝氏。永感下。弟思孝、思廉。娶夏氏。應天府鄉試第一百十四名，會試第一百二名。

朱德禎　貫福建福州府閩縣,民籍。府學生。治《易經》。字必興,行一,年四十,二月十四日生。曾祖鑛。祖漢,壽官。父璣。母陳氏。重慶下。弟德祿、德祚、德禧。娶謝氏。福建鄉試第二十五名,會試第二十八名。

丁祝　貫直隸安慶府懷寧縣,匠籍。國子生。治《詩經》。字汝和,行四,年四十三,六月十八日生。曾祖元亨。祖潤,義官。父僖,贈監察御史。母危氏,贈孺人。永感下。兄楷,監察御史;楫,監生。弟梏,醫官;桂;梗;櫃。娶程氏。應天府鄉試第四十九名,會試第二百四名。

崔三畏　貫直隸保定府蠡縣,民籍。國子生。治《春秋》。字敬父,行二,年三十三,八月十八日生。曾祖甫儀。祖翔,署教諭、舉人。父岑,知縣。母楊氏。慈侍下。兄三聘。娶段氏。順天府鄉試第五名,會試第二百九十九名。

王紳　貫直隸河間府滄州,軍籍。州學生。治《春秋》。字子書,行二,年四十三,三月二十二日生。曾祖惟德,縣主簿。祖吉。父國寧。母駱氏。具慶下。兄繒。弟續、統、緒。娶曾氏。順天府鄉試第七十一名,會試第三百九名。

舒國光　貫江西廣信府弋陽縣,民籍。國子生。治《易經》。字寅之,行六十九,年三十五,九月二十日生。曾祖旭澄。祖仲銓。父伯和。母吳氏。慈侍下。兄國泰、國用。弟國政、國相、國寶。娶鄭氏。江西鄉試第一百二十六名,會試第二百二十名。

邵新　貫山東東昌府堂邑縣,軍籍。國子生。治《詩經》。字循善,行三,年四十,七月二十二日生。曾祖通。祖倫。父謙。母王氏。永感下。兄儀、漢。娶吳氏。山東鄉試第五十名,會試第二百二十一名。

白世卿　貫陜西鞏昌府秦州,民籍。國子生。治《書經》。字汝衡,行二,年三十四,十一月十五日生。曾祖弘。祖文進,壽官。父杲,縣主簿。母張氏,繼母馬氏。具慶下。兄世良、世爵。弟世忠。娶吳氏。陜西鄉試第五十八名,會試第三百十九名。

彭端遇　貫廣東廣州府順德縣,軍籍。國子生。治《詩經》。字時可,行一,年四十二,三月初五日生。曾祖德。祖永吉。父瑾,壽官。母林氏。永感下。弟端遷、端逵、端造、端迎、端述、端遠、端逅。娶梁氏。廣東鄉試第六名,會試第八十九名。

翁溥　貫浙江紹興府諸暨縣,民籍。縣學增廣生。治《易經》。字德宏,行三,年二十八,六月初十日生。曾祖晧。祖珪。父銓。母陳氏。慈侍下。兄漢、源。弟瀚、洋、濟、濬、澄、海。娶黃氏。浙江鄉試第十二名,會試第一百八十三名。

林性之　貫福建泉州府晉江縣,民籍。府學生。治《易經》。字帥吾,行七,年三十八,十月二十六日生。曾祖乾,聽選官。祖良稠。父巙,歲貢生。母李氏。嚴侍下。兄性存、性初、性根、性有、性格。弟性全。娶陳氏。福建鄉試第六十四名,會試第二百三十一名。

張選　貫直隸常州府無錫縣,民籍。縣學附學生。治《書經》。字舜舉,行一,年三十六,十月初五日生。曾祖士名。祖友諒。父獻可。母周氏。具慶下。弟述、遵。娶顧氏,繼娶華氏、鄧氏。應天府鄉試第一百七名,會試第二十一名。

高仲福　貫陝西西安府三原縣,軍籍。國子生。治《書經》。字壽卿,行一,年四十,八月初八日生。曾祖青。祖亮。父弘。嫡母宋氏,生母崔氏。慈侍下。弟仲壽。娶張氏,繼娶李氏。陝西鄉試第四十二名,會試第一百六十九名。

孔泗　貫河南河南府洛陽縣,匠籍。國子生。治《易經》。字宗魯,行一,年三十六,三月初四日生。曾祖順。祖義。父彰,巡檢。母丘氏。具慶下。弟沂。娶田氏。河南鄉試第十四名,會試第二百六十八名。

張舜元　貫直隸保定府慶都縣,民籍,山西廣靈縣人。縣學生。治《詩經》。字伯才,行一,年三十二,四月二十八日生。曾祖震,戶部員外郎。祖翰,縣丞。父大本,義官。母安氏。重慶下。弟舜愷、舜夔、舜龍、舜慕。娶周氏。順天府鄉試第一百九名,會試第二十九名。

楊博　貫山西平陽府蒲州,民籍。州學附學生。治《書經》。字惟約,行一,年二十一,五月二十四日生。曾祖諶。祖選,七品散官。父瞻,知縣。母田氏。重慶下。弟惲、恪、恒、忻、愷、悅、愉、懌、恤、怡、愷、性。娶段氏。山西鄉試第十二名,會試第一百七十七名。

徐九皋　貫順天府大興縣,富戶籍,浙江餘姚縣人。府學附學生。治《禮記》。字遠卿,行五,年二十六,五月十八日生。曾祖昂。祖遂。父意,工部織染所副使。母諸氏。具慶下。娶黃氏。順天府鄉試第四名,會試第一百二十三名。

鐘鑑　貫山西澤州,民籍。州學附學生。治《禮記》。字爾正,行七,年三十一,十月初七日生。曾祖厚,府經歷。祖儼。父珣。前母李氏,母秦氏。嚴侍下。兄錫,按察司僉事;銓;銳;鑾;鏊;鐮。弟鑄;鍔,貢士;釗;銑;鎏;鋐;鐏;欽;鈞;鋒。娶張氏。山西鄉試第五名,會試第二百五十三名。

　　徐㳲　貫浙江嚴州府淳安縣,民籍。國子生。治《春秋》。字景禹,行六,年四十六,九月二十日生。曾祖時。祖貢。父珪。母盧氏。永感下。兄濂,貢士。弟滄。娶胡氏,繼娶齊氏。浙江鄉試第二十八名,會試第一百十七名。

　　馮彬　貫廣東雷州衛,官籍,附籍海康縣。國子生。治《書經》。字用先,行一,年三十五,六月二十日生。曾祖高,千戶。祖鑑,通判。父瀾,正術。母羅氏。具慶下。兄模;桂;楨;椿;權,指揮僉事。弟樫、材、栢、杙、棟、杓。娶吳氏。廣東鄉試第三十九名,會試第二百三十二名。

　　林恕　貫福建福州府長樂縣,民籍。縣學生。治《詩經》。字道近,行三,年三十六,九月二十九日生。曾祖壯叔。祖在賓。父文秀。母張氏。具慶下。弟愈、忠、恩、端、方。娶陳氏,繼娶李氏。福建鄉試第三十一名,會試第一百三十九名。

　　張忠　貫直隸河間府任丘縣,民籍。縣學生。治《詩經》。字顯父,行二,年三十六,十一月初六日生。曾祖廣。祖政。父軾,義官。母徐氏。慈侍下。兄恩。弟恕;思,貢士。娶章氏。順天府鄉試第八十四名,會試第二百五十一名。

　　陶廉　貫雲南曲靖衛,軍籍,直隸當塗縣人。國子生。治《書經》。字敬甫,行三,年三十三,五月初十日生。曾祖镕。祖深。父仲儒。母孫氏。具慶下。弟唐、廣。娶吳氏。雲貴鄉試第十一名,會試第七十一名。

　　趙塤　貫浙江紹興府餘姚縣,竈籍。國子生。治《易經》。字平仲,行二十,年四十一,六月十六日生。曾祖景衡。祖玟。父昺。母魯氏。永感下。兄坤。弟堂。娶諸氏。浙江鄉試第八十四名,會試第一百六十六名。

　　趙九思　貫山西平陽府解州聞喜縣,軍籍。縣學生。治《詩經》。字敬夫,行一,年三十五,九月初五日生。曾祖璧,教諭,贈戶部主事。祖仲輝,知府。父宗倫,義官。母李氏。永感下。弟九成。娶毛氏。山西鄉試第五十六名,會試第二百三十五名。

　　胡俸　貫廣西儀衛司　籍,浙江慶元縣人。桂林府學生。治《易經》。字君錫,行六,年三十六,九月十三日生。曾祖伯亮。祖鑑。父仲琚。

母徐氏。慈侍下。兄伸,教諭;傊;偉,訓導;億,教諭。弟儒,貢士;僑,貢士;位;俅;佃。娶文氏,繼娶朱氏。廣西鄉試第四十三名,會試第五十五名。

左傑　貫山東東昌府高唐州恩縣,匠籍。國子生。治《易經》。字允興,行一,年三十五,十月二十九日生。曾祖寬。祖珔。父迻。母趙氏。具慶下。弟漢、伸、价。娶王氏。山東鄉試第七十三名,會試第八十六名。

張文鳳　貫直隸蘇州府常熟縣,軍籍。國子生。治《詩經》。字公儀,行四,年四十四,八月二十二日生。曾祖粹中。祖戀,教諭。父安民。母周氏。嚴侍下。兄文英;文髦;文麟,知府。弟文龍。娶陳氏。應天府鄉試第九十八名,會試第二百九名。

朱深　貫直隸松江府華亭縣,民籍。國子生。治《詩經》。字淵甫,行六,年四十三,三月初二日生。曾祖子明。祖得名。父謙。母沈氏。永感下。兄浩、傑、昶、文、明、澄。弟溶。娶張氏。應天府鄉試第六十三名,會試第二百十二名。

周顯宗　貫山東東昌府濮州,民籍。國子生。治《易經》。字子孝,行一,年三十一,八月十二日生。曾祖從義。祖通。父良臣。母蘇氏。慈侍下。弟顯仁。娶馮氏。山東鄉試第三十五名,會試第九十九名。

林梅　貫福建漳州府漳浦縣,民籍。國子生。治《詩經》。字以和,行四,年三十九,十二月二十二日生。曾祖昌吉。祖弘貴。父喬。母陳氏。具慶下。兄廷明、廷淵、廷操。弟廷爵。娶高氏。福建鄉試第十八名,會試第一百九十七名。

田濡　貫山東東昌府聊城縣,軍籍。府學生。治《詩經》。字少生,行六,年三十三,十二月十五日生。曾祖文質。祖茂。父壽,訓導。前母呂氏,母朱氏。永感下。兄溥;澍;澤,訓導;淳;漳。娶呂氏。山東鄉試第十四名,會試第一百二十名。

蔡霙　貫直隸真定府趙州寧晉縣,民籍。縣學生。治《書經》。字天章,行二,年三十四,六月初七日生。曾祖遜。祖欽。父正。母康氏。重慶下。兄霑。弟靉。娶陳氏。順天府鄉試第六十九名,會試第二百八十六名。

眭燁　貫直隸鎮江府丹陽縣,民籍。縣學生。治《書經》。字子蘊,行二,年三十四,二月初十日生。曾祖綱。祖灝。父仲德,縣丞。前母丁氏,母朱氏。具慶下。兄焻。弟燿、煜、煒、炳。娶蔣氏。應天府鄉試第一百十一名,會試第二百四十一名。

莊壬春　貫福建泉州府晉江縣，民籍。府學附學生。治《易經》。字子仁，行一，年二十八，十二月二十五日生。曾祖士松。祖儀晉。父琦，通判。前母楊氏，母楊氏。永感下。弟乙冬。娶吳氏。福建鄉試第五十二名，會試第七十四名。

趙康　貫陝西西安府郃陽縣，民籍。國子生。治《詩經》。字惟幾，行三，年四十一，十一月初八日生。曾祖福。祖貴。父英，壽官。前母雷氏，母車氏。具慶下。兄鳳、鸞。弟寧。娶賈氏。陝西鄉試第四十九名，會試第二百五十四名。

林允宗　貫福建興化府莆田縣，匠籍。縣學附學生。治《書經》。字希曾，行三，年三十三，三月初四日生。曾祖載胄。祖弘仁。父敏儀。母黃氏。慈侍下。兄允肅。弟允基、允弼、雲程。娶黃氏，繼娶顧氏。福建鄉試第八十九名，會試第一百四十五名。

趙元夫　貫山東兗州府東平州，民籍。州學生。治《易經》。字企仁，行二，年三十七，十月十二日生。曾祖麟。祖莊。父逯，貢士。母劉氏。具慶下。兄承祜,貢士；乾夫。弟萃夫、享夫。娶唐氏。山東鄉試第四名，會試第五十名。

王銳　貫河南信陽衛，軍籍。國子生。治《書經》。字養之，行六，年四十，五月十六日生。曾祖均。祖智。父虎。母繆氏。慈侍下。兄鑑、鎮、欽、鑰、鎬。娶張氏，繼娶葉氏。河南鄉試第七名，會試第二百九十名。

劉瑜　貫直隸大名府元城縣，民籍。國子生。治《詩經》。字貴卿，行一，年四十，十一月十五日生。曾祖有源。祖增。父遷，壽官。母張氏。具慶下。弟璣。娶傅氏。順天府鄉試第三十一名，會試第一百四十四名。

朱冕　貫江西南昌府豐城縣，民籍。國子生。治《易經》。字文中，行二，年三十九，七月十三日生。曾祖仲方。祖寬。父廷輝，縣丞。前母鄧氏，母余氏。慈侍下。兄顯、雲、良。娶徐氏。江西鄉試第十八名，會試第二百七十九名。

呂調羹　貫山東東昌府濮州備禦所，軍籍，湖廣嘉魚縣人。州學生。治《禮記》。字夢卿，行二，年三十二，正月初十日生。曾祖必勝。祖忠。父端，知縣。母范氏。慈侍下。兄調陽。弟調鼎、調鼐、調琴、調笙、調竽。娶馮氏。山東鄉試第十名，會試第三百五名。

林山　貫福建福州府長樂縣，民籍。縣學附學生。治《詩經》。字士仁，行四，年三十五，十二月初五日生。曾祖綬。祖日用。父宗學。母陳氏。

具慶下。弟阜、圯。娶黃氏。福建鄉試第六十名，會試第二百六名。

夏浚　貫江西廣信府玉山縣，民籍。國子生。治《易經》。字惟明，行二十五，年三十三，二月初九日生。曾祖昇，縣主簿。祖曦。父瑛，通判。母程氏。具慶下。兄潮，七品散官；瀾。娶姜氏。江西鄉試第一百七十八名，會試第一百六十七名。

原寀　貫陜西西安府華州蒲城縣，軍籍。縣學生。治《書經》。字次寮，行二，年二十六，四月二十一日生。曾祖讓。祖格。父理。母竇氏。慈侍下。兄密。弟寵、宇。娶王氏。陜西鄉試第六十名，會試第八十一名。

曾守約　貫廣東惠州府歸善縣，軍籍。國子生。治《書經》。字子如，行二，年三十三，十二月初一日生。曾祖祖祐。祖羊保。父參。母崔氏。慈侍下。兄仁富。娶柯氏。廣東鄉試第六十四名，會試第一百六十一名。

饒中　貫河南汝寧府光州固始縣，民籍。國子生。治《書經》。字性甫，行三，年四十二，六月十七日生。曾祖伯肅。祖子貞。父景，壽官。母汪氏。永感下。兄仁、禮、信、讓。弟正、卿、申。娶李氏。河南鄉試第三十二名，會試第一百九十三名。

孟霮　貫山西澤州，民籍。州學生。治《書經》。字孔章，行一，年二十九，正月二十七日生。曾祖瑋。祖鎬，義官。父漢，義官。前母趙氏，母韓氏。具慶下。兄霓。弟雷，同科進士；霶；霏；需；霍。娶李氏，繼娶成氏。山西鄉試第三名，會試第七名。

徐宗魯　貫直隸松江府華亭縣，民籍。縣學附學生。治《書經》。字希曾，行四，年三十五，四月十九日生。曾祖昶。祖鼎。父政，義官。前母周氏，母吳氏。永感下。兄宗威、宗儒。弟宗道。娶葉氏。應天府鄉試第七十三名，會試第一百三十一名。

謝載　貫四川潼川州射洪縣，軍籍。縣學生。治《詩經》。字子坤，行二，年四十七，三月初三日生。曾祖秉德，壽官。祖英。父紀。母袁氏。永感下。兄盖。弟育、惠。娶黃氏，繼娶覃氏。四川鄉試第六十四名，會試第二百五十八名。

楊逢春　貫福建泉州府同安縣，匠籍。縣學附學生。治《詩經》。字仁甫，行一，年三十二，正月十四日生。曾祖孟德。祖漢晶，壽官。父玄貢。母李氏。具慶下。兄續隆。弟逢陽。娶洪氏。福建鄉試第十七名，會試第一百二十五名。

高大經　貫直隸順德府任縣，民籍。國子生。治《易經》。字以仁，行八,年二十八,六月二十一日生。曾祖泰。祖蓬。父時,監生。母吳氏。慈侍下。兄拱。娶駱氏。順天府鄉試第六十九名,會試第六十六名。

張環　貫陝西西安右護衛,軍籍。長安縣學生。治《詩經》。字孟循,行二,年三十八,四月初二日生。曾祖興。祖福。父傑。母汪氏。慈侍下。兄鉞。娶王氏。陝西鄉試第五十二名,會試第一百七十三名。

李鳳　貫四川敘州府富順縣,民籍。國子生。治《詩經》。字鳴叔,行二,年三十六,七月初三日生。曾祖繼宗,贈文林郎、翰林院編修,加贈中憲大夫、南京太常寺少卿,累贈通議大夫、禮部右侍郎。祖本,資善大夫、南京禮部尚書。父文昌,府照磨。母胡氏。嚴侍下。兄夔。娶嚴氏。四川鄉試第二十五名,會試第一百五十一名。

柳本明　貫河南汝寧府光州山縣,軍籍。縣學增廣生。治《春秋》。字誠甫,行一,年四十四,六月十七日生。曾祖純一。祖仲昇。父春。嫡母邵氏,生母胡氏。永感下。娶童氏。河南鄉試第五名,會試第一百八十名。

謝崑　貫福建泉州府同安縣,民籍。浙江金華縣學訓導。治《詩經》。字鍾璞,行一,年四十一,十月十二日生。曾祖文珤。祖琮。父灝。母陳氏,繼母林氏。嚴侍下。弟嶽、巖、崇。娶王氏。福建鄉試第五十四名,會試第一百四十五名。

邢如默　貫山東濟南府臨邑縣,軍籍。國子生。治《詩經》。字宣甫,行一,年三十一,九月十二日生。曾祖鑑。祖政,知州。父溥。母許氏。重慶下。弟如□、如蘭、如愚、如約、如初、如意。娶趙氏。山東鄉試第七十五名,會試第二百三十八名。

方舟　貫直隸徽州府婺源縣,民籍。府學附學生。治《書經》。字時濟,行三,年三十一,七月初七日生。曾祖思達。祖豹。父建。母胡氏。具慶下。弟磐、艨、般。娶潘氏。應天府鄉試第一百二名,會試第三百十二名。

李汝楫　貫河南汝寧府汝陽縣,軍籍。國子生。治《詩經》。字濟卿,行四,年三十七,二月初三日生。曾祖榮,監生。祖永年,倉大使。父守經,知府。母龔氏。慈侍下。兄汝玉、汝璧、汝璽。娶楊氏。河南鄉試第三名,會試第四十一名。

吳本固　貫河南汝寧府光州商城縣,軍籍。國子生。治《詩經》。字道深,行二,年四十,正月二十八日生。曾祖海。祖從禮,壽官。父大用,壽官。母夏氏,繼母王氏。具慶下。兄本立,行司經歷。弟本濂；本宗，義官。娶吳氏，繼娶王氏。河南鄉試第七十七名，會試第二百六十九名。

　　楊時泰　貫直隸真定衛，軍籍，高郵州人。國子生。治《易經》。字道亨，行三，年四十二，九月二十二日生。曾祖仁。祖克睦。父賢。母趙氏，繼母鄭氏。具慶下。兄時雍、時熙。娶師氏。順天府鄉試第五十五名，會試第二百五十二名。

　　林東海　貫福建興化府莆田縣，軍籍。府學生。治《詩經》。字世觀，行二，年三十三，三月十三日生。曾祖德王。祖學茂。父宗重，州同知。嫡母歐氏，生母張氏。慈侍下。兄東山。娶鄭氏。福建鄉試第一名，會試第八十名。

　　陳光華　貫福建興化府莆田縣，民籍。府學生。治《詩經》。字道蘊，行二，年三十四，九月二十七日生。曾祖立紀。祖元鳳。父桂。母李氏。具慶下。兄光明，貢士。弟光春、光景、光晏。娶余氏，繼娶林氏。福建鄉試第二十三名，會試第三百十六名。

　　劉鳳　貫應天府句容縣，民籍。國子生。治《詩經》。字鳴岐，行二，年四十，正月初三日生。曾祖敬。祖文。父邦輔。母許氏。永感下。兄鸑。弟鵬、鳧、鷺。娶陶氏。應天府鄉試第八十六名，會試第一百三十三名。

　　周洪範　貫四川成都府漢州，軍民籍，江西安福縣人。國子生。治《詩經》。字伯陳，行一，年三十九，十二月二十二日生。曾祖純。祖岳諏。父時釗。母鄧氏。慈侍下。娶張氏。四川鄉試第七十名，會試第一百七十一名。

　　錢澍　貫萬全都司興和所，軍籍，直隸遷安縣人。國子生。治《書經》。字天澤，行二，年四十，十二月初二日生。曾祖郁。祖德。父璧。母吳氏。永感下。兄澄。弟泡。娶李氏。順天府鄉試第七十九名，會試第二百八十二名。

　　李延馨　貫山西潞州，民籍。國子生。治《禮記》。字允明，行三，年三十二，九月十三日生。曾祖志美。祖壽，知縣。父玹，縣丞。前母王氏，母馮氏。具慶下。兄延纓、延昌。弟延康，貢士。娶王氏。山西鄉試第六十二名，會試第二百七十七名。

　　曹逵　貫直隸蘇州府太倉州，民籍，常熟縣人。國子生。治《詩經》。字履中，行一，年三十五，七月二十五日生。曾祖良翊。祖旻，義官。父振綱。母朱氏。慈侍下。弟迪、遠、選。娶顧氏。應天府鄉試第二十九名,會試第三十八名。

張明道 貫湖廣黃州府羅田縣,民籍。國子生。治《詩經》。字希程,行一,年四十九,三月十七日生。曾祖克敬。祖昇。父大洪。母毛氏。永感下。娶章氏。湖廣鄉試第六名,會試第六十五名。

白貢 貫四川潼川州,民籍。國子生。治《春秋》。字亨甫,行四,年四十,八月二十一日生。曾祖普榮。祖父明。父雲漢。母何氏。具慶下。兄采、賛。弟貢、貴、賢、贅、寶。娶鄭氏。四川鄉試第三十九名,會試第二百五十名。

陳蕙 貫福建泉州府晉江縣,軍籍。府學生。治《春秋》。字邦馨,行五,年三十,十二月初三日生。曾祖霽曾。祖崇瑞。父朗,上林苑監典簿。前母吳氏,母朱氏。慈侍下。兄芳、蕢、蒼。弟安、蕃、英、滿、壽、福。娶張氏。福建鄉試第四十四名,會試第二百八十五名。

張鎬 貫直隸真定府定州,民籍。州學生。治《易經》。字叔京,行二,年二十六,正月初一日生。曾祖通。祖祥。父憲。母傅氏。具慶下。兄金。弟鏓、鑰、銓、錄。娶劉氏。順天府鄉試第九十二名,會試第一百十四名。

李全 貫四川成都府內江縣,民籍。縣學附學生。治《書經》。字求全,行三,年二十四,五月初八日生。曾祖自森。祖杰。父登仕。前母余氏,母張氏。具慶下。兄華、美。弟翠、新。娶張氏。四川鄉試第五十二名,會試第一百四十一名。

石遷高 貫山東東昌府高唐州恩縣,軍籍。縣學生。治《易經》。字謙甫,行一,年二十六,五月二十四日生。曾祖智。祖才廣。父達。母趙氏。具慶下。弟遷、遙。娶馬氏,繼娶祁氏。山東鄉試第三十九名,會試第二百十五名。

任廷貴 貫山西太原府石州,軍籍。國子生。治《詩經》。字君爵,行一,年四十,九月二十九日生。曾祖海。祖志德。父敬。母楊氏。嚴侍下。弟廷賛、廷器、廷寶。娶蓬氏,繼娶薛氏、劉氏、李氏。山西鄉試第十九名,會試第一百一名。

張毚 貫山東登州府萊陽縣,民籍。國子生。治《春秋》。字羽卿,行三,年三十一,二月十八日生。曾祖鎧。祖鵬。父瑄,義官。母蕭氏,繼母李氏。慈侍下。兄鸞,州吏目;鳳,典膳;麒,曲膳;麟,典膳。弟鷗、鶱。娶李氏。山東鄉試第四十五名,會試第二百九十六名。

閻鄰 貫山東兗州府東平州,軍籍。州學生。治《書經》。字德甫,行一,年三十一,十二月初八日生。曾祖貴。祖宏。父緝,運司經歷。前母張氏、王氏,母胡氏,繼母楊氏。具慶下。兄儒。娶管氏。山東鄉試第六十六名,會試第六十四名。

陳珪　貫廣東高州府化州,民籍。州學生。治《詩經》。字禹成,行四,年二十七,十二月初九日生。曾祖舍存。祖清。父禧,國子監助教。前母王氏,母吴氏。具慶下。兄玨、珧。弟琚。娶張氏。廣東鄉試第三十一名,會試第二百十四名。

林繼皋　貫福建福州府閩縣,民籍。縣學附學生。治《書經》。字德謨,行十八,年二十四,七月三十日生。曾祖晶,知縣。祖椿。父一能。母陳氏。具慶下。兄繼元;繼賢;繼顯,知縣;繼昭;繼治;繼禄,貢士;繼大;繼立。娶秦氏。福建鄉試第三十九名,會試第一百二十四名。

許勉仁　貫四川成都左護衛,官籍,雙流縣人。國子生。治《易經》。字希顔,行二,年二十六,三月初八日生。曾祖誠。祖琛,贈禮部員外郎。父淳,右布政使,進階正奉大夫、正治卿。嫡母郝氏,封宜人;生母王氏。具慶下。兄恩,典膳。弟依仁。娶徐氏,繼娶何氏。四川鄉試第二十四名,會試第二百六十一名。

黄訓　貫直隸徽州府歙縣,民籍。國子生。治《書經》。字學古,行四,年四十,六月十八日生。曾祖仲旭。祖文器。父琛。母殷氏。永感下。兄謨;詔;誥,監生。弟表、勅、諲、誨、誠、記、誦、訢、詢。娶胡氏,繼娶孫氏。應天府鄉試第十一名,會試第六十四名。

趙鯤　貫山東兗州府東平州壽張縣,民籍。國子生。治《詩經》。字于南,行一,年四十,四月初十日生。曾祖伯通。祖榮。父奎,縣主簿。母陳氏。永感下。弟永康,典膳;鱧。娶路氏,繼娶劉氏。山東鄉試第十四名,會試第一百八十四名。

寇陽　貫山西太原府榆次縣,軍籍。縣學附學生。治《詩經》。字體乾,行一,年二十六,五月十七日生。曾祖玘,贈文林郎、大理寺評事。祖恭,州判,累封通議大夫、都察院右副都御史。父天叙,嘉議大夫、都察院右副都御史,陞俸一級。母郝氏,累封恭人。重慶下。弟隗、阡、隅、階、隆、阯、附、陸、防、随、陞、陪、陵、陌、陳。娶王氏,繼娶王氏。山西鄉試第三十三名,會試第二百十九名。

丘峻　貫直隸蘇州府嘉定縣,匠籍。國子生。治《易經》。字惟陟,行九,年四十二,六月十三日生。曾祖震。祖剛。父鉞。嫡母顧氏,繼嫡母張氏、周氏，生母王氏。具慶下。兄山。弟嶠。娶張氏。應天府鄉試第一百名，會試第二百三十四名。

楊沨　貫應天府句容縣，軍籍。國子生。治《詩經》。字東之，行一，年四十四，十一月十八日生。曾祖隆一。祖茂林。父惠，縣主簿。嫡母趙氏，繼嫡母陳氏，生母杜氏。慈侍下。娶曹氏，繼娶曹氏、許氏，繼聘孔氏。應天府鄉試第一百八名，會試第一百五十八名。

孔濟　貫浙江湖州府歸安縣，匠籍。國子生。治《書經》。字以道，行三，年四十六，正月初九日生。曾祖保。祖昌。父綱，縣丞。前母沈氏，母劉氏。慈侍下。兄澄、溥。娶周氏，繼娶張氏。浙江鄉試第四十名，會試第三十名。

丘汝良　貫江西廣信府貴溪縣，民籍。國子生。治《書經》。字民牧，行五二，年三十六，十月初一日生。曾祖福，贈嘉議大夫，都察院右副都御史。祖將鼎，贈儒林郎、布政司理問。父鈿，知州。母李氏，封安人。具慶下。兄濟鴻；文浩，省祭官；民望，推官；民仰，貢士；民秀；民範，知府；民清。弟汝賢，正科；民偉；汝正；汝方。娶吳氏。江西鄉試第一百二十七名，會試第二百二十九名。

李棟　貫山東兗州府東平州壽張縣，民籍，陝西寧夏衛人。縣學生。治《春秋》。字植卿，行四，年三十五，四月十三日生。曾祖彥誠。祖政。父暹，知縣。母劉氏。具慶下。兄椿、槐、梅。娶張氏，繼娶王氏。山東鄉試第九名，會試第二百五十五名。

林壁　貫福建福州府候官縣，民籍。懷安縣學增廣生。治《易經》。字茂東，行二十，年二十七，九月十三日生。曾祖秀，贈南京刑部主事。祖玡，貢士，贈刑部主事。父文纘，布政司右參議致仕，進階中順大夫。母吳氏，封安人。具慶下。兄至。弟壎、堈、室。娶王氏。福建鄉試第十九名，會試第一百三十五名。

何儔　貫江西袁州府宜春縣，軍籍。縣學生。治《詩經》。字邦美，行四，年三十四，十月十三日生。曾祖必澄。祖忠。父泰。母吳氏，繼母胡氏。具慶下。兄俊、傑、偉。娶李氏，繼娶李氏。江西鄉試第三十七名，會試第五十七名。

褚寶　貫直隸懷遠衛，官籍，河南偃師縣人。國子生。治《詩經》。字光楚，行一，年四十，十二月十二日生。曾祖信，百戶。祖永。父昶。母楊氏。具慶下。弟宥、官、宦、騫、寊。娶潘氏，繼娶趙氏。應天府鄉試第二十名,會試第一百八名。

陳錠　貫湖廣荊州府江陵縣,軍籍。儒士。治《禮記》。字敬與,行六,年二十五,十一月十一日生。曾祖世傑。祖昆,壽官。父永琦。母孫氏,繼母王氏。具慶下。兄鏜;鑾;□;銓,推官;錄。娶盧氏。湖廣鄉試第五名,會試第一百五十四名。

江東　貫山東東昌府濮州朝城縣,民籍。國子生。治《易經》。字伯陽,行一,年二十一,正月十二日生。曾祖浩。祖山。父汝龍。母商氏。具慶下。弟南、西。娶虞氏。山東鄉試第二十七名,會試第一百七十九名。

閻倬　貫陜西鳳翔府隴州,官籍。國子生。治《春秋》。字允章,行五,年三十六,五月初五日生。曾祖秀,贈都察院右副都御史。祖璟,教諭,贈都察院右副都御史。父仲宇,太子太保、兵部尚書,贈太子太傅。前母仲氏,贈淑人;母袁氏,封淑人。慈侍下。兄儒,百戶;佑,知縣;傅,貢士;俸,推官。娶劉氏。陜西鄉試第六十一名,會試第七十七名。

胡永成　貫江西吉安府安福縣,軍籍。國子生。治《易經》。字思貞,行三,年三十三,三月初二日生。曾祖萬通。祖崇禮。父熹,義官。前母彭氏,母劉氏,繼母李氏。慈侍下。兄齊成、彥成。弟商成、文成。娶李氏,繼娶周氏。江西鄉試第十一名,會試第一百四十名。

江滿　貫江西南昌府進賢縣,民籍。縣學附學生。治《書經》。字謙之,行五,年三十六,三月二十三日生。曾祖啟明,義官。祖正行。父朝重。母楊氏。慈侍下。兄源、潮、泮。弟治,貢士;滾;溢。娶朱氏。江西鄉試第十九名,會試第三百四名。

歐思誠　貫順天府薊州,民籍。福建連江縣人。國子生。治《禮記》。字純甫,行二,年三十二,二月十五日生。曾祖寶,贈戶部郎中。祖俊。父弘憙,通判。母孟氏。重慶下。兄思廉,九品散官。弟思忠;思孝;思賢,貢士;思齊,九品散官;思進;思法;思元。娶李氏,繼娶劉氏。順天府鄉試第一百二十八名,會試第九十二名。

陳公陛　貫福建福州府閩縣,軍籍。府學生。治《禮記》。字伯舉,行四,年三十七,十月二十日生。曾祖通。祖憲,南京禮部主事。父正謨。母張氏,旌表節婦。慈侍下。娶趙氏。福建鄉試第一名,會試第一百三十八名。

賀府　貫陜西西安府華州渭南縣,軍籍。縣學生。治《詩經》。字應璧,行一，年三十四，七月十二日生。曾祖本。祖儒。父倉，典史。母王氏。具慶下。弟采。娶王氏。陝西鄉試第四十三名，會試第一百十六名。

劉墊　貫江西饒州府鄱陽縣，民籍。國子生。治《春秋》。字汝學，行七，年三十五，三月十八日生。曾祖汎。祖楷，良醫。父炳。母李氏，繼母徐氏。具慶下。兄塡。娶李氏，繼娶楊氏。江西鄉試第三十九名，會試第一百六十四名。

丁湛　貫江西九江府彭澤縣，民籍。國子生。治《詩經》。字子一，行十九，年三十八，正月十七日生。曾祖惠遠。祖以洪。父尚玉。母周氏。慈侍下。兄淵，監生；源；沂；溉；泮。弟泅、汶、洧、湜、洵。娶劉氏。江西鄉試第一百五十二名，會試第八十七名。

倪嵩　貫直隸太平府當塗縣，匠籍。國子生。治《詩經》。字中卿，行三，年三十六，十一月十六日生。曾祖泰。祖讓。父璋。前母李氏，母蔣氏。慈侍下。兄山、岳。弟崞。娶謝氏。應天府鄉試第一百名，會試第二百七十八名。

高懋　貫四川重慶府合州銅梁縣，民籍。縣學生。治《禮記》。字惟德，行四，年三十八，三月二十九日生。曾祖福源。祖振，省祭官。父相，壽官。母胡氏。具慶下。兄志、慧、愈。娶王氏。四川鄉試第四十八名，會試第三百十三名。

朱隆禧　貫直隸蘇州府崑山縣，民籍。國子生。治《易經》。字子謙，行二，年三十一，九月二十八日生。曾祖昊，承事郎。祖枕，監察御史。父紱，聽選監生。母王氏。嚴侍下。兄端禧，監生。弟芝禧、元禧。娶鄭氏。應天府鄉試第十七名，會試第二百九名。

程尚寧　貫直隸徽州府歙縣，匠籍。府學附學生。治《春秋》。字廷德，行十一，年二十一，十月十八日生。曾祖永恭。祖壽祥。父世勳。母汪氏。重慶下。聘周氏。應天府鄉試第四名，會試第三十二名。

李寧　貫福建邵武府建寧縣，民籍。國子生。治《詩經》。字懷德，行一，年三十四，九月二十二日生。曾祖居濳。祖時憲。父奇韜。母饒氏。重慶下。弟窿、賨、宜、寅、富。娶袁氏。福建鄉試第六十二名，會試第三百三名。

錢璧　貫廣西護衛，軍籍。臨桂縣學附學生。治《易經》。字和玉，行一，年二十七，十二月二十三日生。曾祖興。祖琚。父經。母左氏。慈侍下。娶陳氏。廣西鄉試第十六名，會試第一百九十八名。

陳儒　貫直隸蘇州府崑山縣，民籍。縣學附學生。治《易經》。字子醇，行一，年二十五，九月初八日生。曾祖能。祖穆。父節。母王氏。具慶下。弟佾。娶馬氏。應天府鄉試第五十二名，會試第一百二十六名。

張鈇　貫山東東昌府冠縣，軍籍。國子生。治《書經》。字德威，行二，年三十八，六月十三日生。曾祖山。祖文，壽官。父周。母郭氏。具慶下。兄銳。弟欽、銓、鎬、鑌。娶王氏。山東鄉試第六十三名，會試第一百五十二名。

黃綬　貫陝西寧夏中屯衛，軍籍，浙江仁和縣人。國子生。治《書經》。字公佩，行一，年三十一，六月初一日生。曾祖鎬。祖瑀。父淳，典膳。母陳氏。重慶下。弟統。娶王氏，繼娶李氏。陝西鄉試第四十七名，會試第一百八十一名。

陳念　貫湖廣黃州府麻城縣，軍籍。縣學生。治《春秋》。字功父，行三，年三十七，八月初四日生。曾祖忠。祖一初。父情，貢士。母劉氏。永感下。兄全，貢士；僉。娶程氏。湖廣鄉試第七十名，會試第一百三十二名。

郭從樸　貫山東萊州府掖縣，軍籍。國子生。治《詩經》。字文伯，行一，年四十三，九月初十日生。曾祖宗。祖釗，教諭，贈監察御史。父東山，布政司右參政。母毛氏，封孺人。具慶下。兄從栗、從寨。弟從采、從杰、從榮、從桓。娶曲氏，繼娶孫氏、劉氏。山東鄉試第六名，會試第二百二十六名。

菅懷理　貫山東濟南府臨邑縣，軍籍。國子生。治《易經》。字一初，行一，年三十四，七月初七日生。曾祖昺。祖芳。父溥。母李氏。永感下。弟懷恩、懷德、懷袞。娶張氏。山東鄉試第七十三名，會試第一百四十三名。

陳昌福　貫江西吉安府泰和縣，軍籍。縣學附學生。治《易經》。字子隆，行三，年三十，十月初一日生。曾祖正諒。祖必弘。父主思。母楊氏。慈侍下。兄昌典；昌積，貢士。弟昌載、昌祉。娶曾氏。江西鄉試第二十三名，會試第一百九十五名。

黃正色　貫直隸常州府江陰縣，軍籍，無錫縣人。縣學增廣生。治《詩經》。字士尚，行四，年二十九，十二月十二日生。曾祖以衡。祖萱。父坤，義官。母周氏，繼母薛氏。具慶下。兄正宗、正心、正諫。弟正守。娶蕭氏。應天府鄉試第一百十七名，會試第三十五名。

黃允謙　貫廣東瓊州府崖州，軍籍。州學生。治《詩經》。字汝益，行一，年三十五，九月十六日生。曾祖成。祖明，贈奉直大夫、南京吏部署郎中、員外郎。父芳，布政司右布政使。母王氏，封宜人。重慶下。弟允直，貢士。娶邵氏。廣東鄉試第二十七名，會試第一百七十八名。

張濟　貫陝西西安府醴泉縣，民籍。縣學生。治《春秋》。字汝楫，行二，年三十四，五月初三日生。曾祖翰。祖善，縣丞。父敵。母王氏。具慶下。兄冲。弟洪、澤。娶靳氏。陝西鄉試第二十七名，會試第二百八十名。

馬練　貫湖廣武昌府蒲圻縣，軍籍。國子生。治《易經》。字元素，行十四，年三十八，八月初九日生。曾祖駿，州同知。祖順中。父文獻，訓導。前母龍氏，母黃氏。慈侍下。兄綱、綬、縝、績。弟維。娶曹氏。湖廣鄉試第二十名，會試第七十二名。

羅傳　貫湖廣荊州府荊門州，民籍。儒士。治《詩經》。字次卿，行五，年十八，二月初六日生。曾祖景春。祖清，訓導。父天貴，通判。母楊氏，繼母王氏。重慶下。兄儒。弟佐、化、燭。聘劉氏。湖廣鄉試第三十二名，會試第一百六十三名。

曹濡　貫順天府固安縣，民籍。縣學生。治《書經》。字汝育，行四，年三十五，二月初九日生。曾祖成。祖琰，義官。父鎰，縣主簿。母畢氏，繼母許氏。慈侍下。兄澤，縣丞；濟，義官；潤。弟湜。娶梁氏。順天府鄉試第三十一名，會試第一百十五名。

李朝列　貫陝西西安府長安縣，軍籍。府學生。治《易經》。字長卿，行三，年四十，十一月十六日生。曾祖參。祖三父通，驛丞。母劉氏。永感下。兄經、傑。弟薑、昇。娶張氏。陝西鄉試第十七名，會試第二百三十九名。

詹文光　貫湖廣武昌府江夏縣，軍籍。國子生。治《易經》。字用賓，行十，年五十一，八月十三日生。曾祖忠。祖思達。父祿。母熊氏，繼母張氏。慈侍下。兄文璧。弟文奎；文慶，知縣；文軫；文庚；文勝；文獻；文華；文博。娶何氏。湖廣鄉試第十一名，會試第一百九名。

葉洪　貫直隸德州衛，官籍，浙江餘姚縣人。國子生。治《書經》。字子源，行六，年三十四，十二月二十八日生。曾祖亮，百戶。祖韶，百戶。父瑁。母王氏。具慶下。兄樹。弟濟、梅。娶張氏。順天府鄉試第六名，會試第十三名。

祝詠　貫湖廣衡州衛，軍籍，桂陽縣人。國子生。治《詩經》。字鳴盛，行二，年四十一，十二月二十日生。曾祖顥。祖鳳音。父壽華，義官。母顏氏。永感下。兄詔。弟誦、議。娶黃氏，繼娶譚氏。湖廣鄉試第六十九名，會試第一百六十六名。

王崇　貫浙江金華府永康縣，民籍。國子生。治《書經》。字仲德，行一，年三十四，十月初九日生。曾祖肇護，七品散官。祖福，壽官。父科。母李氏。具慶下。弟京、洪。娶謝氏。浙江鄉試第四十三名，會試第二名。

馬書林　貫陝西西安府高陵縣，民籍。國子生。治《易經》。字子約，行一，年三十五，三月初三日生。曾祖傑。祖文質。父憲。母齊氏。重慶下。弟桂林、儒林、雲林、易林、田林、鳳林。娶王氏。陝西鄉試第二十九名，會試第二百七十三名。

王璣　貫浙江衢州府西安縣，民籍。府學生。治《易經》。字在叔，行和三，年四十，十一月二十四日生。曾祖時言。祖璽。父文暉。母張氏。具慶下。兄瓊、瑢。娶余氏，繼娶張氏、徐氏。浙江鄉試第四十二名，會試第二百四十八名。

張溪　貫直隸壽州衛，軍籍。壽州學生。治《易經》。字伯清，行三，年三十，四月初一日生。曾祖鏞。祖禮。父璉。母李氏。永感下。兄潮、沛。娶顧氏。應天府鄉試第三十名，會試第二百八十八名。

謝應嶽　貫江西吉安府吉水縣，民籍。縣學增廣生。治《易經》。字顯之，行二，年四十七，九月十二日生。曾祖三奇。祖建鈞。父正用。母毛氏。永感下。娶蕭氏。江西鄉試第一名，會試第二百五名。

劉昺　貫中都長淮衛，官籍，湖廣大冶縣人。鳳陽縣學生。治《詩經》。字晉初，行一，年二十五，十二月二十四日生。曾祖清，百戶。祖敬。父蕙。母李氏。慈侍下。弟昶、昜、旭。娶唐氏，繼聘曹氏。應天府鄉試第二十八名，會試第三十一名。

周如砥　貫浙江紹興府餘姚縣，民籍。縣學生。治《書經》。字允直，行十二，年三十四，十二月二十五日生。曾祖庭蘭。祖澐。父璧。母錢氏。具慶下。弟如山，監生；如斗；如登；如綸；如江；如漢。娶陳氏。浙江鄉試第三名，會試第四十名。

劉鳳翔　貫陝西西安後衛，軍籍。咸寧縣學生。治《易經》。字仲集，行三，年三十七，正月十六日生。曾祖凱。祖俊。父璧。母趙氏。永感下。兄鳳儀、鳳鳴。娶王氏，繼娶王氏。陝西鄉試第五十一名，會試第二百九十二名。

張鵬翼　貫河南開封府歸德州虞城縣，民籍。縣學生。治《春秋》。字雲程，行十二，年三十二，四月二十八日生。曾祖清。祖三恭。父文勝，壽官。母周氏。具慶下。兄繼宗、聰喜、表秀、名進、廷高、子良、子賢。弟鵬搏。娶劉氏，繼娶王氏。河南鄉試第六十九名，會試第一百四名。

李士文　貫福建福州府連江縣，民籍。湖廣嘉魚縣學教諭。治《易經》。字在中，行四，年四十三，四月三十日生。曾祖澤。祖彥偉。父景。母謝氏。慈侍下。兄希文。娶董氏。福建鄉試第九十名，會試第九十名。

戴繼　貫山東兗州府曹州曹縣，軍籍。國子生。治《詩經》。字淑似，行一，年三十四，七月十九日生。曾祖海。祖敖。父昂。母邵氏。重慶下。弟綵、緝、緇。娶周氏。山東鄉試第五十二名，會試第二百九十一名。

金清　貫應天府上元縣，民籍，直隸崑山縣人。國子生。治《詩經》。字廉夫，行二，年三十四，五月二十二日生。曾祖通。祖鋃，封監察御史。父冕，中憲大夫、按察司副使。嫡母吳氏，封安人；生母周氏。慈侍下。兄湯；沂；淳，貢士；淇。弟湛；瀚，監生。娶吳氏。應天府鄉試第二十三名，會試第九十八名。

章允賢　貫直隸池州府青陽縣，民籍。縣學生。治《詩經》。字汝愚，行一，年二十七，十月二十日生。曾祖伯通，義官。祖叔真，義官。父杲，監生。母汪氏。具慶下。弟允中、允元、允亨。娶方氏。應天府鄉試第一百名，會試第九名。

張裕　貫直隸蘇州府嘉定縣，匠籍，長洲縣人。國子生。治《書經》。字士弘，行一，年四十，十二月十四日生。曾祖鑑。祖源，壽官。父翱。母陳氏，繼母鄭氏。具慶下。弟祐、表、禮。娶宗氏。應天府鄉試第二十二名，會試第二十四名。

茅宰　貫浙江紹興府山陰縣，民籍。府學附學生。治《詩經》。字治卿，行一，年二十六，四月二十八日生。曾祖肅。祖鑑。父璘。母陳氏。重慶下。娶胡氏。浙江鄉試第六名，會試第七十三名。

郝維嶽　貫四川敘南衛，軍籍。敘州府學附學生。治《詩經》。字叔望，行一，年二十七，十一月二十三日生。曾祖文先。祖忠。父廷相。母牟氏。永感下。弟維崑、維崙。娶李氏。四川鄉試第五十一名，會試第二百四十九名。

羅虞臣　貫廣東廣州府順德縣，軍籍。縣學生。治《詩經》。字熙載，行一,年二十四,十二月初九日生。曾祖子品。祖孫璣。父昌甫。母黃氏。重慶下。弟虞牧、虞工、虞獻。娶張氏。廣東鄉試第十四名,會試第一百十三名。

王鎬　貫直隸永平府灤州,民籍。國子生。治《易經》。字宗周,行五,年三十二,十月初六日生。曾祖貴,壽官。祖暹。父璋,縣丞。母李氏。慈侍下。兄鎧;鑰;鉦,貢士;鏞。弟鈿、鍔、鍊。娶陳氏。順天府鄉試第六十五名,會試第二百八十一名。

卞偉　貫四川敘州府宜賓縣,民籍。國子生。治《詩經》。字子充,行一,年四十二,三月十一日生。曾祖如圭,壽官。祖紀,縣主簿。父鳳來。母劉氏,繼母廖氏。永感下。兄俊。弟价、倣、傑、佐、佑、信、儉、儼。娶尹氏,繼娶姚氏、周氏。四川鄉試第五十八名,會試第二百三十三名。

高進　貫錦衣衛,校籍,直隸崑山縣人。國子生。治《詩經》。字維藎,行一,年二十九,五月初八日生。曾祖顯。祖悰,光祿寺署丞、贈工部郎中。父嶼,按察司副使。母康氏,封宜人。具慶下。娶李氏。順天府鄉試第八名,會試第二十五名。

王與齡　貫山西平陽府鄉寧縣,民籍。縣學生。治《書經》。字受甫,行三,年二十二,七月初五日生。曾祖睿。祖文,封承德郎、通判。父爵,知州。前母閻氏,贈安人;母李氏。重慶下。兄延齡;培齡,同科進士。弟永齡。娶高氏。山西鄉試第三十二名,會試第一百名。

陳捷　貫福建福州府長樂縣,民籍。縣學附學生。治《詩經》。字仲遲,行三,年三十七,正月初二日生。曾祖思褧。祖宗禮。父孟約。母林氏。嚴侍下。娶鄒氏。福建鄉試第八十一名,會試第八十二名。

范來賢　貫直隸蘇州府常熟縣,軍籍。國子生。治《詩經》。字昌國,行一,年二十八,八月初三日生。曾祖基。祖欽,義官。父霖。母吳氏。慈侍下。兄來卿。弟來相、來賓、來俞、來朋、來王、來元、來庭。娶錢氏。順天府鄉試第一百三十二名,會試第五十九名。

沈鐸　貫浙江湖州府歸安縣,民籍。國子生。治《書經》。字時振,行一,年四十,九月初一日生。曾祖信。祖暘,壽官。父璇。母邵氏。具慶下。弟�、鑰、鍇。娶宋氏。浙江鄉試第八十二名,會試第一百七十四名。

皇甫汸　貫直隸蘇州府長洲縣,民籍。府學生。治《易經》。字子循,行三,年二十六,八月十二日生。曾祖通。祖信,贈禮部員外郎。父錄,知府。母黃氏,封宜人。具慶下。兄冲,貢士;浡,貢士。弟濂。娶沈氏,繼聘談氏。應天府鄉試第五十六名,會試第一百九十名。

陳大綸　貫廣西南寧衛,軍籍,直隸舒城縣人。府學生。治《書經》。字伯言,行二,年二十六,十一月十九日生。曾祖亮。祖清。父琚,判官。母蔡氏,繼母李氏。慈侍下。兄大經,貢士。弟大紀、大綱。娶李氏。廣西鄉試第四十二名,會試第八十五名。

吳孟祺　貫山東兗州府寧陽縣,軍籍。縣學生。治《書經》。字元壽,行一,年三十二,十一月二十六日生。曾祖冕。祖仲德,壽官。父偉,教授。母陳氏。永感下。弟孟禄、孟雄。娶石氏。山東鄉試第三名,會試第四十七名。

王汝楫　貫山東濟南府德州,民籍。國子生。治《書經》。字利民,行二,年三十八,十月初一日生。曾祖揀,教授。祖中,教諭。父寧。前母顧氏,母曹氏。慈侍下。兄汝翼,知縣;汝爲;汝明;汝礪。弟汝欽、汝輔、汝舟、汝咨、汝揆、汝器、汝相。娶楊氏。山東鄉試第四十二名,會試第九十四名。

張志選　貫福建泉州府晉江縣,民籍。府學增廣生。治《易經》。字以學,行二,年三十三,十二月二十三日生。曾祖寬,教授。祖秉德。父良保,典史。母薛氏。重慶下。兄志魁。弟志純、志騰、志顒、志寶、志尹。娶黃氏。福建鄉試第六十五名,會試第六十三名。

杜朝聘　貫山東兗州府東平州東阿縣,民籍。國子生。治《詩經》。字莘夫,行六,年四十二,三月二十六日生。曾祖麟。祖昂,贈通判。父萱,知府。母張氏。具慶下。兄朝卿。弟朝言、朝雍。娶劉氏。山東鄉試第四十八名,會試第二百九十五名。

馮惠　貫直隸河間府滄州鹽山縣,竈籍。國子生。治《詩經》。字天祐,行二,年四十四,七月初六日生。曾祖貴。祖翶。父昱,知縣。母單氏。永感下。兄恩。弟意。娶高氏。順天府鄉試第一百十九名,會試第一百七十五名。

喬佑　貫河南河南府洛陽縣,軍籍。國子生。治《書經》。字德徵,行二,年三十七,二月二十四日生。曾祖四老。祖弘。父賢。母李氏。慈侍下。兄佐。娶徐氏,繼聘劉氏。河南鄉試第三名,會試第二百八名。

饒思聰　貫江西臨江府新淦縣,民籍。縣學生。治《詩經》。字子聞,行五,年二十四,十二月十八日生。曾祖順亨。祖登用。父貫之。母徐氏。重慶下。兄天恩；天息；天惠，貢士；思顏。弟思明、思曾、思孟。娶姚氏。江西鄉試第七十四名，會試第二百六十三名。

張炬　貫廣西慶遠衛，軍籍。直隸華亭縣學教諭。治《詩經》。字仲熙，行二，年三十八，九月初九日生。曾祖琳。祖慶。父崇。母顏氏。具慶下。兄榮、燦。弟燧。娶秦氏。廣西鄉試第二十一名，會試第七十名。

郭應奎　貫江西吉安府泰和縣，民籍。國子生。治《易經》。字致祥，行一，年三十五，十一月初四日生。曾祖紹彝。祖忠詠。父昌榮。母胡氏。具慶下。弟應璧。娶金氏。江西鄉試第四十名，會試第一百五十九名。

高簡　貫四川成都府綿州，民籍。國子生。治《禮記》。字公敬，行四，年三十，十一月初四日生。曾祖子清。祖本政。父騰，封南京刑部主事。母李氏，贈安人；繼母正氏，封安人。具慶下。兄第，知府；節，貢士；策。娶弓氏。四川鄉試第四名，會試第二百六十名。

唐時英　貫雲南平夷衛，軍籍，湖廣盧溪縣人。國子生。治《書經》。字子才，行二，年三十一，六月十二日生。曾祖義。祖洪，壽官。父經，義官。母伍氏。具慶下。兄時賢。娶張氏。雲貴鄉試第八名，會試第四十九名。

陳子文　貫福建福州府閩縣，民籍。國子生。治《易經》。字在中，行四，年二十六，正月二十四日生。曾祖景。祖闉。父鏜，通判。母黃氏。具慶下。兄子元、子亨、子充。弟子言、子亮、子立、子方。娶王氏。福建鄉試第二十一名，會試第一百七名。

李遂　貫湖廣荊州府江陵縣，民籍。國子生。治《易經》。字良伯，行一，年四十一，十一月二十七日生。曾祖慎。祖景，義官。父崈，訓導。母劉氏，繼母陳氏。具慶下。弟遇、達。娶沈氏，繼娶許氏。湖廣鄉試第十五名，會試第三百十一名。

黃光昇　貫福建泉州府晉江縣，民籍。縣學附學生。治《易經》。字明舉，行三，年二十四，正月初五日生。曾祖禎。祖晟，經歷。父綏，教諭。母陳氏。慈侍下。兄光遠、光慶。弟光和、光霽、光祚。娶留氏。福建鄉試第二十一名，會試第八十三名。

許繹　貫福建福州府閩縣，民籍。國子生。治《易經》。字士成，行二，年四十四，十二月初二日生。曾祖惟初。祖景暘，贈戶部主事。父坦，知府，贈中憲大夫。母林氏，封安人；繼母陶氏，封恭人。慈侍下。兄綸，義官。弟綬，驛丞；纘；繼，戶部郎中。娶林氏。福建鄉試第九名，會試第二百五十四名。

路珠　貫河南衛輝府新鄉縣，民籍。國子生。治《易經》。字子明，行二，年三十三，十一月二十八日生。曾祖坦。祖通。父睿。母曹氏。具慶下。兄寶。娶張氏。河南鄉試第三十三名，會試第一百五十七名。

趙國良　貫陝西西安府同州，軍籍。國子生。治《書經》。字邦遂，行三，年三十七，正月二十四日生。曾祖玉。祖琰，贈監察御史。父繼爵，按察司副使。母劉氏，贈孺人。繼母劉氏，贈孺人；張氏，封孺人。慈侍下。兄國卿，南京鴻臚寺序班；國相，驛丞。弟國臣、國光、國獻、國明。娶王氏，繼娶雷氏。陝西鄉試第十六名，會試第二百六十二名。

榮愷　貫順天府大興縣，民籍。國子生。治《易經》。字舜舉，行一，年四十，四月十五日生。曾祖秉忠。祖參。父俊。前母張氏，母杜氏。慈侍下。娶田氏。順天府鄉試第九十五名，會試第一百六十五名。

郭圻　貫直隸河間府任丘縣，民籍。國子生。治《易經》。字維望，行四，年三十八，十一月十六日生。曾祖廷珪。祖銘。父浩。前母王氏，母李氏。慈侍下。兄坦，義官；增；域，驛丞。娶史氏，繼娶何氏。順天府鄉試第八十名，會試第一百三十名。

王祚　貫大寧保定右衛，官籍。國子生。治《詩經》。字永錫，行一，年三十五，二月二十八日生。曾祖海，百戶。祖鑑，壽官。父守憲，訓導。母丁氏。具慶下。弟禧、褀、禎。娶李氏。順天府鄉試第一百三十三名，會試第二百七十二名。

李紳　貫河南開封府祥符縣，民籍。國子生。治《書經》。字朝儀，行二，年四十，十二月初八日生。曾祖讓。祖瑾。父雄，學正。母雷氏。慈侍下。兄縉。弟綏、紘，縮、纓。娶吳氏，繼娶王氏。河南鄉試第十八名，會試第一百十二名。

高擢　貫直隸永平府灤州，民籍。州學生。治《詩經》。字士元，行三，年三十六，七月十九日生。曾祖昺，巡檢。祖璁，知縣，贈文林郎。父謙，知府。母吳氏，封孺人。慈侍下。兄尚。弟廩、官。娶郝氏。順天府鄉試第三十五名，會試第二百四十四名。

張嘉秀　貫浙江海寧衛，軍籍。海鹽縣學生。治《書經》。字文英，行一，年三十八，六月初一日生。曾祖壽，封徵仕郎、禮科都給事中。祖寧，知府。父啓宏。母蔡氏。永感下。弟應麒、應龍。娶王氏。浙江鄉試第十三名，會試第二百名。

陳一貫　貫福建福州府福清縣，民籍。縣學附學生。治《春秋》。字魯得，行一，年三十五，十一月十一日生。曾祖祿。祖寬。父誠。母林氏，繼母周氏。具慶下。弟一經、一中、一心、一鳳。娶吳氏，繼娶林氏。福建鄉試第五十二名，會試第二百五十九名。

徐謙　貫四川敘州府富順縣，民籍。縣學生。治《書經》。字子恭，行二，年三十四，十一月十七日生。曾祖復才。祖永香。父尚積。母楊氏。具慶下。兄萬餘。娶車氏。四川鄉試第三十六名，會試第五十六名。

吳介　貫直隸壽州衛，官籍。國子生。治《易經》。字子正，行一，年三十六，二月二十一日生。曾祖全。祖恕。父蘭。母王氏，繼母崔氏。具慶下。弟侃、僑。娶謝氏，繼娶陳氏、鄭氏。應天府鄉試第四十名，會試第三百十四名。

汪宗元　貫湖廣武昌府崇陽縣，軍籍。縣學增廣生。治《詩經》。字子允，行一，年二十七，二月二十六日生。曾祖璉，壽官。祖藻，監生，封兵部主事。父文明，知縣。母楊氏。重慶下。弟宗凱，貢士；宗皋；宗伊；宗召；宗頤；宗南；宗光；宗介；宗軾；宗說。娶彭氏。湖廣鄉試第二十三名，會試第一百六名。

孫應辰　貫河南開封府睢州考城縣，民籍。縣學生。治《詩經》。字拱極，行二，年三十，三月二十五日生。曾祖壹。祖拳。父伯驥。母李氏。重慶下。兄應堂。弟應節、應時、應聘。娶高氏。河南鄉試第七十名，會試第三百七名。

趙瀛　貫陝西西安府三原縣，軍籍。縣學生。治《禮記》。字文海，行五，年三十八，四月二十四日生。曾祖軻。祖讓。父閏。母王氏。永感下。兄淇、瀾、沂、□。娶杜氏。陝西鄉試第二十名，會試第二百三名。

鄭恭　貫直隸徽州府績溪縣，民籍。國子生。治《書經》。字子安，行二，年四十五，四月初八日生。曾祖清。祖明德。父文佐。母程氏。慈侍下。兄良。弟興、群、哲、賢、朋、覺。娶舒氏。應天府鄉試第五十四名，會試第一百六十名。

高澄　貫順天府固安縣，官籍。國子生。治《詩經》。字肅卿，行三，年三十四，六月十二日生。曾祖全，百戶。祖文，百戶。父大琳。前母胡氏，母陳氏。慈侍下。兄清，百戶；源。弟洪、湧、治、深、浦。娶楊氏。順天府鄉試第十六名，會試第二百五十六名。

劉希龍　貫河南懷慶衛守禦衛輝前所，官籍，湖廣零陵縣人。國子生。治《詩經》。字汝言，行二，年四十，十月二十四日生。曾祖恕，百户，贈都察院右副都御史。祖英，百户，贈都察院右副都御史。父瓚，壽官。前母陳氏，母李氏，繼母沈氏。慈侍下。兄希顏，義官；希周，典膳；希孟，義官；希曾；希文，序班；希夔。弟希齊；希傅；希召，貢士；希皋；希儒；大經；希占；希尹。娶馬氏。河南鄉試第十四名，會試第二百一名。

周相　貫直隸蘇州府吳江縣，民籍。縣學生。治《易經》。字君弼，行一，年三十八，二月初五日生。曾祖立。祖旻。父璋。母胡氏。具慶下。娶張氏。應天府鄉試第十一名，會試第二百二名。

白濬　貫廣西桂林府臨桂縣，民籍。府學生。治《詩經》。字子深，行一，年二十九，八月初二日生。曾祖禮，壽官。祖敏，引禮舍人。父環，典膳。母陶氏。嚴侍下。兄潔；紳，監生；繡，通判；素；淮，知縣；漢；絲，教諭；綖，教諭；濂；瀾。弟清、泓、濟、湄。娶朱氏。廣西鄉試第二十名，會試第三百十名。

徐泮　貫河南汝寧府光州固始縣，民籍。國子生。治《詩經》。字崇教，行七，年三十八，九月十五日生。曾祖璜。祖時。父道。前母胡氏、許氏，母胡氏。慈侍下。兄源、濟、沛、激、湟。弟漢、注。娶高氏。河南鄉試第六十六名，會試第十八名。

曹察　貫直隸常州府無錫縣，軍籍。縣學附學生。治《詩經》。字明卿，行三，年三十一，六月十三日生。曾祖文輝。祖致和，義官。父符，八品散官。母鄒氏。具慶下。兄寅，貢士；寵。弟宇。娶華氏。應天府鄉試第七十四名，會試第一百五十六名。

楊獻可　貫山東濟南府青城縣，軍籍。縣學生。治《書經》。字子襄，行二，年二十七，正月初四日生。曾祖秀。祖惠。父倫，監生。母崔氏，旌表節婦。具慶下。兄獻章。弟獻策、獻圖、獻謀、獻贄、獻書。娶張氏。山東鄉試第十三名，會試第二百七十五名。

龔浞　貫湖廣武昌府崇陽縣，軍籍。國子生。治《詩經》。字茂揚，行八，年四十二，十月二十六日生。曾祖志廣，壽官。祖瑄。父伯寧，知縣。前母胡氏，母鮑氏。永感下。娶鄭氏。湖廣鄉試第二十四名，會試第一百八十九名。

黃謹容　貫福建興化府莆田縣，匠籍。儒士。治《詩經》。字望之，行二,年三十四,三月初十日生。曾祖永達。祖琮。父釗。母曾氏。慈侍下。兄謹魯。娶歐氏。福建鄉試第二十六名,會試第五十四名。

徐存義　貫浙江紹興府餘姚縣,民籍。縣學附學生。治《易經》。字質夫,行六,年二十三,五月二十二日生。曾祖文盛。祖楷。父寅。母鄭氏。重慶下。兄存德、存惠、存恩。弟存道、存信、存心。娶黃氏。浙江鄉試第三十二名,會試第九十五名。

陳洙　貫浙江紹興府上虞縣,民籍。縣學附學生。治《詩經》。字道源,行三,年二十九,五月初一日生。曾祖克荊。祖模。父瓚。母潘氏。具慶下。兄濂、洛。弟泗、沂。娶王氏。浙江鄉試第六十名,會試第四十八名。

王杏　貫浙江寧波府奉化縣,民籍。縣學附學生。治《易經》。字世文,行一,年三十四,閏三月二十五日生。曾祖璨。祖綏。父訓。母孫氏。慈侍下。弟㭁。娶鄔氏。浙江鄉試第六十一名,會試第三百十五名。

沈師賢　貫浙江湖州府德清縣,民籍。縣學生。治《易經》。字德秀,行二,年二十九,十月初八日生。曾祖璜。祖孚。父觀。母吳氏。具慶下。兄師聖。弟師儒。娶周氏,繼娶陳氏。浙江鄉試第二十五名,會試第二百四十五名。

皇帝制曰:朕惟治天下之道,其端不可概舉,特以大者論之,在乎知人、安民二者而已。夫知人則哲,必能官而任之;安民則惠,必使匹夫匹婦各得其所。雖然,堯舜尚於此猶難,夫豈後世所能及也?朕本藩服,仰承天命,入奉祖宗大統,朝夕戰兢,不遑寧處。何自即位以來,災變頻仍,旱潦相繼,歲復一歲,無處無之,生民流亡?朕甚恐懼,此非朕官非人以虐民歟?或賢與不肖,進退倒置歟?或勸懲之典,而失其宜歟?抑為我選任者,而失公平之道歟?夫天聽自我民聽,天視自我民視,非民不聊生,而天垂深戒者,如此何歟?至於內有盜賊之擾,外有戎狄之患,此亦以為民之害者。民為邦本,而使飢寒困、苦流離死亡,至於如此,邦欲安而得乎?朕雖存保邦安民之念,求其所以,實無一得。朕欲俾灾沴潛消,民生安堵,盜賊息,邊方靖,財充而食足,不知如之何可以臻此?

特進爾多士于廷,爾多士明於王道有日矣,且目覩時艱,豈無真識的見以匡我者?當悉心吐露,推衍所以于篇,朕當勉為親覽焉。勿諂,勿惮，勿泛，勿略，庶副朕意。

嘉靖八年三月十五日

御批：学正有见，言谠而意必忠，宜擢之首者。

臣罗洪先

臣对：

臣闻帝王之致治也，有覆天下之仁，而以不费为施；有周天下之智，而以不劳为用。施之溥而后顺时鼓舞之权行，用不劳而后宪天聪明之实尽。尽聪明者存乎诚，诚无疑矣；妙鼓舞者存乎变，变无方矣。无方而显作用于旁行，仁之发也。以天下之才尽天下之故，得天下之故神天下之化，夫何费之有？无疑而别贤否于不遗，智之运也。以天下之公为一己之度，廓一己之度定天下之情，夫何劳之有？是故诚以基智，智以广仁，仁以尽化，化以格天。天顺而时，化和而理，仁广而通，智睿而辨。非夫先天而天不违，后天而奉天时者，其孰能与于此？故仁而不得其要，必疏陋而文胜；智而不本于诚，必穿凿而术烦。文胜之弊泛而寡效，术烦之弊杂而不明，天下之事，废者多矣。是故帝王存之为理要之原，举之为易简之善，不以察为明，不以私为惠，盖其所执者要，而所尚者审故也。是以天地可位，万物可育，气化太和，灾沴不作，其上下一贯之理，显微无间之机乎。是故仁智合德之谓圣，志气交感之谓通，天人同归之谓治。是说之不明也，亦久矣。古人之言曰："上有好言之君，则下必有尽言之臣。"又曰："益智广德，莫善于问；乘事演道，莫善于对。"臣愚恭遇陛下精明纳言，得其时矣。观时势之故，究恢济之本，极理乱之说，广德业之规，臣非其人也而窃有志焉也，敢不敬述其略以对。

惟天生民，不能无欲，欲之不制，乱之成也。苟非至德，大道不行。故夫德合天者谓之皇，德合地者谓之帝，兼乎三才、足以合伦尽制者谓之天子。故宣聪明为元后，而佑下民也，作之君师。子夏问孔子以民之父母，孔子曰："四方有败，必先知之一人而安四方者，君也。"是故天者，立君之命也；君者，立民之命也。裁成之道，辅相之宜，所自成也；典礼之衷，命讨之权，必有归也。安民非君之责乎？势一而后定于义，职分而后详于仁。是故惟王建国，体国经野，设官分职，以立民极也。树后王君公，承以大夫师长，以奉天道也。此则共济之义，大公之制也。官人非君之助乎？然地遠則德未易遍，情異則化未易行，求萬姓之咸休，難得也。聽言則易於匿情，盡實則乖於廣容，求九德之咸事，難得也。然臣嘗求之矣。四凶之惡未著也，堯不逆探其奸；元凱之善未著也，堯不責備其用。是道也，其知人之要乎？黎民敏德，在臣下之克艱；帝力不知，由官師之翕受。是道也，其安民之要乎？然而當時病其難，後世忘其守，豈非誠偽之別而治忽亦因之歟？仰惟陛下即位以来，孜孜求理，敬慎夙夜，不遑寧處。求直言以廣聽納，除冗役以止蠹害，謹鸞爵以簡任使，嚴章法以辨優劣，其於知人，可謂謹矣。免雜租以重民命，發餘幣以蘇時艱，減貢獻以節浮費，明冤獄以示平反，其於撫民，可謂密矣。是宜海内興富足之歌，天下樂有年之頌朝著極相讓之休，郡邑向承德之美，而休徵畢集，嘉氣聿暢矣。

夫何近年灾故迭見，旱魃爲凶，千里相繼，淫潦損苗，逾時不止，白虹示警，坤象載震，星變上現，霾氣四昏？夫天人之應，自古不誣，氣數之說，匪經之訓。故曰："聖王在上，日月不薄食，雷發不震，雨雹不爲灾。"一氣之流行故也。今也仰窺晷度，俯考璣衡，豈惟陛下慮之，在臣亦且疑之矣。然延詢博訪，備察遠聞。民之困也，倉箱無卒歲之儲，田里無口分之業。耕獲未已，而稱貸復行，亦有收不以時，如蘇軾之所慮者矣；播種已施，而券契亦行，亦有欲亟其死，如陸贄之所憂者矣。南則病於稅產之虛，北則病於夫役之擾。至於灾異之地，猶失撫字之方，栗烈不免於懸鶉，桑野誰飼夫蒙袂？是以流離載道，轉相嗷嗷，攘劫爲生，益爲糜敗，邊塵屢起，積骸在野。夫天心之仁，靡不欲其相安以生，而民之司牧，乃視其轉死而不救，知人之道，可不重省乎哉？陛下既深思而歷言其弊矣，臣也復何所言？惟聖問有曰："官非其人以虐民。"臣不敢謂無是也。蓋古之仕也，祿不計其厚薄，職不計其大小，惟以盡分爲賢，不以年數爲限。今也上無責成之心，下有苟安之計，善政未必行，能聲未必著，是安得不以利爲利也？陛下有以處之乎？聖問有曰："賢與不肖，進退倒置。"臣不敢謂無是也。蓋古之仕也，進以實德，不以空言。故靜言如兜，不得長奸；有能如鯀，猶謂方命。今也任其論說，無以考其素行，取其才藝，不復校其道術，是安得不以不肖爲賢也？陛下有以辨之乎？以勸懲言之：古之課績也，日有日成，月有月要，歲有歲會，故不紊也。今給由之制，足以擬之否乎？是賞罰無可稽矣。以選任言之：古之舉用也，官長舉其屬，親怨無所避，故以情也。今資格之限，亦有避嫌者乎？是公平有所礙矣。四患不除，則庶理不得；庶理不得，則群賢不登；群賢不登，則處置失宜，而百姓無賴。是故潢池多弄兵之警，緣邊無固守之防。以此立國，則國運不泰；以此制民，則民紀弗寧。是故天聽自我民聽，天視自我民視。信乎感應之道，察乎幾緘之萌，是安得不來宵旰之憂而切多士之問也？

然臣以為，知致弊之由，則必有救弊之方；病化理之鬱，則必有更化之道。毋亦於知人者而加之意乎？臣亦不敢為近世苟且之見、習熟之說，以負陛下之誠意，請揆其本而論之。夫天聰明，聖時憲古之訓也。然天之聰明，不可度也。有德則降祥，有惡則降殃，大以成大，小以成小，各因其宜而未嘗有為也，各適其用而未嘗有心也。山澤之廣大汙疾之納藏而未嘗靡容也。觀於天道，可知君人之度矣。舜之大智也，在隱惡而揚善；禹之大智也，在於行所無事。是故虛心以應之，則得失自別；下己以待之，則狡偽獻誠。聖貴改過，不言絕德，必察其微，中才豈免，必摘其短，尚何自新，不與其往，不必遍物。是故水平則妍媸必見也，衡平則輕重自倫。必以形迹觀人，則不可以盡人；必以法制繩人，則不可以服人。而況在人之心，實為至神。上之好惡靡不審，上之情偽靡不知。示之以誠，猶恐其渝；示之以詐，弊將安極？己未信而欲人之信己，不可得也。人之弗信，而欲惟意之從，亦不可得矣。可不戒哉！雖然，此其本也。概舉其端，則教育不可不端也，選舉不可不慎也，考課不可不精也。欲端教育，在於正道術之習，嚴考校之賢。欲正其習，則祖訓所謂"一以記誦為能，卒無實用"者可戒也；欲舉其師，則祖訓所謂"必求端人正士，以為模範"者可行也。敦本而尚質，先德而後藝，如是而教有不成乎？欲慎選舉，在謹資格之弊，崇德行之科。謹資格也，則當鑒裴光庭混淆之失；崇德行也，則當考程頤薦達之議。而又止奔競之風，重廉恥之節，如是而選有不當乎？欲精考課，在久賢能之任，明賞罰之權。久任，則杜恕所謂"以親民長吏轉為郡守，有績則進爵加秩"者可法也；明權，則傅嘏所謂"君志定，國體崇，而後可責其成"者可取也。如是而課有不精乎？然而數者之要，非秉聰明之德，不能行憲天之說，無亦所當留意者乎？

既得知人之說，則安民者舉而措之耳。然道有升降，政由俗革，法不變則道不融，制不更則化不顯。兼以時久則窮，事煩則弊，守其故則滯而不通，反其原斯順而可達。是故新民之耳目，不可無作倦之道；一心志之趨向，不可無檢制之法。正月之布象和法，以歲變者也；刑罰世輕世重，以世變者也。時未至而不守常，則至於扞格；時已至而不用權，則至於膠固。故觀其機會，反其理要，以此爲當官之法，固足以盡其才能；以此爲責效之規，尤易於底績矣。雖然，此其本也，概舉其端。則東南有可耕之人，而無其地；西北有可耕之地，而無其法。曠土隙田之未耕，晁錯之所憂也；鑿源灌渠之有法，召信臣之所行也。因旱得雨，而皇祖猶憂其傷苗，乃免田租。今則雖有善政，視爲彌文多矣，無亦以實意行之乎？陝西告饑請粟，而皇祖陪其賚予，且令速發。今則雖有急請，稽違歲月久矣，無亦以便宜處之乎？田無定分，富貧不均，略爲防制可也；稅有巧計，虛實莫究，加以清量可也。禁侈靡之風而民自足，黃霸之惠政也；豫儲蓄之備而歲不饑，朱熹之良規也。然而數者之要，非達變易之宜，不能行順時之說，無亦所當致省者乎？順時以行，則賢才無掣肘之虞；任人以公，則間閻有切實之效。遂飽暖安逸之欲，而無饑寒，盜賊何從生乎？蓋不但如龔遂之治渤海也。得撫綏攻戰之備，而無敗衂，夷狄何由至乎？蓋不但如趙充國之在湟中也。生之有道，用之有節，積之有備，取之有制，財用足而衣食富，又不必劉晏之取予而後爲善計也，又何患於天心之不格、災患之潛消哉？

然聖問於終篇，尤有"真識的見"、"明於王道"之說，以誘愚臣之言，而且戒諂畏之弊，臣有以知陛下求治理之切、廣謀猷之陳、上嘉下樂之至情矣。臣復何所顧忌，而不盡哉？蓋聞祖訓有曰："一民未安，猶爲未仁；一念未誠，猶難格天。"又曰："人情遇祥則有驕心，遇災則有懼心，而懼心生者，治之基也。"嗚呼，其殆天人之交、始終之義、安危倚伏之機乎？今陛下遇災而懼，因變而警，歸過於己，加念於民，是心豈有二哉？此兢業萬機者也，寅恭和衷者也，知人安民之大原也，萬古虛靈不昧之機也，今之災變即潛消也，心之敬戒無時可止息也。孔子曰："爲政在人。"即知人之可以安民者也；取人以身，即知人之本於憲天也。修身以道，修道以仁。仁也者，即今日敬戒之心也。是心也，是理也，天得之以清，地得之以寧，人主得之，能使天下和平。是故無有內外，無有遠近，加以意必，即非此心，加以固我，即非此心，所謂渾然與物同體者也。其得其失，不假外求；匪思匪爲，乃所自得。靜而養之，而未始有物，實淵深也；動而愼之，而未始不定，實溥博也。

故一念之覺，即爲誠；一念之放，即爲僞。達於此爲大智，決於此爲大勇，而飾外之説，不足惑之矣。順之而運用也，乃爲周流之妙；失之而襲取也，乃爲執一之行，而似是之説，不足動之矣。以此窮理，則中有主而不雜於二三；以此親賢，則任必專而不疑於可否。以此爲裁制宰物之柄，則擬議而不窮；以此爲事天治民之本，則恐懼而不弛。此千聖之學也，百世之經也，亦愚臣終身學之而未能者也。程子言告者曰："夫鐘，怒擊之則武，悲擊之則哀，係所感而入也。"張子之言曰："試言乃事君第一義，不可有欺。"臣之微誠，何足爲獻？然亦不妄舉，以陷於自欺，芻蕘之慮，有補萬一，亦大聖之所不弃也，惟陛下致審擇而力行之，不勝幸甚。

臣謹對。

御批：探本之論。
臣程文德
臣對：
臣聞有敬天之心，然後可以語天德；有勤民之政，然後可以語王道。天者，君之父也，不知敬天，則心之所存，或不能抑畏，而無以達乎天德；民者，邦之本也，不知勤民，則政之所推，或乖於輯寧，而無以體乎王道。然惟天惠民，惟辟奉天。知所以敬天，則必求所以勤民之道；求所以勤民，則又不外於用舍之宜。是則用人所以爲民也，爲民所以奉天也。此天人合一之理，上下感通之機，而人君之心與政，孰有大於是者哉？故曰："有天德便可語王道。"又曰："有純王之心，然後可以行純王之政。"蓋以是也。於是而盡焉，唐虞、三代之所以治也；於是而未盡，或盡矣而未純，漢、唐、宋之所以不古若也。

欽惟皇帝陛下，繼統當天，垂衣聽治，大命所會，人心所歸。蓋自改元下詔之初，四海之人，莫不翹首跂足以望太平矣。今八年于兹，更化善治，與日俱新。臣竊伏草茅，每聞陛下神聖超乎千古，規恢出乎百王，達孝尊親，遂志務學，不邇聲色，不殖貨利，祭祀必敬，天戒克謹，天德純矣。勵精圖治，誠心愛民，戚畹不得恃恩，近侍不能干紀，躬宵旰之勞，無逸豫之樂，王道舉矣。臣每思之，未嘗不竦動毛髮，感極興嘆，以爲有君如此，而爲之臣者猶或負之，真萬世罪人也！有懷耿耿，無由自達。今幸與對大廷，誠千載一時之會也，而明問復諄切，臣敢不竭其愚？臣嘗誦表記孔子之言曰："事君先資其言，拜自獻其身，以成其信。"若"莘野"、"幡然"之數語，《說命》對揚之三篇，此伊、傅先資之言也。言於先而信於後，無一不酬者，殷后之治，于今爲烈。今日之對，固臣先資之言也。臣雖不敢以伊傅自許，而實願以伊、傅自期，惟陛下垂聽焉。

夫三代而下，人主亦嘗有志於治而卒不能致者，非世道之使然也，學之不至也。三代之前，君必學而後王，臣必學而後仕，是故上下交而德業成也。後之世，君學而臣不學者有之矣，臣學而君不學者有之矣，且學與古之人殊，奚惑乎其不治也？今陛下聖學默契，敬一傳心，《書》之三要有釋，《傳》之五箴有註，經筵不間於寒暑，講論必究其精微，學已至矣。二三大臣，又皆講學明倫，承弼不息，明良相遇，曠古而僅見矣。然則今日之務，莫大乎立志，莫要於責實焉已矣。臣伏讀聖問，首曰："治天下之道，其端不可概舉，特以大者論之，在乎知人安民而已。"此皋陶告帝舜之言，而用以致有虞之治者。治道之大，信不外於斯二者矣。自今觀之，舜之詢岳咨牧，必得其人，而教養刑政，各舉其職，所謂"知人則哲"，能官人；"安民則惠"，黎民懷之，其道舉矣。禹謂"惟帝其難"，蓋期於必治者。聖人之心，有所不給者，天下之勢，是固不足以病聖人也。陛下欲盡是道，亦求之此心而已矣。武王曰："天佑下民，作之君，作之師，惟其克相上帝，寵綏四方。"蓋天不能自理天下，而付其責於君；君亦不能獨治天下，而分其任於臣。是故天有安民之心，而君當盡知人之道。知人之哲盡，則安民之惠行，而君師之責塞，而上天之心慰矣。皋陶又曰："天聰明自我民聰明，天明畏自我民明畏。"言天人一理，而人君當敬也。然則立君爲民者，天之心；而敬天勤民者，君之道。三代而下，知此道者鮮矣。

臣伏讀聖問，乃曰："朝夕戰兢，不遑寧處，何自即位以來，災變頻仍，旱潦相繼？"又曰："民不聊生，天垂深戒。"臣有以知陛下洞達天人之理，悚然有敬天之誠，而欲務勤民之實矣。興言及此，國之福也，願爲陛下言之。匡衡有曰："天人之際，精祲相盪，善惡相推。事作乎下，象動乎上，陰陽之理，各應其感。"邇年以來，星變地震雨雹白氣之妖，相繼於奏章；旱□蘊隆、水潦瀰漫之災，至接於畿甸。災變之來，誠未有無故者。昔孔子作《春秋》，書災異百二十有二，其曰"正月不雨，四月不雨"，見僖公之閔雨，而有志於民也。曰"自十有二月不雨，至于秋七月"者，見文公之不閔雨，而無志於民也。他如書日食者三十有六，地震者五，星孛者三，大雨雹者九，隕霜不殺草者一，雖不書事應，而事應具存，皆以明天之不可不敬也。董仲舒以爲"天心仁愛人君"，亦善言天者也。至胡安國傳《春秋》，又謂："先王克謹天戒，則雖有其變而無其應；弗克畏天，災咎之來必矣。"蓋天之於君，猶父之於子也，感格之機，顧在我何如耳。是故桑榖生朝，若銅駝荊棘之漸也；犬戎修德，而商祚以永。雉雊鼎耳，若野鳥入室之兆也，武丁思道，而殷道中興。感格之機，信在我耳。古之慢天虐民者，莫如桀；弗敬上天降災下民者，莫如紂。是故有南巢之放，而來牧野之師。桀紂之厲階，不可循也明矣。然則敬天勤民之道，其爲治天下之端也審矣。今日天變於上，民困於下，是以盜賊蠭起，戎狄內侵。往者山西青陽之寇，雲南土舍之變，至勞元戎之啓行。偏頭關有警，寧夏有寇，亦貽聖心之軫念。一方有急，四方騷動，饑寒困苦之際，加之轉徙逃亡，斯民之害亦亟矣！夫聖人在上，視民如傷，一有變異，恐懼修省，宜乎感格，而民之不聊生者猶若此，臣亦思之而未得其故也。比者竊見陛下憫念川陝荊廣諸方之民，水旱饑饉，詔有司大沛蠲恩，急行賑貸，至其委曲當處者，又曰："宜體朕意，推而行之，誠恐明年青黃不接之時，尤爲可慮。"懇惻哀矜，聞者悚動。詔下之日，都人無不感泣，即此亦可以感回天意矣，而何民困之猶未紓也？聖問致疑於用人之道或有未當，臣愚亦豈敢謂其必不然耶？夫張官置吏，所以爲民。以一縣言之，一令得其人，則蒼生受其福；不得其人，則蒼生受其殃。推此而上，一郡可知也，一省又可知也。使爲省爲郡爲縣者皆得其人，則民生安而天下治矣。若夫銓選之司，又用人之人也，銓選得其人，則天下之吏皆得人，如綱之罥物，臂之使指，統會無遺矣。昔唐玄宗選天下縣令，欲先擇十道觀察使，姚崇難之，范祖禹譏其非宰相之體，而曰："天子在擇一相而任之，一相擇十使而使之，十使擇刺史縣令而置之，蔑不當矣。"此用人之格言，陛下之所當念也。若夫知人之道，皋陶嘗欲察之於九德矣，曰："寬而栗，柔而立，愿而恭，亂而敬，擾而毅，直而溫，簡而廉，剛而塞彊而義。"舉之雖若迂闊，而欲務知人，實不能外是也。

臣伏讀聖問，又曰："朕雖存保邦安民之念，求其所以，實無一得。茲欲俾災沴潛消，民生安堵，盜賊息，邊方靖，財充而食足，不知如之何可以臻此？"臣又有以仰見陛下盛德下人，虛心訪治，必欲民生無不安，以無負上天立君之意，意至篤也。誠欲致之，則臣前所謂"今日之務，莫大乎立志，莫要於責實"者，請爲陛下悉之。陛下斷諸心曰："二帝三王之治，必可復也。"大臣亦曰："吾必欲輔吾君，以復二帝三王之治也。"都俞吁咈，同寅協恭，如是而後謂之立志。陛下勵精於上，群臣明作於下，率作興事，覈實課功。勞心撫字者，得以考其最也；僞增戶口者，無所售其欺也。如是而後謂之責實。君臣一德，上下同心。用一人焉，必賢者進，而不肖者無所容；行一政焉，必慮之審，而未善者不妄動。如此則大本立矣。至於節目之所在，則臣謂今日之大弊，不可不去者，又有三焉：一曰詔令不信。竊見改元初詔，興利除害，斡乾轉坤，天下相賀，以爲自此睹太平矣。既而有司奉行者日漸反之，十無三四存者。比者蠲詔之下，竊恐悉蠲停徵折徵者，皆不得其當，奉行猶前日耳。是則朝廷雖有愛民之心，而民不被其澤，民何由而安乎？《易》曰："渙汗其大號。"言詔令之當信而不可反也。今陛下誠能慎重於謀始，丁寧於播告，間或使人詢訪，有奉行不至者，則重繩之以法，勵其餘焉，則詔令無不信矣。二曰廉風不振。夫守令者，民之父母也。守令廉，則約己以厚下，省費而裕人。守令不廉，則浚民膏脂以自奉，剥民肌膚以自充，民何由而安乎？《記》曰："大臣法，小臣廉，國之肥也。"司銓選者誠能簡擇任用，察其果廉者，即越次遷之，以風天下；而其以貪敗者，必刑之。至探其本，又在厚其俸祿，使仰事俯育之有賴焉，則守令無不廉矣。三曰三冗不去。蘇轍曰："天下之害財者有三，曰冗吏也，冗兵也，冗費也。"今天下之吏之兵之費，不可謂不冗矣。夫是三者之資，皆出於民，民何由而安乎？古人有言：財者民之心，良可念也。近聞陛下慨然有剗除冗官之意，令百司查革，而費用一事，尤所注意。誠能行之必究，不搖於群議；執之必堅，不泥於故常，而冗兵之清理，亦推及焉，則三冗無不去矣。大本既立，三弊復去，則敬天之心不徒爲虛文，勤民之政，有驗於實用。天德純備，王道大成。如是而財不充食不足，如是而民生不安堵，如是而盜賊不息邊方不靖，如是而災沴有不潛消者，則臣斷乎未之聞也。將見二帝、三王之治，不越是矣，陛下於是復何憂乎？

抑臣惓惓之私，復有獻焉。方内之治亂，在陛下所執；天下如大器，惟陛下所置。其機則本之心而已矣。此心不怠，天下雖未治，可得而治也；此心或怠，天下雖已治，終必至亂也。《詩》曰："靡不有初，鮮克有終。"

怠心一生，未必不有始而無終矣。然心之不怠，由於不敢自足也。舜德罔怨矣，益兢兢業業，故成風動之休；禹德無間矣，尤不自滿，故致平成之治。我太祖之聖德，亦云至矣，然嘗序《昭鑒錄》，有曰："才疏德薄，不足補過消愆。"又嘗序《資世通訓》，有曰："菲才薄德，宵晝弗敢自寧。"嗚呼，是心即舜禹之心，而萬世聖子神孫之所當體念者也。

伏願陛下遠儀舜禹，近法太祖，篤志力行，益勤無怠，則敬天勤民之道有終，而凡今日之策臣者，不可勞而舉矣。臣無任惓惓仰望之至。

臣謹對。

御批：能守聖學以爲本，此乃知要之說。

臣楊名

臣對：

臣聞人君之舉王道也，亦惟急其先務而已矣。夫王道雖多端，然所當務必有居其先者。人君徒欲舉之，而漫不知所致力，則行於今者不能盡合乎古，善諸己者未必皆宜於人。心勤而道愈遠，功勞而事益隳，求與王者同治，不可得已。吁！人君者，天之所命以代理，而民之所望以咸熙者也。至於道遠而不能舉，事隳而不能振，則不惟斯民之望之孤，而天之命亦鮮克副矣。是故必有務焉以居其先，而爲所當急。苟能從事於斯，守之貞而無所移，行之固而不能撓，則一人之圖回，足以廣四海之化，一日之經營，足以培千萬世之業。所謂其事半於古人，而其功倍之者，端不外是矣，又何王道之不舉，而深以爲慮哉？欽惟皇帝陛下，堯思欽明，舜文濬哲，潛龍德以居藩服，承天命而繼大統。臨御以來，八年于茲。修身勵成湯之日新，遜志邁高宗之時敏。其念之所存，政之所發，實欲追三代而上之，漢、唐、宋之英君誼辟，皆所不屑也。故中興之休，嘉靖之盛，卓乎不可尚已！茲進臣等于廷，尤惓惓以王道爲問，憂勤惕勵之心，何其純且切哉！夫天下之士，三年一試於有司，薦於大宗伯，進於天子之庭而策試之。往者之舉，直循故事耳，惟陛下深知治本之所先，人言之可用，乃特降清穆之容，大發溫慰之旨，必欲臣等悉心吐露，推衍所以于篇。於戲！道不遇時，雖仲尼亦且徒爾，而臣之疏庸，遭際若此，寧敢復有忌諱，以上負聖明，而下自負其時哉？

臣竊惟天下者，勢而已矣。其土地之遼邈，民物之繁衍，事務之紛藉，皆勢也。天能覆之而不能治之，地能載之而不能教之，故即天地之中，而特立乎聖人，以爲治教之君師，所以繼天立極，爲民作則，其任亦大且艱矣。夫人君以孑然之身，成位乎其中，與天地參。耳目一聞見也，手足一運行也，而天下之勢如此。苟無所以先之，是日戰於變幻之途，事臨乎牴牾之敵，非惟勢之不克一，而其身亦已勞矣。臣未見自處其勞而能致人於逸者也，故王者之道，必有所以爲之要焉，君人者不可不加之意也。臣伏讀聖制，有曰："朕惟治天下之道，其端不可概舉，特以大者論之，在乎知人、安民二者而已。於戲！斯二者，王道也，陛下言及之，豈徒然哉？蓋其嘉樂之心存於中，故孺慕之言形於外，臣於此有以知聖意之所嚮矣。臣嘗感於皋陶之陳謨曰："在知人，在安民。"以爲舜大聖也，皋陶大賢也，告戒之際，無他詞說，顧諄諄於知人、安民之言，其故何哉？及觀其九德之任，與夫惇典庸禮命德討罪之事，乃知人之難知、民之難安，雖堯舜同以爲病，而後世益甚矣。聖制所謂"知人則哲，必能官而任之；安民則惠，必使匹夫匹婦各得其所"者，豈可易易言哉？且陛下自踐祚之餘，勵精圖治，人惟求賢，事必稽古，宜其在位者皆伊呂之圖，在下者遵唐虞之化也。何災變頻仍，旱潦相繼？東南困於前，西北病於後，而地無幸民；前年告大饑，去年稱大無，而歲無虛日。少壯多散於四方，老弱同歸於一壑，聞者痛心，見者流涕，蓋我國朝百六十餘年之所罕有也。夫聖王在上，則百祥并臻，而今之應非其感，豈無其故與？陛下發自淵衷，直歸於用人之失，真所謂明見萬里之外、心游八紘之表者也。

臣請得而備論之。天變之來，民心之怨也；民心之怨，任官之非也；任官之非，進退之倒置，勸懲之失宜，選任無公平之道也。何以曰天變之來，民心之怨也？蓋天聽自我民聽，天視自我民視。故民心和則雨暘時若，寒暑順度，四時無忒，百穀皆登。今也號泣之聲達於四境，呻吟之氣蒸於兩間，是人心已不和矣，天變不由是而作乎？何以曰民心之怨，任官之非也？蓋國之本在民，民之命在官，故官得人，則靖共爾位，保我黎民，生養可遂，教化可行。今也食君祿者，惟急私室，視民瘼者不切己身，是任官已非人矣，民心不由是而怨乎？何以曰任官非人，進退倒置，勸懲失宜，選任無公平之道也？蓋進退審，則賢者樂爲用，不肖者無幸進之途矣；勸懲當，則善者必蒙賞，不善者甘顯戮之法矣。選任果公且平，則所獲皆真才，而政效著矣。一或毀譽信於人，喜怒任於己，三者之施有不得其中，俾憸夫細人得厠其間，則其爲害豈淺淺哉？夫數者之政，陛下析而言之，欲各求其故，臣愚乃合而爲一，正以其各有所當先務也。臣願陛下昭離明之照，奮乾剛之斷。知天變之消，和人心其先務也，凡所以撙節民財，愛養民力者，無所不用其極，宮室可卑也，衣服可惡也，飲食可菲也，惟恐戾人心之所欲，以傷國本也。知人心之和，官得人其先務也，凡所以敷求哲人，明揚側陋者，無所不用其謹，左右可問也，諸大夫可詳也，國人可察也，惟恐拂公論之所在，以貽民害也。知任官之先務，在進退勸懲選任也，虛心以采人言，直道以行己法。人皆以爲賢，吾察之果賢也，則進之而不貳；人皆以爲不肖，吾察之果不肖也，則退之而不疑。苟人本賢矣，以一事未協於心而不進；本不肖矣，以一言偶中其欲而不退，皆非臣之所敢知也。以至勸懲之加，必審其善惡之實。如曰廉吏也，以某事知之，知之果眞，然後勸；如曰貪吏也，以某事知之，知之果眞，然後懲，使毋至於失宜可也。選任之法，必責之有司。選者必協乎人望，任者必合乎輿情，使毋失公平之道可也。夫如是，則先務急而王道舉矣。譬之柁以運舟，括以發弩，功用神速，無難致者，在陛下加之意而已。

臣讀聖制之末，又曰："朕欲俾灾沴潛消，民生安堵，盜賊息，邊方靖，財充而食足，不知如之何可以臻此。特進爾多士於廷，爾多士明於王道有日矣，且目睹時艱，豈無眞識的見以匡我者？當悉心吐露，推衍所以于篇，朕當勉爲親覽焉。勿諂，勿憚，勿泛，勿略，庶副朕意。"於戲！理惟可以一貫，治不在乎多言。臣前所謂急先務者，已見其概矣，請因明問之丁寧者而申言之。灾沴之作，天將藉之以警人君仁愛之意也。馴至於民生擾攘，盜賊繁熾，夷狄侵凌，財食匱乏，以成莫大之憂，固理勢之必至也。抑欲其消之安之息之靖之，亦必有先務焉，非財充而食足不可。蓋惟財不充，食不足，然後邊方不靖，盜賊不息，民生不安，灾沴不消。然是二者，又皆有其故焉。是故財之不充，冗費害之也，而所以爲冗費者，不止一事。土木之興也，兵旅之用也，禱醮之需也，三者不去，則財不充。臣願陛下斟酌時宜，不惑人議，斷然止之而不爲，則財不期充而自充矣。食不足，冗食糜之也，而所以爲冗食者，不止一端。額外之官吏也，宮中之宦妾也，老羸之軍匠也，三者不簡，則食不足。臣願陛下裁定常數，毋拘故事，奮然省之而不吝，則食不期足而自足矣。財充食足，則邊方靖，盜賊息，民生可安，而人心和矣。人心和於下，天心知於上，灾沴不消，有是理乎？

雖然，臣之所已言者，皆聖制之所及者也，至其區區忠愛之私，尚有一言以塵凟聖聽。惟陛下察其衷，矜其愚，不録其罪，俾臣得畢其說，斯臣之命也。臣嘗聞宋儒蔡沉有言曰："帝王之治本於道，帝王之道本於心。"及稽諸經史，凡堯、舜、禹、湯、文、武之盛所以卓乎不可及，而漢、唐、宋之治，所以不古若者，皆此心之純駁以爲之先。乃知人之一心，其量不盈一掬，其體不逾方寸，能充則四海有賴，不充則一身莫保。所謂其端甚微，其效甚大，差之毫釐，謬以千里，其機正在於此。況人主之心，又與人殊。有聲色貨利之欲，則易以淫；有崇高富貴之勢，則易以驕；有讒謟面諛之徒，則易以誘；有神仙怪誕之說，則易以惑。波蕩紛華，震撼撞擊者，固不止此，而四者其甚也。一或省察不周，持守不力，偶投抵間隙而入焉，則心爲之病而萬不能救矣，又何以言治？然則人主之心，其所以當謹也，不章章乎哉？夫心之所係雖云至重，而功用之推廣，其大者不過有六，曰修身，曰敬天，曰法祖，曰愛民，曰體臣，曰講學。心純則六者皆得其極，不純則六者皆失其理。臣觀陛下燕居有服，動止有法，所以修身者嚴矣；齋明享祀，自咎有說，所以敬天者至矣；事遵祖訓，動率典章，所以法祖者善矣；恤刑有旨，減租有詔，所以愛民者周矣；守令必重，求才必廣，所以體臣者備矣；經筵日御，師保時接，所以講學者勤矣。其於六者之功用，可謂至精至密，盡善盡美，蔑以加矣。然豈襲取強爲之哉？又嘗觀其敬一有箴，五箴有註，所以敦操存涵養之功，懋精一緝熙之學，以正其心者，足以爲之根本。故得於深造之後，流於既溢之餘，所行所發，無不追并先王，而昭配烈祖。

凡臣之所欲言者，皆先得之矣，臣復何言？臣獨懼夫人之常情，飾外者多遺其內，有初者莫保其終。故汲黯於武帝，有內多慾而外施仁義之言；魏徵於太宗，亦以十漸不克終者爲之諫。臣願陛下矜臣之愚，采臣之言，益加謹勉。凡物之感於前者，必察何者爲天理，何者爲人欲，如仲尼所謂"非禮勿視，非禮勿聽，非禮勿言，非禮勿動"，不使其淫吾心。凡勢之有於己者，必思若何爲德之共，若何爲惡之大，如仲尼所謂"聰明睿智，守之以愚；功蓋天下，守之以謙；富有四海，守之以讓"，不使其驕吾心。凡言之陳於下者，必審如某言則爲佞，如某言則爲忠，如仲尼所謂"今吾於人也，聽其言而觀其行"，不使其誘吾心。凡術之進於前者，必辨從之有何益，違之有何損，如仲尼所謂"攻乎异端，斯害也已"，不使其惑吾心。謹其外亦齊其內，勤其始不怠其終，庶幾治不安於小成，功不狙於近利，周道中興之盛，殷邦嘉靖之休，可復睹矣。又何至天變之不消，民心之不和，任官之不當，以與王道悖而勞淵衷之慮哉？其機固自正心始。仲尼又曰："居之無倦，行之以忠。"夫無倦則始終如一矣，以忠則內外如一矣。臣所事者，仲尼之學；陛下所用者，仲尼之道，故拳拳反覆以仲尼之言爲獻。儻蒙采納，天下萬世之福，臣愚之幸也。

臣草莽之人，不識忌諱，干瀆天威，臣不勝戰兢隕越之至。

臣謹對。

御批：條論精詳殆盡。

臣唐順之

臣對：

臣聞保民所以格天也，正百官所以保民也，振紀綱所以正百官也。何則？君者，代天理物者也；百官者，行君之令而致之民，以共亮天工者也。百官弗正，則下有倒懸之危，而莫爲之恤，上有子惠之仁，而莫爲之施，而欲民之安也，不可得矣。紀綱弗振，則憸邪者或以矯飾取容，循良者或以朴魯見黜，任者不必賢，賢者不必任，而欲百官之正也，不可得矣。故曰："君得臣而萬化行。"言安民在乎能官人也。曰："正朝廷以正百官。"言官人在乎振紀綱也。立法以任人，任人以安民，則人心和，而天地之和亦應矣。于此見上下交修之責焉，見天人合一之理焉。蓋自古帝王，敬天勤民，以致天下之治者，其要端在乎此而不可易也。我皇帝陛下，上畏天變，下究民隱，臨軒一詔，于知人，安民二者拳拳焉。臣知陛下此心，即殷湯桑林自責之心也，即高皇帝仲夏不雨席藁露坐之心也。臣雖至愚，其于官吏賢不肖與夫民生利病之原，則草茅之下，嘗有感於中久矣，況當清問之勤，敢不悉心以對乎？臣謹稽之《洪範》，徵之《春秋》。大抵政善民安則嘉祥生，政荒民困則災沴作，天降災祥在德，吉凶不僭在人。陛下敬一以昭事，中和以立極，宜乎休徵至而六沴消矣，而顧有不可以常理測者。蓋雖天心仁愛，欲以助陛下宵旰之憂，而隆嘉靖之治，意者民之危苦無聊，所以感傷和氣者，亦容有之乎？陛下蠲租以阜民財，賑貸以周民急，恤刑以蘇民命，天下之至仁也，其爲安民計者至矣。親賢去奸，以別取舍，行久任之法以圖治效，天下之至明也，其爲官人計者至矣。而民未必皆安，官未必皆得其人者，意者賢否倒置，授任失宜，勸懲未著，如聖策所慮者，亦容有之乎？則夫振紀綱以正百官，以安萬民，信不容緩也。臣觀知人、安民之謨，始自虞廷發之。臯陶之告舜曰："在知人，在安民。"禹曰："知人則哲，能官人；安民則惠，黎民懷之。"分之以三德六德，皆以廣知人之旨也；詳之以惇典庸禮，皆以廣安民之旨也。要之，官得其人，則善政行而天下蒙其福；官匪其人，則橫政行而天下受其害。約而言之，非二致也。哲也者，成其惠者也。知人非哲，弗能知人，而至於能官人，則非紀綱之振，亦弗能也。紀綱也者，濟其哲者也。雖哲如堯舜，而三載考績，三考黜陟幽明，內則九官十六相以爲岳牧之倡，外則四岳十二牧以任總領之責，規爲精密，斯哲有所寄，而其爲哲也大矣，哲大而惠斯大矣。仁急親賢，知急先務，此之謂也。勳格上下，治底平成，由此其致也。是故陛下欲弭灾沴，則莫若安民矣；欲安民，則莫若正百官矣；欲正百官，則莫若振紀綱矣。

　　紀綱之所以振者，臣雖不能悉舉，請得以其概言之。其一曰精監司以察守令。臣按，永樂中，太宗皇帝諭蹇義、陳瑛等曰："爲國牧民，莫切於守令。"吏部選授，皆出倉卒，未能悉其才行。必察所行，乃見賢否。其令巡按御史及按察司，凡府州縣官到任半歲之上者，悉察其能否廉貪之實以聞。臣願陛下光昭大訓，精擇監司，或得於群臣之公舉，或得於睿鑒之獨照，必其風采素著、秉節剛烈者，而後任之。其既也，果能激濁揚清、不畏強禦者，量加旌獎；其徇私容奸、及蔽賢不舉者，量行黜責。不但以得官吏之賢否，而因以爲監司之殿最。監司憚憲典之嚴，孰敢不竭力於旬宣？官吏恃監司之公，孰敢不勞心於撫字？監司賢而守令亦賢矣。其二曰清銓法以彰黜陟。臣按，成化中，大學士丘濬議曰："朝制，三年天下官吏齎册來朝，六部、都察院查其行事，未完報者，劾奏之，以行黜陟。後因選調積滯，設法疏通之，輒憑巡按考語，不復稽其實迹，錄其罪狀，立爲貪暴不謹等名以黜退之，殊非祖宗初意。況貪者未必暴，暴者未必貪，素行不謹，不知何所指名，何以厭服其心哉？臣願陛下修復舊典，申戒銓司，核功過勿徇毀譽，量才能以責名實。曰貪暴，必指其爲貪暴者何如；曰不謹，必指其爲不謹者何如。則人不得飾名以求功，而亦不得巧文以避罪矣。其三曰信賞罰以激人心。臣聞之，有官而無賞罰，是無官也；有賞罰而不足以奔走天下，是無賞罰也。今也循資而擢之，累勞而進之，人將曰："我資我勞，固宜然也。"富貴爵禄，皆若其身之所自致，而效報之心薄矣。奸吏浚財，大刻於民，而恒幸其不敗露也。不幸而敗露也，則止以罷免，而幸其不及於戮辱也。則徼幸之心滋，而莫知懲創矣。臣願陛下離照旁通，乾剛獨斷。政績顯著，雖待以不次之位，而不嫌於躐等；貪污有狀，雖加以五刑之誅，而不嫌於傷息。或璽書勸勵，如漢家故事，以收其全功；或戴罪供職，如《大誥》中所以處置朝臣者，以責其後效。用不測之刑，用不測之賞，以奔走天下，而後可也。其四曰信命令以敷實惠。《書》曰："慎乃出令，令出惟行。"《易》曰："渙汗其大號。"臣竊謂陛下有恤民之美意，而有司奉行者之未至也。陛下嘗下詔曰："蠲租矣，賑貸矣，恤刑矣。"然有司之於民也則徵催之苦極矣，民之斃於饑斃於刑者過半矣。上德隱而靡宣，下情迫而莫救，凡以此也。臣願陛下嚴慢令之戒，重沮格之罪，限某日至某所，于某日蠲租，于某日賑貸，慢違者必坐以罪，而不少姑息焉，則庶乎不爲虛文，而民皆霑實惠也。此四者，皆以振紀綱而盡官人之道，以爲安民之本者也。

若夫除盜賊、禦夷狄，固亦安民者之所當務，臣以爲其要亦在於得人而已。夫民之爲盜賊者，豈其本心哉？迫於不得已，或陷於不知耳。故曰："豐世無盜者，足也；治世無盜者，化也。"陛下得良吏如龔遂如虞詡者而任之，威信所孚，則足以折其氣；仁恩所被，則足以結其心；勸相有方，則足以安其業，盜賊不期息而自息矣。天子有道，守在四夷。今之諸夷乘間竊發，侵擾我邊陲，虔劉我民人，信可患也。臣則謂所患者不在夷狄，而在我中國之無將耳。蓋今之所謂將者，取諸世胄，取諸武舉，非不可得人也。惟紈綺之習，或未熟於經略弓馬；記誦之材，或未足於奇正之變也。臣請陛下行蘇洵之說，令大臣各舉所知，勇而有謀可以出入險阻者，然後嘗之以治兵，寄之以邊障，養其望，專其任，而良將可得矣。將良則士練，而邊備飭矣。至於財充而食足，此亦百官有司之事耳。百官得其人，則經理有道，儲畜有方，而邦之財可充；斂散得宜，補助以時，而民之食可足。要不足以煩陛下也。以此言之，紀綱克振，百官之所以正者，此也；民之所以安者，此也；天心之所助順，而反灾爲祥者，亦此也。

抑臣猶有獻焉。《中庸》曰："爲政在人，取人以身。"則人固立政之本，而身尤取人之本也。朱熹曰："紀綱不能以自立。"必人主之心公平正大，無偏黨反側之私，然後紀綱有所係而立，則心者尤立紀綱之本也。臣伏讀陛下敬一之箴，則于堯舜禹湯文武之心法，而爲知人安民之要機者，固自有在矣。惟陛下始終此心，弗以隱顯异其功，弗以久暫易其守，弗以宴安荒其志，必講學以涵養此心，必親近君子以維持此心。由是心純而賢才輔，己正而物自正，將不待於慶賞黜陟之及其身，而風聲氣習之所加，衆正遂彙征之願，群邪沮窺脱之心，亦其勢之必至者矣。故以之知人，則其知如神者也；以之安民，則其仁如天者也；以之除盜賊，則如舜之玄德在上，而寇賊奸宄者自消也；以之禦夷狄，則所謂無息無荒，四夷来王，明王慎德，四夷咸賓，而禦戎之上策在乎此也。即董仲舒所謂"正心以正朝廷，正朝廷以正百官，正百官以正萬民，遠近一于正，而罔有邪氣干其間"者也。即公孫弘所謂"心和則氣和，氣和則形和，而天地之和應"者也。即劉向所謂"衆賢和於朝，萬物和於野，而和氣致祥"者也。由是而三光全，寒暑時，天地位，萬物育，天不愛其道，地不愛其寶，諸福之物畢致，而王道終矣。則夫知人、安民以臻盛治，又在陛下此心轉移間耳。臣不勝拳拳忠愛之至，幸陛下垂聽焉。

臣謹對。

御批：仁智之用，本諸吾心，此不易之説。

臣陳束

臣對：

臣聞天下無不可致之治，而其本在乎人主有必欲治之心。蓋治天下之道，不越乎知人、安民二者。人主以一身臨于億兆之上，弛張舉措，固惟吾意之所欲爲。以是而用天下之人，以安天下之民，其於致治奚難焉？而乃有未必然者，則其心之未定，而所以爲天下之計或過也。夫人不足適，政不足間，變故不足憂也。欲救天下之弊，莫若自力於其治；欲求天下之治，莫若先決於其心。夫惟有必欲治之心，而所以存養培植之者，無時少懈，則其本立而施之於治，自將有毅然不可遏之勢。以之用人，而真才得；以之安民，而群生遂。而凡一切灾沴凶荒盜賊夷狄之變，舉當今之可憂者，可以坐理而無難矣。《傳》曰："心既正，然後天下之事可從而理。"此之謂也。恭惟皇帝陛下，具神聖之德，應中興之期，典則肇修，倫制兼盡，可謂盛矣。兹復廷集多士，親發德音，下明詔，以天下治忽大計詢及草茅，豈循襲故事，而姑爲是舉耶？蓋聖不自聖，實欲以求天下之言也。臣嘗讀史，而至於三代以還，見其君有勵精之心，而其臣或不能副其所欲爲，故其事功卑陋而不足道。或其臣抱經世之略，而所遇者又不足與有爲，則亦徒焉已耳。而臣之庸愚，乃得與清問之末，不可謂無所遇矣，復何所諱而不言乎？

　　臣聞天生民而樹之君，以爲民也；君爲民而設官，以奉天也。官不得其人，則天工隳，是故知人之爲貴也；民不得其所，則君道缺，是故安民之爲急也。然欲安民，必先知人。蓋一日萬幾，在君身有不勝其煩者，使非得人以分理，則雖有爲民之念，憂且勞於上，而民不被其澤矣。是知人又所以安民也。古之稱絕德者曰皋陶以謨，而其陳謨也，不過曰"知人"、"安民"二者而已。則夫人君治天下之道，豈復有加於此哉？然人未易知也，訐者似直，佞者似忠，詐者似信，厚貌深情，自非至明或莫之辨。而民生有欲，饑者欲食，寒者欲衣，閭閻之下，愁苦萬狀，雖廣濟博施，亦安能使人人各得其所哉？故曰：知人則哲，安民則惠，惟帝其難之。夫帝堯且以爲難，況其下者乎？臣嘗考之于《書》，其在唐虞，有若羲和以明曆象，有若大禹以平水土，有若稷契以播百穀、以敷五教，有若皋陶以明刑，有若夷夔以典禮樂，有若垂益以若虞工，其得人之盛如此。當是之時，百姓昭明，萬邦協和，以至光被四表，格于上下，其治化之隆又如此。然且君臣相戒以爲難，蓋於此而後見聖人兢兢業業、憂勤惕勵之心也。夫知其難，則於用人行政之間，自有不容不慎者。觀其命官也，疇咨於衆，必僉曰可而後俞，則其難且慎之心可見。而孔子論安百姓，亦曰："其猶病諸。"於戲！此堯舜之聖，所以不可及也。逮至三代，亦莫不然。是故有禹之孜孜，則任人有如伯益，而聲教四訖；有湯之栗栗，則任人有如伊尹，而邦家輯寧。有文王之不已，武王之無貳，則任人有如周、召之徒，而萬邦作孚，四海永清。然則帝王致治之道，亦概可見矣。漢唐而下，固不足論。其間英君誼辟，亦不能外斯二者以爲治，但其所存者非帝王之心，故其所任者非帝王之佐，而所以御民者，率諸苟且疏略之政，無怪乎治之不古若也。

　　仰惟陛下誕膺曆數，紹一祖七宗之業，講學修政，夙夜圖治者，八年于茲。臣工之進退，斷自聖聰；章奏之可否，悉由御覽。邇者特重守令條格，激勸之詔方拳拳焉，陛下之於人，可謂知而任之矣。蠲貸之恩數及起運，賑濟之令發及內帑，邇者祈雨一出，都城父老，孰不爲叩首稱謝者？陛下之於民，可謂惠而安之矣。然而籌計見效，猶未有大慰于淵衷者，乃復舉此爲問。顧臣愚陋，何能爲聖明助？然於聖制所及者，敢不一一敬陳之？

伏讀聖制，有曰："災變頻仍，旱潦相繼，歲復一歲，無處無之，生民流亡，朕甚恐懼。"斯言也，臣有以見陛下憂勤惕勵之心矣。臣聞之：天道遠，人道邇，又曰："應天以實不以文。"蓋變不虛示，而人事之應，未可以一二求也。《春秋》書災變而不書事應，漢儒鄙陋，不達聖人之微意，而區區指事以明變，君子以爲附會。今日災變之多，謂之適然，未可也，而因以求之於微末，則又未可。臣願陛下存克謹天戒之心，盡應天以實之道，赫然震惕于上，而因之以號令天下，孰敢不貞白其心，以承休德者？則今日之變，固扶持而全安之具也，桑穀雉雊之變，豈足以害商宗之治哉？

伏讀聖制，有曰："官非人以虐民歟？或賢不肖進退倒置歟？或勸懲之典而失其宜歟？抑或爲我選任者而失公平之道歟？"臣有以見陛下因天之變，而求所以知人之道也。夫任官非人，賢不肖倒置，亦於勸懲之道、選任之法未加之意焉耳。昔者先王之官人也，必使賢者居上，不肖者居下，而後可以理安，今或未必然矣。夫賢者之言必直，不肖者之言必佞；賢者之爲謀必忠，不肖者之爲計必譎。陛下曷爲不以是察之？因事考言，而爲之決擇，則雖有不肖，亦豈得以遁逭其情哉？先王之馭群臣也，既有爵以馭其貴，有祿以馭其富，而又有刑罰以馭其威，是故勸懲之道立，而人知所趨避矣。今之肆然于民上者，惟無所畏故也。彼無所畏於名義，獨無所畏于刑罰乎？誠使廉者必進，貪者必黜，慈良者必賞，殘虐者必罪，則孰敢不自斂戢，以干陛下之法哉？今考課之法雖嚴，而黜陟之人未必皆當，詮選之法既拘，而授任之際又或弗公，故賢者以之自怠，而不肖者得以苟容。民怨蓄于下，而天變動于上者，此也。

伏讀聖制，有曰："內有盜賊之擾，外有夷狄之變，此亦所以爲民爲之患者。民爲邦本，而使饑寒困苦流離死亡至於如此，邦欲安而得乎？朕欲俾災沴潛消，民生安堵，盜賊息，邊方靖，財充而食足，如之何可以臻此？"臣有以見陛下因天之變而求所以安民之道也。然欲民之安，又豈必他求哉？顧所用之人何如耳。方今境內之憂在盜賊，盜賊之責在守令。守令者，民之父母也。今者饑饉凍餒，守令不恤，又加虐焉，以催科爲撫字，以趨承爲職業，以敲朴爲教化，使疆域之民死亡流離而莫之救，惡在其爲民父母也？聞之遠方，貪吏有破民之産，咨嗟怨泣，無可控訴者。夫民無禮義之心，而有饑寒之苦，其去爲盜固易也，而上又驅迫之如此，此盜賊之所由繁，而刑罰所以不勝也。今之議者，亦既欲重守令矣，然而弗擇其人，固無益也。使皆得如龔遂之儔，布之郡縣，則盜賊可不治而息矣。至於夷狄之警，亦盛世之所不能無者，而其要則在於選將帥。大抵夷狄之性，貪而無親，輕而寡信，王者以不治治之而已。不治也者，恃吾有以備之也。今者邊陲之備可謂虛矣，以器械則不良，以儲蓄則不豫，以士馬則不練，旗鼓之節不相服習，而欲以之禦敵，不已難乎？聞之邊人，虜騎一入，我軍無不驚潰散走者。此由統制之失人，而翫愒縱弛之所致也。昔者李牧在邊，虜不敢犯。今誠得若人而任之，則小小之警，豈至煩當寧之憂哉？至於財之不充、食之不足，則臣於今日有所深惜。蓋天下之財，不在官則在民，耗於下必詘於上。今之財力，可謂大詘矣。額外之官浸以加多，而養官之費冗；尺伍之籍漫無所稽，而養兵之費冗。此猶可言也。豪右貴戚之家，勾蓄游惰之徒，不爲朝廷分尺寸之憂，而坐食於公者，莫之勝計，此胡爲也？夫田不加闢而賦日廣，賦入有限，而費出無經，則財與食安得而不匱乎？欲財之充，必自其耗財者始；欲食之足，必自冗食者始。陛下既躬節儉以先天下，而又汰冗濫之籍，嚴侈靡之禁，塞其流以厚其源，則國計其有瘳乎？

　　然此亦皆隨事補葺之論也。昔人有言："以期月之事問臣，臣以期月之事對；以二年之事問臣，臣以三年之事對。"臣以爲，此特不遇聖明之君而然耳，使遇聖明之君，則必有拔本塞源之論，而豈爲是遷就之説哉？今臣之所陳，不敢爲三年期月之説，而始終以爲聖明獻者，惟曰在陛下之一心而已。蓋天下之事，苟其志之所必爲，未有爲而不成者。故曰："誠心而王，則王矣。"又曰："君志定，而天下治成。"彼堯舜之治，豈誠不可及哉？無其心焉耳。蓋知人則哲，哲者，心之智也；安民則惠，惠者，心之仁也。仁智也者，心之全德也。使此心之德有所未純，而意欲之私，一有所錯雜於其間，則明有所蔽，而所知者未必其所當用；恩有所壅，而所及者未必其所當施。本原之地已蠹，而弛張舉措之間，皆將不得其當，如此而望天下之治，猶却行而求前也。

伏願陛下，以憂勤惕勵之心持之于上，智必如堯，仁必如堯，二者之德既具，則如鑒之空，如衡之平，是非賢否之形可以坐照，而莫吾亂。如水之寒，如火之熱，而不忍之心觸之而無不應矣，何患乎人之難知，民之難安，而天下之治不可成哉？此切要之説，惟陛下留神。臣不勝隕越之至。

臣謹對。

御批：勉吾求敬一之爲主，忠哉！

臣任瀚

臣對：

臣聞聖王保天下之道，存乎仁；而其行仁之道，存乎智；其合智與仁而成之之道，存乎敬。王道之行也，仁、智、敬其爲之端與？仁不足，則澤不下究，而民之憔悴困踣者，無所與蘇，而其弊也苛。智不足，則無以辨賢不肖于天下，賢者不必進，不肖者不必退，于是乎有殘人不德以尸民上，視民之休戚利害，若無預已事，甚者或肆其侵漁剝削，一任其凋敝，不爲之所，而其弊也亂。夫是以不爲戎首亦善矣，如天下之治何？此求賢所以安民，而智又所以行乎其仁者也。然是二者，不先之敬，則其智之所及，或至於偏聽獨任，既無以盡吾求賢之誠，而其智之所不及，且至于縱奸長慝，又無以致吾安民之實。仁不可終，而智亦爲之缺然矣。是敬又所以成乎智與仁，而不可一日忘焉者也。敬以養心，心以體道，道以張法，法以盡變，斯海内之化，清和咸理，兵革不試，暴慢不作，物道素樸，獄訟衰息，紀綱正於上，風俗昭明於下，而頌聲作，王道成矣，奚用外焉以取治法爲？欽惟皇帝陛下，智以明王度，仁以惠萬物，敬以凝天道而成世務，不自賢聖，詢于寡昧，究觀王道，圖惟化原，此千古人臣獻款攄忠之一遇也。臣聞之，孔子曰："事君先資其言，拜自獻其身，以成其信。"臣誠不佞，顧於致身之始，曾無一言可得先資以爲陛下獻哉？謹冒死以對。

臣伏讀聖制，首曰："治天下之道，其大者在乎知人安民。"蓋知人則哲，能官人；安民則惠，黎民懷之。此皋陶陳謨之深意，而陛下之言及此，天下生人之福也。使愚臣於此有所隱伏回護；畏罪而不敢言，上以負陛下之盛心，而下以昧天下之至計，四方後代，其謂臣何？臣請披肝瀝膽爲陛下言之，願試聽焉。臣竊睹陛下自即位以來，災變頻仍，近古未有，語謂天心仁愛之符是也。往年下罪己之詔，以爲政化未臻，民心積怨，上干天和，究其咎本，實予一人所致。臣時竊伏草茅，每見道路聞者皆嘆息泣下，願少須臾無死，以觀化理之成。及今三五年來，人心之望已極，猶未見內盡消弭之道，上獲天和之應，使海內曠然升于大猷，臣竊疑之。

夫《春秋》以天反時爲災，地反物爲妖，人反德爲亂，亂則妖災生。陛下之德，如天之無不覆，而地之罔不載，臣猶以爲未至，是妄言也。然而天人之交，間不容髮，此在陛下燕閒蠖濩之中，深宮獨運之地，澄神自思而得之耳。聖制深以任官非人爲懼，且疑賢不肖進退之差，以及於勸懲之失其宜，選任之非其道。此見陛下超然遠覽，神洞物外，直欲秉至公以消弭變異，阜安生民，雖成湯桑林之責，周宣雲漢之憂，高宗肜日之修省，不是過也。臣聞後漢鄭興有言："變咎之來，不可不慎。其要在因人之心，擇人處位而已。"陛下平日宮庭之間，所震怒而賜譴者何人也？合于聖意，誘而進之者何人也？其所賜譴者，必當其罪；而其所誘而進之者，必當其功。大臣不得寵名譽之人，小臣不得進浮薄之士，如此，則變安從生？此其遠百姓而近陛下之耳目者，臣固不得而深言之矣。其有下親於民，而上之所不及知者，泯泯棼棼，可爲流涕太息者不少，臣亦豈得而勿言哉？竊惟勸懲之典，莫急於考課；而選任之法，當責之銓衡。今之選舉考課，則臣之所嘗竊嘆而深惜之者也。何則？士方窮時，讀古書見《循良傳》，躍躍動義色，出死生自誓，願作一良有司謝天下；及反顧見其家，室無長物，輾轉歔欷，不能自禁，靡然無復初志，甚者鑽刺嬖幸，取中原名郡縣自列，得則凌暴誅求，罔所不至，不則怨且怒終其身。置此等於民上，而欲民之得其所，辟之愛其羊豚而牧之豺也，世無完畜矣。故祖宗之於士，養之以節義，而威勸之以賞罰。其用之各盡其才，而課之也，幽明殿最各程其實。則善者益勉，而不善者化；能官者上，而不能官者斯下下矣。若夫選舉之失其平，資格壞之也。國初用人，或舉於耕商，或徵于漁釣，脫去流品，惟其才賢，是猶有古意。《語》曰："不習爲吏，視已成事。"蓋言古也。比者稍有兵荒，動閫入粟買官之令，以爲常制，累世莫能變。臣聞人之所好,而爭趨焉者。韓非有言："非名之，即利之也。"以粟易官之名，豈人所好？而人固趨之，不得於名，彼其不求得於利哉？人人以其利之心上應於國，而國且便之以布于天下。夫其一人入粟幾何？而其所取諸民者，必十倍而後饜。是爲天下謀小利而獲大害也。又況高官顯秩，自甲科之外，雖智且賢弗及，則彼修於冥冥，無所慕而爲善者，世寧幾人哉？臣故曰"資格壞之"，非人才之罪也。董仲舒曰："邪氣積于下，怨惡蓄于上。"此灾異所緣而起矣。方今天下之戾氣，孰有大于冗員頹吏，苟身圖以誤國家者？而灾異實因之。臣願陛下嚴僥幸覬覦之禁，公賞罰黜陟之典，杜買官鬻爵之弊，革年地資望之說，則賢才罔伏，下吏革譽，上天之變異可回，生民之流亡可復，而所以爲智之道，莫大於此矣。

聖制又謂："内有盜賊之擾，外有戎狄之患，此亦重爲民之害者。"以陛下愛民之深，憂民之切如此，而陛下之臣，在内者不能消息寇亂，在外者不能慎固邊圉。天未厭禍也，而又離民以佐灾，犬戎樹惇矣，而且觀之兵，則陛下亦豈得晏然已乎？《周官》大司徒以荒政聚萬民，其十有二曰"除盜賊"。夫"除盜賊"而置之末者，先王之所甚不得已也。以人情言之，盜賊亦人耳，人有不愛其身與其父母妻子、居室畜産百物，而喜棄其壤土者乎？愛之而或爲人所奪，其身有困于刑罰工役不得息，其父母妻子有苦於流離轉死不得會聚，其居室畜産百物有耗于征求貢輸不得自奉自娛。是數者，皆足以傷於民心，彼其時節，不忍捨弃，而一旦奪于有力之彊，其不去爲盜，奚矣待也？《語》曰："德則其人也，不德則其鹿也。"人情撫則后虐，則讎豈有常哉？今西南之國，一遇歉歲，即赭衣載道、旌旗醫空。臣愚以爲，在上者有以奪其所愛而激成之，未必吾民之能自爲盜也。若夫邊事之興，宋人謂出於饕功幸利之徒，黷武玩寇，不以朝廷大計爲念。前日榆林松茂之役，郡縣嗷嗷，令小吏督罷民轉餉數千裏外，號稱籌邊，夫亦既左矣，而茌苒衰羸之卒，不經一戰者，又引領待哺，謂足以羽儀塞垣，此何理也？人有病梏腹者，斷肢體脯筋骸以充之，然而無益於死者，天下之大舛也。先王備邊以衛中國，令邊有莫敵之勢，而中國無聊生之民，可矣乎？此臣謂"王者不治夷狄"。趙充國所爲，善之善者，令邊人自給，毋以勤國家也。臣願陛下，内擇賢守令以宰治郡邑，外擇良將帥以控制邊鄙，誅有位之盜，去黷武之戎，汰冗兵，抑浮費，則寇亂可弭，戎狄可清，民力可蘇，而所以爲仁之道，莫大於此矣。

然此但就陛下所以策臣者而論之耳，若以臣愚言，上天之變未息，是生民未安也；生民之未安，是賢才未盡用也；賢才之未盡用，或者聖心其猶未純乎？然觀陛下覽四方灾异奏牘，則惕然懼；見古聖賢箴規，則泠然省，此其心亦未爲不純矣。而聖制猶謂"保邦安民之念雖存，求其所以，實無一得"者，豈非深憂過計，道愈至而心愈不足，必欲臣愚罄竭私悃，而無少隱伏之意哉？臣不敢概舉，請得以敬終之。堯之言曰："允執厥中。"謂執云者，戰兢持守而不敢縱之辭也。其意曰：天無定命，理忽[1]無定形，人心無定幾，執以定其所無定焉云爾。是故"安汝止，惟幾惟康"，"欽天之命，惟時惟幾"者，三聖相授受，守一道也。是故堯舜之世，民罔不安。臣無不可知，而猶曰帝其難之者，不敢以易心乘之，敬之道也。陛下如以前所陳數者爲憂，則孰若取聖制所謂堯舜者以爲法乎？孔子之後子順曰："昔者，吾先君子欲作文武，而至焉；文武欲作堯舜，而至焉。"是故大聖人之道，存乎有作，不可退然而止也。

臣願陛下，勿以臣言爲迂，留神省覽，益求所謂"敬一"者而精之，令天下復見唐虞之治，則愚臣幸甚！臣干冒天威，無任隕越之至。

臣謹對。

---

[1] 任翰《任文逸稿》卷一《己丑廷試策》"理"下無"忽"字。

嘉靖十一年進士登科錄

　　先司馬東明府君舉嘉靖戊子浙江鄉試，迄壬辰舉進士，《鄉試錄》《登科錄》敬藏天一閣，自明迄今四百年矣。去歲夏，閣書失竊，銷售於滬上各書肆，好古家爭購之。逮裔孫至杭至滬，控追已不及，以致全書一無返璧，曷勝嘆憾事！邑中張讓三先生，先君子舊好也，今夏從上海友人處得此兩錄，暨先吏部潞公府君手鈔詩稿，交小子還藏閣中。蓋先生於吾閣原委最悉，前薛星使刻《見存書目》，先生實總其成，故惓惓於閣書尤切。今雖僅得此三種，而先生之關懷文獻，與不忘先人之交情，亦足見矣。用記數語，以誌銘感。乙卯仲夏，司馬公十一世孫玉森謹識《嘉靖十一年進士登科錄》。

玉音

　　嘉靖十一年三月初九日，禮部尚書兼翰林院學士臣夏言等於奉天門奏爲科舉事：會試天下舉人，取中三百二十名。本年三月十五日，殿試，合請讀卷官及執事等官少傅兼太子太師、吏部尚書、華蓋殿大學士張孚敬等五十八員。其進士出身等第，恭依太祖高皇帝欽定資格：第一甲例取三名，第一名從六品，第二、第三名正七品，賜進士及第；第二甲從七品，賜進士出身；第三甲正八品，賜同進士出身。奉聖旨："是。欽此。"

讀卷官

　　光禄大夫、柱國、少傅兼太子太師、吏部尚書、華蓋殿大學士張孚敬，辛巳進士。
　　榮禄大夫、太子太保、禮部尚書兼武英殿大學士李時，壬戌進士。
　　光禄大夫、柱國、太子太保、吏部尚書王瓊，甲辰進士。
　　榮禄大夫、太子太保、兵部尚書王憲，庚戌進士。

榮禄大夫、太子太保、兵部尚書兼都察院右都御史掌院事汪鋐，壬戌進士。

資政大夫、禮部尚書兼文淵閣大學士翟鑾，乙丑進士。

資政大夫、戶部尚書許讚，丙辰進士。

資政大夫、刑部尚書王時中，庚戌進士。

資政大夫、太子少保、工部尚書蔣瑤，己未進士。

嘉議大夫、通政使司通政使陳經，甲戌進士。

嘉議大夫、大理寺卿周期雍，戊辰進士。

中順大夫、詹事府少詹事兼翰林院學士張潮，辛未進士。

翰林院學士席春，丁丑進士。

翰林院侍讀學士、奉直大夫吳惠，辛未進士。

翰林院侍讀學士、奉訓大夫郭維藩，辛未進士。

翰林院侍講學士廖道南，辛巳進士。

翰林院侍講學士蔡昂，甲戌進士。

提調官

資善大夫、禮部尚書兼翰林院學士夏言，丁丑進士。

通議大夫、禮部左侍郎湛若水，乙丑進士。

通議大夫、禮部右侍郎兼翰林院學士顧鼎臣，乙丑進士。

監試官

文林郎、雲南道監察御史朱觀，癸未進士。

文林郎、貴州道監察御史葉照，癸未進士。

受卷官

左春坊左中允孫承恩，辛未進士。

翰林院修撰儒林郎姚淶，癸未進士。

奉議大夫、通政使司右參議兼吏科都給事中李鳳來，辛巳進士。

徵仕郎、戶科給事中葉洪，己丑進士。

彌封官

光禄寺卿黃宗明，甲戌進士。

中順大夫、鴻臚寺卿王道中，甲戌進士。

中順大夫、太常寺少卿掌尚寶司事劉臬，生員。

翰林院修撰、承務郎王用賓，辛巳進士。

翰林院編修、文林郎楊維傑，丙戌進士。

承事郎、禮科都給事中魏良弼，癸未進士。
承事郎、兵科都給事中張潤身，甲戌進士。
中議大夫、贊治尹、太常寺少卿兼翰林院侍書劉銳，恩生。
中順大夫、順天府府丞周令，秀才。
奉政大夫、尚寶司卿兼翰林院侍書徐富，甲子貢士。
承德郎、尚寶司司丞張天保，秀才。
翰林院掌典籍事、大理寺右寺署右評事凌楫，儒士。

掌卷官
翰林院侍讀王教，癸未進士。
翰林院修撰、儒林郎倫以訓，丁丑進士。
翰林院編修、文林郎程文德，己丑進士。
承事郎、刑科都給事中陳守愚，癸未進士。
承事郎、工科都給事中趙漢，辛未進士。

巡綽官
鎮國將軍、錦衣衛署都指揮使王佐。
昭勇將軍、錦衣衛指揮使張錡。
懷遠將軍、錦衣衛指揮同知陸松。
明威將軍、錦衣衛指揮僉事陳寅。
明威將軍、金吾前衛指揮僉事劉勳。
懷遠將軍、金吾後衛指揮同知徐廷。

印卷官
承德郎、禮部儀制清吏司署郎中事主事田汝成，丙戌進士。
承德郎、禮部儀制清吏司署員外郎事主事王汝孝，丙戌進士。
承直郎、禮部儀制清吏司主事毛渠，丙戌進士。

供給官
奉政大夫、光祿寺少卿高尚賢，丁丑進士。
奉政大夫、修政庶尹光、祿寺少卿孫檜，甲戌進士。
承德郎、光祿寺寺丞彭黯，癸未進士。
承德郎、光祿寺寺丞鄭憲，丁丑進士。
登仕郎、禮部司務王澈，癸酉貢士。
承德郎、禮部精膳清吏司署員外郎事、主事李邦直，癸未進士。

恩榮次第

　　嘉靖十一年三月十五日，早，諸貢士赴内府殿試，上御奉天殿親賜策問。

　　三月十九日，早，文武百官朝服侍班。是日，錦衣衛設鹵簿于丹陛丹墀内，上御奉天殿，鴻臚寺官傳制唱名，禮部官捧黃榜，鼓樂導引出長安左門外，張掛畢，順天府官用傘蓋儀從送狀元歸第。

　　三月二十日，賜宴於禮部，宴畢，赴鴻臚寺習儀。

　　三月二十二日，賜狀元朝服冠帶及進士寶鈔。

　　三月二十三日，狀元率諸進士上表謝恩。

　　三月二十四日，狀元率諸進士詣先師孔子廟，行釋菜禮。禮部奏請命工部於國子監立石題名。

第一甲三名　賜進士及第

　　林大欽　貫廣東潮州府海陽縣，軍民籍。縣學附學生。治《詩經》。字敬夫，行一，年二十二，十二月初六日生。曾祖山。祖瑺。父烏。母劉氏。慈侍下。娶孫氏。廣東鄉試第六名，會試第五十九名。

　　孔天胤　貫山西汾州，軍籍。州學生。治《詩經》。字汝錫，行一，年二十八，八月十六日生。曾祖表。祖大襫，巡檢。父麟，儀賓。母，新鄭縣君。具慶下。弟天民。娶王氏，繼娶王氏。山西鄉試第六名，會試第二百七十二名。

　　高節　貫四川成都府綿州羅江縣，民籍。國子生。治《禮記》。字公成，行二，年四十，正月十六日生。曾祖子清。祖本政。父騰，封南京刑部主事。母李氏，贈安人；繼母王氏，封安人。具慶下。兄第，按察司副使。弟策；簡，進士。娶王氏。四川鄉試第二十四名，會試第一百十九名。

第二甲八十名　賜進士出身

　　李啟東　貫雲南楚雄府楚雄縣，民籍，江西廬陵縣人。府學生。治《書經》。字元叔，行一，年二十九，七月初二日生。曾祖思存。祖權，義官。父鴻，歲貢生。母劉氏。具慶下。娶澧氏。雲貴鄉試第三名，會試第五十六名。

熊洛　貫江西南昌府南昌縣，民籍。國子生。治《易經》。字景之，行七，年四十一，十月二十六日生。曾祖秉文。祖萬象。父艮，封兵部主事。母胡氏，贈安人；繼母王氏。具慶下。兄河。弟汲，兵部主事；潢，貢士；治。娶羅氏。江西鄉試第一百三名，會試第二百四十九名。

桑喬　貫直隸揚州府江都縣，民籍。府學生。治《易經》。字子木，行二，年三十二，二月初七日生。曾祖宏。祖桂。父潮，壽官。母周氏。具慶下。兄蔭、蘭。弟蕃、芊。娶徐氏。應天府鄉試第三名，會試第二十三名。

黃崋　貫四川潼川州遂寧縣，民籍。國子生。治《春秋》。字秀卿，行四，年三十一，五月二十日生。曾祖鑑，贈資政大夫、南京工部尚書。祖宗泗，知縣，累贈資政大夫、南京工部尚書。父珂，資政大夫、南京工部尚書，進階榮祿大夫，贈太子少保，諡簡肅。前母張氏，贈夫人；母聶氏，封夫人。慈侍下。兄嵩、巖。弟峯，官生；嶽。娶張氏。四川鄉試第六十七名，會試第二百六十四名。

楊淪　貫順天府涿州，民籍。國子生。治《書經》。字弘功，行三，年三十五，八月十三日生。曾祖春。祖瓚。父鎰，知縣。母樊氏。永感下。兄澤，判官；沛。弟潮、溱、涇、沔。娶池氏，繼娶李氏。順天府鄉試第三十一名，會試第五十三名。

張合　貫雲南永昌府，官籍，應天府江寧縣人。國子生。治《書經》。字懋觀，行二，年二十七，十二月十四日生。曾祖宗。祖昺，贈吏部郎中。父志淳，南京戶部右侍郎致仕。嫡母沈氏，封宜人；生母狄氏。具慶下。兄含，貢士。娶何氏。雲貴鄉試第一名，會試第一百四十名。

林春　貫直隸揚州府泰州千戶所，軍籍，福建福清縣人。國子生。治《詩經》。字子仁，行一，年三十五，二月二十八日生。曾祖義。祖迲。父宏。母許氏。慈侍下。弟青。娶李氏。應天府鄉試第六十九名，會試第一名。

王廷　貫四川順慶府南充縣，民籍。國子生。治《易經》。字子正，行一，年二十九，九月二十三日生。曾祖昺，壽官。祖銳。父希文。母馬氏。具慶下。兄選、遷、達、瑤。弟迎；遵，貢士；追；郁，貢士；遴；邁；逢謙；進；迨；延。娶陳氏，繼娶楊氏。四川鄉試第二十八名，會試第八十四名。

張冕　貫山西汾州孝義縣，軍籍。縣學生。治《書經》。字服周，行一，年二十九，十二月初四日生。曾祖九隆。祖燾，義官。父大祿，監生。母武氏，繼母胡氏。具慶下。弟鏗。娶趙氏。山西鄉試第二十七名，會試第一百十三名。

顧四科　貫浙江杭州府錢塘縣，民籍。國子生。治《易經》。字齊賢，行九，年三十二，八月十九日生。曾祖昇，壽官。祖恭。父瑷，知縣。母沈氏，繼母武氏。慈侍下。兄三綱。弟五常、一經、六德、四教。娶李氏。浙江鄉試第六名，會試第二百五十二名。

賈士元　貫錦衣衛籍，陝西鳳翔府鳳翔縣人。國子生。治《詩經》。字仁甫，行一，年三十，八月十三日生。曾祖整。祖振。父清，教諭。母史氏。具慶下。娶蔡氏。順天府鄉試第二十七名，會試第七十三名。

俞咨伯　貫浙江嘉興府平湖縣，匠籍。縣學生。治《書經》。字禮卿，行一，年二十二，九月二十四日生。曾祖士弘，壽官。祖瓛。父金，監生。母沈氏。重慶下。弟咨益、咨夔、咨垂、咨龍、咨岳、咨皋、咨稷。娶懷氏，繼聘姚氏。浙江鄉試第七十名，會試第二十七名。

顧玉柱　貫直隸蘇州府常熟縣，軍籍。縣學附學生。治《禮記》。字邦石，行一，年二十八，十一月十四日生。曾祖立，知縣。祖鎬，義官。父湘。母郁氏。嚴侍下。弟玉樓、玉樹。娶王氏。繼娶劉氏。應天府鄉試第一百二十名，會試第四十名。

周滿　貫四川松潘衛，官籍，成都府漢州人。國子生。治《詩經》。字謙之，行五，年二十六，六月二十五日生。曾祖敏，正千戶。祖文。父鷟。母張氏。具慶下。兄榮，正千戶。娶黃氏。四川鄉試第四十九名，會試第四十六名。

陳乙　貫河南開封府杞縣，民籍。國子生。治《詩經》。字了元，行一，年三十三，十一月初五日生。曾祖禮，壽官。祖欽。父汇　，貢士。母王氏。慈侍下。弟卜，貢士；丁。娶曹氏。河南鄉試第七名，會試第二十九名。

謝少南　貫應天府上元縣，民籍，江西贛縣人。國子生。治《易經》。字應午，行一，年三十五，十二月初五日生。曾祖信，贈奉直大夫、南京兵部員外郎。祖芳，知府，進階亞中大夫。父承舉。前母李氏、賈氏，母湯氏。永感下。娶鄧氏。應天府鄉試第一百十八名，會試第二百九名。

曾孔化　貫江西吉安府廬陵縣，軍籍。國子生。治《詩經》。字宗周，行七，年四十，七月十九日生。曾祖一德。祖謙。父褒。母彭氏。具慶下。兄孔淵、孔澄、孔濟。娶劉氏。江西鄉試第六十一名，會試第八十五名。

柯實卿　貫福建泉州府晉江縣，民籍。縣學附學生。治《易經》。字光仲，行十四，年二十八，十月十四日生。曾祖淑榮。祖璟。父儀。母黃氏。重慶下。兄秀卿。弟奇卿。娶洪氏。福建鄉試第四十六名，會試第一百二十八名。

趙維　貫湖廣武昌府長史司，官籍。國子生。治《詩經》。字張父，行一，年三十四，十二月初二日生。曾祖智福。祖富。父弼，儀賓。母，原陵縣主。慈侍下。弟紋、繕、繢、經、紳、緋。娶密氏。湖廣鄉試第四十名，會試第二百三十八名。

高世彥　貫四川成都府內江縣，民籍。縣學附學生。治《書經》。字仲修，行一，年二十六，四月初四日生。曾祖召南，監生。祖公堂，義官。父岡。母田氏。具慶下。弟世臺、世勳、世卿、世靖、世度。娶周氏。四川鄉試第二名，會試第二十四名。

魏廷萱　貫河南開封府許州，軍籍。州學生。治《易經》。字子宜，行六，年二十八，正月初三日生。曾祖俊。祖端，義官。父校，監生。母李氏。永感下。兄廷蕙，監生；廷菊，監生；廷華；廷茝；廷芹。弟廷薦。娶宋氏。河南鄉試第六十九名，會試第一百四十九名。

林華　貫福建興化府莆田縣，軍籍。國子生。治《詩經》。字廷彬，行一，年三十八，九月二十九日生。曾祖崇善。祖聃，散官。父鷟。母周氏。永感下。弟苹、蕁、英、萃、章、樊、采。娶王氏。福建鄉試第二十九名，會試第二十名。

翁學淵　貫浙江處州府遂昌縣，民籍。縣學生。治《詩經》。字原道，行三，年三十九，六月二十八日生。曾祖存仁。祖守寧。父奎。前母潘氏，母黃氏。永感下。兄道淵、德淵。娶劉氏。浙江鄉試第三十四名，會試第三百十九名。

陳玒　貫浙江寧波府鄞縣，民籍。國子生。治《春秋》。字國祥，行四十七，年四十三，九月初六日生。曾祖處邦。祖洪鎮。父彥洵。母沙氏，生母楊氏。慈侍下。兄璋；瑞，刑部郎中，贈奉直大夫；玉；玻；珀。娶翁氏。浙江鄉試第七十一名，會試第十四名。

左鎰　貫直隸寧國府涇縣，民籍。縣學生。治《易經》。字應衡，行七，年二十六，十一月初一日生。曾祖恕。祖燉。父瓚。母趙氏。具慶下。兄錦、鍍、鑾、鈇、錕、鍊。弟鑛、鏵、鑪、鑛。娶唐氏。應天府鄉試第六名，會試第三名。

何其高　貫四川保寧府閬中縣,民籍。國子生。治《易經》。字抑之,行三,年四十,三月二十一日生。曾祖源。祖廣。父明。母李氏。永感下。兄其倈、廷瑞、天恩、其顯。弟天祐。娶鄧氏,繼娶楊氏、劉氏、陳氏。四川鄉試第六十三名,會試第一百二十三名。

楊伊志　貫直隸蘇州府吳縣,民籍。縣學增廣生。治《易經》。字子任,行一,年三十二,七月初五日生。曾祖文富。祖信,贈戶科給事中。父昇,禮科給事中。母陳氏,封孺人;生母何氏。慈侍下。娶陳氏。應天府鄉試第五十四名,會試第一百六十一名。

唐國相　貫順天府大興縣,匠籍,松江府上海縣人。順天府學增廣生。治《詩經》。字舜舉,行二,年二十八,九月十六日生。曾祖海。祖榮。父英。母徐氏。具慶下。兄國棟。弟國柱。娶嚴氏。順天府鄉試第六十三名,會試第六十二名。

周宗鎬　貫湖廣岳州府巴陵縣,生員籍。府學生。治《詩經》。字子京,行十七,年二十六,三月初八日生。曾祖友忠。祖以汝。父值。母方氏。具慶下。兄宗幹。弟宗虁、宗哲、宗稷、宗慶、宗詔、宗睿、宗衡。娶劉氏。湖廣鄉試第八十四名,會試第二百九十五名。

白悅　貫錦衣衛,官籍,直隸常州府武進縣人。國子生。治《詩經》。字貞夫,行六,年三十四,十二月二十五日生。曾祖珂,教諭,贈光祿大夫、柱國、太子太保、刑部尚書。祖昂,光祿大夫、柱國、太子太傅、刑部尚書致仕,贈特進太保,諡康敏。父圻,通議大夫、都察院右副都御史。母何氏,封淑人。永感下。兄諫,監生;詔,鴻臚寺序班;詡,監生;誠,監生;訑,監生。弟誨,監生;怡,官生;譜,監生。娶鄒氏,繼娶楊氏。順天府鄉試第二十名,會試第十八名。

陳叔頤　貫陝西西安府涇陽縣,軍籍。府學生。治《易經》。字子貞,行三,年二十九,閏四月初三日生。曾祖椿。祖滿,壽官。父璽,縣主簿。前母張氏,母張氏。永感下。兄用、叔周。弟叔善;叔美,貢士。娶張氏,繼娶趙氏。陝西鄉試第二十九名,會試第五十名。

陳俎　貫河南開封府封丘縣,民籍。國子生。治《詩經》。字少志,行一,年二十九,八月初四日生。曾祖紀。祖杲。父同。母韓氏,繼母牛氏、季氏。嚴侍下。弟豆。娶樊氏。河南鄉試第二名,會試第一百九十五名。

陸期范　貫直隸揚州府高郵州興化縣,軍籍。國子生。治《易經》。字任卿,行二,年三十八,四月二十八日生。曾祖礪。祖溉,壽官。父彌望。

母虞氏,繼母朱氏。永感下。弟期歐。娶黃氏。應天府鄉試第四十八名,會試第三百二十名。

徐禎　貫直隸蘇州府長洲縣,民籍。府學增廣生。治《春秋》。字世兆,行三,年二十五,二月初十日生。曾祖諒,贈通議大夫、都察院右副都御史。祖源,通議大夫、都察院右副都御史。父棠,監生。母沈氏。慈侍下。兄勳,知縣;烈。娶顧氏。應天府鄉試第一百十一名,會試第一百五十名。

劉壐　貫濟州衛,官籍,直隸保定府唐縣人。順天府學生。治《詩經》。字國符,行一,年二十五,四月十七日生。曾祖清,正千戶。祖安,正千戶。父顒,正千戶。母趙氏。重慶下。弟瑋、瑀。娶滕氏,繼娶董氏。順天府鄉試第一百十一名,會試第二百五十八名。

蔣信　貫湖廣常德府武陵縣,民籍。國子生。治《書經》。字卿實,行二,年五十,八月二十七日生。曾祖睿。祖誠。父經。母萬氏。永感下。兄傑。娶姜氏,繼娶李氏、柳氏。應天府鄉試第九名,會試第九十七名。

茅磐　貫直隸鎮江府丹徒縣,民籍。府學生。治《詩經》。字新之,行三,年三十七,六月初二日生。曾祖頤。祖宇,義官。父堅,七品散官。母聶氏,繼母費氏。慈侍下。兄鑒,判官;鑾。弟金、鎣。娶曹氏,繼娶馮氏。應天府鄉試第一百七名,會試第二百三十一名。

范欽　貫浙江寧波府鄞縣,民籍。國子生。治《書經》。字堯卿,行五十五,年二十七,九月十九日生。曾祖晁。祖訢,訓導。父璧。母王氏。具慶下。兄鏞。弟鈞、鏜、鎬、鉅、鏓、銑。娶袁氏。浙江鄉試第七十名,會試第一百七十八名。

張明　貫福建建寧府浦城縣,民籍。國子生。治《書經》。字元亮,行一,年三十七,十一月二十五日生。曾祖遵美。祖允讓。父廷昭。前母徐氏,母楊氏。慈侍下。弟秀。娶陳氏。福建鄉試第四十九名,會試第一百六十六名。

陳仕賢　貫福建福州府福清縣,民籍。縣學附學生。治《春秋》。字邦憲,行一,年三十四,十二月初八日生。曾祖旺。祖元澤。父綱。母林氏。具慶下。弟仕貴、仕貢、仕贇、仕贊、仕寶、仕賀、仕貞。娶戴氏。福建鄉試第七十三名,會試第二百九十一名。

呂懷　貫江西廣信府永豐縣,民籍。國子生。治《書經》。字汝德,行六十八,年四十一,五月二十九日生。曾祖子昂。祖茂輝。父賢。母祝氏。

慈侍下。兄夔，知府；愷；瑚，同科進士；悦。弟悰、愵、博、懌、愉、慎、性、忕。娶毛氏。江西鄉試第一百五名，會試第一百五十五名。

辛童　貫山東青州府安丘縣，民籍。縣學生。治《易經》。字秉忠，行四，年三十一，十二月初五日生。曾祖貴。祖曾。父祥。母楊氏。具慶下。兄永、憲、宗。娶欒氏。山東鄉試第二十三名，會試第二百六名。

劉儒　貫河南郡牧所，軍籍，山東濟南府新城縣人。汝陽縣學增廣生。治《詩經》。字子醇，行一，年三十五，七月十八日生。曾祖剛。祖智。父福。母李氏。慈侍下。弟仕、儀、仞。娶董氏。河南鄉試第九名，會試第一百四名。

范瑟　貫山東濟南府歷城縣，民籍。國子生。治《易經》。字孔和，行八，年二十九，十月初一日生。曾祖整。祖勝。父福。前母孔氏，母馬氏。具慶下。兄珊；珒；璞，聽選官；琚；班；瑤；琴。娶楊氏。山東鄉試第七名，會試第五十八名。

錢亮　貫直隸鎮江府丹徒縣，匠籍。府學生。治《書經》。字執夫，行五，年三十一，四月初四日生。曾祖明。祖鑑。父雲。母曹氏。具慶下。弟文、方。娶呂氏。應天府鄉試第十四名，會試第二十一名。

張愚　貫直隸天津左衛，軍籍，山東諸城縣人。衛學生。治《詩經》。字子明，行一，年三十三，九月三十日生。曾祖士能。祖洪。父鳳。母董氏。永感下。娶季氏。順天府鄉試第七十四名，會試第一百十一名。

黃應中　貫四川重慶府忠州，民籍。國子生。治《詩經》。字子孚，行一，年三十二，五月十四日生。曾祖珏。祖本立。父璧，貢士。母盧氏。重慶下。弟應正。娶申氏。四川鄉試第十一名，會試第二十二名。

許橒　貫河南開封府蘭陽縣，民籍。縣學生。治《詩經》。字國華，行三，年二十五，二月二十九日生。曾祖真，縣主簿。祖凱，累封戶部郎中。父廷佑。母蕭氏。具慶下。兄東椿，監生。弟楹、梗、梓、梅、柟、栱、梃、校。娶牛氏。河南鄉試第二十二名，會試第一百七十七名。

吳至　貫浙江紹興府餘姚縣，軍籍。國子生。治《易經》。字道卿，行一，年二十九，八月初六日生。曾祖勤，贈南京刑部員外郎。祖秩。父徵。母何氏。重慶下。弟可至、學至。娶顧氏，繼娶李氏。浙江鄉試第二十七名，會試第八十名。

秦鳴夏　貫浙江台州府臨海縣，軍籍。府學生。治《春秋》。字子亨，行二，年二十五，三月二十五日生。曾祖宗傳。祖彥彬，封行人司司副，贈刑部郎中。父禮，按察司僉事。母包氏。永感下。兄鳴春，貢士。弟鳴秋、鳴雷、鳴冬。娶林氏。浙江鄉試第五十七名，會試第三百十四名。

施雨 貫直隸蘇州府常熟縣，民籍。國子生。治《詩經》。字潤之，行二，年三十三，九月十五日生。曾祖玘，壽官。祖榮。父倫。母繆氏。具慶下。兄接。弟雲、電、露、霓。娶薛氏。應天府鄉試第一百三十名，會試第二百七十名。

張謙 貫浙江寧波府慈谿縣，民籍。縣學附學生。治《詩經》。字子益，行三十六，年二十二，三月十三日生。曾祖珊。祖場。父錦。母劉氏。慈侍下。兄俊，聽選官；誥；諫；謹；訓；詡。弟諭。娶陳氏。浙江鄉試第八十名，會試第二十六名。

于廷寅 貫浙江紹興府餘姚縣，民籍。縣學附學生。治《春秋》。字貳卿，行十六，年三十二，三月初七日生。曾祖慶誼，監生。祖瑛。父震，知縣。嫡母舒氏，生母胡氏。具慶下。兄廷諤。娶嚴氏。浙江鄉試第五名，會試第一百二十一名。

許應元 貫浙江杭州府錢塘縣，民籍，順天府東安縣人。國子生。治《易經》。字子春，行二，年二十七，正月二十八日生。曾祖九臯。祖紳。父龜年。母陳氏。具慶下。兄應爵。弟應奎、應龍、應宿、應祿、應熊、應期、應亨、應德、應台、應嶽、應薦、應求、應衡、應庚、應詔。娶徐氏。浙江鄉試第八十五名，會試第六十三名。

劉繼祿 貫萬全都司永寧衛，官籍，順天府三河縣人。國子生。治《詩經》。字承德，行一，年三十八，十二月初六日生。曾祖政，副千戶。祖俊，副千戶。父希武。母張氏，繼母王氏。具慶下。弟繼爵，副千戶；繼位；繼相；繼善；繼志。娶丁氏，繼娶呂氏。順天府鄉試第二十一名，會試第二百一名。

邊侁 貫直隸河間府任丘縣，官籍。國子生。治《書經》。字行甫，行四，年三十，十一月二十七日生。曾祖永，戶部郎中，贈左副都御史。祖鏞，南京刑部右侍郎。父憲，應天府府尹。母鄭氏，封孺人；繼母張氏。具慶下。兄偉，鹽運司運使；億，布政司左參政；備；僑，知州；偕，散官；仲，刑部郎中；俌，光祿寺署正；佃。弟偲，貢士；任；俠；俏；僕，貢士。娶張氏。順天府鄉試第六名，會試第一百三十七名。

皇甫涍 貫直隸蘇州府長洲縣，民籍。國子生。治《易經》。字子安，行二，年三十六，六月二十五日生。曾祖通。祖信，贈禮部員外郎。父錄，知府。母黃氏，封宜人。具慶下。兄冲，貢士。弟汸，知縣；濂。娶劉氏。應天府鄉試第二名，會試第十一名。

曾大吉　貫河南開封府陳州，民籍。國子生。治《春秋》。字子脩，行一，年三十九，五月十九日生。曾祖剛。祖和，壽官。父福，壩官。母盧氏。具慶下。弟大全、大用。娶朱氏。河南鄉試第六十八名，會試第一百六十八名。

閔如霖　貫浙江湖州府烏程縣，軍籍。國子生。治《詩經》。字師望，行四，年三十，八月二十八日生。曾祖復。祖珵。父蕙。母沈氏。永感下。兄如松，監生；如桂；如梗。弟如楠、如椿、如梧、如梅。娶黃氏。浙江鄉試第八十八名，會試第二百八十三名。

王椿　貫浙江杭州府錢塘縣，匠籍。國子生。治《易經》。字元齡，行二，年二十八，六月初九日生。曾祖復初。祖鏞，義官。父璘，衛經歷。嫡母吳氏，繼母丘氏，生母凌氏。具慶下。兄相。弟材。娶張氏。順天府鄉試第十八名，會試第五十五名。

董漢儒　貫河南開封府睢州考城縣，民籍。國子生。治《禮記》。字道夫，行一，年三十九，二月十六日生。曾祖英。祖繼先，監生。父廷佐，訓導。母甯氏。具慶下。弟漢卿、漢傑、来詢、来宣、来同、来夏、来舉、来問。娶王氏。河南鄉試第十名，會試第一百四十一名。

徐樾　貫江西廣信府貴溪縣，軍官籍。國子生。治《書經》。字子直，行六十一，年三十三，九月初三日生。曾祖思文。祖孔全。父灌，歲貢生。母吳氏。永感下。兄標、樫、橋、樏、樟、橫、棐、校。弟桷。娶詹氏。江西鄉試第四十名，會試第二百十二名。

姚翔鳳　貫浙江紹興府上虞縣，軍籍。國子生。治《詩經》。字夢禎，行七，年二十九，十二月初五日生。曾祖崙。祖鏜，署教諭舉人。父霽。母孔氏。具慶下。娶鍾氏。浙江鄉試第六十二名，會試第一百八十八名。

王珩　貫直隸河間府交河縣，民籍。縣學生。治《易經》。字節甫，行一，年三十一，六月十三日生。曾祖英，巡檢。祖永。父浩。母史氏。慈侍下。兄琚。弟理。娶張氏。順天府鄉試第九十五名，會試第一百五十九名。

毛復　貫浙江紹興府餘姚縣，民籍。國子生。治《易經》。字世亨，行十九，年三十三，三月二十五日生。曾祖仕玒。祖淮，倉副使。父明。

母鮑氏，繼母周氏。嚴侍下。兄憲，按察司副使；實，刑部郎中。弟師。娶錢氏。浙江鄉試第四十七名，會試第一百三十八名。

呂瑚　貫江西廣信府永豐縣，民籍。國子生。治《書經》。字汝器，行三十九，年四十四，二月三十日生。曾祖子英。祖茂忠。父聰。母潘氏。慈侍下。兄夔，知府；稷。弟璉；珂；懷，同科進士。娶詹氏。江西鄉試第一百十八名，會試第一百三十四名。

趙一中　貫直隸河間府青縣，民籍。國子生。治《詩經》。字立夫，行一，年二十九，七月初二日生。曾祖寬。祖榮。父璠。母蕭氏，繼母夏氏。重慶下。弟一厚。娶白氏。順天府鄉試第五十六名，會試第一百二十七名。

雍瀾　貫福建興化府莆田縣，匠籍。府學附學生。治《書經》。字斯道，行五，年四十一，九月二十二日生。曾祖志徵。祖貴玉，封衛經歷。父汝和，提舉。母陳氏，封孺人。永感下。兄鴻、鯨。弟鯤、鯉。娶陳氏。福建鄉試第四十二名，會試第一百八名。

歐陽清　貫江西廣信府上饒縣，民籍。國子生。治《詩經》。字懋直，行一，年四十一，八月十四日生。曾祖文信。祖久鎮。父貴，訓導。母胡氏，繼母賈氏。具慶下。弟洪。娶連氏。江西鄉試第三十二名，會試第一百七十名。

楊成　貫南京留守中衛，官籍，湖廣桃源縣人。國子生。治《詩經》。字全卿，行一，年三十四，三月三十日生。曾祖福，百戶。祖海，百戶。父寬，百戶。母李氏。嚴侍下。弟武，百戶；咸；式；職。娶徐氏。應天府鄉試第四十四名，會試第七十五名。

吳嶽　貫山東兗州府東平州汶上縣，民籍。國子生。治《春秋》。字汝喬，行九，年二十九，七月初五日生。曾祖從善。祖貴。父霈。母姜氏。具慶下。兄崇、嵩、巖、嶺、崑、岫、嵐、□。娶王氏。山東鄉試第九名，會試第一百七名。

衛元確　貫廣東廣州府東莞縣，民籍。縣學附學生。治《易經》。字少乾，行一，年三十一，九月十六日生。曾祖珪。祖時佐，壽官。父纓。前母黃氏，母張氏。具慶下。弟元碩、元相、元柱、元棟、元桂、元楫。娶羅氏。廣東鄉試第四十七名，會試第一百八十三名。

浦應麒　貫直隸常州府無錫縣，軍籍。國子生。治《書經》。字道徵，行一，年三十七，五月二十三日生。曾祖森。祖宗盛，義官。父瑾，知縣。母黃氏。慈侍下。弟應元、應辰、應登。娶陸氏。應天府鄉試第五名，會試第二百八十六名。

赵伊　貫浙江嘉興府平湖縣，竈籍。縣學增廣生。治《易經》。字子衡，行四，年二十一，六月十五日生。曾祖端，壽官。祖璧，贈兵科給事中。父漢，布政司右參政。母陸氏，封孺人。具慶下。兄傳、偕、偶。娶張氏。浙江鄉試第四十二名，會試第一百七十六名。

段承恩　貫雲南雲南府晉寧州，民籍。州學生。治《易經》。字德夫，行一，年三十，十二月十九日生。曾祖吉祥。祖俊。父永盛，義官。母楊氏。具慶下。弟承寵、承爵。娶趙氏，繼娶李氏。雲貴鄉試第二名，會試第四十五名。

游居敬　貫福建延平府南平縣，軍籍。縣學生。治《詩經》。字行簡，行二十二，年二十四，八月二十七日生。曾祖廷賜。祖祐。父綸，監生。母吳氏。具慶下。弟主敬。娶李氏。福建鄉試第六十四名，會試第二百十三名。

韓昴　貫直隸保定府安州高陽縣，軍籍。府學生。治《易經》。字德懋，行一，年三十一，八月初一日生。曾祖得春。祖敬，縣主簿。父鶴。母郭氏。具慶下。弟旦、最、昇。娶李氏。順天府鄉試第二名，會試第一百二名。

陳禎　貫江西撫州府崇仁縣，民籍。國子生。治《詩經》。字大和，行一，年四十，十二月十三日生。曾祖復賜。祖汝篾。父公翰。母李氏。具慶下。弟祥。娶李氏。江西鄉試第二十三名，會試第一百五十四名。

邵元吉　貫浙江紹興府餘姚縣，民籍。國子生。治《易經》。字懇旋，行六，年三十二，六月二十八日生。曾祖悌思。祖祚，義官。父穆。前母諸氏，母陳氏。永感下。兄元臣、元善、元亨、元廉。弟元仁、元祥。娶沈氏。浙江鄉試第十四名，會試第二百九十三名。

文衡　貫四川順慶府南充縣，民籍。國子生。治《詩經》。字公孺，行一，年三十六，六月初五日生。曾祖理，壽官。祖廷輔，縣丞。父子賢。母楊氏。慈侍下。弟衢、衛、炳、行、藻、瀾、誼。娶李氏，繼娶母氏。四川鄉試第四十九名，會試第八十八名。

第三甲二百三十三名　賜同進士出身

余光　貫應天府江寧縣，民籍，祁門縣人。應天府學生。治《書經》。字晦之，行一，年三十八，四月二十八日生。曾祖宗諒。祖仕英。父隆。

嫡母汪氏,生母吳氏。慈侍下。娶謝氏,繼娶黃氏。應天府鄉試第五十名,會試第二百九十九名。

李延康 貫山西潞安府,民籍。國子生。治《禮記》。字允吉,行四,年三十三,九月十二日生。曾祖志美。祖壽,知縣。父玹,縣丞。前母王氏,母馮氏。具慶下。兄延纓;延昌;延馨,推官。娶牛氏。山西鄉試第五十七名,會試第二百八十名。

潘高 貫山西寧化守禦千戶所,官籍,直隸合肥縣人。太原府學增廣生。治《書經》。字子抑,行一,年十九,十二月初一日生。曾祖政,正千戶,封武德將軍。祖璟,正千戶,封武德將軍。父承爵,正千戶。母江氏。重慶下。弟蟾、桂、鰲、登、鵬。聘王氏。山西鄉試第四十三名,會試第二百二十七名。

劉濚 貫湖廣黃州府麻城縣,民籍。國子生。治《春秋》。字汝静,行二,年二十九,二月十六日生。曾祖仲輈,知縣。祖璲,知縣,累贈都察院右僉都御史。父天和,都察院右副都御史。母王氏,封恭人。具慶下。兄淞,貢士。弟溧、沐、沭、灤。娶萬氏,繼未聘。湖廣鄉試第四十名,會試第二百三十三名。

陳塏 貫浙江紹興府餘姚縣,民籍。國子生。治《禮記》。字山甫,行十八,年三十一,六月十七日生。曾祖霖。祖篪,義官。父炫。母聞人氏。慈侍下。兄監;坦;璋,監課司副提舉;增;階;文;魁,光禄寺監事;達;城。弟封、墀、培、壕。娶潘氏。浙江鄉試第五名,會試第五名。

王廷榦 貫直隸寧國府涇縣,民籍。縣學生。治《禮記》。字維楨,行三,年十七,五月十四日生。曾祖達,知府。祖鏴。父汝獻。母趙氏。重慶下。兄樞柱。弟廷傑、楹、梓、梧、樟、極、栗、棐、杭、欄。聘左氏。應天府鄉試第五名,會試第一百五十八名。

何天啟 貫江西廣信府貴溪縣,民籍。國子生。治《易經》。字義占,行七十五,年二十九,閏四月二十二日生。曾祖桂高。祖淵,布政司參議。父章,知縣。母夏氏。具慶下。兄天靜、天祥、天佑、天麟、天錫、天申、天爵。弟天象、天範。娶徐氏。江西鄉試第二十八名,會試第一百六十九名。

鄭吉甫 貫河南汝寧府信陽州羅山縣,軍籍。國子生。治《春秋》。字希憲,行二,年三十九,十一月初五日生。曾祖文斌,兵馬。祖紀。父洪,義官。前母趙氏、瞿氏,母尚氏。慈侍下。兄重。弟光甫、行甫。娶王氏。

河南鄉試第三十名，會試第七十七名。

王京　貫府軍前衛，軍籍，直隸高郵州人。京衛武學生。治《春秋》。字得師，行一，年三十六，十二月二十二日生。曾祖紀，主簿。祖業。父民，散官。母季氏，繼母駱氏。重慶下。弟雲鵬、雲瑞。娶孫氏，繼娶唐氏。順天府鄉試第四十名，會試第一百三十五名。

魏尚純　貫河南儀衛司，官籍，山東滕縣人。鈞州學生。治《禮記》。字叔誠，行三，年二十四，十月十五日生。曾祖通。祖興。父宗，典仗。母張氏。具慶下。兄尚經；尚綸，貢士。弟尚綱。娶白氏，繼聘李氏。河南鄉試第十九名，會試第二百二十三名。

李徵　貫湖廣常德府桃源縣，民籍。縣學生。治《書經》。字誠之，行三，年二十六，九月十九日生。曾祖茂堅。祖暹。父冕，京縣主簿。母謝氏，生母周氏。慈侍下。兄岳、嶐、嵩、崑、峯、崙、函。弟徽，訓術。娶宋氏。湖廣鄉試第四十八名，會試第一百十五名。

李乘雲　貫河南開封府鈞州，民籍。州學生。治《書經》。字子雨，行一，年二十六，七月十一日生。曾祖剛。祖全。父延。母周氏。具慶下。弟登雲、凌雲、披雲、望雲、慶雲、燦雲。娶劉氏。河南鄉試第四十八名，會試第二百四十五名。

尤魯　貫直隸常州府無錫縣，民籍。國子生。治《詩經》。字懋宗，行一，年三十五，十月二十三日生。曾祖億。祖焕。父基。母周氏，繼母陸氏。具慶下。弟訥、質。娶張氏。應天府鄉試第六十三名，會試第二百三名。

沈伯咸　貫浙江嘉興府秀水縣，民籍，嘉善縣人。國子生。治《書經》。字公甫，行二，年三十七，四月十五日生。曾祖真卿。祖達，壽官。父潮。母繆氏。具慶下。兄伯艮。娶張氏，繼娶徐氏、張氏。浙江鄉試第四十名，會試第一百四十四名。

曾鈞　貫江西南昌府進賢縣，民籍。國子生。治《詩經》。字廷和，行八，年四十三，閏九月二十五日生。曾祖翊如。祖由勉。父文獻。母傅氏。永感下。兄廷夔、廷鰲、廷範、廷式、廷高。娶傅氏。江西鄉試第五十四名，會試第四十八名。

周鎬　貫浙江寧波府慈谿縣，民籍。縣學附學生。治《詩經》。字仲京，行一，年二十二，二月二十五日生。曾祖楨，陰陽訓術。祖煦，散官。父文進，貢士。母張氏。重慶下。兄銅。弟鎰、釗、釪、鉉。娶趙氏。

浙江鄉試第六十六名，會試第一百七十五名。

潘子正　貫直隸廬州府六安州，軍籍。國子生。治《書經》。字汝中，行一，年二十八，六月二十五日生。曾祖岳，監察御史。祖種，義官。父銳，行人司行人。母仵氏。慈侍下。弟子如、子孝、子安。娶張氏。應天府鄉試第九十七名，會試第三十四名。

馮汝弼　貫浙江嘉興府平湖縣，民籍。縣學生。治《書經》。字惟良，行六，年三十四，十月初七日生。曾祖宗衍。祖澄。父俊，知縣。母胡氏。永感下。兄汝翼、汝明、汝聽。弟汝賢。娶屠氏。浙江鄉試第三十五名，會試第十名。

曹邁　貫四川嘉定州榮縣，軍籍。國子生。治《詩經》。字德仲，行一，年三十二，八月二十六日生。曾祖伯琤。祖蕭，縣丞。父賞，訓導。母劉氏，繼母張氏。重慶下。兄薦。弟彥、屏、庠、廊、迎、□。娶楊氏。四川鄉試第二十七名，會試第九十九名。

張翼翔　貫直隸鳳陽府鳳陽縣，民籍。國子生。治《詩經》。字仲羽，行二，年三十八，十一月初五日生。曾祖義。祖紀，壽官。父瓏，訓導。母徐氏，繼母劉氏。具慶下。兄翼翱，醫學正科。弟翼舉、翼鳴。娶高氏，繼娶戴氏。應天府鄉試第八十名，會試第六十七名。

葉經　貫浙江紹興府上虞縣，民籍。縣學附學生。治《易經》。字叔明，行一，年二十八，八月二十二日生。曾祖愛同。祖壘，教諭。父時政。母張氏。具慶下。弟綸、緯、綵。娶張氏。浙江鄉試第二十七名，會試第一百九十九名。

韓威　貫直隸河間衛，官籍，順天府豐潤縣人。國子生。治《詩經》。字德隅，行二，年四十五，六月十九日生。曾祖真。祖聰。父欽。母郭氏。永感下。兄陞。弟陵。娶張氏，繼娶楊氏。順天府鄉試第十六名，會試第一百十四名。

米榮　貫福建邵武府邵武縣，軍籍。國子生。治《易經》。字仁夫，行一，年四十七，九月二十九日生。曾祖友文。祖惟寶。父留住。母湯氏。具慶下。弟華。娶張氏。福建鄉試第二十七名，會試第二百六十八名。

胡鯨　貫河南汝寧府汝陽縣，民籍。國子生。治《易經》。字魚伯，行一，年三十六，七月初四日生。曾祖以誠，贈翰林院檢討。祖山，紀善，進階長史、正五品、奉議大夫。父永芳，知縣。嫡母李氏，生母景氏。慈侍下。弟鯤。娶李氏。河南鄉試第四十九名，會試第四十三名。

劉汝楠　貫福建泉州府同安縣，軍籍。國子生。治《春秋》。字孟材，行一，年三十，二月初五日生。曾祖大樑。祖廷理，義官。父祚。母王氏。重慶下。娶黃氏。福建鄉試第一名，會試第二百四十六名。

柳英　貫四川夔州府巫山縣，民籍。國子生。治《詩經》。字子鍾，行二，年三十五，正月初七日生。曾祖文。祖琳，監生。父茂株。母黃氏。慈侍下。娶向氏。四川鄉試第三十八名，會試第十七名。

陳策　貫四川重慶府忠州，民籍。國子生。治《詩經》。字一得，行一，年三十六，二月十八日生。曾祖鑑，贈光祿寺少卿。祖瑞，光祿寺少卿。父大韶。母馬氏。具慶下。兄恩。弟箴、簧。娶古氏。四川鄉試第五十八名，會試第一百五十二名。

王繼宗　貫四川順慶府南充縣，民籍。國子生。治《易經》。字汝孝，行二，年四十三，六月十七日生。曾祖榦。祖儒，監生。父汾。母張氏。永感下。兄紹宗，典膳；尚仁；汝皋，監生。弟纘宗；繹宗；續宗；綏宗；壇；汝；夔，貢士；道純。娶唐氏，繼未聘。四川鄉試第二十四名，會試第二百七十六名。

鄭汝舟　貫福建興化府莆田縣，民籍。國子生。治《書經》。字宜濟，行七，年三十七，正月初四日生。曾祖克敏。祖致中。父彥材。母黃氏。慈侍下。兄汝進、汝達、汝亨、汝逞、汝逸、汝選。娶黃氏。福建鄉試第八十五名，會試第二百七十八名。

翟鎬　貫鎮南衛，旗籍，廣東東莞縣人。國子生。治《易經》。字周甫，行三，年三十一，八月初九日生。曾祖旦隋。祖榮，冠帶總旗。父全，冠帶總旗。母石氏。具慶下。兄鎮、鑑。弟鉞、欽。娶王氏。順天府鄉試第一百二十七名，會試第二百六十三名。

陳脩　貫浙江紹興府山陰縣，民籍。國子生。治《易經》。字宗道，行二，年三十八，十一月初十日生。曾祖賢。祖珪。父清。母趙氏，繼母鄭氏。具慶下。兄朋。娶王氏。浙江鄉試第三十八名，會試第三十五名。

何思　貫直隸保定府雄縣，民籍。國子生。治《易經》。字慎之，行一，年二十五，十一月初四日生。曾祖賢。祖旺。父魯，知縣。母韓氏。重慶下。弟慮、感、應、念、慈、志、忍。娶蘇氏。順天府鄉試第六十七名，會試第二百八十八名。

王聯　貫直隸河間府任丘縣，民籍。國子生。治《書經》。字應奎，行二，年三十三，十二月初五日生。曾祖福。祖瓚。父良。母張氏，繼母高氏。具慶下。兄職。弟聆、聘、耿。娶張氏。順天府鄉試第六十七名，會試第八十二名。

　　來汝賢　貫浙江紹興府蕭山縣，竈籍。國子生。治《書經》。字子禹，行一，年三十一，七月初八日生。曾祖珪。祖昉。父東。母孫氏。重慶下。弟汝舟、汝明、汝爲、汝聽、汝士、汝工。娶錢氏。浙江鄉試第二名，會試第二名。

　　周玩　貫湖廣德安府應城縣，民籍，京山縣人。國子生。治《詩經》。字潤夫，行四，年三十六，十二月十八日生。曾祖韶。祖域。父傚，府同知，進階奉政大夫。母陳氏。具慶下。弟玩、琓。娶郭氏。湖廣鄉試第十二名，會試第一百九十八名。

　　張世亨　貫直隸真定府晉州安平縣，民籍。縣學生。治《易經》。字達卿，行一，年二十三，八月十二日生。曾祖果。祖鑑。父綺。母李氏，繼母范氏。具慶下。弟世隆、世光。娶呂氏。順天府鄉試第一百二十三名，會試第二百五十七名。

　　徐進　貫廣東廣州府順德縣，軍籍。國子生。治《易經》。字與可，行二，年二十九，正月二十九日生。曾祖敏。祖隆。父華。母黃氏。重慶下。弟遷、迪。娶陳氏。廣東鄉試第五十三名，會試第一百六十三名。

　　劉世用　貫直隸保定府祁州束鹿縣，民籍。國子生。治《詩經》。字汝賢，行二，年三十，正月初九日生。曾祖全。祖良。父憲。母趙氏。具慶下。兄世遷。弟世豪、世徵、世選。娶王氏。順天府鄉試第五十四名，會試第一百五十七名。

　　党承賜　貫山西太原府忻州，軍籍。國子生。治《書經》。字汝錫，行四，年三十四，七月初七日生。曾祖庠，州同知。祖永齡，壽官。父茂，知縣，累封吏部員外郎。母漫氏，累封宜人。嚴侍下。兄承志，通政司右通政；承美，知縣；承恩，知印；承祿。弟承學，典膳；承宣，監生；承周。娶王氏。山西鄉試第二十九名，會試第三十一名。

　　王教　貫直隸松江府華亭縣，民籍，上海縣人。國子生。治《詩經》。字道脩，行一，年三十三，五月二十八日生。曾祖璿。祖宗。父山，醫學正科。母姜氏。重慶下。弟政。娶姜氏。應天府鄉試第五十八名，會試第四十二名。

　　常應文　貫山西遼州榆社縣，民籍。國子生。治《春秋》。字汝實，行一，年三十四，正月三十日生。曾祖顯，左布政使。祖經，知縣，封監察御史。父在，知府。前母李氏，封孺人；母李氏，封孺人；繼母田氏，封孺人。慈侍下。兄應魁。弟應元，典膳；應齊，散官；應周，七品散官；應恩，散官；應榮；應豕；應河；應春；應麟。娶周氏。山西鄉試第十五名，會試第二百二十二名。

顧存仁　貫直隸蘇州府太倉州，民籍。府學生。治《易經》。字伯剛，行一，年三十一，八月十五日生。曾祖譓。祖昊。父啓明。母錢氏。具慶下。弟存禮、允靖、价伃、存性。娶盛氏。應天府鄉試第十九名，會試第一百五十三名。

林功懋　貫福建漳州府漳浦縣，民籍。儒士。治《詩經》。字汝謙，行三，年二十四，九月十二日生。曾祖燦。祖祥。父廷臣。母陳氏。重慶下。兄松懋、德懋。娶涂氏。福建鄉試第六十六名，會試第一百四十二名。

賈樞　貫山東濟南府武定州商河縣，民籍。國子生。治《易經》。字慎卿，行一，年三十五，十一月二十日生。曾祖斌，王府工正。祖鋌，教授。父登。母徐氏。重慶下。弟相、根。娶張氏。山東鄉試第六十八名，會試第二百四十四名。

謝庭萢　貫四川敘州府富順縣，民籍。國子生。治《詩經》。字子佩，行二，年二十六，三月二十七日生。曾祖正立，七品散官。祖胤。父充，貢士，贈刑部主事。母張氏，封安人。慈侍下。兄庭芝，刑部主事。娶伍氏。四川鄉試第三十三名，會試第一百九十名。

黃鵬　貫廣東潮州府潮陽縣，民籍。國子生。治《書經》。字搏之，行二，年三十四，十月十四日生。曾祖統。祖權。父文仕。母林氏。具慶下。兄鳳。弟鶴。娶謝氏。廣東鄉試第五十六名，會試第二百四名。

張棐　貫直隸廣平府邯鄲縣，民籍。國子生。治《詩經》。字體周，行二，年三十七，八月十九日生。曾祖晉，訓導。祖錫，行太僕寺少卿。父瀚。母譚氏。慈侍下。兄杲，監生。弟渠。娶謝氏。順天府鄉試第十一名，會試第二百十六名。

劉素　貫直隸保定府祁州深澤縣，民籍。國子生。治《禮記》。字文之，行一，年四十一，三月初五日生。曾祖海。祖迲。父潔。母李氏。永感下。娶焦氏。順天府鄉試第一百十名，會試第六十一名。

周卿　貫河南開封府延津縣，民籍。國子生。治《書經》。字克果，行一，年三十九，正月二十九日生。曾祖敬。祖良。父璞。母衛氏。

慈侍下。弟密，貢士；鄉寶，監生；定；官，守，監生；宦；完。娶何氏。河南鄉試第二十五名，會試第四十四名。

陳魁　貫四川儀衛司，校籍，順慶府隣水縣人。國子生。治《詩經》。字梅甫，行一，年三十六，十二月二十三日生。曾祖實。祖穩。父文。母辛氏。具慶下。兄志、惠。娶杜氏，繼娶徐氏。四川鄉試第五十八名，會試第一百七十二名。

陳位　貫福建興化府莆田縣，民籍。縣學附學生。治《書經》。字汝靖，行一，年三十三，十二月初四日生。曾祖孔珣，封刑部員外郎。祖戀源，刑部郎中。父大武。母朱氏。具慶下。弟仕、儒。娶林氏。福建鄉試第四十八名，會試第二百六十二名。

陳澍　貫直隸盧州府合肥縣，軍籍。國子生。治《書經》。字伯雨，行二，年四十一，六月十一日生。曾祖暹。祖頤。父春。母王氏。具慶下。兄瀾。弟濚、潛。娶張氏。應天府鄉試第一百十九名，會試第八十九名。

殷學　貫山東兗州府東平州東阿縣，匠籍。國子生。治《詩經》。字成甫，行二，年三十，正月十一日生。曾祖貴。祖清。父祐。母周氏。慈侍下。兄儒。弟舉。娶張氏。山東鄉試第三十六名，會試第三十二名。

傅頤　貫湖廣沔陽衛，官籍，河南息縣人。州學增廣生。治《書經》。字觀蒙，行五，年二十三，二月二十四日生。曾祖珉，指揮僉事。祖俊。父昇。母陳氏。具慶下。兄鸞；預；顯，指揮僉事；頓。娶王氏。繼娶楊氏。湖廣鄉試第一名，會試第三百十名。

俞世潔　貫福建福州府候官縣，民籍。縣學增廣生。治《易經》。字與之，行二，年三十九，七月初十日生。曾祖繼善。祖荊，驛丞。父體中，義官。母徐氏。慈侍下。兄士淵。弟士濓、士瀚、士灝。娶趙氏。福建鄉試第四十名，會試第二百七十九名。

李朝陽　貫山西太原府清源縣，軍籍。國子生。治《書經》。字伯鳴，行一，年三十八，二月二十七日生。曾祖賢，壽官。祖子實。父梅，巡檢。母梁氏。重慶下。弟遇陽、荷陽。娶米氏，繼娶王氏。山西鄉試第九名，會試第六十名。

韓岳　貫浙江紹興府餘姚縣，民籍。縣學生。治《禮記》。字鎮伯，行一，年三十四，五月初十日生。曾祖循。祖永。父棟。母魯氏。永感下。弟元、稷、愷、益、皋、官、賢、夔、旦、牧、伊。娶毛氏。浙江鄉試第八十一名，會試第一百九十二名。

周瑞　貫福建興化府莆田縣，軍籍。縣學附學生。治《詩經》。字循典，行一，年三十四，九月初八日生。曾祖贊。祖穀。父僎。母翁氏，繼母吳氏。重慶下。兄宣，左布政使；與；祚；經；然；慶；寧，貢士。弟顯、琪、璧。娶丘氏。福建鄉試第八十三名，會試第一百九十三名。

趙愈和　貫江西南康府星子縣，民籍。府學生。治《詩經》。字以禮，行三，年三十一，三月十二日生。曾祖駿，衛經歷。祖纓。父廷宣，訓導。母錢氏，繼母王氏。具慶下。兄愈良、愈允。弟愈儒、愈生。娶李氏。江西鄉試第四十一名，會試第二百九十八名。

廖希顏　貫湖廣長沙府茶陵州，軍籍。州學生。治《春秋》。字叔愚，行二，年二十四，九月二十四日生。曾祖武昂。祖本祥。父業。母包氏，繼母孔氏。慈侍下。弟希曾、希周、希孟、希夔。娶楊氏。湖廣鄉試第三十四名，會試第三百五名。

李愷　貫福建泉州府惠安縣，民籍。國子生。治《詩經》。字克諧，行一，年三十六，十月初四日生。曾祖欽。祖普。父經。母曾氏。慈侍下。弟悌、慎、懽。娶吳氏。福建鄉試第二名，會試第十二名。

吳希孟　貫太醫院，醫籍，直隸武進縣人。順天府學增廣生。治《詩經》。字子醇，行三，年二十五，十二月十一日生。曾祖玘，壽官。祖寧，封太醫院院判。父傑，前太醫院院使。前母周氏；李氏，封安人；母朱氏；繼母廖氏。嚴侍下。兄希顏，冠帶醫士；希曾，冠帶醫士。弟希周、希程。娶王氏。順天府鄉試第一百十五名，會試第二百五名。

唐曜　貫四川敘州府富順縣，民籍，江西南昌縣人。國子生。治《詩經》。字幼貞，行十五，年二十三，九月十七日生。曾祖邦顯。祖淵。父公正。嫡母胡氏，生母吳氏。慈侍下。娶萬氏。四川鄉試第七名，會試第三百十三名。

蘇志皋　貫順天府固安縣，匠籍。縣學生。治《書經》。字德明，行一，年三十六，十月二十四日生。曾祖郁。祖倫。父子良。母宋氏。慈侍下。娶溫氏。順天府鄉試第三名，會試第一百名。

王釴　貫福建福州中衛，官籍。候官縣學生。治《春秋》。字公儀，行七，年三十四，十月二十二日生。曾祖智，贈都察院右副都御史。祖瓚。父昇，教諭。母黃氏。永感下。兄鎰；鐸，驛丞；欽，戶部主事。弟鍵，貢士。娶陳氏。福建鄉試第六十二名，會試第一百八十四名。

程秀民　貫浙江衢州府西安縣，民籍。縣學生。治《易經》。字天毓，行二十七,年二十八,正月十九日生。曾祖惟謙。祖端,知州。父鑛。母楊氏。具慶下。兄舜民、吉民。娶蔡氏。浙江鄉試第五十三名,會試第九名。

胡鰲　貫湖廣辰州府沅陵縣,軍籍。府學生。治《易經》。字巨卿,行三,年二十八,七月初五日生。曾祖琥,醫學正科。祖謐,醫學正科。父應相,醫學正科。母李氏。永感下。兄鏗、鈞。弟汝鑰、汝鍵、鷙。娶何氏。湖廣鄉試第三名,會試第三百八名。

馬汝彰　貫河南衛輝府汲縣,民籍。縣學生。治《書經》。字存美,行一,年二十八,七月初九日生。曾祖整,贈府通判。祖英,府同知。父圖,貢士。母張氏。永感下。弟汝揚,儀賓;汝翼。娶李氏。河南鄉試第三十七名,會試第一百六十四名。

鄧熺　貫福建福州府閩縣,民籍。縣學附學生。治《禮記》。字世緝,行四,年三十一,十二月二十七日生。曾祖珙,布政司左參議。祖泰,義官。父榮,縣主簿。母董氏。具慶下。兄世暘。娶葉氏。福建鄉試第五十名,會試第二百九十二名。

李文鳳　貫廣西慶遠衛,官籍,湖廣桃源縣人。國子生。治《禮記》。字廷儀,行四,年三十三,十一月初十日生。曾祖煇,指揮僉事。祖顯,知縣。父崙,學正。母彭氏,繼母史氏。具慶下。兄文魁,知縣;霈霽,指揮同知,前貢士;文明;文英。弟文德;文瓚,貢士;文黼;文繡。娶王氏。繼娶韋氏。廣西鄉試第一名,會試第二百七名。

胡魁　貫四川邛州蒲江縣,民籍。國子生。治《詩經》。字應辰,行二,年三十六,十二月十一日生。曾祖志先。祖鼎。父伯琯。母劉氏,繼母邵氏。慈侍下。娶盧氏。四川鄉試第五十八名,會試第七十八名。

何繼高　貫浙江杭州府仁和縣,民籍。錢塘縣學附學生。治《易經》。字思守,行一,年二十四,八月初七日生。曾祖琮,正議大夫、資治尹、兵部左侍郎。祖鋼,都察院檢校。父景福。母朱氏。慈侍下。弟繼曾、繼祖。娶張氏。浙江鄉試第五十五名,會試第三百十二名。

陳如綸　貫直隸太倉衛,軍籍。國子生。治《易經》。字德宣,行三,年三十四,八月二十日生。曾祖甯,壽官。祖章。父玘。母王氏,繼母周氏。具慶下。兄繹、經。娶王氏。繼娶丁氏。應天府鄉試第五十九名,會試第二百三十二名。

尹耕　貫萬全都司蔚州衛,軍籍,山西孝義縣人。蔚州學增廣生。治《易經》。字子莘,行一,年十八,六月二十日生。曾祖普興。祖琮。

父玉，貢士。母曹氏。具慶下。娶王氏。山西鄉試第十五名，會試第二百二十九名。

馮亮　貫浙江金華府金華縣，民籍。縣學生。治《詩經》。字執夫，行二十六，年三十，七月初十日生。曾祖晹，知縣，贈工部主事。祖滔。父璣，監生。母朱氏。重慶下。兄充。弟襄。娶錢氏。浙江鄉試第五十四名，會試第二百二十一名。

應鳴鳳　貫浙江衢州府西安縣，民籍，府學生。治《易經》。字時鳴，行十，年二十三，五月十二日生。曾祖良安，贈知縣。祖能，通判，累進階朝列大夫。父旭，典膳。母陳氏，繼母鄭氏。具慶下。弟翔鳳、儀鳳。娶徐氏。浙江鄉試第四十五名，會試第九十二名。

朱衡　貫江西吉安府萬安縣，民籍。縣學生。治《易經》。字士南，行一，年二十一，正月二十日生。曾祖祖貴，義官。祖寵。父鵬，冠帶舍人。母陳氏。具慶下。弟士榮、士隆、士玘、士瑞、士充、士寅。娶劉氏。江西鄉試第九名，會試第九十八名。

王惟賢　貫四川潼川州中江縣，軍籍。國子生。治《春秋》。字士官，行三，年三十七，十一月二十二日生。曾祖宏，監生。祖溥。父錫，監生。母夏氏。具慶下。兄希賢、介賢。弟慶賢、三賢、用賢、次賢、立賢、進賢、成賢、可賢。娶趙氏。四川鄉試第十名，會試第六十九名。

錢照　貫浙江寧波府慈谿縣，民籍。國子生。治《詩經》。字叔初，行百三十八，年三十二，九月初十日生。曾祖鍰。祖深。父栻。母林氏。具慶下。兄烋、熟。弟烝、奕、驚、□。娶陳氏。浙江鄉試第三十二名，會試第二百二十六名。

馮應元　貫陝西西安府咸寧縣，匠籍。國子生。治《詩經》。字體乾，行一，年三十七，十月二十四日生。曾祖玉。祖喜。父寶，典膳。母李氏。慈侍下。弟應奎、應登。娶盧氏。陝西鄉試第四十一名，會試第九十六名。

楊登　貫陝西西安府咸寧縣，軍籍。國子生。治《詩經》。字子先，行一，年三十八，五月初八日生。曾祖名。祖經。父錦。母姚氏，繼母王氏。重慶下。弟發、祭、督。娶何氏。陝西鄉試第十四名，會試第五十一名。

趙民順　貫四川重慶府巴縣，民籍。國子生。治《易經》。字敬孺，行二，年三十二，十月二十七日生。曾祖子賢。祖啟，贈監察御史。父陽，教諭。前母晏氏，母張氏，繼母曾氏。具慶下。兄民宜，貢士。弟民式、民懷、民瞻、民憲。娶張氏。四川鄉試第三十四名，會試第三十八名。

邢址　貫直隸太平府當塗縣，軍籍。府學生。治《詩經》。字汝立，行八，年三十九，七月初九日生。曾祖純。祖愚，贈南京刑部主事。父珣，左布政使。母楊氏，封安人；繼母倪氏。嚴侍下。兄增；壎；垔；圻；坦；壓；垓；埴，貢士；堺。弟坊、垚、莊。娶徐氏。應天府鄉試第十四名，會試第二百十八名。

洪垣　貫直隸徽州府婺源縣，民籍。縣學附學生。治《書經》。字峻之，行三，年二十八，三月十五日生。曾祖清。祖榴。父輝。母余氏。重慶下。兄坤、均。弟圭、圻、塤。娶胡氏。應天府鄉試第一百名，會試第二百十七名。

黃大廉　貫福建興化府莆田縣，匠籍。國子生。治《詩經》。字潔甫，行三，年三十五，二月十二日生。曾祖朝玉。祖伯聲。父子循，倉副使。母曾氏。慈侍下。兄大忠、大孝。娶林氏。福建鄉試第三名，會試第一百八十二名。

李淳　貫山東東昌府濮州，軍籍。州學生。治《詩經》。字文卿，行二，年四十四，五月十八日生。曾祖英。祖成。父瓚，義官。母馬氏。永感下。兄恂，省祭官。娶任氏。山東鄉試第十四名，會試第二百二十四名。

劉天授　貫江西吉安府萬安縣，民籍。國子生。治《易經》。字可全，行二，年三十，九月二十日生。曾祖善慶，刑部員外郎。祖暹。父杞。母郭氏。重慶下。兄天球。弟天職、天簡。娶周氏。江西鄉試第四十二名，會試第一百十二名。

扈永通　貫山東兗州府曹州曹縣，民籍。國子生。治《書經》。字一貫，行一，年三十四，十二月二十三日生。曾祖倫。祖琮，義官。父國安，州判官。母陳氏。重慶下。弟永壽、永承。娶李氏。山東鄉試第四十一名，會試第八名。

張遜　貫直隸高郵衛，軍籍。國子生。治《書經》。字士敏，行三，年二十五，十一月十三日生。曾祖忠。祖鎧。父湧，壽官。母宣氏。重慶下。兄道，貢士；選。弟遵、迯。娶栢氏。應天府鄉試第一百二十名，會試第三百二名。

孫繼先　貫山西平陽府安邑縣，軍籍。國子生。治《詩經》。字孝卿，行三，年三十九，三月初六日生。曾祖鐸。祖澄。父巍。母馬氏。永感下。兄理學。弟孝先。娶宋氏，繼娶陳氏。山西鄉試第五十五名，會試第二百七十七名。

謝瑜　貫浙江紹興府上虞縣，民籍。國子生。治《易經》。字良卿，行六，年三十四，七月十四日生。曾祖惠。祖俊。父允中，監生。母朱氏。慈侍下。兄瑝。弟珣。娶錢氏。浙江鄉試第五十九名，會試第二百七十一名。

呂光洵　貫浙江紹興府新昌縣，民籍。縣學生。治《書經》。字信卿，行十九，年二十五，七月初七日生。曾祖好和。祖廷安。父世良。母章氏。具慶下。弟光演、光泌。娶趙氏。浙江鄉試第二十八名，會試第八十六名。

陳豪　貫福建福州府長樂縣，民籍。國子生。治《詩經》。字志興，行四，年三十四，十一月十九日生。曾祖宏煒。祖德隆，署教諭、舉人，累贈戶部郎中。父談，知府、加三品俸。母李氏，封安人。重慶下。兄豫章，知縣；豫慶；志民。弟彥、充完。娶李氏。福建鄉試第三十一名，會試第七十名。

沈越　貫南京錦衣衛，匠籍，應天府江寧縣人。國子生。治《易經》。字中甫，行二，年三十二，閏七月初八日生。曾祖信，壽官。祖沂。父琪。前母李氏，母吳氏。永感下。兄超。弟起。娶方氏。應天府鄉試第一百二十五名，會試第二百十九名。

陳時　貫直隸涿鹿中衛，官籍，福建長樂縣人。國子生。治《禮記》。字宜之，行四，年四十，十二月十七日生。曾祖信。祖通，封戶部員外郎。父玉，知府。母王氏，封宜人。慈侍下。兄暐、暘、壽。弟爵，衛鎮撫。娶王氏。順天府鄉試第二十名，會試第七十九名。

謝九儀　貫山東濟南府章丘縣，民籍。縣學生。治《易經》。字君賜，行三，年三十二，九月初四日生。曾祖嵩。祖譽，贈衛經歷。父肅智，都轉運鹽使司副使，進階奉議大夫。母李氏，封孺人。慈侍下。兄九鼎，引禮舍人；九韶；九叙，貢士。弟九式、九棘。娶徐氏。山東鄉試第三十一名，會試第二十三名。

尹相　貫湖廣武昌府嘉魚縣，民籍。國子生。治《詩經》。字商衡，行三，年三十五，十一月初三日生。曾祖復紹。祖友賢。父德彰。母孔氏。具慶下。兄經、綸。弟朴、彬、棟、梅。娶来氏。湖廣鄉試第十二名，會試第三百十一名。

孫簡　貫直隸瀋陽中屯衛，軍籍，山東招遠縣人。河間府學增廣生。治《詩經》。字維敬，行一，年三十一，六月十五日生。曾祖昭。祖宗堯，通判。父復初，甲戌進士。母張氏。慈侍下。兄厚。弟默、高、遠、深、邃、成。娶鄭氏。順天府鄉試第四名，會試第一百七名。

錢嶫　貫直隸揚州府通州，軍籍。國子生。治《詩經》。字君望，行一，年三十三，三月二十三日生。曾祖思禎。祖叔惠。父錄，縣丞。母徐氏。嚴侍下。弟岕、崏、塡、峻、嵒、巍。娶曹氏，繼娶吳氏。應天府鄉試第七十九名，會試第二百五十六名。

吳伯亨　貫陝西臨洮府蘭州人。國子生。治《易經》。字子貞，行一，年三十七，十二月二十九日生。曾祖真。祖善。父銳。嫡母石氏，母王氏，繼母王氏。具慶下。弟伯祥、伯祿。娶劉氏，繼娶韓氏、任氏。陝西鄉試第十八名，會試第二百三十九名。

吳悌　貫江西撫州府金谿縣，匠籍。縣學生。治《易經》。字思誠，行一，年三十一，七月初二日生。曾祖紹賢。祖福臨。父望。母朱氏。具慶下。弟怡、悦。娶車氏。江西鄉試第四十九名，會試第一百四十六名。

何中行　貫廣東廣州府順德縣，民籍，南海縣人。國子生。治《禮記》。字粹甫，行三，年三十六，十二月二十七日生。曾祖源深。祖道養。父楚。母羅氏。具慶下。弟中淳、中立、中孚。娶羅氏。廣東鄉試第二十一名，會試第二百五十名。

呂應祥　貫陝西西安府涇陽縣，軍籍。國子生。治《詩經》。字子和，行一，年四十，八月二十二日生。曾祖恭。祖勉。父誠，衛經歷。母姚氏。慈侍下。弟應禄、應福。娶栢氏。陝西鄉試第四名，會試第一百二十二名。

劉光文　貫四川保寧府閬中縣，民籍。縣學生。治《春秋》。字繼純，行一，年二十六，正月初二日生。曾祖詵。祖芬。父漳，壽官。嫡母蒲氏，生母程氏。具慶下。兄光祖、光國、光仕、光岳、光賢、光恩、光来。弟光謙、光威、光業、光年、一龍。娶孟氏。四川鄉試第四十一名，會試第一百五十六名。

包節　貫直隸松江府華亭縣，民籍，浙江嘉興縣人。國子生。治《禮記》。字元達，行九，年二十七，七月十六日生。曾祖俊，封南京禮部郎中。祖鼎，知府，進階亞中大夫。父志，監生。母楊氏。慈侍下。兄洪、浩、湧、淳、濂、漢。弟深；濼；孝，貢士；汴；治；澤。娶李氏。應天府鄉試第二十名，會試第二百六十五名。

林應亮　貫福建福州府候官縣，民籍。國子生。治《禮記》。字熙載，行一，年二十七，六月初十日生。曾祖世亨。祖汝和，封户部主事。父春澤，府同知。母陳氏，封安人。具慶下。弟應彦。娶鄭氏。福建鄉試第六十八名,會試第十六名。

張梯　貫山西太原府陽曲縣,軍籍。府學生。治《書經》。字子階,行四,年三十一,八月二十九日生。曾祖永。祖琛,壽官。父勃,教諭。母賈氏。永感下。兄楷、杞、棠、休、采、㮰、栗、寨。弟檠、楠。娶王氏。山西鄉試第五十九名,會試第一百十八名。

高尚志　貫山東東昌府冠縣,民籍。縣學增廣生。治《易經》。字德崇,行一,年二十一,四月初四日生。曾祖安。祖勉。父泰。嫡母侯氏,生母孟氏。慈侍下。兄琇、瓐、瑜。弟尚義、尚質、尚寶。娶蘇氏。山東鄉試第十七名,會試第十九名。

嚴寬　貫直隸鎮江府丹徒縣,軍匠籍。府學生。治《詩經》。字栗夫,行六,年四十,十月三十日生。曾祖慶。祖軫,七品散官。父繼宗,義官。前母顧氏,母孟氏,繼母趙氏。永感下。兄憲、寔、寀。弟容、完、宥、宸、寰、寵。娶錢氏。應天府鄉試第四十五名,會試第二百五十一名。

葉國華　貫湖廣武昌府興國州,軍籍。國子生。治《詩經》。字尚賓,行一,年三十八,七月十五日生。曾祖思恭。祖鮮。父璁,教諭。母鍾氏,繼母劉氏。具慶下。弟文華、士華、常華。娶郭氏。湖廣鄉試第四十七名,會試第二百八十一名。

陳文浩　貫福建福州府閩縣,民籍。縣學生。治《易經》。字子川,行三,年四十六,四月十二日生。曾祖檜。祖秉。父鑛。前母吳氏,母鄭氏。永感下。兄文淵。娶戴氏。福建鄉試第四十二名,會試第二百九十七名。

徐榮　貫福建泉州府晉江縣,民籍。國子生。治《春秋》。字仁卿,行三,年三十五,正月十八日生。曾祖坤。祖源。父毓。嫡母吳氏,生母林氏。具慶下。兄濬、果。弟槩。娶張氏。福建鄉試第五十八名,會試第二十二名。

周亮　貫福建福州府候官縣,匠籍。直隸邳州學學正。治《易經》。字尚寅,行一,年四十一,八月二十五日生。曾祖榮,教諭。祖一鶚,壽官。父天秩。母張氏,繼母趙氏。嚴侍下。弟豪、膏、亨。娶魏氏。福建鄉試第三十二名,會試第一百二十六名。

宋天民　貫福建興化府莆田縣,軍籍。顯學附學生。治《書經》。字若尹,行一,年三十七,閏三月十二日生。曾祖克慮。祖鏞,倉副使。父世用。母詹氏,繼母林氏。重慶下。弟天爵、天成、天球。娶林氏。福建鄉試第三十三名,會試第二百四十二名。

曾汝檀　貫福建漳州府漳平縣,民籍。國子生。治《禮記》。字惟馨,行一，年三十七，六月初五日生。曾祖處安。祖瀾，義官。父元清，按察司知事。母陳氏。重慶下。娶楊氏。應天府鄉試第九十五名，會試第九十五名。

郭鋆　貫山西澤州高平縣，民籍。國子生。治《春秋》。字允重，行一，年三十五，十月初八日生。曾祖賢，知州。祖定，知州。父坤，知州。母王氏。慈侍下。兄鑾，貢士。弟釜；鎣，貢士；鑒；金；鋆；鎣。娶劉氏，繼娶邢氏。山西鄉試第五名，會試第四名。

杜鋒　貫浙江寧波府鄞縣，民籍。國子生。治《易經》。字邦平，行十四，年二十六，閏正月十九日生。曾祖允。祖儀。父璵。母董氏。具慶下。弟銳、錸、錯、銈、鉉。娶徐氏。浙江鄉試第六十九名，會試第二百六十一名。

勞紹科　貫廣東廣州府番禺縣，軍籍。國子生。治《詩經》。字獻伯，行一，年三十一，十月三十日生。曾祖秉貴。祖金悌。父琮。母陳氏。具慶下。弟紹學。娶翁氏。廣東鄉試第三十五名，會試第一百四十七名。

黃獻可　貫福建興化府莆田縣，民籍。顯學附學生。治《詩經》。字堯俞，行四，年三十一，九月十四日生。曾祖孟恭。祖汝保。父思達。母林氏。具慶下。弟際可、學可。娶阮氏。福建鄉試第六十九名，會試第一百六十名。

路天亨　貫山西平陽府安邑縣，民籍。國子生。治《詩經》。字仲元，行二，年三十一，九月三十日生。曾祖廣，義官。祖顯，知縣。父塤，典膳。母楊氏。具慶下。兄天衢，監生。娶張氏，繼娶景氏。山西鄉試第二十六名，會試第一百六十七名。

張光祖　貫河南潁川衛，軍籍，山西陽曲縣人。國子生。治《詩經》。字德徵，行一，年二十八，二月十六日生。曾祖珣。祖守亨，知縣。父治，貢士。母李氏。具慶下。弟光遠、光弼、光祚、光大、光國、光啓、光裕、光緒、光世。娶時氏。河南鄉試第二十五名，會試第二百二十八名。

陶諤　貫浙江嘉興府秀水縣，軍籍。國子生。治《詩經》。字大顯，行一，年三十七，二月十三日生。曾祖澤，義官。祖楷，義官，贈監察御史。父儼，按察司副使。母姜氏，封孺人。具慶下。弟諾；託，監生；誥；訥；試；誼；訓。娶李氏。浙江鄉試第二十九名，會試第一百二十名。

劉九容　貫陝西綏德衛，官籍，榆林衛人。國子生。治《春秋》。字慎卿，行二，年三十六，四月初五日生。曾祖釗。祖項，義官。父儒。母楊氏。慈侍下。兄九思。娶吳氏。陝西鄉試第二十名，會試第二百五十四名。

　　賈文元　貫雲南大理衛，軍籍，直隸曲陽縣人。國子生。治《詩經》。字體仁，行三，年四十一，四月二十七日生。曾祖順。祖能。父鐸。母魏氏。永感下。兄文英；文翰，提舉；文輔；文華。弟文魁。娶朱氏，繼娶蘇氏。雲貴鄉試第二十名，會試第二百七十九名。

　　盧勳　貫浙江處州府縉雲縣，軍籍。國子生。治《易經》。字汝立，行三十七，年四十，四月二十三日生。曾祖守義，義民。祖世熙。父時勉，散官。母應氏。具慶下。兄燭；燿；煩；煉；杰；道；點，貢士。弟熠、焌。娶蔣氏。浙江鄉試第五十三名，會試第二百四十一名。

　　王應詔　貫福建建寧府甌寧縣，民籍。國子生。治《易經》。字公舉，行四，年四十三，十月十四日生。曾祖昇。祖民瞻。父貴，歲貢生。母魏氏。永感下。兄用賓。弟士策，貢士。娶雷氏。福建鄉試第十八名，會試第三百三名。

　　趙汝濂　貫雲南太理府太和縣，民籍。國子生。治《易經》。字敦夫，行一，年三十八，正月三十日生。曾祖均。祖平，贈應天府推官。父儀，知州。母段氏，封安人。永感下。弟汝洛。娶兆氏，繼娶王氏。雲貴鄉試第三名，會試第二百二名。

　　邊沆　貫直隸河間府任丘縣，官籍。縣學生。治《書經》。字文灝，行一，年二十三，二月初九日生。曾祖銓，百戶。祖宏，百戶。父儒。母呂氏。重慶下。兄湜，百戶；洤，同科進士。弟渥、滄。娶于氏。順天府鄉試第三十四名，會試第一百八十五名。

　　申用休　貫山西太原府平定州樂平縣，軍籍。國子生。治《書經》。字戒之，行一，年四十，三月十七日生。曾祖鐸。祖信。父朗。母郝氏。慈侍下。弟用懋、用章。娶郭氏，繼娶李氏。山西鄉試第六名，會試第二百二十名。

　　薛廷寵　貫福建福州府福清縣，軍鹽籍。國子生。治《詩經》。字汝承，行八，年三十五，三月十五日生。曾祖世暉。祖尚脩。父德佐。母萃氏，繼母李氏。慈侍下。弟廷實、廷亮。娶鄭氏，繼娶蒲氏。福建鄉試第三十六名，會試第一百十六名。

　　史褒善　貫直隸大名府開州，民籍。國子生。治《易經》。字文直，行一，年三十四，十二月初十日生。曾祖敬。祖英。父記。前母王氏，母馬氏，繼母孫氏。嚴侍下。弟揚善、旌善。娶張氏。順天府鄉試第一百一名，會試第一百四十三名。

唐寬　貫山西太原府平定州，軍籍。國子生。治《書經》。字栗夫，行二，年三十四，十二月二十九日生。曾祖謙。祖茂。父廷琰。母荊氏，繼母王氏。具慶下。兄寵。弟寔。娶黃氏。山西鄉試第五十五名，會試第一百四十八名。

姚虞　貫福建興化府莆田縣，民籍。府學附學生。治《詩經》。字宗舜，行一，年二十六，九月十四日生。曾祖資德。祖商，封南京太常寺博士。父鳴鸞，知縣。母董氏。重慶下。弟夏、殷、周。娶林氏。福建鄉試第二十名，會試第一百三十六名。

楊賢　貫山東兗州府濟寧州，民籍。國子生。治《易經》。字公薦，行二，年二十七，八月二十五日生。曾祖寊，贈都察院右副都御史。祖汴，散官。父栗，訓導。母李氏。具慶下。兄貢。娶袁氏。山東鄉試第四十七名，會試第一百八十七名。

陳讓　貫福建泉州府晉江縣，軍籍。府學生。治《春秋》。字原禮，行五，年四十二，十一月初五日生。曾祖漢。祖凱。父溥。嫡母莊氏，生母郭氏。永感下。兄言、設、謀、試。娶李氏。福建鄉試第一名，會試第五十二名。

謝上箴　貫湖廣岳州府華容縣，儒籍。國子生。治《易經》。字以善，行十三，年四十七，十一月十四日生。曾祖純一。祖如溫。父讓，南京禮部司務。嫡母袁氏，繼母何氏，生母劉氏。慈侍下。兄上佐、上佑、上伸、上符、上策、上選。弟上簡、上籥。娶劉氏。湖廣鄉試第五十三名，會試第二百五十九名。

朱廷臣　貫廣東潮州府海陽縣，民籍。國子生。治《易經》。字敬之，行一，年四十，閏五月十二日生。曾祖惠。祖祐。父祿。母尤氏。慈侍下。弟廷琠、廷璞、廷璇、廷輔、廷佐。娶歸氏，繼娶鄭氏。廣東鄉試第二十九名，會試第二百八十五名。

董玭　貫直隸寧國府涇縣，軍籍。國子生。治《詩經》。字子純，行八十四，年三十六，七月初六日生。曾祖志道，義官，累贈知府。祖傑，右副都御史。父鍵。母徐氏。慈侍下。兄球、琜。弟琮、瑢、琈。娶左氏。應天府鄉試第一百二十二名，會試第二百四十三名。

楊鎡　貫錦衣衛，旗籍，山西壺關縣人。國子生。治《易經》。字應時，行二，年三十七，十二月初五日生。曾祖通，贈指揮僉事。祖慶，義官。

父伸，義官。嫡母仝氏，生母顧氏。慈侍下。兄鋮。弟鏌、釸。娶劉氏，繼娶張氏。順天府鄉試第四十一名，會試第二十九名。

張壽　貫順天府宛平縣，匠籍，陝西宜川縣人。順天府學增廣生。治《書經》。字汝靜，行四，年二十八，十一月十七日生。曾祖文貴。祖興。父翱。前母郭氏，嫡母吳氏，生母趙氏。慈侍下。兄福；祿；爵，義官。娶于氏。順天府鄉試第九十三名，會試第一百九十七名。

趙允亨　貫直隸保定府安肅縣，軍籍。縣學生。治《易經》。字伯通，行七，年二十七，正月十三日生。曾祖英。祖宗。父廷儀。母楊氏。具慶下。兄允恭、允道、允中、允迪、允高、允懷。弟允修。娶張氏，繼娶劉氏。順天府鄉試第一百一名，會試第二百七十四名。

陶欽夔　貫江西九江府彭澤縣，民籍。國子生。治《書經》。字伯諧，行九，年三十三，十月初四日生。曾祖榮。祖焯，醫學訓科。父埜，醫學訓科。母宋氏，繼母劉氏。具慶下。兄欽民，貢士；欽時，醫生。弟欽中，監生；欽皋。娶徐氏，繼取畢氏。江西鄉試第四十六名，會試第一百七十三名。

石永　貫直隸廣平府威縣，民籍。國子生。治《詩經》。字壽卿，行五，年三十二，閏七月初七日生。曾祖貴。祖榮。父堅。母李氏。慈侍下。娶孫氏。順天府鄉試第一百七名，會試第二百四十名。

劉仕賢　貫江西南昌府南昌縣，民籍。國子生。治《詩經》。字以道，行一，年四十五，六月二十四日生。曾祖傑勝。祖伯拱，贈工部主事。父廷重，工部郎中。母王氏，封安人。慈侍下。弟仕貴，衛吏目；仕資；仕贊。娶熊氏，繼娶唐氏、葛氏。江西鄉試第五十一名，會試第一百一名。

張珪　貫直隸蘇州府太倉州，民籍。國子生。治《詩經》。字君如，行三，年三十七，八月二十二日生。曾祖元鵬。祖溱。父銑。母陸氏，繼母周氏。慈侍下。兄鷟、鶡、璧、鵠、球。娶周氏。應天府鄉試第三十九名，會試第二百三十五名。

周南　貫河南汝州郟縣，民籍。國子生。治《書經》。字道南，行一，年三十九，二月十八日生。曾祖璜。祖榮。父玘。母王氏。永感下。娶沈氏。河南鄉試第五十九名，會試第二百三十七名。

王獻芝　貫直隸徽州府歙縣，民籍。國子生。治《春秋》。字德仁，行一，年三十三，九月三十日生。曾祖永良。祖瑷，封工部主事。父寵，州同知。母方氏，封安人。慈侍下。弟獻葵、獻蓋。娶于氏。應天府鄉試第十五名，會試第二百七十三名。

孫校　貫浙江嘉興府平湖縣，民籍。國子生。治《書經》。字右文，行二，年三十一，八月十四日生。曾祖瑫，封知縣。祖迓。父紱，監生。母周氏。嚴侍下。兄槃，監生。弟志榮，監生；栻；楫；禾；枧；柱。娶包氏。浙江鄉試第二十四名，會試第二百九十四名。

侯珮　貫山東東昌府濮州范縣，民籍。國子生。治《書經》。字天和，行三，年四十五，七月十四日生。曾祖欽。祖榮。父聰，衛經歷。母翟氏。永感下。兄璋；珪；璠，聽選官。娶崔氏。順天府鄉試第二十六名，會試第一百八十一名。

侯度　貫山東兗州府東平州東阿縣，軍籍。縣學生。治《詩經》。字憲甫，行三，年二十九，六月二十三日生。曾祖珪。祖觀，貢士。父克巍。母李氏。慈侍下。兄卿、臣。娶王氏。繼娶李氏。山東鄉試第四十七名，會試第二百四十八名。

董德明　貫廣西護衛中所，軍籍，湖廣黃岡縣人。國子生。治《禮記》。字汝哲，行七，年二十七，十月初三日生。曾祖繼宗。祖春。父勉，義官。母郭氏。重慶下。兄德順；德純，教諭；德茂。弟德潤；德宏；德昇。娶劉氏。廣西鄉試第四名，會試第三百六名。

汪東洋　貫四川成都府綿州，民籍。國子生。治《書經》。字德涵，行一，年三十四，三月初六日生。曾祖思拳。祖志訓。父昌，驛丞。嫡母何氏，生母陳氏。嚴侍下。弟東海、東瀛、東洲。娶李氏。四川鄉試第三十二名，會試第一百三名。

劉訓　貫河南汝寧府汝陽縣，民籍。縣學增廣生。治《易經》。字子伊，行二，年二十七，五月二十二日生。曾祖瑛，布政司照磨，贈監察御史。祖紳，按察司副使，詔進三品、通議大夫。父繼儒，監生。母彭氏。具慶下。兄誨。弟謨、訥、試、評、講、誦、讀、謐、詩。娶伍氏，繼娶樊氏。河南鄉試第二十九名，會試第一百九十四名。

劉士達　貫浙江寧波府慈谿縣，民籍。國子生。治《詩經》。字伯鴻，行百七，年三十五，十一月十八日生。曾祖煒，布政司左參政。祖圻，正七品、承事郎。父鎧，府經歷。前母桂氏、方氏，母汪氏。具慶下。弟士逢。娶王氏。浙江鄉試第四十二名，會試第八十一名。

何元述　貫福建泉州府晉江縣，民籍。國子生。治《易經》。字元孝，行一，年二十九，十二月初二日生。曾祖貴易。祖燦，典史。父雄。母柯氏。

具慶下。兄綱，學正；紀；元履；元素。弟元脩、元郁、元選。娶莊氏。福建鄉試第七十四名，會試第三百名。

胡汝翼　貫四川成都府綿州，民籍。國子生。治《書經》。字伯鄰，行二，年四十六，十一月十七日生。曾祖清，贈承德郎。祖蘭，審理正。父秉中，教授。母古氏，繼母栗氏。具慶下。兄汝賢。弟汝弼、汝爲、汝霖、汝楫、汝梅。娶李氏。四川鄉試第五十二名，會試第一百二十九名。

黃德純　貫福建興化府莆田縣，民籍。國子生。治《書經》。字敬脩，行三，年三十四，四月十一日生。曾祖尚彬，壽官。祖源深。父學善。母江氏。永感下。兄德昭。娶周氏。福建鄉試第九名，會試第二百三十名。

承林　貫直隸德州衛，官籍，江陰縣人。州學生。治《書經》。字茂卿，行二，年三十六，十二月二十九日生。曾祖貴。祖玉。父玘。母宋氏。具慶下。兄雄。弟勇。娶楊氏。山東鄉試第十五名，會試第二百六十七名。

劉思唐　貫陝西寧夏右衛，軍籍，河南祥符縣人。衛學生。治《書經》。字尚友，行一，年三十三，九月初六日生。曾祖智。祖三。父雄。母甘氏。具慶下。娶郭氏。陝西鄉試第十二名，會試第六十八名。

沈弘彝　貫河南開封府陳州，民籍。國子生。治《書經》。字君叙，行一，年三十二，二月二十四日生。曾祖琮。祖浩。父銘，貢士。母宋氏。具慶下。弟弘化、弘恩、弘澤。娶陳氏。河南鄉試第二十名，會試第九十三名。

閻樸　貫山西太原府榆次縣，軍籍。國子生。治《易經》。字文甫，行二，年二十九，六月初九日生。曾祖最。祖瓚，壽官。父大綸。母張氏，繼母李氏。具慶下。兄梅。弟模、桓、格、樞、梯。娶郝氏。山西鄉試第二名，會試第一百九十八名。

孫哲　貫山西太原府石州，民籍。國子生。治《易經》。字用晦，行三，年三十九，十月十五日生。曾祖全，壽官。祖搗，教授。父子文，知縣。前母蘇氏，母武氏。慈侍下。兄振；麒，倉官；賢；良。娶高氏，繼娶賈氏。山西鄉試第十四名，會試第六十六名。

胡守中　貫河南開封府歸德州寧陵縣，軍籍，江西吉水縣人。國子生。治《詩經》。字伯時，行一，年三十一，四月初七日生。曾祖浩。祖遏，壽官。父霽。母喬氏。嚴侍下。弟守正、守道、守義。娶趙氏，繼娶李氏。河南鄉試第七十一名，會試第一百三十九名。

田大有　貫山東兗州府東平州，民籍。國子生。治《詩經》。字豫甫,行一,年二十九,九月初一日生。曾祖弘。祖安,驛丞。父明,義官。前母馬氏、屈氏,母徐氏。具慶下。弟大登、大豐、大範、大壯。娶李氏。山東鄉試第四十四名,會試第一百八十六名。

席大賓 貫雲南雲南左衛,官籍,直隸定遠縣人。徽江府學生。治《易經》。字子瞻,行三,年三十四,五月二十日生。曾祖龐。祖允中,壽官。父純,監生。母向氏,繼母藺氏。具慶下。兄璋,指揮僉事;尚賢。娶陳氏。雲貴鄉試第二十五名,會試第二百十一名。

李謹 貫富峪衛,官籍,廣東四會縣人。國子生。治《書經》。字常甫,行二,年四十一,正月初五日生。曾祖安,百戶。祖福,百戶。父淮,百戶。母張氏,封安人。永感下。兄讚,百戶。弟諫,義官。娶卞氏,繼聘何氏。順天府鄉試第一百十六名,會試第七十一名。

董官 貫山西大同府應州,民籍。國子生。治《易經》。字惟賢,行一,年三十二,四月十二日生。曾祖政。祖銓,縣主簿。父獻,縣主簿。母鄭氏。具慶下。弟宇。娶李氏。山西鄉試第六十一名,會試第一百五名。

張舜臣 貫直隸真定府晉州安平縣,民籍。縣學生。治《易經》。字希皋,行二,年二十四,二月十一日生。曾祖愷。祖倫,縣主簿。父天秩。母王氏,繼母劉氏。重慶下。兄堯臣。弟漢臣。娶王氏。順天府鄉試第八十三名,會試第二百八十二名。

胡公廉 貫浙江金華府湯溪縣,民籍。縣學生。治《易經》。字介卿,行八,年三十七,六月十六日生。曾祖以英。祖時珪,壽官。父根。母戴氏。重慶下。弟公明、公恕。娶祝氏。浙江鄉試第七十六名,會試第二百三十六名。

錢籍 貫直隸蘇州府常熟縣,民籍。國子生。治《書經》。字汝載,行三,年三十五,七月十九日生。曾祖恂。祖文吉,遇例冠帶。父廷佐。母孫氏。具慶下。兄節、箕。弟笙、策、䇲、筌、竺、籌、範、簡、篇、箴、符。娶徐氏,繼娶趙氏、丁氏。應天府鄉試第九十九名,會試第二百九十六名。

駱驥 貫浙江紹興府諸暨縣,民籍。縣學生。治《禮記》。字汝良,行四,年三十六,四月十八日生。曾祖茂膺。祖璁,壽官。父鳳岐,教諭。母鄭氏。嚴侍下。兄驊、騮、騏。弟□、騰、駅、驃、駒、驤、馳。娶傅氏。浙江鄉試第四十七名,會試第一百七十四名。

鄭普 貫福建泉州府南安縣,軍籍。縣學生。治《易經》。字汝德,行一,年三十八,九月十九日生。曾祖妃乞。祖媽讚。父元。母伍氏。

具慶下。弟藻、蓋、莊。娶楊氏。福建鄉試第二十七名,會試第七十二名。

李本　貫浙江紹興府餘姚縣,民籍。國子生。治《書經》。字汝立,行一,年二十九,六月初一日生。曾祖公瓊。祖懋。父改。前母俞氏,母楊氏。慈侍下。弟禾、杜、樂、采、来。娶夏氏。浙江鄉試第二十四名,會試第一百八十九名。

趙維垣　貫貴州永寧衛,官籍,直隸江都縣人。衛學生。治《書經》。字伯師,行二,年二十三,三月三十日生。曾祖顯。祖銓。父迪,義官。母周氏,繼母文氏。慈侍下。兄維藩。弟維屏、維翰、維寧。娶徐氏。雲貴鄉試第五十一名,會試第四十一名。

伊敏生　貫應天府上元縣,匠籍,直隸吳縣人。國子生。治《易經》。字子蒙,行三,年二十七,五月初一日生。曾祖溥,封刑部主事。祖乘,按察司僉事。父伯熊,府同知。前母周氏,母傅氏。具慶下。兄大生、直生。弟魯生。娶葉氏。應天府鄉試第二十六名,會試第四十四名。

李宗　貫湖廣荊州府石首縣,民籍。國子生。治《書經》。字子美,行二,年三十三,十月十四日生。曾祖茂玨。祖德良,知縣。父天和。母袁氏。具慶下。兄實。弟容、官、守。娶張氏。湖廣鄉試第三十名,會試第六十四名。

朱懷幹　貫浙江湖州府歸安縣,匠籍。國子生。治《詩經》。字守正,行八,年四十二,十月二十七日生。曾祖廷瑀,壽官。祖暲。父源。母鄭式。具慶下。兄懷禎。弟懷忠、懷策、懷良、懷采、懷榮。娶吳氏,繼娶閔氏。浙江鄉試第十二名,會試第三百四名。

呂懷健　貫錦衣衛,軍籍,直隸揚州府泰州人。國子生。治《詩經》。字思順,行三,年三十四,七月十日生。曾祖清。祖洪,序班,贈刑部郎中。父傑,知府。前母陳氏,贈宜人;母馬氏,封宜人。慈侍下。兄懷秀。弟懷德。娶唐氏。順天府鄉試第九十一名,會試第二百五十三名。

陳諫　貫廣東廣州府番禺縣,軍籍,順德縣人。國子生。治《詩經》。字公從,行一,年三十五,十一月初八日生。曾祖潤。祖瓊。父紀。母劉氏。具慶下。弟謨、詵、試。娶林氏。廣東鄉試第二十五名,會試第二百三十名。

王繼芳　貫順天府固安縣,民籍。縣學生。治《詩經》。字世昌,行一,年三十九,十一月二十二日生。曾祖貴。祖端,贈刑科給事中。父欽,按察司副使。前母呂氏,贈孺人;母祖氏,封孺人。永感下。娶陳氏。

順天府鄉試第一百七名，會試第一百六十二名。

陳時熙　貫河南汝寧府上蔡縣，軍籍，開封府陳留縣人。國子生。治《詩經》。字舜民，行九，年三十四，三月初七日生。曾祖肅。祖安。父志文，府同知，累進階中議大夫、贊治尹。前母楊氏，母李氏。慈侍下。兄頏、項、顒、頌、顯、預、時雍。弟時皥。娶鄭氏，繼娶李氏。河南鄉試第三十八名，會試第二百十名。

王朝賢　貫河南開封府太康縣，民籍。國子生。治《詩經》。字立之，行二，年二十八，十二月十五日生。曾祖簪。祖焘。父載。母張氏。慈侍下。兄朝元。娶李氏。河南鄉試第二十一名，會試第三百十七名。

方召南　貫福建興化府莆田縣，民籍。國子生。治《書經》。字文化，行一，年四十，二月二十四日生。曾祖璿，訓導。祖迪。父紳。母林氏。慈侍下。弟世南、道南。娶鄭氏，繼娶鄭氏。福建鄉試第九名，會試第三百六名。

何賛　貫浙江台州府黃巖縣，民籍。國子生。治《詩經》。字堯卿，行九，年四十，三月二十一日生。曾祖士周。祖潭。父圭。前母謝氏，母陳氏。永感下。兄金。弟弻、釗、鈙、俅。娶丘氏。浙江鄉試第七十一名，會試第十五名。

朱憲章　貫江西南昌府進賢縣，軍籍。國子生。治《詩經》。字守良，行一，年三十八，七月二十七日生。曾祖光孚，壽官。祖啓明。父魁。母李氏。具慶下。弟懿章、奎章、成章、典章、寶章、實章。娶涂氏。江西鄉試第十三名，會試第三十名。

王弘道　貫山東濟南府濱州霑化縣，軍籍。國子生。治《易經》。字士達，行二，年三十五，十一月初三日生。曾祖昇。祖奉。父慶，歲貢。母孫氏。慈侍下。兄弘仁。娶蘇氏。山東鄉試第十一名，會試第三百十五名。

楊勉學　貫山東東昌府茌平縣，軍籍。縣學生。治《春秋》。字仲潛，行二，年四十一，九月初九日生。曾祖貴。祖靖，縣丞。父春，監生。前母丁氏，母田氏。永感下。兄希學，知縣。娶李氏，繼娶趙氏。山東鄉試第三十六名，會試第二十五名。

范愛　貫大寧都司營州中屯衛，軍籍，山東汶上縣人。國子生。治《詩經》。字體仁，行二，年三十三，九月初一日生。曾祖錦。祖清。父山。母袁氏。永感下。兄璋。弟純。娶鞏氏。順天府鄉試第一百二十六名，會試第三百一名。

何城　貫陝西綏德衛，官籍。國子生。治《易經》。字叔防，行一，年三十三，七月十七日生。曾祖洪，鎮撫。祖英，鎮撫。父炫，正千戶。前母趙氏，溫氏，嫡母劉氏，生母楊氏。慈侍下。兄堂，指揮同知。弟堅、基、址、增、坤、塡。娶朱氏。陝西鄉試第六十一名，會試第一百八十名。

冉崇禮　貫河南開封府中牟縣，軍籍。國子生。治《書經》。字季周，行三，年三十三，十一月二十九日生。曾祖銘。祖藝。父鼎，知縣。母李氏。具慶下。兄崇儒，知縣；崇詩。弟崇信。娶王氏。河南鄉試第六十四名，會試第二百八十九名。

徐表　貫福建漳州府漳浦縣，民籍。縣學生。治《詩經》。字正夫，行一，年三十七，九月十二日生。曾祖悌。祖尚輝。父海。母林氏。具慶下。弟香、洛中。娶陳氏。福建鄉試第三十六名，會試第二百八十七名。

胡明庶　貫湖廣黃州府羅田縣，軍籍。國子生。治《詩經》。字功甫，行十，年三十九，八月二十七日生。曾祖宗，壽官。祖月輝，壽官。父大紀，義官。前母汪氏，母徐氏。永感下。兄明儒，監生；明哲，義官；明忠，審理；明善；明德，義官；明智；明賢，義官；明時。弟明慧、明訓、明堂。娶汪氏。湖廣鄉試第三名，會試第五十四名。

楊雷　貫直隸蘇州府吳縣，民籍。國子生。治《易經》。字起潛，行一，年三十八，十月十七日生。曾祖忠。祖順。父昂。母傑氏。慈侍下。弟霆、霽、霖、雲。娶許氏，繼娶陸氏。應天府鄉試第五十二名，會試第三百十八名。

王瑛　貫直隸常州府無錫縣，民籍。國子生。治《書經》。字汝玉，行三，年三十七，十二月十三日生。曾祖惠。祖誠。父浦。母邵氏，繼母成氏。慈侍下。兄瓚、環。弟琨、玲、瓏、頊。娶韓氏。應天府鄉試第三十六名，會試第十三名。

錢薇　貫浙江嘉興府海鹽縣，軍籍。國子生。治《書經》。字懋垣，行十四，年三十一，十月二十三日生。曾祖寔。祖達，贈刑部主事。父玒，遇例冠帶。母鄭氏。具慶下。兄顥；岳；著；蕊，監生；蘭；芹，貢士。弟萱，貢士；葵。娶孫氏。浙江鄉試第三十四名，會試第四十九名。

劉廷範　貫江西撫州府臨川縣，民籍。儒士。治《詩經》。字汝顏，行一，年四十，六月三十日生。曾祖景昂。祖夢龍。父俸。母甘氏。具慶下。弟廷約、廷功、廷辨。娶葉氏。江西鄉試第七十四名，會試第一百六十五名。

周采　貫湖廣長沙府寧鄉縣，軍籍。國子生。治《詩經》。字子亮，行七，年二十六，十二月初六日生。曾祖添裕。祖鎮。父策，知縣。母唐氏。重慶下。弟相、橄、幹。娶胡氏。湖廣鄉試第二名，會試第三百九名。

王梃　貫浙江寧波府象山縣，民籍。縣學生。治《詩經》。字子長，行三十五，年四十，九月初二日生。曾祖在明，知縣。祖京，推官。父渙，監察御史。母周氏。永感下。兄林；桓；標；檄；楷，訓導；模，訓術；橋；棍；橫。弟棟、桯、楠、楊。娶吳氏。浙江鄉試第十六名，會試第六名。

廖天明　貫江西南昌府奉新縣，軍籍。縣學生。治《詩經》。字敬之，行十七，年四十四，四月二十四日生。曾祖彤，助教。祖仕耕。父進。母喻氏，繼母涂氏。具慶下。兄天德。弟天祐。娶梁氏。江西鄉試第五十七名，會試第二百七十五名。

蔡汝楠　貫浙江湖州府德清縣，官籍。縣學附學生。治《易經》。字子木，行四，年十八，十月初六日生。曾祖本。祖麒。父玘，貢士。母陳氏，生母沈氏。具慶下。兄汝震、汝舟、汝梅。弟汝言、汝礪、汝明。娶臧氏。浙江鄉試第三十三名，會試第二百六十六名。

張鶚　貫直隸泗州衛，軍籍，蕪湖縣人。國子生。治《詩經》。字直夫，行一，年四十七，十二月二十四日生。曾祖貴。祖宗。父明。母章氏。慈侍下。弟鵬。娶蹇氏。應天府鄉試第一百八名，會試第一百六名。

潘恕　貫廣東潮州府海陽縣，軍籍。國子生。治《春秋》。字行之，行二，年三十九，九月十五日生。曾祖英。祖榮，貢士。父高，推官。母葉氏。永感下。兄忠。弟恩。娶翁氏。廣東鄉試第四名，會試第二百十五名。

曹邦輔　貫山東兗州府曹州定陶縣，民籍。縣學生。治《書經》。字子忠，行三，年三十，九月二十八日生。曾祖昇。祖剛。父良廣。母徐氏。具慶下。兄相、卿、鸞、鳳。娶陳氏。山東鄉試第五十名，會試第二百三十四名。

朱默　貫直隸太倉衛，軍籍。國子生。治《易經》。字時言，行一，年三十三，十一月十三日生。曾祖琳，壽官。祖鈙。父星。母潘氏。具慶下。娶徐氏。應天府鄉試第九十八名，會試第八十七名。

羅大用　貫廣西桂林右衛，官籍，湖廣雲夢縣人。國子生。治《春秋》。字時行，行一，年三十二，八月初一日生。曾祖迪，正千戶。祖琮，指揮同知。父袞，指揮同知。母朱氏。具慶下。弟大周、大同。娶朱氏。

廣西鄉試第四十二名,會試第二百八十四名。

王梅　貫浙江嘉興府平湖縣,民籍。縣學增廣生。治《書經》。字時魁,行三,年三十,三月二十四日生。曾祖洪。祖鼎。父鸞。母胡氏,繼母金氏。具慶下。兄桂、槐。弟模、校、森、樞。娶張氏。浙江鄉試第七名,會試第一百二十五名。

王玉汝　貫廣東廣州府東莞縣,軍籍。國子生。治《詩經》。字體成,行二,年四十五,九月十六日生。曾祖純。祖貞。父尚學,府同知,進階朝列大夫。母梁氏。具慶下。兄士鵬。弟士鸞、用汝、士鳳、士鶚、與汝。娶鄧氏。廣東鄉試第三十四名,會試第二百八名。

雷禮　貫江西南昌府豐城縣,民籍。國子生。治《詩經》。字必進,行一,年二十七,九月十三日生。曾祖啓陽。祖遂冲。父邦鑑。母鄭氏。具慶下。兄禘、祥、秘、祉、禋。弟祜。娶李氏,繼娶張氏。江西鄉試第二十四名,會試第一百九名。

張思　貫直隸河間府任丘縣,民籍。國子生。治《詩經》。字慎父,行四,年三十三,九月初九日生。曾祖廣。祖政。父軏,義官。母徐氏。慈侍下。兄恩;忠,己丑進士;恕。娶朱氏。順天府鄉試第二十三名,會試第一百三十二名。

傅鎮　貫福建永寧衛中左千戶所,軍籍,福清縣人。國子生。治《詩經》。字國鼎,行二,年三十二,正月二十二日生。曾祖興。祖福,壽官。父珙。母劉氏。具慶下。兄鎧。弟鐘、鉞。娶陳氏。福建鄉試第十名,會試第三十六名。

馬中驌　貫四川成都府新都縣,民籍。國子生。治《易經》。字惟德,行一,年二十八,八月二十二日生。曾祖程。祖宗義。父先。母林氏。嚴侍下。弟中龍、中駿、中騾。娶李氏。四川鄉試第三十一名,會試第七十四名。

畢烜　貫廣東廣州府番禺縣,軍籍,江西吉水縣人。縣學增廣生。治《詩經》。字彥晦,行三,年二十三,十一月十二日生。曾祖篇。祖熙。父樞。母駱氏。具慶下。兄焯、炯。聘黃氏。廣東鄉試第七十三名,會試第一百二十四名。

邊泮　貫直隸河間府任丘縣,官籍。國子生。治《書經》。字文躍,行三,年三十,十一月初九日生。曾祖鏞,南京刑部右侍郎。祖寅,主簿,封戶部主事。父億,布政司左參政,加俸二級。母解氏,封安人。永感下。兄瀛,監生;淞,貢士。弟津;沆,同科進士;澤。娶史氏。

順天府鄉試第二十六名，會試第一百三十一名。

程瑤　貫直隸德州左衛，軍籍，山東掖縣人。州學軍生。治《詩經》。字子彬，行三，年二十一，二月二十一日生。曾祖清。祖恕。父賢。母李氏。重慶下。兄璿、琳。弟瑪、琛。娶吳氏。順天府鄉試第二十五名，會試第二百九十名。

樊深　貫直隸大同中屯衛，軍籍。國子生。治《易經》。字希淵，行一，年三十二，二月十三日生。曾祖謙，壽官。祖資，義官。父景時，義官。母潘氏。具慶下。弟潛，義官。娶徐氏。順天府鄉試第七名，會試第一百三十三名。

徐守義　貫河南開封府杞縣，民籍。國子生。治《詩經》。字子和，行二，年四十，閏五月二十五日生。曾祖志。祖淮。父偉。母王氏。永感下。兄堯相。弟守智、堯臣、守信、守忠、守德、守廉。娶吳氏。河南鄉試第五十四名，會試第一百四十五名。

夏應元　貫直隸河間府景州，民籍。州學增廣生。治《禮記》。字體仁，行一，年二十七，九月二十五日生。曾祖通，河泊所大使。祖鉞。父商。母王氏。重慶下。弟慶元、庠元。娶姚氏。順天府鄉試第六十二名，會試第二百五十五名。

李大魁　貫湖廣襄陽儀衛司，官籍。國子生。治《詩經》。字伯掄，行一，年三十四，二月十二日生。曾祖麟，典仗。祖素，典仗。父隆，監生。母王氏。具慶下。弟大曉，貢士。娶莫氏。湖廣鄉試第六十二名，會試第六十五名。

王良柱　貫福建泉州府南安縣，民籍。國子生。治《易經》。字全宇，行一，年三十二，十一月十四日生。曾祖尚瑪。祖鐔。父海。母黃氏。具慶下。弟良檥、良采。娶黃氏。福建鄉試第八十名，會試第四十七名。

関旦　貫江西饒州府浮梁縣，民籍。國子生。治《書經》。字景周，行二十六，年三十四，正月初二日生。曾祖祐安，壽官。祖蔭芳，教授。父仕朝。母王氏。嚴侍下。弟昴、最、昺、量。娶徐氏。江西鄉試第三十六名，會試第二百六十九名。

陳儲秀　貫福建泉州府南安縣，民籍。府學附學生。治《易經》。字舜弼，行一，年二十九，十二月初七日生。曾祖英。祖恕，義官。父樂。母賴氏，繼母蔡氏。具慶下。弟儲材。娶謝氏。福建鄉試第十四名，會試第一百十七名。

方任　貫湖廣黃州府黃岡縣，軍籍。國子生。治《春秋》。字志伊，行一，年三十八，十二月十六日生。曾祖俊。祖華。父勇。母彭氏。具慶下。弟仕、在、伋、作、傑。娶朱氏。湖廣鄉試第四名，會試第九十一名。

周大禮　貫直隸蘇州府崑山縣，民籍。縣學附學生。治《易經》。字子和，行二，年二十七，正月初八日生。曾祖明。祖璿。父書。母晏氏。具慶下。兄大有，監生；大倫。弟大章、大寶、大奎、大器、大宗、大輅、大謨、大韶。娶王氏。應天府鄉試第五十二名，會試第二百四十七名。

周復俊　貫直隸蘇州府太倉州，民籍，崑山縣人。國子生。治《易經》。字子籲，行二，年三十七，三月十五日生。曾祖毅。祖元學，七品散官，贈審理正。父在，知州。母吳氏。慈侍下。兄復吳，冠帶醫士。娶黃氏。應天府鄉試第三十名，會試第七名。

郭希顏　貫江西南昌府豐城縣，民籍。國子生。治《書經》。字仲愚，行一，年二十四，正月初七日生。曾祖惟信。祖俊。父錦。母雷氏。重慶下。弟希曾、希思、希孟、希張。娶李氏。江西鄉試第十五名，會試第三十七名。

錢德洪　貫浙江紹興府餘姚縣，民籍。縣學附學生。治《易經》。字洪甫，行八，年三十七，十二月二十二日生。曾祖師摯。祖習。父蒙。母馬氏。具慶下。兄德忠、德昭、德恕。弟德章、德周、德克。娶諸氏。浙江鄉試第三十七名，會試第二百三十一名。

王畿　貫浙江紹興府山陰縣，民籍。國子生。治《詩經》。字汝中，行十四，年三十五，五月初六日生。曾祖可旺。祖理，知縣，贈監察御史。父經，中憲大夫、按察司副使。母陸氏，封孺人。永感下。兄朝、廷、國、臣、輔、邦。娶張氏。浙江鄉試第五十六名，會試第十八名。

史際　貫應天府溧陽縣，民籍。國子生。治《易經》。字恭甫，行四，年三十八，八月初二日生。曾祖鎬。祖祚，贈南京刑科給事中。父後，前南京光祿寺少卿，進階朝列大夫。前母李氏，贈孺人；張氏，母王氏，繼母徐氏，封孺人。重慶下。兄陽、陟。弟階；隆，監生。娶楊氏。應天府鄉試第十三名，會試第二百二十五名。

賀恩　貫直隸揚州府儀真縣，軍籍。縣學生。治《易經》。字君錫，行三，年三十七，十一月初十日生。曾祖安。祖盛。父昂。母鄒氏。具慶下。兄爵、祿。弟寵、祚。娶楊氏。應天府鄉試第一百二十五名，會試第二百十四名。

尹宇　貫直隸真定府冀州南宮縣，民籍。縣學增廣生。治《詩經》。

字光甫,行二,年三十二,十月十七日生。曾祖昇。祖全。父付。母蘇氏。具慶下。兄憲。弟宜、宥、容、寧。娶石氏。順天府鄉試第四十一名,會試第八十三名。

　　胡岳　貫江西饒州府鄱陽縣,民籍。國子生。治《易經》。字宗高,行七,年四十二,六月二十一日生。曾祖景山,贈通議大夫、刑部右侍郎。祖鼎和。父富。母陳氏,繼母李氏、呂氏。慈侍下。弟岱,南京光禄寺署正。娶莊氏。江西鄉試第五十六名,會試第一百九十一名。

　　顧翀　貫浙江寧波府慈谿縣,民籍。國子生。治《詩經》。字于漸,行二,年三十五,六月二十三日生。曾祖璿。祖文。父銓。前母張氏,母方氏,繼母羅氏。具慶下。兄翩。弟䎪、翱、翎、翊、復、挺。娶邵氏。浙江鄉試第四十三名,會試第九十四名。

　　王佩　貫順天府霸州文安縣,軍籍。國子生。治《詩經》。字朝鳴,行二,年三十四,九月初三日生。曾祖輔。祖翱,聽選官。父深。母周氏,繼母周氏。重慶下。兄珂。弟璞、儇、玻、价。娶陳氏。順天府鄉試第一百三十五名,會試第九十名。

　　皇帝制曰:朕惟人君奉天命,以統億兆而爲之主,必先之以咸有樂生,俾遂其安欲,然後庶幾,盡父母斯民之任,爲無愧焉。夫民之所安者,所欲者,必首之以衣與食,使無衣無食,未免有凍餒死亡、流離困苦之害。夫匪耕則何以取食?弗蠶則何以資衣?斯二者,亦王者之所念而憂者也。今也,耕者無幾而食者衆,蠶者甚稀而衣者多,又加以水旱虫蝗之爲灾,游墮冗雜之爲害,邊有烟塵,内有盗賊,無怪乎民受其殃,而日甚一日也。固本朕不類寡昧所致,上不能參調化機,下不能作興治理,實憂而且愧焉。然時有今昔,權有通變,不知何道可以致雨暘時若,灾害不生,百姓足食足衣,力乎農而務乎織,順乎道而歸乎化?

　　子諸士明于理、識夫時,蘊抱于内,而有以資我者,亦既久矣,當直陳所見所知,備述于篇,朕親覽焉,勿憚,勿隱。

　　　　　　　　　　　　　　　　　　嘉靖十一年三月十五日

臣林大欽
臣對：

臣智識愚昧，學術疏淺，不足以奉大問。竊惟陛下當亨太之交，撫盈成之運，天下皆已大治，四海皆已無虞，而乃拳拳於百姓之未得所爲憂，是豈非文王視民如傷之心耶？甚大美也！然臣之所懼者，陛下負聰明神智之資，秉剛睿明聖之德，舉天下之事，無足以難其爲者，而微臣所計議，復不能有所補益於萬一，陛下豈能以其言爲未可盡棄，而有所取之耶？陛下臨朝策士，凡有幾矣，异時莫不光揚其名聲，寵綏其祿秩，然未聞天下之人有曰："天子某日降某策問某事，因某策濟某功"者。是豈策士之言，皆無可適於用者耶？抑亦其言或有可適於用，而未暇采之耶？是臣之所懼也。臣方欲爲根極政要之說，明切時務之論，而不敢飾爲迂闊空虛無用之文，以罔陛下。陛下若以其言爲可信而不悉去之，試以臣之策付之有司，責其可行，則臣終始之願畢焉。如或言不適用，則臣有瞽愚欺天之罪，俯伏以待罪譴，誠所甘心而不辭也。

臣伏讀聖策，有以見陛下拳拳於民生凍餒流離爲憂，以足民衣食爲急，此誠至誠惻怛以惠元元之念，天下之所願少須臾無死以待德化之成者。然臣謂陛下誠懷愛民之心，而未得足衣食之道；誠見百姓凍餒流離之形，而未知百姓凍餒流離之實也。夫陛下苟誠見夫百姓凍餒流離之實，則必思所以富足衣食之道。未有人主忍見夫民之凍餒流離，而不思所以救援之者；未有人主救援夫民之凍餒流離，而天下卒坐於凍餒流離而不可救者也。今夫匹夫之心，可形於一家；千乘之心，可形於一國。何者？以一家一國固吾屬也，曾謂萬乘屬天下者，有救援天下真實懇切之誠，而顧不效於天下者哉？是臣所未信也。

臣觀陛下臨朝，凡十有餘年於此矣，异時勸農蠲租之詔一下，天下莫不延頸以望更生，然而惠民之言[1]不絕夫口，而利民之實至今猶未見者，臣是以妄論，陛下未知斯民凍餒流離之實，未得足民衣食之道也。臣聞之，仁以政行，政以誠舉。王者富民，非能家衣而戶食之也，心政具焉而已矣。夫有其心而無其政，則天下將以我爲徒善；有其政而無其心，則天下將以我爲徒法。徒法者化滯，徒善者恩塞。心法兼備，此先王所以富足人之大略也。臣觀史策，見三代以後之能富其民者，于漢得

---

[1]底本"言"下缺兩面，據林大欽《東莆先生文集》卷一《廷試策》補。

一人焉，曰文帝。當亂秦干戈之後，當時之民，蓋日不暇給矣。文帝視當時之坐于困寒者，蓋甚于塗炭也。育之以春風，沐之以甘雨，煦煦然與天下爲相休息之政，而塗炭者衽席矣。故後世稱富民者，以文帝配成、康，亦誠有以致之也。然而文帝固非純王者，竊王者之似焉，猶足以專稱于後世。而況夫誠于王者，而顧有坐視天下于凍餒流離者哉？臣竊謂，今日陛下憂民之心不爲不切，愛民之政不爲不行，然臣所以敢謂陛下于斯民之凍餒流離而未知其實，于足民之衣食而未得其道者，竊恐陛下有愛人之仁心，而未能如王者之誠怛懇至；有愛人之仁政，而未能如王者之詳悉光明。臣是以敢妄論陛下而云云也。

然臣所望仁政于陛下者，非欲盡變天下之俗也，非欲復井天下之田也，亦曰宜時順情而爲之制，而不失先王之意爾。臣請因聖策所及而條對之。陛下策臣曰："夫民匪耕則何以取食？弗蠶則何以資衣？斯二者，亦王者之所念而憂者也。今耕者無幾而食者衆，蠶者甚稀而衣者多。又加之水旱蟲蝗之爲災，遊惰冗雜之爲害。邊有煙塵，內有盜賊。何怪乎民受其殃，日甚一日也。"此見陛下痛念斯民之病，深揆困乏之本，而急思所以拯救之也。臣謂，民之所以耕蠶稀而日甚其殃者，遊惰起之也，冗雜病之也。若夫水旱蟲蝗之災，則雖數之所不能無，然君人之憂不在焉。何者？恃吾耕蠶之具素修而無所耗，則雖有水旱蟲蝗而無所害。臣聞有道之國，天不能災，地不能厄，夷狄盜賊不能困，以恒職修而本業固倉廩實而備禦先也。

臣聞立國有三計，有萬世不易之計，有終歲應辦之計，有因時苟且之計。萬世不易之計者，《大學》所謂"生之者衆，食之者寡；爲之者疾，用之者舒"者也。故《王制》："三年耕，則有一年之積。"例之，則九年當有三年之豫，其終歲所入，蓋足以自給，而三年之畜，恒可以預待不虞。如此者，所謂天不能災，地不能阨，夷狄盜賊不能困，臣前所謂王者之政，陛下近日所方切求而欲勵之行者。所謂終歲應辦之計者，蓋生財之道未甚周，節財之道未甚盡。一歲之入，僅足以充一歲之用，其平居無事尤未見其甚敝，偶有凶荒盜賊之變，則未免厚斂重取，以至於困敗而不能自振。若此者，蓋素備不修，因時權設，漢、唐、宋以下治天下之大率，而非吾陛下之所以奉天理物而深厚國脉者。其所謂因時苟且之計者，蓋平時之所以斂散於民者，頗無其度，而取民惟畏其不多，用財惟畏其不廣。方其無事，百姓已不能自給；迨其有變，則不可復爲之計矣。此則制國無紀，潰亂不時，盖昏亂衰世之政焉。盖臣前所謂起於游墮，病於冗雜之弊，亦略有同於是。

陛下今所方欲改轍而易海内之觀者，臣謂今日游墮之弊有二，冗雜之弊有三，此天下之所以長坐於困乏，而志士至今憤惋而嘆息者也。其所謂游墮之弊二者，一曰游民，二曰异端。游民衆則力本者少，异端盛則務農者稀。夫民所以樂於游墮者，何也？盖起於不均不平之横征，病於豪强之兼并。小民無所利於農也，以爲遂藝而食，猶可以爲苟且求生之計。且夫均天下之田，然後可以責天下之耕。今夫里閈之小民，剥於污吏豪强者深矣，散食於四方者衆矣。大率計今天下之民，其有田者一二，而無田者常八九也。以八九不耕之民，坐食一二之粟，其勢不得不困。然而散一二有田者之業，以爲八九自耕之養，其勢未嘗不足。議者病游民之衆也，或有遂商之説。然臣以爲，游民之固本於不得已也，而又無所變置而徒爲之逐，臣懼夫商之不安於商也。臣竊謂，今日之弊源已深，更化者當端其緒而緩理之。理而無緒，勢將驅力農之民而商，而又將驅力商之民而盗也。天下爲盗，國不可久。其便莫若頒限田之法，嚴兼并之禁，而又擇循良仁愛惻怛之吏，以撫勞之。法以定其世業，禁以防其奸貪，吏以時其安緝，游民其將歸乎！

若夫异端者，盖本無超俗利世之智，而徒竊其减額逃刑之利，不工、不商，不農、不士，以自便其身，且其倡無父無君之教於天下，將使流風之未可已焉。此其爲害甚明，故臣不待深辯。然臣竊悼俗之方弊也，禿首黄冠充斥道路，珠宫瓊宇照耀雲漢，此風未艾，效慕者衆，非所以令衆庶見也，非所以端風正紀之要體也。故臣願陛下，嚴异端之禁，斥道佛之説，敕令此輩悉歸之農。其有不如令者，許有司罪治不赦。盖非惟崇力本之風，抑且彰教化之道，此臣拳拳所望於陛下之至意也。

其所謂冗雜之弊三者，一曰冗員，二曰冗兵，三曰冗費。冗員之弊必澄，冗兵之弊必汰，冗費之弊必省，三冗去而財裕矣。夫聖人所以制禄以養天下之吏與兵者，何也？吏有治人之明，則食之也；兵有敵人之勇，則食之也。是其食之者，以其明且勇也。其或有不明不勇者，則非耕不得食，非蠶不得衣，何者？無事而禄，亦先王之所儉也。今夫天下之吏與兵何如也？臣非欲盡天下之吏與兵而不禄之也，臣徒見任州縣者，固有軟罷不勝而坐禄者焉；隸兵籍者，固有老弱不勝而濫食者焉。且入貲之途太多，任子之官太衆，簡稽之責不嚴，練選之道有虧。臣是以欲於此輩一澄且汰焉。其所以去冗濫而寬民賜者，不少也。若夫冗費之弊，不能悉舉，即其大而著者論之。後宮之燕賜，不可不節也；异端之奉，不可太過也；土木之役，不可不裁也。陛下端身以率物，節已而居儉，其於三者固未可議焉。然竊見天下之大，民物之衆，九州四海之貢，尺帛粒米之賦，山林川澤之稅，日夜合雜以輸太倉，可謂盛矣，而國計未甚充，國用未甚足，以爲必有所以耗之者矣。且夫上之賦其下者以一，而下之所以供夫上者常以十。蓋道路之耗，漕挽之費，京師之一金，田野之百金也，內府之百金，民家之萬金也。以百萬民家之資，費之於一燕饗、一賜予、一供玩者，何限？臣故曰冗費在今日，亦有未盡節者。蓋臣聞之，以天下所有之財賦，爲天下人民之供養，未有不足者。特其有以冗而費之者，則其勢將橫征極取，天下不至於饑寒凍餒、大敗極敝而不已。臣讀《史記》，見周文王方其受命之時，地方不過百里，而四方君長交至於其國，其所以燕饗勞來之典，不容終無，然而當時百姓各足，饑寒不病，故民誦之。《詩》曰："勉勉我王，綱紀四方。"蓋慶之也。傳至於其子孫，以八百國之財賦自養一人，宜其甚裕而無憂，而民反流離困苦，至於《黃鳥》、"佽離"之咏作焉。臣於此見君人節已以利人，則易爲功；廣費以厚斂，則難爲力。臣是以拳拳以省冗費爲陛下告也。

陛下策臣曰："固本朕不類寡昧所致，上不能參調化機，下不能作興治理，實憂而且愧焉。"此陛下憂勤之言，禹、湯罪已之辭也。然臣謂陛下，非徒爲是言也，須欲勵是行也。夫君人之言，與士庶不同，一或不徵，天下玩之，後雖有美意善政，人且駭疑不信。陛下往年嘗有恤農之詔矣，然而天下皆以爲陛下之虛言，何者？誠見其言若是焉，而未見其惠也。今陛下復策臣若是焉，臣以爲，亦致憂勤之實而已。欲致憂勤之實，須速行臣之言。然臣前所陳者，皆因聖策所及條對耍之，所以振弊利世之道，猶有未盡於此，臣請終之。夫山澤之利未盡墾，則天下固有無田之憂。今夫京師以東，蔡、鄧、齊、魯之間，古稱富庶强國，三代財賦多出於此。漢唐以來，名臣賢守，其所以興田利而裨國用者，溝洫封洫之迹，往往猶存。而今悉爲空虛茅葦之地，此古人所謂地利猶有遺者。而陛下所使守此土者，一切苟且應職，而無能爲任此憂者。此北人所以長坐仰給於東南，小有凶荒不繼，輒輾轉溝洫，而不能自給以生者，地利未盡也。臣意陛下，莫若嚴其守令，重選有力量才幹、忠誠爲國之士，使守其地，而專一以興田利爲事，朝廷寬其禁限，聽其便宜，而惟以此爲田利課。則海內當有趙過者出焉，不數十年之後，則江北之田應與江南類，可省江淮數百萬之財賦，而紓北人饑寒凍餒之急。一舉而利二焉，大惠也。陛下能斷而行之，大勇也。

　　或曰：非不欲行也，如東南異宜何？臣請有以折之。夫今日所謂空虛荒瘠無用之地者，非向時所謂富實而所托賴以興起之本區乎？昔以富實，今以荒虛，臣誠未喻其說，亦曰存夫人爾，魏人許下之屯可見矣。方棗祗爲屯許之畫也，當時亦誠見其落落難合，洎其成也，操終賴之省粟數萬。今天下之大，又安知其無能爲棗祗者乎？臣是以願陛下以此爲田利課，則山澤墾矣。臣又聞之，山澤不征，市梁無禁，王者所以通天下，大公大同之制也。自漢桑弘羊以剝刻之術媚上，而征榷之法始詳，歷代因之而不革，大公之制未聞也。然臣終以此爲後世衰亂苟且之政。今朝廷之取民，茶有征，酒有榷，山澤有租，魚鹽有課，自一草木以上之利，莫不悉籠而歸之公，其取下悉矣。夫上取下悉；則其勢窮。夫獸窮則逐，人窮則詐，今陛下之民將詐矣。司國議者，非不知其勢之不可以久也，然而明知其弊而冒之者，誠曰國家利權之所在也。臣以爲，利不勝義，義苟未安，利之何益？況又有不利者在乎？臣聞之，王者所以總制六合，而鎮服民心，張大國體者，固在道德之厚薄，不問財賦之有無。臣觀征利之說，不出於豐大之國，恒出於衰亂之世。纖纖然與民爭利者，匹夫之事也。萬乘而下行匹夫之事，則其國辱，非豐大之時所尚也。陛下何不曠然爲人所難，思大公之法，去衰亂之政，令天下人士爭言曰：惜哉，漢、唐、宋不能舍匹夫之利以利人，至我明天子，然後能以天子之大體鎮服民心焉。陛下何久於此焉不爲也？臣願陛下，息山林關市之征焉，使大聖人所作爲，過於人萬萬也。若夫悉推富民之術，則平糴之法不可不立也，常平之倉不可不設也，奢侈之禁不可不嚴也。凡若此者，史策之載可考，陛下果能舉而行之，成典具在，故臣不必深論之也。

　　由臣前所陳而言之，均田也，擇吏也，去冗也，省費也；由臣後所陳而言之，闢土也，薄征也，通利也，禁奢也。田均而業厚，吏良而俗阜，冗去而蠹除，費省而用裕，土闢而利廣，征薄而息寬，利通而財流，奢禁而富益，八政立而王制備矣。陛下果能行臣之言，又何憂於百姓之凍餒饑寒流離？又何至於有盜賊之警？又何患夫不順夫道而歸乎化哉？通變宜時之道，其或悉備於此。然臣以爲，此數者，皆不足爲陛下之難，所患人主一心，不能清虛寡欲，以爲寬民養物之要，則雖有善政美令，未暇及行。蓋崇高富貴之地，固易爲驕奢淫逸之所。是故明主重內治也。故古之賢王，邇觀遠慮，居尊而慮其危，處富而懼其溢，履滿而防其傾，誠以定志慮而節逸欲，固寅畏而禁微邪也。故堯曰兢，舜曰業，禹曰孜，湯曰檢。臣以爲，數聖人固得治心之要矣。

臣嘗讀《漢書》，見漢武帝之爲君，方其臨軒策士，奮志《六經》也，雖三代之英主，不能過焉。洎其中年多欲，一念不能自勝，公孫弘、桑弘羊、張騫、卜式、文成、五利之輩，各乘其隙而售之，卒使更變紛然，天下坐是大耗。臣是以知人主一心，不可使有所嗜好形見於外，少有沉溺，爲禍必大。故願陛下，靜虛恬慮，以爲清心節欲之本。毋以深居無事而好逸游，毋以海宇平清而事遠夷，毋以物力豐實而興土木，毋以聰明英斷而尚刑名，毋以財賦富盛而事奢侈，毋羨邪說而惑神仙。澄心正極，省慮虛涵，心澄則日明，慮省則日精。精明之運，旁燭無疆，舉天下功業，惟吾所建者，豈止於富民生足衣食而已哉？

臣始以治弊治法爲陛下告，終以清心寡欲爲陛下勉，蓋非有驚世絕俗之論，以警動陛下。然直意以爲，陛下之所以策臣者，蓋欲聞剴切時病之說，故略敢盡其私憂過計之辭。衷情所激，誠不知其言之猶有所憚，亦不知其言之猶有隱。惟陛下寬其狂易，諒其樸直，而一賜覽之，天下幸甚！

臣謹對。

臣孔天胤

臣對：

臣聞帝王之治，敦本以厚天下之生，達權以通天下之變，則天德孚而王道成矣。夫民生也者，邦家所恃以爲基者也。然而厚生之道，有本存焉。事變也者，治忽所乘以爲幾者也。然而通變之道，有權存焉。夫其本之在是也，而弗敦之，以厚天下之生，則化必不溥，澤必不深，而邦家之基或將匪安。夫其權之在是也，而弗達之以通天下之變，則弊弗可厘，滯弗可起，而治忽之幾將有大可畏者矣。是以聖帝明王之治天下也，代天理物，必以厚生爲先；更化善治，必以通變爲先。惟厚生也，則必自其本之所在者而敦之，躬行於上，而作則於下焉，經理之密，而講畫之詳焉，必期化溥澤深而後已。惟通變也，則必自其權之所在者而達之，察時審勢，而化裁之焉，隨幾應用，而神明之焉，必期弊厘滯起而後已。化溥澤深，則群生和，萬物育，而邦基日以益固；弊蠹滯起，則德富有，業日新，而治幾日以益熙。由是天德孚於上下，王道成於始終，而有以昭帝王之盛者，固如是矣。

恭惟皇帝陛下，膺天眷命，纘承大統，臨御以來，視民如傷，望道未見，乃進臣等於廷，策以天下之務。臣莊誦竊嘆，以爲聖人建其有極，敷錫厥福，端崇理本，明燭化機，固有神明之道，而乃以詢之末學之臣。臣愚，何足以知之？然對揚休命，不敢以終默焉。

臣嘗讀周之書，有曰：“惟天地萬物父母，惟元后作民父母。”言天生民而立之君，使司牧之也。讀《易》之辭，有曰：“后以財成天地之道，輔相天地之宜。”言明王代天理物，奉若天道也。是知奉若天道，莫大乎子民；子民之道，莫大乎厚生；厚生之道，莫大乎遂其所安所欲之情；遂其所安所欲之情，則又莫大乎重農桑之務，足衣食之源。衣食足則民情遂，民情遂則民生厚，民生厚則教化行，風俗美，陰陽調，風雨時，群生和、庶類殖。民沴物眚之异，寇賊奸宄之變，莫不盡銷；諸福之物，可致之祥，莫不畢至，而王道有終矣。是以古昔先王，繼天立極，開物成務，必以此先焉。粵稽庖羲氏之王天下也，首教民耒耜而耕之制以興，耕之制興，而食之源以開矣。軒轅氏之王天下也，首教民衣服而蠶之制以興，蠶之制興，而衣之源以開矣。堯命羲和授民時，舜命益稷興民利，禹、湯平成允殖，文、武咸和永清，率是道也。然三代之道固無不同，而成周之法尤爲至備。于是天子有籍田之典焉，一撥三推，庶民助以終畝也。王后有親蠶之典焉，繅三盆手，世婦布於蠶宮也。夫君后至貴也，而以服田野之勞，誠念夫稼穡之艱難，小民之所依，王業之根本在是也，故服勞以爲天下先焉。是以當時之人，男則服事乎耕焉，所謂“亦服爾耕，十千維耦”也。女則服事乎蠶焉，所謂“女執懿筐，爰求柔桑”也。夫天下至大也，而皆力農桑之務，誠念天食之資於耕，衣之資於蠶，而所安所欲之樂在是也，故協極以光其本焉。今觀《無逸》之書，《七月》之詩，帝王所傳心法之要，可繹思矣。成王以之致四十年之平，周家以之永八百年之祚，良以敦天下之本，而厚天下之生如是也。

聖制曰：“民之所安所欲者，必首之以衣與食。使無衣無食，未免有凍餓死亡、流離困苦之害。夫匪耕則何以取食，弗蠶則何以資衣。斯二者，亦王者之所念而憂者也。"大哉皇言！其真得帝王之法，而敦本以厚天下之生者乎？何其憂勤惕勵如此也？臣嘗竊觀天下之勢矣，錢鎛在野，非不耕也，而閭閻猶啼饑之眾；杼機在室，非不蠶也，而寰宇多號寒之民。此其故何耶？漢賈誼告文帝曰："一人耕之，十人聚而食之，欲天下無饑，不可得也；十人織之，不能衣一人，欲天下無寒，不可得也。"夫誼之爲是言也，豈無見於天下之勢而云爾哉？蓋以天下之物，生之豐敗存乎天，用之多寡存乎人。天下之人，遺本逐末者亦已多矣，而游墮者又從而半之焉，終歲勤動者不足用矣，而冗雜者又從而耗之焉。昔人論治，嘗有官浮於冗員、祿浮於冗食、兵浮於冗費之說矣，又有賞盈於太濫、俗盈於太侈、利盈於太趨之說矣。之二說者，皆饑寒之由也，不獨誼之論爾也。饑寒切身，則怨聲愁氣上干天和，而水旱蝗蟲之爲災矣；人民流離，倉廩空竭，則外夷窺伺而邊有烟塵矣；游墮無賴，俯仰相困，則放僻日恣而內有盜賊矣。

聖制曰："耕者無幾而食者眾，蠶者甚稀而衣者多。又加以水旱蝗蟲之爲災，游墮冗雜之爲害，邊有烟塵，內有盜賊，無怪乎民受其殃，日甚一日也。"是陛下之沉幾先物，加志窮民，有以深識天下之勢，而洞見其受弊之源矣。然猶省躬自咎，以上不能參調化機，下不能作興治理，而憂且愧焉。且又以時有今昔、權有通變，欲有道以致雨暘時若、災害不生，百姓足食足衣，力乎農而務乎織，順乎道而歸乎化，惓惓以清問芻蕘之臣焉。是即堯咨衢室、舜察邇言、禹湯不自滿假、文武不敢康寧之誠也。臣愚，學不足以明理，智不足以識時，抑何以仰裨聖治於萬一乎？我皇上體元居正，通變宜民，設施於九五之尊，炳焕於敷天之下者，臣得見知於依被之餘久矣，請以是而揚言之，而竊以一得之愚附焉。今夫聖人理天下，使萬物各得其所爲至極，而君相以父母天下爲王道。故斯民失所，則當敦本以厚天下之生，治化未孚，則當達權以通天下之變，此帝王善治之規，古今不易之法也。

今自其敦本者言之，農桑不復古，久矣。我皇上光闡九疇，稼穡維寶；秩修六府，土穀是重。聖躬則秉耒于南郊，即古之三推之典也；皇后則親桑于內苑，即古之三繅之典也。是故百辟卿士承式于下，而農務聿勤；六宮嬪嬙率履于內，而蠶典克振。是其敦本以爲天下先者，固已躬行于上矣。又自其通變者言之，法久則弊生，固也。我皇上一德昭格，百度維貞，參調化機，作興治理。敬天勤民，而祈報賑貸之有條；禁奢止暴，而品式兵刑之有節。是故禮樂教化，莫不振舉，而上下四方，皆願精白以承休德。是其達權以爲通變之宜者，又以神明于上矣。夫敦本以厚天下之生，宜乎民生之盡厚也，而凍餒猶不免焉，無乃聖心雖懇惻，而奉行者之不以實乎？達權以通天下之變，宜乎事變之盡通也，而偏滯猶未振焉，無乃王制雖詳密，而化裁者之或有蔽乎？蓋君者，出令者也，臣行其令而致之民焉，理也。君有惠下之德，而臣無宣德之誠，則膏屯而靡施，斯民安得不受其殃也？政者，救時者也，時有所極而變生焉，勢也。時有可變之勢，而吾無神化之方，則弊流而弗返，斯治安得而盡其善也？是故必奉行之實，而後本可敦也；必化裁之當，而後變可通也。且力農而務織，足食而足衣，順道而歸化，有生者之所同欲也。今顧有欲耕而無其田，有田而不得耕者矣；欲蠶而無其桑，有桑而不得蠶者矣，又奚望其禮節之知而道化之協也？此豈可責之民耶？上恬而下熙，内安而外靜，時和而沴消，願治者之所樂聞也。今邊塵或有鼓之者矣，内寇或有致之者矣，而天災時變，又未必無所感也，此豈可委之數耶？其所以奉而行之、化而裁之，亦惟存乎其人而已爾。是故奉行之道，最患乎虛名之相尚，而實效之無補，而化裁之方，則以順時宜民、補偏救弊爲首務焉。

　　然則爲之奈何？必也天子以實責宰相，宰相以實責監司，監司以實責守令，守令以實責庶民，而後謂之奉行之實；必也仰以觀于天文，俯以察于地理，中以觀于人物，遠以稽于先王，近以酌于時政，而後謂之化裁之宜。故爲今之計，不徒彌文之是飾也，而必尚實以敦其本焉；不貴更張之無漸也，而必達權以通其變焉。閭閻有勸課之吏，末作嚴裁抑之防；工役罷不急之務，賄斂禁催科之擾。豪強抑兼并之習，而又去三浮以從實，酌三盈以從約，則民將力乎農而務乎織，而衣食無不足之患矣。郡邑有循良之吏，鄉里弘庠塾之規，力田敦孝弟之懿，士習崇禮義之正。本俗無緇黃之惑，而又修五禮以防偽，明七政以齊民，則人將歸乎道而順乎化，而游墮冗雜之不爲害矣。由是練勇敢，勵戰鬥，旌才略，以務治軍選將之實，而又篤周之《采薇》以下五詩之義焉，則邊疆有吉甫方叔之將，而烟塵可息矣。由是察言行、課功狀，公薦舉，以務求賢審官之實，而又如漢之重二千石之義焉，則郡邑有龔黃卓魯之賢，而盜賊可化矣。至于欲雨暘時若而災害之不生，則又在聖天子建中和之極，臻位育之功，而凡諸臣同心協德，興道致治。三孤以調燮鼎鼐，無媢疾私刻之流；六卿以贊襄機務，無險詖傾側之士。有官守者盡其職，而不曠厥工；有言責者盡其忠，而不愧厥職。有功必賞，有罪必罰，俾體統正而朝廷尊；有利必興，有害必除，俾恩惠流而教化廣。由是人事盡於下，而天變自回；人心和於上，而天休自至。將見穹靈錫祐，壤祇貢祉，山出器車，河出馬圖。至治馨香，達于神明；協氣氤氳，盈于宇宙。前星炳耀，百男兆麟趾之祥；後禄延和，萬國鞏鴻圖之運。所謂天德孚而王道成者，蓋至矣盛矣，而無以加矣。《易》曰："唯深也，故能通天下之志；唯幾也，故能成天下之務；唯神也，故不疾而速，不行而至。"

臣草野之人，不識忌諱，謹以是爲聖明獻。臣無任殞越之至。

臣謹對。

臣高節
臣對：

臣聞天下有不可易之法，而率之存乎心；天下無不可化之民，而動之存乎機。何則？法以致理，凡可以監古者，無復能易也，而耕籍於日用爲尤切，然所以基之者，心焉耳矣。是心者，率法之基也。民以順應，凡可以轉移者，無復難施也，而農桑於民用爲尤急，然所以感之者，機焉耳矣。是機也者，又所以立民之感也。夫惟基固而後可以爲循法之本，感立而後可以責民心之應。其或基不先定，則志奪於習俗之故，用格於時勢之殊，而其失也爲無斷；感不能誠，則上不足以神變化之道，下不足以通天下之志，而其失也爲徒法。二者之失形，而因循之弊錮，則政日以怠，志日以惰，而天下之大計荒矣，如斯世斯民何？是故心存則神智精明，而帝王之法張矣；機立則變通宜民，而玩愒之氣作矣。法張而舉世皆有持循據守之方，氣作而天下盡化爲歌詠勤苦之俗，將見上得以享豐亨豫大之樂，下得以遂飽煖安樂之願，協氣嘉生，薰爲太和，而誦聲四作，泰道一新，尚何灾沴之足虞哉？此固古昔聖帝明王已試之明驗，而《詩》《書》之所紀載者也。

欽惟皇帝陛下，承天心，發大業，軫民生衣食之源，舉帝王耕籍之典，天下固已回心而嚮道，樂事而勸功矣，乃復不自神聖，清問下及。臣愚知陛下此心，即堯、舜、禹、湯、文、武憂勤惕厲之心也，倡率化道之機，蓋已潛孚默應乎四方萬國之遠，而通乎千萬世心法相傳之要矣。然聖志謙冲，猶若有未釋然者，蓋詢於芻蕘，酌古驗今，將以躋一世民物於仁壽之域也。是生人之大命也。臣雖愚陋，敢不掇拾所聞以爲獻？惟聖神采擇焉。

臣聞虞廷之論治也，曰：“德惟善政，政在養民。”於是乎正德利用，厚生惟和，水火金木，土穀惟脩。及其盛也，則六府三事允治。懼其弗永也，則又勸之以九歌，俾勿壞焉。成周之隆，以農桑立國者也。故周公《無逸》之訓，《六月》《七月》之詩，每惓惓於日月星辰之運行，昆蟲草木之變化，與夫于耜舉趾播穀滌場之早晚，以爲成王告焉。嗚呼，治至虞周，可謂極矣！而其所以爲民者，惟生養是先，蓋以其切於民命焉耳。及其衰也，舍我穡事之怨興，而四海始困窮矣。不籍千畝，而鴻雁哀鳴之聲作矣。夫同是天下，則所以率先之者，不容以頓异；同是民心，則所以倡道之者，豈容於頓殊？此雖時勢之變更，良由世主失所操持之所致也。是故漢文作，而勸農親蠶之儀舉，則海內致殷富之盛；唐宗起，而力行仁義之道，至則庶幾幷成康之勳。彼徒求諸法，而弗求諸心，尚得以擅英君誼辟之名，而況得帝王心法感通之本者哉！夫今之天下，即古之天下，然則古人之道，今獨不可復乎？而況夫人心虛靈不昧之體，應務不窮之用；感昭神化之方，達權倡率之妙。雖堯舜亦與人同也。而謂操可致之權，又有能致之資者，可安常習，故而漫弗之省乎？此愚臣所嘗究觀往籍，而扼腕弗平者也。

伏惟陛下超然遠覽，洞燭民艱，每歲循耕籍之典，所以率天下者何其勤；大內嚴躬桑之儀，所以風天下者何其備。則陛下之心，上有以契千聖之奧；而道民之機，下有以警萬國之心。是宜閭閻極儲峙之豐，井落臻盈篋之帛，內寧外謐，灾殄沴銷也。夫何邇年以來，關輔告歉，則不免發內帑之積；桴鼓時警，則不能施賑貸之策。或者聖心猶有未純，而其機尚有阻勸乎？然臣觀陛下，閔念黎元，頻切詔旨。仰稽之天，則靈雪寶露降焉；俯察之地，則瑞麥嘉禾出焉；中驗之人心，則訢訢然決聖主焉。則陛下力行古訓之心，固已格於上下，未可謂其弗純，而感格倡率之機，又以昭布寰宇，未可謂其弗至也。而功化之未克如古者，則以奉法之吏，未能精白一心以承休德，而游手之民，未能盡緣南畝。是以心雖勞而功弗集，志雖切而民未變耳。夫古者天子親耕於南郊，而三推五推，至於庶人終畝者，凡以率天下之民也；王后親蠶於北郊，而分繭稱絲，效功及於命婦者，凡以率天下之紅女也。

是故天子率諸侯，諸侯率卿、大夫、士、庶人，上下各以其班，內外咸共其事，不必躬履田畝，而天下化矣；后以率夫人、世婦以及士庶人之妻，而天下則焉，則天下不必家喻而亦化之矣。此古昔聖帝明王，所以高拱於清穆之上，而化行於海隅之遠者，以其有此具也。今也勸農之吏雖設，而尸素以得計，曾有如禹之乘四載以服勤於舜者乎？而況遼邈之邑，監司所不能按者，抑又多矣。民生之食，如之何其弗歉也？剝削之苦，又所不計矣。植桑之園猶故，而別業以自利，曾有如詩人刺蠶織之休，以冀復周制者乎？而況綺羅之輩，所以肆誅求乎吾民者，又無紀極矣。民生之衣，如之何其不鶉結也？瑣尾之痛，又有所不忍言矣。是皆不知小人之依，安保其有寅亮之心哉？

夫"維昔之富不如今，維今之疢不若茲"，周人所以嘆家法之失也；"大東小東，杼軸其空"，《周詩》所以怨征求之苦也。以今考古，是安得不上塵淵衷，下究化理哉？昔真德秀著田家之苦以規其君，有所謂曉霜未釋，忍飢扶犁，凍皴不可忍，則燎草火以自溫者，為始耕之苦焉；燠氣將炎，晨興以出，傴僂如啄，至夕乃休，泥塗被體，熱爍濕蒸，百畝告青，而形容變化不可復識者，為立苗之苦焉；暑日如金，田水若沸，耘秄是力，稂莠是除，爬沙而指為之戾，傴僂而腰為之拆者，為耘苗之苦焉；迨垂穎堅粟，則縛草為舍，荷戟防衛，竟蔽風雨，焦勞不輟者，為守禾之苦焉；登場屬飽，償貸不支，則又稱貸嗣歲，自此惟取茅以為生息，而蠶事之苦稱是焉。嗚呼，盡之矣！夫民終歲勤苦若此，而啼饑尚不免焉，士大夫知此者鮮矣，況貴戚近倖乎！無惑乎民生之未安也。誠使奉法者皆能上體聖懷，下悉民隱，易田必求趙過之智，而不憚於循行；繰絲必稽夷中之詠，而不使其稱貸。監司申飭乎守令，守令必躬乎民畝，則天下皆能以聖人之心為心，而風聲所樹，無煩刑驅，孰不為敦本務實之圖哉？此蓋轉貧為富之機，易危為安之策，在陛下奮乾剛以振天下怠緩之心，極明作以起天下委靡之氣耳。夫法無不可行者，有所不行，以人心之弗誠也，心無不可挽者，有所未孚，以流俗之染深也。今承積弊之後，苟小大戮力，上下勤恤，以虞周之治為必可復，以先王之法為必可行，不狃於因仍苟且之見，不撓於古今時勢之殊，則法立而功奏，事舉而效見，何民生衣食之不充？何國用儲積之弗贍？民心由是而可醇，兵食由是而可足，至治馨香，徹於神明，和氣薰蒸，天地交泰，而雨暘自以時至，邊陲自以守固矣，又何用上嘉下樂，遠慕近法，以勞爲哉？

雖然，法以心率者也，機以心神者也，是故虞廷每嚴於危微精一之訓，而敕天之命，亦必曰：惟時惟幾焉，不獨其政在養民已也。周公亦致警于所其《無逸》之戒，而後《豳風》之詩，使瞽矇誦焉，不徒俾其知稼穡艱難已也。夫心而曰精，則所以察之者密矣；無逸而必曰所焉，則所以宅心者嚴矣。是故其要存乎幾微之審也。不然，則心或不免於外誘之移，臣懼法因以隳，而機因以弛也。臣愚仰見陛下德嚴敬一，則古人所謂惟敬可以檢束此心者，亦既優爲之矣；日御講筵，則古人所謂惟學可以養此心者，亦既優爲之矣；儒紳列侍，則古人所謂惟親賢人君子可以維持此心者，亦既優爲之矣。而臣愚之深憂過計，竊願陛下尤致審於幾微焉。誠以心體至微，衆欲攻之，一或不審，則投間抵隙，必將爲是心之累矣。蓋事未有不始於微而成於著者。司馬光曰："聖人之慮遠，故能謹其微。"胡寅亦曰："善爲天下國家者，每謹於微而已矣。"皆言幾微之不可忽也。周敦頤則指其本曰："寂然不動者誠也，感而遂通者神也，動而未形有無之間者，幾也。"蓋是幾之微，近則公私邪正，遠則廢興存亡，皆於是乎判焉，不可以弗之審也。是故誠神幾則聖矣。臣願陛下，宮闈深邃之中，心氣清明之時，致研於理欲絲毫之分，考驗於古今得失之監，不顯亦臨也，無射亦保也。敬畏崇焉，逸欲戒焉，敦朴發自由中，儉素本諸天性。由是以循法，則法可弘於往聖；由是以道民，則民可孚於至愚。凡所以爲休養生息之方，以極博厚高明之業者，自可運諸此心而無難矣。臣愚不勝惓惓之至。

臣謹對。

嘉靖十一年進士同年序齒錄

同年世□□ □□矣。錄既成，来熙菴諸君走筆懇予一言弁諸首。噫！逝者不可復作，可爲痛哭流涕，而予老耄無聞，行且同游地下，又何言哉？雖然，諸年兄已作古人，予不言，誰言之？因宣其意，而僭書其端云。

萬曆二十五年丁酉夏六月，平原八十六翁程瑶序

壬辰進士同年會錄齒次序

翰林院侍讀學士、奉訓大夫、經筵講官兼掌撰誥敕儀封郭維藩撰。

同年有會，敦友好也；會有錄，示考祥也。達於斯義者，友道其可興乎？嘉靖壬辰春，上賜進士三百二十人。是三百二十人者，同日對大廷，又同日賜甲第，其進同；皆業《六經》而宗周孔，其道同。茲所謂友也。會者，所以序齒明義以講其好者也，厚之道也。昔者，子言之曰："勿友不如己者。"曾子曰："君子以友輔仁。"是三百二十人者，皆天下之英也，所謂益友也。有益友而不取以輔仁，其何益哉？夫仁也者，無私之謂也。無私也者，事必合道之謂也。事必合道，則可以爲君子；行而不息，則亦可以爲聖人。夫朋友之倫，列在五典，與君臣父子配，其重如此。其義惟在輔仁，以成其德而已。今之友者乃异於是。夫身居華要，力可以陞降人物，則友之。於是降體隆貌，極力爲役，務結其歡心，此取其形勢也。揚於詞場，蔚有名稱，則友之。於是朝夕講説，共探其模擬鍛鍊之術，此取其文藝也。摘前賢之微瑕

以張已見，唱無實之高論以惑後學，則友之。於是私相論議，動仿聖人，大言相誇，以訛一世，此取其詭异也。媒孽使氣，退處待價，則友之。於是曲爲稱道，推挽不舍，必有濟而後已，此取其釣譽而獵榮也。至其訥訥尚行者，目爲庸腐；忠信誠懇者，目爲迂愚；正直不隨者，目爲骯髒；修職立事者，目爲流俗。不惟不之采，又從而訾□毁之，棄其所可取而取其所可弃，安望其有所益而成德哉？由是觀之，雖謂之無朋友之倫亦可也。子又言之曰："友直，友諒，友多聞，益矣。"是三百二十人者，皆天下之英也，直諒多聞者，濟濟皆是也。諸子和厚慈良者，取其直克；疏通敏辨者，取其諒克；篤信固執者，取其多聞克。有無相濟，彼此相成，如是則文章道德可以範後，勳庸氣節可以鳴時。是錄布之天下，天下頌之；流之四夷，四夷頌之；傳之諸子之子孫，諸子之子孫頌之。其或不然，將有指而議之者矣。夫聚天下之英於一席會，可樂也；然有錄以考祥，亦可懼也。樂以興懼，懼以興其取友之實，則友道之復於今，必自茲會始也。諸子盍共圖之哉？因高公秉林敬夫之請，書此爲錄序。

嘉靖壬辰科進士同年序齒錄

北直隸三十一人，南直隸四十六人，浙江四十八人，江西二十二人，福建三十九人，四川二十二人，山東十七人，山西十八人，陝西四十人，河南二十二人，湖廣十八人，廣東十三人，廣西三人，雲貴七人。

湖廣　蔣信　字卿實。治《書經》。癸卯年八月二十七日生。武陵縣人。觀戶部政，授戶部福建司主事，陞兵員外，歷貴州提學副使，告休。號道林。曾祖睿。祖誠。父經。母萬氏。兄傑。子如霖、如川。戊子鄉試九名，會試九十七名，廷試二甲三十六名。

南直隸　張鶚　字直夫。治《詩經》。乙巳年十二月二十四日生。泗州衛籍，蕪湖縣人。觀戶部政，授臨川知縣，陞嚴州府同知，止。號南堤。曾祖貴。祖榮。父明。母章氏。弟鵬。子應科。戊子鄉試一百八名，會試一百六名，廷試三甲二百一名。

山東　侯珮　字天和。治《書經》。丙午年七月十四日生。范縣人。

觀戶部政，授府推官，陞戶部主事，歷陞苑馬寺少卿，致仕。號靜溪。曾祖欽。祖榮。父聰，衛經歷。母翟氏。兄璋；珪；璠，省祭官。子來聘，生員。戊子鄉試二十六名，會試一百八十一名，廷試三甲一百四十九名。

　　福建　米榮　字仁夫。治《易經》。丙午年九月二十九日生。紹武縣人。觀兵部政，授太平府推官，陞兵部主事、員外，湖廣僉事。號艮齋。曾祖友文。祖惟寶。父留住。母湯氏。弟華。子應鍾、應錡、應銑、應鐸。戊子鄉試二十七名，會試二百六十八名，廷試三甲二十三名。

　　湖廣　謝尚箴　字以善。治《易經》。丙午年十一月十四日生。華容縣人。觀兵部政，授成都知縣，陞刑主事、郎中，福建寧知府。號南湖。曾祖純一。祖如溫。父讓，司務。嫡母袁氏，母劉氏。兄上符、上策。弟上簡、上籥。子蒙寅、蒙賞、蒙貴。壬午鄉試五十三名，會試一百五十九名，廷試三甲一百三十六名。

　　福建　陳文浩　字子川。治《易經》。丁未年四月十二日生。閩縣人。觀都察院政，授句容知縣，陞南戶主事，工郎中。號孤峯。曾祖檜。祖秉。父鑛。前母吳氏，母鄭氏。兄文淵。子姪夢蘭、夢橋。壬午鄉試二十四名，會試二百九十七名，廷試三甲一百一十一名。

　　四川　胡汝翼　字伯鄰。治《書經》。丁未年十一月十七日生。綿州人。觀工部政，授豐城知縣，陞戶主事、郎中，臨安知府，補襄陽府。號東巖。曾祖清，贈承德郎。祖蘭，審理正。父秉中，教授。母古氏，繼母粟氏。弟汝弼；汝霖，生員；汝楫；汝梅。子經、綸、約。壬午鄉試五十二名，會試一百二十九名，廷試三甲一百五十六名。

　　山西　申用休　字戒之。治《書經》。戊申年三月十七日生。樂平縣人。觀大理寺政，授行人，陞南御史，卒。號雲谿。曾祖鐸。祖信。父朗。母郝氏。弟用懋、用章。子獄、崇、崧、巖。戊子鄉試六名，會試二百二十名，廷試三甲一百二十九名。

　　北直隸　韓威　字德隅。治《詩經》。戊申年六月十九日生。河間衛籍，豐潤縣人。觀禮部政，授常州府推官，歷陞都給事、山東參、按察、左布政。號漁洲。曾祖真。祖聰。父欽。母郭氏。兄陞。弟陵，生員。丙子鄉試十六名，會試一百十四名，廷試三甲二十二名。

　　江西　劉仕賢　字以道。治《詩經》。戊申年六月二十四日生。南昌縣人。觀通政司政，授中舍，陞御史，廣東僉事，卒。號仰峯。曾祖傑勝。祖伯拱，贈主事。父廷重，工部郎中。母王氏，封安人。弟仕貴、仕資、仕贊。子曰虞、曰虛、曰睿。乙酉鄉試五十一名，會試一百一名，廷試三甲一百四十四名。

廣東　王玉汝　字體成。治《詩經》。戊申年九月十六日生。東莞縣人。觀都察院政，授江陰知縣，陞南工主事，卒。號守素。曾祖純。祖貞。父尚學，府同知，進階朝列大夫。母梁氏。兄士鵬。弟士鷟；用汝，生員；士鳳；士鸎；與汝，生員。子所，生員；前；在。壬午鄉試三十四名，會試二百八名，廷試三甲二百七名。

江西　呂瑚　字汝器。治《書經》。己酉年二月三十日生。永豐縣人。觀吏部政，授工主事，卒于官。號東溪。曾祖子英。祖茂忠。父璁。母潘氏。弟璉珂。子德盛，生員。壬午鄉試一百十八名，會試一百三十四名，廷試二甲六十六名。

江西　廖天明　字敬之。治《詩經》。己酉年四月二十四日生。奉新縣人。觀兵部政，授下缺。號東溪。曾祖肜。祖仁耕。父進。母喻氏，繼母涂氏。兄天德。弟天祐。子本真、本畿、本彝。丙子鄉試五十七名，會試二百七十五名，廷試三甲一百九十九名。

山東　李淳　字文卿。治《詩經》。己酉年五月十八日生。濮州人。觀禮部政，授山西潞城縣知縣，陞戶主事、員外、郎中。號纓溪。曾祖英。祖成。父瓚，義官。母馬氏。兄恂，省祭官。子行知、行素、行遠。乙酉鄉試十四名，會試二百二十四名，廷試三甲八十六名。

四川　王繼宗　字汝孝。治《易經》。庚戌年六月十七日生。南充縣人。觀工部政，授華容知縣，陞給事中、兵都給事，卒。號雙溪。曾祖榦。祖儒，監生。父汾。母張氏。兄紹宗，典膳。弟纘宗，生員；繹宗。子下缺。戊子鄉試二十四名，會試二百七十六名，廷試三甲二十八名。

江西　曾鈞　字廷和。治《詩經》。庚戌年閏九月二十五日生。進賢縣人。觀都察院政，授行人，歷陞南京吏科給事中、刑部侍郎。贈尚書。諡恭肅，祀鄉賢。號前溪。曾祖翔如。祖由勉。父文獻。母傅氏。兄廷夔、廷鰲、廷範、廷式、廷高。子一唯、一初、一鳴。孫允功，□□□□□。姪孫，時奉，甲午舉人。戊子鄉試五十四名，會試四十八名，廷試三甲十五名。

福建　王應詔　字公舉。治《易經》。庚戌年十月十四日生。甌寧縣人。觀都察院政，授大理評事，歷僉事、貴州參議，止。號吉陽。

曾祖昇。祖民瞻。父貴，歲貢。母魏氏。兄用寅，生員。弟士策，舉人。子大政，生員；大諫；大年，生員；大猷；大器；大韶。己卯鄉試一十八名，會試三百三名，廷試三甲一百二十六名。

福建　方召南　字文化。治《書經》。辛亥年二月二十四日生。莆田縣人。觀禮部政，卒。號爲齊。曾祖璿，訓導。祖迪。父紳。母林氏。弟世南、道南。丙子鄉試九名，會試三百十六名，廷試三甲一百八十三名。

江西　胡岳　字宗高。治《易經》。辛亥年六月二十一日生。鄱陽縣人。觀吏部政，授工主事，歷員外、郎中，桂林知府，止。號北岡。曾祖景山，贈通議大夫、刑部右侍郎。祖鼎和。父富。母陳氏，繼母李氏、吕氏。弟岱，南京光禄署正。子立，生員；彦，進士。戊子鄉試五十六名，會試一百九十一名，廷試三甲二百三十一名。

浙江　朱懷幹　字守正。治《詩經》。辛亥年十月二十七日生。歸安縣人。觀大理寺政，授刑主事，歷郎中，揚州知府，調程蕃府，止。號雙橋。曾祖廷瑀，壽官。祖暲。父源。母鄭氏。兄懷楨。弟懷策；懷采，生員。子夏，監生。壬午鄉試十二名，會試三百四名，廷試三甲一百七十七名。

福建　陳讓　字原禮。治《春秋》。辛亥年十一月初五日生。晉江縣人。觀禮部政，授紹興推官，陞御史，建言回籍。號見吾。曾祖漢。祖凱。父溥。母郭氏。兄言、設、謀、試。子欲渾、欲漸、欲潤、欲淳。辛卯鄉試一名，會試五十二名，廷試三甲一百三十五名。

廣東　李謹　字常甫。治《書經》。壬子年正月初五日生。富峪衛籍，四會縣人。觀禮部政，授下缺。號南津。曾祖安，百户。祖福，百户。父淮，百户。母張氏，封安人。子正新。乙酉鄉試一百十六名，會試七十一名，廷試三甲一百六十六名。

北直隸　劉素　字文之。治《禮記》。壬子年三月初五日生。深澤縣人。觀通政司政，授歙縣知縣，陞户主事，南户郎中，陝西副使，卒。號靜虛。曾祖海。祖迷。父潔。母李氏。乙酉鄉試百十名，會試六十一名，廷試三甲四十八名。

雲南　賈文元　字體仁。治《詩經》。壬子年四月二十七日生。大理衛人。觀工部政，授華陽知縣，陞刑主事，止。號洱皋。曾祖順。祖能。父鐸。母魏氏。兄文英；文翰，提舉；文輔；文華。弟文魁。子召麟。壬子鄉試二十名，會試一百七十九名，廷試三甲一百二十四名。

江西　呂懷　字汝德。治《書經》。壬子年五月二十九日生。永豐縣人。觀刑部政，選翰林院庶吉士，歷給事中，南司業，南通右參議，南大僕少卿，致仕。號巾石。曾祖子昂。祖茂輝。父賢。母祝氏。子德宗；德克，生員；德容；德齊。弟懌、慎。壬午鄉試一百五名，會試一百十五名，廷試二甲四十一名。

南直隸　陳澍　字伯雨。治《書經》。壬子年六月十一日生。合肥縣人。觀戶部政，授戶主事，陞員外、郎中，衛輝知府，止。號下缺。曾祖暹。祖頤。父春。母王氏。兄瀾。弟濚、潛。壬辰鄉試一百十九名，會試八十九名，廷試三甲五十二名。

南直隸　錢籍　字汝載。治《書經》。壬子年七月十九日生。常熟縣人。觀刑部政，授遂安知縣，陞御史，止。號海山。曾祖恂。祖文吉。父廷佐。母孫氏。兄節、箕。弟策、筌、竺。子宇、寧、守。己卯鄉試九十九名，會試二百九十六名，廷試三甲一百七十名。

江西　歐陽清　字懋直。治《詩經》。壬子年八月十四日生。上饒縣人。觀禮部政，授工主事，歷員外、郎中，浙江副使，四川參政，卒。號沖菴。曾祖文信。祖久鎮。父貴，訓導。母胡氏，繼母賈氏。弟洪。戊子鄉試三十二名，會試一百七十名，廷試二甲六十九名。

福建　周亮　字尚寅。治《易經》。壬子年八月二十五日生。候官縣人。觀大理寺政，授汝陽知縣，陞貴州道御史，三巡南直隸，晉京畿道，陞南京大理寺丞，守制卒。從祀鄉賢。號岐麓。曾祖榮，教諭。祖一鶚，壽官。父天秩，封貴州道監察御史。母張氏，繼母趙氏，俱贈孺人。配魏氏，贈孺人；繼配趙氏，封孺人。弟膏。子道；誥，俱庠生；書，萬曆三十年授訓導；相，庠生。孫夢暘；繼魁；繼熙；繼先；爾坤，俱庠生；爾震；爾巽；爾豫；夢蘭；啓瑞；啓翔。曾孫弘議、弘謨、安仁、敦仁、葉國、正國、泰國、兆隆、兆盛、昌祚、昌祺、士貴。壬午鄉試二十二名，會試一百二十六名，廷試三甲一百一十三名。

山東　楊勉學　字仲潛。治《春秋》。壬子年九月初九日生。茌平縣人。觀刑部政，授府推官，陞御史，湖廣副使。號菊塢。曾祖貴。祖靖，縣丞。父春，監生。前母丁氏，母田氏。兄希學，知縣。子于陃、于遠。辛卯鄉試三十六名，會試二十五名，廷試三甲一百八十七名。

福建　雍瀾　字斯道。治《書經》。壬子年九月二十二日生。莆田縣人。觀戶部政，授戶主事，陞員外，廣東僉事，參議，止。號見川。

曾祖志徵。祖貴玉,封衛經歷。父汝和,提舉。母陳氏,封儒人。兄鴻、鯨。弟鯤,生員;鯉,武舉。子下缺。戊子鄉試四十二名,會試一百八名,廷試二甲六十八名。

　　江西　熊洛　字景之。治《易經》。壬子年十月二十六日生。南昌縣人。觀吏部政,授刑部主事,陞員外,郎中,雲南副使,降通判,陞知州,福建僉事、副使參政、按察使、左布政,應府尹。號筆山。曾祖秉文。祖萬象。父良,封兵部主事。母胡氏,贈安人;繼母王氏。兄河。弟汲,兵部主事;潢,貢士;治。子下缺。壬午鄉試一百三名,會試一百四十九名,廷試二甲二名。

　　四川　高節　字公秉。治《禮記》。癸丑年正月十六日生。羅江縣籍,綿州人。授翰林院編修,降通州判官,陞南主事。號竹所。曾祖子清。祖本政。父勝,封吏部主事。母李氏,贈安人;繼母王氏,封安人。兄第,雲南按察司副使。弟簡,己丑進士。子志、思。丙子鄉試二十四名,會試一百十九名,廷試一甲三名。

　　浙江　何贊　字堯卿。治《詩經》。癸丑年三月二十一日生。黃巖縣人。觀兵部政,授行人,陞御史,福建副使,卒。號龍江。曾祖士周。祖潭。父圭。母陳氏。弟彌。子良臣。癸酉鄉試七十一名,會試十五名,廷試三甲一百八十四名。

　　四川　何其高　字抑之。治《易經》。癸丑年三月二十一日生。閬中縣人。觀刑部政,授南京工部主事,改御史,降州判,陞寧國通,戶主事、郎中,吉安知府,陝西參政、右布政。號白坡。曾祖源。祖廣。父明。母李氏。兄其俸;其顯,生員。丙子鄉試六十三名,會試一百二十三名,廷試二甲二十六名。

　　浙江　盧勳　字汝立。治《易經》。癸丑年四月二十三日生。縉雲縣人。觀工部政,授太常博士,陞吏禮都給事中,南太常少卿,改太少卿,右通政,巡撫南贛,改南操江,大理卿,南刑侍、工侍,刑尚書。號後屏。曾祖守義,義民。祖世熙。父時勉,散官。母應氏。兄燭、燿、煩、煉、杰。子衢;敦,知府;致,福建運副。壬午鄉試五十三名,會試二百四十一名,廷試三甲一百二十五名。

　　河南　徐守義　字子和。治《詩經》。癸丑年五月二十五日生。杞縣人。觀都察院政,授府推,陞給事,山東副使,□參政、按察、左右布政。號鳳崗。曾祖志。祖淮。父偉。母王氏。兄堯相。弟守智;

守忠，俱生員；堯臣；守信；守德；守廉，散官。子立交。乙酉鄉試五十四名，會試一百四十五名，廷試三甲二百十六名。

廣東　朱廷臣　字敬之。治《易經》。癸丑年閏五月十二日生。海陽縣人。觀兵部政，授吳縣知縣，陞給事，建昌知府，止。號東城。曾祖惠。祖祐。父祿。母尤氏。弟廷琠、廷璞、廷璇、廷輔、廷佐。子若翼、若愚。癸酉鄉試二十九名，會試二百八十五名，廷試三甲一百三十七名。

江西　劉廷範　字汝顏。治《詩經》。癸丑年六月三十日生。臨川縣人。觀禮部政，授刑部主事、員外，廣東僉事，卒。號弦齋。曾祖景昂。祖夢龍。父俸，贈刑部主事。母甘氏，封太安人。弟廷約，庠生；廷辯，贈知縣。子宏，國子生。親姪一清，儒官；一濱，聽選官；一瀾，癸未進士，見任兵部員外；一海，庠生；一潢，儒士。孫繼祖，庠生；紹祖；象祖；纘祖；述祖。曾孫邦瓚、邦珩、邦球、邦瑞、邦玳、邦璲、邦瑛、邦琦、邦瑢、邦瑀、邦瓅、邦理、文明、文輝、文煥。辛卯鄉試七十四名，會試一百六十五名，廷試三甲一百九十六名。

江西　曾孔化　字宗周。治《詩經》。癸丑年七月十九日生。廬陵縣人。觀吏部政，授南京刑部主事，改御史，止。號華山。曾祖一德。祖謙。父褒。母彭氏。兄孔淵、孔澄、孔濟。子世臣。乙酉鄉試六十一名，會試八十五名，廷試二甲十七名。

北直隸　張棐　字體周。治《詩經》。癸丑年八月十九日生。邯鄲縣人。觀都察院政，授金壇知縣，陞南御史，卒。號西岡。曾祖晉，訓導。祖錫，行太僕寺少卿。父瀚。母譚氏。兄杲，監生。弟渠，生員。子炯、煜、煌。己卯鄉試十一名，會試二百十六名，廷試三甲四十七名。

陝西　呂應祥　字子和。治《詩經》。癸丑年八月二十二日生。涇陽縣人。觀兵部政，授行人，陞給事，禮科都給事中。號龍山。曾祖恭。祖勉。父誠，經歷。母姚氏。弟應祿、應福。子潛。己卯鄉試四名，會試一百二十二名，廷試三甲一百三名。

浙江　王楫　字子長。治《詩經》。癸丑年九月初二日生。象山縣人。觀禮部政，授中舍，陞工員外、郎中，江西參議、副使、參政，閑住。號下缺。曾祖在明，知縣。祖京，推官。父渙，監察御史。母周氏。兄林；桓；檩；檄；楷；模，訓術；橋；棡；欑。弟棟、極、楠、楊。子文照，知縣。辛卯鄉試十六名，會試六名，廷試三甲一百九十八名。

南直隸　嚴寬　字栗夫。治《詩經》。癸丑年十月三十日生。丹徒縣人。觀工部政，授海寧知縣，陞刑主事、郎中，杭州知府。號玉山。曾祖慶。祖軫。父繼宗。母孟氏。弟容、完、宥、宸、寰、寵。子湛、淳、沐。辛卯鄉試四十五名，會試二百五十一名，廷試三甲一百九名。

江西　陳禎　字大和。治《詩經》。癸丑年十二月十三日生。崇仁縣人。觀都察院政，授山東曹縣知縣，陞刑主、員外、郎中，建寧知府。號南山。曾祖復賜。祖汝篪。父公翰。母李氏。弟祥。子粟，生員。壬午鄉試二十三名，會試一百五十四名，廷試二甲七十八名。

福建　陳時　字宜之。治《禮記》。癸丑年十二月十七日生。涿鹿中衛籍，長樂縣人。觀都察院政，授曹知縣，陞御史，左右通政，致仕。號北麓。曾祖信。祖通，贈奉訓大夫。父玉，知府。母王氏，封宜人。兄暐、暘。弟爵，衛鎮撫。子諡。戊子鄉試二十名，會試七十九名，廷試三甲九十五名。

河南　周卿　字堯果。治《書經》。甲寅年正月二十九日生。延津縣人。觀大理寺政，授山東禹城縣知縣，陞吏部驗封司主事，文選員外郎，驗封司郎中，甲辰歲首失朝，謫盧州府推官，陞常州府同知，未任，萬曆甲申，子評以同知奏，復原職。壽七十八歲。從祀名宦鄉賢。號東山。曾祖敬，壽官。祖良，耆賓。父嘆，贈文選司主事。母衛氏，封太安人。弟寶，縣丞；鄉；定，耆賓；密，府通判，贈户部主事；官，生員；守，光禄署丞；宦，訓導；完，典膳；宜，贈察院右都御史兼兵部右侍郎；寵，順天府通判。子諮，生員；訪，生員；評，山西太原府同知，晉階四品服色；訴，山東按察司知事。孫六紀，生員；六□，歲貢生；六璽；六節；六冕。曾孫希旦，□□□□。姪孫嘉慶，鎮撫司掌刑都指揮；嘉善，太僕主簿。姪曾孫長祚，王府都事。己卯鄉試二十五名，會試四十四名，廷試三甲四十九名。

河南　董漢儒　字道夫。治《禮記》。甲寅年二月十六日生。考城縣人。觀都察院政，授通州知州，陞南員外、郎中，東昌知府，副使。號葵岡。曾祖英。祖繼先，監生。父廷佐，訓導。母甯氏。弟漢卿，生員；漢傑，生員。子勑，生員；詔；誥。乙酉鄉試十名，會試一百四十一名，廷試二甲六十一名。

河南　周南　字道南。治《書經》。甲寅年二月十八日生。郟縣人。觀吏部政，授行人，陞御史，浙江副使，止。號東皐。曾祖瑾。祖榮。

父玘。母王氏。子壎、華、萼。壬午鄉試五十九名，會試二百三十七名，廷試三甲一百四十六名。

山西　孫繼先　字孝卿。治《詩經》。甲寅年三月初六日生。安邑縣人。觀刑部政，授直隸高陽知縣，調咸寧縣。號慎齋。曾祖鐸。祖澄。父巍。母馬氏。兄理學。弟孝先。子克順、克和。己卯鄉試五十五名，會試二百七十七名，廷試三甲九十名。

河南　曾大吉　字子修。治《春秋》。甲寅年五月十九日生。陳州人。觀刑部政，授戶部主事。號潁坡。曾祖剛。祖和。父福。母盧氏。弟大全，生員；大用，生員。子一新、一善。丙子鄉試六十八名，會試一百六十八名，廷試二甲五十八名。

浙江　翁學淵　字原道。治《詩經》。甲寅年六月二十八日生。遂昌縣人。觀兵部政，授南京戶部主事，陞員外、郎中，湖廣僉事，貴州參議降。號舟山。曾祖存仁。祖守寧。父奎。前母潘氏，母黃氏。兄道淵、德淵。子遴、選。辛卯鄉試三十四名，會試三百十九名，廷試二甲二十三名。

南直隸　邢址　字汝立。治《詩經》。甲寅年七月初九日生。當塗縣人。觀吏部政，授缺，陞御史，邵武府知府，河東鹽運使。號陽川。曾祖純。祖愚，贈主事。父珣，江西左布政使。母楊氏，封安人；繼母倪氏。兄增；塤；埵；圻；坦；壁；核；埴，貢士；埌。弟坊、垚、莊。戊子鄉試十四名，會試二百十八名，廷試三甲八十三名。

福建　俞世潔　字與之。治《易經》。甲寅年七月初十日生。候官縣籍，福清縣人。觀禮部政，授吉水知縣，降教授，陞[1]國博，卒。號石坡。曾祖繼善。祖荊。父體中。母徐氏。兄士淵。弟士濂、士瀚、士灝。乙酉鄉試四十名，會試二百七十九名，廷試三甲五十五名。

四川　馬中驥　字惟德。治《易經》。甲寅年八月二十二日生。新都縣人。觀戶部政，授寧波推官，陞戶主事，卒。號頤菴。曾祖程。祖宗義。父先。母林氏。弟中龍、中駿、中駸。子致遠、道遠、行遠、陟遠、屆遠。壬午鄉試三十一名，會試七十四名，廷試三甲二百十一名。

湖廣　胡明庶　字功甫。治《詩經》。甲寅年八月二十七日生。羅田縣人。觀通政司政，卒。號下缺。曾祖宗，壽官。祖月輝。父大紀。

---

[1]底本作"陛"，當作"陞"，下徑改。

母徐氏。乙酉鄉試三名，會試五十四名，廷試三甲一百九十二名。

廣東　潘恕　字行之。治《春秋》。甲寅年九月十五日生。海陽縣人。觀刑部政，授新建知縣，陞南户主事、員外，。號南窻。曾祖英。祖榮，貢士。父高，推官。母葉氏。兄忠。弟恩。子鈞、錠、鏄。壬午鄉試四名，會試二百十五名，廷試三甲二百名。

山西　孫哲　字用晦。治《易經》。甲寅年十月十五日生。石州人。觀吏部政，授評事，歷陞寺正知府，止。號吉泉。曾祖全。祖搗，教授。父子文，知縣。前母蘇氏，母武氏。兄振麒，倉官；賢良。子繼魯。戊子鄉試十四名，會試六十六名，廷試三甲一百六十二名。

河南　鄭吉甫　字希憲。治《春秋》。甲寅年十一月初五日生。羅山縣人。觀兵部政，授行人，卒。號敬庵。曾祖文斌，貢士。祖紀。父洪，義官。母趙氏，繼母翟氏、尚氏。兄重。弟光甫、行甫。乙酉鄉試三十名，會試七十七名，廷試三甲八名。

北直隸　王繼芳　字世昌。治《詩經》。甲寅年十一月二十二日生。固安縣人。觀户部政，授充推官，陞南工給事，改户主事、員外、郎中，陝副使，調四川。號亭皐。曾祖貴。祖端，贈刑科給事中。父欽，按察司副使，前給事中。前母呂氏，贈孺人；母祖氏，封孺人。子道純、政純。辛卯鄉試一百七名，會試一百六十二名，廷試三甲一百八十名。

雲南　趙汝濂　字敦夫。治《易經》。乙卯年正月三十日生。太和縣人。觀都察院政，選翰林院庶吉士，改吏主事、員外、郎中，陞南尚寶卿，太常少卿，右通政，太僕卿，太常卿，南院右副都，調外任。號雪屏。曾祖均。祖平，贈儒林郎。父儀，知州。母段氏，贈安人。弟汝洛。壬午鄉試三名，會試二百二名，廷試三甲一百二十七名。

山西　李朝陽　字伯鳴。治《書經》。乙卯年二月二十七日生。清源縣人。觀兵部政，授宜陽知縣。號西峪。曾祖賢，壽官。祖子實。父梅，巡檢。母梁氏。弟遇陽、荷陽。子光前、光世、光德。戊子鄉試九名，會試六十名，廷試三甲五十六名。

南直隸　陸期范　字仁卿。治《易經》。乙卯年四月二十八日生。興化縣人。觀吏部政，授未仕，卒。號鶴田。曾祖礦。祖溉，壽官。父彌望。母虞氏，繼母朱氏。弟期。子鳳羽、鳳毛。己卯鄉試四十八名，會試三百二十名，廷試二甲三十三名。

南直隸　余光　字晦之。治《書經》。乙卯年四月二十八日生。江寧縣籍，祁門縣人。觀吏部政，授大理寺左評事，調南京大理寺，改御史，卒。號古峯。曾祖宗諒。祖仕英。父隆。嫡母汪氏，母吳氏。子孟，□□方□甲戌榜□眼，官諭德。辛卯鄉試五十名，會試二百九十九名，廷試三甲一名。

陝西　楊登　字子先。治《詩經》。乙卯年五月初八日生。咸寧縣人。觀大理寺政，授四川富順縣知縣，陞工主事。號下缺。曾祖名。祖經。父錦。母姚氏，繼母王氏。弟發、祭、譽。己卯鄉試十四名，會試五十一名，廷試三甲八十一名。

南直隸　浦應麒　字道徵。治《書經》。乙卯年五月二十三日生。無錫縣人。觀刑部政，選翰林院庶吉士，授編修，陞贊善，止。號后巖。曾祖森。祖宗盛。父瑾，知縣，前進士。母黃氏。弟應元、應辰、應登。子戀南。戊子鄉試五名，會試二百八十六名，廷試二甲七十三名。

湖廣　葉國華　字尚實。治《詩經》。乙卯年七月十五日生。興國州人。觀都察院政，授遂寧知縣，陞戶主事，卒。號觀吾。曾祖思恭。祖鮮。父聰，教諭。母鍾氏，繼母劉氏。弟文華、士華、常華、子極。戊子鄉試四十七名，會試二百八十一名，廷試三甲一百十名。

江西　朱憲章　字良範。治《詩經》。乙卯年七月二十七日生。進賢縣人。觀兵部政，授行人，陞給事中，歷左給事，川副使，降參議，起副使，福右參政，止。號筠坡。曾祖光孚，恩壽。祖啓明，贈兵科給事中。父魁，封兵科給事中。母李氏，封孺人。弟懿章，庠生。子應禎，國子生；應祜；永祚，庠生。孫鼎臣，廩生；裴，国子生；宬，吏目；裳，吏目；襄，吏目；仁臣；敬臣，庠生；毅臣，□□西舉人；和臣；簡臣，□□。曾孫賀、如、至、太、齡、心、正，俱庠生。戊子鄉試十三名，會試三十名，廷試三甲一百八十五名。

南直隸　史際　字恭甫。治《易經》。乙卯年八月初二日生。溧陽縣人。觀吏部政，授禮部主事，調吏部文選司主事，改右春坊清紀郎兼翰林院侍書，見志落職，嘉靖甲辰荐饑，鑿濬救饑數萬，癸丑間倭寇猖獗，募兵助餉，加陞太僕寺少卿致仕，蔭錦衣世襲百戶，以軍功，特賜祭葬。號玉陽。曾祖鎬。祖祚，贈給事中。父後，丙辰進士，南京刑科給事中，進階光祿寺少卿，加四品服色。子繼源，太學生，早卒；繼書，蔭授錦衣百戶，歷陞指揮同知、管衛事。孫致爵、致蔭、致鳳。乙酉鄉試十三名，會試二百二十五名，廷試三甲二百二十八名。

福建　鄭普　字汝德。治《易經》。乙卯年九月十九日生。南安縣人。觀工部政,授下缺。號海亭。曾祖妃乞。祖媽讚。父元。母伍氏。弟藻、薑、莊。子欲大。辛卯鄉試二十七名,會試七十二名,廷試三甲一百七十二名。

福建　林華　字廷彬。治《詩經》。乙卯年九月二十九日生。莆田縣人。觀禮部政,授戶部主事調刑主事,陞員外,降六安州同,陞長沙同知,鎮江知府,止。號巽峯。曾祖崇善。祖聘。父鸞。母周氏。弟鵬、秋、英、萃、章。子綖。乙酉鄉試二十九名,會試二十名,廷試二甲二十二名。

南直隸　楊雷　字起潛。治《易經》。乙卯年十月十七日生。吳縣人。觀大理寺政,授□縣知縣,陞南給事,廣東僉事止。號古崖。曾祖忠。祖順。父昂。母傑氏。弟霆;霽;霖,生員;雲。子之麟、之鳳。己卯鄉試五十二名,會試三百十八名,廷試三甲一百九十三名。

南直隸　張翼翔　字仲羽。治《詩經》。乙卯年十一月初五日生。鳳陽縣人。觀戶部政,授金華府推官,復登州推官,陞兵給事,禮右給。號四山。曾祖義。祖紀,壽官。父廷璧,訓導。母徐氏。兄翼翺,醫官。弟翼舉,生員;翼鳴。子蔭祚、蔭芳。戊子鄉試八十名,會試六十七名,廷試三甲二十名。

浙江　陳脩　字宗道。治《易經》。乙卯年十一月初十日生。山陰縣人。觀都察院政,授番禺知縣,陞御史,卒。號兩江。曾祖賢。祖珪。父清。母趙氏,繼母鄭氏。兄朋。乙酉鄉試三十八名,會試三十五名,廷試三甲三十一名。

北直隸　劉繼禄　字承德。治《詩經》。乙卯年十二月初六日生。永寧衛籍,三河縣人。觀戶部政,授戶主事,歷員外、郎中,臨洮知府,止。號下缺。曾祖政,副千戶。祖俊,副千戶。父希武。母張氏,繼母王氏。弟繼爵,千戶;繼位;繼相;繼善;繼志。戊子鄉試二十一名,會試二百一名,廷試二甲五十五名。

湖廣　方任　字志伊。治《春秋》。乙卯年十二月十六日生。黃岡縣人。觀吏部政,授工部主事,改兵員外、郎中,四川僉事,江西參議、副使,山東參政、按察使,江西左右布政,總督粮儲,巡撫應天副都。號近沙。曾祖俊。祖華。父勇。母彭氏。弟仕、在、伋、作、傑。子一龍、一麟。乙酉鄉試四名,會試九十一名,廷試三甲二百二十二名。

陝西　吳伯亨　字子貞。治《易經》。乙卯年十二月二十九日生。

蘭州人。觀戶部政，授吉安推官，陞吏主事、員外，降大名通判。號下缺。曾祖真。祖善。父銳，壽官。母王氏。弟伯祥、伯祿。子易。戊子鄉試十八名，會試二百三十八名，廷試三甲一百名。

福建　鄭汝舟　字宜濟。治《書經》。丙辰年正月初四日生。莆田縣人。觀工部政，授南海知縣，改教授，陞國博，南工主事、員外，湖廣僉事、參議、副使，卒。號少野。曾祖克敏。祖致中。父彥材。母黃氏。兄汝進；汝達；汝亨，生員；汝逞；汝逸；汝選。子潑、洏、勳、囗、勳，俱生員。戊子鄉試八十五名，會試二百七十八名，廷試三甲二十九名。

浙江　陶謨　字大顯。治《詩經》。丙辰年二月十三日生。秀水縣人。觀刑部政，授建德知縣，改莆田知縣，陞御史，大理寺丞，卒。號見湖。曾祖澤，義官。祖楷，贈監察御史。父儼，按察司副使。母姜氏，封孺人。弟諾、訥、訓。子下缺。戊子鄉試二十九名，會試一百二十名，廷試三甲一百二十二名。

南直隸　周復俊　字子籲。治《易經》。丙辰年三月十五日生。崑山縣人。觀吏部政，授工主事，歷員外、郎中，四川提學副使，調山東副使、參政，四川按察使、右布政，雲南左布政，南太僕寺卿止。號木涇。曾祖毅。祖元學，七品散官，贈承德郎、審理正。父在，知州。母吳氏。兄復吳。子泉、穀。乙酉鄉試三十名，會試七名，廷試三甲二百二十四名。

福建　宋天民　字若尹。治《書經》。丙辰年閏三月十二日生。莆田縣人。觀吏部政，授潮陽知縣，改嚴州教授，陞國博，南戶主事。號春野。曾祖克慮。祖鏞，倉副使。父世用。母詹氏，繼母林氏。弟天爵、天成、天球。子秉愚、秉魯、秉模。辛卯鄉試三十三名，會試二百四十二名，廷試三甲一百十四名。

浙江　沈伯咸　字公甫。治《書經》。丙辰年四月十五日生。秀水縣籍，嘉善縣人。觀都察院政，授行人，陞禮給事、右給事，寧國知府，未任，降南國博，丞止。號鶴湖。曾祖真卿。祖達，壽官。父潮在。母繆氏。兄伯艮。子三錫。壬午鄉試四十名，會試一百四十四名，廷試三甲十四名。

南直隸　茅鏊　字新之。治《詩經》。丙辰年六月初二日生。丹徒縣人。觀禮部政，授戶部河南司主事，陞員外、郎中，平陽知府，改德安知府，陞雲南副使，起復補陝西副使，浙江右參政。號海門。曾祖頤。祖宇，散官。父堅，贈南京戶部郎中。母聶氏，贈宜人；繼母費氏。兄鑒，知縣；鑾，郡寅。娶曹氏，贈宜人；娶何氏，贈宜人。子洵，監生；溉，選貢；湛，郡寅；□，選貢；泮；浹；洛；汾。姪源，郡寅；淮，生員；治，贈吉安府推官；溱，生員；濡，和州訓導。孫崇位，禮部儒士；崇仁，生員；崇任；崇僖；崇化，生員；崇偉，生員；崇伊，生員；崇雅，生員；崇偲；崇傅，生員；崇倬，生員；崇脩，廩生；崇伯。姪孫崇采，貢士；崇本，庚辰進士，南京刑部主事；崇榮；崇俊；崇棟，俱生員。曾孫大經，廩生；大勳；大熙；大年；大耀；大昌，俱生員；大受；大章；大生；大同；大悅；大有；大琮；大璧；大度；大瑛；大欽。辛卯鄉試一百七名，會試二百三十一名，廷試二甲三十七名。

　　福建　曾汝檀　字惟馨。治《禮記》。丙辰年六月初五日生。漳平縣人。觀吏部政，授都察院都事，陞南戶員外，禮郎中，撫州知府，調南寧知府，終養，復補安慶知府，陞鹽運使。號廓齋。曾祖處安。祖瀾，義官。父元清，按察司知事。母陳氏。子思魯。乙酉鄉試九十五名，會試九十五名，廷試三甲一百十五名。

　　浙江　胡公廉　字介卿。治《易經》。丙辰年六月十六日生。湯溪縣人。觀兵部政，授泉州推官，陞刑主事、員外、郎中，南昌知府止。號簡齋。曾祖以英。祖時珪。父根。母戴氏。弟公明、公恕。子良貴、良魁。壬午鄉試七十六名，會試二百三十六名，廷試三甲一百六十九名。

　　南直隸　張珪　字君如。治《詩經》。丙辰年八月二十二日生[1]。太倉州人。觀大理寺政，授南行人，陞刑主事、員外，江西僉事，福參議，致仕。號春江。曾祖元鵬。祖秦。父銑。母陸氏，繼母周氏。兄鸞；鶥；璧，生員；鶉；球。子節。孫大咸，戊戌進士。壬午鄉試三十九名，會試二百三十五名，廷試三甲一百四十五名。

　　福建　徐表　字正夫。治《詩經》。丙辰年九月十二日生。漳浦縣人。觀都察院政，授上饒知縣，陞刑部主事、員外、郎中，以執法降理問。號龍泉。曾祖悌。祖尚輝。父惠廷，封刑部主事。母林氏，封安人。弟香；洛；中，生員。子沖，主簿；凝；熙；□；□，俱生員。孫□孟□；啓鼎，□□□□□□；□□鼎，生員；彝鼎；□□鼎；晟鼎；晹鼎；曜鼎。

---

[1]底本無"生"，當是缺文。

□□□。曾孫玭、襄、衮、褒。辛卯鄉試三十六名，會試二百八十七名，廷試三甲一百九十一名。

陝西　馮應元　字體乾。治《詩經》。丙辰年十月二十四日生。咸寧縣人。觀通政司政，授稷山縣知縣，陞登州府同知。號槐陂。曾祖玉。祖喜。父寘。母李氏。弟應奎、應登。子顯、顗。戊子鄉試四十一名，會試九十六名，廷試三甲八十名。

南直隸　賀恩　字君錫。治《易經》。丙辰年十一月初十日生。儀真縣人。觀吏部政，授刑主事，降州同知，卒。號橫山。曾祖安。祖盛。父昂。母鄒氏。兄爵、禄。弟寵；祚，生員。辛卯鄉試一百二十五名，會試二百十四名，廷試三甲二百二十九名。

四川　王惟賢　字士官。治《春秋》。丙辰年十一月二十二日生。中江縣人。觀都察院政，授河南河內縣知縣，陞刑主事、員外，雲南僉事。號卓峯。曾祖宏，監生。祖溥。父錫，監生。母夏氏。兄希賢，生員；介賢。弟貴；慶賢；三賢；用賢，生員；次賢；立賢，生員；進賢；成賢；可賢。子伸、佶、仔。己卯鄉試十名，會試六十九名，廷試三甲七十八名。

福建　張明　字元亮。治《書經》。丙辰年十一月二十五日生。浦城縣人。觀兵部政，北戶部郎中，陞湖廣武昌府知府，超陞江西右參政。崇祀鄉賢。號梅江。曾祖遵美。祖允讓。父廷昭。母楊氏。弟秀。子可大，□□經□□；可久，承差；可立，儒官；可宗，廩生；可傳，增廣生。壬午鄉試四十九名，會試一百六十六名，廷試二甲三十九名。

山西　楊鎡　字應時。治《易經》。丙辰年十二月初五日生。錦衣衛籍，壺關縣人。觀刑部政，授平原知縣，卒。號南溪。曾祖通，贈指揮。祖慶，義官。父伸，義官。母顧氏。兄鉞。弟鎛、釸。子士庭。己卯鄉試四十一名，會試二十九名，廷試三甲一百三十九名。

南直隸　王瑛　字汝玉。治《書經》。丙辰年十二月十三日生。無錫縣人。觀吏部政，授太常博士，陞御史，庚子巡按福建，入場主試，致仕。號石沙。曾祖惠。祖誠。父浦，贈御史。母邵氏，繼母成氏。兄瓚、環。弟琨、玲、瓏、項。子同穀，鴻臚主簿。孫國棟，禮部儒士；國棟，武生；國樟，鴻臚序班。曾孫我紹、我繩、我繼、我纘、我緒、我續、我統。壬午鄉試三十六名，會試十三名，廷試三甲一百九十四名。

四川　陳策　字一得。治《詩經》。丙辰年十二月十八日生。忠州人。觀刑部政，授杭州府推官，卒。號鳴岡。曾祖鑑，贈光祿少卿。

祖瑞，光禄少卿。父大韶。母馬氏。兄恩。弟箴、簧。子壽齡。戊子鄉試五十八名，會試一百五十二名，廷試三甲二十七名。

浙江　錢德洪　字洪甫。治《易經》。丙辰年十二月二十二日生。餘姚縣人。觀吏部政，授蘇州府教授，陞國子監丞，陞刑主事、員外，止。號緒山。曾祖師摯。祖習。父蒙。母馬氏。兄德忠、德昭、德恕。弟德章，生員；德周；德充，生員。子應制；應度；應樂，知縣。壬午鄉試三十七名，丙戌會試二百三十一名，廷試三甲二百二十六名。

陝西　劉九容　字慎卿。治《春秋》。丁巳年四月初五日生。榆林衛人。觀刑部政，授舞陽知縣，改祥府知縣，陞刑主事、員外，山東僉事。號榆泉。曾祖釗。祖項，義官。父儒。母楊氏。兄九思，生員。子可方、可立、可度。乙酉鄉試二十名，會試二百五十四名，廷試三甲一百二十三名。

浙江　駱驥　字汝良。治《禮記》。丁巳年四月十八日生。諸暨縣人。觀刑部政，授未仕，卒。號樞山。曾祖茂膺。祖璁，義官。父鳳岐，教諭。母鄭氏。兄驊；騮；騏，生員。弟驗，生員；騰；騄；驥；駒；驤；馳。子大武。辛卯鄉試四十七名，會試一百七十四名，廷試三甲一百七十一名。

四川　文衡　字公孺。治《詩經》。丁巳年六月初五日生。南充縣人。觀大理寺政，授戶主事，陞員外，雲南僉事，止。號似山。曾祖理，壽官。祖廷輔，縣丞。父子賢。母楊氏。弟衢；衛，生員。壬午鄉試四十九名，會試八十八名，廷試二甲八十名。

南直隸　皇甫涍　字子安。治《易經》。丁巳年六月二十五日生。長洲縣人。觀刑部政，授工主事，改禮員外、郎中，改春坊司直，謫通判，陞僉事。號少玄。曾祖通。祖信，贈禮部員外郎。父錄，知府。母黃氏，封宜人。兄冲，貢士。弟汸，知縣；濂，生員。子桓、楨。戊子鄉試二名，會試十一名，廷試二甲五十七名。

河南　胡鯨　字魚伯。治《易經》。丁巳年七月初四日生。汝陽縣人。觀兵部政，授松江府推官，復處州，陞吏主事、員外、郎中，止。號英溪。曾祖以誠，贈翰林院檢討。祖山，紀善，進階長史、正五品、奉議大夫。父永芳，知縣。嫡母李氏，生母景氏。弟鯤。子曰濁、曰淺。戊子鄉試四十九名，會試四十三名，廷試三甲二十四名。

南直隸　董玗　字子純。治《詩經》。丁巳年七月初六日生。涇縣人。觀刑部政，授海鹽知縣，陞御史，考降，不仕。號晴谿。曾祖志道，贈知府。祖傑，右副都御史。父鍵。母徐氏。弟瑢、琛。乙酉鄉試一百二十二名，會試二百四十三名，廷試三甲一百三十八名。

福建　李愷　字克諧。治《詩經》。丁巳年十月初三日生。惠安縣人。觀工政，授番禺知縣，歷陞吏稽勳郎中，調兵郎中，湖廣副使。壽八十二。從祀鄉賢。曾祖欽，贈苑馬寺卿。父經騄，贈苑寺卿。母曾氏，累贈太淑人。號抑齋。弟悌，儒官；慎，庚戌進士，歷任副使，遼東苑馬卿。子玉澤，監生；玉河，生員；呈春，按察司知事。孫明相；明達，俱監生；明淡；明鳳；化龍；明麟；明鶴，俱生員。曾孫景辰；景杜，監生；景全；景璧。戊子鄉試二名，會試十二名，廷試三甲六十一名。

北直隸　蘇志臯　字德明。治《書經》。丁巳年十月初三日生。固安縣人。觀通政司政，授瀏陽知縣，調進賢，陞刑主、員、郎中，僉事，參議，副使，降知州，陞陝西僉事、副使、參政、按察使、右布政，巡撫遼東僉都，副都。號寒村。曾祖郁。祖倫。父子良。母宋氏。子大生，光祿典簿；廣生；性生。辛卯鄉試三名，會試一百名，廷試三甲六十四名。

四川　胡魁　字應辰。治《詩經》。丁巳年十二月十一日生。蒲江縣人。觀禮部政，授行人司行人，卒。號西源。曾祖志先。祖鼎。父伯瑄。母劉氏，繼母邵氏。壬午鄉試五十八名，會試七十八名，廷試三甲七十一名。

湖廣　周琉　字潤夫。治《詩經》。丁巳年十二月十八日生。應城縣人。觀吏部政，授永嘉知縣，陞戶給事、右給，降典史，陞禮主、員、郎中，副使，右僉都，被劾，起巡撫應天僉都，陞兵侍郎兼僉都，以病乞休。號石崖。曾祖韶。祖域。父儆，同知。母□氏。弟琉；珖，生員。子延祐；延馨，甲午舉人；延香，鴻臚寺。乙酉鄉試三十三名，會試一百九十八名，廷試三甲三十五名。

南直隸　王京　字得師。治《春秋》。丁巳年十二月二十二日生。府軍前衛籍，高郵州人。觀兵部政，授行人，降布政司照磨，陞知縣，太僕寺丞，降南昌通判。號神居。曾祖紀，主簿。祖業。父民，散官。母李氏，繼母駱氏。弟雲鵬、雲瑞。子□□。辛卯鄉試四十名，會試一百三十五名，廷試三甲九名。

四川　陳魁　字梅甫。治《詩經》。丁巳年十二月二十三生。儀衛司籍，隣水縣人。觀吏部政，授泰和知縣，陞戶主事。號□□。曾祖實。祖穩。父文。母辛氏。兄志、惠。子□□。乙酉鄉試五十八名，會試一百七十二名，廷試三甲五十名。

廣東　何中行　字粹甫。治《禮記》。丁巳年十二月二十七日生。順德縣人。觀戶部政，授知縣，陞兵主事、員外、郎中，廣西僉事。號下缺。曾祖源深。祖道養。父楚。母羅氏。弟中淳、中立、中孚。壬午鄉試二十一名，會試二百五十名，廷試三甲一百二名。

南直隸　承林　字茂卿。治《書經》。丁巳年十二月二十九日生。德州衛籍，江陰縣人。觀都察院政，授固始知縣，復除陽武，卒。號南江。曾祖貴。祖玉。父玘。母宋氏。兄雄。弟勇。子三錫。辛卯鄉試十五名，會試二百六十七名，廷試三甲一百五十八名。

四川　柳英　字子鍾。治《詩經》。戊午年正月初七日生。巫山縣人。觀刑部政，授直隸松江府推官，陞刑主、員、郎中，雲南知府，河東運使，復兩淮，湖廣參政，回籍，勘明，復參政，□右布政。號鶴峯。曾祖文。祖琳，監生。父茂株。母黃氏。戊子鄉試三十八名，會試十七名，廷試三甲二十六名。

福建　徐榮　字仁卿。治《春秋》。戊午年正月十八日生。晉江縣人。觀通政司政，授嘉善縣知縣，歷戶部主事，忤相旨，遷趙府長史。號浯溪。曾祖坤。祖源。父毓，封文林郎。母林氏。弟經、槩。子用賓，無錫縣丞。侄行可。孫鴻漸；鴻儒；鴻舉；鴻儀；鴻業；鴻猷，俱生員。侄孫愽卿，知縣；岳卿，生員。曾孫□□聘熙載，俱生員；緝華；緝芳，辛丑會□；翼；翀，生員。癸酉鄉試五十八名，會試三十三名，廷試三甲一百一十二名。

福建　黃大廉　字潔甫。治《詩經》。戊午年二月十二日生。莆田縣人。觀戶部政，授直隸長洲縣知縣，改吉安教授，陞國助教，大理評事、寺副，廣東僉事，調廣西，復除四川，陞貴州參議。號下缺。曾祖朝玉。祖伯聲。父子循。母曾氏。兄大忠、大孝。子下缺。壬午鄉試三名，會試一百八十二名，廷試三甲八十五名。

福建　林春　字子仁。治《詩經》。戊午年二月二十八日生。泰州千戶所籍，福清縣人。觀兵部政，初任戶部，調禮部，改吏部主事、員外、郎中，卒。號東城。曾祖義。祖逵。父宏主。母許氏。弟青。子曉；暉；曜，同知。戊子鄉試六十九名，會試一名，廷試二甲七名。

福建　薛廷寵　字汝承。治《詩經》。戊午年三月十五日生。福清縣人。觀吏部政，授吏科給事中。號萃軒。曾祖世暉。祖尚修。父德佐。母莘氏，繼母李氏。弟廷實；廷亮，生員。子一舉。戊子鄉試三十六名，會試一百十六名，廷試三甲一百三十名。

浙江　王畿　字汝中。治《詩經》。戊午年五月初六日生。山陰縣人。觀吏部政，授南兵部主事、員外、郎中。號龍溪。曾祖可旺。祖理，知縣，贈御史。父經，弘治庚戌進士，按察副使。母陸氏，封孺人。兄朝；廷；國；臣；輔；邦，生員。子應禎，生員；應斌，武舉，福建都司；應吉，萬曆己卯舉人，壬辰進士，中書舍人。孫繼晃；繼樸；繼炳，俱生員；繼耀。己卯鄉試五十六名，丙戌會試十八名，廷試三甲二百二十七名。

浙江　顧翀　字于漸。治《詩經》。戊午年六月二十三日生。慈谿縣人。觀吏部政，授工主事、員外，福建僉事，調雲南，陞福參議，四川副使，致仕。號遠齋。曾祖璠。祖文。父銓。母方氏，繼母羅氏。兄翶。弟翶、翱、翎、翊、挺。子瑤、珍、珂。戊子鄉試四十三名，會試九十四名，廷試三甲二百三十二名。

河南　劉儒　字子醇。治《詩經》。戊午年七月十八日生。群牧所人。觀工部政，授戶主事，歷員外，陝西副使。號黃溪。曾祖剛。祖智。父福。母李氏。弟仕、儀、仞。子希皋、希、夔。辛卯鄉試九名，會試一百四名，廷試二甲四十三名。

北直隸　楊瀹　字弘功。治《書經》。戊午年八月十三日生。涿州人。觀禮部政，授戶部主事，改編修，陞修撰，山東提學副使，止。號南郊。曾祖春。祖瓚。父鎡，知縣。母樊氏。兄澤，判官；沛。弟潮、溱、涇、沔。己卯鄉試三十一名，會試五十三名，廷試二甲五名。

山西　郭鋆　字允重。治《春秋》。戊午年十月初八日生。高平縣人。觀戶部政，授行人，歷工給事，戶都給事，太常少卿，陞南光祿卿，順天府尹，南大理卿，改大理卿，工侍郎，止。號一泉。曾祖質，知州。祖定，知州。父坤，知州。母王氏。兄鑾，貢士。弟釜，生員；盤，貢士；鑒，生員。子治己；治統，郎中。己卯鄉試五名，會試四名，廷試三甲一百十六名。

南直隸　尤魯　字懋宗。治《詩經》。戊午年十月二十三日生。無錫縣人。觀工部政，授行人，陞科給事，歷工都給事，順天府丞。號西村。曾祖億。祖煥。父基，生員。母周氏，繼母陸氏。弟訥質。子紹芳、紹昌。乙酉鄉試六十三名，會試二百三名，廷試三甲十三名。

湖廣　尹相　字商衡。治《詩經》。戊午年十一月初三日生。嘉魚縣人。觀大理寺政，授行人，陞給事，歷都給事中，止。號介石。曾祖復紹。祖友賢。父德彰。母孔氏。弟朴、彬、棟、梅。子汝吉。戊子鄉試十二名，會試三百十一名，廷試三甲九十七名。

山東　王弘道　字士達。治《易經》。戊午年十一月初三日生。霑化縣人。觀刑部政，授鳳翔推官，陞南御史，卒。號忠庵。曾祖昇。祖奉。父慶，歲貢。母孫氏。兄弘仁。子汲、浚。戊子鄉試十一名，會試三百一十五名，廷試三甲一百八十六名。

廣東　陳諫　字公從。治《詩經》。戊午年十一月初八日生。番禺縣籍，順德縣人。觀吏部政，授杭州推官，卒。號晴峯。曾祖潤。祖瓊。父紀。母劉氏。弟謨，生員；諕；試。子化中。壬午鄉試二十五名。己丑會試二百三十名，廷試三甲一百七十九名。

浙江　劉士逵　字伯鴻。治《詩經》。戊午年十一月十八日生。慈谿縣人。觀刑部政，授長樂知縣，陞御史，降州判官，陞汝寧通判，長史，致仕。號漸齋。曾祖煒，布政司左參政。祖圻，正七品承事郎。父鐈，府經歷。前母桂氏、方氏，母汪氏。弟士逢，生員。子廷川；廷洲，俱庠生。孫志超；志彬；志宇，俱庠生。孫志式，乙舉。乙酉鄉試四十二名，會試八十一名，廷試三甲一百五十四名。

山東　賈樞　字慎卿。治《易經》。戊午年十一月二十日生。商河縣人。觀工部政，授葉縣知縣，調襄垣，陞刑主事、員外、郎中。號月川。曾祖斌，王府工正。祖鋋，教授。父登。母徐氏。弟相、根。子下缺。乙酉鄉試六十八名，會試二百四十四名，廷試三甲四十四名。

南直隸　謝少南　字應午。治《易經》。戊午年十二月初五日生。上元縣籍，贛縣人。觀大理政，授南刑主事，調刑部，改御史，提學政，左司直，降台州推官，陞真定同知，廣西提學僉事，河南參議，陝西提學副使、參政、按察使、右布政，卒于官。號與槐。曾祖信，贈奉直大夫、南京兵部員外郎。祖芳，知府，進階亞中大夫。父承舉，儒士。前母李氏、貫氏，母湯氏。子戀塤。戊子鄉試一百十八名，會試二百九名，廷試二甲十六名。

江西　閔旦　字景周。治《書經》。己未年正月初二日生。浮梁縣人。觀吏部政，授南禮主事，陞南兵員外，工郎中知府，止。號介菴。曾祖祐安，壽官。祖蔭芳，教授。父仕朝。母王氏。弟㝡、最、昺、量。

子堯卿、舜卿、禹卿、湯卿。戊子鄉試三十六名，會試二百六十九名，廷試三甲二百二十名。

山西　常應文　字汝實。治《春秋》。己未年正月三十日生。榆社縣人。觀兵部政，授上海知縣，止。號冲瀾。曾祖顯，河南左布政。祖經，□縣，封□史。父在，知府。前母李氏，封孺人；母李氏，封孺人；繼母田氏，贈孺人。弟應周，散官；應恩，散官；應榮；應河。子三奇。壬午鄉試十五名，會試二百二十二名，廷試三甲四十一名。

湖廣　李大魁　字伯掄。治《詩經》。己未年二月十二日生。襄陽儀衛司人。觀大理寺政，選翰林院庶吉士，改工、兵主事，吏主事，降通判，止。號敬方。曾祖麟，典仗。祖素，典仗。父隆，監生。母王氏。弟大曉，舉人。子孔徵。丙子鄉試六十二名，會試六十四名，廷試三甲二百十八名。

四川　汪東洋　字德涵。治《書經》。己未年三月初六日生。綿州人。觀兵部政，授主事，陞員外，山東僉事，止。號下缺。曾祖思拳。祖志訓。父昌，驛丞。母陳氏。弟東海、東瀛、東洲。戊子鄉試三十二名，會試一百三名，廷試三甲一百五十二名。

河南　陳時熙　字舜民。治《詩經》。己未年三月初七日生。上蔡縣籍，陳留縣人。觀戶部政，授廣德知州。號平崖。曾祖蕭。祖安。父志文，府同知，進階中議大夫、贊治尹。前母楊氏，母李氏。兄時雍，生員。弟時暤，生員。子紹芳、承芳。乙酉鄉試三十八名，會試二百十名，廷試三甲一百八十一名。

湖廣　楊成　字全卿。治《詩經》。己未年三月三十日生。南京留守中衛籍，桃源縣人。觀禮部政，授南兵主事，歷陞員外、郎中，嚴州知府，廣東副使，四川參政，止。號水田。曾祖福，百戶。祖海，百戶。父寬，百戶。母李氏。弟武，百戶；咸；式；職。乙酉鄉試四十四名，會試七十五名，廷試二甲七十名。

福建　黃德純　字敬修。治《書經》。己未年四月十一日生。莆田縣人。觀工部政，授知縣，陞南戶主事、員外、郎中，浙江僉事，止。號亦齋。曾祖尚彬，壽官。祖源深。父學善。母江氏。子愷、惺、怡。壬午鄉試九名，會試二百三十名，廷試三甲一百五十七名。

浙江　韓岳　字鎮伯。治《禮記》。己未年五月初十日生。餘姚縣人。觀兵部政，授晉江知縣，陞御史，降州判官，陞知縣，卒。號魯淙。

曾祖循。祖永。父棶。母魯氏。弟元、稷、愷、益、皋、官、賢、夔、旦、牧、伊。子國寶，鴻臚少卿。辛卯鄉試八十一名，會試一百九十二名，廷試三甲五十七名。

雲南　席大賓　字子贍。治《易經》。己未年五月二十日生。左衛籍，澂江府人。觀戶部政，授行人，陞給事，左右給事，都給事，卒。號星崖。曾祖龐。祖允中。父純，監生。母向氏，繼母蘭氏。兄璋，指揮；尚賢。子前誼、前綽。辛卯鄉試二十五名，會試二百十一名，廷試三甲一百六十五名。

山西　党承賜　字汝錫。治《書經》。己未年七月初七日生。忻州人。觀禮部政，授光山知縣，陞御史，卒。號繫舟。曾祖庠，州同知。祖永齡，壽官。父茂，知縣，累封吏部員外郎。母漫氏，累封宜人。兄承志，通政司右通政；承美，知縣；承恩，知縣；承祿。弟承學，典膳；承宣，監生。己卯鄉試二十九名，會試三十一名，廷試三甲三十九名。

北直隸　王佩　字朝鳴。治《詩經》。己未年九月初三日生。順天府霸州文安縣軍籍。國子生。觀吏部政，初授工部主事，陞員外、郎中，慶陽知府，致仕歸。號月川。曾祖輔。祖翱，聽選官。父深，封主事。母周氏，贈安人；繼母周氏，封安人。兄珂，陝西三原縣訓導。弟璞、儇、玻、价。娶陳氏，封安人。子惟時，監生；惟幾，戊辰進士，樂安縣知縣，入名宦；惟玄，庠生。姪惟祗，丁卯舉人，山東蒙陰知縣。孫陞，辛丑進士，翰林院檢討，戊辰進士之子。戊子鄉試一百三十五名，會試九十名，廷試三甲二百三十三名。

南直隸　呂懷健　字思順。治《詩經》。己未年七月十一日生。錦衣衛籍，泰州人。觀吏部政，授金華府推官，陞大理寺評事、寺副，山東僉事，調河南僉事止。號乾齋。曾祖清。祖洪，序班，贈郎中。父傑，知府。母馬氏，封宜人。兄懷秀，生員。子薦、萌、萃。戊子鄉試九十一名，會試二百五十三名，廷試三甲一百七十八名。

浙江　謝瑜　字良卿。治《易經》。己未年七月十四日生。上虞縣人。觀刑部政，授福建浦城知縣，陞南道御史，改北御史，罷。號狷齋。曾祖惠。祖俊。父允中，監生。母朱氏。兄煌。弟珣。子束。戊子鄉試五十九名，會試二百七十一名，廷試三甲九十一名。

南直隸　陳如綸　字德宣。治《易經》。己未年八月二十日生。太倉衛人。觀兵部政，授福建候官縣知縣，陞刑部主事、員外郎，江西僉事，福建參議，致仕。號午川。曾祖鼐，壽官。祖章。父玘。母王氏，繼母周氏。兄繹、經。子謙亨、節亨。戊子鄉試五十九名，會試一百二十二名，廷試三甲七十三名。

福建　周瑞　字循典。治《詩經》。己未年九月初八日生。莆田縣人。觀刑部政，授安福知縣，改府學教授，陞南國博，止。號東峯。曾祖贊。祖戬。父僎。母翁氏，繼母吳氏。兄宣。弟琪、璧。辛卯鄉試八十三名，會試一百九十三名，廷試三甲五十八名。

浙江　馮汝弼　字惟良。治《書經》。己未年十月初七日生。平湖縣人。觀吏部政，授行人，選工科給事中，建言降潛山縣丞，歷任常熟、餘干知縣，太倉知州，揚州府同知。贈參政。祀名宦鄉賢。號祐山。曾祖宗衍。祖澄。父俊，舉人，知縣，贈參政，祀名宦鄉賢。母胡氏，淑人。兄汝翼、汝明、汝聽。弟汝貫。子敏功，參政，贈太僕卿；敏勛，生員；敏劾，監生。孫伯禎，監生；伯禋，舉人；伯禮，監生。曾孫洪教，生員；洪業，生員；洪郭，廩生；洪斅；洪孚；洪孜。辛卯鄉試三十五名，會試十名，廷試三甲十八名。

廣東　黃鵬　字搏之。治《書經》。己未年十月十四日生。潮陽縣人。觀都察院政，授閩縣知縣，陞南兵主事、員外、郎中，知府止。號南滇。曾祖統。祖權。父文仕。母林氏。兄鳳。子在中、在謙。壬午鄉試五十六名，會試二百四名，廷試三甲四十六名。

福建　王鈇　字公儀。治《春秋》。己未年十月二十二日生。福州中衛人。觀大理寺政，授錢塘知縣。□□□。號龍江。曾祖智，贈右副都御史。祖瓚。父昇，教諭。母黃氏。兄鐸，驛丞；欽，吏部主事。弟鍵，貢士。子治。辛卯鄉試六十二名，會試一百八十四名，廷試二甲六十五名。

福建　陳豪　字志興。治《詩經》。己未年十一月十九日生。長樂縣人。觀工部政，授廣東新會縣知縣，陞御史，四川副使，止。號肖崔。曾祖宏煒。祖德隆，署教諭，舉人，贈戶部郎中。父談，知府。母李氏，封安人。弟兗，生員；完。子伯懌。戊子鄉試三十一名，會試七十名，廷試三甲九十三名。

湖廣　趙維　字張父。治《詩經》。己未年十二月初二日生。武昌府人。觀戶部政，授蒲州知州，陞寧波同知，廣東僉事，四川參議。號南涯。曾祖知福。祖富。父弼，儀賓。母，原陵縣主。弟紋；繕；績；經，生員；紳；緋。子袆、禮、裔。戊子鄉試四十名，會試二百三十八名，廷試二甲十九名。

　　福建　陳仕賢　字邦憲。治《春秋》。己未年十二月初八日生。福清縣人。觀□部，授户主事，陞員外、郎中，杭州知府，湖廣副使，廣東參政、按察使，河南右布，浙江左布，巡撫湖廣右副都，止。號希齋。曾祖旺。祖元澤。父綱。母林氏。弟仕貴、仕貢、仕贇、仕贄、仕寶、仕賀、仕貞。子世則。辛卯鄉試七十三名，會試二百九十一名，廷試二甲四十名。

　　北直隸　史褒善　字文直。治《易經》。己未年十二月初十日生。開州人。觀吏部政，授行人，陞御史，降滁州判官，陞國博，南吏主事、郎中，江西副使，浙江參政、按察使，河南右布政，操江右僉都，陞南大理卿，尋奉旨不准。號南渠。曾祖敬。祖英。父記。母馬氏，繼母孫氏。弟揚善、旌善。子燦、煇。戊子鄉試一百一名，會試一百四十三名，廷試三甲一百三十一名。

　　山東　扈永通　字一貫。治《書經》。己未年十二月二十三日生。曹縣人。觀兵部政，授中書舍人，陞兵給事，工户右、左，兵都，南太僕寺少卿，光禄正卿，應天府尹，調順天府尹，赴任遲，改河南副使，轉湖廣參政，陞河南右左布政，致仕。號會溪。曾祖倫。祖琮，義官。父國安，州判。母陳氏。弟永壽，先卒；永承，署丞。子拭，序班；擴，生員先卒；拱，廩生；握，監生。孫立正，序班；立愛，庠生卒；立陞，監生。曾孫茂、蕃、萌、苹、苞、芳。乙酉鄉試四十一名，會試八名，廷試三甲八十八名。

　　南直隸　白悦　字貞夫。治《詩經》。己未年十二月二十五日生。錦衣衛籍，武進縣人。觀都察院政，授户主事，改禮部歷員外、郎中，改左司直，謫通判，陞經歷，南吏部郎中，尚寶司丞。號洛原。曾祖珂，教諭，贈光禄大夫、柱國、太子太保、刑部尚書。祖昂，光禄大夫、柱、太子太保、刑部尚書。父圻，通議大夫、都察院右副都御史。母何氏，封淑人。兄詔，序班。弟誨，監生；怡，官生；譜，監生。子啓常，少卿；啓京。壬午鄉試二十名，會試十八名，廷試二甲三十名。

　　山西　唐寬　字栗夫。治《書經》。己未年十二月二十九日生。平定州人。觀户部政，授永平推官，陞刑主司員外、郎中，懷慶知府，陝西副使，行太僕卿，復苑馬寺卿，四川參政、按察使，山東左布政，大太僕卿，應天府尹。號鵲山。曾祖謙。祖茂。父廷琰，庠生。母荊氏，繼母王氏。兄寵，庠生。弟宋。子堯咨。乙酉鄉試五十五名，會試一百四十八名，廷試三甲一百三十二名。

　　南直隸　錢嵘　字君望。治《詩經》。庚申年三月二十三日生。通州人。觀吏部政，授撫州推官，復補永平，陞御史，建寧知府，廣東副使，浙江右參政，止。號平崖。曾祖思禎。祖叔惠。父錄，縣丞。母徐氏。兄巉、岳、崟。弟峯，生員；崑，生員；相，生員；岕；嶱；嵑；峻；嶜；巍。子兆科。戊子鄉試七十九名，會試三百五十六名，廷試三甲九十九名。

　　浙江　毛復　字世亨。治《易經》。庚申年三月二十五日生。餘姚縣人。觀吏部政，授缺，陞御史，江西僉事，止。號来齋。曾祖仕玒。祖淮，倉副使。父明。母鮑氏，繼母周氏。兄憲，按察司副使；實，刑部郎中。弟師。子五采、五美、五英、五文、五雲、五倫、五善。丙子鄉試四十七名，會試一百三十八名，廷試二甲六十五名。

　　四川　黃應中　字子孚。治《詩經》。庚申年五月十四日生。忠州人。觀通政司政，選翰林院庶吉士，改戶主事、員外、郎中，廬州知府，止。號屏溪。曾祖玨。祖本立。父璧。母盧氏。弟應正。子甌。乙酉鄉試十一名，會試二十二名，廷試二甲四十七名。

　　南直隸　王教　字道修。治《詩經》。庚申年五月二十八日生。華亭縣籍，上海縣人。觀兵部政，授會稽知縣，陞南大理評事、寺正，南康知府，陝西苑馬寺少卿，山東副使，復除陝西，陞右參政，止。號白谷。曾祖璿。祖宗。父山，封大理寺評事。母姜氏，封孺人。弟政，生員。子子孝，生員；子學，監生；子孚，監生，選江西廣信府檢校；子厚。戊子鄉試五十八名，會試四十二名，廷試二甲四十名。

　　陝西　何城　字叔防。號月梧。治《易經》。庚申年七月十七日生。綏德衛籍，萍鄉縣人，世居榆林衛，官籍。正德間，父炫治鹺江淮，入籍，揚州府江都縣。觀工部政，選翰林庶吉士，改刑部主事，兵部武庫主事，提督武學；降安州添注同知，築堤捍水，患民號"何公堤"；轉徽州府同知，擢工部虞衡郎中，監督改建圜丘；辛丑，奉敕至黃州府，建御書樓，命陶仲文祝延聖壽；壬寅，陞武昌知府；丙午，首發楚世子弒逆，聞於朝，舉為問官之首，復請於撫按，翦世子腹心指揮甘玉海、裁黨與二十七人於市，世子黨孤正法坐死；丁未，擢山西潞安兵備副使，分巡冀南道；己酉，入晉闈，取士得人，首拔大學士蒲州張公四維置魁選；庚戌，大察甘黨，據要津，坐譖還江都；家食十五年，值江淮倭亂，民受慘戮，又謂鹺司鈔部俱屬外城，首倡築新城禦倭，至今賴之，屢經臺省交薦舉邊材；嘉靖甲子卒，葬城西句城塘之東劉家原。曾祖洪，鎮撫。祖英，鎮撫。父炫，千戶。母楊氏。兄堂，指揮。弟□，□□□子應天鄉試第□□名，受臨江府判；基，生員；址；增；墳，生員。子汝敬，例貢，授鴻臚寺署丞。姪□□□□礦，□□丁酉陝西鄉試□□□□□□縣。孫昌祚、昌德。姪孫燦然，儀真縣學生員；廓然，□□□學生□□□圖出。曾孫瑞麟、文麟，昌祚出；王麟；聖麟；與麟，昌德出。壬午鄉試六十一名，會試一百八十名，廷試三甲一百八十九名。

山東　范愛　字體仁。治《詩經》。庚申年九月初一日生。營州中屯衛籍，汶上縣人。觀工部政，授□□。號海村。曾祖錦。祖清。父山。母袁氏。兄璋。弟純。子逢春。壬午鄉試一百二十六名，會試三百一名，廷試三甲一百八十八名。

江西　徐栻　字子直。治《書經》。庚申年九月初三日生。貴溪縣人。觀都察院政，授禮主事，歷員外、郎中，福建參議，貴州提學副使，山東參政，雲南按察使、左右布政，遇夷害。贈光祿寺卿。號波石。曾祖思文。祖孔全。父灌。母吳氏。兄棐。子瑩，鹽運運同。戊子鄉試四十名，會試二百十二名，廷試二甲六十二名。

浙江　陳玒　字國祥。治《春秋》。庚申年九月初六日生。鄞縣人。觀兵部政，授南京刑部主事，改兵部，又改御史，卒。號容峯。曾祖處邦。祖洪鎮。父彥洵。母楊氏。兄璋；瑞，刑部郎中；玉；玻；珀。子价、佺、僚。乙酉鄉試七十一名，會試十四名，廷試二甲二十四名。

陝西　劉思唐　字尚友。治《書經》。庚申年九月初六日生。寧夏右屯衛籍，祥符縣人。改庶吉士，改戶主事，改吏主事、員外、郎中，浙江提學副使，湖廣右參政、按察使，止。號西崖。曾祖智。祖三。父雄。母甘氏。子濳、渥、淹。辛卯鄉試十二名，會試六十八名，廷試三甲一百五十九名。

北直隸　張思　字慎父。治《詩經》。庚申年九月初九日生。任丘縣人。觀大理寺政，授府推官，陞科給事，改翰林檢討，陞參政，廣西按察使，卒。號石村。曾祖廣。祖政。父輒，義官。母徐氏。兄恩；忠，己丑進士；恕，生員。子夏哥、春哥。壬午鄉試二十三名，會試一百三十二名，廷試三甲二百九名。

山西　李延康　字允吉。治《禮記》。庚申年九月十二日生。潞安府人。觀吏部政，授汝寧府推官，行取湖廣道監察御史，以奏忤分宜權相，外轉河南僉事，陝西參議，湖廣副使。祀名宦鄉賢。號黃崖。曾祖志美，壽官。祖藊，安定縣知縣，祀名宦。父玹，洛南縣縣丞，贈監察御史，祀名宦。母馮氏，封儒人。兄延纓，壽官；延昌，封濟南府推官；延馨，己丑進士，歷官真定府知府。子如松，己卯舉人，見任南京户部主事。親侄如桂，丁未進士，歷官陝西副使。孫向榮，庠生；向和，庠生。重孫安禧、萬禧、億禧。壬午鄉試五十七名，會試二百八十名，廷試三百二名。

南直隸　施雨　字傅霖。治《詩經》。庚申年九月十五日生。常熟縣人。觀禮部政，授刑主事，降漊州同，陞府同，南刑郎中，廣東僉事，止。號文峯。曾祖玘，壽官。祖榮。父倫，生員。母繆氏。弟霓。戊子鄉試一百二十名，會試二百七十名，廷試二甲五十一名。

北直隸　張愚　字子明。治《詩經》。庚申年九月三十日生。天津左衛籍，諸城縣人。觀都察院政，授户主事，陞員外，山西僉事、參議，陝西副使、右參政，巡撫延綏右副都御史。號東居。曾祖士能。祖洪。父鳳。母董氏。辛卯鄉試七十四名，會試一百十一名，廷試二甲四十六名。

南直隸　王獻芝　字德仁。治《春秋》。庚申年九月三十日生。歙縣人。觀吏部政，授行人，陞南御史，降州判，陞府推官，南户主事，改工部主事，止。號湛塘。曾祖永良。祖瑗，封主事。父寵，州同知，前刑部員外郎。母方氏，封安人。弟獻葵，生員；獻蓋。乙酉鄉試十五名，會試二百七十三名，廷試三甲一百四十三名。

江西　陶欽夔　字伯諧。治《書經》。庚申年十月初四日生。彭澤縣人。觀都察院政，授大理評事，改御史，陞湖廣副使、右參政，止。號鏡峯。曾祖榮。祖焯，醫學訓科。父埜，醫學訓科。母宋氏，繼母劉氏。兄欽民，貢士；欽時，醫生。弟欽中，監生；欽皇，生員。子于校、于庠。壬午鄉試四十六名。會試一百七十三名，廷試三甲一百四十二名。

湖廣　李完　字子美。治《書經》。庚申年十月十四日生。石首縣人。觀通政司政，授府推官，陞御史，卒。號龍塘。曾祖茂珍。祖德良，知縣。父天和。母袁氏。兄實。弟容、官、守。乙酉鄉試三十名，會試六十四名，廷試三甲一百七十六名。

河南　陳乙　字子元。治《詩經》。庚申年十一月初五日生。杞縣人。觀通政司政，授工部主事，陞員外，山東僉事。號前山。曾祖禮，壽官。祖欽。父江，貢士。母王氏。弟卜，舉人；丁，生員。子幼學。戊子鄉試七名，會試三十九名，廷試二甲十五名。

　　廣西　李文鳳　字廷儀。治《禮記》。庚申年十一月初十日生。慶遠衛籍，桃源縣人。觀禮部政，授大理寺左評事，陞寺副，廣東僉事。號月峯。曾祖煇，指揮。祖顯，知縣。父崙，學正。母彭氏，繼母史氏。兄文魁，知縣；霈；霽，指揮，前貢士；文明；文英。弟文德；文瓚，貢士；文黼；文繡。乙酉鄉試一名，會試二百七名，廷試三甲七十名。

　　南直隸　朱默　字時言。治《易經》。庚申年十一月十三日生。太倉衛人。觀工部政，授建陽知縣，卒。號前江。曾祖琳，壽官。祖錢。父星，生員。母潘氏。子觀光。戊子鄉試九十八名，會試八十七名，廷試三甲二百四名。

　　河南　冉崇禮　字季周。治《書經》。庚申年十一月二十九日生。中牟縣人。觀都察院政，授知縣，陞御史，四川參議，降湖廣僉事，陞參議、副使。號村南。曾祖銘。祖藝。父鼎，知縣。母李氏。兄崇儒，知縣；崇詩。弟崇信，生員。子夢說；夢松，進士；夢雲，鴻臚主簿。戊子鄉試六十四名，會試二百八十九名，廷試三甲一百九十名。

　　福建　陳位　字汝靖。治《書經》。庚申年十二月初四日生。莆田縣人。觀吏部政，授揭陽知縣，陞戶主事、員外，四川僉事，止。號心齋。曾祖孔珣，封員外郎。祖戀源，刑部郎中。父大武，生員。母朱氏。弟仕、儒。辛卯鄉試四十八名，會試二百六十二名，廷試三甲五十一名。

　　北直隸　王聯　字應奎。治《書經》。庚申年十二月初五日生。任丘縣人。觀大理寺政，授休寧知縣。號東浦。曾祖福。祖瓚。父良。母張氏，繼母高氏。兄職。弟聆、聘、耿。辛卯鄉試六十七名，會試八十二名，廷試三甲三十三名。

　　福建　傅鎮　字國鼎。治《詩經》。辛酉年正月二十二日生。同安縣人。觀吏部政，授行人，陞南京廣東道御史，河南副使，廣西右參政，江西按察使，浙江右布政使，湖廣左布政使，提督操江右副都御史。號近山。曾祖興。祖福，壽官。父珙，封御史。母劉氏，封孺人。子南程，生員；南喬，生員；南栻，監生。孫兆蕃，鴻臚序班；兆宣，生員；兆翰；兆翔；生員；兆詡；兆翊；兆翰；生員；兆賣。曾孫立相；立崇，生員；立柱；立楫；立植；立樑；立巘。戊子鄉試十名，會試三十六名，廷試三甲二百十名。

南直隸　桑喬　字子木。治《易經》。辛酉年二月初七日生。江都縣人。觀戶部政，授戶部主事，改補御史，謫戍。號南皐。曾祖宏。祖桂。父潮，壽官。母周氏。兄蔭、蘭。弟蕃、芊。辛卯鄉試三名，會試二十三名，廷試二甲三名。

北直隸　樊深　字希淵。治《易經》。辛酉年二月十三日生。大同中屯衛人。觀工部政，授推官，陞給事中，左右給事中，都給事中，通政司參議、右通政、左通政，罷，後起補，陞刑部左侍郎，致仕。號西田。曾祖謙，壽官。祖資，義官。父景時，義官。母潘氏。弟潛，義官。戊子鄉試七名，會試一百三十三名，廷試三甲二百十五名。

河南　沈弘彝　字君叙。治《書經》。辛酉年二月二十四日生。陳州人。觀通政司政，授知縣，陞戶部主事、員外、郎中，降州同，陞石州知州。號柳川。曾祖琮。祖浩。父銘，貢士。母宋氏。弟弘化，生員；弘恩。子一韓。乙酉鄉試二十名，會試九十三名，廷試三甲一百六十名。

浙江　于廷寅　字貳卿。治《春秋》。辛酉年三月初七日生。餘姚縣人。觀兵部政，授刑部主事、員外，山東僉事止。號曹峯。曾祖慶誼，監生。祖瑛。父震，知縣。嫡母舒氏，生母胡氏。兄廷諤。辛卯鄉試五名，會試一百二十一名，廷試二甲五十三名。

山西　董宦　字惟賢。治《易經》。辛酉年四月十二日生。應州人。觀禮部政，卒。號下缺。曾祖政。祖銓，縣主簿。父獻，縣主簿。母鄭氏。弟宇。乙酉鄉試六十一名，會試一百五名，廷試三甲一百六十七名。

浙江　邵元吉　字惠旋。治《易經》。辛酉年六月二十八日生。餘姚縣人。觀通政司政，授工部主事，陞員外、郎中，鳳陽知府，止。號盧山。曾祖悌思。祖祚，義官。父穆。母陳氏。兄元臣、元善、元亨、元庶。弟元仁、元祥。子寏。乙酉鄉試十四名，會試二百九十三名，廷試二甲七十九名。

南直隸　楊伊志　字子任。治《易經》。辛酉年七月初五日生。吳縣人。觀工部政，授南京工部主事，陞刑部員外郎，江西僉事，湖廣副使，江西左參政，陞河南按察使，福建右布政使，廣東左布政使，巡撫南贛汀漳右副都御史，止。號胥江。曾祖文富。祖信，贈給事中。父昇，禮科給事中。母陳氏，封孺人；生母何氏。辛卯鄉試五十四名，會試一百六十一名，廷試二甲二十七名。

  北直隸 石永 字壽卿。治《詩經》。辛酉年閏七月初七日生。威縣人。觀都察院政，授中書，陞御史，降州判，陞南京太僕寺寺丞，僉事，副使，右參政，按察使，山西左布政使，巡撫延綏右僉都御史，改大理寺卿，陞南京兵部右侍郎，改户部右侍郎轉總督湖廣川貴兵部左侍郎兼右僉都御史，改户部左侍郎，兵部左侍郎、協理戎政。贈右都御史。號静齋。曾祖貴。祖榮。父堅。母李氏。子之王。戊子鄉試一百七名，會試二百四十名，廷試三甲一百四十三名。

  南直隸 沈越 字中甫。治《易經》。辛酉年閏七月初八日生。南京錦衣衛籍，江寧縣人。觀都察院政，授羅田縣知縣，陞監察御史，謫彰德府推官。號麓村。曾祖信，壽官。祖沂。父琪。前母李氏，母吴氏。兄超。弟起。乙酉鄉試一百二十五名，會試二百十九名，廷試三甲九十四名。

  廣西 羅大用 字時行。治《春秋》。辛酉年八月初一日生。桂林右衛籍，雲夢縣人。觀工部政，授杭州府推官，陞禮部主事。號東江。曾祖迪，正千户。祖琮，指揮同知。父衮，指揮同知。母朱氏。弟大周。子承勛。己卯鄉試四十二名，會試二百八十四名，廷試三甲一百五名。

  浙江 顧四科 字齊賢。治《易經》。辛酉年八月十九日生。錢塘縣人。觀刑部政，授刑部主事，歷任員外郎，漳州府知府，陝西提學副使，湖廣左參政、按察使，湖廣右布政使，山東左布政使，卒。號六泉。曾祖昇，壽官。祖恭。父瑷，知縣。母沈氏，繼母武氏。弟四教。子汝言。戊子鄉試六名，會試二百五十二名，廷試二甲十名。

  四川 曹邁 字德仲。治《詩經》。辛酉年八月二十六日生。榮縣人。觀户部政，授行人，陞南京給事中，寧國府知府，陝西副使，卒。號鳳岡。曾祖伯琤。祖鼐，縣丞。父賞，訓導。母劉氏，繼母張氏。兄薦，生員。弟彥；屏；庠；廊，俱生員；迎；近。子履亨。壬午鄉試二十七名，會試九十九名，廷試三甲十九名。

  山東 謝九儀 字君賜。治《易經》。辛酉年九月初四日生。章丘縣人。觀通政司政，授雄縣知縣，改德清縣，陞御史，轉北直隸提學御史，陞浙江副使，江西右參政，按察使，復除浙江，陞江西右布政使，河南左布政使，巡撫陝西右副都御史，户部右侍郎，改協理戎政兵部右侍郎，轉本部左侍郎，改户部左侍郎，致仕。號南阿。曾祖嵩。祖譽，贈衛經歷。父肅智，運鹽使司副使，進階奉議大夫。母李氏，封孺人。兄九鼎，引禮舍人；九韶，生員。弟九式，生員；九棘。子庭棍。戊子鄉試三十一名。己丑會試二十三名，廷試三甲九十六名。

浙江　錢照　字叔初。治《詩經》。辛酉年九月初十日生。慈谿縣人。觀都察院政，授郯城縣知縣，陞大理寺評事，湖廣僉事，止。號北橋。曾祖鏒。祖深。父栻。母林氏。兄熟。弟奕，生員。子維垣。孫文薦，丁未進士，現任知縣。戊子鄉試三十二名，會試二百二十六名，廷試三甲七十九名。

北直隸　尹宇　字汝光。治《詩經》。辛酉年十月十七日生。南宮縣人。觀吏部政，授戶部主事，歷員外郎、郎中，陞平涼府知府，止。號梧菴。曾祖昇。祖全。父付。母蘇氏。兄憲，生員。弟宦，生員；宥；容；寧。辛卯鄉試四十一名，會試八十三名，廷試三甲二百三十名。

四川　趙民順　字敬儒。治《易經》。辛酉年十月二十七日生。巴縣人。觀吏部政，授浙江鄞縣知縣，陞南京戶部主事。號方洲。曾祖子賢。祖啓，贈監察御史。父陽，教諭。母張氏，繼母曾氏。兄民宜，舉人。弟民式、民懷、民瞻、民憲。子逢辰。壬午鄉試三十四名，會試三十八名，廷試三甲八十二名。

福建　王良柱　字全宇。治《易經》。辛酉年十一月十四日生。南安縣人。觀吏部政，授中書舍人，陞工部員外郎、郎中。號九峯。曾祖尚瑀。祖鐔，生員。父海，貢士，封中書舍人，再封郎中。母黃氏，封宜人。弟良熾炫，增廣生；良采，生員；熊生，□□。子焰，監生，都司都事；點，監生；烈，生員。孫坤京，生員；坊京，贈廣生；在京，生員；觀京，生員；壔京，廩生；堡京，監生；亘京，廩生；陞京，生員；基京，生員；繼曾，丁酉經魁。乙酉鄉試八十名，會試四十七名，廷試三甲二百十九名。

福建　鄧熺　字世緝。治《禮記》。辛酉年十二月二十七日生。閩縣人。觀戶部政，授慈谿知縣，降府儒學教授，卒。號下缺。曾祖珙，布政司左參議。祖泰，義官。父榮，主簿。母董氏。兄世暘，生員。子公墀。戊子鄉試五十名，會試二百九十二名，廷試三甲六十九名。

江西　趙愈和　字以禮。治《詩經》。壬戌年三月十二日生。星子縣人。觀刑部政，授仁和知縣，陞工部主事，歷員外郎、郎中，卒。號西廬。曾祖駿，衛經歷。祖纓。父廷宣，訓導。母錢氏，繼母王氏。兄愈良；愈充，生員。弟愈儒、愈生。辛卯鄉試四十一名，會試二百九十八名，廷試三甲五十九名。

南直隸　錢亮　字執夫。治《書經》。壬戌年四月初四日生。丹徒縣人。觀都察院政，改翰林院庶言士，授科給事中，陞右給事中，左給事中，吏科都給事中，太僕寺少卿，降廣西右參議，止。號南郭。曾祖明。祖鑑。父雲。母曹氏。弟文、方。子大有。辛卯鄉試十四名，會試二十一名，廷試二甲四十五名。

河南　胡守中　字伯時。治《詩經》。壬戌年四月初七日生。寧陵縣人。觀政改庶吉士，授刑部主事，改監察御史，又改左春坊清紀郎、侍書，陞都察院右僉都御史兼詹事府丞，轉左副都御史，陞兵部右侍郎兼右僉都御史、經略畿輔、典刑。號文溪。曾祖浩。祖暹。父霽。母喬氏。弟守正，生員；守道，生員；守義。子應鶴、應龍。壬午鄉試七十一名，會試一百三十九名，廷試三甲一百六十三名。

四川　黃峯　字秀卿。治《春秋》。壬戌年五月二十日生。遂寧縣人。觀戶部政，授戶部主事，陞員外郎、郎中，蘇州府知府，致仕；隆慶改元，起光祿寺少卿。號梓谷。曾祖鑑，贈資政大夫、南京工部尚書。祖宗泗，知縣，累贈資政大夫、南京工部尚書，進階榮祿大夫。父珂，南京工部尚書，贈太子少保，諡簡□。前母張氏，母聶氏。兄嶠；□；巖，俱生員。弟峯，官生；嶽。乙酉鄉試六十七名，會試二百六十四名，廷試二甲四名。

北直隸　王衍　字節甫。治《易經》。壬戌年六月十三日生。交河縣人。觀大理寺政，選翰林院庶吉士，授監察御史，陞山西僉事，止。號合川。曾祖英，巡檢。祖永。父浩。母史氏。兄琚。弟珂、理。子下缺。辛卯鄉試九十五名，會試一百五十九名，廷試二甲六十四名。

北直隸　孫簡　字維敬。治《詩經》。壬戌年六月十五日生。瀋陽中屯衛人。觀吏部政，授潞安府推官，陞刑部主事，歷員外郎、郎中，卒。號大居。曾祖昭。祖宗堯，府通判。父復初，甲戌進士。母張氏。弟默，生員。辛卯鄉試四名，會試三百七名，廷試三甲九十八名。

浙江　陳塏　字山甫。治《禮記》。壬戌年六月十七日生。餘姚縣人。觀禮部政，授行人，陞南京科給事中，湖廣右參議，副使，湖廣參政，止。號宅平。曾祖霖。祖籥，義官。父炫，生員。母聞人氏。兄堅、增。弟培。子鉅。己卯鄉試五名，會試五名，廷試三甲五名。

江西　吴悌　字思誠。治《易經》。壬戌年七月初二日生。金谿縣人。觀禮部政，授樂安知縣，陞監察御史，養病不仕，起復監察御史，陞太常寺少卿、提督四夷館，南太僕寺卿，南大理寺卿，南刑部右侍郎，卒。號疏山。曾祖紹賢。祖福臨。父望。母朱氏。弟怡、悅。子仁慶，州同知；仁傑；仁度，己丑進士，中書舍人；仁廣，生員。孫元、啓种、啓秋、啓穗、啓穆。曾孫陞。辛卯鄉試四十九名，會試一百四十六名，廷試三甲一百一名。

浙江　来汝賢　字子禹。治《書經》。壬戌年七月初八日生。蕭山縣人。觀吏部政，授奉新知縣，調繁丹陽縣，陞兵部主事，改禮部主事，養病回，卒。號菲泉。曾祖珪。祖昉。父東。母孫氏。弟汝頤，歲貢；昇，知州；經濟，貴州參議；三聘，山東副使。子獻策；獻功，俱生員。乙酉鄉試二名，會試二名，廷試三甲三十四名。

北直隸　韓㫤　字德戀。治《易經》。壬戌年八月初一日生。高陽縣人。觀都察院政，授户部主事，改兵部主事，歷員外郎、郎中，答卒。號槐軒。曾祖得春。祖敬，主簿。父鶴，生員。母郭氏。弟旦，生員；最；鼎。辛卯鄉試二名，會試一百二名，廷試二甲七十七名。

廣東　翟鎬　字周甫。治《易經》。壬戌年八月初九日生。鎮南衛籍，東莞縣人。觀都察院政，授祁門知縣，陞户部主事，南京户部員外郎，河南僉事、參議，止。號下缺。曾祖旦隋。祖榮，冠帶總旗。父全。母石氏。兄鎮、鑑。弟鉞、欽。乙酉鄉試一百一十七名，會試二百六十三名，廷試三甲三十名。

浙江　孫校　字右文。治《書經》。壬戌年八月十四日生。平湖縣人。觀禮部政，歷工兵主事，摘廣東提舉，陞南京刑部郎，四川重夔兵備副使。郡祀鄉賢。號明軒。曾祖瑤，以子迪成化己未進士封御史。祖迺，廩生，輸賑，題旌"尚義之門"。父絞，監生，封工部主事。母周氏。兄槃，州同。弟志榮，監生；志道，生員，長子光啟癸未進士，封副使，次子光裕，辛丑進士；栻；楫；枕；柱，俱生員。長子詩，應天己卯舉人，荆州通判；次子諫，廩生。孫時彥，禮部儒士，諫出；夢聖，增廣生，詩出。曾孫胤昌、胤奇，俱時彥出；文術；文明；文銓，俱夢聖出。乙酉鄉試二十四名，會試二百九十四名。廷度三甲一百四十八名。

南直隸　顧存仁　字伯剛。治《易經》。壬戌年八月十五日生。太倉州人。觀刑部政，授餘姚知縣，陞科給事中，以言事謫口外為民，隆慶初，起南京通政使司右參議，順天府丞，大理寺右少卿，太僕寺卿。號懷東。曾祖謨。祖昊。父啓明。母錢氏。弟存禮、允靖、价、佾、存性。辛卯鄉試十九名，會試一百五十三名，廷試三甲四十二名。

　　山西　張梯　字子階。治《書經》。壬戌年八月二十九日生。陽曲縣人。觀禮部政，授任丘知縣，後除汲縣，陞監察御史，降户部主事，止。號南峒。曾祖永。祖琛，壽官。父勃，教諭。母賈氏。兄楷；杞；棠；休，生員；果；采；溱；架；栗；寨。弟槃、楠。子筌。辛卯鄉試五十九名，會試一百十八名，廷試三甲一百七名。

　　福建　黃獻可　字堯俞。治《詩經》。壬戌年九月十四日生。莆田縣人。觀禮部政，授武陵知縣，改嘉興知縣，陞禮部主事，降應天府學，教授。號野塘。曾祖孟恭。祖汝保。父思達。母林氏。弟際可、學可。辛卯鄉試六十九名，會試一百六十名，廷試三甲一百十九名。

　　廣東　衛元確　字少乾。治《易經》。壬戌年九月十六日生。東莞縣人。觀兵部政，選翰林院庶吉士，授禮部主事，陞員外郎，降延平府通判，陞户部主事，卒。號如易。曾祖珪。祖梓佐，壽官。父嬰。前母黃氏，母張氏。弟元碩、元相、元柱、元棟、元桂、元楫。子次夏、次玉。辛卯鄉試四十七名，會試一百八十三名，廷試二甲七十二名。

　　南直隸　唐國相　字舜舉。治《詩經》。壬戌年九月十六日生。上海縣人。觀工部政，授工部主事。號鶴坡。曾祖海。祖榮。父英。母徐氏。兄國棟。弟國柱。子熙載、熙績。辛卯鄉試六十三名，會試六十二名，廷試二甲二十八名。

　　山西　路天亨　字仲元。治《詩經》。壬戌年九月三十日生。安邑縣人。觀兵部政，授淶水知縣，陞户部主事，改禮部，復改吏部主事，歷員外郎、郎中，陞山東左參政、按察使，陝西右布政使。號廓庵。曾祖廣，義官。祖顯，知縣。父塤，典膳。母楊氏。兄天衢，監生。子下缺。辛卯鄉試二十六名，會試一百六十七名，廷試三甲一百二十名。

　　浙江　錢薇　字懋垣。治《書經》。壬戌十月二十三日生。海鹽縣人。觀吏部政，授行人，使楚藩，却金還，陞禮科給事中，數論大臣，會星變言事，忤權相削籍。穆廟恤錄諫臣，與楊繼盛一體恤贈太常寺少卿，本縣春秋特祀。號海石。曾祖寔。祖達，贈刑部郎中。父珍，封禮科右給事中。母鄭氏，封太孺人。兄著；蓤，監生；芹，戊戌進士，永州知州。弟萱，乙未進士，禮部主事；葵，生員；蕭，監生；褒，於潛縣教官。子與映，甲子順天舉人；端暎，增廣監生。孫世奎，府學廩生；世垚，國子生；周，中書舍人；世陛，國子生。曾孫鶴徵、嘉徵、甲徵、鵬徵、山徵、潤徵、福徵、治徵。乙酉鄉試三十四名，會試四十九名，廷試三甲一百九十五名。

廣東　勞紹科　字獻伯。治《詩經》。壬戌年十月三十日生。番禺縣人。觀戶部政，授寧國知縣，陞南京戶部主事、員外郎、郎中，四川僉事。號東泉。曾祖秉貴。祖金悌。父琮。母陳氏。弟紹學。子汝記、汝諭、汝諄。戊子鄉試三十五名，會試一百四十七名，廷試三甲一百十八名。

山東　辛童　字吉卿。治《易經》。壬戌年十二月初五日生[1]。安丘縣人。觀刑部政，授知縣，陞刑部主事、員外郎、郎中，陝西僉事，山西參議。號下缺。曾祖貴。祖曾。父祥。母楊氏。兄永、憲、宗。辛卯鄉試二十三名，會試二百六名，廷試二甲四十二名。

北直隸　劉世用　字汝賢。治《詩經》。癸亥年正月初九日生。束鹿縣人。觀禮部政，授臨汾知縣，陞太原府同知，河南僉事、右參議，陝西副使、左參政，卒。號祿軒。曾祖全。祖良。父憲。母趙氏。弟世豪、世徵、世選。戊子鄉試五十四名，會試一百五十七名，廷試三甲三十八名。

山東　殷學　字成南。治《詩經》。癸亥年正月十一日生。東阿縣人。觀戶部政，授合肥知縣，陞監察御史，降湖廣按察司知事，陞臨淮知縣，南京戶部主事，南京刑部郎中，陝西僉事，河南提學副使，復除河南副使，調山西副使，陞河南參政，浙江按察使，山西右布政使，陝西左布政使，巡撫陝西右副都御史，兵部右侍郎協理戎政，戶部左侍郎，住。號下缺。曾祖貴。祖清。父祐。母周氏。兄儒。弟犖。子晉錫、晉接。戊子鄉試三十六名，會試三十二名，廷試三甲五十三名。

福建　劉汝楠　字孟材。治《春秋》。癸亥年二月初五日生。同安縣人。觀吏部政，授湖州府推官，陞刑部主事、員外郎，提學僉事，副使，出。號南郭。曾祖大樑。祖廷理。父祚。母王氏。子遂賢，主簿；遂良，監生。戊子鄉試一名，會試二百四十六名，廷試三甲二十五名。

浙江　王梅　字時魁。治《書經》。癸亥年三月二十四日生。平湖縣人。觀都察院政，選翰林院庶吉士，授刑部主事，降州判官，卒。

---

[1] 底本脫"生"字。

號柘湖。曾祖洪。祖鼎。父鷥。母胡氏,繼母金氏。兄桂、槐。弟模、校、森、樞。辛卯鄉試七名,會試一百二十五名,廷試三甲二百六名。

　　雲南　李啟東　字伯陞。治《書經》。癸亥年七月初二日生。楚雄縣人。觀吏部政,授兵部主事,復除南京禮部主事,陞郎中。號下缺。曾祖思存。祖權,義官。父鴻,歲貢。母劉氏。子春奇。辛卯鄉試三名,會試五十六名,廷試二甲一名。

　　浙江　馮亮　字執夫。治《詩經》。癸亥年七月初十日生。金華縣人。觀刑部政,授丹徒知縣,陞兵科給事中,工科右給事中,禮科左給事中,兵科都給事中,河南左參政,四川按察使、右布政使,河南左布政使,卒。號貞齋。曾祖暘,知縣,贈主事。祖滔。父璣,監生。母朱氏。兄充。弟襄。子懋。辛卯鄉試五十四名,會試二百二十一名,廷試三甲七十五名。

　　陝西　賈士元　字仁甫。治《詩經》。癸亥年八月十三日生。鳳翔縣人。觀工部政,授戶部主事。號彭原。曾祖整。祖振。父清,教諭。母史氏。子鳳翱、鳳鳴。戊子鄉試二十七名,會試七十三名,廷試二甲十一名。

　　浙江　閔如霖　字師望。治《詩經》。癸亥年八月二十八日生。烏程縣人。觀工部政,選庶吉士,授編修,歷右春坊右中允、□修撰,轉左春坊左諭德,歷翰林院侍讀學士、掌院事;陞太常寺卿,掌國子監祭酒事;歷禮部左右侍郎兼翰林院學士,掌院事,教習庶吉士;改吏部左侍郎兼學士,掌詹事府事,仍教習庶吉士,陞南京禮部尚書。卒贈太子少保。號午塘。曾祖復。祖珵,贈通議大夫、禮部左侍郎兼學士。父蕙,累贈通議大夫、禮部左侍郎兼學士。母沈氏,累贈淑人。兄如松,穎州判官。弟如椿,庠生;宜劭,應天通判;宜力,監生,贈南昌知縣。子道孚,官生,贈刑部員外;道鳴,舉人,贈安福知縣。孫□□、□□□□郎中;世翔,進士,邵武知府;世躍,上林苑監署丞;世南,光祿署丞;世魁光祿署丞;世□□□□□;世□監生。戊子鄉試八十八名,會試二百八十三名,廷試二甲五十九名。

　　江西　劉天授　字可全。治《易經》。癸亥年九月二十日生。萬安縣人。觀禮部政,授福建龍溪縣知縣,陞刑部主事,歷員外郎、郎中,降通判,陞南京吏部主事、郎中,承天府知府,湖廣副使,復山西□□參政,福建按察使,浙江右布政使,調廣西右布政使,陞左布政使,卒。號沙溪。曾祖善慶,員外郎。祖遷。父杞,生員。母郭氏。子汝徠、汝循、汝衍、汝從。戊子鄉試四十二名,會試一百十二名,廷試三甲八十七名。

山東　曹邦輔　字子忠。治《書經》。癸亥年九月二十八日生。定陶縣人。觀刑部政,授元城縣知縣,行取御史,陞河南副使,山西參政,浙江按察使;都察院右僉都御史,提督操江;都察院左副都御史、兵部右侍郎,總督薊遼保定軍務;本部左侍郎,協理京營;南京都察院右都御史,南京戶部尚書,致仕。贈太子少保。號東村。曾祖昇。祖剛。父良廣,累贈尚書。母徐氏,累封夫人。妻陳氏,封夫人。兄邦卿,散官,卒。子鑰,太僕寺丞。孫如琦。辛卯鄉試五十名,會試二百三十四名,廷試三甲二百三名。

北直隸　邊泮　字文躍。治《書經》。癸亥年十一月初九日生。任丘縣人。觀兵部政,授未仕,卒。號雲莊。曾祖鏞,南京刑部右侍郎。祖寅,主簿,封主事。父億,布政司左參政。母解氏,封安人。兄□;淞,貢士。弟津;沆,同科進士;津;澤,生員。子植、楠　己酉鄉試二十六名,會試三十一名,廷試三甲二百十三名。

北直隸　邊侁　字行甫。治《書經》。癸亥年十一月二十七日生。任丘縣人。觀戶部政,選翰林院庶吉士,授科給事中,禮部主事,陞光祿寺寺丞,尚寶司司丞、少卿,謫澤州知州。號貞谷。曾祖水,戶部郎中,贈右副都御史。祖鏞,南京刑部右侍郎。父憲,應天府尹。母鄭氏,封孺人;繼母張氏。兄偉,運使;億,參政;備;僑,知州;偕;仲,郎中;俌,署正;佃。弟偲,貢士;任;倓,生員;俏;傒,貢士。乙酉鄉試六名,會試一百三十七名,廷試二甲五十六名。

雲南　段承恩　字德夫。治《易經》。癸亥年十二月十九日生。晉寧州人。觀工部政,授工部主事,改監察御史,陞辰州府知府,止。號午峯。曾祖吉祥。祖俊。父永盛,義官。母楊氏。弟承寵、承爵。子袞、襄。辛卯鄉試二名,會試四十五名,廷試二甲七十五名。

廣東　徐進　字與可。治《易經》。甲子年正月二十九日生。順德縣人。觀戶部政,授鄱陽知縣,歷陞戶部主事、員外郎、郎中,副使,止。號下缺。曾祖敏。祖隆。父華。母黃氏。弟邐、迴、述、任、遷、迪、綱、紀、邵。子梗。戊子鄉試五十三名,會試一百六十三名,廷試三甲三十七名。

湖廣　劉濚　字汝静。治《春秋》。甲子年二月十六日生。麻城縣人。觀户部政，授行人，陞大理寺[1]副，刑部員外郎，户部郎中，卒。號雲藪。曾祖仲輢，知縣。祖璲，知縣，累贈右都御史。父天和，右副都御史。母王氏，封恭人。兄淞，貢生。弟溧；灤，俱生員。子守有，錦衣衛堂衛都指揮使□。孫承禧，見任錦衣同知。壬午鄉試四十名，會試二百三十三名，廷試三甲四名。

陝西　陳叔頤　字子貞。治《易經》。甲子年閏四月初三日生。涇陽縣人。觀通政司政，授户部廣西司主事，陞員外郎、郎中，光祿寺少卿，降辰州同知。號玉山。曾祖椿。祖滿，壽官。父璽，主簿。母張氏。兄用、叔周。弟叔善，生員；叔美，貢士。子治安、治本。辛卯鄉試二十九名，會試五十名，廷試二甲三十一名。

江西　何天啓　字義占。治《易經》。甲子年閏四月二十三日生。貴溪縣人。觀禮部政，授行人，陞户科給事中，降淳安縣丞，陞嘉善知縣，南雄府同知，復補東昌府同知，陞南京兵部員外郎、郎中，浙江僉事，止。號鳳岡。曾祖桂高。祖淵，參議。父章，知縣。母夏氏。兄天麟，生員。弟天範，生員。子其泰。乙酉鄉試十八名，會試一百六十九名，廷試三甲七名。

浙江　呂本　字汝立。治《書經》。甲子年六月初一日生。余姚縣人。觀工部政，選翰林院庶吉士，□□□□□□監司業，右中允、署翰林院郎，轉左中允，回坊，南京國子監祭酒，改國子監祭酒，□□□□閣辦事，吏部右侍郎兼東閣大學士、禮部尚書，仍兼原官，加太子太保、文淵閣學士，進加少保兼太子太保、禮部尚書、武英殿大學士，考滿給授柱國，又改少傅兼太子太傅，丁内艱。贈太傅，謚文安。復吕姓。號南渠。曾祖公瓊，贈光禄大夫、柱國、少傅兼太子太傅、禮部尚書、武英殿大學士。祖戀，贈光禄大夫、柱國、少傅兼太子太傅、禮部尚書、武英殿大學士。父改，贈光禄大夫、柱國、少傅兼太子太傅、禮部尚書、武英殿大學士。母楊氏，封一品大夫人。弟禾；杜，俱庠生；□，太醫院判；采，武英殿中書；來，庠生。子元，禮部主事；允，中書；充，石阡知府；兌，禮部主事；覺，國子生；魁，鹽運使司副使。孫胤昌，癸未進士，南京虞衡司郎中；胤禎，國子生；胤基，中書；胤晟，國子生；胤礽，甲午舉人；胤業；胤昂；胤荃；胤垾；胤盛；胤文，俱監生；胤□；

---

[1] 底本作"司"，當爲"寺"之誤。

胤旻，俱庠生；胤禄；胤坤；胤亨；胤祥；胤蘭；胤陞；胤裕。曾孫天成，庠生。戊子鄉試二十四名，會試一百八十九名，廷試三甲一百七十三名。

山西　閻樸　字文甫。治《易經》。甲子年六月初九日生。榆次縣人。觀大理寺政，選翰林院庶吉士，授檢討，陞右贊善兼檢討，南京國子監祭酒，以到任違限罷。號又泉。曾祖最。祖瓚，壽官。父大論，歲貢生。母張氏，繼母李氏。兄梅。弟模、桓、樞、梯。子沐。戊子鄉試二名，會試一百九十六名，廷試三甲一百六十一名。

山東　侯度　字憲甫。治《詩經》。甲子年六月二十三日生。東阿縣人。觀戶部政，授府推官，陞監察御史，罷。號西湄。曾祖珪。祖觀，貢士。父克巏。母李氏。兄卿；三省，聽選官；臣，生員；進。弟三術。子蒟。辛卯鄉試四十七名，會試二百四十八名，廷試三甲一百五十名。

北直隸　趙一中　字立夫。治《詩經》。甲子年七月初二日生。青縣人。觀兵部政，授汝州知州，陞南京刑部員外郎、郎中，山西僉事、右□參議，陝西副使，卒。號青野。曾祖寬。祖榮。父璠。母蕭氏，繼母夏氏。弟一厚。子孟庶、孟度。戊子鄉試五十六名，會試一百二十七名，廷試二甲六十七名。

山東　吳嶽　字汝喬。治《春秋》。甲子年七月初五日生。汶上縣人。觀兵部政，授戶部主事，陞員外郎、郎中，廬州府知府，復除保定府，陞山西副使，浙江參政，湖廣按察使，山西右布政使，巡撫保鎮右僉都御史，致仕，起都察院右副都御史，吏部右侍郎、左侍郎，南京禮部尚書，兵部尚書。號望湖。曾祖從善。祖貴。父霈。母姜氏。兄崇、嵩、巖、嶺、崑、岫、嵐、巇。子淵，知府；涵。戊子鄉試九名，會試一百六名，廷試二甲七十一名。

河南　陳俎　字少志。治《詩經》。甲子年八月初四日生。封丘縣人。觀大理寺政，授戶部湖廣司主事，改吏部降，又陞南京刑部主事、員外郎、郎中，廣平府知府、山東副使，住。號西坡。曾祖紀。祖果。父同。母韓氏，繼母牛氏、季氏。子其常。戊子鄉試二名，會試一百九十五名，廷試二甲三十二名。

浙江　吳至　字道卿。治《易經》。甲子年八月初六日生。餘姚縣人。觀吏部政，授刑部主事，陞員外郎、郎中，濟南府知府，降知州，陞廣信府知府，□惠州府知府，止。號中山。曾祖勤，贈員外郎。祖秩。父徵。母何氏。弟可至、學至。戊子鄉試二十七名，會試八十名，廷試二甲四十九名。

山東　田大有　字豫甫。治《詩經》。甲子年九月初一日生。東平州人。觀戶部政，授行人，陞監察御史，降鈞州判官，陞郎中，臨洮府知府。號思齋。曾祖弘。祖安，驛丞。父明，義官。母徐氏。弟大登、大豐、大範、大壯。乙酉鄉試四十四名，會試一百八十六名，廷試三甲一百六十四名。

四川　王廷　字子正。治《易經》。甲子年九月二十三日生。南充縣人。觀兵部政，授戶部主事，改監察御史，降亳州判官，陞崑山知縣，長沙同知，工部郎中，蘇州知府，貴州副使，復補陝西副使，山西副使，陞山西參政，山東按察使、右布政使，陝西左布政使，總理河道右副都御史，轉南京戶部右侍郎，復補南京工部侍郎，改戶部右侍郎兼右僉都御史、總督漕運兼提督軍務、巡撫鳳陽等處，改戶部左侍郎，陞南京禮部尚書，改都察院左都御史，馳驛致仕，存問二次。贈太子少保，諡恭節，崇祀鄉賢。號南岷。曾祖昺。祖銳，贈左都御史。父希文，贈左都御史。母馬氏，贈夫人。弟延，大理評事。子續之，湖廣左布政；繼之，刑部廣西司員外郎。孫兆龍、兆鳳、兆麟、兆禎。乙酉鄉試二十八名，會試八十四名，廷試二甲八名。

山東　范瑟　字孔和。治《易經》。甲子年十月初一日生。歷城縣人。觀工部政，選翰林院庶吉士，授編修，降四川右參議，陝西副使。號柏峯。曾祖整。祖勝。父福。母馬氏。兄珊；珆，璞，聽選官；琚；班；珏；琴，生員。子儲棟。乙酉鄉試七名，會試五十八名，廷試二甲四十四名。

福建　何元述　字元孝。治《易經》。甲子年十二月初二日生。晉江縣人。觀刑部政，授惠州府教授，陞國子監博士，歷監丞，主事、員外，僉事，參議，副使，致仕。壽九十歲。從祀鄉賢。號小洛。曾祖宗。祖燦，典史。父雄，封戶部主事。母柯氏，封安人。兄綱，舉人，學正。弟元脩；元郁；元選，舉人；元迪；元達；元遠，俱生員。子居魯，知府；居廣，監生；居憲，生員。孫啓祚，監生；啓祥，生員；啓祐，生員；啓祖；啓格；啓機；啓袍；啓裪；啓祿；啓祜；啓祝；啓禴。曾孫承鍾、承欽、承鋌、承鑛、承鑑、承錄、承□。戊子鄉試七十四名，會試三百名，廷試三甲一百五十五名。

山西　張冕　字服周。治《書經》。甲子年十二月初四日生。孝義縣人。觀刑部政，授戶都主事，陞員外郎，河南僉事、右參議，山東副使，止。號勝溪。曾祖九隆。祖壽,義官。父大禄,監生。母武氏,繼母胡氏。弟鏧。子問明、問達。辛卯鄉試二十七名,會試一百十三名,廷試二甲九名。

浙江　姚翔鳳　字夢禎。治《詩經》。甲子年十二月初五日生。上虞縣人。觀通政司政,授兵部主事,陞員外郎、郎中,福建副使,陝西行太僕寺卿。號愚軒。曾祖嵩。祖鐙,署教諭,舉人。父霽。母孔氏。子伏生。戊子鄉試六十二名,會試一百八十八名,廷試二甲六十三名。

福建　陳儲秀　字舜弼。治《易經》。甲子年十二月初七日生。南安縣人。觀吏部政,授行人,陞山東道御史,兩廣清軍、廣東巡按,河南副使。號瑞山。曾祖英。祖恕,義官。父樂,封御史。母賴氏,贈孺人;繼母蔡氏。弟端郎,贈郎中;儲材,生員。子孚衷,南海主簿;啟衷;憲衷,俱庠生;效衷,鴻臚署丞;愚衷,四川布政司照磨;真衷,庠生。姪學孔,教諭;良言,訓導;學伊,壬戌進士,江西僉事;學朱,贈大理寺評事;學潛,監生;直衷;慎衷,俱庠生。孫邦觀,監生;邦章;奇標;衡仲;基虞;邦鉉;睿標;邦寵;邦鎬;邦鉦,俱庠生。姪孫華,廩生;應聘,庠生;應堂,戊戌進士,大理寺寺副;應茗;栻,俱庠生;□,乙酉舉人;應座,庠生;邦鑄;邦鐺;邦録。曾孫肇清;肇基,俱庠生。辛卯鄉試十四名,會試一百一十七名,廷試三甲二百二十一名。

河南　魏廷萱　字子宜。治《易經》。乙丑年正月初三日生。許州人。觀禮部政,授南京戶部主事,陞員外郎、郎中,西安府知府,湖廣副使。號新川。曾祖俊。祖瑞,義官。父校,監生。母李氏。兄廷蕙;廷菊,俱監生;廷華;廷藏;廷芹。弟廷薦,俱生員。子江;湖;澧,知縣。辛卯鄉試六十九名,會試一百四十九名,廷試二甲二十一名。

浙江　程秀民　字天毓。治《易經》。乙丑年正月十九日生。西安縣人。觀吏部政,授金谿知縣,陞刑部主事,改兵部主事、員外郎、郎中,泉州府知府,終養,補建寧府知府,陞福建副使,調湖廣,陞雲南參政。號習齋。曾祖惟謙。祖瑞,知縣。父鑛。母楊氏。兄舜民、吉民。子應鵬。辛卯鄉試五十三名,會試九名,廷試三甲六十六名。

河南　張光祖　字德徵。治《詩經》。乙丑年二月十六日生。潁川衛人。觀兵部政,授鉅鹿知縣,改上虞縣,陞監察御史。號雙溪。曾祖珣。祖守亨,知縣。父治,舉人。母李氏。弟光遠;光弼;光祚,生員;光大;光國,生員;光啟;光裕;光緒;光世。子好問、好學。戊子鄉試二十五名，會試二百二十八名，廷試三甲一百二十一名。

南直隸　洪垣　字峻之。治《書經》。乙丑年三月十八日生。婺源縣人。觀戶部政，授浙江永康縣知縣，陞監察御史，溫州府知府，罷。號覺山。曾祖清。祖榴。父輝。母余氏。兄坤、均。弟圭、圻、塤。辛卯鄉試一百名，會試二百十七名，廷試三甲八十四名。

浙江　王椿　字元齡。治《易經》。乙丑年六月初九日生。錢塘縣人。觀工部政，授刑部主事，降，陞松江府同知，止。號霄山。曾祖複初。祖鏞，義官。父璘，衛經歷。前母吳氏，繼母丘氏，母凌氏。兄相。弟材，生員。子夢龍。辛卯鄉試十八名，會試五十五名，廷試二甲六十名。

南直隸　潘子正　字汝中。治《書經》。乙丑年六月二十五日生。六安州人。觀大理寺政，授行人，陞科給事中，降縣丞，陞開化知縣，戶部主事、員外郎、郎中，汝寧府知府，湖廣副使，貴州參政。號十泉。曾祖岳，監察御史。祖種，義官。父銳，行人。母仵氏。弟子如、子孝、子安。戊子鄉試九十七名，會試三十四名，廷試三甲十七名。

湖廣　胡鰲　字巨卿。治《易經》。乙丑年七月初五日生。沅陵縣人。觀吏部政，授樂安知縣，改吉水縣，補鄞縣，陞監察御史，降州判官，陞南京刑部主事、員外郎、郎中，廣州府知府，四川副使。號鹿厓。曾祖琥，醫學正科。祖謐，醫學正科。父應相。母李氏。弟鶱。子考、寧。辛卯鄉試三名，會試三百八名，廷試三甲六十七名。

河南　馬汝彰　字存美。治《書經》。乙丑年七月初九日生。汲縣人。觀戶部政，授武進知縣，陞科給事中，右給事中，左給事中，都給事中，陝西參政，山東按察使、右布政使，雲南左布政使，致仕。號璞岡。曾祖整，贈府通判。祖英，府同知。父圖，貢士。母張氏。弟汝□、汝翼。辛卯鄉試三十七名，會試一百六十四名，廷試三甲六十八名。

山西　孔天胤　字汝錫。治《詩經》。乙丑年八月十六日生。汾州人。授陝西按察司僉事、提學，降祁州知州，陞河南僉事，陝西右參議，復補河南左參議，陞浙江提學副使、參政、按察使，陝西右布政，河南左布政使。號文谷。曾祖表。祖大裓，巡檢。父麟，儀賓。母新鄭縣君。弟天民。辛卯鄉試六名，會試二百七十二名，廷試一甲二名。

浙江　葉經　字叔明。治《易經》。乙丑年八月二十二日生。上虞縣人。觀禮部政，授福州府推官，陞監察御史，以試錄逮，杖卒。號東原。曾祖愛同。祖壘，教諭。父時政。母張氏。弟綸、緯、綵。子裳。

辛卯鄉試二十七名，會試一百九十九名，廷試三甲二十一名。

福建　柯實卿　字光仲。治《易經》。乙丑年十月十四日生。晉江縣人。觀吏部政，授南京戶部主事。號肖海。曾祖淑榮。祖璟。父儀。母黃氏。兄秀卿。弟奇卿。辛卯鄉試四十六名，會試一百二十八名，廷試二甲十八名。

南直隸　顧玉柱　字邦石。治《禮記》。乙丑年十一月十四日生。常熟縣人。觀都察院政，授南京工部主事，陞工部員外郎、郎中，大名府知府，山東副使，致仕。號一江。曾祖立，知縣。祖鎬，義官。父湘。母郁氏。弟玉樓、玉樹。子下缺。辛卯鄉試一百二十名，會試四十名，廷試二甲十三名。

陝西　張壽　字汝靜。治《書經》。乙丑年十一月十七日生。宜川縣人。觀工部政，授下缺。號樂山。曾祖文貴。祖興父翱。前母郭氏，嫡母吳氏，生母趙氏。兄福；祿；爵，義官。子允塞、允齊。辛卯鄉試九十三名，會試一百九十七名，廷試三甲一百四十名。

河南　王朝賢　字立之。治《詩經》。乙丑年十二月十五日生。太康縣人。觀禮部政，授南京大理寺評事，陞寺副、寺正，順德府知府，副使。號三陵。曾祖簪。祖煮。父載，生員。母張氏。兄元朝，生員。子汝玉。戊子鄉試二十一名，會試三百十七名，廷試三甲一百八十二名。

南直隸　周大禮　字子和。治《易經》。丙寅年正月初八日生。崑山縣人。觀吏部政，授工部主事，歷員外郎、郎中，降鄧州同知，陞興化知府，山東副使，河南左參政，止。號濚山。曾祖明。祖璿。父書。母晏氏。兄大倫，生員。弟大寘、大器。子下缺。辛卯鄉試五十二名，會試二百四十七名，廷試三甲二百二十三名。

北直隸　趙允亨　字伯通。治《易經》。丙寅年正月十三日生。安肅縣人。觀工部政，授長安知縣，調陽穀知縣，陞太僕寺丞止。號龍山。曾祖英。祖宗。父廷儀，生員。母楊氏。兄允恭、允道、允中、允迪、允高、允懷。弟允修。辛卯鄉試一百一名，會試二百七十四名，廷試三甲一百四十一名。

浙江　許應元　字子春。治《易經》。丙寅年正月二十八日生。錢塘縣籍，東安縣人。觀兵部政，授泰安知州，調泰州，陞工部員外郎、郎中，夔州府知府，四川副使，調廣西，陞遼東苑馬寺卿，雲南參政，補福建，陞雲南按察使，廣西右布政使。號茗山。曾祖九皋。祖紳。

父龜年。母陳氏。弟應亨。子夢暘；季序，儒士。孫惠一，己酉舉人。乙酉鄉試八十五名，會試六十三名，廷試二甲五十四名。

南直隸　伊敏生　字子蒙。治《易經》。丙寅年五月初一日生。上元縣籍，吳縣人。觀都察院政，授下缺，陞監察御史，山東副使，山西參政，卒。號山泉。曾祖溥，封主事。祖乘，按察司僉事。父伯熊，府同知。前母周氏，母傅氏。兄大生、直生。弟魯生。子在廷，兵部員外。乙酉鄉試二十六名。己丑會試四十四名，廷試三甲一百七十五名。

河南　劉訓　字子伊。治《易經》。丙寅年五月二十二日生。汝陽縣人。觀兵部政，授溫州府推官，陞戶部主事，歷員外郎、郎中，止。號下缺。曾祖瑛，布政司照磨，贈監察御史。祖紳，按察司副使，進通議大夫。父繼儒，監生。母彭氏。兄誨。弟謨，俱生員；訥；試；評；講；誦；讀；謐。子志道、志學。辛卯鄉試二十九名，會試一百九十四名，廷試三甲一百五十三名。

福建　林應亮　字熙載。治《禮記》。丙寅年六月初十日生。候官縣人。觀刑部政，授潁上縣知縣，改秀水知縣，陞戶部主事，復除禮部，陞員外郎、郎中，常德府知府，廣西副使，復除江西，陞山東右參政，廣東按察使、右布政使，廣西左布政使，南京太僕寺卿，南京戶部右侍郎，改戶部右侍郎，復調南京。號少峯。曾祖世亨。祖汝和，封主事。父春澤，府同知，前戶部郎中。母陳氏，封安人。弟應彥。子如楚，廣東提學副使。戊子鄉試六十八名，會試十六名，廷試三甲一百六名。

南直隸　包節　字元達。治《禮記》。丙寅年七月十六日生。華亭縣籍，嘉興縣人。觀刑部政，授山東東昌府推官，□□授御史，歷福建雲南湖廣巡按，論劾承天守備太監廖彬不法，逮繫詔獄，廷杖，謫戍陝西莊浪衛，丙辰六月卒於戍所。隆慶丁卯奉詔恤錄建言，贈光祿少卿，崇祀鄉賢名宦。號家泉。曾祖俊，封南京禮部郎中。祖鼎，成化戊戌進士，池州府知府。父志，贈徵仕郎、中書舍人。慈侍下。兄洪，貢士；浩；淳；濂，俱庠生。弟孝，進士，南京御史；汴，進士，四川右參議。子杞，鴻臚寺序班；梓；梗，俱監生。姪柷，監生；梯，庠生；檃芳，貴州提學副使；桂芳，廩生；柏芳，庠生；槐芳，監生；林芳，福建都司經歷；漸林，誥敕房供事禮部儀制司員外郎；敷林，監生。孫兆祥，監生；弘毅；弘熹；文燧；文燮，俱庠生。姪孫有魚，福建布政司理問；世熙，監生；世杰，舉人；文炯，誥敕房供事中書舍人；

文焕；文煌；世美；文忻；文燈，俱庠生。戊子鄉試二十名，會試二百六十五名，廷試三甲一百五名。

山東　楊賢　字子庸。治《易經》。丙寅年八月二十五日生。濟寧州人。觀禮部政，授西安府推官，復除鳳翔府，陞武昌府知府，陝西副使，河南左參政，復除陝西右參政，陞按察使，湖廣右布政使，復除四川，轉左，以王親回籍，勘明，復除四川左布政使，陞南京光祿寺卿，改太僕寺卿。號東泉。曾祖寊，贈右副都御史。祖汴，散官。父栗，訓導。母李氏。兄貢。子自得。戊子鄉試四十七名，會試一百八十七名，廷試三甲一百三十四名。

江西　雷禮　字必進。治《詩經》。丙寅年九月十二日生。豐城縣人。觀通政司政，授興化府推官，內艱，服闋，□□□□吏部主事，歷員外、郎中，浙江提學副使，太僕、太常少卿，順天府尹，工部左右侍郎，右都御史，工部尚書，加太子太保、少傅兼太子太傅，七疏致仕。卒贈太保。號古和。曾祖啟□，贈少傅、尚書。祖遂中，累贈少傅、尚書。父邦鑑，累贈少傅、尚書。母鄭氏，累贈一品夫人。兄禘、祥、祕、祉、禋。弟祜，俱生員。子瀚，舉人；溁，南京刑部郎中；瀛，工部員外郎，加正五品俸。孫梯，官生；之楨、樂、條、穀，俱庠生。曾孫文焜，官生；□□□□□□□□泓，通政司經歷。戊子鄉試二十四名，會試一百九名，廷試三甲二百八名。

浙江　范欽　字堯卿。治《書經》。丙寅年九月十九日生。鄞縣人。觀禮部政，授湖廣隨州知州，□□□員外郎、郎中，陞袁州知府，歷按察布政司，陞都察院右副都御史巡撫南贛汀漳處地方，陞北京兵部右侍郎，致仕。從祀鄉賢。號東明。曾祖晁。祖訢，訓導。父璧，封員外。母王氏。兄鏞，封序班。弟鈞；鎬，知縣；鉅，訓導；鏓；鎏；鏡；鈁，四川參政；□□，□□□□光祿署丞□□□。戊子鄉試七十名，會試一百七十八名，廷試二甲三十八名。

北直隸　夏應元　字體仁。治《禮記》。丙寅年九月二十五日生。景州人。觀通政司政，授未仕，卒。號弦齋。曾祖通，□□。祖鉞。父商。母王氏。兄松、□。弟□□；椿；慶元，生員；庠元；榮；樾；權；森。辛卯鄉試六十二名，會試二百五十五名，廷試三甲二百十七名。

廣西　董德明　字汝哲。治《禮記》。丙寅年十月初三日生。護衛人。觀禮部政，授南昌府推官，陞戶部主事、員外郎、郎中，處州府知府，山東副使,河南右參政。號東庄。曾祖繼宗。祖春。父勉,義官。母郭氏。兄德順;德純,教諭;德茂。弟德潤;德宏,監生;德昇。戊子鄉試四名,會試三百六名,廷試三甲一百五十一名。

　　雲南　張合　字懋觀。治《書經》。丙寅年十二月十四日生。永昌府籍,江寧縣人。觀禮部政,授户部主事,改兵部,改吏部主事,歷員外郎,陞福建僉事,□□廣副使。號賁所。曾祖宗。祖昺,贈郎中。父志淳,南京户部右侍郎。母狄氏。兄含,貢士。壬午鄉試一名,會試一百四十名,廷試二甲六名。

　　四川　劉光文　字繼純。治《春秋》。丁卯年正月初二日生。閬中縣人。觀兵部政,授行人,陞兵部主事、員外郎,湖廣僉事,復補河南,陞陝西右參議。號亦齋。曾祖詵。祖芬。父漳,壽官。嫡母蒲氏,母程氏。弟光謙、光威、光業。辛卯鄉試四十一名,會試一百五十六名,廷試三甲一百四名。

　　浙江　杜鋒　字邦平。治《易經》。丁卯年閏正月十九日生。鄞縣人。觀禮部政,授旌德縣知縣,卒。號館江。曾祖允。祖儀。父璵。母董氏。弟銳、錸、鐲、銈、鉉。子志和。戊子鄉試六十九名,會試二百六十一名,廷試三甲一百十七名。

　　湖廣　周宗鎬　字子京。治《詩經》。丁卯年三月初八日生。巴陵縣人。觀都察院政,授蘇州知州,復除嘉定州知州,陞府同知,四川僉事,四川右參議,廣東副使,卒。號白崖。曾祖友忠。祖以汱。父值。母方氏。弟宗夔、宗哲、宗稷。辛卯鄉試八十四名,會試二百九十五名,廷試二甲二十九名。

　　四川　謝庭蒞　字子佩。治《詩經》。丁卯年三月二十七日生。富順縣人。觀工部政,授湖廣黄波縣[1]知縣,改新喻縣,陞科給事中,右給事中,左給事中,降典史,浙江僉事。號下缺。曾祖正立,散官。祖胤。父充,舉人,贈主事。母張氏,封安人。兄庭芝,刑部主事。乙酉鄉試三十三名,會試一百九十名,廷試三甲四十五名。

　　四川　高世彥　字仲修。治《書經》。丁卯年四月初四日生。內江縣人。觀户部政,授南京户部主事,改北刑部,降判官,陞府同知,河南僉事,陝西參議、副使,浙江參政,河南按察使、右布政使,河

---

[1] 湖廣無"黄波縣",當是"黄坡縣"之誤。

南左布政使。號白坪。曾祖召南，監生。祖公堂，義官。父岡。母田氏。弟世靖、世度。辛卯鄉試二名，會試二十四名，廷試二甲二十名。

四川　周滿　字謙之。治《詩經》。丁卯年六月二十五日生。松潘衛籍，漢州人。觀都察院政，授南京戶部主事，陞員外郎、郎中，雲南府知府，復補鞏昌府，陞廣西副使，復補山，陞山西參政，雲南按察使，陝西右布政使，左布政使，巡撫南贛汀漳右副都御史，致仕。號受庵。曾祖敏，正千戶。祖文。父鶯。母張氏。兄榮。弟堂。子之槙。戊子鄉試四十九名，會試四十六名，廷試二甲十四名。

河南　李乘雲　字子雨。治《書經》。丁卯年七月十一日生。鈞州人。觀工部政，授行人，陞監察御史，降太倉州判官，陞蒲州知州，平陽府知府，山西副使、陝西右參政，養病，卒。號荊陽。曾祖剛。祖全。父延。母周氏。弟登雲；淩雲，俱生員；披雲；望雲；慶雲；燦雲。辛卯鄉試四十八名，會試二百四十五名，廷試三甲一十二名。

福建　姚虞　字宗舜。治《詩經》。丁卯年九月十四日生。莆田縣人。觀戶部政，授鎮江府推官，陞南道監察御史，改北道監察御史，陞淮安府知府，止。號澤山。曾祖資德，生員。祖商，封南京太常寺博士。父鳴鸞，知縣，前進士。母董氏。弟夏，生員；殷；周。辛卯鄉試二十名，會試一百三十六名，廷試三甲一百三十三名。

湖廣　李徵　字誠之。治《書經》。丁卯年九月十九日生。桃源縣人。觀刑部政，授行人，陞科給事中，右給事中，江西副使，浙江參政。號雲華。曾祖茂堅。祖暹，生員。父冕，京縣主簿。母謝氏，生母周氏。兄岳、崖。弟徽，訓術。子柟、梗。辛卯鄉試四十八名，會試一百十五名，廷試三甲十一名。

南直隸　左鎰　字應衡。治《易經》。丁卯年十一月初一日生。涇縣人。觀刑部政，授南京戶部主事，改兵部，陞尚寶司少卿，卒。號東井。曾祖恕。祖燉。父瓚。母趙氏。兄錦；鍍，生員；鑾；銕；錕；鍊。弟鏽，生員；鏘；鏕；鑛。子下缺。辛卯鄉試六名，會試三名，廷試二甲二十五名。

湖廣　周采　字子亮。治《詩經》。丁卯年十二月初六日生。寧鄉縣人。觀戶部政，授中書舍人，陞科給事中，右給事中，左給事中，四川左布政使，巡撫雲南右副都御史，卒。號潙江。曾祖添裕。祖鎮。父策，知縣。母唐氏。弟相、橄、幹。子燿易。戊午鄉試二名，會試三百九名，廷試三甲一百九十七名。

　　北直隸　邊沆　字文浩。治《書經》。戊辰年二月初九日生。任丘縣人。觀通政司政，授行人，陞戶部主事，歷員外郎、郎中，陞山東青州府知府，調平涼府知府，止。號九河。曾祖銓，百戶。祖宏，百戶。父儒。母呂氏。兄湜，百戶；渚，同科進士。弟渥、澮。辛卯鄉試三十四名，會試一百八十五名，廷試三甲一百二十八名。

　　直南隸　徐楨　字世兆。治《春秋》。戊辰年二月初十日生。長洲縣人。觀吏部政，授刑部雲南司主事，歷員外郎、郎中，降知州，陞臨江府同知，袁州府知府，廣東副使、參政。號堯峯。曾祖諒，贈通議大夫、右副都御史。祖源，通議大夫、右副都御史。父棠，監生。母沈氏。兄勳，知縣；烈。子士行、士言、士志。辛卯鄉試一百十一名，會試一百五十名，廷試二甲三十四名。

　　河南　許樅　字國華。治《詩經》。戊辰年二月二十九日生。蘭陽縣人。觀大理寺政，授湖廣靖州知州，陞南京戶部員外郎、郎中，降通判，陞平陽府同知。號西坡。曾祖真，縣主簿。祖凱，累封郎中。父廷佑。母蕭氏。兄東，生員；椿，監生。弟楹，生員；梗、榛、梅、栿、栱、梴、校。子下缺。辛卯鄉試二十二名，會試一百七十七名，廷試二甲四十八名。

　　浙江　秦鳴夏　字子亨。治《春秋》。戊辰年三月二十五日生。臨海縣人。觀吏部政，選翰林院庶吉士，歷陞春坊中允兼翰林院修撰。號白崖。曾祖宗傅。祖彥彬，贈禮部尚書。父禮，贈禮部左侍郎。母包氏，贈太淑人。兄鳴春，刑部員外郎。弟鳴秋，生員；鳴雷，禮部尚書；鳴冬。子懋功，太學生；懋德，淮安府同知；懋敬，訓導；懋恒；懋迶，俱廩生。孫廷銓，太學生；廷煒；廷焯；廷煥；廷鍾；廷炤；廷燫，俱庠生。姪懋紳，刑部郎中。辛卯鄉試五十七名，會試三百十四名，廷試二甲五十名。

　　北直隸　劉璽　字國符。治《詩經》。戊辰年四月十七日生。唐縣人。觀戶部政，授戶部主事，陞員外郎、郎中，衛輝府知府，復除濟南府，陞山西副使、參政，山東按察使，巡撫宣府右僉都禦史，轉右副都御史，照舊巡撫地方，降山東左參政，陞按察使，止。號雙泉。曾祖清，正千戶。祖安，正千戶。父顥，正千戶。母趙氏。弟瑋、瑀。辛卯鄉試一百十一名，會試一百五十八名，廷試二甲三十五名。

　　浙江　呂光洵　字倍卿。治《書經》。戊辰年七月初七日生。新昌縣人。觀工部政，授崇安知縣，復除溧陽縣，陞河南道御史，復除河南、江西道，陞南京光祿寺少卿，復補光祿寺少卿，陞太僕寺少卿，大理寺右少卿、左少卿，南京光祿寺卿，應天府尹，南大理寺卿，總理糧儲兼巡撫應天等處右副都御史，南京工部右侍郎、左侍郎，巡撫雲南右都御史，轉兵部尚書兼右都御史，照舊巡撫地方，改南京工部尚書。號沃洲。曾祖好和。祖廷安。父世良。母章氏。弟光演，生員；光泌。子下缺。辛卯鄉試二十八名，會試八十六名，廷試三甲九十二名。

北直隸　何思　字慎之。治《易經》。戊辰年十一月初四日生。雄縣人。觀通政司政，授襄陵知縣，陞工部主事，改戶部，歷員外郎、郎中，陞山西副使，巡撫大同右僉都御史，養病，起南贛汀漳右僉都御史，改宣府，止。號望山。曾祖賢。祖旺。父魯，知縣。母韓氏。弟慮、感、應、念、慈、志、忍。子勤；玉德，南京御史。戊子鄉試六十七名，會試二百八十八名，廷試三甲三十二名。

南直隸　張遜　字士敏。治《書經》。戊辰年十一月十三日生。高郵衛人。觀兵部政，授嘉興府推官，歷陞府同知，工部郎中，濟南府知府，止。號東皋。曾祖忠。祖鏜。父湧，壽官。母宣氏。兄道，舉人；選。弟遵，俱生員；逵。子應鳳。戊子鄉試一百二十名，會試三百二名，廷試三甲八十九名。

南直隸　吳希孟　字子醇。治《詩經》。戊辰年十二月十一日生。太醫院籍，武進縣人。觀都察院政，授分水知縣，改東知縣，陞科給事中，兵科右給事中，參議，降會稽縣縣丞，廣信府知府，致仕。號下缺。曾祖玘，壽官。祖寧，封太醫院院判。父傑，太醫院院使。母朱氏，繼母廖氏。兄希顏、希曾。弟希周、希程。子下缺。辛卯鄉試一百十五名，會試二百五名，廷試三甲六十二名。

江西　郭希顏　字仲愚。治《書經》。己巳年正月初七日生。豐城縣人。觀吏部政，選翰林院庶吉士，授檢討，陞贊善，中允，降延平府通判，陞兩淮鹽運司副使，閑住，後上疏言事，梟首各省。隆慶改元，追贈太常少卿。號勿齋。曾祖惟信。祖俊。父錦。母雷氏。弟希曾、希思、希孟、希張。子汝寧；禹臣，鄖陽府同知。壬午鄉試十五名，會試三十七名，廷試三甲二百二十五名。

北直錄　張舜臣　字希皋。治《易經》。己巳年二月十一日生。安平縣人。觀兵部政，授益都縣知縣，陞刑部主事、員外郎，河南僉事，山西右參議。號繼齋。曾祖愷。祖倫,主簿。父天秩。母王氏,繼母劉氏。兄堯臣,生員。弟漢臣。子紹勳。辛卯鄉試八十三名,會試二百八十二名,廷試三甲一百六十八名。

浙江　何繼高　字思守。治《易經》。己巳年八月初七日生。仁和縣人。觀兵部政,授直隸懷寧縣知縣,止。號虛泉。曾祖琮,正議大夫、資治尹、兵部左侍郎。祖鋼,都察院檢校。父景福,生員。母朱氏。弟繼曾、繼祖。子下缺。辛卯鄉試五十五名,會試三百十二名,廷試三甲七十二名。

福建　游居敬　字行蔺。治《詩經》。己巳年八月二十七日生。南平縣人。觀工部政,選翰林院庶吉士,授山東道御史,陞浙江僉事,歷廣東副使、湖廣參政,浙江按察使、左右布政,山東左布政,陞都察院右副都御史巡撫雲南,陞南京戶部侍郎,間因奉旨征勦東川逆賊阿堂成功未報,忤首相,忌者捏奏,被逮,謫戍七年。隆慶元年,撫按交章薦,起南京刑部侍郎,改刑部右侍郎,因疏□李從祀不合,致仕。號可齋。曾祖廷賜。祖祐。父綸,知縣,誥封廣東副使。母吳氏,封宜人。弟主敬,高州府照磨。子於北,知縣;於廣,上林苑監左監丞;於梟;於畿,庠生。孫應夢,光祿署丞;應陸;應台;應嶽,俱生員;應榮;應華;應琴;應朝;應奇;應吉。曾孫學皋;學龍,俱庠生;學乾;學光。辛卯鄉試六十四名,會試二百十三名,廷試二甲七十六名。

福建　林功懋　字以謙。治《詩經》。己巳年九月十二日生。漳浦縣人。觀刑部政,授東莞知縣,陞南京戶部主事、員外郎、郎中,贛州府知府,四川副使。號竹溪。曾祖燦。祖祥。父廷臣,貢士。母陳氏。兄松懋、德懋。子士弘,承天知府。辛卯鄉試六十六名,會試一百四十二名,廷試三甲四十三名。

湖廣　廖希顏　字叔愚。治《春秋》。己巳年九月二十四日生。茶陵州人。觀工部政,授高安知縣,陞工部主事、員外郎、郎中,山西提學副使、浙江參政、按察使,卒。號東雩。曾祖武昂。祖本祥。父業,生員。母包氏,繼母孔氏。弟希曾、希周。辛卯鄉試三十四名,會試三百五名,廷試三甲六十名。

河南　魏尚純　字叔誠。治《禮記》。己巳年十月十五日生。鈞州儀衛籍,滕縣人。觀刑部政,授行人,陞左司副,戶部員外郎、郎中,陝西左參議,湖廣副使,調貴州副使,陞甘肅行太僕寺卿,復除陝西行太僕寺卿，陞陝西右參，改山西按察使、右布政使、左布政使，應天府尹，順天府尹，巡撫保定右副都御史，養病，起大理寺卿，陞工部左侍郎，南京工部尚書，乞休未任。號嵩麓。曾祖通。祖興。父宗，典仗。母張氏。兄尚經；尚綸，舉人。弟尚綱。辛卯鄉試十九名，會試二百二十三名，廷試三甲十名。

廣東　畢烜　字彥晦。治《詩經》。己巳年十一月十二日生。番禺縣人。觀禮部政，授未仕，卒。號粵溪。曾祖篇。祖熙。父樞。母駱氏。兄焯、炯。辛卯鄉試七十三名，會試一百二十四名，廷試三甲二百十二名。

湖廣　傅頤　字觀蒙。治《書經》。庚午年二月二十四日生。沔陽衛籍，息縣人。觀禮部政，授廬陵知縣，陞兵部主事，歷員外郎、郎中，改吏部郎中，降六安州同知，陞南京戶部主事，禮部郎中，四川提學副使，山東參政，復除江西左參政，陝西按察使，江西右布政使、左布政使，巡撫山東右副都御史，改總督漕運右副都御史，陞刑部右侍郎，改戶部右侍郎，回籍聽調，起南京太僕寺卿，南京戶部右侍郎，俱未任，復起南京兵部右侍郎，改戶部右侍郎，陞南京都察院右都御史，南京戶部尚書，改北。曾祖珉，指揮僉事。祖□。父昇。母陳氏。兄鸞；預；顯，指揮僉事；頔。子作舟，指揮僉事；作霖，南京戶部郎中。辛卯鄉試一名，會試三百十名，廷試三甲五十四名。

貴州　趙維垣　字伯師。治《書經》。庚午年三月三十日生。江都縣籍，永寧衛人。觀都察院，改庶吉士，授刑部主事，改禮部，降大名府推官，陞寶慶府同知，南京兵部郎中，江西僉事，復除浙江僉事，陞雲南參議，提學副使，四川參政，福建按察使、右布政使、左布政使，止。號艮山。曾祖顯。祖銓。父迪。母周氏，繼母义氏。兄維藩，生員。弟維屏、維翰、維寧。子下缺。辛卯鄉試五十一名，會試四十一名，廷試三甲一百七十四名。

浙江　應鳴鳳　字時鳴。治《易經》。庚午年五月十二日生。西安縣人。觀工部政，授甌寧縣知縣，陞工部主事、員外郎、郎中，饒州府知府，兩淮鹽運使，止。號梧岡。曾祖良安，贈知縣。祖能，通判，進階朝列大夫。父旭，典膳。母陳氏，繼母鄭氏。弟翔鳳、儀鳳。辛卯鄉試四十五名，會試九十二名，廷試三甲七十六名。

北直隸　張世亨　字達卿。治《易經》。庚午年八月十二日生。安平縣人。觀戶部政，授卒。號下缺。曾祖果。祖鑑。父綺。母李氏，繼母范氏。弟世隆、世光。辛卯鄉試一百二十三名,會試二百五十七名,廷試三甲三十六名。

四川　唐曜　字幼貞。治《詩經》。庚午年九月十七日生。富順縣籍,南昌縣人。觀都察院政,授石埭知縣,陞刑部主事、員外郎、郎中,廣平府知府,河南副使,住。號小潭。曾祖邦顯。祖淵。父公正。母吳氏。子下缺。戊子鄉試七名,會試三百十三名,廷試三甲六十三名。

浙江　周鎬　字仲京。治《詩經》。辛未年二月二十五日生。慈谿縣人。觀通政司政,授行人,陞大理寺副,工部員外郎、郎中,降州同知,卒。號少溪。曾祖楨,陰陽訓術。祖煦,散官。父文進,貢士。母張氏。弟鎰、鉉。辛卯鄉試六十六名,會試一百七十五名,廷試三甲一十六名。

浙江　張謙　字子受。治《詩經》。辛未年三月十三日生。慈谿縣人。觀禮部政,授刑部主事,降典史,陞知縣,南京刑部主事、員外郎、郎中,大名府知府,福建副使,廣東參政,調貴州參政、廉憲。號鄞西。曾祖珊。祖場。父錦。母劉氏。兄俊,聽選官;誥;諫;謹;訓,俱生員;詡。子應文,選貢。孫光裕,舉人。辛卯鄉試八十名,會試二十六名,廷試二甲五十二名。

浙江　俞咨伯　字禮卿。治《書經》。辛未年九月二十四日生。平湖縣人。觀工部政,授工部主事,歷員外郎、郎中,泉州府知府,山西提學副使,養病致仕。號蒲山。曾祖士弘。祖瓛。父金,監生。母沈氏。弟咨益、咨夔、咨垂、咨龍、咨岳、咨臬。子下缺。辛卯鄉試七十名,會試二十七名,廷試二甲十二名。

廣東　林大欽　字敬夫。治《詩經》。辛未年十二月初六日生。海陽縣人。授翰林院修撰,卒。號東峯。曾祖山。祖璿。父烏。母劉氏。辛卯鄉試六名,會試五十九名,廷試一甲一名。

江西　朱衡　字士南。治《易經》。壬申年正月二十日生。萬安縣人。觀工部政,授龍溪縣知縣,陞刑部主事,歷員外郎、郎中,復□禮部郎中,陞福建提學副使,四川左參政,復除河南左參政,陞山東按察使、右布政使、左布政使,巡撫山東右副都御史,工部右侍郎,改吏部右侍郎、左侍郎,陞南京刑部尚書,未任,改工部尚書兼右□副都御史、總理河道漕運,復改總理河道,加太子少保,轉北工部尚書,復□□右副都御史經理河工,回部,以太子太保致仕,尋革去。號鎮山。曾祖貴,義官。祖寵。父鵬,冠帶舍人。母陳氏。弟士榮,生員;士玘;

徵。子維京，光禄寺少卿，建言。辛卯鄉試九名，會試九十八名，廷試三甲七十七名。

北直隸　程珌　字子彬。治《詩經》。壬申年二月二十一日生。德州左衛籍，掖縣人。觀刑部政，授河南懷慶府推官，行取授兵部武庫司主事，歷陞尚寶司卿，謫戶部員外，歷陞副使、參政，至江西右布政使，致仕。號靜泉。曾祖清。祖恕。父賢。母李氏。兄瑀、琳。弟琛、瑀。子訥，郡庠生，封文林郎、汝寧府推官；訒，太學生。孫紹，己丑進士，見任戶科給事中；綏；絨，俱生員。曾孫坤、震、泰、陽奇、閏奇、虎奇。辛卯鄉試二十五名，會試二百九十名，廷試三甲二百十四名。

山東　高尚志　字德崇。治《易經》。壬申年四月初四日生。冠縣人。觀工部政，授城安知縣，降順天府學教授，陞國子監學正，禮部主事、員外郎、郎中，平涼府知府，河東鹽運使。號貞庵。曾祖安。祖勉。父泰。母孟氏。弟尚義、尚質、尚寶。辛卯鄉試十七名，會試十九名，廷試三甲一百八名。

浙江　趙伊　字子衡。治《易經》。壬申年六月十五日生。平湖人。觀刑部政，授刑部主事，陞南京兵部員外郎、郎中，補北兵部郎中，陞廣西副使，□疏准致仕。祀鄉賢。號上莘。曾祖端。祖璧，贈給事中。父漢，山西參政。母陸氏，□封孺人。兄傅，生員；偕；俔，生員。子邦秩，丁丑進士，知縣；邦程，教諭；邦和，生員。孫志寧，生員；□□，貢生；志宸，增廣生；志守；志宷，俱監生。曾孫以廣；以康；汝琦；汝璋；汝琨，俱生員。辛卯鄉試四十二名，會試一百七十六名，廷試二甲七十四名。

山西　潘高　字子抑。治《書經》。甲戌年十二月初一日生。寧化所籍，合肥縣人。觀吏部政，授評事，陞寺副寺正，陝西參議。號春谷。曾祖政，正千戶。祖璟，正千戶。父承爵，正千戶。母江氏。弟亮，廣昌參將；袞，指揮僉事；文，乙未進士，戶部主事。子雲祥，甲子解元，辛未進士，兵部員外；雲程，陝西副總兵。孫龍鱗，辛丑武進士。侄雲衢；雲階；雲從，俱庠生；雲翼，丙午□□。辛卯鄉試四十三名，會試二百二十七名，廷試三甲三名。

山西　尹耕　字子莘。治《易經》。乙亥年六月二十日生。蔚州衛籍，孝義縣人。觀刑部政，授藁城縣知縣，陞禮部主事、員外郎，降州同知，陞兗州府通判，兵部主事、員外郎、郎中。號任齋。曾祖普興。祖琮。

父玉，舉人。母曹氏。辛卯鄉試十五名，會試二百二十九名，廷試三甲七十四名。

　　浙江　蔡汝楠　字子木。治《易經》。乙亥年十月初六日生。德清縣人。觀兵部政，授行人，陞右司副，刑部員外郎，復除刑部員外郎、郎中，歸德府知府，復除衢州府知府，陞四川副使，江西右參政，復除福建左參政，陞山東按察使，江西右布政使、左布政使，巡撫河南右副都御史，兵部右侍郎、協理戎政，改本部右侍郎，調南京工部右侍郎，卒。號白石。曾祖本。祖麟。父玘，貢士。母陳氏，生母沈氏。兄汝震；汝舟；汝梅，生員。弟汝言、汝礪、汝明。子炳齊，惠州府通判。辛卯鄉試三十三名，會試二百六十六名，廷試三甲二百名。

　　南直隸　王廷榦　字維楨。治《禮記》。丙子年五月十四日生。涇縣人。觀戶部政，授行人司行人，陞司副、司正，戶部員外、郎中，調福寧州知州，陞台州府同知，南京戶部員外、郎中，九江府知府，降浙江鹽司運同，陞南安府知府。號嚴潭。曾祖達，知府。祖鏴，散官。父汝猷，封郎中。母趙氏，封宜人。兄柱，知縣。弟廷傑，州判；楹；樟，主簿。子文烱，見任山東樂凌知縣；文□，廩例監生；文燿，萬曆壬辰進士，見任刑部主事；文灼。孫時譽；時隆，俱監生；時亮；時春；時可；時陞。曾孫允仁、允□、允元、允亨。辛卯鄉試五名，會試一百五十八名，廷試三甲六名。

　　浙江　毛愷　字達和。治《易經》。丙寅年十二月十三日生。衢州府江山縣人。觀刑部政，授行人，選監察御史，調寧國推官，陞南工部主事、員外郎、郎中，復補刑部，陞瑞州知府，調寧國，復補□州，陞天津□□兵備，山西□參政，河南廉使，右布政，真保定巡撫僉都，總督漕運左副都，召掌院事，刑部侍郎，吏部左右侍郎，南京禮部吏部尚書，隆慶元年改刑部，庚午致仕，馳驛回籍，九月卒。贈太子少保，諡端簡，祀郡邑鄉賢。號介川。曾祖有德，壽官。祖仕安，贈刑部尚書。父本榮，贈刑部尚書。母吳氏，贈夫人。弟悌、貢。娶楊氏，封夫人。子集，生員；育；魯，官生。孫允謙；允讓，刑部員外郎，知府；允言，府庠生；允訥，邑庠生。曾孫兆京、兆慶、兆夏。辛卯鄉試二十名，會試一百十名，廷試三甲一百三十一名。

　　南直隸　周山　字子仁。治《詩經》。年四十八十二月十二日生。武進縣，民籍，觀禮部政，授南京戶部主事，致仕。號下缺。曾祖仲傑。祖昱，七品散官。父榮，德府引禮舍人。母吳氏。慈侍下。娶徐氏。子良金，選貢，授鴻臚寺寺實署丞，登仕郎，致仕。孫治隆，國子生，任誥敕房中書舍人，加六品俸。曾孫易；傳，生員；詩；雅；詩；頌。丙子鄉試一百二十八名，會試二百六十名，廷試三甲二百名。

　　南直隸　王問　字子裕。治《書經》。丁巳年十一月二十四日生。無錫縣人。觀政，授戶部主事，告改南京兵部，陞車駕司郎中，廣東按察司僉事，致仕。號仲山。祖宗。父澤，封南京兵部車駕司郎中。母錢氏，封宜人。兄召，癸未進士，戶部員外郎。子鑑，己未會試中式，乙丑廷試二甲十六名，太僕寺卿，前吏部稽勳司郎中。孫大義，監生；大道，監生；太益，己卯舉人，任福建漳州府推官。曾孫國儒，生員；國佐，禮部冠帶儒士；國俊，生員；國傑，監生；國岳。己卯鄉試缺[1]名，壬辰會試缺[2]名，戊戌廷試二甲缺[3]名。

同年世講錄後序

　　嘉靖壬辰進士榜三百二十人，先君可齋幸附□驥焉。故事，同年序齒有錄，于今蓋六十六年，諸子姓接武登仕籍者，不知幾何人。惟是世邈地遐，遺失莫考，世誼幾棄置不講矣。廣幸從年家後，有慨于中。會山東程靜泉年伯、孫司諫公承其祖之命，為世講主盟，偕廣增新之。廣欣然受簡，博謀諸年家來熙菴、劉景醇、王宗溪、吳繼疏、范印山、包華石諸公，暨游宦京邸者，諗之曰："斯錄也，非直以傳之世世永相好也，即我後代子孫之型范在焉。"《語》云："前事之不忘，後事之師也。"程年伯生吾夫子之鄉，私淑聖教甚近。吾先君閩產也，為定夫先生後裔。榜中諸同袍，無論東西南北，大都淵源洙泗，而得濂、洛、關、閩正學之傳，一時□斌稱盛。以故道德文章、勳庸氣節、勒名彝鼎者，輝映後先。吾儕蒙故業，席餘芳亦既耳，而目之久矣，胡不率祖父攸行象賢濟美，以不墮其家聲？使異日閱是錄者，指其名而稱之曰：某某為名臣，某某為肖子，某某為賢孫，庶幾哉於先德有光，無負國家

---

[1] 底本缺具體名次，據《嘉靖十七年進士登科錄》，鄉試第二十八名。
[2] 底本缺具體名次，據《嘉靖十七年進士登科錄》，會試第七十六名。
[3] 底本缺具體名次，據《嘉靖十七年進士登科錄》，廷試二甲第十八名。

設科作人之盛典。且我通家世講之誼，益藉以不朽已。廣不佞願與諸君共勗之，隨僭序于末簡云。

萬曆二十五年丁酉夏季，閩後學年家晚生游於廣頓首拜書。

同年世講錄後序

《世講錄》者何？錄先人之同年齒序，而子孫世講以爲好也。創之者誰？則給諫程君承乃祖靜泉翁之命，搜羅而成帙者也。靜泉翁與先伯父弦齊公同登嘉靖壬辰榜，進士榜中三百二十人，距萬曆丁酉六十有六年，大都凋謝，其靈光獨存者，惟靜泉翁一人爾。翁緬懷疇昔，有慨於中，深虞來者弗紀，往者隨湮，乃諭給諫君采年家之裔繩休濟美者，得若干人，而不佞與焉。相與會集一堂，稱觴定盟，情誼歡洽。議會期以月計，而以其姓名添注壬辰錄中，合題曰《同年世講錄》云。時諫君方茬瑣闥，不佞濫竽戎曹，得與年家諸君子相聚京華，業已彈冠稱慶矣。越三年，不佞外補。又七年，復入長安，第見續入會者，多清華名士，彬彬濟濟，視昔有光，而誼愈篤。不佞心獨快焉。因思生人大倫，情親於兄弟，誼篤於朋友，同年者以盡簪之榮，聯雁行之序，情親誼篤，孰大於是？若子孫同宦者，又兄弟朋友之後昆，光前緒而諧今好，真所謂异姓骨肉、四海一家者也。

今壬辰榜復修世講於數十年之後，竊謂斯舉也，以承先志則可以廣孝思，以敦朋好則可以崇信義，以範頹俗則可以挽淳風，一舉而三善備焉。豈直行古之道，即世教民彝，關係非淺鮮矣。惟是人情不貴有初而貴有終，凡同年初第時，靡不傾蓋交歡，而能久要不忘者爲難。即久要不忘，而其子若孫，克承先志以敦世講者爲尤難。即敦世講，而尤貴接踵者永肩一心，久而彌篤也。蓋不佞有厚望焉。誠願偕諸同志者，繼今以往，珍是錄如鼎銘，勿以弁髦視之。居則金蘭砥礪，同德以振家聲；出則協恭和衷，同心以濟國事。則家稱世德，國頌世臣，忠孝兩全，後先一轍。异時采風者，編羅玆錄，入於世家年表中，用垂不朽，必如是，斯無負世講也。豈徒曰"永以爲好"哉？不佞以諗之諸同志者，諸同志以爲然，命書之末簡。

時萬曆三十三年乙巳歲一陽月之吉，臨川年家子劉一灡頓首拜書。

嘉靖十四年進士登科錄

玉音

嘉靖十四年三月初九日，少保兼太子太保、禮部尚書、翰林院學士，臣夏言等於奉天門奏爲科舉事：會試天下舉人，取中三百二十五名。本年四月初二日，殿試，合請讀卷官及執事等官少保兼太子太保、吏部尚書、武英殿大學士李時等五十八員。其進士出身等第，恭依太祖高皇帝欽定資格：第一甲例取三名，第一名從六品，第二、第三名正七品，賜進士及第；第二甲從七品，賜進士出身；第三甲正八品，賜同進士出身。奉聖旨："是。欽此。"

讀卷官

光禄大夫、柱國、少保兼太子太保、吏部尚書、武英殿大學士李時，壬戌進士。

光禄大夫、柱國、太子太保、吏部尚書兼兵部尚書汪鋐，壬戌進士。

資政大夫、正治上卿、户部尚書梁材，己未進士。

資政大夫、刑部尚書聶賢，庚戌進士。

資德大夫、正治上卿、太子少保、工部尚書秦金，癸丑進士。

資政大夫、兵部尚書兼都察院左都御史、掌院事王廷相，壬戌進士。

正議大夫、資治尹、掌詹事府事、吏部左侍郎兼翰林院學士顧鼎臣，乙丑進士。

正議大夫、資治尹、兵部左侍郎錢如京，壬戌進士。

通議大夫、通政使司通政使陳經，甲戌進士。

中憲大夫、大理寺左少卿羅輅，戊辰進士。

中憲大夫、太常寺少卿兼翰林院侍讀謝丕，乙丑進士。

奉直大夫、協正庶尹、翰林院侍讀學士吳惠，辛未進士。

奉直大夫、翰林院侍讀學士張璧，辛未進士。

奉訓大夫、翰林院侍講學士廖道南，辛巳進士。

奉訓大夫、翰林院侍講學士蔡昂，甲戌進士。
提調官
光祿大夫、少保兼太子太保、禮部尚書翰林院學士夏言，丁丑進士。
通議大夫、禮部左侍郎黃綰，官生。
通議大夫、禮部右侍郎黃宗明，甲戌進士。
監試官
文林郎、廣西道監察御史方鈍，辛巳進士。
文林郎、江西道監察御史張鵬，丙戌進士。
受卷官
奉訓大夫、右春坊右諭德倫以訓，丁丑進士。
承直郎、翰林院侍講江汝璧，辛巳進士。
承事郎、吏科都給事中董進第，辛巳進士。
承事郎、戶科都給事中菅懷理，己丑進士。
彌封官
中大夫、光祿寺卿吳大田，甲子貢士。
中議大夫、贊治尹、太常寺少卿兼翰林院侍書劉銃，恩生。
中順大夫、太常寺少卿兼翰林院侍書徐富，甲子貢士。
中憲大夫、鴻臚寺卿王道中，甲戌進士。
中憲大夫、順天府府丞周令，秀才。
奉政大夫、修政庶尹、尚寶司卿沈銳，儒士。
奉議大夫、尚寶司卿張天保，秀才。
翰林院侍講楊維傑，丙戌進士。
翰林院侍講歐陽衢，丙戌進士。
承事郎、禮科都給事中潘大賓，己丑進士。
文林郎、兵科都給事中魯忭，丙戌進士。
翰林院掌典籍事、承事郎、大理寺右評事凌楫，儒士。
掌卷官
翰林院修撰屠應埈，丙戌進士。
翰林院修撰華察，丙戌進士。
翰林院編修胡經，己丑進士。
承事郎、刑科都給事中周崑，癸未進士。
承事郎、工科都給事中戴繼，己丑進士。

巡綽官

鎮國將軍、錦衣衛掌衛事、署都指揮使王佐。

鎮國將軍、錦衣衛管衛事、署都指揮使陸松。

昭勇將軍、錦衣衛指揮使張錡。

昭勇將軍、錦衣衛指揮使李文。

明威將軍、錦衣衛指揮僉事陳寅。

明威將軍、錦衣衛指揮僉事趙俊。

明威將軍、金吾前衛指揮僉事劉勳。

懷遠將軍、金吾後衛指揮同知徐廷。

印卷官

奉直大夫、禮部儀制清吏司署郎中事、員外郎歐陽塾，丙戌進士。

承德郎、禮部儀制清吏司主事皇甫涍，壬辰進士。

承直郎、禮部儀制清吏司主事張鰲，丙戌進士。

供給官

奉政大夫、光祿寺少卿黃嘉賓，甲戌進士。

承德郎、光祿寺寺丞彭黯，癸未進士。

承德郎、光祿寺寺丞竇一桂，丙戌進士。

禮部司務楊美冕，丙子貢士。

奉直大夫、禮部精膳清吏司署郎中事、員外郎胡松，己丑進士。

承德郎、禮部精膳清吏司署員外郎事、主事楊儀，丙戌進士。

恩榮次第

嘉靖十四年四月初二日，早，諸貢士赴內府殿試。上御奉天殿親賜策問。

四月初六日，早，文武百官朝服侍班。是日，錦衣衛設鹵簿于丹陛丹墀內，上御奉天殿，鴻臚寺官傳制唱名，禮部官捧黃榜，鼓樂導引出長安左門外，張掛畢，順天府官用傘蓋儀從送狀元歸第。

四月初七日，賜宴於禮部，宴畢，赴鴻臚寺習儀。

四月初九日，賜狀元朝服冠帶及進士寶鈔。

四月初十日，狀元率諸進士上表謝恩。

四月十一日，狀元率諸進士詣先師孔子廟行釋菜禮。禮部奏請命工部於國子監立石題名。

第一甲三名　賜進士及第

　　韓應龍　貫浙江紹興府餘姚縣，民籍，附學生。治《禮記》。字汝化，行五十，年三十八，九月十五日生。曾祖孟退。祖廣。父遲。母沈氏。慈侍下。兄榮；華，聽選官；應富；應貴。弟應奎、應元。娶傅氏。浙江鄉試第三十一名，會試第二百五十三名。

　　孫陞　貫錦衣衛，官籍，浙江紹興府餘姚縣人。國子生。治《易經》。字志高，行五十，年三十五，三月二十六日生。曾祖孟宏，贈禮部尚書。祖新，封刑部主事，贈禮部尚書。父燧，巡撫江西右副都御史，贈禮部尚書，謚忠烈。母楊氏，累封夫人。慈侍下。兄吉，典史；喜；基，經歷；堪，團營坐營署都指揮僉事；壽，僉事；墀，史館監生；坌；塘；里；垚。弟埈。娶韓氏，繼娶楊氏。浙江鄉試第七十二名，會試第二百九十四名。

　　吳山　貫江西瑞州府高安縣，軍籍。國子生。治《詩經》。字曰靜，行五，年三十六，三月二十五日生。曾祖浩。祖子機。父文選。母朱氏。具慶下。兄曰禮。弟曰鑑、曰衛。娶黃氏。江西鄉試第三十二名，會試第一百五十三名。

第二甲九十五名　賜進士出身

　　李璣　貫江西南昌府豐城縣，軍籍。國子生。治《詩經》。字邦在，行六，年三十七，十一月初十日生。曾祖世玉。祖與仁。父萬古。母朱氏。具慶下。兄珩、璇。娶徐氏。江西鄉試第三十名，會試第九十三名。

　　趙貞吉　貫四川成都府內江縣，匠籍。國子生。治《易經》。字孟靜，行六，年二十八，十一月二十四日生。曾祖伯州，壽官。祖文傑，知縣。父勛。母余氏。重慶下。兄謙吉、占吉、升吉、孚吉。弟蒙吉，貢士；復吉；頤吉。娶陳氏。四川鄉試第四名，會試第十九名。

　　敖銑　貫江西瑞州府高安縣，民籍。國子生。治《詩經》。字純之，行九，年三十二，三月二十一日生。曾祖洪，贈南京刑部主事。祖秩。父龍。母鄒氏。慈侍下。兄鋨，御史；銳；鏡。弟銓、鈞、鏜。娶傅氏。江西鄉試第二十四名，會試第一百二十七名。

郭樸　貫河南彰德府安陽縣，民籍。國子生。治《詩經》。字質夫，行一，年二十五，四月十八日生。曾祖銀。祖瑄，縣主簿。父清。母李氏。具慶下。弟樞、楨、棟。娶李氏。河南鄉試第五十七名，會試第三十一名。

任瀛　貫山東兗州護衛，軍籍，山西文水縣人。國子生。治《詩經》。字登之，行二，年三十八，三月二十八日生。曾祖義。祖資。父琮，壽官。前母孫氏、邊氏，母蔡氏。具慶下。兄源。娶胡氏。山東鄉試第六十三名，會試第一百九十七名。

沈宏　貫浙江嘉興府崇德縣，民籍。縣學生。治《詩經》。字惟遠，行一，年四十，九月初九日生。曾祖燁。祖淳。父鼎。母李氏，繼母鄭氏。具慶下。兄榮。娶陸氏。浙江鄉試第三十四名，會試第一百五十八名。

駱文盛　貫浙江湖州府武康縣，民籍。國子生。治《易經》。字質甫，行三，年四十，八月初五日生。曾祖仕隆，知州。祖嘉，大使。父潤。母唐氏。慈侍下。兄文明，吏目；文魁；文振。弟文炳。娶費氏。浙江鄉試第二十五名，會試第一百六十五名。

尹臺　貫江西吉安府永新縣，民籍。國子生。治《易經》。字崇基，行二，年三十，三月二十九日生。曾祖潛。祖相。父爽，訓導。母劉氏。慈侍下。兄奎。弟塾。娶周氏。江西鄉試第七十名，會試第七十四名。

康大和　貫福建興化府莆田縣，鹽籍。縣學生。治《詩經》。字原中，行一，年三十八，十月初七日生。曾祖遜安。祖良義，壽官。父長源。母崔氏。慈侍下。弟大充。娶崔氏。福建鄉試第六十九名，會試第十二名。

李學顏　貫湖廣黃州府黃岡縣，民籍。儒士。治《詩經》。字幼潛，行二，年二十三，十月十五日生。曾祖璉，壽官。祖玉瑞，壽官。父大安。母魏氏，繼母吳氏。重慶下。兄學舜。弟學侗。娶土氏。湖廣鄉試第十六名，會試第八十四名。

許穀　貫應天府上元縣，匠籍，福建福州府候官縣人。國子生。治《書經》。字仲貽，行一，年三十二，四月初一日生。曾祖銘。祖榮，壽官。父陛。前母汪氏，母強氏。具慶下。兄田。娶陳氏。應天府鄉試第六十七名，會試第一名。

鄭寶夫　貫福建興化府莆田縣，匠籍。府學附學生。治《書經》。字子質，行一，年三十二，二月初七日生。曾祖志。祖琴。父明德。母黃氏。慈侍下。弟亨夫。娶林氏。福建鄉試第四十八名，會試第五十三名。

趙希夔　貫山西潞安府長治縣，民籍。府學生。治《易經》。字一卿，行二，年二十八，十月初六日生。曾祖興，兵馬。祖會，典膳。父秉忠，州同知。母都氏。慈侍下。兄希鼎，典膳。娶張氏。山西鄉試第二十二名，會試第三百十一名。

高燿　貫直隸保定府清苑縣，民籍。增廣生。治《詩經》。字子潛，行一，年二十二五月初六日生。曾祖安，閒官。祖仲章。父顯宗，監生。母季氏。重慶下。弟燦。娶黃氏。順天府鄉試第一百十六名，會試第七十名。

馬從謙　貫應天府溧陽縣，民籍。國子生。治《禮記》。字益之，行四，年四十一，五月十二日生。曾祖信可。祖公輔，封經歷。父忠。嫡母史氏，生母趙氏。慈侍下。兄從訓；從誨，歲貢生；從謹，義官；性魯，知府，前兵科給事中。弟從言，省祭官。娶丁氏，繼娶呂氏。順天府鄉試第一名，會試第二百四十六名。

沈瀚　貫直隸蘇州府吳江縣，民籍。國子生。治《詩經》。字原約，行一，年三十九，七月初二日生。曾祖政。祖達。父玒。前母王氏，母李氏。慈侍下。弟湛、淳、淶。娶顧氏。應天府鄉試第六十七名，會試第二百三十名。

艾希淳　貫陝西延安府米脂縣，軍籍。國子生。治《詩經》。字治伯，行二，年三十，十月十六日生。曾祖旺。祖文吉。父蕙，典膳。母張氏，繼母高氏。慈侍下。兄希清、希仁、志仁。弟希淵、純仁。娶杜氏。陝西鄉試第三十四名，會試第一百二十五名。

沈應龍　貫浙江湖州府烏程縣，民籍。縣學生。治《春秋》。字翔卿，行一，年三十，六月初二日生。曾祖士明。祖澄。父鑑，知縣。前母胡氏，母朱氏。重慶下。弟應鵬、應鷟。娶花氏。浙江鄉試第八十二名，會試第三十二名。

錢衝　貫江西臨江府新喻縣，民籍。國子生。治《詩經》。字貴徐，行五，年三十六，二月初七日生。曾祖忠顯。祖爵，貢士。父瑞，知縣。母翁氏。永感下。兄行、衍。弟術。娶謝氏。江西鄉試第十名，會試第一百八十九名。

張標　貫山東青州府壽光縣，軍籍。縣學生。治《詩經》。字汝式，行六，年二十八，二月十九日生。曾祖秀。祖霈。父東暘。母馬氏。具慶下。兄杭、棟良、輔良、弼良、佐。弟羽、楠、約、楫、鐸、粹、光綬、光霽、光宇、光宙、柱、格、梗。娶王氏。山東鄉試第三十名，會試第一百八十四名。

方民悅　貫湖廣黃州府麻城縣，軍籍。國子生。治《春秋》。字懋德，行一，年三十一、五月二十八日生。曾祖伯機。祖仕學。父鳳，知縣。母陶氏。具慶下。弟民懌、民懷、民協、民恂。娶蔡氏。湖廣鄉試第十五名，會試第三百九名。

譙孟龍　貫四川順慶府南充縣，民籍。國子生。治《易經》。字乾甫，行一，年三十三，四月二十一日生。曾祖明，理問。祖崇儒，典史。父暘，知縣。母楊氏。具慶下。弟仲龍、季龍、吟龍、世龍、雲龍、見龍、攀龍、士龍、槐龍。娶柳氏。四川鄉試第四十名，會試第一百九名。

劉澍　貫騰驤右衛籍，陝西西安府藍田縣人。國子生。治《易經》。字汝霖，行二，年四十一，九月二十八日生。曾祖得川。祖傑。父亨，教諭，贈徵仕郎、吏科給事中。母宗氏，贈孺人。永感下。兄瀹。弟濟，刑科都給事中；汲；潛。娶白氏。順天府鄉試第九名，會試第二百六十八名。

歐陽曉　貫直隸真定府武強縣，民籍。國子生。治《詩經》。字學章，行三，年三十，六月十六日生。曾祖鑑。祖瓚，省祭官。父倫。母李氏。具慶下。兄時，監生；暉。弟曜；曉；暄。娶郭氏。順天府鄉試第一名，會試第八名。

許登瀛　貫陝西蘭州儀衛司，校籍，應天府江寧縣人。州學生。治《書經》。字預甫，行一，年三十三，三月十四日生。曾祖友。祖錦。父戀。母邵氏。慈侍下。娶杜氏，繼娶鄭氏。陝西鄉試第五十二名，會試第三百一名。

黃宗器　貫福建福州府閩縣，民籍，府學增廣生。治《易經》。字時震，行二，年二十六，十二月二十四日生。曾祖誠，義官。祖宣，義官。父繼鼎。母陳氏。嚴侍下。兄宗舉、宗彝。娶舒氏。福建鄉試第八十四名，會試第二百四十五名。

姚文祐　貫直隸常州府武進縣，軍籍。府學生。治《詩經》。字申甫，行三，年三十六，五月十二日生。曾祖璋。祖鎬。父儒，府通判。母楊氏。嚴侍下。兄文枝。弟文禪；文誥，貢士；文示；文禔；文謨。娶謝氏。應天府鄉試第八十二名，會試第一百三十名。

彭大有　貫河南開封府陳州衛，官籍，州學生。治《易經》。字子謙，行一，年二十七，十一月初九日生。曾祖慶，千戶。祖鎣，千戶。父言。

母劉氏。具慶下。娶張氏。河南鄉試第四十四名,會試第二百六十一名。

公躋奎　貫山東青州府蒙陰縣,軍籍。國子生。治《易經》。字瑞文,行八,年四十,十一月二十九日生。曾祖評。祖忠,壽官。父景仁。母包氏。永感下。兄志良;志誠;志弘;志繼,監生;志勇;志持;志紹。弟志謙;志糾;志維;志緒;志綰。娶包氏。山東鄉試第二十名,會試第一百六十七名。

陳崇慶　貫直隸常州府武進縣,民籍,江陰縣人。府學增廣生。治《詩經》。字懋貞,行一,年三十,正月初二日生。曾祖璿。祖叔端。父政。母蔣氏,繼母謝氏。具慶下。弟有慶、餘慶。娶王氏,繼娶唐氏。應天府鄉試第三十五名,會試第五十七名。

舒纓　貫浙江寧波府鄞縣,民籍,縣學生。治《易經》。字振伯,行九,年三十四月十九日生。曾祖晟。祖浩。父銳。母江氏。具慶下。兄純。弟□、緟。娶柴氏。浙江鄉試第五十一名,會試第七名。

范慶　貫江西南昌府豐城縣,軍籍。縣學生。治《詩經》。字元會,行四,年二十九,十月初一日生。曾祖敬之。祖至信。父楚薑。母陳氏。具慶下。兄元、述、康。弟廩、庶、庚、廊、庠。娶涂氏,繼娶蔣氏。江西鄉試第六十七名,會試第一百九十九名。

劉輔　貫雲南雲南前衛,軍籍,順天府大興縣人國子生。治《易經》。字少鄰,行一,年三十七,六月二十九日生。曾祖賢。祖儼。父鑾。母沈氏。重慶下。兄文通、文達。弟卿、相、良仕、尚仁、尚義、尚德。娶紀氏。雲貴鄉試第二十八名,會試第二百二名。

郇絢　貫浙江紹興府餘姚縣,竈籍。國子生。治《禮記》。字原素,行二十七,年三十二,六月二十日生。曾祖本善。祖珙。父杲。母許氏。嚴侍下。兄純、緒、纓、縉、綏、繡、紡、紀。弟組、練。娶胡氏。應天府鄉試第七十六名,會試第三十九名。

李蓁　貫河南開封府祥符縣,軍籍。國子生。治《詩經》。字懋承,行一,年二十八,二月二十二日生。曾祖安,壽官。祖環,府通判,贈奉政大夫。父士光,儀賓。母棗陽縣君。重慶下。弟蕕,儀賓;蔭,引禮舍人;苕;䒷;□;萼;藹;薈。娶陶氏,繼娶姬氏。河南鄉試第四十四名,會試第三百名。

王崇　貫保定後衛前所,官籍,直隸任丘縣人。國子生。治《詩經》。字子謙,行一,年三十二,十月十六日生。曾祖衍,百戶。祖英。父釗。

母高氏，繼母趙氏。具慶下。兄彝；璨；璽；鼎，副千户；爵；璋；琦；鼐；琴，貢士；慶；官。弟圍；嶽；宮。娶劉氏。順天府鄉試第十九名，會試第三十五名。

王珉　貫直隸真定府深州，軍籍。國子生。治《詩經》。字玉中，行一，年二十七，二月初四日生。曾祖政。祖銓。父思義，義官。母孟氏。重慶下。兄爵、祿。弟璞。娶楊氏。順天府鄉試第九十六名，會試第三百二十名。

王立道　貫直隸常州府無錫縣，軍籍。縣學增廣生。治《詩經》。字懋中，行一，年二十六，四月初五日生。曾祖子輝，壽官。祖冕，贈户部主事。父表，南京禮部主事。母朱氏，封安人。重慶下。弟重道、望道、體道、有道、順道。娶唐氏。應天府鄉試第三十二名，會試第二十五名。

陳堯　貫直隸揚州府通州，民籍。國子生。治《詩經》。字敬甫，行一，年三十四，正月十六日生。曾祖晟。祖雄。父尚忠。母邵氏。慈侍下。弟冠、完、元、霓、見、允、旭、魁、先。娶朱氏。應天府鄉試第十七名，會試第九十一名。

嵇世臣　貫浙江湖州府歸安縣，民籍。國子生。治《禮記》。字思用，行五，年三十三，十月二十三日生。曾祖璘，縣丞。祖恒，推官。父昂。前母楊氏，繼母顧氏，生母王氏。慈侍下。兄良臣，監生；夔臣；龍臣；堯臣；舜臣；忠臣。弟藎臣。娶沈氏。浙江鄉試第五名，會試第九名。

楊一漢　貫福建福州府閩縣，民籍，府學附學生。治《易經》。字世文，行九，年二十三，四月二十七日生。曾祖滿。祖文政。父叔玉。母林氏。具慶下。兄桐、槭。弟相、榮、梓、梧、楨。娶陳氏。福建鄉試第十七名，會試第一百三十名。

王儒　貫山西汾州，民籍。國子生。治《詩經》。字聘卿，行一，年三十九，六月十三日生。曾祖賢。祖興。父子然，壽官。母雷氏。慈侍下。娶趙氏，繼娶田氏。山西鄉試第八名，會試第一百二十九名。

林廷琛　貫福建福州府候官縣，民籍，國子生。治《易經》。字世獻，行三，年二十六，正月二十四日生。曾祖仲禮，義官。祖惟仁。父文坡。母官氏。重慶下。弟廷琥、廷爵、廷第、廷養、廷匡、廷琢、應嘗、廷現、應采、廷愛、廷璟。娶吳氏。福建鄉試第四十九名，會試第五十名。

王朝相　貫直隸廣平府永年縣，軍籍。縣學生。治《春秋》。字志尹，行二，年三十三，八月初十日生。曾祖純，知縣。祖藩，義官。父翱，州吏目。母常氏。具慶下。兄朝卿。弟朝聘、朝舉、朝貢、朝弼。娶劉氏。順天府鄉試第二十八名，會試第九十二名。

劉洼東　貫山東東昌府茌平縣，軍籍。國子生。治《詩經》。字思禹，行一，年三十六，正月初一日生。曾祖茂。祖清。父賢。母朱氏，繼母李氏。具慶下。弟順東、泌東、行東。娶史氏。山東鄉試第三十九名，會試第二百四十四名。

敖璠　貫江西臨江府新喻縣，民籍，國子生。治《詩經》。字貴之，行三，年三十六，十月十九日生。曾祖任賢。祖啓，壽官。父義。母盧氏。慈侍下。弟珂、珮、璜。娶吳氏，繼娶余氏。江西鄉試第六十九名，會試第六十五名。

張天麟　貫直隸真定府深州，民籍。州學生。治《詩經》。字允禎，行八，年二十五，十二月二十九日生。曾祖讓。祖佐，義官。父文弼，貢士。母劉氏。重慶下。兄天祥。弟天衢、天寵、天秀、天啓、天彝。娶祖氏。順天府鄉試第九十六名，會試第六十七名。

呂韶　貫湖廣黃州府黃岡縣，民籍，府學生。治《詩經》。字鳳儀，行二，年三十一，二月二十四日生。曾祖子貴。祖大才，封經歷。父淳，州同知。母舒氏，封孺人；繼母韓氏。具慶下。兄音，縣丞。弟章；歆；韻。娶高氏。湖廣鄉試第九名，會試第四十八名。

李時達　貫四川保寧府南部縣，民籍，縣學增廣生。治《春秋》。字中夫，行一，年二十六，十月二十四日生。曾祖璪，縣丞。祖廷相。父世祿。母楊氏，繼母羅氏。重慶下。弟文達、敏達、聰達、穎達、辭達、道達、豁達、茂達。娶劉氏。四川鄉試第十三名，會試第二百九十六名。

李增　貫河南潁川衛，軍籍。直隸潁州學軍生。治《詩經》。字孟川，行一，年二十九，六月十一日生。曾祖琮，義官。祖蘭，義官。父炳，監生。母劉氏。重慶下。兄坤、堞、壇。弟圻、垠、埏、均、墉、基、臺、堈、培、在、至。娶朱氏。河南鄉試第六十四名，會試第七十五名。

曹一貫　貫山東東昌府莘縣，軍籍。國子生。治《詩經》。字唯夫，行一，年三十一，八月初二日生。曾祖興，府經歷。祖愷，壽官。父周。母趙氏。重慶下。弟一變。娶王氏。山東鄉試第三十四名，會試第二百六十三。

彭鳳　貫江西袁州府分宜縣，民籍，國子生。治《詩經》。字起之，行十四，年三十七，三月十二日生。曾祖麟。祖敬。父瑾，省祭官。嫡母黃氏,生母李氏。慈侍下。兄蛟。弟凰、鸞、鴻、鶴、鷃、鵝、龍、鷗、脩。娶李氏。江西鄉試第四十五名,會試第一百七十八名。

萬汝梓　貫四川瀘州,民籍。州學生。治《書經》。字濟卿,行一,年三十一,九月十八日生。曾祖宗添。祖永高,壽官。父水。母龐氏。重慶下。娶謝氏。四川鄉試第六名,會試第一百七十七名。

李樂　貫湖廣辰州府盧溪縣,軍籍。國子生。治《易經》。字和仲,行六,年三十七,六月初十日生。曾祖昕。祖時舉。父廷鵬,知縣。母龔氏。嚴侍下。兄棠；相,監生；杲；榮。弟格。娶陳氏,繼娶董氏。湖廣鄉試第十三名,會試第八十六名。

謝佑　貫湖廣荊州府松滋縣,民籍,縣學生。治《詩經》。字德夫,行一,年二十九,正月初四日生。曾祖榮。祖茂,布政司檢校,封監察御史。父珊,監察御史。母胡氏,封孺人。慈侍下。兄佐。弟佩、俊、儐、份。娶伍氏。湖廣鄉試第八十二名,會試第二百八十名。

郭鑒　貫山西澤州高平縣,民籍,縣學生。治《春秋》。字允明,行五,年二十六,四月二十九日生。曾祖賢,知州。祖定,知州。父坤,知州。母王氏。慈侍下。兄鑾,貢士；銎,行人；金；鎜,同科進士。弟鏨；鋆；鎏；鏊。娶申氏。山西鄉試第十六名,會試第二百五十九名。

孫植　貫浙江嘉興府平湖縣,民籍,直隸華亭縣人。縣學生。治《書經》。字斯立,行四,年二十六十月二十二日生。曾祖忠。祖軒,封奉議大夫。父璽,山西按察司僉事母張氏,封宜人。具慶下。兄栞、棟、杰。娶沈氏。浙江鄉試第四十八名,會試第六十八名。

張瀚　貫浙江杭州府仁和縣,民籍,府學生。治《易經》。字子文,行六,年二十五,十一月三十日生。曾祖鵬,義官。祖紀。父應祿。母李氏。具慶下。兄洪；江；潮；澡；源。弟濂,貢士；浙；淳；洵；洽；浩；溉；澤；溧；洲；渠；洹；瀛；澐。娶陸氏。浙江鄉試第四十九名,會試第四十二名。

李載贄　貫湖廣荊州府石首縣,民籍,縣學附學生。治《書經》。字進可,行四,年二十三,十一月初九日生。曾祖希鴻。祖椿,教諭。父文炤。母黃氏。重慶下。兄載道、載事。弟載萬、載筆、載寅。娶袁氏。湖廣鄉試第十八名,會試第八十一名。

竇潤　貫直隸滁州衛,軍籍,國子生。治《易經》。字子雨,行一,年四十四,七月十八日生。曾祖寄生。祖盛。父欽。母黃氏,繼母賈氏。具慶下。弟漢、淳。娶姜氏。應天府鄉試第一百三十四名，會試第一百七十九名。

鄭一統　貫廣東潮州府揭陽縣，軍籍。縣學生。治《書經》。字朝慶，行一，年二十七，五月十四日生。曾祖克永。祖宜賑。父陽春。母劉氏。具慶下。弟一緒、一統、一緝。娶陳氏。廣東鄉試第三十名，會試第八十八名。

陳元珂　貫福建福州府閩清縣，民籍，懷安人縣府學生。治《春秋》。字仲聲，行五，年三十一，十月初九日生。曾祖宗坦。祖聰。父良策。母吳氏。具慶下。弟元琰。娶鄭氏。福建鄉試第四十二名，會試第一百三十二名。

陳椿　貫直隸蘇州府長洲縣，民籍，吳江縣人國子生。治《易經》。字子年，行二，年三十八，十月十四日生。曾祖珪，義官。祖銓。父澐，醫學訓導。母顧氏。具慶下。兄貴，官生。弟楫；桐；槐；枚；棉；楷；桷；集；李；枌；樾。娶陸氏。應天府鄉試第七十五名，會試第九十名。

薛孟　貫浙江嘉興府嘉善縣，民籍。國子生。治《書經》。字惟亞，行四，年三十九，五月十五日生。曾祖圭。祖瑜，義官。父寅，典膳。母陶氏。具慶下。兄學，典膳；孚；摯。弟字；季，俱監生；享；厚；□；孝；教。娶唐氏，繼娶沈氏。順天府鄉試第三十三名，會試第一百名。

許復禮　貫河南彰德府安陽縣，民籍，學生。治《詩經》。字仁甫，行一，年三十二，八月初七日生。曾祖坦，贈知縣。祖顯。父懷。母劉氏。具慶下。兄復始、復初。娶趙氏，繼娶崔氏。河南鄉試第三十八名，會試第二百四十七名。

翁璨　貫直隸松江府上海縣，竈籍。國子生。治《詩經》。字德輝，行一，年四十三，七月二十二日生。曾祖叔美。祖震。父經。母顧氏。重慶下。弟瑤、琛、璋、璧、瑚、璉。娶俞氏。應天府鄉試第四十四名，會試第一百九十四名。

江中躍　貫四川重慶府巴縣，民籍。府學生。治《詩經》。字從之，行五，年二十一，六月二十六日生。曾祖熙暕。祖遂良，封奉議大夫、刑部郎中。父玠，布政司左參政。嫡母李氏，封宜人；生母章氏。具慶下。兄中才，知州；中龍；中鵬；中美；中孚；中上；中淵；中義；中曉。弟中輅。娶劉氏，繼娶胡氏。四川鄉試第六十一名，會試第八十七名。

袁襲裳　貫四川眉州，民籍，國子生。治《詩經》。字子宜，行二，年三十八，十一月初七日生。曾祖伯祥。祖大昆。父圻，壽官。母周氏。具慶下。兄袞裳。弟綉裳。娶馬氏，繼娶程氏。四川鄉試第六十八名，會試第一百六十三名。

易寬　貫江西吉安府安福縣，民籍。縣學生。治《春秋》。字栗夫，行十一，年四十二，八月二十五日生。曾祖礦璋。祖三錫。父鎮巖。母劉氏。永感下。弟誠、啓。娶劉氏，繼娶楊氏。江西鄉試第五十四名，會試第二百七十名。

趙憲　貫直隸松江府上海縣，民籍。國子生。治《書經》。字子成，行一，年四十六，二月二十六日生。曾祖瑜。祖清。父山。母吳氏。具慶下。娶喬氏。應天府鄉試第二十七名，會試第一百八十一名。

方孟縉　貫江西南昌府武寧縣，民籍。國子生。治《春秋》。字文卿，行九，年四十一，八月十四日生。曾祖景華。祖汝寧。父璞。母吳氏。永感下。兄孟經、孟緯。弟孟紳。娶黃氏。江西鄉試第一百六十三名，會試第一百八十名。

沈夢鯉　貫浙江紹興府山陰縣，民籍。國子生。治《詩經》。字龍卿，行一，年三十六，九月二十八日生。曾祖浤。祖輔。父芳。母余氏，繼母壽氏。重慶下。弟夢麟、夢能、夢黿、夢鯨、夢鹿、夢鷗、夢鰲、夢相、夢豸。娶孫氏。浙江鄉試第六十六名，會試第二十名。

姚良弼　貫武功中衛，匠籍，浙江錢塘縣人。府學增廣生。治《易經》。字夢賢，行二，年二十八，正月初四日生。曾祖慶。祖福，壽官。父鉞，壽官。前母章氏，嫡母侯氏，生母吳氏。具慶下。兄良相。娶章氏，繼娶龐氏。順天府鄉試第六十七名，會試第一百七十二名。

陳天然　貫廣東瓊州府瓊山縣，民籍，國子生。治《詩經》。字汝中，行五，年三十，十一月二十六日生。曾祖才望。祖徽。父瑞，壽官。母孫氏，生母吳氏。具慶下。兄天祺、天祐、天祐。弟天熙。娶王氏。廣東鄉試第五十二名，會試第一百十八名。

劉佐　貫山東濟南府德州，民籍。國子生。治《春秋》。字才甫，行一，年二十二，四月二十九日生。曾祖鑑。祖玉。父福。母張氏。重慶下。弟俚、儒、份。娶賀氏。山東鄉試第七十一名，會試第五十二名。

施千祥　貫福建福州府福清縣，鹽籍。國子生。治《詩經》。字善徵，行三，年三十二，十一月初十日生。曾祖恭。祖瑩。父仁俊。母方氏。具慶下。兄千福、千祿。弟千祐、千祚。娶薛氏。福建鄉試第七十八名，會試第二百十四名。

周世昭　貫廣東瓊州府瓊山縣，民籍，縣學附學生。治《詩經》。字景服，行一，年三十五，十一月二十五日生。曾祖鼎，壽官。祖厚，壽官。父仲良，貢士。母黃氏，繼母莫氏。慈侍下。弟世述。娶李氏，繼娶海氏。廣東鄉試第十一名，會試第一百一名。

陳天資　貫廣東潮州府饒平縣，竈籍。縣學生。治《春秋》。字汝學，行一，年三十三，十二月二十五日生。曾祖永福。祖桓功。父經申。母范氏。嚴侍下。弟天德、天開、天乙。娶鄭氏，繼娶黃氏。廣東鄉試第五名，會試第一百七十名。

蕭體元　貫江西吉安府泰和縣人，河南南陽府新野縣，民籍，國子生。治《書經》。字善復，行二，年三十八，十一月二十二日生。曾祖孔資，教諭。祖聰，教諭。父麟，知縣。母朱氏，繼母李氏。具慶下。弟慶元。娶曹氏。河南鄉試第八十名，會試第二百四十一名。

宋淳　貫浙江衢州府開化縣，民籍。縣學生。治《易經》。字德完，行五，年二十九，八月十九日生。曾祖進。祖謙。父鴻，教授。母吾氏。慈侍下。兄澄、清、溏。弟滋、漢。娶汪氏。浙江鄉試第四十五名，會試第四十四名。

蒲澤　貫陝西西安府咸寧縣，民籍，府學增廣生。治《易經》。字仁伯，行三，年三十一，十月二十九日生。曾祖彥清。祖壽。父隆。母王氏，繼母曹氏。嚴侍下。兄海、源。娶劉氏。陝西鄉試第十一名，會試第七十二名。

黃雲　貫陝西西安府咸寧縣，匠籍。縣學增廣生。治《易經》。字叔卿，行三，年二十八，十一月初十日生。曾祖榮。祖銘。父臣。母李氏。具慶下。兄震、霑。娶李氏。陝西鄉試第五十三名，會試第二百十名。

戴鰲　貫浙江寧波府鄞縣，軍籍。國子生。治《易經》。字時化，行八，年三十八，十一月初二日生。曾祖鍾，封承德郎、府通判。祖浩，知府，進階亞中大夫。父櫃，教諭，封奉直大夫、南京刑部員外郎，加四品服。母杜氏，封宜人。具慶下。兄鷔，中憲大夫、知府；鷟，七品散官；鯨，州同知，前按察司僉事；鷺，按察司僉事。娶陳氏。浙江鄉試第三十五名，會試第五十五名。

劉棟　貫直隸河間府任丘縣，軍籍。縣學附學生。治《詩經》。字曰隆，行一，年二十四，正月二十七日生。曾祖惠。祖淮，典史。父珏，引禮母蘇氏。重慶下。娶呂氏。順天府鄉試第三十一名,會試第一百四十九名。

曹嗣榮　貫直隸松江府華亭縣,民籍。國子生。治《書經》。字繩之,行二,年四十七,四月二十二日生。曾祖琦,封刑部主事。祖鼐,按察司僉事。父鳳。母奚氏。具慶下。兄嗣恩。娶夏氏,繼娶陸氏。應天府鄉試第二十二名,會試第三百八名。

康朗　貫福建泉州府惠安縣,民籍。縣學生。治《易經》。字用晦,行一,年二十八,七月二十日生。曾祖璵。祖栢。父炅。前母周氏,母周氏。具慶下。弟朔、瑚。娶謝氏,繼娶謝氏、連氏。福建鄉試第十二名,會試第三十四名。

胡汝霖　貫四川成都府綿州,民籍。州學附學生。治《書經》。字仲望,行三,年二十四,閏五月二十八日生。曾祖清,贈程德郎。祖蘭,審理正。父秉中,教授。前母古氏,母栗氏。具慶下。兄汝賢;汝翼,前科進士;汝弼;汝為。弟汝楫;汝梅。娶劉氏,繼娶聶氏。四川鄉試第一名,會試第三十名。

諸燮　貫浙江紹興府餘姚縣,軍籍。府學生。治《易經》。字子相,行四,年三十三,六月十四日生。曾祖端。祖澄。父鼎。母陳氏。具慶下。弟奕。娶李氏。浙江鄉試第五十九名,會試第三名。

馬承學　貫太醫院,醫籍,直隸蘇州府吳縣人。國子生。治《易經》。字弘道,行一,年三十四,二月十三日生。曾祖昇。祖瑢,旌表冠帶義夫。父驥,監生。母張氏。具慶下。弟承業,監生。娶汪氏。應天府鄉試第一百二十一名,會試第一百四十名。

吳藩　貫直隸滁州全椒縣,民籍。國子生。治《詩經》。字价甫,行二,年四十九,六月十八日生。曾祖鄖。祖顯,教諭。父驥,訓導。母樂氏。慈侍下。兄藻。娶楊氏。應天府鄉試第八名,會試第一百十一名。

吳九經　貫浙江金華府永康縣,民籍。歲貢生。治《書經》。字子誠,行一,年三十五,九月十八日生。曾祖瑄。祖盛。父海。母李氏。永感下。弟九疇、九峯、九霄。娶王氏。順天府鄉試第五十三名,會試第一百三十四名。

許福　貫福建泉州府同安縣,軍籍。國子生。治《詩經》。字堯錫,行五,年四十一,十一月十五日生。曾祖時嘉。祖純陽,壽官。父良絢。前母李氏,母黃氏。慈侍下。兄角、徵、宮、羽。娶陳氏。福建鄉試第六名,會試第十五名。

周天佐　貫福建泉州府晉江縣，民籍。府學附學生。治《易經》。字宇弼，行五，年二十三，十月初六日生。曾祖希顏。祖仲平。父琅。母陳氏。具慶下。兄天正、天復、天申、天爵。聘吳氏。福建鄉試第五十二名，會試第二百十三名。

施峻　貫浙江湖州府歸安縣，民籍。國子生。治《易經》。字平□，行二，年三十一，正月十四日生。曾祖謙，知縣。祖瑄，壽官。父鏜。母董氏。具慶下。兄嵩。弟嶔、嵋。娶沈氏。浙江鄉試第八名，會試第三十七名。

李維藩　貫山西遼州，民籍。州學生。治《春秋》。字子价，行一，年三十，十二月二十七日生。曾祖祥。祖順。父英。母范氏，繼母劉氏。慈侍下。弟維垣、維屏、維翰、維城。娶裴氏，繼娶韓氏。山西鄉試第五名，會試第五名。

第三甲二百二十七名　賜同進士出身

馮天馭　貫湖廣黃州府蘄州，民籍。國子生。治《書經》。字應房，行一，年三十三，七月二十日生。曾祖英。祖翱，推官。父鵬，監生。母陳氏。慈侍下。弟天駿。娶張氏。湖廣鄉試第五十九名，會試第一百十五名。

毛渠　貫山東萊州府掖縣，民籍。國子生。治《春秋》。字世節，行二，年四十一，六月初三日生。曾祖福英，累贈光祿大夫、柱國、少保兼太子太保、戶部尚書、武英殿大學士。祖敏，教授，封諭德，累贈光祿大夫、柱國、少保兼太子太保、戶部尚書、武英殿大學士。父紀，光祿大夫、柱國、少保兼太子太保、吏部尚書、武英殿大學士。母官氏，封一品夫人。嚴侍下。兄渠，順天府推官。弟檠，貢士；渠，禮部郎中；業；集，官生。娶畢氏，繼娶蔡氏、侯氏。山東鄉試第九名，會試第二百八十名。

章甫　貫武驤左衛，軍籍，直隸常州府武進縣人。國子生。治《詩經》。字夢甫，行一，年四十二，十一月十三日生。曾祖玉。祖鑑。父明。母金氏。永感下。弟瓚。娶馮氏。順天府鄉試第十一名，會試第八十名。

顧廉　貫浙江紹興府餘姚縣，民籍。縣學增廣生。治《禮記》。字惟簡，行一，年三十一，七月十五日生。曾祖駿，贈府通判。祖蘭，府同知。父達。母徐氏，繼母錢氏。重慶下。弟文、京、袞、庶、府、序、奕、廘。娶邵氏。浙江鄉試第三十名，會試第四名。

林庭機　貫福建福州府閩縣，儒籍。國子生。治《春秋》。字利仁，行十，年三十，五月初四日生。曾祖觀，贈知縣，累贈南京吏部尚書。祖元美，知府，累贈南京吏部尚書。父瀚，南京兵部尚書，贈太子太保，諡文安。嫡母黃氏，封孺人，加贈一品夫人；生母朱氏。慈侍下。兄庭㭿，歲貢生；庭模，府同知；庭棍，工部左侍郎；庭楷，□州中衛指揮僉事；庭材；庭杓，知府；庭樟，州同知；庭榆，推官；庭枌；庭枝，貢士。弟庭㮒，同科進士。娶李氏。福建鄉試第十一名，會試第二百十八名。

趙崇信　貫廣東廣州府順德縣，民籍。國子生。治《詩經》。字仲履，行一，年四十二，十月初五日生。曾祖不側。祖善敬。父汝旻。母周氏。嚴侍下。弟崇祼、崇彥。娶黎氏。廣東鄉試第七十三名，會試第二百九十名。

劉尚義　貫山西汾州，軍籍。州學生。治《書經》。字伯正，行一，年三十七，十月十六日生。曾祖壽。祖志，知縣。父世芳，縣丞。母朱氏。慈侍下。弟尚禮。娶宋氏。山西鄉試第五十七名，會試第九十四名。

唐頤　貫山西太原府陽曲縣，軍籍。府學生。治《易經》。字子觀，行五，年二十六，九月十二日生。曾祖誠，知縣，贈文林郎。祖希介，按察司副使，進階亞中大夫。父泌，監生。母張氏，繼母張氏。重慶下。兄中、震、鼎、觀。弟巽。娶許氏。山西鄉試第十四名，會試第五十八名。

王達　貫山東濟南府濱州，民籍。國子生。治《書經》。字子泉，行二，年三十九，五月二十四日生。曾祖思誠。祖恭。父政。母韓氏。慈侍下。兄逵、朝輔。弟通、适。娶趙氏。山東鄉試第二名，會試第一百十二名。

邵南　貫浙江湖州府烏程縣，民籍。國子生。治《詩經》。字文化，行二，年四十八，十一月十四日生。曾祖瑛，縣丞。祖夔。父豫。母殳氏。慈侍下。兄棠。娶張氏。浙江鄉試第七十四名，會試第三百六名。

來聘　貫陝西西安府三原縣，軍籍。國子生。治《詩經》。字安國，行二，年三十五，五月初六日生。曾祖肅。祖鏜。父時廉，壽官。母馮氏，繼母焦氏。具慶下。兄朝。弟賀，貢士；選；迎；徵；寅。娶王氏。陝西鄉試第五十七名，會試第一百十六名。

何彥　貫廣東廣州府順德縣，民籍，福建惠安縣學教諭。治《詩經》。字善充，行一，年四十二，十一月十二日生。曾祖勢亮。祖璉。父千之。母麥氏。具慶下。弟銘、鍇、鏞、銓、鎮。娶黃氏。廣東鄉試第十三名，會試第二百十七名。

舒汀　貫福建福州府候官縣，民籍。縣學生。治《易經》。字紹安，行一，年三十八，閏十一月初一日生。曾祖德懋。祖坦。父欽。母趙氏。永感下。兄淮、江。弟陽和。娶李氏。福建鄉試第八十九名，會試第二百四十八名。

楊守約　貫彭城衛籍，湖廣長沙縣人。國子生。治《易經》。字允中，行三，年二十六，三月十八日生。曾祖福勝，贈通議大夫、右副都御史。祖春，贈中憲大夫、右僉都御史，加贈通議大夫、右副都御史。父志學，通議大夫、刑部右侍郎。前母王氏，贈淑人；母陳氏，贈淑人。嚴侍下。兄守愚；守謙，兵部員外郎。弟守默；守魯，貢士；守讓；守朴；守初；守介。娶潘氏，繼娶茹氏。順天府鄉試第九十一名，會試第二百二十七名。

范之箴　貫浙江嘉興府秀水縣，民籍。府學生。治《書經》。字從敬，行四，年十九，三月二十七日生。曾祖麟。祖瓊，縣丞。父詔。母姚氏。重慶下。兄承恩、承儒、之才。弟之廉、之嗣、之樂、之道、之義、之期、之勇、之忠、之齊、承孝、之交。娶張氏。浙江鄉試第六十四名，會試第二十四名。

高時　貫浙江杭州府臨安縣，民籍。歲貢生。治《易經》。字中行，行十八，年三十，正月初一日生。曾祖澄浩，義官。祖良毓，義官。父文華。母童氏。具慶下。兄圻、陞。弟埌、法、陛、陵、隅、墅、陸。娶胡氏。順天府鄉試第七十名，會試第一百七十六名。

陳紹　貫浙江紹興府上虞縣，民籍，國子生。治《易經》。字用光，行八，年三十五，十一月二十日生。曾祖滂。祖項。父述。母嚴氏。具慶下。兄緒。弟維、絳、綰。娶鍾氏。浙江鄉試第五十一名，會試第一百九十名。

趙大佑　貫浙江台州府太平縣，軍籍。縣學生。治《春秋》。字世胤，行一，年二十六，六月十一日生。曾祖堅。祖崇賢，知州。父相。母王氏。重慶下。弟大佃、大佶。娶牟氏。浙江鄉試第七十二名，會試第十六名。

蔡其潮　貫浙江嘉興府海鹽縣，民籍。國子生。治《易經》。字時信，行十四，年四十五，正月二十六日生。曾祖富，壽官。祖全。父琪。母徐氏。慈侍下。兄瀚、津、瀾、浩、洪、湘、淞、滔、淳、滇、滋。弟涇、渭、汀、漳、浦、潤、淮、濤、淶、沽、澳。娶姚氏。浙江鄉試第五十四名，會試第一百五十名。

趙應祥　貫湖廣長沙衛，官籍。國子生。治《書經》。字伯徵，行一，年三十三，十二月二十二日生。曾祖庸，百戶。祖綱，百戶。父琺，百戶。母馬氏。具慶下。弟應期、應亨、應韶、應奎、應昌。娶胡氏。湖廣鄉試第六十二名，會試第二百八十二名。

李夢祥　貫湖廣荊州府監利縣，軍籍。附學生。治《易經》。字幼徵，行二，年三十，六月初九日生。曾祖清。祖彥經，義官。父囗。母吳氏。慈侍下。兄夢璽。娶呂氏。湖廣鄉試第二十二名，會試第二百二十六名。

錢應揚　貫浙江紹興府餘姚縣，民籍。國子生。治《書經》。字俊民，行一，年三十二，八月二十九日生。曾祖瑛，教官。祖裕。父紳。母楊氏。具慶下。弟應宿、應敦、應乾、應皋、應夔、應契、應奎。娶潘氏，繼娶孫氏，繼聘王氏。浙江鄉試第八名，會試第六名。

黃廷用　貫福建興化府莆田縣，民籍。國子生。治《書經》。字汝行，行三，年三十六，正月二十九日生。曾祖澍。祖甘霖。父德卿。母鄭氏。永感下。兄廷宣，按察司僉事；廷義；廷禮。弟廷良；廷本；廷脩；廷陳；廷紀。娶宋氏。福建鄉試第三十三名，會試第一百三十七名。

焦璉　貫順天府涿州，民籍。州學生。治《禮記》。字子重，行一，年二十八，七月二十八日生。曾祖昇。祖森，訓導。父鏜。母馬氏，繼母尚氏、謝氏。具慶下。兄瑞、環。弟琪、璨、玳、珉。娶梁氏，繼娶李氏。順天府鄉試第二十名，會試第一百二十三名。

奚良輔　貫直隸松江府上海縣，民籍。縣學生。治《詩經》。字世卿，行一，年三十四六月十七日生。曾祖暹。祖倫，壽官。父欽。母吳氏，繼母吳氏。具慶下。弟良弼、良翼。娶唐氏。應天府鄉試第四十六名，會試第二百六十七名。

徐緝　貫浙江紹興府山陰縣，軍籍。國子生。治《詩經》。字文熙，行四十五，年三十五，六月初六日生。曾祖叔瑾。祖鋼。父懌。母孫氏。嚴侍下。弟綜。娶翁氏。浙江鄉試第六十八名，會試第八十九名。

楊上林　貫直隸淮安府山陽縣，民籍。國子生。治《禮記》。字子漸，行一，年三十六，正月十七日生。曾祖昂。祖遇。父榮，壽官。母樊氏，繼母王氏、張氏。具慶下。兄鷟。弟鰲、鯨、上棟、檓、植。娶戴氏。應天府鄉試第八十七名，會試第二百九十八名。

王遵　貫四川順慶府南充縣，民籍。國子生。治《易經》。字子法，行一，年二十八，九月二十二日生。曾祖昺，壽官。祖商。父希德，訓導。母任氏。具慶下。兄選；遷；達；瑤；誥；廷，監察御史。弟追；郁，貢士；遴；謙；述。娶韓氏。四川鄉試第三十五名，會試第一百八十三名。

汪集　貫江西南昌府進賢縣，軍籍。附學生。治《詩經》。字惟義，行四，年二十四，八月十三日生。曾祖季顯。祖深，知縣。父旦。嫡母萬氏，繼母周氏，生母萬氏。具慶下。兄桂、楫。弟棐、案。娶葉氏。江西鄉試第七十一名，會試第一百八十二名。

溫學舜　貫福建泉州府晉江縣，軍籍。國子生。治《易經》。字憲統，行一，年三十三，九月初三日生。曾祖良，中書舍人。祖玉，訓導。父夔。母蔡氏。具慶下。弟學周、學閔。娶李氏。福建鄉試第四十名，會試第二百七十六名。

羅椿枝　貫浙江嚴州府桐廬縣，匠籍。國子生。治《書經》。字日新，行二，年三十二，四月初五日生。曾祖永明。祖儒，訓導。父翔鳳。母陳氏，繼母朱氏。具慶下。兄桂枝。弟楠枝、橡枝、松枝。娶張氏，繼聘姚氏。浙江鄉試第七十八名，會試第三百四名。

王崇冠　貫山西太原府榆次縣，軍籍。縣學生。治《詩經》。字雅夫，行二，年二十八，十一月二十五日生。曾祖軏。祖景春。父明。前母原氏，母賈氏。慈侍下。兄崇仁。娶郝氏，繼娶張氏。山西鄉試第六名，會試第二百一名。

薛應旂　貫直隸常州府武進縣，民籍。國子生。治《詩經》。字仲常，行二，年三十六，十一月初四日生。曾祖瑞。祖鎣。父卿。母史氏，繼母吳氏。具慶下。兄應廷。弟應辰、邦臣、應嘉。娶馮氏。應天府鄉試第九十名，會試第二名。

周尚忠　貫直隸河間府景州吳橋縣，民籍。國子生。治《詩經》。字伯顯，行二，年三十五，二月二十五日生。曾祖政。祖裕，陰陽官。父冕，壽官。嫡母牟氏，生母李氏。具慶下。兄尚志，貢士。弟尚勤；尚友；尚恩。娶王氏。順天府鄉試第五十二名，會試第二十七名。

顧承芳　貫直隸鳳陽府臨淮縣，民籍。國子生。治《禮記》。字子譽，行一，年三十九，六月十七日生。曾祖震，順天府治中，贈通議大夫、都察院右副都御史。祖佐，資善大夫、戶部尚書，贈太子太保。父伯謙，貢士。母康氏。永感下。弟承恩、承德、承勛、承忠、承志、承顏、承頤、承緒、承顯。娶蔡氏，繼娶潘氏。應天府鄉試第四名，會試第二百八十七名。

盧璘　貫浙江紹興府餘姚縣，匠籍。縣學附學生。治《易經》。字秀夫，行四，年三十二，三月二十七日生。曾祖德清。祖敏政。父斗南。前母黃氏，母舒氏。具慶下。兄望。弟時、理。娶諸氏。浙江鄉試第三十名，會試第十三名。

鮑龍　貫浙江杭州府臨安縣，民籍。國子生。治《易經》。字汝化，行十，年三十五，八月十六日生。曾祖仁。祖觀。父珵。母蔣氏。嚴侍下。兄鸞、鳳、鵬、鯨。娶何氏。浙江鄉試第五十五名，會試第二百七十九名。

馬九德　貫直隸德州衛，軍籍，山東青州府益都縣人。州學生。治《詩經》。字子戀，行二，年二十四，正月初七日生。曾祖雄。祖昌。父亨衢，知縣。母焦氏。具慶下。兄九臯。弟九□、九疇、九遷、九萬、九功、九淵。娶王氏。順天府鄉試第十二名，會試第十名。

楊時秀　貫直隸鳳陽府懷遠縣，民籍。縣學生。治《春秋》。字叔茂，行三，年三十八，四月初十日生。曾祖銑。祖成。父寶，教諭。母張氏。具慶下。兄堂、奎。娶徐氏。應天府鄉試第十名，會試第六十一名

張舜臣　貫山東濟南府章丘縣，軍籍。國子生。治《詩經》。字熙伯，行二，年三十一，十月二十七日生。曾祖恂。祖統，義官。父燦，義官。前母王氏，母劉氏。具慶下。兄堯臣，省祭官。娶魏氏。山東鄉試第二名，會試第二百五十一名。

吳鏌　貫福建福州府長樂縣，民籍。國子生。治《詩經》。字利用，行五，年三十七，八月二十四日生。曾祖彬。祖炳，壽官。父璽。母高氏，繼母高氏。具慶下。兄釗、鈴、鏘。弟鑄、鉞、鎡、鏗、錦、鑑、鐸。娶鄭氏，繼娶黃氏。福建鄉試第五十四名，會試第二百三十三名。

戴夢桂　貫山東濟南府濟陽縣，軍籍。國子生。治《書經》。字仲芳，行二，年三十九，十二月十七日生。曾祖景忠。祖禎。父禮，知縣。嫡母李氏，生母張氏。慈侍下。兄夢賢，主簿。娶郭氏，繼娶劉氏。山東鄉試第八名，會試第四十二名。

劉大直　貫四川寧川衛，軍籍，成都府華陽縣人。國子生。治《詩經》。字養浩，行二，年三十四，九月二十四日生。曾祖晟。祖志宏。父佐，壽官。母袁氏。具慶下。兄大正。弟大宜、大立、大全。娶王氏。四川鄉試第二十三名，會試第一百三十三名。

郭鑾　貫山西澤州高平縣，民籍。國子生。治《春秋》。字允新，行四，年三十三，十二月初三日生。曾祖質，知州。祖定，知州。父城，州判。母李氏。嚴侍下。兄鑾，貢士；鋆，行人；金。弟鑒，同科進士；鑿；鋆；

鋆；鎣。娶趙氏。山西鄉試第六十四名，會試第二百四十二名。

胡崇德　貫浙江紹興府餘姚縣，竈籍。國子生。治《書經》。字伯賢，行二十三，年三十一，十一月初五日生。曾祖宜孫。祖紹。父丙。母童氏。慈侍下。兄崇元、崇仁、崇政、崇儉、崇禮。弟崇學、崇智。娶岑氏。浙江鄉試第九十名，會試第三百十二名。

翁五倫　貫浙江紹興府蕭山縣，民籍。附學生。治《書經》。字大經，行一，年二十九，七月十八日生。曾祖秉。祖文，訓導。父堯。母蕭氏。重慶下。弟五常、五章、五言、五音。娶徐氏，繼娶張氏。浙江鄉試第七十名，會試第一百五十二名。

黎堯勳　貫四川潼川州樂至縣，民籍。國子生。治《詩經》。字子欽，行一，年三十三，九月十六日生。曾祖希賢，壽官。祖禎，壽官。父邦屏。母趙氏。重慶下。弟堯華、堯鄰。娶張氏。四川鄉試第十五名，會試第二百五十六名。

高封　貫雲南大理衛，軍籍，四川成都府汶川縣人。國子生。治《春秋》。字仲龍，行二，年三十七，九月初九日生。曾祖德。祖信，壽官。父昂，知縣。母周氏。嚴侍下。兄鵬崧。弟岐，貢士；岑；峒；峨。娶熊氏，繼娶錢氏。雲貴鄉試第十六名，會試第一百十七名。

余爌　貫江西饒州府樂平縣，民籍。國子生。治《詩經》。字德明，行四，年三十一，七月二十七日生。曾祖壽增。祖榮福。父豸。母彭氏。具慶下。弟炯，貢士；輝；熾。娶夏氏。江西鄉試第十八名，會試第二百二十一名。

陳鳳　貫南京留守後衛，官籍，浙江紹興府會稽縣人。國子生。治《詩經》。字羽伯，行一，年三十四，九月十三日生。曾祖禮。祖琳。父綱。前母黃氏，母徐氏，繼母魏氏。具慶下。娶李氏。應天府鄉試第七名，會試第二百九名。

閔煦　貫直隸河間府任丘縣籍，松江府上海縣人。附學生。治《詩經》。字和卿，行三，年二十九，十月初十日生。曾祖琦，贈山西左布政使。祖定，贈山西左布政使。父槐，按察司副使。母顏氏，封恭人。具慶下。兄勳，義官；燾，監生；然；杰，監生。弟照；魚。娶李氏。順天府鄉試第四十八名，會試第二百三十五名。

李丕顯　貫福建福州府長樂縣，軍籍。直隸休寧縣教諭。治《詩經》。字憲文，行六，年四十二，十月十六日生。曾祖則仁。祖孟申。父德宣。

母林氏,繼母陳氏。慈侍下。兄丕正。弟文樞、文柯、丕承、文植。娶鄭氏,繼娶陳氏、林氏。福建鄉試第七十六名,會試第二十二名。

傅珮　貫浙江杭州府仁和縣,匠籍。國子生。治《書經》。字朝鳴,行三,年三十九,十月十九日生。曾祖延定。祖得祥。父祺。母姚氏。慈侍下。兄璽、瓊。娶李氏。浙江鄉試第八十九名,會試第二十一名。

謝鎰　貫直隸徽州府祁門縣,民籍。國子生。治《春秋》。字萬卿,行十,年三十九,十月二十一日生。曾祖碩。祖玘。父傅。母王氏。慈侍下。娶胡氏。應天府鄉試第三十八名,會試第三百五名。

沈良才　貫直隸揚州府泰州,軍籍。國子生。治《詩經》。字德夫,行三,年三十,正月初一日生。曾祖源。祖儒,訓導。父璁。母張氏。慈侍下。兄良臣、良士。娶王氏。應天府鄉試第四十三名,會試第二百七十四名。

張維岳　貫浙江杭州右衛,軍籍。歲貢生。治《易經》。字堯臣,行一,年四十一,十一月初三日生。曾祖義。祖顒,遇例冠帶。父琪,遇例冠帶。母柴氏,繼母傅氏。具慶下。兄霆、維藩。弟維翰、維中。娶曹氏。順天府鄉試第四十七名,會試第六十六名。

吳應奎　貫浙江杭州府錢塘縣,民籍,直隸休寧縣人。府學增廣生。治《易經》。字汝文,行一,年三十二,八月初一日生。曾祖福遠。祖貴誠。父琛富。母李氏。重慶下。弟應祈、應輝、應祥、應祐、應宿。娶應氏。浙江鄉試第二十二名,會試第一百九十五名。

葉懋賞　貫四川綿州,民籍。州學生。治《書經》。字功。父,行二,年四十二,九月十一日生。曾祖清。祖仲本。父楚,監生。母郭氏。永感下。兄懋官。弟懋和、懋敬、懋昭、懋訓、懋簡。娶陳氏。四川鄉試第三十二名,會試第二百五十五名。

谷宇齡　貫河南開封府祥符縣,軍籍。國子生。治《禮記》。字道延,行一,年三十二,閏四月初八日生。曾祖清。祖高,壽官。父廷臣,儀賓。母新平縣主,繼母李氏。慈侍下。娶周氏。河南鄉試第一名,會試第二百六十名。

朱文賢　貫雲南前衛後所,軍籍,浙江海鹽縣人。府學生。治《易經》。字彬甫,行一,年二十九,五月十三日生。曾祖昂。祖俊,壽官。父璽。前母毛氏,母王氏。重慶下。弟文賢。娶趙氏。雲貴鄉試第一名,會試第二百三十四名。

趙統　貫陝西西安府臨潼縣，軍籍。府學生。治《禮記》。字伯一，行一，年三十六，十月初七日生。曾祖孟巳。祖靖，通判。父宗文，壽官。母陳氏。具慶下。兄寧、密、宦、守、鼎、鼐、昂。弟景、昇。娶牛氏。陝西鄉試第四名，會試第二百二十三名。

陳東光　貫河南開封府鈞州，匠籍。州學生。治《書經》。字叔晦，行一，年二十九，五月三十日生。曾祖綱。祖謙。父璣。母馬氏。具慶下。弟東輝、東漸。娶劉氏。河南鄉試第六十五名，會試第一百四十五名。

顧霂　貫浙江嘉興府海鹽縣，竈籍。府學生。治《詩經》。字少雨，行一，年三十一，二月二十一日生。曾祖廷用。祖仁。父愷。母莊氏。重慶下。弟霈。娶管氏。浙江鄉試第十八名，會試第二百七十八名。

黎秀　貫江西饒州府樂平縣，民籍。縣學附學生。治《易經》。字寶甫，行四，年三十三，六月二十四日生。曾祖憲文。祖天齡。父璨。前母夏氏，母彭氏。具慶下。兄委。弟季。娶方氏。江西鄉試第七十三名，會試第二百九十二名。

張堯年　貫浙江寧波府慈谿縣，民籍。縣學增廣生。治《詩經》。字紹中，行七，年二十八，二月初一日生。曾祖恪。祖鈇。父瀾。母陳氏。具慶下。娶陳氏。浙江鄉試第二十九名，會試第五十九名。

童漢臣　貫浙江杭州府錢塘縣，匠籍。府學增廣生。治《易經》。字仲良，行二，年二十八，三月二十三日生。曾祖斌。祖富。父偉。母沈氏。具慶下。兄舜臣。娶劉氏。浙江鄉試第十一名，會試第一百十四名。

鄭芸　貫福建興化府莆田縣，軍籍。縣學附學生。治《詩經》。字士馨，行一，年三十一，三月初七日生。曾祖傑，教諭。祖汝貴。父敬威。母李氏。具慶下。弟蕆。娶楊氏。福建鄉試第三十九名，會試第一百七十三名。

林應麒　貫浙江台州府僊居縣，民籍。國子生。治《禮記》。字必仁，行一，年三十，正月初十日生。曾祖達本。祖文魁。父堅。母王氏。慈侍下。弟應鵬。娶應氏。浙江鄉試第十名，會試第一百八十六名。

趙繼孟　貫山西澤州，民籍。州學附學生。治《詩經》。字宗之，行一，年二十一，八月初九日生。曾祖貴。祖厚。父寵。母孟氏。永感下。弟繼爵、繼祖、繼宗、繼先。娶顏氏，繼聘李氏。山西鄉試第五十七名，會試第二百四名。

孫禺　貫山東東昌府臨清州，軍籍。國子生。治《書經》。字尚晦，行二，年三十九，十二月十三日生。曾祖剛。祖英。父貉。母曹氏，繼母劉氏。慈侍下。兄昂。娶李氏。山東鄉試第二十二名,會試第二百八名。

何允魁　貫廣東廣州府順德縣,軍籍。縣學附學生。治《易經》。字克升,行三,年二十七,九月十六日生。曾祖榮,壽官。祖璋,左長史。父淘,義官。母鄺氏。具慶下。兄繼之,戶部主事;紹科。弟紹顯;組之;綰之;允兆。娶周氏。廣東鄉試第六十二名,會試第二百三十九名。

陳瑚　貫直隸松江府華亭縣,民籍。國子生。治《詩經》。字汝器,行五,年三十七,九月初二日生。曾祖琮。祖寬。父旻,義官。母盛氏。具慶下。兄恩,監生;珊;憲;志。弟惠;方;玭;愈;璋。娶沈氏。應天府鄉試第七十六名,會試第一百六十八名。

蕭祥曜　貫江西吉安府泰和縣,民籍。縣學附學生。治《書經》。字文奎,行三,年二十七,七月初八日生。曾祖季脩,贈給事中。祖彥德。父甫璽。母陳氏。永感下。兄祥曦、祥暘。娶王氏。江西鄉試第二名,會試第二百六十六名。

吳從義　貫福建福州府福清縣,軍籍。縣學附學生。治《春秋》。字思忠,行二,年三十九,二月初七日生。曾祖穆。祖公讓。父朝佐。母林氏。永感下。兄從周。弟從心、從嘉、從明。娶俞氏。福建鄉試第七十三名,會試第二百五十五名。

向宗哲　貫四川成都府資縣,民籍。國子生。治《易經》。字汝賢,行一,年三十九,十一月三十日生。曾祖敬,知府。祖璽,同知。父艾。母蔡氏。具慶下。弟宗啓、宗喬、宗善、宗呂、宗帥、宗亨。娶熊氏。四川鄉試第八名,會試第二百六十四名。

張祐　貫雲南永昌衛,官籍,河南南陽府人。國子生。治《書經》。字元秩,行一,年三十八,七月十九日生。曾祖瑀,副千戶。祖康。父鏵,壽官。母杜氏。嚴侍下。弟恕、懋。娶阮氏。雲貴鄉試第四十五名,會試第一百七十四名。

楊祐　貫四川成都府內江縣,民籍。縣學附學生。治《詩經》。字受夫,行一,年二十五,三月初二日生。曾祖雍,貢士。祖浩,省祭官。父廷蓁。母閆氏。具慶下。弟禬、祚。娶張氏。四川鄉試第九名,會試第三百十六名。

陸坤　貫陝西蘭州儀衛司,校籍,直隸崑山縣人。州學生。治《易經》。字子厚,行一,年一十九,六月二十七日生。曾祖海。祖岳。父炎,監生。母楊氏。重慶下。弟基、奎、坦、墼。娶林氏。陝西鄉試第二十九名,會試第二百八十一名。

任道充　貫山西汾州孝義縣，軍籍。國子生。治《易經》。字少虛，行四，年三十七，三月十四日生。曾祖毅。祖文幹。父恕，知縣。前母閻氏，母張氏。永感下。兄道遠。娶武氏。山西鄉試第十九名，會試第一百五名。

馮良知　貫雲南臨安衛，官籍，湖廣黃陂縣人。國子生。治《易經》。字養吾，行一，年三十，六月初九日生。曾祖政，壽官。祖珉。父基。母朱氏。具慶下。弟良能。娶朱氏。雲貴鄉試第四十六名，會試第一百四十六名。

艾朴　貫江西吉安府永豐縣，民籍。縣學附學生。治《易經》。字子文，行十，年二十九，八月十八日生。曾祖。祖望。祖端和。父瑞，訓導。前母鄒氏，母劉氏。具慶下。娶蕭氏。江西鄉試第十一名，會試第八十三名。

王燁　貫直隸鎮江府金壇縣，軍籍。縣學生。治《書經》。字韜孟，行八，年三十七，五月十四日生。曾祖衷。祖宏，壽官。父材。母薛氏。慈侍下。兄炳、燦、焞。弟爌、熺、煉。娶歐陽氏。應天府鄉試第二名，會試第二十六名。

李人龍　貫直隸松江府華亭縣，軍籍。國子生。治《春秋》。字子乾，行五，年三十二，十月二十八日生。曾祖年。祖希賢，訓導。父政，恩例冠帶。母王氏。具慶下。兄人傑、人儒、人仰、遇春。弟人鳳、人倫、人臣、人儀、人麟、人統、人嗣、人表、人性、人熊、人奇。娶張氏。應天府鄉試第八十九名，會試第二百九十九名。

鄭錫麒　貫福建福州府長樂縣，民籍。縣學附學生。治《詩經》。字獻禎，行六，年二十三，正月二十五日生。曾祖肅。祖世傑。父勉。母劉氏。具慶下。弟錫熊、錫□、錫鯨、錫驄。娶陳氏。福建鄉試第八十三名，會試第二百四十九名。

錢泮　貫直隸蘇州府常熟縣，民籍。縣學增廣生。治《詩經》。字鳴教，行一，年四十二，正月二十日生。曾祖建，義官。祖諤，義官。父鮒。母褚氏。具慶下。兄秩、冠、窐、伸、察、寵。弟激、和、燦、傚、作、洽、煉、荊。娶徐氏，繼娶盧氏。應天府鄉試第六十名，會試第一百八十七名。

高節　貫陝西西安後衛，官籍，山東禹城縣人。國子生。治《詩經》。字仲立，行一，年三十八，十一月二十日生。曾祖玉，百戶。祖鐸，百戶。父昇，百戶母吳氏，封安人；繼母唐氏。重慶下。弟第、策。娶陳氏陝西鄉試第二名，會試第二十八名。

牟朝宗　貫四川敘州府宜賓縣，民籍。縣學附學生。治《詩經》。字子一，行一，年二十三，正月十三日生。曾祖剛。祖仕英。父勤。母屈氏。慈侍下。娶李氏。四川鄉試第十一名，會試第四十一名。

邵基　貫浙江紹興府餘姚縣，竈籍。國子生。治《書經》。字子厚，行一，年三十四，十月初二日生。曾祖有容。祖蒙，七品散官。父煉，按察司副使。母陳氏，繼母金氏。重慶下。弟垔。娶沈氏。浙江鄉試第三十五名，會試第四十七名。

王嘉元　貫四川敘州府宜賓縣，民籍。國子生。治《詩經》。字仁仲，行一，年二十八，正月二十二日生。曾祖永蕭，驛丞。祖應嵩，教諭。父璧。母羅氏，繼母王氏、劉氏。重慶下。弟嘉輅。娶曹氏。四川鄉試第五十六名，會試第一百四十二名。

李檗　貫廣東肇慶府四會縣，民籍。國子生。治《易經》。字時勵，行四，年三十一，十一月初五日生。曾祖府，壽官。祖鑽，義官。父永福，七品散官。母羅氏。重慶下。兄梁、棨、新。弟榮、槩、柒。娶陳氏。廣東鄉試第六十名，會試第二百五名。

聶靜　貫江西吉安府永豐縣，民籍。縣學增廣生。治《易經》。字子安，行十一，年二十九，六月二十二日生。曾祖日聰。祖玉治，封文林郎。父洪。母張氏。具慶下。弟靚。娶王氏。江西鄉試第三十三名，會試第一百七名。

王世雍　貫山東兗州府東平州汶上縣，民籍。縣學生。治《詩經》。字堯治，行一，年三十五，正月二十三日生。曾祖釗。祖端，封知縣，進監察御史服色，贈太僕寺少卿。父杲，大理寺右少卿。母郭氏，累贈恭人；繼母許氏，封孺人，贈恭人；李氏。具慶下。弟世熙、世泰。娶郭氏。山東鄉試第三十五名，會試第一百五十一名。

劉鳳池　貫陝西西安府渭南縣，軍籍。國子生。治《書經》。字文甫，行一，年三十二，三月二十二日生。曾祖孝徵。祖才，巡檢。父潮。母田氏。慈侍下。弟鳳山。娶任氏。順天府鄉試第八名，會試第三十六名。

吳瓊　貫直隸徽州府祁門縣，民籍。縣學生。治《詩經》。字德輝，行三十一，年三十八，七月初十日生。曾祖敬宗。祖信，知縣。父文教。母許氏。永感下。娶許氏。應天府鄉試第五十六名，會試第五十四名。

趙炳然　貫四川保寧府劍州，民籍。國子生。治《書經》。字子晦，行二，年二十九，十一月十八日生。曾祖佐，知縣。祖思濟。父松。母鄭氏。

重慶下。兄挺然。娶王氏。四川鄉試第六十一名，會試第一百十名。

　　許貫之　貫浙江杭州府錢塘縣，民籍。國子生。治《春秋》。字道卿，行一，年四十一，八月初七日生。曾祖能。祖鵬。父鯨。母徐氏。永感下。娶沈氏。浙江鄉試第三十七名，會試第七十七名。

　　王喬齡　貫浙江紹興府餘姚縣，民籍。國子生。治《書經》。字維岳，行四十二，年三十八，十月初一日生。曾祖諶。祖洲。父椿。母熊氏。具慶下。弟高、嵩。娶夏氏，繼娶趙氏。浙江鄉試第二十四名，會試第七十六名。

　　汪宗凱　貫湖廣武昌府崇陽縣，軍籍。國子生。治《詩經》。字子才，行二，年二十八，四月二十九日生。曾祖璉，壽官。祖藻，監生，封兵部主事。父文明，知縣。母楊氏。慈侍下。兄宗元，行人司行人。弟宗皋；宗伊，貢士；宗召；宗夔；宗南；宗光；宗介；宗軾；宗說；宗萊。娶陳氏。湖廣鄉試第三十四名，會試第六十二名。

　　包孝　貫直隸松江府華亭縣，民籍，浙江嘉興縣人。縣學生。治《禮記》。字元愛，行十二，年二十八，二月二十五日生。曾祖俊，封南京禮部郎中。祖鼎，知府，進階亞中大夫。父志，監生。母楊氏。慈侍下。兄洪；浩；泳；淳；濂；漢；節，前科進士；深；瀠。弟汴；治；澤。娶曹氏。應天府鄉試第六十一名，會試第一百三十八名。

　　張輻　貫浙江紹興府山陰縣，民籍。縣學生。治《詩經》。字文衡，行二十四，年三十九，七月十八日生。曾祖籌。祖綵，巡檢。父璐。母施氏。重慶下。兄軫。弟轅、轤、輜、輶、軸。娶沈氏，繼娶陳氏。浙江鄉試第十九名，會試第七十三名。

　　曹韓　貫陝西西安府咸寧縣，軍籍。府學生。治《易經》。字可宗，行一，年三十一，正月初七日生。曾祖福，贈行太僕寺御。祖恭，贈行太僕寺卿。父蘭，左布政使。母王氏，封淑人。具慶下。弟翰、朝、朝、䩞、朝、䩞。娶管氏，繼娶吉氏。陝西鄉試第三十九名，會試第二百二十四名。

　　鄭寅　貫浙江紹興府餘姚縣，民籍。國子生。治《易經》。字思敬，行四，年四十五，十月初十日生。曾祖仕讓。祖叔倫。父文榮。母夏氏，繼母趙氏。慈侍下。弟憲、寬、蒙、密、宗。娶錢氏，繼娶鄒氏。浙江鄉試第十六名，會試第二百七十三名。

　　王維楨　貫陝西西安府華州，民籍。州學生。治《詩經》。字允寧，行三,年二十九,十一月初二日生。曾祖和。祖源。父載。母劉氏。慈侍下。兄維藩、維祺。弟維新、維厚。娶東氏。陝西鄉試第五十一名,會試第九十六名。

張緒　貫江西臨江府峽江縣,民籍。國子生。治《書經》。字卿理,行十,年三十一,三月初五日生。曾祖敩,按察司兵備副使。祖桂。父奮庸。母阮氏。慈侍下。兄紀、繡、統。娶袁氏,繼娶蕭氏。江西鄉試第十九名,會試第一百六十九名。

王之臣　貫四川成都府內江縣,民籍。國子生。治《易經》。字敬充,行三,年四十七,四月二十七日生。曾祖祚。祖守約,教諭,封監察御史。父一言,都察院右僉都御史。母李氏,封孺人。永感下。兄忠臣、信臣。弟襄臣、堯臣、鼎臣。娶陰氏。四川鄉試第二名,會試第六十三名。

王鍟　貫福建福州府候官縣,軍籍。縣學附學生。治《春秋》。字孟聲,行三,年三十一,八月二十六日生。曾祖玄。祖鑛,署訓導事,舉人。父介,府同知。母翁氏。永感下。兄鑒;鎣,刑部員外郎;錡;鈞。娶鄭氏。福建鄉試第六十二名,會試第二百二十八名。

牛斗　貫直隸淮安府山陽縣,民籍。國子生。治《禮記》。字雲章,行二,年三十三,十二月初六日生。曾祖俊,驛丞。祖雄。父璠,知州,致仕進階朝列大夫。母李氏。具慶下。兄山,州吏目。娶陸氏。應天府鄉試第二十九名,會試第二百七十七名。

徐方　貫浙江紹興府餘姚縣,民籍。國子生。治《易經》。字来夫,行十一,年三十七,十一月二十六日生。曾祖文德。祖杠。父冠。母童氏,繼母伍氏。具慶下。兄襄、雍。弟立、直、亮、膏。娶胡氏,繼娶黃氏。浙江鄉試第二十二名,會試第一百八十八名。

咎如思　貫陝西西安府三原縣,民籍。國子生。治《易經》。字子學,行六,年二十九,正月二十六日生。曾祖興宗。祖恭,典史。父復性。母周氏。具慶下。兄如衡、如一、如繩、如心、如霜。娶李氏。陝西鄉試第二十二名,會試第四十六名。

吳轅　貫浙江杭州府仁和縣,民籍,紹興府餘姚縣人。府學增廣生。治《書經》。字子庸,行一,年三十四,十一月初七日生。曾祖宗海。祖志昱。父敬之。前母沈氏,母胡氏。具慶下。兄槐、山。弟軾、□、輅、軌、軫。娶卜氏。浙江鄉試第三名,會試第十七名。

薛騰蛟　貫陝西西安府華州渭南縣,軍籍。增廣生。治《禮記》。

字時化,行二,年二十五,五月初二日生。曾祖迪。祖文英。父瑾,吏目。母王氏。具慶下。兄騰霄,驛丞。聘趙氏。陝西鄉試第五名,會試第二百六十五名。

　　錢邦彥　　貫直隸蘇州府吳縣,民籍。國子生。治《詩經》。字治徵,行一,年三十六,五月二十二日生。曾祖璣。祖瀷,陰陽學正術。父應龍,陰陽學正術。母滕氏,繼母葛氏、計氏。具慶下。弟邦直。娶沈氏,繼娶仰氏。應天府鄉試第四十七名,會試第一百七十一名。

　　汪旦　　貫福建泉州府惠安縣,軍籍,晉江縣人。國子生。治《易經》。字昭仲,行二,年三十七,六月二十三日生。曾祖揚清,歲貢生。祖志能,七品散官。父瀚,知縣。母陳氏。嚴侍下。兄曙。弟昕。娶吳氏。福建鄉試第四十名,會試第一百九十八名。

　　王夢弼　　貫山西太原府代州,民籍。國子生。治《詩經》。字惟肖,行一,年三十,二月初七日生。曾祖儔,府同知。祖翃,義官。父世忠,知州。母董氏。慈侍下。兄夢熊、夢曉、夢松。弟夢旂、夢旟、夢裳、夢槐、夢羆。娶周氏。山西鄉試第二十九名,會試第二百九十五名。

　　黃齊賢　　貫浙江紹興府餘姚縣,民籍。國子生。治《易經》。字汝思,行十五,年三十一,十月二十五日生。曾祖瑝。祖敬。父仕。母葉氏。嚴侍下。弟京賢、立賢。娶盧氏。浙江鄉試第七十一名,會試第一百四十三名。

　　楊獎　　貫山西平陽府解州安邑縣,鹽籍。國子生。治《書經》。字懋德,行三,年三十七,十一月十四日生。曾祖昭。祖靖。父景,義官。嫡母孫氏,生母宋氏。慈侍下。兄輅、昌。弟樊、奐。娶曹氏。山西鄉試第六名,會試第一百四十八名。

　　葛縉　　貫山東萊州府平度州昌邑縣,民籍。縣學生。治《書經》。字仲榮,行二,年二十五,十月二十一日生。曾祖君用。祖珍。父慶,巡檢。母王氏。具慶下。兄經,貢士;緯;紀。弟綸;純。娶傅氏。山東鄉試第六十八名,會試第二百十一名。

　　江應選　　貫浙江衢州府常山縣,民籍。國子生。治《易經》。字尚賓,行三十,年三十五,九月二十四日生。曾祖文華。祖克畚。父鋌,教諭。母汪氏。具慶下。兄應翬;祜;詢;觀瀾;尚占;良才,貢士。娶何氏。浙江鄉試第六十七名,會試第一百二十二名。

　　劉汀　　貫直隸真定府冀州南宮縣,民籍。縣學生。治《春秋》。字叔南,行二，年二十六，五月十五日生。曾祖明。祖榦，壽官。父錫，知縣，封監察御史。母張氏，封孺人。具慶下。兄濂，監察御史。弟濤、藻、沱、渚。娶李氏。順天府鄉試第一百八名，會試第一百九十六名。

李愈　貫山西太原府平定州，軍籍。州學生。治《書經》。字惟中，行二，年二十七，正月十六日生。曾祖璞。祖鳳，遇例冠帶。父應奎，紀善。母董氏，繼母穆氏、呂氏。重慶下。兄念，同科進士。弟慈；稔；懸；意；感；懇；黨；憑；總。娶楊氏。山西鄉試第二十九名，會試第二百八十六名。

饒相　貫廣東潮州府大埔縣，民籍。府學生。治《書經》。字志尹，行一，年二十四，二月二十六日生。曾祖輝。祖世端。父經濟。母范氏。重慶下。弟棟、模、楷、檔。娶黃氏，繼娶黃氏。廣東鄉試第四名，會試第二百六名。

王光宇　貫山西平陽府蒲州臨晉縣，民籍。國子生。治《詩經》。字伯潛，行二，年二十六，三月十九日生。曾祖玘。祖進。父謙益。母李氏。具慶下。兄光世。弟光宙、光宅、光庭。娶郭氏，繼娶暢氏。山西鄉試第十名，會試第一百五十六名。

周鳳岐　貫福建建寧府浦城縣，民籍。縣學生。治《易經》。字文徵，行二，年二十一，十月初二日生。曾祖理安。祖洪。父瑚，監生。母陳氏。具慶下。兄鳳鳥，監生。弟鳳儀；鳳韶。聘真氏。福建鄉試第二十三名，會試第二十八名。

方介　貫直隸廬州府合肥縣，軍籍。國子生。治《書經》。字子和，行一，年三十九，九月二十六日生。曾祖仲名。祖裕，義官。父簡，歲貢生。母吳氏，繼母祁氏。慈侍下。弟念、仁、合。娶湯氏，繼娶胡氏。應天府鄉試第八十五名，會試第九十七名。

楊萬程　貫福建興化府莆田縣，軍籍。縣學生。治《詩經》。字志搏，行一，年三十四，四月三十日生。曾祖朝貢。祖恒四。父國貞。母陳氏，繼母翁氏。具慶下。弟萬里、萬山、萬條。娶林氏。福建鄉試第二十名，會試第二百十二名。

沈民悅　貫山西太原前衛，軍籍。國子生。治《詩經》。字惟公，行一，年四十一，四月十二日生。曾祖旺。祖清。父政，義官。母張氏。永感下。娶雷氏。山西鄉試第二十名，會試第二百九十三名。

楊子臣　貫四川順慶府南充縣，醫籍。國子生。治《詩經》。字維人，行一,年三十五,四月二十一日生。曾祖洪,貢士。祖言。父鉦。母羅氏。永感下。兄濟,理問;澤,貢士;順明,知州;蓋臣。弟順健、順升、重臣、良臣、翰臣、文臣、輔臣、廷臣。娶張氏。四川鄉試第七十名,會試第一百四十四名。

王三接　貫直隸蘇州府太倉州,民籍,崑山縣人。州學生。治《易經》。字汝康,行三,年二十九,十二月初一日生。曾祖訓,壽官。祖恢,承事郎。父時暘,聽選監事。母顧氏。具慶下。兄任用,貢士;三錫,進士知州。弟三顧;三聘;三重。娶歸氏。應天府鄉試第六十六名,會試第二百五十二名。

蔡大用　貫廣東潮州府海陽縣,民籍。府學生。治《詩經》。字道行,行二,年三十一,十二月十三日生。曾祖来。祖榮福。父尾儕,壽官。前母劉氏,母黃氏。慈侍下。兄強。娶林氏。廣東鄉試第五十二名,會試第三百十三名。

張良貴　貫順天府霸州文安縣,軍籍。國子生。治《易經》。字子元,行一,年三十五,十月二十九日生。曾祖彝。祖偉。父珏,主簿。母孫氏。重慶下。兄良翰、良相。弟良壽、良忠、良能、良籌、良材、良棟。娶孟氏。順天府鄉試第三十六名,會試第二百五十七名。

毛愷　貫浙江衢州府江山縣,匠籍。縣學生。治《易經》。字達和,行一百十六,年三十,十二月十三日生。曾祖有德,壽官。祖仕安。父本榮。母吳氏。具慶下。兄子禮、子義、子才。弟子智、子悌、子貢、子儀。娶楊氏。浙江鄉試第二十名,會試第一百十名。

李秦　貫河南彰德府臨漳縣,民籍。府學生。治《詩經》。字仲西,行三,年二十九,四月初一日生。曾祖順。祖鑑。父傅,壽官。前母武氏,母楊氏。具慶下。兄蓁;泰。弟春,貢士;奉;春。娶張氏。河南鄉試第六十七名,會試第一百六十六名。

宿椿　貫山西瀋陽郡牧所,旗籍,榆次縣人。潞安府學生。治《書經》。字孔齡,行九,年三十二,十月初四日生。曾祖清,義官。祖昭,監生。父政,儀賓。前母萊蕪縣主、韓氏,母劉氏,繼母栗氏。具慶下。兄槺;桓,俱義官;□;松;棟,典膳;梁;相;榆。弟楷;楹;朴;梧;榛;彬,典膳;桂;欄;楓;槎;枌。娶柳氏。山西鄉試第二十四名,會試第六十名。

蘇應旻　貫廣東廣州府順德縣,軍籍。國子生。治《詩經》。字幼清,行三,年三十三,十一月三十日生。曾祖鶚舉。祖子彝。父政,訓導。嫡母何氏,生母許氏。慈侍下。兄應奎、應星。娶韓氏。廣東鄉試第十一名,會試第一百三十六名。

陳暹　貫福建福州府閩縣,民籍。縣學附學生。治《春秋》。字德輝,行九,年三十三,四月二十一日生。曾祖週,封監察御史。祖叔復,贈監察御史。父烓,按察司僉事,進階朝列大夫。嫡母葉氏,封宜人;生母林氏。慈侍下。兄堓,貢士;墀,按察司副使;培達,巡撫山西右僉都御史;臺進,監生。娶林氏。福建鄉試第九名,會試第二百五十名。

舒遷　貫直隸徽州府黟縣,民籍。縣學生。治《易經》。字于喬,行五,年三十七,四月十一日生。曾祖景淳。祖長生。父思忠。前母周氏,母孫氏。慈侍下。兄逸。弟進。娶江氏。應天府鄉試第一百二十五名,會試第三百二名。

姚淶　貫浙江寧波府慈谿縣,軍籍。國子生。治《詩經》。字維順,行九十七,年四十,四月十二日生。曾祖悌,贈都察院右副都御史。祖坰,署訓導事,舉人。父鋘。前母王氏,母王氏。永感下。兄泮;洹,左春坊左諭德。弟沐;汲,中軍都督府都事。娶劉氏,繼娶馬氏。浙江鄉試第四十九名,會試第一百三十九名。

李念　貫山西太原府平定州,軍籍。國子生。治《書經》。字惟克,行一,年二十九,九月初六日生。曾祖璞。祖鳳,遇例冠帶。父應奎,紀善。母董氏,繼母穆氏、呂氏。重慶下。弟愈,同科進士;慈;愨;稔;意;感;懇;黨;憑;總。娶王氏。山西鄉試第二十名,會試第一百九十三名。

俞則全　貫浙江紹興府新昌縣,民籍。縣學增廣生。治《書經》。字祖修,行十一,年二十六,十月二十一日生。曾祖叔光,壽官。祖振英,奉政大夫、尚寶司卿。父朝寰,七品散官。母王氏。具慶下。兄則廉。弟則徵、則家。娶呂氏。浙江鄉試第七十八名,會試第十四名。

趙弘　貫河南開封府鄭州滎陽縣,民籍。國子生。治《易經》。字鳴重,行一,年四十一,十月初七日生。曾祖寬。祖誌,監生。父孔嘉。母楚氏。慈侍下。弟年;富;瑞,監生。娶李氏。河南鄉試第八名,會試第一百六十二名。

梁格　貫山西平陽府絳州稷山縣,儒籍。國子生。治《易經》。字君正,行三,年三十七,九月二十九日生。曾祖東。祖鑄,巡檢。父溥,右長史。母姚氏。慈侍下。兄相，儒官；櫃。娶郝氏。山西鄉試第二十六名，會試第三百十八名。

沈垣　貫浙江嘉興府平湖縣，竈籍。縣學生。治《易經》。字子完，行二十八，年三十五，閏七月十三日生。曾祖渭，封主事。祖榮，布政司參政。父光，監生。母倪氏。具慶下。兄堂，監生；圻，參政；塤；坤；田；壕；垓；㙪，丙戌進士；㘭，教諭；坰；坪，監生。弟地；奎；□；圲；基；塙；土；墀。娶張氏。浙江鄉試第五十八名，會試第十八名。

謝袞　貫直隸安慶府桐城縣，軍籍。國子生。治《詩經》。字公補，行一，年三十九，十一月十七日生。曾祖壽，典史。祖謙。父宗，監生。母汪氏。具慶下。娶黃氏。應天府鄉試第三十四名，會試第二百三十八名。

任萬里　貫山東萊州府掖縣，軍籍。府學生。治《詩經》。字圖南，行一，年三十，四月十七日生。曾祖通。祖鷥，驛丞。父漢。母張氏。慈侍下。弟百里、億里、兆里。娶韓氏。山東鄉試第七十五名，會試第二百六名。

陳策　貫福建興化府莆田縣，軍籍。縣學生。治《詩經》。字時偕，行一，年二十七，二月十一日生。曾祖宏禹。祖汝德。父琦，知縣。母顧氏。重慶下。弟篯。娶柯氏。福建鄉試第四十一名，會試第一百八名。

陳士儀　貫福建福州府閩縣，軍籍。縣學生。治《易經》。字德隅，行一，年二十八，二月二十九日生。曾祖伯剛。祖文衡，知州。父洛。母石氏。慈侍下。兄果。弟棠。娶林氏。福建鄉試第四十六名，會試第二百二十名。

李文進　貫四川重慶府巴縣，民籍。縣學生。治《書經》。字先之，行三，年二十八，六月二十二日生。曾祖洪，驛丞。祖源潔，贈奉直大夫、戶部員外郎。父邦，奉直大夫、戶部員外郎。母江氏，贈宜人；繼母馬氏，封宜人。具慶下。兄文遠、文遂、文通。弟文邁、文遇。娶陳氏。四川鄉試第二十七名，會試第一百四名。

沈鏊　貫浙江嘉興府秀水縣，民籍。國子生。治《書經》。字大新，行十三，年三十五，二月十一日生。曾祖彥明。祖玫。父嵩。母賀氏。具慶下。兄年，聽選官；乾；權；誥；桐，訓導；鏺；堂；銓，貢士官；鎣，聽選官；欽，監生；□。弟鉦；鏞；鋆。娶吳氏。浙江鄉試第十九名，會試第十一名。

吳性　貫直隸常州府宜興縣，民籍。國子生。治《詩經》。字定甫，行五,年三十七,十二月十七日生。曾祖觀。祖昊。父禮。母錢氏,繼母陸氏。具慶下。兄忱、懌、恪、忕。弟慎、悃、愷、情、懽。娶杜氏,繼娶段氏。應天府鄉試第二十四名,會試第三百三名。

吳瓊　貫江西撫州府臨川縣,民籍。國子生。治《詩經》。字世振,行八,年四十,十二月二十一日生。曾祖九皋。祖公朝。父偉。母游氏。具慶下。弟理、瑗、珉。娶胡氏。江西鄉試第八名,會試第一百二十名。

王應期　貫山西平陽府蒲州,民籍。州學生。治《易經》。字伯起,行二,年三十四,五月初四日生。曾祖鈺。祖源,壽官。父政。母沈氏。重慶下。兄應先。弟應詔、應聘、應試。娶田氏,繼娶蕭氏。山西鄉試第一名,會試第二百七十一名。

陳棐　貫河南開封府鄢陵縣,匠籍。國子生。治《禮記》。字汝忠,行一,年三十,八月十三日生。曾祖永清,壽官。祖銓,封戶部主事。父溥,布政司參議,進階中憲大夫。母趙氏,封安人。具慶下。弟梟,監生;榘,監生;槩,監生。娶王氏。河南鄉試第四十三名,會試第八十二名。

張永明　貫浙江湖州府烏程縣,民籍。府學生。治《書經》。字鍾誠,行四,年三十七,九月初一日生。曾祖武。祖瓚。父傑。母史氏。慈侍下。兄永忠;永恩;永秀,監生;永惠。娶楊氏。浙江鄉試第五十七名,會試第二百名。

徐祚　貫忠義後衛,官籍,直隸宣城縣人。國子生。治《書經》。字子厚,行三,年三十一,正月初五日生。曾祖敏,百戶。祖麟,百戶。父永昌,百戶。母倪氏,封安人。具慶下。兄祿,百戶;祐。娶沈氏,繼娶郝氏。順天府鄉試第一百二十名,會試第二百八十九名。

李東光　貫江西南昌府南昌縣,民籍。縣學生。治《詩經》。字晉卿,行一,年三十,九月十六日生。曾祖文忠。祖廷祥,壽官。父璽。母殷氏。慈侍下。弟東晨。娶張氏。江西鄉試第五十名,會試第一百三名。

陸子明　貫直隸常州府無錫縣,軍籍。縣學生。治《詩經》。字東卿,行三,年三十一,五月十三日生。曾祖昌祚。祖綸。父介,教諭。前母鄧氏,母范氏。慈侍下。兄時,遇例冠帶;昕。娶施氏,繼娶謝氏。應天府鄉試第一百三十五名,會試第三十八名。

章槩　貫浙江寧波府鄞縣,民籍。縣學生。治《易經》。字貞叔,行三十四,年三十四,六月十九日生。曾祖經,封兵科給事中。祖錡。父瀚,典史。嫡母徐氏,生母朱氏。永感下。兄模、梓、栻、槙、木、梧。

弟椿、樞、林、檠、来、木。娶華氏,繼娶王氏。浙江鄉試第五十六名,會試第二百八十四名。

傅應詔　貫陝西漢中府南鄭縣,民籍。府學生。治《書經》。字起巖,行五,年三十一,十二月二十日生。曾祖廷釗。祖旺,壽官。父友爵,主簿。母楊氏。重慶下。弟應誥。娶陳氏。陝西鄉試第三十八名,會試第二百二十九名。

龍遂　貫江西吉安府永新縣,民籍。縣學增廣生。治《易經》。字良卿,行八,年二十九,十月初七日生。曾祖謀。祖敷。父必合。母李氏。慈侍下。兄遥、遜、遐。弟逮、邁、迪、途、逢。娶湯氏。江西鄉試第三十八名,會試第二百十五名。

吳嘉會　貫山西振武衛,軍籍,湖廣湘陰縣人。代州學生。治《書經》。字惟禮,行八,年二十四,三月十七日生。曾祖貞。祖寧。父琇。母王氏。具慶下。兄嘉聰,按察司副使;嘉智,監生;嘉謨;嘉猷;嘉言。弟嘉禄;嘉音;嘉徵;嘉兆;嘉胤。娶張氏,繼娶席氏。山西鄉試第三名,會試第一百二十八名。

張元　貫浙江紹興府餘姚縣,官籍。縣學生。治《易經》。字以貞,行一,年二十八,三月十三日生。曾祖偉,贈刑部主事。祖璿,刑部員外郎。父遷。母蘇氏。重慶下。弟孟元、仲元、啓元、繼元、翊元、立元、秉元、復元、律元、應元、泰元。娶龔氏。浙江鄉試第十四名,會試第二百三十一名。

魏希佐　貫山東濟南府歷城縣人。國子生。治《書經》。字以道,行一,年三十四,五月二十六日生。曾祖聰。祖鑑,引禮舍人。父武。母黃氏。具慶下。娶牛氏。山東鄉試第七十名,會試第一百八十五名。

王希賢　貫山東濟南府濟陽縣,軍籍。國子生。治《書經》。字行復,行一,年四十二,十二月十五日生。曾祖有才。祖泰。父肅。母蕭氏。慈侍下。娶楊氏。山東鄉試第二十九名,會試第一百二十四名。

陳中　貫湖廣承天府沔陽州,軍匠籍。州學生。治《詩經》。字時仲,行一,年三十五,四月三十日生。曾祖讓。祖斌。父紳,教諭。母葉氏,繼母蕭氏。具慶下。弟章、卓。娶司氏。湖廣鄉試第二十名,會試第二百五十四名。

廖世魁　貫福建福州府懷安縣,匠籍。縣學生。治《易經》。字師文,行六,年三十七,十月十六日生。曾祖法。祖華。父肅。母葉氏。重慶下。

兄世昭，博士；世奇；世經；世美。娶陳氏，繼聘鄧氏。福建鄉試第三十二名，會試第一百十九名。

胡叔元　貫陝西西安府咸寧縣，民籍，應天府溧陽縣人。縣學附學生。治《易經》。字允卿，行一，年二十二，四月十九日生。曾祖璉，封戶部主事，累贈通議大夫、兵部左侍郎。祖汝楫，進士知縣。父佑。母俞氏。重慶下。弟叔丙、叔才、叔辰、叔辛、叔午、叔戈、叔西、叔田、叔羽、叔因、叔介、叔平、叔同、叔若。娶王氏。陝西鄉試第四十三名，會試第一百三十五名。

黃文炳　貫福建興化府莆田縣，民籍。國子生。治《書經》。字以約，行十，年四十三，九月十四日生。曾祖弘琛。祖宗信。父敬甫。母張氏。重慶下。兄景欽；景誠；懋恩，知縣。弟文蔚；文範。娶林氏。福建鄉試第八名，會試第一百六十四名。

李世芳　貫山西潞安府黎城縣，軍籍。縣學生。治《詩經》。字伯傳，行一，年三十一，正月十五日生。曾祖浩。祖英。父謙。母劉氏。具慶下。弟世蕃、世菁、世蓁。娶王氏。繼娶韓氏。山西鄉試第三十二名，會試第一百六名。

張纓　貫河南彰德府安陽縣，民籍。府學生。治《詩經》。字重卿，行三，年二十八，三月初一日生。曾祖時，主簿。祖澤。父璠。母楊氏。慈侍下。兄繡、紹。娶劉氏。河南鄉試第七十三名，會試第三百十名。

李秉仁　貫河南汝州寶豐縣，民籍。國子生。治《書經》。字子元，行七，年三十五，七月十七日生。曾祖顯質。祖信。父真。前母樊氏，母左氏。慈侍下。兄滄，監生；洪；洙；瀛，同知；濟；濬。娶王氏。河南鄉試第二十四名，會試第一百五十一名。

鄭有周　貫廣東潮州府揭陽縣，民籍。縣學附學生。治《書經》。字郁之，行三，年三十一，十一月十五日生。曾祖進。祖逢貴。父瑄。母陳氏，繼母許氏。具慶下。兄有禎。弟有宋、有儀、有章、有學、有守。娶薛氏。廣東鄉試第二十四名，會試第二百三十七名。

何維柏　貫廣東廣州府南海縣，民籍。三水縣學附學生。治《禮記》。字喬仲，行一，年二十五，十一月十七日生。曾祖榮。祖方。父應初。前母陸氏，母馮氏。重慶下。弟維椿、維科、維桐、維樟、維魁、維嶽、維椅、維崖、維英、維巖、維嵩、維□。娶勞氏。廣東鄉試第七十一名，會試第一百五十四名。

魏良貴　貫江西南昌府新建縣，民籍。縣學生。治《詩經》。字師孟，行九，年三十三，九月二十七日生。曾祖仲鋐。祖默，知縣，贈文林郎。父榮，福建右布政使。母熊氏，封孺人。永感下。兄長佐，散官；良輔，刑部員外郎。娶李氏。江西鄉試第三十四名，會試第二百七十二名。

李登雲　貫河南開封府鈞州，民籍。州學生。治《書經》。字子漸，行二，年二十七，十二月二十一日生。曾祖剛。祖全。父延。母周氏。具慶下。兄乘雲，行人。弟凌雲，貢士；披雲；望雲；慶雲；燦雲。娶楚氏。河南鄉試第二十八名，會試第二百三十二名。

郭廷冕　貫山西太原府文水縣，軍籍。國子生。治《易經》。字季文，行四，年三十九，四月十四日生。曾祖文杉。祖鑑，義官。父璠，吏目。母張氏。永感下。兄廷桂，儒官；廷輅，縣丞；廷冠。娶康氏。山西鄉試第五十二名，會試第二百四十三名。

饒天民　貫湖廣武昌府崇陽縣，軍籍。國子生。治《易經》。字明先，行二，年三十四，十月初三日生。曾祖仕亨。祖昱。父伯澋。前母劉氏，母汪氏，繼母陳氏。具慶下。兄天爵，知州。娶陳氏。湖廣鄉試第七名，會試第一百五十九名。

盧宗哲　貫直隸德州左衛，軍籍，保定府淶水縣人。州學生。治《書經》。字濬卿，行三，年三十一二月二十一日生。曾祖得。祖信，壽官。父經。母崔氏，繼母劉氏。具慶下。兄宗儒、宗賢。娶譚氏。山東鄉試第八名，會試第八十五名。

胡植　貫江西南昌府南昌縣，民籍。縣學生。治《詩經》。字立之，行九，年二十八，四月初三日生。曾祖紳。祖鎡。父源。母張氏。慈侍下。弟柄、榜、栻。娶熊氏。江西鄉試第六十九名，會試第二百十九名。

陳邦脩　貫廣西桂林府全州，民籍。州學生。治《禮記》。字德卿，行二十六，年二十九，四月十九日生。曾祖朴，貢士，贈工部右侍郎。祖表，封通政司左通政，贈工部右侍郎。父瑛。母郭氏。慈侍下。兄邦傑，府通判；邦俊，府經歷；邦伊，訓導；邦偉，仕儒，貢士；邦傳，府同知；邦儲，典膳；邦俸，知州；邦佑，武舉；邦倚；信俌，禮部主事；邦侃；儴伋。娶李氏。廣西鄉試第三名，會試第二百九十一名。

安宅　貫山東東昌府冠縣，民籍。國子生。治《禮記》。字子仁，行一，年二十五，九月三十日生。曾祖甫能。祖宏，巡檢。父世昌。母劉氏。重慶下。弟邊、述。娶許氏。山東鄉試第五名，會試第二百三名。

梅凌雲　貫江西九江府湖口縣,民籍。浙江蘭谿縣教諭。治《易經》。字尚志,行二,年三十八,閏十一月二十一日生。曾祖清,贈工部主事。祖愈,知府。父鳳。母崔氏。慈侍下。兄凌霄。弟凌雪、凌虛、凌寒。娶孫氏。江西鄉試第一百四十六名,會試第九十五名。

張玭　貫山西太原府石州,民籍。州學增廣生。治《易經》。字席王,行二,年二十四,二月十七日生。曾祖大全。祖讓。父文紳,封監察御史,贈大理寺左少卿。嫡母康氏,加贈恭人；繼母馮氏,封孺人；生母崔氏。慈侍下。兄玫；玠；珩,大理寺左少卿；瑋；珊；瓊；璉；玧；珺。娶王氏。山西鄉試第二十六名,會試第三百十五名。

靳學顏　貫山東兗州府濟寧州,民籍。州學生。治《易經》。字子愚,行一,年二十三,八月十七日生。曾祖禮。祖鏜。父顯,引禮舍人。母田氏。重慶下。弟學曾。娶張氏。山東鄉試第一名,會試第一百五十五名。

周浩　貫浙江紹興府山陰縣,民籍。國子生。治《書經》。字允集,行四十二,年三十五,六月十五日生。曾祖永才。祖廷澤,封翰林院檢討。父礽,南京刑部郎中。母祁氏,封安人。慈侍下。兄淑,監生；澍,引禮舍人；灌,監生。弟沛；洞；沆；漢。聘朱氏,娶沈氏。浙江鄉試第六十四名,會試第二百六十二名。

林庭㭿　貫福建福州府閩縣,儒籍。國子生。治《書經》。字利節,行七,年二十八,四月十五日生。曾祖本,訓導。祖元發,義官。父潮。母藍氏。具慶下。兄庭□,工部左侍郎；庭舉；庭譽；庭機,同科進士。弟庭彬；庭學；庭黌；庭春。娶李氏。福建鄉試第八十五名,會試第四十九名。

張昱　貫直隸揚州府高郵州寶應縣,民籍。增廣生。治《易經》。字子明,行三,年二十八,九月初六日生。曾祖震。祖岩。父禮,遇例冠帶。母陳氏。重慶下。兄蘭、蕙、芷、葵、易、習。弟蓸、藻、蕃、茂、音。娶許氏。應天府鄉試第五十二名,會試第一百九十二名。

鄭富　貫福建興化府莆田縣,民籍。府學附學生。治《書經》。字中虛,行一,年三十三,十一月初十日生。曾祖尚奇。祖永明。父轅。母陳氏。具慶下。弟寓、宿。娶林氏。福建鄉試第二名,會試第四十三名。

全元立　貫浙江寧波府鄞縣,民籍。國子生。治《易經》。字汝禮,行二,年三十八,閏十一月三十日生。曾祖倫。祖文瑜,壽官。父玫,教諭。母宋氏。重慶下。兄元方。弟元文、元亮。娶徐氏,繼娶管氏,丁氏。浙江鄉試第八十八名，會試第三百七名。

陳與音　貫河南衛輝府汲縣，民籍，順天府良鄉縣人。國子生。治《易經》。字汝和，行四，年四十五，十一月十八日生。曾祖光。祖祖謨，知州。父暐，按察司僉事。母談氏，封安人。永感下。兄與竑、與議、與龍。弟與彥。娶閻氏。河南鄉試第四十五名，會試第二百九十七名。

藍濟卿　貫福建福州府候官縣，民籍。縣學附學生。治《易經》。字用楫，行五，年二十二，九月十二日生。曾祖森。祖璉，義官。父汝學。母郭氏。重慶下。兄芳卿、秀卿、茂卿。弟賢卿、則卿、永卿、調卿。娶薛氏。福建鄉試第六十七名，會試第九十九名。

鄭炯　貫浙江紹興府餘姚縣，民籍。縣學生。治《易經》。字章甫，行一，年二十九，七月十六日生。曾祖珊。祖德萃。父重義。母鄒氏。重慶下。弟煉、煥、爌。娶徐氏。浙江鄉試第八十三名，會試第三百十四名。

徐守道　貫直隸大名府開州長垣縣，民籍，江西進賢縣人。縣學生。治《易經》。字子中，行一，年三十四，二月十六日生。曾祖汝成。祖華。父江。母王氏，繼母孫氏。具慶下。弟守志、守義。娶高氏。順天府鄉試第五十三名，會試第一百二名。

徐桂　貫直隸安慶府潛山縣，民籍。縣學生。治《詩經》。字子芳，行三，年二十四，八月二十五日生。曾祖福。祖文昌。父珮。母汪氏。具慶下。兄栝、栢。弟榜、梧。娶陳氏。應天府鄉試第九十九名，會試第二百六十九名。

趙繼本　貫山東濟南府歷城縣人。學生。治《易經》。字孝南，行二，年三十七，十二月初七日生。曾祖璿，知州。祖愷。父祺，義官。母張氏。永感下。兄繼宗、繼志。娶張氏。山東鄉試第二十七名，會試第二百七名。

高捷　貫河南開封府鈞州新鄭縣，軍籍。縣學生。治《書經》。字漸卿，行一，年三十四，正月初六日生。曾祖旺，贈工部郎中。祖魁，工部郎中，進階中憲大夫。父尚賢，光祿寺少卿。母沈氏，封宜人。重慶下。弟掇，引禮舍人；拱，貢士；才；揀。娶邵氏，繼娶王氏。河南鄉試第十二名，會試第二百二十二名。

朱尚質　貫直隸河間府瀋陽中屯衛，軍籍，應天府句容縣人。國子生。治《易經》。字宗商，行一，年四十一，十二月三十日生。曾祖福。祖欽，知縣。父偉，貢士。母李氏。慈侍下。娶張氏。順天府鄉試第三十名，會試第一百二十六名。

彭相　貫直隸真定府晉州安平縣，軍籍。教諭。治《書經》。字良仲，行四，年三十九，十一月二十九日生。曾祖真。祖翼。父謙。母逯氏。永感下。兄輔、岳、仁。娶吳氏。順天府鄉試第六十二名，會試第二百七十五名。

李天然　貫河南河南府洛陽縣，民籍。國子生。治《書經》。字一中，行一，年四十一，正月二十五日生。曾祖貴。祖英。父漳。母張氏。永感下。娶潘氏。河南鄉試第四十八名，會試第一百四十一名。

楊應奇　貫河南開封府歸德州夏邑縣，軍籍。國子生。治《詩經》。字時望，行一，年四十三，十二月初七日生。曾祖威，教授，封大理寺寺副。祖德，按察司副使。父紳，縣丞。前母劉氏，母王氏。慈侍下。兄應鳳，義官；應鶚。弟應鴻；應龍；應驥；應鸛；應圖。娶段氏。河南鄉試第三十三名，會試第三百十九名。

王三聘　貫陝西西安府盩厔縣，民籍。縣學生。治《書經》。字夢莘，行一，年三十五，九月十四日生。曾祖連。祖宰。父玉。母辛氏。慈侍下。兄來訪、三顧、三重。弟三槐。娶鄧氏。陝西鄉試第一名，會試第六十四名。

李文昇　貫直隸寧山衛，軍籍，濬縣人。國子生。治《書經》。字子蔚，行二，年三十六，九月二十六日生。曾祖廣。祖銘，壽官。父節。母陳氏，繼母張氏。具慶下。兄文進。弟文通、文獻、文奎。娶秦氏，繼娶孫氏。順天府鄉試第八十七名，會試第三十三名。

牛恒　貫陝西西安府乾州武功縣，民籍。縣學附學生。治《書經》。字子占，行一，年二十六，十二月二十二日生。曾祖宗。祖經，府經歷。父兆祥，推官。母王氏，繼母王氏。具慶下。弟恢、惟、恬、愷、怡、慎。娶李氏。陝西鄉試第四十二名，會試第一百三十一名。

張拱文　貫雲南大理府太和縣，民籍。國子生。治《春秋》。字獻仁，行一，年三十六，四月初六日生。曾祖禎，遇例冠帶。祖璿，壽官。父雲龍，學正。母康氏。慈侍下。兄拱堯，教授；拱湯。弟拱武；拱周；拱朝；拱時；拱明；拱極。娶董氏，繼娶朱氏。雲貴鄉試第二十六名，會試第二百八十五名。

李堅　貫河南開封府杞縣，民籍。國子生。治《詩經》。字穉安，行二，年四十四，六月二十七日生。曾祖新，贈工部郎中。祖惟聰，按察司副使。

父倬。母任氏。永感下。兄堂。弟墅、堡、壑。娶甯氏。河南鄉試第九名，會試第二百二十六名。

郭朝賓　貫山東兗州府東平州汶上縣，軍籍。縣學附學生。治《易經》。字尚南，行七，年二十三，十二月二十四日生。曾祖玉。祖順。父緒。母陸氏。具慶下。兄朝用、朝卿、朝輔、朝聘、朝臣、朝賢。弟朝冕、朝宗。娶劉氏。山東鄉試第五十四名，會試第二百八十八名。

翁世經　貫福建福州府福清縣，軍鹽籍。附學生。治《詩經》。字可貞，行五，年二十七，二月二十六日生。曾祖福。祖珨。父光。母林氏。具慶下。兄世和。弟世顯、世績、世錦、世碩、世灝、世方。娶林氏。福建鄉試第六十六名，會試第一百六十一名。

許天倫　貫山西振武衛，官籍，湖廣沔陽州人。代州學增廣生。治《詩經》。字汝明，行一，年三十四，四月初七日生。曾祖能，正千戶。祖瑨，正千戶。父印，正千戶。母周氏，贈宜人。嚴侍下。弟天儀。娶曾氏。山西鄉試第一名，會試第一百七十五名。

車邦佑　貫廣東惠州府博羅縣，軍籍。國子生。治《易經》。字翊卿，行三，年二十九，十月初十日生。曾祖毅。祖廣運。父霆。母黃氏，繼母韓氏、周氏。具慶下。兄邦顯，典膳；邦獻。弟邦計；邦佶；邦定；邦屏。娶李氏。廣東鄉試第四十四名，會試第六十九名。

盧梗　貫直隸蘇州府常熟縣，醫籍，崑山縣人。國子生。治《書經》。字木伯，行一，年三十二，二月二十六日生。曾祖輔。祖常，贈太醫院院判。父志，前太醫院院判。母陳氏，封安人；生母薛氏。具慶下。弟楠。娶許氏。順天府鄉試第五十六名，會試第五十六名。

劉繪　貫河南汝寧府光州，軍籍。州學生。治《詩經》。字少質，行二，年三十一，八月十五日生。曾祖忠，贈太僕寺寺丞。祖進，太僕寺少卿。父廷珮。前母陳氏，母鍾氏。慈侍下。兄經。娶胡氏。河南鄉試第一名，會試第七十八名。

張珍　貫直隸鎮江府丹陽縣，軍籍。縣學生。治《易經》。字聘之，行六，年三十二，十月二十六日生。曾祖寶南。祖悅。父翊。母王氏，繼母蔣氏。具慶下。兄瓊、璟、瑞。弟理、瑛、瑋。娶盧氏。應天府鄉試第六十六名，會試第七十九名。

王一言　貫福建福州府福清縣，民籍。縣學增廣生。治《禮記》。字行恕，行二，年三十三，五月二十七日生。曾祖佐，同知。祖世雍。

父諭。母石氏。慈侍下。弟一袞、一齊、一弼、一臣、一卿、一麟、一麒。娶施氏。福建鄉試第四名，會試第一百九十一名。

崔官　貫四川保寧府守禦千戶所，軍籍，閬中縣人。府學增廣生。治《詩經》。字懋德，行二，年二十四，十二月十六日生。曾祖杲。祖嚴。父天恩。母許氏。具慶下。兄爵。弟翰、寀、寅、憲。娶張氏，繼娶張氏。四川鄉試第二十四名，會試第二十九名。

李兆龍　貫廣東廣州府南海縣，民籍。縣學生。治《詩經》。字孺徵，行三，年二十四，九月二十四日生。曾祖彥祥。祖璿。父喬。母羅氏，繼母蔡氏。具慶下。兄躍龍、從龍。弟爲龍。娶簡氏。廣東鄉試第十二名，會試第二百五十八名。

舒鵬翼　貫四川保寧守禦千戶所，軍籍，閬中縣人。國子生。治《詩經》。字于南，行五，年三十，十月初五日生。曾祖榮。祖昂。父全。母沈氏。具慶下。兄鷗翼、鶯翼、鸞翼、鳳翼。弟鵷翼、鶴翼、鵠翼、鴻翼。娶董氏。四川鄉試第六十名，會試第五十一名。

胡賓　貫河南汝寧府光州，民籍。州學生。治《詩經》。字汝觀，行一，年二十九，正月十二日生。曾祖滿。祖球，知縣。父用中。母劉氏。重慶下。弟賢、實、質、貫、資。娶張氏。河南鄉試第十一名，會試第五十七名。

馬森　貫福建福州府懷安縣，軍籍。國子生。治《書經》。字孔養，行五，年三十，十一月二十七日生。曾祖鈞。祖俊，貢士。父驄。嫡母李氏，生母何氏。慈侍下。弟楷。娶任氏。福建鄉試第十五名，會試第一百六十名。

周岱　貫湖廣黃州府麻城縣，民籍。國子生。治《易經》。字汝鎮，行二，年三十八，九月二十二日生。曾祖鑑，按察司副使。祖泗。父廷儀。母朱氏，生母彭氏。慈侍下。兄傳，知縣。弟傅。娶趙氏。湖廣鄉試第七十七名，會試第二百九十七名。

郭萬程　貫福建福州府福清縣，民籍。歲貢生。治《詩經》。字子長，行五，年二十九，八月二十日生。曾祖鑑。祖定。父世治。母何氏。慈侍下。弟萬化。娶盧氏。順天府鄉試第三十七名，會試第四十五名。

錢萱　貫浙江嘉興府海鹽縣軍，民籍。國子生。治《書經》。字懋孝，行三，年三十三，四月十八日生。曾祖寔。祖達，贈南京刑部郎中。父琦，知府。母王氏，加封宜人。具慶下。兄顒；岳；著；蘭；參，監生；蕙；

芹,貢士;薇,行人。弟葵;菲。娶孫氏。順天府鄉試第六名,會試第七十一名。

盧孝達　貫浙江金華府東陽縣,民籍。歲貢生。治《詩經》。字維周,行四十五,年三十二,閏四月初十日生。曾祖淙。祖梁。父□。母呂氏。具慶下。兄孝通。弟孝逸、孝遜。娶龔氏。順天府鄉試第九十名,會試第九十八名。

陳雲衢　貫福建興化府莆田縣,民籍。縣學生。治《書經》。字邦英,行一,年三十四,二月十三日生。曾祖孟嚴。祖珩,訓導。父文潮。母林氏。具慶下。兄敘,貢士。弟雲程;雲階。娶吳氏。福建鄉試第五十八名,會試第三百十七名。

曹亨　貫河南汝寧府新蔡縣,民籍。縣學生。治《詩經》。字伯貞,行四,年二十九,七月十二日生。曾祖端,封監察御史,進二品服。祖鳳,都察院右副都御史。父大夏。母張氏。具慶下。兄立、廓、辛。弟亭、亶、高、永、卞、意、文、廉、庚。娶王氏。河南鄉試第二十二名,會試第一百十三名。

劉永　貫陝西西安府醴泉縣,軍籍。國子生。治《詩經》。字吉甫,行一,年三十八,五月二十四日生。曾祖謹,知縣。祖廷璽。父逵,巡檢。母王氏。慈侍下。弟東、芳、業。娶韓氏,繼娶雛氏。陝西鄉試第三十七名,會試第二百四十名。

孫國　貫直隸大名府開州,軍籍。國子生。治《書經》。字道甫,行五,年三十三,十月初五日生。曾祖英。祖盛,訓導,加贈知府。父愚。母常氏。慈侍下。兄因、困、囧、白。弟向、可、召、石、占。娶常氏。順天府鄉試第九十七名,會試第一百二十一名。

洗桂奇　貫廣東廣州府南海縣,民籍。縣學增廣生。治《易經》。字奕倩,行五,年二十七,四月初十日生。曾祖賢。祖昱。父灌。母陳氏。慈侍下。兄桂郁、桂榮、桂魁、桂暢。弟桂叢、桂蕚、桂標。娶何氏。廣東鄉試第二十八名,會試第一百五十七名。

黃鰲　貫福建泉州府晉江縣,軍籍。國子生。治《易經》。字時鎮,行四,年四十九,五月十四日生。曾祖榮珪。祖端,壽官。父勳,壽官。前母陳氏,母蔡氏。永感下。兄鯉、鵬、鯤。弟鯨。娶吳氏。福建鄉試第三十名,會試第二十三名。

皇帝制曰：朕思首自三代以末，迄於宋終，中間雖歷世有久近，而其君之歷年亦有長短，要之皆自其爲君者何如耳。但《傳》云："惟周之歷世最多，國祚恒久。"然周之所以享祚久，本於文、武之所積累，亦後之繼承者能保持之耳。上至夏、商，垂及唐、宋，亦若是焉，皆基之於先王德澤洽於民心，亦繼之以嗣王能盡持盈慎滿之道者也。

洪惟朕皇祖高皇帝，代天復世，重肇中華，建振古無比之功德，朕太宗繼述于草創之初，列聖遵承于太定之後，百有六十餘載，傳之于今。朕以宗支，方在冲昧之年入承祖位，幼弱不才，多招災害于民。茲來思祖宗創造萬艱，惕然悚懼。朕欲長保洪業于無窮，有隆弗替，永宗社萬祀之固，保家國千世之傳，民得以遂生，物得以適所。如上之良法要道，朕心慕之思之，不知何以得此。

故進尔多士于堂，尔等蘊持既久，王政素閑于懷，可罄所知以告朕，朕將親擇而勉之，欽哉。

嘉靖十四年四月初二日

諭讀卷官少保時卿等以堪作一甲卷十二來呈，朕各覽一周。其上一卷，說的正合策題意，夫周道善而備，朕所取法。其上三，說仁禮爲用，夫仁基之，禮成之，亦甚得其意。其上四，論仁敬，夫敬而能仁，他不足說，可以保治矣。其上二，略泛而滯於行。其下二，却似讜，雖與題不合，言以時事，故朕取之，可二甲首。餘以次挨去不知是否，卿可先與言鼎臣看一過，再同讀卷官看行。

嘉靖十四年四月初三日

御批：是題本意，可第一甲第一名。

臣韓應龍

臣對：

臣聞人君所以致天下之治者，法天而已矣；所以保天下之治者，法祖而已矣。善法天者，善致治者也，善法祖者，善保治者也。不法乎天，則致治者無其具；不法乎祖，則保治者無其具。如是而欲望天下之治，善其始以成開創之功，善其終以隆繼承之譽，祇見其難矣。且古今言致天下之治與其所以保天下之治者，莫善於三代。三代之治，夫豈無因而致哉？蓋其始也，思垂統之難，而法天以立其極；終也，思創業之難，而法祖以守其成。法天以立其極，是故其始之也，致天下之治而不見其化之塞；法祖以守其成，是故其終之也，保天下之治而不見其法之弊。自是而下，駁乎無以議爲矣。

欽惟皇帝陛下策士於廷，而以三代以後歷世久近之故爲問，且及於創業守成之道，誠圖治之盛心也。臣也竊伏草茅，思見德化之成久矣，敢無言以對？

臣伏讀聖制，有曰："朕思首自三代以來，迄于宋終，中間雖歷世有久近，而其君之歷年亦有長短，要之皆自其爲君者何知。"大哉皇言！其誠有見於治天下、保天下之極者矣。臣則以爲，三代之所以久長，與其治之所以隆盛者，善法天而已矣，善法祖而已矣；後世之所以祚短，與其治之所以不振者，不善法天而已矣，不善法祖而已矣。法天法祖，雖皇言之所未及，而實聖心之所獨見者也。臣請舉其大略而言之。夏之有天下也，而貽于孫者以典則；商之有天下也，而肇修者人紀；周之有天下也，而丕顯之謨、丕承之烈咸正無缺。夫其典則也，人紀也，謨烈也，何者而非致治之法則？亦何者而非法天之道？其後世之君，如啓之敬承，繼禹之道也；如太甲之處仁遷義，高宗之恭默思道也，如成王之所其無逸，宣王之側身修行也。夫其繼禹之道也，其處仁遷義、恭默思道也，其所其無逸、側身修行也，何者而非保治之法則？亦何者而非法祖之行？夫其創業之主與其繼世之君，所以致治之盛、保治之隆，其道有如此者。歷世之所以永久，此其基也。

自是而降，言國祚之久長者，莫盛於漢。然不事《詩》《書》，而安馬上之習；挾詐御臣，而啓雜伯之治。其如天之道何？創業如是，則其守成之所以不善其終，如元、成，如桓、靈者，無惑也。亦莫盛於唐，然脅父臣虜，而大義之不明；推刃同氣，而天親之有垂。其如天之道何？創業如是，則其守成之所以不善其終，如天寶、如建中者，無惑也。亦莫盛於宋，然受禪非正，而繼立之不明；崇事姑息，而武功之不競。其如天之道何？創業如是，則其守成之所以不善其終，如紹聖、如靖康者，無惑也。夫開創於前者，不知所以法其天，則守成於後者，亦將何以法其祖？是以歷世雖久，而治不古若也。

聖問及此，得非有慨於漢、唐、宋之治之弊，而欲復三代之舊矣乎？然三代之治純矣，而聖意尤重，有感於成周之盛，顧以《傳》之所稱歷世最多、傳祚恒久，而推本於文武之所積累者爲言，上以例夏商之治之所以久，而下以例漢、唐、宋之治之所以弊。臣又於是而仰探　聖心之所蘊，尤有慕於成周之治矣。夫周之有天下也，自后稷以來，其君子則焦勞於外，以躬稼穡之業；其后妃則焦勞於內，以躬織紝之勤。"爲絺爲綌，服之無斁"，《葛覃》之所以咏也；"三之日于耜，四之日舉趾"，《豳風》之所以歌也。周之有天下，其恤民之心，勤民之事類如此，則德澤之洽於民者誠深，而嗣王持盈慎滿之道，亦不容外厥祖以爲法者也。夫其始之創業也，以天爲心，而以民爲心；故其終之守成也，以祖爲心，而以天爲心。聖問若此，其亦心是心矣乎？

臣以爲，徒善不足以爲政，徒法不能以自行，陛下心其心矣，而欲有以法其法不必遠有所慕法乎祖而已矣。蓋我太祖高皇帝之興也，代天復世，重造中華，舉天下被髮腥膻之民，而歸之衣冠禮樂之域，是誠振古所無之功德也。太宗繼述于草創之初，列聖遵承于太定之後，重熙累洽，百有六十餘載，振古所無之治化也。今我皇上以精明純粹之資，剛健中正之德，因天下之心以理天下之政，治化之盛，比隆唐虞、三代而上之矣，而猶不以至治之盛自滿。

臣伏讀聖制曰："朕以宗支，方在冲昧之年，入承祖位，幼弱不才，多招災害於民。"夫災害之相乘，堯湯所不免，臣不敢謂無是也。然以災害之招而謂不才所致自咎者，謙謙之志耳。董仲舒曰："天心仁愛人君，則出災異以警動之。"惟陛下益修厥德，以格天以安民可也，若曰"災害之招適然之數"，則公孫弘之護，非臣之所以事陛下也。

聖制又曰："茲來思祖宗創造萬艱，惕然悚懼，欲長保洪業於無窮"，且欲使民咸有以遂其生，物咸有以適其所，而求良法美意，可以行之當時，垂之後世者。顧臣何人，而當大問。然臣竊聞之，臣賢於君，則輔君以所不能；臣不賢於君，則將順以承休德。臣也遭遇聖明，亦順承已耳，復何言哉？而臣猶惓惓以法祖爲獻者，蓋我皇祖之所以致天下之治者，法天而已矣。何者？心者，天之所以與我者也。我皇祖觀心有亭以事心也。民者，天之所視聽者也。我皇祖恤民有章，以勤民也。諸如此類，無非緣法以致治，則亦無非因天以立法，是皆創業以傳諸後者也。今我皇上敬一有箴，四箴有註，即皇祖之所以事心也；親耕有郊，親蠶有室，即皇祖之所以勤民也。推而至於一念慮之微，一政事之著，無往而非皇祖之所行者爲道，法祖之善，卓哉無容議矣。區區草茅之見，其將何以仰裨聖德於萬一乎？

臣竊聞之，民之所以遂其生者，在厚其生而已也；物之所以適其所者，在順其性而已也。寒而不虞其衣，饑而不虞其食，厚生之道也。今之民果皆厚其生矣乎？順其所欲，違其所惡，因其材質之宜以置其用，制其取用之節以遂其生，順性之道也。今之物果皆順其性矣乎？昔虞舜命棄以播時百穀，正慮夫民之不遂其生也；命益以若上下草木鳥獸，正慮夫物之不適其所也。今之在位者多矣，果皆如棄如益之臣矣乎？若猶未也，惟在皇上節費以裕天下之財，慎動以端天下之極，明法以立天下之紀，懋德以召天下之和，虛心以用天下之賢，闢聰以納天下之言，明目以袪天下之蔽，則萬民自遂其生，萬物自適其所而天下之化，成億萬載無疆之業，端在是矣。然其要則又在於無斁。蓋天之行也，健而不息，故能成其大；日月之行也，運而有常，故能溥其照。惟皇上奮天道健行之勇，普日月久照之明，勇以致其決，明以察其幾，不以始勤，不以終怠，不以暫勉，不以久忘，則皇猷允塞，而法祖法天之心，創業守成之道，兼舉而無遺矣。此非臣之過為是言，以欺陛下也。居安者易危，處平者易傾，人之情也，故臣敢為是言也。

　　臣冒瀆天聽，不勝戰慄隕越之至。

　　臣謹對。

　　御批：說仁禮之意好，可第一甲第二名。

　　臣孫陞

　　臣對：

　　臣聞人君所以基命保業也，有仁以聯天下之心，而有禮以示天下之軌。禮也者，經世之大典也。大典既立，夫然後親疏隆殺，品節詳明，愈久而人習之不敢犯。仁也者，生民之大德也。大德既敷，夫然後中外遐邇惠澤洋溢，愈久而人思之不能忘。思之而不能忘，斯愛心生焉；習之而不敢犯，斯敬心生焉。上以仁禮使其下，下以愛敬事其上，布濩流衍，纏綿固結，而至於不可解，夫豈一朝一夕強為而襲取之乎？是必開創者懋植其本，深濬其源，而繼之以栽培疏瀹之善焉爾。善創善守，而繼世之君不能以皆賢，或靡以隳，乖以紊，斯本搖而源窒矣。非大有為之君出乎其間，而栽培疏瀹，以還善創善守之舊，則深者失其所為深，懋者失其所為懋，而何以凝天心、延國祚也哉？此三代而下，政治之得失，而歷年修短因之者也。

欽惟皇帝陛下，秉天縱之資，邃敬一之學，膺歷御極，兼總古今，慨政緒之墮以紊也，於是乎飭勵而振起之，綱正目張，百度具舉，十有四年於茲矣。圖至治以永天祚，復何明有弗燭、隱有弗究耶？顧以是進多士，策之於廷，使驗往推來，以陳當時之政，好問好察，樂取諸人，誠謂治無底極，是以望治之深、求治之切，亦不自知其無底極爾。善治必待於真儒，臣豈其人哉？雖然，竊有感焉。傅說進言於高宗曰："王忱不艱，惟說不言，有厥咎。"今陛下宵旰孜孜，必欲身致成周久安長治之盛，以光我祖宗謨烈，問察之下，少有裨益，亟欲措之行矣，忱不艱何如也？幸際其會而無以自獻，曷從委其咎乎？臣敢忘其鄙陋，披瀝肝膽爲陛下陳之。

　　臣惟治天下有體，而致之有漸，握之有幾。體有三漸，有二幾，則一而已矣。何言乎體也？有創業垂統之體，有繼世守成之體，有更化善治之體，是之謂三。何言乎漸也？有更張之漸，有化成之漸，是之謂二。今夫創業垂統之君，受天命於甚衰極亂之世，綱紀蕩然，人心渙散，必新天下之耳目，以一其視聽，夫然後足以慰來蘇之望，而佑啓其後人。蓋慮無弗周，而爲之無有弗盡者也。當其治定功成，法制大備，世濟熙皞，民樂有生，是宜與時休息，遵先世之遺烈，而申敕其畫一之規，以益臻隆平之治，始稱守成有道之令主，而後世有述焉。及夫四海無虞，熙皞已極，時易趨於玩愒，事恒狃於因仍，斯群小鬱鬱，待逞之會也。而君德少弗協于大中，柔暗必爲所制，剛毅則爲所激，俀倖伺其便，奸逆附其末，而綱紀復蕩然矣，此更化善治之時也。然其所以更之也，惟振起其頹廢，厘正其紊亂，還祖宗創始之善，而復開守成之令緒焉爾。因天之道，察民之心，蓋有不得不一爲之者。而政由其舊，民安其常，又何嘗有爲之之迹乎？

　　伏讀聖制，有曰："首自三代以末，迄於宋終，中間雖歷世有久近，而其君之歷年亦有長短，惟周之歷世最多，國祚恒久。"陛下之及此言也，宗社無疆之福也，行有所稽，志有所慕，古今媲美，夫復何言？然周之所以享國長久者，果何道哉？司馬光謂"講禮"、"施仁"，"植本固而發源深"爾。常考《周禮》一書，其大者曰："辨方正位，體國經野，設官分職，以爲民極。"自米鹽酒漿，無一不統於冢宰；稍委、士誦，無一不統於司徒；鐘鎛、鞉旄、笙籥，無一不統於宗伯；兵戎、庚圉、匭禪，無一不統於司馬；盟約、薙剪、修閭、禁暴，無一不統於司寇；

輪輿、築冶、挑凫，無一不統於司空。則其禮以示天下者，何廣大而悉備乎？然后稷建邦啟土，公劉克篤前烈。太王肇基王迹，王季其勤王家。文王惠鮮懷保，而咸和萬民；武王順天應人，而永清四海。繼承之君，又皆盡持盈慎滿之道。逮於宣王，號稱中興，聯屬天下之仁，益深益戀，引而弗替。上匹夏商，下陋唐宋，傳世三十而歷年至八百焉，猗與盛哉。

肆我太祖高皇帝龍飛淮甸，建功德之隆；太宗文皇帝鼎定幽燕，弘繼述之孝。興道致治，上仿成周。是故初立郊廟，即文之惠于宗公也；繼冊太子，即武之以燕翼子也。罷中書而設六部，分職率屬之典也；封諸王而錄功臣，列爵分土之制也。巖穴之士，罔不招致，其克知灼見者乎？忠藎之臣，率見褒錄，其表墓式閭者乎？定吉禮十有四，凶禮二，軍賓禮三，嘉禮五，則損益周宗伯之職矣。製樂九章，自本太初以至樂清寧，則彷彿大武之協矣。是其所講之禮，使民罔不約之於軌，而君臣上下，"咸有一德"，所以舉是禮而措之朝廷之上，以及四海之遠，伸縮運用，莫非《關雎》《麟趾》之意，周流貫徹於其間也。蓋禮以齊之，則固有仁以先之矣。所謂與治同道罔不興，不亦可徵也哉！列聖相承，守而弗失。禮以敷典，立天下之大防；仁以昭德，宏天下之大化。重熙累洽，以共成乎博厚高明之績。然而承平日久，積習相因。至先朝則奸逆逞便，紊於更張，漸亦不能無可議者。

陛下入繼大統，適應中興之期，天下跂焉望治，不啻飢渴。而龍興一詔，舉措宜民，大慰天下之願。天下忻忻然咸奔走而相告曰："帝王自有真，太平於是有象矣。"然猶恐天位之樂，久而或移其初爾。乃令勵精圖治，有加無已，側身修行，無异周宣。請得而歷舉之。則召問元老，袞職之有補也；申命帥臣，獫狁之北伐也。嚴飭兵衛，車攻之選師徒也；親信正人，張仲孝友之維在也。彗星示異，而恐懼修省，雲漢之畏天也。天下孰不延頸以睹中興之盛乎？而聖制乃曰："幼弱不才，多招災害。"是何謙沖自抑，而言之一至此也！然以耳目之所睹記，則亦竊有疑焉，而不敢深以為不然者，陛下亦嘗思及之否乎？藩封盛而常祿不繼，國費冗而內帑不充。西北則田野多蕪，東南則賦斂日急。狪卒雖殲於朔漠，而兵已疲；戎羌雖挫於甘涼，而機可畏。是皆上癉當寧之慮，而下切書生之隱憂者也。夫災不存於物异，而存於事之曠弛；害不生於幻妄，而生於民之窮困。握其幾而圖之以漸，則災不蔓，害不滋。失今弗爲，將有不勝其深遠之虞焉者。則夫臣所陳之六事，可無善後之策也哉。聖制又曰："上之良法要道，朕心慕之思之，不知何以得此？"臣意陛下躬親蹈之而復疑之，聖不自聖，夫亦過焉爾矣。陛下所謂良法，非臣之所謂禮乎？陛下所謂要道，非臣之所謂仁乎？周祚之所以久長，皇祖之所以創立，列聖之所以守成而，陛下今日所以中興焉者，率不外此。但謹於前或忽於後，銳於作或怠於成。董仲舒曰："王者之道，必有偏廢不舉之處，非其道不善也，久而或有失之也。"惟陛下講禮施仁，率典昭德，竟其更化善治之緒，以要之於極，俾民各遂其生，物各適其所，至治馨香，通於神明，協氣嘉生，遍於宇宙，斯聖帝明王之能事，而祈天永命之極功。陛下所以策臣，"欲長保洪業於無窮，有隆弗替，延宗社萬祀之固，永家國千世之傳"者，行將見之，而成周不得專美於前矣。

雖然，心者，治之本也；幾者，動之微也。所動雖微，所關實大。臣又敢以慎微之說進焉。一或不慎，則幽獨得肆之地，投間抵隙，將不自知其此心之累，而施仁講禮，皆爲彌文，可不逆爲之慮乎？怠荒游逸，益嘗舉以戒舜矣，是非古人之過計也。危平易傾，理所必至，而兢業萬幾，正舜之所以爲聖焉者。狂瞽之言，弗識忌諱，清問下及，不敢不盡爾。陛下諒其衷，不錄其罪，而特賜省覽，則天下幸甚！臣無任悚懼之至。

臣謹對。

御批：敬爲心學之極，此論好。可第一甲第三名。

臣吳山

臣對：

臣聞帝王之於天下，其得之也必本於仁，而其保之也必本於敬。仁以得天下，則所以締造而固結之者無弗至；敬以保天下，則所以繼承而持守之者無弗周。是固法之良、道之要也。苟得天下而不本於仁，則是莫爲之前，雖美弗彰，何以爲後人憑藉之地？保天下而不本於敬，則是莫爲之後，雖盛弗傳，且將墜先人創造之艱矣。孟子曰："三代之得天下也以仁。"則夫得天下者，孰有外於仁哉？召公之誥成王曰："王敬作所，不可不敬德。"則夫保天下者，孰有要於敬哉？然仁也、敬也，匪在外也，皆在乎吾之一心而已。是故心存則仁存矣，仁存則敬無不存矣。此三代所以有道之長也，此我太祖高皇帝之所以肇造，太宗文皇帝之所以繼述，列聖之所以遵承，陛下之所以中興，而與天無極者也。是豈漢、唐、宋之所能及也哉？

欽惟陛下禀聰明睿智之資，蘊剛健中正之德，爰自藩邸入繼大統，即位以來，勵精化理，百度惟貞，萬邦咸乂，又真有以永宗社於無窮，保家國於弗替。而敬一之箴，則又真得夫千聖相傳心法之要，保天下之道，信無逾於此矣。乃猶不自滿假，惕然悚懼，進臣等于廷，而以三代以末迄於宋終，歷世之久近，與其君歷年之長短，及我祖宗列聖之所以創守，發爲明詔，以求所以保業之良法要道。顧臣何知，而可以與此？雖然，"后克聖，臣不命其承"，矧陛下命之如此。臣雖至愚，敢不罄竭以對揚於萬一乎？

臣聞惟天生民，必立之君。是君也者，天之命也。天既命之以天下而爲天之子，是必有祈天永命之道。故曰："惟皇上帝，降衷于下民。若有恒性，克綏厥猷惟后。"又曰："亶聰明作元后，元后作民父母。"曰："惟天聰明，惟聖時憲。"則夫所以得之者固難，而所以保之者亦弗易也。故曰："天難諶，命靡常。"曰："惟天無親，克敬惟親。"苟失其所以得與夫所以保之道，則雖或與之，亦或奪之；雖或就之，亦或去之；雖或得之，亦或失之。而崇高富貴之地，有不可恃者矣。今夫千金之家，其始也，未有不自其祖宗之艱難勞苦以成之；而其終也，亦未有不自其子孫之頑率奢傲以敗之。況夫天下至大也，兆民至衆也，四海至廣也，以一人而偃然居於其上以統理之，使皆帖服順從。惟其欲以治，而爲法於當時，可傳於後世，是豈無道以致之哉？

臣嘗聞之：夏有天下四百年矣，其始也，則由禹之祇台德先、文命誕敷以得之也。一傳而爲啟，則賢能敬承，繼禹之道，而遂以家天下。太康逸豫滅德，而夏道以衰。至桀之暴，夏始轉而商矣。非天私於商也，桀失其所以保之之道焉爾。商有天下六百年矣，其始也，則由湯之克寬克仁、彰信兆民以得之也。一傳而太甲，則克終允德。而其間之太戊也祖乙、盤庚也，皆賢聖之君也。至於高宗，則又不敢荒遑，允協于先王成德，而商道復興。及紂之暴，商始轉而周矣。非天私於周也，紂失其所以保之之道焉爾。故曰："我不可不監于有夏，亦不可不監于有殷。"乃若周之有天下也，固本於文王之惠鮮懷保，武王之不泄不忘。然遡而上之，若后稷之克配彼天，公劉之克篤前烈，太王之肇基王迹，王季之其勤王家，其積功累仁，所由來者遠矣。而成王之基命宥密，康王之敬忌天威，其所以繼承之者，何如也？況又有周公之制禮作樂，其所以維持之者，又何如也？厲王暴虐，周道始衰。宣王承之，而側身修行，宗周復赫赫矣。綿至春秋，陵夷已極，而天下之民，猶依依然不忍離去。是其德澤之深，風化之美，不可企及。而《傳》稱其"歷世最多，國祚恆久"，良有以也。向使其子若孫不失其保之之道焉，則周雖至今存可也。

自周而下享國之久者，漢、唐、宋耳。以漢言之，高帝之寬仁大度，得國正矣；而其繼體之君，若文景之恭儉，光武之中興，亦粗得夫保之之道，此所以歷年四百也。以唐言之，太宗之力行仁義，創業善矣；而其守成之主，若玄宗之勵精政事，憲宗之光復舊物，亦僅得夫保之之道，此所以歷年三百也。宋太祖以忠厚立國矣，而繼以仁宗，四十二年仁厚之政，有以培植其命脈，此所以享有三百餘年也。如使其子若孫皆不失其保之之道焉，則雖如周之過，其歷亦可也。是則三代也，漢、唐、宋也，其歷世之久近、歷年之長短雖有不同，至要其所以得之與夫所以保之之道，則未有不本於仁敬者也。而聖策所謂"皆基之於先王德澤洽於民心，亦繼之嗣王能盡持盈慎滿之道者"是已。然創守無二道，仁敬無二理。第舉其重而言，則創業垂統，惟仁為最大；繼體守成，惟敬為最切。是故言仁則敬在其中，能敬則仁在其中，夫非有二也。

我太祖高皇帝獨稟全智，應運而興，廓清天地之大變，恢復帝王之正統，功德之隆，振古無比，其所以肇造而為根本之地者固矣。太宗文皇帝載靖內艱，奄奠兩京，其所以繼述而培植之者深矣。列聖相承，守而勿失，其所以率循而灌溉之者篤矣。是其創守之道，仁敬兼盡，真有以建億萬載無疆之休也，于今百六十餘年矣。陛下踐祚以來，大孝尊親，至仁饗帝，聖敬日躋，十四年來有如一日。深仁厚澤，浹洽於民心；峻德成功，昭布於海宇。蓋真所謂赫然中興之盛，而不特守成之美而已。聖策乃以為"多招災害於民"者，此特陛下憂勤惕勵、視民如傷之心也。臣雖愚昧，亦知其無是事矣。又以為"思祖宗創造萬艱，惕然悚懼"，"欲長保鴻業於無窮，有隆弗替，永宗社萬祀之固，保家國千世之傳，民得以遂生，物得以適所。如上之良法要道，朕心慕之思之，不知何以得此"，此特陛下憂勤惕勵、望道未見之心也。臣雖愚昧，亦知其無以加矣。何也？蓋保天下之道，誠不外於敬焉爾矣。

在昔堯之兢兢，舜之業業，率用此道。而周公《無逸》之篇，言殷之中宗、高宗、祖甲及周文王享國之長久，與厥後王之罔或克壽，亦惟在於無逸、乃逸之分；召公之誥，言夏商之墜厥命，亦惟在於不敬厥德，且拳拳欲其君疾敬德以祈天永命。二公之所以告其君者如此，是知人君一念，敬肆之間，而天下之治亂、生民之休戚、壽命之長短，皆繫於此是，不可不慎也。大哉！敬乎！其合內外、貫創守之道乎！蓋能敬，則心無不存，而仁無不全，天下之道備於我矣。故曰：敬也者，聖學所以成始成終之要也。此在陛下，固已超然遠覽，淵然深識，身體而力行之矣。臣愚復何言哉？

雖然，臣又聞之口《詩》"靡不有初，鮮克有終"，伊尹之告太甲曰："終始惟一，時乃日新。"傅說之復高宗曰："念終始典于學厥德脩罔覺。"臣愚無知，伏願陛下常存此心，謹終如始。於凡聖箴之所載，如所謂"惟敬惟一，執之甚固，畏天勤民，不遑寧慮"，與夫"郊則恭誠，廟嚴孝趨，肅于明廷，慎于閑居，省躬察咎，儆戒無虞"之說，益篤弗懈，則夫所謂"天親民懷，光前裕後"者，皆自此而得之，而雍熙泰和之盛，亦在於此，又豈特所謂庶幾湯孫底于嘉靖而已哉？雖然，此亦陛下嘗言之矣，其曰"行顧其言，終如其始"者是已。而臣復以爲言者，蓋以傅說之復高宗又曰："非知之艱，行之惟艱。王忱不艱，允協于先王成德。"惟說不言有厥咎，此臣所以於終篇而申言之也。

臣誠愚昧，無所知識，拳拳芹曝之私，如此而已。伏惟陛下謹厥終而力行之無忽，實宗社無疆之福，萬世之幸也！臣干冒天威，無任隕越。

臣謹對。

臣李璣
臣對：
臣聞帝王之於天下，其創之也以仁，其守之也亦以仁。而仁之爲道有四焉，曰公，曰儉，曰寬，曰敏。廣大而溥，是之謂公；節制而當，是之謂儉；宏裕而容，是之謂寬；奮勵而勇，是之謂敏。公則澤周，儉則利溢，寬則恩流，敏則效著。四者合而成仁，天德備矣。天德備而法形，王道章矣。夫德之備者，可與語神，神妙而應速焉；夫道之章者，可與語化，化達而績凝焉。道洽政治，民心日益懷，而德盛業新，邦基日益固，享國長久之道，孰謂不在於此哉？何也？國保於民，民安而國自壽焉耳；民保於仁，仁普而民自安焉耳。苟弗公而僻其失也私，弗儉而貪其失也侈，弗寬而忍其失也刻，弗敏而徇其失也怠。仁之實壅，而民之心離矣，天下可得而強制之乎？故創業而非仁，弗可以創也；守成而非仁，弗可以守也。良法要道，信莫有過於此者。稽之於古，驗之於今，又何有不然者哉？臣跧伏草野，學識疏淺，豈曰素閑於王政？然志於用世，講聞此說亦久矣，每欲自獻而無由，乃今叨有司之薦，陛下進之廷而寵以問焉，且勉令罄所知以告。臣敢不披擺素所欲吐，以效其一得之愚乎？

臣伏讀聖制，首以歷代享國之永，繼以祖宗創造之艱，終之以求良法要道，思育民物，保洪業於無疆。夫欲仰纘先緒，大孝也；俯育民物，至仁也；道已至而望若未見，至謙也。持此以爲天下，何所不濟？臣請爲陛下陳之，以備采擇之萬一，幸容其愚妄而試聽之。臣嘗謂，得天下無他，存乎民心焉爾矣；得民心無他，存乎仁焉爾矣。究夫所以爲仁，亦大略如臣所言四者而已矣。四者備而民心不我附焉，未之有也；民心附而天下不我有焉，亦未之有也。創業守成，均之不可舍乎此。臣請即以聖制享祚最久如周者證之，可乎？夫周之有國，自后稷封邰始，及文武而後天下定于一，其積功累仁，由來有漸。而周公夾輔之力，亦不可誣也。觀乎《周官》六典與夫《詩》《書》之所稱者，渢渢乎一至仁之流行，至今言治者稽焉。故即其"不泄邇，不忘遠"，可以知其公；九式制用，而日成、月要、歲會有考，可以知其儉；三典詰奸，而平以八議、三赦，可以知其寬；日中仄不暇，洛水講武不廢，可以知其敏。仁以經政，政以顯仁，而民之衣被其休，要非一日之積矣。況其嗣世賢君迭作，而於所謂公儉寬敏者，曾不少改其繩墨。其間基命無逸如成王，率循對揚如康王《車攻》復古、《雲漢》憂民如宣王者，盛而能傳，尤不可以多見。是則《關雎》《麟趾》之仁，奕世彌光，固不獨見諸創造者然也。夫惟其創之者仁，則植本固而發潦深，憑藉有其地；而守之以仁，則先德廣而遺澤遠，上之所以結其下者爲益固。是以下逮敬元諸君，雖威令久矣不伸於天下，而天下依依不忍叛去者，以有此具也。傳世三十，歷年八百，夫豈適然哉？然前之曰夏、曰商，均之享國之永者而詳考其故，亦仁焉耳矣。是故下車泣罪，子惠困窮，禹湯之仁既已素浹於民心，而其嗣王如啟、仲康、大甲、盤庚、中宗、高宗者，又能嗣守先訓，敬承而懋戒焉，允德而敷德焉，寅畏而恭默焉，雖欲不謂之仁，不可也。此其創守一道，亦有以綿國祚之永。至今言享國者，必與成周并誦於世而不衰，是則創守必以仁者，三代共之，豈非彰灼之大效也哉？孟軻曰："三代之得天下也以仁。"是可明其所由創。又曰："其失天下也以不仁。"則其守之必以仁也自可類推矣。

嗣是而漢而唐而宋，雖非秦、晉、五代所能及，而概以三代則未焉。蓋漢高之豁達，唐太宗之愛人，宋祖之忠厚，庶幾仁以創業矣。然漢高雜霸也，太宗雜夷也，宋祖武略不競也，果有如三代之所創者乎？文、景之恭儉玄默，玄、憲之勵精剛明，真、仁之簡易仁恕，庶幾仁以守成矣。然文、景溺於异端也，玄、憲鮮克有終也，真、仁剛勇不足也，果有如三代之所守者乎？夫是以即其得仁之似，固足壽其國，而仁有未純，求如三代之盛且久，不可也。故臣嘗遡而考之，則漢、唐、宋之享祚，俱不及三代。析而觀之，則唐、宋享祚不及漢，漢之享祚不及夏、商，夏、商享祚不及周，故曰："三代有道之長。"又曰："惟周之歷世最久，國祚恒永。"而漢、唐、宋無稱焉。夏、商、周、漢、唐、宋所以享祚之永者，非倖也，同乎其仁也。聖制謂"基於先王德澤洽於民心，亦繼以嗣王能盡持盈慎滿之道者"是已。漢、唐、宋享祚不及三代者，非他也，异乎其所以為仁也。聖制所謂"歷世有久近，而其君之歷年亦有長短，要之皆自其為君者何如"是已。向使漢、唐、宋之創守者，純乎其仁焉，於臣之所謂公儉寬敏者無歉焉，則"民罔常懷，懷于有仁"，"常厥德，保厥位"，雖八百其曆亦可也，復何享國不及於周耶？陛下兼舉漢、唐、宋以為問，而獨詳於周，臣知聖意有所擇而不屑乎此。且區區駁雜如漢、唐、宋者，臣固不欲為陛下詳之。而我國家行將與天地相為無疆，亦非可望以漢、唐、宋者也，然豈獨不足於後世而已哉？臣之於周，亦每喜其創者之善，而竊悲其守之不常成康也。何者？創業雖由於先王，而其守之常賴於後世，失於守而後創之者終也。使周之嗣王世守其仁焉，舉無愧於成康之際焉，則周雖至今存可也，詎止八百年已乎？故曰："道非亡也，幽厲不繹也。"有天下者、亦可以監矣。

欽惟太祖高皇帝，奉天理民，攘夷安夏，敷錫皇極，肇造丕基。當時之民之苦於元者，不啻脫水火而就諸袵席。其至仁天覆，難遍以疏舉，姑自其一二言之。罰不昵近，賞不遺遠，則載諸《大誥》；宮漏必碎，鞍轡必却，則紀諸《聖政》。納詹同之奏，至取刑具焚之，而造福緩刑之戒，則嚴諸祖訓。閑暇則閱經史，便殿則閱奏牘，而皇陵一碑，又諄諄乎締造勤勞之由以示後焉。是其公儉寬敏，軒越往古，雖周莫或過之，而漢、唐、宋之創者，不足望其萬一矣。繼而大宗潤色於草昧之初，列聖嗣興於守文之日，深仁厚澤，漸被寰宇，百六十餘年如一日焉。天下之人，亦如赤子之於父母，而不忍釋者，我國家億萬年無疆之休，不在此乎？陛下臨御以來，深惟民瘼，凡積年之弊，又一洗而重新之。與天下相爲休息之政，天下固已囿於皇仁之中，而莫知所爲之者。而陛下策臣，乃曰：「朕幼弱不才，多招灾害于民。兹來思祖宗創造萬艱，惕然悚懼。朕欲長保洪業於無窮，有隆弗替，永宗社萬祀之固，保家國千世之傳，民得以遂生，物得以適所。如上之良法要道，朕心慕之思之，不知何以得此。」陛下之言及此，天地神人之福也。此天下所願少須臾無死，以待德化之成者。臣雖庸謭，奚容以自默，況遭逢有此，又可以肆其狂瞽而無所虞於罪者，敢不思所以副休命之一二乎？

　　臣竊謂，民者邦之本，仁者誠民永命之要道。非天下之至仁，不足以創業；非天下之至仁，亦不足以守成。且歷代創守之故，臣已略陳其概，有足徵也，然則又奚俟於遠求哉？陛下欲保祖宗之業，亦惟思固民心而已耳；欲固民心，亦惟法祖廣仁而已耳。所謂廣仁者，毋亦於公儉寬敏加之意而已。然臣仰見陛下大德帝敷，日照而月臨；凶蠹盡剔，風飛而雷厲。柔遠能邇，好惡予奪之不私；親耕親蠶，蠲租禁奢之有詔。疑獄必覆讞，而減刑之使一歲一行；視朝有常規，而奏牘之繁隨入隨閱。盛德美政，莫可殫述。天下固已訢訢然決聖主，而國家靈長之祚，終必賴之於臣所謂四者，復何議焉？但自邇者觀之，陛下愛民之心雖不少衰，而弊端之在天下或已漸形，而亦不可不爲之所者。臣不暇毛舉其細，而其大且急者，則一曰藩封之祿未理，一曰工作之興大濫，一曰刑罰失平，一曰軍伍不充。四弊不去，臣不敢欺陛下以爲果無所歉於仁也。是則陛下雖有仁天下之實心，天下且得以其迹而辭於陛下矣。何以言之？蓋藩封之祿未理，民且以爲私；工作之興大濫，民且以爲侈；刑罰失平，民且以爲刻；軍伍不充，民且以爲怠。是陛下雖無其心，不幸已有其迹，亦安能以其迹而自解於天下？欲爲國家綿久遠之福，而此等不之釐，臣不可得而知也。有以釐之，而民復不遂其生，物復不適其所者，臣未之信也。臣請得熟數於前，以爲陛下持盈慎滿之一助。

何謂藩封之禄未理？臣聞王政莫先於親親，而親之欲貴、愛之欲富者，此亦人情之自然。故祖宗時廣建宗藩，豐其禄秩者，非以天下爲私奉，直以行其親愛富貴之心耳。且當時支派未盛，固不容豫爲之限，亦曰後世自有增飾者。今則支派之盛，大非昔比，而宗藩之需，動稱不足。及今不爲之計，數世之後，天下將益耗竭而不可救。何者？上人之禄，下民之膏脂也。支派之盛日增，而田野之賦有限。以有限之賦而周日增之禄，其勢必至於病民，非仁也。以日增之禄，而制以有限之賦，其勢必至於儉親，非孝也。陛下以仁孝治天下者，何取於此？臣願陛下申明舊例，制其妾御之數。其有不如例者，許有司舉劾以聞，一斷以法，則其勢自不容於或濫。至其諸不在五服之限者，聽其明經應舉，禄之以官而又限之位，若藩親不使內補者然。夫服制既遠，則其相臨也便，限之以位，則其制御也周。雖有懷三窟之异志者，亦自戢而莫逞。此非惟禄可少殺，而或亦誘之向善之一機括也。如此則親親仁民，一舉兩得，庶幾不嫌於私，而仁可以廣矣。

何謂工作之興大濫？臣聞國家舉事，非財不濟，而財非取之於民不可。是故聖王慎於造作，非獨裕後，且欲貽民以富耳。今陛下自以爲天下之財何如也？西北之民，飢餓輾轉，而東南困於征斂，且告竭矣。夫民之財可竭而不可繼也，陛下曾不是念，大內之役，前後相仍，程督之使，冠蓋相望於道路，近自畿甸，遠而窮鄉下邑，日擾擾焉奉行明詔之不暇。夫事係重要，固有不可已者，然於其間，亦豈無可已而不已者乎？可已不已，臣恐大倉之儲無幾矣，萬一他變突起，復何以應之？且天地生財，止有此數，不在官則在民。國貧不已，不得不取諸民；民貧不已，不得不入於盜。今陛下之民，將入於盜矣，奈何其不節費以裕民乎？昔漢文帝惜十家之產，露臺中輟；而唐太宗監亡秦之轍，一殿不爲。當時由之，以致富庶，至今使人稱明。陛下德配堯舜，曾陋二帝於不爲者，何獨於此焉不省也？臣願停無益之作，寬罷敝之民，則庶幾不鄰於侈，而仁可以廣矣。

何謂刑罰失平？臣聞刑之爲道，輕者笞掠，重者編伍，其尤重者抵死。然裸體笞掠，爲辱已極，仁人之所深隱者，況編伍乎？況抵死乎？此而不審，甚非所爲體天而愛人者也。《書》曰："刑期無刑。"又曰："與其殺不辜，寧失不經。"正謂此耳。今天下奸吏納賄，恣意出入，以傷和氣，且不暇計。至如往者，臺省諸臣言事失當，上干天怒，逐而放之而重論之，誠是矣。然原厥初心，亦欲忠於為國，非敢有他志者，但意見或少差耳。今舉事一不當，而竟弃不復，遂使悔過無門，似亦非先王欽恤之道也。且君之於臣，猶父之於子，方子之為不善也，父固不免於怒甚，且撻而逐之矣，及其知悔而懲也，則未有忍於終弃者。然則陛下獨能忍於終弃乎？況及今不宥，則遠者將死於邊，近者將死於獄矣。陛下果忍令後世謂此輩皆以言獲罪而死乎？臣願陛下闢天地之量，開悔過之門，則庶幾不傷於刻，而仁可以廣矣。

何謂軍伍不充？臣聞善謀國者必强其本，善制夷者先戢其兵。兵不戢，則外夷乘其釁，而尾大不掉，皆自其不知强本者為之。今在京之兵計七十餘衛，分為三營，至正統間復有十二團營之設，凡此皆為强本計也。邇則勢豪者選其强壯以充私役矣，假其空名以籠實利矣，而日以應點者則皆老弱羸病，其力不足以負甲。至其番上之兵，則財盡於剝削，力盡於役繁，又有所不忍言者。如此而欲兵之强，其可耶？故內地有警，非邊卒不可平。以此示遠，臣竊不知其可也。若夫邊鎮之弊，臣亦嘗推其故矣：平居無事，拊循非人，蒭糧不時，朝廷實惠，且半歸奸猾之筐篋。及其乘機自奮，而取一級之勞也，則豪右呵譴奪去，從而掠之為已有。夫兵者，將欲得其死力者也，欲其力之足以死，不先得其心，而內兵又不足以鎮壓之，是宜其群譟而屢為變矣。兵不戢，而又何惑於夷之肆也哉；故欲攘夷，必自戢邊兵始；欲戢邊兵，必自强本始。臣願大釐此弊，簡罷卒以歸農，慎清理以剔奸，時拊循以昭恩，嚴紀綱以肅度，而又屯閑田、通鹽法以足餉，斯則庶幾不流於怠，而仁可以廣矣。陛下果不以臣言為妄且迂，敕下有司，擇其所可行而益興滯補弊，以廣大其仁，則麟趾符祥，鳧鷖歌治，光媲祖宗，道軼遂古，百姓大和而無不遂其生也，萬物咸若而無不適其所也，諸福日集，後禄永綏，天德布，而王道終將有傳紀所不及載者，而宗社萬祀之固、國家千世之傳在是矣，豈特如成周歷年八百已哉！

良法要道，或不能越諸此。然臣愚之見，尚有進於此者，敢申其說於清問之下，幸無厭焉。臣謂人君之道，莫要於正聖學，莫急於開言路。夫聖學不正，則無以建天下之極，其見也塞。言路不開，則無以通天下之情，其見也隘。隘且塞，仁斯壅矣。然臣見陛下日御經筵，箴嚴敬一，甚者手不釋卷，至夜分始寐，則所謂正聖學者，陛下固已優為矣。群下建白，每見嘉納，至於國有大政，必反覆謀議始行，則所謂開言路者，陛下亦既優爲矣。但臣私憂過計，竊謂學而習其文藝也易，學而體諸身心也難，無所忤而用言也易，有所忤而用言也難，況帝王之道，法天立極，厥終少有懈焉，前美將盡弃矣。臣嘗讀書，見舜之聖，重華協帝，無所處於敗度者，禹且以無怠無荒者戒之；而禹之不自滿假，亦非拒人自賢者明矣。翕受敷施，皐陶之所以勸禹者，諄如也。臣子愛君無已之心，類如此。臣之愚，何敢自比於古人？而陛下之明，則兼夫舜禹，臣烏敢不以舜禹望其君父乎？故臣更願陛下，究理亂之源，察是非之極，密慎獨之功，全躬行之實，而文藝之末則姑以後焉，斯可也。夫是之謂正聖學。壯正人之氣，養公論之鋒，容峻激之辭，大茹納之量，而言雖有不適於用者，亦姑勿究焉，斯可也。夫是之謂開言路。夫正學以端其本，用言以虛其受，合人已以成其德焉，則神智日益精明，聞見日益充拓，天下事將惟吾所建，而仁且底於如天之盛矣，於去目前四弊何有哉！是則仁以守成，而其道在於正聖學、開言路如此。是固無有新奇可喜之說，且狂率不識忌諱，冒犯天威，罪在不赦。然直意陛下以制策求士，必將有取於凱切時務之論，而不貴於剿說雷仝者，故敢略獻其愚如此。惟諒其朴直而采覽焉，則臣愚不勝幸甚！

臣謹對。

臣趙貞吉
臣對：

臣聞天下勢也，運勢者機也，握機者志也，建志者時也，時也者，事之會也，聖人之所競也。唯聖人能速赴時，以成天下之務，其志一定而不可移，而天下之勢常固而不離也。勢也者，天下之命也，聖人之所重也。且天下，大器也，勢離則或昂而不可挽，或低而不可舉，低昂之間，誠有機焉，惟聖人能研先幾，以平天下之勢，而常不失時也。此古之人所以欲帝而帝，欲王而王，欲守成而不愆不忘者也。成其道常歷百世而不廢，非有暴亂之裔不即敗也。後世循其迹，則合而稱曰聖王，治天下之良法要道也。夫求聖王之法於千載之上，其勢變矣，臣得其機焉。學聖王之道於千載之下，其時异矣，臣得其志焉。勢也者，伏於無形者也。其來也不可豫，其去也不可追。其倏然而聚也，不可度；其忽然而散也，不可合也。非有機焉以運之，則亦漫渙瞶眊而終不可執也。時也者，藏於有待者也。其蓄也，或發之矣；其張也，或弛之矣。或行而尼之，或塞而通之矣。非有志焉以隨之，則亦顛倒錯亂而會不逢其適也。機以持勢，志以發機，時以建志。得其說者，天下國家之治可幾也。陛下發德音，求歷世長久之數、持盈保成之道，思祖宗創業之艱，念民物望治之願，此愚臣之所懷蓄而欲以獻之於陛下者也。臣嘗自謂，讜讜諤諤，思與天下返朴還淳，盡忠竭愚，可夙夜無怠也。恭遇陛下拔之於塗泥，而以縉紳彌綸之謀、大人御世之規詢之，如是而不言，則臣之自棄甚矣；言而不詳，擇而不精，則臣之無具明矣。夫士莫大乎有自棄負君之罪，有不學無具之恥也。臣請以聖策所及者條對之，而後及臣之說，幸陛下詳擇其中焉。

　　臣伏讀聖策："朕思首自三代以來，迄於宋終，中間雖歷世有久近，而其君之歷年亦有長短，要之皆自其為君者何如耳。"夫歷世永命之道，《詩》《書》備矣，臣敢冒昧億對曰：上世風氣淳固，貴道秉德，其君皆清明在躬，志氣如神，心之精神乃與造化流通，故能其壽皆百，其在位皆六七十年，或四五十年，而天下大治，物不夭厲，民不凋喪，後世稱曰治安未已也。夫人君居崇高富貴之地，故驕奢易生，而逸欲乃興也。彼其宮室之壯麗，服器之繪飾，車馬田獵之侈縱，聲色子女之艷美，固自以為盡天下之腴養安宅矣，抑豈知惰聰明而壞氣志，已包藏天下之大毒而不自覺哉！是以高識遠覽之主，必求大道之原，知性命之貴，儉以自奉，不過乎物。雖以尊貴之極，而其恬愉簡靜，無以異於山林修潔者之為。是以精神充盈，年壽益堅，德性堅定，外誘不入，天下有奇衺之術，淫蕩之巧，舉無所入之。故天下陰受其休養綏寧之福，而歷世之久近，亦從可卜也。是歷年之久，與歷世之久固相須也。

　　臣又伏讀聖策："唯周之歷世最多，國祚恒久。然周之所以久，本於文武之積累，亦後之繼承者能保持之耳。上至夏商，垂及唐宋，亦若是焉，皆基於先王德澤洽於民心，亦繼之以嗣王能盡持盈慎滿之道者也。"夫創業守成之事，當塗之士爭言之矣，臣敢冒昧億對曰："創業之君，得天下於至難；而守成之主，失天下於至易，何其不相及也？"臣嘗伏而求其故矣。賈誼曰："三代之王，所以有道之長者，以其諭教太子，而導之術業也。"斯言可謂根極理要者矣。故周公教成王，至老而不倦也。《豳風》之詩，《無逸》之篇，是周之所以貽永年之具也。漢、唐、宋之君，其始也，皆百戰而有之，憂勤惕厲，若可述也，然亦有身親爲之而身變其初者矣。況其子孫之繼體者，皆出於婦人狎習之手，其於正人正言，心不相洽而意不相安。不見王業之所以難，安得不以易心乘之？不原天命之不可忽，安得不以怠心處之？老成忠愛之臣，起而救其遺餘末流已無及矣。雖其間英主誼辟不無有之，然或得於天資之似，矜飭之粗，依仿假借間斷者衆也，是以不逮於三代之美已。是故古之帝王，不恃其積之厚，而恃其繼之者賢也；不恃其德澤入人之深，而恃其子孫維持之有其具也。謹擇人選任，使以教諭之，必所其無逸，必知稼穡之艱難，必知道術仁義之正，雖歷百世而天下蒙其福也，歷年所永，天命之道，實在於此。

臣又伏讀聖策："洪惟朕皇祖高皇帝，代天復世，重肇中華，建振古無比之功德。朕太宗繼述於草創之初，列聖遵承於太定之後，百有六十餘載，傳之於今。朕以冲昧之年，入承祖位，幼弱不才，多招災害於民。"臣於此有以仰窺聖孝之大，聖德之謙也。臣謹冒昧獻言曰：陛下之繼位也，是中興之運，治忽之機也。然而不能大有爲，臣竊以爲過矣。陛下聰明英哲，迥出前古，踐祚以來，十四年間，講學師古，更化善治，君臣之間，未嘗不以堯舜相期，高宗、傅説，蓋屢歌而咏嘆之矣。臣嘗觀高宗之學，方其退於默也，藏其精至不測也，養其明至不撓也，所精義者至神也，所研幾者至變也，豈不緼原挈本、直截簡易哉？以是言治，無難矣。是故力定者，必先爲之强也；見定者，必先爲之明也；守定者，必先爲之植也。今時學士文儒彬彬然會于此矣，非必無古説沃王心者也。陛下誠留神於此，以光太祖，以繼太宗，至孝也；以承祖廟，以育群生，至明也。修之乎一時，而名譽垂之無窮，聲光著而不磨，至美也。幸毋曰："積累之者厚矣，可恃而安也。"臣又伏讀聖策："兹来思祖宗創造萬艱，惕然悚懼。朕欲長保弘業於無窮，有隆弗替，永宗社萬祀之固，保家國千世之傳，民得以遂生，物得以適所。如上之良法要道，朕心慕之思之，不知何以得此。"臣於此可以窺仰陛下大有爲之志，欲建萬世之長策也。

臣敢冒昧獻言曰：天下之事，其深遠切至者，非臣之愚所能睹。然其指歸要領之地，不過曰法祖、敬天、勤民而已。天欲思其創造萬艱，惕然悚懼，不可徒有是心，必實有是事可也。然而恭儉盡之矣。夫創業之君與守成之主，其求賢裕財，以成天下之務，道未始有异也。

然而每不相及者，其故可知已，彼以難處之，而此以易乘之而已也。夫人君之於臣也，如其不賢，則急去之矣；如其賢也，烏可不改容貌而禮之也哉？臣嘗觀之小者至於奴隸臧獲，至卑賤也，一不得其歡心，則不能致其勤力，而況於天下耆艾魁偉之士，其視爵祿榮進已不足以羈其逸氣而豢之矣，又況接之以勢，而震之以威，何以能要其忠貞而俾之自盡也哉？蓋末季之君，嘗自以為賢為聖，為天下莫已若也，挾是心也，安往而非其振矜驕忽之地也哉？佞諛之風，因是而生，子思之觀衛是已。是謂事虛名而忘本務，願治之君，何便於此？先王之世，大臣盡瘁，小臣靖恭，百工師師，各思自效，彼固有以深激之也。臣聞之，民將窮，天下將多故，則府庫必充實。何則？以君之侈心將生矣。天下之最可憂者，國富而君心侈也。漢以是而事邊功，隋以是而恣游幸，豈不大可畏哉？天下之禍，起於有形者可備，而藏於不見者不可得而支也。倉廩實，府庫充，此謂無虞之世，可卧而治者。君之欲一動，而大亂極壞隨之矣，此非無形之隱禍，不可支之至痛與？非夫中正撐節之君，安能富民而祈天也？是二者，有國之恒患也。故曰"法祖者，恭儉盡之矣"。夫欲保洪業、延永圖，則當敬天，天命靡常，決去留於德之厚薄也。然而仁義盡之矣。夫仁者，行乎天之陽者也；義者，立乎天之陰者也。天以陽生萬物，而以陰成之。陰以輔陽可也，陰而勝陽，非天道也。故義而勝仁，非君德也。夫聖人以其不忍之心流溢域中，至于不得已而用刑罰，已非其初意矣，而況於敲朴鞭笞、流血刻骨之慘哉！夫法吏之酷，慢天虐民，刀筆筐篋之所為，無禮義教化之道，而乃寄民之命於其手，或者非天意也甚矣。天之愛民之深也，豈其使舞文弄法之吏，任情恣意以制其死命也哉？此先王所以恐恐焉。不觀於天命，而觀於民心之去留也。故法吏者，先王之大忌也。故曰"敬天者，仁義盡之矣"。夫欲民得以遂生，物得以適所，則當務於勤民之要，然不過命吏教養之而已也。臣觀三代以還，願治之主，嘉謀之士，皆能隨世以就功名，其於民之務，不可謂無意矣，然未有能躋之仁壽之域，天下咸稱曰治安，何王道之難行與？

臣嘗稽之往古，驗之時務，念此至熟也。三代之時，分土而治，故地近而化易及；分民而治，故勢接而情易通；分田而耕，故業嘗定而俗易成。此先王維繫聯固可久之道，坐而運天下之術也。夫三代之世，雖暴君污吏，亦不敢甚虐用其民。何則？以民者己之資籍也，甚則方伯問之，天子誅之故民之勢常重時，則各遂其生，各適其所，無有大盜崛起土崩之患，以先王有以深結之也。夫天樹后王君公，承以大夫師長，不唯逸豫，惟以亂民，俗吏苦不知務，唯簿書期會之爲急。大吏一出，黔首相與易宅鬻衣，擁騶從，盛廩餼，飾傳舍而勞之。大吏之威，如神如帝，足以震耳目而耀於閭市，其至與民情邈不相及也。大吏已去，而民之室已嘗索然，泯泯棼棼，民實勞止，唯恐其再至矣。受長牧之貴，任民社之寄者，固當如此乎？人方相安以爲常，曰是固然也。小吏以爲榮，乃私心嘗竊願之，以大吏之足以制其命也。故厚遺而餽賂之不給，則急取諸民。夫小吏之禄每薄也，內有溪壑之欲，而窘於薄禄，而重以醜遺之不及，則其取於民也，有既乎？甚哉！吏之巧於取民，如捕蟬者夜爇薪而振其樹也。其闠茸熟爛自棄之輩，知已之無能爲也，方且飽吞厚啗，日攘民而奪之金，不恥也。受親民之任，承流而宣化者，固當如此乎？如是而欲民各遂其生，物各適其所，難矣哉！往者陛下以民之饑寒爲憂，加意農桑之務，勤民之意至懇切也，然久未獲其效者，吏不廉平，不能奉明詔也。誠能一重吏責，則科指條授，而化行，裨海之外，可籌計課效，期日而得也，何憚而久不爲此？夫天下之士方安於苟且自利之計，聞陛下核實刻意，期於惠民，則亦爭自砥礪切磋，以功名自期待矣。人得自效，務可稱述，而良法善政，彬彬洋洋相浹洽也。臣又聞之，吏有良者，而急奪之民，置之散處，此與不得良吏同也。夫賢者已去，方来者未必賢，是天下終不得被賢者之惠也。畫策者欲重禄秩而久其任，此亦計之得者，不可不察也。故曰欲民得以遂生，物得以適所，亦重夫吏責而已矣。凡是數者，皆臣就明詔所及者而演之耳。若所謂良法要道、善守善終之術，臣敢不竭其愚？臣又觀自周以來，上下二千餘年之間，天下一統者僅七八百年而止耳。其間禍亂時時間作，皆由於勢已移而機不持，時已過而志不逮，是以國祚天命未之能延，而保業之君，終使成王、高宗獨美於其前也。

　　今陛下策臣以良法，法之良，豈良於能運天下之勢？策臣以要道，道之要，豈要於能握天下之機？臣前謂天下勢者，何也？以一人而運天下，如臂之使手，手之使指者是也。不得此勢，則指痛臂蠱而不可動也。臣何以謂運勢者機也？今天下之士，日趨於浮薄而無實用也，農日趨於困屈而不能自存也，工日趨於奇技淫巧而傷天下之財也，商日趨於操柄富貴而侔天下之利也，官師日趨於巧宦銳進而不顧天下之大計也，黃緇之流日趨於自便自利而不顧衣食之原也。東南財賦，百倍其力而後致之也；西北戎馬，萬全其策而後安之也。邊鄙日竭而告不給矣，夷狄日橫而憂不備矣，宗藩日息而祿不充矣，馬政、徭役、軍伍、將吏可謂月異而歲不同矣。此其勢，亦可謂低昂之間，稍不平矣，在於操得其機而轉移之耳。今天下雖未極治，亦可謂少安矣，然而天下方諲諲然，若有隱憂他患者，此不得人心之效也。夫天下之情易通，則人心得矣。臣在草野，聞今之諫官稍失其職矣，此不善其機之大者。蓋士無實學，每欲咳唾以成天下之務，故言議有餘而鮮事實，宜有以一懲創之也。然全軀保妻子之志興，雖負累不恤也。夫士不乘時自奮於功名之途，此士之罪也。然而或出於創懲之過與？則甚可惜矣。天下之勢，安得運之而有餘力也哉？是以保天下之良法，無逾此一機也。

　　臣前謂握機者志，何也？臣愚妄議以為，陛下秉明睿生成之德，當百六十餘年中興之運，此正可以大有為之時也。乃今人望極矣，而效不見者，其亦陛下或於所謂志者未甚切與？臣請演志之說以終焉。夫志者，心之精神也。心之精神，聖之絣曚、神之底裏也。古人之治天下，取之精神心術之際而優為之矣。今夫古人之所以治天下者，可得而見也，其所以存之而神，動之而化，鼓舞之而民宜，而天下不倦者，此不可得而見也。蓋可得而見者，聖人之應迹也。至退藏宥密，神明之此，豈流俗故常然哉？是道也，刊落枝柯，根原見矣；培養既至，端倪生矣；湊泊既融，素質露矣。堯得之而無名，舜得之而盡善，禹得之而無間，文得之而為至德，高宗得之而為茶默，陛下得之而為敬一也。蓋敬則神，一則精。精神之極，與天地流通，天下之事，為之則必能勝，行之則必能至，可以永年，可以延世，可以保民，可以育物，可以光祖宗、庇來裔也。但恐勢尊位極之地，所以曠然以觀，寂然以省，事克己之力，求定性之方，致合一之功，收一原之效者，有未至耳。是平天下之要道，無逾此一志也。臣何以謂"建志者時也"？方今勢雖低昂而未去，機雖參差而未離，如上所陳者，失此不為，必為痼疾，起而圖之，良法要道取之在我，是天命維新萬世之一時也。語云："難得者，時也。"臣故曰："時也者，事之會也，聖人之所競也。惟聖人能速赴時，以成天下之務，而天下之勢，嘗固而不離也。"

唯陛下始終留覽，無失此大有爲之時，天下幸甚！

臣謹對。

臣敖銑

臣對：

臣聞聖王之於天下，其得之也以仁，其保之也亦以仁。夫仁者，天地好生之德也。天惟仁，故能生萬物，而無一物不被其澤；聖人惟仁，故能生萬民，而無一夫不獲其所。夫能使天下無一夫不獲其所，雖欲不王天下，其可得乎？何則？天能生物不能自理，而命之聖人，聖人盡撙節愛養之宜，極財成輔相之道，是能以天地之心爲心，自不能不以之爲子矣。民生有欲，不能自遂，而望於聖人，聖人所欲與聚，所惡勿施，是能以父母之心爲心，自不能不戴之以爲君矣。是故自古得天下者，未有不本於此，而能建可久可大之業，以詒諸子孫者也。保天下者，亦未有不由於此，而能盡善繼善述之實，以光其祖宗者也。何也？天人一理，創守一道，均之以爲民而已。然則守成之道，又豈外於仁哉？孟軻氏曰："三代之得天下也以仁，其失天下也以不仁。"知所以失之，則知所以保之矣。

恭惟皇帝陛下，大孝格天，至仁育物，十四年來，民安物阜，雖三代之治亦不過此。然而策士於廷，猶皇皇焉欲保祖宗之業，遂民物之安，思得良法要道以補所未照。臣雖至愚，敢不奮發激昂，以對揚於萬一乎？

臣惟天下之治二：國勢也，人心也。所以維持乎國勢者，非法度乎？所以固結乎人心者，非德澤乎？法度立，則人知所畏而不敢背；德澤施，則人知所愛而不忍背。是故享國長久之道，無有逾於此者。然必人心固而後國勢安，德澤深而後法度行。何也？德澤者，本也；法度者，末也。譬諸草木，德澤者，其根也，根深矣，又從而沃之培之，則其根益深。譬諸居室，德澤者，其基也，基固矣，又從而拓之築之，則其基益固。臣嘗觀諸三代：禹有天下，弼成五服，有典則以詒子孫矣。湯有天下，肇修人紀，制風愆以儆有位矣。至於周，六卿分職，五等建邦，九一世祿之制，黨庠術序之教，良法要道，至詳至備。然後世語三代之治者，不曰禹、湯、文、武之法，而曰禹、湯、文、武之仁，何則？仁其本也。況禹之後如啓如少康，皆能敬承禹道，是故有四百年之夏也。湯之後如大甲、武丁六七君，皆能保乂有殷，是故有六百年之商也。文武之後如成、康、宣王，皆能繼續光明文武之業，是故有八百年之周也。故曰："有夏服天命，惟有歷年"；"殷受天命，惟有歷年。"而周家卜世卜年實過其歷，是則三代有道之長所以亘古今而獨盛者，有由然也。嗣是而後，漢則高祖以寬仁開之，文帝以仁厚培之，光武明章以寬大煦嫗之，厥享國四百年。唐則大宗以仁義啓之，玄宗、憲宗以經制維之，厥享國三百年。宋則前有大祖建隆之治，後有仁宗皇祐之化，厥享國亦三百年。其視秦隋以下，或百年，或五六十年，或僅止於一身者，固不侔矣，然究其心，則皆假仁者也。夫假仁者猶可以延曆永祚，庶幾三代，則夫超軼漢、唐、宋之治，而上繼乎夏、商、周之盛者，當何如哉？

洪惟太祖高皇帝，迅掃胡元，肇造華夏，明物察倫，達乎天德，軌衆率物，根于至誠。其所建立，皆取法於帝王，求端於天地，德合覆載之大，明并日月之光，可謂兼創守而盡之矣。太宗文皇帝，載靖内難，奄定兩京，聖德神功，昭布海宇。列聖相承，鑒于成憲，益隆弗替，是以百六十年于兹，仁風翔洽，德澤汪濊。陛下又以堯舜之資入繼大統，臨御以來，蠲租以阜民財，賑貸以周民急，恤刑以蘇民命，天下之至仁也。是以内則百僚效職，以熙於庶績；外則夷狄向風，以輸於職貢。赫然中興之盛，豈徒曰守成而已哉？夫何邇年災異頻仍，旱潦相繼，是豈天心仁愛，陛下以爲修省之地耶？抑豈陛下之仁，有所未純耶？臣請推廣仁之説焉。

夫仁，人心也，心存則仁存。然人君每患於不存者，失在於自私而用智爾。自私則不能以有爲爲應迹，用智則不能以明覺爲自然。一膜之外，視爲胡越。是故天地自天地，民物自民物，吾身自吾身矣。天惟無私則公，公則廓然而無我；不用智則虛，虛則物来而順應，真見夫天地萬物本吾一體，故不以天地視天地，而以吾身視天地；不以萬物視萬物，而以吾身四肢百骸視萬物。夫人之視四肢百骸，寧有弗愛者哉？視四肢百骸而不愛者，非仁也。故一手足之痿痺，一耳目之瞶盲，一髮膚之疴癢，心不與知，是豈得爲仁乎？是故聖人通天下爲一身者也，天下之飢者、寒者、疲癃殘疾困窮而拂鬱者，皆吾手足耳目髮膚之毀傷也。思吾身之飢，則必食之矣；思吾身之寒，則必衣之矣；思吾身之疲癃殘疾困窮拂鬱，則必維持調護之矣。今者自朝廷以至百官，自百官以至萬民，陛下果能視之如吾一身否耶？水旱蝗螨，無歲無之，老弱轉死於溝壑，少壯流移於四方，陛下果能視之如吾手足耳目髮膚之毀傷否耶？陛下於此反之於心，有一之未盡，是陛下一念之仁有未純也。一念之仁未純，則與天地不相似，而仁道或幾乎息矣。欲望氣化大和、民物阜安也，不亦難乎？

雖然，帝王之治本於仁，帝王之仁根於心，然所以養其心者，豈有他哉？亦惟在於崇敬、畏戒、逸欲、親君子、遠小人而已矣。臣見陛下敬一之箴、五箴之註，經筵罔間於寒暑，儆戒不忘於燕閑，所以養其心者，固無有弗純矣。臣獨懼夫用人行政之道，猶有所未盡也。何則？憸夫壬人，害吾仁者也，陛下能盡去之乎？聲色貨利？誘吾仁者也，陛下能盡遠之乎？土木甲兵，妨吾仁者也，陛下能盡罷之乎？橫賜濫賞，耗吾仁者也，陛下能盡革之乎？蓋人之常情，務內者或遺乎外，謹始者多怠其終。臣願陛下終始此心，內外無間，體驗於深宮獨行之時，致審於刑賞舉措之際，則心日益存，仁日益熟，天德可全，而王道可終矣。所以永宗社萬祀之固，保家國千世之傳者，端不外此，尚何患災沴之不消、民物之不得其所哉？臣不勝惓惓仰望之至。

臣謹對。

臣郭朴

臣對：

臣聞人君建國家之業于無疆者，有經國之規模，有植國之根本。經國之規模存乎法，植國之根本存乎仁。創法定制，立綱陳紀，使一代之法整肅而不可易者，經國之規模也。深仁厚澤，真德實意，使一世之心固結而不可解者，植國之根本也。法制定則國賴之以立，德澤深則民賴之以生。自古享國長久之道，不外是二者。向使一於法而仁不足，是謂徒法，徒法不能以自行矣；一於仁而法不周，是謂徒善徒善，不足以為政矣。創立之也無其本，推行之也無其具，其何以厎烝民之生，若萬物之性，以綿國家之祚哉？恭惟皇帝陛下中和建極，仁孝格天，聖神之化遍於海宇，寬仁之德洽於民心，纘祖宗之洪猷，剗朝野之積弊，帝王雍熙之盛，宗社悠久之休，在今日矣。乃不自滿假，進臣等于廷，策以永祚保邦之道，欲使民安物阜，以隆嘉靖之治。臣有以仰見皇上望道未見、求治若渴之盛心也。臣疏庸，不足以對揚明詔，敢不參之史傳，酌之時宜，據愚見以為陛下獻乎？

今夫立國之道二，心與政而已矣。未有心弗達諸政，政弗本諸心者也。歷觀前代之君，其先世之創業、後嗣之纘承，歷年歷世之永久，靡不由茲。是故"方懋厥德"，下車泣罪，禹之仁也。而其經國也，"有典有則，以貽子孫"焉，"關石和鈞，王府則有"焉。繼之者有若啟，有若少康，仁益深于民，所以衍而爲四百年之夏也。"克寬克仁、彰信兆民"，湯之仁也。而其經國也，"旁求俊彥，啟迪後人"焉，"三風十愆"，"儆于有位"焉。繼之者賢聖迭興，仁益深于民，所以衍而爲六百年之商也。"懷保""惠鮮"，伐暴救民，文、武之仁也，而其經綸之迹，以《天保》以上治内焉，《采薇》以下治外焉。嗣之者又有成康、宣王之君，仁益深于民，所以衍爲八百年之周也。故曰："有夏服天命，惟有歷年"；"有殷受天命，惟有歷年"，而周家"卜年""卜世"，實"過其歷"。是雖當太和之運，亨豫之期，而法制之維持，德澤之優渥，亦不可誣也。由周而來，得國之正者，莫如漢、唐、宋。漢高之寬明仁恕，大綱以正，足以延漢祚矣。承之者有若七制之主，而文景之德澤尤深，其有四百年之漢，宜也。唐太宗之納諫愛民，萬目以舉，足以永唐祚矣。承之者有若三宗之君，而開元之初政尤善。其有三百年之唐，宜也。藝祖之寬仁好士，法制明肅，其延宋祚有道矣。繼之者世有賢君，而仁宗四十年恭儉之澤尤長。其有三百年之宋，亦宜也。是雖漢、唐、宋之治，不足以擬夏商周之盛，然所以保民物而延國祚者，孰不基于仁心仁政之兼備乎？

由是觀之，自古國家，建不拔之業，垂無疆之緒者，莫不由祖宗之積功累仁，創法定制，以作之于前焉；亦莫不由子孫之修德行仁，法祖慎憲，以承之于後焉。法制維持于外，而仁愛默運于中，其治化之隆、運祚之永，固其所哉！洪惟我朝太祖以天縱之聖，再造寰宇，建自古所未有之事功，復帝王所自立之中國，德澤淵深，制作明備，所以基聖代之業，綿國家之祚者，至深遠也。太宗繼述于草創之初，列聖纘承于大定之後，所以光昭前烈，垂裕後昆者，至詳備也。陛下以仁聖之資，際中興之運，敬一以修身，仁愛以恤民，謙恭以禮臣，明睿以照物，釐正弊端，圖回化理，所以纘烈祖之洪業，篤億萬年之丕基者，又至溥博也。聖祖神孫，後先相望，盛德大業，啟佑無疆，國家長治久安之盛，有不待他求者矣。

雖然，《周官》曰："若昔大猷，制治于未亂，保邦于未危。"嗚呼！此正陛下發策之意也。臣謹稽王政之端，先時務之急，條爲四事，惟陛下采納焉。其一曰久守令之任以責實效。臣聞《書》云："三載考績，三考黜陟幽明。"言久任也。今之任人，或一歲而遽遷，或未考而再調，雖有惠愛之實，莫究其施。臣願復久任之法，可乎？其二曰閱軍伍之實以飭武備。臣聞《詩》云："鞠輅有奭，以作六師。"言講武也。今之武備行伍虛于老弱，節制疏于訓練，設有征討之舉，莫得其用。臣願重閱實之令，可乎？其三曰清賦役以恤民。臣聞陛下屢有蠲貸之詔，而民不得蒙實惠者，有司沮格之過也。臣願陛下申戒百司，務以愛民爲心，弛額外之徵，省無名之賦，蠲其逋負，寬其力役，其不能宣德意者黜之，則民隱其少恤乎？其四曰謹貯蓄以防歉。臣聞陛下嘗有積穀之令，而不待收實效者，有司奉行者之失也。臣願陛下嚴飭所司，專以養民爲務，省冗食之流，節濫用之費，謹其出納，防其侵漁，而擾民廢事者罰之，則荒政其少修乎？夫久任恤民，則民蒙至治之澤，而得以享樂利之休；飭武備荒，則政無廢弛之弊，而足以弭意外之變。此即《夏書》之所謂"民惟邦本，本固邦寧"者也；即《周雅》之所謂"君子萬年，保其家邦"者也。今日之務，莫急于此，而王政之大端，亦孰有外于此哉？陛下留神弊政，加志窮民，不棄蒭蕘，不罪疏陋，采臣之說下之所司，議其可行者行之，則皇仁以沛，國脉以滋，邦本以培，王靈以振，黎民樂於變之治，萬物遂咸若之性矣。

抑臣猶有說焉。臣聞帝王之治本於道，帝王之道本於心，帝王之心純於敬，帝王之敬精於學。要之，心者，聖學之要，天德之基，王道之本也。是故學所以養此也，敬所以存此也，道所以達此也，治所以成此也。以育民物，以立綱紀，以覆天下，以澤後世，孰非此心之用哉？況夫人主之心，攻之甚衆，而保之甚難，使非純一之至，何以達之治而詣其極耶？陛下謙虛望道，宥密基命，邃其學矣；執中協一，法祖憲天，懋其敬矣；明倫盡制，尊親廣孝，順其道矣；秉憲貞度，禮賢愛民，隆其治矣。凡此謂不由於聖心之純哉？

臣愚杞人之懷，惟願陛下存之不息，保之有終，不移于紛華波蕩之中，不奪於外誘物欲之感，則純一不已之施設，至誠無息之功用，上以昭祖宗之烈，下以永國家之傳，而經國之規模、植國之根本，有隆而無替矣。臣草茅下士，不識忌諱，冒瀆天威，無任隕越之至！

臣謹對。

臣任瀛

臣對：

臣聞帝王以仁心而肇鴻龐之業，以仁政而保隆平之治。夫仁者，人心之生理也。天地之所以生育長養萬物者，在於仁；人君之所以代天理物者，亦在於仁。心者，政之本也。而政者，所以推此心之仁，以達之天下也。大哉，心之爲用乎！斂之無所不具，充之無所不周。至哉，仁之爲德乎！推之而無不準，動之而無不化，故創業不以仁，草昧之初，何以收拾其渙散之心？守成不以仁，承平之日，何以固結其綏服之念。有仁以遂其欲，則愛之也如父母，而歸之也如流水，民將懷之而不能舍矣。有仁以厚其澤，則浹於肌膚，淪於骨髓，民將依之而不忍去矣。夫君人者繼天立極，固將以爲民也，衆非元后何戴？后非衆罔與守邦。民懷之而不能舍，則有元后之戴而無仇讎之心也；民依之而不忍去，則有盤石之固而無瓦解之勢也。取之以仁，守之以仁，心政兼備，本末具舉，享國長久之道在是矣。三代所以歷年多、享國久者，政以能盡是道。

我國家仁厚一脉，而歷年之多、享國之久，將與天壤相爲無窮，遠過三代之歷矣。下此而漢、唐、宋，又何足言哉？欽惟皇帝陛下，以剛健純粹之資，緝熙光明之學，駿德貫於天地，偉略超乎古今，勵精化理，光濟前休，深仁厚澤，丕冒群生，恩澤及於庶物，聲教洽於于兹，宗社億萬年靈長之祚，端在是矣。然且既聖而不自聖，已安而不自安，乃於萬幾之暇，進臣等於廷，發德音、下明詔，此即唐堯稽衆舍已之意，虞舜好問好察之心也。顧以臣之謭陋，何足以仰承休德、少裨聖政之萬一了？伏念臣草茅賤士，一旦遭際若此，豈敢隱默不言，以負陛下今日策士之意哉？

臣惟天生民有欲，無主乃亂，故必有出類之才，起而君長之治之而争奪息，導之而生養遂，教之而倫理明。立君以安民者，天之心也。《易》曰："天地之大德曰生，聖人之大寶曰位。何以守位？曰仁。"以仁厚立國者，帝王君天下之道也。故必存於內者有不忍人之心，而後發於外者有不忍人之政。既不失之徒善，又不失之徒法。帝王立國之規模，保治之要道，不越乎此。自古歷年之多、享國長久，以三代爲稱首。求其所以，如禹之乘四載而抑洪水，勞八年而拯黎民，祗台德先，而下車泣辜，地平天成，而萬世永賴，何莫而非仁也？及啓又能敬承繼禹之道，孰非以仁守之乎？此有夏所以享國四百年之多也。成湯祝綱以懷群動，禱旱以康兆民，代虐以寬而子惠困窮，推亡固存而表正萬邦，何莫非仁也？太甲克終允德，盤庚訓民遷國，高宗嘉靖殷邦、小大罔怨，孰非以仁守之乎？此有商所以享國六百載之久也。至於有周文王之惠鮮懷保，而澤及枯骨；明德慎罰，而咸和萬民。武王之惇信明義，而重民五教；勝殷遏劉，而永清四海，何莫而非仁也？逮乎成王禮樂大備，刑措不用；康王率循大卞，對揚光訓。守之以仁如此，此所以永定郟鄏之鼎，卜年八百，而又過其曆焉。

自是而降，漢有天下四百年，若高帝麋秦誅項，蕩滌八荒，約法《三章》，與民更始，寬仁大度者也。繼以文帝恭修玄默，景帝恭儉愛民。光武除莽苛政，總攬權綱，才明勇略，同符高祖者也。繼以明帝法令分明，幽枉必達；章帝平徭簡賦，事從寬厚。唐有天下三百年，若高祖起自晉陽，以除隋亂；太宗擒充戮竇，掃滅群雄，致治之美，庶幾成康。後世識度弘遠、英武果斷，有如玄宗；英睿有謀、仁愛孝友，有如肅宗；志平僭叛、能用忠謀，有如憲宗。至於宋興，合數世之瓜分，削百年之根據，豁達大度，愛養民力，而仁義之風，無讓漢、唐者，太祖也。洞察隱微，日用儉素，而於文籍尤所篤好者，太宗也。深仁厚澤，而培植國本者，仁宗也；繼體守文，而中興王業者，高宗也。肆宋享國，亦三百年。惟漢、唐、宋施仁有廣狹淺深之不同，故國祚亦因之而有脩短之殊。雖其君德有純駁，心有誠偽，政雜王伯，而要之仁厚一念，以為立國之規模，斷斷乎不可誣也。聖制所謂"基之於先王，德洽於民心，亦繼之以嗣王能盡持盈慎滿之道"是已。

洪惟我太祖高皇帝，憫元政之不綱，慨生民之無主，躬提師旅，誓清四海。自起義臨濠，即拳拳以安養生息百姓為已任，命將征伐，每以毋妄殺毋焚掠為戒。平武昌以來，即議定律。雖當草創之初，而投戈講藝，息馬論道，納不嗜殺人之說，焚錦衣衛之刑具，惟欲拯斯民於塗炭，躋天下於袵席。其生萬民之心，即天地生萬物之心也。逮天下既定，於是事為之制，曲為之防，凡所以維持天下、左右斯民者，無所不用其至。稽六典以建官，列藩省以制外。重親藩之封，廣衛兵之設。有《大誥》三編以訓戒臣民，有臥碑監規以教育生徒。於萬民也，有種桑之令，有給鹽之惠；於軍士也，有月糧之給，衣物之賜。而減租之詔，賑恤之令，無歲不下。宮中無事，誦《論語》節用愛人之言，嘆爲格言；見晁錯論富壽安逸之旨，而嘆其切。志趣定矣。秦皇、漢武好尚神仙以求長生，則深論其非；宋真宗信天書、喜祥瑞，則厭惡其事。好尚端矣。戒嗜欲則毀緙金牀，碎水精宮刻漏；節財用則宮室但取朴素，宮中隙地惟用種蔬。命牛諒定禮，命陶凱定樂，而中和之用著；鄉飲有讀法，高年有賜爵，而風動之化成。此所以復帝王所自立之中國，正中夏文明之大統。儒臣宋濂所謂"功高萬古，得國之正，獨稟全智，敬天勤民，家法之嚴，兵政有統。"是六者，亦庶幾鋪張揚厲我聖祖之功德者哉！昔武王之反商政，而當時猶謂之"於湯有光"，況胡元以夷狄入主中國，天地於是易位，日月於是晦冥，綱常於是淪斁，自古以來中國所未有之禍也。我太祖起而驅逐之，而廓清之，其德業之隆，功烈之盛，振古之所無者也，又豈漢、唐、宋區區一時之功業，可得而比擬其萬一也哉？是以道洽政治，歷年久遠，詒燕翼於萬年，垂鴻休於無疆。太宗文皇帝中靖家邦，纂述大統，潤色洪業。列聖相承，守而弗替。百六十餘年來，率皆以大聖之德而行，至仁之化以純王之心而施純王之政。創業守成，盡善盡美，聖子神孫，所當遵行體念，永永不可忘焉者也。

恭惟陛下自臨御以來，勵精圖治，宵旰不暇，著意禮文，留心聖學。明作之功，惇大之治，兼舉無弊。大化流行於宇宙，至仁丕冒於華夷，薰蒸透徹，融液周遍，仁厚之風，將增光祖宗，超三代而上之矣。方且體道謙冲，以"思祖宗創造萬艱，惕然悚懼"爲言，又諄諄以"民得以遂生，物得以適所"爲問。即此一念，所以永宗社萬祀之固、保家國千載之傳，胥此在矣，而又何以他求爲哉？蓋繼世之君，不知創業之艱難，則無以體此仁；不知斯民之休戚，則無以施此仁。陛下既知此而念此矣，臣有以知陛下能盡善繼善述之道，而得祈天永命之理，無疑也。

然今日之所當積累力行而不懈者，亦惟以仁而已矣。所謂仁者，非徒然姑息之謂，煦煦小惠而已，必也以聖人之訓爲必可信，以帝王之道爲必可行。一話一言，遵祖訓而不失；一政一令，率舊章而不恣。喜怒以天不以人，賞罰以公不以私。慎刑憲之科，去煩苛之條，所以盡此仁；廣忠讜之路，開不諱之門，所以廣此仁。定上下之分以振紀綱，停不急之務以節財用，仁之實也。親君子遠小人，進忠直退邪佞，以法祖奉親爲要務，以敬天勤民爲大本，仁之綱也。睹玉食之珍奇，而憂民之無食；服錦衣之輕煖，而憂民之無衣；處九重之壯麗，而憂民之無居，仁之事也。遠聲色爲斧斤，戒晏安爲鴆毒，不惑於异端之荒唐，不錮於祥瑞之蒙蔽，不役於耳目之新奇，抑奔競以端士習，擇將帥以詰戎兵，仁之發也。不寶遠物，慮開貢獻之門，以蕩此仁；不輕改作，慮作聰明之漸，以蠱此仁。日新聖學以涵養之，親近儒臣以講明之，將見聖心虛明而靜一，蘊於内者，皆忠厚惻怛之充周；發於外者，皆溥博公平之洋溢。由是大化神明，而鴻恩博洽，民無不遂其生；日月貞明，而雨暘時若，無物不適其所。國祚靈長雍熙泰和之盛，殆與天地相爲終始矣。然此非臣之臆説也。孟軻氏嘗曰："三代之得天下也以仁，其失天下也以不仁。"孔子繫《易》之乾曰："元者，善之長也。"夫乾，大君之象也，元即仁也，而仁者德之聚也。其行之之端，惟其擴充而已矣。子思"致曲"之云，孟子"善推所爲"之説，皆擴充之旨也。

此固陛下所以行，而臣愚猶惓惓言之者，欲陛下持不息之誠，爲克終之圖，永保今日之仁於悠久焉耳。我太祖嘗曰："日月之能久照，萬世不改其明；堯舜之道不息，萬世不改其行。三代因時損益者，其小過不及耳。若一代定法，不可輕改。後世子孫，當思敬守祖法。"臣愚請以聖祖之訓爲陛下今日行仁之本。

臣干冒天威，不勝惶懼隕越之至！

臣謹對。

臣沈宏

臣對：

臣聞帝王繼述之道，内存乎祈天永命之心，而外弘其御世酹物之政。夫心者，政之本也，無是心則政不立；政者，心之推也，無是政則心弗弘。政之不立，是謂徒善，徒善則天下之化泥矣；心之弗弘，是謂徒法，徒法則天下之治敝矣。泥且敝，皆帝王之所弗爲也。帝王之道有要焉，亦曰敬而已矣。蓋敬也者，徹内徹外之道也，成始成終之道也，所以祈天永命者在是、所以御世酹物者在是。是故以之創業，則足以伐暴救民，而貽燕翼之謀；以之守成，則足以興滯補敝，而盡繼述之善。古之久安長治者，罔不繇此矣。此所謂創守無二道，祖宗無二心者也。君人者將欲綿其運祚而壽其國脉，豈不在於一敬之作所哉？臣伏草茅，歷觀往古，有見於廢興存亡之故，而未嘗不三復於斯也。今日恭遇皇帝陛下，於萬幾之暇，特進臣等而清問及焉，得非臣愚可言之時乎？然觀乎時勢而究其本指，以廣德業，以裨弘深，則臣非其人也，而竊有志焉。臣伏讀制策，有曰："三代以來，惟周之歷世最多且久，蓋由先王德澤洽於民心，亦繼之以嗣王能盡持盈慎滿之道者也。"繼而先之以皇祖高皇帝之創業，次之以太宗文皇帝之繼述，又次之以列聖之遵承，而思慕其良法要道。此有以見陛下嘉樂之意，謙恭之德，真得祈天永命之心，直欲追殷周而上之，以綿宗社于萬年無疆之休者也。臣敢不對揚休命於萬一乎？

竊惟自古帝王之治天下，有德以基化本，有功以綏太平。德存乎心，政之所以立也；功顯于外，心之所以形也。唐虞以往尚矣，今自三代論之。"祗台德先，不距朕行"，禹之所以立政也。"九功惟叙，九叙惟歌"，禹之所以弘心也。矧其繼之，則有敬承之啓，興復之仲康，而夏之所以創守者可見矣。"聖敬日躋，昭假遲遲"，湯之所以立政也。"布昭聖武，子惠困窮"，湯之所以弘心也。矧其繼之，則有克終允德之太甲，祗慎天命之太戊，嘉靖殷邦之高宗，而商之所以創守者可見矣。若夫周也，文、武開之於前，成、康繼之於後，歷世三十，歷年八百，世祚之多且久，誠有以出夏商之右矣。然揆其所自，則緝熙敬止、世德作求，《天保》以上治內，《采薇》以下治外，而文武之功德盛矣。基命宥密，夙夜弗康，對揚文武，率循大卞，而成、康之功德盛矣。至於宣王繼厲之烈，猶能赫然中興，以復文、武之舊。可見德澤之在人心者，誠深洽矣。使繼世者皆若成康，皆若宣王焉，則周雖至今存可也。嗣是而下，其創業者，漢有高帝，唐有文皇，宋有藝祖，而開國之道，擬之先王未備也。其繼體者，漢有文宣，唐有玄、憲，宋有仁宗，而承家之道，擬之先王未備也。是故享祚之久，比之後世則有餘，而擬之三代則未及，蓋有由矣。

洪惟我皇祖高皇帝，聖哲開運，純敬格天，駿德神功，巍巍蕩蕩，有以逈出千古之上矣。迨太宗文皇帝，益弘繼述之謨。列聖相承，世培熙洽之運，莫非本之於心為要道，推之於外為良法，則國祚綿延歷于無疆，固其所也。兹幸伏遇陛下，以不世出之資，持不自滿之志，踐祚以來，興道致治，有加於昔矣，而又以未盡繼述之道為慮。臣知陛下此心，即古之聖王兢兢業業，所其無逸之心也。是心也，蘊於內則為祈天永命之本，達於外則為御世酬物之政，持盈慎滿之道，莫過於此矣。臣嘗伏讀聖製敬一箴及五箴之解，未嘗不仰而嘆曰："堯舜禹湯文武之心在是矣！"今日之對，臣復何言哉？

臣聞人主坐法宮之中，若甚隱也；而風聲美惡，鼓動天下，則甚顯也。慎獨之功，豈非持敬之所當勉者乎？《中庸》曰："知遠之近，知風之自，知微之顯。"《詩》曰："相在爾室，尚不愧於屋漏。"蓋言幾之當審，獨之當慎也。今陛下欲恒敬一之德，以爲國家無窮之福，則不可以不慎其獨，欲慎其獨，則不可以不審其幾。夫審之慎之者，無他，惟陛下試省焉耳。或者大庭此心，而深宮時有不然者乎？萬幾此心，而暇逸時有不然者乎？惟嚴惟翼，勿貳勿參，必湛然於無感之時，而洞然於有感之際。至明以察之，至健以決之，而後可以爲之審，而後可以爲之慎。此心既存，則蘊之爲本，達之爲用，良法要道，有不合德於祖宗，匹休於先王，豈理也哉？

制策又曰："爾多士蘊持既久，素閑王政，宜悉所知，以告朕。朕將采擇而勉之。"此有以見陛下不棄蒭蕘之賤，而使之盡言如此。臣愚承問而可復諱乎？今略舉爲政之實以對，惟陛下試采擇焉。其一曰務出治之實，以立紀綱。夫國家安危之形在天下，而本原之地在朝廷。君人者，如一元上運，大同其德以從人；公卿有司者，如五氣順成，各致其能以相濟。故元首明而股肱良，則庶事以之而康矣；元首叢脞而股肱惰，則庶事以之而隳矣。在昔帝王君臣相得，都俞吁咈、天下不以爲諛且戾也。今或不然，無乃陛下接之不以其時，訪之不以其情乎？夫朝廷者，四方之極，所爲而是，雖立斷之不爲過；所爲而非，雖屢更之不爲病。故萬全而無弊者，帝王之治也。臣願陛下念手足腹心一體之義，虛心延訪，推誠任人，一有所爲，必反覆辯論，以求至當之歸。果見其有利於民、有利於國，然後斷然行之而無疑也。如此則政無因循，朝無曠位，而明良喜起之風、君臣同游之盛，於是復見矣。紀綱其有不立，天下其有不治也哉？

其二曰務恤民之實以若天鑒。臣聞之《書》曰："天視自我民視，天聽自我民聽。"民心之欣戚，天心因之以爲喜怒者也。故一婦負屈，三年致旱；一夫號冤，六月飛霜。況四海之廣，兆民之衆，無辜籲天，天變之多，豈無自耶？臣觀今之民生可謂困矣：西成之收，不足以償東作之貸；地之所出，不足以償賦之所入。冬燠號寒，年豐啼飢，流離載道，十室九空矣。況又加之以水旱蟲蝗之爲災，徭役差遣之爲虐，如之何不夫鬻其妻、父弃其子，强則爲盜賊、弱則填溝壑而止也？臣願陛下急求所以恤民之道而行之，大要在於重守令而節財賦，省力役而斥异端。夫守令不重，則好民所惡，惡民所好，由是訟獄繁而盜賊起矣；財賦不節，則一以科百，十以科千，由是貪黷橫而刑罰苛矣。力役省，則力本者得以自盡，而民之衣食有所出；异端斥，則左道者不能惑衆，而民之衣食無所耗。慎此四者，而尤願加之意焉。《春秋》于僖公而屢書"不雨"，見其有志於民也；于文公而一書"不雨"，見其無志于民也。陛下果能惓惓此心，加意于民，則雖不免灾害之見，而民不爲灾矣。

其三曰務納諫之實以行直道。臣聞柔悅順從者，耳目之娛、心腹之害也，雖芟夷之而常患其有餘；剛方讜直者，一時之忤、無窮之利也，雖長養之而常患其不足。古之帝王所以和顏遜志，助之以勞來之勤、勸賞之渥，所以來公論而錫天下之福也。臣伏見陛下之所以爲直道計者，非不至矣。日有輪劄，是以直道望諫官也；時御經筵，是以直道望輔臣也；五策大對，是以直道望諸生也。燭幽昭隱，天下以此咸服陛下之明；納污藏疾，天下以此咸服陛下之量。而直道至今尤未盡行者，何也？無乃爲之臣者一有所懲，則以言爲戒，謀國之心皆轉而爲自全之計，其風漸長，非國之福也。臣願陛下無渝初心，益弘其量，凡以進言得罪者，悉優容而假借之，則直道無弗行矣。何者？蓋聞人君之尊，天也；其威，雷霆也，人臣以卑微之身而欲犯尊觸威，亦難矣。故臣子之有志於盡職納忠者，惟恃人主之善聽焉耳。夫聽言之道，非仁不容，非明不察，非武不斷，人君三德，此尤不可少者。此堯舜之聖，所以開衢室、好問察，而至今頌之不衰也。

其四曰務教化之實以端士習。臣聞窮之所養，達之所施；幼之所學，壯之所行也。古之識治體者，未嘗不以厚士習爲先務。夫今之士習亦甚薄矣，凡有子而教之者，方其幼也，授之句讀，即擇其可合於有司者俾誦習焉；及其長也，連篇累牘，持之以要科目，以媒青紫。至於人倫之大、行檢之實，則漫不加意。何也？蓋父兄所教，師友所傳，利而已矣，其習已久，恬不爲非。以之領郡邑，如之何責其爲龔黃卓魯？以之列朝寧，如之何望其爲韓范歐富？士習之薄，此風俗之所以日偷也。臣願陛下重師儒之官，嚴風紀之司，抑奔競之風。夫師儒不重則模範不端，風紀不嚴則行檢不飭，奔競不抑則廉恥道喪。慎此三者，而又範之以皇極，鼓之以神化，又何憂乎人才之不輩出、匹休於三代也哉？夫出治也，恤民也，納諫也，教化也，四者之蔽，蔽之大者，此至治之所以未臻，而有来當宁之憂也。

雖然，主張之權在上不在下，運旋之術在内不在外。故臣愚始終以爲言者，惟以主敬之道爲陛下獻。夫《無逸》一書，周公所以告成王者，其意亦不過曰"久此敬"耳。《中庸》曰："不息則久，久則徵。"《易》曰："聖人久於其道，而天下化成。"臣願陛下敬德不息，久而益盛，永惟無逸，以體大易中庸之義，則德無不徵，化無不成。以之出治，則所謂"一人元良，萬邦以貞"也；以之恤民，則所謂"豈弟君子，民之父母"也；以之聽納，則所謂"明四目達四聰"也；以之教化，則所謂"成人有德，小子有造"也。是故一敬立，而天下之治從之矣。以言乎内，則萬邦作乎也；以言乎外，則四夷来王也。其大至於位天地，育萬物，召禎祥，而爲盛德自然之應，理之所必至者，豈不蟊斯蟄蟄、遐壽無期，亦如堯舜禹湯文武也哉？聖念及此，天地神人之福也，久安長治之道，端在於是，而漢、唐、宋之諸君，皆不足以望下風矣。臣愚不識忌諱，干冒天威，臣不勝戰栗隕越之至！

臣謹對。

臣駱文盛

臣對：

臣聞古之帝王所以爲創守之道，仁與敬而已矣。仁以結斯民之心，敬以承先世之志。結民心則國本以固，承先志則善政弗忘。若是乎創守之道胥得之矣。其所以垂至治之休，所以衍無疆之慶，外此豈有他術哉？臣智識愚昧，竊不自量，亦嘗論觀于天下之勢，而得其先後緩急之宜矣。顧披瀝無由，徒懷耿耿。今幸進之大廷，仰承清問，惓惓於我祖宗之功德，而欲長保弘業于無窮，臣有以知陛下高駕遠詣之志，豈不以仁厚立洪基，則當爲文武；禮樂興太平，則當爲成康。其於夏商之盛且無論矣，而況於漢、唐、宋之有可議者乎？然夏、商、周之所以得，與夫漢、唐、宋之所以失，典冊具存，陛下既已稔聞之矣，今臣復敢剿説雷同，上瀆宸聽？獨以其至近至切者爲陛下陳之，惟不以其庸常爲可厭，不以其淺易爲可忽，而試垂省覽焉。

欽惟我皇祖高皇帝功德之隆，前代莫及，其在宋濂之序《日曆》有曰"功高萬古"也，曰"得國之正"也，曰"獨稟全智"也，曰"敬天勤民"也，曰"家法之嚴"也，曰"軍政有統"也。而其恢弘一時者，固可概見，至求其所以爲創造之基，則惟仁民而已矣。觀夫諭諸臣之辭，有曰："人民凋弊，失業者多。"有曰："所業有限，供需百出。"有曰："憂人者常體其心，愛人者每惜其力。"蓋未嘗不以民命爲重。至其政之所施，亦無非矜恤元元之實。是故刑獄以寬厚爲本，宮室以綺麗爲戒。定賦以節用，而民力以舒；□步以憫農，而末作有禁。歲事有種桑之法，凝寒有給□之惠。釋費震之罪以勸良吏，停開封之役以惜農時。所謂以不忍人之心，行不忍人之政者，率多類此。《易》曰："上以厚下安宅。"《書》曰："民惟邦本，本固邦寧。"是可見民苟未安，則天下之事無一可爲者。我聖祖之高見遠慮，其在是哉，自是太宗繼述於草創之初，列聖遵承於太定之後，百有六十餘載，傳之於今，有由然也。

　　兹者伏遇陛下思祖宗創造萬艱，惕然悚懼，訪所謂良法要道，于以永宗社萬祀之固，保家國千世之傳。臣以爲，此何假於遠求之哉？惟敬承我祖宗仁民之心，而致治之基在是矣。且今天下之民承平日久，謂之未安，則農桑以爲業，室家之相保，若無他可言也；謂之已安，則爲民病者殆不可勝數。臣未暇舉其詳，且自其最甚者言之。涸澤以漁，傷根而刈，此民之困於賦斂也；時詘舉嬴，煩勞生厭，此民之困於力役也；富連阡陌，貧無卓錐，此民之困於兼并也；巨浸滔天，赤土彌望，此民之困於水旱也；田廬取償，妻子爲質，此民之困於逋負也；一耕十食，一蠶百衣，此民之困於游惰也；叫囂東西，隳突南北，此民之困於吏胥也；供給愈難，陪償無已，此民之困於畜牧也。他如緇黃之蠹，貪殘之政，婚娶之艱，喪葬之費，凡民之所以不安其生者，其勢若此，謂之厚下，謂之本固，可乎？下不厚而謂之安宅，本不固而謂之邦寧，可乎？故臣妄謂，今天下之勢，譬之人身，饑餒已久，尪羸已甚，雖日以膏粱厭飫之，參苓補助之，且不能頓復其元氣。使徒被以文繡，習於聲容，日從事於詠歌舞蹈之列，吾見祇益其患耳，烏在其病之能起也耶？

　　臣願陛下審于其勢之所急，專意於養民爲務，選用賢良，慎擇守令，凡可以憫民之窮、恤民之患者，日夕遑遑以爲之所。如欲均賦斂，則財用之當節；欲寬力役，則工作之當止；欲抑兼并，則限田之議可求；欲濟水旱，則溝洫之制可講；欲蘇逋負，則申倍息之禁；欲止游惰，則重閑民之罰；欲懲吏胥，則嚴朘剝之條；欲便畜牧，則擇閑廄之使。其他毁度以減緇黃，遠斥以乂貪殘，論財有戒以便婚娶，厚殉有刑以惠喪葬。若是乎病日以去，而利日以興，民食將於是乎足，民生將於是乎寧，國本以之固，國脉以之延。由是而肅軍令以重國體可也，由是而慎邊防以振國勢可也，由是而通河漕以便國用可也，由是而精考課以明國憲可也，由是而重師儒以興學校可也，由是而正風俗以息浮薄可也，由是而旌讜直以作士氣可也，由是而抑奔競以敦士習可也，由是而嚴祭祀以奉神靈可也，由是而定禮樂以致中和可也，所謂"持盈慎滿之道"莫大乎是，而歷世之久、歷年之長亦豈有外於是哉？

苟徒區區掇拾遺文、補葺故事，儀章則欲其備，度數則欲其詳，而托言於光前啟後之烈。是之謂有法祖之名，無法祖之實。渾厚之治體既未能敦，而精明之治功亦何以建哉？由此觀之，可見愛民之仁足以盡法祖之敬，而仁敬固為一道也，與夫愛民法祖之實，臣既以陳之於前矣，至其本原之地，則又有在焉。古之人曰："徒善不足以為政。"又曰："有內聖之德，則有外王之業。"臣嘗伏讀陛下之《敬一箴》與夫《五箴》之訓，深感夫陛下之學得之極其精，陛下之心養之極其純，陛下之德充之極其盛，蓋不必更求之古而有所增益，臣亦何所陳說而冀以裨補于萬一哉？但人之恒情，言之有餘而行之或未足，始之克謹而終之或不繼。臣固不敢以此疑陛下，惟考之實事，則若有未盡；徵之治效，則若有未成。如漢文帝之海內富庶、黎民淳厚，如唐太宗之斗米三錢、外戶不閉，如宋仁宗之恭儉仁恕、民物康阜，今亦未之見焉，又何有於成周之盛哉？又何暇於經制之定禮樂之興哉？此臣之所以不能無疑者也。

臣願陛下靜觀而反求之，不以臣言為妄，於是勉其所不足，求其所未至，敬勝夫怠，終如其始，將見日見之行，而煥然百度之咸熙，雖由是而成至治，登太和，超三軼五，將無不可者，尚何民生之有未遂，國本之有未植，天之眷命有未篤，變之消弭有未盡，經制之未可定，禮樂之未可興也耶？蓋至是，而法祖之敬至矣、盡矣，一毫無餘憾矣。于以作百王之則，于以垂萬世之休，極自我建，法自我始，雖謂之創可也，而況於守乎哉！否則，道非前定而易窮，法以無本而多戾，虛文勝而實意衰，立志遠而成功少，天下後世將以為不世出之大聖人而治效猶止於此，則隆古之化，果不可以復見也耶？此臣之所以甚為激切者也。惟陛下矜其愚，寬其誅，俯賜采納，彊勉而行之，則天下幸甚！萬世幸甚！

臣謹對。

臣尹臺

臣對：

臣聞帝王所以創守天下者，無异道焉，存乎心與政而已矣。天下之治，其創與守也，時殊而理若异致，然圖大保，有使上下昭然，升于大猷，嗣服傳久遠不替，則豈獨創之難，守之亦甚難也。夫知其難也，則凡求之吾心以推之政事，咸覬其無失理者，始不容以易焉爲之，是心與政相濟以成治者，帝王創守天下所不異也。夫心者，治之統也，政繫以出矣；政者，治之紀也，心繇以達矣。古先帝王，其存於心者，既恒恐一民物之闕理，遺艱大之疚，而政又足以翼協之。苟慕乎心，無弗殫乎其政，是以當時大治，後世誦聖，功德載乎無終。凡以創守之謀訏詒於久遠者，有此具也。後之人君，其道鮮備矣。心狃於偏私，推之政則塞而不達，政崇於虛侈，求之心則繆而不合。若是而期治國大體，庶幾古帝王什一，遺於後世，足以章一代創守之迹，不其左乎？夫後世治不古侔，使天下罕被其澤，而靡究乎歷年之數，則蓋有繇然矣。

臣竊誦《詩》《書》所載，及上世紀傳所錄聞，恒私嘆三代創守之法不可尚，以爲本諸心，政之統紀者甚著明焉。故其享祚久遠，亦宜非後世所及。至觀我祖宗創造丕構於前，列聖紹嗣休服於後，所以茂建懿模、洪規於億萬年者，無不自其一心，達之天下之政，然後知三代所以爲有道之長，誠不越乎此矣。夫帝王之道，豈不同條共貫哉？臣伏迹草野，蓋嘗講圖末議，志亦欲有所陳也。今幸預有司推選，獲進詣明廷，備充數引對之列。陛下親賜綸制策詢之，且勉令罄所知以告。夫極帝王之規，徵往代之故，明創守之說，察理要之論，皆非臣愚所能具也。然遇際陛下明聖，獨觀昭曠之道，馳驅域外之議，而臣得效諓諓之忠，無忌諱之患，此自昔賢智士所希蒙之時也，雖臣愚陋，敢不圖一言自獻乎？

臣聞古之人有言曰："爲君難。"夫創業之難，難矣；守成之難，難矣。故天下莫難於爲君。蓋天生民物不能自理，於是焉托之大君。曰大君，統眾理物，寔爲天下主。是故或肇治于先，則首制興度，昭一代之典憲；立經陳紀，遺萬世之法程。是曰創業之難也。或紹治于後，則御土宇之大；思燕翼之惟艱，撫神器之重，念嗣服之匪輕。是曰守成之難也。夫人君負大難於身，苟其心之不敢自暇逸，則必思難以圖其易，達之於政，豈使有一不得其理者哉？聖制探求往世創守之迹，則稽自三代以末，迄于宋終。蓋三代之君所以創守天下者，其具至明備矣。是故其先，必大聖人開而造之，暨其後嗣，又克敬承無失，是以能維持統紀於數百餘年不墜。然臣論之，大要蓋不出乎心與政也。是故克艱祗承，戀昭建極，禹湯之心矻矻焉，恒恐一失其理，將無以爲天下屬也。故其政之昭施，至于平成天地，允殖兆民，四方無不祗服，累子孫數十世尚不絕息，凡以所積而遺之者深矣。況後王繼作，又有若啓、仲康者，有若太甲、盤庚、中宗、高宗者，咸有敬承戀戒之心，克終永肩，寅畏恭默之心，故能不墜其前王舊政，率履不越，以綿享國之祚。夫夏商創守之迹，概可見矣。使其後無甚不道之君，或稍扶持安全之，則二代雖至今存可也。若夫周之立國，則自后稷至公劉，并以稼穡勤其民；及太王遷岐，文王邑豐，盛德蒸發，益勃勃乎不可遏矣。《詩》曰："天作高山，太王荒之。彼作矣，文王康之。"此之謂也。武王平暴亂，拯民於水火。周公成文、武之德，興禮樂以相天下。今讀《周官》六典之書，想見當時政治之迹，蓋渢渢乎至仁流行哉！所以然者，其視民如傷，不泄邇忘遠之心，與夫在宮在廟，著於詩人所稱，几杖盤盂刀劍戶牖，莫不設銘以立戒。其中之所形見者，已若是至極也。又篤棐偶愚，迄終始相勉勸，如君奭之誥所陳，則一時儆惕不懈之心，君臣蓋亹亹焉。夫其政澤漸被，至于今頌之不衰，不有籙然乎？迨其嗣王，又得前人疾敬德之訓，所其無逸之訓，毋冒貢于非幾之訓，以早夜夾介，用持乃心于不迨。故成、康之際，刑措圄空，文、武之澤，益漬濡于天下。及乎中世，業頗陵遲，宣王中興，飭治而作起之。觀《雲漢》諸詩，見其畏天悲民之心，惻然而不可已，宜不失文、武、成、康令緒，以永厥聞于翼世矣。夫周家所以創造天下者，累數王，積數世，其澤既深入而浹乎民，後世又得不墜前聞之主若數君者，雖末季僅僅，猶能守先王典禮，不肯屑用以假其下，抑強大諸侯之僭，使毋猝犯於一朝，則周之所以享國獨久者，固宜有以臻之也。是非明著大效邪？聖制謂本於文武之積累，亦其後之繼承者能保持之，豈不信然哉？夫其創守一轍，成於心政之相濟，蓋三代共之矣。自是而下，遝乎不相及焉。

歷漢、唐、宋號稱至治，其間創業，若高帝、光武、太宗、藝祖，守成若文、景、明、章、玄、憲、仁、孝數君者，雖賢有優劣，要亦近乎古也。顧心不純合，政則隨之，雖或庶幾一二，不過天資偶似，勉強旦夕，卒難行之終久。且其襲秦隋末軌，無能蕩滌其虐遺，間緣飾仁義，已不免夷霸之雜。而寬大立國體者，其既浸淫乎退弱不振，是惡足言創守之善，而亦奚得於心政之要哉？臣故曰後世治不古侔也。

我太祖高皇帝代天復世，重肇中華，神武弘創立之規，聖文垂翼啟之謀，振古無比之功德，建諸千萬世，光乎若揭日月行天地矣。是曷繇致是邪？

臣嘗恭誦訓言，有以探測其一二焉。曰：＂朕觀古帝王，治莫盛於堯舜，然其要在允執厥中。＂曰：＂人君一心，治化之本，存於中者無堯舜之心，欲施於政者有堯舜之治，不可得已。＂洋洋聖謨乎！夫古帝王心法政要，盡在是矣。是故著《存心》之錄，諭《觀心》之義，繹《洪範》之章，列《衍義》之書，所以敷寶誠於當時，遺元龜於後世者，本末條理，爛然睹見也。是以政化宣被，上下顯冒。損益百王，經維盡倫制之美；監觀歷代，章采備今昔之宜。誠上軼三代，下陋漢、唐、宋矣。肆我太宗繼述于草創之初，列聖遵承于大定之後，心法政要，播在方策，難遍以疏舉也。百六十有餘載，道化流宇內，聲教訖四表，眾生之類無不覆，根著之物無不載，則王者積德之大效矣。陛下聰明聖智，超乎百代之上，撫鴻龐之業，際盈成之運，然且緝熙聖學，勤志往道，首迪敬一，示皇極之領要；次註五箴，明理術之幾微。所訓者，咸古帝王之心矣。感《無逸》《豳風》之陳，則復躬耕親蠶之典；思丘澤昭穆之辨，則恢郊壇九廟之制。所興者，咸古帝王之政矣。夫心政大端，不過乎此，在舉而措之耳。所以永宗社萬祀之固，保國家千世之傳，其良法要道，豈端出于二者之外哉？

陛下又惕然悚懼，慮招灾害于民，清問芻蕘之臣，思求其道而勉擇之，則孳孳圖理，不遺下問，雖古帝王何以過？臣敢不仰廑淵衷，計議所闕，以上承陛下之休德邪？臣聞至治之世，天不降灾，地不呈妖，人不受夭害。今邊陲之內，干戈數動；畿輔之外，盜賊不衰。星緯傳凶，坤靈示變，水旱不期，疫癘時興。此其故誠何為而致？則聖制所謂＂招灾害于民＂者，殆不能無致疑於此矣。夫陛下苟致疑於此，則必深思其故，而計為之所。惴惴焉求之於心，察之於政，圖去其蠹時傷理之為，毋使奸乎其間，令海內之氣清和咸理，則今日灾變之動，殆太安興兆也，豈足爲虞慮邪？顧臣所謂闕者，誠以政因乎心者也，政紀弗修，則心之遺所加也；治成乎政者也，治功靡究，則政之失其理也。夫心遺所加，政失其理，將庶事圮而不振，百物蠹而不和，所以乖天地之應，干陰陽之統，而招灾害于百姓者，豈其微哉？臣請試言今日之政，計時詘伸，論其扶弊救溢之故，略陳數事於前，期聖心時加焉，願幸詳擇察行毋忽。

　　臣聞賢材者，聖王所恃以爲理化輔翼也。然賢材不養，則不可得，而養之必于學校。今學校遍天下矣，養之者誰與？上以章句之文程其下，下以苟倖之心伺其上，此既無异乎賈販相售，又況爲之師者，皆取諸中庸流品，而有司任督勸之責者，恒漠焉視之，曾不與其事。夫養士如是，而欲得賢材之用，昔人比之不瑑玉而求文采者也。自非豪杰士，孰能自拔於流俗哉？彼豪杰士，視上之所養若是，其心固竊耻之，而中材則何賴以效持也？陛下誠加心於賢材之養，則令司是任者，毋專徇文藝，必兼材德爲擇。慎選經明行修之士以居師守，而有司時督其勤勿怠。如此，則賢材必衆出矣。選課者，士操賢否以爲出入之途，冢宰執之，用進退百司者。今諸途并用，則誠率祖宗之舊矣，顧薦法不行，終無以待天下异材也。夫奇偉魁壘之士，類不可以凡調得，而爵祿之懸，抑豈盡足以奔走天下哉？上無以求之，則下無以應之矣。祖宗成法固在，誠舉而行之，令郡邑上計，必以得賢爲最，非其人而薦者，有坐。如此，則奇行逸能之人，復有遺於山澤者乎？課法則日趨簡便易行，而實有足深惜者。夫虞周之法通於後世，國初參稽其典要，凡內外之官，銓司例三載考其稱否，九載總三考之實，以行賞罰黜陟之令。其自外入者，內臺又有紀册之究視，然後銓司審以爲計。今初法大亡矣。銓司略考績之實，而黜陟持借乎毀譽；內臺遺紀册之究，而稱否徵信乎舉劾。夫任其喜怒舉劾，固易以爲私，而興於愛憎毀譽，又難以言公。且非所以因久任之便，長遷善之萌也。陛下誠加心於選課之法，盡舉成憲而張弛之，行臣所陳，則賢否必自別异，而百司咸得其職矣。

　　若夫地力不興，則民之游籍者多；民之游籍者多，則奸宄滋而盜賊熾，其爲治理傷至不小也。臣聞南自荆襄，北極許鄭之交，沃野數千里，皆古諸侯所爭利富强之地。漢後名守賢臣，封洫故在，今并荒弃不理，環望無際，司國者莫爲省憂。或議古有貿遷之法，欲徙衆地之民墾化之。夫人情懷土，改樂業之人居荒瘠之地，是騷天下而動也。臣謂在其土著者，未必枵腹甘斃，不一事於耕種也。封洫之政不修，則地無所瀦泄，雖有良農，何所措其手足哉？陛下誠加心於民利之興，則法祖宗營田之制，擇能遣官，坐分方而計委之，使主其事。如此，則民不驅而歸南畮，游籍者少矣。乃若邊鎮之患，則事之大者。今諸鎮屢反覆矣，議者咸咎於紀綱失振，法度縱弛，是則有繇然者。臣獨探本論之，謂亦計事者無以紓士卒之困也。人情虐之則亂生，豈復顧其所哉？夫邊鎮之大務，莫先於馬政，而大計莫要於鹽法。今馬政益弊，鹽法益阻矣，欲邊人毋重困，得乎？蓋養應數之馬，罷見伍之兵，取中國之所短，敵胡虜之所長，利不一而害百，非甚有理，此先朝大臣所以議欲損騎而增步也。至若鹽利之通，本以濟國家輸輓之役，而使士卒居受芻粟之便耳。今委臣不務先天下重計，而徒徇一己私，名加積餘鹽，要之以爲功，而邊鹽乃反虛置於不用。是以茭糧不時給，士卒嗷嗷待匱，因致召怨而速亂，此其明較也。陛下誠加心於邊鎮之患，舉其大者若二端，而其細故一切聽計於籌邊之臣，則士卒無困於居聚，他變曷從生哉？

夫學校興則賢材衆，而輔理不患其無人；選課得則舉用稱，而任官不患其失職。民利興於內，則恒產有資，禮義可以治矣；邊計足於外，則士心豫附，勇敢可以倡矣。四者皆政之大而不可忽易者。聖制所謂"欲民得以遂生，物得以適所"，此固其急要也。雖然，政固多端矣，豈特乎四者？臣不敢喋喋，願以加心之論終焉。夫神明乎內而經緯乎外，豈出是心之範圍哉？是故天下之治，甚難悉舉而遍議，惟致其心法，可以轉移而成化。夫心法之存，豈有他術？不過陛下《敬一》所昭示而已耳。昔説復高宗曰："非知之艱，行之惟艱。王忱不艱，允協于先王成德。"陛下睿識英知，獨符占聖健行不息妙法，純乾知之所在，行必隨之矣。臣願聖學緝熙，益嚴治心之法，遠觀謨迪于先王，近承訓式于祖宗。便嬖使令，恒思蟄御之箴誦；宮庭燕暇，不忘儒紳之奏對。務存敬一，以立心極之本。凡一切土木聲色貨利之好，舉不足以一動其中，則中和協而上下應，庶政得其理，萬物無不順，治化之盛。可以配象天地，光昭古今，而有上世紀傳所不及記，《詩》《書》所不及載者矣。臣不勝惓惓，昧死謹對。

臣康大和

臣對：

臣聞有立國之大本，有保國之要道。立國之本，在德澤之淺深，而不在乎彊與弱；保國之道，在守成之謹忽，而不在乎盛與衰。故創業之君，能以仁而爲開創之基，則天下之大，如泰山四維之不可搖，夫是之謂善創。守成之主，能以敬而爲持滿之道，則盈成之業將保之千萬世而無窮，夫是之謂善守。仁敬相須，先後一致，則國家曆數之傳，斯綿綿與天無極矣。夫苟創始者無德澤於民心，而徒逞國勢之彊以爲可恃；守成者無持滿之敬，而徒幸運祚之盛以爲無虞，則天難忱斯不易，惟王無疆，惟休亦無疆，惟恤而能以克永世，臣未之前聞也。恭惟皇帝陛下，剛健中正，文武聖神，已得夫祈天永命之道矣。而聖心謙冲，不自滿假，乃於萬幾之暇，爰進臣等於廷，降賜清問，首之以三代漢、唐、宋享國長久之道，次之以祖宗創造之艱，終之以欲保洪業于無窮，而求良法要道者何在。陛下之言及此，天地神人之福，祖宗廟社之福也。然不知陛下將以臣等之言爲可用而舉行之耶？抑率循成規而聊以舉故事已耶？臣聞宋臣有曰："人主開求言之路，必將有聽言之實；人臣遇得言之秋，不可無獻言之誠。"今陛下臨軒策士，將有聽言之實矣，微臣以一介草茅，與子大夫之選，寧敢無言以獻，以上負聖明下負所學哉？臣方欲爲剴切時務之談，而不欲因循回護，以陷欺君之罪，惟陛下垂聽焉。

臣伏讀制策曰："首自三代，迄于宋終，其間雖歷世有久近，歷年有長短，要之皆自其爲君者何如爾。"臣聞天子者，以其一身寄之于巍巍之上，以其一心運之于茫茫之中，合則爲腹心，離則爲楚越，離合之勢起於須臾，存亡之機懸於呼吸，甚可畏也。唐虞之君，都俞吁咈，保命之道，蓋粹乎無以議爲也，試以三代言之。夏有天下四百餘年，商有天下六百餘年，而周之卜世卜年，實過其歷，尤爲恒久。所以然者，豈無故哉？禹之下車泣罪也，湯之克寬克仁也，文王之視民如傷也，武王之怙冒下土也，其仁何如也？其所以開夏商周之業者，植本固而發原深矣。繼以啓之能敬承繼也，少康之興復舊業也，太甲之克終允德也，太戊之嚴恭寅畏也，祖乙之謹恪天命也，盤庚之祗綏四方也，武丁之罔敢怠遑也，成王之於緝熙單厥心也，康王之嗣守大訓也，宣王之側身修行也，其所以兢業保持者，不外乎敬而已。則夏、商、周之所以享國長久者，仁敬相爲終始，固國祚之所以綿延者也。

降是而漢而唐而宋，其所以開業傳世者，已不如三代。然觀漢祖之寬仁，仁之似者也；唐宗之納諫，仁之假者也；宋祖之神武不殺，仁之庶幾者也，既皆有以爲創業基命之地。繼以文帝之恭儉也，武帝之勵精也，宣帝之綜核也，光武明章之嚴密寬厚也，玄宗、憲宗之聰明果斷也，以至太宗之右文守業也，仁宗之恭儉慈仁，社稷長遠，終必賴之也。雖其君德醇疵不能皆同，而敬守之道庶幾無愧。則漢、唐、宋之所以享國長久者，亦其創之者庶幾乎仁，守之者庶幾乎敬，有以爲之地爾。是何也？蓋創守一道也，仁敬一理也。但自其培植而言，則謂之仁；自其持守而言，則謂之敬。創不以仁，則培植淺而無以興業；守不以敬，則保持弛而無以居功。故孟子曰："三代之得天下也以仁。"而召公亦曰："惟不敬厥德，乃早墜厥命。"此則古與今之所同者也。但其得之仁敬者有淺深，故其見之治理者有隆污。見之治理者有隆污，故其傳之運祚也有修短。此又三代之盛周爲最隆，而均非漢、唐、宋之所可及者也。

洪惟我太祖高皇帝，用夏變夷，肇造區夏，建振古所無之功德，其深仁厚澤，良法要道，眞與三代開創之主同符，而漢、唐、宋諸君，固未易擬議之也。我太宗文皇帝繼述于草創之初，列聖遵承于大定之後，重熙累洽，百有餘年，敬守之道有隆無替。迨我皇帝陛下，起自親藩，入繼大統，鼎新厘革，泰道一新，守成之美，上追成康，中興之烈，比諸殷武，而國家運祚，將綿之億萬載無窮矣。聖策下詢，乃以"幼冲不才，多招災害于民"，且欲保洪業于無窮，而求良法要道之所在。臣有以見陛下此心，即堯之兢兢，舜之業業，禹之孜孜，湯之栗栗，文武之無逸無貳之心也。然邇年以來，水旱蟲蝗，屢聞郡國；火災星孛，叠見京師。則天災人害，未可謂無，或者於法祖之道，猶有未盡者乎？大法祖之道，不外乎敬。敬者，内外合一之功，聖學始終之要也。仰惟陛下《敬一》有箴，四箴有註，則持敬保命之道，已得之躬行之實矣。然治理之間，有所未盡者。臣請爲陛下誦之。

夫臺諫也，經筵也，守令也，師儒也，邊防也，財用也，此六者皆治理之大切要者也。國初有午朝之禮，故科道日親於丹陛。凡大奸大蠹，皆得以面奏之。今則面奏之規不復，彈劾之職不盡，如蘇軾所謂"言及乘輿，則天子改容；事關廊廟，則宰臣待罪"者，何有乎？此臺諫所以不如古也。國初經筵無常所，而講畢之後，凡遇五府軍政、六部要務，皆得以敷奏之。今則講畢而退，君門已如萬里，如程子所謂"有剪桐之戲，則隨事箴規；違養生之方，則應時諫止"者，何有乎？此經筵所以不如古也。國初守令恒久任，有治行優异者，然後陟以隆重之職，仍察舉主之廉以示勸懲。今則計日而遷，所至殆如傳舍。民知吏之不久，則不復服行其化；吏知任之不久，則不復展布其心。雖龔黃卓魯，亦何自而竟其施耶？國初兵政恒有統，有將材者則重以閫外之寄，而又於大閱之期，車駕歲一臨之。今則大閱之禮不行，任將之道不重。罷民以養軍，而失機往往有罪；分符以授將，而謀箕不得自專。雖孫、吳、頗、牧，亦何自而效其能耶？國初崇重師儒，凡鄉校之官多以進士爲之，一有稱職，則不次超遷。今則官守既卑，禮待甚薄，彼方以上之人不加優异，而甘心於自棄，則職業之不修，絃誦之不聞，無惑也。國初崇尚節儉，凡奢麗之物一切屏斥不御，故雖兵興創造，而免租之詔無歲無之。今則賞賚太侈，土木太繁，冗員太多，凡所以耗財之由，紛然四出，則民力之不堪，公私之告乏，無惑也。凡此六者，皆祖宗深仁厚澤之敷施，良法要道之運用，而近來所蠹壞，因循而未改者也。

　　臣願陛下推持敬之心，以舉祖宗之典，以更因循之弊。臺諫復面奏之禮，經筵追進言之規，守令嚴久任之科，將帥重分閫之寄，師儒隆優待之典，財用崇節儉之風，則敬德之施緝熙光明，政治之行融通熙洽，直道可伸，君德可純，民生可安，邊防可靖，人才可興，國計可裕，中國可以乂安，四夷可以賓服，變异可銷，休徵可至，聖壽可以綿延，曆數可以永保，祖宗可以增光，二帝三王可以匹休，而區區漢、唐、宋之小康，何足爲陛下道哉？

　　臣因策問所及，而欲陛下法祖於治理之間者如此。若夫出治之大本，則又在於陛下之心。臣嘗讀前史，而有感於漢武之爲君，其言治也，未嘗一日不三代，天下亦未嘗不以三代望之；迨其晚年，多欲之念一橫於中，則顛倒錯謬，不可勝救。下帷之儒，處之江都；直聲之黯，置之內史；曲學之弘，列之平津。卒使干戈土木聚斂神仙之事，雜然并興，而天下騷然，幾爲亡秦之續。由其不能清心，故不能知人也。

　　臣願陛下以正心爲本，以漢武爲戒。凝神以弘化，主靜以立極，學以養此心，一以主此心，親近君子以維持此心，始終一致，內外一轍。凡其莫難降如驕心，莫難疆如怠心，莫難平如怒心，莫難制如欲心，莫難解如疑心，莫難正如偏心，不使有一毫隱伏其間。則聖心有養，正大光明，神仙佛老之説自不能爲之惑，土木聲色之好自不能爲之移，聚斂貨殖之術自不能爲之誘，僉壬邪佞之徒自不能爲之乘機而雜進，何患乎致治之不如成周，歷年之不如成周也哉？臣始以法祖爲陛下獻，終以正心爲陛下勉，要不外乎敬之一字。初非有驚人可喜之論，然竊意祈天永命之道，宜無出於此者。

臣草野之人，不識忌諱，惟陛下矜其狂愚，而留神采納焉，天下幸甚！微臣幸甚！干冒天威，無任殞越俟命之至。

臣謹對。

嘉靖十七年進士登科錄

玉音

　　嘉靖十七年三月初九日，禮部尚書兼翰林院學士臣嚴嵩等於奉天門奏爲科舉事：會試天下舉人，取中三百二十名。本年三月十五日，殿試，合擬讀卷官及執事等官少傅兼太子太師、吏部尚書、華蓋殿大學士李時等六十四員。其進士出身等第，恭依太祖高皇帝欽定資格：第一甲例取三名，第一名從六品，第二、第三名正七品，賜進士及第；第二甲從七品，賜進士出身；第三甲正八品，賜同進士出身。奉聖旨："是。欽此。"

讀卷官

　　光禄大夫、柱國、少傅兼太子太師、吏部尚書、華蓋殿大學士李時，壬戌進士。

　　光禄大夫、柱國、少傅兼太子太師、吏部尚書、華蓋殿大學士夏言，丁丑進士。

　　榮禄大夫、太子太保、吏部尚書許讚，丙辰進士。

　　光禄大夫、掌詹事府事、太子太保、禮部尚書兼翰林院學士顧鼎臣，乙丑進士。

　　光禄大夫、太子太保、兵部尚書張瓚，乙丑進士。

　　資德大夫、太子少保、兵部尚書唐龍，戊辰進士。

　　資善大夫、工部尚書兼翰林院學士溫仁和，壬戌進士。

　　資德大夫、正治上卿、太子少保、兵部尚書兼都察院左都御史、掌院事王廷相，壬戌進士。

　　通議大夫、吏部左侍郎兼翰林院學士、掌院事張邦奇，乙丑進士。

　　嘉議大夫、通政使司通政使鄭紳，甲戌進士。

　　通議大夫、大理寺卿屠僑，辛未進士。

　　嘉議大夫、太常寺卿兼翰林院侍讀學士陸深，乙丑進士。

翰林院侍讀學士、奉直大夫姚淶，癸未進士。
提調官
資政大夫、禮部尚書兼翰林院學士嚴嵩，乙丑進士。
通議大夫、禮部左侍郎兼翰林院學士張璧，辛未進士。
嘉議大夫、禮部右侍郎兼翰林院侍講學士蔡昂，甲戌進士。
監試官
文林郎、山西道監察御史王鎬，乙丑進士。
文林郎、河南道監察御史董珊，丙戌進士。
受卷官
奉直大夫、右春坊右諭德張治，辛巳進士。
奉直大夫、右春坊右諭德王用賓，辛巳進士。
文林郎、吏科都給事中高擢，乙丑進士。
徵仕郎、戶科左給事中曾烶，癸未進士。
彌封官
中大夫、光祿寺卿周令，秀才。
中大夫、太僕寺卿徐富，甲子貢士。
中順大夫、鴻臚寺卿陳璋，禮生。
中憲大夫、太常寺少卿張文憲，癸未進士。
中憲大夫、尚寶司掌司事、太常寺少卿劉臬，生員。
奉政大夫、光祿寺少卿陳侃，丙戌進士。
奉直大夫、司經局洗馬楊維傑，丙戌進士。
奉直大夫、尚寶司少卿張湘，丙戌進士。
翰林院編修、文林郎秦鳴夏，壬辰進士。
文林郎、禮科都給事中李充濁，丙戌進士。
文林郎、兵科都給事中朱隆禧，己丑進士。
翰林院掌典籍事、奉直大夫、戶部浙江清吏員外郎凌楫，儒士。
掌卷官
翰林院檢討、從仕郎閆樸，壬辰進士。
翰林院檢討、徵仕郎李本，壬辰進士。
翰林院檢討、徵仕郎郭希顏，壬辰進士。
徵仕郎、刑科右給事中李徵，壬辰進士。
徵仕郎、工科左給事中薛廷寵，壬辰進士。

巡綽官

驃騎將軍、錦衣衛掌衛事、都指揮使陳寅。

明毅將軍、錦衣衛管衛事、都指揮僉事袁天章。

昭毅將軍、錦衣衛都指揮僉事張琦。

昭勇將軍、錦衣衛署都指揮僉事季英。

明威將軍、錦衣衛署都指使陸炳。

懷遠將軍、錦衣衛署指揮同知鄭璽。

明威將軍、錦衣衛指揮僉事趙俊。

明威將軍、錦衣衛指揮僉事劉鯨。

明威將軍、錦衣衛指揮僉事高恕。

明威將軍、錦衣衛指揮僉事張爵。

武德將軍、錦衣衛署指揮僉事杜承宗。

明威將軍、金吾前衛指揮僉事劉勳。

昭勇將軍、金吾後指揮使賈澄。

印卷官

奉政大夫、禮部儀制清吏司郎中陳篪，癸未進士。

奉直大夫、禮部儀制清吏司員外郎皇甫涍，壬辰進士。

承德郎、禮部儀制清吏司主事尹耕，壬辰進士。

承德郎、禮部儀制清吏司主事張鈇，己丑進士。

供給官

奉政大夫、光禄寺少卿彭黯，癸丑進士。

奉政大夫、光禄寺少卿馮惠，己丑進士。

承德郎、光禄寺寺丞竇一桂，丙戌進士。

承德郎、光禄寺寺丞邊侁，壬辰進士。

奉政大夫、禮部精膳清吏司郎中胡松，己丑進士。

奉直大夫、禮部祠祭清吏司員外郎江曜，官生。

承德郎、禮部精膳清吏司署員外郎事、主事許勉仁，己丑進士。

承德郎、禮部精膳清吏司主事汪集，乙未進士。

恩榮次第

嘉靖十七年三月十五日，早，諸貢士赴內府殿試。上御奉天殿親賜策問。

三月十九日，早，文武百官朝服侍班。是日，錦衣衛設鹵簿于丹陛丹墀內，上御奉天殿，鴻臚寺官傳制唱名，禮部官捧黃榜，鼓樂導引出長安左門外，張掛畢，順天府官用傘蓋儀從送狀元歸第。

三月二十日，賜宴於禮部，宴畢，赴鴻臚寺習儀。

三月二十二日，賜狀元朝服冠帶及進士寶鈔。

三月二十三日，狀元率諸進士上表謝恩。

三月二十四日，狀元率諸進士詣先師孔子廟行釋菜禮。禮部奏請命工部於國子監立石題名。

第一甲三名賜進士及第

茅瓚　貫浙江杭州府錢塘縣，匠籍。縣學增廣生。治《易經》。字邦獻，行一，年三十，九月初六日生。曾祖仕安。祖茂。父麟，聽選官。母張氏，繼母茹氏。具慶下。弟瑤、珂。娶方氏。浙江鄉試第二十三名，會試第二百四十四名。

羅珵　貫江西吉安府吉水縣，軍籍。國子生。治《書經》。字邦珍，行一，年四十六，十一月十五日生。曾祖鐸，舉人，署訓導事，贈通議大夫、吏部右侍郎。祖用俊，國子監助教，累封通議大夫、吏部右侍郎。父欽德，按察司按察使。母康氏，封宜人。具慶下。弟璠。娶楊氏。江西鄉試第三十八名，會試第二百三十二名。

袁煒　貫浙江寧波府慈谿縣，民籍。縣學附學生。治《詩經》。字懋中，行三，年三十一，十月十八日生。曾祖完。祖瑤。父汝舟。母汪氏，繼母張氏。具慶下。兄炤、煥。弟灼。娶管氏。浙江鄉試第二名，會試第一名。

第二甲九十五名賜進士出身

張惟一　貫直隸保定府安肅縣，民籍。國子生。治《詩經》。字守中，行二，年三十六，九月十五日生。曾祖昺。祖亨。父玉，教諭。母李氏。具慶下。兄惟精。弟惟時、惟幾、惟允、惟翰。娶胡氏。順天府鄉試第一名，會試第六十八名。

朱應雲　貫浙江嘉興府海鹽縣，醫籍。國子生。治《書經》。字從龍，行二，年四十六，正月十八日生。曾祖全。祖玉，壽官。父繒。母馮氏。永感下。兄雷。弟電、霽、霈。娶孫氏。順天府鄉試第六十名，會試第二百八十八名。

吳源　貫浙江杭州府錢塘縣，民籍。國子生。治《禮記》。字宗乾，行九，年四十六，八月二十三日生。曾祖士寧，贈通議大夫、都察院右副都御史。祖濂，八品散官。父璿，府同知，進階朝列大夫。嫡母陳氏，生母林氏。永感下。兄濟、沂、溥、漢、泰、洵、深。弟潛；瀛，衛經歷；澈；漳，省祭官；洲，醫官；潮；演；涝；湘；渙；治；法；涵；浹；泳。娶陸氏。浙江鄉試第三十一名，會試第一百五十名。

莫如忠　貫直隸松江府華亭縣，民籍。歲貢生。治《書經》。字子良，行一，年三十，四月初七日生。曾祖昂。祖昊，通判。父愚，貢士。母朱氏。具慶下。弟如信、如德、如爵、如義。娶富氏，繼娶楊氏。順天府鄉試第二名，會試第二百三十八名。

陸師道　貫直隸蘇州府吳縣，民籍。長洲縣人。府學生。治《春秋》。字子傳，行一，年二十九，九月初八日生。曾祖鏞。祖瑋。父平。母陳氏。慈侍下。弟安道。娶曹氏，繼娶吳氏。應天府鄉試第三十三名，會試第一百九十三名。

倫以詵　貫廣東廣州府南海縣，民籍。儒士。治《春秋》。字彥群，行八，年三十七，十二月二十二日生。曾祖敬。祖明，封翰林院修撰。父文叙，右春坊右諭德兼翰林院侍講，贈朝議大夫、南京國子監祭酒。母區氏，封太恭人。慈侍下。兄以諒，吏部主事；以訓，南京國子監祭酒。弟以譔、以謨、以諶、以謙、以謁、以講、以諮、以誠、以誨、以諧、以訪。娶鄧氏。廣東鄉試第二十名，會試第八十七名。

方國佐　貫福建興化府莆田縣，民籍。府學附學生。治《書經》。字君英，行二，年四十一，六月十三日生。曾祖景大。祖學文。父師孔。母鄭氏。慈侍下。弟國烈、國照、國休、國樵。娶黃氏。福建鄉試第二十四名，會試第二十四名。

喬世寧　貫陝西西安府耀州，軍籍。國子生。治《書經》。字景叔，行一，年三十六，十月十八日生。曾祖剛。祖志玉。父仲節。前母姚氏，母李氏，繼母白氏。嚴侍下。弟世定，義官。娶宋氏。陝西鄉試第一名，會試第二十名。

馬拯　貫廣東廣州府南海縣，民籍。府學增廣生。治《詩經》。字壯宇，行三，年一十八，十二月二十九日生。曾祖超。祖文祥，壽官。父良遇。母霍氏。重慶下。兄招、鈞。弟捷。聘陳氏。廣東鄉試第一名，會試第五十四名。

吳春　貫江西廣信府貴溪縣，民籍。國子生。治《書經》。字以容，行十九，年二十七，八月二十四日生。曾祖嘉謀，壽官。祖守緒，贈奉政大夫、兵部郎中。父道南，兵部郎中。母舒氏，封宜人。具慶下。兄秦；奉，監生；奏，監生。弟蓁；券，監生。娶夏氏。順天府鄉試第十名，會試第七十四名。

吳崑　貫直隸蘇州府吳江縣，匠籍。國子生。治《書經》。字美之，行四，年三十七，五月十一日生。曾祖昂，贈中大夫、太僕寺卿。祖璋，封刑部主事，贈中大夫、太僕寺卿。父洪，南京刑部尚書，進階資德大夫、正治上卿，贈太子少保。前母王氏，贈夫人；夏氏，贈淑人；母丘氏，封夫人。慈侍下。兄山，都察院左僉都御史，前右副都御史；巖，布政司布政使；嶠，前光祿寺典簿。娶陳氏，繼娶王氏、洪氏。應天府鄉試第八十二名，會試第二百六十六名。

姚璋　貫湖廣辰州府沅陵縣，民籍。府學生。治《易經》。字汝玉，行三，年三十，十月二十八日生。曾祖宗顯，知縣。祖讓。父時泰，義官。前母何氏，嫡母李氏，生母童氏。慈侍下。兄瓊、瑛、瑞。弟瑋、瑝。娶蕭氏。湖廣鄉試第一名，會試第二百七十七名。

深奎　貫浙江嘉興府海鹽縣，民籍。國子生。治《書經》。字文明，行一，年三十九，十二月二十七日生。曾祖榮。祖本。父軒。母陳氏，繼母吳氏、伍氏。嚴侍下。娶朱氏，繼娶吳氏。浙江鄉試第四十八名，會試第四名。

楊濂　貫直隸保定府安州，民籍。州學生。治《易經》。字伯清，行二，年三十五，六月二十七日生。曾祖珪。祖勉，進士。父漢卿，訓導。母莊氏。慈侍下。兄瀾，貢士。娶張氏。順天府鄉試第一百二十四名，會試第一百十三名。

董子儀　貫直隸松江府上海縣，民籍。國子生。治《書經》。字羽吉，行一，年三十七，正月二十二日生。曾祖和。祖經。父龍。母喬氏。嚴侍下。弟子儆、子佩。娶黃氏。應天府鄉試第八十九名，會試第一百二十名。

王健　貫浙江溫州府永嘉縣，軍竈籍。國子生。治《易經》。字偉純，行十，年三十七，二月初三日生。曾祖文燠，贈通議大夫、禮部左侍郎。祖祚，封翰林院編修、文林郎，贈通議大夫、禮部左侍郎。父瓚，南京禮部左侍郎，贈禮部尚書。母應氏，封淑人。永感下。兄僅；偶，監生；僑；備；傳，監生；儒；傲；倕，南京都察院都事；倖。弟佐。娶戴氏。順天府鄉試第二名，會試第十一名。

丁以忠　貫江西南昌府新建縣，民籍。縣學生。治《詩經》。字崇義，行五，年四十，十月十九日生。曾祖用治。祖儀。父大章。母程氏。永感下。兄以誠。娶余氏。江西鄉試第六十八名，會試第二十九名。

王問　貫直隸常州府無錫縣，民籍。國子生。治《書經》。字子裕，行二，年四十二，十一月二十四日生。曾祖經。祖宗，壽官。父澤，封戶部主事。母錢氏，封安人。具慶下。兄召，州同知，前戶部員外郎。弟咨。娶李氏，繼娶袁氏。應天府鄉試第二十八名，會試第七十六名。

郭乾　貫直隸河間府任丘縣，民籍。國子生。治《書經》。字易甫，行四，年二十八，五月二十九日生。曾祖欽，縣主簿。祖源。父勝。前母郝氏，母張氏。慈侍下。兄節。娶劉氏。順天府鄉試第九十五名，會試第三百一名。

朱用　貫河南河南衛，軍籍。國子生。治《詩經》。字伯際，行一，年四十二，九月二十六日生。曾祖旺。祖通。父永。母李氏。具慶下。弟周。娶沈氏。河南鄉試第十一名，會試第二百六十五名。

唐穆　貫廣東瓊州府瓊山縣，民籍。國子生。治《禮記》。字景文，行一，年四十一，正月初二日生。曾祖乾昇，贈通議大夫、戶部左侍郎。祖正，贈通議大夫、戶部左侍郎。父冑，戶部左侍郎。母鍾氏，封淑人。具慶下。弟秩、稼。娶李氏，繼娶高氏。廣東鄉試第四名，會試第六十名。

劉廷臣　貫山西平陽府洪洞縣，軍籍。縣學生。治《易經》。字伯鄰，行二，年三十，四月十四日生。曾祖賢。祖恭，義官，封兵馬司副指揮。父榮，府通判。嫡母吉氏，封孺人；生母林氏。慈侍下。兄廷相，貢士。弟廷弼、廷聘。娶段氏。山西鄉試第一名，會試第一百九十六名。

燕楫　貫直隸真府真定縣，民籍。府學生。治《禮記》。字廷濟，行三，年二十七，正月十八日生。曾祖恕，所吏目。祖雲，贈監察御史。父澄，府同知，前監察御史。母李氏，封孺人。永感下。兄路，監生；桂，七品散官。娶張氏。順天府鄉試第二十四名，會試第三百十四名。

陳憲　貫浙江嘉興府嘉興縣，民籍。國子生。治《書經》。字道夫，行一，年三十三，十二月二十六日生。曾祖堅。祖昭。父情。母李氏。慈侍下。弟寰、宏、宙。娶劉氏，繼娶金氏。浙江鄉試第十名，會試第一百二十四名。

陳昌積　貫江西吉安府泰和縣，軍籍。國子生。治《書經》。字子發，行四，年三十八，六月二十六日生。曾祖正大。祖必訓。父主德。母羅氏。永感下。兄德鳴，按察司僉事；德文，貢士；昌默；昌鈞。弟昌福，知縣。娶羅氏，繼娶朱氏。江西鄉試第一名，會試第二百九十五名。

謝淮　貫直隸河間府任丘縣，民籍，高陽縣人。國子生。治《詩經》。字禹匯，行二，年三十八，十月十二日生。曾祖聚。祖鎮。父仿。母王氏。慈侍下。兄溙。弟江、洎。娶卞氏，繼娶卞氏。順天府鄉試第十六名，會試第一百六十一名。

侯汝諒　貫山西太原左衛，官籍，直隸滑縣人。府學增廣生。治《易經》。字叔貞，行三，年二十四，六月初九日生。曾祖守賢，武略將軍、副千戶。祖盛，武略將軍、副千戶。父綸，苑馬寺卿。前母余氏，贈安人；母王氏，封安人。嚴侍下。兄汝忠，副千戶；汝謙；汝訥；汝端；汝惠。弟汝慎；汝諶；汝靖。娶閆氏。山西鄉試第十九名，會試第十六名。

翁大立　貫浙江紹興府餘姚縣，民籍。國子生。治《易經》。字儒參，行一，年二十二，三月二十八日生。曾祖珉。祖銓。父祚。母楊氏。重慶下。兄慈。弟大音、大章、大意。娶蔣氏。浙江鄉試第六十五名，會試第七十八名。

汪俅　貫江西廣信府貴溪縣，軍籍。國子生。治《禮記》。字克敬，行一百十九，年二十四，九月二十二日生。曾祖景深。祖廷俊。父晅。前母徐氏，母朱氏，繼母丘氏。永感下。兄倬，府同知；俸，知縣；僅；化，教諭；似，前監察御史；仟；何。弟儲。娶葉氏。江西鄉試第九十四名，會試第二百四十九名。

林懋植　貫福建興化府莆田縣，民籍。縣學附學生。治《書經》。字君本，行一，年二十，十月十九日生。曾祖輯，稅課局大使。祖鐸，義官。父煥。母方氏，繼母陳氏。具慶下。兄應標，按察司副使；雲同，按察司僉事；應采，貢士；應柱；應樞；應麓。弟應構、應楫、應櫹。聘宋氏。福建鄉試第三名，會試第五十三名。

萬敏　貫江西南昌府南昌縣，軍籍。國子生。治《書經》。字欽夫，行五，年三十七，十一月十九日生。曾祖孔昭。祖孟智。父晨爽。母廖氏，繼母鄧氏。具慶下。兄敬。弟教、效。娶龔氏。江西鄉試第二名，會試第一百十五名。

楊金　貫直隸太平府當塗縣，軍籍。國子生。治《詩經》。字重南，行二，年三十五，三月二十三日生。曾祖禮三。祖通，贈奉直大夫、南京户部員外郎。父諫，南京户部員外郎。母張氏，封宜人。具慶下。兄鑾。娶徐氏。應天府鄉試第四十名，會試第一百二十一名。

盧壁　貫南京羽林右衛，官籍，直隸盱眙縣人。國子生。治《詩經》。字國賢，行二，年三十九，正月初九日生。曾祖文，指揮使。祖琛，指揮使。父晟，指揮使。母郭氏。永感下。兄璽，百户。弟瑩、潤。娶徐氏，繼娶蔣氏。應天府鄉試第八十四名，會試第二十六名。

沈啟　貫直隸蘇州府吴縣，民籍。吴江縣人。國子生。治《易經》。字子由，行四，年四十一，八月二十一日生。曾祖端。祖本，七品散官。父經，醫學訓科。前母方氏，母吴氏。永感下。兄鰲，州吏目；岳，州吏目；山。弟嵒；岱，監生。娶郭氏。應天府鄉試第四十名，會試第三百名。

洪世文　貫福建福州閩縣，民籍。國子生。治《禮記》。字國華，行五，年二十九，十二月十一日生。曾祖英，資善大夫、都察院右都御史。祖瑞，恩生。父晅，知縣。嫡母陳氏，生母黄氏。慈侍下。弟世遷。娶鄧氏。福建鄉試第五十名，會試第十名。

侯一元　貫浙江温州府樂清縣，民籍。縣學生。治《詩經》。字舜舉，行三，年二十八，九月初六日生。曾祖仁。祖敬，州判官，封禮部主事。父廷訓，府同知，前南京吏部主事。母陳氏，封安人；繼母林氏。具慶下。兄夔，監生；守隅；一陽；中。弟一恭、守衡、一麟、守綏、一鳳。娶林氏。浙江鄉試第二十一名，會試第一百十八名。

畢竟容　貫江西廣信府貴溪縣，軍籍。國子生。治《禮記》。字仁叔，行五十七，年三十四，六月二十七日生。曾祖璀。祖經。父寅卿。母花氏，繼母鄭氏。具慶下。弟竟可。娶李氏，繼娶吕氏。江西鄉試第十七名，會試第八十名。

白若圭　貫直隸常州府武進縣，官籍。國子生。治《禮記》。字德純，行二，年二十七，七月初四日生。曾祖昂，光禄大夫、柱國、太子太傅、刑部尚書，贈特進、太保，謚康敏。祖垹，鎮國將軍、錦衣衛都指揮同知。

父詔，鴻臚寺序班。嫡母張氏，繼母陳氏、胡氏、蔣氏，母吳氏。具慶下。兄傭。弟倆；若思，監生；倬，監生；啓登，儒，監生；侃；若水，監生；偉；啓常；啓京；啓嘉；若璧；若泉。娶胡氏。順天府鄉試第二十名，會試第九十一名。

　　吳元璧　貫江西饒州府安仁縣，軍籍。國子生。治《書經》。字君錫，行十，年四十，五月二十八日生。曾祖克己。祖璵，義官。父上達。母徐氏，繼母李氏。具慶下。兄元誠、元翰。弟元功。娶艾氏，繼娶李氏。順天府鄉試第二十三名，會試第八名。

　　閒人惠行　貫浙江紹興府餘姚縣，民籍。府學生。治《禮記》。字元科，行一，年二十七，九月初八日生。曾祖籌。祖言，縣主簿。父莊。母徐氏，繼母鄭氏。重慶下。弟惠容、惠業、惠教、惠隆、惠化、惠政、惠敷、惠應。娶于氏。浙江鄉試第十名，會試第三十七名。

　　俞憲　貫直隸常州府無錫縣，民籍。國子生。治《書經》。字汝成，行一，年三十一，三月初八日生。曾祖公元。祖廷俊。父暉。母楊氏。慈侍下。兄岳。弟寰、寅、官、宷、寊、寔、宣。娶張氏。應天府鄉試第六十三名，會試第一百九十五名。

　　張鎬　貫直隸保定府定興縣，民籍，陝西涇陽縣人。國子生。治《春秋》。字啓周，行三，年三十八，六月二十日生。曾祖見。祖材。父景芳，壽官。母李氏。具慶下。兄錦；銓，冠帶將軍。弟鐩。娶趙氏，繼娶徐氏。順天府鄉試第五名，會試第一百四十七名。

　　周鯤　貫福建興化府莆田縣，軍籍。國子生。治《詩經》。字少魚，行二，年三十二，四月十八日生。曾祖輦，訓導。祖俅，訓導，贈監察御史。父宣，布政使司左布政使。母陳氏，封孺人。慈侍下。兄鰲。娶柯氏。福建鄉試第七十三名，會試第二百十一名。

　　王輪　貫山西平陽府蒲州，軍籍。國子生。治《書經》。字子庸，行一，年三十二，二月初五日生。曾祖健。祖寅。父珪。母張氏，繼母祁氏、李氏、高氏。慈侍下。弟軫。聘楊氏，娶何氏。山西鄉試第十八名，會試第三十三名。

　　黃懋官　貫福建興化府莆田縣，民籍。府學附學生。治《詩經》。字君辨，行六，年二十三，十月初二日生。曾祖仲昭，按察司提學僉事，詔進朝列大夫，前翰林院編修。祖乾剛，贈承德郎、南京戶部署員外郎。父希濩，知縣。母鄭氏。重慶下。兄懋宣；惠；道允，光祿寺署丞；尚唐；

謙；進；賞。弟懋常、寅、志、勳、崇、都、煦、昊、晏、寅、昕、晁。娶洪氏。福建鄉試第五十三名，會試第二百八十五名。

葉選　貫浙江紹興府餘姚縣，民籍。國子生。治《易經》。字仁夫，行三，年三十六，六月十五日生。曾祖詵。祖世榮。父景賢。母史氏，繼母嚴氏。具慶下。兄迪。弟遜、建、述、迅、達、周。聘徐氏，娶羅氏。浙江鄉試第二十名，會試第二百四十一名。

張朝聘　貫陝西西安長安縣，民籍。國子生。治《詩經》。字伯時，行一，年二十九，六月初七日生。曾祖鼎。祖英。父璉。母王氏。永感下。娶王氏，繼娶施氏。陝西鄉試第三十七名，會試第二百五十六名。

李憲卿　貫直隸蘇州府崑山縣，民籍。縣學附學生。治《易經》。字廉無，行一，年三十三，十一月十二日生。曾祖懋。祖聰。父玉。母杜氏。慈侍下。娶顧氏。應天府鄉試第十一名，會試第一百五十五名。

李廷春　貫江西饒州府餘干縣，民籍。縣學增廣生。治《詩經》。字懋仁，行一，年二十六，三月初一日生。曾祖嘻。祖經。父憲。母張氏。具慶下。弟廷相、廷對、廷試、廷育、廷時。聘劉氏。江西鄉試第二十一名，會試第三十一名。

嚴中　貫浙江紹興府餘姚縣，匠籍。縣學附學生。治《易經》。字執甫，行一，年二十八，四月二十八日生。曾祖昊。祖琛。父昂。母鄒氏。具慶下。弟和。娶陳氏。浙江鄉試第六十七名，會試第二百三十一名。

孫璧　貫山西平陽府蒲州，軍籍。國子生。治《詩經》。字文甫，行十一，年四十，八月十三日生。曾祖禋。祖鎮，義官。父鵰，儀賓。母永川郡君。具慶下。兄璐、瓚、琦、玹、環。弟瑁；寶，儀賓；瑜；瑚，儀賓；璉；玠，儀賓。娶王氏。山西鄉試第十名，會試第一百五十三名。

陳鎏　貫直隸蘇州府吳縣，匠籍。縣學附學生。治《易經》。字子兼，行一，年三十三，三月二十三日生。曾祖寧，王府教授。祖懷。父冕。前母沈氏，母莫氏。具慶下。娶曹氏，繼娶韓氏。應天府鄉試第二名，會試第四十二名。

譚維　四川潼川州蓬溪縣，民籍。國子生。治《易經》。字元立，行九，年四十七，五月二十五日生。曾祖必成。祖宣，知縣。父宗簡，封監察御史。母陳氏，封孺人。慈侍下。兄珪；儼；价；冠，府同知；采；魁，倉大使；纘，按察司副使；純，義官。弟繼，監生。娶張氏。四川鄉試第三十七名，會試第一百七十一名。

王楠　貫直隸興州後屯衛,官籍,浙江會稽縣人。三河縣學生。治《詩經》。字惟喬,行四,年四十六,九月二十日生。曾祖忠,指揮僉事,贈錦衣衛都指揮同知。祖鑑,指揮僉事,贈錦衣衛都指揮同知。父玉,錦衣衛都指揮同知,充漕運參將。母邢氏,封夫人。永感下。兄桐。弟楊,兵部員外郎；棟；桐；枡；槐。娶袁氏。順天府鄉試第四十三名,會試第一百六名。

劉志　貫山西平陽府翼城縣,民籍。國子生。治《易經》。字寧卿,行三,年三十六,正月初九日生。曾祖複嚴。祖翁,恩例冠帶。父珊,訓導。母曹氏。具慶下。兄愈。弟悲、聰。娶李氏。山西鄉試第七名,會試第三百十三名。

徐緯　貫浙江紹興府山陰縣,軍籍。國子生。治《詩經》。字文成,行四十三,年三十九,十二月十四日生。曾祖瑾。祖鋼。父悝。母沈氏。具慶下。兄絆、級、綺。弟繾、顯、繽、綰、縿。娶周氏。浙江鄉試第二十三名,會試第二百九十六名。

鄭廷鵠　貫廣東海南衛,軍籍,浙江德清縣人。國子生。治《易經》。字元侍,行一,年三十二,八月二十四日生。曾祖蕭。祖順宗。父文。母俞氏。具慶下。娶海氏。廣東鄉試第十九名,會試第三名。

章煥　貫直隸蘇州府長洲縣,民籍,吳縣人。國子生。治《易經》。字懋實,行二,年三十四,七月十一日生。曾祖思恭。祖澄。父棟。母唐氏,繼母魯氏。具慶下。兄炤。弟燦、爌、燁、焯。娶沈氏。應天府鄉試第一百二十二名,會試第三百十七名。

蔣懷德　貫浙江紹興府山陰縣,民籍。府學生。治《詩經》。字維寧,行十四,年三十九,九月二十日生。曾祖玉。祖孝。父實。母潘氏。嚴侍下。兄懷正、懷義、懷遠。弟懷禮、懷貞。娶汪氏,繼娶王氏、趙氏。浙江鄉試第六十八名,會試第七名。

卿文瑞　貫湖廣荊州府公安縣,匠籍。國子生。治《書經》。字孺賢,行一,年四十,二月初七日生。曾祖綸。祖璽,壽官。父誠。母張氏。具慶下。弟文元。娶祝氏,繼娶田氏。湖廣鄉試第四十二名,會試第二百四名。

俞維屏　貫福建興化府莆田縣,軍籍。縣學附學生。治《書經》。字樹德,行一,年二十五,六月初三日生。曾祖釗,教諭,贈南京兵部主事。祖應星。父直宗。母周氏。具慶下。兄維翰。娶林氏。福建鄉試第九十名，會試第三百十九名。

彭希賢　貫福建興化府莆田縣，軍籍。國子生。治《詩經》。字及夫，行二，年三十七，十二月初三日生。曾祖體資。祖釗。父良璞。母陳氏。具慶下。兄希聖。弟希武、希英、希參、希顏、希寶、希渠、希濂。娶許氏。福建鄉試第五十六名，會試第一百十四名。

陳叙　貫福建興化府莆田縣，民籍。國子生。治《書經》。字邦禮，行十六，年四十四，九月十二日生。曾祖孟嚴。祖衍，訓導。父文濱。母宋氏。具慶下。弟雲衢，進士；雲程；雲階；妝。娶俞氏。福建鄉試第六十八名，會試第二百六十名。

周南　貫湖廣長沙府儀衛司，校籍。國子生。治《詩經》。字文化，行一，年四十二，五月三十四日生。曾祖仕原。祖福浩。父昱。母潘氏。永感下。娶張氏。湖廣鄉試第二十一名，會試第二百四十名。

張敦仁　貫浙江處州府麗水縣，民籍。國子生。治《詩經》。字仲安，行二，年三十九，八月初十日生。曾祖文炳。祖寧，訓導。父欽，教諭。母葉氏。具慶下。兄敦厚。弟敦化；敦復，貢士。娶潘氏。浙江鄉試第二十一名，會試第一百十二名。

馮煥　貫直隸淮安府山陽縣，民籍。國子生。治《詩經》。字養晦，行三，年三十七，七月十九日生。曾祖鑑。祖昇。父桂。母葉氏。慈侍下。兄燦、勳。弟炳、羔。娶劉氏。應天府鄉試第六十五名，會試第一百七十六名。

南逢吉　貫陝西西安府華州渭南縣，軍籍。國子生。治《易經》。字元貞，行二，年四十五，七月十八日生。曾祖言。祖珪。父金，教諭，加贈奉政大夫、戶部郎中。母焦氏，加封太宜人。永感下。兄大吉，知府。娶李氏。陝西鄉試第三名，會試第三十二名。

呂顯　貫陝西慶陽府寧州，民籍。國子生。治《書經》。字幼誠，行二，年三十六，四月二十六日生。曾祖英，州判官。祖昇，贈徵仕郎、吏科給事中。父經，前都察院右副都御史。母高氏，封孺人。嚴侍下。兄顒，知府。弟頎、碩、預。娶周氏。陝西鄉試第七名，會試第八十九名。

辛烜然　貫山西太原府石州，軍籍。州學生。治《易經》。字養晦，行二，年二十九，十二月初十日生。曾祖憲。祖文淵，知府。父柱，府通判。母張氏，贈孺人；繼母郝氏，封孺人。具慶下。兄煜然。弟熺然、爟然。娶溫氏。山西鄉試第四十六名，會試第一百三十名。

徐楚　貫浙江嚴州府淳安縣，民籍。國子生。治《春秋》。字世望，行一，年三十，七月初一日生。曾祖恒。祖源。父讓。母王氏。慈侍下。弟懋、棼。娶盧氏，繼娶洪氏。浙江鄉試第八十四名，會試第十七名。

蔣坎　貫浙江紹興府餘姚縣，軍籍。縣學附學生。治《易經》。字養孚，行十，年三十二，十一月二十七日生。曾祖寧。祖之灃。父栻。母劉氏。具慶下。兄坤、臨、達、善、鼎、渙、泰、師。娶黃氏。浙江鄉試第八十二名，會試第一百四十七名。

趙同言　貫山東濟南府長清縣，軍籍。國子生。治《詩經》。字德孚，行二，年二十二，三月十九日生。曾祖宣。祖明，巡檢。父諫之，監生。母張氏。具慶下。兄同仁。弟同象、同賢、同才、同禮。娶李氏。山東鄉試第六名，會試第一百六十三名。

姚汝舟　貫浙江嘉興府崇德縣，竈籍。縣學生。治《詩經》。字濟卿，行二，年三十一，八月初六日生。曾祖斌。祖孟雄。父黻。母錢氏。慈侍下。兄汝敬、汝霖。弟汝礪、汝言、汝訓、汝行。娶陳氏。浙江鄉試第八十一名，會試第一百五十一名。

盛若林　貫廣東潮州府海陽縣，軍籍。府學生。治《詩經》。字子才，行一，年三十，十一月二十六日生。曾祖鳳儀，教諭，贈奉政大夫、左春坊左庶子兼翰林院侍讀。祖端明，都察院右副都御史。父瀚，歲貢、監生。母陸氏。重慶下。弟若樹，貢士；若植；若株；若果；若枚。娶翁氏。廣東鄉試第二十二名，會試第二百九十二名。

翁相　貫浙江杭州府錢塘縣，軍籍，杭州右衛人。國子生。治《書經》。字長卿，行三，年四十，六月二十三日生。曾祖祥。祖茂，壽官。父浩。母周氏。具慶下。兄橙、椿。弟梗、楠。娶孫氏。順天府鄉試第四十六名，會試第六十五名。

唐臣　貫大興左衛，官籍，直隸天長縣人。國子生。治《易經》。字止敬，行一，年三十一，四月初九日生。曾祖鈺。祖傑。父祥。前母魏氏，母張氏。具慶下。娶任氏。順天府鄉試第九十七名，會試第二百五十八名。

李繼先　貫四川瀘州，民籍。州學生。治《書經》。字伯孝，行一，年三十三，二月二十三日生。曾祖勛，贈推官。祖復初，知州。父宋。母何氏。慈侍下。兄繼登、繼升、繼昌。弟繼賢、繼學。娶吳氏。四川鄉試第十六名，會試第一百七十五名。

陳穆　貫浙江寧波府鄞縣,匠籍。縣學增廣生。治《易經》。字舜賓,行六,年三十一,十一月十五日生。曾祖尚文。祖悌。父璘,壽官。母鍾氏。嚴侍下。兄稷、秩、和。娶徐氏。浙江鄉試第一名,會試第二百九名。

王時儉　貫福建泉府晉江縣,民籍。國子生。治《易經》。字本節,行四,年四十二,七月十一日生。曾祖宗道。祖繼。父縉。前母黃氏,母蘇氏。永感下。兄時揚、時溫、時通、時良、時恭。弟時瞻、時讓、時顯。娶張氏。福建鄉試第五十六名,會試第七十二名。

陳紹儒　貫廣東廣州府南海縣,民籍。國子生。治《易經》。字師孔,行一,年三十三,正月二十一日生。曾祖思賢。祖琪,訓導,贈戶部主事。父鏊,八品散官。母湯氏。具慶下。兄紹詩;紹禮;滔;濩;淶;尚志;紹文,貢士;紹武。弟紹義、河、準、紹謙、紹獻。娶關氏。廣東鄉試第五十七名,會試第十八名。

張渙　貫直隸真定府定州,民籍。國子生。治《詩經》。字文甫,行一,年三十一,九月初九日生。曾祖綸,知府。祖璿,義官。父鏞。母王氏,繼母周氏。重慶下。弟洙、泗、潢、湘。娶田氏,繼娶羅氏。順天府鄉試第八十二名,會試第二百二十三名。

盧夢陽　貫廣東廣州府南海縣,軍籍。府學附學生。治《詩經》。字少明,行一,年二十一,十一月初七日生。曾祖成。祖滿,壽官。父世儒。母霍氏。重慶下。兄武安、武寶。聘游氏。廣東鄉試第六名,會試第一百四十一名。

錢芹　貫浙江嘉興府海鹽縣,軍籍。國子生。治《書經》。字懋文,行二,年三十八,三月二十八日生。曾祖寔。祖達,贈刑部郎中。父琦,知府。母王氏,封宜人。具慶下。兄顒;岳;顯;岑;著;蘭;蓼,監生;蕙。弟薇,禮科給事中;萱,進士;葵,監生;菲。娶胡氏。浙江鄉試第四十三名,會試第二百七十三名。

郭紘　貫山西太原府平定州,民籍。國子生。治《書經》。字伯瞻,行十四,年四十三,七月二十四日生。曾祖恒。祖賢,州判官。父思敬,知縣。母呂氏,繼母李氏。慈侍下。兄經;綸,縣丞;綱,知縣;紀;綬;紹。弟緝、繼、綖。娶呂氏。山西鄉試第四十四名,會試第一百三十八名。

李寵　貫陝西西安府涇陽縣,軍籍。國子生。治《易經》。字汝承,行四,年四十一,三月十六日生。曾祖端。祖美。父禎。母孟氏。嚴侍下。兄寀、宸、宵。弟寏。娶蕭氏。陝西鄉試第一名,會試第二百七十一名。

戴梗　貫河南河南府澠池縣，軍籍。國子生。治《易經》。字汝材，行一，年四十，十二月十六日生。曾祖琰，知縣。祖鋆，七品散官。父淦。母畢氏。永感下。娶謝氏。河南鄉試第六十三名，會試第一百六十七名。

黃九皐　貫浙江紹興府蕭山縣，民籍。國子生。治《書經》。字汝鳴，行十一，年三十二，閏正月初九日生。曾祖瑾。祖淵。父懌，府通判。母丁氏。具慶下。兄九韶。弟九川、九苞、九山。娶周氏。浙江鄉試第六十四名，會試第二百五十七名。

孫銓　貫浙江湖州府歸安縣，民籍。府學生。治《書經》。字文撰，行五，年二十六，正月十二日生。曾祖元瑞。祖實，封刑部主事。父萃。母胡氏。具慶下。兄銅、鍔、鏈。弟鉞、釗、鎬、錫、鏃、鋒、鍇、鏌。娶周氏。浙江鄉試第七名，會試第一百七十九名。

張祉　貫河南汝寧府光州固始縣，民籍。國子生。治《書經》。字子受，行三，年三十三，十一月十三日生。曾祖得山。祖英。父政。母許氏。慈侍下。兄福、祿。娶田氏。河南鄉試第四十二名，會試第二百名。

李棠　貫湖廣長沙府長沙縣，民籍。縣學增廣生。治《易經》。字叔思，行二，年二十五，六月二十九日生。曾祖端。祖源聰。父仲昇。母許氏，繼母陶氏。慈侍下。兄相。娶彭氏。湖廣鄉試第十二名，會試第五十一名。

王嘉謨　貫山東青州府安丘縣，軍籍。縣學生。治《書經》。字仲陳，行四，年二十七，三月初五日生。曾祖普。祖玘。父孜。母張氏。具慶下。兄存仁、存義、嘉言。娶傅氏。山東鄉試第三名，會試第一百二十八名。

沈友儒　貫浙江杭州府海寧縣，民籍。縣學生。治《書經》。字子真，行三，年二十二，十一月十二日生。曾祖甫。祖咏，壽官。父涇。母徐氏。重慶下。兄友仁、友倫、友儔。弟友佳、友信、友儀、友偲。娶董氏。浙江鄉試第三名，會試第一百七十一名。

李時春　貫河南汝寧府光州，軍籍。國子生。治《春秋》。字一元，行一，年三十，閏九月十八日生。曾祖斜。祖智。父文章。母季氏。具慶下。兄時曉。弟時先、時陽、時新、時亨。娶劉氏。河南鄉試第四名，會試第二十五名。

周建邦　貫四川保寧府巴州，民籍。國子生。治《易經》。字維新，行一，年三十四，五月二十七日生。曾祖亮，衛知事。祖鳳儀，壽官。父謨，歲貢生。母李氏。具慶下。弟建子。娶王氏。四川鄉試第二名，會試第六十三名。

張濂　貫浙江杭州府仁和縣，民籍。國子生。治《易經》。字子清，行七，年二十七，四月初十日生。曾祖鵬，義官。祖綬，壽官。父應禎，聽選官。母吳氏。嚴侍下。兄洪；江；潮深；源；瀚，工部主事。弟浙；淳；洎，貢士；洽；浩；潞；沐；□；淞；洲；濟；渠；瀛；激；泮。娶沈氏。浙江鄉試第一名，會試第一百四十九名。

第三甲二百二十二名　賜同進士出身

劉洵　貫江西饒州府鄱陽縣，軍籍。國子生。治《禮記》。字睿甫，行六十，年三十，閏九月十三日生。曾祖烈，布政使司左參政，贈大中大夫、資治少尹。祖城，都察院右副都御史，贈通議大夫。父錄，工部主事。母趙氏，贈安人。嚴侍下。弟泌、法、沾、治、泳、冲、汦、浚。娶戴氏。順天府鄉試第五名，會試第二名。

張元冲　貫浙江紹興府山陰縣，民籍。國子生。治《詩經》。字叔謙，行三十三，年三十，七月十三日生。曾祖蘊輝，封兵科給事中。祖以弘，布政使司左參議。父景琦，知府。母唐氏，封宜人。慈侍下。兄元楚；元本，元溥，兵馬司副指揮；元傑；元亮。弟元叙、元萬、元重。娶胡氏。浙江鄉試第八十六名，會試第二百八十九名。

裒紳　貫山西平陽府蒲州，軍籍。國子生。治《書經》。字子書，行一，年二十六，六月初六日生。曾祖贊。祖英，壽官。父鼎。母張氏。具慶下。弟綬、純。娶陳氏。山西鄉試第三十五名，會試第一百五十九名。

江鯤　貫江西饒州府餘干縣，民籍。縣學生。治《書經》。字子鵬，行二十八，年三十四，七月二十一日生。曾祖廷傑。祖澧。父朝宗。母余氏。慈侍下。兄鯨、鱗、鰉、鯎。娶舒氏。江西鄉試第二名，會試第二百七十八名。

陳光哲　貫浙江台州臨海縣，軍籍。歲貢生。治《禮記》。字子愚，行五，年三十一，五月二十二日生。曾祖華。祖璘。父經。母王氏。重慶下。兄光啟。弟光祐、光治、光韶、光台、光祖、光周。娶余氏。順天府鄉試第十三名，會試第一百三十四名。

齊譽　貫江西南昌府南昌縣，民籍。府學增廣生。治《詩經》。字文實，行二，年二十八，十月初九日生。曾祖若山。祖正益。父世懋。母龔氏。具慶下。兄警。弟鑾、言。娶萬氏。江西鄉試第八十一名，會試第三十六名。

張景賢　貫四川眉州，民籍。州學生。治《詩經》。字勉之，行一，年二十六，十月二十四日生。曾祖溥中，贈户部主事。祖愈嚴，知府。父弘用，貢士。母李氏。慈侍下。弟象賢。娶劉氏，繼娶郭氏。四川鄉試第六十四名，會試第二百七十九名。

李綸　貫萬全都司懷安衛，官籍，直隸潁上縣人。國子生。治《詩經》。字德言，行一，年二十七，九月十五日生。曾祖洪，所鎮撫。祖獻，所鎮撫。父珤。前母陳氏，母韓氏。具慶下。弟紳、緝、維。娶張氏。順天府鄉試第六十四名，會試第一百二十五名。

潘釴　貫直隸徽州婺源縣，民籍。國子生。治《書經》。字希行，行四，年三十四，九月三十日生。曾祖思文，贈通議大夫、兵部左侍郎。祖積。父琪。母戴氏，繼母胡氏。永感下。兄鈺，貢士；鐵；鏜。弟錦。娶戴氏，繼娶胡氏。應天府鄉試第五十名，會試第一百六十六名。

陳淮　貫福建福州閩縣，民籍。山東濮州學正。治《春秋》。字東之，行五，年三十七，八月十八日生。曾祖曄，舉人署教諭事。祖祥，驛丞。父鏷。母林氏，繼母葉氏。具慶下。弟灌。娶吳氏。福建鄉試第三十四名，會試第九十五名。

厲汝進　貫直隸永平府灤州府，民籍。州學增廣生。治《易經》。字子脩，行三，年三十，十一月初四日生。曾祖翱。祖友諒。父鑑。母楊氏，繼母王氏。具慶下。兄章、汝成。娶薛氏。順天府鄉試第九名，會試第三十八名。

劉廷誥　貫浙江寧波府慈谿縣，民籍。府學附學生。治《詩經》。字汝欽，行二十一，年二十七，九月二十二日生。曾祖墱。祖鍊，贈禮部郎中。父洪。前母胡氏，母樊氏。慈侍下。兄廷誠；廷訓；廷詔；廷言；廷儀，同科進士。弟廷謙、廷讓、廷試。娶葉氏。浙江鄉試第六十五名，會試第二十一名。

任良　貫四川順慶府南充縣，軍籍。縣學生。治《詩經》。字康孟，行一，年三十五，十一月初九日生。曾祖弘，布政使司左布政使。祖儆。父纘，知縣。母羅氏。具慶下。弟直、台、文。娶程氏，繼娶馬氏。四川鄉試第二十五名，會試第一百七十八名。

張松　貫河南河南府洛陽縣，匠籍。府學生。治《易經》。字汝喬，行一，年二十五，八月初二日生。曾祖成。祖傑。父臣。母章氏。重慶下。

弟梅、椿、榆、槙。娶蔡氏。河南鄉試第五十六名，會試第二百九十七名。

李棟　貫湖廣辰州府盧溪縣，軍籍。國子生。治《詩經》。字隆仲，行一，年三十六，十一月初九日生。曾祖茂。祖時勉，壽官。父廷鶴。母楊氏。重慶下。兄樂，南京戶部主事。弟柱、梧、栢、檟、樞。娶張氏。湖廣鄉試第十名，會試第一百四十三名。

馮炫　貫廣東廣州府南海縣，民籍。國子生。治《詩經》。字體謙，行四，年三十六，五月十八日生。曾祖進。祖治，舉人，署訓導事。父樸，壽官。母徐氏。永感下。兄焯、炳。弟默、然、煦。娶李氏。廣東鄉試第五十四名，會試第一百六十八名。

朱執中　貫浙江杭州府海寧縣，民籍。國子生。治《易經》。字汝一，行二，年三十二，七月二十九日生。曾祖愷。祖坤。父鶯。母顧氏。重慶下。兄允中。弟時中、秉中、致中、戀中、思中、用中。聘許氏，娶周氏。浙江鄉試第七十一名，會試第一百八十二名。

王士翹　貫江西吉安府永新縣，民籍，安福縣人。縣學增廣生。治《春秋》。字民瞻，行一，年三十八，四月十三日生。曾祖猷允。祖槐兆。父寬。母劉氏，繼母朱氏。嚴侍下。兄敏，官生；士俊，知府。弟士翱。娶劉氏，繼娶劉氏。江西鄉試第三十五名，會試第二百八十七名。

顏嘉會　貫湖廣長沙府攸縣，民籍。國子生。治《易經》。字子亨，行二，年二十五，正月二十一日生。曾祖夔，知縣。祖選，衛經歷。父守忠，知縣。母鍾氏。重慶下。兄嘉賓，監生。弟嘉善、嘉慶、嘉兆。娶沈氏。湖廣鄉試第五十一名，會試第一百五十二名。

施諲　貫浙江寧波府鄞縣，民籍。國子生。治《易經》。字敬叔，行四，年三十六，九月初二日生。曾祖騫。祖奎。父彪。母劉氏。具慶下。兄讚、訓。弟諒、諫。娶宋氏。應天府鄉試第四十四名，會試第二百五十名。

鮑龍　貫山西潞安府長治縣，民籍。國子生。治《詩經》。字時化，行五，年四十，四月二十八日生。曾祖鐸。祖智，典史。父才。前母王氏，母王氏。永感下。兄明；藩，典膳；屏；恭。娶秦氏。山西鄉試第三十名，會試第三百二名。

魏尚綸　貫河南鈞州儀衛司，官籍，山東滕縣人。國子生。治《書經》。字仲一，行二，年三十五，八月十四日生。曾祖通。祖興。父宗，儀衛司典仗。母張氏。具慶下。兄尚經。弟尚純，戶部員外郎；尚綱。娶周氏，繼娶康氏。河南鄉試第二名，會試第九十六名。

汪伊　貫直隸徽州府歙縣，匠籍。府學生。治《詩經》。字汝衡，行二，年三十九，二月初三日生。曾祖永初。祖從禮。父廷器。母方氏。慈侍下。兄佐，貢士。娶羅氏，繼娶胡氏。應天府鄉試第三十九名，會試第二百五十九名。

薛尚義　貫直隸河間府河間縣，民籍。府學生。治《詩經》。字仲行，行二，年三十二，三月二十一日生。曾祖景春。祖勝。父隆。母鞏氏。具慶下。兄尚仁。弟尚禮、尚智。娶張氏。順天府鄉試第三十三名，會試第六十六名。

林萬潮　貫福建興化府莆田縣，軍籍。國子生。治《書經》。字養晦，行二，年二十九，正月二十四日生。曾祖彌宣，訓導，封順天府推官，贈兵部右侍郎兼右僉都御史。祖垠，封大理寺評事，贈兵部右侍郎兼右僉都御史。父富，兵部右侍郎兼右僉都御史。前母張氏，加贈淑人；翁氏，封孺人，贈淑人；母柳氏。具慶下。兄萬㓜，官生。弟繼祖、萬載、萬峯、萬殊、繼藩、萬言。娶鄭氏。福建鄉試第二十八名，會試第二百十五名。

陳宗夔　貫湖廣武昌府通山縣，軍籍。國子生。治《易經》。字惟一，行一，年三十二，三月初二日生。曾祖原甫，壽官。祖琉，監生。父興賢，訓導。母吳氏。重慶下。弟宗蕃。娶宋氏。湖廣鄉試第四十六名，會試第二百九十名。

步允遷　貫順天府薊州，軍籍，山東高苑縣人。州學生。治《禮記》。字子安，行一，年二十四，八月初五日生。曾祖瀛。祖雄。父天衢，貢士。母李氏。具慶下。娶孟氏。順天府鄉試第九十八名，會試第一百六十二名。

楊以誠　貫江西袁州府宜春縣，民籍。國子生。治《易經》。字明夫，行三，年二十九，四月十五日生。曾祖東輝。祖柄機。父春美。母張氏。重慶下。弟以清；以正，貢士；以謙；以讓；以諫；以諒；以治；以齊；以平。娶張氏。江西鄉試第四十六名，會試第八十三名。

敖宗慶　貫貴州思南府水德江長官司，民籍，江西新喻縣人。國子生。治《詩經》。字汝承，行一，年三十，二月二十五日生。曾祖勗勤。祖利貞。父元祐。前母簡氏，母董氏。慈侍下。弟國慶、家慶。娶田氏，繼娶羅氏。雲貴鄉試第五十名，會試第九十四名。

卜大同　貫浙江嘉興府秀水縣，匠籍。國子生。治《書經》。字吉夫，行一，年三十，六月二十日生。曾祖顒。祖周，義官。父宗洛，監生。

前母周氏，母賀氏。具慶下。弟大有、大觀、大順。娶周氏。順天府鄉試第七十名，會試第一百二名。

賈大亨　貫浙江紹興府上虞縣，軍籍。國子生。治《詩經》。字貞甫，行三，年四十，九月十二日生。曾祖章，國子監典簿。祖暹，教諭。父紉安。母陳氏。具慶下。兄大川。弟大節。娶羅氏。浙江鄉試第五十八名，會試第二百十六名。

張汝棟　貫陝西西安府涇陽縣，軍籍。國子生。治《易經》。字伯隆，行一，年二十九，七月十三日生。曾祖信。祖鸎。父璲。母王氏。具慶下。弟汝梁；汝柟，貢士；汝材。娶陳氏。陝西鄉試第六十四名，會試第三十名。

周怡　貫直隸寧國府太平縣，民籍。國子生。治《詩經》。字順之，行十六，年三十四，十二月十七日生。曾祖德夫。祖全。父本秀。母劉氏。慈侍下。弟忭、恪。娶黃氏，繼娶程氏。應天府鄉試第九十三名，會試第一百三十三名。

趙正學　貫四川嘉定州犍爲縣，民籍。縣學增廣生。治《詩經》。字子崇，行三，年三十五，十二月初十日生。曾祖俊。祖天祿。父時，知府。母江氏。具慶下。兄正秀；正吉，監生；正言。弟正心。娶劉氏。四川鄉試第六名，會試第一百八十九名。

高節　貫大興左衛，官籍，直隸永清縣人。順天府學增廣生。治《易經》。字爾瞻，行一，年二十六，五月初二日生。曾祖欽，指揮使，贈昭勇將軍。祖深，指揮使，封昭勇將軍。父鎮，指揮使。母陳氏。具慶下。弟箕、第。娶郭氏。順天府鄉試第六十一名，會試第一百七十二名。

黃注　貫江西贛州府信豐縣，軍籍。縣學生。治《書經》。字汝霖，行七，年三十四，八月二十四日生。曾祖鼎。祖學，義官。父稅，歲貢生。母甘氏。永感下。兄潯、淇。弟汴、流、渚。娶林氏。江西鄉試第二十五名，會試第二百七名。

楊九澤　貫陝西西安府華州華陰縣，民籍。國子生。治《書經》。字子德，行一，年四十一，二月初九日生。曾祖輝，舉人，署學正事。祖伸，壽官。父盡忠。母劉氏，繼母王氏、李氏。具慶下。弟九淵、九功、九疇、九經、九圍、九山、九官、九韶。娶劉氏，繼娶王氏、梁氏。陝西鄉試第二十七名，會試第二百五十四名。

劉廷儀　貫太醫院籍,浙江慈谿縣人。順天府學生。治《詩經》。字汝修,行二十,年二十七,六月二十三日生。曾祖垓。祖鏡。父藩。母邵氏。重慶下。弟廷誥,同科進士;廷制;廷詠;廷譚。娶馮氏。順天府鄉試第二十九名,會試第二百四十三名。

張煌　貫福建福州府懷安縣,民籍,閩縣人。縣學生。治《易經》。字用韜,行三,年三十六,十一月二十四日生。曾祖鋐。祖源。父秉。母董氏。慈侍下。兄炫。娶林氏。福建鄉試第六十五名,會試第七十六名。

趙汴　貫直隸蘇州府太倉州,民籍。國子生。治《春秋》。字伯京,行一,年三十六,四月初四日生。曾祖謙,義官。祖璧,七品散官。父原錫,府知事。母李氏。具慶下。兄汝,監生;漢,監生;濂,州吏目;潼,聽選官;淳。弟潽;瀚,歲貢生;淵;淮;深。娶曹氏。應天府鄉試第一名,會試第二百四十八名。

李希程　貫河南開封府蘭陽縣,軍籍。國子生。治《易經》。字宗伊,行一,年三十六,三月初七日生。曾祖愚,知州。祖錦,訓導。父浚,監生。母毛氏。具慶下。弟希韓、希歐。娶黃氏,繼娶韓氏。河南鄉試第十三名,會試第一百六十四名。

胡叔廉　貫江西臨江府新淦縣,民籍。縣學生。治《詩經》。字明發,行八,年二十七,十一月二十二日生。曾祖洞徹。祖寬爵。父深道。母敖氏。具慶下。兄叔齡、叔芳。弟叔愛。娶蕭氏,繼娶劉氏。江西鄉試第三十五名,會試第五十九名。

王之臣　貫四川順慶府南充縣,民籍。府學生。治《詩經》。字原孝,行一,年三十七,七月二十日生。曾祖能。祖充,訓導,封按察司僉事。父棟,布政司右參議,進階朝列大夫。母趙氏,封宜人。慈侍下。兄學文、勤、之民、學儒、之卿、舒。弟之賓、之祜。娶張氏,繼娶陳氏。四川鄉試第三名,會試第三百十五名。

孫宏軾　貫四川成都府資縣,民籍。國子生。治《詩經》。字以瞻,行三,年三十二,四月初三日生。曾祖林。祖大魁。父琴。嫡母凌氏,母李氏。慈侍下。兄宏軌、宏軒。弟宏轍。娶湯氏。四川鄉試第二十八名,會試第三百二十名。

譚桑　貫四川重慶府涪州,民籍。州學生。治《易經》。字朝器,行十一,年二十八,九月初八日生。曾祖本芳。祖宗學,義官。父子偉。母沈氏。重慶下。兄海,縣丞;棟,省祭官。弟榮、棠、講、梟。娶黃氏。

四川鄉試第五十七名，會試第九十三名。

林應箕　貫福建興化府莆田縣，民籍。府學增廣生。治《春秋》。字輝南，行十一，年二十九，七月十二日生。曾祖汝良，七品散官。祖雍，壽官，贈大理寺右評事。父仕鳳，按察司僉事。母朱氏，贈孺人；繼母顧氏，封孺人。具慶下。兄應璧。弟應辰、應斗。娶吳氏。福建鄉試三十三名，會試第二百二十一名。

臧珊　貫直隸淮安府山陽縣，民籍，陝西行都司人。國子生。治《禮記》。字子佩，行一，年三十五，五月二十七日生。曾祖政。祖鉞。父海，壽官。母高氏，繼母趙氏。具慶下。弟瑚；璘，監生；璉；瑗；珠，監生；璣；璿。娶涂氏。應天府鄉試第一百二十名，會試二百七十六名。

韓一右　貫山東濟南府青城縣，民籍。縣學生。治《禮記》。字汝弼，行二，年三十，十月二十六日生。曾祖瑜。祖相，知縣。父齊。嫡母焦氏，生母馬氏。慈侍下。兄一左。弟一動、一靜。娶李氏。山東鄉試第五名，會試第一百八十四名。

劉養直　貫四川成都府內江縣，民籍。國子生。治《詩經》。字敬夫，行三，年三十五，九月十四日生。曾祖志寧，贈戶部主事。祖珏，知府。父時，府通判。母張氏，繼母黃氏。嚴侍下。兄養蒙；養仕，貢士。弟養民、養性。娶傅氏，繼娶王氏。四川鄉試第二十七名，會試第一百九十四名。

馮時雨　貫直隸河間府景州，軍籍。國子生。治《詩經》。字慰民，行二，年三十五，七月二十八日生。曾祖得才。祖寧，壽官。父積德，知縣。嫡母孫氏，生母寵氏。慈侍下。兄時通。弟時選。娶王氏。順天府鄉試第九十八名，會試第二百六十一名。

李廷松　貫直隸保定府安肅縣，民籍。國子生。治《春秋》。字茂貞，行二，年三十七，十一月二十九日生。曾祖德。祖銘。父正，縣丞。母張氏。具慶下。兄廷桂，府通判；廷槐。弟廷梧、廷梅。娶王氏。順天府鄉試第一百十名，會試會八十一名。

諸葛峴　貫浙江金華府蘭谿縣，軍籍。縣學生。治《易經》。字叔靜，行一百三十八，年三十一，十二月二十五日生。曾祖彥譚。祖宗顯，義官。父琅。母范氏。具慶下。兄山。弟岱。娶王氏。浙江鄉試第四十二名，會試第六名。

馬麟　貫四川重慶府巴縣，軍籍。縣學增廣生。治《詩經》。字子振,行四,年二十八,三月二十八日生。曾祖永聰。祖政。父應祥。母何氏。具慶下。兄龍、健。娶陳氏,繼娶謝氏。四川鄉試第十一名,會試第一百八十七名。

吳寵　貫江西饒州府德興縣,民籍。縣學生。治《詩經》。字子俊,行十九,年三十六,九月初七日生。曾祖亶,贈知縣。祖浚,知州。父穎,義官。母王氏。慈侍下。兄安、守。弟實、宬、察、寄、宇、寰、宰、宓、寂、賽、騫、宴。娶張氏。江西鄉試第七十四名,會試第二百六十八名。

劉維禠　貫陝西延安府清澗縣,官籍。國子生。治《易經》。字子孚,行二,年四十一,十月二十日生。曾祖尚絅,封知府。祖鏞,布政使司右參政,進階中憲大夫、正治卿。父介,前太常寺少卿。嫡母楊氏,封恭人;生母周氏。永感下。兄維禎,監生。弟維裕,監生;維襸,指揮僉事。娶梁氏。陝西鄉試第十五名,會試第二百三十四名。

喻時　貫河南汝寧府光州,民籍。州學生。治《詩經》。字中甫,行二,年三十二,二月初五日生。曾祖克恭。祖孟烈。父宣,監生。前母李氏,母夏氏。慈侍下。兄止。娶郝氏,繼娶趙氏。河南鄉試第六名,會試第二百七十四名。

曹守貞　貫直隸揚州府江都縣,民籍。國子生。治《易經》。字子一,行二,年二十七,十一月十八日生。曾祖彥和。祖斌。父璿,監生。母周氏。具慶下。兄守愚。弟守約。娶孔氏,繼娶劉氏。應天府鄉試第十五名,會試第五十七名。

喻希學　貫河南汝寧府光山縣,民籍。增廣生。治《春秋》。字博之,行一,年三十七,十二月二十三日生。曾祖旭。祖明,歲貢生。父正本。母胡氏。慈侍下。兄希立,貢士。弟希純、希大、希益。娶呂氏。河南鄉試第三十九名,會試第二百七十五名。

顧問　貫湖廣黃州府蘄水縣,軍籍。州學附學生。治《書經》。字子承,行一,年二十八,十一月初八日生。曾祖昇。祖宗儒。父敦。母陳氏。具慶下。弟闕。娶胡氏。湖廣鄉試第三十七名,會試第七十名。

王春復　貫福建泉府晉江縣,軍籍。國子生。治《易經》。字學收,行一,年三十二,二月初五日生。曾祖玘。祖和。父琥。母林氏,繼母黃氏。具慶下。兄休復、克復、德復。弟三復、速復、初復、禮復。娶李氏。福建鄉試第三十二名,會試第一百五十七名。

王炯　貫貴州清平衛,官籍,浙江嵊縣人。衛學生。治《春秋》。

字幼明，行七，年二十四，九月初三日生。曾祖聚，都指揮僉事，贈鎮國將軍、都指揮同知。祖漳，知縣，封監察御史。父木，按察司僉事。母孫氏，封孺人。重慶下。兄承祖，指揮使；學祖；念祖。弟燿、煉、烺。娶金氏。貴州鄉試第五名，會試第二百六十三名。

孫喬　貫浙江杭州海鹽縣，竈籍。縣學生。治《易經》。字世南，行一，年三十一，四月十九日生。曾祖頤。祖禮。父蠻。母許氏。具慶下。兄楫、棟。弟科、稼、和、高、秩、榜、穆。娶賈氏。浙江鄉試第四十一名，會試第一百八十六名。

李孔陽　貫直隸真定府冀州武邑縣，民籍。國子生。治《詩經》。字子朱，行三，年二十九，八月初二日生。曾祖斌。祖羆。父好實，聽選官。母高氏。具慶下。兄孔嘉，監生；孔厚。弟孔時。娶滕氏。順天府鄉試第七十五名，會試第二百二十六名。

劉昭文　貫江西南安府南康縣，軍籍。縣學附學生。治《禮記》。字汝簡，行五，年二十一，十一月十五日生。曾祖恂。祖恩澤。父翔，歲貢生。母王氏。具慶下。兄昭勳、昭理。弟昭武。娶田氏。江西鄉試第三十名，會試第二百十二名。

金城　貫山東濟南府歷城縣，民籍。國子生。治《詩經》。字邦衛，行一，年四十，十一月二十八日生。曾祖鼎，南京戶部主事。祖章，壽官。父珮，訓導。母李氏。嚴侍下。娶張氏。山東鄉試第十一名，會試第四十九名。

馮惟重　貫遼東廣寧左衛，軍籍，山東臨朐縣人。國子生。治《詩經》。字汝威，行二，年三十五，正月初七日生。曾祖春。祖振，贈南京戶部署郎中事員外郎。父裕，按察司副使。母伏氏，封宜人。具慶下。兄惟健，貢士。弟惟敏，貢士；惟訥，同科進士；惟直。娶蔣氏。山東鄉試第二十三名，會試第一百十六名。

程軔　貫山東東昌府臨清州，民籍。國子生。治《易經》。字信甫，行二，年三十八，二月初三日生。曾祖思忠。祖源。父瑛，壽官。母趙氏。具慶下。兄輗，七品散官。弟輅，監生。娶武氏，繼娶龔氏。山東鄉試第七十五名，會試第二百十七名。

王國楨　貫浙江紹興府山陰縣，民籍。儒士。治《詩經》。字以寧，行二十五，年二十六，十月十七日生。曾祖彥德。祖玉玼。父愷。母茅氏。重慶下。兄國臣。弟國言、國寶、國堅、國器。娶朱氏。浙江鄉試第二十四名，會試第七十七名。

　　李天寵　貫河南河南府孟津縣，軍籍。國子生。治《易經》。字子承，行一，年二十八，八月十五日生。曾祖端。祖鳳。父瀛。母柴氏。永感下。弟天定。娶孟氏。河南鄉試第二十五名，會試第一百二十二名。

　　劉三畏　貫山東青州府昌樂縣，軍籍。國子生。治《詩經》。字少欽，行一，年三十八，十一月二十六日生。曾祖貞，州判官。祖惠。父士弘，州判官。母趙氏，繼母張氏。嚴侍下。弟三近、三善。娶趙氏。山東鄉試第三十名，會試第五十二名。

　　孫文錫　貫福建福州府連江縣，民籍。縣學生。治《易經》。字公爵，行一，年三十五，十一月初二日生。曾祖泰。祖寔。父垣。母丘氏。重慶下。弟文鋼。娶蘇氏。福建鄉試第二十一名，會試第一百三十七名。

　　鄭一鸑　貫福建泉府晉江縣，民籍。國子生。治《易經》。字鳴陽，行一，年四十七，七月初八日生。曾祖永寬。祖觀。父祜。母蔡氏。永感下。弟一鳳。娶馮氏。福建鄉試第七十六名，會試第二百八十三名。

　　郭進　貫江西袁州府宜春縣，民籍。縣學生。治《易經》。字抑之，行三，年三十一，四月初一日生。曾祖其元。祖靄。父鸑。母湯氏。慈侍下。弟遷、道、遠、迪、遜、遇、選。娶張氏。江西鄉試第五十三名，會試第二百八十六名。

　　趙承謙　貫直隸蘇州府常熟縣，民籍，江陰縣人。國子生。治《詩經》。字德光，行三，年四十二，五月初五日生。曾祖孟昭。祖實。父玭。母顧氏。永感下。兄松，府經歷；柟；楨。弟棖、楷、格。娶蕭氏。應天府鄉試第二十一名，會試第一百四十八名。

　　朱尚文　貫直隸保定府新建縣，民籍。國子生。治《書經》。字質卿，行一，年四十三，十一月初八日生。曾祖英。祖海全。父遠，典史。前母齊氏、崔氏，母鄭氏。永感下。弟博文。娶張氏。順天府鄉試第一百六名，會試第二百十八名。

　　蔣宗魯　貫貴州普安衛，軍籍，應天府溧陽縣人。普安州學增廣生。治《易經》。字道父，行二，年二十二，十二月十三日生。曾祖銘。祖勝，義官。父廷璧，南京國子監學正。前母徐氏、王氏，母羅氏。具慶下。兄芹、宗周。弟宗曾。娶潘氏。貴州鄉試第十五名，會試第二百八十名。

　　李和芳　貫湖廣荊州府公安縣，軍籍。縣學附學生。治《書經》。字仁父，行二，年三十六，十二月初七日生。曾祖謙。祖德明，八品散官。

父秀，監生。母嚴氏。永感下。兄文芳，貢士。弟元芳、龔芳、群芳。娶曹氏。湖廣鄉試第四十五名，會試第二百六十九名。

朱徵　貫河南南陽府唐縣，民籍。國子生。治《春秋》。字晉卿，行一，年四十，十月十三日生。曾祖文昌。祖寬。父鳳。母劉氏，繼母王氏。永感下。弟德。娶楊氏。河南鄉試第八十名，會試第二百三十名。

黃宗㮆　貫福建福州閩縣，民籍。縣學附學生。治《易經》。字時節，行九，年三十三，正月十六日生。曾祖誠。祖昼慶。父繼魁。母林氏。具慶下。弟裳；宗器，南京戶部主事；宗秩；宗侃；宗岱。娶林氏，繼娶張氏。福建鄉試第五十四名，會試第二百二十名。

齊宗道　貫遼東廣寧左衛，軍籍，山東日照縣人。國子生。治《詩經》。字叔魯，行二，年三十三，十月十二日生。曾祖參。祖斌。父友，壽官。母陳氏。具慶下。兄春；宗賢，貢士。弟泰、宗睿、宗哲。娶耿氏。順天府鄉試第五十九名，會試第一百六十五名。

張道　貫湖廣衡州衛，官籍。國子生。治《詩經》。字允中，行三，年三十三，五月初七日生。曾祖英。祖鈺，正千戶。父憲。母魯氏。慈侍下。兄本，指揮僉事；立。弟選。娶范氏。湖廣鄉試第七十六名，會試第三十九名。

郎守　貫四川成都府雙流縣，民籍。國子生。治《禮記》。字惟一，行一，年二十九，十二月十二日生。曾祖彥和。祖秩。父正東，府通判。母王氏，繼母史氏。重慶下。弟可、止。娶任氏。四川鄉試第五名，會試第二百九十四名。

程紳　貫山東青州樂安縣，匠籍。縣學生。治《書經》。字伯書，行三，年三十一，九月十六日生。曾祖勝。祖琮。父玉，縣丞。母祝氏。慈侍下。兄紀，教授；綸；緇。弟繒、綬。娶蔣氏，繼娶崔氏。山東鄉試第四十一名，會試第一百九十名。

林冕　貫廣東廣州府番禺縣，民籍。縣學增廣生。治《詩經》。字端吾，行二，年三十，四月二十一日生。曾祖迪。祖泰。父秀。母何氏。永感下。兄曇、昊。弟昇、晟、昃。娶郭氏。廣東鄉試第五十九名，會試第七十九名。

張瑞　貫福建泉州府惠安縣，民籍。歲貢生。治《詩經》。字應時，行一，年四十，十二月十五日生。曾祖永淵。祖榮科。父崑。母孫氏。慈侍下。弟琪。娶黃氏。順天府鄉試第四十六名，會試第一百五十八名。

繆文龍　貫貴州烏撒衛,軍籍,直隸華亭縣人。國子生。治《書經》。字惟德,行三,年二十九,正月二十八日生。曾祖愷。祖仁。父良玉,知縣。母解氏。具慶下。兄文獻、文英。弟文明、文鳳。娶錢氏。雲貴鄉試第三十八名,會試第二百二十二名。

葛廷章　貫陝西臨洮府蘭州工正所,匠籍。州學生。治《書經》。字朝憲,行二,年三十五,四月二十二日生。曾祖禎。祖忠。父林。母王氏。永感下。兄廷美。娶朱氏,繼娶劉氏。陝西鄉試第三十名,會試第二百二十五名。

李凌雲　貫河南開封府鈞州,民籍。國子生。治《書經》。字子鵬,行三,年二十六,六月初七日生。曾祖剛。祖全。父延,封監察御史。母周氏,封孺人。具慶下。兄乘雲,監察御史；登雲,大理寺右評事。弟披雲、望雲、慶雲、燦雲。娶師氏。河南鄉試第十名,會試第五十八名。

鄭光溥　貫山東青州府益都縣,民籍。國子生。治《詩經》。字伯公,行一,年三十七,十月二十五日生。曾祖贇。祖堂。父㚟,引禮舍人。母于氏。永感下。娶馬氏。順天府鄉試第一名,會試第八十五名。

劉學易　貫山東青州府壽光縣,民籍。國子生。治《春秋》。字道甫,行四,年四十一,四月二十七日生。曾祖文貴。祖森。父穎,知縣。母游氏。慈侍下。娶王氏。山東鄉試第九名,會試第二百九十八名。

趙恒　貫福建泉州府晉江縣,軍籍。府學增廣生。治《春秋》。字志貞,行二,年二十八,十一月十三日生。曾祖森,贈戶部主事。祖瑞,戶部郎中。父信。母李氏。慈侍下。弟忱。娶王氏。福建鄉試第五名,會試第四十六名。

李珊　貫湖廣衡州衛,官籍。國子生。治《詩經》。字敬孚,行一,年三十四,九月初六日生。曾祖贇。祖賢,壽官。父恩。母王氏。重慶下。兄龍,都指揮僉事；夔,指揮使；鳳；漢；琦。弟瑢、璣、珠、頊。娶王氏。湖廣鄉試第七十八名,會試第一百一名。

朱家相　貫河南開封府歸德州,民籍,直隸太倉州人。國子生。治《詩經》。字伯鄰,行二,年二十九,十一月二十二日生。曾祖純。祖洪。父壽。母錢氏。慈侍下。兄卿。弟宰。娶范氏。河南鄉試第七十九名,會試第二百九十九名。

黃洪毗　貫福建興化府莆田縣,軍籍。府學生。治《書經》。字協恭,行二,年三十二,八月十六日生。曾祖玉英,贈南京翰林院侍講學士、奉直大夫。祖瀾，南京翰林院侍講學士。父肯堂，貢士。母張氏。慈侍下。兄洪昆。弟洪鵬、洪翰、洪化。娶陳氏。福建鄉試第二十二名，會試第四十四名。

周寧　貫福建興化府莆田縣，軍籍。國子生。治《詩經》。字彥靖，行七，年四十六，二月二十七日生。曾祖勃。祖輔。父仕。母林氏。具慶下。兄宣，布政使司左布政使；寬；寅。弟密，聽選官；瑞，知縣；完。娶林氏。福建鄉試第三十七名，會試第一百三十六名。

胡經　貫河南彰德府磁州，民籍。國子生。治《春秋》。字伯常，行三，年三十九，十一月十六日生。曾祖英。祖仲友。父廣。母柯氏。永感下。兄甫、顯。弟表、進、倫。娶李氏。河南鄉試第四名，會試第一百三十二名。

林策　貫福建漳州府漳浦縣，軍籍。縣學生。治《詩經》。字直夫，行三，年三十，十月初九日生。曾祖普玄。祖弘。父泉。母陳氏。具慶下。兄勛、材。弟會。娶丘氏。福建鄉試第十一名，會試第三百八名。

孫孟　貫直隸滁州，官籍。國子生。治《易經》。字端甫，行五，年三十五，正月二十八日生。曾祖和。祖允恭，府教授。父序，推官，封禮部主事，贈知府。前母李氏，贈恭人；母黎氏，封太恭人。慈侍下。兄瑛，指揮僉事；孝，典膳；孜，義官；存，按察司副使；季。弟厚、孚。娶方氏。應天府鄉試第二百三十三名，會試第二百十四名。

李用和　貫山東青州府益都縣，民籍。府學生。治《詩經》。字元樂，行一，年三十一，十月初十日生。曾祖俊。祖瞻。父鑑。母韓氏。重慶下。弟用敬，貢士；用中。娶蘇氏。山東鄉試第十二名，會試第一百八十一名。

戴維師　貫浙江紹興府蕭山縣，竈籍。國子生。治《詩經》。字秉文，行六，年三十四，六月十六日生。曾祖仲儒。祖民舉。父光，府通判。母高氏。具慶下。兄維忠、維孝。弟維宗、維正、維吉。娶黃氏。浙江鄉試第四十三名，會試第二百五十二名。

吳相　貫直隸順德府內丘縣，民籍。縣學生。治《書經》。字汝立，行一，年二十五，八月十六日生。曾祖參。祖真。父聰。嫡母張氏，生母呂氏。慈侍下。娶冀氏。順天府鄉試第四十九名，會試第二百九十一名。

楊梁　貫浙江衢州府西安縣，民籍。國子生。治《易經》。字廷材，行七，年二十八，正月十一日生。曾祖昊，推官。祖鐸，歲貢生。父澍。母葉氏。具慶下。兄棠。弟柒。娶鄭氏。浙江鄉試第十二名，會試第二百二十四名。

劉起宗　貫四川重慶府巴縣，民籍。國子生。治《書經》。字宗之，行一，年三十五，八月初四日生。曾祖規，監察御史，封翰林院侍講學士，贈資政大夫、禮部尚書。祖春，掌詹事府事、資政大夫、禮部尚書兼翰林院學士，贈太子太保，諡文簡。父彭年，按察司按察使。母牟氏，封安人。具慶下。弟起元；起東，官生；起溟；起蒙；起敬；起莘；起江。娶李氏，繼娶柳氏。四川鄉試第二名，會試第一百五名。

張思誠　貫順天府固安縣，民籍，陝西長安縣人。縣學生。治《詩經》。字子脩，行三，年三十五，十一月二十八日生。曾祖霖。祖榦。父永。前母章氏，母辛氏。慈侍下。兄思敬、思明、思懋、思睿、思元。娶孫氏，繼娶王氏。順天府鄉試第三十名，會試第一百三十一名。

何御　貫福建福州府福清縣，民籍。縣學附學生。治《詩經》。字範之，行一，年三十四，八月十八日生。曾祖熙，舉人，署教諭事。祖璋。父元秩。母林氏。永感下。弟衍、徽、術、衢。娶陳氏。福建鄉試第八十二名，會試第一百八十五名。

孟淮　貫河南開封府祥符縣，民籍。府學附學生。治《禮記》。字豫川，行一，年二十六，七月十七日生。曾祖信。祖喜。父廷蘭，典膳。母謝氏。具慶下。弟澤、津、洙。娶田氏，繼娶蘇氏。河南鄉試第十九名，會試第二百六十四名。

張僖　貫福建汀州永定縣，民籍。國子生。治《書經》。字廷和，行三，年三十二，九月二十四日生。曾祖璘。祖紹。父世弘。母鄭氏。重慶下。兄侃，訓科。弟俊。娶賴氏。福建鄉試第九十二名，會試第一百四十二名。

鮑道明　貫直隸徽州府歙縣，民籍。府學生。治《春秋》。字行之，行八，年三十六，五月初三日生。曾祖顯。祖文蘇。父榮芳。母汪氏。具慶下。兄清、倫、濂、光、壽、濬、隆。弟純、深、求、堅、相、洪、迪、達、選。娶方氏。應天府鄉試第四名，會試第一百八十名。

葉遇春　貫直隸蘇州府太倉州，民籍，常熟縣人。國子生。治《禮記》。字體仁，行四，年四十一，正月二十二日生。曾祖璘，贈知縣。祖顒。父沖。母陸氏。永感下。兄富春、茂春、壽春。弟芳春、萃春、復春。娶王氏。應天府鄉試第三十五名，會試第一百十一名。

劉大武　貫湖廣荊州府江陵縣，民籍。國子生。治《易經》。字象成，行一，年三十二，閏正月三十日生。曾祖遂。祖永寧。父鵬。母張氏。

具慶下。弟大本、大章、大和。娶徐氏，繼娶李氏。湖廣鄉試第十五名，會試第一百三名。

程時思　貫江西饒州府浮梁縣，軍籍。府學生。治《易經》。字以學，行二十四，年二十五，九月十七日生。曾祖萬元。祖富昶。父儦。母汪氏，繼母吳氏。具慶下。兄時鳴。弟時相、時行、時茂、時濟、時彰、時寶、時軾。娶鄭氏。江西鄉試第六十二名，會試第一百七十四名。

董子策　貫直隸廬州府合肥鄉縣，軍籍，湖廣京山縣人。國子生。治《書經》。字元正，行一，年三十五，十一月十二日生。曾祖俊。祖忠，壽官。父鉞。母陳氏。慈侍下。娶劉氏。應天府鄉試第三十名，會試第五十名。

葉熙　貫江西南昌府南昌縣，軍籍。府學生。治《易經》。字以明，行七，年二十，三月十九日生。曾祖思楚。祖景發。父時蓋。母何氏。重慶下。弟汝敬、汝亮、汝頤、汝文。娶辜氏。江西鄉試第四十五名，會試第九十七名。

葉春澤　貫福建福州閩縣，民籍。府學生。治《書經》。字仁敷，行八，年三十五，九月十一日生。曾祖顯。祖徽，府教授。父璧。母盛氏。慈侍下。兄秀。娶林氏。福建鄉試第七名，會試第一百五十四名。

許元祥　貫浙江寧波府鄞縣，民籍。國子生。治《易經》。字國鍾，行四，年四十，四月十八日生。曾祖伯義。祖純。父瓏。母薛氏。慈侍下。兄元吉、元慶、元楨。弟元瑞，聽選官；元廉；元祿；元德。娶周氏。浙江鄉試第三名，會試第三百九名。

聶櫟　貫山東臨清衛，軍籍，河南祥符縣人。濟寧州學生。治《易經》。字公壽，行二，年三十七，六月十一日生。曾祖讓。祖敬，訓導。父瓚，長史。母劉氏。具慶下。兄樗。弟枅。娶王氏，繼娶石氏。山東鄉試第二十四名，會試第一百三十五名。

劉洛生　貫山東東昌府恩縣，民籍。縣學生。治《易經》。字希程，行二，年二十三，八月十九日生。曾祖忠。祖進，典史。父鎬，縣主簿。前母馬氏、郭氏，母房氏。具慶下。兄魯生，貢士。弟關生、閩生、充生。娶趙氏。山東鄉試第五十五名，會試第九十名。

劉大賓　貫河南汝寧府確山縣，民籍。山東淄川縣人。縣學生。治《易經》。字子虛，行一，年二十四，十月十二日生。曾祖榮。祖鑑。父富。母董氏。具慶下。弟大貞、大貫。娶陳氏。河南鄉試第四十八名，會試第四十八名。

陳鵠　貫浙江紹興衛，官籍，直隸武進縣人。國子生。治《詩經》。字鳴霄，行二，年三十，十二月初九日生。曾祖傑，百戶。祖繹，百戶。父瑞，百戶。母李氏，封安人。重慶下。兄鶴，百戶。弟鳴、鳳、鵝。娶吳氏，繼娶朱氏。浙江鄉試第四十三名，會試第六十二名。

張秉壺　貫福建興化府莆田縣，民籍。國子生。治《書經》。字國鎮，行三，年三十二，正月初八日生。曾祖勉，學正。祖道亨，七品散官。父朝昇，知縣。嫡母翁氏，生母劉氏。慈侍下。兄秉羅；秉浮；應鳳，貢士；大紀。弟秉辰、秉乾、秉初。娶朱氏。福建鄉試第十四名，會試第二百十名。

張文卿　貫陝西西安府三原縣，軍籍。國子生。治《書經》。字質夫，行一，年三十二，閏正月十六日生。曾祖惟孝。祖通。父志聰。母師氏。慈侍下。弟欽卿、思卿。娶杜氏。陝西鄉試第一名，會試第一百八名。

胡川楫　貫直隸徽州府歙縣，匠籍。國子生。治《易經》。字巨卿，行三，年三十四，九月十九日生。曾祖宗應。祖真賜。父儼。母程氏，繼母張氏。具慶下。兄元勇、載嘉、繼明。弟乘、雁、鵬、鶴、完、性。娶陳氏。應天府鄉試第三十三名，會試第二百九十三名。

袁鳳鳴　貫湖廣辰州衛，軍籍，直隸盱眙縣人。縣學生。治《易經》。字子時，行一，年三十七，十二月初八日生。曾祖敬，百戶。祖禮。父經。母顏氏。永感下。弟鳳儀。娶高氏。湖廣鄉試第四十名，會試第一百四十四名。

吳蘭　貫直隸廬州府六安州霍山縣，民籍，雲南霑益州人。國子生。治《禮記》。字卿佩，行一，年四十四，正月初九日生。曾祖信。祖泰，府教授。父鳳儀，訓導。母嚴氏。具慶下。弟茝。娶李氏。應天府鄉試第一百七名，會試第三百十八名。

蒿賓　貫山東兗州府滕縣，民籍，直隸清河縣人。國子生。治《詩經》。字大賓，行一，年二十八，五月十六日生。曾祖友。祖明。父恕。母牛氏，繼母鄒氏。具慶下。弟儒。娶孫氏。山東鄉試第五十四名，會試第二百三十三名。

徐良傅　貫江西撫州府東鄉縣，民籍。府學生。治《書經》。字子弼，行二十三，年三十四，八月二十九日生。曾祖祿。祖誠，壽官。父紀，訓導。母樂氏。嚴侍下。兄良器。娶鄧氏。江西鄉試第八名，會試第四十名。

歐陽建　貫廣東廣州府新會縣，民籍。國子生。治《詩經》。字參可，行一，年三十九，二月十三日生。曾祖乾禎。祖畝，義官。父純熙。母伍氏。具慶下。弟律、津。娶陳氏。廣東鄉試第二十六名，會試第二百七十二名。

洪庭桂　貫福建泉州府南安縣，軍籍。縣學生。治《易經》。字德馨，行三，年三十五，九月二十一日生。曾祖敏倫。祖昕，義官。父宙。母林氏，繼母吳氏。嚴侍下。兄庭芳；庭梧；庭實，貢士。弟庭秀、庭蘭。娶涂氏。福建鄉試第七十一名，會試第六十一名。

胡堯臣　貫四川重慶府安居縣，軍籍。國子生。治《詩經》。字伯純，行二，年三十二，正月二十五日生。曾祖存祿。祖鵬。父自明，訓導。母朱氏。重慶下。兄誠。弟舜臣、禹臣。娶楊氏。四川鄉試第五十名，會試第一百四名。

董懋中　貫直隸保定府安州高陽縣人。國子生。治《書經》。字德甫，行二，年二十三，九月二十四日生。曾祖榮。祖紋。父兵。母王氏。具慶下。兄用中；執中，貢士；立中，貢士；秉中；化中。弟黃中、協中、一中、龍中、虛中、就中、適中。娶苑氏。順天府鄉試第二十六名，會試第二百二十四名。

郭惟清　貫武功中衛，匠籍，直隸崑山縣人。順天府學附學生。治《書經》。字寅仲，行一，年三十，十月初二日生。曾祖福敬。祖泰。父昇。母楊氏。具慶下。弟惟和、惟一。娶文氏。順天府鄉試第一百六名，會試第二百二十八名。

倪瑗　貫陝西咸寧縣，民籍，直隸長洲縣人。府學生。治《春秋》。字公引，行四，年三十五，十一月初八日生。曾祖曙。祖顒，散官。父通，封給事中。嫡母劉氏，封孺人；生母劉氏。慈侍下。兄璣，按察司僉事；環，驛丞；玳，貢士；瑤；珮。弟璜，監生。娶黃氏。陝西鄉試第五十六名，會試第一百四十六名。

袁袞　貫直隸蘇州府吳縣，民籍。國子生。治《易經》。字補之，行三，年四十，五月十六日生。曾祖琮。祖敬。父才鼎，訓科。母韓氏。永感下。兄表，南京兵馬司副指揮；裒。弟褒，監生；袤，前工科主事；裘。娶盧氏。應天府鄉試第六十六名，會試第五十五名。

莊思寬　貫福建泉州府晉江縣，民籍。縣學附學生。治《易經》。字君栗，行二，年三十三，八月二十日生。曾祖儀則。祖元善。父龍。母郭氏。慈侍下。兄思恭。弟思信。娶張氏。福建鄉試第六十一名，會試第十四名。

孟顏　貫山西澤州，民籍。國子生。治《詩經》。字學顏，行一，年二十四，三月初一日生。曾祖彪，贈太僕寺卿，加贈都察院右副都御史。祖春，通議大夫、吏部左侍郎。父陽，行人，贈監察御史。母顏氏。永感下。弟學孔、學思、頫、項、學堯。娶龐氏。山西鄉試第三名，會試第一百九十一名。

劉乾　貫直隸保定府唐縣，軍籍。國子生。治《詩經》。字仲坤，行三，年三十二，十一月十一日生。曾祖著，教諭。祖瑜，翰林院檢討。父汝教。母左氏。慈侍下。兄鼎、泰。弟恒。娶王氏，繼娶徐氏。順天府鄉試第一百十七名，會試第二百十九名。

趙之屏　貫四川順慶府南充縣，民籍。國子生。治《詩經》。字憲甫，行一，年二十八，十二月十四日生。曾祖求富。祖廷爵。父愷。母師氏。具慶下。弟之翰、之藩、之綱、之紀。娶韓氏。四川鄉試第七名，會試第一百四十五名。

甄成德　貫山西太原府平定州守禦千戶所，軍籍，嵐縣人。國子生。治《書經》。字行叔，行一，年三十八，七月初四日生。曾祖海。祖福祥。父鏞。母郭氏。具慶下。弟成業、成性、成仁、成義。娶馬氏。山西鄉試第三十八名，會試第二百五十一名。

冷珂　貫四川重慶府榮昌縣，軍籍，湖廣麻城縣人。國子生。治《易經》。字鳴叔，行五，年四十，六月二十日生。曾祖廷傑。祖奎，教諭，贈奉政大夫、府同知。父宗元，知府。母張氏，贈宜人；繼母鄭氏，封宜人。具慶下。四川鄉試第五十九名，會試第一百四十名。

孟廷相　貫順天府霸州，軍籍。州學生。治《書經》。字爰立，行一，年三十五，十一月十二日生。曾祖安，府照磨。祖欽，七品散官。父瑛，州學正。母胡氏。具慶下。弟廷芳、廷鄰。娶司氏。順天府鄉試第二十八名，會試第二百四十五名。

劉選　貫河南汝寧府汝陽縣，民籍，山西安邑縣人。府學生。治《詩經》。字子銓，行一，年二十八，八月十六日生。曾祖順。祖江。父亮。嫡母王氏，生母張氏。具慶下。娶鄭氏。河南鄉試第二名，會試第一百九名。

王尚學　貫廣西柳州府馬平縣，民籍。縣學生。治《易經》。字敏叔，行四，年三十，四月十一日生。曾祖昕。祖泝。父相。母文氏。具慶下。

娶陳氏。廣西鄉試第三名，會試第二百三名。

王德　貫浙江溫州府永嘉縣，軍竈籍。縣學附學生。治《詩經》。字汝脩，行三，年二十一，閏十二月十二日生。曾祖廷芳。祖鐲。父浥。母林氏。具慶下。兄慶、立。娶邵氏。浙江鄉試第八十名，會試第七十三名。

謝體升　貫江西吉安府吉水縣，軍籍。縣學生。治《易經》。字順之，行五，年三十三，三月二十五日生。曾祖建康。祖充選，義官。父顯簪，義官。前母高氏，母蕭氏，繼母周氏。具慶下。兄體蒙，監生；體師；體鼎，監生。弟體履。娶黃氏。江西鄉試第五十一名，會試第二百二十七名。

唐時　貫直隸保定府雄縣，民籍。縣學生。治《詩經》。字學孔，行一，年二十七，十月二十二日生。曾祖興。祖全。父林。母高氏。具慶下。娶李氏。順天府鄉試第一百二十一名，會試第四十一名。

魏謙吉　貫直隸真定府栢鄉縣，民籍。國子生。治《春秋》。字子惠，行四，年三十，十一月初一日生。曾祖鑑。祖壽，訓導。父嚴，儒官。母趙氏。具慶下。兄謙光，監生；謙亨；謙利。弟謙貞、謙榮、謙勞、謙□。娶李氏。順天府鄉試第二名，會試第五名。

張情　貫直隸蘇州府崑山縣，匠籍。國子生。治《詩經》。字約之，行二，年三十六，九月二十四日生。曾祖思明。祖繪。父祥，歲貢生。母杜氏。慈侍下。兄性。弟意，按察司副使；心。娶朱氏。應天府鄉試第四十九名，會試第二百一名。

劉煮　貫直隸天津左衛，軍籍，河南項城縣人。衛學生。治《詩經》。字仁甫，行三，年二十七，正月二十二日生。曾祖興。祖清。父氣，壽官。母石氏。具慶下。兄勳、臣。娶陳氏。順天府鄉試第四十七名，會試第四十三名。

查秉彝　貫浙江杭州府海寧縣，民籍。國子生。治《詩經》。字性甫，行八，年三十五，四月十三日生。曾祖實。祖益，封按察司僉事。父繪。母周氏。永感下。兄秉中；秉直；秉衡；秉清；秉濂；秉銓，監生。弟秉鈇，貢士；秉倫；秉信；秉佶；秉鈞。娶陳氏。浙江鄉試第二十一名，會試第十五名。

吳世良　貫浙江嚴州府淳安縣，民籍。縣學生。治《春秋》。字元良，行三，年三十，十一月十三日生。曾祖汝廣。祖士雍，壽官。父漢。

母余氏。具慶下。兄世恩、世忠。弟世義、宗魯。娶凌氏，繼娶嚴氏。浙江鄉試第九名，會試第一百六十名。

張詔　貫山東濟南府濟陽縣，民籍。縣學生。治《易經》。字朝宣，行一，年二十八，三月初六日生。曾祖斌。祖玉。父遵。前母劉氏，母周氏。嚴侍下。弟侶、儔、化、儒。娶謝氏，繼娶謝氏。山東鄉試第三十五名，會試第一百六十九名。

丘玳　貫直隸廬州府六安州，軍籍。國子生。治《書經》。字文玉，行二，年四十，二月初五日生。曾祖嵩。祖炫。父附。母吳氏。具慶下。兄珩。弟瑞。娶龔氏，繼娶王氏。應天府鄉試第一百九名，會試第二百八十一名。

李寶　貫河南河南府靈寶縣，民籍。縣學生。治《易經》。字紉華，行三，年三十四，七月初八日生。曾祖孜，義官。祖孟陽。父禮。母葛氏。具慶下。兄繼義、繼儒。弟守。娶閆氏。河南鄉試第七十四名，會試第二百三十七名。

許瑄　貫福建泉州府晉江縣，匠籍。縣學附學生。治《易經》。字伯溫，行二，年二十七，四月初十日生。曾祖舜謙。祖成高。父元明。母鄭氏。慈侍下。兄璘。弟璬。娶蕭氏。福建鄉試第八十三名，會試第一百八十八名。

張潛　貫山東濟南府齊河縣，官籍。縣學生。治《詩經》。字時見，行一，年二十二，八月初八日生。曾祖純。祖居仁，府知事。父九經。母畢氏。重慶下。弟津、洞、洋、淶、湘、沽。聘李氏。山東鄉試第三十二名，會試第二百三十六名。

黃如桂　貫江西吉安府廬陵縣，民籍。國子生。治《詩經》。字德馨，行三，年四十，十三月十二日生。曾祖時佐。祖鎬。父懋哲。母李氏。永感下。兄照、文、喬。娶李氏。江西鄉試第八名，會試第十九名。

蕭世延　貫四川成都府內江縣，民籍。縣學生。治《書經》。字可靜，行六，年三十四，四月初十日生。曾祖汝明，贈都察院右都御史。祖騏，義官。父露。嫡母吳氏，生母李氏。慈侍下。兄世顯，壽官；成雍；世選；世熙，監生；世建。弟世尚；世曾，貢士；世謙；世賞。娶梅氏，繼娶羅氏。四川鄉試第十名，會試第三百十一名。

羅廷繡　貫陝西西安府邠州淳化縣，民籍。國子生。治《書經》。字公裳，行七，年三十，閏九月初八日生。曾祖楫，知州。祖九霄，壽官。

父仁夫。母袁氏。重慶下。弟廷紱。娶姚氏。陝西鄉試第五十二名，會試第三百七名。

金志　貫浙江紹興府山陰縣，民籍。國子生。治《詩經》。字允立，行六十一，年三十七，三月十三日生。曾祖寧。祖玘。父謐，知縣。母茅氏。永感下。兄恕、愚。娶陳氏。浙江鄉試第六十名，會試第二百八名。

余善繼　貫四川重慶府長壽縣，民籍。縣學附學生。治《春秋》。字伯賢，行一，年二十七，三月初三日生。曾祖永壽。祖鍾，王府教授。父龍。母趙氏。具慶下。兄廷寵。弟能繼、可繼。娶謝氏。四川鄉試第三十一名，會試第三百十名。

吳道南　貫河南汝寧府光州，民籍，江西豐城縣人。國子生。治《易經》。字文在，行二，年三十一，八月十二日生。曾祖世榮。祖權。父昭鳳。母金氏，繼母陳氏。具慶下。弟道明。娶蔡氏。河南鄉試第五十八名，會試第六十七名。

楊載鳴　貫江西吉安府泰和縣，儒籍。縣學生。治《易經》。字虛卿，行二，年二十五，十月二十三日生。曾祖昱，太僕寺丞。祖雯。父訓，教諭。母劉氏。具慶下。兄載芳。弟載賞。娶龍氏。江西鄉試第十五名，會試第一百名。

沈鍊　貫浙江紹興衛，軍籍，麗水縣人。國子生。治《易經》。字純甫，行五，年三十二，九月初八日生。曾祖伯才。祖慶。父璧。母俞氏。具慶下。兄鎮、鏜、鉥。弟鎬、鍾、鈢、鎰、鍔。娶徐氏。浙江鄉試第六十五名，會試第一百七名。

李一瀚　貫浙江台州府僊居縣，民籍。國子生。治《詩經》。字源甫，行四，年三十四，八月二十日生。曾祖良平。祖震。父鑺。母彭氏。具慶下。兄一灌、一浙、一潮。弟一沛。娶應氏。浙江鄉試第八十六名，會試第六十四名。

洪恩　貫湖廣黃州府蘄州黃梅縣，民籍。縣學生。治《詩經》。字從仁，行一，年二十九，十月十四日生。曾祖宇璇。祖晟，知縣。父模，貢士。母胡氏。重慶下。弟勳、達、造。娶王氏。湖廣鄉試第三十六名，會試第四十七名。

符驗　貫浙江台州府黃巖縣，軍籍。國子生。治《詩經》。字大克，行亨六十八，年四十六，八月十四日生。曾祖永廉。祖乎。父匡，教諭。母金氏。永感下。兄璽。弟瓊。娶王氏。繼娶吳氏。浙江鄉試第七名，會試第八十八名。

　　高謙　貫陝西綏德衛,軍籍,榆林衛人。國子生。治《春秋》。字孔益,行五,年二十六,七月十八日生。曾祖旺。祖曇,百戶。父鷟,府經歷。前母王氏,母張氏。慈侍下。兄奎,百戶;儒,千戶;科;第。娶時氏。陝西鄉試第四十六名,會試第二百三十九名。

　　汝齊賢　貫直隸蘇州府吳江縣,民籍。國子生。治《詩經》。字懋思,行三,年三十一,八月二十五日生。曾祖思聰,兵馬司指揮。祖仲器,贈吏部郎中。父泰,知府。前母郁氏,贈宜人;母丁氏,封宜人。慈侍下。兄惟賢,州判官;貢;贊。娶張氏。應天府鄉試第五十八名,會試第十二名。

　　吳維嶽　貫浙江湖州府安吉州孝豐縣,軍籍。縣學生。治《禮記》。字峻伯,行五,年二十五,六月初四日生。曾祖玒,壽官。祖松,封奉政大夫、吏部郎中。父麟,知縣,前監察御史。前母王氏,贈孺人;王氏;方氏,封孺人。重慶下。弟維川、維夏、維京、維城。娶臧氏。浙江鄉試第五名,會試第一百九十七名。

　　萬虞愷　貫江西南昌府南昌縣,民籍。國子生。治《詩經》。字懋卿,行九,年三十四,三月十三日生。曾祖景星。祖必昌。父廣載。母傅氏,繼母李氏。具慶下。兄虞託、虞詩。弟虞瑞、虞鄰。娶蕭氏。江西鄉試第八十六名,會試第一百三十九名。

　　茅坤　貫浙江湖州府歸安縣,民籍。縣學生。治《書經》。字順甫,行二,年二十七,七月二十一日生。曾祖剛。祖珪。父遷。母李氏。重慶下。兄乾。弟良、益、應龍、大有、應虎。娶姚氏。浙江鄉試第十一名,會試第十三名。

　　汪宗伊　貫湖廣武昌府崇陽縣,軍籍。縣學生。治《詩經》。字子衡,行三,年二十九,正月十五日生。曾祖璉,壽官。祖藻,監生,封兵部主事,贈中憲大夫、都察院右僉都御史。父文盛,都察院右僉都御史。母彭氏,封恭人。具慶下。兄宗元,兵部主事;宗凱,中書舍人;宗皋。弟宗召,貢士;宗夔;宗南;宗光;宗介;宗斌;宗說;宗萊。娶蔡氏。湖廣鄉試第一名,會試第二十三名。

　　馮璋　貫浙江寧波府慈谿縣,軍籍。國子生。治《春秋》。字如之,行六十七,年三十七,七月十四日生。曾祖民。祖魯。父雋。前母張氏,母魏氏。慈侍下。兄禮;良貴;岳,知府。弟節。娶陳氏。浙江鄉試第三十八名,會試第九名。

林紳　貫陝西鳳翔府寶雞縣,民籍。國子生。治《書經》。字佩之,行六,年四十七,九月十三日生。曾祖秀。祖虎,贈知州。父恭,知府。嫡母焦氏,封恭人;生母張氏。永感下。兄經,義官;綸,監生;繼,監生;緒,監生;純。弟緯,上林苑監錄事。娶彭氏。陝西鄉試第三十九名,會試第二百七十名。

順境　貫湖廣武昌府江夏縣,軍籍。府學生。治《詩經》。字履常,行三,年三十八,四月十五日生。曾祖德昭。祖成美。父友剛。母順氏。慈侍下。兄鈜、錫。娶郝氏。湖廣鄉試第四十四名,會試第五十六名。

李槃　貫湖廣岳州府澧州,官籍,四川內江縣人。國子生。治《易經》。字新甫,行三,年三十六,十二月初六日生。曾祖蕃,兵科左給事中,累贈資政大夫、太子少保、工部尚書兼都察院左副都御史。祖吉安,王府教授,累贈資政大夫、太子少保、工部尚書兼都察院左副都御史。父振嗣。前母馬氏,母程氏。永感下。兄樺;棠;輅,府同知;弁,百戶。弟點;松,光祿寺署丞。娶張氏,繼娶陳氏。湖廣鄉試第二名,會試第一百十九名。

李嵩　貫河南歸德衛,軍籍,陝西華陰縣人。歸德州學增廣生。治《易經》。字子中,行二,年二十二,正月初六日生。曾祖貴。祖通。父芳。母宋氏,繼母周氏。具慶下。兄崑。娶陳氏。河南鄉試第十七名,會試第八十六名。

劉存德　貫福建泉州府同安縣,民籍。縣學生。治《易經》。字志仁,行一,年三十一,十一月初六日生。曾祖弘淵。祖朝權。父恭。母葉氏,繼母林氏。具慶下。弟存業。娶葉氏。福建鄉試第四十六名,會試第四十五名。

阮高　貫直隸保定府大寧都司,官籍,中衛人。國子生。治《詩經》。字思抑,行二,年二十九,二月初一日生。曾祖璿,都指揮使。祖洪。父泰。母李氏。慈侍下。兄登。娶李氏,繼娶尹氏。順天府鄉試第十一名,會試第二百二十九名。

游震得　貫直隸徽州府婺源縣,民籍。國子生。治《易經》。字汝潛,行二,年三十四,十月初五日生。曾祖敬寬,壽官。祖侃。父泰亨。前母程氏,母汪氏。慈侍下。兄孟得。弟再得、三得、壯得、同得、明得、後得。娶詹氏。應天府鄉試第八十八名,會試第三十五名。

杜汝楨　貫四川順慶府南充縣，民籍。國子生。治《詩經》。字公寧，行三，年三十六，六月初七日生。曾祖明，府經歷。祖華，長史。父純，府通判。母任氏。具慶下。兄汝舟、汝楫、冕、漢濬。弟昹、汝幹。娶楊氏，繼娶龐氏。四川鄉試第四十八名，會試第九十二名。

盛唐　貫浙江嘉興府嘉善縣，民籍。國子生。治《詩經》。字原陶，行一，年三十，十月十五日生。曾祖完。祖莊。父奎。母沈氏。具慶下。弟虞。娶戴氏。浙江鄉試第六十名，會試第九十八名。

李遇春　貫直隸蘇州府常熟縣，民籍，吳縣人。國子生。治《詩經》。字時芳，行三，年三十八，八月二十四日生。曾祖邕。祖梗。父乾。母杭氏。具慶下。兄應春，省祭官；秀春。娶蔣氏。順天府鄉試第八十七名，會試第一百七十名。

鄭直　貫山東兗州府東平州，軍籍。州學生。治《詩經》。字子敬，行一，年二十八，二月十七日生。曾祖觀，布政使司理問，贈南京戶部主事。祖倫。父維垣，通判。母李氏，繼母梁氏。重慶下。弟立，監生；室；鑒；童；登。娶徐氏。山東鄉試第三十名，會試第二百五名。

坑進良　貫直隸保定府安肅縣，民籍。山西安邑縣學教諭。治《詩經》。字汝率，行三，年四十四，九月二十八日生。曾祖恭。祖奉。父大綱，縣主簿。母閆氏。具慶下。兄進賢、進善。弟進臣、進言、進道、進友。娶李氏，繼娶郭氏、李氏、李氏。順天府鄉試第九十二名，會試第三百十二名。

馮惟訥　貫遼東廣寧左衛，軍籍，山東臨朐縣人。國子生。治《詩經》。字汝言，行五，年二十六，六月十九日生。曾祖春。祖振，贈南京戶部署郎中事員外郎。父裕，按察司副使。母伏氏，封宜人。具慶下。兄惟健，貢士；惟重，同科進士；惟敏，貢士。弟惟直。娶熊氏。山東鄉試第五十六名，會試第一百二十三名。

許東望　貫山東平山衛，旗籍，直隸宿松縣人。國子生。治《易經》。字應魯，行五，年三十，閏九月初一日生。曾祖宏，贈知縣。祖麐，太僕寺寺丞。父堯，引禮舍人。母田氏。永感下。兄東明，縣主簿；東高，監生；東青，義官；東迎，監生；東華，總旗。弟東聚；東作，義官；東漸；東光，義官。娶沈氏。山東鄉試第四十三名，會試第二百五十三名。

胡宗憲　貫直隸徽州府績溪縣，民籍。縣學附學生。治《書經》。

字汝欽，行二，年二十七，九月二十六日生。曾祖若川，壽官。祖崐，義官。父尚仁。母方氏。具慶下。兄宗虞。弟宗廷。娶章氏。應天府鄉試第一百名，會試第八十四名。

　　蕭軾　貫江西吉安府吉水縣，民籍。國子生。治《易經》。字仲敬，行五，年三十一，五月十六日生。曾祖世禎。祖延通，贈刑部主事。父晚，按察司副使。母楊氏，封安人。具慶下。兄幹。弟轍，貢士。娶胡氏。江西鄉試第八十一名，會試第一百七十七名。

　　諸敬之　貫浙江紹興府餘姚縣，民籍。縣學附學生。治《易經》。字守禮，行三，年三十二，正月二十七日生。曾祖琳。祖永言。父巽。母徐氏。重慶下。兄桂。弟學之。娶王氏。浙江鄉試第三十四名，會試第一百九十九名。

　　譚大初　貫廣東南雄府始興縣，民籍。府學生。治《詩經》。字宗元，行二，年二十五，九月三十日生。曾祖遜，縣丞。祖昇。父驥，訓科。嫡母劉氏，生母劉氏。慈侍下。兄大中，訓科。娶陳氏。廣東鄉試第七十五名，會試第二百四十六名。

　　徐鶴齡　貫浙江杭州府海寧縣，軍籍。府學增廣生。治《易經》。字仁甫，行一，年三十，正月二十六日生。曾祖慶。祖蘭。父文卿，冠帶生員。母王氏。重慶下。弟鶴翔、鶴鳴、鶴生、鶴年。娶沈氏，繼娶孫氏。浙江鄉試第五十九名，會試第二百四十七名。

　　萬文彩　貫雲南臨安衛，官籍，江西南昌縣人。國子生。治《書經》。字國華，行二，年三十二，三月十一日生。曾祖俊。祖昂。父祚，八品散官。母賈氏。慈侍下。兄言策，貢士；文奎。弟文光。娶何氏。雲貴鄉試第三十一名，會試第二百八十二名。

　　邵梗　貫浙江杭州府仁和縣，民籍。國子生。治《易經》。字良用，行三，年三十六，二月三十日生。曾祖惟政，贈文林郎、大理寺評事。祖琮，按察司副使，進從三品階。父昺。母陳氏。嚴侍下。弟楷、椿、槐、桂、桐、檟、榴、梓。娶趙氏。浙江鄉試第五十一名，會試第一百九十二名。

　　李僅可　貫直隸廣平府清河縣，民籍。國子生。治《詩經》。字子與，行一，年三十五，正月初三日生。曾祖祥。祖璽。父隆。母閻氏。具慶下。弟學可、許可。娶張氏。順天府鄉試第三十一名，會試第一百二十七名。

　　羅崇奎　貫江西南昌府南昌縣，民籍。國子生。治《易經》。字子文，行八，年三十一，五月十三日生。曾祖九錫，義官。祖貢任。父大輔。

母賈氏。慈侍下。兄崇貞、崇進。弟崇信、崇睿、崇簡、崇明、崇震。娶徐氏。江西鄉試第二十一名，會試第二十七名。

陳珂　貫直隸涿鹿左衛，官籍，順天府薊州遵化縣人。學附學生。治《書經》。字仲聲，行六，年二十八，七月二十四日生。曾祖玉，昭勇將軍、指揮使。祖廣，昭勇將軍、指揮使。父淵，戶部員外郎。母郭氏，贈安人。永感下。兄珮，昭勇將軍、指揮使；瑞，七品散官；琳，七品散官。弟琨、璜、瑤、琪。娶王氏。順天府鄉試第一百五名，會試第一百八十三名。

孟養性　貫山東濟南府齊河縣，民籍。縣學生。治《詩經》。字存甫，行一，年三十，十一月十九日生。曾祖昉。祖璉。父宗儒，監生。母楊氏。嚴侍下。娶趙氏。山東鄉試第四十四名，會試第一百九十八名。

阮朝策　貫湖廣黃州麻城縣，民籍。國子生。治《春秋》。字子定，行七，年三十八，八月十八日生。曾祖剛，縣丞。祖大用，壽官。父圭，贈戶部主事。前母賀氏；母蔡氏，贈安人。永感下。兄朝陽，貢士；朝東，按察司提學副使；朝南；朝端；朝隨，貢士；朝士；朝儀；朝倚；朝任。娶梅氏。湖廣鄉試第八名，會試第一百十名。

周山　貫直隸常州府武進縣，民籍。國子生。治《詩經》。字子仁，行一，年四十八，十二月十二日生。曾祖仲傑。祖昱。父榮。母吳氏。慈侍下。娶徐氏。順天府鄉試第一百二十八名，會試第二百六十名。

張雨　貫江西吉安府萬安縣，民籍。國子生。治《易經》。字惟時，行一，年二十七，正月初七日生。曾祖守約。祖資雲，義官。父士優。母廖氏。重慶下。弟霆、霄、霑、霽。娶劉氏。江西鄉試第二十四名，會試第二十二名。

歐思賢　貫順天府薊州，民籍。福建連江縣人，國子生。治《書經》。字希甫，行五，年三十五，十月初七日生。曾祖寶，贈戶部郎中。祖俊。父弘懋，府通判，進階承德郎。母孟氏，封安人。具慶下。兄思廉，義官；思誠，大理寺右寺副；思孝。弟思齊，義官；思法；思元；思遷。娶賈氏。順天府鄉試第六十名，會試第二百六十二名。

楊皆　貫福建興化府莆田縣，民籍。府學生。治《詩經》。字同卿，行十九，年三十三，閏正月十三日生。曾祖察，贈奉直大夫、吏部員外郎。祖瓚，布政使司左參政。父褒。母翁氏。慈侍下。兄魯、哲、曹。娶林氏。福建鄉試第六十五名，會試第三百五名。

荆應春　貫河南懷慶府武陟縣，軍籍。國子生。治《易經》。字子元，行二，年三十四，七月二十二日生。曾祖欽，義官。祖鶯，壽官。父華。母趙氏。具慶下。兄應節。弟應夏、應秋、應冬。娶王氏。順天府鄉試第五十二名，會試第六十九名。

李寵　貫湖廣黃州府麻城縣，民籍。國子生。治《春秋》。字元勳，行二，年三十，三月初五日生。曾祖善芳，訓術。祖瀅。父文玉，冠帶生員。母劉氏。具慶下。兄采，推官。弟宰、柟、梅、樂。娶鄒氏。湖廣鄉試第三十八名，會試第二百二名。

王堯日　貫河南開封府歸德州鹿邑縣，民籍。國子生。治《詩經》。字明時，行三，年三十七，三月二十二日生。曾祖智，衛經歷。祖紀。父淙，典寶。母普氏，繼母羅氏。嚴侍下。兄堯春、堯年。弟堯時、堯臣、堯節。娶完氏。河南鄉試第九名，會試第一百七十三名。

魏夢賢　貫浙江紹興府山陰縣，民籍。國子生。治《詩經》。字良輔，行十，年三十九，十二月十三日生。曾祖達。祖英。父淳。前母王氏，母朱氏。具慶下。弟夢卜。娶朱氏。浙江鄉試第七十四名，會試第七十五名。

谷嶠　貫直隸興州前屯衛，官籍，河南息縣人。國子生。治《易經》。字惟升，行一，年三十一，二月十三日生。曾祖亮，指揮僉事。祖湧。父選。母董氏。具慶下。弟巒。娶楊氏。順天府鄉試第二十二名，會試第三百三名。

溫新　貫河南洛陽中護衛，官籍，山東益都縣人。國子生。治《詩經》。字伯明，行一，年四十八，三月十二日生。曾祖全，指揮同知。祖厚，指揮同知。父勝，指揮同知。母王氏，封淑人；繼母張氏。慈侍下。弟秀，知州；習。娶王氏。河南鄉試第二名，會試第三百十六名。

張坪　貫直隸河間府景州東光縣，民籍。縣學生。治《詩經》。字子珍，行一，年三十四，六月十九日生。曾祖薦。祖安。父慶。母息氏。永感下。娶王氏，繼娶莊氏。順天府鄉試第一百十四名，會試第八十二名。

朱鵲　貫廣西桂林府陽朔縣，民籍。國子生。治《易經》。字秉直，行九，年三十二，正月初一日生。曾祖龍光。祖聲，府經歷，贈刑部員外郎。父璧，監生。母容氏。永感下。兄鶯，知縣；鵬，知縣；鷟；鸚，監生；鵾；鴻；鷲；鶊。娶王氏。廣西鄉試第二十名，會試第一百十七名。

尹綸　貫山東濟南府齊河縣，民籍，德州人。國子生。治《詩經》。

字汝漁,行四,年三十九,正月十八日生。曾祖進。祖欽。父天章,巡檢。母王氏。嚴侍下。兄溏、潮、涇。娶李氏。山東鄉試第二十一名,會試第二百五十五名。

林大有 貫廣東潮州府潮陽縣,民籍。國子生。治《書經》。字端時,行一,年二十四,正月二十日生。曾祖未恩。祖緇綬。父惠。前母趙氏,母范氏。具慶下。弟大壯、大畜。娶蕭氏。廣東鄉試第六十名,會試第二百三十五名。

王崇義 貫山東濟南府淄川縣,軍籍。國子生。治《詩經》。字子由,行四,年三十,閏九月十六日生。曾祖俊。祖振。父逵。母魯氏,繼母曹氏。具慶下。兄崇德；崇儒,省祭官；崇仁。弟崇文、崇學、崇化。娶許氏,繼娶劉氏。山東鄉試第十六名,會試第一百二十九名。

汪栢 貫江西饒州府浮梁縣,民籍。府學生。治《易經》。字廷節,行二十九,年二十六,二月十三日生。曾祖文琦。祖鈞。父泗。母張氏。具慶下。兄櫃、札、林。弟梧、栗、枰。娶鄭氏。江西鄉試第十六名,會試第一百二十六名。

王大平 貫山東青州縣安丘縣,民籍。縣學生。治《易經》。字象行,行四,年二十八,十月十七日生。曾祖振。祖伯成。父玉。母李氏。具慶下。兄大化、大任、大均。弟大治、大雍、大熙、大皡、大命。娶黃氏。山東鄉試第十六名,會試第二百六名。

陳應魁 貫福建興化府莆田縣,民籍。府學附學生。治《書經》。字孚元,行五,年一十九,正月初二日生。曾祖瑜,監生。祖鍾,府同知。父淮,冠帶生員。母雍氏,生母楊氏。重慶下。兄在邦；在科,聽選官；在賢；在田。聘鄭氏。福建鄉試第二十九名,會試第二百八十四名。

杜拯 貫江西南昌府豐城縣,軍籍。縣學附學生。治《詩經》。字子民,行二百四,年二十一,四月二十五日生。曾祖叔置。祖玉環。父士希。母游氏。重慶下。弟抃、拙、撰、擢、揚、揭。聘鄒氏。江西鄉試第二十三名,會試第七十一名。

王心 貫直隸龍江右衛,軍籍,浙江定海縣人。國子生。治《易經》。字惟一,行二,年三十八,七月十四日生。曾祖敬祥。祖雷。父浩。母楊氏。慈侍下。兄言。娶張氏。應天府鄉試第三十一名,會試第二百六十七名。

徐文亨 貫遼東定遠後衛,官籍,江西餘干縣人。國子生。治《書經》。字道行,行二,年三十四,十月十三日生。曾祖伯迪,百戶。祖昂,贈千户。父淵。母萬氏。慈侍下。兄文賢、文芳。弟文貞、文中、文和、文徵。娶王氏。順天府鄉試第一百十三名，會試第三百四名。

牛沈度　貫河南南陽府葉縣，民籍。國子生。治《書經》。字玄範，行一，年四十四，五月二十六日生。曾祖麟。祖鐸，贈吏部郎中。父鳳，南京太常寺卿。母任氏，封宜人。具慶下。弟沈裕，貢士。娶李氏，繼娶李氏。河南鄉試第三十九名，會試第二十八名。

宋惟元　貫浙江紹興府餘姚縣，竈籍。國子生。治《春秋》。字以貞，行四，年四十二，五月初七日生。曾祖廷芳，贈都察院右副都御史。祖璉，壽官。父軒，典史。母王氏。嚴侍下。弟惟性、惟奎、惟新、惟幾。娶陳氏，繼娶胡氏、許氏。浙江鄉試第九名，會試第二百十三名。

皇帝制曰：朕聞立天之道，曰陰與陽；立地之道，曰柔與剛；立人之道，曰仁與義。三才之道一而已，何又有去義爲論乎？於是未免賢者自相私反，必如聖經而後可。且今人尤大非賢者，及人君纔一用義，即謂嚴刻，乃作言曰："上任刑以爲治，非三代之治也。"却一不之反於己。三代之人皆人也，不待義臨，而自持惟恐放佚。今之人，果三代之同歟？將欲利之是貪，慾之是縱，國而罔思，民而罔恤，以至於上下禮度悉不之慎。爲之君人者，可不一教一治之？是非當否？抑果當乎？朕祗承天位，惟民是保，保官人者，比比皆負國虐民之圖，奚爲用哉？

尔多士，師孔子之學，必心孔子之心。將此心之平正陳爲篇，列以除弊革私之道，衍爲仁育義斷之方，以告我。勿諱勿欺，朕覽之。

嘉靖十七年三月十五日

臣茅瓚
臣對：
臣聞帝王之御臨天下也，内必有敬天之心，而外必有憲天之政。夫天者，理之原也，人君代天理物，故其所行必求端於天。天之道雖廣博而難終窮，神妙而不可測，而其端不過有二，曰陰與陽而已矣。陽居大夏，以長育爲事，有剛道焉。王者繼天而爲之子，則用仁，而凡爲慈愛、爲謙屈，無非仁之統體矣。陰居秋冬，以肅殺爲事，有柔道焉。王者繼天而爲之子，則用義，而凡爲果斷、爲裁製，無非義之散殊矣。故天道運而無所積，帝德運而無所私，以此存之於中，是謂敬天、純王之心也；以此發之於事，是謂憲天、純王之政也。合心與政皆純乎天，夫是之謂格天之治，而堯、舜、禹、湯、文武由此其選也，奚獨三代之治爲然乎？

欽惟皇帝陛下禀剛健中正之資，備文武聖神之德，自即位以來，信賞必罰，威行如雷霆；發奸摘伏，明照如日月；對時茂育，容保如天地，蓋粹乎斯道之中，而建維皇之極者也。臣也竊伏草茅，遙被治化久矣，乃者叨有司之薦，得以與於大廷之對，而清問及焉。永惟聖經之言，而有取於仁義并行之道，既而有慨於庶官之龐，而欲以兼夫治教之法，且冀臣等以除弊革私之道爲仁育義斷之方，而戒之以勿諱勿欺也。顧臣之愚陋，何足以仰裨休德之萬一乎？雖然，有所言而不實，是之謂欺，則上負陛下矣；所言而不盡，是之謂諱，則下負所學矣。上負天子，下負所學，疇昔之所自許者謂何？朝廷之作養者謂何？而可如此也？臣敢披擺衷悃，就陛下之所問及者而條陳之，陛下試垂聽焉。

臣惟天下之道，有經有權。經也者，一定不可易者也。權也者，或相兼以適其宜，或相濟以補其所不及者也。人君撫輿圖之廣，臨兆民之衆，天下之所恃以立命者也。苟一於義，則威之太震，民畏之而不敢親；一於仁，則惠之大褻，民狎之而不知敬。是仁之與義，猶天之有陰陽，而不容以或偏也。臣故曰："道之一定而不可易者也。"然德教以象天之生育，仁矣，而義者未嘗不防之於中；刑戮以象天之震撼，義矣，而仁者未始不貫乎其內。是仁義之交相爲用，猶陰陽之互爲其根。臣故曰"道之相兼以適其宜"也。然天下之勢有强弱，而人君之政有德與刑。乘弱之後者利用威，而乘强之後者利用惠。此其斟酌操縱之間，猶之天道之雨以潤而日以晅，雷以動而風以散，既成萬物，而人莫窺其神。臣故曰"道之相濟以補其所不及者也。"是故仁義之爲道也，一定而不可易者，以立天下之經，或相兼適其宜，相濟以補其所不及者，以達天下之變。稽之於聖經，驗之於往古，何莫不然？彼其去義以爲論，專任德而不用刑者，何其失之偏乎？

臣伏讀聖制之篇，而有以辨人言之爲妄矣。人之言曰："人君纔一用義，即謂之嚴刻、任刑，非三代之治。"臣愚以爲，用義之與嚴刻、任刑不同也。既曰用義，則不可謂之嚴刻、任刑；曰嚴刻、任刑，則不得謂之用義。人君之於天下何容心哉？視其理之所宜而已矣。苟於義所當用，則雖殺人而不可謂之嚴；雖致人於死，而不得謂之刻。蓋以義之爲道，當如是也。至謂用義非三代之治，此尤非所謂知理者。臣不暇遠引泛取，即以三代之事明之。禹之承舜也，先罰後賞以示威。湯之革夏也，申伐誓衆以張武。而文、武之繼殷也，驅除元惡、殲滅暴國以救民。故夏有禹刑，商有湯刑，周有甫刑。三代之得天下雖曰以仁，而未嘗專倚於仁，有義以濟其仁之所不及也。後世事不師古，遂以爲三代之治，純用德而不用刑，何失之遠歟？是故不朝者賜之几杖，受賂者餽之金錢。言寬仁者，莫如漢之文帝矣。然姑息成風，乾綱罔斷，故不再傳，而有指大如股、脛大如腰之患。刑以不殺爲威，財以不蓄爲富。言仁厚者，亦莫如宋之仁宗矣。然聲容盛而武備衰，議論多而成功少，故不再傳，而有流言道路、變令推恩之譏。夫二君，則漢宋之良也，一於仁而不義，而其流弊猶不免有如此者。若是，而謂三代之專於任德，後世之專於任刑，可乎？不可乎？由是觀之，三代之所以治隆俗美者，以其仁義之并用，内有敬天之心，而外有憲天之政也。後世之所以不古若者，以其仁義之或偏，而不能審時度勢，其於天也，褻焉而不知敬！或悖焉而不知法也。

我太祖高皇帝，承元人積弊之後，故其所以創制立法者，大率以嚴爲本。及天下已定，又戒聖子神孫，不得復用國初之典。是其仁義之并行，剛柔之相濟，其所以察乎天人之際，審乎消息之宜，而爲萬世慮者深矣。但國家承平日久，重熙累洽，民志日趨於玩愒，事體日廢於因循，蓋自正德以來，兹弊極矣。肆陛下入繼大統，如振起而一新之，故自臨馭十有七年以來，革者故，鼎者新，蟄者奮，困者蘇，天下欣欣，咸睹太平於有象矣。陛下猶有歉於官人者負國虐民，若追羨於三代之英而未之逮者。臣愚以爲，雖堯舜在上，不能無小人，此在君人者馭之得其道耳。馭之之道，臣前所謂仁義之并用者是也。蓋嘗聞之，法禁之不行，自上犯之也，而小民之所以敢爲非義者，庶官之貪頑者啓之也。今天下之大，其在於朝廷輦轂，豈無有秉義竭忠之臣？然而違上所好、朋家作仇者，未盡無也。其在於百工庶府，豈無有亮采惠疇之臣？然而脅權相滅、誣上行私者，未盡無也。其在於都邑藩省，豈無有旬宣和惠之臣？然而違道干譽、尸祿養望者，未盡無也。甚者削民之膏脂以肥其家，竊君之榮寵以張其勢，掠衆之美以示其恩，恣己之私以敗其度，者未盡無也。陛下尊禮大臣，愈久益親；體悉群臣，有隆弗替。其於股肱之良而謨明弼諧者，固嘗撫之以恩而勤之以禮矣。

而於此不悛之徒，明罰敕法，懲一以警其百，是猶春陽之後，而震之以雷雨之威。天下方將感陛下之仁，而畏陛下之法，奚爲而不可行乎？雖然，處今之時勢，而義之所當用者，非獨一馭臣爲然也。夷狄跳梁而橫於西北，則薄伐之師不可不整也；庶民僭越而擬於王章，則奢汰之禁不可以不嚴也；軍旅疲弊而闕於勇敢，則簡閱之今不可以不怒也。凡若此者，要皆以精明之治，而敦夫渾厚之體，以立君道之紀綱，以躋中興之盛業，道莫有先於此者矣。

抑臣又聞之，仁育而義正者，王者之政也。所以主是政者，心也。故必有純王之心，斯有純王之政，而憲天之政，謂非有敬天之心不可也。臣嘗莊誦陛下《敬一》之箴，而有以知陛下之心，直可以質諸天地而無疑也。有德弗敦，是違天之所喜矣，敢不敬歟？有惡弗懲，是渝天之所怒矣，敢不敬歟？以此常存於心，兢兢業業，罔敢失墜，夫然後以達於政也。仁足以育天下，而天下莫不歸於仁；義足以正天下，而天下莫不彊於義。憲天之政，由是而會其全；格天之功，至是以要其極矣。雖然，敬亦未易言也。隱微之間，真妄錯雜；毫釐之差，千里之繆。苟辨察之功不悉於幾微，持守之力不繼於厥服，則人得以勝天，欲得以奪理，又惡知其爲仁而在所當體，惡知其爲義而在所當用也哉？故曰："勿參以三，勿貳以二。行顧其言，終如其始。靜虛無欲，日新不已。"然則陛下之言，固可謂能自得師者矣。除弊革私之道，仁育義斷之方，豈外此而他求乎哉？

臣始以仁義并行之道爲陛下告，終以主敬協一之功爲陛下勉，初非有警世可喜之論，然直意陛下以言求士，而臣之所以獻言於陛下者，惟以明諸其心，上不敢負明問，下不敢負所學而已。惟陛下矜其愚，不錄其罪，而留神採納焉，不勝惓惓隕越之至！

臣謹對。

臣羅珵

臣對：

臣聞人君法天以爲治，有仁以育天下，必有義以裁天下。夫天之於物也，有春生必有秋殺，有長養必有斂藏，非有必於物也，公而已矣。不如是，不足以爲天之道也。人君宰制天下，嚮明而治，所以成一統之治，係四海之心者，亦惟法天之公而已矣。是故慶賞爵秩、懋官懋祿，所以奔走天下之豪傑，仁以爲治，猶之天之於物，春以生之也。威嚴以督責，教戒而懲創，所以振起一時之怠惰，義以爲治，猶之天之於物，秋以止之也。故一於仁則流於姑息，其失也則縱；一於義，則流於苛刻，其失也則嚴。仁義并用，恩威兼舉，久安長治不外是也。然仁義之爲施雖殊，而君人之爲心則一。是故父母之於子也，撫摩而鞠育之，愛也，勞苦而鞭策之，亦愛也。知天之於萬物之心，則知父母於子之必矣；知父母於子之心，則知人君於臣之心矣。故曰："父母愛之，喜而勿忘；父母惡之，勞而無怨。"又曰："惟天聰明，惟聖時憲。"唐虞、三代所以成雍熙悠久之治者，仁義無偏舉之弊也；漢、唐、宋所以治不古若者，或一於仁，或一於義，均之各有所失也。欽惟皇帝陛下，剛健純粹之資，高明光大之學。仁以育萬民，而天下皆覆冒於陽春嫗煦之內；義以正萬民，而天下皆震悚於風行電刷之餘。道洽政治，大法小廉，一十七年于玆矣。乃謂承平既久，玩愒或生，慨然欲興起而振刷之。萬幾之暇，進臣等于廷，而賜之清問。臣有以知陛下之心，即天地之於物，父母之於子也。臣雖至愚陋，敢不摭拾所聞以對乎？

夫世之稱極治者，曰唐虞，曰三代。然稽諸往牒，考之前聞，則其治道班班可見。故稱堯曰"其仁如天"，稱舜曰"其德好生"，固也。然而四凶之誅，三苗之伐，其於義未嘗偏廢也。稱禹曰"文命四敷"，稱湯曰"德及禽獸"，稱文武曰"仁厚立國"，固也。然五刑之用，五罰之訓，八刑之糾，其於義亦未嘗偏廢也。雖曰不賞而民勸，不怒而民威，未施信而民信，未施敬而民敬，而威克愛克，剛克柔克，威福予奪，抑揚進退，一張一弛，以撫世酬物者，固未嘗得此而失彼，舉一而廢一也。故天有陰而無陽，則所以覆萬物者或幾乎息矣。君人者仁而不足於義，何以贊天地之化育，以并立而爲三哉？《傳》曰："刑罰不可弛於國，征伐不可弛於天下，鞭朴不可弛於家。"彼以去義爲言，是豈知治體之所尚乎？又有"王者尚德緩刑"之説，"聖人遭時定制"之説，是曲儒之偏見，而不知聖人爲治，大中至正之道也。夫人之情，大抵樂放肆而惡檢束，喜便安而厭準繩。不知人君所以馭臣下者，仁與義而已矣。仁非姑息之謂也，所以結其心也；義非慘刻之謂也，所以閑其邪也。三后成功，惟殷于民，士制百姓，以教祗德，穆穆明明，惟德之勤，率乂于民，以棐其彝。古之聖帝明王，豈不欲與天下相安於無事哉？知天下之君子固常多，而小人亦不少；知天下之慕仁者固常多，而不畏義者亦不少。故仁義并用，威惠并舉，仁以主之，義以輔之，惠以維之，威以懾之。無偏而不全之敝，固不一於仁而忘乎義也。有兼而并用之美，固不專乎威而弛乎惠也。唐虞尚矣，夏之四百，商之六百，周之八百，且過其歷，何莫而不本於此哉？是雖三代之人心忠信誠愨，而三代之英君誼辟，所以維持天下之具，防範人心之道者，則一言以蔽之，曰仁與義而已矣。

臣嘗觀之天，下之日趨於變也，猶江河之日趨於下也。然挽而回之，其機端有在也。我皇上勵精圖治，風勵天下，大小臣工，奉承休德，百工既已惟時，庶績既已惟凝，軼唐虞、三代而侔德祖宗矣，而恬嬉之念猶不忘焉。聖策之所慮，臣不敢謂其必無也。是故廉恥之道或喪，而利之是趨；剛介之節或渝，而慾之是縱。室家之念繫而國或罔念矣，囊橐之心橫而民或罔恤矣。上下紀綱，怠而不修，國之禮度，其何賴焉？宵旰勤勞，視民如子，而司民牧者，恬不加意，此聖慮所以惓惓而不能已也。臣惟斯民也，三代之所以直道而行也。臣願陛下憲天聰明，明示意嚮務，令天下改弦易轍，獎恬退以勵士風，抑奔競以端習尚，則素絲羔羊之節著，而惟利是貪者無足慮矣。清介自持者必錄，貪墨自污進必擯，則琴鶴自隨之士見，而惟慾是縱者無足慮矣。公爾而忘私，國爾而忘家，何有於國之罔念乎？恫瘝之在乃身，飢寒之切其體，何有於民之罔恤乎？至於上下禮度，則我祖宗之成憲，异代如見，我皇上之制作，萬世不刊。申戒所司，各遵彝則，上下有章，而民志定矣，貴賤有等，而朝廷尊矣。否則天冠地屨之分，森不敢犯者，彼將何可逃哉？其馭民也，令其不以催科先撫字，不以繭絲先保障，而凡負國虐民者擯而弃之，終身不齒，則龔遂卓茂之輩、寇恂黃霸之徒，民受其福，國承其休矣。否則以私滅公之法，凜不容逭者，彼將何所贖哉？

凡臣所願于陛下者，固非欲一於義而棄乎仁也，亦非欲一乎治而忘乎教也。皋陶曰："天命有德，五服五章哉；天討天罪，五刑五用哉。"箕子曰："惟辟作福，惟辟作威。"陛下之深仁厚澤、至恩美意固，已浹民肌膚，淪民骨髓矣，然所以行乎義者，正所以濟乎仁；也所以正之者，正所以教之也。仁與義并行而不悖，治與教兼舉而無遺。上有道揆而下有法守，臣惟欽若，而民惟從乂，唐虞、三代之休，復見於今日，功光祖宗，德流後裔矣，而何有於用義嚴刻、任刑爲治之虞乎？惟陛下一轉移之間，而天下皆已改觀易聽、洗心滌慮矣，俄頃功化，神速如此。抑臣學於孔子而有聞焉，孔子曰："政寬則民慢，慢則糾之以猛；民猛則民殘，殘則施之以寬。寬猛相濟，政是以和。"又曰："張而不弛，文武不爲也；弛而不張，文武不爲也。一張一弛，文武之道也。"此在今日，除弊革私之道，仁育義斷之方，無有出於是焉。臣不敢漫爲臆説，干瀆聰聽，伏惟陛下採而行之。

抑臣於篇終尚有獻焉。臣愚又聞之曰："爲治之道，仁可過也，義不可過也。"夫天以春夏成萬物，而長用於生育長養之地；以秋冬止萬物，而常積於空虚無用之地。孔子曰："導之以政，齊之以刑，民免而無恥；道之以德，齊之以禮，有恥且格。"孟子曰："善政不如善教之得民也，善教民愛之，善教得民心。"故稱"舜德之罔愆"者，必曰"宥過無大，罪疑惟輕。"又曰："欽哉欽哉，惟刑之恤。"夫聖人制刑，特以爲輔治之具，而期于無刑，則又聖人之初意也。伏願陛下，必如舜之眚災肆赦、德洽民心，必如湯之開釋無辜、亦克用勸，必如文之懷保小民，敬明乃罰，寬而有制，從容以和，立精明之治功，存渾厚之治體，於整齊嚴肅之中，寓曲成造就之意，則天下幸甚！宗社幸甚！

臣草茅賤士，不識忌諱，干冒宸嚴，無任戰栗之至。

臣謹對。

臣袁煒

臣對：

臣聞聖王之弘化於天下也，有孚天之德，而仁義之具也無所偏；有憲天之政，而治教之行也無所悖。夫不偏而後德之本諸身者，見中正之軌；不悖而後政之達諸民者，見皇極之敷。德焉中正，而孚天之妙盡之矣；政焉皇極，而憲天之道盡之矣。夫是以育諸仁，而天下莫不循其教以爲勸；斷諸義，而天下莫不順其治以爲懲。紀綱理而庶官以貞，人心正而風俗以美，精純和粹之化，不亦四達而大同乎？治古之君有見於此，其藴之而爲德也，仁義未始不相須；其發之而爲政也；治教未始不相濟。是故當時之人，咸知夫君之有所愛者，固所以仁天下；而其有所不愛者，亦所以仁天下，罔不洗心滌慮，防貪窒慾。而在位者皆廉吏，在野者皆良民，敏德以從義，時雍而迓衡，治古之化，迴乎弗可及也已矣。三代以還，是説不明，孚天之德既荒，憲天之政亦敝。偏於仁以敷教者，不免於因循怠弛之病；偏於義以飭治者，或懼夫嚴刻苛切之愆。此所以惠褻而教衰，刑肅而俗弊，寵賂章於有位，禮義潰於匪彝，而化理之所成者，終不能登之於古也。欽惟皇帝陛下，天縱之資，既有以涵乎仁義之懿；而日躋之敬，又有以慎乎刑賞之權。惠行而天下欣戴，威發而海內震慄。廉恥達於君子，信義行於小人。中興之治，固有咸五登三，而陋漢、唐、宋於不居矣。然猶慮仁恩之過，或足以長淫縱破義之風；而德教之專，不能無刓弊不振之患。乃進臣等於廷，降賜清問，而咨以除弊革私之道、仁育義斷之方，是將以明作之功濟惇大之裕，使天下回心而嚮道也。臣濡沃陛下仁義之澤，範圍治教之中，蓋有年矣，敢不掇拾所聞，以對揚休命於萬一乎？

臣竊惟天道運於上，而萬物資始者，陰陽之相禪也，地道運於下，而萬物資生者，剛柔之相濟也。使天地有陽而無陰，有柔而無剛，則化生形色，何自而各正性命也哉？夫天地者，人君之父母也；人君者，天地之子也。人君繼天地而爲之子，則任德以行吾之仁，而類其生殖長育；任刑以行吾之義，而類其震曜殺戮者，信乎可相有而不可相無矣。古今帝王，未之有改。故如天之仁，好生之洽，堯舜之所以仁天下也；而四凶之誅、有苗之北，未嘗不裁之以義焉。文命之敷，兆民之殖，咸和之施，三王之所以仁天下也；而升陑之師、密黎之哉，亦未嘗不治之以義焉。司馬遷曰："教笞不可廢於家，刑罰不可弛於國，甲兵不可偃於天下。"蓋言義之所以成乎仁也，刑之所以弼乎教也。彼去義之論，宋儒容或有見，而折諸聖經三才之旨，不亦失於偏乎？是何也人？君之爲國也，有元氣，有神氣。深仁厚澤，優游而浸灌焉者，所以培元氣也；明罰敕法，果敢而奮厲焉者，所以作神氣也。《傳》曰："昭我王度，式如玉，式如金。"其是之謂乎？說者徒以漢文之玄默足以措刑，而漢宣之嚴毅祗以開釁，宋仁之恭儉足以延祚，而神宗之厲精適以滋亂，遂謂義之可去而刑之不必任也，而豈知所謂獨陽不生、獨陰不成者乎？是賢者之言，不免於私反；而聖人之經，信百王不易之軌矣。

臣又伏讀聖策曰："今之人大非賢者及人君才一用義，即爲嚴刻，乃作言曰：'上任刑以爲治，非三代之治也。'却一不之反於己。三代之人皆人也，不待義臨，而自持惟恐放侈。今之人，果三代之同歟？"至哉皇言！真足以破世俗之見，而啓復古之機也。蓋以三代之君，仁漸義染，禮陶樂淑，而所以化導乎天下者，固不專恃乎刑罰之加，然淫用匪彝率怠弗協者，未始不繩之以法。故夏有官刑，商有湯刑，周有祥刑，皆所以贊吾德教之所不及也。謂任刑爲三代之治固不可，謂三代之治去乎刑，豈得爲通論哉？又況政教章明，人心丕式，不臨之以義，而莫非畏義之士，不迫之以刑，而皆切懷刑之心。貴名檢而賤放侈，重節行而惡貪叨，三代之人，固不可得而訾也已。然臣竊因是而疑焉，陛下臨御以來，十有七年于茲，仁以育之，而被其澤者廣博而深厚；義以斷之，而服其明者遷善而敏德。是宜洒濯其心，明徵其度。在位者勵《周官》之六計，而臨民者畏楊震之四知，利不貪而純心以報國，慾不縱而苦節以厚民，羔羊之風，上匹乎周，而閭郡不舉之恥，下刷乎漢可也。而何怙天子之仁，而不知檢之以義？裴寬之鹿，未見其瘞也，而儲椒如元載者不能無；羊續之魚，未見其懸也，而耀幛如王愷者不免。清介如趙抃，不多得也，而罔不酌貪泉以自爽；儉素如楊綰，未之有也，而莫非欲竭澤以爲漁。上負君國而弗之悟，下瘵民生而弗之恤。吏治如此，烏足以臻三代之化哉？夫直道無間於古今，而斯民可追乎三代。古以義，今以利貪；古以理，今以慾縱。是豈三代終不可企乎？無亦陛下之所以教之者純乎仁，而所以治之者未盡斷以義歟？夫吏以賕敗，則終身不齒於縉紳；政以賄成，則祿位不甄於清要，古之所以訓廉者如此也。陛下誠能不循姑息，不撓權貴，清操自屬者擢以不次之位，貪墨不法者加以不貸之刑，則賞罰以公，功罪以當，吏治不有瘳乎？國之與民不亦具有賴乎？

　　臣又伏讀聖策曰："朕祇承天位，惟民是保，何官人者皆負國虐民之圖，奚爲用哉？"嗚呼！陛下興言及此，實天下生靈之福也，宗社無疆之休也。在昔皋陶之謨曰："在知人，在安民，知人則哲，安民則惠。"此論官理民之所必稽也。臣觀陛下踐祚以來，孜孜保民，精選舉以公入仕之途，嚴考課以杜冗官之弊，而又裁抑僥倖之風，痛懲奔競之習，科目必得乎真才，銓曹必核其實行。凡所以慎於知人而篤於安民者，無弗詳且密也。而吏不廉平一至於此，陛下何賴於斯人而用之哉？則夫制爲祿位以勸其從，嚴斷刑罰以威其淫，如丘明之所載者，可行也；辨賢否以別忠邪之分，核功罪以公賞罰之施，如荀悅之所論者，可行也。不然，官之失德，寵賂章也；國家之敗，由官邪也，僖伯之言可鑒矣。夫敕刑以警貪，正義以防慾，固陛下以孚天之德達憲天之政矣。然化裁必本於身，而推行當自於近，何者？後宮有大練之飾，則天下以紈綺爲羞；大臣有脫粟之節，則天下以膏粱爲愧。陛下惟懷永圖，慎乃儉德，自宮闈而達之朝廷，自朝廷而達之天下，則清化行而人皆浴德，大義孚而士皆惇節，孰肯自陷於簠簋不飾之地，以上負吾君下虐吾民也哉？

然聖策之終，策臣等曰："爾多士，師孔子之學，必心孔子之心，將此心之平正，陳爲篇列，以除弊革私之道，衍爲仁育義正之方，以告我。"是陛下聖不自聖，詢于芻蕘之心也。臣聞孔子之學，在仁育而義斷，而帝王之治，貴觀變以協中。是故過於仁則政寬民慢，而教焉有所不行；過於義則政猛民殘，而治焉有所不繼。伏望陛下變通以盡其利，鼓舞以盡其神，惠有所當加，賞不以無功而得，如《書》所謂"爵罔及惡德，官不及私昵"者，而後可也；威有所當立，罰不以無罪而施，亦如《書》所謂"欽哉欽哉，惟刑之恤哉"者，而後可也。仁義交相爲用，治教并行不悖，兹非愚臣之惓惓於陛下者乎？不然，漢元非無仁也，而優柔不斷，終以基新室之禍；漢明非不義也，而苛察過當，終不足於弘人之度。將以除弊而弊日滋，將以革私而私日固，其何以懲庶官之貪，而示帝王之神武哉？雖然，"仁可過而義不可過"，昔人嘗有是言矣。然今日之患，正坐於仁之過而義之不足也。何則？紀綱所由以出治也，而今或上下無別，貴賤無章，不能無陵替之患。振而舉之，不有望於憑河之勇乎？守令所恃以安民也，而今或以利滅義，誣上行私，不能無瘝官之誚，飭而厲之，不有望於黜陟之嚴乎？將帥所以握兵而衛國也，而或付諸乳臭之童，甚者晚唐債帥復見於今矣。釐而正之，不有望於糾糾之宸斷乎？刑罰所以詰奸而懲慝也，而或委諸吏胥之手，甚者刻木不對，誠可哀痛矣。督而責之，不有望於明明之廟謨乎？凡此皆今日玩弛之弊，而陛下所當武斷而不恤者也。雖然，救弊固存乎正義，而精義又在于知幾。使幾有不知，則理欲混淆，真妄錯雜，未有不以義爲利、而以利爲義者矣。伏望陛下清心講學，極深研幾，見天下之賾而不亂，通天下之故而不遺。由是以仁惠天下，則天下莫不以爲恩；以義威天下，則天下莫不以爲武。庶官惟叙，百姓用康，而王道神矣。《易》曰："惟幾也，故能成天下之務。"願陛下加之意焉。

臣草茅不識忌諱，惟陛下矜其愚，不錄其罪，則愚臣幸甚！天下幸甚！

臣謹對。

嘉靖二十年進士登科錄

玉音

嘉靖二十年三月初九日，少保兼太子太保、禮部尚書、翰林院學士，臣嚴嵩等於奉天門奏爲科舉事：會試天下舉人，取中三百名。本年三月十五日，殿試，合擬讀卷官及執事等官少師兼太子太師、吏部尚書、華蓋殿大學士夏言等六十九員。其進士出身等第，恭依太祖高皇帝欽定資格：第一甲例取三名，第一名從六品，第二、第三名正七品，賜進士及第；第二甲從七品，賜進士出身；第三甲正八品，賜同進士出身。奉聖旨："是。欽此。"

讀卷官

特進光祿大夫、上柱國、少師兼太子太師、吏部尚書、華蓋殿大學士夏言，丁丑進士。

榮祿大夫、少保兼太子太傅、禮部尚書、武英殿大學士翟鑾，乙丑進士。

光祿大夫、柱國、少保兼太子太保、吏部尚書許讚，丙辰進士。

光祿大夫、少保兼太子太保、禮部尚書、翰林院學士嚴嵩，乙丑進士。

光祿大夫、柱國、少保兼太子太保、兵部尚書張瓚，乙丑進士。

榮祿大夫、太子太保、兵部尚書兼都察院左都御史、掌院事王廷相，壬戌進士。

戶部尚書李如圭，己未進士。

掌詹事府事、資政大夫、禮部尚書兼翰林院學士溫仁和，壬戌進士。

資政大夫、刑部尚書錢如京，壬戌進士。

資政大夫、太子少保、工部尚書甘爲霖，癸未進士。

正議大夫、資治尹、太子賓客、吏部左侍郎兼翰林院學士、掌院事張邦奇，乙丑進士。

正議大夫、資治尹、禮部左侍郎、掌通政使司事陳經，甲戌進士。

通議大夫、大理寺卿牛天麟，戊辰進士。

通議大夫、詹事府詹事兼翰林院學士陸深，乙丑進士。

翰林院學士、奉議大夫兼右春坊右諭德張治，辛巳進士。

翰林院侍讀學士、奉直大夫張袞，辛巳進士。

提調官

嘉議大夫、禮部左侍郎兼詹事府少詹事、翰林院侍讀學士孫承恩，辛未進士。

禮部右侍郎馬汝驥，丁丑進士。

監試官

文林郎、河南道監察御史党承賜，壬辰進士。

文林郎、浙江道監察御史史褒善，壬辰進士。

受卷官

奉議大夫、左春坊左庶子兼翰林院侍講童承叙，辛巳進士。

奉訓大夫、左春坊左諭德兼翰林院侍讀龔用卿，丙戌進士。

文林郎、吏科都給事中邢如默，己丑進士。

承仕郎、戶科都給事中郭鋆，壬辰進士。

彌封官

中大夫、光祿寺卿楊麒，辛巳進士。

太僕寺卿張文憲，癸未進士。

中憲大夫、鴻臚寺卿陳璋，禮生。

中憲大夫、掌尚寶司事、太常寺少卿劉泉，生員。

太僕寺少卿張電，儒士。

中順大夫、順天府府丞張湘，丙戌進士。

奉議大夫、通政使司右參議兼禮科都給事中、掌科事李鳳來，辛巳進士。

翰林院修撰周文燭，丙戌進士。

翰林院編修、文林郎郭朴，乙未進士。

翰林院檢討、徵仕郎張緒，乙未進士。

兵科都給事中王繼宗，壬辰進士。

湖廣布政使司左參議林應禧，儒士。

翰林院掌典籍事、奉直大夫、戶部浙江清吏司員外郎凌楫，儒士。

承直郎、禮部儀制清吏司主事陳昌積，戊戌進士。

掌卷官

都察院右副都御史兼詹事府府丞胡守中，壬辰進士。

翰林院侍講胡經，己丑進士。

左春坊左中允兼翰林院修撰李學詩，丙戌進士。

承直郎、右春坊右中允兼翰林院修撰閔如霖，壬辰進士。

刑科給事中劉大直，乙未進士。

工科都給事中韓威，壬辰進士。

巡綽官

特進榮祿大夫、錦衣衛掌衛事、後軍都督府右都督陳寅。

榮祿大夫、錦衣衛管衛事、後軍都督府都督僉事張錡。

鎮國將軍、錦衣衛都指揮同知高恕。

鎮國將軍、錦衣衛都指揮同知袁天章。

昭毅將軍、錦衣衛都指揮僉事趙俊。

昭勇將軍、錦衣衛指揮使陸炳。

懷遠將軍、錦衣衛指揮同知鄭璽。

明威將軍、錦衣衛指揮僉事劉鯨。

明威將軍、錦衣衛指揮僉事張爵。

明威將軍、錦衣衛指揮僉事杜承宗。

懷遠將軍、金吾前衛指揮同知張光祚。

昭勇將軍、金吾後衛指揮使賈澄。

印卷官

承德郎、禮部儀制清吏司署郎中事、主事葛守禮，己丑進士。

承德郎、禮部儀制清吏司署員外郎事、主事易寬，乙未進士。

承直郎、禮部儀制清吏司主事王楠，戊戌進士。

承直郎、禮部儀制清吏司主事南逢吉，戊戌進士。

供給官

奉政大夫、光祿寺少卿陳叔頤，壬辰進士。

奉政大夫、光祿寺少卿胡奎，辛巳進士。

承德郎、光祿寺寺丞李錞，癸未進士。

光祿寺寺丞孫應奎，己丑進士。

登仕佐郎、禮部司務吳夢麟，壬午貢士。

禮部精膳清吏司署郎中事、主事林炫，甲戌進士。

承德郎、禮部主客清吏司署員外郎事、主事吳春，戊戌進士。

承直郎、禮部精膳清吏司主事黃懋官，戊戌進士。

恩榮次第

嘉靖二十年三月十五日，早，諸貢士赴內府殿試。上御奉天殿親賜策問。

三月十九日，早，文武百官朝服侍班。是日，錦衣衛設鹵簿于丹陛丹墀內，上御奉天殿，鴻臚寺官傳制唱名，禮部官捧黃榜，鼓樂導引出長安左門外，張掛畢，順天府官用傘蓋儀從送狀元歸第。

三月二十日，賜宴於禮部，宴畢，赴鴻臚寺習儀。

三月二十二日，賜狀元朝服冠帶及進士寶鈔。

三月二十三日，狀元率諸進士上表謝恩。

三月二十四日，狀元率諸進士詣先師孔子廟行釋菜禮。禮部奏請命工部於國子監立石題名。

第一甲三名賜進士及第

沈坤　貫直隸大河衛，軍籍，蘇州府崑山縣人。山陽縣學生。治《詩經》。字伯載，行一，年三十五，十一月初十日生。曾祖澄。祖蕙。父煒。母于氏。慈侍下。弟增、壎、坊。娶趙氏。應天府鄉試第七十三名，會試第二百十名。

潘晟　貫浙江紹興府新昌縣，民籍。縣學生。治《書經》。字思明，行十，年二十五，七月初八日生。曾祖尚宗。祖憲潮。父日升，教諭。母石氏。具慶下。兄時、旻、最。弟晟、昊、晨、冕、京。娶何氏。浙江鄉試第七十七名，會試第七名。

林一鳳　貫南京龍江左衛籍，河南祥符縣人。國子生。治《書經》。字伯羽，行一，年三十二，正月初五日生。曾祖組。祖宗。父在。母林氏，繼母周氏、高氏。嚴侍下。弟一麟。娶鄭氏。應天府鄉試第一百一十四名，會試第七十六名。

第二甲九十名賜進士出身

高儀　貫浙江杭州府錢塘縣，民籍。縣學生。治《易經》。字子象，行三，年二十五，十月初三日生。曾祖源。祖富。父鉞。前母曹氏，母徐氏。具慶下。兄儒、倫。弟偉。娶鍾氏。浙江鄉試第六名，會試第一百十五名。

董份　貫浙江湖州府烏程縣，民籍。府學生。治《易經》。字用均，行一，年三十二，八月二十六日生。曾祖鐸。祖庠。父環，貢士。母張氏。慈侍下。娶顧氏。浙江鄉試第六十九名，會試第一百九十三名。

陳陞　貫浙江紹興府餘姚縣，民籍。縣學生。治《禮記》。字晉甫，行二十八，年三十，十二月初九日生。曾祖雷，封府同知，贈中大夫、布政使司左參政。祖廷敬，判官，累贈中大夫、布政使司左參政。父煥，布政使司右布政使。母胡氏，封淑人。具慶下。兄坦；文魁，監事；堩，布政司右參政；背；垾，同科進士；壇；培。弟善；壯，州判官；塾；壕；吉覲，監生；壁；堋；坪；侍；垣；堅。娶徐氏。浙江鄉試第五名，會試第五名。

林樹聲　貫直隸松江府華亭縣，軍籍。縣學生。治《春秋》。字與吉，行二，年三十三，二月初九日生。曾祖庭訓。祖蘭，義官。父鵠。母沈氏。嚴侍下。兄樹芳。弟樹德。娶李氏。應天府鄉試第五名，會試第一名。

潘仲驂　貫浙江湖州府烏程縣，民籍。國子生。治《禮記》。字時乘，行六，年二十九，十二月二十九日生。曾祖璿。祖孝，州判官。父夔，監生。母閔氏。具慶下。兄伯驤。弟叔駿、季馴。娶邵氏。浙江鄉試第三名，會試第二十二名。

謝東山　貫四川潼川州射洪縣，民籍。國子生。治《詩經》。字少安，行七，年三十六，正月初五日生。曾祖文高。祖愛。父應宗，壽官。母張氏。嚴侍下。兄恩光，監生；恩深；賜詔；良臣，貢士。娶覃氏，繼娶王氏。四川鄉試第三名，會試第一百五名。

朱凌　貫福建建寧府建陽縣，儒籍。國子生。治《易經》。字原冲，行六，年三十四，十月初四日生。曾祖洵，七品散官。祖格。父廉。母蔡氏。具慶下。兄廷玉。弟彭、逵、程、雍、珊。娶范氏。福建鄉試第七十一名，會試第一百九名。

嚴訥　貫直隸蘇州府常熟縣，民籍，吳縣人。國子生。治《詩經》。字敏卿，行一，年三十一，十月十二日生。曾祖昌。祖衡。父恪。母吕氏。重慶下。兄諷、誥。弟詞、言。娶吳氏。應天府鄉試第九十五名，會試第一百八十八名。

徐養正　貫廣西柳州府馬平縣，民籍。國子生。治《詩經》。字吉夫，行一，年三十一，七月初九日生。曾祖仲榮。祖亨，知縣。父鍾淮，府同知。母戴氏，繼母盧氏。嚴侍下。弟養愚、養晦。娶李氏。廣西鄉試第二十五名，會試第六十九名。

楊謨　貫山西澤州，民籍，大同府大同縣人。國子生。治《書經》。字汝承，行一，年三十九，二月十三日生。曾祖理。祖洪，儀賓。父森，義官。母趙氏，繼母梁氏。永感下。弟訓。娶續氏。山西鄉試第一名，會試第一百二十二名。

趙大綱　貫山東濟南府濱州，軍籍。國子生。治《書經》。字萬舉，行三，年三十三，十月十三日生。曾祖憲。祖椎。父世榮。母程氏。慈侍下。兄大經、大綸。弟大紀。娶王氏。繼娶李氏。山東鄉試第二名，會試第二百八十四名。

高拱　貫河南開封府鈞州新鄭縣，軍籍。國子生。治《禮記》。字肅卿，行三，年三十，十二月十三日生。曾祖旺，贈工部主事。祖魁，工部郎中，贈光祿寺少卿。父尚賢，光祿寺少卿。母沈氏，封宜人。慈侍下。兄捷，戶部主事；掇，引禮舍人。弟操、才、揀。娶張氏。河南鄉試第五名，會試第四十九名。

宋大武　貫浙江紹興府餘姚縣，民籍。國子生。治《書經》。字文成，行六，年三十六，二月初十日生。曾祖楷，府教授。祖庠，驛丞。父仁。母朱氏，繼母黃氏。具慶下。兄大韶、大章。弟大元，聽選官；大勻，同科進士；大奇；大淵。娶楊氏，繼娶曹氏。浙江鄉試第四十九名，會試第五十名。

賈鶴年　貫順天府薊州平谷縣，民籍。國子生。治《詩經》。字惟仁，行一，年三十二，十二月十九日生。曾祖全。祖智，封文林郎，知縣。父真儒，府通判，進階奉訓大夫。母金氏，封孺人。具慶下。弟鵬年、鴟年、松年。娶張氏。順天府鄉試第一百一十二名，會試第一百三十三名。

葉鍠　貫江西廣信府上饒縣，民籍。縣學生。治《詩經》。字汝聲，行三十九，年三十五，九月十三日生。曾祖志顯。祖瓊，贈奉直大夫、南京工部員外郎。父鵠，知府。前母毛氏，贈宜人；母程氏，封宜人。嚴侍下。弟鈳。聘婁氏，娶王氏。江西鄉試第三十七名，會試第一百四十九名。

吳三樂　貫河南河南衛,軍籍,直隸蘇州府吳縣人。洛陽縣學生。治《易經》。字子有,行二,年二十七,十二月初九日生。曾祖興,贈中大夫、行太僕寺卿。祖全,贈監察御史,加贈中大夫、行太僕寺卿。父瀚,布政使司左布政使。母王氏,封淑人。具慶下。兄三近。弟三聘、三省、三錫、三策、三槐、三重。娶丁氏。河南鄉試第一名,會試第十一名。

萬士亨　貫直隸常州府宜興縣,民籍。國子生。治《書經》。字思通,行二,年三十七,正月初九日生。曾祖政。祖璵。父吉,訓導。母李氏。具慶下。兄士弘。弟士安;士寧;士和,同科進士;士完;士立;士宜。娶邵氏。應天府鄉試第五十名,會試第四名。

張鸚　貫四川保寧府蒼溪縣,民籍。國子生。治《詩經》。字一卿,行三,年三十五,三月初五日生。曾祖忠。祖清。父伯貴。母蒲氏。慈侍下。兄恩、榮。娶趙氏。四川鄉試第五十三名,會試第二百五十六名。

張子瑢　貫浙江寧波府鄞縣,民籍。府學增廣生。治《易經》。字仲玉,行二,年二十七,七月初六日生。曾祖恒。祖時政。父邦俊。母楊氏。重慶下。兄子瑞。弟子瑜;子順;子中,官生;子璋;子珩。娶林氏。浙江鄉試第二名,會試第七十名。

孫續　貫四川成都府綿州,軍籍,直隸上海縣人。州學生。治《書經》。字道父,行二,年二十九,二月初八日生。曾祖本洪。祖鵬,壽官。父萬鎰。母徐氏,繼母邵氏。具慶下。兄繼。弟緒、繩、鑽、綸、綾。娶王氏。四川鄉試第二十五名,會試第一百六十名。

呂時中　貫直隸大名府清豐縣,匠籍。縣學生。治《詩經》。字道夫,行一,年二十七,二月二十九日生。曾祖廷訓。祖鳳,壽官。父應魁。母閻氏,繼母趙氏。具慶下。弟建中、協中。娶孟氏。順天府鄉試第九十四名,會試第二百名。

杜秉彝　貫直隸廣平府永年縣,民籍。國子生。治《春秋》。字性之,行三,年三十,六月初六日生。曾祖彬。祖春。父浩。母郭氏。慈侍下。兄秉鈞、秉臣。弟秉倫。娶韓氏。順天府鄉試第七十一名,會試第一百二十六名。

何雲雁　貫浙江嚴州府分水縣,匠籍。國子生。治《易經》。字時寶,行八,年三十,九月二十四日生。曾祖永鎮,義官。祖璣。父瀚,所吏目。母陳氏。慈侍下。兄雲龍。娶陳氏。應天府鄉試第四十三名,會試第二十三名。

洪朝選　貫福建泉州府同安縣，軍籍。縣學增廣生。治《春秋》。字舜臣，行一，年二十六，八月二十九日生。曾祖源浩。祖蕤寶，義官。父溓。母葉氏。重慶下。弟朝夔、朝冕、朝聲。娶林氏，繼娶蔡氏。福建鄉試第十三名，會試第一百六十二名。

戴章甫　貫直隸徽州府休寧縣，民籍。國子生。治《書經》。字元禮，行三，年三十四，九月十三日生。曾祖克明。祖叔臻。父廷清。母吳氏。具慶下。兄綬、統。弟紱、純、繹、級。娶吳氏。應天府鄉試第三十名，會試第七十二名。

謝廷試　貫浙江紹興府會稽縣，民籍。國子生。治《詩經》。字汝明，行十五，年四十，二月初八日生。曾祖彪。祖澄。父澤。母謝氏。慈侍下。兄璉，推官。娶陳氏。浙江鄉試第三十四名，會試第六十二名。

曹忭　貫湖廣荊州府江陵縣，民籍。國子生。治《書經》。字子誠，行十二，年三十，正月十九日生。曾祖廷徵。祖璟，壽官。父慶。母劉氏。具慶下。兄悅；怡；慎；懷；愉；恂；愷，引禮舍人；性；忻；恒；悌；愳。娶程氏。湖廣鄉試第三名，會試第二百三十四名。

楊周　貫浙江杭州府仁和縣，民籍。國子生。治《易經》。字道甫，行一，年三十九，五月二十九日生。曾祖鏞，贈推官祖玘。父俊。母朱氏，繼母俞氏。具慶下。兄萬春。弟東。娶張氏。順天府鄉試第三名，會試第一百名。

范惟一　貫直隸松江府華亭縣，民籍，蘇州府吳縣人。縣學生。治《詩經》。字于中，行一，年三十二，十二月十八日生。曾祖從江。祖汝信。父啓瞱。母顧氏。嚴侍下。弟惟立、惟丕。娶張氏。應天府鄉試第十一名，會試第二百三十二名。

趙文燿　貫山東登州府萊陽縣，軍籍。國子生。治《書經》。字絅夫，行一，年三十八，八月二十一日生。曾祖銳。祖漳。父松，教授。前母丘氏，母李氏。具慶下。兄文煥。弟文煒、文炳、文熾。娶孫氏，繼娶劉氏。山東鄉試第八名，會試第二百七十五名。

張希舉　貫江西南昌府南昌縣，民籍。縣學生。治《詩經》。字直卿，行四，年二十六，正月初三日生。曾祖文美。祖行政。父元龍，壽官。前母熊氏，母胡氏。具慶下。兄希秋、希燧。娶秦氏。江西鄉試第一名，會試第二百六十六名。

張斗寅　貫湖廣常德府武陵縣，民籍。府學附學生。治《春秋》。字子人，行一，年二十五，四月初八日生。曾祖鋐。祖紀。父廷英。母梁氏。具慶下。弟斗宿、斗樞、斗柄、斗正。娶彭氏。湖廣鄉試第六十三名，會試第九十七名。

周士　貫直隸蘇州府太倉州，民籍，常熟縣人。國子生。治《詩經》。字厚卿，行十，年五十四，十月三十日生。曾祖濟。祖棠。父燁，封監察御史。母王氏，封孺人。永感下。兄塾，訓導；坤，知府；墨，知府；堅；室；墅；壓，監生；在，參政；埜，司務。弟坦、增、垔。娶陳氏。應天府鄉試第四十一名，會試第三百名。

全賜　貫廣西桂林府靈川縣，民籍。國子生。治《禮記》。字厚甫，行一，年三十一，九月初七日生。曾祖溥。祖存義。父瑞。母焦氏。具慶下。娶陸氏。廣西鄉試第十五名，會試第一百十九名。

尹祖懋　貫江西吉安府永新縣，民籍。國子生。治《易經》。字德卿，行四，年三十六，六月二十七日生。曾祖時裕，壽官。祖謨，贈翰林院編修，加贈刑部員外郎。父襄，司經局洗馬。母史氏，贈孺人；繼母郭氏，封孺人。慈侍下。兄祖愛；祖憲，訓術；祖慶。弟祖恕、祖寧、祖忠、祖心。娶高氏。江西鄉試第四十二名，會試第六十三名。

劉夢元　貫直隸保定府安州，民籍。國子生。治《易經》。字伯始，行一，年三十四，五月初三日生。曾祖珪，歲貢生。祖表，義官。父倫，監生。母張氏。慈侍下。弟希元。娶張氏。順天府鄉試第十三名，會試第二百四十八名。

方治　貫湖廣黃州府麻城縣，民籍。縣學生。治《春秋》。字進卿，行二，年二十一，八月二十四日生。曾祖天鐸。祖緒。父本洪。嫡母俞氏，生母張氏。具慶下。兄泮。弟沾。娶劉氏。湖廣鄉試第二十三名，會試第九名。

陰標　貫直隸保定府容城縣，民籍。國子生。治《書經》。字時準，行一，年二十九，十一月十二日生。曾祖祜，巡檢。祖廷璽，壽官。父從光。母何氏。重慶下。弟樽、梯、枓、椽。娶孫氏。順天府鄉試第一百十三名，會試第六十五名。

畢竟夔　貫江西廣信府貴溪縣，軍籍。國子生。治《禮記》。字叔元，行三十六，年四十，十一月初六日生。曾祖清。祖鑑。父偉卿。母方氏，繼母彭氏。永感下。兄竟英；竟恭，府通判；竟芳。弟竟容，兵部員外郎；

竟立，貢士；竟萬。娶程氏。江西鄉試第五名，會試第二百十二名。

陸杲　貫錦衣衛，官籍，浙江嘉興府平湖縣人。國子生。治《禮記》。字元晉，行四，年三十六，二月初九日生。曾祖珪，義官。祖銀，知縣，累贈南京鴻臚寺卿，加贈都察院右副都御史。父淞，南京光祿寺卿，贈都察院右副都御史。母王氏，封太淑人。慈侍下。兄楷，監生；東；杰，工部右侍郎兼都察院右副都御史；棐，貢士；樟；檠。弟集，貢士；炳，錦衣衛指揮使；煒，中書舍人；標；縈。娶沈氏。順天府鄉試第四名，會試第八十一名。

羅衣　貫江西九江府德化縣，民籍。縣學生。治《詩經》。字章甫，行二，年二十四，五月二十六日生。曾祖綱。祖大有。父位。母張氏。具慶下。兄袞。娶夏氏。江西鄉試第六十九名，會試第二百三十名。

沈橋　貫浙江紹興府會稽縣，民籍。國子生。治《易經》。字宗周，行二十七，年四十六，八月二十日生。曾祖性，知府。祖璞，教授。父龍。母章氏。具慶下。弟楨、梓、根、枳。娶車氏，繼娶魯氏。順天府鄉試第五十六名，會試第八十七名。

黎材　貫廣東廣州府順德縣，民籍。國子生。治《易經》。字用卿，行二，年三十四，五月十三日生。曾祖敏寬。祖忠佐。父庇。母張氏。具慶下。兄權。弟桓。娶梁氏。廣東鄉試第六十二名，會試第一百七十九名。

董策　貫湖廣長沙衛，軍籍。長沙縣學生。治《書經》。字希舒，行一，年三十七，四月十二日生。曾祖貴。祖俊。父曆。母毛氏。慈侍下。娶段氏。湖廣鄉試第六十六名，會試第二百五十五名。

王景象　貫直隸徽州府歙縣，民籍。國子生。治《詩經》。字啟明，行十一，年三十六，十一月初一日生。曾祖祜。祖文脩。父經。母孫氏。具慶下。弟景星、景雲、景陽。娶程氏。應天府鄉試第六十四名，會試第八十八名。

章美中　貫浙江紹興府會稽縣，軍籍。國子生。治《詩經》。字積之，行八，年三十六，十月初二日生。曾祖以誠，知州。祖文泰。父浚。母張氏。具慶下。兄時中、用中。弟道明，衛經歷；建中；秉中，貢士；懋中；積中；道中。娶張氏。浙江鄉試第五十二名，會試第二百四十七名。

徐一鳴　貫浙江紹興府餘姚縣，匠籍。國子生。治《禮記》。字原默，行二，年三十八，六月初九日生。曾祖儀，訓導。祖漢。父廣。前母景氏，母黃氏。具慶下。弟一鶚、一撲。娶黃氏。浙江鄉試第四十七名，會試第二百四十四名。

張緯　貫江西南昌府南昌縣，民籍。府學生。治《詩經》。字朝文，行八，年二十七，三月二十八日生。曾祖穎，壽官。祖記，封刑部主事，贈禮部員外郎。父欽，南京刑部郎中。母鄒氏，封安人。具慶下。兄統，文思院大使；綏，監生。弟緒、纓、徽。娶裘氏。江西鄉試第十二名，會試第七十五名。

王重光　貫山東濟南府新城縣，匠籍。國子生。治《詩經》。字廷宣，行二，年四十，十月二十五日生。曾祖貴。祖伍。父麟，教諭。母沈氏，繼母常氏、岳氏、盧氏。具慶下。兄耿光。弟恩光、文光、國光、近光、觀光。娶劉氏。山東鄉試第十名，會試第一百三十五名。

夏子開　貫武城中衛，軍籍，直隸無錫縣人。翰林院生員。治《詩經》。字本初，行一，年三十三，正月二十三日生。曾祖靈壽。祖必繁。父銘，錦衣衛百戶。母陶氏。慈侍下。兄廷璋、廷玉。弟廷璧。娶張氏。順天府鄉試第五十一名，會試第九十五名。

曾于拱　貫江西吉安府泰和縣，軍籍。縣學附學生。治《易經》。字思極，行一，年二十一，二月初七日生。曾祖瑛。祖欽，監課司副使。父才達。母易氏。具慶下。弟于良、于耿、于喬、于鮮、于祉、于鯉、于賢、于鯨。娶郭氏。江西鄉試第二十四名，會試第一百八十四名。

周鎬　貫河南衛輝府汲縣，民籍，陝西狄道縣人。國子生。治《詩經》。字元化，行二，年三十三，五月二十四日生。曾祖英，經歷，贈中順大夫、贊治尹。祖鳳，都轉運鹽使司運使。父廷，光祿寺署正、封承務郎。前母徐氏，封安人；母何氏，封安人。永感下。兄洛。弟閾。娶郭氏。河南鄉試第三十名，會試第一百九十八名。

黃深　貫福建福州府閩縣，民籍。廣東萬州學正。治《春秋》。字舜功，行七，年四十二，正月十五日生。曾祖珏。祖文昇，訓導。父衢。母鄭氏。具慶下。兄大澍。弟淵。娶林氏。福建鄉試第十八名，會試第二百一名。

費滂　貫浙江嘉興府嘉興縣，民籍，海鹽縣人。國子生。治《詩經》。字子雨，行二，年三十四，八月二十日生。曾祖文毅。祖慎。父欽。母周氏。慈侍下。兄淪。弟渙，監生；深；澡。娶李氏。浙江鄉試第十六名，會試第三十六名。

齊準　貫四川成都左護衛，旗籍，陝西臨潼縣人。國子生。治《易經》。字平甫，行三，年四十三，二月十六日生。曾祖志學。祖忠。父仕寬。母李氏，繼母蔣氏。具慶下。兄家仁、家讓。弟斗、皁、卓、皋、芊、莘。娶尹氏。四川鄉試第四十三名，會試第六十七名。

　　弋中和　貫四川順慶府南充縣，軍籍。國子生。治《易經》。字道夫，行一，年四十二，十月初九日生。曾祖寬，壽官。祖天爵。父綸。母趙氏。具慶下。弟中立；中孚，貢士；中道；中堯。娶杜氏。四川鄉試第六十二名，會試第二百八十八名。

　　陳洪範　貫浙江杭州府仁和縣，匠籍。國子生。治《詩經》。字錫卿，行一，年三十三，九月初七日生。曾祖俊。祖琯。父景祥。母黃氏。慈侍下。弟洪濛，同科進士。娶吳氏。浙江鄉試第八十六名，會試第一百九十一名。

　　萬士和　貫直隸常州府宜興縣，民籍。縣學生。治《書經》。字思節，行六，年二十六，十月十三日生。曾祖政。祖璵。父吉，訓導。母李氏。具慶下。兄士弘；士亨，同科進士；士安；士寧。弟士完、士立、士宜。娶張氏。應天府鄉試第九名，會試第一百七名。

　　林大章　貫福建福州府閩縣，軍籍。國子生。治《禮記》。字章之，行三，年三十二，九月初二日生。曾祖均善。祖祈。父文喬。母李氏。重慶下。兄崇、峨。弟鍾山、大新、大資、大彥、大鼎、大叙、大昶。娶陳氏。福建鄉試第二十五名，會試第一百三十七名。

　　陳時範　貫福建福州府長樂縣，民籍。縣學生。治《詩經》。字敷疇，行四，年三十，四月二十一日生。曾祖塾。祖昌朝，封南京工部郎中。父文沛，行太僕寺卿。母謝氏，封宜人。具慶下。兄時漸、時道。娶戴氏。福建鄉試第二十三名，會試第四十名。

　　陳洪濛　貫浙江杭州府仁和縣，匠籍。縣學增廣生。治《詩經》。字元卿，行二，年三十，十一月初二日生。曾祖俊。祖琯。父景祥。母黃氏。慈侍下。兄洪範，同科進士。娶韓氏。浙江鄉試第六十七名，會試第一百十四名。

　　李洞　貫山東登州府萊陽縣，軍籍。國子生。治《春秋》。字伯遠，行一，年三十九，六月十三日生。曾祖凱。祖旻，縣丞，累贈都察院右僉都御史。父鐸，都察院右副都御史。母趙氏，封宜人。慈侍下。弟汋、沚。娶孫氏，繼娶趙氏。山東鄉試第六十九名，會試第六十一名。

　　王言　貫山東登州衛，旗籍，招遠縣人。蓬萊縣學生。治《書經》。字子大，行一，年二十九，十月十五日生。曾祖玉。祖震。父鏊。母張氏。

具慶下。娶孫氏。山東鄉試第七十二名，會試第九十八名。

殷邁　貫南京留守右衛，軍籍，應天府溧陽縣人。國子生。治《易經》。字時訓，行三，年三十，八月初十日生。曾祖福。祖冕。父倧。前母馬氏，母錢氏，繼母張氏。具慶下。兄遷，訓導；選。娶朱氏。應天府鄉試第三十八名，會試第十八名。

王正容　貫山東兗州府寧陽縣，軍籍。縣學生。治《詩經》。字德輝，行一，年三十一，十一月十三日生。曾祖尚志。祖應軫。父克勤。母紀氏。具慶下。弟正色。娶劉氏，繼娶曹氏。山東鄉試第十六名，會試第八十四名。

謝國賓　貫山東平山衛，旗籍，福建晉江縣人。國子生。治《詩經》。字思敬，行二，年三十四，九月二十七日生。曾祖洪。祖昱，監生。父天錫，訓導。母郝氏。慈侍下。兄國恩，貢士。娶王氏。山東鄉試第二十六名，會試第一百五十六名。

黃顯　貫廣東瓊州府瓊山縣，軍籍。國子生。治《詩經》。字仁叔，行二，年四十四，九月十一日生。曾祖本。祖璲。父通。母吳氏。慈侍下。兄顥。弟頤。娶林氏。廣東鄉試第七十四名，會試第二十九名。

李遷　貫江西南昌府新建縣，民籍。縣學生。治《詩經》。字子安，行五，年三十一，九月十七日生。曾祖時中。祖宣政。父素馨。母范氏。具慶下。兄達、道、選、逢。弟遐、通、述、迪、遑、遜、遇、遵、運。娶秦氏。江西鄉試第六名，會試第一百三十名。

張鵷翼　貫直隸松江府上海縣，竈籍。國子生。治《易經》。字習之，行二，年四十三，七月二十五日生。曾祖昱。祖澤。父錫。前母高氏，母朱氏。永感下。兄鵬翼。娶楊氏。應天府鄉試第八十一名，會試第二百八十一名。

尹燾　貫浙江衢州府龍游縣，民籍。國子生。治《詩經》。字明溥，行三十九，年三十四，八月十二日生。曾祖汝浹。祖元彗。父蒙。母周氏。具慶下。兄寬；濟；勳；照，貢士；煦。弟烈、然、繼善。娶余氏。浙江鄉試第五十七名，會試第一百五十三名。

金翮　貫浙江溫州府樂清縣，竈籍。國子生。治《詩經》。字思振，行二，年三十三，五月初七日生。曾祖瑄。祖晊。父繡。母嚴氏。慈侍下。兄澳。弟策。娶王氏。浙江鄉試第十二名，會試第二百五十四名。

徐南金　貫江西南昌府豐城縣，民籍。縣學生。治《易經》。字體乾，行二，年二十四，二月二十五日生。曾祖大平。祖洪。父橙。母漆氏，繼母羅氏。具慶下。弟南軫、南衡。娶彭氏。江西鄉試第六十七名，會試第二百二十三名。

梁津　貫廣東廣州府番禺縣，民籍。國子生。治《詩經》。字濟卿，行五，年二十九，五月十二日生。曾祖遂奇，主薄。祖齊匡，典史。父天祚。母區氏。慈侍下。兄可久；可大，貢士；瀛；瀚，鴻臚寺序班；瀾。弟潮、江、浩。娶何氏。廣東鄉試第一名，會試第七十一名。

陳善　貫廣東廣州府南海縣，民籍。廣西全州學正。治《易經》。字繼初，行一，年三十八，八月十四日生。曾祖愈希。祖厚聚。父李生。母霍氏。慈侍下。弟傑、賢。娶黎氏。廣東鄉試第九名，會試第七十四名。

吳天壽　貫順天府宛平縣，匠籍，直隸松江府上海縣人。國子生。治《易經》。字平甫，行三，年三十二，十月二十九日生。曾祖輔。祖玉。父鳳。母李氏。慈侍下。兄天福，鑄印局副使；天祿。娶陸氏。順天府鄉試第十七名，會試第九十六名。

劉鑑　貫直隸真定府晉州安平縣，民籍。國子生。治《詩經》。字汝照，行四，年二十八，正月初七日生。曾祖昶，貢士。祖澍，省祭官。父以孝。母王氏。具慶下。兄金、銀、鏇。娶姚氏。順天府鄉試第一百六名，會試第一百七十六名。

齊傑　貫直隸安慶府桐城縣，軍匠籍。縣學生。治《詩經》。字士庸，行二，年四十二，十月二十九日生。曾祖良佐。祖可道。父秀。母喬氏。永感下。兄仁。弟儷；邁；述，監生；遇，貢士。娶潘氏。應天府鄉試第一百二名，會試第二百九十二名。

朱乾亨　貫武驤左衛，軍籍，直隸徐州人。國子生。治《易經》。字子貞，行一，年二十九，四月十五日生。曾祖鑑。祖明。父華。前母宋氏，母劉氏。永感下。娶李氏，繼娶方氏、邵氏。順天府鄉試第二十六名，會試第二十七名。

李台　貫湖廣荊州府公安縣，軍籍。國子生。治《書經》。字星伯，行一，年三十九，七月二十一日生。曾祖廣。祖珂。父大本，知縣。母伍氏，繼母王氏。具慶下。弟右、若。娶葉氏，繼娶王氏。湖廣鄉試第六名，會試第二百九十三名。

王覺　貫直隸常州府武進縣，民籍。國子生。治《詩經》。字士先，行四，年五十，八月十一日生。曾祖珩。祖尹，義官。父觀，義官。母潘氏。

永感下。兄學，奉祀正；舉，監生。弟譽，監生。娶徐氏。應天府鄉試第四十名，會試第九十三名。

　　章煥　貫浙江紹興府會稽縣，民籍。縣學生。治《易經》。字叔晦，行二十九，年三十四，十月十四日生。曾祖謙。祖碧。父穧。母何氏。嚴侍下。兄煉。娶王氏。浙江鄉試第十一名，會試第三百六名。

　　張洽　貫浙江杭州府仁和縣，民籍，縣學附學生。治《易經》。字子德，行十二，年二十六，十二月二十二日生。曾祖鵬，遇例冠帶。祖繪，醫學正科，封刑部主事。父應祐，貢士。母王氏。具慶下。兄洪；江；潮；深；源；瀚，工部主事；濂，刑部主事；浙；淳；洵，貢士；瀾。弟浩；溥，貢士；溉；治；沐；澤；溧；洲；渠；瀛；涵；霑；滏。娶柴氏。浙江鄉試第四十一名，會試第一百四十六名。

　　陶大年　貫浙江紹興府會稽縣，民籍，縣學生。治《春秋》。字長卿，行十二，年二十九，十二月十八日生。曾祖愷，贈通議大夫、兵部左侍郎兼都察院左僉都御史。祖講，縣主簿。父師齊，典膳。母沈氏。重慶下。弟大化，監生；大全。娶章氏。浙江鄉試第七十四名，會試第一百四十一名。

　　董士弘　貫直隸常州府武進縣，民籍。國子生。治《詩經》。字體仁，行一，年三十九，三月二十日生。曾祖珍。祖尚彬，七品散官。父紹，知縣。母徐氏，繼母陳氏。慈侍下。弟士毅，監生；士奇，監生；士安；士寧。娶唐氏。應天府鄉試第一百二十六名，會試第五十九名。

　　王撫民　貫直隸真定衛右所，軍籍，山西清源縣人。真定府學生。治《易經》。字仁甫，行一，年二十七，二月十三日生。曾祖璋。祖連。父佑。母石氏。具慶下。弟育民、新民、澤民。娶任氏。順天府鄉試第七十六名，會試第二百六十七名。

　　徐綱　貫浙江紹興府會稽縣，民籍，國子生。治《易經》。字振之，行四，年四十二，七月初十日生。曾祖漢。祖鋐。父璧。母陳氏。慈侍下。兄績、綬。弟純。娶張氏。應天府鄉試第四十四名，會試第二百九十五名。

　　王崇古　貫山西平陽府蒲州，軍籍。州學增廣生。治《書經》。字學甫，行六，年二十七，四月二十一日生。曾祖孟華，壽官。祖馨，教諭，贈中書舍人。父瑤。母孫氏，繼母孟氏。具慶下。兄崇仁、崇義、崇道、崇祖、崇志。弟崇雅、崇典、崇勳、崇教。娶張氏。山西鄉試第十名，會試第二百七十九名。

侯鉞　貫山東兗州府東平州東阿縣，軍籍。國子生。治《詩經》。字義甫，行二，年三十八，十月十六日生。曾祖隨。祖友德。父全。母宮氏。慈侍下。兄欽。弟鏞。娶王氏，繼娶王氏。山東鄉試第六十九名，會試第二百七十一名。

陳梧　貫福建漳州府漳浦縣，民籍。縣學生。治《詩經》。字思植，行一，年二十四，十二月初四日生。曾祖瓄，教授。祖希誠。父則武。母程氏。具慶下。弟柱。娶程氏。福建鄉試第六十二名，會試第二百二十七名。

朱惟一　貫河南汝寧府光州，民籍。州學附學生。治《春秋》。字吉夫，行一，年三十一，九月二十九日生。曾祖經。祖友。父杲。母胡氏。慈侍下。弟惟新。娶范氏。河南鄉試第二十名，會試第二十一名。

第三甲二百五名賜同進士出身

周嶅　貫直隸常州府武進縣，民籍。縣學增廣生。治《詩經》。字景魯，行二十八，年三十五，八月二十四日生。曾祖遜。祖溥。父瑜。母詹氏。具慶下。兄崙、巍、樫、相。弟嶜、崒、嵩、嶠、嶧、木、椿、山。娶陳氏。應天府鄉試第二十六名，會試第一百五十六名。

王養浩　貫四川順慶府南充縣，民籍。國子生。治《易經》。字伯充，行三，年三十六，正月二十四日生。曾祖進。祖邑。父璠，封奉政大夫、戶部郎中。母葉氏，封太宜人。嚴侍下。兄養正，知府；養賢。弟養素、養濂。娶楊氏。四川鄉試第三十四名，會試第一百二十九名。

陳王道　貫直隸大名府滑縣，民籍。縣學生。治《詩經》。字子敬，行二，年二十四，十二月初三日生。曾祖松，壽官。祖富。父緒。母趙氏。重慶下。兄進、遲。弟王化、善道。娶史氏。順天府鄉試第九十二名，會試第三十八名。

周冕　貫四川成都府資縣，民籍。國子生。治《書經》。字叔敬，行一，年三十二，十一月初七日生。曾祖永剛。祖世聰。父全。母姜氏。具慶下。弟昺、晃、㫤。娶徐氏。四川鄉試第二十名，會試第一百五十名。

唐志大　貫直隸松江府上海縣，竈籍。縣學增廣生。治《春秋》。字子迪，行一，年二十七，十二月十六日生。曾祖德華，贈刑部主事。祖懂，知縣，前刑部主事。父琰。母陶氏。慈侍下。兄金、志孝、志仁。

弟志謙、志高、志德、志明、志忠、志善、志遠。娶董氏，繼娶謝氏。應天府鄉試第一百二十二名，會試第二百八十二名。

劉瑶　貫河南衛輝府胙城縣，軍籍。國子生。治《易經》。字潤夫，行一，年三十，九月十六日生。曾祖鐸。祖深，司獄。父紀，州判官。嫡母李氏，繼母張氏，生母郜氏。慈侍下。弟琨。娶王氏。河南鄉試第六十六名，會試第一百八十九名。

何良傅　貫直隸松江府華亭縣，竈籍。國子生。治《詩經》。字叔皮，行三，年三十三，閏九月十五日生。曾祖復。祖泉。父孝，壽官。嫡母曹氏，生母孫氏。慈侍下。兄良佐，監生；良俊，歲貢生。娶宋氏。應天府鄉試第二十四名，會試第十三名。

路可由　貫山東兗州府曹州曹縣，軍籍。國子生。治《書經》。字子正，行二，年三十五，十月十三日生。曾祖鐸，縣主簿。祖雲漢，府教授。父音。母劉氏，繼母楊氏。具慶下。兄可遵。弟可履、可遠、可大。娶扈氏。山東鄉試第四十九名，會試第一百三十一名。

鄢懋卿　貫江西南昌府豐城縣，民籍。國子生。治《易經》。字景修，行六，年三十四，正月三十日生。曾祖承之，義官。祖謐，壽官。父高，知縣。母周氏，繼母謝氏、楊氏。嚴侍下。兄愚卿。弟愈卿、惹卿、黨卿、愨卿。娶王氏。江西鄉試第十一名，會試第一百十八名。

李時濟　貫山東青州府壽光縣，軍籍。縣學生。治《易經》。字伯舟，行一，年三十，九月二十四日生。曾祖隨。祖海，稅課局副史。父鏞，縣丞。母馬氏，繼母劉氏。具慶下。弟時漸、時晉、時升、時臨。娶張氏。山東鄉試第十五名，會試第四十三名。

陳松　貫直隸河間府青縣，屯種軍籍，河南裕州人。縣學增廣生。治《詩經》。字子喬，行一，年二十八，五月十八日生。曾祖勝。祖智。父詩。母金氏。重慶下。弟梅。娶張氏。順天府鄉試第七十五名，會試第二百二十五名。

陳鑪　貫浙江嚴州府分水縣，民籍。歲貢生。治《詩經》。字世嘉，行五，年三十六，八月初八日生。曾祖公勉。祖傑。父謐。母方氏，繼母王氏。慈侍下。兄鍾、鐶、鏸、鐉。弟鏒、鈇、録。娶從氏。順天府鄉試第十八名，會試第八十名。

黄應策　貫福建興化府莆田縣，民籍。縣學生。治《書經》。字君用，行六，年二十九，八月十五日生。曾祖諭，封刑部主事。祖鎮，贈知縣。

父漳,府通判。前母柯氏,贈孺人;母林氏,封孺人。具慶下。兄應祥;應辰;應星,貢士;應祐;應軫。娶林氏。福建鄉試第十八名,會試第二百六名。

白璧　貫直隸河間府河間縣,民籍。國子生。治《詩經》。字石仲,行一,年二十八,十二月初六日生。曾祖友諒,壽官。祖晟。父允經。母南氏。重慶下。兄琇。弟鎏、塗。娶曹氏。順天府鄉試第二十名,會試第一百七十一名。

楊思忠　貫山西太原府平定州,軍籍。國子生。治《書經》。字孝夫,行二,年三十二,十月初六日生。曾祖鳳。祖文茂,壽官。父榮,典史。母劉氏。慈侍下。兄思臣。弟思恕。娶荆氏。山西鄉試第二十四名,會試第八十五名。

王學柳　貫山西澤州,民籍。州學生。治《書經》。字宗文,行二,年三十七,五月初五日生。曾祖進,縣主簿。祖原。父相,府知事。母張氏。具慶下。兄學韓。弟學歐、學蘇、學周、學召、學曾。娶孫氏。山西鄉試第十八名,會試第二百四十名。

翟澄　貫山東濟南府德州,軍籍。國子生。治《易經》。字憲清,行三,年三十,九月十一日生。曾祖敏。祖琮。父欽。母毛氏,繼母承氏、張氏。永感下。兄瀛、洲。娶高氏。山東鄉試第五十九名,會試第一百七十二名。

趙紳　貫順天府通州武清縣,民籍。縣學生。治《詩經》。字子縉,行二,年二十九,十一月二十二日生。曾祖文行。祖儼。父景鏜。母張氏。具慶下。兄恩、迪、經、紀。弟緯、純、綏。娶孫氏。順天府鄉試第一百九名,會試第一百六十三名。

龔秉德　貫山東東昌府濮州,民籍,江西新建縣人。州學生。治《詩經》。字性之,行一,年三十,五月十八日生。曾祖禮遠。祖伯燦。父仕剛。母雷氏。永感下。弟秉哲。娶李氏。山東鄉試第十八名,會試第三十二名。

崔一濂　貫廣東廣州府南海縣,軍籍。國子生。治《詩經》。字學周,行一,年三十七,四月二十七日生。曾祖受。祖安。父世傑。母老氏。慈侍下。弟一漢。娶黃氏,繼娶關氏。廣東鄉試第六十三名,會試第七十三名。

王崇儉　貫山東兗州府曹州曹縣,民籍。國子生。治《春秋》。字叔度,行七,年五十二,十月十二日生。曾祖導,贈右副都御史。祖蘭,贈右副都御史。父珣,都察院右副都御史。前母李氏,贈淑人;孔氏,贈淑人;

母黄氏，封恭人，贈淑人。永感下。兄崇儒，知縣；崇仁，按察司副使；崇文，都察院右副都御史；崇獻，南京太僕寺卿；崇讓，千户；崇有，典膳。弟崇素。娶李氏。山東鄉試第十名，會試第二百七十二名。

　　王顯忠　貫順天府霸州保定縣，匠籍。國子生。治《詩經》。字元孝，行二，年二十七，閏四月二十四日生。曾祖興。祖宗，倉副使，贈知縣，加贈奉政大夫、應天府治中。父誥，奉政大夫、應天府治中。前母徐氏，贈宜人；母徐氏，封宜人。具慶下。兄尚賓，義官；尚忠，七品散官；尚賢，聽選官；軻。弟軒。娶任氏。順天府鄉試第七十九名，會試第一百十六名。

　　梁汝璧　貫四川重慶府江津縣，民籍。縣學生。治《詩經》。字應文，行二，年三十一，三月十五日生。曾祖楨。祖尚用。父佐。母周氏。具慶下。兄汝奎。娶袁氏。四川鄉試第五十二名，會試第二百七十三名。

　　馬鍾英　貫廣東廣州府順德縣，民籍。縣學附學生。治《禮記》。字君儲，行三，年二十六，六月十三日生。曾祖驥。祖璋。父逢樂。母傅氏。慈侍下。兄應甫、鍾蒙。弟中有、中存、中涵。娶鄭氏。廣東鄉試第五十名，會試第十名。

　　李豸　貫山西澤州陽城縣，軍籍。國子生。治《易經》。字直卿，行一，年三十三，二月二十日生。曾祖子釗。祖譽。父思忠。母延氏。重慶下。弟孚爵。娶梁氏。山西鄉試第三十七名，會試第一百二十一名。

　　李時行　貫廣東廣州府番禺縣，民籍。府學生。治《易經》。字少偕，行一，年二十八，十一月二十四日生。曾祖富。祖聰。父聞韶。母費氏，繼母鍾氏。重慶下。弟時郁、時逢、時亮、時春、時進。娶龔氏。廣東鄉試第六十四名，會試第一百四十三名。

　　徐履祥　貫直隸蘇州府長洲縣，民籍。國子生。治《禮記》。字子旋，行一，年三十，十二月十一日生。曾祖淵。祖朴，義官。父燿，陰陽典術。前母張氏，母楊氏，繼母王氏。慈侍下。弟履中、履和、履道。娶張氏。應天府鄉試第九十八名，會試第二百二十六名。

　　陳其樂　貫江西廣信府貴溪縣，軍籍。縣學生。治《書經》。字惟和，行一百三十七，年三十，七月十九日生。曾祖崇。祖瑞。父冕。前母汪氏，母石氏。嚴侍下。兄其禮。娶吳氏。江西鄉試第四名，會試第二十四名。

　　華舜欽　貫直隸常州府無錫縣，民籍。國子生。治《易經》。字叔俞，行五，年四十三，七月二十四日生。曾祖思淳，壽官。祖楷，壽官。父恩。

母鄒氏。具慶下。兄昊欽；堯欽，監生。弟文欽。娶錢氏。應天府鄉試第八十一名，會試第二百七十名。

朱瑞登　貫浙江杭州府海寧縣，民籍。縣學生。治《詩經》。字禾仲，行一，年二十七，五月十八日生。曾祖顒，義官。祖愷。父禋。母祝氏。重慶下。弟瑞成、瑞明、瑞遷、瑞隆。娶查氏。浙江鄉試第二十七名，會試第一百九十五名。

方逢時　貫湖廣武昌府嘉魚縣，民籍。縣學附學生。治《書經》。字兆行，行三，年二十，四月二十八日生。曾祖孟錠，壽官。祖寵。父亨。母孔氏。具慶下。弟逢源、逢吉、逢寅。娶周氏。湖廣鄉試第三十七名，會試第一百九十九名。

尚維持　貫河南汝寧府信陽州羅山縣，民籍。縣學附學生。治《春秋》。字國相，行一，年二十七，九月二十二日生。曾祖處。祖培之。父化。母徐氏。具慶下。娶潘氏。河南鄉試第一名，會試第一百十名。

吳必孝　貫浙江紹興府餘姚縣，軍籍。國子生。治《禮記》。字純卿，行六，年三十六，十月十三日生。曾祖勤，贈刑部員外郎。祖叙，知府。父律。母毛氏。具慶下。兄必諒，歲貢監生；必敬，縣丞；至，知府；必義；必順。弟必禮、必宏、必述、必密、必方、必大、必用。娶張氏。浙江鄉試第八十名，會試第一百一名。

徐亮　貫直隸常州府江陰縣，軍籍。國子生。治《詩經》。字子寅，行十，年四十二，七月初六日生。曾祖莊。祖宗迅。父孟平。嫡母孫氏，生母杜氏。慈侍下。兄亶、衷、裵、褒、袞、充、袭、表、兗。娶呂氏。應天府鄉試第八十六名，會試第十六名。

蕭端蒙　貫廣東潮州府潮陽縣，民籍。縣學生。治《書經》。字曰啓，行一，年二十七，五月初八日生。曾祖崑。祖廷國，封翰林院檢討。父與成，翰林院修撰。母鄭氏，封孺人；繼母范氏。嚴侍下。弟端貢、端升、端晉、端漸、端遜。娶姚氏。廣東鄉試第七十二名，會試第一百四十名。

馮元　貫廣東廣州府番禺縣，軍籍。國子生。治《易經》。字大本，行一，年三十四，八月初三日生。曾祖誠。祖德。父鑛。母黃氏。具慶下。弟溧、液、泗、淶。娶韓氏。廣東鄉試第四十一名，會試第二百四名。

邢尚簡　貫山東萊州府平度州昌邑縣，民籍，縣學生。治《書經》。字原敬，行一，年三十四，三月十一日生。曾祖志。祖瑾，推官。父時舉，監生。母朱氏。慈侍下。弟尚寬、尚公、尚德、尚清。娶孫氏。山東鄉試第三十七名，會試第一百三十六名。

周希程　貫浙江寧波府象山縣，軍籍。山東壽張縣學教諭。治《書經》。字道夫，行四，年三十五，七月初四日生。曾祖孟初，府同知。祖尚賢，訓導。父璋，州學正。母楊氏。永感下。兄繡文、豪縠。娶董氏，繼娶徐氏。浙江鄉試第八十四名，會試第八十九名。

羅時霖　貫江西吉安府泰和縣，民籍。縣學附學生。治《書經》。字汝濟，行三，年四十三，二月初一日生。曾祖方昌。祖仲璣。父貴康，壽官。母陳氏。嚴侍下。兄文仿、文徵、文徹。弟文敕、文莊。娶胡氏。江西鄉試第五十七名，會試第二百六十名。

曾佩　貫江西撫州府臨川縣，民籍。國子生。治《詩經》。字德夫，行十，年三十八，十月二十七日生。曾祖崇獻，七品散官。祖時諒。父昂，縣丞。母熊氏。嚴侍下。弟仕、脩、伸。娶潘氏，繼娶衛氏、劉氏。江西鄉試第六十二名，會試第二百八十三名。

陳九德　貫直隸真定府欒城縣，民籍。縣學生。治《易經》。字吉夫，行五，年三十，二月初一日生。曾祖貴。祖正，巡檢。父鸞，訓導。母許氏，繼母張氏。重慶下。兄九功、九韶、九疇、九臯。弟存仁、存禮。娶魏氏。順天府鄉試第八十九名，會試第九十二名。

吳崇文　貫河南汝寧府光山縣，軍籍。縣學附學生。治《易經》。字質夫，行一，年二十七，二月初九日生。曾祖珏，縣主簿。祖九岐，府檢校。父漢。母劉氏。具慶下。弟崇獻、崇道。娶夏氏。河南鄉試第四十六名，會試第一百四名。

王忬　貫直隸蘇州府太倉州，軍籍，崑山縣人。國子生。治《易經》。字民應，行十一，年三十五，五月初四日生。曾祖琳，贈通議大夫、兵部右侍郎。祖輅，累贈通議大夫、兵部右侍郎。父倬，通議大夫、兵部右侍郎。前母陳氏，贈淑人；陳氏，贈孺人；母陳氏，封淑人。永感下。兄愷；悌，貢士，贈禮部主事；怡；懰，知縣；愔，布政司都事；恬，監生；懫，典膳；恪，監生；禎，監生；忱。娶郁氏。應天府鄉試第六十二名，會試第一百六十六名。

周瑤　貫四川成都府內江縣，民籍。縣學生。治《詩經》。字鳴佩，行八，年三十，二月十三日生。曾祖本學。祖輔臣。父宗元，壽官。前母陰氏，母郭氏。具慶下。兄珊；璲；玠，省祭官；瓊；璋；珙。弟玳、瑢、玒、珮、瑯、瑄、璇、芝、萃。娶張氏。四川鄉試第六十九名，會試第二百三十七名。

　　黃鉦　貫江西撫州府宜黃縣，民籍。縣學生。治《書經》。字克靜，行十，年三十七，六月二十九日生。曾祖孟寬。祖守瑛，壽官。父奕，訓導。母程氏　嚴侍下。兄鑑，州吏目；鏞；鍔；鎬，教諭；鑰；銘；鎮，典膳。弟鈞、鈺。娶江氏，繼娶危氏。江西鄉試第六十八名，會試第二百六十四名。

　　方廉　貫浙江杭州府新城縣，民籍。縣學增廣生。治《書經》。字以清，行十，年二十九，正月十一日生。曾祖鏞，醫學訓科。祖源，教諭。父模。前母羅氏，母錢氏，繼母洪氏。具慶下。兄暉、煥、煉。弟勳、炬、炘。娶羅氏。浙江鄉試第十四名，會試第一百二名。

　　何孟倫　貫廣東廣州府新會縣，民籍。國子生。治《易經》。字慎明，行一，年三十六，七月初五日生。曾祖真宗。祖洋。父章。母吳氏，繼母黃氏。重慶下。弟仲倫、季倫。娶余氏。廣東鄉試第二十八名，會試第三名。

　　李庶　貫福建福州府福清縣，鹽籍。縣學附學生。治《詩經》。字季卿，行九，年二十七，閏四月初二日生。曾祖鑛。祖潤，署教諭事、舉人。父楅。前母謝氏，母施氏。慈侍下。兄焞；樵；默；季守；春；季承，聽選官。弟羔、廉、琰、烈、廡。娶曾氏。福建鄉試第七十四名，會試第三十四名。

　　郝良臣　貫山西潞安府襄垣縣，軍籍。國子生。治《詩經》。字廷藎，行一，年四十，五月二十六日生。曾祖軏。祖文益。父珎。母傅氏，繼母許氏。永感下。娶崔氏。山西鄉試第五十六名，會試第一百四十二名。

　　鈕緯　貫浙江紹興府會稽縣，民籍。國子生。治《詩經》。字仲文，行十五，年三十四，七月二十四日生。曾祖達，贈按察司僉事。祖清，按察司副使。父廷信。母陳氏。慈侍下。兄經。弟緒、繹。娶劉氏。浙江鄉試第六十名，會試第二百七名。

　　楊順　貫直隸德州左衛，軍籍，山東文登縣人。國子生。治《詩經》。字子備，行二，年三十一，十月十八日生。曾祖興。祖浩。父秉中。母李氏。具慶下。兄顯。弟顗、穎。娶張氏。山東鄉試第六名，會試第八十六名。

　　張牧　貫浙江紹興府山陰縣，民籍。山西臨縣學教諭。治《易經》。字舜臣，行一，年四十四，二月二十四日生。曾祖傑。祖皋。父廷瑞。母王氏。慈侍下。弟敏；檄，教諭；政。娶毛氏。河南鄉試第二十四名，會試第一百八十七名。

杜璁　貫直隸廬州府合肥縣，民籍。國子生。治《書經》。字玉仲，行五，年四十三，正月二十日生。曾祖義。祖能。父寬，壽官。前母楊氏，母張氏。慈侍下。兄琇，醫官。娶吳氏。應天府鄉試第一百十四名，會試第二百八十九名。

曾茂卿　貫福建福州府長樂縣，軍籍。浙江僊居縣學教諭。治《詩經》。字時育，行二，年四十五，十二月二十日生。曾祖僑。祖鍾秀。父繼立。母林氏，繼母何氏。慈侍下。弟調卿、節卿、一卿、建卿、舉卿。娶黃氏，繼娶陳氏。福建鄉試第八十四名，會試第二百四十九名。

張祥　貫南京錦衣衛，官籍，直隸常州府武進縣人。山東泗水縣學訓導。治《易經》。字元吉，行二，年四十六，六月二十一日生。曾祖鎬，蔭襲舍人。祖浩，錦衣衛正千戶。父春，錦衣衛正千戶。前母劉氏、李氏；母唐氏，封宜人；繼母馬氏、彭氏。慈侍下。兄瑞，錦衣衛正千戶。弟祉。娶吳氏。山東鄉試第四十七名，會試第二百五十七名。

陸美中　貫浙江紹興府餘姚縣，竈籍。國子生。治《易經》。字汝文，行六，年三十二，四月二十九日生。曾祖昶。祖恕。父迪。母孫氏。具慶下。兄大中、致中、養中。弟用中、守中、秉中。娶鄒氏。浙江鄉試第三十九名，會試第三十一名。

余夢說　貫四川順慶府廣安州，民籍。國子生。治《易經》。字商卿，行五，年三十九，四月二十日生。曾祖敏時。祖璉，典史。父相，知縣。前母周氏，母熊氏。慈侍下。兄夢麟；夢龍，監生；夢熊；夢璋。娶薛氏。四川鄉試第二十六名，會試第二百一十三名。

馮薦　貫四川順慶府南充縣，民籍。國子生。治《易經》。字伯受，行四，年三十六，八月二十三日生。曾祖敬。祖冕。父喬。母謝氏。慈侍下。兄載亨。娶趙氏。四川鄉試第五十四名，會試第二百八名。

莫如爵　貫龍驤衛，軍籍，廣東廣州府新會縣人。國子生。治《易經》。字子脩，行一，年三十六，十二月初八日生。曾祖滿。祖雄。父違仁，前錦衣衛正千戶。母蘇氏。嚴侍下。弟如齒；如德；如善，貢士；如士，貢士；如學；如誠；如儉。娶朱氏。順天府鄉試第一百十八名，會試第一百十三名。

金世龍　貫直隸蘇州府長洲縣，民籍，崑山縣人。國子生。治《春秋》。字孟陽，行一，年三十六，四月二十四日生。曾祖源。祖榮。父佩。母許氏。

具慶下。娶顧氏，繼娶陸氏。應天府鄉試第一百四名，會試第二百九名。

林議　貫福建興化府莆田縣，軍籍。縣學增廣生。治《書經》。字邦直，行一，年二十三，十二月初六日生。曾祖彌睿，義官。祖墰，知縣，贈奉政大夫、按察司僉事。父雲騰。母鄭氏。具慶下。兄諭。弟訪、詔、謀、訓、詵。娶吳氏。福建鄉試第二十七名，會試第一百十七名。

郭大鯤　貫廣東潮州府海陽縣，民籍。縣學生。治《書經》。字時化，行二，年二十六，四月初四日生。曾祖永睿。祖瑞。父亮。母吳氏。慈侍下。娶洪氏。廣東鄉試第六十二名，會試第四十四名。

姚梧　貫浙江寧波府慈谿縣，民籍。縣學附學生。治《詩經》。字文陽，行八十三，年二十九，四月十六日生。曾祖安。祖鏜。父穎。前母周氏，母湯氏，繼母馮氏。具慶下。兄槐。弟櫃、械、檍、術。娶陳氏。浙江鄉試第六十八名，會試第一百二十八名。

陸鑑　貫浙江金華府蘭谿縣，民籍。國子生。治《易經》。字子明，行六十三，年三十六，十月初四日生。曾祖宗貴。祖琭，壽官。父材。母黃氏。慈侍下。兄騰、驥。弟載。娶鮑氏。應天府鄉試第六十二名，會試第二百六十一名。

宋大勺　貫浙江紹興府餘姚縣，民籍。國子生。治《書經》。字道成，行十一，年三十四，七月二十六日生。曾祖楷，府教授。祖庠，驛丞。父仁。母朱氏，繼母黃氏。具慶下。兄大韶；大章；大武，同科進士；大元，聽選官。弟大奇、大淵。娶胡氏。浙江鄉試第四十四名，會試第十九名。

冷起元　貫山東青州府益都縣，民籍。縣學生。治《易經》。字繼貞，行一，年二十三，二月十二日生。曾祖端。祖彪。父昂，教諭。母李氏。具慶下。弟起予、起震。娶劉氏。山東鄉試第五十六名，會試第一百六十一名。

浦之浩　貫山東登州衛，軍籍，直隸嘉定縣人。府學生。治《詩經》。字子化，行四，年三十三，十二月初九日生。曾祖安。祖德，七品散官。父鑰，州判官。前母李氏，母許氏。慈侍下。兄之瀾、渚、津。弟之淵、珠、溧、雲、潤、源、洲、泫。娶梁氏，繼娶王氏。山東鄉試第四十六名，會試第二百四十一名。

張科　貫直隸安慶府太湖縣，民籍。縣學生。治《詩經》。字子漸，行一，年二十八，十一月初十日生。曾祖繼良。祖琮。父億，壽官。母洪氏。具慶下。弟和。娶孫氏。應天府鄉試第八十名，會試第一百十一名。

李仰止　貫福建興化府莆田縣，民籍。浙江湯溪縣學教諭。治《詩經》。字君山，行一，年四十二，十二月初五日生。曾祖士元。祖時寧。父從威。前母魏氏，母蘇氏。永感下。弟仰敬；仰舜；仰孟；德用，貢士。娶黄氏。福建鄉試第八十八名，會試第七十七名。

雷遴　貫江西南昌府豐城縣，民籍。縣學增廣生。治《易經》。字時漸，行六，年二十三，十月初五日生。曾祖遂洪。祖天健。父裕，國子監助教。母陳氏。具慶下。弟選、遜、遲、造。娶黃氏。江西鄉試第十一名，會試第二百三十八名。

雷賀　貫江西南昌府豐城縣，軍籍。縣學生。治《書經》。字時雍，行五，年三十五，十一月二十七日生。曾祖轟岳。祖春省。父述，府通判。前母余氏，母劉氏。永感下。兄贊；賢，驛丞；貢，省祭官；贇。娶聶氏。江西鄉試第十三名，會試第十二名。

聞賢　貫貴州永寧衛，官籍。衛學增廣生。治《詩經》。字國寶，行一，年三十九，九月二十三日生。曾祖祥。祖志連。父鉞。前母周氏，母錢氏，繼母趙氏、張氏、丁氏。永感下。弟質、實。娶蔡氏，繼娶黃氏。貴州鄉試第十名，會試第一百八十名。

魏希相　貫山西太原府陽曲縣，民籍。府學生。治《易經》。字漢卿，行三，年三十三，六月十二日生。曾祖欽。祖剛。父通。母張氏。嚴侍下。兄茂、盛。娶李氏，繼娶陳氏。山西鄉試第五十八名，會試第一百三十二名。

張重　貫順天府昌平州順義縣，官籍。國子生。治《詩經》。字汝任，行三，年三十二，十二月二十五日生。曾祖欽，指揮僉事。祖瑀，指揮僉事。父緒，義官。前母趙氏、郭氏，母宋氏。具慶下。兄維藩，指揮僉事；喬，監生。弟香，陰陽官；秉；裹；厚；簪；策。娶郭氏。順天府鄉試第三名，會試第一百一十四名。

李長盛　貫福建興化府莆田縣，軍籍。府學生。治《書經》。字宗裕，行一，年三十七，八月二十五日生。曾祖玘。祖濬，府通判。父孚先，知州。母黃氏，繼母毛氏。具慶下。弟長芳、日新、震、長泰。娶林氏，繼娶楊氏。福建鄉試第三名，會試第二百五十名。

林松　貫廣東潮州府揭陽縣，民籍。國子生。治《禮記》。字喬年，行九，年三十七，十月二十四日生。曾祖箕。祖謙。父玖。母謝氏。慈侍下。兄椿、槐、相、楷。弟柏。娶楊氏。廣東鄉試第十九名，會試第一百九十四名。

何派行　貫廣東廣州府香山縣，民籍。縣學生。治《易經》。字應克，行一，年三十二，十二月初一日生。曾祖溢。祖瑶。父世隆。母李氏。嚴侍下。弟派征、派從、派徐、派循。娶嚴氏。廣東鄉試第十六名，會試第二百三十六名。

彭謹　貫福建福州府閩縣，民籍，江西臨江府新淦縣人。山東沂州學正。治《春秋》。字德全，行六，年三十七，二月初六日生。曾祖鈞。祖彥珪。父大綱。母趙氏。永感下。兄誠、謙。娶鄭氏。福建鄉試第八十四名，會試第七十九名。

潘瑛　貫四川成都府成都縣，匠籍。縣學生。治《禮記》。字魯珍，行六，年四十八，十月初五日生。曾祖文政。祖鉉，壽官。父伯鎰，教諭。母周氏。慈侍下。兄玹。娶柯氏，繼娶楊氏。四川鄉試第三十四名，會試第二百七十四名。

劉子興　貫廣東潮州府海陽縣，民籍。縣學生。治《詩經》。字賓之，行一，年二十五，二月二十六日生。曾祖潤。祖倫。父宗保。母李氏。具慶下。弟子榮、子華。娶蔡氏。廣東鄉試第二十一名，會試第八名。

陳采　貫浙江紹興府餘姚縣，竈籍。縣學附學生。治《春秋》。字戀載，行十四，年二十四，四月十五日生。曾祖湧。祖華。父文顯。母柴氏。重慶下。兄程、秩、来、禾、种。弟秉、穰、年、臬。娶周氏。浙江鄉試第七十五名，會試第四十六名。

楊宗氣　貫陝西延安衛，官籍，浙江湖州府歸安縣人。延安府學生。治《春秋》。字子正，行四，年二十八，正月初六日生。曾祖信，都指揮使，封鎮國將軍。祖聰，縣丞，進階文林郎。父時遇。母陳氏，繼母徐氏。具慶下。兄宗元，監生；宗一；宗理。娶劉氏。陝西鄉試第二十一名，會試第二百九十四名。

宋伊　貫河南南陽府裕州，軍籍。州學生。治《書經》。字汝任，行三，年二十六，九月二十四日生。曾祖傑。祖瑶，壽官。父昌隆，府同知。母王氏，繼母文氏。慈侍下。兄仕、僑。弟位、仁。娶吳氏。河南鄉試第二十七名，會試第二百二十九名。

阮塁　貫應天府江寧縣，民籍，河南祥符縣人。府學增廣生。治《易經》。字德載，行一，年三十七，十月初十日生。曾祖昇。祖愷，義官。父山。母強氏。嚴侍下。弟坤、垚、堂。娶江氏，繼娶范氏。應天府鄉試第七十七名，會試第四十一名。

陳宗仁　貫山東萊州府平度州濰縣，軍籍。國子生。治《詩經》。字仲居，行二，年三十三，八月二十日生。曾祖剛。祖通。父策。母張氏，繼母楊氏。具慶下。兄潭。娶王氏。山東鄉試第二十八名，會試第一百四十七名。

金蕃　貫浙江紹興府餘姚縣，民籍。縣學附學生。治《易經》。字世宣，行十一，年三十，九月初七日生。曾祖思仁。祖懺。父鎮。母黃氏，繼母吳氏。具慶下。兄葵。弟芥、萊、蒙、蓁。娶宋氏。浙江鄉試第四十四名，會試第二百十六名。

胡彥　貫湖廣沔陽衛中千戶所，官籍。國子生。治《書經》。字穉美，行二，年四十，十月十一日生。曾祖讓。祖鳳皋。父紀，壽官。母宋氏，繼母楊氏。具慶下。兄靖。弟新、韶、端、龍。娶劉氏。湖廣鄉試第三名，會試第五十三名。

王繼洛　貫河南開封府鄭州，民籍。國子生。治《書經》。字希程，行二，年三十五，十二月十四日生。曾祖琮。祖治。父鍊。母楊氏。慈侍下。兄繼濂。娶趙氏。河南鄉試第三十四名，會試第一百八十一名。

徐岱　貫直隸蘇州府長洲縣，軍籍。府學生。治《易經》。字太丘，行一，年二十五，六月十一日生。曾祖伯順。祖俊。父麒。嫡母傅氏，生母章氏。具慶下。兄山、康。娶王氏。應天府鄉試第二十五名，會試第一百六十四名。

宋治　貫直隸鳳陽府臨淮縣，軍籍，定遠縣人。直隸內黃縣學教諭。治《易經》。字時雍，行一，年三十，十月二十五日生。曾祖玘。祖祥。父良。前母金氏，母徐氏。慈侍下。弟寧、思明、清、淳、潔、溥。娶祖氏。順天府鄉試第五十三名，會試第一百六十八名。

王三聘　貫山東登州府黃縣，民籍。國子生。治《禮記》。字伯衡，行一，年三十五，十二月初一日生。曾祖成。祖禧，衛知事。父瑤，監生。母郭氏，繼母方氏。具慶下。弟三顧、三讓。娶趙氏。山東鄉試第五名，會試第九十九名。

蔣珊　貫直隸常州府武進縣，軍籍。國子生。治《詩經》。字叔珍，行十四，年三十八，九月十一日生。曾祖繼祖。祖以能，壽官。父宏。前母陳氏，母鄭氏。永感下。兄新民，封大理寺寺副；黼；孟；盈，引禮舍人；益，知府；盤，審理副；琥；冠；監，正術；纓；

珀，聽選官。娶鄭氏，繼娶陳氏。應天府鄉試第二十八名，會試第一百二十三名。

楊胤賢　貫山東兗州府東平州壽張縣，軍籍。縣學增廣生。治《詩經》。字子容，行一，年二十一，三月二十六日生。曾祖清。祖霈。父緝，刑部主事。母劉氏。具慶下。弟胤芳、胤秀。娶孟氏。山東鄉試第十名，會試第四十二名。

王霽　貫湖廣黃州府黃陂縣，軍籍。縣學生。治《詩經》。字汝明，行四，年三十六，四月初十日生。曾祖才。祖圭。父廷寶。母熊氏。慈侍下。兄霖、霆。弟霂。娶余氏。湖廣鄉試第三十九名，會試第二百五十九名。

方大樂　貫福建興化府莆田縣，民籍。府學附學生。治《書經》。字憲夔，行二，年三十六，十月十四日生。曾祖文謨。祖思善，義官。父仲紳。母林氏。嚴侍下。兄大順，貢士。弟大恩、大章、大愷、大本、大觀、大旭。娶林氏，繼娶黃氏。福建鄉試第八十六名，會試第八十二名。

朱舜民　貫山東濟南府齊東縣，民籍。縣學生。治《易經》。字虞甫，行二，年三十六，二月初五日生。曾祖聰。祖瑄。父世賢，理問。母王氏。永感下。兄堯民。娶楊氏。山東鄉試第二十七名，會試第一百五十七名。

許鑰　貫浙江杭州府錢塘縣，民籍。國子生。治《書經》。字準卿，行四，年四十七，七月初七日生。曾祖玉。祖彬，壽官。父璋。母姚氏。慈侍下。兄銓、錡、鎬。弟鐔。娶胡氏。浙江鄉試第四十六名，會試第一百十二名。

晁瑮　貫直隸大名府開州，匠籍。州學生。治《書經》。字君石，行二，年三十，八月初六日生。曾祖信。祖旺。父德龍。前母趙氏，母劉氏，繼母徐氏。具慶下。兄琦，省祭官。弟璞，驛丞；璋；璠；瑄；琇。娶張氏。順天府鄉試第一百十七名，會試第一百六十五名。

姜博　貫江西南昌府南昌縣，民籍。縣學生。治《詩經》。字約甫，行一，年三十一，十月十八日生。曾祖浩。祖梓，典史。父愈。母胡氏，繼母章氏。重慶下。弟忱、慎、悱、悟、恪、忭。娶張氏，繼娶劉氏。江西鄉試第十八名，會試第二十名。

曹天憲　貫江西饒州府浮梁縣，民籍。縣學生。治《易經》。字恒卿，行八，年三十一，九月十一日生。曾祖邦仁。祖璲，封知縣。父曇，教諭。母張氏。具慶下。兄暘；天相，監生；天文，監生。弟天章、天俸、天牌、天球。娶程氏。江西鄉試第五十三名，會試第十四名。

舒載道　貫江西饒州府鄱陽縣，民籍。國子生。治《易經》。字以文，行一，年四十四，十一月十六日生。曾祖添祐。祖昱，衛經歷。父穆，壽官。母張氏。嚴侍下。娶程氏。江西鄉試第九十一名，會試第二百三十三名。

黃縉　貫河南開封府鈞州密縣，民籍。國子生。治《詩經》。字公華，行一，年三十七，十一月初十日生。曾祖瑛，訓科。祖輔，審理正。父鼎，壽官。母徐氏。具慶下。弟綬、緋。娶劉氏，繼娶孟氏。河南鄉試第二十七名，會試第五十四名。

陳善　貫浙江杭州府錢塘縣，民籍。國子生。治《易經》。字思敬，行三，年二十八，正月二十八日生。曾祖琦。祖訓。父荊獻。母王氏。具慶下。兄情、道。弟事、師、猷。娶俞氏。浙江鄉試第二名，會試第一百三十九名。

陳時霖　貫福建福州府長樂縣，民籍，閩縣人。縣學生。治《詩經》。字商卿，行八，年二十八，十二月初一日生。曾祖燿。祖安土。父則興，聽選官。前母齊氏，母張氏。重慶下。兄時濟、進、亮。弟時雍、暘、覬、迪、睿、霂、堯、章。娶林氏。福建鄉試第十名，會試第一百六十七名。

馮守　貫四川順慶府南充縣，民籍。國子生。治《詩經》。字仁仲，行二，年三十八，六月二十日生。曾祖林，封知府。祖祥，都轉運監使司知事。父誥，典膳。母王氏。慈侍下。兄宜、寀、官。弟寵宸。娶范氏。四川鄉試第六十九名，會試第二百六十二名。

李繼宗　貫山東東昌府濮州朝城縣，民籍，江西吉安府永豐縣人。國子生。治《易經》。字克承，行二，年三十七，十二月二十七日生。曾祖久伏。祖東榮。父鵬。母王氏。具慶下。兄繼先。娶馮氏。山東鄉試第六十五名，會試第二百九十一名。

何光裕　貫四川保寧府劍州梓潼縣，軍籍。國子生。治《書經》。字思問，行三，年二十七，九月初五日生。曾祖端。祖文亮，壽官。父智。母趙氏。重慶下。兄光祖，歲貢生；光啟。娶沈氏。四川鄉試第四十九名，會試第六十八名。

陳以勤　貫四川順慶府南充縣，民籍。國子生。治《禮記》。字逸父，行一，年三十一，九月二十日生。曾祖衡，訓導。祖信，監生。父大策。母王氏。具慶下。兄弘德、宗德、以中。弟以廉。娶王氏。四川鄉試第十五名，會試第二十七名。

張洽　貫浙江紹興府山陰縣，軍籍。國子生。治《詩經》。字文德，行三,年三十九,十一月二十日生。曾祖永隆。祖玘,義官。父慈。母謝氏。具慶下。兄浙、浹。娶鈕氏。浙江鄉試第十九名,會試第二百五十一名。

王惟中　貫福建泉州府晉江縣,民籍。府學生。治《易經》。字道原,行三,年三十一,九月十三日生。曾祖瑞昌。祖寰。父紀,封吏部員外郎。母李氏,封宜人。具慶下。兄孟中;叔中;恒中;慎中,布政使司右參政。弟性中、敬中、愷中、致中。娶林氏。福建鄉試第三十五名,會試第三十三名。

路伯鏜　貫南京龍江左衛,官籍,山西陽曲縣人。應天府學附學生。治《書經》。字元振,行一,年三十六,十月十五日生。曾祖順,副千戶。祖暹,副千戶。父通,副千戶。母王氏。慈侍下。弟仲鎧。娶李氏。應天府鄉試第一百三十五名,會試第三十九名。

梅守德　貫直隸寧國府宣城縣,軍籍。國子生。治《詩經》。字純甫,行四,年三十二,六月初五日生。曾祖琛。祖楷。父繼先。母劉氏。慈侍下。兄守仁,監生;守約。弟守恒、守忠、守信。娶郭氏。應天府鄉試第三十九名,會試第二百四十三名。

徐霈　貫浙江衢州府江山縣,民籍。國子生。治《易經》。字孔霖,行十七,年四十二,十月初九日生。曾祖昶。祖白。父琪。母毛氏。慈侍下。兄霽。弟孔鳴,省祭官。娶祝氏。應天府鄉試第十五名,會試第六名。

鄭維誠　貫直隸徽州府祁門縣,軍籍。國子生。治《書經》。字伯明,行一,年三十四,八月十五日生。曾祖仕豪。祖良楷。父岳。母汪氏,繼母汪氏。具慶下。弟維藩、維調。娶汪氏,繼娶陳氏。應天府鄉試第一名,會試第一百四十五名。

馮綬　貫四川潼川州遂寧縣,匠籍。國子生。治《春秋》。字以著,行二,年三十七,四月二十二日生。曾祖源廣,知縣。祖玠。父直之。母王氏,繼母陳氏。慈侍下。兄纓。弟紳、繡、紬、繰、絹、縝、絞、纘、縉、繽、繚、絢、繻。娶趙氏,繼娶王氏。四川鄉試第三十九名,會試第一百九十二名。

趙介夫　貫直隸河間府阜城縣,匠籍。縣學生。治《詩經》。字士節,行三,年三十,十一月二十九日生。曾祖名瓚。祖茂,巡檢。父珊,聽選官。母李氏,繼母宋氏。具慶下。兄廉夫、乾夫。弟坤夫、中夫、曉夫、哲夫、晚夫。娶劉氏。順天府鄉試第四十名,會試第九十九名。

尹梁　貫直隸真定府晉州,軍籍。國子生。治《書經》。字子充,行二,年三十七，十二月二十七日生。曾祖鏞。祖璟。父國正。母邵氏。慈侍下。兄橋。弟梓。娶秘氏。順天府鄉試第九十五名，會試第二百三名。

林懋和　貫福建福州府閩縣，民籍。國子生。治《春秋》。字惟介，行三，年二十五，四月十四日生。曾祖貴。祖文琪。父焯。母陳氏。重慶下。兄均、增。弟舉、城、埠、墊。娶胡氏。福建鄉試第七十九名，會試第二百四十二名。

李栐　貫陝西寧羌衛，軍籍。漢中府學生。治《禮記》。字濟川，行一，年三十，九月二十七日生。曾祖德明，壽官。祖琮，縣主簿。父賜。母何氏。具慶下。弟枸、棟、梨、橋、梅、樲、柯、楠。娶馬氏。陝西鄉試第四十四名，會試第一百五十五名。

王應鐘　貫福建福州府候官縣，民籍。國子生。治《春秋》。字懋復，行八，年三十二，十二月二十四日生。曾祖亶。祖瓚。父密。母陳氏。重慶下。兄應釣。弟應鏡、應曾、應銑、應詔。娶許氏。福建鄉試第四十二名，會試第二百三十一名。

謝應徵　貫直隸松江府華亭縣，匠籍。縣學生。治《詩經》。字徵夢，行一，年三十，十二月十五日生。曾祖景安。祖賢。父埔，冠帶生員。母陳氏。具慶下。娶吳氏。應天府鄉試第六十名，會試第四十五名。

梁紹儒　貫山東兗州府東平州，民籍。州學生。治《易經》。字存業，行二，年三十三，六月初四日生。曾祖安，知府，贈監察御史。祖觀，按察司副使。父縠，吏部主事。母孔氏。慈侍下。兄紹元，監生；紹胤，貢士；紹洙。弟紹先，監生；紹允；紹同；紹奇，監生；紹貞；紹榮；紹龍；紹陽；紹隱；紹東。娶鄭氏。山東鄉試第十一名，會試第二百五十三名。

黃封　貫四川夔州府雲陽縣，民籍。縣學生。治《詩經》。字伯勳，行一，年三十，十一月二十四日生。曾祖永壽。祖春。父文相。嫡母郭氏，生母趙氏。具慶下。兄流、鶴。弟河、屋、扉、虞。娶向氏。四川鄉試第二十五名，會試第二百二十二名。

張登高　貫山東東昌府濮州千戶所，軍籍，湖廣漢陽縣人。國子生。治《詩經》。字子升，行一，年三十五，七月十一日生。曾祖旺。祖銳，義官。父尚文。母李氏。重慶下。弟登名、登先、登岸、登仕。娶馮氏。山東鄉試第二十四名，會試第五十一名。

郭維寧　貫直隸鎮朔衛，軍籍，山西太平縣人。國子生。治《書經》。

字公懷，行二，年三十八，二月二十一日生。曾祖思讓。祖鷙。父全。前母李氏，母楊氏。具慶下。兄鏞。娶王氏。順天府鄉試第十七名，會試第一百九十名。

霍薰　貫雲南永昌衛，官籍。永昌府學生。治《書經》。字虞南，行三，年四十三，九月二十四日生。曾祖鑑。祖源。父森。母丘氏。慈侍下。兄煦。弟照烜。娶白氏。雲南鄉試第三十四名，會試第二百二十四名。

趙忻　貫陝西西安府盩厔縣，民籍。歲貢生。治《春秋》。字子樂，行二，年三十二，三月二十七日生。曾祖彬，壽官。祖策，伴讀。父應麟。母李氏。慈侍下。兄恒、悱、恪。娶鄧氏。陝西鄉試第三十二名，會試第二百十八名。

王嵩　貫浙江紹興府餘姚縣，民籍。縣學附學生。治《書經》。字維中，行五十七，年三十六，八月初五日生。曾祖諶。祖淑。父椿，封南京大理寺評事。母熊氏，封孺人。具慶下。兄喬；齡，南京大理寺寺正；高。娶汪氏。浙江鄉試第六十五名，會試第十五名。

許嗣宗　貫福建福州府閩縣，民籍。國子生。治《易經》。字紹德，行二，年四十二，三月二十一日生。曾祖景陽，刑戶部主事。祖坦，知府，加贈中憲大夫。父綸，七品散官。前母鄧氏，母林氏。重慶下。兄郊。弟振宗、亢宗、遠宗、儒宗、超宗、贛宗、定宗、追宗、慎宗。娶曾氏。福建鄉試第三十名，會試第二百九十七名。

陳炌　貫江西撫州府臨川縣，民籍。府學生。治《詩經》。字文晦，行五，年二十六，八月二十三日生。曾祖景蕃。祖邦瑞，義官。父道，知州。母黃氏。具慶下。兄燦；煥；熺；煒，所吏目。娶施氏。江西鄉試第十四名，會試第二百八十名。

張英　貫福建興化府莆田縣，軍籍。縣學附學生。治《詩經》。字彥實，行十，年二十七，十一月初八日生。曾祖華玉。祖宏志。父儼時。母林氏。慈侍下。兄雲翰、雲衢、雲翼、雲階。弟普。娶洪氏。福建鄉試第六十一名，會試第二百十七名。

徐自得　貫河南開封府杞縣，民籍。縣學生。治《詩經》。字深父，行一，年三十五，閏正月初二日生。曾祖伯貴。祖文。父江。母楊氏，繼母田氏。具慶下。娶耿氏。河南鄉試第二十六名，會試第二百三十五名。

劉九章　貫錦衣衛，匠籍，湖廣衡州府衡陽縣人。國子生。治《詩經》。字公儀，行六，年四十二，正月二十四日生。曾祖潮德。祖通。父旦，文思院副使。母王氏。永感下。兄九成，貢士；九德，監生；九澤；九疇；九河；九叙；九采。娶李氏，繼娶孫氏、張氏。順天府鄉試第一百二十九名，會試第九十一名。

裴宇　貫山西澤州，民籍。國子生。治《書經》。字子大，行六，年三十二，五月初八日生。曾祖廣。祖椿，縣丞，旌表孝子。父爵，知縣。母楊氏，繼母郜氏。具慶下。兄宣；寵，歲貢生；騫，按察司副使；寧；守。弟宸；宋，貢士；宦；寀。娶田氏。山西鄉試第二十名，會試第三十名。

陳吉　貫山西潞安府長治縣，民籍。國子生。治《易經》。字子元，行五，年三十九，四月初一日生。曾祖鑑。祖玥，奉祀正。父曉，引禮舍人。母李氏。具慶下。兄善、哲、可、召。弟品、治。娶田氏，繼娶張氏。山西鄉試第三十八名，會試第一百五十二名。

王材　貫江西建昌府新城縣，民籍。國子生。治《易經》。字子難，行一，年三十四，正月初六日生。曾祖鼎。祖達，訓導。父祿，知縣。母包氏，繼母郭氏、曾氏。具慶下。弟標、休、檄、梟、棐、櫃。娶鈕氏。江西鄉試第九名，會試第二十八名。

袁祖庚　貫直隸蘇州府長洲縣，民籍。縣學生。治《易經》。字繩之，行一，年二十三，正月十四日生。曾祖綱。祖瑾。父校。母朱氏。具慶下。兄炤。弟祖述。娶文氏，繼娶王氏。應天府鄉試第四十六名，會試第八十三名。

李用敬　貫山東青州府益都縣，民籍。國子生。治《詩經》。字仲學，行二，年三十，正月二十八日生。曾祖俊。祖瞻。父鑑。母韓氏。具慶下。兄用和，大理寺右寺副。弟用中。娶陳氏。山東鄉試第三十四名，會試第一百二十名。

黃養蒙　貫福建泉州府南安縣，軍籍。縣學生。治《詩經》。字存一，行一，年三十九，十二月二十九日生。曾祖彝。祖德平，贈刑部員外郎。父澄，按察司僉事。母李氏，贈孺人。嚴侍下。弟養素、養廉、養知、養道、養新。娶留氏，繼娶林氏。福建鄉試第八十名，會試第二名。

劉宦　貫湖廣衡州衛，官籍。國子生。治《詩經》。字士晉，行四，年二十九，四月初八日生。曾祖德華，壽官。祖仲良。父廷福。前母魏氏，母康氏。具慶下。兄吉，百戶；潤；卿；相。弟尚、官、宗、宋、容。娶王氏。湖廣鄉試第二十七名，會試第一百八名。

周易　貫陝西鳳翔府鳳翔縣，民籍。國子生。治《詩經》。字祖羲，行一,年三十八,二月十七日生。曾祖楫。祖恕。父冕,府經歷。母張氏。慈侍下。弟詩。娶湯氏。陝西鄉試第四十八名,會試第二百二名。

鄧巍　貫湖廣長沙府瀏陽縣,軍籍。府學生。治《詩經》。字惟成,行二,年三十五,正月初七日生。曾祖子奇。祖宗瑀。父鳳朝。母鄢氏。慈侍下。兄朝陽,監生。弟雍,監生;京;廉。娶黃氏。湖廣鄉試第十八名,會試第二百八十七名。

王交　貫浙江寧波府慈谿縣,民籍。縣學附學生。治《春秋》。字徵久,行三十三,年二十八,六月初八日生。曾祖濂。祖琬,州判官。父崡,知縣。母周氏。具慶下。兄方。弟齊、彥、亶。娶費氏,繼娶薛氏。浙江鄉試第一名,會試第一百五十八名。

周大有　貫浙江紹興府餘姚縣軍,竈籍。國子生。治《易經》。字元亨,行十八,年三十八,十月十五日生。曾祖瑾。祖謙。父壇。母黃氏。嚴侍下。兄大宜、大宗。弟大宣、大賓、大宇、大容。娶沈氏。浙江鄉試第十四名,會試第九十名。

陸從大　貫直隸松江府華亭縣,民籍。國子生。治《詩經》。字履貞,行二,年二十四,四月十九日生。曾祖順。祖麟。父應辰。母曹氏。慈侍下。兄從遠。弟從高、從平。娶陳氏。應天府鄉試第八十二名,會試第一百六十九名。

李畫　貫河南彰德府林縣,民籍。國子生。治《詩經》。字元素,行四,年三十三,正月十二日生。曾祖成。祖整。父聰。母王氏。具慶下。兄琴、棋、書。娶王氏。河南鄉試第六十三名,會試第二百九名。

周俶　貫四川織染局,匠籍,成都縣人。國子生。治《書經》。字初卿,行二,年二十八,五月初九日生。曾祖福。祖應祖。父杲。母鄧氏。具慶下。兄俊。娶楊氏。四川鄉試第三十七名,會試第一百五十四名。

史載德　貫直隸河間府任丘縣,民籍。國子生。治《詩經》。字惟一,行一,年三十六,止月初二日生。曾祖璘。祖文信,知州。父濟。母丁氏。具慶下。兄載道。弟載事;載言,監生;載賢,監生;載範。娶邊氏。順天府鄉試第七十二名,會試第二百七十七名。

李鶯　貫廣東廣州府番禺縣,民籍,江西大庾縣人。國子生。治《詩經》。字鳴國,行一,年四十一,閏七月二十日生。曾祖源。祖棠。父賢。母羅氏。具慶下。弟鶚、鳳。娶盧氏。廣東鄉試第四十二名,會試第六十六名。

崔戣　貫直隸保定府新城縣，民籍。國子生。治《詩經》。字汝瞻，行一，年三十八，五月十一日生。曾祖禮，驛丞，贈兵科給事中。祖睿，義官。父海，知縣。母侯氏。具慶下。兄崇，錦衣衛千戶；勳；巖；岡。弟嵓、山。娶李氏。順天府鄉試第四十三名，會試第二百九十六名。

熊彥臣　貫江西南昌府新建縣，民籍，南昌縣人。縣學生。治《易經》。字元直，行四，年三十，正月二十一日生。曾祖瑄，贈監察御史，加贈知府。祖達，布政司左參政，進階中奉大夫。父鍵，知縣。母高氏。具慶下。弟端臣、翰臣。娶張氏，繼娶張氏。江西鄉試第三名，會試第一百六名。

彭世爵　貫四川潼川州安岳縣，軍籍。縣學生。治《春秋》。字懋賫，行一，年三十一，四月十四日生。曾祖大甫，贈文林郎、兵馬司副指揮。祖蘭，府通判。父極。母董氏。重慶下。弟世祿、世臣、世勳、世卿、世德、世官。娶張氏。四川鄉試第三十九名，會試第一百七十八名。

董戚　貫河南汝寧府信陽州，軍籍。州學增廣生。治《書經》。字重夫，行五，年二十九，五月十四日生。曾祖浩理。祖志望。父果。母王氏。永感下。兄文方、文章、文昇。娶張氏，繼娶劉氏。河南鄉試第六十五名，會試第五十七名。

俞鷥　貫陝西靈州守禦千戶所，軍籍，直隸崑山縣人。國子生。治《書經》。字應和，行二，年三十九，正月十五日生。曾祖福。祖淂。父慶。嫡母劉氏，生母袁氏。慈侍下。兄鳳。弟鶴。娶李氏，繼娶楊氏。陝西鄉試第十八名，會試第二百四十六名。

陳志　貫直隸德州衛，官籍，直隸宿松縣人。州學生。治《禮記》。字惟學，行三，年三十五，七月十三日生。曾祖鑑。祖祥。父紀。母張氏，繼母李氏。具慶下。兄忠、戀。娶黃氏。山東鄉試第六十二名，會試第二百八十六名。

張淑勵　貫山西太原府盂縣，民籍。國子生。治《書經》。字自勉，行一，年三十七，四月十五日生。曾祖廣，縣主簿。祖宗政。父珍。母李氏。具慶下。弟淑儀、淑射、淑謨、淑猷。娶李氏。山西鄉試第二名，會試第二百六十九名。

許廷用　貫福建泉州府同安縣，軍籍。河南許州學正。治《易經》。字惟範，行一，年四十，正月二十日生。曾祖文成。祖正衷。父鍾會。母林氏。嚴侍下。弟惟德、惟業、惟學。娶王氏，繼娶吳氏。河南鄉試第六名，會試第四十八名。

　　喻希立　貫河南汝寧府光州光山縣，民籍。國子生。治《春秋》。字惟中，行三，年四十一，四月初九日生。曾祖旭。祖明，歲貢生。父端本，知縣。母甘氏，繼母張氏。永感下。兄希宜、希揆。弟希學，知縣；希純，貢士；希大；希益。娶徐氏。河南鄉試第十五名，會試第二百五十二名。

　　孫士儀　貫直隸真定府欒城縣，民籍。國子生。治《詩經》。字文範，行一，年三十三，正月二十二日生。曾祖貴。祖顯，知縣。父宗周。母張氏。永感下。娶韓氏。順天府鄉試第八十五名，會試第一百八十三名。

　　唐愛　貫直隸蘇州府嘉定縣，民籍。縣學增廣生。治《易經》。字良德，行四，年二十九，三月初九日生。曾祖信。祖欽，七品散官。父權，典膳。嫡母沈氏，生母盧氏。具慶下。兄爵，州同知；孚；舜。弟受；豹；書；豸。娶郭氏。應天府鄉試第一百十九名，會試第二百八十五名。

　　鄭邦仰　貫浙江紹興府餘姚縣，民籍。國子生。治《書經》。字思賢，行三，年三十七，九月初七日生。曾祖宜訓。祖輅。父相。母徐氏。永感下。兄邦彥。弟邦禎、邦達、邦正。娶鄒氏。浙江鄉試第四十一名，會試第一百七十七名。

　　王俸　貫浙江杭州右衛，官籍，直隸宿州人。杭州府學增廣生。治《易經》。字守道，行二，年二十七，九月十三日生。曾祖澤，都指揮僉事。祖塾，義官。父廉。母徐氏，繼母李氏。重慶下。兄儒，都指揮僉事。弟化、佶、佃、儀、俊、仲、佩。娶陳氏。浙江鄉試第七十九名，會試第五十二名。

　　張鐸　貫南京留守後衛，旗籍，直隸常熟縣人。國子生。治《易經》。字世鳴，行二，年三十五，二月十九日生。曾祖智。祖紳。父湧。母陳氏。慈侍下。兄鎬。弟鏳。娶錢氏。應天府鄉試第五十一名，會試第七十八名。

　　陳墀　貫浙江紹興府餘姚縣，民籍。國子生。治《禮記》。字宣市，行二十一，年三十二，十月二十三日生。曾祖雷，封府同知，贈中大夫、布政使司左參政。祖廷敬，州判官，累贈中大夫、布政使司左參政。父煥，布政使司右布政使。母胡氏，封淑人。具慶下。兄坦；墇，提舉；增；堂；塏；達；城；墶，布政司右參議；背。弟里，驛丞；陞，同科進士；壯，州判官；塾；觀，監生；壓；都；曉；堅。娶毛氏。應天府鄉試第一百一名，會試第一百七十四名。

王嘉孝　貫河南開封府鈞州，軍籍。州學生。治《書經》。字體曾，行一，年四十二，九月二十日生。曾祖信，壽官；祖璋，知州。父時雍，知縣。前母李氏，母李氏。永感下。弟嘉節。娶任氏，繼娶董氏。河南鄉試第七十六名，會試第九十四名。

梁木　貫陝西西安府三原縣，軍籍。國子生。治《易經》。字仁夫，行三，年三十三，八月十五日生。曾祖玘，贈監察御史。祖潛，義官。父宦。母康氏。具慶下。兄秋、穀。弟瑶、儲、采、科、備、時、選、時、進。娶管氏，繼娶蓋氏。陝西鄉試第五十九名，會試第一百九十七名。

劉應熊　貫陝西鞏昌府隴西縣，軍籍。縣學生。治《禮記》。字體陽，行二，年二十六，五月二十六日生。曾祖政。祖仲溫，衛經歷。父鉞，知縣。母馬氏。慈侍下。兄應麟、應兆。弟應光。娶李氏，繼娶楊氏。陝西鄉試第四名，會試第二百五十八名。

周俊民　貫直隸常州府無錫縣，儒籍。國子生。治《書經》。字明甫，行一，年三十七，十二月二十六日生。曾祖昜。祖玉。父臣。母葉氏。永感下。弟麒、愛民、新民。娶許氏。應天府鄉試第九十二名，會試第二百二十名。

吳俊　貫直隸蘇州府常熟縣，軍籍，武功左衛人。國子生。治《春秋》。字伯英，行一，年二十九，十一月二十二日生。曾祖福海。祖全。父迪。母王氏，繼母張氏。具慶下。兄僅、佐、佶。弟偉、傑、伸、价、像。娶賈氏，繼娶李氏。順天府鄉試第一百二十五名，會試第二百六十三名。

郭廷序　貫廣東潮州府潮陽縣，民籍。國子生。治《詩經》。字循夫，行二，年四十一，九月十五日生。曾祖聰。祖吾。父漢。母丁氏。永感下。兄廷秀，貢士。弟廷瑞、廷向、廷茂、廷美。娶楊氏。廣東鄉試第七十一名，會試第一百三名。

張文愚　貫浙江衢州府龍游縣，民籍。縣學增廣生。治《詩經》。字維學，行四十三，年二十二，十一月三十日生。曾祖郎。祖德富，義官。父軻。母李氏。重慶下。兄良魁，貢士；文忠。弟文思、文念、文愈、文懋、文惠、文志、文態。娶葉氏。浙江鄉試第五十三名，會試第二百九十名。

盛汝謙　貫直隸安慶府桐城縣，民籍。國子生。治《書經》。字亨甫，行五，年三十七，十一月初一日生。曾祖茂。祖健。父儀，壽官。母張氏。嚴侍下。兄心、恩、惠、志。弟應。娶王氏。應天府鄉試第一百名，會試第三十四名。

龔雲從　貫福建興化府莆田縣，軍籍。縣學附學生。治《禮記》。字時際，行一，年三十二，九月十六日生。曾祖永慶。祖汝安。父體璣。母周氏。嚴侍下。弟雲仍。娶劉氏。福建鄉試第三十二名，會試第五十八名。

戴仁　貫四川保寧府劍州江油縣，民籍。國子生。治《詩經》。字行父，行一，年三十五，二月初七日生。曾祖勝剛。祖金。父榮。母羅氏，繼母李氏。具慶下。弟佶、位。娶葉氏。四川鄉試第六十三名，會試第六十四名。

程良　貫江西饒州府樂平縣，民籍。國子生。治《易經》。字明輔，行二十七，年四十四，七月初四日生。曾祖鳳翔。祖文寬。父永亮。前母楊氏，母詹氏。永感下。兄計。弟謹。娶陶氏，繼娶蕭氏。江西鄉試第三十二名，會試第二百七十八名。

胡恺　貫河南南陽府南陽縣，民籍。國子生。治《詩經》。字敬夫，行一，年四十，十一月初七日生。曾祖昂，壽官。祖瀛。父朝獻。母徐氏。慈侍下。弟恪。娶楊氏。河南鄉試第四十六名，會試第一百八十六名。

劉元凱　貫四川保寧府閬中縣，民籍。府學生。治《詩經》。字舜舉，行一，年二十九，正月十七日生。曾祖蕙，義官。祖湖，義官。父光啓，引禮舍人。母白氏。慈侍下。弟元正、元亨。娶李氏。四川鄉試第三名，會試第四十七名。

徐紳　貫直隸池州府建德縣，軍籍。縣學生。治《詩經》。字思行，行六，年二十六，正月初三日生。曾祖公振。祖永清，義官。父斅，義官。前母周氏、楊氏，母汪氏。具慶下。兄軫；參；曜，監生；翼，醫學正術；緝，省祭官。娶李氏。應天府鄉試第一百八名，會試第五十六名。

吳禎　貫直隸常州府無錫縣，民籍。國子生。治《易經》。字元吉，行一，年三十五，四月十二日生。曾祖稷。祖玉，監生。父恩，陰陽訓術。母殷氏，繼母沈氏。慈侍下。弟視；禘，祺，監生；祐；禬。娶莫氏，繼娶虞氏。應天府鄉試第一百二十五名，會試第一百二十四名。

華雲　貫直隸常州府無錫縣，民籍。國子生。治《書經》。字從龍，行一，年五十四，八月十三日生。曾祖本盛。祖棟。父麟祥，布政司都事。母張氏。嚴侍下。弟電，貢士；露。娶楊氏。順天府鄉試第七名，會試第一百八十五名。

楊挺高　貫山東兗州府金鄉縣，民籍，江西崇仁縣人。縣學增廣生。治《詩經》。字叔謙，行四，年三十六，二月二十九日生。曾祖春，縣主簿。祖璀。父魁，訓導。嫡母唐氏，生母呂氏。具慶下。兄挺秀、挺萃、挺茂。娶祖氏。山東鄉試第七十五名，會試第二百六十八名。

王曰然　貫河南衛輝守禦千戶所，軍籍。國子生。治《詩經》。字汝從，行一，年二十九，九月十六日生。曾祖素，府通判。祖卿，監生。父施恩。母胡氏。具慶下。弟曰可、曰善。娶曹氏。河南鄉試第六名，會試第二百三十九名。

宋岳　貫浙江紹興府餘姚縣，竈籍。府學生。治《易經》。字伯鎮，行一，年二十六，十二月二十八日生。曾祖璿，封刑部主事，贈都察院右副都御史。祖冕，通議大夫，都察院右副都御史。父惟明，官生。母姜氏。重慶下。弟巒、山、嶅、嵇、啓。娶陳氏。浙江鄉試第六十四名，會試第六十名。

孫渭　貫福建福州府閩縣，民籍。縣學附學生。治《春秋》。字應清，行四，年三十二，三月初十日生。曾祖子芬。祖塘。父銅。母王氏，繼母陳氏。慈侍下。兄液。弟澤。娶陳氏。福建鄉試第四十四名，會試第二十六名。

貴仁　貫太醫院籍，河南汝寧府汝陽縣人。國子生。治《易經》。字子任，行一，年三十五，四月十三日生。曾祖茂，御醫。祖瑄，良醫正。父晟。母宗氏。慈侍下。弟儒，貢士；仕；伸；倫；俸；像。娶翁氏。河南鄉試第三名，會試第二百二十八名。

應雲鷟　貫浙江寧波府象山縣，軍籍。國子生。治《詩經》。字瑞伯，行三，年三十五，二月初二日生。曾祖傑，教諭。祖元徵，府同知。父振肅。母謝氏。慈侍下。兄雲龍。弟雲凰、雲鷟、雲鵬、雲翰、雲鯤、雲騫。娶鮑氏，繼娶鮑氏。浙江鄉試第二十六名，會試第十七名。

周奎　貫江西吉安府萬安縣，民籍。縣學附學生。治《易經》。字賢象，行四，年二十八，十一月初八日生。曾祖秉章。祖古憲。父望。前母郭氏、蔡氏，母郭氏。具慶下。兄黃、持、體。弟斛、虛、房、蟾、棟、莘、井。娶蕭氏。江西鄉試第二十四名，會試第一百五十九名。

張習　貫直隸揚州府高郵州寶應縣，民籍。縣學生。治《易經》。字子翀，行二，年三十六，九月二十二日生。曾祖震。祖岩。父禮，封徵仕郎、中書舍人。母陳氏，封孺人。具慶下。兄蘭、蕙、芷、葵、易。弟旦，戶部員外郎；葘；蕃；藻；茂；音。娶吳氏。應天府鄉試第一百二十一名，會試第一百八十二名。

潘繼光　貫河南衛輝府汲縣，民籍。國子生。治《易經》。字懋學，行二，年三十，十一月初五日生。曾祖能。祖全。父雄。母徐氏。具慶下。兄繼宗。娶李氏，繼娶張氏。河南鄉試第五十一名，會試第二百二十一名。

劉逢愷　貫江西吉安府泰和縣，民籍。國子生。治《易經》。字虞讓，行十，年三十二，七月初三日生。曾祖仕昇。祖汪。父端祥。母周氏。具慶下。兄逢元、逢吉、逢玉、逢春、逢艮、逢湯、逢文、逢泰、逢景。弟逢直、逢霄。娶羅氏，繼娶周氏。江西鄉試第十四名，會試第一百四十八名。

梁成　貫山東兖州府平陰縣，民籍。縣學生。治《書經》。字公濟，行三，年三十，六月二十三日生。曾祖英。祖俊，府照磨。父棟，縣丞。母趙氏。慈侍下。兄金、善。娶尹氏。山東鄉試第四十五名，會試第一百九十六名。

高冕　貫浙江湖州府孝豐縣，軍籍。國子生。治《易經》。字服周，行四，年三十四，二月初十日生。曾祖亨。祖關。父奎。母梅氏。慈侍下。兄昇、曇、星。娶吳氏。應天府鄉試第三十四名，會試第二百六十五名。

劉璧　貫直隸蘇州府長洲縣，民籍。國子生。治《易經》。字朝完，行二，年四十一，十月初十日生。曾祖淳，贈工部主事。祖杲，都察院右副都御史，贈通議大夫。父恢。母謝氏。具慶下。兄珠。弟琛、琯、璞、璟、璽、琅。娶季氏。應天府鄉試第一百十七名，會試第二百四十五名。

馬珮　貫山東濟南府德州，民籍。國子生。治《書經》。字服玉，行二，年三十一，五月二十一日生。曾祖陸。祖真。父龍，義官。母張氏。慈侍下。兄瑝、珙、玹。娶王氏。山東鄉試第三十七名，會試第二百十五名。

陳玉　貫福建福州府長樂縣，民籍。江西會昌縣學教諭。治《詩經》。字汝良，行一，年三十七，八月十　日生。曾祖定。祖哲。父德宗，訓導。母高氏。具慶下。兄金、鏒、鉉。娶林氏。福建鄉試第七十五名，會試第一百二十五名。

于德昌　貫四川成都左護衛，軍籍，華陽縣人。國子生。治《書經》。字子順，行三，年三十六，四月十二日生。曾祖師鑑。祖顒。父輝祖，府同知，進階知府。母羅氏。嚴侍下。兄德興、德裔。弟德佑，貢士；德宜。娶王氏，繼娶潘氏。四川鄉試第四十四名，會試第二百九十八名。

朱應奎　貫錦衣衛，匠籍，直隸丹陽縣人。國子生。治《易經》。字士徵，行一，年三十八，六月十五日生。曾祖福海。祖玉。父文。嫡母毛氏，生母徐氏。慈侍下。娶王氏。順天府鄉試第五十三名，會試第二百七十六名。

谷鍾秀　貫浙江紹興府餘姚縣，民籍。國子生。治《詩經》。字毓卿，行二，年三十七，九月二十八日生。曾祖志。祖應。父明。母王氏。永感下。兄鍾靈。弟鍾祥、鍾清、鍾和、鍾華、鍾美、鍾良、鍾粹、鍾醇、鍾淑、鍾正、鍾一。娶張氏。浙江鄉試第十五名，會試第三十五名。

趙玶　貫四川叙州府富順縣，民籍。府學生。治《詩經》。字子獻，行三，年三十六，七月二十五日生。曾祖學。祖伯香。父承準，壽官。母先氏，繼母丘氏。具慶下。兄珂、璟。娶劉氏。四川鄉試第五十名，會試第一百三十八名。

何遷　貫湖廣德安守禦千户所，官籍。國子生。治《易經》。字懋益，行一，年四十一，九月初五日生。曾祖洪，副千户。祖泰，副千户。父勳，指揮同知。母張氏，繼母朱氏。永感下。弟遠。娶楊氏。湖廣鄉試第三十五名，會試第一百三十四名。

汪來　貫直隸天津衛，軍籍，直隸寧國縣人。國子生。治《書經》。字伯陽，行一，年二十七，四月二十一日生。曾祖禮。祖瀛。父宦。母張氏。具慶下。弟耒。娶王氏。順天府鄉試第一百十八名，會試第一百二十七名。

段鍊　貫順天府固安縣，民籍。國子生。治《詩經》。字文純，行一，年三十，十一月十二日生。曾祖紀。祖裕之。父進，訓導。前母王氏，母陶氏。具慶下。兄錦；録；鑢，貢士；鈇。弟鎧、錞。娶王氏。順天府鄉試第六十三名，會試第一百五十一名。

徐貢元　貫直隸太平府繁昌縣，民籍。國子生。治《書經》。字孔賜，行十九，年三十五，閏正月二十四日生。曾祖俊。祖瑞，義官。父昆，訓導。母丁氏。具慶下。弟贊元、賀元、真元、寔元、質元、賢元。娶汪氏。應天府鄉試第一百三名，會試第二百十一名。

馬慎　貫順天府霸州大城縣，民籍。縣學生。治《詩經》。字自脩，行一，年二十六，四月初十日生。曾祖志廣，贈文林郎。祖永，壽官。父齡，知縣。前母孫氏，母郭氏。具慶下。弟恪、惺。娶魏氏。順天府鄉試第四十七名，會試第二百五名。

吳守貞　貫廣東高州府電白縣，軍籍。縣學生。治《詩經》。字定夫，行四，年三十四，十一月初十日生。曾祖政，歲貢生。祖綸，署教諭舉人。父思齊，縣丞。前母劉氏，母陳氏。具慶下。兄守仁、守禮、守忠。弟守謙。娶蕭氏。廣東鄉試第五十一名，會試第一百七十三名。

皇帝制曰：朕惟《六經》之道同歸，而禮樂之用為急，自昔唐虞、三代之治，莫不由斯。夫《六經》所陳，固治天下之大經大法也，而本之則在禮樂。然則政刑末務，果不足以為治歟？抑各適其用而不能相通歟？議者謂"三代而上，治出於一，而禮樂達于天下"，後世則否。然歟？否歟？朕纘承皇祖大統、列聖鴻緒，踐阼以來，不遑他務，首以人倫典禮，是究是圖。蓋勤心宵旰者，十餘年于茲，而郊社禘嘗之義，始克協于成，其在邦國鄉黨之制，不暇悉指。乃若天子之事，固不越此。不知今日國家之禮，亦有合於三代而上者歟？

我太祖高皇帝開天肇紀之初，即以禮樂為急，蓋嘗徵賢分局以講究切劘，今載諸《大明集禮》者可考也。不知當時諸臣折衷損益，果足以會其成，而克副我皇祖制作之意否歟？抑猶有待於後歟？夫復古禮樂以建中和之極，朕之志也，何二十年間，教化未盡孚，風俗未盡美，灾害未盡珍，生養未盡遂，其故何歟？孔子曰："言而履之，禮也；行而樂之，樂也。力此二者，南面而立，是以天下太平。"然則斯言也，將不足徵邪？茲欲使禮、樂、刑、政，四達而不悖，比隆於先王之盛，將何修而可？

尔諸士，學道有聞久矣，宜詳著于篇以對，朕親覽焉。欽哉。

嘉靖二十年三月十五日

臣沈坤

臣對：

臣聞帝王之經世也，有立治之大本，有善治之大法。本者何？天德在我，所以制作之根柢也；法者何？王道四達，所以經綸之顯設也。本之不立，則法不能以自行；法之不善，則本亦有所未盡。推究而言之，本立而法行者有矣，未有無本而善法者也；體具而用周者有矣，未有偏體而無用者也。本立法善，體用備矣，亦未有治功之不成者也。知夫此，則禮樂之務，中和之極，與夫古今之制作、治道之污隆，皆可得而言之矣。自昔帝王立極經世，皆本之躬行心得之餘，措之彌綸參贊之業，是故修于身，齊于家，用之于鄉黨邦國，以大同于天下。蓋不獨當時蒙其至治，而施諸後世，猶足以俟聖人考之而不謬。其不然者，則圖治無本，取給于儀文器數之末，本與法判然二道，此治之所以不古若也。然豈惟無本，且并其法而失之，尚何足以與制作之列乎？恭惟皇帝陛下，合天地陽陰之德，總明聖述作之能，建中和位育之功，撫盈成熙洽之運，制禮作樂，盡善盡美，信乎遠追古帝王之道而無愧，近守我祖宗之法而加隆者也。猶且進臣等于廷，詢以禮樂之務，欲何修以比于先王之盛，此誠陛下望道未見之心也。臣草茅迂賤，何足以識此？雖然，言及之而不言，則謂之隱。況黎獻帝臣，方齒于萬邦之舉，而愚者千慮，或冀于一得之末哉。臣敢不掇拾所聞以對？

　　嘗惟《六經》之道同歸，而禮樂之用爲急。故天高地下，萬物散殊，而禮制行矣；流而不息，合同而化，而樂興焉。先王觀履之象以制禮，是故有取于天澤之分，而截然不易者，其體也觀豫之象以作樂，是故有取于順動之義，而歡欣無間者，其情也。蓋天地示人以和序，聖人因造化以成能，且聖人之所以自淑其身心者，要亦不出于禮樂之外。粵稽諸古，唐虞、三代，若堯、舜、禹、湯、文、武之爲君，既皆以"精一執中"之傳建極于上，而一時輔理承化之臣，又皆夷夔伊傅周召之流典司於下。其在當時，自民生日用之常，以極于際天蟠地之盛，蓋治外無道，道外無治，雖未嘗明言禮樂于天下，而其治化之隆，已四達而不悖矣。宋儒歐陽脩所謂"三代而上，治出於一，而禮樂達于天下"者也。斯時也，以禮樂爲治，即所以爲政，而刑則視爲輔治之法，雖以是爲末務，要非各適其用而不能相通者矣。至於後世，享國之久者莫如漢、唐、宋。夷考其時，雖議禮作樂，後先相聞，而要其制度之所就，則如綿蕝之習、房中之歌、貞觀之儀、《七德》之舞、與夫通禮之名、雅樂之定，紛紛制作，未能悉舉。大率漢高祖、唐太宗、宋藝祖以下諸君，既非有純王之德主之于上，而一時任事之臣，又非皆庶幾禮樂之賢以承之于下，則其治功之所及，要亦止於漢、唐、宋而已耳。歐陽脩所謂"三代而下，治出于二，而禮樂爲虛文"者也。斯時也，政與治既爲二道，則禮樂不過爲觀美之具，而政刑亦從事于苟且之間，豈止于不相爲用而已哉？

　　天啓國朝，我太祖高皇帝用夏變夷，復綱常於淪斁之後；除殘去暴，拯生民于塗炭之中。所謂"以聖人之德,在天子之位",而又當興王之始,三重既備,則制作之任自不容逭。故於洪武初年,天下甫定,雖日不暇給,而必首以禮樂爲重。徵賢分局,講究切劘,方開天肇紀之初,其規模宏遠,已非復漢、唐、宋之草率矣。蓋我太祖以天縱聖神之資,得治躬治心之道,凡履中正而樂和平之實,備載于《聖政記》諸書者,可考而知也。方是時,明良契合,天作之會,夷虁經濟,殆不止于陶凱、牛諒諸臣而已。若今《大明集禮》一書,其旨則斷自宸衷,其成則出于曾魯、徐一夔、董彝、梁寅諸臣之手。其禮之目二十有六,以至于冠服、車輅、儀仗、鹵簿之制;其樂之成有九,以至于黃鍾、太呂、絃歌、干羽之式。禮樂明備,凡以和神人而諧上下者,未必非我太祖制作之意,而在當時諸臣,亦足以爲會其成矣。然以郊社之合祀,并舉于一時;祖廟之烝嘗,未分于特祫。大禘之禮未之蒐講,明堂之議莫有建明。列聖嗣守鴻業以來,率而行之,亦以舉之而莫敢廢,廢之而莫敢舉也。然而創與守之時不同,文與質之尚亦异,況三五之不同沿襲,而善繼善述,惟聖者能之。則今日之禮樂,所以因略致詳,隨時從道者,豈能不有待於皇上也哉?蓋我皇上極建中和,功收位育,同符太祖,遠駕唐虞,德與位之兼隆矣,而又當世運百年之餘,治功有成之日,嗣統更議之始,倫理正名之初,所謂"聖人乘時之會,天下改觀易聽之時"也。

臣在學校,嘗伏讀《明倫大典》,而已知陛下致謹于綱常倫理之間矣。夫禮非聖莫之有作,既作而致其情,則凡其心之所不安者,皆不能以無易也。嗣是而後,每大禮更定,必詔告海內。故天地昔嘗合祀矣,今南北郊之建,圜丘方澤,壇坎攸分,方位之各得其所也;亦嘗并舉于上辛矣,今冬夏二至,根陰根陽,順以逢其吉,時日之必從其類也。國初首建四親廟,既而兩京太廟之制,乃同堂而异室矣。皇上特立太廟,奉享太祖高皇帝,以報開創之功;創建成祖廟,百世不遷,以崇文皇帝守成之德。自仁宣以下,三昭三穆,各專　廟,親盡而遞遷,此即《王制》天子七廟、周加文武二世室之義也。冬夏嘗各祭于列廟矣,今孟春特享,以全群廟之尊;三時祫祭,以洽同祖之禮。季冬大祫,遵太祖當代之制,歲暮節祭,則于奉先殿行之,此即《王制》"天子礿祀、祫禘、祫嘗、祫烝",與夫"三年大祫"之義,而禮益加隆也。大禘嘗闕而不行矣,今追祀德祖之所自出,而以太祖配之,設虛位而奉,既有以陋世系之失真,求在我之誠,尤足以見感通之必有,此即《禮》"不王不禘"之義也。明堂嘗廢而不講矣，今大享上帝于玄極殿，而以睿宗配之，季秋之月，有取于萬寶之告成，嚴父之心，深契乎生物之一本，此即周公"宗祀文王于明堂，以配上帝"之義也。至于配天之大，惟太祖專祀而獨尊；追遠之深，雖德祖始傳而莫與。凡此皆合乎天道，本之人情，妙作述以用中，配古今而獨備。是蓋仁孝之至，通于神明。故制作之隆，真足以善繼述而參天地矣。若夫廟樂之章、佾舞之數、聲容之實、節奏之美，率多出于皇上之所裁定，所謂"天子建中和之極，兼總條貫，金聲而玉振之。"信乎自隆古以至于今，則我國朝固當制作之盛；由祖宗創守以至於今，則我皇上又豈非集眾美之大成者哉？

然禮樂治道，通一無二。我皇上既以禮樂為治，二十年間，宵旰圖惟，亦云至矣！顧于治化之隆，方之古昔，或有不逮，教化之未盡乎，風俗之未盡美，灾害之未盡弭，生養之未盡遂，誠有如聖制所云者。此其故端必有在也，臣敢昧死為陛下言之。孔子曰："言而履之，禮也；行而樂之，樂也。"夫所履所樂，非止于見諸制作，以為經世之具而已，言斯須不可以去身也。《禮》有之曰："君子致禮以治躬"，"致樂以治心。"故斯須不莊不敬，則易慢之心入之矣；斯須不和不樂，則鄙詐之心入之矣。今陛下自起居食息之微，以至于刑賞舉措之大，自深宮獨處之時，以至于大廷朝見之際，果能一一盡出于中正而和平否乎？此臣之愚昧，不識忌諱，願陛下寬其斧鉞之誅，而自省焉。使其盡中正而和平耶，則治化之未隆者不足待也；使萬分之一有未合耶，此固升降污隆之本矣。況今內外大小臣工，未能盡承德意，禮樂之教，發端於朝廷，而莫能宣布于天下。故品節限制之不相逾越，似亦可謂序矣，然驕亢者或至于欺凌，謟求者不謂其辱己；雍容揖讓之不相侵侮，似亦可謂和矣，然利害多出于面從，傾奪不下于讎敵。凡若此者，未必其盡去也。夫以如是諸臣，既不能以禮樂之道自淑其身心，又不能致禮樂之道以事乎君上，此亦教化、風俗、灾害、生養四者之所由致也。陛下誠能因臣之言，赫然奮勵，以正朝廷，以正百官，以正萬民。其出之也，既有本而不窮；其行之也，又有漸而不紊。則太平之效可以立致，而孔子之言豈欺我哉？

然臣又竊有說焉。今天下以禮樂為治，要之雖不能盡合，而亦不至于盡廢。然作興感化之機，實出于學校。而《禮》《樂》二經殘缺已久，昔人謂"其數可陳也，其義難知也"，夫有其數尚不能悉其義，況數與義之俱失也。先儒朱熹嘗欲以《儀禮》爲經，《禮記》爲傳，而《樂經》則有取于蔡元定《律吕新書》，與夫别求聲音以爲譜諜之説。今幸際皇上操制作之權，而二三大臣，豈無可與寄删述之任者乎？誠能頒之學校，聯之師儒，取之科第，需之歲月，肄習既久，必有能者出焉。此亦禮樂之大務也。乃若所以建極之本、致治之機，則惟在我皇上持守此心，内外合一，久暫同歸，中正和樂之日新，而制度文爲之富有，則天德備而王道行，其輔理承化之功，又今日家相之能事耳。

　　草茅之見，迂疏之談，不切實用。然求言之道，願陛下采納而優容之，則愚臣幸甚！天下幸甚！臣干冒天威，無任戰栗隕越之至。

　　臣謹對。

　　臣潘晟
　　臣對：
　　臣聞人君之治天下，必存諸中者有純王之心，而後達諸外者有純王之政。心與政通，而天下之化會于極矣。何謂政？禮樂通于天下，所以立風化之具者也；何謂心？和敬積於中涵，所以立禮樂之本者也。使和敬之極不修于預養，則心有不純，而所以爲制作之周者無其基，則雖禮樂之制，亦徒事爲彌文；而政有不純，所以爲推行之感者亦無其具，體用乖違，心迹馳悖，雖欲致天下於雍熙之化，其可得哉？故人君有志於禮樂者，亦惟致力於涵養，澄清其本源，使敬以直内，和以平中者，一復吾天德之良能，則中心清明而無非僻之擾。然後以是發揮於禮樂，風動乎臣民，禮以導敬，樂以宣和，一本諸吾心之精蕴，則制用有本而自無駁雜之偏。將見大禮一立，而天下之度以軌；大樂一宣，而天下之情以平。内外協一之妙，聖神功用之全，至此極矣，尚何教化風俗之不善，灾害之不去，生養之不遂，有可言者乎？此唐虞、三代，由此其選。迨我皇祖之所以創業，陛下之所以中興，夫豈有二道哉？

　　欽惟陛下以剛健中正之資，懋正大光明之學，觀聖賢之格訓，集帝王之大成，制禮作樂，一本之和敬，以爲天下風。今之臣民，優柔浸漬，諷咏涵濡，忘大化以出入者，二十年于茲矣，豈不盛哉？然猶不自滿假，治不爲治，乃於萬幾之暇，特進臣等於廷，拳拳以禮樂之用未足以盡致天下之化者爲問。此足以見陛下望道未見、求治無已之盛心也。第臣草茅疏愚，不足以仰承休問，然"后克聖臣不命其承"，今臣既親見德化之成，而陛下復命之如此，敢不以平生所學者祇若于萬一乎？

臣聞之《經》曰："天高地下，萬物散殊而禮制行矣；流而不息，合同而化而樂興焉。"是禮樂之原，出諸天地者也。又曰："欣喜歡愛，樂之官也；恭敬莊順，禮之制也。"是禮樂之作，本於吾心者也。又曰："大禮必簡，大樂必易，禮至則無怨，樂至則不爭，揖讓而治天下者，禮樂之謂也。"是禮樂之用，通于天下者也。故《六經》之道，雖帝王治天下之大經大法，而其用之最急，本之所先，尤有在于禮樂者，誠如聖制之所言矣。然必原諸天地，本諸吾心，于是而通之天下，則無體之禮、無聲之樂，原於天理之精微，本諸吾心之性命，初非聲容器數之可拘者已。先得于我，是吾心之純，固已備天下之禮樂也。由是以序天下，即吾心之序，推之而制爲不易之禮，則群物知所以自別，軌于度而不能違；由是以和天下，即吾心之和，推之而制爲由衷之樂，則百物知所以自化，協于和而不能拂，非有所牽制強假於其間也。至德淵微之妙，一理感通之機，吾以出諸性情者爲感天下，豈有外於性情而得之也哉？故雖不齊以政，而天下自無不正；不糾以刑，而天下自不犯于刑。又何必區區於品節制度之間，流宥刑辟之末，乃能置天下以同序同和之治乎？不然，"聲色之於化民"，孔子何鄙之爲末務？"不賞而民勸，不怒而民威於鈇鉞"，子思何必要於篤恭之盛乎？此禮樂所以爲出治之本，而心之和敬，則又禮樂之本也。嘗觀古之帝王矣，典禮之惇，《咸》《韶》之作，堯舜嘗以風乎唐虞矣。而民之昭明協和者，率本其"精一執中"之旨，"正德修己"之訓。《大夏》《大濩》之興，禹湯嘗以振于夏商矣。而民之修和輯寧者，一本其祇德綏猷之精，以至彞倫之叙。《大武》之作，文武之重光相繼者，亦以風乎周室矣。而民之時叙修和者，一出其徽柔懿恭，皇建有極之妙。蓋其和敬充積之餘，既有純王之心；而禮樂四達之用，又有純王之政。故其致教化之善，大風俗之同，九年七年之災，不爲盛治之累，而引養引恬之樂，自致兆民之阜成也，有由然矣。

夫何三代以降，大道斯湮，叔孫綿蕞之儀，武帝宗廟之樂，漢若具其文矣，而嫚罵多慾，則非積德之基。房玄齡貞觀之禮，祖孝孫雅樂之定，唐若有其儀矣，而慚德敗倫，則非制用之本。至于宋室之興，立國雖云仁厚，授禪亦非光明，則禮雖定於聶、陳，樂雖制於王、竇，要不過儀文器數之末而已矣，尚何望其秩天下以大序，樂天下於太和，而使教化風俗之盡美，災祥之盡去，生養之盡遂哉？亦可慨也已！故歐陽脩曰："三代而上，治出于一，而禮樂達于天下；三代而下，政出于二，而禮樂爲虛名。"朱熹稱其爲"萬世不易之定論"，豈不信哉？

洪惟我太祖高皇帝，龍飛淮甸，汛掃胡元，舉衣冠於羶羯，振綱常於淪斁。登極肇政之初，他務未恤，而獨以禮樂爲急，大徵天下名儒，如曾魯、徐一夔、董彝、梁寅之徒，以分麗諸局，講究討論，損益裁定。禮觀會通之繁，而其數則有常，吉禮十有四，凶禮二，軍禮三，賓禮二，嘉禮五是也。樂求聲氣之元，而其章則有九，曰本太初、仰大明、民初生、品物亨、御六龍、泰階平、君德成、聖道成、樂清寧是也。其他儀文器數，周旋曲折，載諸《大明集禮》者，已不假臣言而具昭矣。然其所以能於大亂之後，不二十年，而遂使教化孚於海隅，風俗還於淳厚，災害消於無虞，生養成於有象者，其故何哉？蓋由我皇祖遠通天地之蘊，深知禮樂之源，有以啓之耳。臣伏觀講《易·家人》，而知誠實威嚴之不可廢，則其致禮以治躬者，已與天地同其序；《祖訓》一書，而叙君臣同游之盛，則其致樂以治心者，已與天地同其和。其他如觀心之亭、《精誠》之錄、《存心》《省躬》之戒、"導敬""宣和"之諭，雖難概舉，要不外吾心之和敬以宣之也。此其所以致治之美，繼唐虞、三代，而陋漢、唐、宋於不居也歟？然而時方草創，經綸間有未及；勢值初平，制作或有未周。而一時贊襄禮樂諸臣，如天地禘嘗之典、祧廟世室之儀、明堂大饗之禮，亦未能盡承我聖祖仁孝之心，以悉復古制。逮我列聖繼統，率由舊章，治化之隆，磅礴無間，而禮樂之事，謙讓未遑，則丕弘大典，善揚聖謨，以成一代大成之禮樂，誠不能不有待於今日者矣。

洪惟陛下具天縱之資，建中和之極。《敬一》有箴，得帝王傳心之秘；五箴有註，發孔顏授受之機。《欽天記頌》，聖敬與天地合一；《春游咏詩》，聖和與萬物同春。則所以紹徽皇祖、以浚禮樂之源者，來已遠矣。乃新制作，大觀厥成，獨明宸斷，旁采嘉猷，象天地之宜，則陰陽之義，酌古今之變，察民物之道，殫仁孝之心，兼帝王之制。即位之初，首制《明倫大典》一書，正名考義，式定經常，真足以折千古似是之非，而伸聖人之孝於不窮矣。以至諸禮未盡復古者，悉加刪定而釐正之。天地昔嘗合祀，而屋之以大祀殿矣，今則分祀于南北郊，則天明地察之義也。行禮以二至日，則根陰根陽之意也；配享以太祖高皇帝，則獨全開創之尊也。廟祭昔嘗止于四親，而不及其所出矣，今大禘之舉，則追祀德祖之所自出，而以太祖配之，亦《禮》"不王不禘"之義也。祫祭之行，則孟春特饗，三時祫饗，季冬大祫於太廟，歲暮節祭於奉先殿，則《春秋》"薦祭"之義也。世廟止，行四孟禮，歲暮歸祭于崇先殿，則"無豐於昵"之意也。建廟則厭同堂之瀆，去設幄之制，太祖獨立太廟，正南向之尊，太宗爲成祖廟，御三昭之上，仁宣以下六主，又各以其本名額之，則周七廟加文、武世室之制也。明堂嘗缺于親親矣，今當季秋之時，萬寶告成，大饗上帝於玄極殿，而以獻皇帝配之，則"宗祀文王于明堂以配上帝"之義也。他如社稷訂配饗之非，先師正像祀之謬，以及廟樂之定，樂章之陳，樂器樂舞之設，靡不損益三代、折中《周官》而定之，以大成一代之典。其倫與制、其情與文，雖未必與古纚合絲同，而仁人饗帝，孝子饗親之至誠，真足以考三王而不謬，俟後聖而不惑者也。豈非所以善繼皇祖欲爲之志，善述皇祖未成之事，而加以因時變遷之宜、與世推移之妙哉？天下臣民，樂聖人之有作，睹禮樂之大成，鼓舞作興，蓋已不待刑政之驅馳。而會歸于典禮，不敢越度以自敗；樂化於和平，而不敢縱欲以傷生。宜可以爲中興之慶矣。

而陛下乃曰："復古禮樂以建中和之極，朕之志也，何二十年間，教化未盡乎，風俗未盡美，災害未盡珍，生養未盡遂？其故何與？"此固陛下謙冲之志也。然臣伏觀天下事勢，亦未敢盡以爲不然者。蓋大化雖已行，而江洋兆無故之變，蠻貊動不庭之征者，未必盡其善良也；風俗雖大同，而士民縱流蕩之趨，中外競奢麗之尚者，未必盡其儉飭也。災害雖天心所以仁愛，而頻年風霾之迭見，水旱之繼仍，終非善政之感也；生養雖王政得以安遂，而窮民苦於征役，富室困於貪漁，要皆惠德之虧也。是四者之未盡，陛下因之以自歉。臣不佞謂，陛下雖居九重之邃，而明見萬里之外，有如是也。雖或百姓之愚，未必由通於孝悌，而日用之知，故無以與能於禮樂，有以致之耳。臣切意帝舜之聖，猶化苗於旋師之後；而三宗之德，乃訟惡於迪哲之餘。或者陛下盛德雖云無瑕，中和雖建有極，而心神感運之下，猶未盡入於淵微之域，而綏來動和之妙，乃未得於和敬之薰蒸。此四者之累，所以不能不廑陛下之憂也。而復求禮、樂、刑、政四達不悖之道，以比隆于先王之盛，臣非有知者，而何以對揚乎？然亦有說焉。

臣聞天下之道無間於隱微，而人君之德常存於戒懼。苟執禮者矜持于儀文制度之間，而宴閑之或褻，則即此空隙之中，而慢易之心已入，雖欲責天下以同禮，其如中心之不敬何哉？治樂者矯飾於聲音蹈舞之際，而侈欲之或恣，則即此淫放之內，而鄙詐之念已萌，雖欲強天下以同樂，其如中心之不和何哉？此其為功愈難，而致效亦愈遠也。臣伏願陛下，致禮以治躬，不惟宗廟朝廷，雖深宮內寢、侍御僕從，亦必如大祭之承、大賓之接，而不敢有一息之懈以肆於內；致樂以治心，不惟聲依律和，雖一事一物、一言一動，亦必如大羹之調、大鼎之烹，而不敢有一毫之過以流於淫。則功深於顧諟，力積於潛微，陛下所以行於郊社禘嘗者，不徒蒼璧黃琮之陳，而仁人誠敬之心，自可以通徹於天下；不惟秉璧植圭之具，而孝子信慤之念，自可以感動於萬方。故雖不必道之以政，齊之以刑，而君臣篤於義，父子厚於親，長幼明於序，內外嚴於別，天下之會歸於禮者，固不戒而孚之矣。暴民不作，諸侯賓服，兵革不試，五刑不用，百姓無怨，而天下之和平于樂者，自不行而至之矣。如此，則教化不必推，而道德自是丕冒也；風俗不必同，而廉恥自是其重也；災害不必消，而大和已積，自致禎祥之兆；生養不求遂，而居業有常，自享利樂之成。孔子所謂："言而履之，禮也；行而樂之，樂也。力此二者，南面而立，是以天下太平"，不於是而益可信耶？

雖然，其要猶有不在於是也。臣聞程頤曰："明君以務學為急，聖學以正心為要。"真德秀曰："惟敬可以存此心，惟學可以養此心，惟親近賢人君子可以維持此心。"即二言觀之，人君進德修業，尤莫有過於學者矣。苟有和敬之心而無學問之力，臣恐不淪於虛無而無實用之妙，則涉於利欲而多賤賊之非，日轉月移之間，其有存焉者亦寡矣。陛下誠欲和敬之心常存無斁，則必於萬幾之暇，爰稽古典，以求二帝三王所以傳心之要道，親賢人，厚君子，以為學問自修之培植。經筵御講，必求其明善誠身之要，而不徒于文章句誦之煩；諫臺受言，必取其涵養身心之助，而不徒于用人行政之末。則出諸人者，實所以裕於己；而受諸己者，皆所以自養其學也。他如師巫足以淫此學者，辨之而不信；土木足以荒此學者，阻之而不興；聲色足以蕩此學者，屏之而不邇；貨利足以卑此學者，賤之而不殖。則外物之干不擾，而純王之心自在，豈不足以常存和敬，出純王之政，而為鼓舞天下之機哉？伊尹之告太甲曰："德無常師主善為師。"正取人為學之要也。傅說之告高宗曰："念終始典于學，厥德修罔覺。"正恒以敏學之功也。

臣草茅愚士，雖不敢上擬伊傅，而平生致君之心，亦自知以二臣爲慕也。故篇終敢附二臣之言，以爲陛下盛德加勉之少助焉。伏惟陛下矜其愚，不錄其罪，擇之千慮，而取其一得，則天下幸甚！愚臣幸甚！臣干瀆天威，不勝恐懼隕越之至。

臣謹對。

臣林一鳳

臣對：

臣聞人君有純天之心者，而後可以語憲天之道；有憲天之道者，而後可以語格天之功。心者，治之本也；道者，治之迹也。道本乎心，則動之有幾，作之有自，由是而一則天，天則神；治本於道，則推無不準，動無不化，由是而明則章，章則溥。故曰："天下之治本于道，天下之道本于心"。否則，有其心而不能達于道者，是謂徒善，徒善不足以爲政；竊夫道而不純于心者，是謂徒法，徒法不能以自行。要之，功皆小補，而能有成夫格天之治者，臣未之前聞也。是故中和也者，純天之心也；禮樂也者，憲天之道也；化行俗美、政治民安者，格天之功也。此固堯舜禹湯文武聖人之能事，而我國家之所以比隆唐虞、三代者，率惟此道而已。彼三代而下之君，果有一於是乎？

欽惟皇帝陛下，禀神聖資，際文明之運，有內聖外王之學，有通變宜民之政，居仁秉智而兼體不遺，思艱圖易而憂勤靡懈，篤於欽天法祖，誠於尚德緩刑。自即位以来，凡六策士于兹。首之以因革之宜，則通變宜民之政也。繼之以王伯之辨，則內聖外王之學也。次三則有知人、安民之詢，是欲兼體夫仁智矣。次四則有足民衣食之問，是欲思艱而圖易矣。次五曰創守匹休，則敬天法。祖之意昭矣。次六曰仁義并用，則尚德緩刑之情見矣。乃今二十年于兹，中和建極，禮樂明備，化行而俗美，政义而民安，雖唐虞、三代之世不能過矣。方且謙冲自居，望道未見，復進臣等於廷，降賜清問，而及禮樂之事。顧臣草莽疏賤，豈能達禮樂之本，識禮樂之情者？然竊願學焉而未能也，敢不掇拾所聞，以對揚休命之萬一乎？

臣聞天高地下，萬物散殊，而禮興矣；流而不息，合同而化，而樂行焉。是禮非無因而强作也，法天地自然之序爲之也；樂非作而致其情也，法天地自然之和爲之也。稽諸古昔，唐虞命伯夷典禮，命后夔典樂，而黎民於變，四方風動之化成。夏、商、周有典有則，經禮、曲禮之制，《大夏》《大濩》《大武》之作，而兆民阜成，四海永清之治致。然要之，此其經綸之迹耳，而制作之本，固有在也。是故堯之"峻德"，舜之"重華"，禹、湯之"建中建極"，文、武之"敬止敬勝"，其中和之本已具矣。則夫出於朝廷而行於郊廟，用之鄉人而達於邦國，後有作者，斯其不可及乎！故歐陽脩曰："三代而上，治出于一，而禮樂達于天下。"此也。厥後叔孫綿蕞之儀，開元、慶曆之制，後世之所謂禮也，而君子非之；安世房中之歌，七德廟中之舞，後世之所謂樂也，而識者鄙之。然要之，竊其聲容之末耳，而制作之本，固未聞也。是故馬上之習未去，而擊劍之風尚存，閨中之德以慚，而舞干之儀何在？其中和之極已亡矣，則其著于籩豆簠簋，與夫升降揖遜；形于干戚羽旄，與夫清濁長短者，末節可觀，亦奚足貴哉？故歐陽脩曰："三代而下，治出于二，而禮樂徒爲虛文。"此也。蓋禮樂者，爲治之道也，而《六經》所陳，亦不能外此以爲之用。如《書》之命夷命虁，《易》之定志殷薦，《春秋》之兩觀六羽，何者而不相通于道耶？然則《漢史》所謂"《六經》之道同歸，而禮樂之用爲急"者，義固有所偏也。禮樂者，爲治之本也，而政刑所在，亦惟輔其治之所不及，如唐虞士師之官，商人官刑之徵，成周司寇之屬，是豈盛世之所偏廢哉？然則聖制所謂"政刑末務，果不足以爲治"者，意固有所在也。

　　洪惟太祖高皇帝，獨稟全智，超越千古，明華夏于既污，復衣冠于左衽。乃于開天肇紀之初，即以禮樂爲急，徵賢分局，講究切劘，爰命牛諒制禮，而大禮以定。其載諸《集禮》者，則吉禮十有四，曰祭天地社稷也，山川城隍也，日月風雲雷雨也，嶽鎮海瀆也，先聖先師祀典神祇也。嘉禮五，曰朝會册拜也，曰冠昏鄉飲也。賓禮二，曰朝貢也，遣使也。軍禮三，曰親征也，遣將大將也。凶禮二，曰吊賻喪儀也。他如冠服車輅、儀仗鹵簿，莫不秩有定制。順于鬼神，合于人心，至精而至密，所以教天下之敬者，何至也。又命陶凱制樂，而大樂以成。其載諸《集禮》者，則有曰本太初、曰仰大明、曰民初生、曰品物亨、曰御六龍、曰泰階平、曰君德成、曰聖道成、曰樂清寧。他如黃鐘大呂、管籥干羽，莫不雅有定式，以和神人，以諧上下，盡善而盡美，所以宣天下之和者，何至也。是以禮讓之美達于黎庶，絃歌之聲徹于閭閻，而禮樂教化，信乎蔚然于安居樂業之中矣。但聖人有作，固皆出于不思不勉之德；而天造草昧，或猶歉于可久可大之規。是以道不虚行，而事必有待也。

肆我皇上纘承大統，仁孝之德本乎天縱，聖敬之學由于日躋。踐祚以來，不遑他務，首以人倫典禮是圖。是故明大倫之典，則父子之位定，而繼統繼嗣之義昭，一本之親，天性之不可解也；闡分祀之禮，則天地之分嚴，而圜丘方澤之位，奠二至之候，陰陽之以其時也。《王制》："天子七廟，至周而有文武世室之創。"我國家太廟之立，嘗襲同堂异室之制矣。今則尊太祖于南向，專享特廟，以祖開國肇基之功；崇太宗爲成祖，百世不遷，以宗繼體守文之德。昭穆以下，各專一廟，而親盡遞毁之！所以立廟制之典何如也？《王制》："天子祫牷祫禘祫嘗祫烝，至三年而有大祫之禮。"我國家列廟之祀，嘗爲冬夏各祭之舉矣。今則孟春特享，以示群廟之常尊；三時祫祭，以溯本源之有自。歲暮時祭，仍于奉先殿行之。所以隆祀事之典何如也？大禘之禮闕而不行者，非一日矣。今追祀德祖之所自出，而以太祖配之，虚位之設，真足以洗世系之誣，而如在之誠，感通之妙，即《禮》"不王不禘"之義也。明堂之制廢而不講者，亦有年矣。今大享上帝于玄極殿，而以睿宗配之，季秋之月，固有以報成事之休，而萬物本乎天，人本乎祖，即周人"宗祀文王于明堂，以配上帝"之義也。凡若此者，奉天道以周旋，本人情而因革，以昭百世不刊之典，以破千古不决之疑，以立百王不易之法，真足以比隆唐虞、三代，而仰成我皇祖未成之典，所謂善繼其志而善述其事者也。若猶未也，他如肇親蠶之典，以開民衣食之原；隆先師之號，以去彼袞冕之侈。與夫大狩有録，冠服有圖，何莫而非禮之散見也？禮之所至，則樂亦至焉矣。春游有咏，以紀君臣之同游；欽天有頌，以儼上帝之臨女。與夫除夕之作、平臺之詩，何莫而非樂之敷陳也？樂之所極，則禮亦極焉矣。然則歷代之禮樂，固未有如我朝之盛；而我朝之禮樂，亦未有如今日之尤盛者也。則夫仁讓之風，淪肌而浹髓；中和之效，際天而蟠地，豈非勢之所必至哉？

而陛下則慮夫教化未盡乎，風俗未盡美，灾害未盡珍，生養未盡遂，是誠治已至而猶以爲未至，民已安而猶以爲未安也。臣則以爲，禮樂也者，所以同民心而出治道者也，所以位天地而育萬物者也。禮樂行，則化孚俗美，政治民安，固其所也。而或有不然者，是非可以徒歸咎諸禮樂也。意者爲治之道，固自有出於禮樂之外者矣。何也？致格天之功者固難，而尤難於有憲天之道；盡憲天之道者固難，而尤莫難於有純天之心。蓋非制禮作樂，固不足以爲憲天；而非建中和之極者，亦未可輕以語夫純天也。心者，中和之極也。中和也者，無體之禮，無聲之樂也。至禮不讓，而天下治矣；至樂無聲，而天下和矣。此唐虞、三代所以爲治之極也。今陛下以純天之心，盡憲天之道，方且以未臻格天之功爲憂，故於聖制之末，復進臣等于有言，以爲何修而可以比隆于先王之盛。則臣愚以爲，天下之治，常患乎君臣相遇之難。故有是君而不得名世之佐，則輔之者無其人；有是臣而不遇王者之興，則主之者無其人。是以漢之賈誼有志于禮樂，而文帝謙讓未遑；唐之太宗嘗詢乎禮儀，而房、杜噤不能對，良可慨也！今幸遇聖天子在上，賢公卿在下，君臣相遇，于斯爲盛。此正王者必世后仁，禮樂百年可興之期也。臣敢不罄言，以爲聖化萬分之一助乎？

蓋人君之所貴者，莫貴乎以禮樂爲實用也；人君之所病者，莫病乎以禮樂爲虛文也。何爲實用？本諸心以形諸其身，始于宮闈以達諸朝廷，由乎畿甸以風乎天下者也。何謂虛文？煩于治臣下而簡于人主之一身，遍于四境而不及乎其家，鋪張乎粉飾太平之具，而濶略于禮讓爲國之實者也。故曰："簠簋俎豆，制度文章，禮之器也；升降上下，周旋襲裼，禮之文也。鐘鼓管磬羽籥干戚，樂之器也；屈伸俯仰、綴兆疾徐，樂之文也。"又曰："中正無邪，禮之質也；莊敬恭順，禮之則也。論倫無患，樂之情也；欣喜歡愛，樂之官也。"蓋禮樂之實，不外乎中和之極；中和之極，不外乎性情之德；而性情之德，不外乎主靜慎獨之功。故深宮大庭，俱爲一體，旦晝夜氣，初無二機。誠能自戒懼而約之，以至于至靜之地，無少偏倚，而其守不失，則爲有以致其中矣；自謹獨而精之，以至于應物之處，無少差謬，而無適不然，則爲有以致其和矣。乃若土木之事、神仙之技、甲兵之釁，必絕而去之，懼其有以戾吾之中也；世俗之樂、鄭衛之音、萋菲之言，必放而遠之，懼其有以乖吾之和也。由是吾之心正，而天地之心亦正；吾之氣順，而天地之氣亦順。雖未施敬于民，而民莫不敬焉，況夫禮以齊之乎？雖未導和于民，而民莫不和焉，況夫樂以宣之乎？由是而教化以孚，人人有君子之行矣；風俗以美，比屋有可封之俗矣；灾害以殄，而雨暘之以時；生養以遂，而禍亂之不作。又由是而天地忻合，陰陽相得，山出器車，河出馬圖，草木繁殖，蟄蟲昭蘇，與夫諸福之祥，四靈之物，莫不畢至。是謂大順大化，治之至也。此聖神功化之極，正陛下之能事也。苟或中和之效，猶未能如先王之盛，則愚臣之言，或亦未可以菲菲而遽弃也。

臣狂瞽之見，干冒天威，無任恐懼隕越之至。

臣謹對。

嘉靖二十三年進士登科錄

玉音

嘉靖二十三年三月初九日，禮部尚書兼翰林院學士臣張璧等於奉天門奏爲科舉事：會試天下舉人，取中三百二十名。本年三月十五日，殿試，合擬讀卷官及執事等官少保兼太子太保、禮部尚書、武英殿大學士嚴嵩等六十三員。其進士出身等第，恭依太祖高皇帝欽定資格：第一甲例取三名，第一名從六品，第二、第三名正七品，賜進士及第；第二甲從七品，賜進士出身；第三甲正八品，賜同進士出身。奉聖旨："是。欽此。"

讀卷官

光禄大夫、柱國、少保兼太子太保、禮部尚書、武英殿大學士嚴嵩，乙丑進士。

光禄大夫、柱國、少保兼太子太保、吏部尚書許讚，丙辰進士。

榮禄大夫、太子太保、兵部尚書毛伯温，戊辰進士。

户部尚書王杲，甲戌進士。

掌詹事府事、禮部尚書兼翰林院學士費寀，辛未進士。

資政大夫、兵部尚書兼都察院右都御史、掌管院事熊浹，甲戌進士。

資德大夫、正治上卿、刑部尚書聞淵，乙丑進士。

資德大夫、正治上卿、太子少保、工部尚書甘爲霖，癸未進士。

資善大夫、通政使司掌司事、工部尚書鄭紳，甲戌進士。

大理寺掌管寺事、都察院右都御史戴金，甲戌進士。

提調官

資政大夫、禮部尚書兼翰林院學士張璧，辛未進士。

通議大夫、禮部左侍郎兼詹事府少詹事、翰林院侍讀學士孫承恩，辛未進士。

通議大夫、禮部右侍郎許成名，辛未進士。

監試官

文林郎、陝西道監察御史閻鄰，己丑進士。

文林郎、貴州道監察御史周亮，壬辰進士。

受卷官

奉議大夫、右春坊右庶子兼翰林院侍講楊維傑，丙戌進士。

文林郎、吏科都給事中盧勳，壬辰進士。

承事郎、禮科都給事中周采，壬辰進士。

彌封官

中大夫、光禄寺卿王禎，丙戌進士。

通議大夫、太常寺卿兼司經局正字周令，秀才。

嘉議大夫、太常寺卿兼司經局正字張電，儒士。

嘉議大夫、太常寺卿張文憲，癸未進士。

嘉議大夫、尚寶司掌司事、太常寺卿劉臬，生員。

中憲大夫、鴻臚寺卿陳璋，禮生。

奉議大夫、光禄寺少卿曹梁，儒士。

奉議大夫、尚寶司少卿嚴世蕃，官生。

奉訓大夫、尚寶司少卿談相，儒士。

左春坊左司直郎兼翰林院檢討、承德郎謝少南，壬辰進士。

承德郎、尚寶司司丞兼翰林院五經博士聞愚行，戊戌進士。

翰林院編修、文林郎康大和，乙未進士。

翰林院檢討、徵仕郎黃廷用，乙未進士。

承事郎、兵科都給事中戴夢桂，乙未進士。

刑科都給事中王夢弼，乙未進士。

承德郎、禮部儀制清吏司主事高尚志，壬辰進士。

翰林院掌典籍事、徵仕郎、中書舍人劉鎧，監生。

掌卷官

翰林院編修、文林郎李璣，乙未進士。

翰林院編修、文林郎敖銑，乙未進士。

翰林院編修、文林郎王立道，乙未進士。

承事郎、工科都給事中張堯年，乙未進士。

從仕郎、戶科給事中鮑道明，戊戌進士。

巡綽官

特進光祿大夫、錦衣衛掌衛事、後軍都督府右都督陳寅。

榮祿大夫、錦衣衛管衛事、後軍都督府都督僉事張錡。

驃騎將軍、錦衣衛都指揮使袁夫章。

鎮國將軍、錦衣衛都指揮同知高恕。

昭毅將軍、錦衣衛都指揮僉事趙俊。

昭勇將軍、錦衣衛指揮使陸炳。

懷遠將軍、錦衣衛指揮同知鄭璽。

明威將軍、錦衣衛指揮僉事劉鯨。

明威將軍、錦衣衛指揮僉事張爵。

明威將軍、錦衣衛指揮僉事杜承宗。

懷遠將軍、金吾前衛指揮同知張光祚。

昭勇將軍、金吾後衛指揮使賈澄。

印卷官

奉議大夫、禮部儀制清吏司郎中汪集，乙未進士。

承德郎、禮部儀制清吏司署員外郎事、主事張鈇，己丑進士。

禮部儀制清吏司主事萬士和，辛丑進士。

禮部儀制清吏司主事袁袠，戊戌進士。

供給官

奉政大夫、光祿寺少卿高澄，己丑進士。

奉政大夫、光祿寺少卿李錞，癸未進士。

承德郎、光祿寺寺丞竇一桂，丙戌進士。

將仕佐郎、禮部司務井震，乙酉貢士。

登仕郎、禮部精膳清吏司署郎中事、司務胡東魯，癸酉貢士。

承德郎、禮部精膳清吏司署員外郎事、主事王健，戊戌進士。

承德郎、禮部精膳清吏司主事高簡，己丑進士。

恩榮次第

嘉靖二十三年三月十五日，早，諸貢士赴內府殿試。上御奉天殿，親賜策問。

三月十九日，早，文武百官朝服侍班。是日，錦衣衛設鹵簿于丹陛丹墀内。上御奉天殿，鴻臚寺官傳制唱名，禮部官捧黄榜，鼓樂導引出長安左門外，張掛畢，順天府官用傘蓋儀從送狀元歸第。

　　四月初二日，賜宴於禮部，宴畢赴鴻臚寺習儀。

　　四月初五日，賜狀元朝服冠帶及進士寶鈔。

　　四月初六日，狀元率諸進士上表謝恩。

　　四月初七日，狀元率諸進士詣先師孔子廟行釋菜禮。禮部奏請命工部於國子監立石題名。

第一甲三名　賜進士及第

　　秦鳴雷　貫浙江台州府臨海縣，軍籍。府學增廣生。治《春秋》。字子豫，行四，年二十七，二月初二日生。曾祖宗傅。祖彦彬，封行人司司副，贈刑部郎中。父文，布政司左參政。母姚氏，封宜人；繼母楊氏。慈侍下。兄鳴春，貢士；鳴夏，右春坊右中允兼翰林院修撰；鳴秋。弟鳴冬。娶趙氏。浙江鄉試第八十名，會試第一百七名。

　　瞿景淳　貫直隸蘇州府常熟縣，匠籍。縣學生。治《詩經》。字師道，行一，年三十八，五月二十七日生。曾祖欽。祖珊。父國賢。母秦氏。慈侍下。娶李氏。應天府鄉試第十六名，會試第一名。

　　吳情　貫直隸常州府無錫縣，軍籍。國子生。治《詩經》。字以中，行一，年四十一，正月十二日生。曾祖貫。祖程。父亨。母徐氏。重慶下。弟懷、惺、恒、忱、惇。娶楊氏，繼娶戴氏。應天府鄉試第十二名，會試第七十三名。

第二甲九十三名　賜進士出身

　　涂鉉　貫江西南昌府豐城縣，軍籍。國子生。治《詩經》。字廷舉，行八，年三十五，八月初三日生。曾祖具鑑。祖質循。父朝寧。母熊氏。嚴侍下。娶左氏。江西鄉試第四十四名，會試第四十二名。

　　熊達　貫江西臨江府清江縣，民籍。國子生。治《詩經》。字于漸，行五，年三十四，十月二十日生。曾祖可昂。祖春和。父愛。母彭氏。具慶下。兄運、逢。弟造。娶楊氏。江西鄉試第十八名，會試第一百九十五名。

戴完　貫直隸安慶府桐城縣，民籍。縣學生。治《書經》。字仲修，行五，年二十六，二月二十七日生。曾祖冕，歲貢、監生。祖寶。父儒，義官。母劉氏，繼母余氏。具慶下。兄元、充。弟克、覺。娶尹氏，繼娶方氏。應天府鄉試第九十一名，會試第二百四十五名。

林洙　貫山東登州府寧海州文登縣，民籍。縣學生。治《詩經》。字孔源，行一，年三十一，十月二十日生。曾祖俊。祖忠。父用，省祭官。母姜氏，繼母姜氏。永感下。娶張氏。山東鄉試第五十九名，會試第一百九十名。

劉慭　貫江西吉安府萬安縣，民籍。國子生。治《易經》。字致卿，行二，年三十七，六月初十日生。曾祖廣衡，資善大夫、刑部尚書。祖喬，左布政使，贈階通議大夫。父玉，前通議大夫、刑部左侍郎。前母蕭氏，贈淑人；母王氏，封淑人。慈侍下。兄憝，都察院司務。弟慾，官生。娶曾氏。江西鄉試第十九名，會試第一百二名。

蔣賓　貫浙江台州府臨海縣，匠籍。縣學生。治《春秋》。字汝觀，行一，年三十三，十月二十二日生。曾祖倫。祖瑛。父儀。前母彭氏，母楊氏。嚴侍下。弟宣、宏。娶侯氏，繼娶謝氏。浙江鄉試第五十九名，會試第二百四十六名。

章士元　貫直隸蘇州府崑山縣，民籍，吳縣人。國子生。治《詩經》。字伯允，行一，年三十二，四月十一日生。曾祖鏞。祖澤。父杲。母屠氏。具慶下。弟炳、士龍、燦。娶金氏。應天府鄉試第一百十名，會試第十三名。

李懿　貫直隸河間府景州吳橋縣，民籍。國子生。治《詩經》。字美卿，行二十九，年二十九，四月二十八日生。曾祖興。祖旻，壽官。父順，壽官。母于氏。具慶下。兄時，省祭官；尚綱；尚仁，俱歲貢生；桐，貢士；棟，監生；文學；文舉。娶梁氏。順天府鄉試第七十二名，會試第一百五十二名。

周士佐　貫浙江紹興府餘姚縣，民籍。國子生。治《書經》。字汝良，行二十八，年三十，正月十二日生。曾祖鼎，長史。祖武。父訓。母李氏。具慶下。弟士佑、士僑、士倫。娶王氏。浙江鄉試第九十名，會試第三名。

劉松　貫江西臨江府新喻縣，匠籍。縣學生。治《詩經》。字汝貞，行七，年二十九，三月初六日生。曾祖蕭。祖進。父濬，壽官。母習氏。具慶下。兄檜。娶傅氏，繼娶章氏。江西鄉試第十八名，會試第十八名。

王之臣　貫直隸徽州府歙縣，民籍。國子生。治《詩經》。字惟忠，行三，年三十五，七月十五日生。曾祖喚。祖福宗。父尚。母方氏。具慶下。兄伯壽。弟之子。娶汪氏。應天府鄉試第六十名，會試第一百六十名。

陳天祐　貫山西澤州，民籍。國子生。治《詩經》。字謙甫，行二，年三十六，正月初九日生。曾祖林。祖秀，典史。父珏，典史。母裴氏。慈侍下。兄仁、儒、偉。弟俊、僑、傑、修、信。娶張氏。山西鄉試第十一名，會試第一百十六名。

許應亨　貫浙江杭州府錢塘縣，民籍，順天府東安縣人。縣學增廣生。治《易經》。字子嘉，行九，年三十，九月十七日生。曾祖九臬。祖紳。父黿年，贈奉直大夫、工部員外郎。母陳氏，封太宜人。慈侍下。兄應爵；應元，工部虞衡司郎中；奎龍宿禄熊期。弟德台衡嶽薦其庚山科參。娶張氏。順天府鄉試第九十九名，會試第一百四十三名。

謝彬　貫福建漳州府龍溪縣，民籍。府學附學生。治《易經》。字文華，行一，年三十一，十二月十一日生。曾祖興邦。祖崇顯。父正雄。母林氏。慈侍下。弟彭、彩、彥。娶方氏。福建鄉試第九十名，會試第二百一十一名。

許用中　貫山東兗州府東平州東阿縣，軍籍。縣學增廣生。治《書經》。字子執，行一，年二十八，十一月初九日生。曾祖純。祖汝聰，監生。父東陽。嫡母周氏，繼母孔氏，生母王氏。慈侍下。弟黃中。娶楊氏。山東鄉試第七十三名，會試第四十一名。

阮鶚　貫直隸安慶府桐城縣，民籍。國子生。治《易經》。字應薦，行六，年三十四，十月二十四日生。曾祖永誠。祖遑。父廷瓉，壽官。母吳氏，生母童氏。永感下。兄鵬，監生。娶張氏，繼娶程氏。應天府鄉試第四十八名，會試第一百九十九名。

陳皋謨　貫直隸常州府江陰縣，民籍。縣學增廣生。治《易經》。字思贊，行一，年四十，十二月二十六日生。曾祖至中，七品散官。祖慶，七品散官。父魯。母盛氏。慈侍下。弟益謨。娶華氏。應天府鄉試第一百十七名，會試第一百六十九名。

雷夢麟　貫江西南昌府進賢縣，民籍。縣學附學生。治《書經》。字伯仁，行二，年三十一，十月初十日生。曾祖仲迅。祖宣。父倫。母朱氏。具慶下。弟夢熊、夢龍、夢鸞。娶萬氏。江西鄉試第六十二名，會試第二十四名。

汪垍　貫直隸徽州府休寧縣，軍籍。國子生。治《書經》。字仲弘，行二，年三十四，正月初七日生。曾祖武貴。祖齊。父昱，訓導。前母吳氏，母戴氏。重慶下。兄培。弟埔。娶王氏。繼娶張氏。應天府鄉試第九十二名，會試第一百三十七名。

吳桂芳　貫江西南昌府新建縣，軍籍。縣學生。治《詩經》。字子實，行一，年二十四，九月初三日生。曾祖世雄。祖珂，省祭官。父山。前母葉氏，母舒氏，繼母潘氏。具慶下。弟季芳。娶崔氏。江西鄉試第二名，會試第二百十三名。

李遜　貫江西南昌府新建縣，民籍。縣學生。治《易經》。字子益，行十，年二十七，七月二十三日生。曾祖時中。祖文政。父素端。母程氏。具慶下。兄達；道；選；逢；遷，南京兵部主事；退；通；述；迪；遲。弟遇，監生；遵；運；迹。娶孔氏。江西鄉試第五十三名，會試第二百四十四名。

查懋昌　貫太醫院籍，直隸蘇州府長洲縣人。國子生。治《易經》。字允言，行一，年三十九，十月十五日生。曾祖文，府同知，贈中大夫、布政使司右參政。祖恂，累贈中大夫、布政使司右參政。父應臣，訓導。母陳氏，繼母孫氏、雷氏。具慶下。弟懋光，前刑部主事；懋昭，貢士；懋欽；懋芳；懋賢；懋元。娶徐氏。順天府鄉試第七十九名，會試第二百三十九名。

羅一鶩　貫福建福州府閩縣，民籍。縣學增廣生。治《易經》。字應周，行四，年三十四，十一月初七日生。曾祖蒼。祖紘。父惟遠，學正。前母陳氏，母曾氏。慈侍下。兄一鳳。娶方氏。福建鄉試第三十五名，會試第二百二名。

余一鵬　貫福建興化府莆田縣，軍籍。國子生。治《詩經》。字朝舉，行四，年三十二，十一月初六日生。曾祖寅賓。祖用和，累贈中憲大夫、太僕寺少卿。父瓚，亞中大夫、太僕寺卿。母姚氏，累封恭人。慈侍下。兄一夔、一龍、一鶚。娶陳氏。福建鄉試第八十七名，會試第一百四十七名。

劉光濟　貫直隸常州府江陰縣，民籍，靖江縣人。縣學增廣生。治《易經》。字憲謙，行一，年二十五，二月二十日生。曾祖沂。祖和。父緒。母鄭氏。具慶下。弟光亨、光化、光國、光昭。娶昌氏。應天府鄉試第六十七名，會試第二百九十七名。

馮有年　貫直隸常州府無錫縣，軍籍。國子生。治《書經》。字子占，行二，年四十五，十月初一日生。曾祖以順。祖緒。父季貴。母周氏。慈侍下。兄文富。弟霖。娶周氏，繼娶謝氏、張氏。應天府鄉試第一百二十四名，會試第一百三名。

徐惟賢　貫浙江紹興府上虞縣，民籍。國子生。治《易經》。字師聖，行一，年三十四，六月初一日生。曾祖梗。祖子淪，恩例冠帶。父大中。母張氏，繼母楊氏。具慶下。弟惟能、惟德、惟聰、惟明、惟睿、惟智。娶莊氏。浙江鄉試第七十一名，會試第二百七十六名。

王宗堯　貫四川敘州府富順縣，竈籍。國子生。治《詩經》。字見甫，行二，年四十六，十二月初六日生。曾祖大寶。祖聘。父楚鳳。母歐氏，繼母曾氏、章氏。永感下。兄宗武。弟宗德。娶劉氏，繼娶羊氏、楊氏。四川鄉試第三十九名，會試第二百七十名。

馮熊　貫浙江金華府金華縣，民籍。國子生。治《詩經》。字伯祥，行四十五，年三十二，十月十九日生。曾祖傑，按察司按察使，進階中奉大夫。祖暘，知縣，贈主事。父洙，知州，前員外郎。前母章氏，贈安人；母司馬氏，封安人。慈侍下。兄璣，知縣；珂；龍，知州；珊；珣；珮；虎；獬；驊。弟鵬。娶白氏。浙江鄉試第三十七名，會試第一百十一名。

季德甫　貫直隸蘇州府太倉州，匠籍。國子生。治《易經》。字仲修，行二，年三十七，八月二十七日生。曾祖讓。祖鑑，壽官。父沐。前母薛氏，母朱氏。具慶下。兄德英。弟鴻磐、孔陽、孔固。娶張氏。應天府鄉試第一百二名，會試第二百二十五名。

戈九章　貫錦衣衛，匠籍，直隸吳縣人。國子生。治《禮記》。字惟衷，行三，年三十二，十月初六日生。曾祖寧。祖瑀。父裕，鴻臚寺司賓署署丞。母雷氏。具慶下。兄九功；九成；九德。弟九儀；九壽，貢士；九經。娶葉氏，繼娶杜氏。順天府鄉試第四十八名，會試第一百七十四名。

劉崙　貫直隸廬州府無為州，軍籍。州學生。治《詩經》。字山甫，行三，年二十七，九月初四日生。曾祖克恭。祖琛，七品散官。父鏜，義官。母林氏。具慶下。兄崒。弟徽、嵩。娶後氏。應天府鄉試第六十名，會試第一百九十三名。

林愛民　貫福建福寧州，民籍。國子生。治《禮記》。字惟牧，行八，年三十七，十二月二十六日生。曾祖縢。祖文孟，貢士。父況。母盛氏。慈侍下。兄栻、梁。娶黃氏，繼娶胡氏、陳氏。福建鄉試第十名，會試第六十一名。

曾楚　貫廣東廣州府南海縣，民籍。府學增廣生。治《詩經》。字維翹，行二，年三十，十二月初二日生。曾祖廣積。祖愷。父慶。母劉氏。具慶下。兄琪。弟翰。娶黃氏。廣東鄉試第二十四名，會試第七十名。

謝孟金　貫河南陳州衛中所，軍籍。州學生。治《春秋》。字子純，行三，年三十，十二月二十一日生。曾祖旺。祖鵬。父讓。前母李氏，母喬氏。慈侍下。兄玉、孟陽。弟孟臣。娶齊氏，繼娶婁氏。河南鄉試第四名，會試第九十一名。

方瑜　貫直隸徽州府歙縣，民籍。國子生。治《春秋》。字元忠，行一，年四十一，四月二十九日生。曾祖彥榮。祖柳宗。父從政。母汪氏。具慶下。弟珣；璧；琯；瑞；玘，監生；玠；琛。娶宋氏。應天府鄉試第五十二名，會試第二百十五名。

洪公諧　貫福建漳州府龍溪縣，民籍。府學增廣生。治《易經》。字廷和，行一，年三十，三月十八日生。曾祖明，贈監察御史。祖异，布政司左參議。父日瑞。母沈氏。重慶下。弟一泰，貢士；公諒；公訓；公讚；公謹；公誌；公諤。娶蘇氏。福建鄉試第十二名，會試第四十七名。

張燭　貫浙江紹興府蕭山縣，民籍。國子生。治《書經》。字汝玉，行三，年三十，九月初七日生。曾祖江，贈資政大夫、都察院右都御史。祖山，壽官。父翼。嫡母史氏，繼母俞氏，生母陳氏。嚴侍下。兄燈。弟煤。娶沃氏。浙江鄉試第八十二名，會試第六十名。

江冕　貫江西建昌府南豐縣，民籍。國子生。治《書經》。字端甫，行一，年三十五，十二月初十日生。曾祖景綸。祖秉昭，壽官。父宙。母李氏，繼母黃氏。重慶下。弟曇。娶朱氏，繼聘馬氏。江西鄉試第四十四名，會試第八十六名。

陶大有　貫浙江紹興府會稽縣，民籍。縣學生。治《春秋》。字子謙，行七，年三十四，十二月十九日生。曾祖性，貢士。祖諧，知縣。父師文，知縣。母楊氏。重慶下。兄大經，省祭官；大倫；大本，監生。弟大用，省祭官；大羊，南京兵部主事；大觀；大心；大章；大山；大益；大時；大防；大輅；大冕；大廷。娶董氏。浙江鄉試第四十七名，會試第五十二名。

陸煒　貫錦衣衛，官籍，浙江嘉興府平湖縣人。試中書舍人。治《詩經》。字文蔚，行二，年二十三，正月十七日生。曾祖軾，贈驃騎將軍、後軍都督府都督僉事。祖埋，贈驃騎將軍、後軍都督府都督僉事。父松，管錦衣衛事、後軍都督府都督僉事，贈榮祿大夫、後軍都督府都督同知。前母張氏，贈夫人；范氏，贈夫人；母李氏。慈侍下。兄炳，壬辰武舉，錦衣衛管衛事、指揮使。娶劉氏。順天府鄉試第一百名，會試第三百十八名。

于錦　貫山東濟寧衛籍，萊陽州人。州學生。治《易經》。字實甫，行一，年三十五，七月初八日生。曾祖勝。祖龍。父賢。母孟氏。具慶下。弟乾、舟、鹽。娶謝氏。山東鄉試第六十四名，會試第一百八十三名。

王宗沐　貫浙江台州府臨海縣，民籍。府學增廣生。治《春秋》。字新甫，行二，年二十二，正月十九日生。曾祖纘。祖逸卿，醫官。父訓。母鄭氏。重慶下。兄宗淵。弟宗漳、宗汜、宗淶、宗洛。娶秦氏。浙江鄉試第三名，會試第一百六十八名。

徐文通　貫浙江金華府永康縣，匠籍。國子生。治《書經》。字汝思，行八十八，年三十三，十月初三日生。曾祖得晟。祖恪。父時，縣丞。母孫氏。具慶下。弟文述。娶趙氏。浙江鄉試第二十四名，會試第二百十二名。

馮覲　貫浙江杭州府海寧縣，匠籍，錢塘縣人。國子生。治《詩經》。字晉叔，行一，年三十六，六月十三日生。曾祖亮。祖貴。父謙。母陳氏。重慶下。弟、觀、見、覺、親、靚、覵、寬。娶包氏。浙江鄉試第二十七名，會試第二十二名。

李宜春　貫福建興化府莆田縣，鹽籍。儒士。治《書經》。字應元，行二，年三十三，九月初八日生。曾祖孟驕。祖完，河泊官。父玉。母黃氏。永感下。兄仁。弟開春、會春。娶劉氏。福建鄉試第三十一名，會試第三十四名。

皇甫濂　貫直隸蘇州府長洲縣，民籍。國子生。治《易經》。字道隆，行四，年三十六，十月初八日生。曾祖通。祖信，贈禮部員外郎。父錄，知府，封中憲大夫。母黃氏，累封恭人。慈侍下。兄沖，貢士；涍，按察司僉事；汸，南京吏部郎中。娶顧氏。應天府鄉試第八十一名，會試第二名。

徐學詩　貫浙江紹興府上虞縣，軍籍。縣學附學生。治《詩經》。字以言，行十八，年二十八，閏十二月十五日生。曾祖徽。祖敦，恩例冠帶。父子忱，知州。母葛氏。重慶下。兄球，教諭；學知；學道；學賢；學禮；學易；學成。弟學顏。娶劉氏。浙江鄉試第七十三名，會試第八名。

李橋　貫江西建昌府南豐縣，匠籍。國子生。治《詩經》。字文濟，行一，年三十三，九月初四日生。曾祖孔榮。祖瓊。父鑾。母舒氏。重慶下。弟栢、檀。娶羅氏。江西鄉試第四十七名，會試第一百六十五名。

錢嘉猷　貫湖廣鎮遠衛，官籍，貴州鎮遠府人。國子生。治《書經》。字敬承，行四，年四十五，十月二十八日生。曾祖安。祖寧，明威將軍。父山，封懷遠將軍。母許氏，封淑人。嚴侍下。兄嘉慶、嘉言、嘉謀。娶周氏。貴州鄉試第三名，會試第二百九十六名。

陸穩　貫浙江湖州府歸安縣，民籍。縣學生。治《書經》。字汝成，行三，年二十八，三月初五日生。曾祖震，知州。祖嵩，知縣。父階，醫官。母陳氏。重慶下。弟稷、秩。娶潘氏。浙江鄉試第七十一名，會試第一百五十五名。

趙釴　貫直隸安慶府桐城縣，民籍。縣學生。治《書經》。字子舉，行十，年三十三，四月二十九日生。曾祖信。祖永芳。父弼。母汪氏。具慶下。兄欽，省祭官；銳，貢士；錫；鈞。弟銖。娶方氏。應天府鄉試第一名，會試第一百八名。

周冉　貫直隸永平府灤州，民籍。國子生。治《易經》。字子雲，行十三，年三十四，正月初一日生。曾祖賢。祖通。父珍。母張氏。具慶下。兄尚文、尚質、府。弟邑、戶。娶張氏，繼娶張氏。順天府鄉試第三十六名，會試第二十三名。

張仲　貫江西南昌府南昌縣，民籍。府學附學生。治《書經》。字明孝，行一，年二十二，九月十一日生。曾祖瑞。祖元春，知府，食三品俸，進階亞中大夫。父登。母李氏。嚴侍下。弟仕、作、位、佩、化。娶趙氏。江西鄉試第三名，會試第一百七十三名。

萬恭　貫江西南昌府南昌縣，軍籍。府學生。治《詩經》。字肅卿，行二，年三十，八月二十三日生。曾祖欽武。祖明達。父文炳。母胡氏。重慶下。兄思從、思泰。娶周氏。江西鄉試第二十名，會試第九十四名。

唐禹　貫浙江杭州府海寧縣，民籍。國子生。治《易經》。字思平，行二，年三十八，九月初九日生。曾祖安。祖琳，訓導。父世卿，通判。母楊氏。永感下。兄夔。弟稷、契。娶姚氏。浙江鄉試第十六名，會試第九名。

胡安　貫浙江紹興府餘姚縣，軍籍。國子生。治《禮記》。字仁夫，行四，年三十四，正月初一日生。曾祖禮。祖楷。父軒，運使。母王氏。永感下。兄寬，監生；寶；寧；完。弟寅。娶謝氏。浙江鄉試第四十五名，會試第四名。

林光祖　貫廣東潮州府揭陽縣，民籍。國子生。治《書經》。字以謙，行一，年三十七，八月二十七日生。曾祖鶯。祖愷。父文，國子監學正。母陳氏，繼母鄭氏、楊氏。永感下。弟光裕。娶陳氏。廣東鄉試第三名，會試第六名。

張子弘　貫江西吉安府廬陵縣，軍籍。縣學附學生。治《詩經》。字汝容，行十二，年三十，三月初四日生。曾祖軾，壽官。祖勵。父江，知縣。母曾氏。慈侍下。兄子勳、子介。娶劉氏。江西鄉試第五十五名，會試第三十二名。

王詢　貫四川成都右衛，官籍。國子生。治《春秋》。字可庸，行一，年二十九，三月二十四日生。曾祖昱。祖楠。父轍，指揮使。嫡母馬氏，生母梁氏。具慶下。弟訪。娶李氏。四川鄉試第四名，會試第六十九名。

舒春芳　貫江西饒州府鄱陽縣，民籍。縣學生。治《易經》。字景仁，行一，年二十七，十月初十日生。曾祖昱，衛經歷。祖穆，壽官。父載道，終養進士。母程氏。具慶下。弟春和。娶劉氏。江西鄉試第三十八名，會試第二百四十一名。

劉佃　貫江西吉安府廬陵縣，民籍，安福縣人。府學附學生。治《易經》。字仲有，行三，年二十六，正月二十一日生。曾祖景隆，遇例冠帶。祖梃，遇例冠帶。父昉，訓導。母王氏。重慶下。兄偲。弟僴、位。娶高氏。江西鄉試第八十六名，會試第一百二十八名。

張大中　貫山東東昌府臨清州，民籍。州學生。治《書經》。字子用，行一，年四十一，二月二十七日生。曾祖興。祖信。父功。母李氏，繼母趙氏。慈侍下。弟大才、大用、大業。娶王氏。山東鄉試第九名，會試第一百四十名。

鄧向榮　貫福建汀州府清流縣，民籍。國子生。治《詩經》。字元植，行一，年三十五，六月十二日生。曾祖得實。祖穩。父烜，縣丞。母伍氏。具慶下。弟向用、向道。娶湯氏。福建鄉試第十六名，會試第五十一名。

方九叙　貫浙江杭州府錢塘縣，民籍。國子生。治《易經》。字禹績，行二，年三十八，九月十三日生。曾祖仲仁。祖貴。父人。前母柴氏、柴氏，母陳氏。具慶下。兄九功。弟九德。娶金氏。浙江鄉試第二十五名，會試第二百六名。

譚綸　貫江西撫州府宜黃縣，軍籍。儒士。治《書經》。字子理，行三，年二十五，七月二十一日生。曾祖積，監生。祖廷用。父鎬，教授。前母黃氏，母羅氏。具慶下。兄經。弟綍。娶饒氏。江西鄉試第八十名，會試第二百四名。

袁福徵　貫直隸松江府華亭縣人，軍籍。府學生。治《書經》。字履善，行一，年二十四，七月三十日生。曾祖瑛，知州。祖貴。父以嗣，訓導。母唐氏。具慶下。兄元徵。弟嘉徵、孝徵、晉徵、夢徵。娶彭氏。應天府鄉試第九名，會試第一百十五名。

陸夢豹　貫江西南昌府豐城縣，軍籍。國子生。治《詩經》。字文蔚，行四，年四十，二月二十日生。曾祖具載，旌表義民。祖德美。父時叙，生員，封文林郎、府推官。母杜氏，封太孺人。慈侍下。兄夢麟，前監察御史。娶萬氏，繼娶方氏、蔣氏。江西鄉試第十名，會試第二百二十八名。

周鍵　貫四川叙州府富順縣，軍籍。縣學增廣生。治《詩經》。字啓夫，行八，年三十，正月初九日生。曾祖秉儒。祖萬斗，贈戶部主事。父詔，知府。前母彭氏，贈安人；母方氏，封安人。慈侍下。兄鋭；銈；錦，引禮舍人；銃；鉄；鉉；鍊。弟鏘、鈳、镕。娶楊氏。四川鄉試第二十二名，會試第六十五名。

周爻　貫四川叙州府宜賓縣，軍籍。國子生。治《書經》。字易夫，行二，年三十九，六月初八日生。曾祖友信。祖旋，贈徵仕郎、義勇衛經歷。父嘉誥。母左氏，繼母陳氏。具慶下。兄士，監生。弟令、典、册、曆。娶吳氏，繼娶陳氏。四川鄉試第六名，會試第一百四十四名。

余文獻　貫江西九江府德化縣，民籍。國子生。治《詩經》。字伯初，行一，年三十九，四月初五日生。曾祖旻。祖志琳。父仁。母王氏。嚴侍下。弟文華。娶陳氏。江西鄉試第三名，會試第六十二名。

項守禮　貫浙江寧波府奉化縣，軍籍。縣學生。治《詩經》。字進伯，行一，年三十二，正月二十六日生。曾祖悰，山西道監察御史。祖穎，府學訓導。父秀，歲貢生。母周氏。嚴侍下。弟守義、守廉。娶沈氏。浙江鄉試第五十名，會試第三百一名。

王會　貫直隸松江府華亭縣，匠籍。國子生。治《易經》。字子嘉，行一，年二十七，十二月十五日生。曾祖綸。祖瓉，義官。父良玉。母杜氏。具慶下。兄章、命。弟俞、念、僉。娶陳氏。應天府鄉試第一百十九名，會試第三十八名。

蔣孝　貫直隸常州府武進縣，民籍。國子生。治《詩經》。字惟忠，行二，年四十一，三月初四日生。曾祖賔。祖志。父瓛，壽官。前母白氏，母馮氏。嚴侍下。兄節、堂、雲。娶華氏。應天府鄉試第三十一名，會試第二百十名。

陳士元　貫湖廣德安府應城縣，軍籍。國子生。治《易經》。字心叔，行一，年二十九，三月十四日生。曾祖瑤。祖尚言，散官。父正，歲貢生。母華氏。具慶下。弟士充、士宅、士兗、士光、士先。娶程氏。湖廣鄉試第十四名，會試第二十五名。

遲鳳翔　貫山東青州府臨朐縣，軍籍。縣學生。治《易經》。字德徵，行一，年三十九，十一月二十二日生。曾祖讓，縣丞。祖殷。父聰。母聶氏。慈侍下。弟鳳儀。娶沈氏。山東鄉試第十三名，會試第一百八十七名。

鄒璉　貫江西瑞州府新昌縣，民籍。國子生。治《易經》。字宜瑩，行八，年三十二，四月二十日生。曾祖三謨。祖尚縉。父承業。前母吳氏，母晏氏。慈侍下。兄璜。弟玘。娶胡氏。江西鄉試第七十八名，會試第二百四十九名。

計士元　貫江西饒州府鄱陽縣，民籍。縣學生。治《春秋》。字允卿，行一，年二十九，七月初八日生。曾祖籌。祖尚賢。父仁，散官。母羅氏。具慶下。弟士明、士奇、士良。娶江氏。江西鄉試第十四名，會試第一百五十六名。

陶欽臯　貫江西九江府彭澤縣，民籍。縣學生。治《禮記》。字克允，行十四，年三十三，七月二十八日生。曾祖榮。祖焯，醫學訓科。父埜，醫學訓科，封文林郎、浙江道監察御史。母宋氏，贈孺人；繼母劉氏。嚴侍下。兄欽民，貢士；欽時；欽夔，按察司副使；欽中，監生。娶馮氏。江西鄉試第三名，會試第二百二十三名。

劉朝佐　貫江西吉安府安福縣，軍籍。國子生。治《春秋》。字道卿，行二，年三十三，正月十九日生。曾祖資贊。祖瑞。父潛。前母王氏，母吳氏。具慶下。兄朝用，恩例冠帶。弟朝傑。娶王氏。江西鄉試第十九名，會試第三十三名。

楊師震　貫山東東昌府館陶縣，軍籍。縣學生。治《詩經》。字子畏，行一，年二十九，八月二十日生。曾祖盛。祖鈞。父傑。前母王氏，母武氏。慈侍下。娶宗氏。山東鄉試第十二名，會試第一百四十四名。

　　劉爾牧　貫山東兗州府東平州，民籍。州學增廣生。治《詩經》。字成卿，行二，年二十，二月初八日生。曾祖海，贈兵部左侍郎兼右副都御史。祖恩，封大理寺右寺丞，贈左侍郎兼右副都御史。父源清，通議大夫、兵部左侍郎兼都察院右副都御史。嫡母李氏，封淑人；生母張氏。嚴侍下。兄爾耕，官生。弟爾儀、爾卜。娶趙氏。山東鄉試第二十五名，會試第二百四十三名。

　　朱大器　貫江西建昌府南城縣，民籍。國子生。治《書經》。字自克，行一，年三十九，十月三十日生。曾祖以忠。祖子敬。父宏，訓導。母鄒氏。具慶下。娶左氏，繼娶單氏。應天府鄉試第五十九名，會試第一百二十五名。

　　熊汝達　貫江西南昌府進賢縣，軍籍。縣學附學生。治《詩經》。字德明，行八，年二十五，十一月初二日生。曾祖恕民。祖懷道。父譽。母萬氏，繼母魏氏、朱氏。重慶下。兄沾。弟愈奇、汪、洋、激、淑。娶閔氏。江西鄉試第七名，會試第三百十五名。

　　畢鏘　貫直隸池州府石埭縣，匠籍。縣學生。治《春秋》。字廷鳴，行三，年二十八，五月初五日生。曾祖庚生。祖貴。父永高。前母萬氏，母崔氏，繼母孫氏。具慶下。兄鋼、鐙。娶邵氏。應天府鄉試第一百四名，會試第五名。

　　何一舉　貫四川成都府成都縣，民籍。國子生。治《詩經》。字德卿，行一，年三十八，七月初一日生。曾祖彥昭。祖謙。父佐。母王氏。具慶下。娶高氏。四川鄉試第一名，會試第七十五名。

　　范階　貫山東萊州府膠州即墨縣，軍籍。縣學增廣生。治《易經》。字景志，行二，年二十八，九月二十一日生。曾祖清。祖能。父鵬。前母王氏，繼母劉氏，生母陳氏。慈侍下。兄陞。弟防、陛、阡、陌、陶。娶楊氏。山東鄉試第十八名，會試第八十名。

　　王一陽　貫直隸揚州府江都縣，軍籍。國子生。治《易經》。字子復，行一，年三十五，十一月二十二日生。曾祖珏，壽官。祖輔，知縣。父遷，監生。母孫氏，繼母林氏。慈侍下。弟一德、一言、一夔、一恭、一心、一桂、一恩、一儒、一舉、一貞、一方、一治。聘俞氏，娶沈氏。

應天府鄉試第一百十四名，會試第一百五名。

蘭子充　貫河南汝寧府汝陽縣，民籍。府學生。治《書經》。字仲實，行二，年三十四，八月十四日生。曾祖琪。祖欽，壽官。父澤，知縣。前母楊氏，母房氏。慈侍下。兄子完。弟子冠、子民。娶石氏，繼娶王氏。河南鄉試第三十七名，會試第二百三十七名。

李臨陽　貫四川重慶府江津縣，軍籍。國子生。治《春秋》。字汝貞，行三，年三十八，十一月初六日生。曾祖樹，壽官。祖孟奇。父周。母周氏。嚴侍下。兄扶陽、載陽。娶王氏。四川鄉試第二十四名，會試第二百三十三名。

吳朝鳳　貫浙江溫州府樂清縣，軍籍。國子生。治《詩經》。字鳴仲，行三十一，年四十，二月十四日生。曾祖綸，通議大夫、南京禮部左侍郎，贈本部尚書，謚恭毅。祖玄應，正奉大夫、廣東右布政使。父九仁。母金氏。嚴侍下。兄朝鉞、朝鍵。弟朝錸、朝鈍、朝鷥、朝鵬、朝陞、朝鈺、朝寬、朝鋏。娶趙氏。浙江鄉試第二十一名，會試第一百七十五名。

康迪吉　貫山東濟南府章丘縣，軍籍。縣學生。治《詩經》。字道甫，行二，年二十六，五月初四日生。曾祖樂。祖鉞，大使。父濟民，省祭官。前母李氏，母胡氏。具慶下。兄脩吉。弟逢吉。娶甯氏。山東鄉試第五十六名，會試第四十八名。

陳淮　貫浙江寧波府奉化縣，民籍。縣學生。治《詩經》。字豫之，行二，年三十二，十一月二十八日生。曾祖忠素。祖瑷。父縉。母袁氏。慈侍下。兄澤。弟河。娶鄔氏。浙江鄉試第八十六名，會試第二百五十三名。

第三甲二百一十六名　賜同進士出身

曹三暘　貫直隸常州府宜興縣，民籍。縣學生。治《禮記》。字子泰，行三，年二十九，九月十九日生。曾祖立。祖詔。父珮。母毛氏，繼母史氏。具慶下。兄一暘、二暘。弟景暘、應暘、鳴暘、秉暘、春暘。娶呂氏。應天府鄉試第五名，會試第一百四十一名。

姜良翰　貫浙江金華府金華縣，民籍。國子生。治《詩經》。字希召，行九，年三十六，十二月二十二日生。曾祖約，吏部文選司主事，升廣東南雄府知府。祖瑛，知縣。父淮，知縣。母嚴氏。具慶下。兄良輔，大使；良能；良臣；良佐；良璧；良高；良相；良卿；良應。弟良豪、良策、良謨。娶陳氏。浙江鄉試第一名,會試第二百一十八名。

劉鳳　貫直隸蘇州府長洲縣,民籍。府學生。治《易經》。字文起,行一,年二十八,六月二十九日生。曾祖鏜。祖相,義官。父梅,推官。前母俞氏,母吳氏。具慶下。娶顧氏。應天府鄉試第七十一名,會試第二十九名。

申价　貫直隸廣平府永年縣,民籍。府學生。治《詩經》。字懋德,行二,年二十九,十月初二日生。曾祖廣,主簿,贈兵部員外郎。祖綸,按察司副使。父翰,州判官。母張氏。具慶下。兄仕。弟偉,貢士;儲;備;倬;僑;儼。娶張氏。順天府鄉試第四十二名,會試第二百九十名。

陳其學　貫山東登州衛,軍籍,直隸宣城縣人。登州府學生。治《禮記》。字宗孟,行三,年三十三,二月二十四日生。曾祖安,七品散官。祖善,贈禮科給事中。父鼎,應天府府尹。前母王氏,母王氏,繼母王氏。慈侍下。兄邦治;邦禮;其可;其愚,貢士。弟其立;其居。娶王氏。山東鄉試第三名,會試第一百一十九名。

吉来獻　貫陝西西安府興平縣,民籍。國子生。治《春秋》。字子欽,行二,年三十四,七月初七日生。曾祖贇。祖友文。父體仁,貢士。母劉氏。慈侍下。兄来逢。弟来朝、来旬、来宣。娶王氏。陝西鄉試第五名,會試第二百五十四名。

章熙　貫廣東潮州府海陽縣,民籍。國子生。治《禮記》。字堯載,行二,年三十九,十月十一日生。曾祖蕃。祖凱。父廷琇。前母姚氏,母朱氏。嚴侍下。兄煥,府同知。弟燁、炳。娶傅氏。廣東鄉試第四名,會試第二百六十五名。

馬錫　貫河南開封府尉氏縣,軍籍。國子生。治《易經》。字伯厚,行三,年三十五,十二月初五日生。曾祖三。祖通。父文奎。母常氏。具慶下。兄鏜、鎰。弟鈿、鏺、鍇。娶高氏。河南鄉試第四十六名,會試第一百九十一名。

張承憲　貫直隸松江府華亭縣,民籍。國子生。治《詩經》。字監先,行二,年三十六,三月十一日生。曾祖瑄,贈監察御史。祖紳。父應祥。母胡氏。具慶下。兄宇;承宗。弟宿;承祖,監生;承學;承守;承甫。娶楊氏。應天府鄉試第八名,會試第二十六名。

趙世奎　貫神武右衛右所,軍籍,直隸江都縣人。國子生。治《詩經》。字啓文,行八,年三十九,七月二十日生。曾祖旺。祖演,贈文林郎、雲南道監察御史。父琪，壽官。母張氏，繼母王氏。永感下。兄世瞻；世普，歲貢生；世顯；世煥；世卿。娶姬氏。順天府鄉試第三十二名，會試第一百二十七名。

葉材　貫錦衣衛，校尉籍，直隸常州府武進縣人。國子生。治《詩經》。字達卿，行六，年四十三，正月二十六日生。曾祖榮。祖元亨。父英，封知縣。母潘氏，贈孺人；繼母朱氏。慈侍下。兄林，知縣；彬；松；桓；權。弟相。娶曹氏，繼娶吳氏。應天府鄉試第三十七名，會試第一百六十二名。

霍冀　貫山西汾州孝義縣，軍籍。縣學生。治《詩經》。字堯封，行一，年二十九，正月二十九日生。曾祖深。祖鳳。父文。母郭氏。具慶下。娶張氏。山西鄉試第九名，會試第一百八十六名。

任璜　貫陜西西安府臨潼縣，民籍。國子生。治《詩經》。字北玉，行五，年三十八，九月十三日生。曾祖信。祖昶。父動陽。母賈氏。慈侍下。兄珮、玠、環、珠、珪、璣、琊。弟瑱。娶鄧氏。陜西鄉試第三十二名，會試第一百七十名。

文方　貫四川重慶府合州，民籍。州學增廣生。治《易經》。字子靜，行五，年二十七，三月初七日生。曾祖仲清。祖獻。父誠，知州。母劉氏。慈侍下。兄伯；鈞；斗；璧；言，監生；衡；啓。娶王氏。繼娶王氏。四川鄉試第七名，會試第二十二名。

張德熹　貫福建福州府福清縣，軍竈籍。縣學附學生。治《詩經》。字宗儒，行一，年二十九，九月二十七日生。曾祖鈞。祖浚。父文材。母方氏。具慶下。兄德燁、德煬。弟德美、德勳。娶鄭氏。福建鄉試第六十四名，會試第二百五名。

黃國卿　貫廣東潮州府揭陽縣，民籍。國子生。治《書經》。字君任，行十五，年三十四，六月初三日生。曾祖崇。祖三才。父邦傑。母張氏。慈侍下。兄國賓。弟國治。娶張氏。廣東鄉試第六十名，會試第三十一名。

尚蕙　貫陜西西安府乾州武功縣，軍籍。國子生。治《書經》。字德馨，行一，年四十二，四月初十日生。曾祖忠。祖廉。父達，巡檢。前母黨氏，母賈氏。慈侍下。兄蘭，文思院副使；萬；雲。弟芳，貢士；廷臣；廷錫；廷相。娶馬氏。陜西鄉試第五十五名，會試第三百二名。

李檀　貫河南衛輝府汲縣，民籍。國子生。治《禮記》。字子薦，行四，年三十八，八月初四日生。曾祖十三。祖順。父景和。母康氏。永感下。兄梅、橘、楠。娶張氏。河南鄉試第五名，會試第三百十七名。

陳絳　貫浙江紹興府上虞縣，民籍。國子生。治《易經》。字用陽，行十九，年三十二，五月十五日生。曾祖太滂。祖項。父述。母俞氏，繼母吳氏。具慶下。兄繪，歲貢生；緒；信，同科進士；紹，知府；級；緩。弟綰。娶丁氏。浙江鄉試第六十一名，會試第四十三名。

蔣貢　貫廣西桂林府全州，民籍。國子生。治《易經》。字子素，行四，年三十一，十二月初九日生。曾祖鍵。祖基。父曉。母唐氏。慈侍下。兄賢，省祭官；員。娶陶氏。廣西鄉試第二十八名，會試第三百三名。

王民　貫山東東昌府臨清州，民籍。州學生。治《詩經》。字皥如，行一，年三十四，十一月初七日生。曾祖玉。祖和。父琮。母薛氏。慈侍下。娶張氏。山東鄉試第三十六名，會試第二百一名。

朱熙載　貫山東平山衛，旗籍，直隸楊州府太興縣人。國子生。治《易經》。字懋勳，行一，年三十一，十月初三日生。曾祖宏，誥封奉直大夫、戶部員外郎。祖榮，苑馬寺少卿。父堂，主簿。母王氏。具慶下。娶陳氏。山東鄉試第四十三名，會試第二百七十四名。

徐易　貫江西廣信府永豐縣，民籍。府學附學生。治《書經》。字希文，行六十八，年二十八，十二月十八日生。曾祖茂仙。祖紀。父瓊。母周氏。嚴侍下。兄昊、晟。娶王氏。江西鄉試第九十一名，會試第一百九十七名。

向洪邁　貫浙江寧波府慈谿縣，民籍。縣學生。治《詩經》。字景皋，行二十一，年三十七，正月初七日生。曾祖秉直，教諭。祖堂。父金。母裘氏。慈侍下。兄洪儀、洪仕、洪信。弟上。娶陸氏。浙江鄉試第七十四名，會試第五十四名。

俞介　貫浙江紹興府餘姚縣，匠籍。國子生。治《易經》。字仲和，行一，年三十八，十月十七日生。曾祖固禎，壽官。祖欽。父瀾，知縣。母徐氏。慈侍下。弟全。娶韓氏，繼娶婁氏。浙江鄉試第四名，會試第十一名。

錢崿　貫浙江寧波府鄞縣，民籍。國子生。治《詩經》。字景魯，行六十，年三十二，正月十九日生。曾祖秬，縣丞，贈太中大夫、資治少尹、左參政。祖奐，正奉大夫、正治卿、左布政使。父瓚，中憲大夫、按察司副使。嫡母毛氏、李氏，生母王氏。永感下。兄崑，知縣；峯；岑，歲貢生；嵊；崗。弟岠。娶周氏，繼娶王氏。浙江鄉試第八名，會試第九十六名。

金九成　貫直隸常州府武進縣，民籍。國子生。治《詩經》。字鳴韶，行二,年三十五,十月二十九日生。曾祖洪。祖俊。父珮。母楊氏。具慶下。兄昇；星；九齡,同科進士。弟九皋、九思。娶陳氏。應天府鄉試第四十九名,會試第二百四十九名。

洪遇 貫山東濟南府歷城縣,民籍。府學生。治《春秋》。字伯時,行三,年三十七,九月初四日生。曾祖曇。祖秀,義官。父淮,義官。嫡母張氏,生母朱氏。嚴侍下。兄進、遠。弟遼。娶劉氏,繼娶王氏。山東鄉試第二十名,會試第二百八十四名。

任環 貫山西潞安府長治縣,匠籍。府學增廣生。治《易經》。字應乾,行二,年二十六,二月十八日生。曾祖增。祖仕能。父翱。嫡母張氏,生母趙氏。具慶下。兄琦,醫官。娶李氏。山西鄉試第六十一名,會試第二百七十一名。

趙世祿 貫山西汾州,軍籍。州學增廣生。治《書經》。字汝公,行一,年三十七,八月初二日生。曾祖興。祖博。父廷璧。母劉氏。嚴侍下。弟世臣。娶仕氏。山西鄉試第四十一名,會試第二百四十二名。

歐陽震 貫四川重慶府巴縣,民籍,江西泰和縣人。國子生。治《易經》。字起叔,行二,年四十四,正月初八日生。曾祖隆。祖仲謙。父潤。前母張氏,母杜氏。永感下。兄復,貢士。娶祝氏。四川鄉試第三十七名,會試第三百七名。

閻東 貫四川成都府內江縣,民籍。縣學生。治《詩經》。字啟明,行一,年三十九,十二月二十五日生。曾祖澄清。祖宗器。父光。母王氏。慈侍下。弟元、亨、仁、永。娶潘氏,繼娶馬氏。四川鄉試第五十四名,會試第三百六名。

盧岐嶷 貫福建漳州府長泰縣,軍籍。國子生。治《書經》。字希稷,行一,年三十,三月十二日生。曾祖惟貞。祖德集。父道明。母薛氏。嚴侍下。娶戴氏。福建鄉試第八名,會試第三十七名。

唐守勳 貫廣東廣州府番禺縣,民籍。國子生。治《詩經》。字允懋,行一,年三十四,九月二十八日生。曾祖廣基。祖景華。父絅。母譚氏。具慶下。弟守明、守文、守謨、守敬。娶王氏。廣東鄉試第十四名,會試第四十六名。

孫昭 貫浙江溫州府永嘉縣,民籍。縣學生。治《詩經》。字明德,行二,年二十七,九月十三日生。曾祖怡。祖袍。父滄。前母丁氏、陳氏,母陳氏。具慶下。兄曜。弟晬。娶陳氏。浙江鄉試第七十六名,會試第六十七名。

王本固　貫直隸順德府邢臺縣,軍籍。府學生。治《詩經》。字子民,行一,年三十一,九月初十日生。曾祖信。祖瑛。父釗。前母張氏,母陳氏。慈侍下。娶曹氏,繼娶劉氏。順天府鄉試第三十五名,會試第二百九十八名。

倪潤　貫直隸大河衛,軍籍,蘇州府常熟縣人。國子生。治《詩經》。字伯雨,行一,年四十四,十一月十二日生。曾祖能。祖玉。父和。母楊氏。嚴侍下。弟瀾。娶張氏。應天府鄉試第二十九名,會試第二百五十八名。

俞時歆　貫浙江紹興府新昌縣,民籍。縣學生。治《書經》。字伯駿,行二十三,年二十九,正月十三日生。曾祖鐸,左布政使,進階正奉大夫、正治卿。祖溥,贈監察御史。父柔,推官。母潘氏。具慶下。弟時叙、時若。娶董氏。浙江鄉試第七十八名,會試第二百九十九名。

丘秉文　貫福建興化府莆田縣,軍籍。國子生。治《書經》。字鳴周,行三,年三十二,四月初二日生。曾祖山,按察司副使。祖守淵,義官。父茂榶,貢士。母陳氏,繼母林氏。具慶下。兄陵、秉和。弟階、陛、隅、秉咸、秉奇、秉玄、秉魯、秉哲、陳。娶洪氏。福建鄉試第五十一名,會試第四十四名。

王斛　貫湖廣漢陽府漢陽縣,民籍。府學生。治《詩經》。字應萬,行二,年二十,十月二十九日生。曾祖繼宗。祖清。父教,衛經歷。母吳氏,繼母陶氏。具慶下。兄角。弟觶、觧、觓、觿。娶朱氏。湖廣鄉試第二十六名,會試第一百八十二名。

繆宣　貫直隸蘇州府常熟縣,民籍,吳縣人。國子生。治《詩經》。字時化,行四,年四十一,六月初一日生。曾祖士實。祖杲,壽官。父京。母陳氏。永感下。兄寅、宸、室。弟察、寵、守、完。娶李氏。應天府鄉試第七十六名,會試第一百二十二名。

王光祖　貫直隸大名府魏縣,民籍,山西黎城縣人。縣學生。治《易經》。字子孝,行一,年二十七,二月初七日生。曾祖玘。祖文。父煩。母申氏。具慶下。弟光考。娶馬氏。順天府鄉試第十四名,會試第一百十七名。

宋國華　貫江西南昌府奉新縣,民籍。國子生。治《詩經》。字崇樂,行五,年三十,閏四月初四日生。曾祖迪吉。祖嶽。父慶,貢士。母徐氏。永感下。弟國英。娶黃氏。江西鄉試第二十六名,會試第九十九名。

胡汝安　貫陝西西安府三原縣，民籍。國子生。治《易經》。字恭甫，行二，年三十五，十一月二十七日生。曾祖善。祖鰲。父彥昭。母李氏，繼母袁氏、袁氏。具慶下。兄汝寧。弟汝寬、汝宏。娶王氏。陝西鄉試第二十一名，會試第二百二十九名。

劉時進　貫河南開封府中牟縣，民籍。縣學生。治《易經》。字子亨，行一，年二十三，五月初五日生。曾祖參。祖環。父朝陽。母胡氏。具慶下。娶郭氏。河南鄉試第三十四名，會試第二百五十七名。

胡景榮　貫直隸楊州府江都縣，民籍。京衛武學生。治《禮記》。字子仁，行一，年四十四，七月二十八日生。曾祖志大。祖海。父寧。母賈氏。慈侍下。弟景華、景富、景貴。娶張氏。順天府鄉試第十四名，會試第七十九名。

張才　貫陝西西安後衛，官籍，直隸江都縣人。西安府學生。治《易經》。字茂參，行一，年三十九，三月初八日生。曾祖秤，指揮僉事，贈昭勇將軍、都指揮僉事。祖敏，指揮僉事，贈昭勇將軍、都指揮僉事。父鵬霄，昭勇將軍、陝西都司都指揮僉事。嫡母胡氏，封恭人，贈淑人；繼母周氏；生母白氏。慈侍下。娶楊氏，繼娶韓氏、焦氏。陝西鄉試第十六名，會試第一百二十八名。

張承叙　貫順天府固安縣，民籍。國子生。治《書經》。字懷德，行二，年三十二，十二月十三日生。曾祖禎，縣丞。祖鐸。父材，大使。前母高氏，母侯氏。永感下。兄承恩。弟承祚。娶辛氏。順天府鄉試第二十三名，會試第七十六名。

劉祿　貫山東濟南府章丘縣，軍籍。國子生。治《詩經》。字惟學，行二，年三十六，九月初三日生。曾祖雄。祖樂。父宗良。母殷氏。永感下。兄福。弟祉、祚。娶苗氏。山東鄉試第七十五名，會試第二百八十三名。

張志學　貫四川重慶府長壽縣，民籍。國子生。治《詩經》。字叔行，行一，年四十三，正月初八日生。曾祖和。祖藩。父鈺。嫡母方氏，生母王氏。永感下。娶周氏。四川鄉試第二十九名，會試第一百三十名。

郭維藩　貫廣東潮州府揭陽縣，民籍。國子生。治《詩經》。字价夫，行二，年四十三，二月初五日生。曾祖宏毅。祖駿。父淳。前母陳氏，母杜氏。慈侍下。兄世臣。弟維翰。娶楊氏。廣東鄉試第十七名，會試第三十六名。

王楠　貫直隸德州左衛，軍籍，山東文登縣人。國子生。治《易經》。

字子梁,行二,年四十,十二月二十七日生。曾祖福榮。祖聚,壽官。父崇。母李氏。永感下。兄松。娶熊氏。山東鄉試第四名,會試第二百十九名。

王鳴臣　貫江西吉安府泰和縣,民籍。縣學附學生。治《詩經》。字汝文,行三,年三十一,六月初一日生。曾祖大溪,壽官。祖學漁。父國賜。母顏氏。具慶下。兄舉臣、彥臣。弟哲臣、禮臣、元臣。娶蕭氏。江西鄉試第六十九名,會試第二百七十五名。

咸慎　貫直隸寧國府宣城縣,民籍。國子生。治《易經》。字汝初,行四,年三十五,十月初四日生。曾祖榮。祖珤。父亨。母胡氏。具慶下。兄悅、懌、忻。弟恬、惺、悌、忭、懷、恢。娶丁氏。應天府鄉試第一百十二名,會試第一百五十九名。

蔡朴　貫直隸河間府滄州,竈籍。州學生。治《易經》。字子初,行一,年三十,十二月初三日生。曾祖祥,知州。祖英。父汶。母顧氏。具慶下。兄恭。弟栻。娶王氏。順天府鄉試第一百十五名,會試第一百二十三名。

陳大賓　貫湖廣荊州府江陵縣,匠籍。府學生。治《易經》。字敬夫,行一,年二十九,六月初三日生。曾祖溥。祖伯泰。父琳。母趙氏,繼母卓氏。重慶下。娶艾氏,繼娶趙氏。山東鄉試第六十二名,會試第二百四十七名。

趙錦　貫浙江紹興府餘姚縣,竈籍。縣學生。治《易經》。字元朴,行五十一,年二十九,二月初十日生。曾祖玟。祖昂,贈刑部貴州司主事。父塤,府同知。母諸氏,贈安人;繼母魯氏,封安人。具慶下。兄世美,醫官;鎡;釜;鏵。弟鎔、鎮、鍊、金。娶尹氏。浙江鄉試第七十九名,會試第一百四十九名。

朱繪　貫山西平定州守禦千戶所,官籍,直隸鳳陽府人。儒士。治《書經》。字白甫,行八,年二十四,七月二十九日生。曾祖璽。祖鳳,贈文林郎、推官。父方,右僉都御史。母董氏,封孺人。具慶下。兄紀、紳、紃、綏、綵、絞。弟維、約。娶周氏。山西鄉試第八名,會試第一百三十一名。

吉澄　貫直隸大名府開州,匠籍。國子生。治《書經》。字靜甫,行二,年三十八,六月十三日生。曾祖宣。祖倫。父陳,長史。母劉氏。具慶下。兄薦。弟肅、慎、芳、湞、沽、芬、洽、冲、湛。娶張氏,繼娶李氏。順天府鄉試第八十五名,會試第一百七十八名。

嚴天祥　貫陝西西安府同州朝邑縣,軍籍。國子生。治《易經》。字叔善,行一,年三十一,十二月十六日生。曾祖恪。祖鳳。父堯黼。

母李氏。具慶下。弟天祐、天祺。娶曹氏。陝西鄉試第六名，會試第二百五十二名。

張鑑　貫四川順慶府南充縣，民籍。國子生。治《易經》。字汝明，行四，年三十六，七月十三日生。曾祖大貴。祖從政，贈奉政大夫、蜀府右長史。父玠，蜀府右長史，進階正四品。前母李氏，贈宜人。母何氏，封宜人；繼母劉氏。永感下。兄銓；鍊；鐸，同科貢士；銀。弟鉉。娶王氏。繼娶常氏、王氏。四川鄉試第十四名，會試第一百九十六名。

劉應箕　貫四川重慶府巴縣，民籍。國子生。治《詩經》。字維南，行一，年三十二，十一月二十二日生。曾祖仲英。祖伯全。父翱。母楊氏。具慶下。弟應畢、應奎。娶曹氏。四川鄉試第七十名，會試第二百五十六名。

甘觀　貫南京府軍右衛，官籍，直隸懷寧縣人。國子生。治《易經》。字貞父，行三，年四十一，九月十七日生。曾祖俊，贈明威將軍。祖敬，指揮僉事，贈昭勇將軍。父泾。母李氏，繼母張氏。永感下。兄雨，署都指揮僉事；露。弟雯。娶魯氏，繼娶孫氏。應天府鄉試第一百一名，會試第二百六十三名。

高光　貫四川嘉定州峨眉縣，軍籍。縣學生。治《書經》。字子謙，行五，年三十三，九月二十四日生。曾祖裕。祖倫。父世賢，監生，例授七品散官。母徐氏，繼母尹氏。具慶下。兄輔、弼、傑、尚。弟常。娶何氏。四川鄉試第三十四名，會試第二百六十九名。

申思夔　貫直隸蘇州府吳江縣，民籍。國子生。治《詩經》。字汝一，行二，年二十八，二月二十六日生。曾祖俊，七品散官。祖顯，州判官。父意，監生。前母陳氏，母徐氏，繼母陸氏。重慶下。兄思伊。弟思皋，監生；思稷；思契；思龍。娶鈕氏。應天府鄉試第七十八名，會試第一百一名。

汪克用　貫江西廣信府永豐縣，民籍。府學附學生。治《書經》。字子才，行一十九，年二十八，十二月十三日生。曾祖貴，同知。祖炳，州吏目。父臺。母呂氏。重慶下。兄克良。弟克讓、克忠、克俊、克勤。娶李氏。江西鄉試第五十名，會試第一百六十六名。

俞乾　貫浙江嘉興府平湖縣，民籍。國子生。治《書經》。字一清，行一，年三十六，七月十一日生。曾祖瑛。祖禎。父鋆。母潘氏。慈侍下。娶馬氏，繼娶張氏。浙江鄉試第二十九名，會試第九十三名。

萬寀　貫江西南昌府豐城縣，軍籍。縣學增廣生。治《春秋》。字一和，行五，年二十八，十月十九日生。曾祖容舒。祖敬方。父洪。母黃氏。慈侍下。兄冲；逵，省祭官；化；遂，省祭；遠。娶熊氏。江西鄉試第五十四名，會試第三百四名。

　　王學　貫廣西桂林府陽朔縣，民籍。國子生。治《詩經》。字師古，行三，年三十一，四月初六日生。曾祖素，主簿。祖佐。父珵，通判。母蘇氏，繼母蔣氏。具慶下。兄勤學、好學。弟實學、問學、幼學。娶容氏。廣西鄉試第三十九名，會試第三百二十名。

　　張錬　貫陝西西安府乾州武功縣，民籍。國子生。治《詩經》。字伯純，行十，年三十五，七月二十四日生。曾祖海。祖讓。父儒珍。母康氏。慈侍下。兄應中；應祥；鑄；應祺；應福；鑰；應和；鎬；鏄，貢士。娶趙氏。陝西鄉試第四十六名，會試第二百八十七名。

　　張侃　貫直隸大河衛，軍籍，蘇州府崑山縣人。國子生。治《禮記》。字巽卿，行一，年三十六，閏九月十九日生。曾祖清。祖經，義官。父蓋，義官。嫡母金氏，生母屈氏。慈侍下。兄賢；相；偉。弟信；表；袤，監生；襄，監生；襲。娶謝氏，繼娶沈氏。應天府鄉試第四十一名，會試第一百五十八名。

　　何海晏　貫山東兗州府東平州平陰縣，軍籍。縣學生。治《書經》。字治象，行一，年二十四，十一月十六日生。曾祖泰。祖澍。父琦。嫡母周氏，生母司氏。慈侍下。娶姜氏。山東鄉試第二十四名，會試第二百八十六名。

　　葛桷　貫浙江紹興府上虞縣，民籍。國子生。治《易經》。字安甫，行一，年三十七，七月二十三日生。曾祖文玉，贈通議大夫、大理寺卿。祖用成。父㴲。母范氏。具慶下。兄梅；模，義官；木，參政；相。弟檣；㮕；棐，監生；梟，官生。娶俞氏。浙江鄉試第六十九名，會試第一百八十名。

　　錢仠　貫湖廣荊州府江陵縣，民籍。府學生。治《易經》。字忠甫，行一，年三十九，十一月二十七日生。曾祖訊。祖寧。父福禎。母胡氏，繼母莊氏。具慶下。弟估、像、仁、儒、信、儀、佃、俊。娶閻氏。湖廣鄉試第十四名，會試第二百六十八名。

　　薛樟　貫山東濟南府歷城縣，匠籍。縣學生。治《詩經》。字子喬，行三，年三十二，八月初三日生。曾祖友德。祖盛。父虎。母賈氏。具慶下。兄梅，歲貢生；楠。娶張氏，繼娶張氏。山東鄉試第十二名，會試第一百九十八名。

　　谷中虛　貫山東濟南府海豐縣，民籍。縣學生。治《易經》。字子聲，行二，年二十，六月初二日生。曾祖文友。祖強。父通。前母唐氏、劉氏，母門氏。具慶下。兄鉞。弟中含。娶楊氏。山東鄉試第十六名，會試第七十二名。

　　凌汝志　貫直隸蘇州府大倉州，民籍。府學生。治《詩經》。字雲鵠，行一，年三十二，十二月初五日生。曾祖方。祖縞。父昆。母陳氏。具慶下。弟汝學；雲翼，貢士。娶顧氏。應天府鄉試第四十一名，會試第二百五十一名。

　　陳甘雨　貫福建興化府莆田縣，鹽籍。國子生。治《詩經》。字應時，行五，年二十九，二月十七日生。曾祖宏雍，七品散官。祖世顯，典史。父泉。前母林氏，母方氏。慈侍下。兄甘露。弟甘霖、甘瓠。娶黃氏。福建鄉試第二十九名，會試第二十八名。

　　席上珍　貫四川潼川州遂寧縣，民籍。國子生。治《春秋》。字聘之，行一，年三十五，十一月二十三日生。曾祖祖憲，封知縣，□理□大夫、柱國、少保兼太子太保、禮部尚書。祖書，光祿大夫、柱國、少保兼太子太保、禮部尚書、武英殿大學士，贈太傅，諡文襄。父中，尚寶司卿。母楊氏，贈宜人；繼母楊氏，封宜人。具慶下。弟上賢、上賓、上儒、上卿、上士、上壽、上第、上相、上璧、上台、上應。娶趙氏。四川鄉試第十九名，會試第二百七十三名。

　　李九功　貫河南南陽府裕州，軍籍。州學生。治《易經》。字惟叙，行二，年三十四，五月二十一日生。曾祖海。祖貴。父裕。母周氏，繼母王氏。具慶下。兄九思。弟九叙、九成、九皋、九德。娶楊氏。河南鄉試第二十七名，會試第二百六十六名。

　　王宗性　貫山東兗州府沂州，軍籍。州學生。治《書經》。字繼善，行九，年二十七，九月初九日生。曾祖綱，贈資政大夫、都察院右都御史。祖璟，榮祿大夫、太子太保、都察院左都御史，贈少保，諡恭靖。父士彥，監生。嫡母奚氏，生母郭氏。慈侍下。兄宗賢，長史；宗哲，散官；宗英，散官；宗明，散官；宗續，貢士；宗業；宗文；宗武。弟宗敏、宗遜。娶孫氏。山東鄉試第二十一名，會試第二百六十二名。

　　趙孔昭　貫直隸順德府邢臺縣，民籍。縣學生。治《易經》。字子潛，行三，年二十六，五月初七日生。曾祖英。祖仿。父用。母張氏。具慶下。

兄孔陽，監生；孔儀，省祭官。弟孔嘉。娶郝氏。順天府鄉試第十二名，會試第一百五十三名。

粟永祿　貫山西潞安府長治縣，民籍。府學生。治《禮記》。字士學，行二，年二十七，八月二十二日生。曾祖銘，進士。祖漳，典膳。父木，典膳。母陳氏，旌表節婦。重慶下。兄永爵，貢士。娶李氏。山西鄉試第一名，會試第二百八十名。

陳昌言　貫廣東潮州府揭陽縣，民籍。國子生。治《易經》。字德夫，行三，年四十九，三月二十七日生。曾祖孟容。祖進寶。父廉。母石氏。永感下。兄昌代。娶紀氏。廣東鄉試第七十二名，會試第二百八十二名。

楊選　貫山東濟南府章丘縣，軍籍。縣學生。治《書經》。字以公，行三，年三十一，十二月二十日生。曾祖鼎。祖璞，壽官。父盈，知縣。母時氏。重慶下。兄進、道。弟遜、連。娶趙氏。山東鄉試第四十一名，會試第二百三十四名。

蕭一鶚　貫江西臨江府新喻縣，民籍。國子生。治《易經》。字爾薦，行五，年三十二，五月二十八日生。曾祖元商，贈衛經歷。祖廉胤。父立德。母章氏。重慶下。弟一鳴、一鳳、一凰、一鳶、一鷲。娶周氏，繼娶張氏。江西鄉試第六十一名，會試第二百三十六名。

王鶴　貫陝西西安府長安縣，民籍。國子生。治《詩經》。字子皋，行一，年三十一，十二月二十六日生。曾祖琰。祖敬。父鑾。母趙氏。具慶下。娶周氏。陝西鄉試第七名，會試第八十八名。

王順德　貫四川瀘州，民籍。國子生。治《書經》。字叔昌，行二，年四十四，五月十一日生。曾祖瑄。祖臣。父大才。母華氏，繼母李氏。慈侍下。兄順賢。娶楊氏。四川鄉試第六十二名，會試第二百六十七名。

黃希周　貫山東兗州府滕縣，軍籍。國子生。治《書經》。字宗魯，行一，年四十，十一月初八日生。曾祖參。祖玘，壽官。父金，承運庫大使。母董氏，繼母門氏、孫氏。永感下。弟希顏、希孟、希曾、希閔。娶劉氏。山東鄉試第六十名，會試第三百九名。

馮應麟　貫陝西鳳翔府鳳翔縣，民籍。國子生。治《詩經》。字德及，行二，年三十五，八月十三日生。曾祖胤。祖綬，貢士。父晟。前母樊氏，母董氏。嚴侍下。兄應麒。娶王氏。陝西鄉試第十二名，會試第三百八名。

李淳　貫四川嘉定州夾江縣，竈籍。國子生。治《易經》。字彥穆，行一，年四十五，八月初八日生。曾祖廷佐。祖墨。父觀，教授。母鄭氏。

嚴侍下。娶姜氏,繼娶王氏。四川鄉試第二十一名,會試第一百七十五名。

申旞　貫直隸大名府魏縣,民籍,山西潞城縣人。縣學生。治《詩經》。字儀卿,行一,年三十六,二月二十七日生。曾祖鑄,主簿。祖清,巡檢。父乾。母王氏。嚴侍下。娶李氏。順天府鄉試第七名,會試第五十九名。

江珍　貫直隸徽州府歙縣,軍籍。國子生。治《詩經》。字民璞,行十,年三十七,正月三十日生。曾祖永禎。祖文瀚。父才。母鄭氏,繼母張氏。具慶下。兄琇;珮;瑾,生員。弟瑄;璐。娶吳氏。應天府鄉試第三十二名,會試第二百二十六名。

張嵐　貫山東濟南府歷城縣,民籍。縣學生。治《春秋》。字雲少,行一,年三十九,十月初四日生。曾祖榮。祖顯惠。父儒。嫡母彭氏,生母龐氏。慈侍下。娶曹氏。山東鄉試第六十七名,會試第二百九十一名。

石鯨　貫山東青州府益都縣,民籍。府學生。治《詩經》。字應聲,行八,年二十八,五月二十一日生。曾祖瑛,州吏目。祖銘,府通判,贈奉直大夫、南京戶部員外郎。父存禮,知府,進階中憲大夫。嫡母姜氏,封宜人;劉氏;生母翟氏。慈侍下。兄麒;麟,監生;璞;鳳,貢士;琚,貢士;瑜;璜。弟渠;棟。娶李氏。山東鄉試第七名,會試第二十名。

馬快　貫直隸廣平府廣平縣,民籍。縣學生。治《詩經》。字汝勵,行二,年二十九,正月二十五日生。曾祖祥。祖宏。父政,訓導。母李氏。永感下。兄慎。娶鄭氏。順天府鄉試第六名,會試第一百四十二名。

張廷栢　貫山西平陽府蒲州,軍籍。州學生。治《書經》。字壽卿,行三,年四十,九月二十八日生。曾祖威。祖鑑。父馴。母谷氏。具慶下。兄廷术、廷松。弟廷梓。娶梁氏,繼娶李氏。山西鄉試第十六名,會試第一百三十四名。

張邦彥　貫福建福州府懷安縣,民籍。縣學附學生。治《易經》。字允禎,行五,年二十八,正月十八日生。曾祖華。祖銘,按察司司獄。父文漢。母林氏。重慶下。娶林氏。福建鄉試第四十一名,會試第三百十四名。

姜廷頤　貫湖廣岳州府巴陵縣,軍籍。府學生。治《詩經》。字以正,行一,年三十八,五月二十五日生。曾祖淳。祖永雋,贈經歷。父鎰,冠帶生員。母陳氏。重慶下。弟廷賾、廷顯、廷賴、廷顧、廷□。娶謝氏。湖廣鄉試第五十九名,會試第一百五十七名。

孫坊　貫錦衣衛籍,浙江餘姚縣人。國子生。治《易經》。字志國,行六十，年二十九，五月二十三日生。曾祖孟宏，贈禮部尚書。祖彬，教諭。父煉。母鄭氏。具慶下。兄達，倉官；堪，前府都督僉事；墀，大理寺寺丞；陞，翰林院編修；玉，聽選官；佳，貢士。弟垍。娶夏氏，繼娶汪氏。順天府鄉試第三十四名，會試第五十五名。

朱曰藩　貫直隸楊州府高郵州寶應縣，軍籍。國子生。治《書經》。字子价，行一，年四十四，六月十八日生。曾祖瑾。祖訥，知縣，封戶部主事，進三品服。父應登，布政司參政。母陶氏，封安人。慈侍下。弟曰夔；曰莊，監生；曰虁。娶茆氏。應天府鄉試第三十六名，會試第一百二十九名。

俞謹　貫直隸常州府無錫縣，民籍。國子生。治《書經》。字懋庸，行三，年四十一，七月二十二日生。曾祖允恭。祖純。父顯。母丁氏。永感下。兄武文。弟斌。娶陳氏。應天府鄉試第九十六名，會試第二百八十九名。

李廷春　貫四川重慶府江津縣，軍籍。國子生。治《詩經》。字元甫，行四，年四十二，十月十九日生。曾祖璇。祖志昂。父林。前母胡氏，母劉氏，繼母劉氏。永感下。娶黃氏。四川鄉試第六名，會試第三百十二名。

李汝蘭　貫陝西西安府咸寧縣，匠籍。府學生。治《易經》。字秀夫，行二，年三十，九月二十六日生。曾祖約。祖梅。父遇春。母王氏，繼母馬氏。具慶下。兄汝芝。弟汝蕙、汝萱。娶白氏。陝西鄉試第二十五名，會試第八十四名。

烏從善　貫山東東昌府博平縣，民籍。國子生。治《詩經》。字汝登，行二，年三十，八月二十六日生。曾祖士賢。祖山。父釗，明智坊大使。母傅氏。重慶下。兄爲善。弟繼善。娶楊氏。山東鄉試第二十一名，會試第一百三十九名。

金九齡　貫直隸常州府武進縣，民籍。國子生。治《詩經》。字與壽，行一，年三十六，十二月十二日生。曾祖洪。祖俊。父環。母楊氏。慈侍下。兄昇；星。弟九成，同科進士；九臯；九思。娶陳氏。應天府鄉試第四十名，會試第一百三十六名。

郭公週　貫福建福寧州福安縣，民籍。縣學生。治《詩經》。字景復，行六，年三十三，四月初八日生。曾祖克茂。祖惟盛。父允寧。母李氏。慈侍下。兄景調、景鳴。弟景聲、景芝、文寶。娶李氏，繼娶薛氏。福建鄉試第四十三名，會試第一百八名。

朱有孚　貫浙江杭州府海寧縣，民籍。國子生。治《易經》。字子貞，行一，年四十，五月初四日生。曾祖芳。祖廣。父稷。母沈氏。具慶下。弟有恒、有節、有相、有光。娶姜氏。浙江鄉試第七十三名，會試第五十五名。

馬汝松　貫直隸河間府景州東光縣，民籍，山西靈川縣人。縣學生。治《書經》。字節甫，行一，年二十九，八月二十三日生。曾祖進。祖杲。父堯輔，驛丞。母楊氏。重慶下。娶曲氏。順天府鄉試第十七名，會試第一百八十九名。

劉體乾　貫直隸順天府東安縣，民籍。縣學生。治《禮記》。字子元，行四，年三十三，十一月二十三日生。曾祖原。祖旺。父景，教諭。嫡母馬氏、萬氏，生母高氏。慈侍下。兄榮；九思，省祭官；九經，陰陽官。娶張氏。順天府鄉試第五名，會試第四十名。

李萬實　貫江西建昌府南豐縣，民籍。國子生。治《春秋》。字少虛，行一，年三十五，正月初七日生。曾祖廷予，衛經歷。祖淡，縣丞。父柱。母黃氏，繼母揭氏。重慶下。娶黃氏。江西鄉試第十二名，會試第一百二十一名。

賀承光　貫陝西西安府華州渭南縣，軍籍。縣附學生。治《詩經》。字子謙，行一，年二十七，四月二十九日生。曾祖儒。祖倉，封兵部主事。父府，任兵部主事。母王氏，封安人。具慶下。娶高氏。陝西鄉試第九名，會試第二百七十七名。

沈耒　貫浙江紹興府會稽縣，民籍。府學生。治《易經》。字宗安，行七十九，年三十一，四月十八日生。曾祖恪。祖琨。父蓋，知州。母張氏，繼母莊氏。具慶下。兄橋，刑部主事；朮；東；秉。弟竦；乘；稟。娶張氏。浙江鄉試第一名，會試第一百二十六名。

蘇志仁　貫廣東潮州府海陽縣，軍籍。國子生。治《詩經》。字道先，行二，年二十九，七月二十九日生。曾祖經。祖沂。父思繹。前母鄭氏，母許氏。具慶下。兄志學。弟志古、志訴。娶丘氏。廣東鄉試第十八名，會試第七十八名。

劉自強　貫河南開封府扶溝縣，民籍。國子生。治《詩經》。字體乾，行二，年三十七，十二月初三日生。曾祖憲，義官。祖瑞，知縣。父東，監生。母范氏。永感下。兄自脩，歲貢生。弟自得、自任、自秀、自存、自勵。娶李氏。河南鄉試第六十七名,會試第一百七十九名。

　　吳昶　貫山東登州衛,旗籍,直隸泰州人。國子生。治《詩經》。字伯明,行一,年四十五,二月二十七日生。曾祖顒。祖楨。父河。母倪氏。慈侍下。弟章。娶丁氏。山東鄉試第五十六名,會試第三百十名。

　　林懋舉　貫福建福州府懷安縣,民籍,閩縣人。國子生。治《易經》。字直卿,行三,年三十五,五月初九日生。曾祖瀛。祖夒。父炅。母鄧氏。永感下。弟懋忠、懋譽、懋材、懋脩、懋功、懋章。娶龔氏。福建鄉試第三十七名,會試第九十八名。

　　張祦　貫河南開封府祥符縣,民籍。府學生。治《書經》。字介福,行二,年三十四,十二月十五日生。曾祖木。祖亮。父明德。母田氏。慈侍下。兄祺。弟祉。娶王氏。河南鄉試第四十九名,會試第二百三十名。

　　任希祖　貫四川保寧府蒼溪縣,民籍。府學生。治《詩經》。字元孝,行一,年三十四,四月二十五日生。曾祖彬,知州。祖謨。父仲仁。前母李氏,母王氏。具慶下。弟繼祖;繩祖,貢士;纘祖;率祖;法祖。娶何氏。四川鄉試第三十五名,會試第二百三名。

　　冀錬　貫山東青州府益都縣,民籍。國子生。治《書經》。字純夫,行二,年三十二,二月初二日生。曾祖文道。祖琨。父九經,教諭。母李氏。具慶下。兄鍜。娶張氏,繼娶宋氏。山東鄉試第十五名,會試第九十七名。

　　塗澤民　貫四川成都府漢州,民籍。州學生。治《詩經》。字志伊,行一,年二十三,二月初十日生。曾祖魁。祖萬龍。父倫。母文氏。具慶下。弟濟民。娶顧氏。四川鄉試第十八名,會試第一百六名。

　　叚鏢　貫直隸順天府固安縣,民籍。國子生。治《詩經》。字文貴,行二,年三十九,正月初十日生。曾祖紀。祖補之,知縣。父貢,驛丞。母高氏,繼母韓氏。重慶下。兄錦。弟鈫;錬,工部主事;錞;鎧;銳。娶袁氏。順天府鄉試第九十名,會試第二百三十一名。

　　李文麟　貫直隸常州府無錫縣,軍籍。國子生。治《書經》。字應禎,行三,年三十四,七月十二日生。曾祖泰,壽官,贈刑部員外郎。祖珵,工部郎中,進階朝列大夫。父雍。母過氏。具慶下。兄文聲、文鳳、文著、文衛、文龍。弟文鵬。娶王氏。應天府鄉試第五十六名,會試第五十六名。

　　胡惟中　貫江西瑞州府高安縣,民籍。國子生。治《易經》。字可久,行三,年三十四,二月十六日生。曾祖瑞,封給事中。祖鎮,浙江布政使司參議。父嵩,援例冠帶。母傅氏。重慶下。兄惟寧;惟靜。弟惟立,貢士；惟直；惟哲。娶單氏。江西鄉試第四十八名，會試第七十四名。

吴嶽　貫直隸常州府武進縣，民籍，無錫縣人。國子生。治《易經》。字宗泰，行二，年三十五，二月二十九日生。曾祖清。祖元，義官。父大經，引禮舍人。母陸氏。慈侍下。兄嵩，監生。弟嶠，監生；嚴，吏目；嶔；崟；崖；岑。娶劉氏。應天府鄉試第九十四名，會試第一百七十一名。

謝謹　貫浙江紹興府上虞縣，軍籍。國子生。治《詩經》。字獻忠，行三，年三十三，六月十九日生。曾祖渚。祖鍔。父恬。前母沈氏，母夏氏，繼母顧氏。慈侍下。兄謐、謚。弟託、詹、變。娶徐氏。浙江鄉試第七十七名，會試第一百十四名。

朱木　貫直隸蘇州府常熟縣，民籍。國子生。治《禮記》。字子喬，行二，年四十一，正月二十六日生。曾祖墅。祖丙。父寅，工部主事。母鄒氏，繼母湯氏。慈侍下。兄棟，省祭官。弟本。娶鄒氏，繼娶盧氏、李氏。順天府鄉試第六十二名，會試第九十五名。

劉橫　貫浙江紹興府山陰縣，軍籍。國子生。治《春秋》。字元美，行三十六，年三十三，二月初四日生。曾祖玘。祖鑑。父灌。前母田氏，母胡氏。具慶下。兄棟，南京兵部侍郎；本，教諭；集，貢士；校；票；榮；梧。弟楨。娶姚氏。浙江鄉試第四名，會試第二十五名。

郝鳴隆　貫順天府通州寶坻縣，民籍。縣學生。治《書經》。字子和，行一，年三十二，四月十二日生。曾祖倫。祖欽，壽官。父瑜，歲貢生。母孟氏，繼母邵氏。重慶下。兄良棟、良佑、鳴遠。弟鳴亮。娶田氏。順天府鄉試第八十二名，會試第八十九名。

邵漳　貫浙江紹興府餘姚縣，民籍。縣學生。治《禮記》。字子清，行二，年三十，二月十二日生。曾祖驌，封監察御史。祖蕃，提學副使，前提學御史，封中憲大夫。父時順，知縣。母來氏，封孺人。重慶下。兄稷，同科進士；濰。弟潢、淄、澐、澹、洲。娶胡氏。浙江鄉試第四名，會試第二百七名。

楊廷相　貫雲南臨安衛，軍籍，直隸金壇縣人。國子生。治《易經》。字燧甫，行二，年三十二，六月初四日生。曾祖昇。祖儉。父均，教授。母夏氏。具慶下。兄廷芳；廷春；環，貢士；廷璧；珍。娶劉氏。雲南鄉試第六名，會試第二百六十一名。

邊洵　貫直隸河間府任丘縣，官籍。國子生。治《書經》。字文允，行四，年三十四，三月初七日生。曾祖銓，百户。祖宏，百户。父偉，運使。

母劉氏，封安人。永感下。兄滉，百户；清；浦。弟沉，知府。娶閔氏，繼娶朱氏。順天府鄉試第九十一名，會試第一百八十一名。

徐洺　貫河南開封府許州，軍籍。州學生。治《詩經》。字子京，行二，年三十四，八月二十五日生。曾祖學，壽官。祖富，典史。父綬，醫官。母黃氏。嚴侍下。兄湯。弟汴。娶吳氏。河南鄉試第五十九名，會試第二百九十九名。

姚一元　貫浙江湖州府長興縣，軍籍。國子生。治《詩經》。字惟貞，行二，年三十六，五月初十日生。曾祖正。祖嶽，知縣。父良輔，歲貢生。母游氏。慈侍下。兄一夔。弟一暘、一鳴、一清、一瀾。娶錢氏。浙江鄉試第十二名，會試第二百二十一名。

鄭河　貫應天府江寧縣，民籍，江西新建縣人。國子生。治《易經》。字師程，行二，年三十四，九月二十八日生。曾祖思恭。祖禮，知府。父珉，封監察御史。嫡母歐陽氏，封孺人；母李氏。慈侍下。兄濂，按察司副使。弟渠。娶丁氏，繼娶丁氏。應天府鄉試第五十九名，會試第一百十名。

汪一中　貫直隸徽州府歙縣，匠籍。國子生。治《禮記》。字正叔，行二，年三十，六月三十日生。曾祖隆勝。祖福琛。父文顯。母方氏。具慶下。兄一貫。弟一誠，監生。娶程氏。順天府鄉試第十六名，會試第十七名。

許彥忠　貫應天府句容縣，民籍。國子生。治《易經》。字汝敬，行三，年三十九，九月二十一日生。曾祖志海。祖鎮。父宗倫。母朱氏。慈侍下。兄彥文、彥武。弟彥孝、彥芳、彥榮、彥志、彥慇、彥博。娶喬氏。應天府鄉試第八十四名，會試第五十八名。

孫慎　貫大寧都司保定右衛，官籍，河南武安縣人。國子生。治《詩經》。字用脩，行一，年三十，九月十八日生。曾祖鎮。祖濂，百户。父經，百户。母賈氏。重慶下。娶劉氏。順天府鄉試第二十八名，會試第二百八名。

徐綱　貫湖廣武昌府興國州，軍籍。國子生。治《易經》。字立之，行一，年三十四，四月二十七日生。曾祖均憲。祖必華。父興漢。前母李氏，母黃氏。慈侍下。娶成氏。湖廣鄉試第二十二名，會試第六十六名。

陳信　貫浙江紹興府上虞縣，匠籍。縣學生。治《詩經》。字子行，行二，年四十，十一月十二日生。曾祖敬夫。祖汝勉，貢士。父大練。母朱氏。具慶下。兄佐，知縣。弟任；伋；傳；絳，同科進士。娶龔氏。

浙江鄉試第三十七名，會試第十五名。

牛珠　貫河南開封府通許縣，匠籍。國子生。治《易經》。字光甫，行一，年四十三，三月二十日生。曾祖春。祖增。父泉。母李氏，繼母安氏。慈侍下。弟璜。娶蘭氏。河南鄉試第三十五名，會試第二百七十九名。

林應奎　貫福建漳州府龍溪縣，軍籍。府學附學生。治《易經》。字德暉，行二，年三十，十月初二日生。曾祖啓昭。祖體用。父泰。母傅氏。具慶下。兄應元。弟應祥。娶吳氏，繼娶張氏。福建鄉試第五十三名，會試第一百四十六名。

王之誥　貫湖廣荆州府石首縣，軍籍。縣學生。治《書經》。字告若，行十二，年三十三，十一月初八日生。曾祖俸，七品散官。祖伯載。父芳，同知。母曾氏。慈侍下。兄之誠。弟之度、之紀、之綱、之惠。娶劉氏。湖廣鄉試第七十六名，會試第二百九十四名。

石茂華　貫山東青州府益都縣，民籍。府學生。治《詩經》。字君采，行一，年二十三，七月初九日生。曾祖銘，府通判，贈奉直大夫、南京户部員外郎。祖存禮，知府，進階中憲大夫。父麒。嫡母公氏，生母張氏。具慶下。弟茂藻、茂貞。娶茂氏。山東鄉試第二十九名，會試第二百十六名。

宋贇　貫直隸松江府華亭縣，竈籍。國子生。治《春秋》。字及甫，行一，年三十九，六月初八日生。曾祖錯。祖玉。父薰。母吳氏。重慶下。弟士、使、卿、相。娶金氏。應天府鄉試第二十二名，會試第十六名。

趙宸　貫直隸保定府定興縣，民籍。國子生。治《書經》。字德聰，行二，年三十九，正月初三日生。曾祖剛。祖讓。父自。母張氏。慈侍下。兄寅。弟宇、宦。娶馬氏。順天府鄉試第一百二十二名，會試第四十九名。

高鑛　貫四川成都府内江縣，民籍。國子生。治《書經》。字景甫，行二，年三十三，九月初九日生。曾祖友恭，知縣，贈通議大夫、户部右侍郎。祖齊南，府通判，贈承德郎，加贈通議大夫、户部右侍郎。父公韶，通議大夫、户部右侍郎。前母冉氏，贈孺人，加封淑人；母羅氏，封孺人，加封淑人。具慶下。兄麒；岡，封主事；科；登；掇；陟；恩；珏；斌；鋏；鉞，貢士；銓；鍊；錫，監生；鐔。弟鎬；釗；鈗；鐏；鏌；釫，官生；鉦；鑰；錯。娶鄭氏，繼娶喻氏。四川鄉試第四十九名，會試第二百十七名。

金渐　貫浙江金華府東陽縣，民籍。縣學生。治《詩經》。字汝東，行二十三，年三十三，十月初七日生。曾祖宗逢。祖邦。父珹。母許氏。重慶下。弟溥、淵、河。娶宣氏，繼娶許氏。浙江鄉試第七名，會試第一百七十七名。

成子學　貫廣東潮州府海陽縣，軍籍。國子生。治《易經》。字懷道，行四，年四十一，五月十八日生。曾祖尚。祖胤。父瑚。母蔡氏。永感下。兄子俊、子傑、子佑。娶洪氏。廣東鄉試第十一名，會試第一百十二名。

張守直　貫順天府薊州遵化縣，民籍。國子生。治《禮記》。字時舉，行三，年二十九，六月二十七日生。曾祖成。祖士能，知縣，進級六品。父繼本，州吏目。嫡母王氏，生母高氏。慈侍下。兄希載、希戩。弟守簡、希儒、守約。娶李氏，繼娶趙氏。順天府鄉試第四十四名，會試第二百五十名。

周世遠　貫四川重慶府江津縣，民籍。縣學附學生。治《詩經》。字子道，行二，年二十五，九月十八日生。曾祖瑄。祖玉鑑，壽官。父謨。母何氏。具慶下。兄世才。弟世表、世業。娶楊氏。四川鄉試第五十四名，會試第五十七名。

馬汝驥　貫遼東都司金州衛，官籍。國子生。治《書經》。字德甫，行三，年二十七，十一月初一日生。曾祖雄，壽官。祖釗。父昂，通判。母劉氏。重慶下。兄汝獻；汝豸；朝宗，指揮僉事。弟汝龍；汝驄；汝驊。娶孫氏。順天府鄉試第八十七名，會試第一百五十一名。

蔡揚金　貫河南衛輝府千戶所，軍籍，江西新淦縣人。國子生。治《易經》。字子礪，行二，年三十二，九月初八日生。曾祖興。祖潤。父荊玉。母黃氏。永感下。兄南金。娶楊氏。河南鄉試第七十四名，會試第三百名。

彭應麟　貫直隸松江府華亭縣，民籍。縣學生。治《詩經》。字太符，行一，年四十一，三月十二日生。曾祖文。祖忠。父溶。前母張氏，母馮氏。永感下。娶周氏。應天府鄉試第十六名，會試第一百三十二名。

傅卿　貫福建興化府莆田縣，軍籍，湖廣蒲圻縣人。府學生。治《書經》。字獻卿，行五，年三十五，九月十九日生。曾祖汝賢。祖壇。父子嚴。前母何氏，母方氏。具慶下。兄愷、悌、楠、庠。弟戀春。娶阮氏。福建鄉試第六十一名，會試第五十三名。

孫學古　貫浙江紹興府蕭山縣，匠籍。縣學生。治《書經》。字汝邃，行三，年三十，四月初四日生。曾祖昕，七品散官。祖式，義官。父煥，聽選官。母蔡氏，繼母周氏。嚴侍下。兄學思，中書舍人；學禮。娶張氏。

浙江鄉試第八名，會試第六十四名。

馬震章　貫南京應天府溧陽縣，民籍。國子生。治《書經》。字國華，行五，年四十，四月初三日生。曾祖濛。祖永慶。父肅。母楊氏。永感下。弟震彥，監生。娶史氏。應天府鄉試第五十七名，會試第八十二名。

徐承祖　貫山東濟南府歷城縣，民籍。國子生。治《易經》。字克修，行一，年二十九，二月初三日生。曾祖貴，大使。祖暹，按察司副使。父淳。母盧氏。具慶下。弟承業。娶高氏，繼娶司氏。山東鄉試第一名，會試第三百十三名。

嚴清　貫雲南後衛，軍籍，浙江嘉興縣人。府學生。治《易經》。字直卿，行三，年二十一，四月十八日生。曾祖亮。祖暠。父鍈。母余氏。重慶下。兄濟、漢、洽、學、譽、湛、淳、潤、璋、肅、洲。弟滋、珊。娶施氏。雲南鄉試第三十六名，會試第一百六十四名。

盧寧　貫廣東廣州府南海縣，軍籍。國子生。治《易經》。字忠獻，行一，年四十一，九月二十七日生。曾祖潤。祖輝。父津，訓導。母崔氏。具慶下。弟憲、宇、宜、宓、密。娶劉氏。廣東鄉試第三十二名，會試第十九名。

李恕　貫直隸河間府獻縣，民籍。縣學生。治《書經》。字道夫，行一，年三十一，十一月初八日生。曾祖貴。祖鑑。父綜。母于氏。具慶下。弟應。娶唐氏。順天府鄉試第五十五名，會試第一百八十五名。

徐公遴　貫浙江衢州府開化縣，民籍。縣學生。治《易經》。字舉之，行五，年三十一，八月十二日生。曾祖綿，壽官。祖璽，義官。父文澐。母余氏。慈侍下。弟公廉、公選、公祿、公錫、公望。娶余氏，繼娶施氏。浙江鄉試第二十三名，會試第一百六十一名。

魏文焌　貫福建福州府候官縣，軍籍，福清縣人。府學生。治《易經》。字德章，行六，年三十，六月二十八日生。曾祖安。祖振清。父鐸，壽官。嫡母陳氏，生母胡氏。具慶下。兄文煥，典史；文燦；文炳。娶鄭氏，繼娶高氏。福建鄉試第四十九名，會試第四十五名。

郭邦光　貫山東東昌府冠縣，軍籍。縣學生。治《詩經》。字元寶，行二，年三十八，閏正月十六日生。曾祖敏。祖倫，典史。父鼎，同知。母曹氏。永感下。兄邦憲，監生。娶徐氏。山東鄉試第六十二名，會試第二百三十八名。

張邦彥　貫山西潞安府長治縣，民籍。國子生。治《易經》。字德崇，行三,年四十三,九月十五日生。曾祖玘。祖英。父富。母劉氏。慈侍下。兄邦重;邦傑,監生。弟邦奇;邦毅;邦韶;邦立。娶申氏。山西鄉試第五十九名,會試第二百十四名。

韓朝江　貫陝西西安府乾州醴泉縣,軍籍。國子生。治《春秋》。字順甫,行三,年四十五,九月初二日生。曾祖英。祖名,壽官。父璋。母楊氏。永感下。兄祐;子玉。弟朝湖;疏江;朝勛,監生;朝淮。娶張氏。陝西鄉試第三名,會試第一百八十四名。

徐行可　貫湖廣荊州府監利縣,軍籍。縣學生。治《易經》。字子恕,行二,年三十八,十一月二十五日生。曾祖昱。祖仁壽。父杞。母李氏。重慶下。兄行健。弟行復、行是。娶周氏。湖廣鄉試第七十二名,會試第三百一十九名。

李僑　貫山東濟南府長清縣,民籍。縣學生。治《詩經》。字子高,行二,年三十三,八月初七日生。曾祖讓。祖彥名。父瑄,典史。母陳氏。永感下。兄儒。娶張氏。山東鄉試第三十二名,會試第一百二十名。

周美　貫直隸蘇州府崑山縣,民籍。國子生。治《易經》。字濟叔,行一,年三十三,七月初一日生。曾祖玄本。祖晟。父榮。母徐氏。具慶下。娶張氏。應天府鄉試第三十一名,會試第二百九十三名。

陸州　貫浙江杭州府海寧縣,民籍。國子生。治《易經》。字汝行,行二,年三十四,九月二十二日生。曾祖思敏。祖釗。父萱。母唐氏。具慶下。兄府。弟科、翰。娶祝氏。浙江鄉試第三十二名,會試第八十七名。

左旦　貫四川重慶府大足縣,軍籍。縣學附學生。治《詩經》。字君發,行一,年二十七,正月十五日生。曾祖伯訓。祖萬迪。父立教。母梁氏。具慶下。弟昆、鼎、暹。娶周氏。四川鄉試第二十二名,會試第二百七十二名。

都文奎　貫河南開封府祥符縣,民籍。府學生。治《禮記》。字彥卿,行一,年三十四,八月初五日生。曾祖英,壽官。祖鑑。父臣,典膳。母鄭氏。具慶下。娶龐氏。河南鄉試第七十五名,會試第二百五十五名。

趙彥章　貫直隸真定府定州,民籍。州學生。治《春秋》。字徵甫,行二,年三十,四月十五日生。曾祖膩。祖剛。父銳。母史氏。重慶下。兄彥文。弟彥武。娶王氏。順天府鄉試第一百三十二名,會試第一百三十五名。

沈科　貫浙江嘉興府嘉善縣，民籍。國子生。治《書經》。字子進，行一，年三十六，正月十五日生。曾祖濟。祖騫。父揚，聽選官。母袁氏。具慶下。弟稱。娶張氏。浙江鄉試第二十五名，會試第二十七名。

宿應參　貫山東萊州府掖縣，民籍。府學生。治《詩經》。字文炳，行二，年三十，正月初五日生。曾祖福幹。祖富。父敩，典膳。母張氏。具慶下。兄應軫。娶張氏。山東鄉試第六十八名，會試第二百六十名。

楊應元　貫陝西群牧所籍，浙江紹興府蕭山縣人。國子生。治《書經》。字伯仁，行三，年三十四，十二月初六日生。曾祖孟清。祖完。父瓛。母胡氏。慈侍下。兄應嵩、應宿。弟芥。娶范氏。陝西鄉試第四十六名，會試第一百名。

尤瑛　貫直隸常州府無錫縣，軍籍。縣學生。治《書經》。字汝白，行七，年三十四，十一月十九日生。曾祖謙。祖悅。父晉。前母朱氏，母華氏。具慶下。兄璉、琢、璧、珣、璘、環。弟琛、珙、理、瓔、璿、璠、珏。娶錢氏。應天府鄉試第一名，會試第十二名。

何尚賢　貫山西平陽府猗氏縣，監籍。縣學生。治《春秋》。字汝思，行二，年三十二，七月初八日生。曾祖濟，鴻臚寺序班。祖純。父廷璋。母張氏。慈侍下。兄尚德，知州。娶張氏，繼娶王氏。山西鄉試第六十名，會試第一百五十名。

李尚智　貫山西潞安府屯留縣，民籍。國子生。治《詩經》。字汝愚，行一，年二十七，九月二十日生。曾祖友。祖綱。父世雷。母趙氏。慈侍下。兄尚仁。弟尚信、尚矩。娶郝氏，繼聘尹氏。山西鄉試第三十二名，會試第二百二十四名。

胡志夔　貫山西平陽府安邑縣，鹽籍。國子生。治《詩經》。字鳴和，行三，年二十九，十二月二十九日生。曾祖敏聰。祖睿，知縣。父珍，監生。前母路氏，母文氏。永感下。兄志皋、志太。弟志龍。娶郭氏，繼娶郭氏。山西鄉試第四十五名，會試第一百八十八名。

林軏　貫四川成都左護衛中所，總旗籍。國子生。治《易經》。字濟遠，行一，年三十七，四月十二日生。曾祖寬，壽官。祖景元。父森。母韓氏。永感下。娶王氏。四川鄉試第四十四名，會試第二百三十二名。

梁恩　貫湖廣岳州府巴陵縣，軍籍。縣學生。治《詩經》。字子承，行七，年二十九，五月十三日生。曾祖文達。祖志澄。父原千。母許氏，生母鄒氏。慈侍下。兄崐、崘、岳、爵、俊、冕。娶廖氏。湖廣鄉試第五十一名，會試第二百八十一名。

　　張達　貫浙江紹興府餘姚縣，官籍。國子生。治《易經》。字懋德，行十二，年三十二，十二月十七日生。曾祖皞。祖僅。父珊。母史氏。永感下。兄遷；逵，刑科右給事中；迪；遜，監生；遠；遴；建，貢士。弟選。娶吳氏。浙江鄉試第五十七名，會試第六十三名。

　　張守蒙　貫山東兗州府滕縣，軍籍，陝西西安府華陰縣人。國子生。治《書經》。字啓哲，行一，年三十四，七月十九日生。曾祖昇。祖環。父釗。母傅氏。重慶下。弟守遯、守巽、守恒。娶党氏。山東鄉試第十三名，會試第二百二十七名。

　　劉景韶　貫湖廣武昌府崇陽縣，軍籍。縣學附學生。治《詩經》。字子成，行三，年二十八，正月初三日生。曾祖鐸。祖紹箕。父縉。嫡母甘氏，生母汪氏。具慶下。兄景明、景芳。弟景光、景鍾。娶張氏。湖廣鄉試第六十名，會試第一百六十七名。

　　李華魯　貫河南開封府祥符縣，民籍。國子生。治《詩經》。字季榮，行一，年三十四，六月初十日生。曾祖璘。祖巍，壽官。父潤，學正。母傅氏。具慶下。弟觀魯、在魯、變魯、興魯。娶賈氏。河南鄉試第十五名，會試第八十一名。

　　羅文蔚　貫四川重慶府綦江縣，民籍。國子生。治《書經》。字變夫，行三，年三十九，十二月初十日生。曾祖鑑。祖添亮。父敏。母孫氏。嚴侍下。兄文教、文訓。娶孟氏。四川鄉試第三十名，會試第一百十三名。

　　李初元　貫四川順慶府營山縣，民籍。縣學生。治《易經》。字少貞，行一，年二十六，正月十五日生。曾祖仕麒，主簿。祖鑒。父渾然。母任氏。具慶下。弟慶元、亨元、體元。娶陳氏。四川鄉試第四十七名，會試第一百七十六名。

　　王國光　貫山西澤州陽城縣，民籍。國子生。治《易經》。字汝觀，行二，年三十三，十一月初一日生。曾祖于义，義官。祖昺。父承祖。母原氏，繼母曹氏、張氏。具慶下。兄重光。弟爭光、前光、奎光、近光、耿光。娶張氏，繼娶衛氏。山西鄉試第十九名，會試第一百九十四名。

　　趙祖元　貫浙江金華府東陽縣，民籍。縣學生。治《詩經》。字宗仁，行六十四，年三十三，二月十八日生。曾祖太錦，監生。祖爲濂。父繼宋。母吳氏。具慶下。兄祖庶。弟祖朝，貢士；祖鷹。娶劉氏。浙江鄉試第九十名，會試第三十名。

朱寵　貫湖廣武昌衞後千户所，官籍，山東兖州府寧陽縣人。國子生。治《詩經》。字德承，行三，年三十二，七月十六日生。曾祖瑛，千户。祖璽，千户。父金，千户。母張氏，封宜人。具慶下。兄官，千户；寅。娶李氏，繼娶劉氏。湖廣鄉試第五十四名，會試第二百三十五名。

張子順　貫直隸德州衞，官籍，河南唐縣人。州學生。治《春秋》。字聚甫，行二，年三十五，九月十七日生。曾祖紀。祖寧。父珮。母武氏，繼母許氏。具慶下。兄子孝。弟子化、子泮。娶夏氏。山東鄉試第五名，會試第二百六十四名。

汪任　貫直隸徽州府祁門縣，民籍。縣學生。治《詩經》。字子仁，行十五，年三十，閏四月十四日生。曾祖宏道。祖汝洪。父介。母謝氏。具慶下。兄伻。弟侔。娶胡氏。應天府鄉試第六十九名，會試第十名。

殷從儉　貫廣西桂林右衞，官籍。桂林府學增廣生。治《易經》。字汝中，行一，年二十六，二月二十一日生。曾祖旺。祖雄。父瓉。母黄氏。永感下。兄傑，百户；俸。弟從義。娶秦氏。廣西鄉試第六名，會試第三百十六名。

裘仕濂　貫浙江紹興府嵊縣，民籍。國子生。治《書經》。字子憲，行三十八，年三十七，八月二十五日生。曾祖準。祖總，生員。父曰麟。母張氏，繼母李氏。嚴侍下。弟仕涓、仕洪、仕沛、仕汴。娶邢氏。應天府鄉試第七十九名，會試第十四名。

楊敷　貫四川順慶府西充縣，軍籍。縣學生。治《易經》。字震卿，行一，年二十五，閏八月十四日生。曾祖春，吏目。祖儒。父凌漢。母任氏。具慶下。弟敏。娶羅氏。四川鄉試第十四名，會試第二百八十五名。

李庭桂　貫山西潞安府長治縣，軍籍。國子生。治《易經》。字子馨，行一，年四十二，六月初十日生。曾祖昱，光禄寺署丞，贈徵仕郎。祖潭，壽官。父壕，同知。嫡母崔氏，繼母張氏，生母楊氏。永感下。兄充富；充桓；充耘。弟充善，貢士；庭梧，儀賓；充道；充柱；充棟；充慧；充孚；充榮。娶王氏。山西鄉試第六十名，會試第二百八十八名。

陳璨　貫湖廣岳州府巴陵縣，軍籍。國子生。治《詩經》。字德潤，行一，年三十，正月初五日生。曾祖溥。祖伯勝。父舜謨，省祭官。母張氏，繼母談氏。具慶下。弟瓊、玫、琰、珦、玨、玉。娶劉氏，繼聘柴氏。湖廣鄉試第三十四名，會試第九十名。

陳效古　貫河南汝寧府光州息縣，民籍。國子生。治《易經》。字武周，行二，年四十，八月十四日生。曾祖讓。祖海。父子謙，訓導。母陳氏。永感下。兄慕古。弟蘊古。娶雷氏。河南鄉試第五十名，會試第二百五十九名。

萬善　貫遼東都司定遼前衛，官籍，江西撫州府臨川縣人。國子生。治《書經》。字一之，行二，年四十，九月初四日生。曾祖俊，百戶。祖瑛，百戶。父鉞，百戶。母王氏。具慶下。兄堂，百戶。弟言、喜。娶劉氏，繼娶陳氏、孫氏。順天府鄉試第七十七名，會試第二百三名。

邵穄　貫浙江紹興府餘姚縣，民籍。縣學附學生。治《易經》。字子嘉，行二，年三十二，十月初六日生。曾祖禮，知縣。祖孟甫，中書科儒士。父至。母胡氏。具慶下。兄濤。弟漳，同科進士；泹；溫；畯；涷；漣；潭；溪；渭；瀘。娶胡氏，繼娶姜氏。浙江鄉試第二十九名，會試第七名。

楊允繩　貫直隸松江府華亭縣，匠籍。國子生。治《詩經》。字翼少，行一，年三十五，十月初三日生。曾祖雲，贈承德郎、工部主事。祖瑋，四川按察司副使。父秉道。母戴氏。永感下。娶黃氏。順天府鄉試第六十二名，會試第一百七十二名。

趙軏　貫山西澤州高平縣，民籍。國子生。治《易經》。字以載，行二，年三十六，六月十六日生。曾祖子成，義官。祖倫，義官。父科，典膳。母秦氏，繼母范氏。具慶下。兄軸。弟金，監生；轔。娶李氏。山西鄉試第十一名，會試第五十名。

曹鈿　貫四川順慶府渠縣，民籍。縣學生。治《禮記》。字右文，行二，年三十三，十一月初二日生。曾祖彥彬。祖宥。父孟瓚。前母陳氏，母吳氏，繼母毛氏。永感下。兄鑰。弟錡。娶蔡氏。四川鄉試第二十一名，會試第一百九十二名。

申仲　貫河間府任丘縣，軍籍，山西潞安府屯留縣人。縣學生。治《詩經》。字次孟，行四，年三十五，十一月十九日生。曾祖清，大使。祖瑛。父序。母高氏。具慶下。兄佑、信、偉。弟脩、傑。娶龐氏。順天府鄉試第八十三名，會試第一百九名。

張廷槐　貫萬全都司興和守禦千戶所，官籍，順天府薊州人。國子生。治《詩經》。字子徵，行六，年三十六，九月二十一日生。曾祖信，正千戶。祖鑑，贈文林郎、監察御史。父濂，山西按察司僉事，前監察御史。前母葉氏，贈孺人；母茹氏，封孺人。嚴侍下。兄瑾，正千户；玹；廷相；廷棟；廷楫。弟廷桂；廷松；廷栢；廷椿。娶劉氏。順天府鄉試第三十八名，會試第八十三名。

何璋　貫湖廣荆州府夷陵州，軍籍。國子生。治《春秋》。字國珍，行三，年三十九，正月初五日生。曾祖宗。祖昱。父永富。母鄧氏，繼母王氏。嚴侍下。兄瓚；琦，知縣；瑶；瑶。娶張氏。湖廣鄉試第四十名，會試第七十七名。

金豪　貫浙江金華府蘭谿縣，民籍。縣學增廣生。治《易經》。字文興，行三十四，年三十五，五月初九日生。曾祖彥良。祖仕愷。父皎。母章氏。永感下。兄富。弟俊、傑。娶王氏。浙江鄉試第五十八名，會試第二百九名。

陳全之　貫福建福州府閩縣，民籍。縣學附學生。治《春秋》。字粹中，行三，年三十三，二月十六日生。曾祖叔剛，翰林院侍讀。祖煒，布政使司左布政使。父璽。嫡母姚氏，繼母鄧氏，生母王氏。慈侍下。兄舉之；覲之；成之。弟啓之，陰陽官；慎之；朝鎣；約之；容之；熙之；朝鑪。娶林氏。福建鄉試第二十三名，會試第二百二十二名。

李烇　貫山東兖州府金鄉縣，軍籍。縣學生。治《詩經》。字晦夫，行一，年三十，八月初一日生。曾祖綱。祖淮，貢士，贈工部員外郎。父檠，行太僕寺少卿。母周氏，封宜人。重慶下。弟炎、燮、燊、燃。娶高氏。山東鄉試第四十二名，會試第二百四十名。

戴才　貫直隸河間府滄州，民籍。州學生。治《詩經》。字大需，行一，年二十九，十一月十三日生。曾祖慶。祖宣。父臣。母蕭氏。具慶下。兄瓏。弟環。娶田氏。順天府鄉試第五十六名，會試第一百四十五名。

李逢時　貫直隸德州衛，軍籍，江西贛縣人。州學生。治《春秋》。字化甫，行一，年三十二，十一月初十日生。曾祖清。祖琳。父芥，義官。母董氏。慈侍下。娶毛氏。山東鄉試第五十五名，會試第二百名。

王宗聖　貫浙江金華府義烏縣，民籍。國子生。治《書經》。字汝學，行五十三，年三十三，八月初六日生。曾祖深。祖佺。父敏，教授。母陳氏。嚴侍下。弟宗祖。娶劉氏。浙江鄉試第二十八名，會試第二十一名。

李攀龍　貫山東濟南府歷城縣，民籍。府學生。治《詩經》。字于鱗，行三，年三十一，四月十八日生。曾祖禎。祖端，義官。父寶，典膳。前母郭氏，母張氏。慈侍下。兄登龍、躍龍。弟化龍、成龍。娶徐氏。

山東鄉試第二名,會試第三十九名。

范充濶　貫順天府霸州,民籍。國子生。治《書經》。字清夫,行一,年二十五,九月二十二日生。曾祖延壽,巡檢。祖昭。父魁,歲貢生。母王氏。重慶下。弟充愚、充鈍。娶曹氏。順天府鄉試第八十二名,會試第二百七十八名。

靳學曾　貫山東兗州府濟寧州,民籍。州學增廣生。治《易經》。字子魯,行二,年二十九,二月初三日生。曾祖禮。祖鏜。父顯,散官。母田氏。重慶下。兄學顏,同知。娶周氏,繼娶孟氏。山東鄉試第五十一名,會試第一百三十三名。

皇帝制曰:朕惟文武二道,并用而不可缺與偏者也。《傳》曰:"張皇六師。"又曰:"其克詰尔戎兵。"此非好於用兵邪?朕皇祖高皇帝,以武功定天下,即位之始,思欲偃武修文,以德化天下。至於列聖相承,懋修文德,海宇乂安,國家無事。朕以支末上承天命,入纘寶位,兹越二旬載矣。夫何連歲以来,北虜寇疆,入我中國,若蹈無人之境,殘我天民,前所未有。本之以朕罔德基之立于中,是以教化莫克行于外者也。然朕又聞之曰:"帝王之政,守在四夷。"今朕欲求長治久安之術,無出於守之一端。欲得其守之之道,當何施用以盡其長且久焉。

尔多士抱經世之略,亦有日矣,宜各著于篇,朕將采而行之。毋忌毋隱。

　　　　　　　　　　　　　嘉靖二十三年三月十五日

臣秦鳴雷
臣對:
臣聞帝王保大業於無疆者,有經國之規模,有植國之根本。規模之經也存乎法,根本之植也存乎仁。是故崇文詰武,經制豫定,使夫法之行於天下者,整飭而不可紊,夫是之謂規模;修德行仁,膏澤下究,使夫仁之洽於人心者,固結而不可解,夫是之謂根本。經制定則國威立,德澤究則國脉固。由是萬姓胥悅於域中,聲教四訖於海外,大業之保,盖卓乎其不可拔矣。自古帝王享國長久之道,何能外是二者?苟法矣而未仁,則品式雖周,而所以綱維之者無其本;仁矣而無法,則恩意雖篤，而所以經綸之者無其具。是謂治之偏而弗會其全，始雖善而終流於弊，將何以保基圖之固，而綿國祚之永也哉？

欽惟皇帝陛下，中和建極，仁孝作孚，德化洽於民心，而萬邦時憲，神武布於海宇，而四夷來賓。纘列祖之鴻圖，貽百世之燕翼，太平有道之長，端有在於今日矣。乃尤不自滿假，特進臣等于廷，策以禦夷之道，且欲求夫長治久安之術，是豈徒以修舉故事爲哉？誠以草茅之下，必有明習文武大猷，可以裨補治體者，而臣非其人也。然臣即是有以仰窺陛下望道未見、求治若渴之盛心矣，敢不參之經傳，酌之時宜，俯攄愚見，以對揚明詔於萬一乎？

臣嘗考之《易》曰："鼓萬物而不與聖人同憂，天道也。"《書》曰："天佑下民，作之君，作之師，惟其克相上帝，寵綏四方。"則知天雖以生物爲心，而理物之責，不能不望于君。君之茂膺天眷也，非徒肆於民上，實以君師之道存乎我而代之理也。則凡斯民之安危利病，世道之否泰盛衰，凡可以克盡其道，而奠天下於文熙武謐之域者，自有不容於不講矣。今夫立天之道曰陰與陽，立人之道曰仁與義，而帝王也者，又所以法天而圖治者也。是故帝王以仁育天下，非文無以昭休明之治，故凡崇獎儒彥、懷保黔黎，與夫體國經野、明物章軌，以成經緯之德者，皆文之屬也；帝王以義正天下，非武無以示撻伐之威，故凡選擇將帥、振勵卒徒，與夫誅暴禁亂、飭法嚴備，以成安定之功者，皆武之屬也。文以敷德，則海宇奠而內順治；武以示威，則疆圉靜而外威嚴。此誠有國家者不容以偏廢者也。使有武而無文以濟之，則義勝而流於剛，其何以敦渾厚之治體？有文而無武以濟之，則仁勝而流於懦，又何以立精明之治功也哉？乃若召公之告康王曰："張皇六師。"周公之告成王曰："其克詰尔戎兵。"此其爲言，若有所偏者，而不知亂者保其治者也，危者保其安者也。是揚武者，乃所以覿文，初非好於用兵也。一或講之無素，備之弗豫，則所以爲防者必疏，而其爲累也亦必不小。是誠不容以或後者也。

臣聞中國之有夷狄，猶陽之有陰，晝之有夜，君子之有小人，不能以必去焉者也。是故先王建國，列之侯封采服之外，所以峻其防焉。號令不及其人，正朔不加其國，所以別其類焉。刑以懲叛，禮以懷來，所以服其心焉。奈之何狼子野心，非我族類，重以消長之勢無常，強弱之機莫測，值其弱則稽顙而稱臣，當其強則犯順而干紀，蓋自古則然矣。故有化足以成風動，而不免於有苗之征；德足以臻時乂，而不免於鬼方之伐；治足以致中興，而不免於玁狁之孔熾，是又奚足爲盛世之累哉？故曰："帝王不患有夷狄之強，而患吾無禦之之具；不貴有禦夷之具，而貴吾無以致夷之窺而已矣。"強本以治內，嚴兵以固圉，來則必治，去則不追，務使各安其所，而不敢干吾治者，茲非計之良乎？三代以降，此道則浸微矣。嬴秦命將出師，築塞以禦強胡，糜費巨萬，夷患未袪，而國釁已不可救矣。是謂虛內以事外。漢武以雄才大略之資，爲窮追遠討之舉，登南臺於塞北，絶王庭於幕南，夷氛雖息，而民生已不勝困矣。是謂計末而忘本。斯皆策之最下者也。他如唐稱臣於突厥，既病貽謀之不臧；宋迫辱於遼、金，復患修攘之坐失。是又幾於無策矣，安得而不淪胥以致茲極乎？

　　幸而天啓皇明，我聖祖高皇帝以天縱之聖，奮起淮甸，迅掃腥羶，驅之北歸，絶其南寇，建自古所未有之事功，復帝王所自立之中國，神謨勇略，固嘗以武功定天下矣。至于即位之始，干戈甫息，乃欲偃武脩文，以德化天下者，其故何哉？夫亦以天下初定，扶傷持危，與天下休息，道蓋莫先於此，非固果於忘戰耳也。觀其思患預防，垂訓諄切，所以奠不拔之基。以貽則後昆者，何深遠也！肆我成祖六飛三駕，再昭撻伐之威。爰及列聖，養威峻防，不忘制馭之策，其所以綿國祚之永，而恪遵成憲者，又何明備也！仰惟皇上蘊神明之德，際中興之期，武以止戈爲威，兵以全國爲上。疆場之患，撲之於方萌；隱微之禍，消之於未著。南夷繫頸，北虜貢琛，唐虞、三代之盛，何以加此？聖祖神孫，後先相望，盛德大業，篤祜無疆，國家長治久安之術，尚何以他求爲哉？雖然，帝王望治之心無窮，人臣愛君之心無已。故古稱大舜之知，必曰"好問好察。"彼賈誼當文帝之世，猶有取於厝火積薪之喻焉。則臣雖至愚，所以仰稱德意，而自靖厥忠者，可終默焉而已乎。臣請得而籌之。

　　夫王者以京師爲室，以諸夏爲庭戶，以四夷爲藩籬，其內外遠近之分，先後緩急之序，蓋不待較而知也。粵自先王寓兵於農之意既壞，而後世制馭之道不容不分，要之，厚民所以足兵，恤兵所以衛民，實相資而非相病也。然則端本自治之道，夫亦於二者而加之意乎？以今日之民言之；安其田里，施之教化。殿最書于臺臣，而守牧有考；利病關於藩臬，而興革以時。以至水旱凶灾之必聞，賑貸蠲免之屢下，是陛下所以厚民者，無不盡也。以今日之兵言之；歲給之衣，月給之糧。額籍總於司馬，而逃亡可稽；節鉞授於制帥，而上下有統。以至團練教習之有方，賞罰鼓舞之無倦，是陛下所以恤兵者，無遺策也。夫民安而本益以固，兵精而氣益以振，是宜勢益以昌，威益以遠，文熙而武益以謐也。然而北虜之窺伺猶昨，邊境之烽火繹聞，頃者入我中國，若蹈無人之境，誠有如聖諭所及者。此其故何也？臣愚以爲，聖心之憂民至矣，而所以宣力於下者，或非其良；聖政之養兵善矣，而所以分闊於外者，或非其寄。是故以承奉敏捷爲能，而不勞心於厚下；以期會簿書爲急，而不加志於推恩。甚者，銳意催科，虛張斂散之能，厚自封植，因行漁獵之計。夫守令之職，最爲近民，使天下果若人焉，又安能保斯民之皆得其所乎？以紈袴而濫韜鈐之寄，方略有所未聞；虐士卒以張威福之權，撫綏有所未備。甚者，功圖速化，馳捷報之虛聲，志切自肥，仍債帥之故轍。夫三軍之命，懸於一人，使將帥而咸若是焉，又安能保邊兵之皆樂於用乎？夫民心不固，而示敵以守，是投之以可乘之隙，守之未見其固也；士氣未張，而應敵以戰，是先之以可敗之道，戰之未見其利也。

然則長治久安之術，抑何以他求爲哉？亦惟重守令之任，而選之也必精，使郡縣之布列，皆龔黃卓魯其人焉。于是嚴黜陟之典，申久任之規。勞心撫字，必增秩以示榮；奉職無聞，必奪爵以示辱。塞奔競僥倖之門，斥闒茸貪墨之吏。如是，則民安而無復失所之嘆矣。重將帥之任，而簡之也必慎，使閫外之分據，皆頗、牧、韓、范其人焉。于是專委任之托，昭勸懲之典。有功必賞，寬之以歲月之餘；有罪必誅，略之以文法之細。無以一人之譽而尚其賢，無以盈篋之謗而撓其志。如是，則兵精而咸起報效之思矣。由是而昭武勇以示威，修戰備以利用，謹關隘以辯奸，遠間諜以防詐。嚴吾之守以俟敵之戰，將見投之無釁，覘之無隙，虜知吾之有守矣。以靜制動，以逸待勞，虜屈吾之不戰矣。茲固帝王萬全之策，古今不易之道也，尚何夷患之足憂耶？否則玩寇輕敵其禍大，邀功生事其計危，皆非臣之所敢知也。

雖然，禦夷之道固在於治內，而治內之要莫切於治心。故心存於正，則事無不正，而天下蒙其福；心蔽於邪，則事無不邪，而天下與其憂。陛下紹心學之傳，發道統之秘，《敬一》有箴，四箴有注，所以預養此心者，固已能自得師矣。臣恒慮操持之甚難，察識之不易耳。夫人主深居九重，攻之者衆，倘於防微杜漸之戒，省察克治之功，一未至焉，臣恐虛明湛一之體，有不能復如其初矣。臣願陛下戒之慎之，明通公溥以植其本，靜虛動直以培其基。戒謹於不睹不聞之時，察識於內外賓主之辯。親賢遠佞，俾一暴弗替於十寒；慎終如始，使九仞罔虧於一簣。淫哇之聲，奇巧之色，則曰："吾心之賊也。"便嬖之言，側媚之態，則曰："吾心之蠹也。"土木游田之娛，宮室侈靡之奉，則曰："吾心之所以喪失而不自覺者也。"兢兢如堯，業業如舜，孜孜如禹，慄慄如湯，亦保亦臨如文，不泄不忘如武，則心存而德可修，德修而道可立，道立而政可舉。由是顯設於朝廷，而庶事康矣；頒布於四海，而萬民樂矣；洋溢於蠻陌，而四夷慕矣。天地位，萬物育，諸福之物，可致之祥，莫不畢至，而王道終矣。此非臣之臆說也，伯益之戒舜曰："無怠無荒，四夷來王。"漢儒董仲舒曰："正心以正朝廷，正朝廷以正百官。"而宋儒朱熹亦謂："其本不在威強而在德業，其任不在邊境而在朝廷，其具不在兵食而在紀綱。"此端本之道，古今一致，而實臣愚之所懇望於今日者也。

惟陛下不棄芻蕘，留神省覽，見之施行，則宗社幸甚！天下幸甚！臣干冒天威，戰栗無地，不勝惓惓仰望之至。

臣謹對。

臣瞿景淳

臣對：

臣聞帝王之御天下也，有致治之大法，有善治之大幾。文武者，致治之大法也；文武之用，各惟其時者，善治之大幾也。帝王之受命于天，而統理華夷也。觀天之有陽而文教興焉，是文也者，所以象天之生育也；觀天之有陰而武備修焉，是武也者，所以象天之震曜也。然創業之初，不患無武，而患文教之或微；守成之日，不患無文，而患武功之弗競。所貴乎善治者，亦隨時張弛，使適于治而已矣。是故知大法則天下之治並行而不悖，知大幾則天下之治善救而不窮。古之帝王，所以不動聲色而奠宗社于泰山之安者，由此其選也。恭惟皇帝陛下，躬神聖之資，撫盈成之運。秉離照以宣文，則有以成文明之治；奮乾剛而用武，則有以張震疊之威。如臣者，蓋亦沐浴膏澤，歌咏太平，而蕩蕩其難名矣。乃於萬幾之暇，特進臣等於廷，俯賜清問，上嘉祖宗致治之盛，下求今日保治之方，且諭臣等以守之之道詳著于篇。臣雖愚陋，有以仰窺聖心之純，有不以今日治安爲已足，直欲建萬世之長策，保大業于無疆矣。夫堯舜之聖，尚有蠻夷猾夏之憂，則今茲北虜，亦何足以累聖治乎？然臣聞之，四郊多壘，卿大夫之辱也；執干戈以衛社稷者，亦士之任也。則今邊鄙多聳，稽人無功，凡吾臣子，皆與有責矣。臣敢不罄一得之愚，以答千載之遇乎？

夫帝王之御天下，以成久安長治之術者，無他，惟文武二途而已矣。顧其爲道也不可易，而其爲用也不可齊。文教之綏，所以求內之順治也。一于文而不知有武，則禍亂無所于定，而或以廢天下之功。武衛之奮，所以求外之威嚴也。一於武而不知有文，則化理無所于飭，而或以啟天下之釁。臣故曰"道之不可易"者，此也。然天下之勢有強弱，而文武之用有緩急。開國之初，國勢爲強，乘強之勢者，利用文；繼體之日，國勢爲弱，乘弱之勢者，利用武。有武以濟文之所不及，則惠尊而不之玩；有文以濟武之所不及，則威震而不之折。臣故曰"用之不可齊"者，此也。然帝王以天下爲度，其選將練兵，有時而用武者，非求勝于夷狄也，吾自治吾中國，令勿擾之而已矣。文也者，國之經也，所以爲守也；武也者，國之輔也，所以固吾守。其用雖殊，適治則一。臣故曰："帝王之治天下，惟文武二途也。"

伏讀聖制有曰："朕惟文武二道，并用而不可缺與偏者也。《傳》曰：'張皇六師。'又曰：'其克詰爾戎兵。'此非好于用兵耶？"大哉皇言！蓋有見于天下之勢，而得夫張弛之權矣。臣請稽諸經史，質諸古今，爲陛下陳之。夫文武之在昔，未始分也，分之自後世始，而用之亦未始偏也。以言乎將相；無事而謨謀帷幄，則爲敬義一德之訓；有事而出總戎行，則爲升陑鷹揚之師，是相亦將也。以言乎兵農；無事而耕，則爲比閭族黨之民；有事而戰，則爲伍兩軍師之制，是兵亦農也。文武之在昔，未始分也，自管敬仲以國中之民爲兵，以四郊之民爲農，兵農始分，而不可合矣。自宋人以樞密主兵，中書主民，將相始分，而不相統矣。然兵以衛民，民以養兵，相主運籌，將主決戰，體統相維，中外相應，後之帝王，亦未始獨任而成功者。文武之在後世，用之亦未始偏也。夫惟未始分也，是故有渾融完固之勢；夫惟用之未始偏也，是故有迭運不窮之神。譬之天道之陰陽，雖慘舒各一其氣，其成歲功則一而已矣。顧帝王所以制治于未亂，保邦于未危，使天下之勢不至于极重而难反者,则有几焉。昔周公之辅成王也,礼乐之化致夫重译,盖以文治为先矣,而克诘戎兵之训,首迪于访落之始。召公之辅康王也,保釐之治洽于东郊,盖亦以文治为先矣,而"张皇六师"之训,首陈于践阼之初。成、康之为君,夫岂以武功毒其民?周、召之为臣,夫岂以武功适其君者?周治尚文,其势已弱,而又当丰亨豫大之时,使不从武备之易隳者而振励之,则以弱政济弱势,四夷之交侵,诸侯之负固,当不俟夫昭王之后而后见。此臣所以妄论天下之势,必识其几,而后可以善其治于不穷也。

　　臣请以皇祖之所以垂统,列圣之所以绍休,今日之所以守天下者,次第陈之,可乎?我皇祖之开天抚运也,驱策英豪,迅扫胡虏,武功之盛,盖已震乎殊方矣,而登极之日,首崇学校,其治若先乎文。我成祖之继天立极也,亲礼儒臣,表章性理,文德之盛,盖已光于海隅矣,而靖难之后,三犁虏庭,其治若先乎武。此固帝王补偏救弊之大权,未易以常情测者也。自是以来,列圣相承,大业益固,盖虽文治之精华,而武烈之所被者,寔开其先矣。今我皇上,以圣神文武之资,致雍熙悠久之治,盖二十有三年于兹。是故德之所及,涵濡如雨露;威之所及,震动如雷霆;治之所及,容保如天地。盖不止于西旅之贡獒,越裳之献雉也。迩者北虏遗孽,乃忘我天覆之仁,哨聚入寇,残我天民,有如圣制所云者。此固文武臣工,奉行未至者之罪也。使文武臣工各供其职,各效其能,则干羽之化,既足以怀其携贰之心,庙算之胜,又有以折其骄悍之气,抚之而易从,征之而易服矣。今陛下乃曰:"朕罔德基之立于中,是以教化莫克行于外。"此诚禹汤罪己之盛心也。凡我臣工,又孰敢不祗承德意,而修其职分之所未尽者乎?臣固知北虏之不足平也。

　　伏读圣制之篇终有曰:"帝王之政,守在四夷。今朕欲求久安长治之术,无出于守之一端。欲得其守之之道,当何施用以尽其长且久焉。"且诫臣等毋忌毋隐,各著于篇。臣虽不肖,亦不敢上负天子,下负所学,而自弃于无讳之朝也。窃以为今日之计,亦不能舍文武二者而别为之图,惟就其坏于因循者而振扬之耳。昔宋人西事之兴,韩琦之陈谟也,不急于其他,而急于立纪纲;欧阳修之陈谟也,不急于其他,而急于明赏罚。此皆振扬之说也。方今缙绅之士,以文名者盖已充斥于中外矣,然文艺徒工而经济之未闲,其弊也虚;介胄之士,以武名者盖已布列于遐迩矣，然團練徒勤而擊刺之未閑，其弊也玩。文恬武嬉，其事適等，而武備之衰爲尤甚。今欲立明作之功，濟惇大之體，建萬世久安長治之策，安得不立紀綱、明賞罰，從其壞于因循者而振揚之也？臣敢冒昧，悉以邊事之弊者爲陛下陳之。中國之禦戎，地險以爲坊。頃自大寧既棄，而東北之藩籬以薄；東勝不守，而西北之形勢以孤。此地險之失哉邊，其弊一也。中國之禦戎，人和以爲本。頃自大同倡亂，而人懷判渙之謀；諸鎮觀望，而軍無紀律之固。此人和之未至，其弊二也。中國之禦戎，兵食以爲具。頃自屯政不脩，而列屯無可仰之資；鹽法未清，而轉漕無飛輓之助。此兵食之未充，其弊三也。弊端日新，則邊備日隳，而臣愚以爲非一朝一夕之故也。陛下誠建久安長治之策，以盡夫守之之道，亦惟察其致弊之原，亟爲之所而已矣。

臣嘗妄論今之事宜有六，而攻討之術不與焉。明居重馭輕之權，則畿兵之簡閱，不可以不嚴也。脩列屯固圉之略，則土兵之團練，不可以不恤也。廣推誠授任之道，則精擇久任之説，不可以不行也。慎招携懷遠之圖，則撫綏節制之宜，不可以不詳也。爲深根固本之慮，則繭絲保障之辨，不可以不早也。求足國裕用之規，則酌盈濟虛之道，不可以不力也。凡此數者，臣蓋日夜思之，而未知其合于國體否也。今陛下以天下爲度，以生民爲念，深求夫守之之道，則惟擇將擇相與之共理而已矣。蓋將所以捍衛于外，相則計其功過，詔王而馭之者也。昔漢高之王秦也，有蕭何爲之謀，而後韓信得以畢其策。宣帝之屯金城也，有魏相爲之主，而後趙充國得以定其功。唐宗之定蜀也，有杜黃裳爲之輔，而後高崇文得以展其志。天下之事，未有不由于君臣一德、將相戮力，而可與有成者。今從容密勿者，有張仲之賢；寵握韜鈐者，有吉甫之略。而又益求遺才，搜剔弊陋。沉毅有斷，而不重發以隳其功；更張有漸，而不輕爲以速其敗。則謀運于帷幄之中，而業彰于萬里之遠。大業之固，當與天地同久，而胡虜一時之驛騷，旋即底定矣，又何足以勞聖慮哉？

然臣于此復有獻焉。昔孟軻氏有曰：“孰不爲守？守身，守之本也。”是以古先哲王，承曆數之重，爲華夷之主，雖天下有一之不理，皆爲王政之缺，而尤急于守身。奸聲亂色足以蕩吾守也，則斥之；淫樂慝禮足以移吾守也，則絶之；便嬖側媚足以搖吾守也，則遠之；甘言卑辭足以亂吾守也，則放之。雖在紛華波蕩之中，幽獨得肆之地，而精之一之，克之復之，凜然如對神明，不敢失守者，誠以能守其身，則能守天下也。"我皇祖之訓曰："人心虛靈，乘氣機出入，操而存之爲難。"所以光啓一統之業而垂之萬世者，蓋本諸此。今陛下弘紹丕圖，益敦前烈，《敬一》有箴，而操存于内者爲甚嚴；五箴有注，而省察于外者爲甚密。以此而取人，則有克知灼見之明，而任賢勿貳矣；以此而立政，則有旋乾轉坤之功，而庶績咸熙矣。是故其本在君心，其輔在將相，其具在紀綱，久安長治之策，在陛下一加之意而已，臣又何言哉？

臣愚不識忌諱，干冒天威，無任戰慄殞越之至。

臣謹對。

臣吴情

臣對：

臣聞帝王之制馭遠夷也，心不可一念忘，而其威則不可褻，備不可一日弛，而其用則不可輕。心不忘則本立，本立而允塞之猷基矣；備不弛則政修，政修而無競之烈著矣。夫允塞之猷，日新之盛德也；無競之烈，富有之大業也。有盛德以来歸款之誠，有大業以折驕悍之氣，所謂明王慎德、四夷咸賓者，而又何憂於遠人之不服哉？然而醜虜之性未易憬悟，向背之情尤爲叵測，吾惟心弗忘而備弗弛。於其来也，則懲而禦之；其去也，則備而守之。以養吾威，以制吾用，斯則萬全之道也。苟慮之不審，持之不固，而徒與之爭勝負于強弱之間，則雖百戰百勝，而幕南無王庭，酒泉列亭障，猶爲策之最下者，豈帝王之所當務哉？故曰："其政不在威強而在德業，其具不在兵食而在紀綱，其本不在邊境而在朝廷。"此則制馭萬全之常道，而臣之所謂心不可忘而備不可弛者，誠亦有見于此也。夫心忘則備弛，用輕則威褻，故雖欸塞稱臣不足爲喜，恣肆侵掠不足爲怒，而吾之所以自治者，惟備禦之有素是圖也。陛下不以經生卑臣，而顧錫之以清問，寬之以毋忌，諭之以毋隱，而且以久安長治之道誘之使言。臣雖卑之不敢高論，而感激思奮，寧不有以一吐經生之常談哉？蓋臣自游學校，常慨然有經營天下之志，雖未敢自附於孔明、仲淹其人，而於所謂内中國、外遠夷、振紀綱、修德業而不可忘以弛者，則嘗區畫一二，想望明天子之廷，而欲進其說久矣。第趙充國以漢之老將，猶謂兵難遥度，而願至金城以圖方略，矧經生以農之子跧伏民間，未諳兵略，而徒欲掇拾舊聞以塞明詔，則亦何足以仰副陛下保衛生靈、撫安夷夏之盛心也哉？然而舍舊所聞，又無可以效芹曝之獻者。是故有允文允武之全德焉，有無怠無荒之大猷焉，有附民而不毒民之仁焉，有養兵而不窮兵之要焉，臣請爲陛下一陳之。

　　臣聞夷狄之患，自古有之，而苗民逆命，昆夷不殄，雖以虞周之盛，亦不能免也。顧其制馭之道，一則儆戒無虞，一則脩攘有要。使後世圖治之君，願治之佐，仰慕企望而不可及，此則虞周之所以爲盛也。且虞帝不可尚已，姑自成周觀之。《天保》以上治內，而君臣之德合；《采薇》以下治外，而夷夏之防嚴。其所以致是者，蓋曰"緝熙敬止"也，曰"於皇執競"也，曰"矢文德塞王猷"也，其脩之君者，未嘗一念忘也。曰"有嚴有翼"也，曰"憂心悄悄"也，曰"共武服定王國"也，其脩之臣者，未嘗一念忘也。是則其本既立，而允塞之猷所由以基也。其在當時，抑又兵師之制，寓之井田，無事則爲比閭族黨州鄉之民，而統于大司徒；有事則爲伍兩卒旅軍師之衆，而屬之大司馬。鷹揚蹈厲之將，固不外於都俞揖遜之公卿也。夫是以兵農一致，農聚而兵即存；文武同方，文敷而武亦振。以之守者此道也，以之戰者亦此道也，與之守者此民也，與之戰者亦此民也。自時厥後，知此義者則鮮矣。是故漢則困於匈奴，唐則衰於藩鎮，宋則削於契丹。迨至胡元入主中國，則三綱淪，九法斁，而天地且爲之晦塞矣。

　　惟我太祖高皇帝，繼天立極，驅之於沙漠之外，而復帝王所自立之中國，可謂有功於天地，有功於生民。是雖延之億萬年，而天地之所以報其功德者，固爲無疆也。況天下既定，務脩文德以開太平，此即周武王下車而訪範叙疇，聿求懿德，以肆于時夏之心也。列聖相承，光昭祖訓，懋修文德，天下乂安。至我陛下，以大有爲之聖，益起而觀揚之，明作以勵治功，敦大以裕治體，文武兼用，恩威并伸，所謂"天下有道，守在四夷"者，固將與天地相爲悠久也。

　　夫何比年以來，北虜入寇，竊伺我藩籬，處劉我邊庶，未免厪我皇上宵旰之隱憂。臣知陛下之心，固未嘗一日忘乎邊境矣，而邊境之將領，能無紈袴不知兵，徒讀父書之流矣乎？邊境之卒戍，能無朽戈敝甲，失伍離次，而無鬥志者乎？邊境之撫巡，能無徒握重權，而未知歌咏勞苦之典、激勵作興之道者乎？此無競之烈所繇以弗著也。而陛下策臣，乃引之以自責曰："此固朕以罔德基之立于中，是以教化莫克行于外。"臣有以仰窺陛下制治未亂、保邦未危之心,不能以一日遑暇,是以不自知其謙冲至此也。陛下此心,真所謂不出户庭之間,而可以折衝千里之外,干羽之舞,文教之脩,率是道也。《詩》云:"勉勉我王,綱紀四方。"陛下實有之。是故虜之入寇,雖若可憂,而陛下赫業之天威,臣工蚤夜之振勵,固足以寒甄裘之膽,而折其心,此兵家所謂"先聲"也。雖然,不足憂之中,而深可憂者實在焉。何也?向背靡常者,醜虜之情也。

是故聖王之於夷狄,每治之以不治,不以其來而懾,不以其去而弛也。是以不憂外患之未息,而深憂内治之未脩,不以裔夷之單弱爲可喜,而恒以吾之備禦之素定爲無患也。然則所以"張皇六師"、"克詰戎兵"者,豈無道哉?是宜慎之紀綱,明賞罰之權,核功罪之當,使太阿之柄常在朝廷,可也。若希冀無事,因循除拜,如魏博之姑息,不可也。若誅求責望,損威傷重,如承倩之將命,不可也。若優游牽制,而啓王武俊之邪謀,不可也。若隔絶排擯,而致李懷光之怨望,不可也。務使有紀律之嚴,無壅蔽之患,則雖無救於既往,尚可責效於將来。行之既久,臣見將領之在邊境也,賞既酬勞,恩常逾望,推心置腹,效死恐後矣。卒戍之在邊境也,沙草晨牧,河冰夜渡,風雨罷勞,饑渴不困矣。不必司馬孫吳頗牧之復出,而陛下未嘗無將也。不必《采薇》《出車》《六月》之師之復興,而陛下未嘗無兵也。是故據鞍瞿入鑠者可遣也,不親戎服輕裘緩帶者亦可遣也;膂力方剛者可遣也,身不跨馬射不穿札者亦可遣也。閑之以節制,則能使之有勇;附之以仁義,則能使之知方。由是畜芻糧,備器械,謹斥堠,嚴瞭望。當虜之來也,而不畏其來,吾惟堅壁清野,而不爲結怨深仇之舉;虜雖去也,而猶若未去,吾惟日相警戒,而恒有不測不克之嚴。則以飽待饑,以逸待勞,無戰之名,有勝之實,北虜不足攘,中國不足安,而可保億萬年無事者,端在於此。臣將歌匡王國佐天子之詩,以爲國家頌,陛下北顧之憂,不亦可盡舒也哉?

然臣又有説焉。荆楚之来王,商宗濯濯之靈振矣,然不敢怠遑,實基之也;南北之蕩平,周天子中興之功偉矣,然夙夜基命,實致之也。《大雅·抑》之詩有曰:"夙興夜寐,灑掃庭内,維民之章。"又曰:"脩爾車馬弓矢,戎兵用戒,戎作用遏蠻方。"蓋内自庭除之近,外及蠻方之遠,細而寢興灑掃之常,大而車馬戎兵之變,慮無不周,備無不飭,可謂勤矣。然其用功切要之處,則有曰:"視爾友君子,輯柔爾顔。"

又曰："相在爾室，尚不愧于屋漏。"此正子思所謂"慎獨"者，而天德所自立，王道所從出也。以陛下文武神聖之資，剛健中正之德，并殷周之治，而遠軼帝王之盛，誠無難者。而臣惓惓一念，尤望陛下自謹獨始，則瑟兮僩兮，赫兮喧兮，而馴至於光被四表，格于上下。雖中和位育之極，亦可坐而致也。憬彼北虜，將兊噦奔突之不暇矣，而奚足累光裕之大烈也哉？臣俯伏闕廷，牽制文義，誠未能切磋究之，以答稱陛下之德意。然使臣不以聖賢大學之道進，而竊取五餌三表之餘，試以縛單于之頸，扼中行說之吭而撫其背之說，以瀆陛下，則洛陽少年之所以見黜于漢文者也，而臣豈敢哉？臣不勝隕越戰栗之至。

臣謹對。

圖書在版編目（CIP）數據

登科録：點校本．中册／龔延明主編；邱進春點校．—寧波：寧波出版社，2016.5
（天一閣藏明代科舉録選刊）
ISBN 978-7-5526-2321-5

Ⅰ．①登… Ⅱ．①龔… ②邱… Ⅲ．①進士—人名録—中國—明代 Ⅳ．① K827=48

中國版本圖書館 CIP 數據核字（2015）第 274819 號

叢 書 名：	天一閣藏明代科舉録選刊
叢書主編：	龔延明
本册書名：	登科録（點校本·中）
本册點校：	邱進春
責任編輯：	張愛妮　王曉君
責任校對：	羅敏波　王　灝
責任審讀：	霍佳梅
封面設計：	劉　欣

出版發行：	寧波出版社
地　址：	寧波市甬江大道 1 號寧波書城 8 號樓 6 樓
郵　編：	315040
網　址：	http://www.nbcbs.com
電　話：	0574-87264975　87842506（編輯部）

印　　刷：	浙江新華數碼印務有限公司
開　　本：	787 毫米 ×1092 毫米　1/16
印　　張：	53.5　插頁 1
字　　數：	824 千
版　　次：	2016 年 5 月第 1 版
印　　次：	2016 年 5 月第 1 次印刷
標準書號：	ISBN 978-7-5526-2321-5
定　　價：	叁佰圓

版權所有　翻印必究
圖書若有倒裝缺頁影響閲讀，請與出版社聯繫調换。電話：0574-87248279